刑法総論

［第3版］

山中敬一

成文堂

第3版はしがき

　第2版の刊行以降7年を経過した。この間、立法にも、学説・判例にも新たな動きが見られ、本書をアップトゥデートなものとする必要性が生じていた。著者自身の刑法理論の大枠は固まってきたが、まだ流動性をもち本格的研究を継続して確定していく必要のある分野も少なくない。例えば、「組織過失」の概念につき内容と意義を明確化する必要がある。これらの論点についてさらなる研究の上、本書に反映させるべき課題は、次版以降の課題とせざるを得なかった。したがって、第3版の改訂の主眼は、主として、立法と、とりわけ新たな判例の考慮とそれに触発された論点を加えることに向けられた。判例を比較的詳細に採り上げたことによって、またしてもボリュームが増えたのは気がかりであるが、もはや教科書の域を超えてしまった本書の役割を考慮して、若干の削除と書き換えの部分で圧縮したが、それでも追加量がはるかに多くなってしまった。

　このような本書の出版の意義について自ら自問することもあるが、その際、台湾や中国を訪問したときに、少なくない研究者から本書を閲読しているとの声を聞き、思わぬ本書の意義を知らされたことは、筆者の大きな励みとなっている。筆者が密かに情熱を注いできた刑法学の国際化の一場面としての台湾・中国の刑法学との今後の協力関係の進展・学術交流の発展のためにもこのことを特筆しておきたい。

　本書の第3版への改訂作業は、すでに2013年秋にいったん終え、脱稿後、2014年2月から4月初めまでのドイツ滞在によって初校に接するのが遅れ、さらに、その後の夏・冬の2～3ヶ月の滞独等もあって、校正作業がさらに遅れ、その間、各論の改訂を挟み、再度、判例の補充等の改訂をせざるを得なくなり、さらに別の研究計画もあって公刊が大幅に遅れた。そのため直近に接した文献・判例を参照することができなかったことをここに記しておきたい。

　教科書範疇を逸脱するに至った本書の改訂を全面的に支援していただいた成文堂阿部耕一会長および阿部成一新社長に厚く御礼申し上げたい。さらに、今は亡き土子三男取締役に励まされて上梓した本書の第3版が発行できたことを報告し、深謝の念を表したい。土子氏には、筆者が、処女論文集を

上梓する際から、30年以上にわたって親しくして頂き、出版に際しお世話になったばかりではなく、親しく語り合うことによって、研究者としての歩みを常に支えていただいた。いったん書き上げていたこの「はしがき」の後半は、その逝去を悼み、痛恨の思いをもって書き直さざるを得なくなった。他方で、出版を通じて研究活動を支えるという編集部の精神を受け継いで今後の活躍が期待される若い世代の編集部の篠崎雄彦氏に、今回の改訂作業を全面的に支援していただき、校正・索引作成等を手伝っていただいた。深く御礼申し上げる。

2015 年 4 月 10 日

山 中 敬 一

第 2 版はしがき

　本書初版を上梓してからほぼ 9 年が経過した。21 世紀に入り、従来動きのほとんどなかった刑事法の分野の立法が俄然動き始め、多くの新立法と法改正が続いている。また、2004 年に法科大学院制度がスタートし、その刑法の講義・演習において、従来の学部や大学院とは異なった教授方法が行われるようになり、学生の学習環境も変化し始めている。刑事法をめぐる状況が、第 2 次大戦後の改革の後、現在ほどの激動の時代はかつてなかったといってよい。このような状況の中で、最高裁判例も、さまざまな法領域において変わりつつあるといわれており、刑法においても、この 9 年間に下級審のものも含めて重要な判例が相次いで出ている。

　このような変化に対応すべく、本書も新しい立法・判例・学説を取り入れ、アップツーデートなものにする必要に迫られていた。本書は、教科書としては、類書になく詳細に、さまざまな問題を体系的に整序しつつ自説を打ち出すという方針のもとに書かれている。本書執筆後に著した『ロースクール講義刑法総論』（2005 年）でも、新たな判例・学説に対応しようとしたが、学習用を狙いとしたものでは限界がある。今回の改訂によって、新しい判例・学説を考察対象に取り入れ、また、初版の出版の後に説を改めた箇所を改訂した。そのため、頁数も、さらに増加することになったので、行間を詰めるなどして頁数の増加を抑え、また、この機会に I・II の分冊形式をやめ、合本することとした。今後の改訂を視野に入れると技術的にも一冊にする方が便宜であり、本書のような学問の水準を伝えようとする体系書をアップツーデートなものに保ちながら、長く読者に利用して頂ける方途であると考えたからである。もとより、問題思考の体系化によって複雑な理論と多様な問題の理解を容易にするため、将来を展望しつつ現在の刑法学の水準を体系化するという本書の目標は、初版と同じく維持されている。

　第 2 版の判例・文献の確認作業、校正・索引作成について、奈良産業大学専任講師の前嶋匠氏に、初版に引き続いて手伝っていただき、また、成文堂編集部の土子三男氏ならびに篠崎雄彦氏にも校正等でお世話になった。お礼申し上げたい。

2008 年 1 月 10 日　　　　　　　　　　　　　　　　山　中　敬　一

はしがき

　本書は、学生諸君のためのやや詳しい教科書として執筆されたものである。それは、次のような特徴をもつ。第1に、学生諸君に犯罪論の最新の学問水準を分かりやすく伝えようとした点である。基本的な概念や理論を説きつつ、さらに最新の学説や判例を分かりやすく、しかも簡潔に理論的に整理することは極めて困難な作業である。本書では、学説・判例等をある程度詳しく紹介することによって各問題の論点につき十分な理解が得られるよう心がけた。第2に、機能的に規範の体系化を図るという観点を方法論の基礎に据え、できるだけ新たな理論等をも包摂する体系化を試みた。システマティックな理解こそが応用力の効く知識と思考力を生むものだからである。この間、教科書は、平易性と基本性が以前に増して要求されるようになり、教科書と学問水準とが乖離し、その結果、より深く学ぼうとする学生が教科書から踏み出したとたん、知識と思考の混乱を来し、総説全体の「体系性」を見失うこととなった。このことが、とくに現在、体系を重視する教科書の必要なゆえんである。第3に、その結果として、各論点を自らの視角でとらえ、結論においても、各論点ごとにできるだけ私見を出すように心がけた点である。いまだ自らの研究が不十分な問題についても、できるかぎり現時点での解決を呈示するのが、体系化を重視する者が教科書を執筆する際の任務であると考えたからである。第4に、私見の基本は、その刑事政策論とその犯罪論における反映である規範論に収斂するが、事後予防を刑法規範による犯罪対策の基本と考え、犯罪行為ないし規範違反事象に対する規範的評価をこの観点から刑事制裁を科するための前提ととらえるといういわば規範体系的機能主義ともいうべき方法論をとった点が内容にわたる特徴である。

　技術的な工夫としては、活字の大きさを3段階に分け、重要な概念ないし当該のブロックの中でキーワードとなる概念をゴシック体として重要度の判断可能性・一覧性を高め、若干の個所で図表などを用いた。また、節ないし款のはじめに、比較的最近のものを中心に基本的な文献を掲げ、いっそうの学習のための参考文献を収集する手がかりを与えることにした。

　本書は、本来まとまった教科書であるが、大部のものとなったので、2分冊とした。刑法理論は、理解し、思考し、批判し、構想することによって、

真に自らのものとしうる。法律学の中では学問の方法論を学ぶことができる一つの典型的な分野である。このような作業を訓練し、また、刑法学の水準を伝えるために必要かつ相当な情報量を提供しなければならなかったのである。

　成文堂から教科書の執筆を具体的に勧められて優に10年は経過してしまった。とくに土子三男編集長には、長きにわたって根気よく説得と励ましとアドヴァイスをいただきながら、なかなか執筆のきっかけをつかむことができなかった。2年半前に大学で役職に就くことになったことにより研究時間の大幅な制約を予想されたことが、教科書執筆へと突き動かす動機となった。今日、ともかくその責めの一端を果たすことができたのは、成文堂の阿部耕一社長の学問への深い理解と、長期的で寛容な研究者支援精神のおかげである。心から御礼申し上げる。

　本書の図表等入力の技術的援助、文献収集・整理、校正、事項・判例索引の作成など、関西大学大学院研修生の前嶋匠、博士課程前期生の塩見知伸両氏の献身的な協力がなければ本書の出版はこのような形では不可能であっただろう。両氏をはじめ、ゼミ生の何人かに、判例・文献引用の確認作業など熱心に手伝っていただいたことは深謝に堪えない。

　最後に、故中義勝、故植田重正、平場安治、中山研一先生、クラウス・ロクシン（Claus Roxin）教授をはじめ、私の初期の学問形成において多大の影響をうけた諸先生方・先輩・友人、さらに、論文等を通じて学問的刺激を受けた多数の同学の士には、それらが本書の血となり肉となったことに対して満腔の謝意を表したい。

1999年1月10日　　　　　　　　帰国の近づいたルーヴェンにて

　　　　　　　　　　　　　　　　　　　　著　　者

文献略称

【教科書等】

青柳文雄・刑法通論Ⅰ総論（1965）	青柳
朝倉京一・刑法総論（1993）	朝倉
浅田和茂・刑法総論（補正版・2007）	浅田
浅田和茂＝斉藤豊治＝佐久間修＝松宮孝明＝山中敬一・刑法総論（改訂版・1997）	浅田ほか
阿部純二・刑法総論（1997）	阿部
板倉宏・刑法総論（補訂版・2007）	板倉
井田良・刑法総論の理論構造（2005）	井田
井田良・講義刑法学総論（2008）	井田・講義
伊東研祐・刑法総論（2008）	伊東
・刑法講義総論（2010）	伊東・講義
伊藤寧＝松生光正＝川口浩一＝葛原力三・刑法教科書総論（上）（1992）	伊藤ほか
井上正治・刑法学（総則）（1951）	井上
植松正・刑法概論Ⅰ総論（再訂版・1974）	植松
植田重正・刑法要説総論（全訂版・1964）	植田
内田文昭・刑法Ⅰ（総論）（改訂版〔補正版〕・1997）	内田
・刑法概要・上巻（基礎理論・犯罪論（1））（1995）	内田・概論
大越義久・刑法総論（第4版・2007）	大越
大嶋一泰・刑法総論講義（2004）	大嶋
大塚仁・刑法概説（総論）（第4版・2008）	大塚
・犯罪論の基本問題（1982）	大塚・基本問題
大野平吉・概説犯罪論上巻（補正版・1994）、下巻（1991）	大野
大野真裏＝森本益之＝加藤久雄＝本田稔＝神馬幸一・刑法総論（2011）	大野ほか
大谷實・刑法講義総論（新版第4版・2012）	大谷
岡田朝太郎・日本刑法論（訂正増補再版・1895）	岡田
岡田庄作・刑法原論総論（第7版・1919）	岡田（庄）
岡野光雄・刑法要説総論（第2版・2009）	岡野
小野清一郎・新訂刑法講義総論（増補版・1950）	小野
香川達夫・刑法講義〔総論〕（第3版・1995）	香川
柏木千秋・刑法総論（1982）	柏木
勝本勘三郎・刑法要論総則（1912）	勝本
川端博・刑法総論講義（第3版・2013）	川端
吉川経夫・三訂刑法総論（補訂版・1996）	吉川
木村亀二・刑法総論（阿部純二増補・1973）	木村
・犯罪論の新構造（上）（1966）、（下）（1968）	木村・新構造
・全訂版新刑法読本（1967）	木村・読本
木村光江・刑法（第3版・2010）	木村光
草野豹一郎・刑法要論（1956）	草野
久礼田益喜・刑法学概説（増補版・1943）	久礼田
江家義男・刑法（総論）（1952）	江家

・刑法議義総則篇（1947）	江家・刑法講義
齊藤金作・刑法総論（補訂版）（内田一郎・補訂・1996）	齊藤金作
斎藤信治・刑法総論（第 6 版・2008）	斎藤信治
齊藤信宰・刑法講義（総論）（新版・2007）	齊藤信宰
齋野彦弥・刑法総論（2007）	齋野
佐伯千仭・刑法講義（総論）（4 訂版・1984）	佐伯
佐久間修・刑法総論（2009）	佐久間
澤登俊雄・刑法概論（1976）	澤登
下村康正・犯罪論の基本的思想（1960）、続犯罪論の基本的思想（1965）	下村
荘子邦雄・刑法総論（第 3 版・1996）	荘子
正田満三郎・刑法体系総論（1979）	正田
鈴木茂嗣・刑法総論〔犯罪論〕（第 2 版・2011）	鈴木
曽根威彦・刑法総論（第 4 版・2008）	曽根
・刑法の重要問題〔総論〕（第 2 版・2005）	曽根・重要問題
高窪貞人＝奈良俊夫＝石川才顕＝佐藤芳男・刑法総論（1983）	高窪ほか
瀧川幸辰・刑法講義（改訂版・1931）	瀧川
・犯罪論序説（改訂版・1947）	瀧川・序説
・刑法講話（1951）	瀧川・講話
立石二六・刑法総論（第 4 版・2015）	立石
団藤重光・刑法綱要総論（第 3 版・1990）	団藤
内藤謙・刑法講義総論（上）（1983）、（中）（1986）、（下Ⅰ）（1991）、（下Ⅱ）（2002）	内藤
中義勝・講述犯罪総論（1980）	中
・刑法上の諸問題（1991）	中・諸問題
中野次雄・刑法総論概要（第 3 版補訂版・1997）	中野
中山研一・刑法総論（1982）	中山
・新版概説刑法Ⅰ（2011）	中山・概説
・口述刑法総論（新版補訂 2 版・2007）	中山・口述
夏目文雄・刑法概説（犯罪論）（1969）	夏目
奈良俊夫・新版概説刑法総論（1993）	奈良
西田典之・刑法総論（第 2 版・2010）	西田
西原春夫・刑法総論（1977）	西原
野村稔・刑法総論（補訂版・1998）	野村
橋本正博・刑法総論（2015）	橋本
林幹人・刑法総論（第 2 版・2008）	林
平野龍一・刑法総論Ⅰ（1972）、Ⅱ（1975）	平野
・刑法概説（1966）	平野・概説
・犯罪論の諸問題（上）総論（1981）	平野・諸問題
平場安治・刑法総論講義（1952）	平場
福田平・全訂刑法総論（第 4 版・2004）	福田
福田平＝大塚仁・刑法総論Ⅰ（1979）、Ⅱ（1982）	福田・大塚
対談刑法総論（上）、（中）（1986）、（下）（19S7）	福田＝大塚・対談
藤木英雄・刑法講義総論（1975）	藤木
不破武夫＝井上正治・刑法総論（1955）	不破

◇文献略称

堀内捷三・刑法総論（第2版・2004）	堀内
前田雅英・刑法総論講義（第5版・2011）	前田
・刑法の基礎総論（1993）	前田・基礎
牧野英一・日本刑法上巻（重訂版・1937）	牧野
・刑法総論上巻（1958）、下巻（1959）	牧野・総論
町野朔・刑法総論講義案Ⅰ（第3版・1995）	町野
松原芳博・刑法総論（2013）	松原
松宮孝明・刑法講義総論（第4版・2012）	松宮
松村格・日本刑法総論教科書（2005）	松村
三原憲三・刑法総論講義（1993）	三原
宮本英脩・刑法学粋（1931）	宮本・学粋
・刑法大綱（1935）	宮本
村井敏邦・刑法（新版・2005）	村井
泉二新熊・日本刑法総論上巻（1939）	泉二
森下忠・刑法総論（1993）	森下
山口厚・問題探究刑法総論（1998）	山口・問題探究
・刑法総論（第2版・2007）	山口
・刑法（第3版・2015）	山口・刑法
山中敬一・ロースクール講義刑法総論（2005）	山中・ロー
・刑法各論ⅠⅡ（2004）	各論

【祝賀論文集】（※出版年順）

牧野教授還暦祝賀・刑事論集（1938）	執筆者名・牧野還暦
宮本博士還暦祝賀・現代刑事法学の諸問題（1943）	執筆者名・宮本還暦
小野博士還暦記念・刑事法の理論と現実（1・2）（1951）	執筆者名・小野還暦〔1〕、〔2〕
瀧川先生還暦記念・現代刑事学の課題（上・下）（1955）	執筆者名・瀧川還暦〔上〕、〔下〕
木村博士還暦祝賀・刑事法学の基本問題（上・下）（1958）	執筆者名・木村還暦〔上〕、〔下〕
齊藤金作博士還暦祝賀・現代の共犯理論（1964）	執筆者名・齊藤還暦
日沖憲郎博士還暦祝賀・過失犯（上・下）（1966）	執筆者名・日沖還暦〔上〕、〔下〕
竹田直平博士＝植田重正博士還暦祝賀・刑法改正の諸問題（1967）	執筆者名・竹田＝植田還暦
佐伯千仭博士還暦祝賀・犯罪と刑罰（上・下）（1968）	執筆者名・佐伯還暦〔上〕、〔下〕
植松博士還暦祝賀・刑法と科学（法律編）（1971）	執筆者名・植松還暦
・刑法と科学（心理学・医学編）（1971）	執筆者名・植松還暦（心理編）
中野次雄判事還暦祝賀・刑事裁判の課題（1972）	執筆者名・中野還暦
平場安治博士還暦祝賀・現代の刑事法学（1977）	執筆者名・平場還暦〔上〕、〔下〕
鴨良弼先生古稀祝賀論集・刑事裁判の理論（1979）	執筆者名・鴨古稀
井上正治博士還暦祝賀・刑事法学の諸相（上・1981）（下・1983）	執筆者名・井上還暦〔上〕、〔下〕
岩田誠先生傘寿祝賀・刑事裁判の諸問題（1982）	執筆者名・岩田傘寿
団藤重光先生古稀記念論文集第1巻～第3巻（1983～1984）	執筆者名・団藤古稀〔1〕～〔5〕
井上祐司先生退官記念論集・現代における刑事法学の課題（1989）	執筆者名・井上退官
平野龍一先生古稀祝賀論文集（上・1990）（下・1991）	執筆者名・平野古稀〔上〕、〔下〕
荘子邦雄先生古稀祝賀・刑事法の理想と理論（1991）	執筆者名・荘子古稀

文献略称◇　ix

柏木千秋先生喜寿記念論文集・近代刑事法の理念と現実（1991）	執筆者名・柏木喜寿
中義勝先生古稀祝賀・刑法理論の探究（1992）	執筆者名・中古稀
八木國之先生古稀祝賀論文・刑事法の現代的展開（上・下）（1992）	執筆者名・八木古稀〔上〕、〔下〕
大國仁先生退官記念論集・海上犯罪の理論と実務（1993）	執筆者名・大國退官
内藤先生古稀祝賀・刑事法学の現代的状況（1993）	執筆者名・内藤古稀
福田平＝大塚仁博士古稀祝賀・刑事法学の総合的検討（上・下）（1993）	執筆者名・福田＝大塚古稀〔上〕、〔下〕
吉川経夫先生古稀祝賀・刑事法学の歴史と課題（1994）	執筆者名・吉川古稀
下村康正先生古稀祝賀・刑事法学の新動向（上・下）（1995）	執筆者名・下村古稀〔上〕、〔下〕
森下忠先生古稀祝賀・変動期の刑事法学（上・下）（1995）	執筆者名・森下古稀〔上〕、〔下〕
鈴木義男先生古稀祝賀・アメリカ刑事法の諸相（1996）	執筆者名・鈴木義古稀
香川達夫博士古稀祝賀・刑事法学の課題と展望（1996）	執筆者名・香川古稀
中山研一先生古稀祝賀論文集第1巻〜第5巻（1997）	執筆者名・中山古稀〔1〕〜〔5〕
横山晃一郎先生追悼論文集・市民社会と刑事法の交錯（1997）	執筆者名・横山追悼
中山善房判事退官記念・刑事裁判の理論と実務（1998）	執筆者名・中山退官
西原春夫先生古稀祝賀論文集第1巻〜第5巻（1998）	執筆者名・西原古稀〔1〕〜〔5〕
松尾浩也先生古稀祝賀論文集（上・下）（1998）	松尾古稀〔上〕、〔下〕
井戸田侃先生古稀祝賀論文集・転換期の刑事法学（1999）	井戸田古稀
大野眞義先生古稀祝賀・刑事法学の潮流と展望（2000）	大野古稀
夏目文雄先生古稀祝賀論文集・刑事法学の新展開（2000）	夏目古稀
渡部保夫先生古稀記念・誤判救済と刑事司法の課題（2000）	渡部古稀
田宮裕博士追悼論集・上巻（2001）	田宮追悼
光藤景皎先生古稀祝賀論文集（上・下）（2001）	光藤古稀〔上〕、〔下〕
佐藤司先生古稀祝賀・日本刑事法の理論と展望（上・下）（2002）	佐藤古稀〔上〕、〔下〕
三原憲三先生古稀祝賀論文集（2002）	三原古稀
内田文昭先生古稀祝賀論文集（2002）	内田古稀
中谷瑾子先生傘寿祝賀・21世紀における刑事規制のゆくえ（2003）	中谷傘寿
齊藤誠二先生古稀記念・刑事法学の現実と展開（2003）	齊藤古稀
佐々木史朗先生喜寿祝賀論文集・刑事法の理論と実践（2003）	佐々木喜寿
法学博士井上正治先生追悼論集・刑事実体法と裁判手続（2003）	井上追悼
能勢弘之先生追悼論集・激動期の刑事法学（2003）	能勢追悼
河上和雄先生古稀祝賀論文集（2003）	河上古稀
阿部純二先生古稀祝賀論文集・刑事法学の現代的課題（2004）	阿部古稀
現代社会型犯罪の諸問題（板倉宏博士古稀祝賀論文集）（2004）	板倉古稀
松岡正章先生古稀祝賀・量刑法の総合的研究（2005）	松岡古稀
小暮得雄先生古稀記念論文集・罪と罰・非情にして人間的なるもの（2005）	小暮古稀
小田中聰樹先生古稀記念論文集・民主主義法学・刑事法学の展望（上・下）（2005）	小田中古稀〔上〕、〔下〕
小林充先生・佐藤文哉先生古稀祝賀刑事裁判論集（上・下）（2006）	小林・佐藤古稀〔上〕、〔下〕
神山敏雄先生古稀祝賀論文集（1巻・2巻）（2006）	神山古稀1巻、2巻
岡野光雄先生古稀記念・交通刑事法の現代的課題（2007）	岡野古稀
鈴木茂嗣先生古稀祝賀論文集（上・下）（2007）	鈴木古稀〔上〕、〔下〕

◇文献略称

刑事政策の体系（前野育三先生古稀祝賀論文集）（2008）	前野古稀
立石二六先生古稀祝賀論文集（2010）	立石古稀
大谷實先生喜寿記念論文集（2011）	大谷喜寿
刑法・刑事政策と福祉（岩井宜子先生古稀祝賀論文集）（2011）	岩井古稀
植村立郎判事退官記念論文集（現代刑事法の諸問題）第1巻（2011）	植村退官
刑事法理論の探求と発見（斉藤豊治先生古稀祝賀論文集）（2012）	斎藤豊古稀
三井誠先生古稀祝賀論文集（2012）	三井古稀
改革期の刑事法理論（福井厚先生古稀祝賀論文集）（2013）	福井古稀
曽根威彦先生・田口守一先生古稀祝賀論文集（上・下）（2014）	曽根・田口古稀
刑事法・医事法の新たな展開（町野朔先生古稀記念）（上・下）（2014）	町野古稀
自由と安全の刑事法学（生田勝義先生古稀祝賀論文集）（2014）	生田古稀
川端博先生古稀祝賀論文集（上・下）（2014）	川端古稀
山口厚先生献呈論文集（髙山佳奈子・島田聡一郎［編］）（2014）	山口献呈
斎藤信治先生古稀記念論文集（法学新報121巻11・12号）	斎藤信古稀
野村稔先生古稀祝賀論文集（2015）	野村古稀

【講座・辞書・判例研究類】（※類別順・あいうえお順）

阿部純二編・基本法コンメンタール（第3版）（2007）	執筆者名・基本コンメ
阿部純二＝板倉宏＝内田文昭＝香川達夫＝川端博＝曽根威彦編・刑法基本講座1巻～4巻（1992～1994）、6巻（1992）	執筆者名・基本講座〔1〕～〔4〕
阿部純二＝川端博編・刑法1総論（基本問題セミナー）（1992）	執筆者名・基本セミ
石原一彦＝佐々木史朗＝西原春夫＝松尾浩也編・刑罰法大系1巻～4巻（1982～1984）	執筆者名・刑罰法大系
伊藤栄樹＝小野慶二＝荘子邦雄編・注釈特別刑法全7巻（1982～1986）	執筆者名・注釈特別刑法
植松正＝川端博＝曽根威彦＝日髙義博・現代刑法論争Ⅰ（第2版）（1997）	執筆者名・現代論争〔Ⅰ〕
大塚仁＝河上和雄＝佐藤文哉＝古田佑紀編・大コンメンタール刑法（第2版）1巻～13巻（1999～2006）	執筆者名・大コン
同（第3版）4、7、8、9、11巻（2013～）	執筆者名・大コン（3版）
大塚仁＝佐藤文哉編・新実例刑法（総論）（2001）	執筆者名・新実例
大谷實 vs 前田雅英・エキサイティング刑法（総論）（2000）	大谷＝前田・エキサイティング
川端博＝前田雅英＝伊東研祐＝山口厚・徹底討論刑法理論の展望（2000）	執筆者名・徹底討論
川端博・現代刑法理論の現状と課題（2005）	対談者名・現状と課題
川端博＝西田典之＝原田國男＝三浦守（編集代表）裁判例コンメンタール刑法1～3巻（2006）	裁判例コン〔1〕～〔3〕
佐伯仁志＝道垣内弘人・刑法と民法の対話（2001）	佐伯・道垣内・対話
芝原邦爾＝堀内捷三＝町野朔＝西田典之編・刑法理論の現代的展開（総論）Ⅰ/Ⅱ（1996）	執筆者名・現代的展開〔Ⅰ〕、〔Ⅱ〕
団藤重光編・注釈刑法全6巻（1964～1970）、補巻（1）（1974）、補巻（2）（1976）	注釈刑法
中義勝編・論争刑法（1976）	執筆者名・論争刑法
中山研一＝西原春夫＝藤木英雄＝宮澤浩一編・現代刑法講座1巻～3巻（1977～1979）	執筆者名・現代講座

西田典之=山口厚=佐伯仁志（編）・ジュリスト増刊刑法の争点（2007）　　　執筆者名・争点
西原春夫=藤木英雄=森下忠編・刑法学1～3（1977～1978）　　　執筆者名・刑法学〔1〕～〔3〕
日本刑法学会編・刑事法講座（1巻～3巻）（1952）　　　執筆者名・刑事法講座〔1〕～〔3〕
日本刑法学会編・刑法講座（1巻～4巻）（1963）　　　執筆者名・刑法講座〔1〕～〔4〕
平野龍一=佐々木史朗=藤永幸治編・注釈特別刑法1巻（1982～1986）
　　　執筆者名・注釈特別刑法〔1〕
藤木英雄編・刑法Ⅰ（総論）〈判例と学説7〉（1976）　　　執筆者名・刑法Ⅰ総論
堀内捷三=町野朔=西田則之編・判例によるドイツ刑法（総論）（1986）
　　　執筆者名・判例による刑法
前田雅英（編集代表）・条解刑法（第3版）（2013）　　　執筆者名・条解
町野朔=堀内捷三=西田典之=前田雅英=林幹人=林美月子=山口厚・考える刑法（1986）
　　　執筆者名・考える刑法
大塚仁編・判例コンメンタール刑法Ⅱ（1968）　　　執筆者名・判例コンメ
刑事判例研究会・刑事判例評釈集1～50巻（昭和16年～昭和63年）（1936～2000）
　　　執筆者名・刑事判例評釈集〔1〕～〔50〕
最高裁判所調査官室・最高裁判所判例解説（刑事篇昭和29～平22年度）〔昭30～平25〕
　　　執筆者名・最判解
芝原邦爾編・刑法の基本判例（1988）　　　執筆者名・基本判例
山口厚=佐伯仁志編・刑法判例百選Ⅰ（総論）（第7版）（2014）　　　百選（判例番号）
ジュリスト臨時増刊・刑法の判例（第2版・1973）　　　執筆者名・刑法の判例
ジュリスト臨時増刊・重要判例解説（昭43～平25）　　　執筆者名・重判解
中森喜彦=塩見淳編・ケースブック刑法1（総論）（2006）　　　中森・塩見・ケース
中山研一・刑事法小辞典（第2版・2003）　　　小辞典
西田典之=山口厚=佐伯仁志・判例刑法総論（第6版）（2013）　　　判例刑法
西原春夫=宮澤浩一=阿部純二=板倉宏=大谷實=芝原邦爾・判例刑法研究1巻～4巻（1980
　　　～1981）　　　執筆者名・判例研究刑法〔1〕～〔4〕
福田平=大塚仁編・演習刑法総論（1983）　　　執筆者名・演習刑法総論
藤永幸治=河上和雄=亀山継夫・刑法判例研究（1981）　　　執筆者名・刑法判例研究
三井誠=町野朔=曽根威彦=中森喜彦=吉岡一男=西田典之編・刑事法辞典（2003）　　　辞典
山口厚編著・クローズアップ刑法総論（2003）　　　執筆者名・クローズアップ
山口厚・新判例から見た刑法（第3版）（2015）　　　山口・新判例
山口厚=井田良=佐伯仁志・理論刑法学の最前線（2006）　　　執筆者名・最前線
有斐閣総合判例研究叢書・刑法〔(1)～(26)〕（1956～1965）　　　執筆者名・総判研
クラウス・ロクシン・刑法総論（第1巻第1分冊＝平野龍一監修・監訳＝町野朔・吉田宣之
　　　［2003］）（第1巻第2分冊［2009］、第2巻第1分冊［2011］、第2分冊［2012］＝山中敬一監訳）
　　　ロクシン・訳書

【雑誌類】

関西大学法学論集	関法	ジュリスト	ジュリ
警察学論集	警論	判例時報	判時
警察研究	警研	判例タイムズ	判タ
刑法雑誌	刑雑	判例評論	判評
現代刑事法	現刑	法学教室	法教

◇文献略称

法学セミナー	法セ	法律のひろば	ひろば
法曹時報	曹時	Law School	LS
法律時報	法時		

【法令】

改正刑法仮案	仮案	私的独占の禁止及び公正取引の確保に関する法律	独禁法
改正刑法準備草案	準備草案	心神喪失等の状態で重大な他害行為を行った者の医療及び観察等に関する法律	心神喪失者医療観察法
改正刑法草案	草案		
警察官職務執行法	警職法		
刑事収容施設及び被収容者等の処遇に関する法律	刑事施設法		
刑事施設及び被収容者の処遇に関する規則	刑事施設規則	ストーカー行為等の規制等に関する法律	ストーカー規制法
		精神保健及び精神障害者福祉に関する法律	精神保健法
刑事訴訟法	刑訴法		
決闘罪に関する件	決闘	地方公営企業労働関係法	地企労法
(旧)公営企業体労働関係法	公労法	地方公務員法	地公法
交通事件即決裁判手続法	交通裁判法	盗犯等の防止及び処分に関する法律	盗犯等防止法
国家公安委員会関係刑事収容施設及び被収容者等の処遇に関する法律施行規則	刑事施設法施行規則	地方公営企業労働関係法	地企労法
		道路交通法	道交法
国営企業労働関係法	国企労法	日本国憲法	憲法
国事行為の臨時代行に関する法律	国事代行法	破壊活動防止法	破防法
		麻薬及び向精神薬取締法	麻薬取締法
国家公務員法	国公法	労働関係調整法	労調法
非訟事件手続法	非訟	労働基準法	労基法
人の健康に係る公害犯罪の処罰に関する法律	公害罪法	労働組合法	労組法
暴力行為等処罰に関する法律	暴力行為等処罰法		

【判例】

大審院	大	高等裁判所刑事裁判特報	高裁特
最高裁判所	最	高等裁判所刑事裁判決特報	高刑特
最高裁判所大法廷	最大	第一審刑事裁判例集	第一審刑集
高等裁判所	高	下級裁判所刑事裁判例集	下刑集
地方裁判所	地	東京高等裁判所刑事判決時報	東高刑事時報
支部	支		
判決	判	大審院判決全集	判決全集
決定	決	最高裁判所裁判集刑事	裁判集刑
大審院刑事判決録	刑録	刑事裁判資料	刑裁資
大審院刑事判例集、最高裁判所刑事判例集	刑集	裁判所時報	時報
		家庭裁判月報	家裁月報
高等裁判所刑事判例集	高刑集	法律評論	評論

| 法律新聞 | 新聞 |

【外国文献】

Baumann, Jürgen/Weber, Urlich/Mitsch, Wolfgang: Strafrecht, Allgemeiner Teil, 11. Aufl., 2003
　　バウマン
Beling, Ernst: Die Lehre vom Verbrechen, 1906　　ベーリング
Blei, Hermann: Strafrecht, Allgemeiner Teil, 18. Aufl., 1983　　ブライ
Bockelmann, Paul/Volk, Klaus: Strafrecht, Allgemeiner Teil, 4. Aufl., 1987　　ボッケルマン
Fischer, Thomas: Strafgesetzbuch und Nebengesetze, 62. Aufl., 2015　　フィッシャー
Frank, Reinhard: Das Strafgesetzbuch für das Deutschen Reich, 18. Aufl., 1931　　フランク
Freund, Georg: Strafrecht. Allgemeiner Teil, 2. Aufl., 2009　　フロイント
Fuchs, Helmuth : Österreichisches Strafrecht, Allgemeiner Teil 1, 7. Aufl., 2008　　フックス
Gropp, Walter: Strafrecht. Allgemeiner Teil, 3. Aufl., 2005　　グロップ
Haft, Fritiof: Strafrecht. Allgememer Teil, 9. Aufl., 2004　　ハフト
Heinrich, Bernd: Strafrecht　Allgemeiner Teil Ⅰ, Ⅱ, 4. Aufl., 2014　　ハインリッヒ
v. Hippel, Robert; Deutsches Strafrecht. Bd. 1, 1925, Bd. 2, 1930　　ヒッペル
Höpfel, Frank/Ratz, Eckart, Wiener Kommentar zum Strafgesetzbuch, Bd. 1, 2. Aufl., 2005-2013
　　ヘップフェル
Jakobs, Günther: Strafrecht. Allgemeiner Teil, 2. Aufl., 1991　　ヤコブス
Jescheck, Hans Heinrich/Weigend, Thomas: Lehrbuch des Strafrechts. Allgemeiner Teil, 5. Aufl.,
　1996　　イェシェック・ヴァイゲント
Joecks, Wolfgang / Miebach, Klaus / Heintschel-Heinegg, Bernd von (Hrsg.), Münchener Kom-
　mentar zum StGB, Bd. 1, 2003, § 1-51, §§ 1-37, 2. Aufl., 2011, §§ 52-79, 2005
　　ミュンヘナー・コンメ
Kindhäuser, Urs: Strafrecht Allgemeiner Teil, 2. Aufl., 2006　　キントホイザー
Kindhäuser, Urs/ Neumenn, Ulfrid/ Paeffgen, Hans-Ullrich (Hrsg.), NOMOS-Kommentar Straf-
　gesetzbuch Bd. 1, 2, 3, 4. Aufl., 2013　　ノモス・コンメ
Kohler, Michael: Strafrecht. Allgemeiner Teil, 1997　　コーラー
Kühl, Kristian : Strafrecht. Allgemeiner Teil, 7. Aufl., 2012　　キュール
Lackner, Karl /Kühl, Kristian: StGB 28. Aufl., 2014　　ラックナー
Leipziger Kommentar, Strafgesetzbuch. 10. Aufl., 1978 1989. 11, Aufl., 1993-
　　ライプチガー・コンメ
V. Liszt, Franz /Schmidt, Eberhard: Lehrbuch des deutschen Strafrechts. 26. Aufl., 1932　リスト
Maurach, Reinhard /Zipf, Heinz: Strafrecht. Allgemeiner Teil, Teilband Ⅰ, 8. Aufl., 1992
　　マウラッハⅠ
Maurach, Reinhard /Gössel, Karl Heinz /Zipf, Heinz: Strafrecht, Allgemeiner Teil, Teilband 2,
　7. Aufl., 1989　　マウラッハⅡ
Mayer, Hellmuth: Strafrecht. Allgemeiner Teil, 1953　　H. マイヤー
Mayer, Max Ernst: Der allgemeine Teil des deutschen Strafrechts, 1923　　M. E. マイヤー
Mezger, Edmund : Strafrecht. 3, Aufl., 1949　　メツガー
Naucke, Wolfgang: Strafrecht. 10. Aufl., 2002　　ナウケ
Otto, Harro : Grundkurs Strafrecht, Allgemeine Stafrechtslehre, 7. Aufl., 2004　　オットー
Rengier, Rudolf, Strafrecht Allgemeiner Teil, 6. Aufl., 2014　　レンギア

Roxin, Claus : Strafrecht, Allgemeiner Teil, Bd I, 4. Aufl., 2006, Bd. 2, 2003　　　　ロクシン
Rudolphi, Hans-Joachim/Horn, Eckard /Samson, Erich /Günther, Hans-Ludwig/Hoyer, Andreas
　: Systematischer Kommentar zum Strafgesetzbuch, Bd. I, Allgemeiner Teil, 6, Aufl., 1998
　　　　　　　　　　　　　　　　　　　　　　　　　　　　　　　　　　システム・コンメ
Sauer, Wilhelm : Allgemeine Strafrechtslehre, 3. Aufl., 1955　　　　ザウアー
Satzger, Helmut/Wessels, Johannes/Beulke, Werner: Strafrecht, Allgemeiner Teil, 44. Aufl., 2015
　　　　　　　　　　　　　　　　　　　　　　　ザッツガー・ヴェッセルス・ボイルケ
Schönke, Adolf /Schröder, Horst: Strafgesetzbuch. Kommentar, 29. Aufl., 2014
　　　　　　　　　　　　　　　　　　　　　　　　　　　　シェンケ・シュレーダー
Schmidhäuser, Eberhard : Strafrecht. Allgemeiner Teil, 2. Aufl., 1975　　シュミットホイザー
Seelmann, Kurt: Strafrecht Allgemeiner Teil, 5. Aufl., 2012　　　　ゼールマン
Stratenwerth, Günter /Kuhlen, Lothar: Strafrecht. Allgemeiner Teil, 5. Aufl., 2004
　　　　　　　　　　　　　　　　　　　　　　　　　　　　　シュトラーテンヴェト
ders., Schweizerisches Strafrecht, Allgemeiner Teil 1, 2. Aufl., 1996
Triffterer, Otto: Österreichisches Strafrecht, Allgememer Teil, 2. Aufl., 1994　　トリフテラー
v. Weber, Hellmuth : Grundriss des deutschen Strafrechts, 2 Aufl., 1948　　ヴェーバー
Wegner, Arthur: Strafrecht Allgemeiner Teil, 1951　　　　ヴェークナー
Welzel, Hans : Das deutsche Strafrecht, 11. Aufl., 1969　　　　ヴェルツェル
Wolter, Jürgen, Systematischer Kommentar zum Strafrecht (SK-StGB) 5. Ordner　　ヴォルター
Entscheidungen des Bundesgerichtshofes in Strafsachen　　　　連邦裁判所刑事判例集

目　次

第3版はしがき
文献略称

第1編　序　論

第1章　刑法の意義および機能 …3
第1節　刑法の意義 …3
§1　形式的意義における刑法・実質的意義における刑法 …3
§2　現行刑法 …4
　1　現行刑法の成立過程（4）　2　現行刑法の特徴（5）
　3　刑法の改正（5）
§3　刑法の法体系における地位 …11
　1　公法としての刑法（11）　2　刑事実体法としての刑法（11）
　3　刑法の実現（12）
§4　一般刑法と特別刑法 …12
　1　意　義（12）　2　特別刑法と行政刑法（12）
　3　一般刑法と行政刑法の区別基準（13）　4　自然犯と法定犯（13）
　5　区別の流動性（14）
§5　刑法総則・各則 …14
　1　意　義（14）　2　刑法総則の適用（14）
　3　「特別の規定」の意義（15）
§6　刑法学 …15
　1　刑法学の任務（15）　2　刑事法学（16）
第2節　刑法の機能 …17
§7　刑法規範の三つの機能 …17
　1　規制機能（17）　2　保護機能（17）　3　保障機能（18）
§8　刑法規範の段階的構造とその実現 …18
　1　行為規範と制裁規範（18）

2　事前的犯罪予防機能・事後的犯罪処理機能〔19〕
　　3　行為規範の意義〔21〕
　　4　制裁規範の前提としての評価規範違反と決定規範違反〔21〕
　　5　制裁規範実現としての処罰の機能〔22〕

第2章　刑法思想の史的展開 24
第1節　古典学派の刑法思想 24
§9　初期啓蒙期の刑法観 24
　　1　合理的刑法観の誕生〔24〕
　　2　ドイツ啓蒙絶対主義の刑法思想〔24〕
§10　前期旧派の刑法思想 25
　　1　ベッカリアの刑法思想〔25〕
　　2　フォイエルバッハの刑法思想〔26〕
　　3　前期旧派の刑法思想の特徴〔27〕
§11　後期旧派の刑法思想 27
　　1　後期旧派の刑法思想の哲学的背景〔27〕
　　2　後期旧派の刑法思想〔28〕

第2節　近代学派の刑法思想 30
§12　初期近代学派の生成 30
　　1　近代学派誕生の背景〔30〕　　2　イタリア実証学派の犯罪理論〔30〕
§13　リストの近代学派刑法理論 31
　　1　刑事社会学派の刑法思想〔31〕　　2　リストの目的刑主義〔31〕

第3節　折衷説からナチズムの刑法思想へ 32
§14　折衷主義の有力化 32
　　1　学派の争いの終息〔32〕　　2　折衷主義の刑法思想〔33〕
§15　ナチズムの刑法思想 33
　　1　ナチス刑法学の一般的特徴〔33〕　　2　権威主義刑法〔33〕

第4節　わが国における刑法思想の展開 34
§16　西洋近代の刑法思想の継受 34
　　1　仮刑律・新律綱領・改定律例〔35〕
　　2　旧刑法の制度とフランス刑法の影響〔35〕

3　折衷主義の刑法理論 (36)
　　　4　社会防衛的主観主義刑法学の登場 (36)
　　　5　現行刑法の制定とドイツ刑法学の影響 (37)
　§17　わが国における学派の争い……………………………………37
　　　1　新派刑法学 (37)　　2　旧派刑法学 (38)
　　　3　学派の争いの終焉 (39)

第3章　刑法理論の基礎……………………………………41
第1節　現代刑法の理論的基礎……………………………41
　§18　学派の争いの終焉と戦後の刑法理論の展開 ……………41
　　　1　新旧両派の熾烈な対立 (41)　　2　両派の総合 (42)
　　　3　目的主義刑法学と刑事政策的機能主義刑法学 (42)
　　　4　規範主義的刑法学・その他 (43)　　5　わが国の戦後刑法学の展開 (44)
　　　6　現代の刑法理論への動き (44)　　7　刑法理論の展開 (46)
　§19　現代における刑事政策と刑法理論 ……………………………46
　　　1　刑法理論における犯罪予防と人権保障 (46)
　　　2　刑事政策的刑法理論 (47)　　3　謙抑的事後予防刑法理論 (49)

第2節　犯罪の基礎理論……………………………………50
　§20　謙抑的法益保護の原則 ……………………………………………50
　　　1　刑法の任務 (50)　　2　個人的法益保護の原則 (51)
　　　3　犯罪化・非犯罪化と自己決定権 (52)
　　　4　危険社会における刑法の機能の変化 (52)
　　　5　刑法の第二次性・補充性 (54)
　　　6　客観主義・主観主義から行為無価値・結果無価値へ (55)
　§21　責任と予防 …………………………………………………………56
　　　1　責任主義 (56)　　2　責任主義と予防目的 (57)

第3節　刑罰の基礎理論……………………………………58
　§22　刑罰の意義 …………………………………………………………58
　　　1　応報刑論から予防刑論へ (58)　　2　予防刑論 (59)
　§23　刑事制裁の体系（刑罰と処分）……………………………………62
　　　1　刑罰の種類 (62)　　2　保安処分と刑罰の二元主義 (62)
　　　3　刑罰以外の制裁 (63)　　4　自由刑の執行 (64)

第4章　罪刑法定主義……66
第1節　罪刑法定主義の思想……66
§24　罪刑法定主義の意義……66
1　罪刑法定主義の由来（66）　2　罪刑法定主義の思想（67）
§25　罪刑法定主義の思想的・実定法的基盤……67
1　罪刑法定主義の思想的淵源（67）
2　わが国における実定法上の罪刑法定主義の展開（68）
第2節　罪刑法定主義の内容……70
§26　法律主義……70
1　慣習法の排除と判例の法源性（70）
2　命令・委任と罰則（70）　3　条例と罰則制定権（71）
第3節　罪刑法定主義の派生原理……72
§27　派生原理総説……73
1　派生原理の種類（73）　2　絶対的不定期刑の禁止（73）
3　判例の遡及的変更の禁止（74）
§28　類推解釈の禁止……75
1　刑法学における解釈の意義（75）　2　解釈の種類（76）
3　類推解釈の禁止（78）
§29　明確性の原則……83
1　明確性の原則の意義（83）　2　明確性の判断基準（83）
3　判例の検針（84）
§30　適正処罰の原則……87
1　適正処罰の原則の意義（87）
2　適法処罰の原則の適用例（88）

第5章　刑法の適用範囲……93
第1節　総　説……93
第2節　刑法の場所的適用範囲……94
§31　国際刑法と刑事国際法……94
§32　立法主義……95
1　属地主義（96）　2　属人主義（96）　3　保護主義（96）

4　世界主義 *(96)*　　5　代理処罰主義 *(97)*
　§33　国内犯 ……………………………………………………………… *98*
　　　1　「日本国内」の意義 *(98)*　　2　犯罪地の決定 *(99)*
　　　3　未遂・危険犯・共犯・予備 *(100)*
　§34　すべての者の国外犯 ………………………………………………… *101*
　§35　国民の国外犯 ………………………………………………………… *102*
　§35の2　国民以外の者の国外犯 ………………………………………… *103*
　§36　公務員の国外犯 …………………………………………………… *103*
　§37　条約による国外犯 ………………………………………………… *104*
　§38　国外犯規定の理論的・実際的意味 ……………………………… *105*
　　　1　国外犯処罰の理論的根拠 *(105)*　　2　裁判権との区別 *(106)*
　　　3　国際司法共助 *(106)*　　4　国際司法共助の一般原則 *(107)*
　§39　外国判決の効力 …………………………………………………… *108*
第3節　時間的適用範囲 ………………………………………………… *109*
　§40　刑罰法規不遡及の原則 …………………………………………… *109*
　§41　犯罪後の法律による刑の変更 …………………………………… *110*
　　　1　刑法6条の意義 *(110)*　　2　「犯罪後」の意義 *(110)*
　　　3　「法律」の意義 *(111)*　　4　「刑の変更」と諸々の法律効果 *(111)*
　　　5　「刑の変更」と犯罪成立要件 *(112)*
　§42　限時法および白地刑罰法規と補充規範の改廃 ………………… *115*
　　　1　限時法の意義 *(115)*　　2　限時法における追及効 *(115)*
　　　3　白地刑罰法規と刑の廃止 *(116)*
第4節　刑法の人的適用範囲 …………………………………………… *119*
　§43　総　説 ……………………………………………………………… *119*
　§44　天皇・摂政 ………………………………………………………… *119*
　§45　国務大臣・国会議員 ……………………………………………… *120*
　§46　外国の元首・外交官・軍隊 ……………………………………… *120*

第 2 編　犯　罪　論

第 1 章　犯罪論の体系 …………………………………… *123*
第 1 節　犯罪論体系の構造 ………………………………… *123*
§47　犯罪論体系の意義 ……………………………………… *123*
§48　犯罪論体系の視座 ……………………………………… *124*
　1　三つのアプローチ（*124*）　　2　目的合理的体系（*126*）
　3　形式的合理的体系（*127*）　　4　実質的合理的体系（*127*）
　5　実質的犯罪論？（*127*）
§49　犯罪論の構造 …………………………………………… *128*
　1　犯罪論と刑罰権の発生（*128*）
　2　犯罪体系の共通要素としての行為（*130*）
　3　犯罪論の基本的体系と拡張的体系（*130*）
　4　犯罪論の段階的構造（*131*）
§50　二段階犯罪論体系・三段階犯罪論体系 …………… *134*
第 2 節　犯罪論体系の理念史的展開 ……………………… *135*
§51　犯罪論体系と諸要素の位置づけ …………………… *135*
§52　犯罪論体系の展開 …………………………………… *136*
　1　古典的犯罪論体系（*136*）　　2　新古典的犯罪論体系（*136*）
　3　目的的行為論の犯罪論体系（*136*）
　4　現代新古典的犯罪論体系（*137*）
　5　問題思考的・機能主義犯罪論体系（*137*）
§53　規範体系的機能主義の犯罪論体系 ………………… *138*

第 2 章　行　為　論 …………………………………………… *141*
第 1 節　行為論の意義と機能 ……………………………… *141*
§54　行為論の意義 …………………………………………… *141*
§55　行為概念の機能 ………………………………………… *142*
　1　行為論の三つの機能（*143*）　　2　三つの機能のそれぞれの意義（*143*）
第 2 節　行為概念の意義と機能 …………………………… *144*

§56　行為概念の二つの意味 …………………………………………… *144*
　§57　行為概念の二つの内部的機能 …………………………………… *145*
第3節　行為論の諸学説 …………………………………………………… *146*
　§58　因果的行為論（自然的行為論・有意的行為論）………………… *146*
　　1　因果的行為論の内容（*146*）　2　因果的行為論の批判（*147*）
　§59　目的的行為論 ……………………………………………………… *148*
　　1　目的的行為論の内容（*148*）　2　目的的行為論の問題点（*148*）
　　3　目的的行為論の批判（*149*）
　§60　社会的行為論 ……………………………………………………… *150*
　　1　社会的行為論（*150*）　2　純粋な社会的行為論（*151*）
　§61　人格的行為論 ……………………………………………………… *152*
　§62　身体動静説 ………………………………………………………… *152*
　§63　人的・社会的帰属可能性説（本書の立場）……………………… *153*
　　1　行為論の意義（*153*）　2　人的・社会的帰属概念（*154*）
　　3　行為論の犯罪成立要件不該当の徴表機能（*156*）

第3章　構成要件論 …………………………………………………… *157*
第1節　構成要件の概念 ……………………………………………… *157*
　§64　構成要件の意義 …………………………………………………… *157*
　　1　狭義の構成要件・全構成要件（保障構成要件）（*157*）
　　2　その他の意味における構成要件（*158*）
　§65　構成要件論の史的展開 …………………………………………… *159*
　　1　ベーリングの価値中立的構成要件の誕生と背景（*159*）
　　2　不法構成要件（*159*）　3　消極的構成要件要素の理論（*160*）
　§66　構成要件と違法性との関係 ……………………………………… *161*
　　1　わが国における構成要件論の展開（*161*）
　　2　現代の構成要件論（*161*）
　§67　客観的構成要件と主観的構成要件 ……………………………… *165*
　　1　総　説（*165*）　2　客観的構成要件（*166*）
　　3　主観的構成要件（*167*）
　§68　客観的構成要件の機能 …………………………………………… *168*

        1 罪刑法定主義的機能 (*168*)　　2　体系的機能 (*168*)
        3 故意規制的機能 (*168*)　　4　違法推定機能 (*169*)
　　§69　主観的構成要件の機能 ·· *169*
        1 犯罪個別化機能 (*170*)　　2　違法性の意識に対する提訴機能 (*170*)
　　§70　構成要件の諸形態 ·· *171*
        1 基本的構成要件 (*171*)　　2　拡張された構成要件 (*171*)
　　§71　基本的構成要件の諸類型 ·· *173*
        1 実質犯と形式犯 (*173*)　　2　形式犯 (*173*)
        3 侵害犯と危険犯 (*174*)　　4　結果犯と挙動犯（単純行為犯）(*177*)
        5 結果的加重犯 (*178*)　　6　即成犯・継続犯・状態犯 (*180*)
　　§72　構成要件の内容的分類 ·· *182*
        1 開かれた構成要件と全体的行為評価要素 (*183*)
        2 基本的構成要件・派生的構成要件・独立構成要件 (*184*)
        3 単一犯と結合犯 (*184*)
第 2 節　構成要件要素 ·· *185*
　　§73　構成要件要素の分類 ·· *186*
        1 客観的構成要件要素と主観的構成要件要素 (*186*)
        2 記述的構成要件要素と規範的構成要件要素 (*189*)
　　§74　行為主体 ·· *190*
        1 身分犯 (*190*)　　2　自手犯 (*194*)　　3　法人の犯罪能力 (*195*)
第 3 節　被害者の同意 ·· *205*
　　§75　被害者の同意の意義 ·· *205*
        1 法益保護の放棄とその効果 (*205*)
        2 国家的法益・社会的法益に関する同意 (*206*)
　　§76　被害者の同意の体系的地位 ·· *206*
        1 同意の分類と体系的地位 (*206*)
        2 違法阻却事由としての被害者の同意？(*207*)
        3 構成要件の保護の目的としての「法益」の意義 (*209*)
        4 個人的法益処分権の限界としての「重大な傷害」(*211*)
        5 重大な傷害における利益衡量の要素としての同意 (*212*)
　　§77　同意の要件 ·· *213*
        1 意思表示説・意思方向説 (*213*)　　2　行為者による同意の認識 (*214*)

3　同意の意思内容・対象・時期・方法・同意能力・同意の代理（*214*）
　§78　同意における意思の欠缺 …………………………………………*217*
　　　1　同意の有効要件（*217*）　2　同意者の錯誤（*217*）
　　　3　暴行・脅迫に基づく同意（*221*）

第4節　不作為犯論 …………………………………………………*223*

　§79　不作為犯の意義と展開 …………………………………………*223*
　　　1　不作為犯の意義（*223*）　2　不作為犯理論史（*232*）
　§80　不作為の因果関係 ………………………………………………*234*
　　　1　不作為の因果関係の意義（*234*）
　　　2　不作為の因果関係に関する学説（*235*）　3　期待説（*236*）
　§81　通説による不作為犯の体系構成 ………………………………*237*
　　　1　保障人的地位・義務（*237*）　2　作為の可能性（*237*）
　　　3　同価値性（*238*）
　§82　不作為犯の体系構成 ……………………………………………*238*
　　　1　不作為犯の成立要件（総説）（*238*）
　　　2　保障人的義務の発生根拠（*240*）
　　　3　保障人的地位と保障人的義務（*247*）
　　　4　危険回避可能性（*248*）　5　不作為犯の実行行為（*250*）
　　　6　不作為犯の客観的帰属（*250*）
　§83　わが国の判例 ……………………………………………………*252*
　　　1　不作為による嬰児の餓死（*252*）
　　　2　放火に関する判例（*253*）
　　　3　轢き逃げに関する判例（*254*）
　　　4　治療を受けさせずに死亡させた事案（*255*）

第5節　客観的帰属論 ………………………………………………*256*

　§84　客観的帰属論の意義 ……………………………………………*256*
　　　1　客観的帰属とは何か（*256*）　2　帰属と因果関係（*257*）
　§85　客観的帰属論の展開 ……………………………………………*258*
　　　1　客観的帰属論前史（*258*）
　　　2　因果関係論とその限定理論（*258*）
　　　3　違法性連関論の登場（*259*）　4　客観的帰属論の提唱（*259*）
　　　5　規範の保護範囲の理論（*260*）
　　　6　現代客観的帰属論の誕生（*260*）

§86　条件関係論（客観的帰属論の基礎） …… 261
1　因果概念（261）　　2　条件公式（263）
3　条件公式の問題点（264）　　4　条件公式の放棄（269）
5　合法則的条件の理論（269）

§87　相当因果関係説 …… 275
1　相当因果関係説の意義（275）　　2　相当因果関係と判例（279）
3　相当因果関係説の変容と問題点（280）

§88　客観的帰属論の構造・機能・内容 …… 291
1　客観的帰属論の構造と機能（291）　　2　危険創出連関（293）
3　危険実現連関（298）

第6節　故意構成要件 …… 311

§89　故意構成要件の意義 …… 311

§90　故意の体系的地位と対象 …… 312
1　故意の体系的地位（313）　　2　故意の対象範囲（313）
3　故意の対象と内容（315）

§91　故意の種類 …… 322
1　侵害故意と危険故意（322）
2　確定的故意と不確定的故意（323）
3　事前の故意・事後の故意・条件付故意（325）
4　故意の本質（未必の故意と認識ある過失の区別）（328）
5　未必の故意に関する判例（333）

第7節　構成要件的事実の錯誤 …… 335

§92　錯誤の意義 …… 335
1　構成要件的事実の錯誤の射程（335）
2　事前の錯誤と事後の錯誤（336）

§93　具体的事実の錯誤 …… 337
1　具体的事実の錯誤の意義（337）　　2　学　説（338）
3　学説の検討（342）
4　器物損壊罪・財産罪等における具体的事実の錯誤（350）

§94　抽象的事実の錯誤 …… 351
1　抽象的事実の錯誤の意義（351）　　2　学説の状況（352）
3　判例の動向（361）

§95　因果経過の錯誤 …… 362

　　　　1　因果経過の錯誤の意義（362）
　　　　2　因果関係の錯誤論の基礎（363）
　　　　3　因果関係の錯誤無用論（364）　　4　故意帰責説（365）
　　　　5　実行行為性の認識？（366）
　　　　6　ヴェーバーの概括的故意の事例（368）
　　　　7　早すぎた構成要件実現（373）
　第8節　過失構成要件論 ……………………………………………380
　　§96　過失の概念と過失犯例外処罰の原則 ……………………380
　　　　1　過失の概念（380）　　2　過失犯の例外処罰（381）
　　§97　過失構成要件の意義 …………………………………………382
　　　　1　過失構成要件の構造（382）　　2　過失正犯構成要件該当性（383）
　　　　3　過失実行行為の意義（384）
　　§98　過失犯の理論 …………………………………………………386
　　　　1　過失理論の展開と課題（386）　　2　旧過失論（伝統的過失論）（387）
　　　　3　新過失論（388）　　4　新々過失論（危惧感説）（390）
　　　　5　修正旧過失論（391）　　6　客観的帰属構成要件説（392）
　　　　7　過失実行行為の競合の諸類型（394）
　　§99　構成要件要素としての客観的帰属 ………………………396
　　　　1　危険創出連関（396）
　　　　2　危険創出連関否定原理・危険状況創出行為（400）
　　§100　管理監督過失論 ………………………………………………406
　　　　1　管理監督過失論の展開（407）　　2　管理監督過失の意義（414）
　　　　3　監督過失の処罰根拠（418）　　4　組織過失論の提唱（418）
　　§101　危険実現連関 …………………………………………………426
　　　　1　危険増加連関（427）　　2　狭義の危険実現連関（433）

第4章　違　法　論 …………………………………………………436
　第1節　違法論の基礎 ………………………………………………436
　　§102　違法性判断の意義 ……………………………………………436
　　　　1　違法性の判断・可罰的違法性の判断（436）
　　　　2　形式的違法性と実質的違法性（439）
　　　　3　客観的違法論と主観的違法論（441）

§103 行為無価値・結果無価値・危険無価値 …………………443
1 概念内容（443）　2 結果無価値論か行為無価値論か（445）
3 結果無価値と危険無価値（448）

§104 可罰的違法性論 …………………………………………449
1 可罰的違法性の理論（449）　2 可罰的違法性の諸類型（451）

§105 正当化事由の意義と体系 ……………………………463
1 正当化事由の意義（463）
2 一元的および多元的正当化根拠（463）
3 主要正当化原理と補助的正当化原理（465）

§106 主観的正当化要素の要否 ……………………………466
1 主観的正当化要素の意義（466）
2 主観的正当化要素と違法論（466）
3 主観的正当化要素の必要説・不要説（467）

§107 超法規的違法阻却事由 ………………………………469
1 超法規的違法阻却事由と35条（469）
2 判例における超法規的違法阻却事由（469）
3 超法規的違法阻却事由と予防防衛（471）
4 防御的緊急避難類似構成（471）

§108 正当化事由の錯誤 ……………………………………472
1 正当化事由の錯誤の意義（472）　2 学説の状況（473）
3 本書の立場（故意構成要件阻却説）（478）

第2節　正当防衛 …………………………………………………479

§109 正当防衛の意義と基本思想 …………………………479
1 正当防衛の意義（479）　2 正当防衛の二元的正当化根拠（480）
3 正当防衛の正当化根拠に関する異説の検討（481）

§110 正当防衛の要件 ………………………………………484
1 急迫不正の侵害（484）
2 自己または他人の権利を防衛するため（492）
3 やむを得ずにした行為（502）　4 防衛行為の内在的制限（513）

§111 過剰防衛・誤想防衛 …………………………………527
1 過剰防衛（527）　2 誤想防衛（536）　3 誤想過剰防衛（537）

§112 盗犯等防止法による正当防衛 ………………………542
1 1条1項（542）　2 1条2項（544）

第3節　緊急避難 …………………………………………………………546
§113　緊急避難の意義 ……………………………………………546
§114　緊急避難の不処罰根拠 ……………………………………547
1　違法阻却一元説（547）　　2　責任阻却一元説（549）
3　二分説（550）
4　本書の立場（可罰的違法阻却と可罰的責任阻却の二分説）（555）
§115　緊急避難の成立要件………………………………………557
1　自己または他人の生命、身体、自由または財産に対する現在の危難（557）
2　危難を避けるためにやむを得ずにした行為（561）
3　生じた害が避けようとした害の程度を超えなかった場合（565）
4　業務上特別義務者の特則（574）　　5　過剰避難・誤想避難（575）
§116　義務衝突 ……………………………………………………578
1　広義の義務衝突の意義（579）　　2　狭義の義務衝突の意義（580）
3　義務衝突の法的性質（581）
§117　自救行為 ……………………………………………………584
1　自救行為の意義と根拠（584）　　2　判　例（585）
3　自救行為の要件（586）

第4節　一般的正当行為 ……………………………………………………589
§118　35条の趣旨と適用範囲 ……………………………………589
1　35条の射程をめぐる問題状況（589）　　2　学説の状況（590）
§119　法令行為 ……………………………………………………592
1　法令行為の意義（592）　　2　法令にもとづく職権行為（592）
3　法令にもとづく権利行為または権限行為（593）
4　法令によって一定の技術的要件のもとに適法性を明示された行為（598）
5　法令によって政策的に許容された社会的有害行為（599）
§120　正当業務行為 ………………………………………………599
1　正当業務行為総説（599）　　2　治療行為（600）
3　取材活動（611）　　4　弁護活動（612）
§121　超法規的正当化事由としての被害者の同意 …………………612
1　重大な傷害に対する被害者の同意（613）　　2　判　例（613）
§122　推定的同意 …………………………………………………614
1　推定的同意の意義と類型（614）
2　推定的同意の法的性格（615）　　3　推定的同意の要件（618）

第5章　責任論 ……………………………………………………… *621*
第1節　責任論の基礎 ……………………………………………… *621*
§123　責任の本質 ……………………………………………… *621*
1　責任の意義（*621*）　2　責任主義（*622*）
§124　責任論の基礎としての意思自由論 ………………………… *623*
1　責任における意思自由の意義（*623*）
2　意思自由に関する諸見解（*624*）
§125　責任の概念をめぐる諸説 …………………………………… *627*
1　行為責任論・性格責任論・人格的責任論（*627*）
2　心理的責任論・規範的責任論（*629*）
§126　責任論と可罰的責任論 ……………………………………… *633*
1　狭義の責任（*634*）　2　可罰的責任（*634*）
§127　責任要素と責任判断 ………………………………………… *634*
1　責任要素（*634*）　2　責任判断（*635*）
第2節　責任能力 …………………………………………………… *637*
§128　責任能力の本質 ……………………………………………… *637*
1　責任能力の概念（*637*）　2　責任能力の体系的地位（*640*）
3　責任能力の存在時期（*643*）
§129　責任無能力・限定責任能力の意義 ………………………… *644*
1　心神喪失・心神耗弱の意義（*644*）　2　責任能力の認定（*646*）
§130　責任無能力・限定責任能力の具体的内容 ………………… *648*
1　精神障害の意義（*648*）
2　判例における心神喪失・心神耗弱（*649*）
§131　刑事未成年者 ………………………………………………… *654*
§132　原因において自由な行為 …………………………………… *656*
1　問題の所在（*656*）　2　学説の対立（*657*）
3　意思不連続類型と意思連続類型（*667*）
4　自ら招いた限定責任能力（*669*）
5　原因において自由な行為に関する判例（*670*）
6　実行開始後に陥った責任無能力（*673*）
第3節　過失責任論 ………………………………………………… *679*
§133　責任としての過失 …………………………………………… *679*

1　総　説（679）　　2　注意義務（680）　　3　予見可能性（682）
　　　4　注意義務の標準（687）

　§134　過失の種類……………………………………………………………689
　　　1　認識のない過失・認識のある過失（689）
　　　2　通常の過失・業務上の過失・重過失（689）

第4節　違法性の意識の可能性…………………………………………692

　§135　違法性の意識・違法性の錯誤の意義………………………………692
　§136　違法性の意識に関する学説…………………………………………693
　　　1　違法性の意識不要説（694）　　2　厳格故意説（695）
　　　3　自然犯・法定犯区別説（697）　　4　制限故意説（698）
　　　5　責任説（699）
　§137　近時の判例の動向……………………………………………………701
　　　1　従来の判例の主流（701）　　2　最高裁判例の動向（701）
　　　3　最近の下級審判例の動向（703）
　§138　違法性の意識の内容と形態…………………………………………704
　　　1　違法性の意識の内容（対象）（704）
　　　2　違法性の意識の構成要件関連性（707）
　　　3　違法性の意識の形態（708）
　§139　違法性の錯誤の「回避可能性」の判断……………………………710
　　　1　回避可能性の判断の特質（710）
　　　2　回避可能性判断の手がかり（710）
　§140　事実の錯誤と違法性の錯誤の限界…………………………………714
　　　1　総　説（714）
　　　2　事実の錯誤と違法性の錯誤のスペクトル（715）
　　　3　区別基準に関する学説（720）
　　　4　事実の錯誤か違法性の錯誤か争われた判例（723）

第5節　可罰的責任論……………………………………………………726

　§141　可罰的責任の意義……………………………………………………726
　　　1　規範的責任論の問題点（726）　　2　可罰的責任論の構想（727）
　§142　期待可能性の意義……………………………………………………728
　　　1　従来の期待可能性の思想（728）　　2　判例における展開（729）
　　　3　期待可能性と超法規的責任阻却（731）
　　　4　期待可能性論の体系的地位（731）
　　　5　期待可能性の標準（732）　　6　期待可能性の錯誤（735）

§143 可罰的責任阻却・減少事由 …………………………………… *738*
1 総 説（*738*）　2 可罰的責任阻却緊急避難（*738*）
3 中止犯の減免根拠（*738*）　4 過剰防衛・過剰避難（*738*）
5 親族相盗例・親族間の犯人蔵匿・証拠隠滅等（*738*）
6 安楽死・尊厳死（*739*）

第6章　未遂犯論 …………………………………………………… *751*

第1節　未遂犯の意義 ……………………………………………… *751*

§144　犯罪の発展段階 ……………………………………………… *751*
1 可罰性の拡張（*751*）　2 予備・陰謀（*752*）
3 未遂犯の態様（*753*）

§145　未遂犯の処罰根拠 …………………………………………… *755*
1 主観主義刑法における未遂論と客観主義刑法における未遂論（*756*）
2 現代の客観的未遂論と主観的未遂論（*757*）
3 危険概念と未遂の処罰根拠（*757*）

第2節　実行の着手 ………………………………………………… *759*

§146　実行の着手の意義 …………………………………………… *759*
1 主観説（*759*）　2 客観説（*760*）　3 折衷説（*767*）

§147　実行の着手論の具体的適用 ………………………………… *769*
1 結合犯における実行の着手（*770*）
2 離隔犯における実行の着手（*771*）
3 不作為犯における実行の着手（*773*）
4 間接正犯における実行の着手（*774*）
5 被害者の意識的または無意識的行為の利用による実行の着手（*775*）
6 行為者自身の事後の行為が予定されている犯罪の実行の着手（*778*）
7 共同正犯における実行の着手（*779*）

第3節　不能犯 ……………………………………………………… *781*

§148　不能犯の意義 ………………………………………………… *781*
1 不能犯の意義と効果（*781*）
2 不能犯と幻覚犯・事実の欠缺（*782*）

§149　不能犯に関する学説 ………………………………………… *783*
1 絶対的不能・相対的不能説（*783*）
2 構成要件的定型性欠缺説（*784*）　3 主観説（*784*）
4 抽象的危険説（*784*）　5 具体的危険説（*785*）

  6 客観的危険説 *(786)* 7 二元的危険予測説（本書の立場）*(790)*
  8 判　例 *(793)* 9 主体の不能 *(796)*
  10 不作為における不能 *(797)*

第4節　中止犯（中止未遂） ……………………………………………… *800*

§150　中止犯の意義と性格 ………………………………………… *800*
  1 中止犯の意義 *(800)* 2 中止犯の法的性格 *(800)*

§151　中止犯の要件 ………………………………………………… *807*
  1 「犯罪を中止した」という要件 *(807)*
  2 「自己の意思により」の要件 *(822)*

§152　予備・陰謀の中止 …………………………………………… *829*
  1 予備・陰謀の中止の意義 *(829)*
  2 予備・陰謀の中止の基準刑 *(830)*

§153　中止の効果 …………………………………………………… *830*

第7章　共　犯　論 ……………………………………………………… *832*

第1節　正犯と共犯の基礎理論 ………………………………………… *832*

§154　正犯論・共犯論の基礎 ……………………………………… *832*
  1 正犯と共犯の意義と種類 *(832)* 2 必要的共犯 *(834)*
  3 正犯と共犯の区別 *(839)*

§155　共犯論の基礎 ………………………………………………… *848*
  1 共犯の本質 *(848)* 2 共犯独立性説と共犯従属性説 *(850)*
  3 実行従属性 *(852)* 4 可罰従属性（共犯の処罰根拠）*(854)*
  5 罪名従属性 *(863)*

§156　間接正犯と共犯 ……………………………………………… *865*
  1 間接正犯の意義と必要性 *(865)*
  2 間接正犯の理論的根拠 *(866)* 3 間接正犯論の問題点 *(867)*
  4 間接正犯事例の検討と教唆犯の成否 *(869)*

第2節　共同正犯 …………………………………………………………… *885*

§157　意　義 ………………………………………………………… *885*
  1 共同正犯の意義と効果 *(885)*
  2 共同正犯論における犯罪共同・行為共同 *(886)*
  3 犯罪共同説の問題点 *(888)*

§158　共同正犯の成立要件 ………………………………………… *892*

　　　　1　共同実行の意思（892）　　2　共同実行の事実（894）
　§159　共同正犯の諸形態 ……………………………………………………896
　　　　1　片面的共同正犯（897）　　2　過失の共同正犯（900）
　　　　3　結果的加重犯の共同正犯（907）　　4　承継的共同正犯（908）
　　　　5　不作為犯の共同正犯（918）　　6　共謀共同正犯（922）
　　　　7　予備罪の共同正犯（938）
　§160　処　分 …………………………………………………………………941
第3節　教唆犯 ……………………………………………………………………942
　§161　意義および要件 …………………………………………………………942
　　　　1　意　義（942）　　2　要　件（942）
　§162　教唆犯の諸類型 ………………………………………………………956
　　　　1　間接教唆（956）　　2　再間接教唆（957）　　3　従犯の教唆（958）
　　　　4　独立教唆犯（959）
　§163　教唆犯の処分 …………………………………………………………959
第4節　従　犯 ……………………………………………………………………960
　§164　意義と要件 ………………………………………………………………960
　　　　1　意　義（960）　　2　幇助の客観的要件（960）
　　　　3　幇助の主観的要件（979）　　4　幇助の対象となる正犯（981）
　　　　5　幇助の因果関係（被幇助者の実行）（983）
　§165　共同正犯と従犯の区別 ………………………………………………988
　　　　1　意　義（988）　　2　学説の対立（988）　　3　判　例（989）
　　　　4　学説の検討（989）　　5　見張りと従犯（990）
　§166　処　分 …………………………………………………………………991
　§167　間接従犯等 ………………………………………………………………992
　　　　1　間接従犯（992）　　2　教唆犯の従犯（994）
第5節　共犯の諸問題 ……………………………………………………………996
　§168　共犯と身分 ………………………………………………………………996
　　　　1　問題の所在（996）　　2　65条の解釈（996）
　　　　3　65条1項の適用（1000）　　4　65条2項の解釈（1002）
　§169　共犯と錯誤 ……………………………………………………………1011
　　　　1　共犯者間の錯誤の意義（1011）　　2　同一共犯形式内の錯誤（1011）
　　　　3　異なった共犯形式内の錯誤（1015）
　§170　共犯の未遂 ……………………………………………………………1018

1　共犯の障害未遂（1018）　　2　共犯の中止未遂（1019）
　　　3　共犯関係からの離脱（1021）
　§171　共犯の競合 …………………………………………………………………1029

第8章　罪　数　論 …………………………………………………………………1030
第1節　総　説 ………………………………………………………………1030
　§172　罪数論の意義 ………………………………………………………………1030
　§173　犯罪の個数の決定基準 ……………………………………………………1031
　　　1　学説の検討（1031）　　2　考察（可罰類型的不法評価説）（1034）
第2節　本来的一罪 …………………………………………………………1036
　§174　一罪と数罪の意義 …………………………………………………………1036
　　　1　単純一罪・包括一罪・法条一罪（1036）
　　　2　認識上の一罪と評価上の一罪（1037）
　§175　包括一罪 ……………………………………………………………………1038
　　　1　包括一罪の意義（1038）　　2　包括一罪概念の多義性（1038）
　　　3　包括一罪の体系的分類（1040）
　§176　法条競合（法条一罪）……………………………………………………1048
　　　1　法条競合の意義（1048）　　2　法条競合の種類（1048）
第3節　科刑上一罪 …………………………………………………………1055
　§177　科刑上一罪の意義・性格・根拠 …………………………………………1055
　　　1　科刑上一罪の意義（1055）　　2　科刑上一罪の性格（1055）
　　　3　科刑上一罪の根拠（1056）
　§178　観念的競合 …………………………………………………………………1057
　　　1　観念的競合の意義（1057）　　2　要　件（1057）　　3　処　分（1064）
　§179　牽連犯 ………………………………………………………………………1066
　　　1　牽連犯の意義と牽連性の判断基準（1066）
　　　2　牽連犯の要件（1068）　　3　処　分（1069）
　§180　科刑上一罪の諸問題 ………………………………………………………1069
　　　1　共犯と罪数（1069）　　2　「かすがい」現象（1074）
第4節　併合罪 ………………………………………………………………1078
　§181　併合罪の意義と要件 ………………………………………………………1078

1　併合罪の意義・根拠（*1078*）　2　併合罪の要件（*1080*）
§182　併合罪の処分……………………………………………………………*1081*
1　併合罪処分の三つの主義（*1081*）　2　併合罪処分（*1082*）
3　単純数罪（*1087*）

第3編　刑　罰　論

第1章　刑罰権の実現および刑罰の体系……………………*1091*
第1節　刑罰権………………………………………………*1091*
§183　刑罰権の意義……………………………………………*1091*
1　一般的刑罰権・個別的刑罰権（*1091*）
2　観念的刑罰権・現実的刑罰権（*1092*）
§184　処罰条件・処罰阻却事由………………………………*1092*
§185　現実的刑罰権……………………………………………*1093*
1　刑罰執行権の発生（*1093*）　2　刑罰執行権の消滅（*1093*）
第2節　刑罰の体系………………………………………*1094*
§186　主　刑……………………………………………………*1095*
1　死　刑（*1095*）　2　自由刑（*1097*）　3　財産刑（*1098*）
§187　付加刑……………………………………………………*1099*
1　総　説（*1099*）　2　没　収（*1099*）　3　追　徴（*1104*）
4　任意的没収・追徴（*1105*）

第2章　刑罰の適用……………………………………………*1106*
第1節　法定刑と刑の加重減軽……………………………*1106*
§188　法定刑の軽重……………………………………………*1106*
1　法定刑の意義（*1106*）　2　法定刑の軽重（*1107*）
§189　法定刑の加重・減軽……………………………………*1108*
1　刑の加重・減軽の意義（*1108*）
2　法律上の刑の加重・減軽事由（*1108*）
3　法律上の刑の減軽事由（*1111*）　4　裁判上の減軽（酌量減軽）（*1115*）
5　加減例（*1115*）

第2節　刑の量定・言渡し・免除 …… 1117
§190　刑の量定 …… 1117
1　宣告刑・量刑（1117）　2　量刑基準（1117）
3　量刑の資料（1118）

§191　刑の言渡し …… 1118
1　刑の言渡しの意義（1118）　2　刑の言渡しの方法（1119）
3　刑の免除（1119）

第3章　刑罰の執行と仮釈放 …… 1121
第1節　刑の執行 …… 1121
§192　各種の刑の執行 …… 1121
1　総　説（1121）　2　死刑の執行（1121）
3　自由刑の執行（1122）　4　財産刑の執行（1123）

§193　刑の執行猶予 …… 1124
1　意　義（1124）　2　執行猶予言渡しの要件（1126）
3　刑の執行猶予の取消（1129）　4　刑の執行猶予の効果（1130）
5　刑の一部の執行猶予（1131）

第2節　仮釈放 …… 1133
§194　仮釈放（仮出場） …… 1133
1　意　義（1133）　2　28条の仮釈放（1133）　3　仮出場（1135）

第4章　刑罰の消滅 …… 1136
§195　刑の消滅の意義 …… 1136
§196　犯人の死亡・法人である犯人の消滅 …… 1137
1　犯人の死亡の意義と効果（1137）
2　刑の一身専属性の例外（1137）

§197　時　効 …… 1137
1　刑事時効の種類（1137）　2　時効制度の趣旨（1138）
3　公訴時効（1139）　4　刑の時効（1140）

§198　恩　赦 …… 1140
1　恩赦の意義（1140）　2　恩赦の種類・手続（1141）

§199 刑の消滅 …………………………………………………………………… 1142
　　1　刑の消滅の意義 (1142)　　2　要件・効果 (1142)

第5章　保安処分 …………………………………………………………… 1144

§200　保安処分の意義と種類 ………………………………………………… 1144
　　1　保安処分の意義 (1144)　　2　保安処分の種類 (1145)
　　3　代替主義と併科主義 (1145)　　4　わが国における保安処分 (1146)
§201　現代における保安処分の理念と人権 ………………………………… 1146
　　1　保安処分の理念 (1146)
　　2　保安処分における人権の具体的保障の必要性 (1147)
§202　現行法上の保安処分 …………………………………………………… 1148
　　1　補導処分 (1148)　　2　保護観察 (1148)
　　3　更生緊急保護 (1149)　　4　少年に対する保護処分 (1150)
　　5　精神障害者・覚せい剤の慢性中毒者に対する入院措置 (1151)
　　6　麻薬中毒者に対する入院措置 (1152)
　　7　暴力主義的破壊活動を行った団体の規制処分 (1152)

事項索引 …………………………………………………………………………… 1153
判例索引 …………………………………………………………………………… 1170

第1編

序 論

第1編 序論

第1章　刑法の意義および機能

第1節　刑法の意義

> 【文献】伊藤栄樹=小野慶二=荘子邦雄編『注釈 特別刑法（第1巻・総論編）』（1985）、倉富勇三郎=平沼騏一郎=花井卓蔵監修『刑法沿革総覧』（1923）、手塚豊『明治刑法史の研究（上）（中）（下）』（1984・1985・1986）、中川祐夫「行政刑法序説」佐伯還暦〔上〕169頁、西原春夫「刑法の意義と役割」現代刑法講座1巻1頁、平場安治=平野龍一編『刑法改正の研究（概論・総則）』（1972）、福田平『行政刑法〔新版〕』(1978)、藤木英雄『行政刑法』（1976）、船山泰範「行政犯と行政刑法」現代刑法講座1巻255頁、堀内捷三「刑法における重点の変遷」松尾古稀〔上〕45頁、山中敬一「特別刑法と刑法総則」基本講座1巻138頁

§1　形式的意義における刑法・実質的意義における刑法

刑法とは、犯罪の成立要件と、犯罪に対する法律効果としての刑罰（ないし処分）について定めた法である。この意味における刑法は、このような犯罪と刑罰に関する法を総称したものである。これを**実質的意義における刑法**という。他方、わが国には、「刑法」（明治40年法律45号）という名称をもった法律が存在する。これを**形式的意義における刑法**という。もちろん、厳密には、形式的意義における刑法も、実質的意義における刑法の一つであるから、形式的意義における刑法は、**狭義における刑法**であり、実質的意義における刑法は、**広義における刑法**であるということもできる。

実質的意義における刑法には、例えば、「爆発物取締罰則」（明治17年太政官布告32号）、「暴力行為等処罰に関する法律」（大正15年法律60号）、「盗犯等の防止及処分に関する法律」（昭和5年法律9号）、「軽犯罪法」（昭和23年法律39号）、「覚せい剤取締法」（昭和26年法律252号）、「人の健康に係る公害犯罪の処罰に関する法律」（昭和45

年法律142号）などがある。このような主として犯罪と刑罰に関する法律にかぎらず、国家公務員法、地方公務員法、所得税法、法人税法、道路交通法、会社法、労働基準法などの、本来、刑法とは直接関係のない法律の中にも、犯罪と刑罰に関して定めた規定があり、これらの規定は、実質的意義における刑法であるといってよい。

§2　現行刑法

1　現行刑法の成立過程

　現行の**形式的意義**における**刑法**は、**明治40年**（1907年）4月24日に法律45号として公布され、翌明治41年（1908年）10月1日から施行されたものである。現在のように**現代用語化**された条文の形式となったのは、**平成7年**（1995年）6月1日以降である。これは、同日施行された「刑法の一部を改正する法律」によって明治40年の刑法が改正されたものである。条文はひらがな書きで現代用語化されているので、全面的に改正されたかのようにみえるが、手続としては、部分改正によったのであり、形式的には、明治40年の刑法が、現行刑法であるといってよい。後に述べるように、この平成7年の改正の際には、若干の規定につき実質的改正があったが[1]、ほとんどは、表現が現代用語化・平易化されたにとどまった。

　ところで、現行刑法が成立する以前には、明治初期以降、わが国古来の律令を範とした、明治元年（1868年）の**仮刑律**、明治3年（1870年）の**新律綱領**、および明治6年（1873年）の**改定律例**が制定されたが、その後、明治13年（1880年）に、とくに1810年のフランス刑法の影響を受けた（いわゆる旧）**刑法**が、太政官布告36号として公布され、**明治15年**（1882年）1月1日から施行された。この刑法は、明治政府がパリ大学から招聘したギュスターヴ・ボアソナード（Gustav Boissonade, 1825-1910）によって起草されたものを基礎とし、それを刑法草案審査局で審査修正し、元老院の審査を経て、成立したものである[2]。この刑法は、いわゆる折衷主義の刑法理論を基礎にしていたが、思想的には啓蒙主義的な自由主義を基盤としている。当時、あまりにも**自由**

---

[1] 瘖啞者に関する特別規定（40条）が削除されたほか、尊属殺人罪（200条）、尊属傷害致死罪（205条2項）、尊属遺棄罪（218条2項）、尊属逮捕監禁罪（220条2項）の四つの尊属加重規定が削除された。
[2] 明治9年からの刑法編纂委員による日本刑法草案の編纂作業については、早稲田大学鶴田文書研究会編『日本刑法草案会議筆記』（全4冊）(1976・1977)を参照。

主義的・急進的 であり、また、当時、激増した犯罪に対してこの刑法では有効に対処できないと批判されて、その施行の直後からすでに改正問題が浮上していた。

明治 24 年以降、何回かにわたって刑法改正のための草案が帝国議会に提出されたが、最終的に、明治 40 年の第 23 回帝国議会に提出された草案が、貴族院および衆議院で議決され、現行刑法として成立した。

2 現行刑法の特徴

現行刑法は、折衷主義に立脚する旧刑法に対する批判から出発しており、当時、隆盛であった **近代学派の影響** を強く受けている。そのことは、犯罪類型の数が少なく、各類型が包括的であり、法定刑の幅が広い点などにみられる。未遂罪（43 条）につき任意的減軽主義をとったことも、近代学派の思想が反映したものということができる。さらに、**総則と各則** を体系的に分類し、総則は、論理的に整備され、体系的には近代化された。例えば、旧刑法においては、殺傷の罪とならべて各則の中に規定されていた正当防衛の規定を、新刑法では、総則に置いたが、これによって、総則中の違法阻却事由としての正当防衛の体系的地位が確立したといえよう。

また、**旧刑法**では、重罪、軽罪、違警罪を区別していたが、この区別は廃止された。刑罰を 7 種類にかぎり、監視、剥奪公権、停止公権を廃止した。**各則の犯罪類型が簡素化され、包括化された**。例えば、殺人罪について、旧刑法では、謀殺（292 条）、毒殺（293 条）、故殺（294 条）、惨刻殺（295 条）、便利殺（296 条）、誘導殺（297 条）、誤殺（298 条）、尊属殺（362 条）という **多様で細分化された類型** がみられたが、**現行刑法** では、故意犯としては、殺人罪（199 条）、自殺関与罪・同意殺人罪（202 条）、および、平成 7 年の改正で廃止された尊属殺（200 条）のみが区別された。また、殺人罪（199 条）の法定刑の幅も、死刑又は無期若しくは、「3 年以上の懲役」として極めて広くなっていたが、平成 16 年の改正で「5 年以上の懲役」に改められた。

3 刑法の改正

(1) 刑法の部分改正

(a) 従来の改正 現行刑法は、その施行後、時代状況や社会の変化に応じて、現在までに 10 数回の部分改正を経ている。大正 10 年、昭和 16 年の改正の後、**昭和 22 年**（1947 年）には、刑法の内容を新憲法に即応させるための大幅な改正が行われた。その際、新憲法の民主主義・自由主義・平和主義ないし基本的人権尊重主義の精

---

[3] 佐伯千仭=小林好信「刑法学史」『日本近代法発達史 11』(1967) 237 頁。
[4] 司法省では、明治 16、7 年頃には、改正案の作成が行われ、他方で、ボアソナードも、明治 18 年には旧刑法の修正案を脱稿していた。
[5] 刑法の編纂過程については、倉富勇三郎=平沼騏一郎=花井卓蔵・刑法沿革総覧参照。

神に整合しない規定が大幅に削除された。例えば、天皇の地位の変化にともなって、皇室に対する罪（73条～76条）、皇宮侵入罪（131条）、さらに外国の元首・使節に対する暴行・脅迫・侮辱（90条～91条）などが削除され、戦争放棄の規定を受けて、通謀利敵罪（83条～86条）が削除された。先に新設された「安寧秩序に対する罪」も、このとき、廃止された。憲法に、公務員の選定・罷免が国民固有の権利であり、公務員が全体の奉仕者であると規定された（憲法15条1項・2項）が、この精神を反映させるため、公務員職権濫用罪や特別公務員職権濫用罪などの法定刑が引き上げられた。両性の法の下の平等という観点から、女性の姦通のみを処罰していた姦通罪（183条）は削除された。表現の自由との関係で、名誉毀損罪における事実証明に関する規定（230条の2）が新設された。

昭和28年（1953年）以降も数度の改正があり、その後、**昭和62年**（1987年）には、**コンピュータ犯罪対策**のための改正があった。[6] その際、電磁的記録を保護するための諸規定（7条の2・161条の2）が新設され、文言が追加された（2条・3条・157条・158条・258条・259条）。その他、電子計算機損壊等による業務妨害罪（234条の2）および電子計算機使用詐欺罪（246条の2）が新設された。**平成3年**（1991年）には、**罰金刑**が改められ、従来、罰金等臨時措置法（昭和23年法律251号）によって刑法に規定された罰金額を200倍にして読み代えていた（昭和47年法律61号により改正）のを、刑法の中で表示するものとした。その額は、従来の2.5倍となった。

(b) 近時の改正　　近時の刑事立法の動きは、従来とは一変し、刑事法改正と新立法のラッシュともいうべき事態となっている。[7]

まず、**平成13年**（2001年）には、刑法典「**第18章の2　支払用カード電磁的記録に関する罪**」が新設された。同年7月4日に公布され（法律97号）、同月24日から施行された。支払システムに対する社会的信頼を保護するため、電磁的記録であってクレジットカードその他の支払用カードの不正作出・供用・譲り渡し・貸し渡し・輸入、所持、不正作出の準備などを処罰するための規定が、刑法163条の2から163条の5までに追加された。

同じく**平成13年の末**に、傷害の罪の章に、**危険運転致死傷罪**に関する規定（208条の2）が新設された。同年12月5日（法律138号）として公布され、同月25日より施行された。暴行の結果的加重犯としての傷害罪ないし傷害致死罪と同じく、危険な運転から結果的に重い死傷の結果が発生した場合に加重処罰するための構成要件である。本条は、平成25年に改正され、特別法に移された（後述）。

さらに、**平成15年**に、外国において国民が人身犯罪の被害に遭った場合に、日本刑法の適用を認めるため、刑法に**消極的属人主義**の規定（3条の2）が付け加えられた。そこでは、「この法律は、日本国外において日本国民に対して次に掲げる罪を犯した日本国民以外の者に適用する」とし、①強制わいせつ、強姦等の罪、②殺人の

---

[6] この改正についての解説として、中山研一＝神山敏雄編『コンピュータ犯罪等に関する刑法一部改正（注釈）』（改訂増補版・1989）参照。

[7] その根拠の分析については、井田良「刑事立法の活性化とそのゆくえ」法時75巻2号4頁以下参照。

罪・未遂罪　③傷害・傷害致死の罪、④逮捕監禁等の罪、⑤各種の略取・誘拐等の罪、⑥強盗・強盗致死傷の罪等を挙げる（☞§35の2）。

　平成16年には、凶悪・重大な犯罪に関する**法定刑の見直し**のための改正が試みられ、同年12月8日に公布され、平成17年（2005年）1月1日から施行された。**有期刑の法定刑の上限**を15年（12条1項）から「**20年**」に引き上げ、有期刑の処断刑の上限を20年以下から「**30年以下**」に引き上げ、また、死刑または無期刑から減軽した場合の有期刑の上限を15年以下（14条、68条1号・2号）から、「30年以下」に引き上げた。そのほか、殺人罪の法定刑の「3年以上の懲役」が「5年以上の懲役」に引き上げられた（199条）。これによって、情状酌量によらなければ執行猶予に付することができなくなった。傷害罪について、法定刑は、10年から「15年」に引き上げられたほか、罰金が「50万円以下」とされ、「科料」が削除された。傷害致死罪につき、法定刑は、2年以上の有期懲役から引き上げられ、「3年以上の有期懲役」とされた。強制わいせつ・強姦罪の法定刑も引き上げられ、**集団強姦罪**の規定が新設された（178条の2）。しかし、240条の**強盗致傷罪**については、従来、「7年以上の懲役」であったものが、「**6年以上の懲役**」に減軽された。これは、従来、強盗致傷罪の法定刑が重すぎ、強盗致傷罪の軽微な場合についても、情状酌量しても執行猶予を付けることができなかったのを付けられるようにしたのである。なお、刑事訴訟法における公訴時効の規定も改正され、死刑にあたる罪については、「25年」経過することによって時効が完成し、無期の懲役または禁錮にあたる罪については「15年」の期間を経過することを要するものとされ、また、長期15年以上の懲役または禁錮にあたる罪については、「10年」経過することを要するとするなどの改正が行われた（刑訴法250条）。

　平成17年6月22日に「刑法等の一部を改正する法律」（法律66号）が公布され7月12日から施行された。本法は、「出入国管理及び難民認定法」の改正および刑法の改正を含む。この改正は、2000年11月15日に国連総会において採択され、平成15年（2003年）12月25日に発効したいわゆる「人身取引議定書」の締結にともない、また人身の自由を侵害する犯罪の実情にかんがみて行われた。**逮捕監禁罪**（220条）の法定刑を加重し、**略取誘拐の罪**を改正し、とくに**人身売買罪**の処罰規定を新設することを主たる内容とする[8]（☞各論§44の2）。

　平成18年5月8日には、「刑法及び刑事訴訟法の一部を改正する法律」（法36号）が公布され、**罰金刑に関する規定**が整備された。まず、窃盗罪、公務執行妨害罪に罰金刑が設けられ、懲役刑と不起訴の間に中間的な刑罰を設けることにより、柔軟な事件処理を図り、また、業務上過失致死傷罪の罰金刑が100万円に引き上げられた。さらに、労役場留置に関する18条第6項の規定は、「罰金又は科料の一部を納付した者についての留置の日数は、その残額を留置一日の割合に相当する金額で除して得た日数

---

[8] この立法の経緯および内容については、久木元伸「人身の自由を侵害する行為の処罰に関する罰則の整備についての要綱（骨子）」ジュリ1286号2頁以下、佐久間修「人身の自由に対する罪の法整備について」ジュリ1286号9頁以下、島戸純「『刑法等の一部を改正する法律』について」刑ジ創刊号77頁以下。

(その日数に一日未満の端数を生じるときは、これを一日とする。）とする」と改められ、同時に、第18条第7項及び第8項が削除された。

平成19年5月23日には「刑法の一部を改正する法律」（法律第54号）が公布され、危険運転致死傷罪（208条の2）における「四輪以上の自動車」が「自動車」に変更され、自動二輪車も対象とされるよう改正されたのみならず、また、飲酒運転中などの悪質かつ危険な運転行為による自動車運転による死傷事故に適正な科刑を実現するため**自動車運転過失致死傷罪**（211条2項）も新設された[9]。しかし、以下に述べるように平成25年の立法で危険運転致死傷罪および自動車運転過失致傷罪は刑法から削除された。

平成22年4月27日の「刑法および刑事訴訟法の一部改正をする法律」（法26号）により、**刑の時効から死刑犯罪が除かれた**（31条）。刑の時効の完成につき、刑の執行を受けない期間が、変更された（32条）。死刑（旧1号）が削除されたため、無期懲役刑及び禁固刑の時効の完成に必要な期間が、「30年」（32条1号）とされるなど、旧2号以降が順次繰り上げられた。

平成23年6月24日には、「**情報処理の高度化等に対処するための刑法等の一部を改正する法律**」（法74号）が公布された。この法律は、すでに平成15年に「ハイテク犯罪関係の刑法改正」として法制審議会で決定され、その後国会で廃案となっていたもの、および強制執行妨害関係の罰則整備として同様に法制審議会で平成15年に決定され、同様に廃案となっていたものが、法務省において一括した法案として、第159回国会に「犯罪の国際化及び組織化並びに情報処理の高度化に対処するための刑法等の一部を改正する法律案」として提出されたものの、とくに共謀罪の新設の関係で、またもや廃案となっていたのを、まず、サイバー関係の法整備及び強制執行妨害関係の罰則整備を行うこととし、平成23年4月1日に第177回国会に提出されるという経過を辿ったものである。これによって、**サイバー関係の刑法の法整備**として、不正指令電磁的記録に関する罪（19章の2＝168条の2、168条の3）の新設、わいせつ物頒布等の罪の構成要件の拡充（175条）、電子計算機損壊等業務妨害罪の未遂犯処罰規定の新設（234条の2第2項）が、そして、強制執行妨害関係の罰則整備として、関係罰則の構成要件の拡充（96条96〜条の4、96条の6）、法定刑の引き上げ（96条96〜条の4、96条の6）、加重処罰規定の新設（96条の5、組織的犯罪処罰法3条1項1号4〜号）が行われた。

平成25年6月19日「刑法等の一部を改正する法律」（法49号）及び「**薬物使用等の罪を犯した者に対する刑の一部の執行猶予に関する法律**」（法50号）が公布された。25条を改正し、刑の全部の執行猶予（1項）、刑の全部の執行猶予中の保護観察（2項）を設け、刑の一部の執行猶予の規定（27条の2）等、27条の2から6までの規定の新設、さらに、29条（仮釈放の取消し）の内容が全面的に改められた。

さらに、**平成25年11月20日**には、「自動車の運転により人を死傷させる行為等の処罰に関する法律」（**自動車運転死傷行為処罰法**）が参議院で可決・成立した。平成26

---

[9] この改正については、伊藤栄二・江口和伸・神田正淑「刑法の一部を改正する法律について」曹時59巻8号27頁以下参照。

年5月20日に施行された。この法律の成立によって、刑法から「**危険運転致死傷罪**」(208条の2)、および**自動車運転過失致死傷罪**(211条2項)の規定は**削除**されることとなった。この特別法により、悪質かつ危険な自動車の運転により人を死傷させた者に対する新たな罰則を創設するなどが目指された。

この新法により、「アルコール又は薬物の影響により、その走行中に正常な運転に支障が生じるおそれがある状態で、自動車を運転し」、それによってそれらの影響により「正常な運転が困難な状態に陥り、人を負傷させた者」、または「人を死亡させた者」に対する処罰する規定を設け、また、「自動車の運転に支障を及ぼすおそれがある病気として政令で定めるものの影響により、その走行中に正常な運転に支障が生じるおそれがある状態で、自動車を運転し、よって、その病気の影響により正常な運転が困難な状態に陥り、人を死傷させた」場合についても同様の処罰規定を設けた。その他、「過失運転致死傷アルコール等影響発覚免脱罪」が新設され、刑法の「過失運転致死傷罪」(刑法旧211条2項)が、本法に移され、「無免許運転による加重」規定が設けられた。

(2) 刑法の全面改正作業

(a) 戦前の全面改正作業 大正10年(1921年)11月に、政府は、臨時法制審議会に刑法改正の要否について諮問した。その内容は、①刑法の規定をわが国固有の道徳および美風良習にあわせる必要がある、②人身および名誉の保護を完全にする必要がある、③犯罪防遏(ぼうあつ)の効果を確実にする刑事制裁の種類および執行方法を改正する必要があると思うがどうかというものであった。これを受けて、同審議会は、大正15年(1926年)12月に、40項目からなる**刑法改正の綱領**を決定した。昭和2年(1927年)1月には、司法省内に刑法改正原案起草委員会が設けられ、この綱領に従って**改正刑法予備草案**が作成された。昭和6年(1931年)には「総則篇」を脱稿し、未定稿として公表した。昭和15年(1940年)3月には「各則篇」も公表された。これらが合体して**改正刑法仮案**[10]と名づけられた。この仮案は、国家主義と社会防衛主義をその思想的基盤としていた。昭和15年10月には同委員会は廃止されたが、司法省に対する答申はなされなかった。

(b) 改正刑法準備草案 戦後一時中断していた刑法改正作業は、戦後の混乱が一応の終息をみた昭和31年(1956年)に再開された。法務省内に、法務省特別顧問の小野清一郎を座長とする「刑法改正準備会」が設けられ、昭和35年(1960年)4月に**改正刑法準備草案**(未定稿)が発表された。これに対する学界や実務界からの意見・批判を参考にして、審議を行い、昭和36年(1961年)12月20日に**改正刑法準備草案**を公表した。

(c) 改正刑法草案の成立 昭和38年(1963年)5月には、法務大臣は、法制審議会に対し「刑法に全面的改正を加える必要があるか、あるとすれば

---

[10] この成立過程については、林弘正『改正刑法假案成立過程の研究』(2003年)がある。

その要綱を示されたい」という諮問を発した。法制審議会は、その内部に「刑事法特別部会」を設けて審議を行い、昭和46年（1971年）12月に、「全面改正を行う必要がある」「改正の要綱は部会の決定した案による」という結論を法制審議会会長に報告した。この部会案は、昭和47年（1972年）12月に公表された（法制審議会刑事法特別部会改正刑法草案）。法制審議会は、これについて審議を行い、若干の修正を加えて**昭和49年**（1974年）5月29日に法務大臣に対して、全面改正の必要がある、改正の要綱は「**改正刑法草案**」によるとの答申を行った。これが法制審議会**改正刑法草案**である。

(d) 草案の内容 この草案は、罪刑法定主義の原則を冒頭に明示し（1条・2条1項）、総則に、不作為による作為犯（12条）、みずから招いた精神の障害（17条）、不能犯（25条）、間接正犯（26条2項）、共謀共同正犯（27条2項）などの規定を置いた。また、違法性の意識を欠いたことにつき、相当な理由があるときは、罰しないものとし（21条2項）、結果的加重犯の処罰には、結果発生の予見可能性を必要とし（22条）、刑は、犯人の責任に応じて量定すべきものとする規定（48条1項）を置いた。

刑罰の面では、懲役・禁固の下限を3月、拘留の上限を90日とし（35条1項・36条1項・39条1項・40条）、刑の適用の一般的基準を示し（48条）、常習累犯に相対的不定期刑を定めた（58条・59条）。また、保安処分を導入し、治療処分および禁絶処分を規定した（97条以下）。

各則においては、私戦（126条）、周旋第三者収賄（142条）、集団反抗（154条）、騒動予備（168条）、被保護者の姦淫（301条）、企業秘密の漏示（318条）、自動車等の不法使用（322条）、自動設備の不正利用、無賃乗車（339条）、準恐喝（346条）などを新設しようとした。

この改正刑法草案に対しては、とくにその道徳的国家主義の刑法思想、応報主義、処罰範囲の拡大化傾向、重罰化傾向、時代遅れの刑事政策、保安処分の採用などの点にとりわけ**激しい批判**が浴びせられた。草案は、人権よりも治安を優先させるものであるとして、学界や弁護士会など各方面からの強い批判にさらされた。昭和51年（1976年）6月には、法務省は、とくに批判の強かった部分を修正した「代案」を発表したほか、昭和56年（1981年）には、草案の大幅な修正を折り込んだ**刑法改正作業の当面の方針**を公表した。その後、全面改正作業は、現在まで、事実上、棚上げ状態になっている。

(3) 刑法の現代用語化・平易化

その後、法務省では、平成5年（1993年）2月に参事官室が内部資料として**刑法現代用語化試案**を作成した。これについても、内容的改正をも盛り込むべきだとする弁護士会などの意見が強かった。日本弁護士連合会は、同年2月に**現代用語化・日弁連案**を公表した。

刑法の現代用語化・平易化は、全面改正ではなく一部改正として行われ

た。**平成7年**（1995年）4月28日に、「刑法の一部を改正する法律」が第132回国会で成立し、5月12日に公布され、6月1日には、現代用語化され、平易化された刑法が施行された。従来の刑法が、片仮名書きの漢文調で、古色蒼然たる文体を用いたものであり、現在では、一般にはなじみにくい難解なものとなっていたのを、**現代用語**を用いて、**平易化**するというのが、改正の意図であった。現代表記に全面的に改め、平易化するのがこの改正の主たるねらいであったが、部分的には実質的に改正された箇所もあることに注意すべきである。**瘖啞者の責任能力ないし限定責任能力**に関する規定（40条）が削除されたほか、最高裁の違憲判決（最大判昭48・4・4刑集27・3・265）の出ていた**尊属殺**（200条）の規定に加えて、その他の**尊属加重規定**（205条2項・218条2項・220条2項）もすべて**削除**された。

§3　刑法の法体系における地位

1　公法としての刑法

法体系は、通常、公法と私法に分類されるが、刑法は公法に属する。公法とは、一般に、国または公共団体の公権力の行使について規制する法であり、私法とは、私人間の対等の関係について規制する法である。刑法は、国家の刑罰権という公権力の行使について規制する法であるから、公法の範疇に属する。

2　刑事実体法としての刑法

公法の中でも、刑法は、犯罪の予防および犯罪の事後処理のための刑罰権の行使に関する法であるという点に特徴がある。刑法は、とくに犯罪と刑罰の要件について規定した法であるが、このような刑法に加えて、刑罰権の適正な実現のための手続について定めた「刑事訴訟法」（昭和23年法律131号）や、刑罰、とくに自由刑の執行について規定した「刑事収容施設及び被収容者等の処遇に関する法律」（平成18年法律58号）（☞§23, 4）をはじめとする犯罪者の処遇について定めた行刑法をも含めて、「刑事法」と総称する。刑事法の中でも、刑事訴訟法と刑法とを対比するときは、刑事訴訟法が、犯罪を

---

[11] これについて、松尾浩也編『刑法の平易化』（1995）、植松正＝日髙義博『平成7年改正刑法（その意義と今後の課題）』（1995）参照。
[12] 実体刑法、刑事訴訟法、行政刑法を刑事法の「三本の柱」（drei Säulen）であるというものもある。

行った者を発見し、確認し、その者に対して刑事制裁を科するための手続に関する法として、いわゆる手続法ないし訴訟法に属するのに対して、刑法は実体法に属する（実体刑法＝materielles Strafrecht）。

3 刑法の実現

刑法は、刑事訴訟法によってのみ実現される。その点で、民法や商法が、当事者が法に従った行為を行うかぎり、手続法によらなくても実現されるのとは異なる。刑法において規定された「犯罪」が行われたことを認定し、犯罪行為者に対して現実に刑罰を科するには、必ず刑事訴訟法に定められた手続に従って、検察官による起訴、裁判官による裁判などを経て行われることを要するのである（**法定手続の保障**）。刑罰の執行についても、先に述べた行刑法に従って行われる必要がある（**行刑法律主義**）。

§4　一般刑法と特別刑法

1　意　義

先に述べた形式的意義における刑法と実質的意義における刑法の区別は、要するに、「刑法」という名称をもつもののみを指すのかどうかによる形式的区別であった。しかし、この区別を、規制する内容に着目して、実質的にみると、一般的な社会生活におけるもっとも重要な基本的な犯罪について定めた刑法であるか、特殊な生活領域についてとくに必要な規制を行い、またはとくに重く処罰するための刑法かどうかに従って、区別することもできる。この意味では、形式的意義における刑法は、もっとも基本的な犯罪について定めた刑法であり、これを**一般刑法**（普通刑法・中核刑法）という。これに対して、これを除いた実質的意義における刑法は、これを**特別刑法**という。[13]

2 特別刑法と行政刑法

特別刑法の概念には広狭二義がある。広い意味では、**特別刑法**（Nebenstrafrecht）とは、一般刑法を除いた刑法すべてを指す。これに対して、狭い意味では、広義の特別刑法の中で、行政刑法に対置される。

狭義の**特別刑法**は、もっぱら犯罪と刑罰に関して規定した法であり、道徳的に非難されうるような反社会的な犯罪行為が規定されていることが多い。これに対して、**行政刑法**（Verwaltungsstrafrecht）とは、行政取締目的を円滑に実現するために、行為規制を補強し、その実効性を担保する目的で違反行為

---

[13] この意味における特別刑法の数は、総計 700 を超えるとされている。

に刑事制裁を科することによって行政取締法規の遵守を強制するもので、相対的に倫理色の薄い、技術的な違反行為を犯罪とする法である。行政刑法は、固有の行政法のほかに、分野別で、労働刑法、租税刑法、経済刑法、環境刑法などに分けることもできる。**狭義の特別刑法**には、軽犯罪法、破壊活動防止法、暴力行為等処罰に関する法律、爆発物取締罰則、火炎びんの使用等に関する法律、航空の危険を生じさせる行為等の処罰に関する法律、人の健康に係る公害犯罪の処罰に関する法律などがある。**行政刑法**には、国家公務員法、道路交通法、銃砲刀剣類所持等取締法、大気汚染防止法、水質汚濁防止法などにおける刑罰法規が属する。

狭義の特別刑法においては、犯罪の成立要件と法定刑が同じ条文に掲げられているのに対して、行政刑法においては、まず、ある規定の中で「〜してはならない」と犯罪行為の要件を定め、通常、その法律の末尾に「第〜条の規定に反した者は、〜に処する」として法定刑を定める。

3 一般刑法と行政刑法の区別基準

一般刑法・特別刑法と行政刑法との区別は、前者が、法律の規定をまつまでもなく、倫理的・道徳的に「悪」とみなされる行為を犯罪化するのに対して、後者は、元来、社会倫理に反するものではないが、一定の行政的目的を達成するために、目的的・政策的・技術的に一定の行為を犯罪化するものである点に求められうる。一般刑法・特別刑法と行政刑法の違いは、また、その規制する犯罪行為の内容にも認められる。前者は、**自然犯**ないし**刑事犯**を犯罪行為とするのが原則であるのに対して、後者は、**法定犯**ないし**行政犯**を犯罪行為とするのが通常である。

4 自然犯と法定犯

自然犯（delit naturel）・**刑事犯**（Kriminaldelikt）とは、時代と空間を超えていかなる時代、いかなる社会においても普遍的に犯罪とされる行為（mala in se＝それ自体における悪）をいう。これに対して、**法定犯**（delit artificiel）・**行政犯**（Verwaltungsdelikt）とは、行政的取締のために技術的に禁止されているがゆえに犯罪とされる行為（mala prohibita＝禁じられたがゆえの悪）を意味する。このように、自然犯・刑事犯は倫理・道義違反、法定犯・行政犯は倫理的・道義的に無色な違反行為とする見解が、両犯罪の区別基準についての通説（木村76頁以下、団藤68頁、大塚91頁、西原251頁）である。そのほかに、侵害する規範の性質によって区別し、行政犯は法規範に違反するのみであるが、刑事犯は、法規範に違反するとともに文化規範にも違反するものであるとする見解（M. E. マイヤー）、あるいは、**基本的生活秩序**に違反する行為が刑事犯、**派生的生活秩序**に反する行為が行政犯とする見解（福田35頁以下、同・行政刑

法37頁）もある。

5 区別の流動性

しかし、自然犯と法定犯の区別を否定する見解（宮本50頁以下）もあり、通説は、少なくともその区別は**相対的・流動的**であるとする。基本的生活秩序の内容も、派生的生活秩序の内容も、社会・経済の発展によって変化し、倫理・道徳も決して不変的・固定的なものではなく、社会の変化によって大きく変動する（佐伯『新法学の課題』〔1942〕293頁、牧野英一「法律の錯誤と『相當の理由』」国家試験12巻1号17頁、植松126頁以下）。法定犯も、長年の間に、国民に定着し、その違反に道徳的非難が加えられるようになり、自然犯化する。例えば、道交法上の酒酔い運転の罪（道交法65条・117条の2第1号）は、当初、たんなる行政犯とみられていたが、交通道徳が高調されるにつれ、次第に倫理的に非難されるべき行為に転化した。**法定犯の自然犯化**がありうるように、**自然犯の法定犯化**も生じうる。統制経済違反は、当初、法定犯とされたが、戦時体制のもとでは、国民の全体財産に対する侵害行為と解されて自然犯化し、戦後、ふたたび法定犯化したということもできよう。

これに対して、両者の**区別の流動性を否定する見解**（美濃部達吉「行政犯罪と法律の不知」国家学会雑誌56巻10号3頁、瀧川幸辰『刑事責任の諸問題』〔1948〕217頁以下）もある。この区別は、本質的区別であって、時の経過によって変化すべきものではなく、また、たんなる反条理性の量的変化のために行政犯が刑事犯に転化するものではないというのである。

§5 刑法総則・各則

1 意 義

形式的意義における「刑法」は、第1編「**総則**」および第2編「**罪**」に大別されている。総則は、各則における各犯罪類型に共通する**一般的成立要件**を抽出して規定した部分である。これに対して、各則は、個別犯罪類型ごとの犯罪成立要件を規定した部分である。このように、刑法総則は、犯罪の一般的成立要件や法的効果に関する規定をもつが、これは、あらゆる犯罪に共通に妥当する原則を定めたものであり、したがって、特別刑法や行政刑法に妥当すべき一般原則であるということができる。

2 刑法総則の適用（刑法8条）

刑法は、その**8条**において、「この編の規定は、他の法令の罪についても、適用する。ただし、その法令に特別の規定があるときは、この限りでない」と規定する。これは、刑法の総則は、特別の規定がないかぎり、あらゆる特

別刑法に適用されるという意味である。特別刑法ないし行政刑法においては、それぞれの刑法が、その分野に応じて、それぞれの犯罪統制目的をもつ。したがって、刑法8条は、その特殊性に応じて、総則の適用を排除する例外規定を設けることができるようにし、その必要がないときは、刑法の総則を適用するという方式を規定したのである。特別の規定を置いて、総則の適用を排除したものとして、例えば、船舶法29条は、共犯の規定（刑法60条～62条）の適用を排除する規定をもつ。刑法総則の規定に対する例外規定が設けられている場合もある。例えば、公職選挙法224条、関税法118条などは、没収につき例外規定を設けている。

3　「特別の規定」の意義

　刑法8条における「特別の規定があるとき」の意義については、解釈が分かれている。第1説は、明文の規定がなくても、法律の目的・精神から解釈によって「特別の規定がある」とする説である。第2説は、明文の規定がある場合にかぎるとする。第3説は、当該規定自体において用いられた語句の可能な意味の範囲内における目的論的解釈によって刑法総則の規定を排除する趣旨である場合には、「特別の規定があるとき」にあたると解する（福田35頁）。第1説は、罪刑法定主義に反する。原則的に、明文の規定がある場合にかぎるべきであるが、第3説のいうように、個別規定の中で、明らかに「総則」の適用を排除する趣旨が読み取れる場合には、別の原則を認めても罪刑法定主義に反しないというべきであろう。

§6　刑法学

1　刑法学の任務

　刑法学（Strafrechtswissenschaft）は、狭義においては、刑罰法規の **体系的認識** を行い、一定の基本原理に照らして、処罰される行為の限界を明らかにする

---

[14] これについては、山中・基本講座1巻138頁以下参照、なお、本書「過失犯の例外処罰」（☞§96）で詳論する。
[15] とくに経済刑法の分野において、罪刑法定主義、責任主義などの刑法の基本原則が、行政刑法にも妥当するのかという問題について、行政刑法は本来の刑法とは異なり、必ずしも妥当しなくてもよいということを強調するため、戦時中、行政犯と刑事犯の区別が強調された面がある（山中『経済刑法の形成と展開』〔1996〕119頁以下）。違法性の意識の問題がとくに論じられた。

学問である。このような意味における刑法学とは、**刑法解釈学**（Strafrechts-dogmatik）である。通常、刑法学というとき、この意味において理解される。刑法解釈学とは、刑法の規範的意味を解釈によって体系的に認識する学問をいう。規範的意味とは、規範の目指す当為を明らかにすることである。**刑法総論**は、刑法総則を主たる考察の対象とする。**各論**は、各則を対象として、各犯罪類型の特徴と関係ないしそれぞれの限界を明らかにする。刑法総論のうち、とくに犯罪論は、刑法各論における諸々の犯罪類型に共通する犯罪の一般的成立要件を体系的に論じて、何が刑罰に値する行為であるかを明らかにするものである。犯罪論も、犯罪の一般的成立要件を体系的に説明するものであるが、ここで、「犯罪論の体系とは、犯罪の一般的成立要件をなす様々な認識やテーゼ、理論を総合的な原理のもとに整序して、それらの個々のテーゼの内部連関を明らかにすることによって、犯罪が成立するかどうかの判断を合理的・機能的に行いうるもので、また、明確かつ安定的で、具体的に妥当な結論を得られる認識のシステムをいう」。

2　刑事法学

　刑法学は、また、広い意味においては、刑法解釈学のみならず、刑法哲学、刑法史学、比較刑法学、犯罪学（Kriminologie）、刑事政策学（Kriminalpolitik）をも含め、また、刑事訴訟法（Strafverfahrensrecht）や行刑法（Strafvollstreckungsrecht）をも含めて用いることがある。このような犯罪と刑罰に関するあらゆる学問分野を総称して「刑事法学」（Kriminalwissenschaften）ないし「全刑法学」（gesamte Strafrechtswissenschaften）ということがある。科学方法論の観点から分類すると、①事実に関する経験的知識や事象間の法則的連関に関する学問である経験科学（犯罪学、刑法史学）、②一定の実践的問題を解決するための合理的・効果的な施策とその効果に関する体系的認識を意味する政策学（刑事政策学）、それに、③規範の意味を明らかにする法解釈学（刑法解釈学）に分けることができる。

第 2 節　刑法の機能

> 【文献】大野真義『刑法の機能と限界』(2002)、金尚均『危険社会と刑法』(2000)、芝原邦爾『刑法の社会的機能』(1973)、関哲夫「いわゆる機能主義刑法学について―機能主義刑法学の検討―」(1)(2)」国士舘法学22号151頁・23号67頁、平野龍一『刑法の基礎』(1966)、同『刑法の機能的考察』(1984)、松澤伸『機能主義刑法学の理論』(2001)、真鍋毅「機能的刑法観の後退と挫折」中山古稀3巻37頁、丸山治「刑法の目的と機能」基本講座1巻3頁、吉岡一男「刑法の機能と犯罪論の課題」福田=大塚古稀〔下〕45頁、米田泰邦「機能的刑事法の展開と方向」西原古稀1巻23頁

§7　刑法規範の三つの機能

　刑法の規範としての機能は、① **規制機能**、② **保護機能**、③ **保障機能** に分類される。刑法は、規範としての機能のみならず、政治的機能の側面をも有することはいうまでもない。その意味では、刑法は、権力維持のための装置である。しかし、このような政治的機能は、ここでは採り上げない。

1　規制機能

　まず、**規制機能** とは、一定の行為類型を犯罪とし、それに対する規範的評価を明らかにして、そのような行為をしないように人の行動を規制する機能をいう。一般に、規範には、**行為規範** の側面と **裁判規範** の側面とがあるが、規制的機能は、行為規範としての機能である。行為規範とは、法の、まさに国民の行為の準則として人の行動を統制する規範としての機能をいう。裁判規範とは、法の、裁判官などの法適用者に対して裁判を進めるにあたって準拠すべき規範としての機能をいう。規制的機能は、刑法が、違反した者に対して一定の制裁を科することを予告することによって、事前的に人の行為を統制しようとする機能である。

2　保護機能

　次に、**保護機能** とは、刑法の法益保護機能をいう。法益とは、法によって保護された利益をいう。刑法の各則における犯罪類型は、その保護する法益により、個人的法益、社会的法益、国家的法益の三つに分類されうる。個人

的法益には、生命、身体、自由、財産などがあり、社会的法益には、公衆の生命・身体・財産、文書に対する社会の信頼などがあり、さらに国家的法益には、国家の存立、国家の作用、刑事司法作用などがある。法益を保護するのが、刑法の任務であるというこのような考え方は、社会の倫理を維持するのが刑法の任務であるとする考え方に対立する。法益は、できるだけ具体的・個別的にとらえられるのが望ましい。法益の抽象化・精神化は、処罰範囲を拡大することにつながる。また、法益の侵害を犯罪とするのが原則であって（侵害犯）、法益侵害の危険を犯罪とすること（危険犯）は例外である。

3　保障機能

最後に、**保障機能**は、刑法は、一般国民の自由・人権を保障するのみならず、現実に犯罪を行った犯罪者の自由と人権をも保障するものであることを表す。刑法は、国民が犯罪の被害者とならないように保護するのみでなく、国民がむやみに犯罪者とされないよう保障し、また、犯罪者に対しても、その自由や人権がむやみに侵害されることのないように保障する。刑法は、**犯罪者のマグナカルタである**といわれる（リスト）が、後に述べる**罪刑法定主義**は、この保障機能を全うさせるための近代刑法の重要な原則である。罪刑法定主義によって、どのような行為が犯罪とされ、それに対しては、どのような刑罰が科せられるのかを国民に予告することによって、予測可能性を保障し、行動の自由を保障すると同時に、犯罪者に対しても、法律によって定められた行為以外は犯罪とされることはなく、法律によって定められた以外の刑罰が科せられることもないことを保障する。刑法は、国家の刑罰権を根拠づけるのみではなく、それを制約するのである。

§8　刑法規範の段階的構造とその実現

1　行為規範と制裁規範

刑法は、行為を規制する行為規範としての機能と裁判のときに準拠すべき裁判規範（Entscheidungsnorm）としての機能の両面をもつ。刑法学においては、これとは別に、行為規範と制裁規範に区別されることがある。これは、規範の名宛人による区別でもあるが、むしろ規範の「要件」部分と「効果」部分の機能に重点が置かれる区別である。このような区別はすでにビンディ

ングの「規範」と「刑罰法規」の区別にみられたが、最近、犯罪論構成においてふたたび注目されている[1]。

行為規範（Vehaltensnorm）は、人々の行為に指針を示すことによって犯罪が行われないように事前的に予防する機能である。刑法は、犯罪と刑罰をあらかじめ国民に告知することによって犯罪の予防を図る。このように、国民にどのような行為が禁止されているかを告知するのが行為規範である。そして、事前告知にもかかわらず、行為規範が侵害されたときに、制裁を科することによって、事後的にその犯罪のもたらした効果を減殺し、社会の動揺を鎮静化する必要がある。それによって法秩序に対する信頼を回復し、それがさらに犯罪の予防効果をもたらす。このように、行為が一定の要件を充たしたときに法律効果として一定の制裁が科せられることを定めた規範を**制裁規範**（Sanktionsnorm）という（☞§53）。

2 事前的犯罪予防機能・事後的犯罪処理機能
(1) 一般的犯罪予防対策
犯罪を予防するための手段は、「規範」を定立することによるものにかぎられない。刑法規範は、さまざまな犯罪予防手段の一つにすぎない。

　(a) 犯罪予防的社会システムの形成　社会政策、労働政策、教育政策、住宅政策などのさまざまな間接的な施策の充実によって犯罪の行われない社会を作り上げることが、もっとも重要な犯罪予防手段である。「最良の社会政策は最良の刑事政策である」（リスト）。

　(b) 実践的犯罪防止対策　これは、防犯活動による直接の犯罪防止対策を意味する。パトロール、職務質問などの警察活動、地域の防犯活動、青少年の非行防止活動、防犯装置の設置、守りやすい住空間を確保したうえでの都市建設などがそうである。

　(c) 事前的周辺的行為規制　これは、犯罪に結びつきやすい犯罪の前段階的な行為を禁止し、あるいは一定の義務を課することによって、犯罪行為から距離を置かせようとする対策である。例えば、各種の届出義務違反に秩序罰（過料）を科する場合がそうである。

　(d) 行為規範としての刑法の犯罪予防機能　これらの本来の予防手段とならんで、刑法という「規範」による規制が、犯罪予防に役立つ。これが、刑法の行為規範としての機能である。その行為規範としての機能は、制裁規範によって補強されている。

---

[1] ビンディングの規範論とその後のベーリングに始まる構成要件論を中心とする犯罪論体系の端緒について、山中「ドイツにおける近代犯罪論の生成の現代的意義」法時84巻1号（2012年）22頁以下参照。

(2) 犯罪の事後処理過程

　刑法は、さらに**犯罪の事後処理機能**[2]をもつ。この事後処理機能は、もちろん、犯罪が行われたことを前提とする。一定の要件に該当する行為が行われることによって、刑法による事後処理の開始の適性が生じるのである。このような犯罪の成立要件は、行為規範に反するのみならず、評価規範に反し、さらに決定規範に反する行為が行われることが必要である。これらは、制裁規範が作動するための前提をなす。

　刑法規範は、上で述べたように、行為規範として**事前的犯罪予防機能**をもつが、この行為規範が侵害されたとしても、それだけで必ずしもすぐに制裁規範がはたらくわけではない。制裁を科することによって事後的に行われた犯罪を処理する機能、すなわち、**事後的犯罪処理機能**は、刑法がそれがはたらくための条件として設定した犯罪の成立要件を充足してはじめて、作動する。行為規範違反は、制裁規範が機能するための論理的前提であるが、十分条件ではない。

　犯罪の事後処理は、刑事手続にそって犯人の逮捕、勾留、起訴、公判を経て、判決に至る。判決によって、犯罪が認定され、刑罰が宣告される。そして、刑の執行によって一応の完結をみる。これによって、制裁規範が作動し、刑法規範が適用されたことになる。

【犯罪処理過程】

犯罪 → 認知・通報 → 警察（検挙）
警察 → 交通反則金
警察 → 微罪処分
警察 → 検察官送致 → 検察（受理）
検察官認知書 → 検察
検察 → 不起訴
検察 → 起訴 → 裁判所（受理）
裁判所 → 略式手続 → 罰金・科料
裁判所 → 公判手続 → 無罪／罰金・科料／執行猶予／実刑／補導処分
実刑 → 刑務所入所 → 満期釈放／仮出場／仮釈放
補導処分 → 婦人補導院 → 退院／仮退院
労役場留置

　犯罪の処理過程において、刑罰以外の制裁を科するのが望ましいことが判明した場合、刑事手続の途中で犯罪処理過程からはずれていくことがある。これを**ディヴァージョン**（diversion）という。

---

[2] 吉岡・福田=大塚古稀〔下〕45頁以下は、事後処理論を徹底したものである。

3　行為規範の意義

行為規範の意味については、伝統的に **二つの理解** がある。一つは、**危険行為禁止規範説** であり、もう一つは、**侵害行為禁止規範説** である[3]。前者は、行為規範は、結果の惹起と必ずしも結びつかないが、事前的にみてその可能性のある危険な行為を禁止しているとみる説である。これに対して、後者は、行為規範は、あくまで、法益侵害結果と結びつくような侵害行為を禁止するという説である。もし、行為規範が事前的に犯罪を予防するための規範であるとすると、危険行為禁止規範説が妥当である。先に用いた事前的犯罪予防機能の意味での行為規範は、危険行為禁止規範説の意味において用いている。この意味における行為規範違反は、行為無価値を表すが、制裁規範の発動とは直接には結びつかないのが常である。これに対して、行為規範は、制裁規範が作動するための一応十分な前提であるという見解に立つならば、**侵害行為禁止規範説** が妥当である。

4　制裁規範の前提としての評価規範違反と決定規範違反

(1)　評価規範

侵害行為禁止規範の意味における行為規範の理解は、実は、具体的な法益侵害やその危険と結びついた行為のみが禁止されているととらえる立場を前提とするのであるから、そのような結果の発生との関係が判明するのは事後的な判断によらなければならない。これは、したがって、純粋な行為規範ではなく、**制裁規範が作動するための前提要件** である。ここでは、このように、行為規範侵害行為と結果惹起行為、そして場合によっては、結果発生の危険や結果の発生そのものの禁止をも含めた規範を、**評価規範** と呼ぶことにする。評価規範の意味は、制裁規範が作動するための第1の要件として、法秩序が、違法と評価する事態が発生したことを確認する規範である。評価規範違反があったときに制裁を科する条件の一部が充たされたことになる。これは、犯罪論における違法性の確認を意味する。

評価規範は、国民の行うべき行為について評価し指針を示すものでもあるから、**行為規範** の側面をももつ。行為規範は、それに従って意思決定をすることを目的としたものであるから、**決定規範** でもある。しかし、この意味の決定規範は、その個人としての国民が行為能力・意思決定能力をもつか、ど

---

[3] これについては、山中『刑法における客観的帰属の理論』(1997) 785 頁以下参照。

(2) 決定規範

しかし、制裁規範は、制裁の目的と効果からみて、当該の評価規範違反に制裁を科することが適切である場合でなければ、作動させる必要はない。規範の動揺が、当該の具体的行為については、処罰以外の方法で鎮静化することができる場合もある。評価規範違反があっても、評価規範に従って意思決定する能力や可能性がないとき、処罰による社会的動揺の鎮静化や特別予防の効果はない。具体的・個別的に人の行動の指針を与え、その意思決定にはたらきかける規範を**決定規範**という。この決定規範違反があってはじめて、その行為者に対して刑罰という制裁を科するに値するのである。これは、犯罪論における責任の確認を意味する。

5 制裁規範実現としての処罰の機能

刑罰は、刑罰予告として、一般予防に役立つが、刑罰が現実に有罪者に対して科されることも、さまざまな機能をもつ。それは、法に対する信頼を回復し、一般予防に役立ち、特別予防の意味をもち、さらに、社会の動揺を宥める機能をももつ。処罰は、大別すると、次の**三つ**の**機能**が認められる。

(1) 法秩序維持機能

処罰することは、法秩序の侵害に対する法秩序の側の反動を意味する。それは、動揺させられた法秩序を回復させ、法秩序を将来にわたっても維持する機能をもつ。それは、法に対する信頼を回復し維持することになるから、刑罰予告が、現実の違反に対して実証されたことによって、ふたたび犯罪の**一般予防**に役立つことになる。ここでいう一般予防は、古い言葉では「威嚇」の実証によるものであるから、**消極的一般予防**であるといってよい。処罰は、犯罪行為者に対する直接の作用によって行われ、それが再社会化機能や害悪の付加の機能をももつことから、犯罪行為者がふたたび犯罪を行わないように予防するという**特別予防**の意味をももつ。

(2) 社会統合機能

処罰によって正義を求める共同体の欲求を満足させる機能が果たされる。犯罪が惹き起こした社会の動揺と憤懣を鎮静化する。人々の規範に対する信頼が取り戻され、社会の規範に対する信頼が回復されることによって**社会的統合**が強化される。それは、犯罪の予防にもつながる。一般威嚇による一般予防（**消極的一般予防**）ではなく、社会的統合の強化による一般予防の機能が

果たされるのである。これを**積極的一般予防**という（☞§22, 2 (3)）。
(3) 個人的責任清算機能
　処罰は、処罰の対象となる個人にとっては、その責任を清算する機能を有する。これによって行われた犯罪に対する社会的非難・法的非難を清算し、個人は、ふたたび社会と宥和するのである。それは、再社会化にも役立つ。この機能は、応報ではない。犯罪を行うことによって社会に敵対的な行為を行い、社会から指弾を受けた者は、責任の清算によって社会からふたたび受容され、共同体の一員として承認を得るのであるから、犯罪を行った者に対する社会の宥和機能であり、行為者の側からみた社会統合機能であるともいえよう。

第 2 章　刑法思想の史的展開

第 1 節　古典学派の刑法思想

> **【文献】**足立昌勝『国家刑罰権力と近代刑法の原点』(1993)、内田博文『刑法学における歴史研究の意義と方法』(1997)、大塚仁『刑法における新・旧両派の刑法理論』(1957)、ゲルノート・シューベルト著（山中敬一訳）『1824年バイエルン王国刑法典フォイエルバッハ草案』(1980)、荘子邦雄『近代刑法思想史序説―フォイエルバッハと刑法思想の近代化―』(1983)、同「刑法思想史の課題と方法」団藤古稀 1 巻29頁、同『近代刑法思想史研究』(1995)、中義勝『刑法における人間』(1984)、平野泰樹「フランス刑法における新旧両派の相剋」柚木喜寿215頁、丸山雅夫「学派の争い」基本講座1巻122頁、山口邦夫『19世紀ドイツ刑法学研究―フォイエルバッハからメルケルへ―』(1979) 山中敬一「刑法の歴史」法教371号 (2011) 4頁

§9　初期啓蒙期の刑法観

1　合理的刑法観の誕生

啓蒙とは、旧来の思想や制度を理性の光に照らして再検討しようとした批判的時代精神である。啓蒙の刑法思想も、刑法という国家的制度の**合理的基礎**を追求することから出発した。それによれば、刑法は、神の意思に由来するものではなく、**社会契約**によって成立した国家のもつ合理的な制度である。刑罰の意義は、応報にではなく、**犯罪予防**という目的にあると考えられ、他方では、国家権力も絶対的なものではなく、合理的制限をもつものであり、恣意的な刑罰に対して国家の権力を制限することが必要であると考えられた。しかし、啓蒙の思想にも、初期の、上からの啓蒙である啓蒙絶対主義の刑法思想と、自由主義的な啓蒙の刑法思想において著しい相違がみられる。

2　ドイツ啓蒙絶対主義の刑法思想

上からの啓蒙であるドイツ啓蒙絶対主義の刑法思想が反映された法典としては、フ

リードリッヒ大王の時代の前から企画され、スヴァレス（Carl Gottlieb Svarez, 1746-1798）とクライン（Ernst Ferdinand Klein, 1743-1810）によって起草され、次のフリードリッヒ・ヴィルヘルム2世（Friedrich Wilhelm II, 1744-1797）の時代に完成した**プロイセン一般ラント法**（Allgemeines Landrecht, 1794）がある。この法典には刑法も含まれ、一方では、これによって中世の刑法が一掃されることとなったが、他方では、一切の恣意を排除し、あらゆる裁判官の法創造活動を防止しようとして、あらゆる違法行為を規制しようとしたため、1577条にもおよぶ条文数を有する膨大な警察国家的予防構成要件をもった法典となった。ここには、啓蒙絶対主義の刑法思想が典型的に現れている。この当時、国民の安全を図ることが国家の任務であるとされ、そこから刑法も応報刑主義ではなく、**予防刑法**であるべきだと説かれた。このような威嚇的一般予防を強調する刑法思想は、啓蒙思想と絶対主義国家思想とが結合して形成されたものということができよう。

§10　前期旧派の刑法思想

啓蒙絶対主義の一般予防論的な刑法理論は、その後、特別予防論的な刑法理論を経て、社会契約論的な啓蒙思想の影響を受けた自由主義的な刑法理論へと発展する。それは、合理主義的な一般予防論を基調とする刑法理論でもあり、罪刑の均衡を重視する点から**古典学派**（旧派）であるといってよい。これを**前期旧派**と呼ぶ。

1　ベッカリアの刑法思想

近代刑法の基本思想は、1764年に匿名で公刊された小冊子によって世界中に広められた。それは、イタリアのチェザーレ・ベッカリア（Cesare Beccaria, 1738-1794）の**『犯罪と刑罰』**（Dei delitti e delle pene, 1764）である。その小冊子の中で展開された**アンシャン・レジームの刑事制度**に対する痛烈な批判は、やがてフランス革命（1789年）を惹き起こし、1791年の**フランス刑法典**の中には、彼の考えが大きく反映されることになった。近代刑法の大原則である罪刑法定主義、罪刑均衡主義を説いたのも、死刑廃止論、身分刑法の廃止を主張したのも、この著書においてであった。ベッカリアの思想には、モンテスキュー（Charles Louis Montesquieu, 1689-1755）の**三権分立論**やルソー（Jean-Jacques Rousseau, 1712-1778）の**社会契約論**の影響がみられる。

---

[1] クライン、スヴァレスの法思想については、石部雅亮『啓蒙的絶対主義の法構造』（1969）98頁以下参照。

[2] 平野7頁によれば、前期旧派の刑法思想は、「初期資本主義社会の個人主義的な自由主義を基盤としたもの」である。

[3] ベッカリーア（風早八十二＝風早二葉訳）『犯罪と刑罰』（1938・岩波文庫）、ベッカリーア（佐藤晴夫訳）『犯罪と刑罰』（1976・矯正協会）。なお、中村喜美郎「ベッカリーアにおける『人格論』」森下古稀〔上〕1頁以下参照。

2 フォイエルバッハの刑法思想

18世紀末から19世紀初頭にドイツのバイエルンで活動したヨハン・パウル・アンゼルム・フォン・**フォイエルバッハ**[4] (Johann Paul Anselm von Feuerbach, 1775-1833) は、『実定法の根本原則と根本概念の再考』と題する著書の中で、刑を威嚇する刑罰法規が刑法思想の出発点であり、刑罰の執行は、第2次的なものであると主張した。これは、**罪刑法定主義**を近代刑法の根本原則とし、**心理強制説**（psychologische Zwangstheorie）による一般予防論を展開し、後に**近代刑法学の創始者**と言われるようになったフォイエルバッハの刑法思想の出発点でもあった。

フォイエルバッハ以前には、クラインシュロート (Gallus Aloys Kleinschrod, 1762-1824)、シュテューベル (Christoph Carl Stübel, 1764-1828)、グロールマン (Karl Ludwig Wilhelm von Grolman, 1775-1829) らの**警察国家的刑法理論**が全盛期を迎え、福祉と国民を道徳的に善であり有益であるように教育することが国家の任務であると考えられ、そこから刑法の任務も、犯罪者の道徳的改善と社会の保全であるとされていた。フォイエルバッハの刑法思想の画期的な意義は、これらの刑法思想を批判して、**自由主義刑法**を説いた点にある[5]。

フォイエルバッハは、社会契約論の影響を受け、カントの法と道徳の峻別論を受け継ぎ、また、単純な功利主義を脱しつつ、カント流の正義論にもとづいて、刑法は、刑罰を予告することによって、人が犯罪によって得ることができる「快」に上回る「不快」（苦痛）を与えられるということを人々に示すべきであり、これによって犯罪を予防すべきであると説いた。したがって、犯罪と刑罰を予告する刑法は、あらかじめ法律によって規定されていなければならない。この意味において、**法律なければ刑罰なく犯罪なし**（nullum crimen, nulla poena sine lege）の原則は、フォイエルバッハの刑法理論の基礎といってよい。

フォイエルバッハの刑罰論は、道徳的応報刑論でも、威嚇的一般予防論でもなく、特別予防でもない。個人の人格と理性と自由を尊重し、理性的人間観に立って、刑法の合理的な目的を考えるなら、それは、刑罰予告によって

---

[4] フォイエルバッハの人となりについては、ラートブルフ『一法律家の生涯―P. J. アンゼルム・フォイエルバッハ伝―』（菊地・宮澤訳）〔ラートブルフ著作集第7巻〕(1963) 参照。

[5] フォイエルバッハの刑法思想については、とくに、山口・19世紀ドイツ刑法学研究5頁以下、荘子・近代刑法思想史序説4頁以下参照。

犯罪行為を思い止まるべく心理的強制を与えることであるということになる。これが、彼の有名な**心理強制説**である。[6]

3　前期旧派の刑法思想の特徴

啓蒙絶対主義の刑法観は、一般予防論であって、応報刑論ではない。また、ベッカリアおよびフォイエルバッハの刑法思想が、応報刑論の先駆であるともいえない。今日では、応報刑論に立脚するもののみが古典学派ないし旧派というわけではなく、一般予防論に立ちつつ、罪刑法定主義や客観主義を強調する古典学派ないし旧派もあったことが明らかになっている。このような刑法思想を **前期旧派の刑法思想** と呼ぶ。フォイエルバッハの一般予防論は、この啓蒙絶対主義の一般予防論や特別予防論とも訣別し、自由主義刑法の観点から（**社会契約論**）、個人の合理的行動を基礎とし（**功利主義**）、人格の尊厳を守りつつ（**カント哲学**）、**一般予防論** を展開しようとしたものであって、前期旧派の刑法思想の代表的なものであるといえる。

このように、前期旧派は、国家観や人間観において **合理主義的・功利主義的** であり、その刑罰論も **相対主義的** であって、同じく古典学派といっても、カント、ヘーゲルの絶対的応報刑論ないしヘーゲルの道義的国家観を思想的基盤とする後期旧派とは、顕著な相違がみられる。

§11　後期旧派の刑法思想

1　後期旧派の刑法思想の哲学的背景

(1)　後期旧派誕生の背景

「国家は最高の道義体である」とする**ヘーゲルの国家哲学**においては、国家の **権威・道義的優越性** が前面に押し出され、犯罪によって動揺させられた国家の権威を回復するのが刑罰であるとされている。このヘーゲルの刑罰思想が、1840年代以降、ヘーゲル哲学を信奉する刑法学者によって広められる。

19世紀後半には、資本主義の発達とともに、産業の発達は、資本家と労働

---

[6] フォイエルバッハは、自らの刑法理論を具体化すべくバイエルン王国の1813年の刑法典を起草した。この刑法典は、近代刑法の金字塔であると評価されている。しかし、その刑法典は、心理強制説を背景に法定刑の枠が狭く、苛酷な刑が規定され、また、裁量の余地が極度に制限されているなどの批判にさらされていた。そこで彼は、もう一度、1824年に刑法改正草案を起草した。これについて、シューベルト・フォイエルバッハ草案参照。

者の階級的対立をもたらし、平等な市民社会の秩序が解体する。急速に都市化が進み、牧歌的共同体が崩壊し、貧困や犯罪などの社会問題が続出する時代でもある。このような混沌と分裂の時代には、個人の理性よりも、個人を越えた民族精神が求められる。**民族精神**は、民族の歴史に由来する。国家は、民族からなるものであり、個人は、この国家と民族への所属によってこそ、自由を享受できる。このような時代精神のもとで展開された国家主義と自由主義との混合した思弁的・哲学的刑法思想が、**後期旧派の刑法思想**である。

(2) カントの刑法思想

イマヌエル・**カント**（Immanuel Kant, 1724-1804）は、その『道徳形而上学』（人倫の形而上学）（1797）の第1部の「法論」において、その法哲学思想を展開したが、そこでは、合法性と道徳性とが峻別され、法とは、国民の福祉のためにあるものではなく、自律としての自由のためにあるものだと考えられた。この自由が妨害されるときに、それを抑止することが必要となるが、そこで強制力をもつ法が必要となる。それが、刑罰権の根拠である。しかし、人格は自己目的であり、決して何らかのための手段とされてはならない。したがって、刑罰は、犯罪者が罪を犯したがゆえにのみ科せられるべきであって、他の善を促進する手段として科せられてはならない。これが彼の法哲学であった。

かくして、応報が刑罰の根拠であり、均等の原理が科刑の原理である。**同害報復の法**（Ius talionis ＝ 目には目を、歯には歯を）がカントの刑論の特徴である。これは、**絶対的応報刑論**である。カントの刑罰論は、人権保障的要素と厳罰主義的要素の両面をもっていたということができる。

(3) ヘーゲルの刑法思想

ヴィルヘルム・フリートリッヒ・**ヘーゲル**（Wilhelm Friedrich Hegel, 1770-1831）の『法の哲学』の中の言葉、「理性的であるものこそ現実的であり、現実的であるものこそ理性的である」は、あまりにも有名である。それによれば、国家は、現実的・理性的なものであり、「道義観念の現実化されたもの」であり、法秩序もそうである。犯罪とは、**法の恣意的な否定**であり、刑罰は、この**否定の否定**であり、それゆえに、国家と法の動揺させられた権威を回復する積極的なものであり、国家の権利である。それと同時に、刑罰を受けることは、犯罪者も、理性者、答責者として行為したのだということが、それが宣告、執行されることによって表明されるところの犯罪者の権利でもある。

このようなヘーゲルの刑罰論は、**弁証法的・絶対的応報刑論**ということができる。ヘーゲルが、フォイエルバッハの心理強制説について、それは、犬にむかって杖を振り上げるようなものだと批判したことは有名である。心理強制説は、人をその名誉と自由に従ってではなく、人を犬のように扱うものだというのである。

2 後期旧派の刑法思想

(1) ヘーゲリアーナーの刑法思想

このヘーゲルの刑法思想は、19世紀中頃のドイツの刑法学者達に大きな

影響を及ぼした。これらの刑法学者は、**ヘーゲリアーナー**（Hegelianer）と呼ばれ、政治的には保守的であり、法的にはリベラルであった。アベック（Julius Friedrich Heinrich Abegg, 1796-1868）、ケストリン（Christian Reinhold Köstlin, 1813-1856）、ヘルシュナー（Hugo Hälschner, 1817-1889）、およびベルナー（Albert Friedrich Berner, 1818-1907）が、これに属する。

(2) ビンディングの刑法思想

カール・ビンディング（Karl Binding, 1841-1920）は、絶対的刑法理論を説き、絶対的応報刑論を唱えたこの時代の旧派の代表者である。ビンディングは、ヘーゲル学派の形而上学的刑法学を脱却して、実定刑法の規範構造の分析から出発する新たな実証主義的方法を呈示した。それは、彼の**規範説**に結実した。彼は、先行する、行為の禁止または命令である**規範**と、例えば、「他人の財物を窃取したる者は～」という**刑罰法規**とを峻別し、犯罪の本質を、この「規範」違反に求めた。彼の刑罰論は、絶対的応報刑論ではあるが、刑罰の副次的目的として特別予防をも否定したわけではない。

しかし、ビンディングの刑法思想は、**法律の権威と規範の命令**の上に根拠づけられたものである。刑罰の正当化も刑罰法規自体に求められた。それは、極めて**権威主義的**であり、**道徳主義的**であった。ビンディングによれば、刑罰とは「法の威厳のもとに犯罪者を服せしめる」ものであり、「法という常勝の権力」に服せしめるものなのである。

また、彼は、リストに代表される新派刑法学の目的刑論に対抗し、学派の争いの一方の旗手であった。ビンディングの**保守的・権威主義的刑法思想**は、この当時（1871年）、ドイツが統一され、国家の権威と権力が前面に押し出される必要のあった時代背景と無関係ではないであろう[7]。

---

[7] ビンディングとともに、保守的な古典派応報刑論の代表者として、ビルクマイヤー（Karl von Birkmeyer, 1847-1920）がいて、近代学派のリストとの間に激しい論争を展開したことも特筆に値する。

第2節　近代学派の刑法思想

【文献】後藤正弘「主観主義刑法論の変遷」小川古稀1頁、佐藤昌彦『牧野刑法学の研究』(1981)、八木國之『新派刑法学の現代的展開』（増補版・1991）、藤尾彰「リストの刑法思想の現代的意味」新潟大法経論集14巻4号89頁

§12　初期近代学派の生成

1　近代学派誕生の背景

　近代学派（新派）は、とくにイタリアにおける**実証学派**と、ドイツにおけるリストの**刑事社会学派**によって代表される。近代学派の誕生は、19世紀後半の資本主義の発達に由来する。例えば、ドイツでは、産業化が進み、社会変動が起こり、失業・貧困などの社会問題を発生させた。これが、犯罪の激増、とくに、累犯・常習犯と少年犯罪の漸増を招いた。他方、従来の国家観が動揺させられた。自由主義国家に代わって**福祉国家・予防国家**が国家の理想像とされた。自由主義的国家観に基礎を置き、犯罪を人間の自由意思と理性の所産とする古典学派の刑法理論では、このような犯罪の激増に対処できなくなった。他方で、自然科学と技術は著しく発達し、**物理学**や**生物学**をモデルにして、社会科学においても、社会現象や社会進化の法則性が探究された（社会進化論）。犯罪も、理性的な人間の自由意思にもとづいて犯されるものではなく、**素質と環境に決定された因果法則**に則った現象であると理解された。かくして、その予防には、**科学的な原因究明**と、**科学的犯罪予防対策**こそが有効な手段である。刑罰も、また、科学的知見にもとづいて犯罪予防目的を追求すべきものとなる。

2　イタリア実証学派の犯罪理論

　犯罪原因を実証的・科学的に研究し、刑事政策に役立てようとする考え方は、19世紀末のイタリアから始まった。**犯罪人類学的方法**をもって科学的に犯罪学研究を行った最初の人物は、チェザーレ・**ロンブローゾ**（Cesare Lombroso, 1835-1909）である。ロンブローゾは、犯罪者には一定の身体的・精神的特徴があり、そのような特徴をも

つ者は、**生来性犯罪人**であり、それを**隔世遺伝**によって説明した。この「科学的」説明の命題は、もちろん、その後、イギリスの精神医ゴーリング（Charles Goring, 1870-1919）の研究によって根拠のないものと実証されたが、このような実証的方法を用いたことに意義がある。

ロンブローゾが人類学的要素のみから犯罪原因を説明したのを修正し、その他にも気候などの**物理的要素**も、政治・経済その他の**社会的要素**をも加えて説明しようとしたのが、エンリコ・**フェリー**（Enrico Ferri, 1856-1929）である。フェリーは、これらの3要素が一定の飽和状態になったときに犯罪が発生するという**犯罪飽和の原則**を唱え、犯罪行為は、素質と環境によって生ずるという決定論的立場から**社会的責任論**を唱えた。フェリーの刑法思想には、社会防衛論の観点から、社会的に危険な性格に対する処分を行うのが刑法であるという近代学派のモデル的思考がみられる。彼の刑法思想は、彼の起草した1921年の**イタリア刑法草案**（フェリー草案）に体現されている。[1] この草案は、行為者の「危険性」にもとづく「社会防衛処分」を導入し、徹底した近代学派の思想を具体化したものであった。

§13　リストの近代学派刑法理論

1　刑事社会学派の刑法思想

フランツ・フォン・**リスト**（Franz von Liszt, 1851-1919）は、1889年にオランダのファン・ハメル（G. A. van Hamel, 1842-1917）やベルギーの**プリンス**（Adolf Prins, 1845-1919）とともに**国際刑事学協会**（Internationale Kriminalistische Vereinigung）を創設し、近代学派刑法学を世界に広めた**近代学派の総帥**として名声を博している。

リストの業績の今日的意義は、彼が、犯罪と刑罰をはじめて現実的な社会生活現象として実証的に捉え、それによって刑法と刑事政策の間に架橋しようとした点にあるといってよい。彼の刑事政策思想は、『**刑法における目的思想**』（1888）において表明されている。彼の出発点は、科学的実証的方法である。リストの学説は、犯罪の原因としてどちらかといえば社会的原因を優先させるところから、**刑事社会学派**と呼ばれる。

2　リストの目的刑主義

リストは、ダーウィン（Charles Robert Darwin, 1809-1882）の**進化論**とイェーリング（Rudolf von Ihering, 1818-1892）の**目的合理主義**の影響を受け、刑罰は、

---

[1] その他、**ガロファロ**（Raffaele Garofalo, 1851-1934）も、実証主義的に、社会防衛論を主張し、とくに「自然犯」の概念を唱えたことで有名である。

犯罪に盲目的に反動を加える衝動的な応報刑から、意識的な目的刑へと進化すると認識し、目的刑を主張する。目的刑の内容は、社会学的観点から分類された行為者類型に応じて選択される。**機会犯人**には威嚇が、改善可能で改善の必要な**状態犯人**には教育が、**改善不能な状態犯人**には長期または終身の隔離（無害化）が、合目的的な手段であるとされた。しかし、リストは、刑事政策の限界をも意識していたことにも注意しなければならない。そのことは、彼の**最良の社会政策は最良の刑事政策である**という言葉にも表れている。他方、**刑法は刑事政策の越えることのできない障壁である**という言葉は、リストの法治国家的刑法観を表している。リストは、刑法については、法治国家的・自由主義的要請を強く意識していたのであり、刑法を「**犯罪者のマグナカルタ**」（Magna Charta des Verbrechers）であるとして、個人の自由保障の機能を強調したのであった。このことは彼の犯罪論にも反映している。リストの犯罪論は、むしろ客観主義であり、行為者の意思の危険よりもむしろ法益侵害に犯罪の本質を認めた。このような、刑罰論における**目的刑主義**と犯罪論における**客観主義**という**二元論**がリストの刑法思想の特徴であった。

第3節　折衷説からナチズムの刑法思想へ

> 【文献】木村亀二「ナチスの刑法」杉村ほか『ナチスの法律』(1934) 159頁、牧野英一『改正刑法仮案とナチス刑法綱領』(1941)、山中敬一「ナチス刑法における『法の革新』の意義——その解明の試み——」『ナチス法の思想と現実』（関大法学研究所研究叢書 3) 159頁、フベルト・ロットロイトナー編著（ナチス法理論研究会訳）『法、法哲学とナチズム』(1987)

§14　折衷主義の有力化

1　学派の争いの終息

　ビンディングおよびビルクマイヤーの古典学派とリストの近代学派は、1890年代からワイマール共和国の時代を通じて、熾烈な**学派の争い**を展開したが、この哲学的な刑罰思想と科学主義的な刑罰思想との対立は、両派がい

第3節　折衷説からナチズムの刑法思想へ　§15　ナチズムの刑法思想　33

ずれも、綱領的・観念的に論じられる傾向があった。それが、徐々に、刑事司法の実践的要請に目を向けることによって、折衷への道が模索されるに至った。

2　折衷主義の刑法思想

この方向には、19世紀の末にすでに、アドルフ・メルケル（Adolf Merkel, 1836-1896）が先鞭をつけていた。刑罰論は、哲学的な観念論として論じられるのではなく、刑罰の現実を踏まえてその社会的機能の観点から論じられるようになった。適正な刑罰のみが、犯罪の予防に役立ち、法意識を強化するのであり、行為者の教育にも役立つのである。目的刑は、犯罪予防の目的にその正当化根拠を見いだすが、その目的は、正義の要請に呼応してはじめて達成されうるのである。このようにして、**折衷説**が支配的となる。

§15　ナチズムの刑法思想

1　ナチス刑法学の一般的特徴

ナチズムの法思想は、一般に、ワイマールの法実証主義、内容のない形式主義、自由主義を批判し、ナチズム的自然法思想、実質主義、民族共同体思想などを説く。ナチスの刑法思想の中にも、反自由主義（権威主義）、民族共同体思想、国法学者**カール・シュミット**（Carl Schmitt, 1888-1985）の**具体的秩序思想**などのナチズムの法思想の一般的特徴が現れている。

2　権威主義刑法

ナチスが政権をとった1933年1月には、ダーム（Georg Dahm, 1904-1962）とシャフシュタイン（Friedrich Schaffstein, 1905-2001）の共著になる**『自由主義刑法か権威刑法か』**が公刊され、国家の権威の復活、弱体化した刑事司法に代わる強い刑事司法を要求した。すでにこの小冊子の中にナチス刑法思想の要諦がみられる。[1]

ナチス刑法理論は、教育刑よりも、威嚇による一般予防を強調した。ナチズムの刑法思想の要諦は、個人主義・自由主義に代わって、全体主義・国家主義の刑法思想を貫徹することであったので、刑罰論においても、応報か教育刑かという論争自体より

---

[1] このような刑法学におけるナチズムの思想を唱道した立場を称して、**キール学派**（Kieler Schule）と呼ぶ。当時、ダームやシャフシュタインらの親ナチ的な法学者がキール大学に集まっていたのでこう呼ばれる。当時、シュヴィンゲ（Erich Schwinge, 1903-1994）とツィンマール（Leopold Zimmerl, 1899-1945）との方法論争が展開されたが、この対立は、マールブルク学派（Marburger Schule）とキール学派の対立として特徴づけられた。なお、2001年11月8日に96歳でナチ・シンパであった最後の刑法学者シャフシュタインが亡くなった。1933年にライプツィッヒ大学、35年にキール大学で教鞭をとり、戦後、54年にゲッティンゲン大学に復職し、69年までつとめた。戦後の研究は、主として少年法に向けられた。

も、そのいずれについても、自由主義的・個人主義的で国家の刑罰権を制限する側面が批判され、国家権力を高める理論が選択されたといえる。[2]ナチズムの刑法思想においては、「贖罪思想」が強調されたが、それは、贖罪応報ではなく、威嚇による目的刑であった。刑法自体が、体制維持を目的とする徹底的な目的刑法であり、その体制に反対する者を殲滅する**殲滅**刑法（Vernichtungsstrafrecht）であった。

犯罪論においては、とくに、「**全体的考察**」（Ganzheitsbetrachtung）方法という方法論によって、従来の分析的思考を排し、ナチズムの世界観を法解釈に侵入させるに適した**具体的秩序**思想を刑法学に持ち込もうとした。この全体的考察方法を適用して、民族共同体の中の具体的行為者像を類型化した行為者類型を刑法上の犯罪概念とするダームの**行為者類型**（Tätertyp）の思想や、犯罪とは法益侵害ではなく、義務違反であるとするシャフシュタインの**義務違反としての犯罪**の思想、あるいは、犯罪への主観的な意思こそが犯罪の本質であるとする**意思刑法**（Willensstrafrecht）がナチズムの犯罪理論の典型である。

第4節　わが国における刑法思想の展開

§16　西洋近代の刑法思想の継受

【文献】内田博文『刑法における歴史研究の意義と方法』(1997)、小野清一郎『刑罰の本質について・その他』(1955)、吉川経夫=内藤謙=中山研一=小田中聰樹=三井誠編著『刑法理論史の総合的研究』(1994)、佐伯千仭=小林好信「刑法学史」日本近代法発達史11〔鵜飼=福島=川島=辻編〕(1967) 207頁、内藤謙「日本における『古典学派』刑法理論の形成過程」法学協会百周年記念論文集（第2巻）509頁、同「日本における『古典学派』刑法理論の展開」平野古稀〔上〕1頁、同「日本における『古典学派』刑法理論と立法問題」創価法学21巻23号181頁、同「日本における『古典学派』刑法理論の一断面──瀧川幸辰と小野清一郎の相互の理解と評価──」福田=大塚古稀〔下〕1頁、同「日本における『古典学派』刑法理論の一側面」吉川古稀1頁、同「日本における『古典学派』刑法理論と判例・実務──共謀共同正犯を中心に──」香川古稀69頁、中山研一『刑法の基本思想』（増補版・2003）、同『刑法諸家の思想と理論』(1995)、同『佐伯・小野博士の「日本法理」の研究』(2011)、名和鐵郎「日本における『学派の争い』の現代的意義」静法5巻1号1頁、三井誠「刑法学説史(2) 日本・戦後」現代刑法講座1巻149頁、吉井蒼生夫「ボアソナード氏刑法修正案意見書」神奈川法学27巻23号263頁

---

[2] 山中・関大法学研究所研究叢書3冊165頁以下参照。

第 4 節　わが国における刑法思想の展開　§16　西洋近代の刑法思想の継受◇　35

1　仮刑律・新律綱領・改定律例

わが国に**近代刑法思想**が導入されたのは、明治維新以後である。明治維新の後、何年間かは、西洋法の影響を受けないで、伝統的な刑法を受け継いだ。当初、徳川幕府の公事方御定書や各藩の藩刑法が踏襲され、それと並行して、明治元年に**仮刑律**[1]が制定された。ただし、仮刑律は、執務準則であって、公布されたものではなかった。内容的には、大宝養老の律によりつつ、明律や清律を斟酌し、さらに徳川幕府の御定書も加味したものとされている。しかし、中央集権化をめざす維新政府にとっては、本格的な刑法典を編纂することが焦眉の急であった。

明治 3 年には、**新律綱領**[2]が制定された。これも、国民に公布されたものではなく、官吏に対する執務規定であったが、各藩・府・県の在京機関を通じて全国に頒布されたとされている。また、明治 4 年には、国民にも売本が許された。この新律綱領は、**律令的色彩**を強くもち、復古的精神を反映したものであった。これは、正条のない場合には、**援引比附**（類推）を許し、罪刑法定主義に考慮を払うものではなかった。

明治 6 年には、新律綱領を改訂して、**改定律例**が制定された。これは、全国に頒布され、逐条形式をとったものであったが、内容的には従来のままであった。刑罰の点で、笞、杖、徒、流の区別がなくなり、すべて懲役刑とされ、刑罰は、死刑、懲役および財産刑の 3 種に統合された。

維新政府の重要課題が、西洋列強の**治外法権**の弊害を排除することであったことから、**法体制の西洋化・近代化**は不可避であった。司法省では、江藤新平を中心に、明治 5 年以降、フランス刑法を模範とする刑法典編纂作業を開始した。

2　旧刑法の制定とフランス刑法の影響

明治 8 年には、司法省に「刑法草案取調掛」が設けられ、フランス刑法を模範に刑法草案の編纂作業が開始された。明治 9 年には、すでに明治 6 年 11 月に来日していたフランス人法律教師ギュスターヴ・**ボアソナード**[3] (Gustave Emile Boissonade, 1825-1910) も加わった刑法編纂委員会が設けられ、**日本刑法草案**の編纂作業が行われた。ボアソナードは、フランスの**ナポレオン刑法典**をモデルに、その他にもヨーロッパ各国の刑法を参照しながら、刑法草案の起草にあたった。明治 10 年 11 月には、すでに、刑法草案の独自の原案を書き上げていたが、これを土台として、太政官中に、「刑法草案審査局」が設けられて、審査された結果、明治 13 年には元老院の議に付せられて、若干の修正を経たのち、同年 7 月 17 日に、太政官布告第 36 号刑法として公布され、明治 15 年 1 月 1 日より施行されるに至った。これが、**旧刑法**である。この旧刑法は、わが国最初の近代刑法典であ

---

[1] 仮刑律の制定過程と内容の研究として、手塚豊『明治刑法史の研究〔上〕』(1984) 3 頁以下。

[2] 新律綱領の内容について、中村吉三郎「刑法」日本近代法発達史 9 (1960) 12 頁以下、その施行については、手塚・明治刑法史〔上〕49 頁以下参照。

[3] ボアソナードの刑法編纂作業については、大久保泰甫『日本近代法の父・ボアソナアド』(1977) 112 頁以下参照。なお、澤登俊雄「ボアソナードと明治初期の刑法理論」内藤ほか編・刑法理論史 1 頁以下参照。

り、罪刑法定主義の原則をうたっていた（2条・3条）。

3 折衷主義の刑法理論

当時の刑法思想[4]は、ボアソナードによって伝えられたフランス刑法思想の影響下にあった。ボアソナードは、明治4年に設けられた明法寮で、明治7年4月以降、フランス法を講義し、刑法については、**オルトラン**[5]（Elzear Ortolan, 1802-1873）の影響を受けて、**新古典派（折衷主義）**の刑法を論じた。折衷主義の立場は、**応報思想**と**功利主義**とを結合するものである。ボアソナードの弟子には、宮城浩蔵[6]（1850-1894）、高木豊三（1852-1918）、井上操（1847-1905）などの刑法学者がいて、折衷主義を採った。

4 社会防衛的主観主義刑法学の登場

明治20年代には、旧社会の解体によって犯罪が激増した。折衷主義の刑法理論に対しては、西洋の新派刑法学を学んだ学者によって、激増する犯罪を予防するのに役立たないと批判された。この時代のわが国の新派刑法学の論客として、**富井政章**（1858-1935）、**穂積陳重**（1855-1926）、**古賀廉造**（1858-1942）がいた。この新派刑法学の特徴は、威嚇と淘汰による**厳格な社会防衛**を説き、厳罰主義を強調したことである。富井政章[7]は、「刑法は一国社会の秩序安寧を維持するの要具に外ならず」とし、また、刑の厳格化を説いたのである。古賀廉造[8]も、犯罪論につき、主観主義を採り、刑罰論においては、峻厳苛酷な刑罰による**社会防衛**を説く。

このように、わが国の当時の「新派」（近代学派）は、むしろ、折衷主義刑法学の自由主義的、寛刑主義的傾向を、机上の空論と批判し、厳罰化によって社会防衛を図ることを主張した点にある。この点では、ヨーロッパの特別予防を中心とする目的刑や改善刑を受け継いだのではなく、**厳格な一般予防論**を展開したのであった。

---

[4] この折衷主義の刑法学以降の、わが国の刑法学者の思想と業績ならびに人物については、内藤ほか編・刑法理論史参照。

[5] オルトランは、1802年ツーロンで生まれ、1838年、パリ大学法学部で比較刑法の教授となった。オルトランの刑法理論については、江口三角「オルトランの刑法学――その思想と方法――」森下古稀〔上〕47頁以下。

[6] 宮城の刑法理論については、澤登「宮城浩蔵の刑法理論」内藤ほか編・刑法理論史23頁以下。

[7] 富井の刑法理論については、小林好信「富井政章の刑法理論」内藤ほか編・刑法理論史84頁以下。

[8] 古賀の刑法理論については、中=浅田「古賀廉造の刑法理論」内藤ほか編・刑法理論史109頁以下。

5　現行刑法の制定とドイツ刑法学の影響

　旧刑法は、その施行直後からすでに刑法改正の動きが政府部内に起こっていたが、明治24年には、フランス法の影響を保った刑法改正案が帝国議会に提出された。それが審議未了に終わったのち、明治34年には第2次草案が帝国議会に提出され、審議未了となったが、これは、ドイツ刑法と新派刑法学の影響を受けたものであった。その後、明治40年の第5次草案が、議会を通過し、現行刑法となる。

　現行刑法は、**新派刑法学的色彩**が濃く、犯罪類型の区別も大雑把で、法定刑の幅も広くして、裁判官の広い裁量権を認めて行為者の性格に応じた科刑を可能とした点に特徴がある。このように、明治22年（1889年）の**明治憲法**が、プロイセン憲法の影響の下に編纂され、フランス法の自由主義的傾向がわが国の社会には適合しないものとして、批判されたことにより、各法分野において急速にドイツ法の影響が強くなった。刑法においても、明治30年代に、**岡田朝太郎**（1868-1936）や**勝本勘三郎**（1866-1923）は、**ドイツの刑法理論**を導入し、今日の刑法理論の基礎を創った。

§17　わが国における学派の争い

　わが国に「学派の争い」を紹介したのは、**勝本勘三郎**[9]であった。その後の学派の争いにおいて、新派刑法学を代表したのは、牧野英一であり、そのほか、宮本英脩（ひでなが）、木村亀二がいた。初期において、旧派刑法学を代表したのは、大場茂馬であり、後に、小野清一郎および瀧川幸辰（ゆきとき）が旧派を代表する論客となる。

1　新派刑法学

　学派の争いを日本に導入し、新派刑法学の論陣を張った勝本勘三郎は、明治30年代後半から大正の初めにかけて活躍した。新旧両派の刑法理論を詳しく検討し、新派刑法学を標榜するとともに、ドイツ法流の厳密な解釈論を展開した。刑罰論としては、ロンブローゾらの近代学派の思想に影響され、**社会防衛論**を説き、近代学派の刑法思想を標榜したが、その犯罪論には、客観主義的色彩が強い。岡田朝太郎も、進化主義ないし社会進化論にもとづく刑法理論を構築しようとしたが、これも、新派理論に属するといいうるであろう。

　わが国の本格的な近代学派の理論は、**牧野英一**[10]（1878-1970）によって展開

---

[9] 勝本の刑法思想については、中＝山中「勝本勘三郎の刑法思想」内藤ほか編・刑法理論史140頁以下、山中「勝本勘三郎—正統新派刑法学の先駆者—」法教153号88頁以下参照。

[10] 牧野の刑法理論については、中山「牧野英一の刑法理論」内藤ほか編・刑法理論史287頁以下（中山・刑法諸家1頁以下所収）、佐藤昌彦『牧野刑法学説の研究』(1981)。

された。牧野は、明治40年代から戦後に至るまで、**目的刑（教育刑）**を説き、**主観主義的犯罪論**を展開し、罪刑法定主義を否定したわが国の新派を代表する刑法学者であった。その思想の背景には19世紀ヨーロッパの**進化論の思想**があり、警察国家から法治国家を経て**文化国家**への進化の中での、応報刑から目的刑・教育刑への刑法の進化が説かれた。同じく、罪刑法定主義の否定も、このような文化国家論によって根拠づけられ、解釈方法論としても自由法論に影響されて、「**解釈は無限なり**」として類推解釈も許容した。犯罪論においても、とくに未遂論、実行の着手論において**主観主義**を大胆に主張して、一貫した新派刑法理論を展開した牧野は、わが国における新派刑法学の完成者であった。

大正時代の末から教育刑を説いたもう一人の新派刑法学の代表者として、**宮本英脩**[11]（1882-1944）がいる。宮本は、威嚇刑でも犯罪闘争の手段としての社会防衛論でもなく、「**愛の刑法観**」からする教育刑論を説き、反規範性をもった危険な性格の徴表が犯罪であるとして、犯罪論においても規範を行為規範とみる立場から主観的違法論を採るなど**規範的**な**主観主義犯罪理論**を展開した。しかし、宮本が、刑法の根本主義の一つとして、**謙抑主義**を挙げ、刑法はあらゆる違法な行為に対して刑罰をもって臨もうとするものではないとして、規範的評価の範疇に加えて可罰的評価の範疇を認めたことは特筆すべきである。

さらに、戦前から戦後にかけて活動し、教育刑論を説いた**木村亀二**（1897-1972）の刑法理論も新派に属する。木村は、戦後、**目的的行為論**を採用した。

2　旧派刑法学

明治38年にドイツに留学し、ビルクマイヤーのもとで学んで、ドイツにおける「学派の争い」を紹介して、国民に道義観念を培養することを刑法の任務としつつ旧派刑法学を展開したのが、**大場茂馬**（1869-1920）である。大場は、刑罰の目的を**刑法の威信信用**を確保することにあるものとしたが、犯罪予防の観点をまったく排除したわけではなかった。

刑罰論において犯罪予防を目的とする応報刑を説いて相対主義の刑罰論を展開し、犯罪論では客観主義に立つ実務的な折衷主義を展開したのが**泉二新熊**（1876-1947）であった。

---

[11] 宮本の刑法思想については、『宮本英脩著作集・補巻』（1995）、鈴木茂嗣「宮本英脩の刑事法理論」内藤ほか編・刑法理論史425頁以下、中山・刑法諸家45頁以下参照。

第4節　わが国における刑法思想の展開　§17　わが国における学派の争い◇　39

　大正末期から、応報刑論を主張し、昭和に入ってマルクシズムの影響を受けつつ自由主義の刑法理論を展開した**瀧川幸辰**[12]（1891-1962）は、牧野の教育刑理論を批判し、また、**罪刑法定主義擁護論**を展開し、他方では、**刑法の階級性**を意識し、新派の社会防衛論が資本主義の防衛を図るものだと認識して、治安維持法など当時の治安立法を批判した。瀧川の刑法思想は、フォイエルバッハの啓蒙主義的刑法思想の影響を受け、罪刑の均衡を保障する意味での「応報刑論」を採り、とくに人権保障のための罪刑法定主義を強調して**自由主義刑法**を唱え、犯罪論においても、犯罪の本質を生活利益の侵害とみる**客観主義理論**を展開した点に特徴がある。

　大正時代末から戦後に至るまで、古典学派の刑法理論に立脚して、道義的責任論を唱え、刑法を道義の実現であるとみて独自の刑法思想を唱えたのが、**小野清一郎**[13]（1891-1986）である。小野は、戦中には、『日本刑法学序説』（1941）や『**日本法理の自覚的展開**』（1942）など、「日本的精神」にもとづく国家主義的な刑法思想を説いた著作を公刊した。小野によれば、「日本法理」とは、**日本国家的道義**であり、万世一系の天皇が日本国家を統治することが「道義中の道義」である。また、1945年に公刊された『全訂刑法講義』（18頁以下）においては、「日本刑法は日本国家的道義を根本とするもの」であり、刑法は「何よりも国家的道義の顕揚」に重きをおかなければならないと論じた。小野は、戦後においても、**倫理学としての刑法学**[14]を説き、犯罪を**国家的国民的道義**違反の行為と捉え、また、**仏教思想**の影響のもと、責任の観念を「決定されつつ決定する業の因果とそれにおける自由を前提として、道義的に」理解しつつ、刑罰を国民を道義的に教育するという意味をもった応報であると説いた。

3　学派の争いの終焉

　1970年代以降、典型的な意味で新派刑法学を唱える論者は、ほとんどいなくなった。70年代の刑法改正論議において、**道義的応報刑論**を代表した刑

---

[12] 瀧川の刑法理論については、内藤「瀧川幸辰の刑法理論」内藤ほか編・刑法理論史537頁以下、内藤・平野古稀〔上〕3頁以下がある。
[13] 小野の刑法理論については、宮澤浩一「小野清一郎の刑法理論」内藤ほか編・刑法理論史475頁以下、内藤・平野古稀〔上〕14頁以下がある。
[14] 最近、日本刑事法思想の自覚的展開の必要性を強調するものとして、平川宗信「主体性と刑事責任」団藤古稀2巻122頁以下、同「日本刑事法理論の自覚的展開に向けて」柏木喜寿275頁以下がある。

法学者として、**植松正**（1906-1999）や**団藤重光**（1913-2012）がいるが、今日では、応報刑論も相対化されている。目的刑か応報刑か、あるいは主観主義か客観主義かという「学派の争い」については、もはや学説史の中で説明されるにすぎなくなったといっても過言ではない。

　70年代以降の刑法学は、犯罪予防に関して、刑法が、積極的刑事政策をどのような形で実現するものと捉えるかを、すなわち、一般予防的（抑止刑論的）理論か、特別予防的理論かという対立をそれぞれに反映させる刑法理論か、ないし、刑事政策における刑法の役割を謙抑的なものと捉える刑法理論を構想するかなど、**刑事政策の方法をめぐる対立**を、刑法理論に反映させようとしているように思われる。

第3章　刑法理論の基礎

第1節　現代刑法の理論的基礎

【文献】生田勝義『人間の安全と刑法』(2010)、井田良『変革の時代における理論刑法学』(2007)、大塚仁『刑法における新・旧両派の理論』(1957)、北野通世「積極的一般予防」法学59巻5号90頁、荘子邦雄『刑法の基礎理論』(1971)、曽根威彦『刑法学の基礎』(2001)、高橋則夫『規範論と刑法解釈論』(2007)、所一彦「抑止刑自由意思」平野古稀〔下〕57頁、同「抑止刑再論―威嚇と条件づけ―」松尾古稀〔上〕97頁、中義勝『刑法における人間』(1984)、西原春夫『刑法の根底にあるもの』(増補版・2003)、林幹人『刑法の基礎理論』(1995)、松村格『システム思考と刑事法学―21世紀刑法学の視座』(2010)、山中敬一「刑理論の展望」犯罪と刑罰15号33頁、同「中山研一博士の刑法理論家の思想研究」犯罪と刑罰22号（2013)45頁、吉田敏雄『刑法理論の基礎』（第3版・2013）、同『懲罰社会と刑法』(2014)

§18　学派の争いの終焉と戦後の刑法理論の展開

1　新旧両派の熾烈な対立

19世紀末から始まった古典学派と近代学派の対立（学派の争い）が、刑法理論の基本的な対立構造を明らかにしている。19世紀末から20世紀初頭にかけて熾烈を極めた「**学派の争い**」[1]において、両派はその主張を純粋な理念型まで高め、それによって、両者ともに現実性を喪失していった。

古典学派の絶対的応報刑は、あまりにも観念的である。犯罪によって社会が脅威にさらされているとき、犯罪の予防に役立つような刑罰を科するのでなければ、功利的でも合理的でもないが、絶対的応報刑は、犯罪予防という実践的な目的からあまりにも超然としており、現実的ではない。その刑罰論は、国家の道義的優越性を前提とするものであり、自由主義、民主主義の国家体制には合わない。この学派の理論的前提とされている形而上学的な意思の自由を承認することにより、人間の行為といえども因果法則に服するものとして、犯罪という人間の行為の原因を科学的に探究する機

---
[1] 新旧両派の主張内容について詳しくは、大塚・新・旧両派の理論1頁以下参照。

運を喪失させ、科学的な犯罪予防戦略の発達を妨げる。

他方、**近代学派**の刑罰論や犯罪観においては、犯罪生物学的・犯罪社会学的な犯罪原因が犯罪行為者の「性格」に求められ、その原因の克服・除去が犯罪の予防につながるという認識に立つかぎり、犯罪行為と刑罰（処分）との比例・均衡は理論上問題にならない。このような純粋な**社会防衛論**によれば、処分の有無や量は、行為責任とは独立したものであり、行為の実行がなくても、犯罪を行う「性格の危険性」があれば、刑事処分の対象となることがありうる。これは、行為者が行った法益侵害および行為者の負うべき責任を超えて刑事制裁を科することを認めることを意味し、刑事制裁に対する客観的な歯止めがないことを意味する。その意味で、このような刑事制裁の構想は、法治国家原理や自由主義に反し、**人権保障**に悖るものといわざるをえない。

2　両派の総合

このようにして、両派は、それぞれ純粋な理念型においては自己を貫徹できないことが認識され始め、それぞれが相対化され、宥和の方向に歩み始めたのである。それは、折衷主義ないし**総合主義**（Vereinigungstheorie）と呼ばれ、現在では、より古典学派に近い折衷主義か、より近代学派に近い折衷主義かという分類は可能であるとしても、基本的には、極端な応報刑論も、極端な予防刑論もみられなくなっている。

とくに1960年代以降においては、刑法理論における対抗軸は、刑罰ないし犯罪の本質論の対立から、憲法上の価値を基礎にして、行われた犯罪をいかに処理することが、国民一般の法益を保護しつつ、犯罪行為者の人権にも配慮する犯罪論ないし刑事政策であるのかという対立に移行してきている。

3　目的主義刑法学と刑事政策的機能主義刑法学

戦後のドイツ刑法学は、ナチス刑法学の時代を歴史上から抹殺し、1930年代の刑法学からの連続において再開した。大きな影響力をもったのは、すでに戦前から活躍していたメツガー（Edmund Mezger, 1883-1962）のほか、それに続く世代のエンギッシュ（Karl Engisch, 1899-1990）、ガラス（Wilhelm Gallas, 1903-1989）といった刑法学者であった。

そのような中で1950年代からハンス・ヴェルツェル[2]（Hans Welzel, 1904-1977）の**目的的行為論**にもとづく刑法理論が刑法学に旋風を巻き起こした。方法論的には、戦後自然法の復活の導きの糸となったグスタフ・ラートブルフ[3]（Gustav Radbruch, 1878-1949）の「事物の本性」（Natur der Sache）と同様

---

[2] *Hans Welzel*, Das deutsches Strafrecht, AT, 11. Aufl., 1969.
[3] アルトゥール・カウフマン（中義勝・山中敬一訳）『グスタフ・ラートブルフ』(1992) 参照。

に、規範学である法律学も事物のあらかじめ内包されている存在構造に拘束されるという「**事物論理構造**」（sachlogische Struktur）の考え方を基礎として、**人間の行為の存在構造**は、その「目的性」にあるとし、この目的的行為論の立場から犯罪論を構成する刑法理論は、1960年代のドイツ刑法学を席巻した。目的的行為論によれば、故意は構成要件要素であり、違法要素であって、主観なくしては行為の類型も違法性も決定できない。主観的違法要素こそが違法判断の重要な対象であり、違法と判断されるのは、その意味での「行為」なのであって、結果ではない。いわゆる**行為無価値と結果無価値の対立**（☞§103）と、犯罪論における行為無価値の意義への注目が、従来の犯罪論に大きな修正を迫ったのである。

しかし、1960年代の初頭には、クラウス・ロクシン（Claus Roxin, 1931- ）が目的的行為論批判を展開し、1970年代になると、彼の刑法学方法論の全体像が明らかになった。[4] それは、**目的合理主義**を標榜し、刑事政策的目的を刑法理論の基礎に据えるべきだというものであり、**刑事政策的機能主義**ともいうべき新しい刑法学であった。刑法学とは、刑事政策という固有の課題をもった規範体系の説明の学問であり、存在論ではなく、政策が基礎におかれるべき規範体系であった。「**刑事政策に導かれた犯罪論体系**」は、ドイツ刑法学にコペルニクス的転回をもたらすものであった。それは、犯罪論の内容についても、目的的行為論の行き過ぎた主観主義と行為無価値論にアンチテーゼを突きつけるものであった。

4　規範主義的刑法学・その他

1980年代に入り、ギュンター・ヤコブス（Günther Jakobs, 1936- ）が、その教科書『刑法総論』（1983）によって、その**規範主義的機能主義の刑法体系**の全貌を示し、刑法規範をシステム的機能性の観点から捉える新たな刑法学を呈示した。[5] それによると、すべての犯罪論上の概念は、その事物論理的本質構造から構成されるのではなく、機能主義的観点から規範化され、再構成されなければならない。[6] 犯罪とは、規範侵害であり、侵害された規範の妥当性

---

[4] *Roxin*, Kriminalpolitik und Strafrechtssystem, 2. Aufl., 1973, Vgl. *ders*., Strafrecht AT, 1. Band, 4. Aufl., 2006；（ロクシン・平野龍一監修『刑法総論』〔第1巻・第3版邦訳・第1分冊・2003］）、山中敬一（監訳）第1巻（第4版からの訳）、第2分冊［2009］、2. Bd. 2003, 同［監訳］第2巻（第4版からの訳）第1分冊［2011］、同［監訳］第2分冊［2012］。

[5] *Günther Jakobs*, Strafrecht AT, 1. Aufl., 1983.

[6] ヤコブスは、因果関係、不作為、責任等の概念をすべてこの観点から再構成する。

は、行為者を処罰することによって再構築され、「**規範の安定化**」がもたらされるべきものである。また、刑法の任務から犯罪論の概念が演繹されるのでもなく、それらは、システム的に結合し、相互依存的なのである[7]。ヤコブスの規範主義的機能主義の刑法学においては、法益は第2次的な意味しかもたない。刑法によって守られるべき利益（＝刑法益）とは、「規範」自体であり、規範の妥当性を示すことによって規範的な予期の裏切りを鎮めることである[8]。

現在、ドイツ刑法学においては、その他にも、一元的に個人主義的な法益論から刑法学を樹立しようとし、啓蒙期の社会契約論を基礎に、抽象的危険犯のカテゴリーを原理的に批判するハッセマー（Winfried Hassemer, 1940-2014）を中心とするいわゆる**フランクフルト学派**が有力に展開される一方、応報刑の復活が図られ、刑罰は正義のために科されるべきであるとし、犯罪とは、市民と国家の相互承認関係を侵害する行為であり、カント哲学に依拠するいわゆる**新観念論刑法学**が提唱されている[9]。

5　わが国の戦後刑法学の展開

1950年代末から60年代にかけて、**目的的行為論**が日本でも大きな影響を与えた。目的的行為論は、**人間の行為の目的的構造の理論**に例示される事物論理構造から犯罪論を構成するという存在論的方法論に注目され、また、行為の目的的構造から帰結する犯罪論における主観的要素の重要性の評価、ならびにその違法論における反映である**行為無価値**の犯罪論における重要性を指針とした犯罪論体系の変革において大きな意義をもった。目的的行為論は、**木村亀二、平場安治**(1917－2002)、**福田平**(1923－)の諸学者によって展開された。

6　現代の刑法理論への動き

他方で、1970年代からは、**機能的考察方法**によって刑事政策的・科学的に刑法学を構想しようという動きが強力に展開され始めた。刑法を社会コントロールの手段とみて、道徳的・権威主義的刑法観を排し、刑法の任務を**法益保護**にあるとして、客観的な違法論、**結果無価値**を重視する刑法学が、**平野龍一**(1920－2004)によって唱えられ、現在まで大きな影響力をもっている[10]。

さらに1970年代は、刑法改正問題について、刑法における思想の問題が

---

[7] *Jakobs*, Strafrecht AT, 2. Aufl., 1999, Vorwort zur ersten Auflage.
[8] *Jakobs*, Strafrecht, AT, 2. Aufl., S. 35.
[9] *Ernst Amadeus Wolff*, ZStW 97 (1985), S. 820; *Köhler*, Der Begriff der Strafe, 1986, S. 50 ff.

問い直された時代でもあった。刑法改正問題は、**小野清一郎**が法務省の顧問として刑法改正の中心的役割を果たしたが、戦前の古い刑法イデオロギーと新しい刑法観の熾烈な戦いの主戦場であった。

この間、刑法学は、総論の解釈学がより詳細な研究を積み重ね、構成要件論、違法論、責任論、未遂論、共犯論において戦前と比べると大きな展開を遂げた。期待可能性論、可罰的違法論における**佐伯千仭**（1908－2006）、間接正犯論の**大塚仁**（1923－）、共犯論の**齊藤金作**（1903－1969）、**植田重正**（1905－1987）、構成要件論、錯誤論の**中義勝**（1922－1993）、過失犯論の**西原春夫**（1928－）らの研究が挙げられるほか、とくに、労働争議、現代型過失犯、経済犯罪などの分野において、刑法学の現代的なさまざまの実践的な課題に即した研究を積み重ねた**藤木英雄**（1932－1977）が、実務的課題に挑戦する解釈学の新たな課題を開発していった。

他方、1960年代から、刑法理論は、**行為無価値論と結果無価値論**を基軸に政策と理論とが色分けされるようになった。[11] 古い道義的刑法理論を唱え、必罰主義を連想させる行為無価値論と新しい政策と謙抑主義を標榜する結果無価値論の対立が、解釈学を席巻したのである。民主主義と自由主義を徹底しようとする立場からとくに滝川幸辰の薫陶を受けて、1960年から70年代以降、この結果無価値論の刑法学を展開した刑法学者として、吉川経夫（1924－2006）、**中山研一**（1927－2011）がいる。

1970年代の刑法改正論議において、戦前の道義主義的で古いイデオロギーに対して共同戦線を張った刑法改正対案グループも、すでに当時から大同団結の様相は呈していたが、1980年代の末、ベルリンの壁が崩壊し、ソビエト連邦が崩壊すると、刑法を被疑者・被告人の**人権の砦としようとする立場**と刑法を機能的に社会コントロールの手段とみて犯罪の予防ないし**積極的一般予防のための犯罪の事後処理のための手段とみる立場**の対立も表面化してきた。これとともに、結果無価値論の立場も政策論的には分裂が顕著となっていった。

---

[10] 山中「平野龍一博士の刑法理論」ジュリ1281号48頁以下。
[11] 最近の文献として、名和鐵郎「日本における『学派の争い』の現代的意義─行為無価値と結果無価値の原点」静岡大学法政研究5巻1号35頁以下、なお、曲田統「行為無価値と結果無価値の止揚のありかた」法学新報110巻9＝10号95頁以下、木村光江「結果無価値と行為無価値の対立構造の意義と機能と射程─結果無価値論の立場から」現刑3号27頁以下、奥村正雄「結果無価値と行為無価値の対立構造─行為無価値論の立場から」現刑3号35頁以下参照。

7 刑法理論の展望

21世紀の刑法学の課題は、科学技術の発展、情報化社会の進展、グローバル化、危険社会の進行といった社会の変化の中で、刑法以前の段階でいかにして犯罪を予防するか、刑法によって発生した犯罪をどのように処理して法の安定化を図るかである。従来は、わが国は、犯罪の脅威を実感することは少ない、古き良き時代を謳歌していた。しかし、**体感治安**が悪くなったことが自覚され、被害者の声が大きくなり始め、また、行為者が再社会化した後ふたたび社会復帰し、この情報化した狭小な世界で共生せざるをえない場合、従来の「追放刑」の残滓のような分離政策では用をなさないことになる。被害者を蚊帳の外においた社会統合がありえず、**社会復帰が予定された共生社会の中で被害者の加害者に対する厳罰要求**も強くなる[12]。このような社会では、行為者と被害者ないし国民の人権の両者に折り合いをつけながら満足させるような**再統合のための刑法理論**がより切実に求められるようになる[13]。また、環境刑法・経済刑法、組織犯罪、テロ対策にみられるように、刑法が、新たな犯罪現象に対してどう対処するかについて、刑法理論と刑法上重要な諸原則は試練のときを迎えることになる。

§19　現代における刑事政策と刑法理論

1　刑法理論における犯罪予防と人権保障

　無制限の犯罪予防は、法治国家においては許されず、刑法の保障機能によって限定された刑事政策のみが許される。かくして、現代社会においては、刑事政策的目的のない応報主義は、正当化根拠をもたないがゆえに、法治国家的・自由主義的・民主主義的形式の中で合理的な刑事政策的目的を追求するという観点から、予防と人権保障との調和をもたらしうる刑法理論が構築されるべきである。

---

[12] これについて、松原芳博「被害者保護と『厳罰化』」法時75巻2号20頁以下参照。
[13] 近い将来の刑法理論の展望については、山中「刑法理論の展望」犯罪と刑罰15号33頁以下(山中『犯罪論の機能と構造』〔2010〕27頁)参照。なお、高橋則夫「刑法的保護の早期化と刑法の限界」法時75巻2号15頁以下参照。

2 刑事政策的刑法理論

1970 年代以降の刑法理論の主流は、基本的に、刑法が、一方では社会形成機能を営み、他方では、刑事政策的目的を実現するための自由主義的枠組みを与えるものであるという認識に立っていたように思われる。それは、イデオロギー的価値を実現するための刑法理論であれ、機能主義の刑法理論であれ、いずれにせよ、刑事政策を射程に入れた刑法理論を志向しているのであり、刑法を刑事政策とは無縁の道義主義や倫理的国家観から捉えようとする立場は、その存立基盤を失ったといっても過言ではない。一見、応報主義に立脚し、刑事政策を正面に据えていないようにみえる刑法理論も、この観点からは、一定の刑事政策を志向するものであるとみるべきである。旧派と新派の対立図式自体は、すでに刑法理論の対抗軸を示すものとしては、言明力を喪失したといってもよい。したがって、むしろ、どのような刑事政策を志向するかによって、刑法理論の理念型を分類するのが、その理解に役立つといえるであろう。このような観点からみて、わが国の今日の刑法理論は、次の**二つのグループ**に大別できる。

(1) 謙抑的刑事政策志向刑法理論

これは、現在の国家権力を「悪」と捉える立場から、現在の国家社会への再社会化を目的とする特別予防に対して警戒感をもち、むしろ、消極的な意味での応報主義的な刑事政策を志向する立場である。これは、また、古典的自由主義的社会観にもとづき、刑罰を害悪とみて、それをなるべく謙抑的に行使すべきだとする立場である。この立場からは、犯罪論においても、犯罪の成立範囲を狭く限定しようとし、謙抑主義を強調し、刑法の人権保障機能を重視する。それを担保するため、客観主義的・結果無価値的犯罪論体系が目指される（佐伯、中山、内藤、曽根、浅田）。

(2) 積極的刑事政策志向刑法理論

これは、社会的法治国家論を背景にして、刑法の社会形成的機能を承認し、刑法によって犯罪予防を達成することを、刑法理論の最終の目的であると解する立場である。これには、特別予防志向刑法理論と一般予防志向刑法理論とがある。

(a) 行為規範的特別予防志向刑法理論は、行為規範としての刑法の機能を刑法理論の中心に据え、行為無価値論を承認する刑法理論を採用する。刑法理論は、主観と客観の両者の併存状況を前提にして、行為規範違反に対する

適切な制裁を志向して樹立される。行為者の責任を問うことが、その刑事政策の中心課題である。したがって、制裁論においては、どちらかといえば応報刑論に傾斜するか、あるいは、再社会化論に傾斜するかの相違はあっても、行為者に作用することによる特別予防が、刑罰目的とされる。この立場にとっては、犯罪を行った行為者に積極的にはたらきかけることによる犯罪予防・刑事政策が重要なのである（小野、団藤、大塚、福田、大谷、川端、野村、佐久間）。

 (b) **経験的一般予防志向刑法理論** は、刑法を社会コントロールの手段と捉え、犯罪抑止を目的とするものであるということから出発する。この見解は、もっとも近代学派に近い理論構成をとるが、一般予防効果の観点から、刑法理論が構築される点で、近代学派とは大きく異なる。結果無価値を中心に、犯罪の成立要件も厳格に解され、一般予防の枠内で、機能的・合理的に必要なかぎりで、処罰するという思想に裏打ちされている。しかし、本来的に、一般予防のための刑法理論であり、刑事政策であるので、一般予防に必要なかぎりで、犯罪者に対しても、積極的なはたらきかけが是認される。この立場は、機能主義的刑法理論ということもできる（平野、町野、前田、林幹人、山口）。

 (3) 謙抑的刑事政策志向刑法理論の批判

謙抑的刑事政策志向刑法理論は、謙抑主義を貫くことにより、国民の自由を最大限保障しておれば、社会が機能するという19世紀的**市民社会モデル**を基礎にするが、今日、権力の濫用のおそれのある国家の刑罰ではあっても、それを一定の枠内で操縦し、社会形成に役立てるのでなければ、危険社会における犯罪の処理を行うことが困難になっている。環境犯罪、経済犯罪、組織犯罪など多くの局面において、見えざる神の手に導かれる市民的平和の予定調和の獲得は不可能となり、特別の国家的保護を必要とするようになってきていることは無視できない。それを補強するに、必要悪としての刑罰によらざるをえないことは否定できない。

 (4) 積極的刑事政策志向刑法理論の批判
 (a) 行為規範的特別予防志向刑法理論の批判

まず、行為規範的特別予防志向刑法理論は、国家を「善」とみる**社会福祉国家的国家観**を基礎にしている。この立場の人間観・国家観によれば、素朴な道義心をもった人間と、道義的に善であるべき国家がモデルとされる。この理論によれば、刑法の任務は、行為規範の貫徹にあり、それを担保するのが、応報的特別予防であり、再社会化は、行為規範違反を犯した者を再社会化して規範を遵守する市民に教育することによって、規範の実効性を高めるためのものである。この理論も、福祉国家の後見主義が、人権の侵害をともなう場合の制約原理が弱いこと、再社会化という楽観主義的刑

事政策を基礎としていることにおいて、不当である。

(b) 経験的一般予防志向刑法理論の批判

経験的一般予防志向刑法理論は、社会的な機能主義・功利主義を基礎としている。したがって、効果論からフィードバックして要件論が考慮されることになり、本質論が疎んぜられ、効果と機能が前面に押し出されることになる。解釈論は、問題発生場面によって機能的に修正され、論理一貫性・体系性よりは、問題解決が重視される結果（問題思考）、不透明な、体系性を喪失したものとなる（☞§ 52, 5）。刑事政策についても、その前提である理論上、犯罪予防効果が最優先され、人権保障などの憲法上の価値の実現は、固有の意義をもたなくなる点で不当である。

3 謙抑的事後予防刑法理論

刑法規範は、**行為規範**として犯罪の事前予防機能をもつと同時に、**制裁規範**として、事後的に犯罪を処理する機能（**犯罪の事後処理機能**）をももつ。刑法理論は、このような制裁規範の作動する前提要件に関する理論であるので、このような観点から構築されなければならない[14]。このような観点からの理論構成は、現代社会における市民の自由を守り、制裁の発動を謙抑的に抑制し、しかも刑法の事後的な**社会形成機能**を重視する狙いをもつものである。

この見地によれば、制裁規範が実現され、刑罰が科せられるのは、侵害された法規範の動揺を回復し、将来に向かって法秩序を維持するためである。犯罪によって動揺させられた法秩序を制裁の実現によって回復し、事後的に法秩序を確証するためである。そのことが、副次的に、規範に対する社会の信頼を回復し、法に対する信頼を強化することになる。これは、刑罰の**積極的一般予防的機能**[15]であるといってもよい。これによって社会的統合が図られるのである（☞§ 53）。

もちろん、このような制裁規範の実現は、犯罪の特別予防・一般予防の意義をもたないわけではない。刑法は、直接にその制裁規範の実現によって特別予防・一般予防を目指すのではなく、それは、法秩序の回復と法に対する信頼の回復ないし社会的統合の間接的効果にすぎないということである。

私見によれば、現代の刑事政策は、刑法規範に対する違反を契機として、受刑者に対して直接にはたらきかけることによって、再社会化という特別予防を追求することでも、一般市民に対する抑止的効果をねらった一般予防を追求すること

---

[14] この観点からの犯罪の構想として、山中「犯罪論における『危険予測』の二元的構想」関法56巻5＝6号177頁以下（同『犯罪論の機能と構造』127頁以下所収）参照。

[15] ドイツにおける積極的一般予防論の状況については、伊東研祐「責任非難と積極的一般予防、特別予防」福田＝大塚古稀〔上〕299頁、とくに308頁以下、北野・法学59巻5号90頁以下、田中久智＝田中りつ子「積極的一般予防に関する一考察」名城法学37巻別冊115頁以下参照。

でもなく、犯罪による社会の憤怒を鎮静化しつつ、法に対する信頼を樹立し、犯罪者を含めた市民の社会的統合を図ることによって、犯罪を防止することである。このことは、殺人、強盗、窃盗といった古典的な犯罪ではなく、経済犯罪、環境犯罪などの特別刑法犯や、過失犯などの現代的な犯罪をモデルにすると、分かりやすい。その違反行為者は、基本的に再社会化を必要とするものではなく、行為者の規範違反が社会システムの不備に起因することも多く、刑罰の執行による一般予防も、必ずしも効果的ではない。侵害された法への信頼の回復によって法をふたたび現実的に妥当させることを直接の目的として制裁を科し、それによって間接的な特別予防・一般予防効果を狙う方が合理的であり、犯罪の成立要件も、このような観点から理論化するのが合目的的である（☞§20, 4）。

第2節　犯罪の基礎理論

【文献】生田勝義『行為原理と刑事違法論』(2002)、伊東研祐『法益概念史研究』(1984)、井上大「責任論の展開と刑法における予防目的の考慮(1)(2・完)」専修法学論集47号285頁・48号153頁、曽根威彦「現代刑法と法益論の変錯」阿部古稀43頁、同「自己決定の自由－憲法と刑法の交錯」佐藤古稀57頁、高橋則夫「刑法的保護の早期化と刑法の限界」法時75巻2号15頁、内藤謙「刑法における法益概念の歴史的展開(1)(2)」都立大法学会雑誌6巻2号223頁・7巻1号319頁、同「法益論の一考察」団藤古稀3巻1頁、奈良俊夫「目的的行為論と法益概念」刑雑21巻3号263頁、萩原滋「刑罰謙抑主義の憲法的基礎」宮澤古稀2巻65頁

§20　謙抑的法益保護の原則

1　刑法の任務

　刑法の任務は、法益保護なのか、社会倫理秩序の維持なのかが対立していたが[1]、最近では、圧倒的多数の学説が、法益の保護であると解している。つまり、**法益保護説**は、法によって保護するに値する利益を保護するのが刑

---

[1] 目的的行為論の創始者ハンス・ヴェルツェル（Hans Welzel, 1904-1977）は、社会倫理秩序の維持を刑法の目的とした（*Hans Welzel*, Das deutsche Strafrecht AT, 11. Aufl., 1969, S.1）。

法の任務であると解する。この見解は、個人主義的・自由主義的な国家観を基礎にし、国家は、個人と個人の利害の衝突を調整し、原則的に、他人の権利・自由を侵害するような行為のみを処罰するという機能を果たすものと解される。

これに対して、**社会倫理秩序維持説**は、刑法は社会道徳を補強するものであって、社会道徳に違反した者を処罰することによって社会倫理秩序を維持・促進する任務をもつものと解する。この立場によれば、国家は、それ自体が何らかの倫理的な価値を実現する目的をもつものであると解される。国家は、国民の倫理の保護者であるというパターナリスティックな国家観を基礎とする。わが国では、小野清一郎ないし植松正の道義的刑法観がこの立場に属した。

2　個人的法益保護の原則

このような刑法の任務をめぐる争いは、1960年代に、**被害者のいない犯罪**について**犯罪化**すべきか、または「**非犯罪化**」すべきかという問題として議論された。ドイツでは、例えば、同性愛を処罰する規定の廃止や非配偶者間の人工授精を処罰する規定を設けるべきかどうかなどが論議の対象となった。もちろん、ここで、「健全な社会の性風俗」という社会的法益ないし「優生遺伝」の保護といった抽象化された法益を保護するものととらえると、実質的には、法益保護の原則は破られているのであり、「法益」の内容が問われることになる。

このように、法益保護説に立ったとしても、**法益**の概念が**抽象化**（精神化）されれば、結論的に社会倫理秩序維持説を言い換えただけのものとなる。したがって、法益として保護されるべきものは、具体的・個人的で物的な法益であることを基本とするものとしなければならない。このことは、憲法が、個人の生命・身体・自由・財産を重視していることから説明されうる。憲法13条は個人の尊厳をうたっているのであり、社会的法益や国家的法益は、個人的法益として構成できない場合にかぎって刑法によって保護されるのである。

---

[2] マイホーファー「刑法各則の改正」バウマン・新しい刑法典のためのプログラム（1972）159頁以下参照。
[3] 法益に関する最近の文献として、曽根・阿部古稀45頁以下、甲斐克則「刑事立法と法益概念の機能」法時75巻2号7頁以下、嘉門優「法益論の現代的意義（1）（2・完）」法雑50巻4号74頁以下・51巻1号96頁以下参照。

3 犯罪化・非犯罪化と自己決定権

　このように、法益保護の原則は、法益の侵害ないし危険がない場合には、その行為を**犯罪化**（Kriminalisierung）してはならず、また、そのような犯罪化が行われている場合には**非犯罪化**（Entkriminalisierung）しなければならないということを意味する。例えば、単に思考しただけで、何らの行為にも移されていない「思想」は、法益とはいえないので、これを処罰することは、法益保護の原則に反する。また、法益保護の原則は、立法者の恣意によって処罰対象が選ばれ、法益が何かが疑わしい場合も、犯罪化を禁止する。例えば、首相の銅像に対する最敬礼の義務を課し、違反行為を処罰するのは、恣意的処罰である。また、本人の利益を保護するためと称して、例えば、健康診断受診義務違反罪を設置することなども、法益保護の原則に反する。さらに、保護法益が不明確であり、また実際に適用される見込みもないが、国民の意識を覚醒・強化し、その処罰立法によって選挙民の要求を宥めるためにのみ役立つような**象徴立法**（symbolische Gesetzgebung）も認められるべきではない。

　法益保護の原則を貫くならば、本人（被害者）が、法益の保護を放棄した場合には、外見上の法益侵害行為は、処罰されるべきではない。個人的法益については、その保護を望むかどうかは、本人の**自己決定権**[4]（Selbstbestimmungsrecht）に委ねられており、自由に処分できなければならない。個人的法益保護の放棄について被害者の同意がある場合には、自己決定権を尊重すれば、保護すべき利益はないのであり、犯罪は不成立となる。しかし、重大な法益の処分は、禁止されている。例えば、同意殺人は、刑法によって処罰されている（202条）。また、学説においては、重大な傷害に対する同意ないし公序良俗に反する同意も、無効であるとされている。そこで、例えば、性転換手術を受けることや、暴力団員が指詰めに同意することなどについては、同意が有効かどうか争いがある。医師の手術に対する同意についても、手術の要否・効果・危険性などが高度の医学的知識を必要とする判断であるため、医師による説明を前提とした同意がなければ、有効とはいえないとする議論がある。これは、医療における**インフォームド・コンセント**（説明と同意）の問題である。

4 危険社会における刑法の機能の変化

　個人法益の保護が刑法の主たる任務である。現代社会においても、19世紀以来基礎とされているこの基本的認識には変更の余地はない。しかし、今日、高度情報化社会あるいはネットワーク社会を達成し、蟻の一穴がダムの決壊を招くように、小さな攻撃がネットワーク社会の壊滅につながることもありえないではない時代に至り、また、地球規模の環境破壊の防止が、人類が将来も生き残るための不可欠の条件となるに至った。このような時代においては、古典的な直接的法益侵害のみを禁止していたのでは、個人の法益の

---

[4] 刑法における自己決定権については、甲斐・梅崎・齋野・佐伯仁志・松宮「特集・刑法における自律と自己決定」刑雑41巻2号160頁以下、曽根・佐藤古稀〔上〕57頁以下参照。

保護そのものが達成しえなくなっている。刑法がこれらの侵害の脅威に対しては、その守備範囲外であるとして、放置してよいものかどうかは疑問である。

　近代化は、同時に、社会の依って立つ基盤をも揺るがすような危険をも生み出した。原子力発電所の事故、コンピュータ回線の切断事故が大きな人身事故につながり、また、環境、経済、交通、医療、金融などを破壊することがあるのはすでに周知のことがらに属するであろう。現代社会の一つの特徴は、このように法益侵害からは一見遠い因果連鎖にしか立たないような些細な行為が甚大な被害を招くシステムが形成されているということであろう。このような社会を**危険社会**（Risikogesellschaft）と呼ぶことがある。[5] このような社会においては、社会自体が自己防衛するためには、危険をその萌芽のうちにつみ取り被害を予防することが必要となる（**予防社会**）。このような予防に刑法が何らかの役割を果たすべきかどうかが、刑法に突きつけられた焦眉の課題である。

　刑法は、おそらく次のような三つの問題を解決しなければならないであろう。一つは、**抽象的危険犯** という形態での犯罪構成要件の創設をどのように評価し、それをどのようにコントロールするかである。これは、環境刑法や経済刑法における重要問題である。二つ目は、**刑法の行政法補強機能** をどの程度是認し、**刑法の側面援護機能** を法益保護原則から切り離して、刑法の一つの機能として認めるかについて考察する必要があることである。このことは、**刑法の新たな倫理形成機能** を是認するかという問題にもつながる。つまり、三つ目は、社会を脅かす新たな危険に対処するために **国民の行動規範** を定立するにあたって刑法が一定の機能を果たすべきかどうかである。刑事立法による社会意識の形成、とくに遵法意識を喚起する機能は、交通道徳や環境道徳においても実際には大きな役割を果たしてきた。まさに従来は、自然犯でなかったものが、刑事罰を科されるようになって、人々の倫理的行動準則となったといってもよいのである。最近、高級官僚や企業のトップが政治犯罪ないし経済犯罪により起訴され始めてその「犯罪性」が認識され始めている。[6]

---

[5] *Urlich Beck*, Risikogesellschaft. Auf dem Weg in eine andere Moderne, 1986, S. 25 ff. 邦訳として、ウルリヒ・ベック（東廉・伊藤美登里訳）『危険社会：新しい近代への道』（1998）。詳しくは、山中・刑事法入門71頁以下。

このような危険社会における刑事法の機能の問題に、刑法学がどのように対処するかが、－いまだ自覚的でない場合も少なくないが－、刑法総論の犯罪体系の構想にも大きな影響を与え始めている。これは、従来の個人的法益保護の原則や謙抑的法益保護の原則に矛盾する契機を含む傾向であり、刑法の機能についてその見方の修正を要するのかどうかを見極める必要がある。[7]

5　刑法の第二次性・補充性

法益保護の原則は、法益侵害ないしその危険が存在すれば必ず犯罪化すべきだとするものではない。法益の存在は、刑法によって処罰するための必要条件ではあっても十分条件ではない。法益を保護するのは、刑法のみならず、道徳や慣習法、民法、行政法などの規範も、法益保護に役立つ。刑法は、刑罰という生命・自由などを奪う**「最も峻厳な制裁」**（最大判昭49・11・6刑集28・9・393、最大判昭52・5・4刑集31・3・182）を科するための規範であるから、その他の道徳規範ないし法規範による保護が効果をもたない場合、あるいは不十分な場合にはじめて発動されるべき**究極の手段**（ultima ratio）である。第1次的な規範がまず前面に出るべきであり、刑法は、それを補充するものとして第2次的に投入されるべきものである。これを**刑法の補充性**（Subsidiarität des Strafrechts）ないし**第2次性**という。[8]これらは、いずれも、国民の人権に対する強烈な干渉をともなう刑罰を法律効果とする刑法はなるべく謙抑的に発動されるべきであるという**刑法の謙抑性**（謙抑主義）の思想の現れである。このような意味で、法益保護の原則は、謙抑主義と組み合わされて、**謙抑的法益保護**（Subsidiarität des Rechtsgüterschutzes）の原則[9]と呼ばれる。

　このような謙抑的法益保護の原則から、重大な法益侵害であって、他の法規範によって十分な保護を期待できない場合に、刑法による犯罪化が必要となるということが

---

[6] わが国においては、近年、とくに行政刑法の分野において、社会倫理による第1次的コントロールの機能の低下の傾向は甚だしいように思われる。政治家の犯罪にしろ、企業人の犯罪にしろ、起訴や処罰によってはじめて倫理的に悪であることが確認される傾向があることは周知である。これについて詳しく論じたドイツ語の論文として、vgl. *Yamanaka*, Einige Bemerkungen zu den Verhaltensnormen in der liberalen Präventionsgesellschaft, in: Joerden/Szwarc (Hrsg.) Strafrechtsdogmatik und Rechtsphilosophie - Ein fruchtbares Spannungsverhältnis, 2014, S. 213 ff.

[7] このような問題意識で現代刑法の特徴と課題を論じたものとして、堀内捷三「刑法における重点の変遷」松尾古稀〔上〕68頁以下参照。

[8] 「刑法の補充性は、現代においてはその意味を失っている」とするものがある（堀内・松尾古稀〔上〕67頁）が、刑罰に重要な役割を果たすことが期待される現代においてこそ、刑法の謙抑性が強調されなければならなくなっているのである。

[9] Vgl. *Claus Roxin*, Strafrecht AT, 4. Aufl., 2006, S. 45 ff.

できる。一般に、**犯罪化の要件**としては、まず第1に、重大な法益侵害があり、刑罰を科すことによって保護するに値するような行為であることが必要である。これを**当罰性**（Strafwürdigkeit）の要件という。第2に、当罰的な法益侵害ないしその危険から社会を保護するためには、刑罰が不可欠の手段であるという場合に、**要罰性**（Strafbedürftigkeit）があるという。当罰性とは、行為の社会侵害性の評価であり、罰するに値することを意味する。これに対して、要罰性とは、「国家刑罰の目的」を考慮して、非犯罪化することによって、あるいは他の手段によってより効果的に保護しうるのではなく、刑罰によって保護することが必要であるという場合にのみ、罰することを要するという趣旨である。

当罰性・要罰性の概念に対して、処罰されていることを「**可罰性**」（Strafbarkeit）があるというが、わが国では、可罰性の概念は、「犯罪化」「非犯罪化」の次元ではなく、犯罪論における解釈論の次元において「当罰性」「要罰性」を具体的に考慮して処罰に値するかどうかを犯罪の成立要件に関する議論の中で論じる場合に用いられる。可罰的違法性や可罰的責任の概念がそれである。

6 客観主義・主観主義から行為無価値・結果無価値へ

旧派からは、罰せられるべきは「行為者」でなく、「行為」であるとする**行為主義**が採られ、新派からは、罰せられるべきは「行為」ではなく、「行為者」であるという**行為者主義**が採られた。前者の思想にもとづく刑法観を**行為刑法**（Tatstrafrecht）と呼び、後者のそれを**行為者刑法**（Täterstrafrecht）と呼ぶ。現在の刑法においては、後者の新派刑法学を純粋な形で貫徹することはできない。

「行為」の「客観面」を重視するか、「行為」の「主観面」を重視するかにおいて、旧派刑法学は、**客観主義**であり、新派刑法学は、**主観主義**であるということができる。したがって、旧派刑法学を**客観主義刑法**、新派刑法学を**主観主義刑法**と呼ぶことがある。客観主義刑法は、外部に現れた行為、因果関係、結果のような犯罪の客観的要素を犯罪にとって本質的なものとみるが、主観主義刑法は、故意や目的などの意思、行為者の性格などの犯罪の主観的要素を本質的なものとみる。

現在では、新派刑法学は、ほとんどその支持を失ったので、主観主義刑法もすでに消滅したといっても過言ではない。犯罪論における客観主義・主観主義の対立は、現在では、違法論において、客観的違法論を前提にしながら、違法性の本質を法益侵害の「結果」に求めるか、規範違反の「行為」に求めるかの対立に移行している。違法なのは、第1次的に、法益侵害の結果の発生であるとする見解を、**結果無価値**（Erfolgsunwert）論といい、禁止規

範・命令規範に反する行為を行うことであるとする見解を、**行為無価値**(Handlungsunwert)論という（☞§103）。

　結果無価値論は、外部的・客観的な法益侵害の存在、つまり違法な状態の発生が違法であるとする。これに対して行為無価値論は、行為者の内部的・主観的な意思の方向が、規範違反に向けられていることが違法の本質であるとみる。かくして、結果無価値論からは、結果の発生そのものないしその危険が客観的に存在することが、違法性判断にとって重要であり、行為者の意思は重要でないことになる。しかし、行為無価値論からは、行為者の主観ないし意思が、違法性の判断にとって重要な要素となる。

§21　責任と予防

1　責任主義

　旧派と新派の刑法観のもっとも大きな相違は、いわゆる**責任論**にある。旧派の行為刑法においては、違法行為をなしたことに対する責任、すなわち、**行為責任**（Tatschuld）が問われ、行為責任があるときに処罰が可能となる。これに対して、新派の行為者刑法においては、**行為者の性格**の**社会的危険性**が存在することが処罰の根拠である。旧派においては、行為が、行為者の**自由意思**にもとづいて行われ、自らの責任で行為を思い止まることもできたという意味で、非難可能な場合に責任があるとされ、処罰が可能となる。これに対して、**新派**においては、行為は、**性格の自然の発露**であり、その行為者の**性格の危険性**の徴表でしかない（**犯罪徴表説**）から、性格の社会的危険性が、処罰の根拠である。そこでは、行為者の行為が自由意思にもとづくものであることは必要でない。むしろ、意思の自由の可能性を否定し、**決定論**を前提にするのが新派の刑法思想である。[10]

　現在では、**行為責任主義**が圧倒的な通説である。行為責任は、違法行為を思い止まり別の適法行為に出ることができたにもかかわらず、適法行為に出なかったという点に非難可能性があるとし、非難可能性が責任の内容であるとする。このような意味における責任がない場合には、刑罰を科することは

---
[10] このように決定論を前提にした新派の意味における責任を、**性格責任**ないし**社会的責任**という。

できない。このように、責任が刑罰を科するための基礎であるという原則を**責任主義**（Schuldprinzip）という。

2 責任主義と予防目的

このように、責任主義は、刑罰を構成し、かつ限定するものとすると、責任と刑罰は原則として比例するから、刑罰目的である予防は、責任主義の枠内でのみ認められることになる。**消極的責任主義**によれば、予防の必要性が少ない場合には、刑罰は責任を下回ることは許される。

刑罰論を反映することなく、責任論を構成することは不可能ではあるが、責任主義の刑罰構成的側面を軽視し、責任概念をもっぱら目的論的に予防の側面から構成することによって、全面的に責任論に代えて予防論を唱えることは、刑罰の限定機能が失われるという理由からも、承認することはできない。

むしろ、刑罰目的は、規範的に意思決定を行う可能性があることを前提としたうえで、具体的な行為事情の中で「非難可能性」を問う際に、考慮されるべきである。このような意味で、「責任主義」を前提としたうえで、刑罰目的を考慮した責任を、**可罰的責任**として、犯罪論の体系の中に取り込むべきである（☞§141）。

---

[11] ここでは、責任が刑罰を基礎づけ構成するという意味と、責任が刑罰を限界づけ限定するという意味をもつ。前者は、責任の**刑罰構成機能**と呼ばれ、後者は、**刑罰限定機能**と呼ばれる。前者の機能のみを認める考え方は、「責任あれば必ず刑罰あり」という考え方に結びつくものであるとし、これを**積極的責任主義**といい、後者の機能のみを認める見解は、「責任なければ刑罰なし」ということを意味するから、**消極的責任主義**を表すものであるという。消極的責任主義が妥当であるというのが多数説である。

[12] しかし、最近、ドイツでは、責任の概念を「一般予防目的」によって内容を与えられ、規定されるものと解する見解（ヤコブス）が唱えられている。そこでいう一般予防とは、一般威嚇の意味ではなく、**積極的一般予防**の意味であり、「法的忠誠へと訓練すること」、つまり、犯罪行為によって動揺した秩序への信頼の安定化が図られることを意味する。また、わが国においても、非難とは他行為可能性を意味するというのは内容がなく、責任の概念から非難可能性を放逐し、責任とは予防の必要性を意味すると解する見解（堀内「責任論の課題」現代的展開〔I〕171頁以下）が唱えられている。これらの見解は、一般予防論を出発点としているが、たとえ、積極的一般予防の趣旨に解したとしても、責任の内容を一般予防の必要性のみに解消することはできないというべきである（☞§125, 2（3）(a)）。

58　◇第1編　序論　　第3章　刑法理論の基礎

第3節　刑罰の基礎理論

> 【文献】内田文昭「決定論と予防論―最近の『予防的責任論』をめぐって―」香川古稀241頁、大谷實「現代刑事制裁論」現代刑法講座1巻63頁、小野坂弘「罰金刑」刑事政策講座2巻275頁、加藤久雄「刑罰と保安処分」基本講座1巻165頁、金沢文雄「刑罰目的の多元的・発展的考察」中山古稀4巻1頁、北澤信次『犯罪者処遇の展開』(2003)、金尚均＝ヘニング・ローゼナウ（編著）『刑罰論と刑罰正義』(2012)、澤登俊雄「現代における刑罰の本質と機能」現代刑罰法大系（1）35頁、同『犯罪者処遇制度論（下）』(1975)、辻本義男「死刑」基本講座 1 巻180頁、中山研一『刑法改正と保安処分』(1986)、同「自由刑（1）―概観・歴史的展開」刑事政策講座 2 巻51頁、同『心神喪失者等医療観察法の性格』(2005)、藤本哲也「財産刑・日数罰金制」基本講座1巻229頁、松尾浩也「自由刑（2）―制度の現状と展望」刑事政策講座 2 巻73頁、松宮孝明「『積極的一般予防論』と刑事立法の限界」光藤古稀（下）967頁、松村格「刑法にとって自由意思論は無用か」八木古稀［上］59頁、ギュンター・ヤコブス（飯島暢＝川口浩一訳）『国家刑罰』(2013)、吉岡一男『刑事制度論の展開』(1997)、同『自由刑論の新展開』(1997)、同「応報刑と謙抑主義」京大百周年 2 巻503頁、吉田敏雄『法的平和の恢復』(2005)、同『犯罪司法における修復的正義』(2006)、米山哲夫『情報化社会の犯罪対策論』(2001)

§22　刑罰の意義

　刑罰とは、過去に行われた犯罪に対する**応報**（Vergeltung）なのか、それとも将来、犯罪を行わないための**予防**（Prävention）なのか。このような応報刑か予防刑（目的刑）かという刑罰の本質をめぐる見解の対立は、旧派と新派の根本的な刑法観の対立を意味する。このような対立が、最近では緩和され、折衷に向かっていることについてはすでに述べた。ここでは、刑罰の本質をめぐる議論についてさらに詳しく論じておこう[1]。

1　応報刑論から予防刑論へ

　応報刑論とは、カント流の同害報復の原理ないしヘーゲル流の等価的倫理的非難がその出発点であるが[2]、今日の応報刑は、過去に行われた行為者の犯

---

[1] 刑罰論については、澤登・現代刑罰法大系(1)35 頁以下参照。
[2] ドイツでは 60 年代に「カント・ヘーゲルからの訣別」が刑罰観の変革の合言葉であった。ユル

罪に対する行為者の責任に比例する刑罰が科されるべきだとする立場をいう。応報刑論には、絶対的応報刑論と相対的応報刑論がある。

(1) 絶対的応報刑論

これは、刑罰の根拠を応報にのみ認める立場をいう。この立場からは、刑罰は、あらゆる目的とは無縁のものであり、社会的に害悪である犯罪行為が行われたがゆえに、そしてそれゆえにのみ、それに応じた害悪である刑罰が科されるべきである。この立場は、国家を正義の実現者であるとみなし、国民に対する国家の倫理的優越性を前提とし、犯罪者を自由な決断によって理性的に行為する者とみなす。正義は無条件に実現されなければならず、「何のために」という功利主義的・目的論的な問いを発することは許されないのである。

(2) 相対的応報刑論

これは、刑罰の本質を応報であるとしながら、同時に刑罰に犯罪予防機能をも認める立場である。刑罰は、行われた犯罪に対する害悪の付加によって応報を図ると同時に、それによって犯人にふたたび犯罪を犯させないようにする目的（特別予防）をもち、また、他の国民にも犯罪をやめさせる目的（一般予防）をもつ。刑罰の倫理的意義を強調する立場からは、行為者がふたたび犯罪を行わないよう、贖罪することが重要であるとされる。行為者は、贖罪によって過去の罪を清算し、それによってふたたび犯罪を犯さないことが保障されるのである。応報刑論は、もちろん、刑罰は害悪、つまり「毒を制する毒」（最判昭24・8・18刑集3・9・1478）であり、苦痛であるべきだとする。この苦痛の付加は、相対的応報刑論からは、それ自体が目的ではなく、それによって再犯を行わないという教育的効果も上がるというのである。

現在では、絶対的応報刑論は、少数説であり、**相対的応報刑論**が**通説**である。その相対的応報刑論においても、刑罰の倫理主義的理解は少なくなり、むしろ、刑罰は、害悪であるということを前提にして、再社会化などの予防目的の内容にウエイトが置かれるようになっている。その意味では、応報刑論は、最近では、予防刑論の基礎として、刑罰は害悪であるからむやみに拡張されてはならないという限定のための枠組みを確認する機能をもつにすぎなくなっている。

2 予防刑論

刑罰の目的を将来の犯罪の予防であるとする考え方を**予防刑論**ないし目的刑論という。予防刑論の基礎には、人道的、合理的、功利的、科学主義的な考え方がある。予防目的には、一般予防と特別予防がある。予防刑論は、極端な立場としては、新派の立場に代表される。しかし、現在では、犯罪が行われなくても性格の危険性があれば将来の犯罪を予防し社会防衛を図るために処罰すべきだという極端な予防刑論は姿を消している。予防刑論も、責任

ゲン・バウマン（佐伯千仞編訳）『新しい刑法典のためのプログラム』（1972）41頁以下参照。

主義の限定の枠内で唱えられ、責任による限定や比例性原理による限定を認めたうえで唱えられている場合が多い。

(1) 一般予防論 (Generalprävention)

これは、犯罪行為者自身に対してはたらきかけることによってその者の将来の犯罪を予防するのではなく、その行為者を処罰することによって国民一般を威嚇することによって犯罪を予防しようとするのが、刑罰の目的であるとする。これを、次に検討する積極的一般予防と対比して、**消極的一般予防**（negative Generalprävention）と呼ぶことがある。

一般予防論の問題点は、次の諸点にある。第1に、一般予防の効果を上げるためには、刑罰威嚇を厳しくしなければならないということになるという点に、第2に、刑罰の限界を画する限定基準が、一般予防の必要性以外にないという点に、第3に、職業犯人・機会犯人ないし激情犯に対しても一般予防の効果が証明されていないという点に、そして、第4に、一般予防は、他人のために処罰するすることを正当化するものであり、人間を道具化し、人間を自律的な人格者として扱うものでないという点にある。

(2) 特別予防論 (Spezialprävention)

これは、行為者本人に対する作用によって行為者による将来の犯罪を予防することに、刑罰の目的があるものとする考え方をいう。特別予防は、行為者を死刑にすることによって将来の犯罪の可能性を奪う場合もあり、身柄を拘束すること自体によって犯罪を行うことができなくするという場合もありうる。通常は、刑事施設において**再社会化**（Resozialisierung）や教育を施すことによって、将来、犯罪を行わないように改善することを内容とする。

特別予防論の問題点は、第1に、極端な場合、過去に犯罪を犯したことを契機として行われる必要がなく、危険性があれば特別予防を図る方がより確実であるともいえるが、このような新派的帰結は、人権保障上問題がある。第2に、一般予防と同じく、再社会化目的を達成したという以外に、刑罰の限界を画する外部的な原理をもたない。第3に、再犯の危険性のない行為者に対しては、いくら犯した罪が重く、また、責任が重くても、特別予防の必要性がないことになるが、それが一般国民の処罰感情を満たすかどうかは疑問である。第4に、現行の制度上、犯罪者に対する教育や再社会化の効果に疑問がある。第5に、再社会化が、別の価値観をもった少数者たる犯罪者を強制的に多数の価値に適応させることが、民主主義・自由主義を標榜する国家において許されるかどうかという疑問も呈示されている。

(3) 積極的一般予防論 (positive Generalprävention)

これは、一般威嚇ではなく、刑罰を科することによって、犯罪行為が正当化されることを防ぎ、不法に対する一般的な拒否の姿勢が明確化されることにより、破られた法秩序への信頼を回復し、社会的統合を強化するという意味で、一般的に犯罪を予防することになるという点に、刑罰の目的を求めるものである。**社会的統合による予防**（Integrationsprävention）ということもある。上のような特別予

防論・一般予防論に対する疑問から、最近では、このような積極的一般予防論が有力に唱えられるようになった。

しかし、この理論に対しては、応報刑とどこが異なるのか明らかでなく、また、刑罰の執行の目的を何に求めるのか明らかでなく、行刑の理念を消失せしめるとの批判がある。[3]

予防刑の思想を貫徹することは、積極的刑事政策につながり、犯罪論においても処罰範囲の拡大につながる。刑罰を犯罪の事後処理のための制度ととらえ、謙抑的な事後予防という付随的な予防機能に限定して刑法による刑事政策の実現を図るべきである（☞§19, 3）。

(4) 修復的司法

近年、修復的司法の思想が、刑罰論において注目されている。**修復的司法**（Restorative Justice）とは、刑事法における被害者の地位・役割に注目し、被害者やコミュニティの犯罪被害からの回復を刑罰の重要な任務ととらえる刑事司法の考え方をいう。[4] この見解は、従来、近代刑事法においては、犯罪が個人や集団に対する法益侵害ととらえられていたにもかかわらず、刑罰は、個人レベルを超越した国家の制裁であって、被害者はその社会的再統合の対象にすぎないと考えられてきたのを改め、**被害者やコミュニティの損害回復**（Schadenswiedergutmachung）を刑事制裁の重要な課題であるとする思想である。積極的一般予防は、社会統合を目指しながら、どちらかと言えば、抽象的な法秩序・法的平和の回復にとどまっていたのに対し、修復的司法は、具体的な被害者の満足による修復を目指す。近代刑事法においては、被害者は、法益の担い手にすぎず、刑事手続においても証人としての役割しか与えられていなかったのに対して、被害者に対する損害回復を刑法における重要な課題と位置づける傾向に対応した思想である。

しかし、修復的司法は、従来、軽視されてきた重要な刑事司法の一分野であるとしても、それが刑罰の主要任務ではない。確かに、国家の刑罰権がつねに前面に出るべきではなく、**被害者との和解**が成立するなら、それによって処罰に代えるシステムも重要である。ただ、現代社会においては、危険犯も増加し、国家の犯罪予防の責務の次元も多層化している。被害者の損害回復は、国家による犯罪の事後処理に付加されるシステムであると解すべきである。

---

[3] さらに基本的には、統合されるべき社会の価値と体制を、守られるべきものと前提する点に問題があるともいえよう。
[4] これについては、高橋則夫『修復的司法の探求』（2003）、同「犯罪・非行に対する修復責任の可能性」法時76巻8号21頁以下、前原宏一「犯罪・非行に対する国家の責任」法時76巻8号51頁以下参照。「修復の思想」については、吉田・法的平和の恢復54頁以下、同『犯罪司法における修復的正義』（2006）参照。

§23　刑事制裁の体系（刑罰と処分）

1　刑罰の種類

　現行刑法は、刑事制裁の体系として**刑罰一元論**を採っている。刑罰以外の法律効果は、形式的意義における刑法においては存在しないのである。現行刑法は、「死刑、懲役、禁錮、罰金、拘留及び科料」の**6種類の刑罰**を**主刑**とし、「没収」を**付加刑**として、合計**7種類の刑罰**を認めている（9条）。没収を除いてこの6種類の刑罰を制裁として規定しているのが、実質的意義における刑法である。特別刑法や行政刑法においても、この6種類の刑罰が規定されている。

　刑罰には、人の生命を剥奪する**生命刑**、人の身体を傷つけることを内容とする**身体刑**、人の名誉を剥奪することを内容とする**名誉刑**、人の身体の自由を剥奪することを内容とする**自由刑**、人の財産の剥奪を内容とする**財産刑**などがある。刑法では、生命刑として**死刑**、自由刑として**懲役、禁錮、拘留**、そして、財産刑として**罰金**および**科料**を認めている。**没収**も、財産刑に属する。

　死刑については、それを廃止する国が多くなっており、わが国でも廃止論が展開されている[5]。現在、刑罰の中心は自由刑、とくに懲役刑である。しかし、言い渡される刑期は、1年以上2年未満がもっとも多い（約42％）。罰金刑は、過失犯などの比較的軽微な犯罪に対する制裁であるが、今日、罰金の科刑状況は、あらゆる刑罰のうちの圧倒的な割合を占めている。

2　保安処分と刑罰の二元主義

　わが国の現行刑法は、刑事制裁として、**刑罰**（Strafe）のみを認めている。しかし、刑事制裁には、刑罰のほかに**処分**（Maßregel）がある（☞§200）。処分は、**保安処分**（Sicherungsmaßnahme）とも呼ばれ、歴史的には、18世紀末のプロイセンにおいて、フェルディナンド・クラインによって非正規刑として、法定証拠主義によって、証人ないし証拠が欠けるため正規刑を科するためには有罪認定のできない場合に、嫌疑の存在のみによって科することのできる**嫌疑刑**として提唱された[6]。19世紀には、スイ

---

[5] 団藤重光『死刑廃止論』（第6版・2000）、法セ増刊『死刑の現在』（1990）、三原憲三『死刑廃止の研究』（第5版・2006）、菊田幸一『死刑廃止を考える』（1990）、菊田幸一編著『死刑廃止・日本の証言』（1993）、刑罰目的論からみた死刑の機能については、山中「刑罰の目的と死刑制度」佐伯=団藤=平場編『死刑廃止を求める』（1994）22頁以下。

[6] これにつき、山中「ドイツにおける受刑者の法的地位の展開(1)」法学論叢95巻5号65頁以下参照。

スの刑法学者カール・シュトース（Carl Stooß, 1849-1934）によって起草された1893年のスイス刑法典予備草案（シュトース草案）が、刑罰とならんで刑事制裁として保安処分を採用した最初の立法提案である。

保安処分は、新派刑法学においては、刑罰に代わる制裁であり、責任無能力者の違法行為に対しても、その社会的危険性を根拠にして科することのできるものである。新派においては、刑事制裁を科するに責任主義を前提としない。保安処分とは、行為者の社会的危険性に対して社会を防衛し、または、行為者を改善・矯正することを目的とするものである。それは、刑罰に代わるものであり、あるいは、刑罰を補充するものである。

刑罰に代えて保安処分を一元的に採用する法制度を**保安処分一元主義**という。これは、新派によって採用される立場である。これに対して、刑罰とならんで保安処分をも認める立場を**二元主義**（Zweispurigkeit）という。この立場は、旧派を前提として、少年犯罪や常習犯・累犯などの犯罪に対して効果的に対処するために、刑罰とならんでそれを補充するものとして処分を科する妥協的な方式である。わが国では、少年に対する保護処分（少年法24条）、売春婦に対する補導処分（売春防止法17条）などがある。改正刑法草案（昭和49年）においては、保安処分として、精神障害者に対する**治療処分**（98条）とアルコール・薬物中毒者に対する**禁絶処分**（101条）のみを認めた。保安処分は、責任主義に服さず、原理的には、行為者の再犯の**危険性**のみが、保安処分の量を決定する。そこで、保安処分も、刑罰と同じように、自由を剥奪するものである点で人権侵害的な実体をもつにもかかわらず、犯罪行為との比例性を担保する明確な限定原理がないということになる。改正刑法草案における保安処分制度に対しても、治療に対して刑罰の先執行を認める点（108条）、厚生（労働）省ではなく法務省の管轄に属する点で、刑罰的色彩が強いことなどの点で、激しい反対論が展開された。[7]

3 刑罰以外の制裁

法令違反に対する制裁としては、刑事制裁である刑罰や保安処分以外に、**秩序罰**や**懲戒罰**がある。これらは、刑罰ではない。行政取締法規違反に対する制裁としては、わが国のように刑罰を規定するのではなく、秩序罰を科する法制度（秩序違反法）をとるドイツのような国もある。秩序罰は、行政上の秩序維持のために加えられる制裁である。その例としては、金銭罰である**過料**がある（戸籍法120条以下、会社法976条など）。過料は、懲戒罰として用いられる場合もある。過料の裁判・執行は、刑事訴訟法によらず、非訟事件手続法の規定（非訟法161条以下）が適用または準用される。懲戒罰は、公法上の特別の身分関係にあるものについて、その規律を維持するための制裁である。免職、停職、減給、戒告などの処分（国公法82条、地公法29条）がその例である。

---

[7] 西原春夫「保安処分」刑法改正の研究1（概論・総則）（平場＝平野編）（1972）342頁以下、刑事政策講座3巻(保安処分)（宮澤ほか編）（1976）参照。

そのほかに、1968年から一定の軽微な道路交通法違反行為に対して**反則金**を納付させる**交通反則通告制度**が施行されている（道交法125条3項）。さらに、最近では、**課徴金**の制度も採用されている。課徴金は、違法な行為から生じた利益に一定の率を乗じた額を国庫に納付することを命じるものである。その例として、独禁法7条の2における事業者に対する課徴金が挙げられる。

4 自由刑の執行

懲役・禁錮・拘留の執行は、刑事施設において行われる。明治41（1908）年3月28日に公布され、同年10月1日に施行された監獄法が、約100年にわたって自由刑の執行（行刑）について規定してきたが、平成17（2005）年5月18日の第162回国会において「**刑事施設及び受刑者の処遇等に関する法律**」（法律50号）として成立し、1年を超えない範囲内で政令で定める日から施行されるものとされた。[8]

　監獄法は、20世紀初頭の行刑思想を反映し、在監者の規律と保安の維持を目的とする施設管理法的色彩の濃い法律であり、命令に委ねられていた細部については、行刑累進処遇令（昭和8年）や監獄法施行規則の改正（昭和41年）など省令ないし訓令・通達などの施行により改善が図られてきた。しかし、すでに昭和51年には、法務大臣から法制審議会に監獄法改正の諮問がなされ同55（1980）年「**監獄法改正の骨子となる要綱**」をもって法務大臣に答申し、昭和57年4月に国会に「**刑事施設法案**」が提出され、昭和62年にも一部修正のうえ国会に提出されたが、代用監獄制度をめぐる意見の対立を背景に、いずれも廃案となった。

　平成15（2003）年に名古屋刑務所において発覚した受刑者殺傷事件を契機に、民間有識者からなる「行刑改革会議」が発足し、同年12月「**行刑改革会議提言**」が取りまとめられたのを受けて、法務省は、警察庁、日弁連を加えた三者で監獄法改正の枠組みについて協議し、代用監獄制度を切り離して、まず受刑者の処遇について法改正を行うことで合意が形成された。法務省で新法の作成が進められた結果、平成17（2005）年4月に衆議院で一部修正のうえ、5月にその内容のまま参議院で可決された。

このようにして、平成17年5月25日に「**刑事施設及び受刑者の処遇等に関する法律**」が公布された。この法律は、刑事施設の施設的事項、刑事施設視察委員会、受刑者の処遇に関する事項につき適用される。本法は、平成18年に改正され、未決拘禁者に関する規定を加えて「**刑事収容施設及び被収容者等の処遇に関する法律**」（法律58号）と改称された。

新法は、基本的に昭和55年の前記「監獄法改正の骨子となる要綱」にもとづくものである。本法の目的は、**刑事施設の適正な管理運営**を図るととも

---

[8] 立法の経緯と内容につき、§186の冒頭の文献一覧を参照。とくに、林・北村・名取・逐条解説刑事収容施設法（改訂版）1頁以下参照。

に、**受刑者の人権**を尊重しつつ、**その者の状況に応じた適切な処遇**を行うことを目的とする（1条）。刑事施設視察委員会の設置（7条）は、密行行刑を廃し、行刑運営につき透明性を確保し、地域社会との連携を深めるためである。**受刑者処遇の原則**については、「受刑者の処遇は、その者の資質及び環境に応じ、その自覚に訴え、改善更生の意欲の喚起及び社会生活に適応する能力の育成を図ることを旨として行うものとする」（30条）と規定された。その他、物品の貸与等、保険衛生および医療、宗教上の行為等、書籍等の閲覧、規律および秩序の維持、矯正処遇の実施等、外部交通、懲罰、不服申立てなどについて規定する。**外部交通の範囲が拡大**され、矯正処遇として刑務作業に加えて改善指導・教科指導が挙げられ、**作業中心処遇の見直し**が図られている。また、**受刑者の権利・義務の明確化**が図られた。また、従来の情願（旧監獄法7条）、所長面接（旧監獄法規則9条）に代えて権利としての**不服申立て制度**が整備された（刑事施設法157条以下）。

　平成25年の「刑法等の一部を改正する法律」（平成25年6月19日法49号）により、**刑の全部の執行猶予とその執行猶予中の保護観察ならびに刑の一部の執行猶予**の制度が新設された。この改正の理由は、「近年、犯罪者の再犯防止が重要な課題となっていることに鑑み、犯罪者が再び犯罪をすることを防ぐため、前に禁錮以上の実刑に処せられたことがない者等について、刑の一部の執行を猶予することを可能とする制度を導入するとともに、保護観察等の充実強化を図るため、地域社会の利益の増進に寄与する社会的活動を行うことを保護観察の特別遵守事項に加えること、規制薬物等に対する依存がある者に対する保護観察の特則を定めることその他所要の規定を整備する必要がある」という点にあるとされている。これと同時に、「**薬物使用等の罪を犯した者に対する刑の一部の執行猶予に関する法律**」（法50号）も公布されたが、その改正の理由は、「近年、薬物使用等の罪を犯した者の再犯防止が重要な課題となっていることに鑑み、刑事施設における処遇に引き続き保護観察処遇を実施することにより、薬物使用等の罪を犯した者が再び犯罪をすることを防ぐため、これらの者に対する刑の一部の執行猶予に関し、その言渡しをすることができる者の範囲及び猶予の期間中の保護観察等について刑法の特則を定める必要がある」というものである。改正規定は、平成28年6月18日までに政令で定める日から施行される。

第 4 章　罪刑法定主義

第 1 節　罪刑法定主義の思想

【文献】「特集・罪刑法定主義の現代的意義」現刑31号 4 頁、足立昌勝『近代刑法の実像』(2000)、大野真義『罪刑法定主義』(1980)、金澤文雄「罪刑法定主義の現代的課題」現代刑法講座 1 巻85頁、吉川経夫「日本における罪刑法定主義の沿革」基本的人権四13頁、澤登佳人「罪刑法定主義の歴史的意義への反省」佐伯還暦〔上〕46頁、下村康正「刑法の目的と罪刑法定主義」八木古稀〔上〕3 頁、寺島健一「罪刑法定主義の現代的課題」吉川古稀61頁、横山晃一郎「罪刑法定主義概念の再構成」佐伯還暦〔上〕81頁

§24　罪刑法定主義の意義

1　罪刑法定主義の由来

罪刑法定主義とは、刑罰を科する前に、あらかじめどのような行為が犯罪とされ、その行為に対してどのような刑罰が科せられるかを法律によって明示しておかなければならないという原則をいう。これを「**法律なければ犯罪なし**」(nullum crimen sine lege) あるいは「**法律なければ刑罰なし**」(nulla poena sine lege) というラテン語で表すことが多いが、この原則は、ローマ法に由来するものではなく、フォイエルバッハ (P. J. A. v. Feuerbach) が1801年のその刑法教科書の中で用いたものである。このことは、この原則が、近代の自由主義思想の中で誕生したものであることを示している。

---

[1] ミッターマイヤー (Carl Joseph Anton Mittermaier, 1787-1867) による注釈・補筆された14版が、よく引用される。*P. J. A. Feuerbach*, Lehrbuch des gemeinen in Deutschland gültigen peinlichen Rechts, 14. Aufl., 1847, S. 41. 初版からの逸脱について、山口邦夫「フォイエルバッハ死後の『教科書』改訂・増補版の怪異」福田＝大塚古稀〔下〕25頁以下。

2 罪刑法定主義の思想

罪刑法定主義は、法による支配を表す **法治国家思想** の刑法的表現である。近代国家以前の旧体制の政治原理において、どのような行為を犯罪とし、どのような刑罰をそれに科するかは、その都度の国家機関の任意に委ねられたのであるが、このような **罪刑専断主義** に対抗するものである。刑法が行為規範として国民の従うべき準則となるためには、国民が不意打ちを受けることのないよう、行為の前にあらかじめ犯罪と刑罰の内容を明示しておかなければならない。それによって国民の予測可能性が保障され、行動の自由が保障されるのである。罪刑法定主義は **自由主義** によって裏打ちされている。他方で、罪刑法定主義が、**法律主義**（Gesetzlichkeitsprinzip）であるということは、犯罪と刑罰は、まさに国会において制定される法律（憲法41条参照）によって定められていなければならないことを意味する。国会における議決は、国民の代表者である国会議員を通じて国民の意思が反映されるものであるから、これによって、罪刑法定主義は、**民主主義** に根ざしたものであるということもできる。制度としても淵源としても、自由主義と民主主義は罪刑法定主義の思想的基盤である。

§25 罪刑法定主義の思想的・実定法的基盤

1 罪刑法定主義の思想的淵源

罪刑法定主義の思想的淵源は、すでに1215年の **マグナカルタ**（Magna Charta）に求められうるものとされている。[2] 当時のイギリスの貴族に対して、ジョン王（1167-1216）がその自由を保障したのであり、その39条には、合法な裁判を受ける権利、人身の自由、財産の自由の保障とともに、刑罰権の制限もうたわれているのであって、近代刑事法の基本原則の原型ともいうべき原則が包括的に標榜されている。しかし、罪刑法定主義が近代法思想の中心に押し上げられるには、18世紀の啓蒙時代をまたなければならなかった。

モンテスキュー（Charles Louis Montesquieu, 1689-1755）の三権分立の思想、ジョン・ロック（John Locke, 1632-1704）の自然法思想、ジェレミー・ベンサム（Jeremy

---

[2] 瀧川春雄「罪刑法定主義」法学理論篇6頁、大野・罪刑法定主義6頁・37頁以下・107頁以下・301頁以下参照。しかし、成文法主義をとらないイギリスに罪刑法定主義の直接的淵源を求めることはできないという批判も根強い（寺島・吉川古稀65頁参照）。

Bentham, 1748-1832)の立法論にも、罪刑法定主義の思想は説かれていた。しかし、チェザーレ・ベッカリア（Cesare Beccaria, 1738-1794）がその『**犯罪と刑罰**』（Dei delitti e delle pene, 1764）の中で、**社会契約論**にもとづいて、「法律だけがおのおのの犯罪に対する刑罰を規定することができる。この権限は、社会契約によって統一されている社会全体の代表者である立法者だけに属する」と説いたのが、この思想が近代刑法の基本思想に高められた嚆矢である。

罪刑法定主義の思想は、18世紀後半には、**人権宣言**の中に実を結んだ。1774年のフィラデルフィアの植民地総会議における宣言、1776年のヴァージニアにおける権利宣言および諸州の権利宣言の中に表明され、1789年の**フランスの人権宣言**においてもみられる。フランス人権宣言は、「何人も、犯罪の前に制定され公布されかつ適法に適用された法律によらなければ罰せられない」としている（8条後段）。この規定は、1791年のフランス憲法に継承された。フランスの1795年の「犯罪および刑罰法典」3条および**1810年の**「**刑法典**」（code pénal）（ナポレオン刑法典4条）にもみられる。

ドイツにおいては、罪刑法定主義思想は、フォイエルバッハによって根拠づけられた。フォイエルバッハは、罪刑法定主義が国家権力の恣意を排する機能に着目し、国民の権利と自由の保護の観点からこれを強調したのである。その思想は、**1813年のバイエルン刑法典**（1条1文）に具現する[3]。その後、ドイツ諸邦の憲法や刑法にうたわれ、1871年のドイツ帝国刑法典第2条に「行為が実行される以前に、刑罰が法律上規定されていた場合にかぎり、その行為に刑罰を科することができる」と規定された。

しかし、**1922年のロシア刑法典**（10条）および**1926年のロシアの刑法典**（16条）では、罪刑法定主義が否定され、類推適用が許容される。26年刑法典では、「何らかの社会的に危険な行為がこの法典に直接規定されていないときは、これに対する責任の根拠および範囲は、この法典の中で種類においてもっとも類似する罪を規定する条項に従って定められる」（16条）と規定された[4]。

また、1935年の**ナチスによる刑法改正**後の**ドイツ刑法第2条**は「法律によって可罰的と宣言された行為、または刑罰法規の基本思想および健全な国民感情に従って刑罰に値する行為を犯す者は罰せられる。その行為に直接適用される刑罰法規がないときは、その行為は、これに対してもっとも適切な基本思想をもった法規によって処罰される」と規定して、罪刑法定主義を否定するとともに、刑罰法規の類推適用を認めた。

2　わが国における実定法上の罪刑法定主義の展開

明治3年の**新律綱領**および明治6年の**改定律例**においては、罪刑法定主義は採用されず、むしろ、断罪無正条と題して、**援引比附**（類推解釈）を認め、**不応為**と題して、適用条文がない場合にも、軽微な道義違反がある場合に「情理」による処罰を認めて

---

[3] これについて、足立・近代刑法の実像93頁以下参照。
[4] ソビエト刑法における類推許容規定については、中山研一『ソビエト法概論（刑法）』（1966）87頁・114頁、同『増補・ソビエト刑法―その本質と課題―』（1972）12頁以下参照。

いた。明治13年の**旧刑法**においては、「法律に正条なき者は何等の所為と雖も之を罰することを得ず」（2条）として、罪刑法定主義を標榜し、3条でも、刑罰法規不遡及の原則を掲げた。明治22年の明治憲法は、「日本臣民は法律に依るに非ずして逮捕監禁審問処罰を受くることなし」（23条）と規定して、人身の自由とともに、罪刑法定主義をも規定した。しかし、この時代には、法律の建前と実体とは乖離し、罪刑法定主義は形骸化されていた。[5]

刑法理論としても、近代学派に立つ学者からは、戦前、罪刑法定主義を解消し類推解釈を許容する学説が唱えられたことに注意をうながしておこう。**法の進化論**から、法治国家から文化国家への進化が標榜され、**文化国家**においては罪刑法定主義が否定されてよいとされ、また、**自由法論**の影響を受け、「解釈は無限なり」として、**類推解釈許容論**を展開したのが、牧野英一であった。[6] また、ナチズムの刑法理論たる権威主義刑法をわが国に紹介し、罪刑法定主義の放棄を積極的に評価した近代学派の主唱者（木村亀二）もいたことを忘れてはならない。しかし、他方では、教育刑論・社会防衛論を批判し、罪刑法定主義の擁護を説いた学説（瀧川幸辰）があったことも特記すべきであろう。

現行刑法は、罪刑法定主義を宣言する規定をもたない。立法当時、「解釈上明白」な原則であるから規定する必要がないというのが、削除された理由であるとされている。現行**憲法31条**は「何人も、法律の定める手続によらなければ、その生命若しくは自由を奪われ、又はその他の刑罰を科せられない」と規定し、訴訟法上の適正手続のみならず、実体法上の罪刑法定主義をも規定している。そのほか、憲法には、事後法の禁止の規定（39条）があり、「政令には、特にその法律の委任がある場合を除いては、罰則を設けることができない」（73条6号但書）と規定して、法律主義の原則をうたっている。

---

[5] 吉川・基本的人権四13頁以下。その他、寺島・吉川古稀74頁、さらに、家永三郎『司法権独立の歴史的考察』（1962）8頁以下参照。

明治24年に滋賀県の大津で巡査がロシアの皇太子ニコライにサーベルで斬り付けた事案が大審院において裁判され、時の大審院長児島惟謙が裁判官達を説得して、司法権の独立を守ったという事件（**大津事件**）も、当時の皇室罪（旧刑法116条）の不当な類推解釈をめぐってであった。116条は、「天皇三后皇太子に対し危害を加ヘ又は加ヘんとしたる者は死刑に処す」という文言であった。ここには「日本の皇太子」とは書いていないから、ロシアの皇太子もこれに含まれるというのが政府の解釈であり、法務大臣や内務大臣がこの解釈を裁判官達に押しつけようとしたのである。これにつき詳しくは、山中敬一『論考大津事件』（1994）参照。

[6] 牧野英一『罪刑法定主義と犯罪徴表説』（1918）参照。

第2節　罪刑法定主義の内容

§26　法律主義

1　慣習法の排除と判例の法源性

　罪刑法定主義は、形式的意義における法律によって定められることを要請する。したがって、慣習法は、法源とはなりえない。**慣習法の排除**（Verbot des Gewohnheitsrechts）は、罪刑法定主義の派生原理の一つであるとされている。**慣習法**とは、一定の社会において一定の事実上行われている慣行が共通に規範意識（民衆の法的確信）をもって遵守されている場合に、法源性を認められた規範をいう。法の適用に関する通則法（平成18年法律78号）3条では、「公の秩序又は善良の風俗に反しない慣習は、法令の規定により認めたもの又は法令に規定されていない事項に関するものに限り、法律と同一の効力を有する」と規定し、慣習法の法源性を認めつつ、慣習法より法令が優位することを明らかにしているが、刑法についてはこれは妥当しない。刑罰を根拠づけ、加重する慣習法は認められない。しかし、慣習法が、刑法の解釈の基礎とされることはありうる。

　判例は、実務上の慣習法といえなくもない。しかし、立法者によって制定される法律ではないから、そのまま法源性をもつとはいえないであろう。ただ、たいていの場合、判例は、成文法の内容を補充し、具体化、明確化するものであり、国民の行為準則を提供するものであるから、国民の行為規範であるといえなくもない。判例が法源性をもつのは法律の具体化・明確化であるにとどまり、法律の解釈の枠を超えないかぎりにおいてである。その意味では、判例が独自の法源性をもつとはいえないであろう。

2　命令・委任と罰則

　法律主義の原則は、形式的意義における法律によって罪刑が法定されることを要請する。しかし、法律が、下位規範たる「命令」に罰則を設けることを委任した場合にはこのかぎりではない。

　憲法73条6号は、「但し、政令には、特にその法律の委任がある場合を除いては、罰則を設けることができない」と規定する。政令とは、内閣によっ

て制定される命令である。命令とは、一般に行政機関による立法の形式をいう。政令は、最上位の命令であるが、その他の命令として、総理大臣の命令である「総理府令」、各省大臣の命令である「省令」、各委員会や庁の長官の命令である「規則」「命令」がある。これらの命令についても「法律の委任がなければ、罰則を設け」ることはできないとされている（国家行政組識法12条3項・13条2項）。

法律の委任は、当該の法律の具体的・個別的な委任を意味する。いわゆる**特別委任**であることが必要である。これに対して、一般的・包括的な委任（**包括的委任**）は、許されない。[1]

> 特定委任の特定の程度が問題となる。命令に白紙委任することは認められないのはいうまでもないが、法律において、どの程度、内容について枠組みが明らかにされていなければならないかが問題なのである。[2]

3 条例と罰則制定権

憲法94条は、地方公共団体の権能を定めた規定であるが、その中に、「法律の範囲内で条例を制定することができる」と定め、地方公共団体の**条例制定権**を認めている。地方自治法14条3項では、「普通地方公共団体は、法令に特別の定めがあるものを除くほか、その条例中に、条例に違反した者に対し、2年以下の懲役若しくは禁錮、100万円以下の罰金、拘留、科料若しくは没収の刑又は5万円以下の過料を科する旨の規定を設けることができる」と規定する。具体的な違反行為とその行為に対する罰則を特定して条例に委任しているわけではないから、これは、包括的委任である。この包括的委任は、通説・判例によれば、合憲である。地方公共団体には、議会が設置され

---

[1] 明治憲法下では包括委任が認められた。明治23年（1890年）法律84号「命令の条項違犯に関する罰則の件」においては、「命令の条項に違犯する者は各其の命令に規定する所に従ひ200円以下の罰金若は1年以下の禁錮に処す」と定めていたが、これは、事項を特定することなく、命令違反に対して、刑罰を科することを認めたものであるから、包括的委任である。この包括的委任にもとづいて、明治憲法下では、警察犯処罰令（明治41年内務省令16号）などの罰則が、命令の形式で発せられた。

[2] 一例を挙げると、国家公務員法102条1項では、国家公務員の「政治的行為」が禁止され、110条1項19号において「3年以下の懲役又は10万円以下の罰金に処する」とされている。人事院規則14-7（6項13号）では、「政治的行為」の具体的内容を定めていた。この禁止に違反した場合、罰則のみならず、懲戒処分の対象ともなると定められていた（国公法82条）が、罰則の対象となる行為が、人事院規則に委任され、しかも、懲戒処分の対象となる行為と明確に区別せず、一律一体として規制されていることが問題となった。この事案について、第1審、第2審は、国家公務員法110条1項19号は違憲であると判示したが、最高裁は、「憲法の許容する委任の限度を超えることになるものではない」とした（最大判昭49・11・6刑集28・9・393＝**猿払事件判決**）。

（憲法93条1項）、その議会の議員は地方公共団体の住民が直接これを選挙する（憲法93条2項）。条例は、この議会によって議決されて制定されるものである（地方自治法96条1項1号）。これによって条例は、法律と同じように、民主主義の要請を充たしている。これがその根拠である。

　条例に罰則を設けることは、憲法94条の「法律の範囲内で条例を制定することができる」という規定によって認められるのか（**憲法授権説**）、それとも、憲法94条は条例制定権を認めたにすぎず、罰則制定権は、地方自治法14条3項によってはじめて認められるのか（**法律授権説**）が争われている。前説によると、「法律の範囲内で」という広い制限のもとで条例を制定しうる範囲について制限を設けたにすぎないことになる。これによれば、地方自治法14条1項・3項は、包括的・一般的なものであっても違憲ではない。後説によれば、条例についても法律による個別的委任が必要であるが、自治立法であるという特質から個別性はより緩やかであってよい。**判例**においては、「条例によって刑罰を定める場合には、法律の授権が相当な程度に具体的であり、限定されておればたりると解するのが正当である」として、地方自治法14条1項・5項（現3項）を合憲であると判示したものがある（最大判昭37・5・30刑集16・5・577）。

第3節　罪刑法定主義の派生原理

【文献】阿部純二「刑法の解釈」現代刑法講座1巻101頁、同「刑法解釈の客観性についての一試論」平場還暦〔上〕29頁、伊東研祐「刑法の解釈」基本講座1巻33頁、川口浩一「遡及禁止原則の現代的意義」刑雑35巻2号159頁、芝原邦爾『刑法の社会的機能』（1973）、田宮裕「刑法解釈の方法と限界」平野古稀〔上〕33頁、同『変革のなかの刑事法』（2000）58頁以下、中野次雄「判例の拘束力についての一考察」刑事法と裁判の諸問題（1987）177頁、中山研一『判例変更と遡及処罰』（2003）、長岡龍一「罪刑均衡の原則」阿部古稀69頁、萩原滋『実体的デュープロセス理論の研究』（1991）、同『罪刑法定主義と刑法解釈』（1998）、同「実体的デュー・プロセス論の現在」大野古稀3頁、前田雅英「罪刑法定主義の変化と実質的構成要件解釈」中山古稀3巻57頁、村井敏邦『疑わしいときは被告人の利益に解釈すべし──刑法解釈における静と動─』福田＝大塚古稀〔下〕117頁、安田拓人「判例の不利益変更と遡及処罰の禁止」大野古稀45頁

§27 派生原理総説

1 派生原理の種類

罪刑法定主義の派生原理として、通常、①刑罰法規不遡及の原則（lex praevia）、②慣習刑法の禁止（lex scripta）、③絶対的不定期刑の禁止、④類推解釈の禁止という **四つの派生原理** が挙げられる。しかし、最近では、⑤明確性の原則（lex certa）、⑥適正処罰（実体的デュープロセス）の原則が付け加えられ、さらに、⑦判例の遡及的適用の禁止が罪刑法定主義の派生原理ではないかという議論が起こっている。

刑罰法規不遡及の原則については、章を改めて、刑法の時間的適用範囲の問題として論じる（☞第5章第3節）。慣習刑法の禁止についてはすでに論じた。ここでは、類推解釈の禁止、明確性の原則および適正処罰の原則について詳しく論じる。そこで、まず、絶対的不定期刑の禁止、および、判例の遡及的適用の禁止についてその意義を略述しておこう。

2 絶対的不定期刑の禁止

不定期刑 とは、普通、そもそも宣告刑の刑期が特定されておらず、上限も下限も定められない宣告刑、あるいは上限・下限の両方ないし片方のみを定めて言い渡される宣告刑をいう。しかし、罪刑法定主義との関係で絶対的不定期刑が罪刑法定主義に反するといわれるとき、第1次的には、法定刑の上限・下限が法定されていないことを意味するものと解すべきである。

> この点につき、学説は一定しない。明らかに宣告刑について述べているもの（大塚555頁、内田54頁）と、法定刑について述べているもの（団藤52頁、福田29頁、川端49頁、斎藤信治33頁）、そして、法定刑を意味する場合（不確定法定刑＝木村）と、宣告刑を意味する場合（不確定宣告刑＝木村）とを明らかに区別するもの（植松71頁、木村433頁以下、香川24頁、大谷65頁以下）も少なくない。しかし、法定刑について述べているようであるが、両者を無自覚に用いていると思われるもの（内藤35頁、中山64頁）も見受けられる。[1]

もちろん、このような絶対的不定期宣告刑の制度そのものが罪刑法定主義に反するということができる（朝倉京一・大コン1巻191頁参照）。また、絶対的不定期宣告刑は、罪刑均衡主義に反するという意味では、実質的意味における罪刑法定主義（**適正処罰の原則**）に反する。

---

[1] この問題を論じているものとして、斎藤信治34頁を参照。

74 ◇第1編 序論　第4章 罪刑法定主義

3　判例の遡及的変更の禁止
(1)　判例の遡及的変更の禁止の意義

判例の遡及的変更の禁止（Verbot der rückwirkenden Änderung der Rechtsprechung）とは、判例を被告人に不利に変更する際には、将来の事件に対してのみ適用することとし、当該事件に対しては適用することができないという原則である[2]。成文法主義をとるわが国では、判例の法源性は、三権分立の観点からも認められない。しかし、それが限定的ではあるが事実上の法源的性格をもち、事実的に法規範的性格をもつことは否定しえない。そのような事実上の法規範的性格は、同じような事案については同じような判断を下すであろうという予測可能性・信頼の成立を基礎にする。そのような一種の規範を信頼して行動した者を不利益に扱うことは、罪刑法定主義に反するといいうるであろう[3]。しかし、法の解釈の変更は、法自体の変更ではなく、本来の法の意思が、正しい解釈によって発見されたことを意味するにすぎず、また、立法権と司法権の分立に照らして、裁判官は法律上の規制の枠内で解釈を行うにすぎないから、理論的には、判例の変更は、罪刑法定主義に反しないという反論も可能である。さらに、国民の具体的に発見された法への信頼はできるかぎり保護するべきだとしても、現実には、何が確立した判例か、判例の変更はどのようにして認定するのかなど、この原則を実際に適用しようとすると、さまざまな問題点が残されているように思われる。

(2)　判例の検討

　この問題については、**最高裁の判例**がある[4]。被告人は、地方公務員法上の争議行為のあおりおよびあおりの企てを行ったとして起訴されたが、上告趣意では、被告人の行為当時、最高裁は、この行為の解釈につき、**限定解釈**していた（昭和44年最高裁都教組判決＝最大判昭44・4・2刑集23・5・305）のであり、前記行為は適法であったにもかかわらず、原判決がこれを違法としたのは**遡及処罰**にあたると主張した。これに対して最高裁は、「行為当時の最高裁判所の判例の示す法解釈に従えば無罪となるべき

---

[2] 金澤・現代刑法講座1巻95頁。判例の不遡及的変更については、その他、小暮得雄「刑事判例の規範的効力」北大法学17巻4号107頁以下、西原春夫「刑事裁判における判例の意義」中野還暦305頁以下、中山『判例変更と遡及処罰』参照。ここでは、この問題に対する学説が詳細に検討されている。
[3] しかし、判例は、解釈による文言の意味の詳細化と具体化により刑罰規範の適用範囲に関する不明確性を、可能な限り除去するよう要請される。この判例の遡及的変更の禁止は、ドイツの判例においては、最近、背任罪に関する連邦憲法裁判所［2010年6月23日］の決定によって肯定され、従前の判例からの「逸脱禁止」が認められた（BVerfG NJW 2010, 3209）。
[4] 判例評釈として、村井・平成8年度重判解142頁以下。

行為を処罰することが憲法39条に違反する旨をいう点は、そのような行為であっても、これを処罰することが憲法の右規定に違反しないことは、当裁判所の判例の趣旨」に徴して明らかであるとした（最判平8・11・18刑集50・10・745）。この判決には、河合裁判官の**補足意見**が付されており、「最高裁判所の判例を信頼し、適法であると信じて行為した者を、事情の如何を問わずすべて処罰するとすることには問題があるといわざるを得ない」とし、「犯罪を行う意思、すなわち、故意を欠くと解する余地がある」とする。[5]

§28　類推解釈の禁止

1　刑法学における解釈の意義

　刑罰法規をある行為に適用する場合、その前提として、刑罰法規の個々の成立要件の意味や意味連関が明らかになっていなければならない。それを明らかにするのが「解釈」である。「**解釈」の意義**は次の点にある。すなわち、法規の解釈は、法文の意味を合理的に説明し、国民に行為規範の意味を明らかにし、裁判における法の適用の安定を図ることにあるが、法規に裁判官を拘束し、法的安定性と法の下の平等を保障するものでなければならない。法規は、合理的な解釈方法によって客観的に認識可能なものでなければならず、また、同様の事案には同様に適用されうるよう解釈されなければならないのである。このように、法の解釈の本質は、その**法規被拘束性**と**客観的検証可能性**にあるということができる（イェシェック）。

　　刑法の解釈とは、刑法の条文の**規範的意味**を体系整合的に、目的合理的に解明し、規範の内容を明らかにすることである。解釈を必要としない条文ないし法規範はないといってよい。その意味が明らかであると思われる「明確な文言」についても、解釈は必要である。ことに、具体的事件に法規範を適用するためには、具体的に規範がその事態について述べているのかどうかを明らかにすることが必要なのであるから、つねに解釈は必要なのである。

　　例えば、窃盗の構成要件（「他人の財物を窃取した者」）が、犯罪の成立要件たる「法規範」であるが、この命題は、大前提である。Aが、日常的意味において物を盗む行為を行ったとして、これが「事実」であり、「小前提」である。刑罰（「10年以下の懲役又は50万円以下の罰金」）が、法律効果である。法規範を事実に適用するということ

---

[5] 禁止の錯誤の枠内で処理しようとする見解に賛成するものとして、安田・大野古稀60頁以下参照。不利益変更と信頼保護を両者ともに認めるものとして、松原久利「判例の不利益変更と判例への信頼保護」産大法学34巻3号289頁。

は、抽象的な大前提（上位命題）を、具体的な小前提（下位命題）にあてはめることを意味する。このあてはめの「結論」として、ある者が、窃盗罪として処罰されるということになる。

　ここで、解釈にとって重要なのは、大前提の内容を明らかにすることであるが、それは、もちろん、下位命題たる事実を具体的に意識しながら、規範と事実の相互作用の中で行われることになる。ここでもっとも困難なのは「あてはめ」（Subsumtion）の作業である。たんなる事実から法的に重要な因子を抽出し、上位命題の概念要素に、個々の同一性を確認しながらあてはめていくのである。このような具体的な「あてはめ」の中で、具体的な大命題の意味を明らかにするのが、実践的な意味での「解釈」という作業である。

2　解釈の種類

解釈の方法にはさまざまなものがあるが、伝統的には**四つの解釈方法**がある。文理解釈、体系的解釈、歴史的解釈、目的論的解釈である。

(1)　文理解釈

文理解釈（grammatische Auslegung）とは、法規の意味を言語ないし文の日常的国語的意味に従って解釈しようとすることを意味する。法概念は、日常的意味に根ざしたものではあるが、法独自の技術的用法も展開されてきており、文理解釈は、必ずしもつねに正当とはいえない。

　解釈は、論理的な推論によって論証されることもある。これを**論理的解釈**ということができる。論理的解釈には、類推解釈（argumentum a simile）や反対解釈（argumentum a contrario）、勿論解釈（argumentum a fortiori）などがある。類推解釈については後述する。

　反対解釈とは、その法規が一定の事項について規定していないときに、その事項を規定している場合に発生する法律効果の発生を否定する解釈方法をいう。例えば、窃盗・強盗などを規定した36章の罪について、「電気は、財物とみなす」という規定（245条）があり、詐欺などに関する37章の罪についても「準用」規定（251条）があるが、同じ財産犯に関する横領の罪に関する38章では、このような準用規定がない。この場合、横領の罪については電気は財物とはみなされないと解釈できる。これが反対解釈である。

　勿論解釈とは、ある事項に対しある法命題が成り立つとき、別の事項については、もちろん、それが成り立つというように論証する解釈である。例えば、犯人隠避罪（103条）を犯人自身が正犯として行ったとき、不可罰であるが、そうだとすると、犯人自身が共犯として他人に行わせたときは、もち

ろん、不可罰であるといった論証を意味する。[6]

　その他、不合理に訴える論証（argumentum ad absurdum）がある。不合理に訴える論証とは、ある命題を、それがもし正当であったならば、決して正当ではありえないような別の命題を認めざるをえなくなるという理由で、不当であると説明するような論証をいう。例えば、胎児に傷害を負わせ、障害を負って生まれてきたときには傷害罪が成立するという命題を認めると、胎児のままで死亡したときには、堕胎罪にしかならず、法定刑も軽くなって不合理だといった論証がその例である。

(2) 体系的解釈

体系的解釈（systematische Auslegung）とは、ある文言の意味を規範全体との関連で、論理的に整合した解釈を発見することをいう。例えば、窃盗罪（235条）の「財物」の概念に不動産が含まれるかどうかについては、日常言語の意味においては、不動産も財物でありえ、また、詐欺罪（246条）の「財物」に不動産を含むが、不動産侵奪罪（235条の2）があるがゆえに、窃盗罪における「財物」には、不動産を含まないと解釈するのが、体系的解釈の例である。

(3) 主観的・歴史的解釈

主観的・歴史的解釈（subjektiv-historische Auslegung）とは、過去の立法者の立法趣旨から解釈することを意味する。立法者によって制定されたのが法であるから、その意思を発見することが解釈であるというのである。これは、立法者の主観を推し量ることであるから、**主観的解釈**である。現在の法の趣旨ではなく、立法当時の趣旨を対象とするから**歴史的解釈**である。歴史的解釈に対して、現代におけるその法の意味を解釈するのが、**同時代的解釈**である。これは、主観的解釈に対して、**客観的解釈**（objektive Auslegung）ともいわれる。法の解釈とは、過去の意味を発見することではなく、現在の法を適用するためにその意味を明らかにすることを課題にするものである。したがって、同時代的・客観的解釈が妥当である。立法資料、国会での討議の議事録などから窺われる立法者の意思は、客観的解釈のための一つの資料であるが、それ以上のものではない。

(4) 目的論的解釈

目的論的解釈（teleologische Auslegung）とは、法秩序全体の目的や当該法規

---

[6] この解釈については、もちろん、反対説もある。ここでは論証方法について述べているのであって、勿論解釈がつねに正しいといっているのではない。

全体の趣旨を勘案する解釈方法をいう。もとより、規範の日常用語的意味が基準ではあるが、目的論的解釈は、政策的目的を斟酌して、その文言の意味の範囲を縮小したり、拡大したりする。前者を**縮小解釈**といい、後者を**拡張解釈**という。

　縮小解釈の例としては、公務執行妨害罪（95条）における「職務の適法性」の要件が挙げられる。95条1項は、「公務員が職務を執行するに当たり、これに対して暴行又は脅迫を加えた者」を処罰するが、法文には「職務を執行するに当たり」としか記述されていない。しかし、通説・判例は、この規定の果たすべき機能からみて、この職務は「適法」な職務にかぎると縮小解釈している。

　このように妥当な結論を導くために**目的論的に**縮小解釈される例は、強盗致傷罪においてもみられる。最近の刑法改正によって、強盗致傷罪（240条）の法定刑は、「7年以上の懲役」から「6年以上の懲役」に軽減されたが（☞§2, 3 (1)）、改正前、「7年以上の懲役」では執行猶予を付することができないため、傷害の程度が軽微な場合には、「傷害」の概念を縮小解釈して、強盗致傷罪の適用を避け、強盗罪のみの成立を認め（☞各論§88, 3 ⓑ）、あるいは強盗罪と傷害罪の観念的競合とされる場合がある。例えば、強盗未遂の際に、軽微な傷害を負わせた事案につき、「極めて軽微な傷害であって、被害者はこれによって日常生活にもほとんど支障を来さなかったというのであるから、本件は強盗致傷罪にいう『人を負傷させた』場合に該当」しないとして、強盗未遂と傷害罪の観念的競合として、懲役3年執行猶予5年とした判例がある（大阪地判平16・11・17判タ1166・114）。

　拡張解釈の例としては、刑法35条の「正当な業務による行為」について、社会生活上反復継続して行う事務の範囲を超えたものをこの条文に含ませるような解釈が挙げられる。例えば、通説によって、少年がボクシングの大会において競技中、相手に鼻血を流させた際の「傷害」（204条）を35条によって正当化するという場合がそうである。

3　類推解釈の禁止

(1)　類推解釈の意義

　類推解釈とは、法文に規定されていない行為に対して、それと類似した性質をもつ行為に対して規定した法文を推し及ぼして適用することである。例えば、秘密漏示罪（134条）において、「医師、薬剤師、医薬品販売業者、助産師、弁護士、弁護人、公証人……」が行為の主体として列挙され、「看護師」はその中に含まれていない。しかし、医師・薬剤師と同じように医療に携わり、カルテに接する機会があり、それらの者と同様の機能と役割を果たすのであるから、「看護師」も他人の秘密を漏示した場合には、当然、処罰されるべきであるとするのが、類推解釈である。

(2) 類推解釈の禁止の根拠

しかし、刑法においては、罪刑法定主義の観点から、厳格解釈（lex stricta の要請）が要求され、類推解釈は、処罰範囲を無限定に拡大し、法的安定性を害するとして、許されないものとされている。これを**類推解釈の禁止**（Analogieverbot）という。類推解釈は、法の解釈ではなく、法の創造である。それを許すことは、裁判官に立法者の権限を侵すことを許容することになる。裁判官の法創造を許容することは罪刑法定主義に反する。

(3) 類推解釈と拡張解釈の区別

しかし、現実には、許容される拡張解釈と禁止される類推解釈の区別は、困難な問題であることには違いがない。形式論理的にいえば、拡張解釈と類推解釈には次のような相違がある。**拡張解釈**（ausdehnende Auslegung）とは、ある一般的命題（上位概念）から、特殊命題（下位概念）を演繹的に推論する作業である。これに対して、**類推解釈**は、このような概念の包含関係にはなく、ただ類似しているいわば特殊・特殊の関係にある命題間の推論である。拡張解釈とは、その上位概念の**可能な語義**（möglicher Wortsinn）**の範囲内**で、その概念を押し広げたものである。

(a) 可能な語義の範囲　あらゆる概念は、月とその周囲のかさの部分のように、中核部分と周縁部分とがある。周縁部分は、他の概念の周縁部分に移行するものであり、それと重なり合う部分でもある。その部分は、拡張はしているが、なお、言葉の可能な意味の範囲内にとどまるものである。一例を挙げると、軌道上を走る「ガソリンカー」を過失で転覆させる行為が、過失往来危険罪（129条）にあたるかという問題において、「ガソリンカー」が、過失往来危険罪にいう「汽車」という概念の日常用語上可能な語義の範囲内に含まれるとすれば、その解釈は、拡張解釈である。しかし、ガソリンカーも汽車も、どちらも軌道上を大量の貨物や乗客を高速度で運送するために走る列車であり、しかも、これを転覆させれば、同じような法益の危険が予想されるので、同じように処罰されるべきだということから、処罰を根拠づけるならば、それは類推解釈である。

(b) 拡張解釈の限界？　わが国の学説には、**拡張解釈**についても限界があるとする見解が展開されている（西原34頁、大谷68頁、町野73頁）。言葉の可能な範囲にあるとしても、その内容が国民一般にとって予測可能な範囲を逸脱するときは、拡張解釈は許されないとするのである。しかし、この議論

は、論証が逆転している。拡張解釈の限界は、国民の予測可能性の限界にあるとしても、その基準はあまりにも抽象的であいまいなので、「可能な語義の範囲内」にある解釈は、予測可能であるとするのが通説の趣旨だからである。

上で述べたように、両解釈の区別を「論証方法」の相違に還元してしまうと、ガソリンカーを汽車であると強弁すると、拡張解釈となり、汽車ではないが、実質上、同じ目的や機能をもつから同じように処罰されるはずであるといえば類推解釈であるというだけのことになるともいえる。ここで必要なのは、目的論的・合理的な限定解釈の精神であろう。

(c) 概念の再定義の方法　また、現実には、拡張解釈の形式を装うために、次のような操作が行われることが多い。まず、法文上の概念aに関する従来の定義（物とは有体物をいう）によれば、それに包摂されない概念b（電気）を、これに含ませるために、概念aを再定義し、これをより包括的な概念A（物とは管理可能物をいう）と定義する。そして、この概念Aには、概念bも含まれるとするのである。問題は、このような概念Aの定義がすでに極端な拡張的定義ではないかということである。

(d) 類推解釈の禁止の再確認　このように、拡張解釈と類推解釈の明確な区別は困難であるとしても、また、両者の違いはたんに論証方法の差にすぎないとしても、類推解釈の禁止には実践的意義を否定できない。あらゆる解釈は類推解釈であるとして、むしろ、**許される類推解釈と許されざる類推解釈**があると説く学説（植松77頁、香川22頁、阿部・現代刑法講座1巻117頁）もあるが、類推という論証方法そのものが、可能な語義の枠内での拡張という論証方法に比して、法文への厳格な拘束を不可能ならしめるのであり、類推解釈の禁止は、なお、罪刑法定主義の支柱であるといってよい。ここでは、「疑わしきは被告人に利益に」の原則の応用により、「疑わしきは類推解釈」とする厳格解釈の精神で臨むことが実際上は重要であろう。[7]

(4) 判例の検討

大審院の判例においては、「電気」が旧刑法366条における窃盗罪の客体としての「他人の所有物」にあたるとしたもの（大判明36・5・21刑録9・874＝電気窃盗事件）のほかに、多数のものがある。養魚池の水門の板を外して鯉を養魚池から流出させるのは、刑法261条にいう「損壊」にあたるとするもの（大判明44・2・27刑録17・197）、釣針を引っかけて鮭を捕らえた行為を昭和3年北海道庁令12号北海道漁業取締規則

---

[7] 村井・福田＝大塚古稀〔下〕188頁以下参照。

第 3 節　罪刑法定主義の派生原理　§28　類推解釈の禁止◇　81

35 条 1 項 9 号によって禁止された「鈎(こう)」を用いて漁獲したものと認めたもの（大判昭 9・6・21 刑集 13・843）、銃猟禁止区域である琵琶湖の水面上から湖岸に向かって猟銃を発射し、山鳥を捕獲した行為を、水禽(すいきん)保護のために銃猟を制限していた明治 33 年滋賀県令 18 号に反するとしたもの（大判昭 9・11・17 刑集 13・1577）、捕獲された狸の毛皮を買い受けた行為を（旧）狩猟法 20 条によって禁止されている「鳥獣の譲受」にあたるとしたもの（大判昭 13・7・28 刑集 17・614）、過失で**ガソリンカー**を転覆させ、乗客を死傷させた行為を刑法 129 条にいう「汽車」の転覆にあたるとしたもの（大判昭 15・8・22 刑集 19・540）がその例である。

　最高裁の判例としても、国家公務員が選挙に立候補しようとしていた者を支援する目的でその後援会を結成し選挙人らを参集させ饗(きょう)応接待した行為につき、「立候補しようとする特定人」は、昭和 24 年の人事院規則 14―7「政治的行為」第 5 項 1 号にいう「**特定の候補者**」にあたらないとしたもの（最判昭 30・3・1 刑集 9・3・381）、旅館業者が、村に一軒しかない煙草小売業者からあらかじめ煙草を定価で買い入れて保管しておき客の依頼を受けてこれを定価で売った行為を、煙草専売法 29 条 2 項で禁止された「**販売**」にあたらないとしたもの（最判昭 32・3・28 刑集 11・3・1275）、カモシカの原皮を（旧）狩猟法 20 条の「鳥獣」にあたるとしたもの（最判昭 37・3・8 刑集 16・3・267）、旅館経営者が売春婦を毎夕その旅館に勤務集合させ、客があればその旅館内で売春させた行為を売春防止法 12 条の管理売春罪にいう「**居住させ**」にあたるとしたもの（最決昭 42・9・19 刑集 21・7・985）などがある。

　文書の写真コピーが刑法 155 条の公文書偽造罪にいう「**文書**」に含まれるとしたもの（最判昭 51・4・30 刑集 30・3・453、最決昭 54・5・30 刑集 33・4・324）、道路運送車両法の自動車登録ファイルを刑法 157 条 1 項にいう「**権利、義務に関する公正証書の原本**」にあたるとしたもの[8]（最決昭 58・11・24 刑集 37・9・1538）、音声（例えば、大阪地判平 3・12・2 判時 1411・128）、画像（大阪地裁堺支判昭 54・6・22 刑月 11・6・584）などが刑法 175 条にいう「**わいせつ物**」に含まれるとするものなどがあった。また、かつては、文書偽造罪等に客体が「電磁的記録」である場合に、その直接の処罰規定がなく、既存の文言の解釈で対応できるかが問題となっていた。しかし、現在では、「電磁的記録」（7 条の 2）が各条文に追加され立法的解決が図られている。175 条のわいせつ物頒布等の罪については、平成 23 年に行為客体として「電磁的記録に係る記録媒体」ならびに「電磁的記録」の文言が追加された。

　また、**カルガモ**目掛けて洋弓銃でねらい矢を発射したが、命中せず捕らえることができず、かつ殺傷することができなかった事案について、（旧）鳥獣保護法 1 条の 4 第 3 項にいう「**捕獲**」にあたるかが問題となった事案において、「**捕獲**」が、自己の実力支配内に属せしめる現実的捕獲をいうのか、それとも捕捉しようとする捕獲行為があれば足りるのかについて、最高裁は、捕獲行為をもって「捕

---

[8] 昭和 62 年の刑法一部改正により「権利、義務ニ関スル公正証書ノ原本タル可キ電磁的記録物」が加えられた。その後、平成 7 年の刑法一部改正により「権利若しくは義務に関する公正証書の原本として用いられる電磁的記録」と表記が改められた。

獲」にあたると判示した（最判平8・2・8刑集50・2・221=**百選**1）。さらに、国立公園の第1種特別地域に指定された海岸で「**石さんご**」を採取した行為が、（旧）自然公園法17条3項3号にいう「**土石を採取すること**」にあたるとした**最高裁判例**（最決平9・7・10刑集51・6・533）がある（☞§90, 3（2）（a））。

その他、拡張解釈であるとした最高裁判例として、自動車内の発砲が道路上においてなされたものとして、銃砲刀剣類所持等取締法3条の13、31条の**けん銃等の発射罪**にあたるとしたもの（最決平17・4・18刑集59・3・302）、（旧）鳥獣保護及狩猟ニ関スル法律16条の「市街其ノ他人家稠密ノ場所」において銃猟をしたかどうかが争われた事案で、人家と田畑が混在する地域で、半径約200メートル内に人家が約10軒あるというだけであっても、「**人家 稠密ノ場所**」にあたるとしたもの（最決平12・2・24刑集54・2・106）がある。

(5) 被告人に有利な類推解釈

類推解釈の禁止は、国民の行動の自由、ないし被告人の権利を保障するために要請されるものである。したがって、**被告人に有利な類推解釈**（Analogie in bonam partem）は許容される。例えば、正当化事由について、それを拡大する方向での類推解釈は許されるのである。したがって、緊急避難規定（37条1項）において、「生命、身体、自由又は財産」に対する現在の危難を避けるためにやむをえないでなした行為を処罰しないという規定があるが、この法益カタログに「貞操」ないし「名誉」を類推して加えても、被告人に有利な類推解釈であって許される。

しかし、正当化事由の類推解釈も、無限定に許容されるわけではないのは、法的安定性の要請、予測可能性の確保の要請から当然である。その類推解釈が規範の立法目的や趣旨から合理的に説明されるものでなければならない。

最高裁の判例には、大分県知事が、採捕する目的の魚種を「**いわし、あじ、さば**」に限定して漁業許可を申請すべき期間を定めた告示を発し、これに応じた漁業許可証の漁業種類欄に「いわし、あじ、さばまき網漁業」と明示のうえでした中型まき網漁業許可は、いわし、あじ、さばを目的として採捕することに限定されたものであり、それ以外の魚種を目的として採捕することは禁止されていたものと解されるとしたもの（最決平8・3・19刑集50・4・307）がある。被告人らは、許可以外の魚種である「いさき」を目的として採捕したのであった。本件については、被告人らは、「いさき」については別に許可を得ることはできたのであり、本件漁業許可は、「いわし、あじ、さばまき網漁業」にかぎって許可されていたものと解すべき合理性があるように思われる。

§29　明確性の原則

1　明確性の原則の意義

　刑罰法規は、犯罪と刑罰の内容を具体的かつ明確に規定しなければならず、もし当該刑罰法規の内容があまりにも広範かつ不明確で漠然としていて、その内容を客観的に理解できない場合には、その法規自体が憲法31条の**適正手続**に違反し、違憲であるとする原則を**明確性の原則**（Bestimmtheitsgrundsatz）という[9]。これは、「明確な法律なければ犯罪も刑罰もなし」（nullum crimen, nulla poena sine lege certa）という原則として表される。形式的に犯罪と刑罰が法律によって規定されていても、その内容があまりにも広範で多義的で漠然としたものであった場合、罪刑法定主義の意図した国民に予測可能性を与えるという機能が果たされず、国民の行動の自由を侵害し、また、捜査機関や裁判所に法の恣意的な解釈や運用を許すことになり、三権分立を脅かす。明確性の原則は、このように、①国民に対し何が犯罪であるかを事前に適正に告知する機能をもち、②捜査機関・裁判所に対して法規の恣意的適用を禁ずる機能をもつ。

　この明確性の原則は、**不明確による無効の理論**（void-for-vagueness-doctorine）としてアメリカにおいて発展した理論である。ドイツにおいても、基本法において明確性の原則が認められている（基本法103条2項）。

2　明確性の判断基準

　困難なのは、どの程度、漠然としたものであれば**明確性の要請**に反するのか、**不明確性の判断基準**は何かということである。もともと刑罰法規は、あらゆる犯罪行為を具体的に詳細に規定することは不可能である。現代の複雑な社会における人間の有害な行為をもれなく精密に法文に記述することはできず、また、そのような立法技術の妥当性にも問題があるからである。ある程度、包括的・抽象的な概念や一般条項的な価値概念を用いて規定することは不可避であるといってもよい。立法者は、「できるだけ明確に」規定するよう努力する必要があるということはできても、それを違憲であるとするた

---

[9] この原則については、佐藤文哉「法文の不明確による法令の無効」司法研修所論集（1967年）〔Ⅰ〕24頁以下、〔Ⅱ〕32頁以下、芝原・社会的機能38頁以下・156頁以下、三井誠「罪刑法定主義と明確性の理論」法セ228号83頁以下参照。

めの基準を呈示することは、実際上は、極めて困難であるともいえよう。

わが国では、例えば「犯罪の構成要件については、その刑罰法規の適用対象たる **国民層の平均人** が何が禁止されているかを法規の文言から理解することができない場合は、不明確で違憲と解してよいのではないか」（金澤・現代刑法講座1巻93頁）という見解、また、「裁判官があらゆる合理的な方法を用い、行為者の立場に立って法文を解釈しても、なお不明確さが残って法的確実性を害する場合」に不明確のゆえに無効とする見解（佐藤文哉・司法研修所論集〔1967年〕〔Ⅰ〕56頁）（傍点引用者）がある。また、判例においては、「通常の判断能力を有する一般人の理解において、具体的場合に当該行為がその適用を受けるものかどうかの判断を可能ならしめるような基準が読み取れるかどうか」（最大判昭50・9・10刑集29・8・489、東京高判平7・10・31判時1566・134）（傍点引用者）が基準とされている。学説においても、刑法の行為規範性を罪刑法定主義の重要な側面ととらえる立場から、この判例の基準を支持するものが多い（福田30頁、内藤38頁、大谷61頁、野村45頁）。しかし、刑法の裁判規範性に着目して**裁判官**を基準にする見解（荘子23頁）も唱えられている。

通説・判例のように、通常の判断能力を有する **一般人の理解力** を基準にしても、この基準自体が、「不明確」ということもでき、実際上、どのような場合に、不明確であるかの判断は、一義的になしうるとはいいがたいであろう。「ある刑罰法規から、明確な立法者の保護目的を導き出すことができ、その文言が、解釈の恣意的な拡張になお限界を設定しうる程度のものであるかぎり、その刑罰法規はいまだ明確である」（ロクシン）という基準によれば、不明確とされることはかなり少なくなるようにも思われる。

3 判例の検討

最高裁が、不明確性を理由にして刑罰法規の無効を宣言した例はまだない。しかし、明確性を争い、憲法31条違反を主張して弁護人が上告した例は多い[10]。下級審の判例には、不明確を理由に無効とした例はある。

最高裁が、法文が不明確であるとの主張を排斥した理由には、**四つの態様**があるとされている。①**条文の文理上不明確とはいえない**とするもの。軽犯罪法1条31号の

---

[10] 包丁儀式に使用するものとして所持されていた刃物が（旧）銃砲刀剣類所持等取締法3条1項にいう刀剣類にあたるとし、「刀剣類」との文言があいまいであり憲法31条に違反すると主張した上告を棄却した最高裁の判例（最決平8・2・13刑集50・2・236）がある。刃渡りが約32.2ないし33.4センチメートルある刃物は「社会通念上『刀』というにふさわしい形態、実質を備えている」というのである。

「他人の業務に対して悪戯などでこれを妨害した者」における「悪戯」（最決昭29・6・17刑集8・6・881）あるいは公職選挙法148条の2第3項の「編集その他経営上の特殊の地位を利用して」がその例である。②**解釈上不明確でないとするもの**。通貨及証券模造取締法1条にいう「紛はしき外観を有するもの」（最判昭45・4・24刑集24・4・153）がそうである。③**本件に関する限り明確であるとするもの**。職業安定法63条2号にいう「公衆衛生又は公衆道徳上有害な業務に就かせる目的」（最決昭36・12・6裁判集刑140・375）は、本件においては「接客婦」の雇用を斡旋した場合であり、売春を業とすることは公衆道徳上有害な業務に該当することは明白であるとした。また、鮮魚商である被告人が（旧）**食品衛生法4条2号**で販売等を禁止された「有害な物質」を含む食品であるアブラソコムツの加工品を販売した行為につき、（旧）食品衛生法4条2号の「有害な物質」の文言は不明確であって、憲法31条に反するとの弁護人の主張に対して、その文言が抽象的であり、有毒な、もしくは有害な物質が含まれたりしたもののほか、その「疑いがあるもの」にまで適用されるのであり、適用範囲もかなり漠然としたものになっているとし、「犯罪構成要件としては明確性を欠いているといわれてもやむをえないように思われる」としつつ、アブラソコムツやその加工品が異常臭をともなう油状下痢便を排泄するに至るおそれのある食品であることは明白であるとし、同条は、文言としては抽象的であるものの、「有害な物質」についての基準を読み取ることも可能であり、「アブラソコムツの販売等に適用するに当たっては明確である」ということができるから、内容不明確な規定として憲法31条に違反するものではないとした判例（前掲東京高判平7・10・31、最決平10・7・10判時1651・152）がある。④**法文中に例示があるから明確であるとしたもの**。（旧）団体等規正令2条7号にいう「暗殺その他の暴力主義的企図によって」における「**暴力主義的**」の概念が不明確であるとの主張に対し、「暗殺その他の暴力主義」というように例示があるから明確であるとした（最大判昭36・12・20刑集15・11・2017）。また、（旧）「あんま師、はり師、きゅう師及び柔道整復師法」12条にいう「**医業類似行為**」の概念につき、「あんま師、はり師、きゅう師、柔道整復師」といった例があるから明確であるとした（最決昭39・5・7刑集18・4・144）。

　これに加えて、さらに、最高裁の**徳島市公安条例違反事件判決**（前掲最大判昭50・9・10）や、**福岡県青少年保護育成条例違反事件判決**（最大判昭60・10・23刑集39・6・413＝**百選2**）においては、**合憲的限定解釈**によって不明確とはいえないとしている。

　前者の判決においては、徳島市の「集団行進及び集団示威運動に関する条例」3条3号の「交通秩序を維持すること」という規定の明確性が争われた。最高裁は、これを「道路における集団行進等が一般的に秩序正しく平穏に行われる場合にこれに随伴する交通秩序阻害の程度を超えた、殊更な交通秩序の阻害をもたら

---

11 アブラソコムツとは、くろたちかます科に属する魚である。

すような行為」であると限定的に解釈し、このように解釈するとすれば、明確で合憲であると判示した。このような合憲判断の方法を**合憲的限定解釈**という。

　後者の判決においても、福岡県青少年保護育成条例 10 条 1 項で、「何人も、青少年に対し、淫行又はわいせつの行為をしてはならない」とされ、懲役または罰金刑が科されているが、被告人は、16 歳の女子高生と福岡県内のホテルで性交したという事案である。これについて、最高裁は、「**淫行**」とは、広く青少年に対する性行為一般をいうものと解すべきではなく、「青少年を誘惑し、威迫し、欺罔し又は困惑させる等その心身の未成熟に乗じた不当な手段により行う性交又は性交類似行為のほか、青少年を単に自己の性的欲望を満足させるための対象として扱っているとしか認められないような性交又は性交類似行為をいうものと解するのが相当である」として、淫行概念を狭く限定しておいて、このように解釈するときは、不明確とはいえないとする。ここでも、合憲的限定解釈の手法が用いられている。

　最近の最高裁決定（最決平 18・2・20 刑集 60・2・216）は、「児童買春，児童ポルノに係る行為等の処罰及び児童の保護等に関する法律」7 条 3 項に規定する「**姿態をとらせ**」という文言が所論のように**不明確であるとはいえない**とした。なお、この決定では、「上記規定が表現の自由に対する過度に広範な規制であるということもできない」とし、適正処罰の原則にも反しないとする。

　さらに最高裁まで争われたものとして、広島地裁（広島地判平 16・7・6 刑集 61・6・645）、広島高裁（広島高判平 17・7・28 刑集 61・6・662＝判タ 1195・128）によって、**広島市暴走族追放条例 16 条 1 項**における公衆に不安または恐怖を覚えさせるような「い集」または「集会」の禁止が不明確かどうかが争われ、結論として不明確といえないとされ、最高裁に上告された事案がある。

　これにつき、**最高裁**[12]（最判平 19・9・18 刑集 61・6・601）は、まず、「本条例が、規制の対象としている『暴走族』は、本条例 2 条 7 号の定義にもかかわらず、暴走行為を目的として結成された集団である本来的な意味における暴走族の外には、服装、旗、言動などにおいてこのような暴走族に類似し社会通念上これと同視することができる集団に限られるものと解され、したがって、市長において本条例による中止・退去命令を発し得る対象も、被告人に適用されている『**集会**』との関係では、本来的な意味における暴走族及び上記のようなその類似集団による集会が、本条例 16 条 1 項 1 号、17 条所定の場所及び態様で行われている場合に限定されると解される」と限定解釈し、本条例 16 条 1 項、17 条、19 条の各規

---

[12] 本判決は、適正処罰の原則についても判断し、「このような本条例制定の趣旨及び経緯等に照らすと、本条例の制定目的には十分な合理性、必要性が認められる上、上記のような暴走族集団による広島市の管理する公共の場所使用を規制するについては、他に採り得る方法、手段等は事実上想定し難く、さらに、その規制の態様等も必要最小限度にとどまるものと評価することができる」とする。

定は明確性の原則に反しないとする。これは、いわゆる**合憲的限定解釈**によって過度に広範囲ではないとしたものである。この判決には、2人の裁判官の**補足意見**、2人の裁判官の**反対意見**が付いている。反対意見では、とくに16条では、「何人も、次に掲げる行為をしてはならない」としているのであり、16条等の規定が、暴走族およびそれに準ずる者のみを対象とするという限定解釈はできないとし、規制対象が過度に広範囲であるがゆえに憲法31条に違反するものとする。

明確性の原則に関する判例としては、ほかに、**世田谷区清掃・リサイクル条例31条**の2第1項にいう「一般廃棄物処理計画で定める所定の場所」の文言が明確ではなく、憲法31条違反となるのではないかが問題とされたものがある（最決平20・7・23LEX/DB）。最高裁は、本条例にいう一般廃棄物処理計画で定める「**所定の場所**」とは、「区が一般廃棄物の収集について区民等の協力を得るために、区民等が一般廃棄物を分別して排出する場所として定めた一般廃棄物の集積所を意味することは明らか」であり、「所定の場所の文言を用いた本件罰則規定が、刑罰法規の構成要件として不明確であるとはいえない」とした。

その他、最高裁は、デジタルカメラ付携帯電話で細身のズボンを着用した女性の**臀部を約11回撮影した行為**が、「公衆に著しく迷惑をかける暴力的不良行為等の防止に関する条例」（昭和40年北海道条例34号）2条の2第1項4号にいう「卑わいな言動」に当たるとして起訴された事案につき、「**卑わいな言動**」の文言が明確かどうかを判断し、「『卑わいな言動』とは、社会通念上、性的道義観念に反する下品でみだらな言語又は動作をいう」とし、「日常用語としてこれを**合理的に解釈することが可能であり、不明確ではない**」とした（最決平20・11・10刑集62・10・2853）。

§30　適正処罰の原則

1　適正処罰の原則の意義

適正処罰の原則とは、刑罰法規適正の原則ともいわれ、アメリカ法において**実体的デュー・プロセス**（substantive due process）の理論として発展してきたものである。[13] この原則ないし理論は、憲法に規定された**適正手続条項**（31条）は、刑事手続の適正のみならず、刑事立法の実体的内容の合理性をも憲法上の要請とし、その内容が刑罰法規としての合理性がない場合には、憲法違反となるというものである。この理論の根底には、「刑罰の内容の適正が刑事

---

[13] 実体的デュー・プロセスの理論については、芝原・社会的機能1頁以下・149頁以下参照。

制裁の限界を画す」という考え方がある。罪刑法定主義は、ここでも、形式的に、犯罪と刑罰があらかじめ法律によって規定されておればよいのではなく、憲法上、または刑事政策上、適正な内容の犯罪に適正な内容の刑罰が規定されていることを要求するものであり、たんなる形式的原理ではなく、**実質的原理**であるというのである。この意味では、適正処罰の原則においては、解釈論を超えて、政策論に及ぶ判断が行われるのである。このような意味で、適正処罰の原則は、罪刑法定主義を実質化した新たな派生原理であるということができる（反対＝川端46頁）。

2 適正処罰の原則の適用例

適正処罰の原則は、刑罰法規の内容が、刑法の基本原理や刑事政策からみて、あるいはもっと広く憲法の認める価値秩序からみて、適正かどうかを問い、不適正なものを適正手続（31条）違反として違憲とする理論である。もちろん、ある刑罰法規が、明らかに男女の法の下の平等に反する内容をもつならば、憲法14条違反として違憲としうるのであるから、適正手続条項によらなくても、違憲判断はなしうる。しかし、刑事政策的にみて適切でなく、または、行為主義や法益保護主義ないし責任主義といった刑事法の基本原則に反する内容の法規は、それ自体で、直接、憲法上の人権規定に反するわけではなく、31条違反を根拠とする。

このような区分から、適正処罰の原則の適用例を、前者の場合を意味する「憲法的適正処罰違反の類型」と、後者の場合を意味する「刑事法的適正処罰違反の類型」とに分類することができる。

(1) 憲法的適正処罰違反類型
(a) 残虐な刑罰の禁止　　残虐な刑罰の禁止（憲法36条）に違反する刑罰法規は違憲であるということができる。残虐な刑罰とは、「不必要な精神的、肉体的苦痛を内容とする人道上残酷と認められる刑罰をいう」（最大判昭23・6・30刑集2・7・777）。
(b) 差別的処罰　　これは、法の下の平等（憲法14条）に反するものとして違憲である。平成7年の改正まで存在した「尊属殺」（200条）については、昭和48年に、最高裁は、大法廷判決においてこれを違憲とした（最大判昭48・4・4刑集27・3・265）。**条例**による売春の取締について、処罰が地域によって不均衡・不統一であるのは、法の下の平等に反するのではないかということも問題とされた。**最高裁**は、条例制定権を憲法自らが認めている以上、地域によって差別を生ずることは当然に予期されることであるとして、合憲としている（最大判昭33・10・15刑集12・14・3305）。比較的**最近の最高裁の判例**には、外国人登録原票の登録事項の確認制度を定めた外国人

登録法 18 条 1 項 1 号・11 条 1 項が、憲法 13 条・14 条に反しないと判示したものがある（最判平 9・11・17 刑集 51・10・855）。

(c) 表現の自由　最高裁は、（旧）関税定率法 21 条 1 項 3 号によるわいせつ表現物の輸入規制は、憲法 21 条に違反しないとし、「我が国内における健全な性的風俗が害されることを実効的に防止するには、その輸入の目的のいかんにかかわらず、その流入を一般的に、いわば水際で阻止することもやむを得ない」として、31 条に反しないと判示した（最判平 7・4・13 刑集 49・4・619）。

(2)　刑事法的適正処罰違反類型
(a)　非当罰・非要罰行為処罰の禁止　法益保護主義、行為主義、個人責任の原則などの刑事法の原則に違反するものがこれに含まれる。刑事政策的に不当な処罰についても、適正手続に反する場合がありうるであろう。あんま師法違反事件（最判昭 35・1・27 刑集 14・1・33）において**医業類似行為**を処罰することは、公共の福祉上必要であると判示したが、法益保護の原則を充たすか、具体的危険があるのかなどの問題点がある。

　　コンタクトレンズの処方のために行われる検眼およびテスト用コンタクトレンズの着脱の行為が医師法 17 条にいう「医業」の内容となる医行為にあたるかどうかが争われた事案で、**最高裁**は、これを肯定した（最判平 9・9・30 刑集 51・8・671）。この事件の原審においては、同法の医業の内容をなす医行為とは、「医師が行うのでなければ保健衛生上危害を生ずるおそれのある行為」をいうとする。「医師法 17 条がその取締りの根拠としている無資格者の行う医業における危険は、抽象的危険であり、被診療者の生命、健康が現実に危険にさらされることまでは必要としないと解するのが相当であ」るとする（東京高判平 6・11・15 高刑集 47・3・299）。これは、この処罰が、無資格者の惹起する「保健衛生上の危害のおそれ」を防止するために必要な処罰であって、当罰性・要罰性を有し、**刑事政策的に適正な処罰**であるとするものであろう。

　　最高裁の判例には、**ストーカー行為等の規制等に関する法律 2 条 1 項・2 項・13 条 1 項は、規制の範囲が広きに過ぎ、かつ、規制の手段も相当ではないから、憲法 13 条・21 条 1 項に違反する**という主張に対し、その目的の正当性、規制の内容の合理性、相当性から、これを合憲としたものがある。それによると、ストーカー規制法は、「恋愛感情その他好意の感情等を表明するなどの行為のうち、相手方の身体の安全、住居等の平穏若しくは名誉が害され、又は行動の自由が著しく害される不安を覚えさせるような方法により行われる社会的に逸脱したつきまとい等の行為を規制の対象とした上で、その中でも相手方に対する法益侵害が重大で、刑罰による抑制が必要な場合に限って、相手方の処罰意思に基づき刑罰を科すこととしたものであり、しかも、これに違反した者に対する法定刑は、刑法、軽犯罪法等の関係法令と比較しても特に過酷ではないから、ストーカー規制法による規制の内容は、合理的で相当なもの

---

[14] 本判決では、罪刑の不均衡、重罰の主張についても、「登録事項確認制度が必要かつ合理的な制度であると認められる以上、同規定がその実効性を担保するための制裁として刑事罰を採用し、所定の刑を設けたことが、立法府の合理的裁量の範囲を逸脱するものとはいえないとした原判決は、正当であって」、憲法 31 条に反しないという。

である」と判示した（最判平 15・12・11 刑集 57・11・1147）。

(b)　不均衡処罰の禁止　罪刑均衡の原則から、犯罪と刑罰の均衡が著しく阻害されている場合は、「残虐な刑罰」（36 条）にあたるか、31 条違反として無効である。この点で、「およそ刑罰は、国権の作用による最も峻厳な制裁であるから、特に基本的人権に関する事項につき罰則を設けるには、慎重な考慮を必要とすることはいうまでもなく、刑罰規定が罪刑の均衡その他種々の観点からして著しく不合理なものであって、とうてい許容し難いものであるときは、違憲の判断を受けなければならない」とし、また、「法定刑は、違反行為の違法性の大小を考慮して定められるべきものである」とした判例（最大判昭 49・11・16 刑集 28・9・393）がある。

「集会」等の概念についての明確性を肯定した前掲**最高裁平成 19 年判決**（最判平 19・9・18 刑集 61・6・601）は、合憲的限定解釈した上で、「適正処罰」についても判断している。それによれば、「限定的に解釈すれば、本（広島市暴走族追放）条例 16 条 1 項 1 号、17 条、19 条の規定による規制は、広島市内の公共の場所における暴走族による集会等が公衆の平穏を害してきたこと、規制に係る集会であっても、これを行うことを直ちに犯罪として処罰するのではなく、市長による中止命令等の対象とするにとどめ、この命令に違反した場合に初めて処罰すべきものとするという事後的かつ段階的規制によっていること等にかんがみると、その弊害を防止しようとする**規制目的の正当性、弊害防止手段としての合理性**、この規制により**得られる利益と失われる利益との均衡**の観点に照らし、いまだ憲法 21 条 1 項、31 条に違反するとまではいえない」。これは、合憲的限定解釈をした上で、法益侵害の危険性があること、規制方法として市長による中止命令違反を処罰の前提とすること、規制目的の正当性、規制手段の合理性があり、規制による利益と不利益の均衡性があることを理由に、適正処罰の原則に反しないとするものである。

この最高裁判決には、2 人の裁判官の補充意見とともに 2 人の反対意見がついている。そのうち、**保護法益と規制内容の不均衡による適正処罰原則違反**を説く反対意見として、**田原睦夫裁判官の反対意見**を紹介しておこう。それによると、「本条例によって抑止しようとする『不安』や『恐怖』の対象は、未だ犯罪事実として捉えることができない段階のものを意味している」のであり、「本条例の立法事実をも踏まえれば、精々で特異な服装等をしてい集又は集会している者から『絡まれる』、『因縁をつけられる』……おそれ等による**『不安』や『恐怖』を意味するものと解され**」、「**本条例は、そのような漠たる『不安』や『恐怖』をもたらすおそれのある威勢行為を抑止しようとするもの**」である。これに対して、「本条例が市長による中止命令等という行為を介してではあるが、**刑事罰をもって規制しようとする行為**は、服装等の自由、行動の自由という憲法によって保障される以前の**本来的な自由権**であり、また表現、集会の自由で」あって、「しかも本条例は、……それらの自由を直接規制するものである」。そうすると、「本条例の保護法益ないし侵害行為と規制内容は、合理的均衡を著しく失して」おり、「しかもそれを刑罰の威嚇の下に直接規制するものであって、その保護法益ないし侵害行為と規制内容の間の乖離が著しい」というのである。

(c) 解釈上の適正処罰違反類型（法益侵害の実質的危険のない行為処罰の禁止）

　立法上の規定そのものは、刑事法的処罰の対象とならないわけではないが、その解釈につき、刑事法の目的・任務の観点から、限定的に解釈しなければ、違憲となりうる構成要件行為の類型がある。これを**適正処罰の次元における合憲的限定解釈の類型**といってもよい。この類型は、「解釈」によっては、憲法31条違反となる可能性があることを意味する。

　その例として、最近の公務員の「**政治的行為**」の禁止・処罰に関する最高裁判例（最判平24・12・7刑集66・12・1337）を挙げておく。この判例では、その構成要件・処罰そのものは違憲ではないが、**実質的に法益侵害の危険のある行為**のみを構成要件の内容と解釈するなら合憲であるとする。事案と判旨を紹介しておこう。

　それによれば、厚生労働事務官が、衆議院議員総選挙に際し、特定政党を支持する目的をもって、党の機関紙外を配布したが、これが国家公務員法110条1項19号、102条1項、人事院規則14—7（政治的行為）等に当たるとして起訴された。**第1審判決**は、本件罰則規定は憲法21条1項、31条等に違反せず**合憲**であるとし、配布行為は本件罰則規定の構成要件に当たるとして、被告人を有罪とした。**控訴審**では、本件配布行為が本件罰則規定の保護法益である国の行政の中立的運営及びこれに対する国民の信頼の確保を侵害すべき危険性は、抽象的なものを含めて、全く肯認できないから、本件配布行為に対して本件罰則規定を適用することは、国家公務員の政治活動の自由に対する必要やむを得ない限度を超えた制約を加え、これを処罰の対象とするものといわざるを得ず、憲法21条1項及び31条に違反するとされ、第1審判決が破棄され、**無罪**とされた。

　最高裁は、国家公務員法102条1項にいう「『政治的行為』とは、公務員の職務の遂行の政治的中立性を損なうおそれが、観念的なものにとどまらず、現実的に起こり得るものとして実質的に認められるものを指し、同項はそのような行為の類型の具体的な定めを人事院規則に委任したものと解するのが相当である」とした。そして、「その委任に基づいて定められた本規則も、このような同項の委任の範囲内において、**公務員の職務の遂行の政治的中立性を損なうおそれが実質的に認められる行為の類型**を規定したものと解すべきである」。「上記のような本法の委任の趣旨及び本規則の性格に照らすと、本件罰則規定に係る本規則6項7号、13号（5項3号）については、それぞれが定める行為類型に文言上該当する行為であって、**公務員の職務の遂行の政治的中立性を損なうおそれが実質的に認められるもの**を当該各号の禁止の対象となる政治的行為と規定したものと解するのが相当である」とする。

　これに鑑みれば、最高裁によると、「公務員の職務の遂行の政治的中立性を損なうおそれが実質的に認められるかどうかは、当該公務員の地位、その職務の内容や権限等、当該公務員がした行為の性質、態様、目的、内容等の諸般の事情を総合して判断するのが相当」であり、「……上記の解釈の下における本件罰則規定は、**不明確なものとも、過度に広汎な規制であるともいえない**と解される」。「……以上の諸点に鑑みれば、本件罰則規定は憲法21条1項、31条に違反するものではない」。

　しかし、**本件配布行為が本件罰則規定の構成要件に該当するかどうかについては**、

本件配布行為が、「行為類型に文言上該当する行為であることは明らか」であるが、「公務員の職務の遂行の政治的中立性を損なうおそれが実質的に認められるものかどうかについて、前記諸般の事情を総合して判断」し、結論としては、「本件配布行為は、**管理職的地位になく、その職務の内容や権限に裁量の余地のない公務員**によって、職務と全く無関係に、公務員により組織される団体の活動としての性格もなく行われたものであり、公務員による行為と認識し得る態様で行われたものでもないから、公務員の職務の遂行の**政治的中立性を損なうおそれが実質的に認められるものとはいえない**」とし、**構成要件該当性**を否定した。

このように本判決は、国家公務員法110条1項19号、102条1項、人事院規則14—7にいう「政治的行為」の解釈につき、公務員の職務遂行の政治的中立性を損なうおそれが実質的に認められるものでなければならないと解し、本件配布行為には、これが認められないとして、構成要件該当性を否定したものである。

第5章　刑法の適用範囲

第1節　総　　説

　刑法の適用範囲とは、現行刑法が現実に場所的・時間的にどのような範囲で、また、どのような犯罪について適用されるかという問題をいう。刑法が現実に裁判所によって適用されるかどうかは、だれが、どこで、いつ、どのような犯罪類型にあてはまる行為をしたのかによって決まる。

　　例えば、日本人が、イギリスでアメリカ人を殺害した場合、あるいは、アメリカで日本人がアメリカ人に殺された場合、わが国の刑法が適用されうるかどうか、また、平成7年の刑法改正によって尊属殺（200条）が削除されたが、それ以前に父親を殺した者に対する現在の裁判においては、尊属殺の規定が適用されるのかどうかなどが問題である。

　刑法総則第1章は「通則」と題され、犯罪の行われた場所に関する効力（1条～5条）、犯罪後に刑の変更があった場合についての時間的な効力（6条）などを含む。刑法の適用範囲の問題は、**刑法の効力**といわれることもあるように、主として、刑法の場所的効力や時間的効力などの問題を扱うものである。そのほかに、先に論じた刑法総則が、他の刑罰法規に適用されるかどうかという問題（8条）も、刑法総則の適用範囲（ないし効力）の問題ということができる。場所的効力とは、国内犯か国外犯かなど、国際刑法と称される領域を扱うものであるから、「国際刑法」と題して取り扱われることもある。また、刑法の時間的効力の問題は、罪刑法定主義の刑罰法規不遡及の原則の問題でもある。

第2節　刑法の場所的適用範囲

> 【文献】愛知正博「刑法における外国法適用の諸形態」中京法学20巻1号108頁、安藤泰子『国際刑事裁判所の理念』(2002)、同『個人責任と国家責任』(2012)、伊藤寧「犯罪と旗国主義に関する若干の考察」大國退官95頁、香川達夫「遍在主義と共犯」森下古稀〔上〕3頁、同「場所的適用範囲の法的性格」(1999)、川出敏裕「犯罪の国際化と刑事法」岩波講座現代の法6（現代社会と刑事法）(1998) 3頁、佐伯仁志「国民保護主義に基づく国外犯処罰について」研修659号19頁、芝原邦爾『刑事司法と国際準則』(1985)、同「国際犯罪と刑法」現代刑法講座5巻311頁、同「刑法の場所的適用範囲」団藤古稀4巻335頁、辰井聡子「犯罪地の決定について（1）(2・完)」上智法学41巻2号69頁・3号245頁、同「刑法の場所的適用」上智法学43巻3号65頁、同「国民保護のための国外犯処罰について」法教278号24頁、津田雅也「犯罪地の決定における『遍在説』についての一考察」法学24号99頁、名和鐵郎「国際刑法」基本講座1巻67頁、橋本正博「外国判決の効力」基本講座1巻90頁、古田佑紀「国外犯と共犯」基本講座1巻81頁、同「刑事司法における国際協力」現代刑罰法大系（1）371頁、森下忠「国際刑法における共犯」齊藤還暦515頁、同「国際刑法」刑法講座1巻73頁、同『国際刑法の新動向』(1979)、同『刑事司法の国際化』(1990)、同『国際刑法入門』(1993)、同『犯罪人引渡法の研究』(2004)、同『刑法適用法の理論』(2005)、同『国際刑法学の課題』(2007)、山上圭子「『刑法の一部を改正する法律―国外犯処罰規定―』の概要について」現刑54号51頁、山口厚「越境犯罪に対する刑法の適用」松尾古稀〔上〕409頁、山本和昭「国際犯罪と共犯の処罰について」警論28巻9号78頁、山本草二『国際刑事法』(1991)

§31　国際刑法と刑事国際法

　刑法の場所的適用範囲の問題とは、自国の刑法が、行為者や被害者が外国籍をもっていた場合に、または行為地が外国であった場合に、適用されうるかどうかという問題を扱うものである。すなわち、「自国の刑罰権力の限界」を問題とする。これは、**国際刑法** の問題であるとされることがある。それは、「国際私法」(internationales Privatrecht) が、いずれの国の法律に準拠すべきかという問題を扱うのと同じ意味で、**国際刑法** (internationales Strafrecht)（狭義の国際刑法）と呼ばれるのである。わが国では、国際公法の分野に属する国際刑法も、同じく国際刑法（広義の国際刑法）と呼ばれることがある。これ

は、**刑事国際法**（Völkerstrafrecht）として、先に論じた「国際刑法」とは区別する呼び方が用いられている。

　古典的には、この意味の刑事国際法では、個人の責任を問うということは考えられなかった。国際法は、個人には、権利も義務も与えることはないと考えられた。国際公法に反する個人の犯罪など存在しなかったのである。しかし、第2次大戦後は、とくに東京裁判や**ニュルンベルク裁判**を通じて、国際法の直接的適用が認められ始めた。国際法に違反する犯罪たる「**平和に対する罪**」や「**人道に対する罪**」が、個人に直接適用されうるのである。ここでは、この意味の刑事国際法を扱うものではない。この意味の刑事国際法には、国際公法に違反する犯罪のほか、刑事裁判権、犯人引き渡し、国際司法共助などの問題も含まれる。刑事に関する国際司法共助は、わが国では、昭和51年の**ロッキード事件の嘱託証人尋問**の実施との関係で、クローズアップされるに至った。**国際司法共助**とは、犯人が外国にいたり、証拠が外国にある場合に、捜査や裁判を実施できないので、犯人の引き渡しや証拠の提供、書類の送達等につき相互に協力し合うことをいう。

　なお、国内の区域によって刑罰法規の効力が異なる場合がある。これを**施行区域間刑法**（interlokales Strafrecht）と呼ぶ。これは、条例に設けられた罰則の適用範囲の問題として生じる。

§32　立法主義

　自国の刑法がどの範囲において適用されるかに関する立法主義には、大別して五つのものがある。

---

[1] 森下・国際刑法入門7頁以下。なお、山本・国際刑事法123頁以下参照。

[2] 山中敬一「ナチの『犯罪と不法』の戦後処理（2）」関法41巻1号131頁以下参照。

[3] 1998年7月17日には、160カ国の政府代表とNGO（非政府組織）の集まったローマでの国際会議において、大量殺戮などの人道に反する犯罪について個人の罪を裁く「**国際刑事裁判所**」（ICC）設立条約が採択された。2002年には常設の**国際刑事裁判所**がオランダのハーグに設立された。これまでに100カ国を超える諸国が、国際刑事裁判所規程（ローマ規程）を批准したが、日本は、多額な分担金や同盟国でこれに批判的なアメリカ合衆国との調整から長年批准していなかった。しかし、2006年8月末に日本政府は、**2007年7月中にローマ規程を批准し、同条約に加入する**ことを表明した。2007年3月に衆議院、4月に参議院を通過し、**10月1日付で105番目の締約国**となった。

[4] 例えば、香川県条例では他人に不安または迷惑を覚えさせるような「電話による通話」を禁止していたが、徳島県からの電話を香川県内で受けた事案につき、犯罪の発生地が香川県であるとして、条例は区域内の行為に適用されるものとしつつ、属地主義により、その条例の適用を認めた判例（高松高判昭61・12・2高刑集39・4・507）がある。

1 属地主義

自国の領域内で犯されたあらゆる犯罪に対して、犯人の国籍のいかんにかかわらず、自国の刑罰法規を適用する立法主義をいう。犯罪地を基準にするので、属地主義（Territorialitätsprinzip）という。

2 属人主義

自国の国民によって犯された犯罪については、その犯罪地のいかんを問わず、自国の刑罰法規を適用する立法主義を属人主義（Personalitätsprinzip）という。これには、上で定義したように、自国民が犯罪行為を行ったときに自国の刑法の適用を認める**積極的属人主義**（aktives Personalitätsprinzip）と、**消極的属人主義**（passives Personalitätsprinzip）の二つがある。消極的属人主義とは、つぎに説明するように、自国民が被害者になったときにその犯人に自国の刑法の適用を認める主義をいう。

3 保護主義

犯人の国籍および犯罪地のいかんを問わず、自国または自国民の利益を保護するのに必要なかぎりにおいて、自国の刑法を適用する立法主義を、保護主義（Schutzprinzip）という。犯人が、その攻撃を向ける対象（内乱罪、外患罪など）によって自ら当該国家の刑罰権力に関係づけたときには、この原則は、おのずと正当化される。この場合、**国家保護主義**（Staatsschutzprinzip）といわれることがある。これに対して、外国における自国民の利益の保護を目指す場合を**個人保護主義**（Individualschutzprinzip）または消極的属人主義という。[5]

4 世界主義

犯罪地および犯人の国籍のいかんを問わず、世界各国に共通する一定の法益を侵害する犯罪に対して、各国がそれぞれ自国の刑法を適用するという主義を**世界主義**または**普遍主義**（Weltrechtsprinzip, Universalprinzip）という。例えば、ハイジャック行為については、ハイジャック行為を処罰する刑罰法規のない国で、外国人によって行われた場合でも、行為地以外の国の刑罰法規を適用できるものとするのである。わが国では、「航空機の強取等の処罰に関

---

[5] わが国では、消極的属人主義は、刑法3条2項において採用されていたが、昭和22年の改正によって、国際協調主義の立場から削除された。しかし、平成15年（2003年）には、国際化の進展によって海外における日本国民の犯罪被害が増えたことにより、日本国民が外国で特定の犯罪の被害者となった場合に、日本刑法の適用を認める消極的属人主義の規定（3条の2）が置かれることになった（☞§35の2）

する法律」(昭和45年法律68号)が航空機の強取等の罪につき、その5条においてすべての者の国外犯を処罰するものとしている。

> その他、「人質による強要行為等の処罰に関する法律」(昭和53年法律48号)における人質による強要行為等の罪の一部(2条〜4条)に対しても、すべての者の国外犯を処罰する。世界主義は、その他、「航空の危険を生じさせる行為等の処罰に関する法律」(昭和49年法律87号)7条、「麻薬及び向精神薬取締法」(昭和28年法律14号)69条の6、「麻薬及び向精神薬取締法等特例法」(平成3年法律94号)13条などで採用されている。

この主義は、外国人の国外犯を処罰する点で、実質的な意義をもつ。しかし、この主義は、自国の利益保護よりも、国際的に脅威となっている犯罪を制圧するために国際的協力を進めていくという国際協調主義の立場からとられるものである。昭和62年には、刑法の一部改正により**包括的国外犯処罰規定**(4条の2)を設け、刑法2条から4条までの規定では国外犯が処罰できないときにも、条約が締結されている範囲内で処罰できるようにして、世界主義に向けて大きく前進した。

5 代理処罰主義

代理処罰主義(Prinzip der stellvertretenden Strafrechtspflege)とは、外国で犯罪を犯した者が自国内で発見されたが、**自国民不引渡の原則**など事実上・法律上の理由により、その被疑者を当該の外国に引き渡すことができないために、属地主義によってもともと裁判権をもつ外国の刑罰権力がその者を処罰できない場合に、自国の裁判官が、外国の刑罰権力を「代理して」、自国の刑罰権力を用いてその者を処罰する主義をいう。例えば、故国で通常の犯罪を行ったうえで外国に逃れた難民は、この代理処罰主義によって、逃亡先の国において処罰されることになる。わが国で最近、代理処罰が問題になっているのは、ブラジル国籍の日系人が、犯罪後、故国へ逃亡した場合に、ブラジルにおける代理処罰を求める事例である。行為地法で犯罪とされている犯罪のみが、代理処罰されうるということになるから、ブラジルで犯罪とされている場合であることが前提である。現在国内にいる外国人が国外で犯した犯罪につき、引渡しをできず、またはしないときにはドイツ刑法の適用を認めたドイツ刑法7条2項は、この代理処罰主義による。

代理処罰主義と同義に使われることがあるが、厳密には区別されるのが、**代理主義**である(森下・国際刑法入門77頁参照)。代理主義とは、代理処罰主義

と違って、内国刑法の固有の適用がない国外犯につき、外国との条約にもとづいて、その外国から請求があったときに、共通裁判権が創設され、それにもとづいて処罰する主義である（森下・国際刑法入門73頁以下参照）。さらに、ヨーロッパでは、**権限分配説**（Kompetenzverteilungsprinzip）という新たな原理が、国際刑事司法の調和のためにヨーロッパ評議会の条約において展開されつつある。

わが刑法は、これらの主義のうち、属地主義を基本とし、属人主義と保護主義および世界主義を補充的に併用する。

§33 国内犯

1 「日本国内」の意義

刑法1条1項は、「この法律は、日本国内において罪を犯したすべての者に適用する」と定める。これは、属地主義によったものである。犯人の国籍のいかんを問わない。同条2項は、「日本国外にある日本船舶又は日本航空機内において罪を犯した者についても、前項と同様とする」と規定する。これは、いわゆる**旗国主義**[6]（Flaggenprinzip）である。日本の船舶や航空機の中で犯罪行為が行われたときは、犯行場所や行為者・被害者の国籍を問わず、日本の刑法が適用される。これは属地主義の延長と考えられている。

「日本国内」とは、日本国の領域内、すなわち領土、領海および領空内の意味である。領海は現在では12カイリとされている。「日本船舶」とは、船舶法1条にいう日本船舶をいう。それによれば、日本船籍を有する船舶ではなく、日本国民の所有する船舶の意味である（最決昭58・10・26刑集37・8・1228）。現在、日本法人が所有する船舶で、パナマやリベリア船籍の船舶が増えている。このようないわゆる便宜置籍船に日本刑法が及ぶかについては、船籍主義をとる外国との関係で問題がないわけではない。「日本航空機」とは、航空法により登録され、日本の国籍を有している航空機をいう。日本国の領土内にある外国の大使・公使館内（大判大7・12・16刑録24・1529）も、また、日本国の領海内にある外国船舶も日本国内である。

---

[6] これについて、伊藤・大國退官95頁以下参照。

2 犯罪地の決定

犯罪地が日本国内である場合の犯罪を**国内犯**という。犯罪地が、日本国内であるためには、犯罪構成事実の一部が日本国内にあれば足りる。すなわち、構成要件の一部をなす行為が日本国内で行われ、または構成要件の一部である結果が日本国内で発生すればよい（混在説・**遍在説**＝Ubiquitätstheorie）。ちなみに、学説としては、遍在説のほかに、行為が日本国内で行われれば足りるとする**行為説**[7]（Tätigkeitstheorie）および結果の発生を基準とするとする**結果説**[8]（Erfolgstheorie）がありうる。判例によれば、日本の領海内で過失行為を行い、公海上の外国船内で結果が発生した場合、国内犯である[9]（大阪高判昭51・11・19刑月8・11＝12・465）。また、賄賂の共謀、約束が国内で行われたが、賄賂の供与は、国外で行われたときは、賄賂の供与を含めた全体が国内犯にあたるとした判例（KDD汚職事件＝東京地判昭56・3・30刑月13・3・282）がある。中間影響地が日本であれば、犯罪地は日本国内であるといってよい。**中間影響地**とは、犯罪の実行から結果発生までの間の通過地において結果発生の危険を増加させるような作用があった場所をいう。例えば、甲が日本国内にいる乙を殺害する目的で、国外から毒物を送ったところ、乙がそれを日本国内で食べて傷害を負った後、日本国外に出て死亡したといった事例においては、日本国内において傷害という影響が発生しているので、日本の刑法が適用される。これに反して、甲がA国から日本を通過する飛行機でB国にいる乙を殺害するため、毒入りの菓子を送って殺害した場合、日本の刑法は適用できない。日本は、中間影響地ではなく、たんなる**通過地**だからである。

判例において、遍在説をとり、犯罪の一部が国内において行われればよいとするものとしたものがある。被告人が、日本国外に設置したサーバコンピュータに記録・保存したわいせつな動画データファイルを、**日本国内の顧客らにダウンロードさせるなどした事案**に関するもの（最決平26・11・25 LEX/DB、第2審＝東京高判平25・2・22判時2194・144）である。本件では、被告人は、顧客1名に対し、あらかじめアメリカ合衆国内に設置されたサーバコンピュータに記録、保存させたわいせつな動画デー

---

[7] 行為説を採る者として、大場〔下〕494頁以下、岡田498頁がある。
[8] 最近の文献において、遍在説を批判し、法益侵害説を唱え、さらに、場所的適用範囲内の場所で自らの犯罪が行われていることの認識（故意）を必要とする者として、辰井・上智法学41巻3号273頁以下、同・上智法学43巻3号65頁以下。
[9] 失火罪の構成要件である過失行為が日本国内で行われた以上、その結果は国外で発生したときでも、刑法の適用があるとした大審院の判例がある（大判明44・6・16刑録17・1202）。

ファイル合計10ファイルなどを、C県内とT都内に設置された顧客ら使用のパソコン宛てに送信させる方法により、それぞれのパソコンに記録、保存させて再生、閲覧可能な状況を設定させた。弁護人は、サーバコンピュータから顧客のパーソナルコンピュータへのデータの転送は、データをダウンロードして受信する顧客の行為によるものであって、被告人らの頒布行為に当たらず、また、被告人らの行為といえる前記配信サイトの開設、運用は日本国外でされているため、被告人らは、刑法1条1項にいう「**日本国内において罪を犯した**」者に当たらないから、被告人にわいせつ電磁的記録等送信頒布罪は成立しないと主張した。

　最高裁は、「被告人らが運営する前記配信サイトには、インターネットを介したダウンロード操作に応じて自動的にデータを送信する機能が備付けられていたのであって、顧客による操作は被告人らが意図していた送信の契機となるものにすぎず、被告人らは、これに応じてサーバコンピュータから顧客のパーソナルコンピュータへデータを送信したというべき」であって、それゆえ、「不特定の者である顧客によるダウンロード操作を契機とするものであっても、その操作に応じて**自動的にデータを送信する機能を備えた配信サイトを利用して送信する方法**によってわいせつな動画等のデータファイルを当該顧客のパーソナルコンピュータ等の記録媒体上に記録、保存させることは、刑法175条1項後段にいうわいせつな電磁的記録の『頒布』に当たる」とした。そして、「前記の事実関係の下では、被告人らが、同項後段の罪を日本国内において犯した者に当たることも、同条2項所定の目的を有していたことも明らかである」という。

3　未遂・危険犯・共犯・予備

　未遂犯の場合、結果が生ずるはずであった場所が犯罪地になるかどうかについては、**積極説**（平野439頁）と**消極説**（団藤88頁、香川34頁）に分かれる。実行の着手があったことを前提として、未遂犯が可罰的になるのは、具体的危険が発生した場合であるから、具体的危険が結果の生ずるはずであった場所で発生したかぎりで、積極説が妥当であると思われる。したがって、甲が、国外から日本国にいる乙を殺そうとして毒入りの菓子を送ったが、乙が食べた後すぐに吐き出して未遂に終わったという場合には、日本の刑法の適用が認められるとしてよいであろう。

　危険犯の場合も、具体的危険犯については、日本国内で危険が発生したのであれば、日本刑法を適用しうる。日本国内からアメリカのプロバイダーを通じてわいせつ画像情報を掲示し、日本国内にいる不特定・多数の者をも含めて、これにアクセスして、画像情報を観覧しうるように、陳列した場合、日本国内からのアクセスがあったことを前提として、わいせつ物陳列罪になりうる。[11]

---

[10] したがって、わいせつな動画等のデータファイルの保管も日本国内における頒布の目的でされたものとはいえないから、わいせつ電磁的記録有償頒布目的保管罪も成立しないという。

共同正犯において、その一人の犯罪地が国内である場合には、他の者の犯罪地も国内となる。狭義の共犯の場合に、共犯が国外で教唆・幇助行為をなし、正犯が国内で実行した場合には、共犯に対しても日本刑法の適用がある。共犯の従属性がその根拠となるのではなく、因果的共犯論によれば、共犯自身の惹起した結果である正犯の実行行為が国内で生じているから、遍在主義により、国内犯と考えられるのである。台湾人が台湾で覚せい罪輸入につき幇助を行った事案につき、日本国外で幇助行為をした者であっても、正犯が日本国内で実行行為をした場合には、国内犯であるとした判例（最決平6・12・9刑集48・8・576）がある（その他、名古屋高判昭63・2・19高刑集41・1・75）。逆に、正犯が国外で実行したが、共犯者が国内で教唆・幇助した場合には、因果的共犯論の立場からは、正犯に国外犯処罰規定がない場合でも、国外犯であることによって正犯の構成要件該当性（違法性）が阻却されるという説に立たないかぎり（☞§38, 1）、共犯を処罰しうることになる（古田・基本講座1巻86頁）。しかし、国内で行われた共犯が処罰されるからといって、正犯は国外犯処罰規定がないかぎり、処罰されるわけではない（反対＝植松正「刑罰法の場所的効力範囲」警研21巻5号60頁）。

　予備罪については、予備行為が国内で行われ、本犯が国外で行われたが、本犯につき国外犯処罰規定がない場合でも、国内で行われた予備行為は、予備罪処罰規定があることを前提として、処罰されうる。通常、正犯行為が行われた場合に予備罪が処罰されないのは、本犯処罰において評価されているからである。

§34　すべての者の国外犯

犯罪地が日本国外である犯罪を**国外犯**という。刑法2条は、「この法律は、日本国外において次に掲げる罪を犯したすべての者に適用する」とし、2号

---

[11] 山形地判平10・3・20法セ523・127（園田寿「山形わいせつ情報海外送信事件」法セ523号127頁参照）。その他、大阪地判平11・3・19判タ1034・283（☞各論§203, 5❻）参照。ちなみに、すべての事象が国内で生じた事案であるが、サーバコンピュータ内にわいせつ画像のホームページを開設した行為がわいせつ図画公然陳列罪にあたるとした判例として、東京地判平8・4・22判タ929・266がある。山中「インターネットとわいせつ罪」高橋和之・松井茂記・鈴木秀美編『インターネットと法』（第4版・2010）110頁以下参照。

[12] なお、共謀共同正犯についても、東京地判昭56・3・30刑月13・3・299。犯罪の謀議が日本船舶内で行われた事案に刑法の適用があるとした判例に、仙台地気仙沼支判平3・7・25判タ789・275がある。

から8号までにそれらの犯罪を列挙する。この規定は、国籍を問わず、あらゆる者の国外犯を処罰する場合を規定したものである。1号には、皇室に対する罪が規定されていたが、昭和22年の刑法改正の際に削除された。何人であるかを問わず、日本国外で、内乱、外患、通貨偽造、公文書偽造、有価証券偽造、公印・公記号偽造などの罪を犯した者には刑法が適用される。ここに列挙された犯罪は、重要な国家的利益・社会的利益を害する犯罪であり、どこで犯されようとも、わが刑法において処罰する趣旨であるから、**保護主義**にもとづく規定であるということができる。

§35　国民の国外犯

刑法3条は、「この法律は、日本国外において次に掲げる罪を犯した日本国民に適用する」とし、1号から16号までそれらの犯罪を列挙する。[13]

これは、**積極的属人主義**にもとづく規定である。行為地において処罰される行為であるかどうかとは無関係に、わが刑法によって処罰される。この点で、国民の国外犯を代理主義にもとづいて、行為地で犯罪とならない場合は不可罰とするというドイツ刑法（7条2項）における主義とは異なる。刑法3条には、もともと2項が設けられ、日本国民に対して、各号に列挙された犯罪を犯した外国人にも、刑法を適用する旨を定め、**消極的属人主義**の規定をもっていたが、昭和22年に削除された。

「日本国民」とは、日本国の国籍を有する者をいう（国籍法2条以下）。二重国籍であってもよい。日本国民である時期については、**行為の時とする説**（通説＝福田・注釈1巻24頁、大塚・注解19頁、大谷514頁）と**裁判手続の時とする説**（古田＝渡部＝田寺・大コン1巻89頁）とがある。

---

[13] 日本国民が、日本国外で、放火、建造物浸害、私文書偽造、私印偽造、強制わいせつ、強姦、（準強制わいせつ、準強姦）、集団強姦、重婚、殺人、傷害、傷害致死、業務上堕胎、不同意堕胎、保護責任者遺棄、逮捕監禁、略取誘拐、名誉毀損、窃盗、強盗、詐欺、背任、恐喝、業務上横領、盗品等の有償譲受けなどの罪を犯したとき、刑法が適用される。

§35の2　国民以外の者の国外犯

　刑法3条の2は、平成15年（法律122号）により追加規定された。戦前、刑法には、3条2項の規定があり、「帝国外に於て帝国臣民に対し前項の罪を犯したる外国人に付き亦同じ」（原文片仮名）と定められていたが、昭和22年（法律124号）に削除された。その理由は、定かではないが、外国における外国人に対する日本刑法の適用は、戦前の**植民地支配の拡張主義的思想**にもとづくものと解されるおそれがあり、国際協調主義を唱える憲法の精神と調和しないと考えられたものと思われる。平成15年の改正では、国民が日本国外においてとくに身体に対する重大な犯罪の被害を受けた場合に刑法の適用を認めようとするものであって、**国際協調主義**に抵触するわけではない。3条の2は、「この法律は、日本国外において日本国民に対して次に掲げる罪を犯した日本国民以外の者に適用する」と規定し、①強制わいせつ、強姦、準強制わいせつおよび準強姦、集団強姦等、それらの未遂罪、強制わいせつ等致死傷罪、②殺人、その未遂、③傷害、傷害致死、④逮捕・監禁、逮捕等致死傷、⑤224条から228条までの罪（略取誘拐の罪）、⑥強盗、事後強盗、昏酔強盗、強盗致死傷、強盗強姦・同致死、それらの未遂が掲げられている。

　この規定は、**消極的属人主義**にもとづくものである。これによって、この規定が置かれるに至る一つの契機となった外国人が、公海を航行中の外国船内で日本人を殺害した場合などに日本刑法の適用が可能となった。

§36　公務員の国外犯

　刑法4条は、「この法律は、日本国外において次に掲げる罪を犯した日本国の公務員に適用する」と定める。日本国の**公務の公正性・廉潔性**を保護するものである。**属人主義**を表したものとする見解（木村120頁、植松91頁、佐伯99頁、西原45頁）、**保護主義**にもとづくものとする見解（小野76頁、団藤888頁、大塚80頁、福田49頁）、**両者**にもとづくものとする見解（平野438頁、大谷515頁、内田66頁、川端76頁）がある。日本国民でない公務員もいるのであるか

ら、日本国の公務を保護したものであって、保護主義に立つ規定であるというべきであろう。公務員が、日本国外で、看守者等による逃走援助、虚偽公文書作成、公務員職権濫用、特別公務員暴行陵虐、賄賂、特別公務員職権濫用等致死傷などの罪を犯したとき、刑法の適用がある。「公務員」の定義は、刑法7条による。4条は上記の犯罪の正犯類型を掲げているのでそもそも共犯にも適用があるかは問題であるが、少くとも公務員以外の者が共犯者として加功した場合、非公務員たる共犯に対しては、本条には正犯の処分のみが規定されているので、刑法を適用することはできないと解すべきであろう。

§37 条約による国外犯

刑法4条の2は、「前2条から前条までに規定するもののほか、この法律は、日本国外において、第2編の罪であって条約により日本国外において犯したときであっても罰すべきものとされているものを犯したすべての者に適用する」と規定する。**世界主義**の考え方を背景にもつ規定であり、昭和62年に刑法の一部改正（法律52号）によって追加された。

この追加の契機となったのは、「国際的に保護される者（外交官を含む。）に対する犯罪の防止及び処罰に関する条約」（昭和62年条約3号）および「人質をとる行為に関する国際条約」（昭和62年条約4号）を締結するにあたって、国外犯を処罰する必要が生じたことであった。

その趣旨は、条約によって国外犯の処罰が義務づけられた犯罪のうち、2条ないし4条では処罰しえないものについて、包括的に刑法の適用を認めようとしたものである。これによって、例えば、国家元首や外交官等に対して、日本国外で暴行、傷害、殺人、脅迫などがなされた場合に、条約に掲げられた国外犯処罰の範囲にあたる場合には、わが刑法が適用されるのである。被害者が外交官であるときは、本条により国外犯を処罰しうることになる。その他、「人質をとる行為に関する国際条約」による「人質行為」（1条）のほか、その後加えられた「核物質の防護に関する条約」（昭和63年条約6号）による「核物質の不当受領・使用・移転・強窃盗・横領・詐欺等」（7条）についても、本条が適用される。

刑法に、処罰すべき国外犯の範囲を個別に掲げずに、条約に委ねたのは、上の例が示すように、軽微で多様な犯罪行為を列挙することの技術的煩雑さを回避し、また、将来の条約締結上の便宜をも顧慮したものである。しかし、罪刑法定主義との関係では、一種の白地刑法となるのではないかという問題があるが、それぞれの条約によって、犯罪となるべき行為については明確に規定されているので、実質的に罪刑法定主義の趣旨に反するものではないであろう。

§38　国外犯規定の理論的・実際的意味

1　国外犯処罰の理論的根拠

　国外犯が刑法に規定のないかぎり、処罰されないのは、実体法上、犯罪の成立要件ないし処罰条件が欠けるからであろうか。それとも手続法上、裁判権を欠くからであろうか。これについては、実体法説の中に、構成要件説、処罰条件説があり、手続法説として、訴訟条件説がある（名和・基本講座1巻72頁参照）。①**構成要件説**（香川30頁）は、行為地が、国内であるか国外であるかは、構成要件の要素であり、国外犯処罰規定がない犯罪類型については、国外で犯された場合、構成要件要素を欠くものとする。行為地が国内であることは、客観的構成要件要素であるから、故意の対象となる。この説によると、行為時に犯罪を構成する要素であるから、例えば、日本国籍は、裁判時ではなく、行為時に存在しなければならない（行為時説）ということになる。②**処罰条件説**（有力説）[14]は、政策的に処罰範囲を定めたものと解するが、これによれば、犯罪は成立するが、国外犯処罰規定は客観的処罰条件であるとする。③**訴訟条件説**によれば、国外犯処罰規定は、実体法的意味をもつものではなく、手続法の問題であるとする。この説からは、裁判時説がとられる。手続法説によれば、国外犯処罰規定は、管轄ないし裁判権の問題である。裁判権がない場合には、公訴を棄却すべきである。このほかに、④国外犯処罰規定を、刑法の適用に関して準拠法を定める法律であると解する見解（**準拠法説**）がある（森下・刑法講座1巻73頁、平野435頁、古田＝渡辺＝田寺・

---

[14] 大谷511頁以下、西田435頁以下では、その体系的位置づけから、この見解を採るものと思われる。

大コン1巻66頁)。準拠法説とは、場所的適用範囲の規定は、ある犯罪が行われた場合に、いずれの国の法律に従ってこれを処理するかという要件を定めたものと解するものである(古田・基本講座1巻82頁)。

　この問題は、実体法からも説明されるべき重要な問題である。基本的に**構成要件説が妥当**であると思われる。処罰条件説は、19世紀の**国家主義的規範観の遺物**である。[15] それによれば、国家主権が強調され、国家の実定法のみが刑法規範の妥当範囲を決定するものであり、国家主権が原則的に無制限の処罰権限をもつものとされた。[16] 処罰条件説は、このような立場から唱えられる見解である。なぜなら、一つの国の刑法は、外国においてもその規範の妥当性を要求しうるという立場だからである。しかし、例えば、日本刑法における犯罪とは、**行為と特定の規範システムとの相関関係**において成立するものである。したがって、アメリカ人Aがアメリカでアメリカ人Bを殺害した場合には日本刑法の規範は及ばない。問題は、この事例にAを日本から手紙を送って教唆した日本人Xを付け加えて事例を修正したとき、このXを殺人教唆罪として日本刑法で処罰できるかどうかである。このXが共同正犯の場合には、遍在説により処罰される。Xが日本国内で行為しているかぎり、日本刑法が適用されうるからである。しかし、教唆の場合、**共犯の従属性**(実行従属性)によって、正犯の行為が(構成要件に該当し)違法でなければ処罰されない。共犯の処罰根拠を共犯行為自体の具体的危険に求めないかぎり、因果的共犯論からはこの教唆者は処罰されないというべきであろう。

2　裁判権との区別

　刑法の場所的適用範囲の問題と裁判権の問題は区別されなければならない(大塚81頁参照)。裁判権は、原則として、国家の統治権の及ぶ領域内にかぎって認められる。国外にいる犯人に対しては、裁判権は及ばない。したがって、国外犯に対して、裁判権を行使するには、その所在国から犯罪人の引渡を受けて、国内において裁判する必要がある。ここに、**国際司法共助**の必要性が生じる。

3　国際司法共助

　国際司法共助は、被疑者や証拠が外国に存在することによって十分な捜査・裁

---

[15] *Oehler*, Theorie des Strafanwendungrechts, Akutuelle Probleme des Internationalen Strafrechts (Festschrift für Heinrich Grützner), 1970, S. 110.
[16] *Binding*, Handbuch des Strafrechts, 1885, S. 372.

判ができない場合に、国際的に協力しあうことをいう[17]。国際（刑事）司法共助には四つの形態があるとされている（森下・国際刑法入門92頁）。①犯罪人引渡し、②狭義の刑事司法共助、③外国刑事判決の執行、④刑事訴追の移管である。

わが国においては、国際司法共助を定めた法律として、**逃亡犯罪人引渡法**（昭和28年法律68号）がある。わが国で国際司法共助の重要性が認識され始めた契機は、昭和51年（1976年）の**ロッキード事件**である。この事件において、アメリカにおいてロッキード社元副社長等に対する嘱託尋問が実施され、この嘱託尋問調書を有力な証拠として田中角栄元首相が起訴された。昭和55年（1980年）には、捜査上の共助を目的とする**国際捜査共助法**が制定された。

4　国際司法共助の一般原則

国際司法共助の一般原則としては、①政治犯については共助を行わない、②人種的・宗教的理由による犯罪については共助を制限する、③租税犯罪や軍事犯罪についても共助を制限するといった原則がある。この点、逃亡犯罪人引渡法においても、自国民、政治犯人不引渡について規定されている（同法2条）。また、共助の当事国間において双方で処罰される行為でなければ共助を行わないという**双罰性**の原則が採られる。また、それぞれの国が自国で応ずることのできない共助は他国に対して要請しないという**相互主義**の原則がある。ちなみに、わが国は、アメリカ合衆国および韓国を相手国として、引渡条約を締結している。そのほかの諸国とは条約を締結しているわけではないが、条約にもとづかない場合には、条約に準じて国際礼譲により、引き渡されることがある。

アメリカ合衆国との間の犯人引渡条約（以下「条約」という）ならびに逃亡犯人引渡法（以下「法」という）の要件としての「**犯罪の嫌疑**」の存在いかんが問題とされた事件がある。

いわゆる**遺伝子スパイ事件**につき、**東京高裁**は、アメリカ合衆国から逃亡犯人の引渡審査請求において、請求国の法令にもとづく**引渡犯罪の嫌疑**が認められなければならないとして、引き渡すことができないと決定した（東京高決平16・3・29判時1854・35）。本件は、日本国とアメリカ合衆国との間の犯罪人引渡しに関する条約2条1項にもとづき、米国からわが国に対して引渡しの請求がされたものであるが、当該条約3条は、「引渡しは、引渡しを求められている者が被請求国の法令上引渡しの請求に係る犯罪を行ったと疑うに足りる相当な理由があること又はその者が請求国の裁判所により有罪の判決を受けた者であることを証明する十分な証拠がある場合に限り、行われる」と規定しており、法2条6号は、「引渡犯罪について請求国の有罪の裁判がある場合を除き、逃亡犯罪人がその引渡犯罪に係る行為を行ったことを疑うに足りる相当な理由がないとき」を引渡拒絶事由の一つとする旨規定している。ところで、請求国の側に一定の罪責立証を

---

[17] 司法共助について、古田・現代刑罰法大系（1）371頁以下参照。

要求する制度を採る以上、「その趣旨は、人権保障の見地から、引き渡される者が請求国の裁判で有罪とされる見込みがあるかどうかを被請求国において審査することにあると解するのが自然である」。東京高裁は、結論的には「本件は、条約3条の逃亡犯罪人が引渡しの請求に係る犯罪を行ったと疑うに足りる相当な理由があることを証明する十分な証拠がある場合に該当しないから、その余の点について判断するまでもなく、法10条1項2号により、逃亡犯罪人を引き渡すことができない場合に該当する旨の決定をする」とした。

§39　外国判決の効力

　刑法の場所的適用範囲については、各国がそれぞれの立法主義を採用しているから、同一の犯罪行為が、2国以上の刑法の適用を受けることがありうる。そこで、例えば、外国ですでに判決を受けた行為[18]について、わが国の刑法の適用が問題になる事態が生じうる。例えば、日本国民[19]が、アメリカ合衆国で殺人を犯し、有罪判決を受けた後、日本に帰国した場合、国民の国外犯（3条6号）として、日本刑法の適用もありうる。この点、刑法は、「外国において確定判決を受けた者であっても、同一の行為について更に処罰することを妨げない」（5条本文）と定める。これは、憲法に定める**一事不再理の原則**（憲法39条）に抵触するかが問題となりうるが、外国判決については、裁判権が異なるから、これに反しない[20]。「ただし[21]、犯人が既に外国において言い渡された刑の全部又は一部の執行を受けたときは、刑の執行を減軽し、又は免除する」（5条但書）とする。ここでは、刑そのものの減免ではなく、言い渡された**刑の執行の減免**を意味する。これは、実質上、二重に、刑の執行を受けることがないようにし、外国で判決を受けた事実を必要的に考慮するこ

---

[18] 判例には、占領軍軍事裁判所の裁判は、本条の外国の裁判にあたるとしたものがある（大判昭22・4・17判例体系30・45）。

[19] ヨーロッパでは、外国で言い渡された刑事判決に内国刑事判決と同様な効力を認める条約が締結されている。1970年5月28日の「刑事判決の国際的効力に関するヨーロッパ条約」がそうである（森下・国際刑法入門81頁参照）。

[20] これについては、橋本・基本講座1巻90頁以下、愛知「外国判決と一事不再理（1）–（3）」名古屋大学法政論集83号139頁・84号425頁以下・85号147頁以、森下「国際刑事法における一事不再理の原則」広島法学1巻1号3頁以下。

[21] 占領軍軍事裁判所の裁判権の裁判を経た事実について重ねてわが裁判所で処罰した事案につき、憲法39条に反するものではないとした判例がある（最判昭28・7・22刑集7・7・1621）。それ

とにしたものである。これを**考慮主義**ないし**算入主義**（Anrechnungsprinzip）という。昭和22年の改正までは、刑の減免は裁量的であったが、改正により**必要的算入主義**をとったのである。

なお、刑の執行の減免は、裁判所が、判決主文において刑の言渡しと同時に行うべきものである（最判昭29・12・23刑集8・13・2288）。

第3節　時間的適用範囲

§40　刑罰法規不遡及の原則

> 【文献】柏木千秋「時際刑法」刑法講座1巻47頁、定塚道雄「限時法」刑事法講座1巻55頁、曽根威彦「尊属加重規定の削除と刑法の適用」研修580号3頁、名和鐵郎「限時法」基本講座1巻110頁、前田雅英「時際刑法」基本講座1巻99頁

刑法の時間的適用範囲は、刑法の**時間的効力**（zeitliche Geltung）とも、また、**時際刑法**（intertemporales Strafrecht）ともいわれる。罪刑法定主義の派生原理の一つに、「刑罰法規不遡及の原則」があり、憲法においても、39条に「遡及処罰の禁止」（Rückwirkungsverbot）条項が置かれている。このように、刑法は、原則として遡及効をもたないというのが、時間的適用範囲の問題の基本原則である。これは、**事後法の禁止**とも呼ばれる。刑法は、行為規範の側面をもち、原則として犯罪行為当時に行為者によって侵害された規範が適用されるべきであり（**犯罪時法主義**）、これによって国民の行動の自由が保障されるからである。

によれば、「同一事実についての前の裁判と後の裁判とが、共にわが国の裁判権にもとづくものである場合にはじめて、憲法39条の定める二重問責の禁止にふれるものといわなければならない」。

§41 犯罪後の法律による刑の変更

1 刑法6条の意義

憲法39条は、「何人も、実行の時に適法であつた行為」について刑事上の責任を問われないとする。これは、実行のときにすでに犯罪とされ違法とされていた行為について、法律によって法定刑を変更して加重処罰するような場合を含んではいないものと読める。この点、刑法は、「犯罪後の法律によって刑の変更があったときは、その軽いものによる」（6条）と定めて、このような場合について規定している。これは、刑の変更により法定刑が軽くなったときには、軽い方の法律を適用するというのであるから、**刑罰法規不遡及の原則の例外** である。すなわち、裁判時における刑が犯罪時法（旧法）における刑よりも軽く変更された場合、裁判時法（新法）の遡及が認められるのである。[1] これは、刑罰法規不遡及の原則に反するものではなく、その原則によって達成されるべき行為者保護の目的が実質的に押し進められたものである。

「その軽いもの」とは、刑の上限のみならず、**下限をも意味する**。したがって、例えば、傷害致死罪（205条）については、平成16年改正法により、有期刑の上限が（15年から20年に）引上げられた（12条）のみならず、法定刑の下限も懲役2年から懲役3年に引き上げられているので、**刑の長期のみならず刑の短期**についても軽い行為時法を適用すべきものである（東京高判平22・1・21判タ1338・282）。

2 「犯罪後」の意義

犯罪後とは、**実行行為の終了後**、すなわち、構成要件該当行為が行われた後の意味である[2]（通説）。結果犯についても結果発生のときではなく、**行為の時を標準**とするという趣旨である。

他方、**法律の施行の時点**についても決定されなければ、「犯罪後」かどうかを判断できない。**法律の施行時点**は、通常、その附則において「この法律は、何年何月何日からこれを施行する」という規定があり、その時点が施行時点である。このような規定がない場合には、法の適用に関する通則法2条による。それによれば、「法律は公布の日から起算して20日を経過した日から施

---

[1] 判例は、新旧法を比較し、刑が等しいときは、犯罪時法によるべきであるとする（大判昭9・1・31刑集13・28）。
[2] 処罰条件が新法施行後に備わったとしても、犯罪行為が旧法時に終了しているときは、旧法時の犯罪であり「犯罪後」に法律の変更があったものとされる（大判大15・11・4刑集5・535）。

第3節　時間的適用範囲　§41　犯罪後の法律による刑の変更◇　111

行する」と規定されている。**公布**とは、法律の内容を一般国民に知らしめるための表示行為をいう。したがって、公布の時点は、一般国民の知りうべき状態に置かれたときである。実際には、法令の公布は、官報によって行われるから、当該法令が掲載された官報が、一般の希望者が閲覧または購入しようとすれば、それができた最初の時点である（最大判昭33・10・15刑集12・14・3313）。

　実行行為が、**新法と旧法にまたがるとき**は、新法は、「犯罪後」の法律ではないから本条の適用はない。したがって、単純一罪については、単純に、実行行為の終了時の法律（新法）を適用すれば足りる（大判明43・5・17刑録16・877、最決昭27・9・25刑集6・8・1093〔継続犯〕、大判明43・11・24刑録16・2118〔包括的一罪〕）。科刑上一罪について、判例は、単純一罪と同様に、単純に新法を適用すべきだとする（大判明44・6・23刑録17・1311〔牽連犯〕）。しかし、学説では、その各罪を分離し、その旧法時に行われたものについては、新旧両法のうち軽いものを適用し、その新法時に行われたものについては、単純に新法を適用し、その後、54条によって処断されるものとするのが通説である（団藤77頁、福田41頁、大塚71頁、大谷506頁、川端70頁）。

　共犯において「犯罪の時」とは、正犯の実行のときを標準にすべきか、共犯行為のときを標準にすべきか。例えば、教唆・幇助行為は、旧法時に終了したが、正犯行為が新法時に行われた場合、教唆・幇助行為につき、教唆・幇助行為そのものを標準にして、刑法6条にいう「犯罪後」にあたるのかどうかが問題である。大審院の判例は、幇助行為に対して刑法6条の適用があるかどうかの判断は、正犯行為を標準とすべきであるとしていた（大判明44・6・23刑録17・1252）が、戦後の高裁の判例では、共犯行為を標準とする（東京高判昭28・6・26高刑集6・10・1274〔教唆犯〕、大阪高判昭43・3・12高刑集21・2・126〔従犯〕）。共犯については、共犯行為のときを標準にして、「犯罪後」かどうかを決定すべきである。反対説は、共犯の従属性に過度に拘泥しすぎたものである。

3　「法律」の意義

　「法律」とは、刑法にかぎらず、ひろく他の刑罰法規を含む（8条）。法律のほか、政令その他の命令をも包含する（最判昭24・9・1判例体系30・59）。犯罪時法と裁判時法の間に、**中間時法**（Zwischengesetz）が介在する場合には、それぞれのうちもっとも軽いものを適用すべきである。

4　「刑の変更」と諸々の法律効果

　刑の変更に含まれるのは、**主刑の変更**のみ（大判明42・1・21刑録15・10、大判大2・1・31刑録19・151、小野68頁、佐伯105頁、福田42頁、香川50頁）か、付加刑の変更も入る（牧野〔上〕238頁、植松88頁、大塚71頁、大谷507頁、川端71頁）のかについては学説が分かれている。付加刑を科せられることも被告人

に不利益であるから、刑の変更には付加刑だけが変更された場合をも含むと解すべきである。もっとも、刑の軽重の判断は、第1次的に主刑を標準とする。

労役場留置の期間の変更は、刑の変更にあたる（大判昭16・7・17刑集20・425）。**刑の執行猶予の条件の変更**については、判例は、刑の執行のしかたの変更であって、「特定の犯罪を処罰する刑の種類又は量を変更するものではないから、刑法6条の刑の変更には当らない」（最判昭23・6・22刑集2・7・694、最大判昭23・11・10刑集2・12・1660の1）とするが[3]、執行猶予は、猶予期間が経過した場合、刑の言渡そのものの効力が失われるのであるから、一種の刑事処分ともみることができ、その変更は「刑の変更」にあたるというべきである（牧野〔上〕239頁、木村111頁、団藤77頁、福田42頁、大塚72頁）。

保安処分については、刑法6条では、文言上、「刑の変更」としており、「刑」と「保安処分」は明らかに異なる。理論的には、新派の立場からは、新法がより進化した処分であり、そもそも保安処分は行為者にとって利益となるものであるから、新法が適用されるべきだということになる。しかし、保安処分も刑罰と同じく人の自由を剥奪する性質をもつものであることは否定できない。立法論としては、その要件および収容期間については、もっとも有利なものを適用することが必要である（改正刑法草案2条4項参照）。

5 「刑の変更」と犯罪成立要件

(1) 学説の対立

刑の変更には、犯罪成立要件の変更をも含むかどうかについても学説が分かれる。第1説は、刑の変更にかぎり、刑の前提条件である構成要件の内容の変更を含まないとする（木村110頁）。第2説は、少なくとも、刑罰法規そのものにおける構成要件の変更は「刑の変更」にあたるとする説（通説）である。第2説が正当である。犯罪成立要件が変更された場合、その法律効果たる刑に直接的に影響を及ぼすからである。

(2) 非刑罰法規の変更

刑罰法規以外の法規の変更によって犯罪成立要件に変更が生じた場合、これを「刑の変更」にあたるとすることができるかについては、学説が分かれている。例を挙げよう。民法の旧728条では、継親子の間にも、実親子と同じく親族関係が認められていたが、その当時、継子が継母を殺害した。ここ

---

[3] 大法廷の判決には、真野毅裁判官の反対意見、斎藤悠輔裁判官の補足意見がある。

では、「継母」は、当時の「尊属殺」(200条)における「直系尊属」にあたるので、この当時の法律によれば、尊属殺となる。しかし、犯罪後、民法が改正され、「継母」は、直系尊属の身分を失った。この事案につき、判例は、その犯罪成立当時における民事法規等によって判定すべきものとして、「刑の変更」があったとはいえないと判示した（最判昭27・12・25刑集6・12・1442）。学説においても、判例と同じく非刑罰法規の変更は刑の変更にあたらないとする説も有力である（木村117頁、団藤81頁、荘子34頁、大塚72頁）が、非刑罰法規の変更によって犯罪の成立範囲が異なり、可罰性の範囲に直接影響するのであるから、刑の変更にあたるというべきである（植松89頁、平野72頁、藤木57頁、内田75頁、大谷508頁）。

(3) 正当化事由の範囲の変更

正当化事由の範囲に変更があった場合にも、刑の変更にあたると解すべきである。例えば、母体保護法14条1項の1号・2号の適応事由に変更があり、堕胎罪の成立範囲に変更が生じたとき、刑の変更があったということができる。

(4) 改正後の法定刑が同一であったとき

犯罪後に、法律が改正されたが、刑がまったく同一であった場合には、新法を適用すべきだとする説（小野66頁、佐伯104頁、植松86頁、藤木56頁、香川45頁、中山97頁）と、旧法を適用すべきだとする説（団藤77頁、福田42頁、大塚73頁、西原41頁、川端71頁、大判明41・12・17刑録14・1111、前掲大判昭9・1・31）とに分かれている。刑罰法規不遡及の原則に従うと、後説が妥当である。

(5) 刑事訴訟法等に及ぶか

刑罰法規不遡及の原則は、刑法にかぎって認められ、**刑事訴訟法**や**行刑法**の領域にまで及ばないとされる。しかし、刑の時効、公訴の時効、親告罪としての性格の変更などは、刑の変更自体ではない（前田・基本講座1巻101頁）が、被告人の利益を考慮して、軽いものによるべきであるとされる（大塚69頁以下）。

(6) 刑の廃止か刑の変更か

「犯罪後の法令により刑が廃止されたとき」、刑法6条の**刑の変更**にあたるのではなく、刑事訴訟法337条2号の**免訴**の言渡をすべき場合にあたる。この点で、1995年の刑法の一部改正により削除された**尊属加重規定**（200条・205条2項・218条2項・220条2項）につき、犯罪後にこの改正があったとき、それが「刑の変更」にあたるのか「刑の廃止」にあたるのかという問題がある。改正法附則第2条は、「この法律の施行前にした行為の処罰……につい

ては、なお従前の例による」とし経過規定を置きながら、但書で、上述の尊属加重規定については、「この限りでない」とする。この場合には、①刑の廃止があったが、免訴とすべきでなく、旧法にも尊属加重のない普通の傷害致死罪や遺棄罪があったのであるから、尊属加重規定の適用がなければ当然、これらの規定が適用されていたはずであり、旧法を適用すべしとする見解と、②刑の変更があったので、軽い新法の規定が適用されるべきであるとする見解とがある。前者の見解に立つものとして、尊属に対する傷害致死事件につき、旧法でも、普通の傷害致死罪などにあたっていたのであるから、旧法を適用すべしとする判例（東京高判平7・7・18判タ894・277）があり、後者の見解に立つものとして、尊属逮捕監禁罪につき、新法（逮捕監禁罪）の適用を認めた判例（名古屋高判平8・1・31判タ908・262）および尊属傷害致死の事案につき新法における傷害致死罪を適用した判例（浦和地判平7・6・5判時1546・145）がある。尊属加重規定の適用がなくなったのは新法以降であるから、新法における規定を適用すべきであるとする後説が妥当であろう（岩村修二・平成7年度重判解149頁、曽根・研修580号7頁）。

(7) 刑の変更を理由とする控訴申立

刑事訴訟法は、「判決があつた後に刑の廃止若しくは大赦があつたこと」（同法383条2号）を理由にして控訴を申し立てた場合、裁判所は、「判決で原判決を破棄しなければならない」と規定する（同法397条1項）。これに関して、最高裁は、第1審判決の後、平成18年の刑法及び刑事訴訟法の改正により、窃盗罪の法定刑が「10年以下の懲役」から「10年以下の懲役又は50万円以下の罰金」に変更された場合、この改正の趣旨にかんがみると、「当該窃盗罪の犯情、第1審判決が併せて認定した刑の変更のない他の犯情の有無及びその内容等に照らし、上記法改正との関係からは第1審判決の量刑を再検討する余地のないことが明らかである場合には、刑事訴訟法397条1項により破棄すべき『刑の変更』には当らず、第1審判決を破棄する必要はない」（最決平18・10・10刑集60・8・523）とした。刑法6条にいう「刑の変更」とは異なり、刑訴法397条1項では、すべての刑の変更をいうのではなく、「破棄すべき刑の変更」をいう。罰金刑が選択される余地がない場合には、破棄すべき刑の変更ではないのである。

§42　限時法および白地刑罰法規と補充規範の改廃

1　限時法の意義

限時法（Zeitgesetz）とは、一定の適用期間をかぎって制定された法律をいう。有効期間は、当初から定められているものであると、事後的に定められたものであるとを問わない。これを狭義の限時法ないし**形式的限時法**ともいう。このほかに、法律内容が一時的事情に応ずる法律を含めて限時法とする説があり、これを広義の限時法ないし**実質的限時法**と称する見解（団藤80頁、古田＝渡辺＝田寺・大コン1巻110頁）があるが、これを限時法の概念に含めるのは不当である（福田44頁、板倉57頁）。狭義の限時法には、かつて重要産業統制法（昭和6年法律40号）、物価統制令（昭和21年勅令118号）などがあった。

限時法は、一定期間を経過すると失効することが定められた法規であるから、その有効期間の終了時が近づいた時点で行われた違反行為は、裁判のときにはすでにその法規が廃止されていて、処罰できなくなることがある。「犯罪後の法令により刑が廃止されたとき」にあたり、免訴が言い渡されることになるからである。このように、有効期間の終了時が近づくと、事実上、その法規の実効性を喪失してしまうだけではなく、裁判の進行速度によって不公平が生じるという弊害もある。

2　限時法における追及効

そこで、この問題を解決するために、**三つの方法**がありうる。

（1）　個別立法による解決方法

第1は、その法律の付則に、経過措置を設け、その失効後にも処罰しうるとする規定を置く方法である。この規定の方法には二つの方法がある。まず、「なお従前の例による」とするものであり、次に、「旧法の規定は、なお効力を有する」とするものである。前者では、旧法自体は法律としての効力がなくなるが、後者では、旧法がなお法律としての効力を有する点に違いがある。

（2）　一般的立法による解決方法

第2は、刑法の中に一般的な追及効規定を設ける方法である。ドイツ刑法では、「一定の期限をかぎって効力を有すべき法律は、それが失効した場合にも、その有効期間中に実行された行為に適用される。ただし法律が、別段の定めをなすときはこのかぎりではない」（ドイツ刑法2条4項）と規定されている。

（3）　解釈論による解決方法

第3は、このような立法による解決がなされていない場合に、解釈上、限時法につ

いて有効期限経過後もその処罰を可能とする方法である。このように、限時法の有効期間経過後にもそれを適用できる効果のことを**限時法の追及効**（Nachwirkung des Zeitgesetzes）という。上記第1説、第2説のように、別段の追及効を認める明文の規定がないにもかかわらず、この追及効を解釈によって認める理論を**限時法の理論**という。

限時法の理論を認める見解には、①限時法の性格からみて法令の実効性を確保するためには有効期間中の違反行為は、廃止後もつねに処罰しうるものとしなければならないとする見解（小野70頁、江家76頁）と、②法令の廃止された理由によって区別し、法律的見解が変更された場合には追及効を認めることができないが、事実関係の変化による場合には追及効を認めるとする**動機説**（牧野〔上〕243頁、植松84頁以下、団藤80頁、藤木59頁）がある。

しかし、限時法の理論を認めることはできない。有効期間経過後もとくに処罰するという明文の規定がないにもかかわらず、刑法6条の例外として処罰を認めることは、政策的見地から解釈を不当に歪めるものである（福田45頁）。しかも、上記第1説のように、特別規定を置くことによって、実質上追及効を認めることが容易にできるのであるから、解釈上、救済する必要はない。また、動機説に対しては、法令の改廃にはなんらかの意味における法律的見解の変更をともなうのが一般であるともいわれている（大塚75頁以下参照）。

3 白地刑罰法規と刑の廃止

法律の中には犯罪構成要件の細目を政令、規則、告示などの法律以外の下位規範に委ねている場合がある。このように、構成要件の具体的内容の全部または一部を下位規範に委ねる刑罰法規を、**白地刑罰法規**（空白刑法＝Blankettstrafgesetz）という。刑法自体の中でも、中立命令違反罪（94条）は、「局外中立に関する命令」に違反した場合に、処罰を定めた規定であるが、この「命令」の内容がいかなるものかについては、刑法の中では何も述べられていない。命令に委ねられているのである。このような立法技術が用いられる理由は、主に、処罰されるべき行為の範囲や程度が、①他の法分野における評価との関係で総合的に定められた方がよい場合があること、②社会の情勢により変動する可能性があり、その都度、法律を改正することが適切でないと考えられる場合があることである。したがって、この法技術は、とくに社会の変化に対応すべき行政刑法の分野において多用される。

そこで、下位規範たる命令や規則が改廃された場合に、白地刑罰法規の構成要件の具体的内容に変更が生じ、行為時には、規制対象に含まれていたも

第3節　時間的適用範囲　§42　限時法および白地刑罰法規と補充規範の改廃◇　117

のが、裁判時に含まれなくなった場合、「刑の廃止」ないし「刑の変更」があったものといえるのかどうかが問題である。次のような学説がある。

(1)　全面処罰説

補充規範の変更は、「刑の廃止」にあたらないとする。この説は、そもそも「構成要件」の変更・廃止は、「刑の変更」や「刑の廃止」にあたらないと解するものである（木村117頁）。

(2)　中間説

(a)　動機説　　**法的見解の変更**か**事実関係の変化**にすぎないかによって二分し、法的見解の変更の場合は「刑の廃止」であるが、事実関係の変化にすぎない場合には、これにはあたらないとする（団藤81頁、平野73頁、福田45頁）。一例を挙げると、この説は、次のようにいう。「法規の変更が構成要件そのものの変更ではなく、構成要件にあたる事実の変更にすぎないばあいには、『刑の廃止』の問題とは関係がない」。例えば、「価格統制に関する法規において、統制価格が告示にゆだねられているばあいの告示の改廃のように、**白地刑罰法規**において、その白地部分を補充する命令・告示の改廃が構成要件にあたる事実の面における変更にすぎないときは、『刑の廃止』にはあたらない」（福田45頁）のである。しかし、法的見解か事実関係の変化かを区別することは困難である。

(b)　構成要件の重要部分説　　学説の中には、罪刑法定主義の見地から、刑罰の対象になる行為の重要部分、すなわち「構成要件の重要部分」が変更されれば、国民からみると、その刑罰法規は新たなものと置き換えられたのであり、刑法6条の「刑の変更」ないし刑事訴訟法337条2号の「刑の廃止」にあたるとする（前田・基本講座1巻107頁、同62頁参照）。

(3)　全面免訴説

行為時に可罰的であったものが、裁判時に不可罰となれば、刑の廃止にあたると解する（香川57頁、西原39頁、中31頁、中山100頁、内田73頁、大谷508頁、野村60頁）。罪刑法定主義を尊重する立場からは、本説が妥当である。

(4)　主要判例の変遷

判例においては、広義の限時法と白地刑罰法規の補充規範の改廃の問題は、実際上はいずれの問題としても取り扱われうるものといえる。大審院の判例では、まず、**昭和13年の「臨時馬の移動制限に関する法律」違反事件**において、行為時には、馬の移動を禁止された区域の除外地域にあたらなかったのが、犯罪後、補充規範たる「臨時馬の移動制限に関する法律施行規則」（昭和12年農林・陸軍省令1号）（6条）が、昭

和13年の農林・陸軍省令1号により改正され、裁判時には、禁止の除外地域にあたることになったという事案につき、「犯罪の構成要件を具備せず」「刑の廃止ありたるもの」であって、免訴の言渡をなすべきものとした（大判昭13・10・29刑集17・853）。この判決では、構成要件に変更があり処罰対象からはずされた場合、刑の廃止があったものとした。学説の中には、これを広義の限時法であり、追及効を認め、裁判時法を適用すべきであるとして、免訴判決に反対する者があった（牧野「限時法と臨時法」警研10巻11号1頁以下、美濃部達吉「行政刑法に關する二、三の問題」国家学会雑誌53巻11号10頁以下、草野豹一郎『刑事判例研究5巻』〔1940〕13頁以下）。

次に、戦後の**物価統制令違反に関する事件**がある。統制額を超える額でリンゴの売り渡しを行い、物価統制令3条に違反した後、補充規範たる価格指定の「告示」が廃止されたという事案について、限時法理論によって処罰した判決（最大判昭25・10・11刑集4・10・1972）がある。判決によれば、告示の廃止は、「統制額の指定の廃止であって、直接に刑罰法規の廃止ではない」。物価統制令は、「限時法的性格」をもつ。「告示」の廃止は、「これを罪とせず、若しくは処罰せずとの法的確信にもとずいて、『刑の廃止』が行われるのではない」。「その違反行為の可罰性に関する価値判断は告示廃止の後においても依然として異なるところはない」とする。

さらに、外国とみなされていた地域との間でなされた密輸出入の罪について、その地域が外国とみなされなくなったとき、刑が廃止されたものと解すべきであるとした**(旧) 関税法違反事件判決**（最大判昭32・10・9刑集11・10・2497）において、免訴説に転じた。被告人は、奄美大島へ貨物を密輸出入しようとしたが、奄美大島は、旧関税法（104条）により、委任された「政令」において外国とされていた。犯罪後、政令が改正され、奄美大島は外国ではなくなった。判決は、改正以降は、行為は「何ら犯罪を構成しないものとなったのであって、これによって右行為の可罰性は失われたもの」とし、「刑が廃止されたとき」に該当するとして、免訴を言い渡したのである。これには、6名の裁判官の反対意見がある。

そして、昭和37年になって、**新潟県道路交通取締規則**が、新潟県公安委員会規則2号により改正されたことにより、原動機付自転車の二人乗り禁止が除かれたため違反行為が、犯罪後、禁止の対象ではなくなったという事案につき、最高裁は、ふたたび処罰説に転じた。ここでは、「規則」の性格は、「その時々の実状に応じ、或いは制限を強化し、或いはこれを緩和し、必要かつ適切な道路交通の制限を実施する」ためのものであり、これに改正があったとしても、委任規範である道路交通取締施行令41条・72条の罰則に変更はなく、「罰則規定は依然存続していたもの」であるとした（最大判昭37・4・4刑集16・4・345）。これについても、6名の裁判官の反対意見が付されている。この判例については、本件が「省令」ではなく「告示」の改廃に関するものであり、限時法的性格と類似するがゆえに、奄美大島の事件とは異なった判断に達したとの見解（古田＝渡辺＝田寺・大コン1巻110頁）もある。

なお、収賄罪について、公務員の職務権限を定めた法規が存在した時点で犯罪行為が行われたが、その後、その法規が廃止された場合でも、刑の廃止があったとはいえないとした高裁判例（大阪高判昭60・2・19高刑集38・1・54）がある。

第4節　刑法の人的適用範囲

§43　総　説

　刑法1条は、「この法律は、日本国内において罪を犯したすべての者に適用する」と規定する。これは、いわゆる**刑法の人的適用範囲**（persönlicher Geltungsbereich）を定めたものである。この規定によれば、日本刑法は、すべての人に対して効力をもち、「人に対する効力」はとくに問題とはならない。かつては、国家権力の一部としての刑罰権力は、「主権者は法から解放される」（princeps legibus solutus est）とされたが、現在では、刑法の効力の及ばない「人」は存在しないといってよい。

　ただ、国内法上の関係から、天皇、国会議員、国務大臣、国際法上の関係から、外国の元首、その家族および日本人でない従者、外交官・使節、その家族および日本人でない従者、承諾をえて駐留する外国の軍隊等について、裁判権が及ばないか、実体法上処罰阻却事由となるか、あるいは訴訟条件を欠くかなどの問題がある。

§44　天皇・摂政

　天皇に対する刑法の適用については、法令上の規定はない。明治憲法下の天皇についてその神聖不可侵性（3条）により刑法の適用がなかったとする見解（植松95頁、大塚83頁）が通説であるが、現行憲法下で、刑法の適用を否定する学説（江家78頁、安平103頁、木村122頁）は少数である。**天皇の刑事上の地位**については、皇室典範21条には、「摂政は、その在任中、訴追されない。但し、これがため、訴追の権利は、害されない」と規定されていることが手がかりになる。この規定は、摂政に対する刑法の適用は当然認められるが、その地位の重要性にかんがみ、在任中は訴追されないという趣旨である。**人的処罰阻却事由**であるとする説（荘子46頁）もあるが、但書からみて、退任後に、在任中の犯罪行為を訴追しうるものと解されるから、この説は不当である。この規定を参考にすると、天皇にも刑法の適用はあり、**訴訟障害**によって訴追されないものと解することができる（福田51頁）。天皇は、退位することがないから、実際上は、一生涯、訴追されることはない。天皇の象徴的地位（憲法1条）

にもとづき、人的処罰阻却事由であるという構成をとることも可能であると思われる（木村123頁、荘子47頁、大谷518頁）。しかし、摂政と同様に解することを妨げず、また、政策的考慮により特定の（犯罪）行為にかぎって処罰を阻却するのではないから、天皇の犯罪行為について一般的に一身的処罰阻却事由とする根拠はなく、**訴訟障害**と解するのが妥当であろう。

§45　国務大臣・国会議員

憲法**75条**は、「国務大臣は、その在任中、内閣総理大臣の同意がなければ、訴追されない。但し、これがため、訴追の権利は、害されない」と規定する。これは、内閣総理大臣の同意を訴訟条件とする趣旨である。同意の不存在が**訴訟障害**である。憲法51条は、衆・参両議院議員は、「議院で行つた演説、討論又は表決について、院外で責任を問はれない」と規定する。この規定は、いわゆる**免責特権**（Indemnität）を定めて、議員の独立を保障したものであり、議員を辞した後にも、これについては責任を問われることはない。したがって、人的処罰阻却事由と解するべきである。

§46　外国の元首・外交官・軍隊

外国の元首・外交官・外交使節は、国際法上の慣例ないし国際礼譲により処罰されない。裁判権が及ばないからである。しかし、その資格ないし身分を失ったときは、その犯罪が公訴時効にかからないかぎり、訴追しうる（大判大10・3・25刑録27・187）。また、実体法上の人的処罰阻却事由ではなく、**訴訟障害**である。

日本国内に駐留する**外国軍隊の構成員**について、裁判権が制限されることがある。合衆国軍隊の構成員または軍属が、①もっぱら合衆国の財産・安全のみに対する罪、または、②もっぱら合衆国軍隊の構成員・軍属もしくは合衆国軍隊の構成員・軍属の家族の身体・財産のみに対する罪、③公務執行中の作為または不作為から生ずる罪、については、日米地位協定（昭和35年条約7号）（17条3項a）にもとづき、アメリカ合衆国軍が、第1次刑事裁判権をもつ。この場合も、訴訟障害である。

第2編

犯罪論

第2編 犯罪論

第 1 章　犯罪論の体系

第 1 節　犯罪論体系の構造

【文献】朝倉京一「犯罪論体系における可罰性の問題」荘子古稀195頁、板倉宏「当罰性（実質的可罰性）と要罰性」平野古稀〔上〕95頁、内田文昭『犯罪概念と犯罪論の体系』(1990)、大塚平吉「犯罪論の体系について」中山古稀3巻21頁、大谷實「実質的犯罪論について」研修563号3頁、岡本勝『犯罪論と刑罰思想』(2000)、柏木千秋「犯罪論の体系」瀧川還暦〔上〕255頁、小暮得雄「犯罪論の謙抑的構成」団藤古稀2巻1頁、鈴木茂嗣、『犯罪論の基本構造』(2012)、平場安治「犯罪論の体系について」曹時29巻9号1頁、前田雅英『現代社会と実質的犯罪論』(1992)、増田豊「刑法規範の論理構造と犯罪論の体系」法律論叢49巻5号109頁、松宮孝明『刑事立法と犯罪体系』(2003)、宮澤浩一「犯罪論体系の意義」現代刑法講座 1 巻189頁、山中敬一『犯罪論の機能と構造』(2010)、同「犯罪体系論と構成要件論」研修765号3頁以下

§47　犯罪論体系の意義

　犯罪論 (Straftatslehre) とは、各犯罪類型に共通する犯罪の一般的成立要件を体系化して、何が刑罰を科するに値する行為であるかを明らかにするための理論の総体である。それは、刑法総論のもう一つの主要分野である刑罰論と対比されうる。**刑罰論**が、犯罪に対する**法律効果**としての刑事制裁に関する体系的知識の総体であるのに対して、**犯罪論**は、その前提としての**要件**に関するそれである。

　犯罪論の体系とは、犯罪の一般的成立要件をなすさまざまな個別の認識や原理ないし理論的説明を一定の総合的な原理のもとに整序し、それらの個々の認識・原理・理論的説明の内部的連関を明らかにすることによって、どのような事象が犯罪となるか、また、その事象が成立要件にあてはまるかどうかの判断を合理的・機能的に行いうる**実践的な認識のシステム**をいう。

以上のことを敷衍しよう。総論において犯罪論が必要なのは、各則におけるすべての犯罪に共通の**一般的成立要件**を明らかにするためである。つまり、殺人罪（199条）にも、窃盗罪（235条）にも、あるいは公文書偽造・変造罪（155条）にも共通する犯罪の成立要件を総括的に論じて、一般的に犯罪が成立するためにはどのような要件が必要なのかを明らかにしようとするのである。しかも、その犯罪論は、体系的なものでなければならない。それぞれの犯罪成立要件が無秩序な観点のもとで、ばらばらな知識の集積によって説明されるのではなく、一定の観点のもとで秩序づけられ、一定の構造をもつ**知識のシステム**として説明されるものでなければならない。そのような体系化は、具体的に、個々の事件につき、犯罪が成立するかどうかを判断するとき、つねに明確で安定した結論が得られ、なぜそのような結論に至ったかを合理的に説明することができ、それによってまた、刑事政策的にも妥当な結論を得るための必要条件なのである。最後に、このような犯罪論の体系は、たんに、犯罪の本質を解明するための純粋な学問的な理論体系ではなく、また、たんに刑事裁判において合理的に犯罪認定を行うための手続のシステムでもないことに注意しなければならない。それは、刑事法全体が社会システムの中で果たす機能との関係で、最終的に、何が刑罰というサンクションを科して処理される犯罪とされるべきかにつき、**目的合理的な説明**を与える**実践的な体系**でなければならないのである。

§48　犯罪論体系の視座

1　三つのアプローチ

以上のように、犯罪論体系は、そもそもいかなる事象が犯罪とされ、刑罰によって反動を加えられるべきかについて、安定的で具体的に妥当な判断を行うための実践的な認識のシステムでなければならない。

犯罪論体系について、理念型としては、次のようなものがありうる。

(1)　犯罪本質論的アプローチ（範疇論的体系）

これは、刑事法システムを機能的に一定の目的のためのものととらえることを出発点とせず、哲学・心理学・社会学などの他の学問分野における犯罪の体系的認識を基礎として、犯罪の本質を追究した成果にもとづいて犯罪に関する体系的認識を得ようとするアプローチである。19世紀の末の自然科学の隆盛に刺激された「自然主義的」犯罪論ないし人間の行為の哲学的考察を出発点として、「行為の目的的構造」を基礎として犯罪論を樹立する目的的行為論の体系、あるいはまた、物質こそが実在し、世界を動かす動因であるとして、客観的・物的な犯罪論を構想する唯物論的な犯罪論体系がその例である。たしかにこのような諸科学や哲学による犯罪の本質の解明は、刑法の犯罪論において無視してよいものではないが、犯罪の一般的成立要件論の展開に本質的なものではないというべきであり、このアプローチは採用しえない。

(2) 犯罪認定論的アプローチ（訴訟法的体系）

これは、犯罪論の体系を、刑事訴訟における合理的な犯罪認定のための体系であるととらえるアプローチである[1]。これによれば、例えば、構成要件該当性、違法性、責任という犯罪認定の順序やそれぞれの成立要件の要素がどこに位置づけられるかは、刑事訴訟の目的（刑訴法1条参照）達成のためのもっとも合理的な犯罪認定の順序とは何かを考慮して決定されるべきことになる。たしかにこのような刑事訴訟における犯罪認定の合理性の観点を無視することはできないが、このアプローチも本質的なものとはいいがたい。第1に、刑事訴訟法は、刑法を適用するための法律であるが、適用されるべき実体法たる刑法を前提とする法律であるから、そもそも一定の行為が実体法上「犯罪」とされているものかどうかを問うことには関心を払わない。したがって、犯罪認定論は、刑法によって犯罪とされるものを前提とするのであって、そもそもそれが、犯罪として刑罰を科するに値する行為であるかどうかを問題にするものではない。つまり、犯罪論の体系は、刑法の諸原理や理論ないし条文から、何が犯罪とされ、処罰を必要とする行為かを判断し、それを根拠づける機能をも果たすのであるが、犯罪認定論的アプローチは、このような機能に考慮を払わない点で不当である。第2に、犯罪論体系は、そもそも処罰に値しない行為とは何かをも含めて、処罰すべき行為と処罰すべきでない行為を選別し、刑事法システム全体、しかも憲法秩序をも考慮に入れた総体的な体系であるから、当該個別訴訟における犯罪認定のための体系の射程をはるかに超える意義をもつ。このことは、犯罪論体系は、裁判所による犯罪認定にまで至らないディヴァージョンによる犯罪処理の事案も考慮するものであることを想起すれば一目瞭然であろう。

(3) 実体・認定二元論的アプローチ

犯罪本質論的アプローチと**犯罪認定論的アプローチ**を二つの柱として組み合わせる犯罪論体系が提唱されている（鈴木19頁以下）[2]。しかし、この見解は、本来、犯罪の成立要件論である犯罪論を二分し、あるいはもっと細かく言えば、犯罪実体（本質）論をさらに**規範的評価と可罰的評価**に二分するので、目的合理的・効率的でないばかりか、複雑すぎて実用的でもない[3]。そもそも犯罪認定論的側面は、犯罪成立要件論の中で一つの要素として考慮されれば足り、実体刑法の犯罪成立要件論の中のメインではない。「罪となるべき事実」（刑訴法256条3項・335条1項）および「法律上犯罪の成立を妨げる理由」（同法335条2項）は、訴訟法上、当事者の主張に対する吟味・判断を適正に行うための分類であって、実体刑

---

[1] 犯罪認定論的アプローチをとるものとして、中山117頁以下・120頁。なお、認定論と実体論との両者の観点から犯罪論を樹立することが必要であるとし、「犯罪の評価構造論（実体論）と要件事実論（認定論）」の二元的観点に立って犯罪論を構想するものとして、鈴木茂嗣『犯罪論の基本構造』（2012）11頁以下、47頁以下、193頁以下参照。しかし、それらは、目的合理的体系において考慮されるべき二側面にすぎない。このような二元論は、その出発点において疑問である。
[2] 鈴木・前掲『犯罪論の基本構造』34頁以下、293頁以下参照。
[3] 詳しい批判として、山中敬一「犯罪体系論における行為規範と制裁規範」鈴木古稀〔上〕39頁以下（同『犯罪論の機能と構造』79頁以下所収）参照。

法上の犯罪成立要件論を前提にした訴訟法上の目的合理的な概念装置である。犯罪と制裁の適用要件を論じる刑法上の犯罪論においてそれに独立した地位を与える必要はない。また、その実体構造論の規範的評価と可罰的評価への二分も、現代の犯罪論がそれを統合したところに意義があるというべきであり、一般的規範違反をまず論じてさらに刑法規範違反を論じるという煩雑さをあえて採用するメリットよりデメリットの方が大きい。刑法規範の判断の前に犯罪の成立要件と阻却要件（正当化事由・責任無能力等）を論じ、その後に、通説のいう構成要件該当性、すなわち「犯罪類型性」を論じるのは、犯罪論の思考経済にも反し、罪刑法定主義の原則からみても、積極的成立要件である規範違反性は、たんなる前規範的な「違法結果惹起の危険ある行為」による一般的・超刑法的判断であるのに対し、違法阻却事由は、36条（正当防衛）や37条（緊急避難）の要件による実定刑法的判断であるといったアンバランスを示す判断となっている。罪刑法定主義を強調するのであれば、刑法規範違反こそが犯罪成立の第1要件であるとする通説を採用すべきである。

(4) 目的合理主義的アプローチ

これは、刑法においては、犯罪とされるのはどのような行為か、そのような行為とされるにはどのような要件を充たす必要があるか、また、どのような要件が充足された場合に処罰されるべきかを判断することが最終目標であるから、この目的に向けて合理的な認識のシステムが重要であるとするアプローチである。これは、したがって、たんなる静的な要件論ではなく、あるべき刑事政策的目的を追求するための動的なシステムである。もとより、このアプローチは、目的合理的な刑法規範の樹立および構造をも考慮に入れる。したがって、規範構造の目的合理的解釈は、このアプローチの重要な因子である。

2 目的合理的体系

目的合理主義的アプローチが妥当である。[5]これによれば、犯罪論の体系は、処罰すべきものを処罰し、処罰すべきでないものを処罰しないための目的合理的な体系であるべきである。そのような体系のためには、自由主義・民主主義といった憲法的価値が背景となり、また、罪刑法定主義、刑法の任務論あるいは刑罰論

---

[4] 宮本英脩の犯罪論体系（宮本「刑法講義」宮本英脩著作集4巻21頁以下、同「規範的評価と可罰的評価」著作集6巻144頁）において、規範的評価と可罰的評価の二分論がとられているが、そこでは「行為規範」（規範）と「制裁規範」（刑法）との区別という合目的化が図られていた。

[5] 犯罪体系論の意義について実務家からのそれに対する批判に応え、目的論的アプローチにおけるその意義を論じたものとして、山中「犯罪体系論と構成要件論」研修765号（2012年）3頁以下参照。従来、犯罪本質論的アプローチと犯罪認定論的アプローチが対立させられることが多かった（中山118頁、鈴木・小野退官35頁以下、その他、鈴木「中山博士の認定論的犯罪論体系について」中山古稀3巻1頁以下参照）。しかし、両者ともに、犯罪論の本質を看過するものである。ラートブルフの目的論的体系は、認定論的アプローチに矮小化されるべきではない。

といった刑事法の理念が、その体系を指導すべきである。

　刑法の基本的な任務は、法益侵害の危険のある行為を禁止することによって、法益を保護し、さらに、国民の人権を保障しつつ、禁止規範に違反した者に対して刑罰を科することによって、社会システムを安定化させる点にある。このような任務を果たすために、もっとも合目的的な犯罪論体系が選ばれるべきである。犯罪論体系は、すでに述べたように、たんに訴訟における犯罪認定に資するだけの機能しかもたないものではなく、それは、そもそも何を犯罪であるとして、刑罰によって対処されるべきものとするかに対する解答をも与えるものである。したがって、それは、まさに、現代社会における憲法秩序の価値に照らしたあるべき刑事政策を実現するための体系でなければならないのである。

3　形式的合理的体系

　このような目的合理的体系のほかに、形式的合理的体系および実質的合理的体系の要請も、考慮されるべきである。**形式的合理的体系**とは、全体的・直観的思考ではなく、論理的・分析的思考を用いて、体系を個々の要素に分析し、それぞれの要素を体系の枠組みの中で、構造的に位置づけることによって、安定した判断を可能にするシステムをいう。このようにして、当該の結論が導かれたのはどのような要素によるのかが明確となり、要素の変更と結論の変更との相関関係が明らかになる。この体系的思考は、法的安定性の要請に資するものである。このような形式的合理的体系こそが、近代市民社会の刑法においては、実務家にとっても使いやすく、明晰な判断を可能にする体系である。

4　実質的合理的体系

　これに対して、実質的合理的体系は、そのシステムが、一般的に、刑事政策的正当性を志向するものであるかを前提として、さらに、**具体的に、個別的妥当性**を備えるものであるかの判断をなしうる体系であることを意味する。それは、目的合理的体系における「目的」自体の社会的正当性を問題とするものであり、さらに、具体的な社会システムの中での犯罪論体系の機能に着目し、とくに形式的に合理的な犯罪論体系が、社会的現実との関係で、具体的・個別的に正義を失わないように、調整する機能をもたせる体系である。しかし、実質的合理的体系は、形式的合理的体系を掘り崩すものであってはならない。

5　実質的犯罪論？

　現在、わが国では、形式的合理的体系は、むしろ、硬直化し、処罰すべき者を処罰せず犯罪防止が不十分となり国民に不利益を与えるばかりではなく、処罰すべきでない者を処罰してしまうという危険をもはらんでいると批判され、**実質的犯罪論**[6]の必要性が強調されている（前田32頁）。たしかに、実質的合理的体系であることは正義の実現のために重要な観点である。しかし、それは、形式的合理的な犯罪論体系の枠組みの中の指針であり、また、微調整のための基本理念であるにすぎない。現代法治国

---

[6] 前田・実質的犯罪論10頁以下・24頁以下・183頁以下、同・基礎7頁以下。批判として、大谷「実質的犯罪論と形式的犯罪論」法教158号11頁以下。

家においても、やはり形式的合理性こそが、犯罪者のマグナカルタたる刑法の犯罪論体系の基本理念であるべきだと思われる。その意味で、結論の合理性が論理的合理性に優先することを認めるのではなく、実質的に合理的な結論が論理的に合理的に導かれるような形式的に合理的な体系を目的合理的に構築するのが、学問の任務なのである。その意味で、実質的犯罪論の方法論とともに、その具体的帰結にも疑問があるが、その点については、当該箇所で触れるであろう。[7]

§49 犯罪論の構造

1 犯罪論と刑罰権の発生

(1) 犯罪の成立要件

現在では、犯罪論は、「犯罪とは構成要件に該当する違法かつ有責な行為である」という犯罪の定義を基礎とすることで大まかな意味での学説の合意があるといってよい。この定義によれば、犯罪とされるためには、「構成要件該当性」、「違法性」および「有責性」（責任）をもった「行為」であることが必要であるとされている。

犯罪＝〔① 構成要件該当性＋② 違法性＋③ 有責性〕行為

この定義において、構成要件該当性、違法性、有責性は、「行為」の属性であり、行為を限定する修飾語である。したがって、犯罪とは、まず「行為」でなければならない。すなわち、そもそも行為であるともいえないような事象は、はじめから犯罪とはされえないということである。行為かどうかの判断を最初に行う必要があるという見解によれば、例えば、思想といったたんなる心理状態、病気のような身体的状態、性格などは、行為ではないので、犯罪とはされえないことになる。しかし、犯罪論を行為から始めるかどうかについては、争いがある。構成要件該当性の中の一つの要件として検討すればたりるから、犯罪論は、構成要件該当性から始めるべきだという見解[8]

---

[7] 前田教授は、実質的犯罪論の一例として、わが国の学説は、従来、実質的解釈に批判的であったが、戦後の50年を経過し、わが国の解釈論の特色である実質的解釈論を意識的に展開することが重要だとされる（前田「罪刑法定主義の変化と実質的構成要件的解釈」中山古稀3巻72頁参照）。その他、実質的犯罪論は、実質的故意論に典型的に示される（☞§90, 3 (3)）。

[8] 小野清一郎『犯罪構成要件の理論』(1953) 47頁以下、木村165頁、団藤96頁以下、福田55頁、大塚115頁、香川72頁、阿部36頁以下、川端93頁。なお、大塚「行為論」刑法講座2巻1頁以下、同107頁、福田55頁ないし香川72頁は、犯罪論の基底としての行為を構成要件論の前に論ずる意義を認める。その意味では、裸の行為論を認めるかどうかは、実質的には大きな相

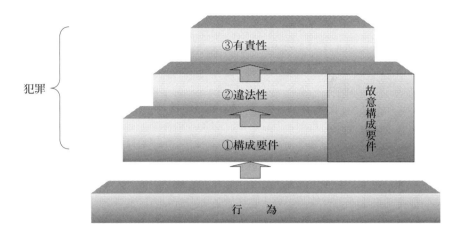

がそれである。

(2) 刑罰権の発生要件

ところで、上で述べた犯罪論は、犯罪の成立要件であるが、犯罪が成立しても直ちに刑罰が科されるわけではない。国家の刑罰権が発生するためには、一定の条件が充たされる必要がある場合がある。このような条件を**客観的処罰条件**（objektive Bedingungen der Strafbarkeit）という[9]（☞§184）。さらに、一定の事由が存在するために刑罰権の発生が妨げられる場合がある。これは、消極的にとらえられた客観的処罰条件であるが、これを**処罰阻却事由**（Strafaus-schließungsgründe）という。それらは、犯罪の成立をもっていまだ刑事政策的に処罰の必要性が根拠づけられるのではなく、刑法外の利益衡量が必要である場合を前提とする。

学説の中にはこれらの事由も犯罪の成立要件に解消されるべきだとする見解（佐伯137頁）がある。とくに「可罰的違法性」ないし「可罰的責任」のような**可罰評価**を犯罪成立要件に組み入れることを要求する見解は、多かれ少なかれこれらの事由を違法性や責任の要件に還元しようとする[10]。しかし、最

違ではないともいえる。
[9] 破産犯罪において「破産手続開始の決定が確定した」こと（破産法265条・266条）がその例である。
[10] 松原芳博『犯罪概念と可罰性』(1997)は、この方向を目指して「可罰性」の考慮について詳細な検討を加えた研究書である。

近、逆に、処罰阻却事由ないし客観的処罰条件につき、それを「当罰性」ないし「要罰性」(処罰の必要性)の要件(☞§20, 5)として、構成要件該当性・違法性・責任に加えて第4の独立の犯罪成立要件として位置づける見解も有力化している。[11]

2 犯罪体系の共通要素としての行為

かつて、**範疇論的体系**、すなわち、犯罪本質論的アプローチをとれば、犯罪論を行為論から始める体系となるが、目的論的体系をとれば構成要件該当性から始めることになるとする見解(ラートブルフ)があったが、必然的対応関係はない。行為論においてどのような行為概念をとるかが、犯罪論体系を拘束するわけではなく、逆に、どのような犯罪論体系をとるかが、行為概念に影響することがありうるというべきである。むしろ、犯罪論体系において「構成要件該当性」の概念を用いるときは、単独正犯の基本的犯罪類型を念頭に置いているのであるから、実行行為に至る前段階である予備行為についても、行為であることが要求され、また、拡張された構成要件に該当する共犯の「行為」についても、犯罪であるための要件として、行為であることが要求されるとすれば、構成要件該当性に先立って、「行為」について論じておく意味はあるものともいえる。[12]

3 犯罪論の基本的体系と拡張的体系

(1) 犯罪論の基本的体系

犯罪とは、構成要件に該当する違法で有責な行為であると定義されるとき、構成要件という概念のもとでは、**基本的構成要件**である、単独正犯の行為の構成要件該当性が第1次的に意味されている。構成要件該当性という概

---

[11] 中野56頁以下、荘子邦雄『刑法の基礎理論』(1971)63頁以下、さらに、朝倉・荘子古稀211頁以下、板倉「非当罰的不問行為の概念」佐伯還暦〔上〕133頁以下(同『現代社会と新しい刑法理論』〔1980〕142頁以下)、同「超法規的処罰阻却事由」団藤古稀2巻294頁以下、同・平野古稀〔上〕95頁以下。しかし、犯罪論の内部に「当罰性」の判断を反映させる体系が優れている。なお、中野60頁以下の方法論は、「犯罪の性質論」と「現行刑法の犯罪の規定方法」に分け、前者において、犯罪とは違法・有責・可罰的な行為とし、後者においては、「構成要件」と「阻却事由(消極的要件)」に分けられる。同じく、二元論を採るものとして、鈴木・小野退官34頁以下、同・法学論叢140巻5 = 6号68頁以下参照。さらに、同「公訴権の濫用と可罰性の理論」判タ354号38頁以下。ドイツの文献として、*Wolter*, Strafwürdigkeit und Strafbedürftigkeit in einem neuen Strafrechtssystem, in: 140 Jahre Goltdammer's Archiv für Strafrecht, 1993, S. 269 ff.

[12] この体系をとるものとして、瀧川28頁、佐伯140頁、平野105頁、中54頁・59頁以下、中山131頁、内藤145頁、西原69頁、内田・概説127頁以下、曽根47頁、野村81頁以下。最近の文献でこの機能を強調し、一般的行為概念の樹立を必要とするものとして、上田健二「犯罪論体系における行為概念についての『反時代的考察』」中古稀46頁。

念は、構成要件の充足とは異なり、必ずしも、既遂犯のみを意味するのではないので、単独正犯既遂類型のみを意味するのではない。しかし、基本的には、**単独正犯既遂類型**をまず念頭に置いて議論されているともいえる。

(2) 犯罪論の拡張的体系

もとより、未遂犯について、既遂犯とは独立の構成要件が存在すると考えることも不可能ではなく、また、共犯についても、基本的に別個の**修正された構成要件**が存在し、そのような「修正された構成要件に該当する違法で有責な行為」が共犯であるので、基本的に共犯にも同様の定義が妥当すると類推することも可能である。しかし、別個の構成要件ではなく、基本的構成要件が拡張されたものが未遂犯ないし共犯の構成要件であると考えることも可能である。私見によれば次のように考えるべきである。

犯罪論の体系は、第1に、単独正犯既遂類型をモデルにしていわば基本的構成要件についての犯罪の成立要件を意味するものとすることができる。これを**基本的体系**と呼ぶことにする。

次に、犯罪論の体系は、段階的・方法的に拡張される[14]（**拡張的体系**）。すなわち、まず、段階的な類型として拡張される（**段階的拡張類型**）。ここでは、陰謀・予備・未遂が考察に入れられる。さらに、狭義の共犯（教唆・幇助）および共同正犯を考慮する方法の類型に拡張される（**方法的拡張類型**）。つまり、「拡張的体系」には、「段階的拡張類型」と「方法的拡張類型」があるということになる。

通常、構成要件該当性・違法性・責任という犯罪の成立要件は、基本的体系をモデルに検討されるが、拡張的体系においても修正された形で同様の構造が成り立つ。拡張的体系については、基本的体系モデルの論述の後に論じる（☞第6章、第7章）。

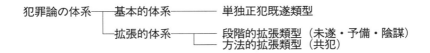

4 犯罪論の段階的構造

(1) 犯罪論体系の合理的根拠

構成要件該当性、違法性、有責性という三つの要件が、このような順番で

---

[13] この「構成要件該当性」および「構成要件充足」の概念の用法につき、団藤123頁参照。
[14] これについて、植田126頁・150頁以下参照、なお、植田『共犯の基本問題』（1952）200頁以下、とくに237頁以下参照。

検討されることに合理的な理由があるのであろうか。これには、刑法の任務と目的からみて合理的な理由があると思われる。

まず、**形式的合理的体系** の要請は、**全体的・直観的体系** ではなく、**分析的・段階的な体系** を要求する。そして、構成要件該当性、違法性、有責性は、それぞれ行為に対する一面的形式的判断、総合的実質的判断、個別具体的判断であり、このような段階的検討によって、処罰の対象となる犯罪を確定していくのが合理的であるといえる。

(2)　構成要件の特質

構成要件とは、罪刑法定主義の観点から刑法が禁止する行為を類型化したものであり、それは、原則として法益侵害や法益侵害の危険に直接的につながりうるような **定型的な行為の類型** である。それは、何が禁止されているかを国民に明確に告知する機能を果たすことが重要な課題であるため、分かりやすい内容であることが必要である。したがって、実質的・総合的な判断ではなく、**個別的・具体的事情を捨象した形式的判断** である。それは、法益侵害や法益侵害の危険につながりうる行為者の行為を一応すべて禁止する。構成要件とは、このような意味で原則として違法な行為を類型化したものである。したがって、それは、具体的状況の下において憲法上の価値や利害が対立する状況を踏えて利害衝突の調整を図った上での類型ではなく、原則として外部的な行為記述から成り立つものであり、**原則的違法行為類型** であるにすぎない。

(3)　違法性の特質

当該の行為が実質的・具体的に法秩序が禁止する違法なものであるかどうかは、その行為をその行われた社会的状況の中で実質的に判断する必要がある。このようにして、違法性の判断においては、構成要件に該当する当該の具体的な行為を、全体的法秩序の観点から、**社会的に対立・拮抗している価値や利益の衝突を調整** しつつ、その行為が、実質的にみて法の許さない社会的侵害性をもつものかどうかが問題となる。

違法性判断においては、第1に、たんに刑法的無価値判断のみではなく、憲法を頂点とする **全体的な法秩序の観点** から、当該の行為がそのような法秩序に矛盾するものかが問われる。それは、したがって、法的判断を実質的に統一し、評価に内部的な矛盾のないことを保障するものである。

第2に、構成要件該当性判断は、おおむね、行為者の行為そのものに対す

る禁止規範に照らした一面的なものであるが、違法性判断は、行為者の行った具体的な、しかも一回かぎりの行為を、それを取り巻く被害者その他の当事者の側の事情をも考慮し、しかも、利益衡量原理、比例性原理ないし個人保全原理、法確証原理などのさまざまな**社会調整原理**をも考慮して相互の利害対立の中でその利害関係を調整する機能を果たす。このような観点からは、例えば、正当防衛においては、防衛者が行った構成要件該当行為を一面的・形式的に客観的行為禁止にあてはまるかどうかを判断するのではなく、攻撃者の行為が先行することをも考慮して、その利益葛藤の中で、法秩序がいずれの利益を優越するものとみるかを判断するのである。

第3に、違法性は、以上のような法秩序の統一性の保障と利害対立の解消の機能を果たしたうえで、刑罰制度の趣旨に照らして、**処罰の必要性**があるかどうかについて、とくに不法の軽微性や保護目的の相違からする不法の相対的評価によって、さらに判断されねばならない。

(4) 責任の特質

さらに、責任論においては、**行為者の主観的ないし個人的事情**を考慮して、その行為が**非難**に値するかどうか、また、刑罰の目的に照らして処罰するに値する非難をなしうるかどうかが判断される。非難可能なための必要最小限の主観的な事情は、行為者に是非善悪の弁別能力があり、結果予見可能性があり、自らの行為が違法であることを知りうることである。これは、行為者の内面的な事情を考慮したうえでの非難可能性、すなわち「**内部的非難可能性**」である。責任論においては、このような内面的な非難可能性のみではなく、外部的客観的状況を考慮して、非難可能性が極めて減少する場合がある。それは、客観的な状況の中で他行為可能性が、その個人に期待される行為と期待する規範の要求を基準にして、極めて減少し、または、なくなることを意味する。これは、「**外部的非難可能性**」ともいうべきものである。この場合には、内部的非難可能性は存在するので、責任非難は可能であるが、**処罰の必要性**の観点から刑法の目的に照らして、処罰に値する責任、すなわち、**可罰的責任**はなくなるということを意味する。そこでは、刑事政策的判断がはたらくのである。

このように、構成要件該当性、違法性、責任は、**形式的・原則的判断**から、当該の事象に対する**実質的・社会的・全法秩序的観点**を経て、具体的な**主観的・個人的判断**に至るものである。

(5) 不法類型としての構成要件

以上の段階的構造において、構成要件は、原則として、法益侵害や法益侵害の危険につながる行為記述からなりたつので、原則的な違法行為を類型化したものであるということができる。それは、いずれにせよ禁止された行為の内容にかかわるものであるともいえる。それでは、構成要件は、有責行為を類型化したものでもあるのだろうか（☞§66, 2 (3)）。ここでは、結論を先取りして述べると、構成要件と違法の関係が意味するのと同様の関係は、構成要件と責任の間には認められない。構成要件は、原則として、行為者に責任があるような行為を類型化したものではなく、むしろ、それを問わないで、**客観的外部的行為**に着目して類型化されたものである。構成要件該当行為を行えば、それは、是非善悪の弁別能力のある者の行為であり、また、違法性の意識の可能性のある行為であると推定されるわけではない。構成要件は、責任にはほとんど考慮を払わないで不法とされうる行為の類型を定めたものなのである。また、別の観点からいえば、責任とは、行為者の刑事責任を問うための要件の集合体であって、構成要件と違法性のように、行為の禁止の内容にかかわるものではない。

§50　二段階犯罪論体系・三段階犯罪論体系

これまで論じてきたように、犯罪論体系を構成要件該当性、違法性、有責性の三つの段階に分ける見解を、**三分説**（ないし三段階犯罪構造）と呼ぶ。ここでは、これを**三段階犯罪論体系**と名づけることにしよう。すでに述べたように、このような三段階構成には合理的な理由がある。しかし、学説の中には、このような三段階犯罪論体系をあえてとらず、**二段階犯罪論体系**を採用するものがある（植田63頁、中57頁、最近では、井田132頁以下・153頁以下）。それは、構成要件と違法性を独立の段階とみず、ひとまとめにして、犯罪とは、「**類型的不法**」（中81頁以下）に該当する有責な行為と解する見解である。先に述べたように、このような二段階犯罪論体系は、構成要件も違法性も、いずれも禁止の内容をなすものであるという点で共通であるということから出発すれば、一定の合理性をもつものである。

しかし、この体系に対しては、原則と例外を一体化する全体的観察方法に

もとづくものであるとの批判も強く、わが国では、少数説にとどまっている。

　私見によっても、先に述べたような、罪刑法定主義を指導理念とする形式的・類型的判断と法的評価の統一と利害調整を任務とする実質的・全法秩序的判断との区別は、目的合理的犯罪論体系にとっては、やはり本質的であると思われる。このような二段階犯罪論体系が唱えられるもう一つの重要な理由は、**錯誤論の適切な解決**であるが[15]、これについては、別途の解決が可能であるので、三段階犯罪論体系を採用しても、錯誤論において困難に逢着することは回避しうる。

第2節　犯罪論体系の理念史的展開

§51　犯罪論体系と諸要素の位置づけ

　以上のように、犯罪論体系を、比喩的にいえば何階建てにすべきかという**段階構造**の段階数の問題およびその各階をどのような基本的構造のものとすべきかという問題について基本的な枠組みの構想が決まったとしても、それぞれの階をどのような備付けにし、どのような家具を配置するかについても見解が分かれる。例えば、故意・過失という要素を、構成要件といわれる一階に配置するのか、それとも責任という三階に配列するのか、あるいは、同意は、一階なのか、二階の違法性のところに属せしめるのかなどである。この問題については、基本的には、構成要件および違法性の段階には、客観的な要素が、責任の段階には主観的な要素が属すると考えられてきた。しかし、最近では、主観的な要素は、構成要件や違法性の段階にも属し、また逆に、責任においても客観的事情が問題となると考えられている。このような、犯罪論体系の基本的な枠組みとその要素の位置づけについて、理論がどのように変遷してきたのかを、特徴的なモデル的体系を例にとってそれぞれの**体系の理念型**を掲げてみよう。

---

[15] この問題について詳しくは、中『誤想防衛論』(1971) 1頁以下参照。

§52　犯罪論体系の展開

1　古典的犯罪論体系

　20世紀初頭、リストやベーリングによってとられた体系である。本質的に自然主義的思考方法の影響を受けた理論であるといってよい。この体系においては、**犯罪の客観面と主観面**にまず分類し、客観面は、構成要件および違法性に属するが、主観面は、責任に属するというように、犯罪の客観的要素であるか主観的要素であるかに応じて、段階的位置づけが異なる点がもっとも基本的な特徴である。したがって、この体系では、故意や過失は、責任に属する。また、構成要件と違法の関係については、構成要件は、**価値中立的で記述的な性格**をもつものであるとし、違法性とは切り離して構想される。したがって、この体系によれば、構成要件に該当するからといって、それが原則的に違法であるとはいえないことになる。

　わが国においては、近年、このような古典的犯罪論体系への復帰を唱える有力な学説が存在する（中山119頁、浅田95頁）。そこでは、とくに、後に述べるような、目的的行為論とその洗礼を受けた現代新古典学派の行為無価値論的アプローチに対抗して、客観的なものを構成要件と違法に、主観的なものを責任にという古典の体系を守ろうとする意図が背景となっている。しかし、単純に古典の体系を現代に復活させようという目論見は、現在の要請に目を塞ぐ最初から成功の見込みのない試みである。犯罪論体系も、社会の発展と新たな課題に触発されて変遷してきたのであって、牧歌的市民社会における犯罪論体系は、現在の危険社会の犯罪現象を体系化するにはあまりにも無力である（☞§19, 2 (1) =謙抑的刑事政策志向刑法理論）。

2　新古典的犯罪論体系

　このような客観と主観の区別が構成要件・違法性と責任にそれぞれ対応するという単純明快な体系は、1920年代後半から30年代にかけて、違法な行為の本質を客観的要素のみでは説明し切れないことが、また、責任も、主観的・心理的要素のみによって構成されるものではないことが、認識されるに至ったことによって、崩れてきた。目的犯における「目的」などの主観的要素が行為の違法性に重要な意味をもつということが認識されたいわゆる**主観的違法要素**の発見と責任宥恕的な緊急避難において客観的事情が、責任阻却に影響することが認識され、いわゆる**規範的責任論**が登場したことによって、新たな体系が必要となったのである。そこでは、構成要件該当性および違法性は、法益侵害の危険性ないし社会有害性によって説明され、責任は、非難可能性によって説明されるようになった。この体系においても、故意は基本的に責任に位置づけられていた。この新古典的犯罪論体系は、自然的事実よりも、価値・評価における相違を重要とみなす新カント学派の価値哲学にその背景を有しているといえよう。

3　目的的行為論の犯罪論体系

　1930年代後半から、戦後にかけて、**目的的行為論**が一世を風靡したが、その行為論は、犯罪論体系にも変更を迫った。目的的行為論とは、人間は因果関係を予見し、

一定の目的のために手段を選択しつつ行為するものであるとし、このような行為の本質から、犯罪論の体系も規定されるという主張をともなった犯罪論の全体を指す。したがって、犯罪本質論的アプローチの重要な一例である。この理論によれば、例えば、殺人とは人の殺害を目的として手段を選択する行為であるから、「故意」は、行為にとって本質的な意味をもつ。したがって、故意は責任形式にすぎないものではなく、とくに行為を統制するものとして構成要件段階で重要な意味をもつものとなる。それは、不法概念を主観化し、責任を脱主観化し、規範化することにつながる。不法における**行為無価値**の観点が前面に出てきて、結果よりも行為の態様が犯罪の成立につき重要な意味をもつに至る（人的不法論）。この理論は、現象学や存在論哲学を背後にもつものである。

わが国では、目的的行為論の体系をとる者は少なくなったが、いまだ有力に唱えられている（福田 59 頁以下、井田 25 頁以下）。目的的行為論の犯罪論体系は、次の現代新古典的犯罪論体系に大きな影響を及ぼしている。

4　現代新古典的犯罪論体系

現代の新古典的犯罪論体系は、目的的行為論の洗礼を受け、行為論としては目的的行為論を拒否しながら、構成要件的故意を肯定し、故意や主観的違法要素に違法性加重機能を認める。また、違法論において行為無価値論を肯定する。責任概念は、規範的責任概念をとるが、故意の一部は、責任に残るのであり、目的的行為論のように、違法性の意識の可能性のみが、責任に残り、故意はすべて構成要件に属するという結論はとらない。正当化事由の事実的前提の錯誤は禁止の錯誤であるとする厳格責任説（これを採る者として、大谷 339 頁）も採用しない点で、目的的行為論とは異なる。

現在、わが国ではこの犯罪論体系をとる者が多い。いわゆる行為無価値をも肯定し、結果無価値との**併存構造**を基本とする。しかし、この体系は、刑法の行為規範的側面を犯罪論構築の出発点とするので、理論的には、行為無価値の犯罪体系として一貫し、結果無価値は、突き詰めれば、処罰条件的な役割を果たすのみとなるものと思われる。併存を認める通説は、理論と刑事政策的妥当性との狭間で危ういバランスを保とうとしている（☞ § 19, 2 (2) (a) =行為規範的特別予防志向刑法理論）。

5　問題思考的・機能主義犯罪論体系

1970 年代以降、古典的犯罪論体系に親近感を抱きつつ、**刑事政策的・機能主義的**に犯罪概念をとらえようとする見解が有力である。この体系の特徴は、抑止刑論、す

---

[1] 目的的行為論は、ハンス・ヴェルツェルを創始者とし、その弟子であるヴェルナー・ニーゼ（Werner Niese, 1905-1963）やアルミン・カウフマンないしハンス=ヨアヒム・ヒルシュ（H. J. Hirsch, 1929-2011）によって継承された。わが国では、木村亀二、平場安治、福田平らによって唱えられた。

[2] 平野龍一「現代における刑法の機能」現代法と刑罰（岩波講座現代法 11 巻）(1965)、同『刑法の機能的考察』(1984) 参照。「機能主義」の刑法理論について検討を加えた論稿として、最近では、関哲夫「いわゆる機能主義刑法学について(1)」国士舘法学 22 号 151 頁以下、真鍋毅「機能的刑法観の後退と挫折」中山古稀 3 巻 37 頁以下。真鍋教授は、「目的合理的・経験科学的思考の行き詰まりは明らかなように思われる」とされる（同・前掲 54 頁）。なお、米田泰邦「機能的刑事法の展開の方向」西原古稀 1 巻 23 頁以下参照。山中「平野龍一博士の刑法理論」ジュリ 1281

なわち、一般予防論という刑事政策を核に、刑法の体系を、道徳と倫理から解放して合理的・経験科学的に構築し、体系的・論理的整合性よりも、**問題解決的思考を優先**させる方法論をとる点にある。一般予防論を基礎にする刑事政策的刑法理論の立場に立ち、古典的犯罪論体系が、その体系の基礎となっており、また、結果無価値論を強調するが、現代的なさまざまな問題解決のために個々の要素である概念に修正を加え、新たな概念をつくり出したり、新たな概念内容を加えることによって、問題解決のための装置をしつらえようとする（☞§19, 2 (2) (b) =経験的一般予防志向刑法理論)。

しかし、反面、従来の概念を混乱させ、**体系的整合性が失われる**という点で、体系的には、明晰性を失い、論理的思考に適合しない事態を発生させている。例えば、相当因果関係の概念に新たな要素をもち込み、異質なものとしながらそれをなお相当因果関係であるとする点で、混乱をもたらし、正犯の行為の終了後に、実行の着手があり、したがって、正犯の実行行為が、正犯行為の終了後にあるといった混乱を招くような理論が提唱されている。

わが国では、この体系は、近年、ますます有力になっている。しかし、問題思考（Problemdenken）は、適切な体系が提供されなければ、無秩序な概念のコングロマリットにすぎない。**体系的思考**（Systemdenken）こそが要請される。

§53　規範体系的機能主義の犯罪論体系

現在、犯罪論体系に要求されているのは、憲法において掲げられた価値を刑事法の分野で実現するという目的のためにもっとも適合した論理一貫した体系を樹立することである。この規範体系的・目的合理主義的犯罪論体系（**規範体系的機能主義**）は、個別具体的な問題解決そのものを至上の価値とするのではなく、それを可能にするような論理的整合性のある形式的体系を作り上げることが、理論の任務であると理解し、刑事政策的目的を実現するための論理的整合性のある規範論の体系を目指すものである。この犯罪体系論

号 48 頁・51 頁（同『犯罪論の機能と構造』199 頁以下所収)。また、平野龍一博士の業績をドイツ語で論じた論文として、*Yamanaka*, Ryuichi Hiranos Strafrechtslehre, in: Journal der Juristischen Zeitgeschichte, Jg. 4, (2010) H. 1, S. 1 ff.

[3] わが国の刑法学において、現在、「体系的思考」こそが重要であると強調する教科書として、松宮 290 頁以下がある。

[4] 「憲法的刑法学」の構築を企図するものとして、平川宗信「刑法の憲法的基礎について」平野古稀〔上〕67 頁以下、同「『憲法的刑法学』と憲法理論」松尾古稀〔上〕23 頁以下。

[5] この体系の特徴は、経験科学的な「問題思考的機能主義」とは異なり、最終的には、規範の理念である法的安定性や正義の実現をもその「目的」に含めて、犯罪の適正な事後処理を目指すための体系を樹立しようとする点にある。この意味でこれを「規範体系的機能主義」ということがで

は、具体的には、刑法の任務を人権を保障しつつ事前的に犯罪を予防し、発生した犯罪を**事後処理**する点に求め[6]、とくに犯罪の事後処理のための体系を構築することが制裁の前提条件としての犯罪の一般的成立要件について論じる犯罪論の任務であると考える点から出発する。

　規範は、行為規範と制裁規範に分けることができる。**行為規範**は、規範の名宛人に一定の行為を禁止・命令する。行為規範は、行為（作為・不作為）を禁止・命令するのであるから、それに対する違反は、その行為が作為ないし不作為されたときに生じる。しかし、行為規範の中には、身体の動静としての行為だけではなく、一定の危険や結果を惹起することを禁止するものがある。したがって、規範は、行為につき禁止・命令するが、それによって危険・結果の発生を予防する機能をも果たす。すなわち、行為規範の目的は、法益保護である。他方、行為規範に違反した場合には、その効果として刑罰等の制裁が課せられる。この制裁の発動条件と発動される効果の適用を規定するのが、**制裁規範**である。制裁規範は、行為規範違反が認められ、防止すべき危険・結果が発生した後に発動される。したがって、制裁規範は、とくに危険や結果の発生を要件とする犯罪については、事後的にそれらの要件が充たされた後に、制裁の発動条件が整っていることを確認したうえで適用される。その目的は、行為規範違反によって侵害・動揺させられた法規範の妥当性の回復であり、規範侵害者に責任を清算させることである。

　犯罪の成立要件としての規範は、行為規範と制裁規範から成り立つ。行為規範は、国民一般に向けられ、国民に処罰されるべき行為を告知し、罪刑法定主義の原則を明らかにする点で、刑法規範には不可欠である。したがって、行為のときに行為者に規範的事実を認識し、規範内容を理解するなどの要件は、行為規範違反において検討されるべきである。しかし、行為規範は、いったん侵害されれば、制裁規範の発動条件としてのみ重要となる。そこで、危険や結果の発生、その間の帰属関係などは、制裁規範の発動の条件である行為規範違反と並んで犯罪成立要件として考察されるべきである[7]。

　　きる。経験科学的機能主義が、社会統制ないし犯罪予防を目的として機能的な考察方法を採ったのとは、この点で大きく異なる。
[6] 刑事制度の犯罪の事後処理機能については、吉岡一男『刑事学』〔新版〕（1996）163頁以下、同『刑事法通論』（1995）25頁以下、同「刑法の機能と犯罪論の課題」福田＝大塚古稀〔下〕45頁以下参照。本書では、刑事制度の犯罪予防機能をまったく否定するわけではない。したがって、積極的一般予防機能も、刑法の目的ではなくても、機能として肯定する。

このように、規範体系的機能主義の犯罪論体系は、犯罪論を行為規範と制裁規範から成り立つものとするが、どちらかといえば忘れられがちであった、犯罪論の制裁規範の側面を十分に考慮して犯罪論を構築しようとするものである。

　規範体系的・目的合理主義犯罪論体系は、犯罪論の段階におけるこのような基本的な要請に照らして、論理的に一貫した体系を樹立し、刑法における犯罪の成立要件の意義とその内容を分かりやすいものにしようとするものである。この体系は、いわば経験主義的な一般予防論を基礎とし、問題思考を正面にすえる**問題思考的機能主義**と最近の**実質的犯罪論**に対して**対抗軸**を提供するものである。それは、犯罪論の次元においては、現在の憲法秩序のもとでの刑法規範の目的合理的解釈という観点から、論理整合的・体系的な犯罪論を樹立しようとするものであって、問題思考的犯罪論の志向方向に体系性と論理的整合性を与え、わが国の現在の犯罪論の混迷に筋道を付けることを目指すものである。それは、いわば問題思考を「**体系化**」しようとするものであり、また、実質的犯罪論に対しては、形式的合理的体系の重要性を強調するものである。

　この体系論は、方法論的枠組みにすぎないが、この方法論にもとづいて、刑法の刑事政策的目的と実質的な犯罪論の機能という実体的内容の面から、これを表現すれば、これを**謙抑的事後予防刑法理論**ということができる（☞ §19, 3）。

---

7 山中『犯罪論の機能と構造』9頁以下、33頁以下、55頁以下、70頁以下、106頁以下参照。

第2章　行為論

第1節　行為論の意義と機能

【文献】生田勝義『行為原理と刑事違法論』(2002)、上田健二「行為論の課題と展望」現代刑法講座1巻211頁、同「犯罪論体系における行為概念についての『反時代的考察』」中古希45頁、大越義久「作為と不作為」基本講座2巻81頁、大塚仁「行為論」刑法講座2巻1頁、大沼邦弘「行為と結果」基本講座2巻62頁、川口浩一「行為概念の説明機能」奈良産業法学9巻1号43頁、仲道祐樹『行為概念の再定位』(2013)、日髙義博「刑法における行為論の意味」基本講座1巻149頁、平場安治『刑法における行為概念の研究』(1959)、福田平『刑法解釈学の諸問題』(2007)2頁、米田泰邦『行為論と刑法理論』(1986)

§54　行為論の意義

　犯罪とは、構成要件に該当する違法で有責な行為であるという命題は、まず、犯罪の実体が行為であり、次に、その行為は、**構成要件該当性・違法性・有責性**という性質をもつものであるということを意味している。犯罪とは、一定の性質をもった**行為**であるから、行為こそが、構成要件該当性・違法性・有責性などの評価の対象となる実体であり、犯罪を構成する特徴の共通項であるというのである。[1]

　目的的行為論がわが国に紹介されて以来、1960年代の中頃まで、行為論は、刑法学の中心的なテーマとなり、数多くの論文が著された。しかし、70年代に入ると、「何のために議論しているのかわからない状態におちいっている」とさえ指摘され、

---

[1] このことは、刑法の行為論においては、犯罪を構成する行為を問題にするのであって、犯罪を回避する行為ではないことを意味する。したがって、結果回避行為が目的的行為であろうが、なかろうが、ここでいう「行為論」の関心事ではない（反対：鈴木茂嗣「刑法と目的的行為論」福田＝大塚古稀〔上〕7頁以下＝鈴木『犯罪論の基本構造』11頁以下）。

議論の「不毛性」が自覚されるようになった。最近では、行為論は、システム論から刑法学の方法論を考察するといった観点以外からはほとんど議論の対象とはならなくなっている。

行為論についても、その内部で、基本的に、①**本質論的（範疇論的）アプローチ**と②**目的論的アプローチ**がありうる。前者は、行為とは何かという問題を、主として、哲学的・心理学的ないし社会学的な観点から解明し、それに従って、犯罪論上の行為概念を樹立しようとするものである。後者は、刑法の犯罪論において、行為にどのような機能を与えるのが有効かという目的論的観点から行為概念を決定するものである。前者の観点をまったく無視するわけにはいかないが、基本的には、犯罪論自体に対するアプローチと同様に、後者のアプローチに従うべきであろう。それは、構成要件該当性以降の段階で、さまざまな評価の付加される「実体」であるという行為の機能によって変更されるわけではない。

　したがって、犯罪論上の行為論においては、犯罪となりうる実体としての行為に注目されるべきであって、行為の科学的な本質やそもそも法律学上のすべての行為に共通の要素が求められるわけでもない。もちろん、ここでもふたたび、現に犯罪とされている行為の最大公約数を求めるのか、それとも犯罪とすべき行為を現行の法秩序全体からみて想定し、犯罪となるにふさわしい行為を求めるのかについては見解が分かれうるであろう。この点については、行為論は、たんなる実定法の説明機能をもつのみならず、憲法秩序からする刑事法の理念との整合化機能をももつべきであって、後者の立場が妥当である。

§55　行為概念の機能

前述のように、行為論の体系的地位については、基本的に、それを構成要件論に先置するか（**裸の行為論**）、構成要件論の内部で論じるかの対立があり、さらに、その折衷的見解として、行為論が犯罪体系上独立の地位を占めることを認めるものではないが、犯罪成立要件の共通項として、構成要件論に先立って論じておくという立場もある。

---

[2] 平野105頁、米田・行為論27頁・78頁・131頁・208頁・273頁以下・302頁以下参照。
[3] 松村格「刑法学のための行為概念」福田＝大塚古稀〔下〕199頁以下参照。

第1節　行為論の意義と機能　§55　行為概念の機能◇　143

1　行為論の三つの機能

　この問題を論じる前に、構成要件該当性の判断の前に、一般的行為論を論じる立場によって認められている行為論の機能について検討しておこう。

(1)　基本的要素としての機能

　これは、行為が、あらゆる犯罪（可罰的行為）の共通基盤であり、上位概念であるという意味である。この共通項を限定するような、構成要件該当の、違法な、ないし有責な、といった修飾語がそのうえに付加されて、犯罪となるのである。その意味で、行為とは犯罪の成立要件の基本的な要素である。

(2)　結合要素としての機能

　行為は、犯罪体系論上の各々の段階における個々の犯罪カテゴリーによる評価が最終的に帰着する実体であり、犯罪体系の各段階を貫いてつねに現れる犯罪体系の背骨をなす。それは、いわば個々の犯罪カテゴリーを相互に結合する機能をもつので、結合要素としての機能といわれる。

(3)　限界要素としての機能

　行為でないものは犯罪とはなりえない。行為論には、行為でないものをあらかじめ犯罪とならないものとして除いておく機能があるとされる。思想や性格、疾病状態など、行為とはいえないものは、犯罪とならないのであり、行為論は、このようなものを犯罪体系論の検討の前にあらかじめ排除する機能をもつというのである。この機能は、思惟経済上の要請でもある。これを限界要素としての機能と呼ぶ。

2　三つの機能のそれぞれの意義

　これらの三つの諸機能のうち、第3の限界要素としての機能は、もっとも実践的な機能であり、従来から重視されてきた機能であるが、立法時に「行為」でないものを犯罪化することを避ける指針となるという以外に、実際上の犯罪の成否の検討においてそれほど過大な役割を期待できる機能ではない。あらかじめ排除されなくても、構成要件該当性ないし責任の検討の際にいずれにせよ行為でないものは排除できるのであり、犯罪論に先立つ段階で、行為でないものを排除しておくという思惟経済が、行為かどうかの判断が非常に微妙な場合にそれをあらかじめ排除する危険と対比して、圧倒的に優越する利益かどうかも疑問なしとしないからである。したがって、この機能については、むしろ基本的には、「疑わしきは、行為とみなす」という態度が妥当するであろう。また、第2の結合要素としての機能も、第1の基本

要素としての機能の別の側面を強調したものにほかならないともいえる。

重要なのは、第1の**基本要素としての機能**である。この命題は、あらゆる可罰的行為の上位概念であり、あらゆる可罰的評価が付着する実体であるということを言い表したものであるが、その意義については、必ずしも明確ではない。

というのは、犯罪の成立要件は、人間の身体的活動からのみ成り立つのではなく、それが惹き起こした法益侵害の結果やそれが行われた際の行為事情などのさまざまな要素から成り立つからであり、したがって、人間の身体的活動そのものが、結局、犯罪的評価の付着する共通項であり、上位概念であるのかどうかは、明確ではないからである。また、犯罪を構成するのが、最終的には、「行為」という「実体」のみなのかどうかにも疑問がないわけではないのであって、「結果」も実体であり、その間の「因果関係」も実体の一部であるともいいうるからである。このような観点からは、まず、「行為論」において「行為」とされるものの内容に二つの基本的な理解があることを確認しておく必要があろう。

第2節　行為概念の意義と機能

§56　行為概念の二つの意味

犯罪とは構成要件に該当する違法かつ有責な行為であるという場合、この行為の意味を二つの意味に理解することが可能である。一つは、行為を身体の動静とのみとらえる見解［1］である。もう一つは、行為の意味を広く身体の動静とそれによる外界への作用をも含める見解［2］である。

例えば、殺人行為を例にとると、人を殺すための身体の動静そのものを「殺人行為」というのが［1］の用法であり、人を殺す身体の動静を行ってそ

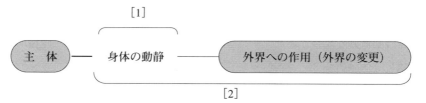

第2節 行為概念の意義と機能 §57 行為概念の二つの内部的機能◇ 145

の結果人が死亡した場合に、この一連の過程をすべて考慮に入れて「殺人行為」というのが［2］の用法である。

　もし［1］の意味において、犯罪とは構成要件に該当し違法かつ有責な行為であるという定義の意味を考察し、構成要件該当性や違法性ないし有責性が行為に対する修飾語であるとするなら、違法性の判断において、行為無価値論をとるか、行為以外の要素、例えば結果をも含めたものが、評価の対象となると考えることになる。

　これに対して、もし［2］の意味において、犯罪とは構成要件に該当し違法かつ有責な行為であるという定義の意味を考察するならば、ここでいう行為とは、結果発生につながる因果過程をも含めた意味での行為であるから、ある程度、行為の危険性の判断や客観的帰属の判断を先取りしたものとなる。行為論において因果関係の問題もあわせて論じる立場（瀧川22頁、佐伯140頁等）は、これを明確にするものである。

　　結局、この二つの行為概念のとらえ方は、行為を単純に身体の挙止動静ととらえるか、それとも、外界への作用（外界の変更）をも含めてとらえるかの対立に還元される。
　　しかし、ここで前提とされているのは、いずれにせよ、行為とは、外部に現れた態度であるということである。したがって、この意味における行為からは、たんなる思考や心情は、外部的世界の変更を生じさせないのであるから、除かれることになる。

§57　行為概念の二つの内部的機能

　上のような行為概念の二つの用法は、行為概念の二つの内部的機能を反映している。

　［2］の意味においては、行為は、ある意味で、惹き起こされた事象の因果的起点であるという側面が強調されている。これを生じた事象の方からいうと、**外部事象の行為への帰属の機能**［b］であるということができる。

　これに反して、行為概念には、外部的には因果的起点となりうる身体の挙止動静であっても、それをなお「行為」といいうるかどうかという問題を論じるという側面がある。例えば、睡眠中の人の身体の挙動は、その人の人格の表現とはいえないとか、その人の意思に属する挙動ではないとかいう理由で、行為性を否定することが行われてきた。このような行為概念の機能を**身

体の挙動の人への帰属の機能［a］と呼ぶことにしよう。次に検討する行為に関する諸学説は、このような二つの問題につき、そのいずれに重点を置くかにより、見解が対立している場面が少なくない。

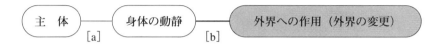

第3節　行為論の諸学説

>【文献】井田良「目的的行為論と犯罪理論」福田＝大塚古稀〔上〕15頁（『犯罪論の現在と目的的行為論』［1995］1頁所収）、ハンス・ヴェルツェル著（福田・大塚訳）『目的的行為論序説』（改訂版・1965）、大塚仁「人格的行為論について」団藤古稀1巻128頁、鈴木茂嗣「刑法と目的的行為」福田＝大塚古稀〔上〕1頁、日沖憲郎「人的行為概念」団藤古稀1巻105頁、福田平「目的的行為論と犯罪理論」（1984）、米田泰邦「法概念としての行為——純粋な社会的行為概念——」佐伯還暦〔上〕189頁

　刑法における行為論は、行為を主体的・精神的なものとして意思を表示することとしたヘーゲルに始まるといわれているが、そこでは、行為と行為全体の帰属（可罰性）とが区別されず、また、故意行為のみが、行為とされていた。ヘーゲリアーナー達（アベック、ベルナー、ケストリン）は、過失をも行為に含めたが、行為と可罰性との区別は行われなかった。その後、ビンディング（Karl Binding, 1841-1920）に至っても、行為概念は独立の刑法上の意味をもたなかった。

§58　因果的行為論（自然的行為論・有意的行為論）

1　因果的行為論の内容

　因果的行為論とは、行為は、外界において一定の結果を惹き起こす、意思によって支配可能な（有意的な）人間の行動であるとする立場を総称するものである。人間の意思が身体の動静を因果的に惹起する機能をもつことか

ら、「因果的」行為論と名づけられている。この立場は、すでに、19世紀末に登場し、今日でも支持されている有力な見解である。

 19世紀から20世紀初頭にかけて、リストは、行為とは、人間の意欲に遡る、外界を変動させる作用であると定義した。すなわち、行為とは、「有意的行動によって外界の変動を惹起し、または阻止しないことである」と理解したのであるが、ここでは、「有意性」の要素が行為概念の中心的要素とされている。しかし、リストは、外界の変動をあまりにも自然主義的に理解した。例えば、侮辱とは、「空気の振動の惹起、そして被害者の神経系の生理学的な過程」であるとされるように、行為は外界の変動を惹き起こす自然的な過程であると解され、行為とは「有意的な神経または筋肉の刺激」にすぎないものとされた。このような行為論は、**自然的行為論**と呼ばれている。ここでは、行為の社会的意味はまったく考慮されていない。

このように、行為とは、外界の変動を惹起する「意思に担われた人間の行動」であるというのが、因果的行為論の中心命題であり、意思（**有意性**）と身体の動静（**有体性**）が、行為の構成要素であるが、ここで、「外界の変動の惹起」という身体の挙止動静から離れた要素も、行為概念に取り込まれていることに注意すべきである。

 わが国では、本説は、かつては通説（瀧川22頁、牧野・日本刑法〔上〕121頁、小野93頁）であり、今日でも有力な支持（植松95頁以下、藤木90頁以下）がある。その他、有意的行為論を構成要件論の中で論じることを強調する**構成要件的有意行為論**（川端136頁）もこれに属する。もっとも、このような、意思、行為、および行為の結果（外界の変動）の間の「因果関係」ではなく、むしろ、意思と行為の合一性のみを行為概念の要素とする見解も唱えられている（バウマン, Jürgen Baumann, 1922-2003）。

この説によって有意性を欠くものとして行為概念から排除されたのは、**反射的動作、睡眠中の動作、無意識状態ないし抗拒不能な強制下の身体的運動** 等である。

この行為論は、人的帰属のモメントを「意思」に求め、結果の帰属のモメントを外界の変動の因果的惹起に求めたものということができる。

2　因果的行為論の批判

この行為論に対しては、忘却犯も不作為犯もともに犯罪行為に含まれる人間の行動であるが、まず、有意性の側面については、例えば転てつ手が遮断機を降ろし忘れていたという認識なき過失による不作為犯である**忘却犯**の場合、あらゆる意思を欠くものであるから有意性でもって説明できないと批判され、また、不作為犯については、身体的動作を欠き、また、行為結果に対する因果関

係を欠くのであるから、有体性の要件をも充たさないと批判された。

§59 目的的行為論

1 目的的行為論の内容

目的的行為論とは、「人間の行為とは目的活動の遂行である」（ヴェルツェル, Hans Welzel, 1904-1977）という命題に集約される1930年代中頃からドイツにおいて唱えられた見解である。行為の目的性は、「人間がその因の知識にもとづいてその行動のありうる結果を一定の範囲において予見し、そのためにさまざまな目標を設定し、この目標を達成するためにその行動を計画的に統制することができる」ことにもとづくものである。つまり、因果経過を予見しつつ、目的達成のための手段を投入して、目的的に行動を統制するのが行為の本質であり[1]、このようにして、因果的事象を統制する意思が、行為の骨格をなす。しかも、その意思は、内容を考慮した具体的な目的である。

目的的行為論は、わが国でも、とくに戦後、1965年頃まで、一世を風靡し、有力な支持者を見いだした（木村167頁、平場34頁以下、福田60頁）。この理論は、とくに、行為論そのものよりも、それが犯罪論に影響し、例えば、故意・過失を責任から構成要件の段階に下ろすことになるなど、犯罪論体系を組み換えることになるという点で大きな影響力をもったのである[2]。

目的的行為論は、人的帰属のモメントおよび結果の帰属のモメントを両者ともに「目的」に求めた。行為者が、主観的に、「目的」内に取り込んでいた外界の変動のみが、行為者の「行為」の所産なのである。

2 目的的行為論の問題点

しかし、目的的行為論は、あらゆる刑法上重要な行動を包括する上位概念としての機能を果たすことはできなかった。

---

[1] 目的的行為論は、事物論理構造（sachlogische Struktur）の考え方から、行為の目的的構造は、規範的評価の存在論的基礎であって、立法者といえどもこれを変更できないとする。これについて、松村格『刑法学方法論の研究』（1991）21頁参照。

[2] 目的的行為論が、「現在でもアクチュアルな意味をもち得る」とするものとして、井田・犯罪論の現在1頁以下。なお、鈴木・福田=大塚古稀〔上〕1頁以下、同「行為の目的性・違法性・有責性」法学論叢132巻1＝2＝3号21頁以下。

まず、**不作為**においては、不作為は結果に対して因果的でないから、意思によって因果事象を統制することができず、したがって目的的行為はありえず、それゆえ、目的的行為はあらゆる行動の上位概念たりえないと批判された。これに対しては、目的的行為論からは、「**行態**」、つまり、「目的的意思統制に対する能力にもとづく、人間の積極的・消極的態度の能力」がその上位概念であると反論された。わが国においても、作為と不作為とは、「**目的的行動力**という共通のメルクマールを媒介として、人間の行態という上位概念に統一される」とする見解が唱えられた（福田63頁）。しかし、行為そのものと、行動能力とは別のものである。

　また、**過失**についても、目的的行為といえるかどうかが問題となった。当初、故意は、現実的目的性を意味するが、過失は**可能的・潜在的な目的性**をもつと説明された。しかし、目的的行為は、あるかないかであって、潜在的目的性なるものはありえないと批判されることとなった。そこで、目的的行為論者は、過失行為は、発生した結果にではなく、行為者によって志向・統制された目標に目的がある場合であると説明するに至った。例えば、銃の手入れをしていて暴発し、人を射殺した場合には、殺害行為は目的的ではないが、銃を手入れするという行為は目的的であるという。これを、「**構成要件的に重要でない結果を認識した目的（的）行為**」があったと説明するのである（木村167頁）。しかし、このような目標は、刑法上まったく重要ではない。このような考え方に対しては、それは「すでに方法論において誤りを犯すもの」であると批判された（団藤〔初版〕72頁）。もちろん、目的的行為論の側からは、過失犯においても、不注意な行為の「目的性」は、不注意な「行為態様」で行われたがゆえに法的に重要であり、過失行為も法的に重要な目的的行為であるとする**修正説**（ヒルシュ〔福田・宮澤監訳〕『ドイツ刑法学の現代的展開』〔1987〕47頁）が唱えられている。

わが国において、このような問題点を深刻に受けとめ、不作為や過失行為は目的的行為論の意味における「行為」ではないことを認める見解（平場43頁以下）も唱えられた。[4]

　ドイツにおいては、ヴェルツェルは、最終的には、目的的行為論ではなく、**サイバネティクス的行為論**[5]を唱え、行為を「意思によって操縦され、統制された事象」とし、故意行為も過失行為も、法的に重要な「操縦」という概念において共通であると主張したが、これによっても、現実的に操縦・統制された故意行為と可能的に操縦・統制されうる過失行為とは共通項をもたないと批判された。

3　目的的行為論の批判

　目的的行為論は、あらゆる犯罪行為の上位概念にはなりえず、「**目的的行動力**」ないし「**人間の行態**」を上位概念とするかぎりで、すでに「行為論」としての意義を失っている。また、目的的行為論は、犯罪論体系においてあ

---

[3] ただし、この批判は後の版では削除されている（団藤113頁）。
[4] 平場33頁では、行為とは「人間と人間に対する関係」であるという。
[5] これについて、松村・刑法学方法論79頁以下参照。

まりにも主観的要素に大きな意義を与える行為無価値論に偏した体系を打ち立てた点でも、疑問である。目的的行為論においては、行為の存在論的構造を基礎にして、それに合致した犯罪論体系を樹立しようとした点で、目的合理主義的な観点が後退させられていることにも疑問がある[6]。

§60 社会的行為論

1 社会的行為論

社会的行為論は、**人間の作為・不作為の社会的重要性**が、行為概念の共通要素だとし、行為とは、社会的に重要な人間の有意的な行態であるとする。これによれば、例えば、「客観的に目的可能な社会的に重要な結果を有意的に惹起すること」（エンギッシュ, Karl Engisch, 1899-1990）、あるいは、「客観的に人間によって支配可能な行態であって、客観的に予見可能な社会的結果に向けられたもの」（マイホーファー, Werner Maihofer, 1918-2009）と定義される。

わが国においても、人の意思によって支配可能な身体の外部的態度であって、社会的意味が認められるもの（西原75頁、大谷89頁、曽根49頁、野村120頁）とする説がある。そのほかに、客観的目的的行為論も、この意味の社会的行為論に属するであろう[7]。

この社会的行為論に対しては、「社会的に意味のある」という評価要素を導入する論拠が不明確である（香川85頁）という**批判**がある。しかも、このような社会的重要性の評価の導入は、構成要件と行為論との区別をあいまいにするとも批判された。

---

[6] 目的的行為論を結果惹起行為ではなく、結果回避行為において生かし、責任論においては、結果回避の期待可能性が問題であるとして、目的的結果回避行為を問題にしようとする見解（鈴木・福田=大塚古稀〔上〕11頁以下）も、刑法が結果惹起行為に対する責任を問題にしていることを見失っている点で疑問である。規範は、一般的に目的的結果回避行為を要求しているわけではなく、結果が発生した場合にもそれが目的的に回避可能だったことを要求しているわけではない。作為の場合、結果惹起行為に出ずに済んだかが問題なのであって、それが目的的回避行為であったかどうかは規範の関心外である。行為規範としての規範は、原則的に法益侵害に対する危険行為を禁止しているにすぎず、目的的結果回避行為を要求しているわけではない。また、期待可能性判断において前提とされる「仮定的な目的的」結果回避行為は、すでに克服された過失行為における「潜在的目的的行為」と同じく背理である。

[7] 内田83頁、しかし、内田80頁は、この理解に反対。

この**有意的社会的行為論**は、人的帰属のモメントを、有意性に求め、結果帰属のモメントを「外界の変動の社会的重要性」ないし「客観的目的可能性」に求めたものである。

2 純粋な社会的行為論

社会的行為論は、その要諦からすれば、**社会的に重要な意味を有する人間の行態**を行為とするのであるから、社会的に重要でさえあれば、「有意性」がなくとも、「行為」であるとすることは可能である。わが国では、行為概念の限界機能（限界要素としての機能）は重要でないとして、むしろ、先に排除されるべきだとされた反射的動作なども、社会的重要性のあるかぎりすべて行為に含めるのが妥当であるという見解が有力に唱えられている。この説は、したがって、有意性のモメントを行為概念から放逐して、「**何らか社会的に意味のある人の態度**」（佐伯145頁）が行為であるとする。あるいは「人の外部的態度による、社会的外界の変更」（内藤164頁）とも定義される。それによれば、睡眠中の動作も、嘔吐や痙攣、目眩といったものも、それによって、社会的に重要な結果が生じるかぎり、行為である[8]（佐伯145頁、米田・佐伯還暦〔上〕195頁、中66頁以下、中山148頁、浅田105頁、日髙・基本講座1巻161頁）。

この説は、行為かどうかは、刑法上の行為のみの問題ではないこと、違法論において結果無価値論を強調する立場に立てば、社会的に有害な結果を惹起した人間の態度は、違法な行為として法的評価の対象となるべきことなどをその実質的根拠とする。

この見解に対しては、人間の行為の本質を無視するものであるとの**批判**（上田・現代刑法講座1巻227頁）がある。また、これに対して、行為概念は結合機能をもつが、責任判断を行うに際しては、意思的要素が評価されるにもかかわらず、その評価の対象たる「行為」の中から意思的要素が捨象されてしまっているのは問題であるという批判もあることを指摘しておこう。

純粋な社会的行為論は、人的帰属のモメントは不要であるとし、結果の帰属のモメントを「結果の社会的重要性」に求めたものである。

---

[8] 目的的回避行為を必要とされる鈴木教授も本説を採られる（鈴木・福田＝大塚古稀〔上〕12頁）が、結果惹起「行為論」は違法性の段階まで存在すれば十分であって、責任の段階ではそれとは異なる結果回避「行為論」が重要となるという趣旨であろうか。結果惹起「行為」と「行為者」を意思を媒介にして結びつけないもの（鈴木教授はこれを要求されている。同「規範的評価と可罰的評価」小野退官25頁）を犯罪論の基礎に置きながら、その「責任」を問題にすることは論理的に説明できないからである。なお、上で引用した鈴木教授の論文については、鈴木『犯罪論の基本構造』11頁以下、239頁以下参照。

§61　人格的行為論

わが国においては、人格責任論にもとづいて、行為とは、**行為者人格の主体的現実化とみとめられる身体の動静**であるとする学説が唱えられた（団藤 105 頁、大塚 100 頁）。この説に対しては、人格の概念が多義的で不明確であるという批判とともに、その依拠する人格的責任論そのものに対する批判が強かった。

ドイツにおいても、行為を「人格の客観化」（アルトゥール・カウフマン，Arthur Kaufmann, 1923-2001）ないし、「人格の表現」（ロクシン）であるとする見解が有力に唱えられている。しかし、前者は、行為とは、「意思によって支配可能な因果的結果をもってする、現実の答責的で、有意味な形成である」とする点で、行為の概念をあまりにも狭く理解し、また、「因果的結果」の問題は、行為の問題ではなく、構成要件の問題であると批判されている。後者によると、行為とは、精神的な行動の中心としての人間に由来するすべてのものである。故意行為も過失行為も不作為も、すべて人格の表現であり、その主体のしわざとして帰属できるものであるが、違法性や責任を先取りするものであってはならない。

最近では、この立場の論者から、行為とは、「行為者人格の主体的な発現としての有意性にもとづく身体的動静であって、一般人の認識的判断によって、その社会的意味がみとめられるもの」（大塚・団藤古稀 1 巻 139 頁）とすることによって、または、行為者人格の発現の要素と因果性の要素を要求しつつ、社会的な意味のある行為であることを要求して（佐久間 35 頁）、**有意的社会的行為論との架橋**が試みられている。

本説は、人的帰属のモメントを「人格の表現」ないし「人格の主体的現実化」かどうかに求め、結果の帰属をも、同じ基準によって判断しようとする。

§62　身体動静説

行為概念における社会的意味および有意性の両者をともに不要とし、行為とはたんに人の身体の動静であるとするものである（平野 113 頁、前田 107 頁）。したがって、この行為概念においては、睡眠中の動作も、反射的動作

---

[9] 人格的行為論は、違法論において人的違法論に結びつき、責任論においては人格的責任論に結びつくとされる（大塚・団藤古稀 1 巻 144 頁）。

もすべて身体の動静であることになるから、限定要素としての機能はほとんどなく、たんなる内心は処罰しないということの宣言的意味をもつにすぎない（前田107頁）。処罰範囲の決定は、各構成要件の「実行行為」、例えば「殺す行為」といえるのかによるという。

本説は、人的帰属のモメントも、結果帰属のモメントも否定し、たんに身体の動静でよいとするものである。この見解に対しては、もし、構成要件的故意を認めないならば、たとえそれが最終的に責任を阻却するとしても、睡眠中の動作も、実行行為になり、また、絶対的強制下の動作によって結果発生の認識・認容をもって、他人を殺させられた場合にも、実行行為となることは不合理ではないかとの批判が可能である。

§63　人的・社会的帰属可能性説（本書の立場）

1　行為論の意義

以上の検討から、行為論については、次のような帰結が導かれる。行為論は、体系的には、構成要件論に前置されるべきであるが、その要請は、**基本的要素としての機能**から生じる。行為が犯罪の基本的要素であるという観点からは、刑罰の対象としての行為とその行為を行った人、そして、その行為を犯罪とする外界の状況とを結び付けるという機能[10]が、行為論に与えられた課題である。刑罰を科するには、行為を対象としつつも、その行為の主体たる行為者と事実上切り離せず、行為も、たんなる身体の動静だけではなく、外界の変動をもたらしてはじめて犯罪となる[11]。行為論には、このように、犯罪的評価の統一体をなす実体が要求されるのである。

---

[10] 行為を外界への加害性と結合してとらえることが重要だとするものとして、生田・行為原理と刑事違法論102頁以下参照。

[11] ドイツでは、回避可能な結果の惹起ないし回避可能な結果の不阻止を行為とする「消極的行為論」が唱えられている（ヘルツベルク）。この行為論は、構成要件的結果の行為への帰属の観点のみを考慮して作られた行為概念である。この行為論に対する批判としては、松村・福田=大塚古稀〔下〕218頁以下参照。

2 人的・社会的帰属概念

(1) 意　義

　従来の行為論が、暗黙のうちに目指してきたのは、身体の動静の人への帰属と外界の変動の身体の動静への帰属の両者を説明しうる概念であった。その意味で、このような要請を充たす行為論の中核的要素は、**人的帰属可能性**の概念と**社会的帰属可能性**の概念によって構成されるべきである。その行為者という「人」の内面に帰属できる行為者の人的な「しわざ」としての身体の動静と、社会的な事象としての外界の変更が、その身体の動静の「しわざ」と広い意味でいえるような事象が、行為とされるべきなのである。したがって、行為とは、**人的・社会的に帰属可能な身体の動静**である（**人的・社会的帰属行為論**）。この定義は、行為概念の中核的意味を示したものであって、限界は不明確なままである。

　そのうち、社会的帰属は、とくに「不作為」において意味をもつ。そこでは、結果の発生（外界の変更）が、社会的にみて当該の「身体の動静」（不作為）に帰属しうるかどうかが、あらかじめ一定程度考慮されていることによって、結果に結び付けるべき行為が一定程度限定されうるからである。

(2) 不作為の行為性

　後に詳しく論じるように、不真正不作為犯においては、「何かをしない」ことによって結果を惹起することが犯罪の内容をなす。したがって、**結果との関係**においてはじめて不作為が問題となる。つまり、犯罪の内容をなす「行為」としての「不作為」は、身体的態度としての不作為自体としてではなく、結果との関係においてはじめて確定される。そこで、**社会的帰属の面における行為性の確認**が重要な作業となる。

　結果との関係で「不作為性」が認められるためには、**三つの前提**が充たされる必要がある。第1に、結果発生の「現実的危険状況」の存在である。第2に、作為に出ることについての「社会的期待」の存在である。第3に、現実的危険状況下での自然的・事実的意味における「因果関係」の不存在である。

(a) 現実的危険状況の存在

　前述のように、不作為とは「何かをしないこと」である。論理的には、この「何か」は、そのときにしている一つのことを除いて無限に存在する。その多数の「何か」の中から、不作為犯の成立にとって重要なのは、発生した当該結果の回避に適した行為である。すなわち、結果犯においては、当該結果が発生することが予想されるような危険状況が生じてはじめて、そのような危険ないし結果の発生を回避すべきであるという規範が妥当する基礎が与えられるのであるから、結果回避行為が必要となるには、このような基礎が与えられたことを前提とする。子供が池にはまりそうになってはじめて、子供がそのような形で死亡することを回避すべきだという規範が与えられるのである。

第3節　行為論の諸学説　§63　人的・社会的帰属可能性説◇　155

このような規範が与えられるまでは、自然的・事実的な観察による人間の行動が作為か不作為かは、発生した結果との関係でそれを決定することが必要な刑法においては、確定する必要がない。このような現実的危険状況の存在が、不作為犯を問題にする第1の前提である。このような現実的危険状況自体を創出する行為は、作為であり、場合によっては、処罰の対象となりうるが、しかし、「不作為」によってそのような現実的危険状況を創出することは、考慮の必要がないということになる。

(b)　作為の社会的期待　このような現実的危険状況は、侵害される法益の側からのみではなく、そのような状況において、そのような危険の実現を回避すべき者は、どのような者かも、同時に考慮されていなければならない。それは、そのような法益の侵害を回避すべく社会的に期待されている人々である。この社会的期待は、場所的・時間的に救助可能な人すべてに向けられる。したがって、前の事例では、池にはまりそうになっている子供を、現実的危険状況が生じた時点以降、場所的・時間的に救助する可能性のあった人すべてに期待される。

(c)　自然的因果関係の不存在　原則的に、このような観点から、**作為と不作為の区別**の問題も論じられるべきである。現実的危険状況が存在することを前提に、その態度と結果の発生の間に、自然的・事実的意味における「因果関係」、すなわち条件関係が存在する場合は作為であり、存在しない場合が不作為である。自然的・事実的にみるならば、このような現実的危険状況が生じた後の、結果発生へと向かう因果の流れに対しては、不作為者の不作為は、なんら積極的な因果力を与えておらず、ただ現実的危険状況を創出した因果力の必然的な作用によって結果の発生へと因果の流れが進行するにすぎないのである。

これを例示によって敷衍すると、池で溺れかけている子供を黙って見ているベビーシッターは、危険状況が生じた後には、結果の発生に対して何らの自然的・事実的因果力をも与えていないので、不作為である。これに対して、そのとき会社で仕事している父親は、場所的関係から、作為に出る「社会的期待」がないので、不作為とはいえない。子供を危険な池のほとりに連れていったベビーシッターの行為は、現実的危険状況を創出しているのであれば、作為による危険創出といえるかどうかが問われるべきであるが、そのような危険な場所に連れていかない義務に違反したという不作為ではない。

作為と不作為の区別は、過失犯における義務違反と結果の関係の問題においても論議されている。例えば、カーヴに差しかかった機関手が、義務に反して警笛を鳴らさず、非常制動の措置もとらず小児を轢いたが、義務を守っていたとしても結果は発生していたであろうという場合（大判昭4・4・11新聞3006・15参照）に、これを不作為犯とみるか作為犯とみるかについては議論が分かれる（☞§79, 1(3)）。しかし、結果との因果関係が認められるこの種の事案については作為犯を認めるべきであろう（山中敬一『刑法における因果関係と帰属』〔1984〕24頁以下参照）。

さらに、**作為と不作為の区別**は、結果発生に向かう既存の因果経過を行為者（不作為者）が修正する事案においても問題となる。例えば、海で溺れかけている者を救助しようと、船の上からその者に向かってロープを投げた行為者が、その者がそれを捕まえた後5メートル引いたときに、そのロープを切断したため、被害者が溺死したと

3 行為論の犯罪成立要件不該当の徴表機能

「人間の身体の動静」の存在が認められ、「社会的に重要な外界の変更」が生じているかぎり、一応、「行為」は存在すると推定される。それらの「外界の変更」がその「身体の動静」に発し、その「身体の動静」がその「人」に発するのかどうかは、「行為論」において検討される。しかし、そのような「人的・社会的帰属」が疑わしい場合にも、その「推定」を破り、行為論の中で、それを「行為」でないとして排除することはない。ただ、この人的帰属可能性・社会的帰属可能性が疑わしい場合には、後の犯罪論における検討において、何らかの**犯罪成立を阻却することを徴表するという**機能をもつにすぎない。つまり、この要件を認めたからといって、それは、あらかじめ行為でないものを排除するという**限界要素としての機能**をもたないということである。[12]

限界づけ機能は、構成要件論や責任論においてそれぞれの要件に照らして発揮される。例えば、熟睡している者の手にナイフを握らせ、手をそえて隣に眠っているその妻の喉を突かせて殺させた場合、熟睡者の「実行行為」性は否定される。それは、「人（熟睡者）」に帰属しうる「行為」ではないからである。また、隣家に客として招かれた者が、突然、身体の激しい痙攣に見舞われ、隣家の貴重な陶器を壊してしまった場合、少なくとも「痙攣」自体を、構成要件該当性判断において器物損壊の「実行行為」とすることはできない。「人（損壊者）」に当該「行為」が帰属できないからである。しかし、その者の「行為」ないし身体の動静が、違法かどうかと問われるならば、違法である。それは、社会的に重要な外界の変更たる「損壊の結果」は、当該の「行為」ないし身体の動静に帰属されうるからである。

---

[12] 判例において「行為性」が問題になった事件が1件存在する。事案は、被告人が自宅で妻とともに就寝したが、浅眠状態にあったところ、暴漢3人に襲われ首を絞められる夢を見て、恐怖感に襲われ半覚半醒の意識状態の下で、先制攻撃を加え首を絞めて殺害するつもりで両手で男の首を強く絞めたところ、実は側で寝ていた妻の首を絞めて殺してしまったというものである（大阪地判昭37・7・24下刑集4・7＝8・696）。大阪地裁は、「行為者のある外部的挙動がその者の行為と評価され得るのは、その挙動が行為者の意思によって支配せられているからであって、右の意思支配が存しない場合には行為も存しないと言うべき」であるとした。さらに、「任意の意思に支配されていない非自覚的な行動については、その規範意識も活動の余地がなく、これを統制し得る機会も持たないのであるから、かかる行動を刑罰の対象とすることはでき」ないものと判示して、任意的行為論の立場を採用した。しかし、この事件は、後に大阪高裁によって「行為」がないのではなく、「責任無能力」の場合であるとされた。このようにして、限定機能については、もともとそれは犯罪論に入る前に「行為性」を否定してしまうことによって、犯罪の成立要件の厳密な吟味をあらかじめ遮断してしまうことになり、それを強調するのが妥当かどうか疑問である。

第 3 章　構成要件論

第 1 節　構成要件の概念

> **【文献】** 榎本桃也『結果的加重犯論の再検討』(2011)、内田浩『結果的加重犯の構造』(2005)、内田文昭『犯罪構成要件該当性の理論』(1992)、岡本勝『「抽象的危殆犯」の問題性』法学38巻2号1頁、小野清一郎『犯罪構成要件の理論』(1953)、香川達夫『結果的加重犯の本質』(1978)、同『危険犯』(2007)、北野通世「抽象的危険犯の処罰根拠」大野古稀94頁以下、葛原力三「消極的構成要件要素の理論」中古稀67頁、佐伯和也「『抽象的危険犯』における可罰性の制限について (1)(2・完)」関法46巻1号116頁・2号89頁、佐伯千仭「タートベスタント序論」『刑法における違法性の理論』(1974) 95頁、鈴木茂嗣「構成要件論の再構成─認定論的『構成要件』概念について」法学論叢124巻5=6号61頁、同「犯罪論の体系 (1)(2)」法学論叢138巻1=2=3号70頁・4=5=6号60頁、同「続・犯罪論の体系」法学論叢140巻5=6号41頁、曽根威彦『刑事違法論の研究』(1998) 99頁以下、立石二六「構成要件概念について─構成要件と違法性の関係を中心に─」下村古稀[上] 227頁、仲地哲也「構成要件論」現代刑法講座1巻231頁、振津隆行「刑法における危険概念」『刑事不法論の研究』(1996) 103頁、同『抽象的危険犯の研究』(2007)、町野朔「構成要件の理論」現代的展開[Ⅰ] 1頁、松生健「抽象的危険犯と行為無価値論」井上退官69頁、同「抽象的危険犯における危険」大國退官55頁、同「危険犯における危険概念」刑雑33巻2号264頁、松原芳博「犯罪論における『構成要件』の概念について」西原古稀1巻45頁、丸山雅夫『結果的加重犯論』(1990)、宗岡嗣郎「刑法における因果性と危険性」久留米法学1巻1号129頁、山口厚『危険犯の研究』(1982)、山火正則「構成要件の意義と機能」基本講座2巻3頁、山中敬一「ドイツにおける近代犯罪論の現代的意義」法時84巻1号 (2012) 22頁以下

§64　構成要件の意義

1　狭義の構成要件・全構成要件（保障構成要件）

構成要件（Tatbestand）の概念の内容には広狭さまざまなものがある。まず、「犯罪とは、構成要件に該当する違法・有責な行為である」と定義す

る場合に用いられる「構成要件」の概念がもっともポピュラーな使い方であるが、この要件は、犯罪の成立要件の第1段階に位置づけられる、犯罪の成立要件の一部をなす要件を意味する（狭義の構成要件）。

狭義の構成要件は、各個の犯罪類型の個別の特徴を記述し、その犯罪の典型的な不法内容を特徴づけた観念形象を指す。違法性および責任の判断に先行し、犯罪類型を特徴づける個別の要素の集合から成り立ち、そもそも犯罪として処罰されるべき行為と処罰に値しない行為とを区別するのが、その意味の構成要件の機能である。この意味で用いられるのが、一般的な意味での構成要件概念であり、本書においても、たんに構成要件というときは、この意味で用いている。

　したがって、この意味での構成要件とは、刑法各則に掲げられた犯罪類型の記述にほぼ対応するものと理解すればよい。例えば、「他人の財物を窃取した者」（235条）というのが、窃盗罪の構成要件である。この窃盗の構成要件は、行為主体、客体、行為から成り立っているが、その他にも、構成要件は、行為事情や結果などの多くの**構成要件要素**から成り立つ。しかし、各則の犯罪類型において記述されたものがすべて構成要件要素ではなく、また、逆に、**書かれざる**構成要件要素も存在する。例えば、構成要件的「過失」を認めない学説によれば、過失傷害罪（209条）、過失致死罪（210条）等における「過失により」という文言は、構成要件要素ではなく、責任要素であり、逆に、公務執行妨害罪（95条1項）における「職務」は、「適法な職務」でなければならないと解されているが、その場合、職務の「適法性」は、書かれざる構成要件要素である。

上記の狭義の「構成要件」のほかに、例えば、法律上の犯罪の成立要件を総称して構成要件と呼ぶ場合もある（広義の構成要件）。

広義の構成要件は、狭義の構成要件、違法性および責任、その他、客観的処罰条件などをも含めた、法律上定められたすべての可罰条件の全体を指す。この意味での構成要件概念は、法律上の犯罪の成立要件すべてを指すから、このような要件を充足しない行為は、そもそも犯罪を構成しえない。そこで、この構成要件を**全構成要件**（Gesamttatbestand）と呼ぶ。その意味では、刑法の罪刑法定主義ないし保障機能の表れであるといってもよい。したがって、この構成要件を**保障構成要件**（Garantietatbestand）と呼ぶこともある。

❷　その他の意味における構成要件

その他、「構成要件」という概念については、次のような用法がある。当該の犯罪に特殊な不法をなす要素を包括するものを**不法構成要件**（Unrechtstatbestand）という。この不法構成要件の外部にあって正当化をもたらす要素を含むものを**許容構成要件**（Erlaubnistatbestand）という。不法構成要件と許容構成要件を一体としたものが、**全不法構成要件**（Gesamt-Unrechtstatbestand）である。これは、消極的構成要件要素の

理論による構成要件概念である。最後に、ある犯罪の典型的な責任内容を表す要素を包括するものを**責任構成要件**（Schuldtatbestand）と呼ぶ。不法構成要件と責任構成要件をまとめて**犯罪構成要件**（Delikttatbestand）という。これには、正当化事由や責任阻却事由をなす事情たる要素は含まれない。

§65　構成要件論の史的展開

1　ベーリングの価値中立的構成要件の誕生とその背景

　構成要件論は、ベーリング（Ernst Beling, 1866-1932）によって根拠づけられたが、それ以前にも構成要件の概念は、ドイツでは18世紀以来用いられていた。当初その概念は、様々な意味をもったが、「罪体」（corpus delicti）のドイツ語訳として用いられることが多かった。罪体概念は、当初、訴訟法上の意味をもつものであったが、徐々に実体法上の意味において用いられるようになった。19世紀になると構成要件の概念は、犯罪の成立要件の意味に用いられるようになった。近代的な犯罪論体系との関係では、**ビンディングの規範論**において、規範違反（行為規範）と刑罰法規（制裁規範）が分離され、違法論が行為規範に位置づけられ、犯罪構成要件は、むしろ、制裁規範に属せしめられたことが、ベーリングの構成要件論を生む背景となったということができる。[1] 構成要件概念は、ベーリングが、刑法を行為規範と捉え、それに行為規範としての役割を与えることによって**犯罪論体系の中心的位置**を占めるに至ったのである。

　構成要件は、犯罪体系上、**ビンディングの行為規範違反としての違法**に先だって機能するため、ベーリングは、違法と無関係な構成要件概念を樹立する必要があった。これが、ベーリングの価値中立的構成要件誕生の背景である。

　すなわち、その構成要件とは、主観的な要素をまったく排除した、行為の外部的形象によって構成されるものであり、また、構成要件に該当した行為は違法であることを推定させるといった法的な評価をまったく含まない**価値中立的で記述的なもの**であった。ベーリングにとっては、構成要件とは、純粋に評価の対象であり、この対象の評価は違法性段階ではじめて行われるものであった。

2　不法構成要件

　構成要件の客観性と構成要件の価値中立性は、その後、**主観的違法要素**と**規範的構成要件要素**の発見によって動揺させられることとなった。まず、M. E. マイヤー（M. E. Mayer, 1862-1932）らによって、行為の主観的要素は、責任の段階のみならず、違法性の段階においても、行為の違法性に影響を与えるものであることが認識された。例えば、正当防衛における防衛の意思といった主観的正当化要素および不法領得の意思のような主観的違法要素がそれである。M. E. マイ

---

[1] これにつき、詳しくは、山中・前掲法律時報84巻1号22頁以下参照。

ヤーは、原則的には、構成要件は、価値中立的であるという認識から出発した。マイヤーにとっては、構成要件に該当するということは、違法であるということの徴表であるにすぎない。構成要件とは、火に対する煙のようなもの、すなわち、**違法性の認識根拠**（ratio cognoscendi）であり、違法性の構成要素ではなかった。

その後、エーリック・ヴォルフ（Erik Wolf, 1902-1977）によって、「人」、「物」といった従来純粋に記述的要素とされてきた要素も、実は、その限界領域では、規範的評価を免れないものであるとされ、違法性に方針づけられた評価であると認識されるに至り、構成要件とは、徹頭徹尾、規範的に構成されたものではないのかとされるに至った。

エドムント・メツガー（Edmund Mezger, 1884-1962）は、1926年に、構成要件とは類型化された違法であり、たんなる違法性の認識根拠ではなく、**実在根拠**（ratio essendi）であることを明らかにした。この見解によれば、構成要件とは、それに該当する行為が、違法性を阻却する事由が存在しない場合には、違法となるような「一応の不法判断」なのである。[2]

3 消極的構成要件要素の理論

これは、すでに19世紀に、アドルフ・メルケル（Adolf Merkel, 1836-1896）によって、唱えられていた理論であるが、これによれば、構成要件と違法性とは、独立の意義を失い、「**全不法構成要件**」に融合し、一体化する。構成要件は、それが存在することによってそれを充足する**積極的要素**と、それが存在しないことによってそれを充足する**消極的要素**から成り立つ。従来、構成要件には該当するが、その後、違法性の段階で、違法性を阻却する事由であるとされた正当化要素は、この理論によれば、それが存在しなければ、構成要件該当性が認められる消極的構成要件要素である。すなわち、例えば、殺人の構成要件は、各則の「人を殺した者」という積極的要素からのみではなく、総則に規定された正当防衛の規定（36条）にいう正当防衛状況が存在しないことという消極的要素からも成り立っている。したがって、正当防衛で人を殺した者は、すでにこのような意味の構成要件に該当しない行為を行ったのである。

この理論によれば、三段階犯罪論体系と訣別し、**二段階犯罪論体系**に帰着することになる。[3] この理論は、1960年代には、ドイツにおいて多数説を形成したが、現在では、三段階犯罪論体系を守るべきだという見解が増えてきている。わが国においては、支持者（植田63頁、中92頁以下）は極めて少数にとどまった（現在、支持するものとして、井田133頁）。

---

[2] メツガーの不法構成要件論をわが国では「新構成要件論」と呼ぶことがある（仲地・現代刑法講座1巻234頁）。

[3] 消極的構成要件要素に関する基本的研究として、中義勝『誤想防衛論』（1971）、とくに19頁以下、なお、葛原・中古稀67頁以下参照。

§66　構成要件と違法性との関係

　現在のわが国においても、構成要件と違法性の関係のとらえ方については、さまざまな学説がある。ドイツの学説に比べて特徴的なのは、わが国では、構成要件と違法性の関係という観点からのみではなく、構成要件と責任との関係という観点からも、構成要件の性質を考察する見解が有力なことである。

1　わが国における構成要件論の展開

　わが国の構成要件論は、昭和のはじめに、小野清一郎および瀧川幸辰によってドイツから導入された。[4]

　小野は、構成要件を行為の違法性を類型化したものであると同時に、行為者の道義的責任をも類型化したものである（小野・犯罪構成要件18頁以下）とし、**違法・有責類型行為説**を唱えた。さらに、小野は、構成要件に重要な刑事訴訟法的機能を認め、それを刑事訴訟における指導形象であるとした。小野の見解は、構成要件を違法・有責な行為の法的定型が構成要件にほかならないとする団藤重光の**定型説**（団藤118頁）に継承され、今日、わが国の通説となっている。

　他方、**瀧川**は、構成要件は違法類型であるとする（瀧川58頁）。そして、違法類型とは、ある行為が、一応、違法であると判断されるために必要な要素の総括であるとし、違法性の徴表であるとする。

　宮本英脩は、タートベシュタント（Tatbestand）を**基準類型**と訳し、それを、可罰類型（Deliktstypus）の縦の下位概念とする。それには、ほかに、横の類型として、未遂既遂に関する「段階的類型」および単独犯共犯に関する「方法的類型」、さらに本位的一罪、処分的一罪に関する「一罪的類型」が属する（宮本47頁）。

　佐伯千仭は、タートベシュタントを**犯罪類型**と訳するが、その基本的性格を「可罰的違法類型」とし、[5]違法類型であるとする。そして、可罰的違法類型と違法阻却事由とは、原則型と例外型の関係にあるとする。しかし、犯罪類型は、可罰的違法類型であるのみならず、可罰的責任を帯びた行為の類型でもあるとする（佐伯122頁以下）。

2　現代の構成要件論

　現在のわが国の構成要件論は、およそ次のような類型に分類できる。①行為類型説、②違法行為類型説、③違法有責行為類型説である。[6]

(1)　行為類型説

　この見解は、基本的にベーリングの価値中立的構成要件の思想を支持するものであり、構成要件を責任のみならず違法性からも截然と分離し、これを

---

[4] 小野清一郎「構成要件充足の理論」松波先生還暦祝賀論文集（1928）337頁以下（犯罪構成要件195頁以下所収）。

[5] 佐伯・違法性の理論123頁以下所収。

[6] わが国の構成要件論について検討したものとして、鈴木『犯罪論の基本構造』29頁以下参照。

形式的、価値中立的にもっぱら行為の類型と解する立場である（内田・概要〔上〕152頁以下、曽根58頁、山火・基本講座2巻16頁）。この立場は、構成要件が違法性の論理的な推定機能をもつことを否定し、構成要件該当性からは違法性の事実上の推定が可能であるにすぎないとする（内田89頁以下、曽根59頁）。構成要件とは「犯罪を輪郭づける観念的形象（型）である」とし（内田84頁）、しかも、それは、「違法な行為と違法でない行為を均等に内含した観念的形象である」（内田91頁）。この説によれば、違法論・責任論に固有の領域が与えられるのであり、したがって、それは、たんなる「消極的な違法阻却事由判断」では足りず、**「積極的な違法判断」**が加えられる必要があるとするのである。この説は、構成要件の犯罪個別化機能を徹底させようとする見地から、故意・過失を構成要件要素とする点では、ベーリングの客観的構成要件とは袂を分かつ。

　しかし、この説は、立法者が、構成要件を形成するに際して何を指導形象として犯罪類型を作り上げるのかを説明しえないという難点をもつように思われる。この説は、構成要件がまったく形式的で無内容なものだというわけではなく、処罰に値する実質を規定しているものとする（内田88頁）。もしそうだとすれば、違法性からまったく形式的・価値中立的な構成要件などありえない。構成要件は、やはり、原則的に違法で実質的に処罰に値する行為を類型化したものである。

(2) 違法行為類型説

　これは、構成要件とは違法行為を類型化したものであるという説を総称するものである。この説は、構成要件と違法性の関係についての強弱の度合いに応じて、さらに細分化されうる。

　(a) 違法推定説（原則・例外型説）　構成要件は、違法行為の類型、すなわち、不法類型であるが、具体的なケースにおいて、違法性判断において例外的に違法性が阻却されることがありうるものとする（平野99頁、福田69頁、内藤192頁以下、中山214頁、山口30頁。なお、浅田116頁）。この見解は、主として、主観的構成要件要素を認めない立場から唱えられる（**結果無価値論的違法行為類型説**）が、必ずしも論理的必然性はない[7]。この見解は、とくに、故意・過失という主観的要素を認め、構成要件を違法類型であるのみならず有責類

---

[7] この説が、行為無価値と結果無価値の二元論をとるドイツにおける通説であること、同じくわが国において二元論者である福田博士が支持されていることからも明らかである。

型でもあるとするわが国の有力説に対して、それによって、構成要件概念が弛緩し、全体的考察に陥り、罪刑法定主義的機能を空洞化するものと批判する（平野 98 頁）。

(b) 消極的構成要件要素の理論 この説は、構成要件を不法構成要件としてとらえ、類型化された不法であるとすることを出発点として、違法性の存否やその軽重の程度に影響をおよぼす事情はすべて不法構成要件の要素であるとする（中 93 頁）。したがって、正当防衛などの正当化事由も、それが不存在であれば、構成要件を充足するという意味で、消極的構成要件要素なのである。したがって、前述のように、この説からは、犯罪論体系は、構成要件と違法性が一体化した「類型的不法」と責任の二段階から成り立つことになり、三段階犯罪論体系は放棄される。

殺人構成要件 ＝ （199条）＋（－35条）または＋（－36条）など

この説が、構成要件と違法性の区別を放棄してまで、その一体性を主張する根拠は、主として**錯誤の問題の解決**にある。構成要件的故意を肯定し、違法阻却事由の事実的前提に関する錯誤を事実の錯誤とすると、原則・例外型説からは、例えば、誤想防衛による殺人の場合、構成要件的故意は認められるが、責任要素としての故意が否定され、過失致死罪が成立しうることになる。しかし、構成要件該当性、違法性の段階までは、殺人罪（199条）の構成要件・違法性にあたりながら、責任の段階で突然に、過失致死罪の責任が問題となるのは、不合理であるとされる。もう一度、構成要件の段階に戻っても、その段階では、故意があるから、過失致死罪の構成要件には当たらず、結局、いわゆる**ブーメラン現象**（川端399頁参照）が生じて不都合であるが、この問題は、消極的構成要件要素の理論をとることによって解決できるというのである。また、この説は、類型的不法内部においては、積極的に不法を根拠づける要素を先に論じ、違法阻却事由としての消極的構成要件要素をその後に論じるというように、区別しており、この両者の区別をまったく認めず、混同するものではない。

しかし、錯誤問題の解決は、三段階犯罪論体系を堅持したうえでも可能であるとすれば、原則的判断と例外的判断という分析的思考を体現する犯罪論体系を犠牲にして、この理論を支持することには疑問を禁じえない。[8]

(c) 構成要件の違法性への解消説 犯罪の成立要件を一般的成立要件と特別成立要件とに区別し、構成要件とは、具体的な犯罪類型である「人を殺した者」あるいは「他人の財物を窃取した者」といった特別成立要件を意味するのだから、各論の課題であり、総論においては、一般的成立要件である「行為、違法、責任」を論ずれば足りるとする見解（齊藤金作71頁以下）あるいは、「構成要件該当性は、規範違反性としての違法性を内容的に示したものであり、犯罪の概念の中では、独立の概念要素をなすことなく、違法性という概念要素の内部で論ぜられるべきもの」とする見解（西原133頁）がある。

---

[7] この説に対する批判として、川端『正当化事情の錯誤』（1988）163頁以下、佐久間修『刑法における事実の錯誤』（1987）169頁以下・249頁以下。

しかし、違法行為類型である構成要件と違法評価そのものとは、概念上明確に区別されるべきである。法益侵害行為を観念形象とする構成要件は原則的不法類型であるのに対して、違法判断の独自性は、利益衝突状態における法秩序の利害調整機能にある。

(3) 違法有責行為類型説

この説は、前述のように、構成要件は、違法行為類型のみならず、有責行為類型でもあるとするものである。したがって、当該行為が構成要件に該当するならば、それは、違法であることのみならず、有責であることを推定するというのである（小野・犯罪構成要件19頁、団藤118頁、大塚122頁、藤木74頁、香川91頁、板倉86頁、大谷97頁、西田75頁、前田29頁）。有責行為類型であることは、とくに、故意・過失の本籍が責任論の領域にあって、構成要件的故意ないし構成要件的過失の構成要件における定型的評価の相違は、行為者に帰されるべき非難の強弱の定型的相違に由来するがゆえに、構成要件的故意・過失が責任要素の定型化としての意味をもつという点に示されているほか、期待可能性の有無・強弱を顧慮して犯罪定型が定められている点に示されているというのである（団藤137頁）。

この違法有責行為類型説において、行為の主観的側面、すなわち、とくに故意・目的などの主観的構成要件要素を違法要素でもあり、責任要素でもあると考えるか、あるいは、違法要素ではなく責任要素であると考えるかにつき見解が分かれる。それは、行為無価値論を認める見解と認めない見解とに対応するといってよい。

(a) 主観的構成要件要素を違法・責任要素であるとする見解（違法・責任要素説）

故意・過失や目的犯における「目的」は、行為に違法性を与え、または違法性を強める主観的要素であるとすると同時に、責任要素としての側面をも示しているとする（小野・犯罪構成要件45頁[9]、佐伯184頁、団藤290頁、大塚134頁、町野117頁・181頁）。

(b) 主観的構成要件要素をもっぱら責任要素であるとする見解（責任要素説）

行為の客観的側面は、違法要素であるが、主観的側面は、もっぱら責任要素であるとする。すなわち、目的犯における目的や故意といった主観的構成要件要素は、違法性の有無・強弱に影響を与える[10]ことはなく、もっぱら責任の存在を推定させる要素なのである（前田47頁以下）。

わが国では有力説となっている違法有責行為類型説は、不法構成要件と責

---

[9] 表現犯については「違法要素」であるが、傾向犯および目的犯における主観的要素は違法要素ではなく「責任要素」とする。
[10] 客観的要素を超えて法益侵害に何物かを付け加える場合にかぎり例外的に主観的違法要素を認める立場をとるものとして、曽根91頁がある。

任構成要件を合体させた犯罪構成要件（犯罪類型）を「構成要件」とする思想を背後にもつものであると思われる。しかし、犯罪論体系の最初に位置すべき「構成要件」とは、違法性のほかに個々の責任をも徴表すべき犯罪類型であることが重要なのではなく、罪刑法定主義の見地から「禁止の意味」ないし「禁止の素材」を明らかにすることが重要なのである。すなわち、構成要件によって、法益侵害ないし法益侵害の危険を惹起するような行為類型を明らかにすることによって、犯罪の事前予防を図るとともに、そのような行為類型にあてはまる行為を行った場合には、処罰される可能性を示す第1の前提条件を充たしたということを意味するのである。このような機能を果たすためには、個々の違法行為についての行為者の責任を問うための要件を吟味する要素は、とりあえず捨象することができる。違法有責行為類型説は、全体的考察の名残をとどめるものであり、なぜ、犯罪論体系の第1段階において、「責任」類型について配慮すべきなのかを、明確に根拠づけてはいない。[11]

　責任類型とする見解に対しては、さらに、構成要件を責任の類型であるといったところであまり意味がない、または、違法性において違法阻却事由の存否を消極的に判断するのと同じように、責任において責任が責任阻却の存否の判断のみによって確定しうるわけではなく、構成要件該当性は責任を推定しないとみるべきだという批判（福田69頁以下、西原137頁）あるいは、構成要件は、違法類型と対等な意味をもった責任類型の意味はもたないという批判（西原136頁）がある。

§67　客観的構成要件と主観的構成要件

1　総説

　構成要件は、さまざまな構成要件要素から成り立つが、構成要件要素には、**客観的構成要件要素**のほかに**主観的構成要件要素**もあるとする説が有力である。構成要件が不法構成要件であるとすると、この主観的構成要件要素も当然主観的違法要素として、違法性を根拠づけあるいはその強弱に影響を与

---

[11] 例えば、逃走罪や堕胎罪のように、構成要件においてすでに期待可能性を考慮して形成されていたとしても、それは構成要件が有責類型であることを示すものではない。構成要件における期待可能性の考慮が有責性判断に、例えば、推定機能を与えるような意味をもたないからである。

える要素であるということになる。従来の学説の中で、この事実を否定しようとするならば、構成要件を行為類型であるとするか、構成要件とは、不法構成要件の側面と責任構成要件の側面の両面があり、主観的要素は、責任構成要件に属するという以外にはないとも思われる。しかし、第3の道はないのであろうか。

　従来、不法構成要件は、一つの観念形象であり、その要素として客観的構成要件要素と主観的構成要件要素があると考えられてきた。しかし、むしろ、客観的構成要件要素のみからなる**「客観的構成要件」**と、それを主観に反映する主観的構成要件要素のみからなる**「主観的構成要件」**の二つの構成要件があり、それが犯罪論体系の中で合体することによって、「犯罪構成要件」を形成し、犯罪論体系の第1段階となっているのではないだろうか[12]。そして、従来の意味における不法構成要件とは、客観的構成要件を意味するのであり、そこに、主観的違法要素をも混入させたことから混乱が始まったといえるのではないだろうか（☞§73, 1）。

2　客観的構成要件

　客観的構成要件は、不法の外部的側面を意味する。これは、前述のように、当該の犯罪の実質的な不法内容（禁止の意味）を根拠づけるあらゆる要素が採り上げられている（イェシェック, Hans-Heinrich Jescheck, 1915-2009）。そこでは、立法者がどのような法益を刑罰規範の意味内容をなすものとして念頭に置いていたか、どのような行為客体を考慮したかなど、典型的な不法内容が明らかにされているのである。それは、国民に対して犯罪内容を呈示して、行為統制を図るという機能のほかに、可罰性の前提の輪郭を明らかにして、制裁規範（刑罰）の適用の第1関門を形成する機能をももつ。とくに前者の機能は、行為者にとっては、主観的認識の対象となるということを意味する。すなわち、客観的構成要件は、主観的構成要件の認識の対象である（故意規制機能）。

　したがって、行為の主体、行為、因果関係、結果、行為事情などが、客観的構成要件の要素であり、それらの要素の全体が、違法行為類型を形成しているのである。そして、不法類型はこれに尽きているといえる。

---

[12] これについて詳しくは、山中敬一『犯罪論の機能と構造』233頁以下、とくに239頁以下。

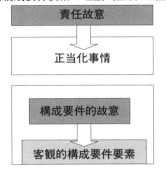 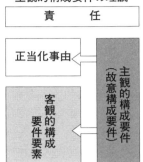

3 主観的構成要件

これに対して、主観的構成要件は、主として、それぞれの客観的構成要件を主観的に反映する要素からなるものである。しかし、それらの要素は、不法を根拠づけたり、不法の強弱に影響するものではなく、不法とは無関係に、犯罪を個別化し、限界づける機能を果たすにすぎない。それは、責任非難の前提となる要件ではあるが、有責類型であるという意味ではない。故意、および目的犯における目的などの主観的構成要件要素といわれるものの集合が主観的構成要件をなす。故意は、違法行為類型を輪郭づけ、その意味で、客観的構成要件要素とそれに対応する故意が存在してはじめて、犯罪が個別化される。客観的な意味の殺人行為とそれに対応する殺人の故意がそなわってはじめて、殺人罪の犯罪構成要件が充足されるのである。

また、目的犯における「目的」などの主観的構成要件要素は、それが存在することによって違法性が根拠づけられたり、強弱に影響されたりするものではない。それは、客観的構成要件において書かれざる構成要件要素として要求されている「行為の危険性」を反映する認識にすぎず、それによって、犯罪類型を明確化する機能をもつにすぎない。

重要なのは、主観的構成要件要素の一つである故意の認識対象は、客観的構成要件要素のみではなく、違法性の段階に位置づけられる違法阻却事由の事実的前提にも及ぶということである（☞§90, 3 (1) (b)）。したがって、主観的構成要件は、客観的構成要件要素と違法性を根拠づける事実の両者を反映する主観的要素からなるということができる。

§68　客観的構成要件の機能

従来、構成要件の機能として議論されてきたのは、ここでいう客観的構成要件の機能についてである。

1　罪刑法定主義的機能

この機能は、もちろん、保障構成要件の意味のあらゆる可罰条件の全体が担うものであるが、不法構成要件が中心となって、この機能を果たす。何が禁止され刑罰を科せられる行為であるのかが構成要件において厳密に記述されていなければならない。構成要件は、犯罪行為の中核となる輪郭を明らかにし、罪刑法定主義を具体化する機能をもつのである。したがって、「自由保障の機能」（大塚124頁）をもつということもできる。これは、各犯罪類型の限界を明らかにし、それぞれの犯罪を個別化する機能でもある。したがって、構成要件は、「犯罪を個別化する機能」（中山199頁）をもつということもできる。

2　体系的機能

ここでいう客観的構成要件は、犯罪論体系の中で、最初に位置づけられ、そこに、行為主体、行為、行為客体、因果関係ないし客観的帰属、結果などを配属することによって、次に来るべき違法性・責任の判断の対象をも確定し、犯罪の成立要件の全体的な体系の枠組みと基礎を与えるという機能を果たす。それは、構成要件の「体系的機能」といってよい。これは、「構成要件が犯罪論における理論的支柱として果たすべき機能」である「刑法理論的機能」（大塚123頁、川端106頁）といわれているものに対応する。また、ドイツにおいては、この意味の構成要件を「体系構成要件」（Systemtatbestand）という。

3　故意規制的機能

客観的構成要件は、故意の認識の対象たる要素を含むものであり、その認識がなければ故意を阻却するという機能をもつ。故意が存在するというためには、客観的構成要件に該当する事実の認識がなければならないとされているのである。構成要件該当事実の認識がない場合には、重要な錯誤であり、故意は阻却される[13]。ところで、従来の意味の構成要件は、近時の通説によれば、構成要件的故意をも含んだものであった。したがって、従来、故意の認

---

[13] その意味で、この故意規制的機能に着目した構成要件を**錯誤構成要件**（Irrtumtatbestand）と呼ぶことがある。*Roxin*, Strafrecht, Allgemeiner Teil, Bd.1, 4.Aufl., 2006, S. 280 ff.

識対象となるのは、客観的構成要件要素にかぎられ、主観的構成要件要素である「故意」や「目的」は除かれると説明されてきた。したがって、従来の意味の構成要件の一部のみが、故意規制的機能をもつとされたのであった。本書では、客観的要素のみからなる客観的構成要件を構想しているので、この問題は生じない。しかし、逆に、故意を規制する事実は、客観的構成要件のみにかぎらない。客観的構成要件を認識していたとしても、それが違法性を阻却する事由であると誤認していたような場合、例えば、正当防衛状況があると信じて防衛行為を行ったという誤想防衛の場合にも故意を阻却すると考えられる。[14]

4　違法推定機能

客観的構成要件は、不法類型であり、後の具体的な検討において例外的に違法性を阻却する事情がなければ、原則的に「違法」とされる行為の類型である。したがって、この構成要件に該当する行為は、違法性の存在を推定させる。これを **構成要件の違法推定機能** という。構成要件該当性によって推定された違法は、違法阻却事由において、阻却事由がないかぎり、違法として確定する。違法性が阻却される場合にも、構成要件該当性が否定されることになるわけではない。

§69　主観的構成要件の機能

主観的構成要件は、犯罪構成要件の中で、客観的構成要件と平行しつつ、事実上は、その順序としては客観的構成要件の判断の後に検討され、客観的構成要件と一体となって、犯罪構成要件該当性を根拠づけるものである。[15] それは、客観的構成要件の主観的反映である。この構成要件自体は、不法類型ではないので、主観的要素の存在が、「違法性創設機能」や「違法性加重機能」をもつわけではない。また、それは、責任類型として、責任を推定させる機能をもつものでもない。ただ、故意は、それがなければ故意責任を問い

---

[14] つまり、違法阻却事由の事実的前提の存在も、故意の認識対象であり、その意味では、この事実も故意を規制する機能を有するといってよい。客観的構成要件該当事実および許容構成要件該当事実が故意を規制する機能をもつのである。

[15] これについて、山中・前掲『犯罪論の機能と構造』239頁以下参照。

えないという意味では、**故意責任に対する提訴機能**をもつといえよう。そこで、それは、主として、次の二つの機能を果たすものといえよう。

1　犯罪個別化機能

客観的構成要件に該当する事実が存在するが、主観的要素を判断しなければ、いずれの犯罪構成要件に該当するのか不明であるという場合がある。例えば、ある者が、人に向かって発砲し、弾丸が被害者の足に当たった場合、外部から客観的にみただけでは、それが傷害罪にあたるのか、殺人未遂罪にあたるのかは分からない。この場合、**主観的構成要件要素たる故意**が、いずれにあったのかによって客観的構成要件が個別化され、いずれにあたるのかが決定される。故意の存在が、犯罪の種類を決定していることになるが、それによって違法性が創設・加重されたのではなく、それが間接的にせよ違法性に影響するというのであれば、むしろ、すでに存在した客観的違法性が、可罰的判断によって限定されているのである。

主観的構成要件要素としての**「目的」**も、すでに存在する行為の危険性を主観的要素によって限定する作用を果たす。例えば、通貨偽造罪（148条1項）における「行使の目的」は、客観的な「行使の危険」を行使の目的がない場合には、可罰的意味をもたないものとして、違法性を限定する機能を果たすのである。

主観的構成要件要素のうち、「故意」については、さらに一般的に、次のような機能が認められる。

2　違法性の意識に対する提訴機能

構成要件的故意は、不法類型たる客観的構成要件要素および違法性を根拠づける事実を認識するものでなければならない。それらの事実に関する認識を欠くかぎり、構成要件的故意があるとはいえない（中92頁以下参照）。したがって、正当防衛状況を表象・認識し、正当防衛によって攻撃者を殺害する場合、あるいはまた、誤想防衛によって人を殺害する場合も、行為者には、違法性を根拠づける事実について表象・認識を欠くのであるから、構成要件的故意があるとはいえない。主観的構成要件としての故意が違法性を基礎づける事由を表象・認識するのであるから、この意味の故意を「不法故意」（Unrechtsvorsatz）と呼ぶこともできる。しかし、構成要件的故意は、違法性の意識そのものではなく、あくまでも、事実の表象・認識である。したがって、外部的な違法事実（不法）の表象・認識を要求するのであるが、このよ

うな違法事実の表象・認識こそが、自らの行為が「違法」であるという「**違法性の意識**」**を喚起する契機**となりうるものである。このような、違法性の意識を可能とするような故意の存在が、故意責任の非難の前提となるのである。その意味で、構成要件的故意は、責任論において、違法性の意識の可能性を根拠づけるための前提として、それに対する**提訴機能**をもつということができる（構成要件的故意の提訴機能）[16]。

§70　構成要件の諸形態

1　基本的構成要件

このような客観的構成要件および主観的構成要件に該当する行為が、構成要件該当行為である。刑法の各則は、このような客観的構成要件と主観的構成要件からなる各個の犯罪構成要件を規定したものであるが、それは、通常、一人の行為者が、単独で、その構成要件該当行為を実行し、構成要件を充足する場合を予定している。例えば、殺人罪（199条）は、「人を殺した者」を処罰する規定であるが、これは、単独正犯の既遂の形態を予定したものである。しかし、現実の犯罪現象は、複数の行為者によって構成要件が実現され、あるいは、既遂に至らず未遂にとどまる場合もある。通常、各則ないし各種刑罰法規における犯罪構成要件は、単独正犯・既遂類型を予定しているが、このような構成要件を**基本的構成要件**という。

2　拡張された構成要件

これに対して、未遂犯および共犯の構成要件を**修正された構成要件**ないし**拡張された構成要件**と呼ぶ場合がある（団藤355頁、大塚125頁）。

(1) 未遂構成要件

未遂犯（43条）は、「犯罪の実行に着手してこれを遂げなかった」場合、すなわち、基本的構成要件が完全に充足されず、部分的実現にとどまる場合をいう。とくに、殺人罪を実行するつもりで殺人行為を実行したが、死亡の結果が発生しなかった場合のように、構成要件的結果が発生しなかった場合がその典型例である。このような構成要件の部分的実現の場合、刑法は、総則に「未遂を罰する場合は、各本条で定める」（44条）と規定し、とくに各本条で規定のない場合は、これを処罰しないものとして

---

[16] 中・誤想防衛論 15 頁・254 頁・276 頁以下（vgl. *Naka*, Die Appellfunktion des Tatbestandsvorsatzes, JZ 1961, S.210 ff.)

いる。このように構成要件の部分的実現が未遂犯として処罰されるのは、総則ならびに各則に特別の処罰規定があるからなのである。このようにして、各則の基本的構成要件を定めた各本条を修正したのが、各本条の各犯罪の「未遂処罰」規定なのである。このような意味で、未遂犯の構成要件は、「修正された構成要件」といわれるのである。本書では、**段階的拡張類型**と名づけた（☞§49, 3 (2)）。

(2) 共犯構成要件

他方、一つの構成要件の実現に複数人が関与する場合に問題となるのが、共犯である。そのうち、教唆（61条）および幇助（62条）といういわゆる狭義の共犯は、正犯の構成要件該当行為に関与するのみで、自ら基本的構成要件の構成要件該当行為を実行することはない（☞§154, 3 (1)）。

この狭義の共犯が実現する構成要件を共犯構成要件と呼ぶものとすると、その射程はどこまで及ぶのであろうか。この点については、基本的に二つの考え方がある。一つは、共犯構成要件を**構成要件の修正形式**として、正犯の構成要件の前段階に位置づけ、共犯構成要件とは「基本的構成要件に関係して定められた別個の構成要件である」（団藤373頁）としつつ、正犯が実行行為に出たことによって共犯固有の構成要件は充足されるという見解である（小野・犯罪構成要件269頁以下、団藤373頁、大塚281頁）。この見解によれば、共犯固有の構成要件は、共犯行為が行われ、正犯の実行行為が行われたことにつきるものと解することができる。例えば、教唆行為とは「実行の決意をさせる行為」である（団藤373頁）。しかし、共犯の処罰は、実現された正犯の不法に従属する。

もう一つは、共犯構成要件は、「構成要件実現の態様」（木村386頁）にすぎないとするものである。この見解によれば、共犯とは、正犯構成要件に該当する実行行為によって構成要件を実現するのではなく、正犯とは態様の異なった共犯（教唆ないし幇助）行為によって、正犯と同じ構成要件を実現するものであるとする見解である（木村386頁、植田125頁以下）。これは、共犯の処罰根拠を正犯結果の惹起に求める見解から唱えられるが、しかし、いわゆる惹起説を採れば、必然的にこのような共犯を「構成要件の結果類型」（植田重正『共犯の基本問題』〔1952〕247頁）であり、共犯も「犯罪の態様」（植田124頁以下）であるとする見解であらねばならないというわけではない。

本書は、共犯も、正犯の構成要件的結果を惹起するがゆえに処罰されるという因果的共犯論に立つ（☞§155, 4）。しかし、共犯は、「構成要件実現の態様」が、正犯とは異なることを、先に掲げた後説とは異なった概念で表すことにする。それは、この説のような説明方法では、正犯と共犯の区別が概念的に明確にならないと思われるからである。

そこで、前説が、「修正された構成要件」と「拡張された構成要件」の概念を同じ意味において、ともに、正犯構成要件の結果までを射程とするのではない共犯構成要件を構想し、これを「修正された構成要件」等と名づけていたのに対して、ここでは、「修正された構成要件」（修正構成要件）と「拡張された構成要件」（**拡張構成要件**）とを別の意味に用い、「拡張された構成要件」ないし「構成要件の拡張形式」とは、正犯結果の惹起をも含めた共犯の構成要件を指すものと定義し、これをもって共犯構

成要件とすることにする。[17]

(3) 予備構成要件

一定の重要な犯罪については、未遂段階に至らず、実行の着手に至っていない段階の行為である犯罪の準備行為を「予備」として処罰する。殺人予備罪（201条）、強盗予備罪（237条）のほか、内乱予備罪（78条）などがそうである。予備罪は、犯罪の準備行為を処罰するものであるから、正犯の構成要件に該当するものではなく、その前段階の行為である。したがって、予備罪についても、構成要件は、基本的構成要件ではなく、修正された構成要件を個別的に規定したものであるとされる[18]（大塚238頁）。しかし、予備構成要件は、その可罰性が正犯構成要件に従属するわけではなく、むしろ、正犯構成要件の実現とともに意味を失い、法条競合として処理されるものである。予備構成要件は、特定の正犯構成要件を目指す実行の準備行為を構成要件化したものである[19]（☞§144, 2）。

なお、陰謀についても、予備と同様に考えることができる（☞§144, 2）。

§71　基本的構成要件の諸類型

単独正犯・既遂類型を表す基本的構成要件には、行為主体、行為客体、法益侵害との関係などの観点から、さまざまの類型がありうる。

1　実質犯と形式犯

まず、犯罪は、法益侵害またはその危険の発生を要求するのが通常である。このように、法益侵害ないしその危険を考慮して構成要件を定めたものを **実質犯**（Materialdelikte）という。これに対して、直接的には、法益侵害のみならず、その危険をも考慮せずに構成要件がつくり上げられている犯罪を **形式犯**（Formaldelikte）という。

2　形式犯

形式犯は、刑法の法益保護の原則に反するもので、法益侵害ないし危険を

---

[17] これによれば、共犯とは、「構成要件の拡張形式」であり、「方法的拡張類型」である。共犯とは、実行行為という形式によらないで、正犯の構成要件を実現することを意味し、共犯の不法は、正犯の不法に従属せずそれを含んだ独自の不法であるということになる。

[18] これに反して、独立罪とするものとして、大場〔下〕777頁、泉二548頁以下などがある。予備罪の法的性格に関する研究として、齊藤誠二『予備罪の研究』（1971）224頁以下参照。

[19] したがって、予備構成要件の射程は、実行の準備行為につきている。ただ、多くの予備構成要件においては、その主観的要素は、予備行為を超過して正犯の構成要件の実行にまで及ぶ必要がある。しかし、私戦予備罪（93条）のように、予備（陰謀）のみが処罰され、私戦という正犯行為をなすべき行為自体については処罰する規定がない場合もある。

もたらす行為を類型化した典型的な構成要件の類型ではないが、とくに行政刑法においては頻繁に用いられる[20]。例えば、大気汚染防止法における「ばい煙発生施設」の設置に関する届出義務違反（6条1項・34条）、道路交通法における運転免許証不携帯罪（95条1項・121条1項10号）などは、構成要件の実現が、別段の行為を介在させずにそれ自体が直接に、環境汚染や道路交通の危殆化、すなわち、法益の危険をもたらすわけではない。このように、**形式犯**とは、行為による法益侵害の危険が極めて小さいためその行為から直接に法益侵害の危険が推定されず、規範がその行為の禁止によってたんに間接的に法益侵害の危険の発生を予防しているにすぎない犯罪をいう[21]。

3 侵害犯と危険犯

実質犯は、**侵害犯**（Verletzungsdelikte）と**危険犯**（Gefährdungsdelikte）に分かれる。**侵害犯**とは、構成要件の充足には、「法益」の現実的侵害を必要とする犯罪である。その侵害の危険の発生で足りるものが**危険犯**である[22]。例えば、放火罪（108条など）の行為客体は、建造物等であるが、放火罪は、公共危険犯である。

(1) 抽象的危険犯・具体的危険犯・準抽象的危険犯

(a) 抽象的危険犯 これは、具体的な事例において、危険結果の発生は構成要件に属さず、一般的・典型的に危険な行為そのものが処罰されている犯罪である。したがって、抽象的危険犯の場合、危険や侵害そのものの予防は、**立法者の動機**にすぎない。そこでは、構成要件要素として危険の発生を

---

[20] わが国では、形式犯は行政刑法において用いられ、刑罰を科せられる犯罪の一種であるが、ドイツでは「犯罪」ではなく、「秩序違反法」（OWiG）に規定される秩序違反行為、すなわち、秩序罰を科せられる行為にすぎない。

[21] したがって、通常、形式犯の例とされる「不衛生食品の貯蔵・陳列罪」（食品衛生法6条・71条1号）（団藤130頁、大塚130頁）は、形式犯ではなく、抽象的危険犯であると解すべきである。なぜなら、貯蔵・陳列は、その行為自体によって、行為者のさらなる行為を必要とせずにすでに不特定・多数の者の生命ないし健康に対する抽象的な危険をもつ行為であって、運転免許証不携帯のように、それ自体では、具体的な交通事故の原因をなす行為でもなく、何ら道路上での危険につながらない行為とは性質が異なるからである。

[22] ドイツの学説の中では、**行為客体の侵害と危険**によって両者を区別する見解がむしろ多数である（イェシェック、ロクシン、ヤコブス）。ドイツの多数説の基準からは、放火罪は、侵害犯ということになる。また、堕胎罪（212条以下）も、わが国では危険犯とされているが、ドイツの多数説の基準によると、行為客体の一つである胎児が死亡した場合には少なくとも侵害犯であるということになる。たしかに法益の概念は、精神化され不明確であるが、放火罪や堕胎罪などは伝統的に危険犯とされており、この結論を維持するのが混乱を避けるために必要であるから、なお、「**法益**」の「**侵害**」かその「**危険**」かという基準に従って区別するのが妥当であると思われる。

要求しないのであるから、通常、構成要件の中に「危険」という文言が用いられていない。「危険」の発生を要せず、危険は処罰の根拠であり、立法者の動機にすぎない。それは、危険の発生が**擬制**されているという見解を意味し、わが国では通説であるといってよい（瀧川43頁、木村170頁、佐伯138頁、団藤130頁）。

抽象的危険犯の問題点[23]は、現に、危険が発生したことを必要としないのであるから、例えば、野中の一軒家に現に人がいないのを確認して放火した場合のように、危険結果が発生しそうもない場合でも、放火行為を行えば、この事例では、現住建造物等放火罪（108条）の構成要件を充足することになるが、これは、不必要な処罰範囲の拡大であり、責任主義に反するという点である。

そこで、責任主義に反するという批判をかわすためドイツでは、過失犯における「注意義務違反」があったかどうか、つまり、結果発生の危険のある行為である場合に限定しようという見解が有力に唱えられている。いわば、抽象的危険犯を「結果なき過失犯」ないし「過失犯の未遂」とみるのである。しかも、本人を基準として過失の有無を判断する主観的過失の問題とされている。また、その判断は、行為時の事前判断であるとされている。

(b) 具体的危険犯　　これに反して、**具体的危険犯**とは、構成要件の充足に法益侵害の具体的危険の発生を要求する犯罪類型をいう。具体的危険犯の例としては、109条2項の放火罪が挙げられる。一般的に、具体的危険犯においては、構成要件要素として、「危険」の文言が明示されている場合が多い。このような具体的危険犯の構成要件が充足されるには、現実的な危険が発生したことが立証される必要がある。具体的危険犯は、結果犯であり、「危険結果」の発生が必要なのである。具体的危険犯においては、法益の担い手である行為客体が現に存在し、それが危険源の作用領域に入ったときに、危険結果の発生が認められる。

(c) 抽象的具体的危険犯　　先に述べたように、抽象的危険犯に対しては、批判が強い。そこで、ドイツでは、一部の抽象的危険犯について抽象的危険犯と具体的危険犯の中間的形態である**抽象的具体的危険犯**（abstrakt-konkrete Gefährdungsdelikte）の概念を提唱する学説（シュレーダー, Horst Schröder, 1913-1973）がある。そこでは、法益侵害に「適した」危険な行為客体、行為、行為事情などが存在したかどうかを問

---

[23] 抽象的危険犯の問題点については、岡本・法学38巻2号1頁、松生健・井上退官69頁以下、同・大國退官55頁以下、佐伯和也・関法46巻1号116頁以下・2号89頁以下、北野・大野古稀94頁以下参照。

い、それが否定される場合には、不可罰であるとする。このように、法益侵害に対する「適性」は実質的に判断されなければならないのであるから、この犯罪形態を、**抽象的適性犯**（abstrakte Eignungsdelikte）（ロクシン）と呼ぶことがある。

(d) 準抽象的危険犯　他方、わが国においては、抽象的危険犯の中には、何らかの結果事態に関する、ある程度具体的な危険の発生を必要とする犯罪類型があるとして、これを **準抽象的危険犯** と呼ぶ見解がある[24]。しかし、問題は、そのような「ある程度具体的な危険の発生」が解釈論上何を根拠に必要とされるかである。また、わが国においては、具体的危険犯と抽象的危険犯とは本質的に異ならないものとして、たんに危険の蓋然性の程度によって区別しようとし、抽象的危険犯においては「何らかの程度の危険」が、具体的危険犯にあっては「かなり高度の危険」が必要とされるとする見解（野村 101 頁）も唱えられている。しかし、抽象的危険犯において、「何らかの程度の危険」が要求されているという政策的根拠は理解できないではないが、その文理的・理論的根拠は明白ではない。

(2)　抽象的危険犯の意義

(a)　危険の法律上の推定　抽象的危険犯とは、行為の一般的危険性に着目して禁止された行為が行われれば可罰的であるような、具体的な危険結果の発生を要件としない犯罪類型であるというのが、この犯罪の理解の出発点であった。しかし、抽象的危険犯においても、危険の発生は、立法者の動機にすぎないものではなく、個々の事案において要求されるが、構成要件的行為の実行によって法律上反証を許さず推定されている要素であるとするべきである。法律上の推定であるがゆえに、書かれざる構成要件要素という形態をとることが許されるのである。したがって、具体的危険犯も、抽象的危険犯も、危険結果の発生を必要とする犯罪であるが、前者は、現実の発生を必要とし、後者は、その発生が「行為」の存在から法律上推定されるものと解すべきである。

(b)　抽象的危険犯の 2 類型　このような抽象的危険犯は、構成要件に記述された「行為」の性質上、二つのグループに分類できる。

一つは、「行為」が、法益の担い手の「法益」の侵害の危険とある程度関連づけて規定されている類型である。例えば、遺棄罪（217 条）は、「生命・身体」に対する危険を防止しようとする抽象的危険犯である。ここでは、

---
[24] 山口・危険犯の研究 251 頁。

「遺棄した」という文言は、行為客体を危険な状況に置くという意味をもつが、ここにおける「危険」とは、事前的な行為の危険のみならず、**事後的な危険結果の発生**をも含めたものである。したがって、すぐに救助されるような客観的状況がある場合に、子供を公園のベンチに捨てた親の行為は、事後的な危険結果の発生に欠け、「遺棄した」にあたらないのである。

もう一つのグループは、現住建造物等放火罪（108条）の「放火」行為および「焼損」行為のように、法益である「不特定多数の生命・身体・財産の危険」をその文言の中に含まないものである。この場合、例えば、野中の一軒家に誰も人がいないのを確かめて放火し焼損した者も、放火・焼損行為によって、公共の危険が法律上推定されるので、客観的構成要件を充足する。

しかし、例えば、「焼損」結果をもたらす「放火」行為は、その行為自体に典型的な公共の危険を通常もたらしうる危険な行為であることを前提にしているのだから、ドイツの「結果なき過失犯」構成のように、少なくとも、当該「行為」の「公共の結果」に対する事前の「危険性」が認められない場合には、「放火」の構成要件行為性を否定するという解釈は可能であろう。

4 結果犯と挙動犯（単純行為犯）

結果犯とは、結果が、行為者の行為とは場所的・時間的に分離される侵害作用ないし危殆化作用に現れる構成要件を指す。例えば、殺人罪がその例である。殺人罪においては、殺害行為と被害者の死である侵害作用とは、場所的・時間的に分離されうるのである。行為と（侵害ないし危険）結果との間の因果関係ないし客観的帰属は、結果犯においてのみ問題となりうる。

これに対して、**単純行為犯**（schlichte Tätigkeitsdelikte）ないし**挙動犯**は、構成要件の充足が、行為者の最後の行為と同時に生じ、それとは分離される結果が発生しない構成要件をいう。例えば、住居侵入罪（130条）においては、侵入行為とともに構成要件は充足される。その他、偽証罪（169条）がそれに属する。単純行為犯においては、行為が終了すれば、構成要件が充足される。

このように、「結果」の概念は、法益侵害と同義ではない。危険「結果」も存在する。また、単純行為犯においても、何らかの外界の変動である結果は生じているが、それは、行為とは分離できない。したがって、ここでも、法益侵害ないしその危険は存在しうる。

178 ◇第2編　犯罪論　　第3章　構成要件論

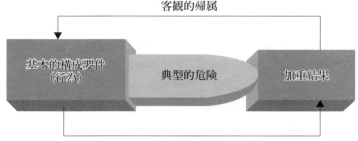

【結果的加重犯の構造】

5　結果的加重犯
(1)　結果的加重犯の意義

　結果的加重犯とは、故意犯である基本的構成要件に該当する行為から加重結果が生じた場合につき、とくに**重い法定刑を予定した構成要件**によって構成される犯罪をいう。[25]例えば、故意による傷害行為から、故意のない重い死亡結果が生じた場合に、とくに重く処罰する傷害致死罪（205条）がその典型的な例である。傷害罪の法定刑は、15年以下の懲役または50万円以下の罰金である（204条）。それに対して、傷害致死罪の法定刑は3年以上の有期懲役（20年以下の懲役）である。いま、もし、傷害致死罪の規定がなかったとすると、傷害行為から死亡の結果が生じた場合には、傷害罪と過失致死罪（210条・50万円以下の罰金）の観念的競合であり、重い傷害罪に従って処断される（54条1項）。したがって、15年以下の有期懲役となる。すなわち、結果的加重犯である傷害致死罪は、3年以上の有期懲役であるが、その規定がなかったと仮定すると、15年以下の有期懲役であり、上限下限ともに、圧倒的に傷害致死罪の法定刑は重いのである。

(2)　加重処罰の根拠

　このように、重い法定刑を根拠づける理由は何であろうか。[26]それは、結果

---

[25] 結果的加重犯の規定には、傷害罪（204条）を基本的構成要件とする傷害致死罪（205条）のような典型的な規定のほかに、故意犯と同じ条文の中に結果的加重犯も規定されている場合もある。例えば、暴行罪（208条）の結果的加重犯としての傷害罪（204条）がそうであり、そのほか、強盗罪（236条）の結果的加重犯としての強盗致死傷罪（240条）、強盗強姦致死罪（241条）もそうである。

[26] 結果的加重犯の詳細な研究として、丸山・結果的加重犯論とくに123頁以下、その他、同「結果

的加重犯が、故意犯たる基本犯と過失犯たる加重結果の惹起との組み合わせであり、その故意犯の中には、もともと重い結果の発生に対する**典型的な危険**が含まれているのであるから、そのような故意行為を行い、それによって、危険が結果へと現実化した場合には、とくに重く処罰して一般予防を図ろうとする点にある[27]。

(3) 基本行為と加重結果との特別の関係

加重結果の発生については、因果関係論において、条件関係で十分であるとすると、基本行為から、極めて稀有な異常な経過をたどって結果が発生した場合でも、結果的加重犯として重く罰せられることになる。そこで、すでに客観的構成要件において、結果的加重犯の成立を限定しようとする理論的努力がなされている。

(a) 加重結果に対する客観的帰属 まず、基本行為と加重結果の間には、条件関係のみならず、**相当因果関係**が必要であるとされている。本書の立場からは、客観的帰属論によって結果帰属を限定すべきである。

> 最高裁の判例は、結果的加重犯については、相当因果関係説を採用していない。「唯一・直接の原因」たることを要しないという判例の好んで使う定式を用いて、比較的広く因果関係を肯定する。強盗致死罪になるか強盗傷人罪にすぎないかが問題となった事案で、原審が折衷的相当因果関係説を採って因果関係を否定したのに対して、「被告人の本件暴行が、被害者の重篤な心臓疾患という特殊の事情さえなかったならば致死の結果を生じなかったであろうと認められ、しかも、被告人が行為当時その特殊事情のあることを知らず、また、致死の結果を予見することもできなかったものとしても、その暴行がその特殊事情とあいまって致死の結果を生ぜしめたものと認められる以上、その暴行と致死の結果との間に因果関係を認める余地がある」と判示した（最判昭46・6・17刑集25・4・567＝百選8）。
> なお、ドイツにおいては、とくに結果的加重犯について、特別の限定原理を提唱する見解がある[28]。

的加重犯の加重根拠」基本講座2巻125頁以下、内田浩・結果的加重犯の構造参照。

[27] このような危険性説を採用するものとして、丸山・結果的加重犯論224頁以下、同・基本講座2巻135頁以下。内田浩「結果的加重犯の法定刑に関する一考察―傷害致死罪を中心として―」成蹊大学法学=政治学研究8号27頁以下、内田・概要〔上〕270頁参照。

[28] 例えば、ドイツの判例は、結果が故意による基本犯によって「直接に」惹起されなければならないとして、**「直接性の要件」**（Unmittelbarkeitserfordernis）を要求していた。しかし、その後の判例（BGHSt 31, 96；BGHSt33, 322）においては、直接性の要件は用いられていない。結果的加重犯における特別の帰属限定原理は、不要であると思われる。それは、一般的な客観的帰属論に解消され、その中で、規範の保護目的を考慮しながら、帰属基準が求められることで十分である。佐伯和也「結果的加重犯における『基本犯』と『重い結果』との関係について」関法52巻3号80頁以下参照。

(b) 加重結果に対する過失　加重結果について基本的行為の責任を問うには、基本的行為の際に、加重結果について「**過失**」がなければならないとされている[29]。結果に対して、行為者に予見可能性のない場合にその責任を問うのは、「責任主義」に反するからである。改正刑法草案は、その22条において「その結果を予見することが不可能であつたときは、加重犯として処罰することはできない」と規定する。この意味で、結果的加重犯は、故意犯と過失犯の結合形態であるということができる。現実に、客観的帰属が認められるにもかかわらず、行為者に予見可能性がなく、主観的過失がないという場合にどれだけの余地が残されているかは、疑問ではあるが、理論上、過失責任主義は貫徹されなければならないであろう。

6　即成犯・継続犯・状態犯

法益侵害が、瞬時に終了するのか、法益侵害状態が継続するのか、法益侵害の継続と犯罪の終了とはどのような関係に立つのかに応じて、構成要件の性質を特徴づけることができる。

(1)　即成犯

わが国においては、一定の法益侵害ないし危険の発生によって犯罪がただちに完成し、かつ終了する犯罪は**即成犯**（ないし即時犯）（délit instantané）と名づけられている。これを、「犯罪が終了すると同時に法益は消滅する場合をいう」（平野131頁）と定義する学説もある。即成犯の例として、殺人罪（199条）、放火罪（108条以下）などが挙げられる。通説に従って、犯罪が既遂となって直ちに終了する犯罪を即成犯と定義するならば、その中には、その後も法益侵害状態が維持されている犯罪（状態犯）もこの定義に含まれることになる（荘子（旧）143頁）。したがって、通常の犯罪は、ほとんど即成犯であるということになる。

(2)　継続犯

構成要件が充足され、犯罪が既遂に至った後も行為者の実行行為の継続によって法益侵害状態が維持されており、しかも、その状態が継続しているかぎり、犯罪も終了しないものを**継続犯**（Dauerdelikte）と呼ぶ（通説）。典型的な例は、逮捕監禁罪（220条）である。逮捕監禁罪においては、それがいったん既遂に至った後も、行為者が逮捕や監禁の状態を継続させているかぎ

---

[29] 判例は、過失不要説を採る（最判昭32・2・26刑集11・2・906＝**百選50**）。加えて、客観的に予測可能であれば足りるとするものに、荘子（旧）245頁、香川・結果的加重犯95頁・226頁。

り、犯罪は終了していない。

しかし、継続犯の概念については、**異説**がある。それによれば、継続犯とは、構成要件上の行為の実現ないし完成（既遂）に一定の時間的な幅の継続を必要とする犯罪のことをいう（荘子119頁以下、木村170頁、川端111頁）。この説は、継続犯の概念には二種の異質な基準によって定義されるがゆえに混乱がみられるとし、通説のいう継続犯を「**不真正継続犯**」、この説による継続犯を「**真正継続犯**」と呼ぶ。しかし、混乱は、通説の意味における継続犯概念に限定することによって避けられるべきであろう。むしろ、真正の継続犯とは、通常、この説にいう不真正継続犯を指すからである。

　なお、即成犯か、継続犯かが問題となる事例に、道路交通法の制限速度違反が継続して行われた場合がある（最決平5・10・29刑集47・8・286、(第2審) 大阪高判平3・4・16高刑集44・1・56）。制限速度違反が即成犯だとすれば、制限速度を越えたときに犯罪は既遂となり、終了するということになる。継続犯だとすれば、制限速度違反状態が継続しているかぎり、犯罪は継続していることになる。問題は、制限速度違反がある地点で測定された後、カーヴや、急な坂、トンネルなどがあったが、制限速度違反状態が継続したまま運転している間に別の地点でも測定された場合に、二つの犯罪が行われ併合罪となるのかどうかである。即成犯説にたっても、**同一の動機にもとづいて時間的・場所的に近接した地点において包括的な犯意のもとに行われた制限速度違反**は、包括一罪と評価しうるが、最高裁は、カーヴなどがあった事例においては、二つの速度違反行為は別罪を構成し、併合罪になるものとした（☞§178, 2 (b) 注5）。この結論は、即成犯説に立つ場合に合理的である。

(3) 状態犯

状態犯（Zustandsdelikte）とは、一定の状態の惹起をもって犯罪が終了するが、法益侵害状態は継続している犯罪をいう。即成犯の定義に、犯罪の既遂後、法益が消滅するものとしないかぎり、即成犯も状態犯でありうることになる。この説によれば、窃盗罪は即成犯であると同時に、状態犯でもある。状態犯の典型として、窃盗罪（235条）ないし重婚罪（184条）が挙げられる。そのほか、傷害罪（204条）も器物損壊罪（261条）も、状態犯である。

　問題は、**名誉毀損罪が継続犯か状態犯か**である。

　インターネット上のホームページの掲示板に名誉を毀損する書き込みをして不特定多数の者にこれを閲覧させた事案につき、被害者が「犯人を知った日」から6か月という告訴期間（刑訴法235条）を過ぎてから告訴したとき、告訴は適法かどうかが問題となった**判例**（大阪高判平16・4・22判タ1169・316）がある。大阪高裁は、名誉毀損は抽象的危険犯であるが、その書き込みが削除されず利用者に閲覧可能な状態に置かれたままであったとき、犯罪は終了していないとし、継続犯であるとするが、も

っとも、本件については、警察の捜索を受けた後、被告人は、ホームページの管理者に削除を申し入れたとき、それによって実際には削除されなかったとしても、「自らの先行行為により惹起された被害発生の抽象的危険を解消するために課せられていた義務を果たした」と評価でき、**削除の申入れをした時点**で終了したものとした。

しかし、名誉毀損罪は、公然と事実を適示して名誉毀損するに足りる行為をしたとき、既遂となって犯罪は完成し、その後、その行為が維持され続けているわけではないので、名誉毀損という違法状態が続いているにすぎない**状態犯**であると解すべきである。

状態犯・継続犯の区別が実際上重要となるのは、まず、正犯と共犯の区別の問題においてであり、また、罪数論においてである。継続犯においては、既遂の後にも、その犯罪の実行行為が継続している間は、共同正犯、共犯が可能である。これに対して、状態犯においては、既遂の後は、共犯は成立しない。事後従犯的な行為が処罰されている場合にそのような共犯的行為が成立することはある。例えば、窃盗罪の既遂後、盗品等に関する罪（第39章）が成立しうる。

(4) 不可罰的事後行為

状態犯においては、犯罪の終了の後に法益侵害状態が続いているが、その侵害状態は、終了した犯罪によってすでに評価されていることが多い。したがって、その場合には、新たに行われた行為は別罪を構成しない。例えば、窃盗犯人が窃取した財物を損壊しても、器物損壊罪（261条）とはならないのである。これを**不可罰的事後行為**（straflose Nachtat）（または、**共罰的事後行為**＝mitbestrafte Nachtat）という（☞§176, 2 (4) (b)）。しかし、先の構成要件によって評価し尽くされていない行為が行われ、新たな法益侵害が生じた場合には、別罪が成立する。[30]

§72 構成要件の内容的分類

ここでは、法益侵害ないしその危険以外の観点から、構成要件の種類を内容上分類しておこう。

---

[30] 例えば、窃取した預金通帳を用いて預金を引き出す行為は、詐欺罪（246条1項）にあたる（最判昭25・2・24刑集4・2・255）。また、窃取したキャッシュカードを用いて、キャッシュディスペンサーから現金を引き出した場合も、現金引き出し行為は、別に窃盗罪を構成する（東京高判昭55・3・3刑月12・3・67）。

1 開かれた構成要件と全体的行為評価要素

開かれた構成要件（offener Tatbestand）とは、禁止の対象が全面的に、また、完全に記述し尽くされておらず、それによって、**不法を徴表しない構成要件**をいう。したがって、その構成要件は、**補充**を要するが、それは、違法性の段階において、構成要件外に属する特別の違法要素によって積極的に認定される必要がある。構成要件を充たすために必要な実質的な指針が示されておらず、禁止と許容の限界線を引き難い刑罰法規がこれに属する。その例としては、作為義務の範囲が刑罰法規上明示されていない不真正不作為犯や、「社会生活上必要な注意義務」という指導原理によって注意義務の内容が確定されなければならないとされる過失犯が挙げられる。これに対して、通常の、禁止の対象が記述され尽くした不法を徴表する構成要件は、完結した、ないし**閉じられた構成要件**（geschlossener Tatbestand）と呼ばれる（大塚127頁、川端108頁）。

しかし、開かれた構成要件の理論は、否定されるべきである。裁判官の価値判断による構成要件の補充を認めるのは、罪刑法定主義、刑罰法規の明確性に反するというのが一つの根拠である（内藤198頁）が、ここで疑問なのは、開かれた構成要件の場合、構成要件が違法推定機能をもたず、違法性の段階において、阻却事由という消極的判断ではなく、積極的に違法性が認定されなければならないという論理である。構成要件は、違法行為類型（不法類型）であり、すべての構成要件は、このような原則的違法行為類型を意味すべきであるから、違法推定機能をもつべきである（町野116頁）。

開かれた構成要件をめぐる議論から明らかにされたのが、構成要件の中には、否定的な規範的・全体的評価を加えなければ、不法類型の輪郭が明らかにならないような要素が存在するという事実である。このような要素を**全体的行為評価要素**（gesamttatbewertende Merkmale）という。例えば、住居侵入罪（130条）および信書開封罪（133条）における「正当な理由がないのに」という構成要件要素は、本来、違法性判断と切り離しては、その内容を充足できないものであり、規範的評価を前提にする要素であるかにみえる。

ここでは、このような要素の意味を二分して考えるべきである。すなわち、行為態様や行為事情からみて、正当な理由があると思わせる**「事実的な事情」**は、構成要件に属するが、それが、正当な理由のある行為と評価されるかどうかは、違法性の段階に属するとみるべきである。**全体的評価の事実的前提**は、構成要件に属するが、**全体的評価そのもの**は、違法性に属するのである。したがって、このような全体的行為評価要素をもつ構成要件も、不法類型の輪郭を示すものであ

り、開かれた構成要件ではない。正当防衛などの正当化事由も、全体的行為評価要素であり、その事実的前提が、構成要件に属するのかどうかは、消極的構成要件要素の理論をとるかどうかによるが、それは、違法性の段階に属すると解すべきである。

2　基本的構成要件・派生的構成要件・独立構成要件

各則の刑罰法規は、それぞれに内部的連関をもつことがある。つまり、構成要件間に、基本・派生の関係がある場合があるのである。**基本的構成要件**[1]（Grundtatbestand）とは、もっとも簡潔な形態での犯罪類型を意味する。この基本的構成要件にさらに要素を付加して作られたのが、**派生的構成要件**（tatbestandliche Abwandlung）である。これには、基本の構成要件の法定刑を加重する**加重構成要件**（Qualifikationstatbestände）と、法定刑を減軽した**減軽構成要件**（Privilegierungstatbestände）がある

例えば、殺人罪は、基本的構成要件であり、同意殺（202条）は、派生的構成要件のうち、減軽構成要件である。単純横領罪（252条）は、基本的構成要件であり、業務上横領罪（253条）は、加重構成要件である。派生的構成要件に該当するには、付加部分の構成要件要素を除いて基本的構成要件のすべての要素を充足する必要がある。これに対して、保護法益、行為記述などにおいて類似性はあるが、独自の不法類型であり、派生的構成要件だとはいえず、**独立の構成要件**（eigenstädige Tatbestäde）となるものもある。例えば、強盗罪（236条）は、窃盗罪（235条）の派生的構成要件ではなく、独立の構成要件である。

3　単一犯と結合犯

わが国で、結合犯と呼ばれている犯罪類型については、二つの理解がある。ドイツ刑法学においては、一つの構成要件の中で保護された法益の数によって、一つの法益を保護した構成要件を**単一犯**（einfache Delikte）といい、複数の法益を保護した構成要件を**結合犯**（zusammengesetzte Delikte）と定義する見解が有力である。それによれば、例えば、傷害罪（204条）は、身体の完全性ないし生理的機能を保護するのみであり、単一犯である。それに対して、強盗罪は、財産のみならず、自由や身体の安全をも保護法益とする結合犯である。傷害致死罪のような結果的加重犯は、通常、結合犯である。このような単一犯と結合犯の理解に対して、わが国では、結合犯とは、それぞれ単独でも犯罪とされる二個以上の行為を結合して、一つの構成要件とした場

---

[1] ここでは、派生的構成要件との対比で基本的構成要件の概念が用いられている。拡張された構成要件との対比においては、§70で述べた。

合を結合犯というと定義されるのが通常である[2]（大塚132頁、大谷479頁、川端112頁、前田554頁）。強盗強姦罪（241条前段）が、強盗罪（236条）と強姦罪（177条）の結合犯であるということが、その例である。ドイツにおいては、この意味の「結合犯」は、**多行為犯**（mehraktige Delikte）と呼ばれ、**一行為犯**（einaktige Delikte）と区別される。

第2節　構成要件要素

【文献】〔主観的構成要件・違法要素〕垣口克彦「主観的違法要素の理論」中古稀91頁、木村光江『主観的犯罪要素の研究』（1992）、曽根威彦「主観的違法要素－中・中山論争に寄せて－」中山古稀3巻139頁（同『刑事違法論の研究』〔1998〕所収）、中義勝「主観的不法要素の全面的否認説について(1)(2・完)」法教106号80頁・107号96頁、同「主観的不法要素について」『刑法上の諸問題』（1991）1頁、中山研一「主観的違法要素」『刑法の論争問題』（1991）1頁、日高義博『違法性の基礎理論』（2005）41頁以下、振津隆行「主観的違法要素全面的否認説の検討」中山古稀3巻157頁（同『刑事不法論の展開』〔2004〕所収）

〔法人処罰〕青木紀博「現行の法人処罰の在り方とその実務上の問題点」京都学園法学1994年3号51頁、麻生利勝『企業犯罪抑止の法理』（1999）、板倉宏『企業犯罪の理論と現実』（1975）、同「法人処罰に関する基本的問題」法学紀要5巻9頁、同「企業犯罪と組織体犯罪概念」法学紀要33巻7頁、伊東研祐「法人の刑事責任」現代的展開〔Ⅱ〕108頁、大谷實「法人処罰のあり方(1)(2・完)－将来の立法の選択肢－」同志社法学43巻2号1頁・43巻3号1頁、金澤文雄「法人の刑事責任と両罰規定」基本講座2巻41号、同「法人の犯罪能力と刑事責任－証券取引法の両罰規定改正の機会に－」岡山商大法学論叢1号1頁、川崎友巳『企業の刑事責任』（2004）、京藤哲久「法人の刑事責任－序論的考察－」内藤古稀85頁、佐伯仁志「法人処罰に関する一考察」松尾古稀〔上〕655頁、田中利幸「法人犯罪と両罰規定」現代刑法講座1巻271頁、樋口亮介「法人処罰と刑法理論」（2009）、藤木英雄「法人の犯罪、法人の処分行為」平場還暦〔上〕49頁、福田平「両罰規定と法人の犯罪能力」東海法学16号47頁、中野次雄「業務主処罰規定についての覚書」『刑事法と裁判の諸問題』（1987）16頁

---

[2] ドイツにおいても、このような定義をする見解がある（バウマン）。このようなわが国の通説の定義に従うと、異なった法益を保護するものに限定しないのであるから、傷害罪も暴行罪も身体の安全性を法益であるが、傷害罪は暴行罪と過失致傷罪の結合犯と解することになる。

§73　構成要件要素の分類

　構成要件は、複数の構成要件要素によって構成される。構成要件要素には、必ず行為の主体を表す要素があり、さらに、行為を表す要素がある。各則の犯罪構成要件において、このような「主体」と「行為」という構成要件要素のない構成要件はありえない。そのほかに、「行為客体」、「行為状況」、「因果関係」、「結果」などが一般に構成要件要素である。

1　客観的構成要件要素と主観的構成要件要素

　構成要件的行為とは、内面的因子と外面的因子の統一体である。そこで、主観的構成要件要素の発見以来、構成要件要素にも、主観的要素と客観的要素があるとするのが、通説である。行為主体や行為は、客観的構成要件要素であるが、故意や目的などの内心にかかわる要素は、主観的構成要件要素であるとされるここでは、まず、通説に従って解説しておこう。

(1)　主観的構成要件要素

　主観的構成要件要素については、①**主観的違法要素**（および主観的責任要素）であるとする見解（通説＝団藤132頁以下、福田82頁以下、大塚143頁以下、藤木211頁、木村204頁、西原154頁、野村102頁）、②**責任要素**という意味での主観的構成要件要素であるが、主観的違法要素でないとする見解（内田111頁、前田47頁以下）、③主観的構成要件要素を**否定**する見解（中山・概説〔Ⅰ〕52, 77頁以下）に分かれる。

(a)　主観的違法要素肯定説　　この立場からは、主観的構成要件要素は、違法性加重機能を有し、行為無価値の重要な要素であるから、違法類型である構成要件の不可欠の要素である。今日、この見解が通説であろう。

(b)　主観的責任要素肯定説　　主観的構成要件要素は、責任要素としてはこれを肯定するが、違法要素としては認めない立場である。犯罪類型の特定化の趣旨や価値中立的な構成要件論を採用する立場を前提にするがゆえに本説を採用するなどの根拠から唱えられる。

(c)　主観的構成要件要素全面否定説　　主観的構成要件要素は、「刑法の不健全な主観化」を招来するという基本的立場から、主観的構成要件要素を不要とする。これによれば、主観を客観的要素に転換することが可能である。つまり、主観的要素は、行為の客観的危険で代替することが可能であるとす

るのである。この見解に対しては、「主観」の有無によって明確に限定できる「危険性」を「客観的に不明確な危険の判断」に置き換え、処罰範囲を拡大することになるのは疑問であるということができる。

(d) 主観的構成要件要素部分的肯定説 これは、超過的内心傾向犯（Delikte mit überschießender Innentendenz）である目的犯（Absichtsdelikte）の中で「結果を目的とする犯罪」[1]（例えば、虚偽告訴罪〔172条〕における「刑事又は懲戒の処分を受けさせる目的」）と「後の行為を目的とする犯罪」[2]（例えば、通貨偽造罪における「行使の目的」）とを分け、後者の場合、主観的違法要素を認めざるをえないとする見解（平野124頁）である。行為者のはじめの行為が行われた後に、自己または他人のさらなる行為が予定されているのであり、後の行為と先の行為の関係は、「客観的危険」によってではなく、「目的」によってつながっている。すなわち、目的内容はまさに自己または他人の行為であって、外部的行為に内在する一般的傾向または可能性の包含しうる以上のものなのである。客観的要素だけで行使の危険ある偽造とそうでない偽造とを識別するのは難しい（平野125頁）という見解に対しては、行使される危険のある偽造行為と危険のない偽造行為の区別は、「偽造の方法・場所・規模などの客観的状況によってほとんどの場合に可能であろう」とする見解がある（内藤217頁）。しかし、行使の目的の有無の判断は、客観的危険に還元できないといわざるをえないであろう。[3]

本説からは、未遂犯の場合には二つの場合がありうるが、着手未遂においては、例えばピストルを構えた時点で着手はあり、さらに引き金を引くという第2の行為が必要である。したがって、後の行為を目的とした犯罪である。かくして、故意は、主観的構成要件要素である（平野125頁）。しかし、未遂段階でのみ主観が違法要素であり、既遂に至るとそうではないとする論理は説得力をもたないであろう。

---

[1] 平野博士によれば、「二つの行為が一つにちぢめられている犯罪」（平野124頁）である。これは、ドイツでは、「縮められた結果犯」（kupierte Erfolgsdelikte）という。この場合、第2の結果は、第2行為なしに、元の構成要件行為から発生する。もともと、目的とされた第2結果からすれば、客観的に発生した構成要件的結果は「ちぢめられている」といえる。これを「変形された結果犯」（平野124頁）と呼ぶのはともかく、「断絶された結果犯」と訳したのでは趣旨は分からない。これを「直接目的犯」と呼び、次注の「不完全な二行為犯」を「間接目的犯」と呼ぶのも、相違を正確に表したものではない。

[2] これは、ドイツでは、「不完全二行為犯」（unvollkommen zweiaktige Delikte）という。

[3] 中・諸問題37頁参照。なお、垣口・中古稀107頁参照。

(2) 主観的構成要件要素の種類

　主観的構成要件要素は、まず、あらゆる構成要件に原則的に必要な**一般的主観的構成要件要素**とそれ以外の**特殊的主観的構成要件要素**に分類される。前者に属するのは故意である。後者には目的犯（Absichtsdelikte）の目的、傾向犯（Tendenzdelikte）の傾向および表現犯（Ausdrucksdelikte）の表現が属する。

　目的犯とは、犯罪の成立の主観的要件として、故意のほかに「目的」を必要とする犯罪である。外国国章損壊罪（92条1項）における「外国に対して侮辱を加える目的」や、各種偽造罪（148条以下・154条以下・162条以下・164条以下）における「行使の目的」がその例である。

　傾向犯とは、行為が行為者の主観的傾向の表現として発現するものであり、それが構成要件要素に付着し、その犯罪類型を決定づける犯罪である。公然わいせつ罪（174条）、強制わいせつ罪（176条）などは性的衝動を刺激し、または満足させる傾向のもとに行われたときにのみ犯罪となる。診察や治療の目的で行われた場合には犯罪にはならない。

　表現犯とは、その行為が行為者の内心の経過を示す犯罪をいう。例としては、偽証罪（169条）において、主観説をとった場合に、行為者がその記憶に反して虚偽の陳述をした場合にのみ犯罪となるということが挙げられる。外部的事象と行為者の精神面の突き合わせが重要な意味をもつ。

(3) 客観的構成要件と主観的構成要件

　同じ構成要件の客観的要素と主観的要素を分類するのではなく、むしろ、構成要件そのものを、客観的構成要件と主観的構成要件に分類すべきである。前述のように、犯罪構成要件は、客観的構成要件と主観的構成要件との結合したものである（☞§67）。そして、不法類型に属するのは、客観的構成要件のみであり、客観的構成要件および許容構成要件事実の不存在の反映としての主観的構成要件は、それ自体は、違法性を徴表することも、責任を推定させることもなく、犯罪の個別化にのみ役立つものというべきである。以下において主観的構成要件要素について述べるときは、このような意味で用いることにする。

　特殊的主観的構成要件要素についても、一般的主観的構成要件要素としての故意についても、同様に、違法性を強化する作用はない。すでに行為にまつわる客観的危険が、行為の違法性を決定している。主観的構成要件要素は、もっぱらその主観の存在によって個別のどの構成要件に該当するかを超過的内心傾向から限定的に明確化するにすぎない。

2 記述的構成要件要素と規範的構成要件要素

客観的構成要件要素は、記述的要素と規範的要素とに分類される。規範的構成要件要素の発見は、構成要件が不法類型であるという認識につながった。この要素は、構成要件と違法性との関係の側面で重要な意味をもつ。しかも、故意の認識対象として、記述的要素は、感覚的知覚があればよいが、規範的要素は、精神的了解を必要とする。また、それぞれに関する錯誤につき、構成要件的錯誤なのか禁止の錯誤なのかを決定するにあたって、どちらの要素であるのかは重要な役割を演ずる。

記述的要素と規範的要素の区別基準は、**記述的要素**とは、現実世界、つまり、外部的感覚的世界の所与であり、裁判官が事実認定としてその認識活動によって認定できるものをいうのに対して、**規範的要素**とは、規範が存在することを論理的前提としてのみ、表象できる所与であり、それを把握するためには、裁判官の評価的活動が必要なものである。

> 「人」、「財物」、「建造物」あるいは「窃取」が記述的要素であり、本来的に法的概念、全体的行為評価的な概念あるいは社会的意味関係的な概念が、規範的要素である。その例としては、「婚姻」(184条)、「公務員」(193条など)、「他人」(235条)(＝法的概念)、あるいは、「正当な理由」(130条)、「不法に」(220条)(＝**全体的行為評価的概念**)、そして、「侮辱」(231条)、「不敬」(188条)、「わいせつ」(175条)(＝**社会的意味関係的概念**)が挙げられる。しかし、規範的構成要件要素は、法適用に際して、価値の充足を必要とするか、それとも、評価に際して、すでに、価値の充足された概念が用いられているかによって区別することもできる。前者の例としては、「わいせつ」や「淫行」があり、後者の例としては、「婚姻」や「他人」などの法的概念が挙げられる。

もちろん、実際には、記述的要素と規範的要素との区別の限界は**不明確**である。極端なことをいえば、あらゆる構成要件要素は、規範的要素であるともいえなくはない。そこで、次のような主張もみられた。すなわち、記述的要素も、いったん構成要件の中に採用されると、それは、法的評価以前の事実的な素材ではなく、法的事実となるのだから、すべての記述的要素も、規範的なものである（E・ヴォルフ）。しかし、このような広い意味で規範的構成要件要素の概念を用いることは意味がないであろう。

規範的構成要件要素の**問題点**は、やはり、その要素の内容が不明確であり、予測可能性がなく、罪刑法定主義の趣旨を没却する点にある。規範的評価が、全体的な価値判断を意味するかぎり、このような評価を含んだ規範的

要素を構成要件要素として用いることは問題である。しかし、規範的判断を避けることのできない概念であっても、「婚姻」(民法739条) や「公務員」(7条1項) の概念については、法律によって定義されている。この意味では、規範的要素であっても、その内容に不明確性はないといってよい。その他の全体的規範的評価や社会的価値判断を含んだ規範的要素は、経験的事実の累積によって、その意義ないし価値が社会的に確定し、または実体的・類型的に分析可能であるもののみが、他に方法がない場合には、構成要件要素として用いることが許されよう。

§74 行為主体

前述のように、個々の構成要件要素において、まず、行為主体が存在しなければならない。刑罰法規においては、行為主体は、「〜した者」という形で表現されるのが通常である。この「者」は、一般的な「人」を表している。しかし、構成要件を特定の「者」に限定している場合がある。これが「身分犯」の問題である。さらに、法律上「人」といった場合に考えうる「自然人」のほか、「法人」が犯罪主体となりうるか、あるいは、法人が、犯罪能力を持ちうるかも問題となる。これについても、後に詳論しよう。

1 身分犯
(1) 身分犯の意義

「者」という一般的な主体を表す文言ではなく、「女子」(212条)、「公務員」(197条)、「医師、薬剤師、医薬品販売業者、助産師、弁護士、弁護人、公証人」(134条) といった特別の身分をもった者のみが、犯罪の主体となることを明示した刑罰法規も存在する。わが国では、後者、すなわち、構成要件上、行為者に一定の身分があることが必要とされている犯罪を、**身分犯** (Sonderdelikte) と呼び、一般的に誰でも行うことができる前者については、とくに名称が付けられておらず、少なくとも一般的に特別の呼び方が広まってはいない。ドイツでは、前者を、「**普通犯**」(Allgemeindelikte) と呼ぶ。この身分犯には、一定の身分が存在することによって犯罪を構成するものと、身分が存在することによって、法定刑が加重または減軽されるものとがあり、前者を **真正身分犯** ないし **構成的身分犯**、後者を **不真正身分犯** ないし **加減的身分**

犯という。真正身分犯の例は、収賄罪（197条）、背任罪（247条）であり、単純遺棄罪（217条）に対して、保護責任者遺棄罪（218条）が、不真正身分犯の事例である。真正身分犯と不真正身分犯との区別は、そもそも身分があることによってはじめて、犯罪が構成されるか、普通犯である犯罪を一定の身分者が行ったときに、とくに加重・減軽する特別の構成要件が存在する場合かによる。[4]

(2) 身分の意義と身分犯の加重根拠

身分とは、「男女の性別、内外国人の別、親族の関係、公務員たるの資格のような関係のみに限らず、総て一定の犯罪行為に関する犯人の人的関係である特殊の地位又は状態を指称する」（最判昭27・9・19刑集6・8・1083）とするのが、判例・通説である。これによれば、身分の概念は、かなり広く用いられている。

身分犯の加重根拠については、諸説がある。

(a) 特別の義務を侵害するとする説　身分犯がなぜ重く処罰されるのかという根拠については、一般には、その者が負担する**特別の義務の侵害**による（野村89頁）と説明される（西田典之『共犯と身分』〔新版・2003〕183頁以下参照）。いわば、身分犯は、**義務犯**（Pflichtdelikte）だというのである（ロクシン）。

学説の中には、真正身分犯（65条1項）と不真正身分犯（65条2項）によって、**身分概念の内容を区別する見解**もある（木村156頁、川端122頁）。これによると、前者は、身分者がその身分によって一定の義務を負担させられている点に本質があり、しがたって、**社会的・法律的等の人的関係において特定の義務を負担する地位または資格**を意味し、それゆえに、犯罪の常習性や目的犯における目的のような行為者の永続的または一時的な心理状態を含まないものとする（木村156頁、川端122頁）。これに対して、後者は、**刑の加重・減軽の原因となる地位・資格・状態**であればよいとする（木村156頁以下、川端122頁）。しかし、この見解に対しては、身分犯が重く処罰される根拠を、特別の義務

---

[4] なお、学説の中には、身分犯とは、身分によって刑が重くなる場合のみを不真正身分犯と呼び（木村155頁）、65条2項にいう「身分によって特に刑の軽重があるとき」のうち、軽くなる場合については、不真正身分犯とは呼ばないけれども、65条2項において軽く処罰することを規定したものだと説明するものもある。しかし、不真正身分犯を、身分者に特別の義務を課した義務犯と解する必要はないのであるから、身分によって刑が軽減される場合をも不真正身分犯と呼んでとくに支障はないと思われる。基本類型である不同意堕胎（215条1項）に比べて、「妊娠中の女子」が行為主体となった場合には、「自己」堕胎（212条）としてとくに軽く処罰されている。したがって、212条は、身分によってとくに刑が減軽されている身分犯である。

の負担に求める点につき、この見解は、義務違反が違法性の実質だとし、また、人的行為無価値を一面的に強調して結果無価値をないがしろにする見解を前提にするものであり、不当であるという批判（荘子104頁、平野368頁）がある。

(b) 身分者のみが法益を侵害しうるとする説 そこで、法益侵害（および危険）が違法性の実質だとする見解から、とくに真正身分犯について、身分をもった者でなければ、事実上、その法益を侵害することができないということにより、犯罪の成立が根拠づけられるものとする見解（平野308頁）が唱えられている。この見解は、65条1項は、違法身分について定めた規定であり、2項は、責任身分について定めた規定であるとする。

しかし、真正身分者が正犯であっても、65条1項によって非身分者たる関与者も共犯とされるのであり、因果的共犯論（☞§155, 4 (2) (e)）によれば、非身分者も法益を侵害できるからこそ、処罰されるのである。例えば、患者のカルテに書かれた職務上知りえた秘密を漏示した看護師は、患者の「秘密」という法益を侵害したことに疑いはない。刑法上の評価規範は明らかに看護師に向けても、他人の秘密という法益の侵害を禁止していることは、看護師が医師を教唆して患者の秘密を漏示させた場合に、看護師が秘密漏示罪（134条）の教唆犯として可罰的なこと（65条1項）からも明らかである。

(c) 本書の立場（身分者は特別の法益ないし期待を侵害するとする説） この問題は、真正身分犯と不真正身分犯において分けて考えるべきである。まず真正身分犯については、身分犯における保護法益の観点から解決すべきである。真正身分犯については、その身分のゆえに、そして、法益の主体ないし行為客体との関係で、その行為につき特別の法益も保護されているのであって、身分者のみが、実行行為によりその**特別の法益を侵害**ないし**危殆化**することが可能なのである。例えば、刑法は、秘密漏示罪においては、非身分者にも侵害可能な他人の秘密を保護法益とするのみではなく、行為者に、一定の身分を要求することによって、そのような「地位・資格」をもつ者につき、とくに、他人の秘密を漏示しないという**信頼**をも保護しているのである。このような**信頼**という法益は、身分者に対してのみ保護されている。収賄罪（197条1項）においては、職務の公正およびそれに対する社会の信頼が保護法益であるが、この「信頼」は、行為主体の地位や資格との関係でのみ保護されるのである。共犯者は、正犯者を通じてのみ、このような法益を侵害で

きる（☞§168, 2 (5)）。

これに反して、不真正身分犯においては、身分者には、一般人よりも強く犯罪の回避が期待されている。業務上横領罪（253条）における「業務者」という身分は、身分者にとくに強く占有する他人の物を侵害しないことが期待されているのである。したがって、65条2項の不真正身分犯に対する共犯については、身分のある正犯にのみ強い期待がかけられているので身分のない者には通常の刑が科せられるのである。

不真正身分犯については、主観的要素などの個人的な要素が刑の軽重に影響することが多い。

　(d)　**個人的要素と身分**　このような観点から、犯罪の常習性や目的犯における目的が身分を構成しうるかという問題を考察しよう。まず、このような、要素は、個人的ないし社会的信頼という法益とは無関係であり、むしろ、狭い意味での**個人的な要素**（persönliche Merkmale）であるにすぎないことを確認しておこう。それは、法益侵害とは無関係な主観的構成要件に属する要素であるといってよい。つまり、共犯の従属性にとって重要な客観的構成要件には属さないのである。

　(e)　**共犯の処罰根拠と「目的」**　構成的身分犯において、正犯となるには、自ら客観的構成要件を実現する必要がある。これに対して、共犯となるには、正犯の客観的構成要件実現を惹起すれば十分であって、自ら正犯のすべての客観的構成要件を充足する必要はない。すなわち、自ら身分を備える必要はない。しかし、共犯者も、正犯と同様、主観的構成要件は自ら充足する必要がある。このような原則的な考え方から、正犯が公務員であるが、共犯が非公務員である場合でも、共犯は、正犯の法益侵害を惹起（客観的構成要件を実現）しているので、収賄罪の共犯として可罰的であるのに対して、正犯が目的をもつが、共犯者が目的をもたないで、正犯によって目的犯が実行された場合、共犯者は、自ら目的をもたないかぎり、共犯構成要件を実現したとはいえない。

　(f)　**常習犯・営利の目的**　判例においては、65条2項につき、常習賭博罪（186条）における「賭博の常習者」（大連判大3・5・18刑録20・932）、麻薬取締法64条2項における「営利の目的」（最判昭42・3・7刑集21・2・417＝**百選88**）が身分とされている。

学説においては、常習犯は身分であるとする見解（団藤127頁、大塚141頁）と、常習犯は、65条2項の意味においてのみ、身分であるとする見解（木村156頁、川端122頁）とが対立している。

また、「営利の目的」についても、身分の概念に「継続性」が必要かという対立のうち、これを不要であるとし、営利の目的をも身分とする見解（木村156頁、団藤419頁、平野372頁、西田・共犯と身分〔新版〕169頁以下）と、営利の目的は身分ではないとする見解（大塚329頁、福田289頁）とに分かれる。前者の**身分犯説**は、不真正身分犯については、営利の目的も身分であるが、真正身分犯はこれと異なるとする見解

（木村156頁、川端122頁）と、それを区別せずにいずれについても身分犯であるとする見解（平野372頁、西田・共犯と身分〔新版〕170頁）とに分けることができる。後者の**非身分犯説**は、営利の目的といった一時的・心理的犯罪要素は、行為者の地位または状態を意味する身分とは、おのずから性格を異にし、そこまで拡大して解釈することは不当であることを、身分犯性を否定する根拠とする（☞§168, 4 (4) (a)）。

　(g)　65条1項の身分概念と2項の身分概念　　少なくとも、真正身分犯に関する規定である65条1項については、営利の目的ないし行使の目的といったような主観的構成要件要素を身分とすることには問題がある。なぜならば、もし身分であるとすると、正犯に目的がある場合には、目的のない関与者にも「共犯」が成立し、可罰的となるからである。前述のように、主観的構成要件要素は、連帯することも従属することもなく、それぞれの個人に必要とされる個人的要素である。したがって、これを「身分」概念に入れ、主観的要素のないものにも、65条1項によって、「共犯」を認めることは、理論上できないというべきである。

　そこで、問題は、65条1項における身分概念と65条2項におけるそれとを別異に解すべきかどうかである。正犯と共犯の両者にとり、それぞれの罪責を原則として別々に観察するわれわれの方法論によれば、65条2項は、理論上、当然のことを規定した条文である。したがって、営利の目的が身分概念にあてはまらなくとも、その趣旨と同じ結論となる。結局、身分概念を統一的に解するのがよいか、別々に解して、65条2項の適用範囲を広げるのがよいかの判断のみが問題である。65条2項に関する身分概念を広げることにより、65条1項の身分概念も同じものと誤解する危険がないとはいえないので、65条2項についても主観的要素を含まないと解すべきであろう（☞§168, 4 (4) (a)）。

　(h)　中止者・過剰防衛者と身分　　同じく、中止犯における中止者や過剰防衛者についても、法益侵害に関する事実ではなく、可罰的責任要素であり、個人的要素であり、しかも継続性をもったものではないから、身分概念とは無関係である。学説によっては、中止犯のみならず限定責任能力も、65条2項の意味での身分であると解するもの（平野372頁）がある。限定責任能力や責任無能力は、継続性をもつが、他行為の期待に関するものではないから、身分性を否定すべきである。したがって、中止犯や過剰防衛者でない者ないし限定責任能力者でない者には、65条2項によって、通常の刑が科せられるのではない。責任要素については、理論上当然に、一身専属的なのである。

2　自手犯

　自手犯（eigenhändige Delikte）とは、保護法益ないしその侵害態様の特殊性から、その行為につき正犯者自身の手による**直接の実行を必要とする犯罪**をいう。例えば、道路交通法上の運転免許証不携帯罪（道交法95条1項・121条1項10号）がその例である。自手犯においては、間接正犯は、排除される。この点で、間接正犯の形態で実行することが可能な真正身分犯とは異なる。公

務員は、情をまったく知らない第三者を道具として間接正犯の形で収賄罪を実行することは可能であるが、運転免許証不携帯罪は、間接正犯の形態で実行することはできない。

　無免許運転罪（岡山簡判昭44・3・25刑月1・3・310）、あへん煙吸食罪（139条）、酒酔い運転（道交法117条の2第1号）などのように自らの身体的挙動が必要なものが、自手犯の第1の場合である。判例によれば、強姦罪（177条）は、女子による実行も可能であるとする（最決昭40・3・30刑集19・2・125）。
　しかし、自手犯には、第2に、身体的挙動は必要でないが、人格としての行為者自身という人が主体となることを要求される自手犯がある。例えば、重婚罪（184条）がそうである。偽証罪（169条）が自手犯であるかどうかについては争いがある。一定の身分ある者についてのみ成立する身分犯であっても、その者を道具とすることによって非身分者が法益を侵害できるときは自手犯ではないとする見解（大谷163頁）からは、偽証罪は、自手犯ではない。これに対しては、偽証罪においては、行為の主体と行為との間に密接不離な関連性が要求される「実質的自手犯」であるとする見解（大塚164頁）が対立している。なお、実質的自手犯に対して、刑罰法規によって形式上間接正犯を除外する趣旨が示されている場合を「形式的自手犯」という。この例としては、虚偽公文書作成罪（156条）が挙げられる。

3　法人の犯罪能力

(1)　総　説

　刑法典は、「法人」を犯罪の主体として認め、処罰する旨の特別の規定をもっていない。また、刑法典が、構成要件要素として「〜した者」と規定しているときにも、この「者」に、自然人のみならず、「法人」をも含むと解する説はないといってよい。しかし、刑法典以外の刑罰法規においては、法人の犯罪行為が処罰される例が多い。例えば、公害罪法4条は、法人に対して罰金刑を科する旨を定めている。その他、租税法などの行政刑法において法人を罰する旨の多くの規定がある。

　刑法においては、従来、自然人の行為を犯罪とするのが通常であり、犯罪論も、刑罰論も自然人の犯罪を想定して展開されてきたことは疑いない。ローマ法においても、**「法人は、犯罪を犯しえない」**（Societas delinquere non potest）という法格言が妥当していた。もちろん、西洋の法制史においても、ゲルマン法・中世イタリア法あるいは普通法の時代には、団体の処罰が知られていたことがある。しかし、18世紀末から19世紀初頭にかけて、個人主義の発達により、法人は、刑法の対象ではなくなった。

　法人については、民法においても**法人擬制説**（Fiktionstheorie）も存在するように、結局、自然人が作った制度であり、とくに権利義務の帰属主体にすることによって、取引社会における便宜を図るための制度であって、意思表

示し行為し最終的に責任を負うべきはその機関を構成する個人であるともいえる。典型的な犯罪である殺人罪・傷害罪・窃盗罪・詐欺罪・強盗罪などは、個人によって犯されるのであり、また、死刑・懲役・禁錮・拘留などの刑罰も、個人を対象としたものである。法人の活動から、過失致死罪や過失傷害罪が生じたとしても、その実体は、法人という組織体を構成する個人の行為でしかないといえる。しかし、他方、企業活動として公害犯罪や経済犯罪が行われることがあるのであり、その処罰が個人に及ぶにすぎないとすると、企業の従業員にすぎない個人に刑事責任を押しつけることによって、企業が刑事制裁を受けないで莫大な利益をあげていくのを抑制できないのであれば、刑事制度は公正かつ有効とはいえないであろう。その意味では、企業などの法人は、たんなるフィクションではなく、民法の法人実在説（Realitätstheorie）が主張するように、社会的実在であり、それは、犯罪的行為を行うことによって、社会的に有害な事態をも惹き起こすのであり、刑事制裁の対象となるべき実体を備えるのである。

そもそも法人の犯罪を処罰しうるかどうかという問題を考察するにあたっては、まず、法人の犯罪能力に関する理論的問題を解決しなければならない。

　法人の刑事責任は、一般的に、ドイツ、フランス、イタリアなどの**大陸法**においては否定され、英米法においては肯定されるという傾向があった。**ドイツ**などでは、法人に対しては刑罰ではなく、**秩序罰**（Ordnungsstrafe）を科し、それを「秩序違反法」という刑法以外の法律に委ねているのである。ドイツ法においては、行為者が、法人の代表権をもつ機関であり、あるいはそのような機関の構成員であった場合には、法人に過料（Geldbuße）が科されるのである（秩序違反法30条）。

(2)　法人の犯罪能力に関する学説

法人の犯罪能力については、否定説、肯定説、部分的肯定説に分かれ、かつては、否定説が通説（牧野・日本刑法〔上〕110頁以下、宮本54頁、小野96頁、瀧川20頁、団藤126頁、植松118頁）であったが、今日では、肯定説がむしろ通説（木村152頁、佐伯129頁以下、平野115頁、中68頁、大塚138頁、藤木107頁以下、内藤204頁、西原76頁、板倉93頁、内田98頁、大谷106頁、川端127頁、曽根63頁、野村90頁、前田96頁、山口39頁、佐久間59頁）である。そのほかにも、部分的肯定説（香川97頁）や自然人と法人の刑事責任の根拠の相違を強調し、犯罪能力のない法人には、修正された刑事責任を肯定する学説（福田74頁以下、同『行政刑法』〔新版・1978〕101頁以下）もある。[5]

法人は、**実在説**に立とうとも、生命と肉体をもった自然人とは異なる。したがって、自然人と同じように、構成要件該当行為を行い、違法で、有責な行為を行うことができるわけではない。自然人たる機関が行った違法行為を法人に帰属させ、法人の「責任」を追及することが、理論上、根拠づけられるかということである。この意味の責任は、人格をもち、心理的な意思形成の過程をともない、倫理的判断をなしうる自然人と同じ意味のものでありうるのかどうかも問われなければならない。

　(a)　**否定説の根拠**　　法人の犯罪能力を否定する学説の根拠は、多岐にわたるが、まず、法人の**行為能力**が問われる。法人は、その機関を通じて行動する。機関は、自然人であり、行為能力も責任能力ももつ。しかし、法人は、意思と肉体をもたない。したがって、純粋な社会的行為論をとらないかぎり、法人の活動を「行為」ということはできない。次に、法人の責任が問題となる。責任には倫理的な非難の意味があるが、法人にこの意味での責任を問うことはできない。法人は、定款をもち、適法な目的の範囲内でのみ活動しうるから、犯罪については、法人に帰属しえない。さらに、刑法の法律効果である制裁には、自由刑・死刑も含まれているが、法人にそれらを適用することはできない。最後に、法人は機関を通じて行動するが、自然人たる機関と法人とを同一の事件について処罰することは二重処罰となる。これらが、主要な法人の犯罪能力否定論の根拠である。

　(b)　**肯定説の根拠**　　これに対して、法人の犯罪能力を肯定する学説は、次のように論じる。法人は、その機関を通じて意思を形成し、行為をなすことができる。責任非難は、倫理的非難である必要はなく、法的非難であればよい。団体的意思形成に対する非難は可能である。適法な目的のもとに成立した法人が、違法な活動を行うことはありうる。刑事制裁の中にも、罰金刑のように法人にも科しうる刑罰が存在する。機関の行為は個人の行為であるという側面と法人の行為という側面の両面をもち、それぞれについて機関と法人を処罰することは二重処罰ではない。

　(c)　**部分的肯定説の根拠**　　さらに、学説の中には、固有の刑法の分野と行政刑法の分野とを区別し、行政刑法においては、法人の犯罪能力を肯定し、固有の刑法においては、これを否定するという「部分的肯定説」もある

---

[5] なお、荘子96頁も、否定説でも肯定説でもないとする。

(大塚134頁)。固有の刑法の領域と比べて、特別刑法・行政刑法の領域においては、道義的な社会倫理規範の違反の面よりも、合目的的な政策的要請の侵害という面が重視されているのが一般であって、法人の機関である自然人の行った違法な行為が、社会観念から法人自体の犯罪行為と目される場合には、その行為について、刑法上、その法人を非難することは可能であり、制裁としても法人に適した財産刑が予定されているから、法人に犯罪能力を認めて不都合はないとする。その際、とくに、法人の責任は、行為者人格に対する倫理的非難ではなく、行政違反という違法状態の発生についての社会的非難の帰属という観点から論定されるべきであるとされる（福田75頁）。

(3) 犯罪能力肯定説の論拠

法人の犯罪能力肯定説の論拠を分類すると、次のようなアプローチがある。まず、①犯罪および刑罰の本質論からの一般的なアプローチである。ここでは、とくに行為論ないし責任論が問題となる。次に、②法人の機関たる代表者の行う行為ないし故意・過失をもって法人のそれと考える点からアプローチする見解（通説）がある。これは、法人の「行為」というものが、具象的でないので、それを代表者の行為がそうであるとすることによって、ここでは、代表者の行為が法人に帰属できるかどうかが問題であることを明らかにするものである。さらに、③代表者の行為と切り離して法人の行為を把握する見解（藤木109頁、板倉95頁以下、同『現代社会と新しい刑法理論』〔1980〕44頁以下・330頁）もある。あとの二つの見解によれば、「～した者」を処罰すると規定した条文については、第2説では、代表者の行為があった場合、第3説では、それとは無関係に、法人の行為も、当該の構成要件に該当することになる。したがって、法人処罰の特別の規定がなくても、その場合、各本条に該当し、処罰可能となる。

(4) 否定説からの法人処罰の説明

前述のように、わが国の行政刑法では古くから、転嫁罰規定ないし両罰規定があって法人の犯罪行為が現実に処罰されている。そこで、問題は、果たして、法人の犯罪能力否定説に立って、このような現実をどのように説明するかである。ここで否定説は、法人の犯罪能力と法人の**受刑能力**とを区別し、受刑能力を肯定することによって、法人処罰は、法人の犯罪能力を前提としないものとしている。かつて判例は、法人処罰規定における罰金刑を「行政処分若は保安処分の意味」に解し（大判昭15・9・21新聞4629・3）、刑罰でなく保安

処分であるから、法人を処罰できるものとしていたことを付記しておこう。
(5) 両罰規定
(a) 総説　　先に述べたように、わが国においては、法人の犯罪能力の肯否という理論的問題とは独立に、現に、行政刑法ないし特別刑法において、明文によって、法人の処罰が認められている場合がある。[6] 現在、もっとも頻繁に用いられる規定形式は、業務に関して違反行為が行われたときに、従業者ないし法人の代表者たる行為者のほか、業務主たる人または法人そのものも処罰されるというものである。これは、従業者のみならず、業務主も処罰されるので、**両罰規定**といわれる。両罰規定は、昭和45年の「人の健康に係る公害犯罪の処罰に関する法律」4条にも採用されており、これによって、行政刑法のみならず、刑事刑法にも採用されることになった。その他、古い立法例には、法人の代表者、雇人、従業者による業務に関する違反行為があった場合には、法人に罰金を適用するという趣旨の規定が置かれることがあった（今日では、未成年者飲酒禁止法4条）。これは、従業者に代わって法人が処罰されているので、**転嫁罰規定**または**代罰規定**と呼ばれる。さらに、法人の従業者、法人およびその代表者を処罰するいわゆる**三罰規定**もある（独禁法95条・95条の2、労働基準法121条）。

(b) 業務主（法人）の処罰根拠　　業務主ないし法人は、どのような根拠から従業員ないし法人の代表者の違反行為について、責任を負うのであろうか。刑法は、個人責任の原則をとっており、他人の行為に対する責任を負わせるのは、責任主義に反するからである。これについては、次のように学説が分かれている。

(i) 過失の有無を基準とする説

(ア) **転嫁責任説（無過失責任説）**　　古くは、法人処罰の根拠は、代表者の犯罪行為について法人にその責任をたんに転嫁するものにすぎないとする見解が有力であった。これは、法人は、他人の行為に対して責任を負うのであり、法人自体の過失の有無を問わないのである。両罰規定において業務主（法人）処罰のためには過失が必要であることは明示されておらず、行政取締目的を達成するために、無過失責任を認めたものとするのである。しかし、刑事責任

---

[6] 法人の処罰との関係で両罰規定についてドイツに紹介した論文として、*Yamanaka*, Parallele Bestrafung von juristischen und natürlichen Personen, Zeitschrift für Japanisches Recht, Nr. 14（2002), S. 191 ff.

がむやみに転嫁されるのは、近代刑法の個人責任の原則に反する。

　（イ）　過失責任説　　これは、業務主処罰の根拠を、従業員に犯罪行為を行わないように注意し監督すべき義務を怠った過失責任に求める見解を、法人にもあてはめるものである。この過失責任説も、訴訟法上の観点から、過失の証明を要するか、反証を許すかをめぐってさらに学説が分かれる。**①純過失説**は、業務主（法人）に過失があったことが証明されなければならないとする見解（浅田121頁）である。**②過失擬制説**は、業務主（法人）の過失を擬制し、したがって、反証を許さない見解である。**③過失推定説**は、業務主の過失が推定されるが、過失がなかったことを証明すれば、業務主は、責任を免れるとするものである。[7]　純過失説は、業務主の監督過失の立証が困難であり、しかも、過失処罰の明文がない場合に、過失犯を認めるのも不合理であると批判される。過失擬制説は、実質上、無過失責任説と変わらない。過失推定説が、現在、通説・判例である。[8]

　さて、両罰規定をもつ各本条の構成要件は、故意犯である場合も、過失犯である場合もありえ、従業者は、故意犯でも過失犯でもありうるが、その際、業務主（法人）の責任は、過失責任によって根拠づけられる。つまり、従業者の直接の行為責任と、業務主の選任・監督上の責任とはまったく異なった種類のものである。共犯論にたとえると、ここでは、因果的共犯論ではなく、責任共犯論的な考察方法によって、業務主の責任が根拠づけられているのである。この理論構成によると、業務主に、故意があろうと過失にすぎないものであろうと、過失の限度でしか責任を考慮しないのが、両罰規定における業務主処罰規定であるということになる。つまり、従業者が故意犯を行った場合も、業務主は、**選任・監督上の過失責任**を問われるのであって、両者で法定刑が同じ場合には、選任・監督上の過失責任を問う過失犯の構成要件は、従業者の直接行為責任を問う故意犯の構成要件と同じ重さのものであるということになる。この点については、すでに、業務主が従業者の違反行為を知っていた場合も過失犯となるのは不当だという批判（木村148頁）があった。しかし、従業者と業務主の構成要件の内容がまったく異なるという

---

[7] 従来、従業者の違反が不可抗力による場合、監督がまったく不可能な場合と認定されないかぎり免責されないものとされた（美濃部達吉『行政刑法概論』〔1939〕53頁、福田・行政刑法73頁）。
[8] 最近において純過失説をとるものとして、神山敏雄「両罰規定と業務主の刑事責任」法セ227号85頁、三井誠「法人処罰における法人の行為と過失」刑雑23巻2=2号151頁以下、西田「団体と刑罰」岩波基本法学2巻266頁。

第 2 節　構成要件要素　§74　行為主体◇　201

ことを前提とすると、場合によっては、過失犯である業務者の法定刑が、従業者による故意犯の構成要件よりも重くなることも不可能ではなくなる。また、**法定刑の連動**は不可欠の要件ではないということになる。

　（ウ）　判例の動向　**古い判例**は、法人の犯罪能力を否定していた（大判明 36・7・3 刑録 9・1202、大判大 7・9・6 新聞 1473・23 等）。業務主処罰規定による法人処罰については、無過失責任を認めたものとしていた（大判大 13・4・1 刑集 3・276）。**戦後の高裁の判例**の中には、従業者に対する注意監督上の不作為によるとするもの（福岡高判昭 26・9・12 高刑集 4・9・1158）が現れた。昭和 32 年には、**最高裁**は、大法廷判決において、事業主処罰規定は、「行為者らの選任、監督その他違法行為を防止するために必要な注意を尽さなかった過失の存在を推定した規定」であるとし、自然人たる事業主の責任につき、過失推定説を採用した（最大判昭 32・11・27 刑集 11・12・3113）。続いて、**昭和 40 年**には、最高裁は、株式会社の責任につき、この法意は、「事業主が法人（株式会社）で、行為者が、その代表者でない、従業者である場合にも、当然推及されるべきである」（最判昭 40・3・26 刑集 19・2・83＝**百選 3**）とし、法人の刑事責任につき**過失推定説**をとることを明らかにした。本判決につき、これによって、最高裁は法人の犯罪能力を肯定したと解するのが通説であるが、これによっていまだ法人の犯罪能力を認めたものではないとするもの（福田・行政刑法 107 頁）もないわけではない。[9] なお、最近、最高裁は美容整形外科診療所を経営する医師の従業者 2 名の所得税ほ脱の行為について、「事業主としての過失責任を負うことが明らかである」とした（最決平 9・7・9 刑集 51・6・453）。この決定では、従業者でない医師の実母が 65 条 1 項の適用により従業者の共同正犯とされた。

　（ⅱ）　**不作為犯的構成**

　これに対して、業務主の責任を不作為犯として理論構成する見解（神山・法セ 227 号 85 頁以下、金澤・基本講座 2 巻 57 頁）もある。この場合にも、業務主の責任を**独自の不作為犯**として構成して根拠づける（木村 147 頁以下）か、**不作為による幇助**として構成するか（神山・法セ 227 号 86 頁、金澤・基本講座 2 巻 57 頁）という見解の相違がある。前者の見解によれば、故意不作為の監督責任を定めた構成要件が充足されるが、後者の見解によれば、因果共犯論的に、

---

[9] この事案においては、行為者が、その代表者でない、従業者であったので、法人の代表者の選任監督上の過失が推定され、それが法人に無過失で帰属されたものと解する余地はあったのである。その後、廃棄物の処理及び清掃に関する法律の「規定に違反した者」は誰かについて、それを「組合」であるとし、行為者である組合代表理事は直接に「規定に反した者」として罰せられるのではなく、両罰規定に「行為者を罰するほか」と規定されているから処罰されるとした判例として、最決昭 55・11・7 刑集 34・6・381 があり、さらに、最決昭 58・3・11 刑集 37・2・54 は、法人の代表者でない実質上の経営者は「その他の従業者」に含まれるとした（金澤・基本講座 2 巻 48 頁）。これらの判例からは明らかに法人の犯罪能力肯定説に変わったと解しうるとされている（伊東・現代的展開〔Ⅱ〕119 頁）。

従業者と同じ構成要件を不作為による幇助の形態で行ったのが、業務主の行為ということになる。しかも、後者の見解からは、故意の不作為は含まれず、もっぱら過失の不作為のみを前提としているとされる（神山・法セ227号86頁）。この点は、業務主にはつねに罰金刑のみが法定刑とされていることなどが挙げられている。

いずれにせよ、これらの見解によれば、業務主の故意責任と過失責任が区別できることになるという特徴がある。しかし、これらの説によると、業務主の行為のための構成要件は、従業者の行為に対する各本条の構成要件とは独立の「修正された構成要件」であり、独立に、故意または過失を予定した構成要件であるということになる。これについては、両罰規定に明文がないのであるから、過失犯の処罰が例外である（38条1項但書）ことからして、本来、業務主について、故意犯の構成要件が予定されていると解すべきである（法定刑が軽いのは、幇助的形態だからであろう）。

この見解は、個人責任の原則をより尊重するものであるが、業務主の「故意」をつねに立証しなければならないという点で、過失推定説に比べて、立証の困難という問題点があり、両罪の連動性はより弱くなるという意味をもつ。したがって、とくに独自の不作為犯的構成によるならば、従来、同額とされてきた、直接行為者と法人の**罰金刑の連動の切り離し**（独禁法95条など参照）は、理論上容易に認めうるということになる。[10]

(iii) 法人組織の固有責任論の展開

過失ないし不作為により法人の処罰を根拠づける伝統的方法が法人の過失ないし不作為を法人の代表者の責任を媒介として導出するのとは異なり、企業組織体の構成員の行為が、法人の行為とみなされるという見解が有力に唱えられ始めている。その代表的な論理は、後述する（☞§100, 1 (2)）いわゆる**企業組織体責任論**（藤木107頁以下、板倉96頁以下）である。最近ではこの考え方を出発点にさまざまな理論が唱えられている。例えば、組織自体の意思決定にもとづく従業員の行為は法人の行為とみなされるとされるのであって、それを根拠づけるために、法人内部の個々の構成員が監督責任を負い、これら全体の監督責任を法人の機関が負うのであり（神例康博「法人処罰における過失責任法理の限界(1)」松山大学論集13巻2号24頁）、また、法人はその社会的信頼

---

[10] もちろん、その連動の切り離しの根拠として、さらに、法人に対する刑罰としては、自由刑ではなく、罰金刑のみであり、かつ法人の資力が個人に比べて圧倒的に優越することが指摘された。

を果たすという客観的責任を負うとする（同「企業の刑事責任に関する法理について」刑雑 36 巻 2 号 98 頁以下）。さらに、法人の最高意思決定体が関与して形成・選択された当該組織体ないし法人の活動に関与する意思・政策は組織体ないし法人固有のものである（伊東「組織体刑事責任論」田宮追悼〔上〕414 頁）、あるいは、組織の影響力を受けてなされる組織の構成員の意思決定は法人の行為である（津田博之「企業の処罰可能性（3・完）」一橋法学 3 巻 3 号 280 頁）とされる。

また、**法人の代表者の責任** を通じる伝統的な法人の責任の根拠づけ[11]と **企業システムの過失責任** という二つの帰責原理を用いる見解（川崎・企業の刑事責任 215 頁以下）も、これに属する。この見解は、行為者を特定できない場合ないし自然人を媒介としないシステムの不備や組織構造の欠陥に起因する企業犯罪につき、違法防止体制を整えなかった責任、例えばコンプライアンス・プログラムの不備に対する責任を二元的に根拠づけるものである。

（c）　業務主処罰と法人処罰の根拠　　次に、業務主処罰と法人処罰の関係を整理しておこう。

まず、両罰規定は、従業員の犯罪行為につき、業務主も処罰されるというものである。その業務主は、個人の場合も法人の場合もありうるのである。この両罰規定の存在によって、その法人の従業者の犯罪行為が法人にも帰属されることになる。他方、法人の責任を根拠づけるには、代表者の行為が、法人の行為に帰属されうるものだという論拠[12]が援用される。したがって、代表者の故意・過失による犯罪行為があった場合には、法人の行為に帰属される。この場合、法人の責任とは、従業者の選任・監督上の過失責任を意味するのではなく、代表者の違反行為そのものの責任が問われるのである。これに対して、法人の代表者でない従業者が違反行為を行った場合には、両罰規定により、その選任・監督上の過失が推定されることになる。

---

[11] 法人の行為が法人の代表者等の機関に帰属されるとする原理をイギリス法では「同一性原理」と呼ぶ（川崎・企業の刑事責任 131 頁以下）。なお、イギリスの同一性原理については、佐藤雅美「法人の刑事責任に関する一考察」大野古稀 215 頁以下をも参照。

[12] もちろん、法人の代表者の故意行為・過失行為がなぜ法人に帰属されるのかについても根拠が必要である（伊東・現代的展開〔II〕128 頁参照）。その他、法人が機関である自然人の行為について絶対的責任を負うことになっている点を問題視するものとして、佐伯・松尾古稀〔上〕658 頁参照。

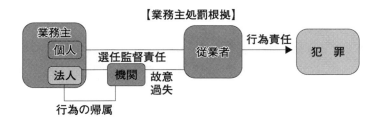

(d) 両罰規定における従業者の犯罪行為の「程度」と「特定」　両罰規定を適用する場合に、次のような問題が生じる。まず、従業者の犯罪行為は、構成要件該当性・違法性・有責性の要件のうち、どの程度のものを充足していなければならないかである。その際、もちろん、故意・過失がどの段階に位置づけられるのかによるが、一般には、その構成要件の要求する故意または過失の存在が証明されることを前提に、**構成要件該当の違法な行為**であることが必要であるとされている。したがって、従業者が、責任無能力者であること、責任が阻却されること、処罰阻却事由が存在することなどは、業務主の責任には影響しない。

業務主の犯罪の成立は、そもそも、特定の従業者の犯罪行為が「**特定**」され、立証されることを前提とするのであろうか。これについては、まず、各本条で、従業者らに対する義務規定ないし禁止規定を置き、次いでその罰則を定め、最後に法人処罰を含めた両罰規定を置くという両罰規定の規定形式からして、特定の従業者が違反行為を行ったことが、業務主の処罰の前提になっていると読むことができる。しかし、これに対しては、従業者が業務に関して違反行為をしたことが確実であれば、個別行為者が甲であるか乙であるかの特定ができない場合でも業務主責任の追及が可能であるという見解が唱えられている（板倉98頁以下）。[13]

しかし、業務主の犯罪（構成要件）の内容が、従業者の監督に関する過失であるとする以上、それは、従業者の特定犯罪に関する監督過失であることを要するので、従業者の犯罪が特定されることが必要条件となり、従業者責任と事業者責任とのリンクが要請されるように思われる。独自の不作為犯ととらえるならば、特定を不要とすることも理論上可能であろう。しかし、最近の法改正においては、行為者に対する刑罰と法人に対する刑罰の**リンクを切り離す例**が増えている。[14]

---

[13] 金澤・基本講座2巻5頁、なお、藤木「過失犯の構造について」司法研修所論集1971年1号88頁。

[14] 証券取引法207条（法人に対しては罰金額が、株価操作などにつき、500万円から5億円に、損失補塡などにつき300万円から3億円に、引き上げられた）、独禁法95条、不正競争防止法22条1項など。

第3節　被害者の同意

【文献】浅田和茂「被害者の同意の体系的地位について」産法34巻3号1頁、生田勝義「『被害者の承諾』についての一考察」立命館法学228号31頁（同『行為原理と刑事違法論』〔2002〕所収）、木村静子「被害者の承諾について」団藤古稀2巻321頁、齊藤誠二「『推定的な承諾』の法理をめぐって」警研49巻11号3頁、同「欺罔にもとづく承諾」吉川古稀159頁、佐伯仁志「被害者の錯誤について」神戸法学年報1号51頁、同「被害者の同意と契約」西原古稀1巻385頁、佐藤陽子『被害者の承諾―各論的考察による再構成』(2011)、塩谷毅『被害者の承諾と自己答責性』(2004)、須之内克彦『刑法における被害者の同意』(2004)、林幹人「錯誤に基づく被害者の同意」松尾古稀〔上〕233頁、林美月子「錯誤に基づく同意」内藤古稀21頁、振津隆行「被害者の承諾」現代的展開〔Ⅰ〕147頁（同『刑事不法論の展開』〔2004〕所収）、武藤眞朗「承諾に基づく傷害の許容範囲」宮澤古稀3巻65頁、山中敬一「医師の説明義務といわゆる仮定的同意について」神山古稀1巻253頁、同「被害者の同意における意思の欠缺」関法33巻3=4=5号271頁、同「過失犯における被害者の同意―その序論的考察―」平場還暦〔上〕332頁、吉田宣之「推定的承諾論」法学新報93巻1=2号1頁

§75　被害者の同意の意義

1　法益保護の放棄とその効果

被害者の同意とは、法益の主体である被害者が、自己の法益の侵害を許諾してその法的保護を放棄することをいう。被害者の同意は、原則として**個人的法益**についてのみ、構成要件該当性阻却ないし違法阻却事由となりうる。これは、被害者が当該法益の主体であり、法益の主体が、個人的法益の場合には、その法益を処分することができるからである。法益主体が、**法益の処分権**をもつかぎりで、その法益の法的保護を放棄することもできる。

法益の法的保護が放棄された場合、そもそも構成要件の**法益保護機能**の意味が失われるのであるから、たとえ法益を侵害するかのような行為があったとしても、構成要件該当性が否定されるのではないだろうか。あるいは、被害者によって法益の法的保護が否定されたとしても、構成要件の形式的な類型には該当するのであるから、違法性が阻却されるにとどまるのであろう

か。この問題に対する解答が、被害者の同意について構成要件論で論じるか、違法論で論じるかを決定するのであって、そもそも、まず最初に議論されなければならない問題である。

2　国家的法益・社会的法益に関する同意

国家的法益や社会的法益についても、被害者の同意が意味をもつ場合がありうることに注意すべきである。国家的法益に対する罪の中には、**同時に個人的法益に対する罪としての性格をもつもの**があり、個人的法益に対する罪としての側面が、国家的法益に対する罪の側面よりも優位するという場合、ないし社会的法益に対する罪において被害者の同意が構成要件上考慮されている場合がある。このような場合には、被害者の同意によって構成要件該当性が阻却され、または、他の構成要件に該当することになりうる。

虚偽告訴罪（172条）は、判例・通説によれば、国家的法益と個人的法益の双方に対する罪とされ、虚偽告訴の被害者が同意していたことは、この犯罪の成否に関係しないとされている（☞各論§254）。しかし、被害者が不当に捜査または懲戒の処分の対象とされないという法的安定性が、国家の刑事司法作用ないし懲戒処分の手続の適正の法益に優位するとの立場から、後者の法益を第2次的な法益にすぎないとして、被害者の同意は、虚偽告訴罪の違法性を阻却するという見解（内藤590頁、平野・概説290頁）も有力である。

さらに、放火罪は、公共危険罪であるが、構成要件上、個人的法益も考慮されている。住居者・現在者が、放火に同意していた場合には、現住建造物等放火罪（108条）ではなく、非現住建造物等放火罪（109条）が成立する。

§76　被害者の同意の体系的地位

1　同意の分類と体系的地位

そもそも被害者の同意の刑法上の意義については、通例、次のように分類されている。①被害者の同意が刑法上意味をもたない場合。これは、被害者が同意していても犯罪が成立する場合である。例えば、13歳未満の男女に対する強制わいせつ罪（刑法176条後段）、13歳未満の女子に対する強姦罪（177条後段）、未成年者に対する誘拐罪（224条）がその例である。この場合、同意は、一律に無効とされているものということができる。②被害者の同意が派生構成要件の要素となっており、同意があるがゆえに減軽された法定刑が付されている場合。例えば、同意殺人罪（202条）、同意堕胎罪（213条・214条）がこれにあたる。③被害者の同意の不存在が構成要件要素になってい

る場合。この類型においては、被害者の意思に反する行為であることが、その犯罪の構成要件の実現のための条件となっているのである。例えば、住居侵入罪（130条）、秘密漏示罪（134条）、強姦罪（177条前段）、窃盗罪（235条）などがこれに属する。さらに、④被害者の同意が違法阻却事由とされる場合がある。この例として挙げられるのが、傷害罪（204条）である。そして、被害者の同意が、③のような構成要件阻却事由であるのか、または、④のように構成要件該当性は認められるが、違法性を阻却する場合なのかは、個々の構成要件の解釈によって決められるという。ただ、原則として、被害者の同意は、違法阻却事由であり、③のような事例が例外的であるとされている（川端309頁）。

2 違法阻却事由としての被害者の同意？
(1) 構成要件の「行為態様」の記述と同意

ここで問題となるのは、③の住居侵入罪における「侵入」や窃盗罪における「窃取」については、被害者の同意があれば、構成要件該当性そのものが否定されるのに対して、④の傷害罪については、構成要件該当性があるとされる根拠である。住居「侵入」については、「侵入」の概念がすでに「正当な理由なく」、つまり「被害者の同意なく」住居に「立ち入る」ことを意味しており、また、窃盗罪において、被害者の同意がある場合にはもはや「窃取」にはあたらないから、構成要件該当性が否定されるといわれる[1]。これに対して、「傷害」については、身体の完全性を害すること、ないし身体の生理的機能を害することが、構成要件にいう「傷害」の意義であるとされている。これによれば、被害者の同意があっても、身体の完全性や生理的機能の障害という外形には変更はなく、構成要件該当性は否定できないと考えられるのである。

(2) 違法阻却事由と同意

他方、違法阻却事由については、その一般的原理は、利益衡量説によれば、**優越的利益の原則**である。しかし、被害者の同意については、これとは別の**利益不存在**（利益欠缺）**の原則**（Prinzip des mangelnden Interesses）が妥当する

---

[1] この叙述は、行為者が、被害者が同意していることをを知っていることを前提としている。それを知らなかった場合には、なお、「窃盗」や「侵入」でありうる。例えば、被害者の同意を認識せずに、コンビニで商品を無断で持って出た行為を「窃盗」行為といい、あるいは、開いた窓から他人の家に立ち入った行為を「侵入」行為ということは可能である。現にこの場合、窃盗や住居侵入未遂が成立しうる。これについて、山中『医事刑法概論Ⅰ』（2014）110頁以下参照。

とされている。[2] もちろん、同意についても、優越的利益の原則で説明しうるという説（ノル, Peter Noll, 1926-1982, 曽根・重要問題 139 頁）もある。同意のある場合には、個人の（法益処分の）自由と、法益維持に関する社会の利益とが衡量されうるというのである。しかし、財産権についてこの利益優越の原則をあてはめると、例えば、文化的に価値のある絵画の所有者が、その毀棄に同意した場合、社会の不利益が大きいとしても、この同意は有効であり、器物損壊罪は少なくとも違法性を阻却するのであるから、このような意味の利益衡量は不当であろう。かくして、同意の違法阻却については利益不存在の原則という他の違法阻却事由の原理とは異なった原理を用いることになるのである。

　さて、違法阻却事由の根拠については、後に詳述するように（☞§105, 2）、利益衡量説における利益欠缺の原理に根拠を求める見解（平野 249 頁、内藤 587 頁、中山 306 頁、堀内 180 頁、浅田 204 頁）のほかに、目的説（木村 286 頁以下）ないし社会相当説（団藤 188 頁、福田 149 頁、大谷 242 頁）がある。**目的説**は、同意にもとづく行為は、個人が処分可能な処分権を保護するという国家的に承認された共同生活の目的を達成するために適当な手段であると説明する（木村 286 頁以下）。**社会相当性説**も、社会的に相当であるかどうかは、侵害された法益との関連における行為（目的・手段）の相当性によって判断されるべきであるとされ（福田・注釈 1 巻 13 頁）、また、「国家・社会的倫理規範に照らして相当とみられる傷害行為のみが適法とされるべきである」（大塚 419 頁注 3）とされることもある。このことは、同意にもとづく行為の目的が、「国家的に承認された共同生活の目的に反しないこと」、または、「社会的に相当であること」が、正当化の条件であるとしていることを意味する。したがって、これらの立場は、例えば、やくざの指詰めやサドマゾ行為などは、これらの「目的」に反し、その行為は、同意にもとづいていても正当化されないのである。

　さらに、**優越的利益説**から、被害者という**同一人格の内部**において、**自己決定権**という利益と、当該犯罪に**固有の個別的利益との衝突**があり、その優越性により、正当化が決定されるとする見解も唱えられる。

　しかし、この二つの利益の対立は、具体的・個別的な状況のもとにおける二つの利益の対立を意味するものではなく、法秩序が、どの保護法益については、自己決定権よりも優越させるかが、むしろすでに明確である場合が多い。そのような利益対立は、仮象的なものであるにすぎない。例えば、髪の毛を切断することが傷害罪の構成要件に該当するとしても、自己決定権によって新しいモードを作りだすため丸刈りにすることに同意した女性については、自己決定権が優越することは疑いがないのである。問題なのは、どちらを優先させるべきかが不明確な場合だけである。これについても、結局、身体の傷害についてどこまで処分権を認めるかが問題となっているにす

---

[2] 須之内・刑法における被害者の同意 13 頁以下・23 頁。

第3節 被害者の同意 §76 被害者の同意の体系的地位◇ 209

ぎず、利益が対立しているわけではない。

最後に、「利益不存在」の原則をもって違法阻却事由とする見解については、この原則は、これまで強調してきたような、利益衝突状態における葛藤解決としての違法阻却事由の考え方にはなじまない。むしろ、利益不存在とは、法的に保護すべき利益が存在しないということであるから、すでに構成要件該当性そのものがない場合と考えるのが正当であろう。

3 構成要件の保護の目的としての「法益」の意義
(1) 行為客体と法益

構成要件要素における「行為態様」の記述の意義によって、被害者の同意が構成要件該当性阻却事由となる場合と、違法阻却事由となる場合とがあるという区別は、妥当なものであろうか。構成要件が保護しているのは、「法益」であって行為客体ではない。行為客体は、行為の具体的な客体であるから、「人」や「物」であるが、法益は、生命や身体の完全性といった「理念的な財」である。例えば、文書偽造罪において、法益は、文書の証明力であり、社会の信頼であるが、行為客体は、その偽造された文書そのものである。法益の侵害は、具体的な行為客体の侵害を通じて実現される。

被害者の同意がある場合、例えば、器物毀棄罪においては、毀棄行為によって「行為客体」は破壊されるが、被害者が同意しており、法益の法的保護を放棄している場合、「法益」が侵害されたとはいえないのではないだろうか。個人的法益であって、個人の自由な処分権が承認されている法益については、広い意味での「法益」とは、財物や身体などの物理的形態や機能を意味するだけではない。個人的法益においては、「物質的・精神的実体」のみが法益だと考えるのではなく、その法益の主体の「自己決定権」をも法益に含めて考えるべきである。つまり、個人的法益の法益主体はその者に属する法益について権限者として「自律的支配」をもつのであって、これも法益の一部と考えるべきなのである。「法益」とはまさに「法によって保護されるべき利益」であるが、法益主体が法益の法的保護を放棄したとき、「利益」は残るかもしれないが、「法的保護」は放棄されているのであり、構成要件の予定している保護すべき「法益」侵害は発生しえない。その意味で、結果無価値が欠落するのである。また、保護すべき利益が存在しない場合にまで、構成要件該当性を考えることは無意味である（内田192頁、川端311頁）。

(2) 反対説とその批判

上のような見解に対して、構成要件自体は直接には法益侵害について明言する

ものではなく、法益侵害の存否の判断は、**違法論**に委ねられるべきであるとする見解（曽根・重要問題51頁参照）がある。この見解は、法益侵害という極めて価値的な概念に関する評価を形式的な構成要件論の段階で行うことは適当でないとする。例えば、器物損壊罪の法益は、財産権であって、それは違法性を基礎づける。これに対して、財物は法益客体（行為客体）であって、その侵害は構成要件該当性を基礎づけているという。

たしかに、法益は、構成要件要素として具体的に個別的に記述されていないことが多い。しかし、構成要件は、たんに行為客体を保護しているのではなく、法益を保護している。行為客体である「人」の侵害を通じて、「生命」という法益の侵害が行われる。それが、「人を殺した」という構成要件を充足することになる。[3]また、違法性の段階ではじめて、法益侵害が確認されるのではない。例えば、緊急避難による器物損壊は、構成要件該当性の段階で、財産権の侵害という法益侵害は確認されているとしても、違法性の段階で、当該行為によりその法益侵害に上回る利益があり、利益が優越することにより正当化されることが確認されるのであって、その法益侵害がなかったとされるのではない。

(3) 犯罪類型と法益侵害の有無

構成要件「要素」としての行為態様の記述により、被害者の同意があっても、当該の行為態様の要件を充足し、「法益」侵害が発生しているかのようにみえる事例は、傷害罪には限られない。通常、侮辱罪（231条）、監禁罪（220条）、信書開封罪（133条）、器物損壊罪（261条）などは、被害者の意思に反することが構成要件の内容となっている犯罪であるとされ、住居侵入などと同じ類型に配属されている（内藤579頁以下）。たしかに、行為態様ないし「法益」の記述からは、傷害と同じように、被害者の同意があっても、「侮辱」、「監禁」、「開封」、「損壊」などの構成要件に記述された行為態様に該当するともいいうる。しかし、「法益」侵害結果は、発生しないというべきである。なぜなら、外部的名誉（世評）ないし「名誉感情」の法的保護を放棄している「人」に「侮辱」結果は発生しないからである。監禁についても「行動の自由」の法的保護を放棄した者には、物理的に監禁状態が生じていても、「自由」剥奪の結果は生じていないといってよいのである。

---

[3] 法益保護機能は刑法の機能であって、構成要件のみの機能ではないから、構成要件の保護対象が法益ではないというものがある（浅田202頁）が、その趣旨は不明である。刑法がその刑罰効果によって法益を保護するとしても、その実質は、犯罪論でいうなら、構成要件以外に、違法阻却事由や責任阻却事由が法益保護機能を果たすわけではないことは明らかである。

(4) 傷害罪の保護法益と同意

わが国においては、傷害罪については、同意を**違法阻却事由**とするのが通説（団藤222頁、福田180頁、大塚418頁、内藤577頁、香川198頁、大谷260頁、川端326頁。なお、山口152頁）であり、構成要件該当性阻却説は少数説（佐伯219頁、中130頁、内田192頁、前田347頁）にとどまる。従来、構成要件を形式的・類型的に理解するとき、被害者の同意があっても、「身体の完全性」ないし「生理的機能」を害すれば、傷害の構成要件には該当するとされ、それを「傷害」でないというのは、構成要件を実質化し価値化するものであって、構成要件の形式的保障機能を掘り崩すものだと批判された。しかし、被害者の同意のある個人法益侵害行為が、構成要件該当性を否定するのは、構成要件を実質化・価値化して、身体の「完全性」「生理的機能」の侵害を「侵害」でないというのではない。身体の「完全性」や「生理的機能」は、それだけで「法益」なのではなく、法益主体がその法的保護を欲しているかぎりで、法益主体の「自己決定権」を含めてはじめて構成要件によって保護されるべき完全な「法益」なのである。「欲する者は害されない」(volenti non fit injuria) というのは、まさしくこのことを述べたものである。

4 個人的法益処分権の限界としての「重大な傷害」

被害者の同意が存在する場合、それが有効なかぎりで、それにもとづく行為は構成要件に該当しないと解すべきである。通説とは逆に、被害者の同意は、原則として構成要件該当性を否定する。ただし、例外的に、被害者の同意のみによっては、構成要件該当性阻却という効果を生じるためには不十分である場合がある。それは、法益保護の放棄を法益主体の任意の処分に委ねられていない法益に関する場合である。

身体を回復不可能な程度に損傷する重大な傷害は、原則として法益主体にとり重大な不利益であり、緊急状態ないし他に優先されるべき価値が対立していないかぎり、その保護を放棄することは、法益主体の判断としては、合理的な判断とはいいがたい。法は、このような重大な傷害については、人の生存の基礎である生命と同様に、不合理に自らの自由な生存の基礎を侵害するような侵害に対する同意を有効とはみなしていないというべきである。そのような侵害については、無条件に個々人の処分権限に委ねられているわけではなく、したがって、これに同意したとしても、その同意は、それだけでは、構成要件該当性を否定することはできないと解すべきである。

刑法は、**生命**については、同意があってもその同意を完全に有効かつ不処罰とはしていない。「同意殺」(202条)として軽減された構成要件を作って、「普通殺」(199条)よりは軽く処罰している。生命の法的保護を個人により処分できないものとして、個人の意思よりは、「生命」を重要なものと判断しているのである。同様にして、重大な身体の完全性ないし生理的機能は、原則として個人の自己決定権よりは優先される。身体の重要な機能についても、人の生存そのものに準じて、人が、社会において自己実現を行っていくための不可欠な基礎であると考えるべきだからである。

5　重大な傷害における利益衡量の要素としての同意

被害者の同意が、違法性を阻却するとする学説においても、「傷害の重大性」ないし「死の危険」がある場合には違法であるとする見解が有力である（平野254頁、中山306頁、内藤587頁）。しかし、「傷害の重大性」は、ただちに侵害行為を違法とするのではなく、他の衡量すべき利益と相まって優越的利益となりうる場合がありうるのである（川端327頁以下）。それは、重大な傷害が存在する場合、被害者の同意の存在のみによって構成要件該当性を否定することはできないということを意味するにすぎないのである。

(1)　重大な傷害の程度

直ちに構成要件該当性阻却とされえないような重大な傷害の範囲については、それが生命に危険を及ぼす程度のものである必要はない。「死の危険」に至らなくても、身体の重要な部位に回復不可能な損傷を与える傷害であれば十分である。したがって、例えば、目をくり抜き、耳・鼻を削ぎ、手・足を切断し、臓器などを摘出する行為に対しては、法的保護は完全には放棄できない。これに対して、頭髪を引き抜いたり、腕に浅い切り傷を負わせたり、あるいは少量の血液を採取したりすることについては同意は有効である。したがって、同意のうえで刺青を入れたり、簡単な美容整形手術を施し、鼻を高くしたり、二重瞼にすることも、傷害罪の構成要件に該当しない。また、道徳的に問題のある同意も、同意に瑕疵があるのでないかぎり、有効である。例えば、情を知りつつ指名手配されている犯人の整形手術をする行為についても、傷害罪の構成要件を充たすものではない。さらに、SM行為に対する同意も有効である。

(2)　利益衡量と重大な侵害

しかし、重大な傷害に関する同意は、完全に無効であって、法的に何の意味もないわけではない。それは、構成要件該当性を阻却することはないが、他の衡量すべき利益と相まって、**違法阻却（正当化）事由**として作用する場合がある。例えば、医師の治療行為として行われた外科手術の場合、患者の同意を得て臓器を摘出したり、足を切断したりする行為は、形式的には重大な傷害にあたるので、法的保護が完全に放棄されているわけではない。しかし、同意の存在と相まって、それが治療行為という**正当業務行為**（35条）であるかぎりで、違法性阻却の

問題となりうるのである。また、性転換手術のように、通常は治療行為とはいえない手術についても、それが本人の幸福につながるという利益があれば、やはり、優越的利益の原則によって違法性は阻却されるであろう。このように、被害者の同意は、重大な傷害については、構成要件該当性を阻却することはないが、違法性の次元で、他の違法阻却事由と競合して、あるいはその前提として、利益衡量において優越すべき「利益」に算入される要素ではあるのである。これについては、違法阻却事由を論じる際に詳しく論じる（☞§121, 1）。

§77　同意の要件

1　意思表示説・意思方向説

意思表示説（Willenserklärungstheorie）は、古くは**法律行為説**（Rechtsgeschäftstheorie）とも呼ばれたが、本来、同意を私法における法律行為として根拠づける見解である。[4]

法律行為説の意味での意思表示説は、刑法における同意が法益主体を義務づけるという意味をもつものではないから不当である。**意思表示説**は、もともと私法上の意思表示の概念を刑法に適用することを図ったものであるが、同意は、刑法独自の概念として構成すべきである。これに対して、**意思方向説**（Willensrichtungstheorie）は、刑法上の同意とは、法的保護を求める意思を放棄するという内面的事象であると考えるので、外部に表示される必要のない内面的賛意であるとする。

わが国においては、**意思方向説**（平野250頁、内藤594頁、中山307頁、大谷256頁）と（わが国の意味における）**意思表示説**（木村285頁、福田179頁、大塚420頁）が対立している。刑法上の同意は、法益侵害の結果が発生する前に与えられる必要があり、法的安定性の観点からは、少なくとも外部に表示され、外部から認識しうることを要件とすべきである。[5] 同意は、外部から認識可能なように表示されれば、もちろん、黙示によるものでもよい。

---

[4] わが国では、この意思表示説が、同意の存在を外部に表示することを要する説であると理解されている（通説＝大谷256頁）。しかし、ドイツにおいては、何らかの形で外部に表示されることを要するという説は、折衷説と呼ばれている。

[5] 構成要件阻却事由ないし違法阻却事由といえども、たんなる内心の希望や心情と区別できない意思方向を基準とすべきではない。

2 行為者による同意の認識

行為者が同意の存在を認識していることを要するかどうかについては、見解が分かれている。本来、理論的には、**意思方向説**を採った場合、その認識は不可能な場合があるので、**不要説**となるのが論理的であるが、**意思表示説**に立てば、必要説・不要説いずれの可能性もありうる。ところが、わが国においては、意思表示説を採る学説は、行為者に同意の認識があることをもって違法阻却事由とする（木村 285 頁、福田 179 頁、大塚 420 頁）のに対して、意思方向説を採る学説（平野 250 頁、中山 307 頁、内藤 595 頁）は、主観的正当化要素を不要とし、したがって、行為者による同意の認識を不要とする。しかし、意思表示説を採れば、必然的に主観的正当化要素を認める見解につながるわけではない。外部に表示されればよく、行為者に表示される必要はないからである。

被害者の同意が構成要件阻却を効果とするという見解に立てば、同意の認識は主観的正当化要素ではなく構成要件的故意の問題であるにすぎない。結果を発生させる故意で実行に着手し、法益侵害結果が発生しなかった場合であるから、未遂が成立するか不能犯となるかの問題である。

3 同意の意思内容・対象・時期・方法・同意能力・同意の代理

同意は、同意の意味・射程・効果などを理解しうる者[6]による任意かつ真意に出たものでなければならない。自由な意思決定のできないような強制を加えられてなした同意は真意ではなく、冗談でなされた同意は、無効である。もちろん、「任意」ないし「真意」とはどの範囲のものをいうのかについては、学説上の対立がある。

(1) 同意の意思内容

同意は、法益の法的保護を放棄し、法益侵害を受忍する意思表示である。その意思内容は、法益侵害の「認識」があれば足りるのか（認識説）、それとも法益侵害の「意欲」ないし「是認」が必要なのか（意欲説）については、「故意」に関する議論と同様に、見解が分かれうるであろう。この点については、従来、議論がほとんどなかったといってよい。認識説に立つ場合、行為者の行為が法益侵害結果に結びつくことを認識しているならば、たとえ被

---

[6] 住居侵入罪における「同意」に典型的に現れるように、複数の同意権者の意思が対立することがある。例えば、妻が姦通目的で情夫の住居への立ち入りに同意した場合である。この場合の学説の状況については、関哲夫『続・住居侵入罪の研究』（2001）226 頁以下参照。

害者がそれを「意欲」していなくても、同意は真意にもとづくものであり、有効となる。意欲説に立つならば、被害者がその法益侵害の結果を意欲し、少なくとも認容したのでなければ真意にもとづく同意とはいえないことになる。最近、これに関し、認識説に立つ判例[7]が出た。

　Aは、長年、SMプレイにのめり込んでいたが、Xに、報償として800万円与えると約束し、自ら準備したサバイバルナイフで自分の下腹部を突き刺して殺害するよう嘱託した。Xは、この嘱託にもとづいて、殺意をもってそのナイフでAの下腹部を突き、そのままナイフを上方に向けてかき上げるように突き刺して傷害を負わせ、その場で失血によりAを死亡させた。この事案につき、原審が、「被害者がナイフで下腹部を刺されれば死亡する蓋然性があることをまったく認識していなかったとはいえないものの、それ以上に、被害者自身が死亡することの意義を熟慮し、死の結果そのものを受容し、意欲していたものではない」として、真意にもとづくものとは認められないとして嘱託殺人の成立を否定したのに対し、大阪高裁は、これを肯定した（大阪高判平10・7・16判時1647・156）。「死の結果を望んでいるか否かは必ずしも嘱託の真意性を決定付けるものではないというべき」であり、「死の結果に基づく殺害の嘱託と解する妨げとはならない」というのである。

　同意においては、被害者の意思は、行為者における故意の場合のように、構成要件を実現するために行動を制御するといったものではなく、むしろ、自らの法益に対する不利益の甘受に向けられる。しかし、その意思は、法益侵害の発生の実現に向けられる必要はある。ただ上記の事案のように死の結果発生の危険につき認識・認容がある場合には、「意欲」はなくても、現実に法益侵害が発生することを「認識」し、その認識が被害の意味や射程・効果の正しい認識につながっており、そのうえで被害者の「理性的価値衡量」にもとづく場合は、同意は有効とみてよいであろう。

(2) 同意の対象

　同意の対象は、「**行為**」だけではなく、「**構成要件的結果**」をも含む。構成要件的結果について同意がなければ結果について法益の法的保護を放棄したことにならないからである。過失犯についても、結果に対する構成要件該当性を否定するためには、危険のみならず、結果に対する同意が必要である。酩酊運転であることを知りつつ同乗した者が、事故で負傷する「危険」について同意していたとしても、「傷害」結果そのものについては同意がないと

---

[7] 評釈として、山中「嘱託殺人罪における『嘱託』の真意性およびその意思内容」現刑10号76頁以下参照。

きは、過失致傷罪について同意があるとはいえない（山中・平場還暦〔上〕345頁参照）。

(3) 同意の時期

同意は、実行行為の前に与えられなければならず、また法益侵害の発生時点まで存在しなければならない（大判大8・11・5刑録25・1064）。したがって、実行行為のときに存在することを要する（福岡高判昭30・9・28高裁特2・22・1149、東京高判昭58・8・10判時1104・147[8]）。事後の承諾は、構成要件充足を変更するものではない（大判大12・3・13刑集2・188参照）。実行の着手後であるが、いまだ結果の発生がないときに同意が与えられた場合、未遂が存在する。同意は、原則として撤回することができる。**事前的・包括的な同意**も有効である。例えば、デパートの売り場、市役所のホールへの立ち入りなどは、事前的・包括的にその看守者によって同意が与えられているものといえる。

(4) 同意の方法

同意は、**明示の同意**のみならず、**黙示の同意**も有効である。したがって、同意は、口頭でなされる必要はなく、それとわかる挙動で示されればよい。

(5) 同意能力

同意が有効であるためには、「同意能力」が必要である。被害者の事実上の、ないし自然的な「意思」があっただけでは足りず、侵害の意義や射程に関する十分な理解にもとづく「意思」がなければならない。具体的に、法益侵害の意義や射程、効果に関する「**弁識能力**」および「**判断能力**」が必要である。しかし、同意は法律行為ではないから、民法上の法律行為能力は必要ではない。明らかに弁識・判断能力を欠くとみられる幼児（大判昭9・8・27刑集13・1086）、精神分裂病（＝統合失調症）患者（最決昭27・2・21刑集6・2・275）の同意は無効である。

成人の場合には、同意能力は、具体的な犯罪行為について責任能力が限定されておらず、同意の事実的前提について十分に知識をもっているかぎりで、一般的に肯定される。未成年については、刑事責任能力のない14歳未満の者の同意能力は、原則的には否定されるが、それ以上の年齢の未成年の同意能力についても、具体的な法益の種類によるというべきであろう[9]。

(6) 同意の代理

同意は、侵害を許諾される法益の保持者（**法益主体**）自身によって行われるのが原

---

[8] 東京高判の事案は、被害者の同意は、夫が同意して就寝した3時間後に妻が夫を殺害した行為について、承諾があったとは認められないとされたものである。
[9] 患者の同意能力について詳しくは、山中『医事刑法概論Ⅰ』（2014）149頁以下参照。

則である。しかし、本人に同意能力が欠けているかぎりで、法定代理人による同意は、原則的に、有効である。このことは、とくに民法上の親権者の監護権（民法820条）ないし財産管理権（民法824条）にもとづく代理について妥当する。したがって財産処分に対して同意できるのみでなく、同意能力のない幼児に代わって両親が手術に同意することもできる。ただし、本人の利益にならない重大な身体の傷害をもたらす同意、例えば、子供に代わってその臓器提供に同意することは許されない。任意の代理も、財産権の侵害などについては原則的に可能である（☞§120, 2 (4)(c)(i)）。

§78 同意における意思の欠缺

1 同意の有効要件

被害者の同意は、それが法益主体の自由な処分権の実現であり、有効な同意であるとき、構成要件該当性阻却効果をもつ。それが自由な処分権の実現であるかどうかは、**処分権者の意思の実現**であるかどうかによる。したがって、どのような法益をどのような範囲で処分・放棄するかは、まず、処分者の意思の内容によって決定される。

しかし、その意思の内容は、処分者によりあまさず表示されるわけではなく、また具体的に詳細に表示された場合でも構成要件該当性阻却というその法的効果の観点からみてそれに従わなかったことがただちに無効となるわけではないと思われるので、それは**社会的・法的な評価**により補充的に解釈されなければならない。例えば、パーティーの際に空のグラスを割ることに同意した場合、それは、そのパーティーのときにその会場での毀棄のみに同意したのである。また、髪の毛を1センチ切断することに同意した者が、1.5センチ切断されたとき、同意の範囲を超えるがゆえに、無効であり、傷害罪が成立するのであろうかについても、表示と真意の齟齬がありうることを考慮してその意思の内容を解釈しなければならない。意思の内容は、事実上、時や場所の限界をともない、また、侵害の程度や形態についても、また、同意の相手方についても限定があるといってよい。

2 同意者の錯誤

(1) 意思の欠缺における考察方法

同意は、一定の効果を発生させることを目的とする意思表示である。したがって、その意味・射程・効果を認識している必要がある。その認識が欺罔

され、または錯誤にもとづく場合、同意の有効性は疑問となる。[10]

　ところで、**同意の有効性**の問題にアプローチするにあたって、欺罔を考察の出発点にすべきか、それとも錯誤を出発点にすべきかについては、学説上の争いがある。欺罔を中心に考察する立場[11]（ドイツの通説）は、行為者による欺罔がある場合、動機の錯誤の場合でも、欺罔があるという事実のみで、すでにその同意は無効とするのである。しかし、行為者が欺罔したという事実が、同意の有効性にとって重要なのではなくて、欺罔者が誰であれ、あるいは欺罔者が存在しない場合でも、被害者の瑕疵ある意思にもとづく同意であるかどうかが、同意の効力にとって本質的な問題である。[12]したがって錯誤にもとづく同意が有効かどうかについて論ずるべきである。

　次に、錯誤にもとづく同意の効力については、基本的に、次の**二つの見解**に分かれる。

　(a) 本質的錯誤説　本質的事実について錯誤があり、もしも錯誤に陥っていなかったならば同意しなかったであろうという場合、すなわちその同意が真意に添わない場合には、同意は無効であるとする説（大塚420頁以下、同『刑法概説（各論）』〔第三版増補版〕20頁、井田199頁以下）である。なお、学説の中には、「被害者を錯誤に陥れて得た承諾は無効」であるとするもの（佐久間187頁）があるが、およそ錯誤があれば同意は無効であるとするのは広すぎるであろう。

　(b) 法益関係的錯誤説　法益に関係する事実の錯誤（法益関係的事実の錯誤）の場合にのみ、同意は無効であって、動機の錯誤にすぎない場合には同意は有効であるとする説（平野257頁、内藤591頁以下、中山311頁、川端328頁、堀内184頁、浅田208頁、山口159頁、同・問題探究82頁以下、山中・関法33巻3＝4＝5号273頁以下）である。基本的には、法益関係的錯誤説が正当である。しかし、法益関係的錯誤か否かのみでは十分ではない。同意は、被害者の自主的判断にもとづき強制にもとづくものでないことがその有効性にとって重要であり、したがって、基本的には、法益主体の任意かつ真意に出たものかどうか、すなわち、**自由な自己決定権の所産**であるとみなされるかどうかが基準となる。

---

[10] 同意における錯誤の意義ならびに効果については、基本的に、山中・関法33巻3＝4＝5号273頁以下、佐伯・神戸法学年報1号51頁、林美月子・内藤古稀21頁以下参照。
[11] 詳しくは、齊藤誠二・吉川古稀159頁参照。
[12] 欺罔を出発点とするアプローチには、行為無価値論的色彩がみられるといってよいであろう。

(2) 錯誤の種類とその効果の検討

以下では、基本的に、法益関係的錯誤が同意における錯誤が無効であるという立場に立って、さまざまな錯誤の種類についてそれが無効か否かが問題となる類型を考察しておこう。

(a) 法益の意義・範囲の錯誤 法益の法的保護を放棄する者が、その法益の意義や放棄の意味・範囲を明らかに認識していることが必要である。これについて錯誤があるとき、その同意は無効である。[13] さらに、**構成要件的評価の異なる法益間の錯誤**がある場合、例えば、侵害結果の構成要件的評価に錯誤がある場合、暴行に同意したつもりが傷害に同意していたような場合、その同意は、法益関係的錯誤であり無効である。しかし、**同一構成要件内の錯誤**であってもその**意義や価値に錯誤**があるとき、その同意は無効である。時価10万円の時計を千円の時計と錯誤してその毀棄に同意した場合がその例である。また、同意の「効果」についての錯誤も無効である。[14]

(b) 具体的客体の錯誤 具体的な客体の同一性につき錯誤があった場合には原則としてその錯誤は無効である。千円の時計の毀棄に同意するつもりで、あやまって別の10万円の時計の毀棄に同意したような場合には、その同意は無効である。しかし、ケースの中に入れてあったある時計の毀棄に同意したが、あやまって、その隣に置いてあった大量生産され、まったく同じ形態・価値の時計を毀棄したような場合には、意思内容の解釈が問題となろう。

(c) 行為者の同一性の錯誤 同意の相手方に関する錯誤は、法益の処分権をも法益の中に含めて考える見地に立てば、法益関係的錯誤であり、その同意は、原則として無効となる。これは、法益が財産の場合であると、人格に関する場合であるとを問わない。[15] 被害者が、Aに対して、この宝石をもっていってよいと同意したときに、Bがこれをもっていくのは、同意の範囲内にはなく、同意はなかったといえる。また、夫だと思って性行為に同意し

---

[13] 例えば、重症の精神病患者が、自殺の意義を知らず、含糖ペプシンなるものを飲んで縊首すると、後に蘇生するものと騙され、錯誤に陥ってなした自殺は、放棄する**法益の意義**（生命の意義）を認識して行われたものではないから、無効である（大判昭8・4・19刑集12・471）。

[14] 例えば、抜歯すれば頭痛が治ると信じていた患者が、抜歯に同意したが、頭痛が治らなかったという事例（BGH NJW 1978, 1206）において、抜歯の「効果」について錯誤があったといえる場合がそうである。この判例について、詳しくは、山中『医事刑法概論Ⅰ』（2014）204頁以下参照。

[15] ただし、A医師による手術に同意したが、執刀したのが同じ医学的知識と技量をもつB医師であったといった場合には、同意が有効な場合があるであろう。

たが、第三者であった場合も、同意は無効であり、準強姦が成立する[16]。

　(d)　反対給付の錯誤　反対給付に関する錯誤は、動機の錯誤であり、法益の意義についての錯誤ではないので、同意を無効としない。献血すれば5千円支払うと言われて、献血した者が、騙されていた場合、放棄した内容である「傷害」の結果については明確な認識があったので、法益関係的錯誤ではなく、その同意は有効である。

　(e)　目的・縁由の錯誤　同意者に法益放棄の目的や動機に錯誤があった場合、法益そのものに関する錯誤ではないので、同意は有効である。例えば、追死すると言われて殺害に同意したが、相手に追死の意思がなかった場合、その同意は、自分の「死」については明確な認識があり、したがって、同意は有効である（平野256頁、中山『刑法各論』(1984) 36頁、反対＝最判昭33・11・21刑集12・15・3519）。

　　保険金を騙取する目的で、被害者の同意を得て、同意者の乗るライトバンに故意に軽自動車を衝突させて頸椎捻挫の軽微な傷害を負わせたという**保険金詐欺の事案**（最決昭55・11・13刑集34・6・396＝**百選22**）においては、最高裁は、「単に承諾が存在するという事実だけではなく、右承諾を得た動機、目的、身体傷害の手段、方法、損傷の部位、程度など諸般の事情を照らし合せて決すべきものである」とし、その承諾は、「過失による自動車衝突事故であるかのように装い保険金を騙取する目的」という「違法な目的に利用するために得られた違法なもの」であって、「これによって当該傷害行為の違法性を阻却するものではない」とした。しかし、軽微な傷害であるかぎり、「違法な目的」も、動機の錯誤にすぎず、同意そのものは有効であると解するべきである。その同意が「公序良俗」に反していたかどうかは、同意の有効性には影響しない。

　(f)　緊急状態の錯誤　優越する法益に対して切迫する危険が存在すると錯誤して、法益放棄を決断した場合には、法益関係的錯誤ではなくても、被害者の**価値的に自由な判断**によるものではなく、その同意は無効である。これは、法益関係的錯誤の原則の例外である[17]。例えば、炎上する自家用車の中に子供が閉じ込められていると欺罔され、傷害を負うことを覚悟して高熱をもったドアの把手を握ってドアを開けた者は、それが真実ではなく、人命や傷害に比べて優越するとはいえない子犬の命を救うためであった場合、同意は無効である。胃潰瘍にすぎないのに、胃ガンであると告げられ、生命にか

---

[16] 仙台高判昭32・4・18高刑集10・6・491の事案は、被害者は、深夜夢うつつの状態であったので、純粋に錯誤の問題のみが問われる事案ではない。
[17] 山中・関法33巻3＝4＝5号344頁以下参照。林美月子・内藤古稀38頁も同旨である。

かわるからすぐに摘出すべきだと騙されたため、胃の摘出手術に同意した者の同意も、無効である。このように**緊急状態**であると錯誤して同意した場合には、法益関係的錯誤の例外として、その同意は無効である。その根拠は、この場合、純粋に法益関係的錯誤の場合であるとはいえなくても、緊急状態下にあるより大きいと思われる法益を救うために、それとの相関関係において、自らの犠牲にする法益の相対的価値について錯誤したがゆえに、法益の相対的価値の錯誤があるからである。これは、緊急状態下の法益の救助という価値に拘束された動機の錯誤によって、自己の法益の相対的価値を錯誤した場合の同意をとくに無効とするものである。[18]

3 暴行・脅迫に基づく同意

暴行や脅迫にもとづく同意は、それが法益主体の意思の自由を著しく侵害する場合にのみ無効である。それは、少なくとも脅迫罪や暴行罪を構成しうる程度のものでなければならないであろう。[19]

> この関係では、多数の威力を背景とする言動に威圧されてした同意は、真意に出たものでなく住居侵入罪が成立するとした判例（最判昭25・10・11刑集4・10・2012）がある。しかし、例えば、前の恋人の写真を破棄しなければ結婚しないと脅されて、写真を破棄した場合、その脅迫は、脅迫罪を構成するようなものではないから、器物損壊罪に対する同意は有効である。

---

[18] 山中・関法33巻3＝4＝5号345頁では、緊急状態下での法益を救助するための自己の法益の放棄を「その決意は価値的に自由になされたとは言い得ない」とのみ、理由づけた。この説明は不十分であった。それは、理由の半分しか述べない誤解を生むものであった。山口教授は、この点をとらえて鋭く、現実に緊急状態下にある法益を救うために自己の法益の放棄に同意したとしても、同意が無効でないはずなのに、緊急状態にあると錯誤していた場合には無効であるというのは不合理であると指摘された（山口159頁以下、同・問題探究82頁以下）。しかし、本文に述べたように、自己の法益の絶対的価値については錯誤はないが、価値的に拘束された動機の錯誤により、その相対的価値を錯誤したがゆえに同意は無効なのである。山口教授は、この場合にも法益関係的錯誤であって、「保護されるべき法益の要保護性に関する欺罔・錯誤」であるとされる。しかし、この考察は、行為者の主観の現実の状態から遊離した仮定的考察にすぎない。なぜなら、ガンだと思って胃の摘出に同意する者も、閉じこめられた子供の生命を救おうとして手に傷害を負った者も、自分の飼っている猛獣が危害を加えようとしていると錯誤してその殺害に同意する者も、現実にそれらの法益が保護を要しないものだと思っているわけではないからである。子供を救助しようと手のやけどを甘受した者は、自分の「手」が要保護性を欠くものだなどとは思ってもいないのである。要保護性があるのにないと思ったときにはじめて「法益関係的錯誤」があるといえるのである。法益関係的錯誤がないのに同意が無効とはならないはずである。

[19] 浮気を邪推した夫の4カ月にわたる暴行脅迫により自殺を教唆された妻の自殺を、意思の自由を失わせるものではなかったとして、殺人罪ではなく、自殺教唆罪（202条）としたものとして、広島高判昭29・6・30高刑集7・6・944がある。

暴行・脅迫によって得られた殺人に対する被害者の「同意」が意思の自由を著しく侵害したがゆえに無効であるとき、自殺関与罪（202条）ではなく、殺人罪（199条）が成立する。

　最近の最高裁判例では、乗車した車ごと**海に飛び込んで自殺することを命じた**者に「本件犯行当時、被害者をして、被告人の命令に応じて車ごと海中に飛び込む以外の行為を選択することができない精神状態に陥らせていたもの」として「漁港の岸壁上から車ごと海中に転落するように命じ、被害者をして、自らを死亡させる現実的危険性の高い行為に及ばせたものであるから、被害者に命令して車ごと海に転落させた被告人の行為は殺人罪の実行行為に当たる」とした（最決平16・1・20刑集58・1・1＝**百選73**）。従来、同意を無効とする暴行・脅迫の程度は、実務上、かなり高度なものであり、強制された選択肢に従う以外にないというほどに、自由な意思決定の可能性が失われたことが必要であると解されていたように思われる（広島高判昭29・6・30高刑集7・6・944、浦和地判昭46・1・26刑月3・1・39）が、本決定は、自由な意思決定の余地があっても、同意は無効であるとしたということができる[20]（伊東・平成16年度重判解156頁参照）。

---

[20] 山中「最近の刑法総論における判例の動向」刑ジ創刊号32頁以下も参照。

第4節　不作為犯論

【文献】生田勝義「わが国における不真正不作為犯論について (1) (2・完)」立命館法学128号8頁・131号50頁 (同『行為原理と刑事違法論』〔2002〕所収) 岩間康夫「わが国における構成要件的同価値性論―不真正不作為犯の補足的成立要件に関する一考察」愛媛法学18巻3号77頁、内田文昭「保証人的地位の根拠」基本講座2巻93頁、大越義久「作為と不作為」基本講座2巻81頁、神山敏雄「保証人義務の類型」岡法44巻1号1頁、同「保障人義務の根拠としての先行行為についての考察」岡法45巻1号137頁、同「過失不真正不作為犯の構造」福田＝大塚古稀〔上〕45頁、同「保証人義務の理論的根拠」森下古稀〔上〕189頁、酒井安行「不真正不作為犯のいわゆる因果論的構成の可能性と限界」西原古稀1巻133頁、西田典之「不作為犯論」現代的展開〔Ⅰ〕67頁、日髙義博『不真正不作為犯の理論』(1979)、平山幹子『不作為犯と正犯原理』(2005)、堀内捷三「不作為犯論」現代刑法講座1巻297頁、同『不作為犯論』(1978)、松原昌樹「不作為犯の現代的展開と課題」柏木喜寿303頁、松宮孝明「『不真正不作為犯』について」西原古稀1巻159頁、山中敬一「不作為犯論の体系的再構成」刑雑36巻1号91頁、吉田敏雄『不真正不作為犯の体系と構造』(2010)

§79　不作為犯の意義と展開

1　不作為犯の意義

　不作為犯とは、期待された何らかのことを行わないことを内容とする犯罪をいう。不作為犯には、真正不作為犯と不真正不作為犯とがある。**真正不作為犯** (echte Unterlassungsdelikte) とは、構成要件上要求された行為をしないことを内容とする犯罪であり、構成要件的行為が、すでに不作為の形で規定された犯罪である。これに対して、**不真正不作為犯** (unechte Unterlassungsdelikte) は、構成要件的結果を防止しないことによって、それを発生させることを内容とする犯罪であり、本来、作為の形で実現されることを予定している構成要件を、不作為によって実現する犯罪である (不作為による作為犯)。

(1)　真正不作為犯

　真正不作為犯の例としては、多衆不解散罪 (107条)、不退去罪 (130条後段)、保護責任者遺棄罪 (218条後段) がある。多衆不解散罪においては、「解散の

命令を 3 回以上受けたにもかかわらず、なお解散しなかったとき」処罰され、不退去罪においては、「要求を受けたにもかかわらずこれらの場所から退去しなかった者」が、そして、保護責任者遺棄罪においては、「生存に必要な保護をしなかったとき」に処罰されるが、いずれも、「しなかった」という不作為の形で構成要件的行為が記述されている。

(2) 不真正不作為犯

不真正不作為犯は、作為犯の形式で記述された構成要件を不作為によって実行する犯罪であるから、殺人罪、傷害罪、放火罪など原則としてどのような犯罪でも、要件を充足すれば実行することは可能である[1]。しかし、問題は、その要件である。

> 生まれたばかりの乳児に母親がミルクを与えないで、故意に死亡させた場合、母親は、「ミルクを与えない」という不作為によってその乳児を「殺した」といえるのか、池のほとりを散歩中に、たまたま近所の子供が溺れかけているのを発見した者が、手をのばせば救助することができたのにあえて「救助しなかった」場合、その子供を「殺した」といえるのかについて、どのような要件が充足された場合に、不真正不作為犯たる殺人罪が成立するのかに関してさまざまな理論的な解決の試みが行われたのである。

真正不作為犯の中には、「～しない」という不作為によって表現されるのではなく、外見上「～する」という作為の形式で表現されているものもある。日常用語においても、例えば「放置する」「見殺しにする」「怠る」というのは、**作為の形式で表現されているが、不作為をも表す行為**である。構成要件の中にもこのような表現を用いているものがある。例えば、218 条の **保護責任者遺棄罪** における「遺棄し」という文言がそうである。この「遺棄」は、217 条の「遺棄」がもっぱら作為を表すのに対して、もっぱら「不作為」を意味する。それは、保護責任者が、要保護者を、場所的離隔をともなう危険な場所に置いて保護しないという不作為を意味する（☞各論§27, 2⑤）。したがって、この構成要件においては、要保護者を危険な場所に移置することも、要保護者である幼児が危険な場所に去っていくのを止めないことも、危険な場所から安全な場所に帰還しようとする要保護者の通る吊橋を遮断することも、すべて「遺棄」にあたり、行為態様自体が作為的形態であるか不作為的形態であるかは問わない。この構成要件で重要なのは、行為者と離隔

---

[1] 禁止規範には命令規範は含まれないとして、不真正不作為犯は、罪刑法定主義に反するものとする見解（金澤文雄「不真正不作為犯の問題性」佐伯還暦〔上〕234 頁、香川 121 頁以下）がある。

した場所にいる要保護者を保護しないという不作為なのである。この類型を「作為による不作為犯」と名づけることにする[2]。「遺棄」するという作為形式で書かれた不作為犯構成要件なので、不真正不作為犯に分類することも考えられる。しかし、「〜しない」とは書かれていないが、構成要件上もともと「不作為」をも意味しうる文言で書かれていることと、構成要件そのものに作為義務が明示されていることから、**真正不作為犯**に位置づけるのが妥当であろう。

(3) 作為と不作為の区別基準

　どのような行為が作為であり、どのような行為が不作為であるのかの区別はときとして非常に困難である。日常用語においても、「溺れている子供を見ながら助けない」という不作為は、「溺れる者を見ながらそこに突っ立っている」という作為でもある。

　　犯罪が問題になる場合を例として挙げると、母親が、3歳の子供がかつて台所のガス栓を勝手にひねったことがあったのに、十分な措置を講じずに外出したところ、子供がガス栓をひねって火事になり子供が死亡したという事例（BGH NStZ 1999, 607）で、母親の過失行為は「不注意に外出する」という作為であろうか、それとも「不注意にも安全策を講じない」という不作為であろうか。ドイツの判例は、外出しても安全策を講じておれば事故は発生しなかったのであるから、外出という作為は、原因ではなく、「安全策を講じない」という過失による不作為であるとする。

　過失犯においては、**作為的要素と不作為的要素とが複合的に存在している行為**が問題になることが多い。例えば、自動車の運転手が、制限時速に反して（作為、ただし「制限時速を守らなかった」と表現すれば不作為）、脇見運転をし（作為、しかし、「前方不注視」と表現すれば、不作為）、ブレーキをかけるのが遅れて（不作為）、通行人を撥ねて（作為）死亡させた場合がそうである。しかし、この場合には、最後に通行人に自車を衝突させているので、この時点での作為が決定的であろう。問題は、先のドイツの判例のように、作為と不作為が同時に、または作為が不作為に先行する場合である。例えば、野原に大型冷蔵庫を放置したところ、何ヶ月か後にその冷蔵庫に子供が入って遊ぶうち、鍵がかかってしまい閉じ込められて窒息死したという場合、冷蔵庫を不注意にも「置く」という作為のあと、置いた冷蔵庫を「管理しない」という不作為がみられる。

---

[2] Vgl. *Roxin*, Strafrecht AT, Bd. 2, 2003, S. 659．（山中監訳・ロクシン訳書2巻第2分冊238頁以下参照）。

（a）非難の重点を基準とする見解　作為と不作為の区別を法的非難の向けられる重点が作為か不作為かによって区別しようとする見解である。両者の区別は、事実問題ではなく、評価の問題だとする。ドイツの判例のとる立場である。しかし、これは、作為犯か不作為犯かを決定する基準であっても、作為か不作為かを区別する基準ではない。何が作為で何が不作為かを決定するのに**非難の重点**がどちらにあるかを基準とするというのは、論理的に不当前提である。

（b）因果関係の存否を基準とする見解　結果犯において、行為の因果関係が存在すれば作為、存在しなければ不作為とする。[3] この基準は単純であるが、明確で妥当な基準である。もう少し詳しく定義すると、作為とは、結果に向かう危険な因果力を引き起こし、または、その因果系列に介入して利用し、結果を発生させる行為である。これに対して、不作為とは、結果発生に向かう危険な因果力の因果系列の進行によって**結果に対する具体的危険が生じているとき**に、それに干渉しないことによって結果を発生させる行為である。

　故意犯においては、**故意と実行行為性の備わった行為**が基準となり、それが**結果発生の具体的危険発生前**であれば作為であり、その発生後に認められれば不作為である。例えば、先の母親の外出の事例が故意で行われたとすると、母親の行為の危険な因果力は、外出時に子供を放置したことに認められるが、それ以降は認められない。その時点以降に具体的危険が生じるが、その時点では、母親は外出しており、作為可能性がないから、不作為犯には問いえない。したがって、この事例では作為犯が問題となる。過失犯においても同じく過失犯の実行行為性が、結果発生の具体的危険の発生の前後いずれかによって決定される。例えば、母親が幼児を池のほとりで遊ばせていたところ、母親がベンチで読書をしていて気付かないうちにその子供が池にはまって死亡したとき、すでに子供を危険な池のほとりで遊ばせた作為に危険創出が認められれば作為犯である。そうでなければ、子供が危険な状態に陥っているにもかかわらず、不注意にも救助しなかった不作為犯が問題となる。ここでは、保障人的義務の存在や作為可能性が問われる。ブレーキをかけないで疾走したため通行人を撥ねた場合のように、具体的危険発生後の不作為犯が問題にならないときは、因果的に事故を惹起したのであるから、作為犯である。

（c）原因において自由な不作為　例えば、鉄道の転轍手が、故意に、酒を飲んで自らを責任能力に陥らせ、転轍できなくして、列車を脱線させ、多数の乗客を死傷させた場合（omissio libera in causa）、作為か不作為かという問題がある。この場合、酒を飲むのは作為であり、列車が接近してきた危険状況

---

[3] すでに、山中『刑法における因果関係と帰属』（1984）26頁参照。

の中では転轍しないという不作為は、責任無能力であるため、問題とならない。そこで、酒を飲むという行為が実行行為であるとせざるをえない。それは、作為である。ただ、この場合、規範的には不作為犯とすべきだとする。しかし、因果関係の有無の基準を用いれば、この事例はもともと不作為である。転轍手は、転轍する意思がないのであるから、因果力は、もともと結果発生の方向に向いているのである。したがって、酒を飲む行為が、実行行為ではなく、転轍しないという不作為の実行の着手が酒を飲む時点に認められるというにすぎないと解すべきであろう。

(d) **具体的危険状態の因果的変更** 作為と不作為の区別の事例として従来から論じられているものに、溺れかけている者を助けようとその者にロープを投げたが、掴もうとした瞬間にロープをふたたび引き上げたといった場合に、作為か不作為かという問題がある。この問題も、因果関係基準説によれば適切に解決できる。被害者が掴む前にロープを引き上げる行為は、**被害者の具体的危険状態を何ら因果的に変更していない**。したがって、不作為である。これに対して、いったん、ロープを掴んだ被害者をボートに助け上げた後、ふたたび、ボートから突き落とした場合は、助かる方向に向いていた因果の流れに介入して、結果発生の方向に変更しているので、作為である。この二つの例の中間の事例において、因果関係の方向の変更がどの程度であれば、結果を発生させたといえるかという限界事例がある。例えば、救助者が、被害者の掴んだロープを1メートル引いて切断したとき、結果の具体的変更は、因果関係を認めるに十分かという問題に帰着する。

(e) **人工呼吸器の中断** 延命措置を受け、意識が回復不可能になっている大脳に損傷を受けたいわゆる植物状態にある患者の人工呼吸器を停止させる行為が作為か不作為かについては、もっともよく議論された問題である。[4]これを不作為と捉えて、回復不能であるから作為義務の問題として捉えられるべきであるとする見解が多数（内藤574頁、大谷實「末期医療と医師の刑事責任」警研56巻7号13頁、甲斐克則『尊厳死と刑法』〔2004〕108頁）であるが、先の基準によれば、死亡との因果関係があれば、作為である。人工呼吸器の遮断によって患者の生命が短縮されたのであれば、不作為ではなく、作為である。ここで、人の手によって心臓マッサージを施されているときに、それを中断す

---

[4] この議論に実益がないとするものに、齊藤誠二『刑法における生命の保護』（3訂版・1992）318頁以下。

るのは不作為であるから、人工呼吸器の中断も同じく不作為であると解するのは不当である。なぜなら、手で心臓マッサージをしているのを「止める」のも作為だからである。結果をどの程度具体的に規定するがが問題であるが、**作為し続けることで一定の状態が保たれているとき**に、それを中断し、その状態を変更するのは作為である。これに対して、断続的に幼児に授乳している行為を中断して授乳しない場合、あるいは、人工透析のように断続的生命維持治療を中断するのは、不作為である（反対＝甲斐・前掲121頁）。このように、因果関係の存否による区別という基準は、延命措置の中断の場合も有効な基準である。この場合、尊厳死として、可罰的責任阻却の可能性はあるとしても、この事例を一般的に不作為とみなすことはできない。

(f) 作為の実行行為か不作為の実行行為か 故意犯の実行行為において作為か不作為かの区別が困難にみえる場合がある。例えば、患者を点滴装置や酸素マスクを外して病院外へ連れ出すという作為が実行行為か、それともその後、医療設備のないホテルに運び込み生存に必要な措置を行わなかったという**不作為が実行行為か、あるいは一連の作為と不作為の混合形態の実行行為か**が問題になった事案がある（シャクティ治療殺人事件＝千葉地判平14・2・5判タ1105・284、東京高判平15・6・26刑集59・6・450、最決平17・7・4刑集59・6・403＝**百選6** ☞§83, 4)。この場合、病院から連れ出すという作為がすでに実行行為かどうかが決定的基準である（☞§147, 6)。それによって被害者の生命が具体的危険状態に陥っていないのであれば、実行の着手は未だない。本事例においては、病院から連れ出した後も、患者の生命は行為者の支配下に置かれていることが重要である[5]。したがって、ホテルにおいて殺意をもって生存に必要な医療措置を行うことなく放置する行為が作為か不作為かは争いがありうる。被害者を自己の支配下において必要な作為をなさない場合には、因果関係の存在により作為的要素は否定できないが、作為によって設定された因果の流れが阻止されないことによって具体的危険状態に達し、結果が発生したのであり、事象を自己の管理支配のもとに置いていることにより作為義務と作為可能性が認められるので、実行行為性は**不作為**に認められるべきである。最高裁も、ホテルにおける「生存に必要な保護をしなかった」不作為を

---

[5] したがって、218条前段ではなく、後段にあたる。なお、218条前段も不作為犯であるが（☞各論§27, 2⑤)、場所的離隔をともなう点で、後段と異なる。シャクティ事件の一連の判例についても、山中「最近の刑法総論における判例の動向」刑事法ジャーナル創刊号31頁以下参照。

第 4 節　不作為犯論　　§79　不作為犯の意義と展開◇　229

殺人罪の実行行為とし、殺意のなかった共犯者との保護責任者遺棄致死罪 (219条) の限度での共同正犯を肯定している。[6]

　さらに、作為犯か不作為犯かが問題となった**最近の判例の事案**の判旨 (佐賀地判平 19・2・28LEX/DB) を検討しておこう。X は、自動車を運転し、自転車に乗った 11 歳の A に衝突させ、頭蓋骨骨折等の傷害を負わせ、意識不明の状態に陥らせた。X は、A がまだ生きているのを確認したが、病院に運ぼうという考えと山中に運んで遺棄しようという考えが交錯した状態で、A を助手席に乗せて走行した。森林公園付近で遺棄しようと決意して、杉林の中に A を遺棄したが、翌日、家族らが A を発見し、A は救助され一命を取り留めた。判決は、X の行為は、「被害者の生命侵害の危険性を死が確実と言い得るほどにまで高めるという点で、被害者の生命に対する新たで重大な危険性を生じさせるものである……。そうすると、被告人の行為は、被害者の死亡の結果を引き起こす定型的危険性を十分に備えた行為であり、客観的には、殺人の実行行為に該当すると言わなければならない」とした。判決は、**殺人の故意発生の時期および実行行為の着手時期**につき、市街地へ向かう道路をはずれ、山中へ向かう管理車道に左折進入した時点で殺人の実行の故意と着手とを認めた。また、弁護人が「被害者を病院に連れて行かずに置き去りにした」不作為について不真正不作為犯とみて、これは成立しないと主張したのに対して、判決は、「本件では，『被害者を車に乗せて運び、杉林の中の本件遺棄現場に置き去りにした』という被告人の**具体的な行為全体を評価の対象とすべき**であり、これを『被害者を本件遺棄現場に移動させて置く』面と『被害者を病院に連れて行かずに置き去りにした』面に分けて評価すべきでない」と判示した。「被告人の一連の行為を分割すること自体合理的な根拠を欠く」というのである。

　後述するように (☞§83, 3)、従来、判例は、事故の後、被害者を自車に乗せて運び遺棄した事案で、不真正不作為犯としての保護責任者遺棄 (致死) 罪ないし殺人罪を認めていたが、本判決は、行為全体の評価により、これを作為犯と評価した。判決は、「医師による緊急治療の必要がある被害者を、自己の車に乗せて搬送し、夜間の気温が低く、通常では発見・救出が極めて困難な杉林の中に運び込み、不衛生な状態のまま置いて立ち去った被告人の行為は、医師による緊急治療の機会を奪い、頭部の重傷を進行・増悪させたり、エネルギー消耗により免疫力を低下させたり、傷口から菌が侵入し髄膜炎や感染症を引き起こしたりするおそれが強い」ものであるとして、「**被害者の生命侵害の危険性を死が確実と言い得るほどにまで高める**」行為であるとする。具体的危険がすでに生じているときに、救助しないのが「不作為」だとすると、**本件の場合には**、死の結果発生に対する具体的危険を、その後の搬送・運び込み・放置などの「**作為**」によって死の

---

[6] 作為と不作為の共同正犯の問題について詳しくは、☞§157, 3 (4)・§159, 5 (4) 参照。

の具体的な危険が「確実」になるまでに高めているから、作為だというのである。先に展開した自然的因果関係の有無によって作為と不作為を区別する見解に立っても、これによって不作為の後の作為により新たに因果経過を設定したがゆえに作為なのである。

この関係で、原審が不作為犯としたのを、全体的に観察することで、作為犯と解した判例（東京高判平20・10・7東高刑時報59・1-12・106）を紹介しておこう。

被告人が、被害者の頭部等を金属製警棒で多数回殴打するなどの暴行を加えて、重傷を負わせたうえ、自動車のトランク内に閉じこめたまま駐車場まで連行し、被告人らが被害者の着衣を無理やり脱がし、再度、トランク内に閉じこめたまま、K広場まで連行し、そのころ被害者は低温度の外気にさらされ続けていたため、容態が悪化していたが、最寄りの病院に搬送せず、暗黙のうちに意思を通じ合って、暴行の発覚を隠蔽するため、放置して殺害しようと考え、身体を数回足蹴にする暴行を加えた上、被害者をトランク内に閉じこめた状態で駐車場に放置し、一連の暴行による外傷性ショックにより死亡させたという事案につき、**東京高裁**は、「本件殺人については、不作為犯的な側面がないとはいえないが」、……『『足蹴にする暴行を加え』、『駐車場まで連行し』、『自動車のトランク内に閉じこめた』りした行為は明らかに**作為**と評価でき、（このような状態のまま）「放置した」行為も、むしろ**作為**とみるべきであろう」。「ちなみに、例えば、被害者に対し、殴る蹴るの暴行を加えて着衣を脱がした上、その四肢をロープで緊縛し、殺意をもって、極寒の山中に運び、そのまま放置して立ち去り凍死させた場合に、**「放置」した行為**は不作為ではなく、**全体として作為犯**としての殺人罪が成立するものと解される」とした。

さらに、殺人の現場に同行したが実行行為を行わなかった者について、作為義務違反を認めた上で、実行行為者との**不作為犯の共同正犯**とした事案（東京高判平20・10・6判タ1309・292）がある。Xは、Aが、被害者に暴力を振るう可能性があることを十分認識しながら、被害者を呼び出したが、これは**身体に危険の及ぶ可能性のある場所に被害者を誘い入れた**ものといえ、Yも、身体に危険の及ぶ可能性のある場所に被害者を積極的に誘い入れたものということができ、警察等に通報するなどして犯行の阻止に努めるべきであって、被告人両名には不作為犯の共同正犯が成立するとする。本判決では、「本件のように、現場に同行し、実行行為を行わなかった者について共同正犯としての責任を追及するには、その者について**不作為犯が成立するか否か**を検討し、その成立が認められる場合には、他の作為犯との意思の連絡による共同正犯の成立を認めるほうが、事案にふさわしい場合がある」という。

（4） 救助の方向に向かう因果経過の遮断

高い蓋然性をもって結果の発生を阻止したはずの条件を遮断するのが、救助の方向に向かう因果経過の遮断（Abbruch rettender Kausalverläufe）と呼ばれる事案である。溺れかけているAに向かって流れていく板切れを阻止したため、Aが溺死したが、もし板切れが阻止されなかったならば、Aは助かっていたであろうという場合である。この判断は、もし板切れを阻止しなければ、Aは板切れ

を摑み、助かっていただろうという仮定的な判断である。この判断においては、因果経過が行為者の介入以前に、因果経過は、助かる方向に向かって流れているということが前提とされている。因果関係の有無によって作為と不作為を区別するという見解によれば、その救助の方向に向かっている因果経過を遮断することは、現実の因果経過を変更すること、つまり結果を惹起することを意味するので、その介入行為は、「**作為**」であるということができる。結果発生に向かっている因果経過に変更を加えてはおらず、自然的・物理的に惹起してはいない場合に「**不作為**」と評価できる。

　救助の方向に向かう因果経過が、**人間の救助行為**であるときも、その遮断はありうる。例えば、溺れかけているAを救助しようと泳ぎ始めたXの水泳を物理的に妨害して救助できなくした場合がその例である。[7]

　さらに、作為によって、それまで堰き止められていた結果発生に向かう因果経過が、結果発生に向かって流れ出す事案も、不作為ではなく、作為に算入されるように思われる。その人物がそこにとどまっていることによって犯行が抑止されていたが、犯行を認容しつつその場を立ち去った後、犯行が行われたとき、その人物の作為による幇助によって犯行が実行されたと評価することができる。これにつき、**昭和62年の大阪高裁の判例の事案**（大阪高判昭62・10・2判タ675・246）を検討しておこう。

　被告人は、Aが甲を山林内に連れ込んで脅すのに協力するため、Aと共同して、甲をトランク内から引出し、山林内へ運び込んだが、Aから脅すための道具として、スコップとつるはしを車から取って来て欲しいと依頼され、自己の不在中Aが甲殺害の挙に出ることを予測・認容しながら、約10分間**その場所から離れた**ところ、その間に、Aは、甲の頸部を絞めつけて殺害した。被告人は、「甲殺害の機会を作出したがその後右殺害を阻止するため同行を続けていた者として、当然同席を続けこれを**阻止しなければならない立場**にありながら、Aより、……スコップとつるはしを持ってきてくれるよう依頼されるや、……その間にAが甲を殺害するかも知れないが、それもやむを得ないとの考えのもとに両名のそばを離れた上、……約10分間時を空費し、そのころAが……甲を殺害した際、これを阻止せず、もつて、Aによる甲殺害を幇助」したというのである。

　本判決は、被告人の先行行為にもとづき、Aの殺人行為を**阻止すべき義務**があるとし、**不作為**によって殺人を幇助したものと読むことができる。しかし、これに反して、被告人が、現場にとどまることによって**抑止していたAの殺人行為を立ち去るという作為によって容易ならしめた**とみることも可能である。正犯者と同様に被害者を脅迫するのに協力していた者に、被害者を救助する作為義務

---

[7] 物理的に妨害した場合は、作為正犯であるが、「泳ぐのはやめた方がよい」と勧めるといった心理的に妨害した場合には、正犯者が保障人的地位に立つか、立たないかによって、勧めた者の罪責は異なりうる。これについて詳しくは、☞§161, 2 (1) (f)。

が根拠づけられるとは考えられない。したがって、幇助は、**作為によって行われたとみる**のが、むしろ妥当なのではないだろうか。

2 不作為犯理論史

(1) ドイツ不作為犯論の展開

不作為犯論の基本問題とは、構成要件該当結果の発生を阻止しないことが、いかなる条件のもとで、作為によるその惹起の場合と同視（同価値と）することができ、不真正不作為犯として処罰されうるのかという問題である。不真正不作為犯のどの成立要件が中心的に論じられるかについては、理論史的にも、変遷がみられる。

(a) 19世紀 まず、フォイエルバッハ以降、ドイツ刑法学においては、結果防止のための法的な義務を体系的に理解しようと試みられた。フォイエルバッハは、国民には、本来的には不作為のみが要求されるのであって、**法律および契約のみ**が、結果防止の要求に対する法的根拠となるものとした。その後、19世紀の中頃には、自然科学的思考方法が刑法学にも押し寄せ、不作為犯の問題についても、とくに**不作為の「因果関係」**が問題であるととらえられることになった。

(b) 20世紀 20世紀初頭以後、規範主義的な観点から、**不作為の違法性**こそが中心問題であると認識され、法義務がいつ発生するのかが決定的になったのである。これについては、当初、法義務が、形式的に、その発生根拠（法律、慣習、契約、先行行為）から根拠づけられたが（**形式的法義務説**）、実質的に、結果防止の法義務が、刑法の保護義務から演繹されるようになった（**実質的法義務説**）。具体的には、健全な民族感情や、社会共同体の内部秩序の要請などであり、さらに婚姻共同体や信義則などからも、法義務が演繹されるようになり、1930年代には、共同体の構成員は、相互に結果防止義務を負うとされ「緊密な生活共同体」の概念によって法的「作為義務」が根拠づけられるようになった。かくして、ライヒ裁判所は、「法律」、「契約」、「先行行為」および「緊密な生活共同体」の四つの作為義務の類型（**4類型説**）を認めていた。その後、ナーグラー（Johannes Nagler, 1876-1951）は、不作為犯の構成要件該当性の判断を、結果が発生しないようにする「保障人」であるかどうかにかからせるという**保障人説**を主張した。これによって、不作為犯の成立要件が違法性ではなく、構成要件の段階で論じられるようになったのである。

(c) 第2次大戦後 さらに、戦後、1950年代末から、目的的行為論が、不作為犯の存在構造を作為犯とはまったく異なったものと分析し、不作為犯においては、「因果関係」が存在せず、したがって、「目的性」も否定されるとし、それが規範構造に反映して、**禁止規範**に違反するのが作為犯、**命令規範**に違反するのが不作為犯とすることによって、不作為犯論を再構成しようとした。これによると、禁止規範は不作為によっては侵害されえないのであるから、不真正不作為犯の処罰については、作為犯の構成要件から根拠づけることはできない。したがって、作為犯の構成要件から類推解釈して、例えば、殺人罪の構成要件には、それとならんで、死の結果が発生しそうな場合には、人を「救助せよ」と

いう命令規範を定めた構成要件があるとみなしてはじめて、処罰しうるものとする。しかし、この見解は、罪刑法定主義に反するとされ、多数説にはならなかった。

(d) 現代 それ以降、作為義務の発生根拠について、それを実質的な根拠から説明しようとする試みが行われている。例えば、**具体的依存説**（ヴェルプ）、**結果原因支配説**（シューネマン, Bernd Schünemann, 1944- ）などがその例である。それは、形式的四分説が、「法律」による義務もあるいは広すぎ、あるいは狭すぎる場合があり、また、契約も、契約をしたからといって、つねにベビーシッターに作為義務があるわけではなく、また、先行行為についても、ハイカーが、遭難者をいったん救助したが、途中でやめた場合などに、作為義務があまりにも広くなりすぎると批判され、その形式性が疑問とされ始めたからである。

さらに、最近では、アルミン・カウフマンによって根拠づけられた分類が、広く承認されている。すなわち、作為義務の発生根拠が類型化され、それを、危険な物や人の違法行為について管理・監督すべき義務を問題とする**危険源管理義務**と、法益との一定の関係からその法益を保護すべき義務が発生する類型である**法益監護義務**の類型とに分けて、作為義務をその保護機能に応じて類型化する試み（**機能説**）が普及しているのである。しかし、これに対しても、その機能的分類の実質的内容について疑問が呈せられている。例えば、法益監護義務の類型では、なぜ義務を果たさなかった者（溺れかけている子供を救助しなかった父親）が、正犯で、監督義務の類型（他人を傷害しようとする子供を阻止しなかった父親）では、共犯にすぎないのか根拠がないというのである。

(2) わが国における不作為犯論の展開

(a) 不作為の因果関係から作為義務へ わが国では、不真正不作為犯の問題は、当初、不作為の因果関係の観点から論じられた。しかし、不作為の因果関係の問題は、そのうち、作為義務の問題から分離され、期待された行為をしないことであると認識されるに至った。したがって、**作為義務**の問題こそが不作為犯の問題の中心に位置づけられるべきだと考えられた。

(b) 違法性から構成要件へ 牧野博士は、作為義務の問題は、違法性の段階に位置づけられるということから出発した。逆に言えば、不作為の違法性は、作為義務に違反するかどうかによって決定されるとするのである。構成要件の段階では、因果関係が存在すれば、構成要件該当性が肯定され、したがって、作為義務のない者の不作為もこれに該当する。そして、構成要件該当性は、違法性を徴表せず、違法性の段階であらたに違法性を積極的に確定しなければならないのである。

小野博士は、不作為犯の問題の要点は、違法性ではなく、構成要件該当性

の問題にあると捉えた。団藤博士も、構成要件的な定型性の問題が重要だとされ、「不作為の構成要件該当性を判断するためには、その帯有する違法性が当の構成要件の予想する程度・態様のものであることをあきらかにすることを要し、その限度において違法性が同時に問題とされなければならない」（団藤147頁）とされた。不作為は、通常は社会生活上見逃がされる場合が多いので、とくに違法な場合でないかぎり、犯罪定型そのものにあたらないとみるべきだからだというのである。

しかし、現在では、保障人的地位にあるかどうかという判断が、類型的な構成要件該当判断であると考えられており、しかも、違法行為類型である構成要件と例外的判断である違法性の判断とは別のものであると理解されており、このような構成をとる理由はない。

(c) 作為義務の実質的根拠論　　最近の論点は、作為義務をたんに形式的に、法令・契約・条理（**形式的三分説**）によって根拠づけるのではなく、それを実質的に同価値性を保証するいかなる基準にもとづいて認めるかにある。後述のように、**先行行為説**（日高・不真正不作為犯155頁以下）、**事実上の引き受け（具体的依存）説**（堀内60頁、同・不作為犯論254頁以下）ないし**結果因果経過支配説**（西田・現代的展開〔I〕89頁以下）などの基準が提唱されている（**実質的法義務説**）。

(d)　不作為犯論の再構成　　さらに、わが国の不作為犯論[8]は、従来、展開されてきたさまざまな範疇を混在させながら発達してきたので、不作為の因果関係、作為可能性、作為義務、保障人的地位などの概念の相互の関係が不明確になっている嫌いがあるが、それを再構成しようとする試みも始まっている（山中・刑雑36巻1号91頁以下参照）。

§80　不作為の因果関係

1　不作為の因果関係の意義

---

[8] わが国の不作為犯論を紹介したものとして、*Yamanaka*, Entwicklung und Ausblick der Unterlassungsdogmatik in der japanischen Strafrechtswissenschaft, in: *Szwarc/Wasek* (Hrsg.), Das erste deutsch-japanisch-polnische Strafrechtskolloquium der Stipendiaten der Alexander von Humboldt-Stiftung, 1998, S. 109 ff.

(1) 作為との因果構造の相違

　作為犯と不作為犯のもっとも大きな差異は、結果と、行為（作為・不作為）との間の因果関係の構造的相違にあると思われる。不作為とは、何もしないことではなく、何かをしないことである。それでは、「何か」とは何か。それは、作為することが必要とされた行為である。どのような作為が必要とされるか。それは、不真正不作為犯たる結果犯においては、結果の発生を防止するような作為である。換言すれば、作為すれば結果を防止しうるような行為をなさないことが、結果を発生させた行為、つまり、結果の発生に対して「因果関係」のある不作為なのである。しかし、ひるがえって、一定の作為を「なさない」ことが、結果の発生に対する動因を与えたといいうるのであろうか。

(2) 物理的因果関係の不存在

　不作為の因果関係については、「無から有は生じない」（ex nihilo nihil fit）とされたこともある。たしかに因果法則に従って運動する物理世界を考えた場合、不作為は、結果に対して何ら積極的な動因を与えてはおらず、少なくとも人間の期待ないし予想に反して、作用しなかっただけのことであり、因果法則の世界では「無」である。池で溺れかけている子供を救助しなかったために、その子供を死亡させた者の不作為は、子供の死亡結果を「惹起」したわけではない。子供の死亡結果を惹起したのは、その前に、子供を池に突き落とした者の行為であり、子供が自ら足を滑らせたという事実である。このような作為犯と不作為犯との存在論的な次元での「因果関係」の構造論的相違は、行為概念のみならず、不作為犯論の理論構成にも影響を与えたのであるが、ここでも、これをまったく無視するわけにはいかない。

2　不作為の因果関係に関する学説

　不作為の因果関係については、学説史上、さまざまな学説が唱えられた。①**他行為説**　不作為のときにみられる他の行為が結果に対して原因力を有するものとする説である。例えば、母親が乳児に授乳せずに餓死させた場合、授乳せずに「働きに出ていた」という「他行為」が、死亡結果を惹起したというのである。②**先行行為説**　不作為に先行する行為に原因力があるものとする。前の事例では、母親が、乳児の扶養を引き受けた行為によって死亡結果が惹起されたというのである。③**干渉説**　不作為者が、作為義務を尽くして結果の発生を防止しようという自己の衝動を抑圧するという心理的干渉に原因力を認めるものである。④**準因果関係説**　不作為には物理的因果関係はないが、作為義務違反があるかぎりで、法律上、作為に準じて、因果関係を認めようとするものである（岡田朝太郎『刑法講義〔全〕』75頁、泉二新熊『刑法大要』99頁）。

3 期待説

(1) 条件公式の修正

現在では、不作為の因果関係について、「一定の可能な行為」あるいは「期待された行為」に出ていれば、結果が防止されたといいうる場合には、このような行為の不作為は、結果発生に対して原因であると説明されている。ここでは、因果関係概念は、自然科学的・存在論的な（事実上の）概念ではなく、何らかの価値ないし規範に関係した概念と理解されているのである。後述するように、因果関係、すなわち、条件関係は、「あれなければこれなし」の関係であるとされている。先行事象をなかったものとして取り除いて考えたとき、後行事象が生じていなかっただろうといえるとき、条件関係が存在するというのである。不作為犯にこれをあてはめると、池で溺れかけている子供を、救助せずに見ていたという行為がなかったとしても、子供は、自ら足を滑らせて池にはまったのだから、死亡していたといえる。そうすると、条件関係は否定されることになる。そこで、不作為を期待された行為をしないことであるととらえる見解によれば、一定の可能な行為あるいは期待された行為をしていたとすれば、結果は発生しなかったであろうといえるとき、条件関係は肯定できるというのである。すなわち、不作為の因果関係は、作為に出ていたとすれば、結果は発生しなかったであろうというように、行為を仮定的に「付け加えて考え」ればどうかを問うのである。

(2) 期待された作為の意義

ところで、「一定の可能な行為」ないし「期待された行為」とは、どのような行為なのであろうか。これについては、学説は、物理的（場所的）可能性のあった人の行為すべてを含むと広く解する見解（内藤227頁、中64頁）、「社会的に期待された作為」であるとする見解（佐伯158頁、中山163頁）がある。ここでは、「法的に期待された行為」、すなわち、作為義務を尽くす行為が行われていたなら、というように仮定されているのではなく、「法」以前の、物理的可能性ないし社会的期待の次元で、作為されるべき行為を仮定して、因果関係の存否が問われている。しかし、このような「因果関係」が認定されたとしても、それは、法的作為義務も存在しないような人の作為まで仮定されることになり、保障人的地位にある人の不作為の因果関係を問えばよいのに、それ以外の人の不作為をも取り込んで判断しており、無駄なことをしているようにも思われる。つまり、「不作為の『因果関係』の問題は無意味である」ともいわれうるのである。不作為の因果関係の問題は、構成要件の次元の問題なのか（団藤145頁、大塚223頁、249頁）、それとも、それ以前の行為論の問題なのか（佐伯157頁以下、中山161頁以下、中64頁）という対立があるが、前者であるとすれば、構成要件該

当の不作為をまず認定し、それと結果との因果関係を問うという方法も可能となる。

§81 通説による不作為犯の体系構成

1 保障人的地位・義務

不作為犯の体系構成に関する現在の通説は、構成要件の段階では、まず、不作為者が、法益との特別の関係にもとづいて、構成要件的結果の発生を防止すべき法律上の義務（保障者的義務）を負うものであるかどうか、すなわち、**保障人的地位**（Garantenstellung）にあるかどうかを問うものとする。この保障人的地位と作為義務の関係については、学説が分かれる。第1説は、この両者を社会観念上一体化して理解すべきであるとする**一体説**（大塚151頁）である。第2説は、保障人的地位は構成要件の問題、作為義務は違法性の問題というように体系的地位を分離する**分離説**ないし**区別説**（福田94頁、内田137頁、川端237頁以下）である（☞§82, 3）。この説は、作為義務を生じさせる事実的・法的事情としての保障人的地位と、作為義務そのものとは区別されるべきだとする。この説は、一見、類型的事情が対象となる構成要件と、作為義務の存否という法的判断にかかわる違法性とを区別する合理的な説であるかにみえるが、構成要件を不法類型とみて、一般的・原則的な作為義務の存在は構成要件要素であるとみるかぎり、作為義務は構成要件に位置づけられると考えてよい。原則的に認められる作為義務違反が、義務衝突、緊急避難ないし憲法規範からの全体的判断などによって、違法性を阻却されることはありうる。事実の錯誤ないし違法性の錯誤については、前者は、故意構成要件を阻却し、後者は、回避可能性の有無によって、違法性の意識の可能性の阻却・不阻却が決定されるとみるべきである。

2 作為の可能性

不真正不作為犯が成立するためには、そもそも作為が可能でなければならないとされる。ここにいう作為可能性とは、どのような意味においてかについては、さまざまな解釈が可能である。すなわち、①不作為者にそもそも行為能力があるかどうか（作為能力）、②具体的状況のもとで作為に出ることが

---

[9] これについて詳しくは、福田『刑法解釈学の主要問題』(1990) 28 頁以下・58 頁以下参照。

可能かどうか（作為可能性）、③作為に出て、結果を回避することが可能かどうか（結果回避可能性）の意味のいずれかに解釈することができる。

さらに、この作為の可能性は、作為義務の前提なのか（平野154頁、西田・現代的展開〔Ⅰ〕80頁）、それとは独立の構成要件該当性判断の一つなのか（内藤233頁）についても、見解が分かれている。この対立は、作為義務は、作為可能性がなくても、妥当するのかどうか、つまり、一般化すれば、義務は、履行可能性を前提にしてはじめて成立するのかについて、どう考えるかによる。

なお、作為の可能性の程度についても問題となっている。それは、作為可能性のみならず、「作為の容易性」をも要件とすべきだという主張（平野154頁）として現れる。

3　同価値性

同価値性の要件についても、それが、①実質的な意味での作為義務の発生根拠を基礎づけ、限定するための指導原理なのか（平野152頁、福田90頁以下、西田・現代的展開〔Ⅰ〕84頁以下）、それとも、②作為義務の存在を前提に、不作為犯の成立をさらに限定する要件の総称なのか（川端235頁以下、佐久間80頁）については、見解が対立する。後者の見解によるならば、例えば、**支配領域性**の基準は、作為義務の発生根拠ではなく、同価値性の要件の一つなのである。同価値性の要件は、たんなる不作為犯による作為犯の構成要件の解釈原理と解すべきであって、それ自体として作為義務の限定原理でも、不作為犯の成立を限定する独立の原理でもない。このような一般条項的な限定原理は、なるべく認めないことが厳密な解釈の要請から望ましい。

§82　不作為犯の体系構成

1　不作為犯の成立要件（総説）

（1）　行為としての不作為

まず、行為としての「**不作為**」が**存在すること**が必要である。体系的には、この確認は、「行為論」において行われる（☞§63, 2 (2)）。「不作為」であるというためには、すでに論じたように、第1に、結果発生に対する「**現実的危険状況**」が存在することが必要である。第2に、現実的危険状況と当該の態度とを結びつけるモメントとして、作為の「**社会的期待**」が必要である。さ

らに、第3に、「**作為でないこと**」が必要である。具体的には、結果との間に自然的な意味の**因果関係がないこと**が必要である。

(2) 具体的作為義務

不作為犯の構成要件該当性の判断のための第1の要件は、まず、不作為者が「具体的作為義務」を負うことである。具体的作為義務は、①「**保障人的義務**」を負う地位に立つこと、および②「**危険回避可能性**」の存在することによって発生する。まず、保障人的義務の発生根拠ついては、法令、契約、条理のような形式的分類説のほか、具体的依存説や因果経過支配説のような実質的一元説も、唱えられている。不作為犯の機能的分類に応じた実質的な作為義務の根拠づけが必要なのかどうかを検討するのが、ここでの課題であろう。次に、この保障人的義務を根拠づけるために必要なのが、結果発生の危険を回避する可能性、すなわち、「危険回避可能性」である。事前的にみて、作為義務を履行することによって結果発生の危険が回避できないのであれば、その義務を課することがはじめから無意味だからである。これらの二つの要件を充たす場合に、具体的作為義務が発生するといえる。

(3) 実行行為

第2の要件は、未遂犯の帰属のために必要な「実行行為」の存在である。第1の要件が充たされたとしても、それは、危険創出行為が存在し、「潜在的実行行為」が存在するにすぎない。事後的に結果発生の「具体的危険」が発生してはじめて、潜在的実行行為が遡及的に「実行行為」という評価を受ける。

(4) 客観的帰属

第3の要件は、不作為の結果犯の既遂の要件としての「客観的帰属」の存在である。不作為の客観的帰属論も、作為と同じように、条件関係と危険創出連関および危険実現連関とからなるが、社会的期待を媒介とする不作為の因果関係（社会的帰属）は、ほとんど帰属限定機能をもたないといっても過言でない。

ここで、**危険創出連関**は、保障人的義務の存在の判断と同じだといってよい。**危険実現連関**には、二つの場合がある。①まず、作為義務違反がなくても、結果が発生していたかどうか、すなわち、作為義務違反によって結果の発生の蓋然性が高められたかどうかという「**危険増加連関**」の場合であり、次に、②作為義務違反という創出された危険が、経験上通常の経過をたどっ

て、また、侵害された規範が保護を目的としていた結果に実現したかどうかを問う要件、つまり、相当性連関ないし保護目的連関が問題となる「狭義の**危険実現連関**」の場合である。

以下においては、行為論に位置づけられるべき「不作為」の存在についてはすでに論じたので省略し、構成要件該当性の問題としての不作為犯の成立要件について詳述しよう。

2 保障人的義務の発生根拠

形式的法義務説が、必ずしも、現実的危険状況を前提としたうえでの発生根拠ではないのに対して、実質的法義務説は、具体的な事案に即して法義務の発生根拠を探ろうとするものであるかに思われる。従来、先行行為説（日高・不真正不作為犯 152 頁以下）あるいは具体的依存説（堀内・不作為犯論 254 頁以下）ないし結果因果経過支配説（西田・現代的展開〔I〕89 頁以下）は、法義務の発生根拠について、一元論的に構想されたが、ここでは、法義務の発生根拠について、法義務発生の類型に応じて分類して考える多元論的なアプローチをとりたい。

(1) 形式的法義務説（形式的三分説）

この見解は、作為義務は、法令、契約・事務管理、慣習・条理によって生じるとするものである。①**法令**にもとづく義務として、民法上の親権者の子に対する監護義務（民法 820 条）や夫婦の相互扶助義務（同 752 条）を基礎として作為義務が生じる場合が挙げられる。②**契約・事務管理**にもとづく義務として、患者と看護師の間の看護契約にもとづく作為義務、ベビーシッターの契約にもとづく作為義務があり、さらに、義務がないにもかかわらず**事務管理**（民法 697 条）を開始した者も、作為義務が根拠づけられる。さらに、③**慣習・条理**による場合の作為義務については、慣習・条理そのものの範囲が不明確であるので、その内容を類型化してとらえなければならないとされている（福田 92 頁）。その一つの類型としては、古くから挙げられている**先行行為**にもとづく作為義務がある。すなわち、危険な先行行為によって作為による結果発生防止を要する状況を創り出した者は、作為義務を有するものとされる。例えば、あやまって通行人を轢いて重傷を負わせたが、被害者をそのままにして逃走した者には、救助すべき作為義務に違反する不作為があるという。

形式的法義務説は、非刑罰法規における義務から、刑法上の作為義務を根

拠づけようとするものであるが、非刑罰法規における義務は、問題となっている構成要件的状況を考慮して存在しているわけではなく、当該構成要件の充足の前提としての作為義務と直ちに同視することはできないことは明らかである。また、他の刑罰法規上の作為義務違反が、直ちに刑法上の作為義務を根拠づけるわけでもない。交通事故を起こし、被害者に重傷を負わせた者が、被害者を救助すべき義務に違反した場合、真正不作為犯たる道交法上の不救護罪（72条1項前段・117条）を構成することは疑いないとしても、被害者が死亡するかもしれないと認容しながら、放置した場合に、それが直ちに不作為による殺人（199条）の少なくとも未遂または不作為による保護責任者遺棄罪（218条）を根拠づける作為義務違反となるとはいえない。それぞれの不真正不作為犯の構成要件ごとにその構成要件を充足するに必要な作為義務に対する違反が認定されなければならない。

(2) 実質的法義務説

わが国においては、実質的法義務説には、①先行行為説、②事実上の引き受け説、③結果因果経過支配説がある。

(a) 先行行為説 本説（日髙・不真正不作為犯152頁以下）によれば、作為犯と不作為犯の構造的差異は、作為には原因力があるが、不作為には自然的にみて原因力がなく、既存の因果の流れを利用するだけだという点にある。したがって、不作為が作為と同価値であるとされるためには、不作為者が当該不作為をなす以前に、法益侵害に向かう因果の流れを自ら設定している場合でなければならないとする。

この見解は、不作為者の故意・過失にもとづく先行行為がある場合に、その後の不作為に、不作為犯の成立を認める。例えば、過失により交通事故を惹き起こした後、死亡するかもしれないと認識・認容しつつ、事故現場から逃走した者は、不作為による殺人罪となる。しかし、これによれば、結果的加重犯において、行為の後、加重結果の発生につき故意が生じれば、故意の不作為犯が成立することになる。また、故意・過失にもとづく先行行為がなく、養子契約を締結した者が、養子を餓死させた場合には、不作為による殺人罪に問えないことになる。このように、この説は、一方では、不作為犯の成立が広くなりすぎ、他方では狭くなりすぎるという問題点をもつ。

(b) 事実上の引き受け説（具体的依存説） この見解（堀内60頁、同・不作為犯論249頁以下、浅田159頁）は、法益の維持が何人かに具体的に依存してい

る場合に、不作為者と結果との依存関係があるとする。すなわち、法益の維持を事実上引き受けている者に、作為義務が発生するものとする。例えば、母親が子供に食物供与行為を反復継続している場合、事実上の引き受け行為があるといえる。事実上の引き受け行為の認定基準としては、まず、①法益の維持を図る行為、すなわち、結果の発生を阻害する条件行為の開始・存在が必要であり（**結果条件行為の開始・存在**）、次に、②事実上の引き受け行為を、不作為者が反復・継続していたという事実の存在が必要である（**行為の反復・継続性**）。さらに、③法益の維持につき、他の者が干渉できないような排他性の確保が必要である（**排他性の確保**）。

本説によれば、子供を連れて池の辺に散歩に来た父親が、わが子が池にはまっても救助しなかったとき、その父親には法益の維持を図る行為はないばかりか、しかも救助しようと思えばできる他人が側にいた場合には、排他性の確保もなく、不作為犯が成立しないことになる。また、はじめから、遺棄するつもりで、交通事故にあわせた被害者を自車で運んで、途中で殺意を生じた場合には、法益維持を図る行為も、反復・継続性もなく、不作為による殺人罪にはならない。このような結論は、不合理である。

(c) 結果因果経過支配説 この見解（西田・現代的展開〔I〕89頁以下）は、不作為が作為と同価値であるためには、不作為者が結果へと向かう**因果の流れを掌中に収めていたこと**、すなわち、因果経過を具体的・現実的に支配していたことが必要だとして、その類型を、①事実上の排他的支配がある場合、②支配領域性がある場合、および③規範的支配がある場合に分ける。①は、不作為者が自己の意思にもとづいて**排他的支配**を有し、または設定した場合には、作為義務があるとするものである。養育契約による場合、親子関係にもとづく場合もこれに含まれる。②は、支配の意思にもとづかないで、結果に向かう因果経過を事実上支配する地位が生じる場合であり、本説は、これを**支配領域性**と呼ぶ。この類型に属するのは、親子、建物の所有者、賃借人、管理者のように、その身分関係、社会的地位にもとづき社会生活上継続的に保護・管理義務を負う場合である。③の類型は、不作為者が作為すべき地位にあったという規範的要素のみが存在する場合である。この場合、結果に対する支配的地位を認めうるかは疑問だとする。例えば、子供が海で溺れているときに、他に救助可能な者が多数いるときにも、その父親のみに作為義務を認め、殺人罪を認めうるかは疑問だとするのである。規範的要素の

みでは結果に対する支配を認めえないというのが結論である。

　本説に対しては、まず、結果因果経過支配の概念が、**不明確である**と批判しうる。①の類型では、交通事故で傷害を負わせた者を自車で運んで、死亡させたといった事例を含み、その場合、結果因果経過に対する排他的支配があるというのは理解できるが、②の類型について、支配領域性がある場合、はたして、結果因果経過支配があるといえるのだろうか。不作為者は、支配の意思にもとづかず、被害者に対する保護的地位に立つのであるから、例えば、自らが建物に引き入れたのでない限り、建物の所有者は、その中に浮浪者が泊まり、餓死しそうになっているのをたとえ発見したとしても、殺人罪の意味で、因果経過を支配しているといえるのであろうか。さらに、ここで用いられている「排他的支配」の概念も不明確である。例えば、自己の意思で池のほとりの散歩に誘ったところ、その知人が池で溺れたとき、排他的支配は認められるのかどうか明確でない。この場合、因果関係を支配しているのであろうか。

　基本的には、**結果因果経過の支配の概念**そのものが、様々な支配概念の混同に由来しているがゆえに**不明確**なのが本説の最大の問題点のように思われる。本説の用いる「支配概念」は、①場所的な「支配領域性」、シューネマンの概念を異なった意味に換骨奪胎した②「結果原因支配」、さらに③「排他的支配」という三つの概念からなる。支配領域性の概念は、場所的支配領域性のある空間での犯罪の発生に対する作為義務の問題であって、比較的明確である。シューネマンの「結果の原因に対する支配」は、機能説の分類を前提として、危険源となる物・設備などの支配と被害者の脆弱性による被害者の保護支配に分かれるが、それらは、いずれも「結果の原因」たる危険源に対する支配であり、すでに作動した「因果経過に対する支配」を意味しているわけではない。**排他的支配**とは、「不作為の時点で、不作為者が因果の流れを掌中に収めている場合」をいう。排他的支配説[10]は、「『既に発生した』結果へと向かう現実の因果の流れを事実上排他的に支配した」ことをもって不作為者の責任を根拠づけるものとして、最近ではとくに、**製造物過失**（☞§101. 4）につき、「製造から卸売、小売業者を通じて消費者の手に渡るまでの間、現実にどの程度まで製造・販売ルートを把握していた[11]」かどうかを判

---

[10] 佐伯仁志「保障人的地位の発生根拠について」香川古稀110頁以下参照。
[11] 北川佳世子「製造物責任をめぐる刑法上の問題点」早稲田法学71巻2号（1996年）201頁。

断基準として排他的支配があったかどうかを判断しようとする見解が唱えられている。しかし、流通している個々の製品の販売ルートを把握することも困難であるが、たとえ把握していたとしてもそれをもって販売会社の担当者の「支配」があるといえるかどうか、さらに、その支配がないときに国の監督機関が支配しているといえるのかは疑問である。監督機関については、正犯としての「支配」ではなく、「幇助」にとどまるのかもしれないが、排他的支配説による作為義務の根拠づけは、正犯には妥当しても共犯には妥当しないのではないかなどの疑問を払拭できない。[12]

(3) **機能的二分説**

私見によれば、作為義務の発生根拠は、機能説に従って、大きく、二つの場合に分類されるべきである。第1は、当該法益を保護すべき関係に立つ場合の作為義務の発生根拠であり、第2は、危険源を管理・監督すべき義務が認められる場合の作為義務の発生根拠である。第1の類型を「**法益保護型**」**の義務類型**と呼び、第2の類型を「**危険源管理監督型**」**の義務類型**と呼ぶことにする。この二つの類型に応じてそれぞれに作為義務の発生根拠が論じられるべきである。

(a) **法益保護型義務類型** 現実的危険状況に陥っている行為客体が、保護を要する状況にあることが、この類型において作為義務が発生する前提である。そして、すでにそのような現実的危険状況に陥る前から妥当し、機能している保護関係が不作為者と被害者の間に存在することが前提である。これには、保護義務が発生する根拠として、**規範的根拠**による場合と、**制度的・任意的根拠**による場合と、さらにいわば**機能的根拠**による場合とがある。ただし、いずれの場合も、形式的に、規範的保護関係、任意的・制度的保護関係ないし機能的保護関係が存在すればよいというのではなく、それが事実上妥当し、現実に機能していることが前提である。

(ⅰ) **規範的保護関係にもとづく作為義務** これは、法が、特定の人や物について、その法益の侵害の脅威がないように、また、その脅威が迫った場合にはそれを阻止するように、保護すべき義務を特定の者に課している類型である。親子関係(民法820条)・夫婦関係(民法752条)、兄弟姉妹・血族関係(民法877条)などの家族共同体内における監護義務、相互協力扶助義務、扶養義務などがそう

---

[12] 不作為犯における正犯と共犯の区別については、山中「不作為犯の正犯と共犯―基本思想からの考察および区別基準の展開―」川端古稀663頁以下参照。

である。その根拠は、民法などの規範に求められる。しかし、共同生活の実態のない親子・夫婦・兄弟姉妹・血族については、刑法上の保障人的地位に立たないといえよう。このような規範には、交通事故の被害者に対する道交法上の救護義務（道交法72条1項前段）などの行政刑法上の作為義務は含まれない。ここでいう規範的保護関係とは、ある程度、継続的な社会的身分ないし地位にもとづく実体のある関係をいうのであって、交通事故の加害者と被害者のような偶然に生じた関係を含むのではない。

（ii）　**任意的・制度的保護関係にもとづく作為義務**　これは、不作為者と被害者との間に合意により保護機能を引き受けるべき関係が設定されている場合、あるいは、企業や組織の中で、このような保護機能を負わせられている場合をいう。被害者たる人の任意的保護機能の引き受けの事例としては、ベビーシッター契約を締結し、それを履行している場合、スイミングスクールにおける水泳指導者と生徒との関係などが属する。さらに、保護されている物や設備についても保護関係がありうる。例えば、倉庫の見張りのために雇用されたガードマンは、倉庫内の商品については、任意的ないし制度的に保護機能を引き受けているということができる。さらに黙示の合意による人の法益の保護の義務が生じる場合として、いわゆる「危険共同体」の類型がある。例えば、登山に向かったパーティーの一人が遭難したとき、もう一方のメンバーは、保護すべき義務を負う。

（iii）　**機能的保護関係にもとづく作為義務**　機能的保護関係とは、被害者の法益が、不作為者の先行の法益維持行為によって、機能的に支えられており、その法益維持行為がなければ、法益は失われていたであろうというように、法益が、機能的に特定の人の作為に依存している類型を意味する。例えば、捨て子を拾って、毎日、乳児にミルクをやって世話をし育てていた者が、ミルクをやらずにその子供を餓死させた場合がこれにあたる。たまたま、重傷に陥った交通事故の被害者を発見した者が、自分の車に被害者を乗せて、病院へ搬送しようとしたが、途中で気がかわって道端に下ろしたことにより、発見が遅れて被害者が死亡した場合も、この類型に属する。

（b）　**危険源管理・監督型義務類型**　ここでも、危険源に発する危険が被害者に対して現実的危険状況を生み出していることが作為義務の発生の前提である。この事例についても、現実化していないとしても、一定の結果の発生しうる「危険源」が存在し、当該不作為者がそれに対する管理・監督責任を負っており、その管理・監督義務を果たしていないことが前提である。ここでも、当該の管理・監督義務がどのような根拠から発生するかが問題であるが、これには、規範的・任意的・機能的根拠がありうる。なお、当該作為者が自らの行動を管理できず、自らの行動が危険源となった場合も、この類

型にあてはまる。

　（ⅰ）**危険な物・設備に関する管理義務にもとづく作為義務**　危険な物や設備・システムを管理している者は、その義務の不履行から被害者に対する現実的危険状況が生じた場合、作為義務を負う。したがって、猛獣であるトラを飼育している者の管理過失によりトラの檻が壊れていたため、トラがいまにも被害者に嚙みつこうとしているのを、止めることができるのに止めなかった場合には、不作為による傷害罪となりうる。同僚が遊園地のジェットコースターが故障しているのを失念してジェットコースターに客を乗せて運行したことに後の段階で気づきながら、そのあとを引き受けた者が適時にスイッチを切らなかったため、脱線し、多数の乗客に重傷を負わせた場合も、この類型にあたる。また、老朽化して危険なホテルを経営している者が、現に、漏電して出火していることを自ら発見したのに、客を適宜避難させず、死んでもかまわないと思って放置した場合には不作為による殺人罪が成立しうる。さらに、危険な食品や危険な薬剤を販売した業者ないしそれを監督すべき官庁についても、このような危険が予想しうるのに当該の食品ないし薬剤を回収しなかった場合、不作為による傷害罪を構成することがありうる。

　（ⅱ）**人の危険行為に関する監督義務にもとづく作為義務**　第三者が、故意または過失によって現に違法行為を行おうとしているのを止めなかった者は、その第三者に対する監督義務を負っている場合には、不作為による当該違法行為の正犯ないし共犯となることがある。しかし、このような監督義務は、任意かつ合理的な判断能力をもった成人たる第三者については、そもそも、その行為が、共犯としても危険創出といえるかどうかをまず慎重に判断しなければならない。例えば、五つになるわが子がスパイクを履いて隣の高級車のボンネットの上で飛び跳ねようとしたのを止めなかった父親は、器物損壊罪の正犯となりうる。しかし、居酒屋の店主が、客が酩酊すると暴力を振るいたがる性癖をもつのを知りながら、その者が酔っぱらって伏せている他の客に殴りかかろうとしているのを知りつつ、阻止しなかった場合、傷害罪の幇助となるかどうかは疑問である。

　（ⅲ）**不可罰の先行危険創出行為にもとづく作為義務**　ここでは、自己の行為の射程を明確に認識せずに（結果が発生しないかぎり）それ自体は可罰的でない危険創出行為を行ったが、後にその危険性に気づきながら放置したような類型が問題である。例えば、過失で他人を監禁してしまった者がその直後にそれに気づいたが、意識的にその他人を解放せず、監禁状態を継続したといった事例が問題である。この場合、自己の過失による先行行為が、危険源とみなされうる。危険創出行為は、現実的危険状況がない段階、あるいは現実的危険状況が生じた段階のいずれの場合も考えられる。その後、現実的危険状況が生じた時点で、故意が生じたが、そのまま放置したというのが、典型例である。たまたま電気関係に詳しい伯父が、好意で甥の家の電気工事を行い、工事の際には、その配線が漏電の

危険の大きいものであることを知らなかったが、工事完成後にそのことに気づいたにもかかわらずそのまま放置したところ、漏電部分から出火したというのがその例である。その他、誤って友人を川に突き落としてしまったが（不可罰的な過失暴行）、容易に救助できるにもかかわらず、あえて救助せずに、死亡させた場合も、危険創出行為自体は、いまだ可罰的でないものであるから、この事例群に属する。これに対して、過失によって交通事故を起こし、被害者に重傷を負わせたが、それを確認し、死亡するかもしれないと思いながら、逃走したため、被害者が死亡したという事例については、第1の過失（危険創出）行為によって、可罰的な過失傷害罪を実現しており、致死結果の発生の可能性も高いので、救助することに期待可能性は少ないがゆえに、この事例には属さない。

3 保障人的地位と保障人的義務

前述のように、保障人的地位と保障人的義務とを分けて、保障人的地位は構成要件に属するが、保障人的義務（作為義務）は違法性に属するとする見解（**分離説**）と、両者ともに構成要件に位置づけられるとする見解（**一体説**）が対立している。

(1) 分離説

分離説は、作為義務を根拠づける**事実的・法的事情は構成要件**に属するが、**保障人的義務そのものは違法性**に属するものとする（福田・主要問題58頁以下、同94頁、曽根・重要問題244頁）。この見解の唱えられる背景には、第1に、構成要件とは、価値中立的な行為類型であるとする見解、ないし、構成要件とは違法行為類型であるが、なるべく法的評価を入れない類型的事実的判断であるとする見解があり、第2に、作為義務違反とは違法を意味するという考え方があるものと思われる。しかし、この見解のもっとも重視する主要な根拠は、不作為犯における故意の対象は何か、または、錯誤があった場合にどのような効果が生じるかという考慮である。すなわち、この見解によれば、不作為犯において故意の対象となるのは、作為義務そのものではなく、作為義務を根拠づける事実的・法的事情であるというのである。したがって、これによれば、その錯誤は故意を阻却する。これに対して、作為義務そのものの錯誤は、違法性の錯誤にすぎず、錯誤に陥るについて過失がなければ故意犯の責任が否定されるというのである。

---

[13] この立場からは、「保障人説が、構成要件の中に保障人的義務違反という実質的違法判断を導入したことによって、構成要件の規範化、価値化をもたらし、その結果、構成要件の明確性が失われるに至った」ことが批判される（曽根・重要問題243頁）。

(2) 一体説

一体説は、保障人的地位と保障人的義務とは社会観念上一体化して理解されることが多く、一般にこのような区別をすることは困難であろうとして、これを記述されない規範的構成要件要素であるとする（大塚151頁、前田・基礎68頁以下参照）。

(3) 本書の立場

保障人的義務の認識についても、たんに義務の存否について錯誤するというだけではなく、必ずその事実的根拠に関する認識を通じて、義務の有無についての認識・錯誤に至るのであるから、一般的には、**両者は不可分である**といってよい。例えば、ベビーシッターは、子供の世話をする義務があることについては、その仕事の内容の理解から当然に認識しているのであり、何の根拠もなく、義務の認識がないことはありえない。例外的に、義務がないと錯誤することがありうるのは、例えば、両親によって虐待されているこの子供については、他人が口だしすべきではなく救助する義務はないと思っていたといった何らかの例外的事情がある場合のみである。このように、作為義務の存在自体は、構成要件要素に属するものといってよく、ただ、例外的に、**より高次の価値が優越するもの**と考えて自己の行為の法的評価を誤ったような場合には、**違法性の錯誤の問題**となるのである。正当化事由の事実的前提があると錯誤した場合には、構成要件の錯誤として故意を阻却することはいうまでもない。このような意味で一体説が妥当である。

4 危険回避可能性

(1) 作為可能性の体系的地位

ここで、危険回避可能性の要件のもとで理解しているのは、従来、作為可能性、作為の容易性、ないし結果回避可能性などの概念のもとで論じられてきた問題である。体系的な位置づけの問題としては、保障人的義務の前提（**前提説**）[14]とする説が圧倒的多数であるが、保障人的義務と並んで独立の要件である（**併存説**）[15]と理解する説もある。併存説からは、作為可能性は、それを基礎づける事情は構成要件要素であるが、作為可能性そのものは違法要素であるとされる。ここでは、後述するように、危険回避可能性は、保障人的

---

[14] 中山248頁、西原266頁、大谷135頁、町野131頁以下、曽根205頁、川端235頁、野村191頁、齊藤信宰118頁、前田133頁、佐久間76頁。
[15] 内藤233頁以下。

義務の前提であると考える。

(2) 作為可能性概念の多義性

作為可能性の概念は、多義的である。まず、①**作為可能性**とは、作為に出ることが可能であることを意味すると捉えると、ここでの作為可能性とは客観的・主観的な行為能力を意味することになる。これに反して、②作為可能性とは、作為に出て、結果を回避する可能性であるとも理解することができる。この場合には、作為可能性とは結果回避可能性を意味する。さらに、③作為可能性とは、行為者の個人的な作為可能性を意味するのか、それとも平均人の一般的な作為可能性を意味するのかという対立がありうる。作為可能性の判断を、個人標準説で判断するか、一般人標準説で判断するかについては説が分かれ、わが国の通説は、構成要件該当性の判断は**一般的・類型的判断**であるから、一般人を標準にすべきだとしてきた。しかし、ドイツでは、最近、個人標準説が有力化している。一般人標準説によれば、「社会的期待」の有無を媒介にして、不作為の因果関係を判断する場合には、一般的作為可能性がない者にも、因果関係は肯定されるのであろうか、あるいはその判断は重なるのであろうか。不作為の因果関係の概念と作為可能性の概念の関係についても**多義的**であるといわざるをえない。

(3) 危険回避可能性

作為可能性の概念には、作為能力を中心とする**事前的な判断**である**作為可能性の判断**を意味する場合と、**事後的な判断**である**結果回避可能性**を意味する場合の両方の用法がある。前者は、不作為のときに、作為可能性があるかどうかを判断するもので、後者は、事後に生じた事情をも含めて、事後から回顧的に結果を回避する可能性があったかどうかを問うものである。この作為可能性の概念は、決して、結果の行為への帰属の問題を判断するためのものではなく、むしろ、保障人的義務が生じる前提を画するためのものである。たしかに、不作為の因果関係や現実的危険状況の存在も、作為義務の前提であって、作為義務が、抽象的・一般的に生じるものでなく、具体的な状況を前提とするという制約はすでに存在する。しかし、保障人的義務は、危険回

---

[16] 作為可能性と結果回避可能性を区別するものとして、山口 93 頁参照。
[17] たしかに、泳げない人や身体に障害のある人が、溺れるわが子を救助しなかったとき、一般人を標準にすると保障人的義務を負うということになる。これが妥当かどうかには疑問があるから、個人標準説は、主観的判断を構成要件に位置づけるのではあるが、根拠がない理論ではない。

避可能性がある場合にのみ具体的に発生するというさらなる制約を課するべきである。

このような理解を前提とすると、従来の作為可能性ないし結果回避可能性の概念によって要求されていた制約は、一方では、不十分であり、他方では、過剰である。すなわち、たんに作為に出ることができるかどうかのみを判断するとすれば、作為に出ることはできても、具体的状況のもとで、結果回避は不可能であるという場合がある。結果回避可能性を要求することは、結果の行為への帰属を問題にすることになる。そこで、その中間である、**「危険回避可能性」**こそが、作為義務の前提としての要件にふさわしい概念内容であるということが明らかになる。

現実的危険状況の存在するときに、**事前的**にみて、その時点でそのような危険状況から予測されうる**典型的な危険**が作為に出ることによって**回避しうる**ものであるときにはじめて、保障人的義務が具体的に発生しうるのである。このような事前判断は、当然、不作為者の個人的な能力をも考慮に入れて判断する必要がある。泳ぐことのできない者は、泳いで助けることはできないのであって、泳いで助けるという作為義務は生じない。

結果回避可能性の意味における作為可能性（前田133頁、西田118頁）は、事後的判断であり、不作為の客観的帰属の問題に解消される。これについては後述する。

5 不作為犯の実行行為

現実的危険状況があり、保障人的義務が発生する場合でも、いまだ、潜在的実行行為が存在するにすぎない。**具体的な危険**が発生してはじめて、当該犯罪の実行の着手があるというべきである。これについては、実行の着手について論じる際に詳述する（☞§147, 3）。

6 不作為犯の客観的帰属

(1) 不作為の帰属の構造

不作為犯の客観的帰属論は、発生した結果を不作為のせいであるとして客観的に帰属し、既遂責任を負わせうるかどうかを判断するものである。不作為犯の客観的帰属も、後述する作為犯の客観的帰属の要件と構造上ほぼ同じである。①合法則的条件関係（条件連関）、②危険創出連関、および③危険実現連関がその要件である。条件連関については、不作為犯の場合、仮定的条件関係（社会的因果関係）が要求されるのであり、作為犯の場合に、自然的・

事実的因果関係が要求されるのとは異なり、社会的に期待される作為を付け加えて考えるという仮定的判断になるという修正をこうむる（社会的帰属）。危険創出連関は、不作為犯においては、従来、検討してきた作為義務の肯定によってすでに認定されているといってもよい。したがって、不作為犯における危険創出連関とは、保障人的義務の具体的な存在によって、肯定されるものである。

(2) 条件関係
　不作為犯における条件関係については、前述のように、社会的に期待される作為をどのようにとらえるかによって、因果関係の有無が決定されることになるから、そこには、必然的に、社会的価値判断ないし規範的判断が入り込む。そればかりか、仮定的判断であるので、その判断そのものが、確実性の程度において作為の場合と比べて、劣るといわざるをえない。したがって、この条件関係の判断は、構成要件該当性の判断としてはほとんど意味がない。むしろ、危険回避可能性を前提とする保障人的義務の仮定的履行と結果との間の危険実現連関の問題であるということができる。

(3) 危険実現連関
　危険実現連関は、危険創出連関と異なり、事後的判断である。したがって、事後に生じたすべての事情を考慮に入れて結果が行為に帰属されうるかどうかを判断する。その類型としては、①危険増加連関と②狭義の危険実現連関の二つの類型がある。

(a) 危険増加連関　　危険増加連関は、当該の不作為が、事後的にみて、発生した結果に対する危険を高めたときに存在する。事前的判断としての危険創出連関は肯定されるが、そのときに一般的な認識可能性の範囲外に存在した事情の介在によって、危険増加が否定される場合には、実行の着手に至っていたとしても、既遂責任を問われない。したがって、例えばボートから海に転落したわが子を助けるのを躊躇し、助けないことを決意した父親の不作為が、実行の着手時点に至ったが、その直後に、急に現れたサメに子供が食われた場合には、危険創出連関は存在するが、その危険は、結果の発生のチャンスを高めてはいないから、危険増加連関は存在しない。

　危険増加は、作為義務を果たしていたならば、確実にではなくとも、「十中八、九」の蓋然性をもって結果が発生していなかっただろうという場合には、存在するといえる。

　　判例は、不作為の因果関係の判断において、同様の蓋然性を要求している（最決平元・12・15刑集43・13・879＝**百選** 4）が、この判断は、保障人的義務違反が、とくに結

果発生の危険を高めたかどうかという判断であると解すべきである。この判例においては、暴力団員が、13歳の少女にホテルで覚せい剤を注射して錯乱状態に陥らせ、生命の危険にさらしたが、救急車を呼ぶ等の措置をとらなかったため、その少女を急性心不全によって死亡させたという事案につき、保護責任者遺棄致死罪で起訴されたのである。最高裁は、被告人が救急医療を要請していれば「十中八、九」救命が可能だったのであり、同女の救命は合理的な疑いをいれない程度に確実であったと認められるから、刑法上の因果関係があると認めるのが相当であると判示した。

判例は、因果関係の概念を用いているが、これは、ここでいう危険増加連関を意味する。なぜなら、すでに法的に否認された危険創出行為、すなわち、「救急医療を要請すべきだという法的な作為義務に違反する行為」が、実際に結果の発生のチャンスを高めたかどうかが問題となっていたのであり、たんに「社会的に期待された行為の不作為」と結果との事実的・社会的因果関係を問題にしているのではないからである。

(b) 狭義の危険実現連関　危険実現連関は、さらに、事後的に異常な因果経過が介在する場合にも否定される。この類型は、創出危険がわずかな残存危険に転化した後に、異常な事情が介在して結果の発生に至るような場合にみられる。例えば、父親が海にはまった子供を助けなかったところ、たまたま子供は、ダイバーに救助され、病院に運び込まれたが、その病院の火事で死亡したという場合には、危険創出連関はあるが、危険実現連関が否定される。

§83　わが国の判例

判例において不真正不作為犯が問題となった事案として代表的なものは、**殺人罪、遺棄罪、放火罪** である。殺人罪については、とりわけ、嬰児を餓死させたり、交通事故の被害者を放置したりする事案に多い。その他、詐欺罪に関するものや死体遺棄罪についても不作為犯に関する判例がある。

1　不作為による嬰児の餓死

古い判例においては、まず、嬰児を餓死させる例について、養父などに養育の義務を認めて殺人罪を認めたものがある（大判大4・2・10刑録21・90、大判大15・10・25判例体系34・30）。**戦後の下級審の判例**にも、幼児に飲食物を与えない等の不作為による嬰児殺につき殺人罪を認めたものがある（名古屋地岡崎支判昭43・5・30下刑集10・5・580、福岡地久留米支判昭45・3・8判夕264・403、大阪地判平18・3・28LEX/DB）。

第4節　不作為犯論　§83　わが国の判例◇　253

2　放火に関する判例

これに関しては、大審院判例が2例、最高裁判例が1例あり、そのほかに下級審の判例がある。

(1)　大審院判例

まず、自らの先行行為の影響があって、発火し、罪跡を隠滅するという主観的目的がある事案について、不作為の放火を認めた**大正7年の判例**がある。被告人が、養父と争ったすえ、養父を殺害した後、その死体の始末を考えていたところ、たまたま養父が格闘の際、投げつけた燃木尻（しょうけつ）の火が、積んであった藁に飛散して燃え上がったのを認め、死体などを焼燬（しょうき）して罪跡を掩蔽（えんぺい）しようとして、容易に消し止めることができたのにこれを放置し、家屋を焼燬するに至らしめたという事案に対して、「之を消止むべき法律上の義務を有し、且、容易に之を消止め得る地位に在る者が**其既発の火力を利用する意思**を以て鎮火に必要なる手段を執らざるときは、此不作為も亦法律に所謂火を放つの行為に該当するものと解する」（大判大7・12・18刑録24・1558）と判示した。

さらに、**昭和13年の判例**で、同様に、家屋の所有者が、先行行為にもとづき生じた焼損の危険を、保険金を詐取するという主観的目的のため、放置した事案について不作為による放火が認められた事案（大判昭13・3・11刑集17・237）がある。この事案に対して、「自己の家屋が燃焼の虞ある場合に之が防止の措置を執らず、却って**既発の危険を利用する意思**にて外出するが如きは、観念上作為を以て放火すると同一にして同条に所謂火を放つの行為に該当す」として、放火罪を肯定した。

(2)　最高裁判例

最高裁は、たんなる従業員が、自分の失策の発覚を恐れて、既発の火力により建物が焼燬（焼損）されることを容認した事例についても、不作為による放火を肯定した（最判昭33・9・9刑集12・13・2882＝**百選5**）。木机の下に、原符約3700枚をつめたボール箱3個の傍らに、火鉢を置き、股火鉢をしながら、営業所事務室で残業をしていたが、午前2時頃、工務室へ行き休眠したところ、午前3時45分頃、炭火の過熱からボール箱原符に引火し、さらに自室の机に延焼しているのを発見したが、自分の失策の発覚を恐れて、放置すれば営業所の建物にまで延焼することを認容しつつ、放置して営業所を去ったため、営業所の建物1棟等を焼燬するに至ったという事案について、「被告人は自己の過失により右原符、木机等の物件が焼燬されつつあるのを現場において目撃しながら、その**既発の火力により右建物が焼燬せられるべきことを認容する意思**をもってあえて被告人の義務である必要かつ容易な消火措置をとらない過失により建物についての放火行為をなし、よってこれを焼燬したものである」として放火罪を認めた。

本件では、消火義務、作為の可能性、焼燬の認容（故意）の3点が検討されている。消火義務は、被告人の先行行為と残業職員であるという地位に求められているように読める。焼燬の認容とは、先の大審院の判例が要求していた「**既発の火力を利用する意思**」とは異なる。大審院の判例では、「既発の火力を利用する意思」とは、故意ではなく、罪跡隠蔽などの別の何らかの目的を意味した。しかし、最高裁は、その

ような意思は必要ではなく、既発の火力により焼燬（焼損）するという認容、すなわち、故意があれば足りるとしたのである。

(3) 下級審判例

甲が、パチンコで負けた腹いせとして、パチンコ台の下受皿玉排出口にライターを入れて点火したところ、パチンコ台内部に着火してしまい、これに気付いた甲がそのまま立ち去ったため、パチンコ店内全体に燃え移り、一階店舗部分の大分を焼損させたという事案につき、本件火災を消火できた可能性（作為可能性）が認められる以上、**先行行為にもとづく作為義務**および被告人の不作為と店の全焼との間の因果関係が認められ、建造物の一部である「島」に対する焼損の認容による未必の故意も認められるとして、現住建造物等放火罪の成立が認められるとしたものがある（大分地判平15・3・13LEX/DB）。

3 轢き逃げに関する判例

轢き逃げについて、過失で被害者を撥ねた後、それに気づきながらそのまま逃走した事案に、不作為の殺人罪を適用した判例はない。被害者を撥ねて重傷を負わせた後、いったんは、被害者を病院に運んで救助しようとして自車に乗せたが、途中で気が変わって、これを人通りの少ない場所に放置した結果、死亡させたような事案について、殺人罪もしくは保護責任者遺棄致死罪が適用されている。1960年代中頃までは、判例は、このようなケースに保護責任者遺棄致死罪を適用していたが、それ以降、殺人罪を認める判例が出てきた。

まず、**昭和34年の判例**（最判昭34・7・24刑集13・8・1163）の事案は、自動車を運転して、過失によって歩行者を撥ねて重傷を負わせた者が、道路交通取締法24条1項等の規定による被害者の救護その他必要な措置を講ずることなく、歩行不能となったその歩行者を自己の運転する自動車で運び、医者を呼んできてやると欺いて下車させ、降雪中の薄暗い車道上に放置して立ち去ったというものである。ここで、判例は、「被害者の救護その他必要な措置を講ずる義務」を認め、「自動車の操縦中過失により通行人に自動車を接触させて同人を路上に転倒せしめ、……重傷を負わせ歩行不能に至らしめたときは、かかる自動車操縦者は法令により『病者を保護す可き責任ある者』に該当する」と判示した。

しかし、**昭和37年の判例**（横浜地判昭37・5・30下刑集4・5＝6・499）においては、重傷を負わせ、夜明け前で降霜した早朝に、長時間人に発見され難い場所に遺棄した事案につき、未必の故意を認め、殺人未遂罪が適用された。

次に、**昭和40年**には、過失によって傷害を負わせた後、病院へ搬送しようとしたが、それによって自分が犯人であることが発覚し、刑事責任を問われることをおそれて、適当な場所で遺棄しようと何らの救護措置もとらずに走行し、車内において外傷性ショックにより死亡させた事案につき、未必の故意を認めた（東京地判昭40・9・30下刑集7・9・1828）。さらに、**昭和46年の東京高裁の判例**（東京高判昭46・3・4高刑集24・1・168）は、被害者の受傷の程度が重傷であり、被害者が放棄された日時の気温も低く、その場所も朝まで通行人を期待しえない地点であるという具体的状況のもとにおいて「違法類型に当る未必の故意に基く殺人未遂を認定し得る」として、殺人罪

を肯定した。

　先に紹介した判例（佐賀地判平19・2・28LEX/DB）でも、不作為による殺人が認められたので、ここでも再度言及しておく。交通事故発生後、被害者を自車に乗せて運搬する途中、被害者を救護する意思を放棄し、重症を負って意識を失った被害者を山中に遺棄すれば死亡することを認容しつつ、山中に被害者を遺棄したが、未遂に終わったという事案で、佐賀地裁は、遺棄行為は、「被害者の生命侵害の危険性を死が確実と言い得るほどにまで高めるという点で，**被害者の生命に対する新たで重大な危険性を生じさせるものである**」として、「被害者の死亡の結果を引き起こす定型的危険性を十分に備えた行為であり、客観的には，殺人の実行行為に該当する」としたうえ、殺人の故意も肯定し、**不作為による殺人未遂罪**を認めた。

　これらの判例について、学説においては、判例は、たんなる轢き逃げに不作為による殺人罪を適用しているわけではなく、他の人々による救助の可能性を、自車に乗せるなどして奪い、自らの支配領域に引き込むなどの行為があることが不作為犯を認めるための前提になっているものと解している。[18] その意味で、このような轢き逃げ事犯においては、「**排他性**」や「**支配領域性**」が要求されているとみるのである。

4　治療を受けさせずに死亡させた事案

　平成元年の最高裁決定の事案（前掲最決平元・12・15＝百選4）も、被害者を生命の危険にさらした被告人が、救助せずに、死亡させた事案につき、保護責任者遺棄致死罪に問われた事案であるが、治療を受けさせなかった場合に、殺人罪に問われた**下級審の判例**がある。事案は、夫婦である被告人両名が、被告人ら方に住まわせて売春をさせていた被害者に何度にもわたる暴行を加え傷害を負わせたが、被害者は食欲が減退し、体温も40度を超え、かなり重篤な症状を呈するに至ったにもかかわらず、医師の適切な治療を受けさせず、被害者を放置して死亡させたというものである。判決では、被告人らは、被害者を**支配領域内**に置いていたとし、暴行による創傷の悪化を防止し、その生命を維持するため、同女をして医師の治療を受けさせるべき**法的作為義務**があったとして、未必の故意による不作為による殺人の**実行行為性**（同価値性）も肯定した（東京地八王子支判昭57・12・22判夕494・142）。

　平成17年最高裁決定（最決平17・7・4刑集59・6・403＝**百選6**＝シャクティ事件）においては、脳内出血等による重篤な患者に対して必要な医療措置を受けさせない未必的な殺意をもって死亡させたシャクティ治療を施す特別の能力をもつなどして信奉を集めていた者に、不作為による殺人罪が成立するとされた（☞§157, 3(4)）。

---

[18] 死亡を積極的に意欲して現場を離脱しても、死亡の結果発生の蓋然性が高度のものであったとまでは認めがたい場合には、それだけでは、殺人罪を構成しない（岐阜地大垣支判昭42・10・3下刑集9・10・1303）。

第5節　客観的帰属論

【文献】「特集　客観的帰属論の展望」現刑4号4頁、安達光治「客観的帰属論の意義について」国学院40巻4号93頁、井上祐司『行為無価値と過失犯論』(1973)、植田博「刑法における因果性と因果的説明の理論」井上退官13頁、内田浩「わが国における最近の相当因果関係説の動向」成蹊法学政治学研究15号35頁、梅崎進哉『刑法における因果論と侵害原理』(2001)、大谷實「実行行為と因果関係」中山古稀3巻91頁、岡野光雄『刑法における因果関係の理論』(1977)、葛原力三「客観的帰属論の現在」現刑26号74頁、小林憲太郎『因果関係と客観的帰属』(2003)、同『刑法的帰責』(2007)、齊藤誠二「いわゆる『相当因果関係説の危機』についての管見」法学新報103巻2=3号755頁、同「いわゆる客観的な帰属の理論をめぐって」警研49巻8号3頁、齋野彦弥「原因の複数と因果性について」現刑26号51頁、鍬本豊博「刑法における『合法的行為との代替性』の問題について（1）」北大法学47巻5号133頁、鈴木左斗志「刑法における結果帰属判断の構造」学習院38巻1号109頁、鈴木茂嗣「相当因果関係と客観的帰属」松尾古稀〔上〕161頁、曽根威彦「相当因果関係の構造と判断方法」司法研修所論集創立五十周年記念特集号3巻（刑編）1頁、同「相当因果関係説の立場から」刑雑37巻3号88頁、同「客観的帰属論の類型的考察―山中教授の危険実現連関論」宮澤古稀2巻173頁、同「遡及禁止論と客観的帰属」板倉古稀135頁、同『刑法における結果帰属の理論』(2012)、辰井聡子『因果関係論』(2006)、中山研一『因果関係』(1967)、ハート・オノレ（井上祐司＝真鍋毅＝植田博共訳）『法における因果性』(1991)、林幹人「相当因果関係と一般予防」上智法学40巻4号21頁、林陽一『刑法における因果関係理論』(2000)、振津隆行「刑法における因果関係の意義―条件説と相当因果関係」基本講座2巻108頁、町野朔『犯罪論の展開Ⅰ』(1989)、宮川基「『遡及禁止論』の批判的検討」阿部古稀97頁、山口厚「因果関係論」現代的展開〔Ⅰ〕43頁、山中敬一『刑法における因果関係と帰属』(1984)、同『刑法における客観的帰属の理論』(1997)、同「客観的帰属論の立場から」刑雑37巻3号71頁、同「日本刑法学における相当因果関係の危機と客観的帰属論の台頭」罪與刑（林山田教授60歳生日祝賀論文集）(1998) 3頁、同「客観的帰属論の規範・判断構造」曽根・田口古稀(2014) 113頁、吉岡一男『因果関係と刑事責任』(2006)

§84　客観的帰属論の意義

1　客観的帰属とは何か

客観的帰属論（Lehre von der objektiven Zurechnung）とは、結果を行為者のしわざであるとして行為者に帰属しうるかどうか、つまり、行為と結果のつなが

りを客観的に判断するための理論である。古くから、帰属とは、「客観的なものを主体のせいにする」という意味で刑法学において用いられてきたが、これには、客観的帰属と主観的帰属がありうる。行為者の主観と結果とのつながりを問い、結果を主観のせいにするのが主観的帰属である。したがって、**客観的帰属**が、行為と結果の**因果関係**（Kausalität）の問題をその主たる内容とするのに対して、**主観的帰属**は、「故意」や「過失」の問題を論じる。それゆえ、一般に、客観的帰属論は、結果犯において、結果を行為に帰属し、結果に対する責任を問うための要件について論じるものであるということができる。

2 帰属と因果関係

この客観的帰属論の問題は、従来、**因果関係論**として犯罪論の中で取り扱われてきた。そこでの因果関係概念は、自然科学や社会科学で用いられる**範疇論的な概念**と法律学上の**目的論的な概念**とが渾然一体となったものであったといっても過言ではない。もちろん、例えば、相当因果関係の概念につき、それが、因果関係論ではなくそれを限定する目的論的な概念であるとの認識は古くから存在したが、わが国では、通説的見解は、これを峻別せず、一般的にそれを「因果関係論」として取り扱ってきたといえる。[1]

しかし、因果関係の概念は、普遍的なものであるべきであって、刑法上目的論的に修正したものに転用すべきではないと思われる。言い換えれば、刑法上の因果関係の概念も、自然科学や社会科学で用いられる因果関係の概念から大きく乖離（かいり）してはならない。なぜなら、刑法上の「人」や「死」の概念が、生物学、医学上の概念とまったくかけ離れたものであれば混乱を招くのと同様に、普遍的な概念は、普遍的な意味の内部にとどめておく必要があるからである。そうだとすると、結果を行為に帰属するという刑法上の目的を果たすべき概念は、このような**普遍的な因果関係の概念**とは異なったものである方が望ましい。しかし、自然科学的・社会科学的な意味での因果関係のない結果に対して、刑法上の責任が認定されるのも説得力をもたない。

このようにして、客観的帰属論は、因果関係を前提にし、それを基礎にしつつも、それを法的観点から限定する理論として構想されたものである。し

---

[1] しかし、相当因果関係が、論理的条件関係を対象とする刑事責任を根拠づけるための「法的価値判断」であることを強調するものもあった（瀧川・平場・宮内『刑法理論学〔総論〕』〔宮内裕執筆〕〔1950〕117頁）。

たがって、客観的帰属論の前提として、このような普遍的な意味の因果関係論が論じられなければならないが、しばらく帰属論の展開史を振り返っておこう。

§85　客観的帰属論の展開

1　客観的帰属論前史

帰属（Zurechnung）のもととなったラテン語である**帰責**（imputatio）は、ドイツ刑法学においては、すでにプーフェンドルフ（Samuel Pufendorf, 1632-1694）の時代から重要な意義を与えられた概念であった。フォイエルバッハも、帰責の概念を用いた。この時代にはすでに、帰責は、ある主体がある事実の自由な原因であるということを内容とする**行為への帰責**（imputatio facti）と、そのうえに、そのことがらに対する責任を帰責することを内容とする**責任への帰責**（imputatio juris）に分析されていた。

帰属概念に法哲学上の重要な意義を与えたのは**ヘーゲル**である。ヘーゲルは、外部的な事象を、主体すなわち意思に帰属することによってのみ、その外部的事象を行為者の行為のしわざであるということができるものとしたのである。このヘーゲルの帰属論を刑法学において継承したのが、ケストリン（1856）、アベック、ベルナーらのいわゆるヘーゲリアーナー（☞§11, 2 (1)）である。ヘーゲリアーナーの帰属論は、今日の行為論、因果関係論、錯誤論、責任能力論などを混在させたものであった。以上が、客観的帰属論の前史であるといえる。

2　因果関係論とその限定理論

19世紀後半には、自然科学的思考方法が一世を風靡し、それが、刑法学にも持ち込まれるようになった。哲学的な帰属論は、**自然科学的な因果関係論**にとって代わられた。それが、ユリウス・グラーザー（Jurius Glaser, 1831-1885）によって基礎づけられ、ブーリ（M.von Buri, 1825-1902）によりドイツの判例の見解となった、あらゆる条件は平等に原因であるとする**条件説**（Bedingungstheorie）である。しかし、条件説は、結果を行為に帰属するという目的には適合しなかった。条件関係は、**無限に遡及**し、刑法学において結果と行為の関係を目的合理的な範囲内に限定することはできなかったのである。

---

[2] 帰属論のフォイエルバッハ以降の歴史については、山田道郎「刑法学説史における帰属概念の意義」法律論叢52巻2＝3号57頁以下参照。

[3] これについて詳しくは、山中・客観的帰属の理論280頁以下参照。なお、imputatioの概念は、もともと「刻み込む」「切る」などを意味する言葉から由来する。負債を表すため、木に刻み目を入れたことから、これが責任を意味するようになった。

第5節　客観的帰属論　§85　客観的帰属論の展開◇　259

それにもかかわらず、条件説は、ながらく維持され、その範囲の限定のためには、他人の故意行為が、行為と結果の間に介在した場合には、たしかに因果関係は存在するが、中断するものとするいわゆる**因果関係の中断**（Unterbrechung des Kausalzusammenhangs）**論**によるべきものとされたのであった。

しかし、他方で、すでに、19世紀の終わり頃から、条件のうちから特別のもののみを個別化し、それらのみを原因とするいわゆる**個別化的原因説**（individualisierende Kausalitätstheorie）や、自由に故意によって設定された条件以前を遡る条件は、原因ではないとする、フランク（Reinhard Frank, 1860-1934）によって提唱された**遡及禁止論**（Lehre vom Regreßverbot）が現れ、そして、生活経験上、通常な因果経過のみが、帰責されるべきであるとする**相当説（相当因果関係説）**（Adäquanztheorie）が、クリース（Johannes von Kries, 1853-1928）によって提唱され、無限遡及の問題を解決しようという試みが始まった。

3　違法性連関論の登場

20世紀に入ると、因果関係論とは別の規範的な観点から、この無限遡及の限定を行う理論が提唱された。そのような試みは、スカンディナヴィア諸国やオランダ、ないしオーストリアの法学においてその萌芽がみられ、ドイツでは、M. L. ミュラーの**規範適合的危険の理論**に結実した。とくにオーストリア民法においては、そのような規範的観点からの制限論は、**違法性連関の理論**（Lehre vom Rechtswidrigkeitszusammenhang）として1920年代からすでに有力な学説となっていた。ミュラーの危険概念の分析は、1930年代にカール・エンギッシュ（Karl Engisch, 1899-1990）によって相当因果関係に採用された。それが、**行為の危険性**（危険創出）と**危険の実現**（危険実現）の区別である。

4　客観的帰属論の提唱

1927年に、カール・ラーレンツ（Karl Larenz, 1903-1993）は、『ヘーゲルの帰属論と客観的帰属の概念』という著書を公刊し、相当説を客観的帰属論の観点から根拠づけ、帰属論にふたたび生命を与えようとし、刑法学においては、1930年に、R.ホーニッヒ（Richard Honig, 1890-1981）が、**客観的目的可能性**を帰属基準とする客観的帰属論を提唱した。その後、第2次大戦後に至っても、帰属論の思想は、W.ハルトヴィッヒ（Werner Hardwig, 1907-1989）やH.マイヤー（Hellmuth Mayer, 1895-1980）といった刑法学者によって維持されていた。[4]

---

[4] 客観的帰属論の1930年代以降の発展史について詳しくは、山中・客観的帰属の理論292頁以下参照。

260　◇第2編　犯罪論　　第3章　構成要件論

5　規範の保護範囲の理論

　ドイツ民法においては、すでに1960年代に、英米法やオーストリア法の影響のもとに、**規範の保護範囲の理論**（Lehre vom Schutzzweck der Norm）が、精力的に展開され、相当説に取って代わった。**規範の保護範囲の理論**（規範目的説＝Normzwecktheorie）は、結果が、侵害された規範の保護範囲に含まれるかぎりでのみ、行為に帰属されるという理論であるが、そこでは、**危険**の概念が重要な役割を果たした。

6　現代客観的帰属論の誕生

　1960年代の末から1970年代にかけて、ルードルフィ（Joachim Rudolphi, 1934-2009）、ロクシン（Claus Roxin, 1931-）、シューネマン（Bernd Schünemann, 1944-）らによってドイツ刑法学においても「規範の保護目的の理論」が提唱され始めた。それは、一般的な帰属論の内部に位置づけられたが、その際、**危険創出**（Risikoschaffung）と**危険実現**（Risikoverwirklichung）の区別に重要な意味が与えられた。ここにおいて、客観的帰属論の名称のもとに、**規範の保護範囲の理論**および結果が当該の行為から生じた特殊な危険であるかどうかを規範の保護範囲の判断基準とする**危険理論**（ないし**危険範囲説**）が、理論的に融合されて今日の客観的帰属論が成立したのである。

　今日、ドイツのみならず、オーストリア、スイス、スペインなどにおいても、客観的帰属論は有力な学説となっている。**現代の客観的帰属論**は、行為者によって惹起された結果は、行為者の行為が、行為客体に対して許された危険とはいえないような危険を創出し（**危険創出**）、その危険が具体的な結果に実現した（**危険実現**）という場合にのみ、行為に帰属されるというものである。

　客観的帰属論の方法論は、**事実的な条件関係の存在を前提**にして、このような事前の危険創出と事後の危険実現の判断によりながら、**事実的危険と規範的危険の類型化**によって帰属基準の体系化を図ることを目指すものである。[5]

---

[5] 曽根教授は、この考察方法を「事実的要素と規範的要素を混在させ」るものと批判され、「本質直観的に問題の解決を図ろうとする思考の傾向が強い」と論難される（曽根「客観的帰属論の体系的考察」西原古稀1巻88頁）。曽根教授の事実と規範とを峻別しようとする方法論からは、構成要件を価値中立的に構想することが至上命題となり、規範的要素の「混在」を嫌われるのであろうが、刑法解釈学が規範学であるかぎり、犯罪論体系のどこかで規範的評価を考慮せざるをえない。事実的・価値中立的分析をたとえ純客観的になしえたとしても、例えば違法論において「直感的」評価を入れるのであれば意味がない。帰属論の思想は、必要なかぎりで「規範的評価」の「類型化」をも試み、まさに「直感的」判断を避けることにある。安易な規範主義はいましむべきは当然であるが、規範的現実に目を塞ぐ安易な事実信仰主義も不毛である。

§86　条件関係論（客観的帰属論の基礎）

　以上の沿革から、客観的帰属論は、構成要件論において、条件関係（因果関係）とその無限遡及の **規範的限定に関する理論** であるということができる。[6]つまり、客観的帰属論は、条件関係をもそのうちに取り込んで、それを基礎としながら、その限定理論を展開するものである。その意味では、相当因果関係説と同様の意味をもつ。したがって、以下で展開する条件関係論（条件的因果連関論）は、客観的帰属論のもとにおいても原則として妥当するものである。わが国では通説は、相当因果関係説であるので、これについても、検討しておこう。

1　因果概念

　条件説によれば、ある行為は、それが少なくとも結果に対する条件の一つであるとき、結果に対する原因である。そして、この説は、条件の全体的複合のうちの個々の条件を等しく原因であるとするので、**等価説**（Äquivalenztheorie）（**平等条件説**）とも呼ばれる。そのような条件の一つでも欠けるとき、結果は発生しなかったであろうということができるのである。現在の通説は、この条件関係の発見のために、「前件がなかったと仮定した場合、後件が発生していたかどうか」という公式（**条件公式**）を用いる。これについては、後に詳論する（☞2）。

(1)　存在論的因果関係説

　因果関係の概念については、それが、物理的・実在的な関係なのか、観念的・論理的な関係なのかについて、基本的な考え方の対立がある。前者は、原因は結果を産出するものと考える点などに特徴が現れる（**存在論的因果関係説**）が、後者（町野・犯罪論の展開114頁・133頁・202頁）は、原因と結果の関係

---

[6] 客観的帰属論を違法論に位置づけ、結果回避義務違反の問題とする見解が唱えられている（鈴木茂嗣「違法性について」西原古稀1巻194頁以下）が、刑法においては「結果惹起」を禁止しているのであって、「結果回避義務」を課しているわけではない。刑法はいかなる意味でも「義務づけ」規範ではなく、「禁止」規範である。国民には結果回避義務が課せられているのではなく、結果を惹起しなければ、未遂処罰規定がない限り、国民はまったく自由であり、違法評価も可罰的評価も作動しない。罪刑法定主義を保障する構成要件に該当することが違法評価の前提であり、客観的帰属論は評価対象の限定の理論である。「違法性連関」論を彷彿させるような「結果惹起違法」（同・西原古稀1巻196頁）の構想は、構成要件の機能を軽視するものである。鈴木説の批判として、山中「犯罪体系論における行為規範と制裁規範」鈴木古稀〔上〕39頁以下参照。

は、事象と事象との間の恒常的な規則的連関を意味するにすぎないものとする（**論理的結合説**）。条件説をとる場合にも、このような二つの考え方のいずれによるかによって、その具体的適用の結論は異なりうる。私見によれば、因果関係とは、第1次的には、われわれの認識とは独立の、現実的所与の間の現実的作用連関を意味するのであり、その意味で存在論的な関係であって、たんなる観念的・論理的連関ではない（川端144頁、西田93, 97頁）。

(2) 論理的結合説・結果回避可能性説

この見解は、因果関係とは事実関係ではないとして、あくまで仮定的・論理的な結合関係であるとみる。したがって、この見解によれば「あれなければこれなし」というコンディチオ公式こそが因果関係そのものを表すものである。そこで、後に述べる、AとBが互いに独立に致死量の毒をCのコーヒーカップに入れたため、それを飲んだCが死亡したというような**択一的因果関係**の事例についても、死刑囚を殺害しようと、死刑執行人を押し退けて死刑執行のボタンを押したという死刑執行事例に代表される**仮定的因果経過**の問題も、過失犯において、因果関係の存在は明白であるが、義務違反がなくても結果が発生していたであろうという一連の過失犯の事例についても、因果関係を否定する。

この見解は、当初、因果関係の問題を「結果回避可能性」に取り替えてしまうことには躊躇を示していた（町野・犯罪論の展開147頁）が、後に、**結果回避可能性の問題**であることを認めるに至った（町野・犯罪論の展開103頁、なお、山口54頁以下、同・現代的展開〔Ⅰ〕48頁以下）。

この見解からは、「何を代替原因」として「付け加えて考え」てよいかが問題となる。そこで、付け加えてよい仮定的原因の選択の基準として、「行為者自身の行為」、「第三者の行為」あるいは「自然事象」ないし「動物の挙動」などに分類して論じられている（町野・犯罪論の展開168頁以下、山口・問題探究12頁以下）。そして、①人間の行為の場合には「法的に期待することができる行為」のみが付け加えられてよく、自然事象の場合には、すべてが付け加えられてよいとする説（町野・犯罪論の展開169頁以下）と、②行為者以外の事情については、法的に期待される行為を考慮することなく、まったくの予測判断によるとする説（山口・問題探究12頁）がある。

この見解が、このような問いを立て、仮定的原因として考慮すべき範囲を論じなければならず、それについて見解が分かれているという事実そのものが、すでにこの見解の**問題点と限界**を示している。過失犯における義務違反と結果の問題は、因果関係の問題ではなく、注意義務違反によって許された危険が実質的に許されない危険にまで増加したかどうかという過失犯の客観的帰属の問題である。法的に許された行為を付け加えて考えるかどうかは、もっぱら、過失犯における義務違反と結果の関係につ

いて問題になりうるが、その他の仮定的因果関係の問題を論じる際に、行為者自身の行為が「法的に期待されたもの」であるかどうかを考慮する意味も必要もない。死刑執行事例は、死刑執行が法的に期待されうるから、代替原因として考慮されうる（町野・犯罪論の展開170頁）が、第三者が殺したであろう仮定的原因は、それが法的に期待された行為ではないから考慮されないということを説得的に説明する根拠はない。その意味では、法的に期待された行為かどうかを考慮する必要がないという説の方が相対的に妥当であるが、この説も、仮定的原因として考慮すべきかどうかを「予測判断」にかからしめており、その予測が「現実に生じた事情」（時限爆弾をしかけたという事情）のみならず「現実化しようとしている事情」（手投げ弾を投げようと待ち構えているという事情）を区別することなく、「予測」しうる仮定的原因であるとする（山口・問題探究14頁）。しかし、結果を具体的形態において定義すべきであって、発生したその具体的結果の「回避可能性」を問題にするのならばまだしも、別の具体的結果に対する「仮定的原因」を、考慮する必要はない。この説が前提とする一般予防的根拠からみても、このような回避不可能性のゆえに既遂責任を問わないことが、政策的に妥当であるとは考えられない。結局、これらの説は、条件公式に意味を与えようとして、因果関係の概念を歪めた結果、結論的にも論理的にも破綻せざるをえなくなっているものと評することができよう。

2　条件公式

このようにして、因果関係とは、**存在論的・事実的な関係**であるとする見解が妥当である。しかし、このような存在論的意味における因果関係は、それが認識されなければ意味がない。それでは、因果関係の存在はどのようにして認識されるのであろうか。

従来の通説的理解によれば、当該行為を取り除いて考えると、結果が発生しえないであろうという場合に条件関係があるとされてきた。このような仮定的な思考作業を **仮定的消去法** と呼ぶことがある。これは、条件関係の存在を、いわゆる反事実的仮定法によって認識しようとするものであり、通常、**コンディチオ・シネ・クワ・ノンの公式**（conditio-sine-qua-non-Formel）という。わが国では、一般に、「あれなければこれなし」ないし「AなければBなし」の公式とも呼ばれている。この公式こそ、条件の全体複合中の一つでも欠ければ、結果はすべてなくなるという条件説の内容にふさわしい因果関係発見公式であると考えられてきたのである。

これは、あらゆる条件は、たんなる**十分条件**ではなく、**必要条件**であることを要求しているものといえる。ある先行の事象がなければ、後行の事象はなかったであろうという命題は、先行の事象があれば、後行の事象があるという命題とは論理的に異なる。前者は、必要条件を要求する命題であり、後

者は、十分条件であればよいとするものである。この意味で、条件公式は、条件関係が、必要条件であるということを表明したものであるということができる。

3 条件公式の問題点

条件公式は、一見、因果関係の発見のための確実で明確な結論を保証する公式であるかにみえるが、実際には、次のような問題点を含む。

①この公式によると、ある事象を取り除いて考えたとしても、結果が発生していたであろうという場合には因果関係が否定されるべきであるが、どのような場合に、同じように結果が発生していたであろうといえるのであろうか。

②この公式は、必要条件を要求するが、条件関係とは、必要条件であることを要するのであろうか。むしろ、十分条件であっても、条件関係があるといいうるのではないだろうか。

③この公式は、一見、形式的で明確なようにみえるが、結局、先行の事象と後行の事象の間に法則的な関係があるということが分からない場合には、適用できないのではないだろうか。

(1) 仮定的因果経過

第1の問題は、いわゆる**仮定的因果経過**（hypothetische Kausalverläufe）をどのように取り扱うかという問題でもある。

次にあげる事例は、条件公式による結論と、われわれの因果観とが齟齬しうる事例である。

〔事例1〕Aは、飛行機のBの座る予定の座席に、毒針を仕込み、飛行機が離陸して10分後にBの背中に突き刺さるよう工夫した。10分後に毒針が刺さり、Bは死亡したが、その5分後に飛行機が別の原因で墜落し、乗員・乗客全員が即死した。したがって、もし生きていたなら、Bも墜落によって死んでいたであろう（→**仮定的因果経過**）。

〔事例2〕Aは、Xを殺そうとして毒入りのワインを飲ませたが、それを飲んでベッドに横たわっているXを、その毒が効く前に、Bが射殺した（→**因果関係の断絶**＝Abbrechen der Kausalität）。

〔事例3〕Aは、殺人犯Xの被害者の父親であるが、自ら息子の復讐をとげようと、死刑執行人Bがまさに執行のボタンを押そうとした瞬間に、Bを押し退け、自らがボタンを押して、Xを殺害した。もし、Aがボタンを押さなかったとしたならば、同時刻に、Bがボタンを押していたので、同じく死刑囚は死亡していたであろう（→**仮定的因果経過**）。

〔事例4〕Aは、BがXの背後から斧で、Xの頭に振り下ろそうとしているのを見て、「危ない」と叫んだ。これによって、Xが、咄嗟に振り返ろうとしたため、斧による傷は少しずれて当たり、Xは傷害を負った（→**具体的結果観**）。

〔事例5〕Aは、溺れかけているXに向かって流れていく浮きを、まさにXがそれをつかもうとした瞬間に銃で撃って沈めてしまったので、Xは、もし銃で撃たなければ浮きにつかまって助かっていたところを、死亡してしまった（→**救助の因果関係**）。

第1事例は、毒針による殺害行為がなかったとしても、飛行機の墜落によって死んでいたであろうから、条件公式によると、条件関係が否定されるが、それが妥当か疑問である。これについては、死亡の結果を抽象的に考えずに、時刻、場所、形態などを含めて具体的に定義するならば、毒針による死は、5分早く発生したのであり、墜落による死とは異なるといえる。このように、結果を具体的に定義する結果観を、**具体的結果観**という。このような具体的結果観という修正要件を付加すれば、この場合の疑問点は解消される。

第2事例は、Bからみれば、第1例と同じく仮定的因果経過の事例であるが、Aからみれば、Aが設定した条件は、Bの設定した条件に「追い越され」（凌駕され）ている。Aの行為とXの死の間には因果関係はない。この場合に、**因果関係の断絶**があったという。これに対してBの設定した条件は、Xの死の原因である。この場合を、**凌駕的因果関係**（überholende Kausalität）という。

しかし、**第3事例**は、具体的結果観では解決できない。Bの行為によるXの死亡もまったく同時刻に同一場所で、同一の形態で生じていたであろうからである。ここでは、「Aがボタンを押したことによる死」というように死を具体的に定義すれば、「Bがボタンを押したことによる死」とは具体的に異なるとするものがあるが、「Aがボタンを押したことによる死」とは、Aの行為に因果関係があるということを前提にした定義であり、証明しようとする命題に結果が先取りされており、**不当前提**（petitio principii）であるということができる。したがって、ここでは、第3の修正要件として、現実化していない条件は付け加えて考えてはならないという要件（**付け加え禁止原則**）を加えればよいとされる。この事例では、死刑執行人Bは、いずれにせよ押したであろうというのは、いまだ現実化していない条件であるから、これを付け加えて考えてはならないというのである。

第4事例では、具体的結果観によると、真後ろから付けられたはずの傷は、少しずれたのであるから、結果は具体的に異なっている。したがって、

条件関係は肯定される。しかし、叫んだAは、傷害罪における傷害の結果を惹起したといえるのであろうか。結果を細かく具体的に定義することは、少しの結果の変更をも重要な変更と認め、不合理な結論に至るのではないだろうか。そこでは、法的な観点からみて**重要な結果の変更**かどうかが決定的なのであって些細な結果の変更も構成要件的結果の惹起であるとはいうべきではないのではないだろうか。

第5事例は、一般に実現していない条件を「付け加えて考える」ことを禁止する修正要件（**付け加え禁止原則**）を適用すれば、因果関係の有無の判断ができない事例である。なぜならば、銃で撃たなければ、「浮きがさらに流れていき、Xがそれにつかまっただろう」という経過を「付け加えて考え」なければ、以後の経過が判断できないからである。

以上によって、「具体的結果観」および「付け加え禁止原則」という二つの**修正要件**も必ずしも条件公式の適用の問題点を解消するには至らなかったものとまとめることができる。

(2) 択一的因果関係（択一的競合）

択一的因果関係とは、条件Aも条件Bもそれぞれ結果に対して十分条件である場合をいう。したがって、条件Aを「取り除いて考えた」としても、条件Bが結果を発生させていたであろうといえ、また逆に、Bを取り除いても、Aによって結果が発生していただろうといえるような場合をいう。

〔事例6〕AとBはそれぞれ独立に、Xのコーヒーカップに致死量の毒薬を入れた。Xは、それを飲んで死亡したが、それぞれの毒は、相乗効果はなかったとする。

〔事例7〕Xは、砂漠に旅をしようと、前夜に、ラクダに吊るした革袋に水を入れて準備した。その後、Aが、Xを餓死させようと、その水を砂に取り替えた。さらにその後、Bが、砂が入っているものとは知らず、「水」を抜いて旅の途中で餓死させようとして、革袋に穴を開けた。翌日、これに気づかずに砂漠に向けて出発したXは、水が飲めず、死亡した。

第6事例は、択一的競合（alternative Konkurrenz）または**二重の因果関係**（Doppelkausalität）ないし**択一的因果関係**（alternative Kausalität）の事例である。この事例については、両者の毒が相乗効果をもって死亡時刻が早まったといった事情はなかったというのが条件であるから、Aの毒がなかったとしてもBの毒によってXは死亡していたといえ、しかも具体的結果観によっても、具体的な結果の変更はないといえる。さらに、択一的因果関係は、両者の毒ともに奏功したというのであるから、条件は両者ともに実現しており、

実現している条件は付け加えて考えることができるから、この修正要件も用いることができない。

（a）実際上ありえないとする説　学説の中には、このような択一的事例は実際上めったに生じないし、両方の条件が同時に奏功したことを証明することは**実際上困難**であるとして、このような事例を考える必要がないとするものがある（岡野「『条件関係』存否の判断」LS 29号8頁）が、不当である。これは、実際上の問題というよりは、因果関係概念をめぐる理論の問題であり、必要条件とする従来の条件関係論に変更を迫る理論の目の中の刺だからである。また、証明困難性を根拠に、具体的な形態における結果の発生が早まるなどの形で、変更されているのが普通であり、この場合、条件公式をそのまま適用して条件関係が肯定されるが、具体的な形態における結果がまったく異ならない場合には、条件関係を否認すべきであるとする見解（内藤256頁以下）がある。しかし、本来の択一的因果関係はこのような場合であり、この場合に、条件関係を否定するのは、条件公式を金科玉条とする、実際的妥当性をもたない結論である。

（b）結果回避可能性説　学説の中には、因果関係概念を、論理的結合を表すものと解する立場ないし因果関係に代えて結果回避可能性の要件を帰属基準とする立場を基礎として、この場合、条件公式によれば、因果関係が否定されるという結論に至るのであるから、それをそのまま認めて、ここで因果関係は否定されるとする見解（町野・犯罪論の展開129頁、山口・現代的展開〔I〕48頁以下）も唱えられている。

しかし、両者ともに単独でみれば因果関係が肯定されるのに、因果関係を否定するのは結論として不合理である。このことは、AとBとがそれぞれ独立にXのコーヒーカップに致死量の2分の1の毒薬を入れたためこれらが重畳的に作用して死亡した場合、すなわち、いわゆる**重畳的因果関係**（kumulative Kausalität）には、少なくとも「条件関係」は肯定されるのと比較しても不合理である。さらに、この説は、**共犯の事例**を考えたとき、その不合理は明らかになる。Xが、AとBとに対して、それぞれが互いに接触できないようにして、別々に「Cを殺害せよ」と教唆した結果、AとBとが同じコーヒーカップにそれぞれ致死量の毒薬を入れてCを殺害した場合、Aの行為にもBの行為にも結果回避可能性は否定される。しかし、Aまたは（および）Bの行為を前提としてそれを利用したXの行為には因果関係が肯定されるのであろうか。本説の不合理は、この事例からも明らかである。

（c）両条件一括消去説　わが国では、かつて、択一的因果関係について

は、両者の条件を一括して取り除いて考えれば、その両者と結果との間に因果関係が肯定されるものとして、条件関係を肯定しうるとする説があった（木村178頁、平野138頁）。この見解は、共犯でもない両者の行為をなぜ一緒にして取り除いて考えることができるのか説明できないと批判されていた。ところが、最近の刑法の教科書の中では、この説は、通説の地位を占めているかにも思われるほど支持者を増している（西原104頁、大谷212頁、川端147頁、前田181頁）。

　しかし、この説は、明らかに誤謬(ごびゅう)である。両者の行為を共に取り除いて考える根拠が示されていないから、共に取り除いて考えることができる行為は無限に存在し、すべての行為について条件関係が肯定されてしまうことになるからである。例えば、AがXをナイフで突き刺して即死させたが、そのとき、Bは、家で新聞を読んでいたとしよう。Aの行為とBの行為を共に取り除いて考えると、Bが家で新聞を読んでいる行為は、Xの死亡の原因となってしまう。ここで、Bの行為を付け加えて考えることはできないと反論する者には、なぜ付け加えて考えることができないのか根拠を示す必要がある。択一的因果関係の場合には、両方行為ともに条件関係があるから、共に取り除いて考えることは許されるが、この事例では、Bの行為はもともと条件関係に立たず、したがって、条件関係のある行為のみを取り除いて考えることができると答えた者は、不当前提の誤謬に陥っている。なぜならば、共に取り除いて考えるのは、そもそも条件関係の有無を発見するためであり、はじめから条件関係の存在が分かっているなら、条件公式にあてはめる必要はないからである。

(3)　疑似的択一的因果関係の事例

　以上によって、択一的因果関係の事例は、従来の解決方法ではどれもうまく解決できないものであることが明らかとなった。私見を示す前に、択一的因果関係事例とまぎらわしい事例について検討しておこう。

　第7事例は、**砂漠旅行の事例**である。この事例を択一的因果関係の事例とする学説がある（井上祐司『因果関係と刑事過失』〔1979〕236頁、中山176頁）が、誤りである。択一的因果関係は、それぞれの条件が相互に独立に結果の発生に作用する必要があるが、この事例では、一つの条件しか実現していない。Aが革袋の水を抜いて砂に代えた時点で、Xの死亡に対する条件は設定されたのであり、Bの行為は、Xの死亡にとっては無意味な砂を抜くという行為にとどまる。つまり、水が抜かれたために死亡するというのが、結果に向かう因果の流れであり、Aの行為はそれを惹起し、Bの行為は、すでに抜かれた状態に現実的に何ら変更を加えなかったのである。このよう

にして、この事例は、択一的因果関係の事例ではなく、したがって、Ａの行為のみが結果に対して条件関係に立つ。Ｂの行為は、Ａの行為がなくとも水は抜かれていたであろうという仮定的因果関係をどう考慮するかという問題ではあっても、択一的因果関係の問題ではない。[7]

その他、見通しのきかない曲がり角でバス（運転者Ａ）とトラック（運転者Ｂ）が**正面衝突**をして死傷者を出したが、双方の運転者ともに不注意にスピードを出しすぎていたうえ道路の中央を運転していたという事例をもって、択一的因果関係の事例とする説（町野・犯罪論の展開128頁・206頁）がある。しかし、この例は、ＡかＢがいなければそもそも事故が起こっていないのであるから、それぞれ片方の原因のみでも結果が発生したという択一的因果関係の事例でないのは明らかである。

さらに、択一的因果関係とまぎらわしいのは、ＡとＢの両者が独立に**不真正不作為犯**を犯し、一つの結果を惹起した場合である。例えば、たまたま父親（Ａ）がアクアラングを着けて潜水をしている池に、母親（Ｂ）に連れられて遊びにきた自分の子供（Ｃ）が溺れかけたが、一方で母親が救助できたのにせず、他方で、それとは独立に潜水していた父親が、子供が水の中に沈んできたのに気づきながらあえてこれを救助しなかった場合がこの例である。この場合には、ＡもＢも積極的条件を与えていないので、存在論的な意味における条件関係はない。不作為犯における構成要件上の要件として、危険回避可能性ないし結果回避可能性が問題となるにすぎない。この場合、それぞれに結果回避可能性が認められる。

4　条件公式の放棄

「ＡなければＢなし」という公式を用いるかぎり、少なくとも択一的因果関係の問題について妥当な結論を得られない。そこで、この公式の**因果関係発見公式**としての意義が疑問視されることになる。この公式が、因果関係について論理的に説明困難を招くのが択一的因果関係の問題であるとすれば、実際上の困難をもたらしたのが、そもそも、**経験的知識**によって前件「Ａ」と後件「Ｂ」の間の**法則的関係**（**因果法則**）があらかじめ知られている場合でなければ、この公式を適用して、因果関係の存否に対する判断を行いえないという事例の登場であった。この公式の無力性は、公害事件や薬害事件において、原因不明の発病について因果関係を問わなければならなくなったとき、明らかとなった。これは、この公式が、因果関係の発見公式ではなく、それをあとから確認する手段にすぎないという見解を生んだ。

5　合法則的条件の理論

このようにして、条件公式は、その公式によって因果関係の存否が発見されるものではなく、因果関係の存否は、因果法則の存在が確認されてはじめ

---

[7] 詳しくは、山中・因果関係と帰属274頁参照。

て、つまり、経験的知識によって時間的に相前後する事象間に一般的に法則的連関があるかどうかが確認されてはじめて、個別具体的に、判断されるものである。このように、因果関係の存否の判断は、因果法則に則した個別具体的な連関の存否の判断であるとする見解を**合法則的条件の理論**（Lehre von der gesetzmäßigen Bedingung）という（山中・刑法における因果関係と帰属111頁、林陽一・刑法における因果関係理論66頁以下、井田52頁、西田98頁）。

　条件公式から合法則的条件の理論への移行は、**二つの問題の解決**に新たな地平を開いた。それは、**択一的因果関係の問題**と**因果法則の意義**に関する問題とである。

　この点に関し、わが国では、条件公式に代えて合法則的条件の理論をとることによって、択一的因果関係の問題も「法則」のあてはめの問題として解決されるかに論じるものがある（成瀬幸典「条件関係について」大野古稀127頁以下）。しかし、**一般的因果法則**と**個別的・具体的因果関係**とは区別して考えられなければならない。合法則的条件の理論は、一般的因果法則の不明な場合に因果関係の判断ができないというのであり、個別的因果関係の存否は、一般的因果法則の存在を前提として、当該の具体的な事象において因果関係があるかどうかを問うのである。したがって、択一的因果関係の問題とは、一般的因果法則の存在には疑いがないが、具体的事象につき、二つの独立の一般的な法則的連関が認められる場合に、それを理論的にどう処理するかを問う**因果概念の問題**なのである。AとBとが相互に独立にCに致死量の毒を与えたという事例では、二人の毒の一般的法則性については疑いがない。また、それらが同時に作用したことにも疑いがない。択一的因果関係の問題は、一般的法則性にも事実の認定においても問題がない事案なのである。実際には、これは、合法則的条件の理論そのものの問題ではなく、因果概念につき、必要条件説をとるか十分条件説をとるかの問題なのである。合法則的条件の理論をとっても、それだけでは択一的因果関係の問題を解決できないのは当然のことである。

（1）　最小限十分条件の必要的要素の理論

　択一的因果関係の問題は、条件公式に依拠する条件説の躓きの石となるものであった。実際上、その躓きの石は、**必要条件**をもって原因とする条件説に内在するものといっても過言ではないものであった。[8]

　条件公式とは、必要条件を発見するための公式であるから、二つの原因が

第5節 客観的帰属論　§86 条件関係論（客観的帰属論の基礎）◇ 271

ありうる択一的因果関係の事例は、この公式によるかぎり、論理必然的に条件関係の否定に至ってしまうのである。この**公式の放棄**によってはじめて択一的因果関係の問題を解決するための糸口にたどり着く。

　すなわち、因果関係とは「AなければBなし」の関係ではなく、「AあればBあり」の関係すなわち、**十分条件の関係**だと捉えることによって、「CあればBあり」の命題との併存が可能になり、択一的因果関係の問題が解決できるのである。これは、結局、一つの結果に対する二つの原因（1対2対応）を認めることであり、哲学上**多重因果関係**（Mehrfachkausalität）と呼ばれるものである。[9]

　条件公式からエンギッシュの「合法則的条件の理論」への移行は、実は、このように、**必要条件から十分条件への転換の可能性**を秘めていたのである。しかし、結果に対する十分条件とは、個別の条件ではなく、そのすべての集合である全体条件のはずである。つまり、「AあればBあり」の命題における「A」とは、原因をなすそれぞれの個別条件の一つではなく、条件の全体を指すのである。[10] けれども、刑法においては、このような「全体条件」の原因性が問題ではなく、個別条件の原因性が問われていることはいうまでもない。そこで、このような条件関係の論理的意味をどのように説明するかが問題となる。

　これについて、個別条件を十分条件として説明するために、「一般的経験則によって十分かつ真である条件の必要な構成部分（要素）のみが個別条件である」（inus-公式）と説明する見解がある。[11] ここで十分条件の「必要な構成部

---

[8] 簡単な例を挙げると、「必要条件説」に立つなら、結果の発生に対して過剰な複数の条件がある場合の説明が困難となる。例えば、それぞれが互いの存在を知らない10人の銃殺隊が、命令を受けて、死刑囚に向けて発砲したところ、それぞれの弾丸がすべて心臓に命中した場合、各射撃者の行為は、結果に対する必要条件とはいいがたい。このように、複数の独立の条件が作用して一つの結果を惹き起こす事例については、個々の条件を結果の必要条件であるとすることは論理的に困難であるといえる。

[9] これについて詳しくは、山中・因果関係と帰属113頁参照。なお、マリオ・ブンゲ『因果性』（黒崎宏訳）（1972）133頁以下参照。

[10] *E.A.Wolff*, Kausalität von Tun und Unterlassen, 1965, S.15f.このことは、カルナップ『物理学の哲学的基礎』（沢田允茂・中山浩二郎・持丸悦郎訳）（1968）194頁も指摘する。

[11] *Puppe*, Nomos-Kommentar, Bd. 1, Vor §13 Rdnr.87 ff. このプッペの理論は、オーストラリアの哲学者**マッキーの因果理論**に影響されている（*Mackie, John Leslie*, The Cement of the Universe. A Study of Causation, Oxford, 1974)。inusとは、An insufficient but non-redundant part of an unnessessary but sufficient conditionの頭文字である。ドイツ刑法においては、*Koriat*, Grundlagen strafrechtlicher Zurechnung, 1994などに影響を与えている。これがcsqn-公式と異ならないと批判するものとして、vgl. *E. Samson*, Inus-Bedingung und strafrechtlicher Kausalbegriff,

分」とは、それがなければもはや十分条件とはいえない条件である。つまり、結果に対する「最小限の十分条件」の必要な構成部分であることが条件関係の内容であると解するのである。この見解を私見によって要約すると、最小限の全体条件の必要条件の一つであれば、原因であるとする見解であるということができる。換言すれば、「A あれば B あり」という命題の全体条件「A」を構成する必要条件たる個別条件「a」を原因とするが、それは、同時に、「C あれば B あり」という別の条件集合に属する全体条件「C」の必要条件である個別条件「c」の原因性を否定するものではないということを意味する。[12]

(2) 合法則的条件の理論の意義

　合法則的条件の理論は、因果関係の認定につき、まず、**一般的な因果関係（因果法則）**の存在を確認し、そのうえで「具体的な因果関係」を認定する。[13] 前者は、個々の事案に適用しうる自然科学的な因果法則がそもそも存在するかどうかを確認するものであり、後者は、このような上位命題たる因果法則にその具体的事象があてはまるかどうかを確認するものである。この自然科学的な因果法則は、専門家によってその存在が一般的に認められているものでなければならない。

　(a) 因果法則と経験則　合法則的条件の理論における「法則」とは、必ずしも確立した自然科学的因果法則であることを要しない。われわれが因果関係を認識する場合、その判断の基礎となる知識は、科学法則のみならず、経験的知識であることも多い。そのような経験的知識にもとづくいわゆる**経験則**も、科学法則と明白に矛盾するものでないかぎり、「法則」の中に含めてよい。

　(b) 疫学的因果関係　したがって、自然科学的なメカニズムや**病理機序**が解明されていなくても、合法則的条件であるとすることができる場合がありうる。例えば、カドミウムの排出行為が、イタイイタイ病という傷害の原

Festschrift für H-J. Rudolphi, 2004, S. 259 ff. なお、inus－公式については、vgl. *Martin Binns*, Inus-Bedingung und strafrechtlicher Kausalbegriff, 2001. わが国において inus－公式について詳しく紹介した論稿として、前嶋匠「企業・組織犯罪における合議決定と帰属関係（1）」関法 54 巻 4 号 90 頁以下、とくに 133 頁以下参照。なお、小林『因果関係と客観的帰属』193 頁以下も参照。

[12] わが国でこれに賛成するものとして鈴木・松尾古稀〔上〕170 頁。
[13] 合法則的条件の理論を相当因果関係説と内容において何ら異なるところがないとする見解（小林・因果関係と客観的帰属 202 頁）は、因果法則と相当性判断を混同するものであり、不当である。

因であるのかどうかは、カドミウムの摂取による病理機序が厳密に病理学的に証明されていなくても、判断しうることがある。いわゆる疫学的証明によって疫学的因果関係の存在が証明されれば、**厳格な証明**によって合法則的条件関係が認定しうる。

　疫学とは、人間集団を対象として人間の健康およびその異常の原因を宿主、原因、環境の各面から包括的に考究し、その増進と予防を図る学問である。疫学は、集団現象としての疾病の発生・分布・消長を具体的な社会的・自然的条件との相関関係の中でとらえ、統計的手法によってその疾病の原因を探究しようとする科学である。このような疫学において用いられる因果関係の証明方法が疫学的因果関係と呼ばれるものである[14]。

　疫学的因果関係とは、物質の詳細なメカニズムが医学的に解明されていなくても、統計学的手法を用い、大量観察として法則性の存在が認定されることによって認められる因果関係をいう[15]。もちろん、疫学的因果関係は、厳密に科学的な手法に則って行われる必要がある。

　それは、少なくともいわゆる**疫学四原則**[16]を充たしていることを意味する。疫学四原則とは、①原因とされるべき因子が発病の一定期間前に作用すること、②その因子の作用の程度が高まれば、その発病の罹患率が高まること、③その因子の分布消長の観点から、疫学的に観察された流行の特性が矛盾なく説明されること、④その因子の作用メカニズムが生物学的に矛盾なく説明可能なことである。

---

[14] 疫学的因果関係については、山中「公害、企業災害、製造物事故等における因果関係」刑法学[1] 179頁以下、町野「因果関係」公害犯罪と企業責任（藤木編）(1975) 65頁以下、田宮裕「公害犯罪と証拠法」同書136頁以下参照。

[15] 疫学的因果関係の有効性を示すよく引用される例を挙げておこう。1854年にロンドンでコレラが流行したとき、ジョン・スノウ（John Snow）という人物が、調査の結果、その流行源は、ブロード・ストリートにある共同井戸であると推測した。その水中に何らかの微生物がいて、その水を飲料水などとして用いた近隣の住民にその疫病が蔓延したと推測したのである。その井戸を撤去したところ、疫病は収束した。コッホがコレラ菌を発見したのは、1883年のことであった。ここでは、コレラ菌の病理メカニズムは解明されていないが、統計的手法により、共同井戸のなかの何らかの物質が疾病の原因であると証明されたのである。なお、疫学的因果関係については、*Yamanaka*, Umweltkatastrophen, Massenprozesse und rechtlicher Ökologieschutz in Japan, Ökologie und Recht (Hrsg. *L. Schlutz*), 1991, S. 115 ff. において紹介しておいた。

[16] これについては、吉田克己「疫学的因果関係論と法的因果関係論」ジュリ440号107頁参照。

このような見解に対して、刑事法においては、疫学的証明は**厳格な証明**（刑訴法317条）ではなく、採用することができないという見解も有力である。**疑わしきは被告人の利益**にの原則を鉄則とする刑事訴訟においては、被告人を有罪とするためには厳格な証明を要することはいうまでもない。したがって、疫学的証明は、合理的疑いを越える厳格な証明とはいえないかぎり、有罪と判断するに十分ではない。

しかし、厳密に学問的手法が守られているかぎり、いわばミッシング・リンクを取り巻く多数の「経験則」の積み重ねによって疫学的に「法則」の存在が証明されたと推定することは、通常の「法則」の存在の証明と異なるところはない（川端143頁）。もちろん、因果関係の認定は、できるかぎり、疫学的証明のみならず、他の補強証拠により行われ、また、それは検察官が証明すべきであって、立証責任の転換が行われてはならず、事実認定は詳細に行われなければならないことはいうまでもない。これらの条件が守られている以上、疫学的に証明された「法則」に則って因果関係の存在を認めるという意味での疫学的因果関係も、通常の因果関係と異ならない。

刑事判例において**疫学的因果関係**（証明）が取り扱われた例として、**千葉大チフス事件**（第1審＝千葉地判昭48・4・20判時711・17、第2審＝東京高判昭51・4・30判時851・21、第3審＝最決昭57・5・25判時1046・15）および**さつまあげ中毒事件**（第1審＝仙台地判昭49・10・11判時763・24、第2審＝仙台高判昭52・2・10判時846・43）、さらに**水俣病刑事事件**（第1審＝熊本地判昭54・3・22刑月11・3・168、第2審＝福岡高判昭57・9・6高刑集35・2・85、第3審＝最決昭63・2・29刑集42・2・314）がある。[17]

千葉大チフス事件においては、昭和39年から41年にかけて千葉、神奈川、静岡の各地でみられた集団赤痢、腸チフスなどの発生があり、13の公訴事実について被告人である医師が、経口投与、注射などの方法により、また、赤痢菌などを振りかけたり混入したりしたカステラ、カルピス、バナナを飲食させて、赤痢などに罹患させたとして起訴された。第1審では、「疑わしきは被告人の利益に」の原則に従って被告人は無罪とされ、第2審では、逆転有罪とされた。控訴審では、「疫学的証明ないし因果関係が、刑事裁判上の種々の客観的事実ないし証拠又は情況証拠によって裏付けられ、経験則に照らし合理的であると認むべき場合においては、刑事裁判上の証明があったものとして法的因果関係が成立するということができ、有罪の認定を妨げるものではない」とし、さらに、「原判決は、疫学上の証明ないし因果関係と刑事裁判上のそれとの相互の関連について、基本的には当裁判所と同一の見解に立つものと解され、その限りにおいては正当であると認められるが、本件に対する具体的適用におい

---

[17] 前二者の事件における「疫学的因果関係」の検討として、日本弁護士連合会編『刑事裁判と疫学的証明』（1981）120頁以下・165頁以下参照。

て判断を誤ったものといわざるをえない」とする。上告審では、疫学的因果関係（証明）につき、原判決を合理的な疑いをこえる確実なものとして事実を認定しているものとし、事実認定の方法として是認した。

さつまあげ中毒事件とは、被告人が代表取締役を務める会社の工場で製造し販売したさつまあげがサルモネラ菌に汚染されており、それを食べた者が310名食中毒症状を起こし、うち4名が死亡した事案につき、業務上過失致死傷罪に問われた事件である。第1審は、「さつまあげと食中毒との間の因果関係は一応」これを肯定しつつ、過失につき、「疑わしきは罰せずとの大原則に従うべきである」として無罪とした。第2審は、「本件は、事柄の性質上いわゆる疫学的立証が要請される事案」であるという。検察官の「油煤後放冷機上汚染」との陳述は「訴因」ではなく、一応の見解の表明にすぎないのに、原裁判所は、「訴因」ととらえ、本件公訴事実については証明が十分でないとして無罪とした。第3審は、これを破棄し原裁判所に差し戻した。「裁判所の見解」においては、「疫学的に構成が可能な事実の特定」としては、「汚染源は工場内であるということが特定されて」おれば「可能な事実の特定」となるとする。

水俣病は、塩化メチル水銀化合物により汚染された魚介類を摂食することによっておこる中毒性中枢神経系疾患であるが、**水俣病刑事事件**においては、チッソ水俣工場の排水と疾病との個別の具体的な因果関係の存在の証明にあたり、疫学的証明が用いられた。昭和28年末頃から水俣湾周辺地域に原因不明の中枢神経系疾患の発生があり、原因物質としては、チッソ水俣工場から排出される水銀が有力視されたが、その後も、工場からは汚水が排出され続けた。7名の被害者に絞って、チッソの代表取締役社長と工場長が業務上過失致死罪で起訴されたのは、ようやく昭和51年5月4日のことであった。第1審判決では、「疫学的見地からみれば」排出行為と被害者の発症との間の「個別的因果関係は存在する」とした。第2審では、「原判決は勿論病理学的その他の経験則を基礎に各情況証拠を総合し、これにより本件被害者らの発症につき所論の個別的因果関係を是認していることが明らかである」とした。上告審では疫学的因果関係には言及されていない。

§87 相当因果関係説

1 相当因果関係説の意義

相当因果関係説は、条件関係を基礎として、これを法的観点から**日常生活経験上通常**生じうる範囲に限定する理論である。すなわち、因果関係論としては条件説のみが正当であり、相当因果関係説は、条件関係を法的重要性の観点から制限する理論なのである（香川125頁など参照）。

相当因果関係説の内容としては、当該の行為が結果の発生の客観的蓋然性

（客観的可能性）を一般的に高めたといえるかどうかを、事前的の観点から限定された判断資料を用いて判断するというのが、相当因果関係説の創設者（クリース）の意図であった[18]。しかし、その後、とくにわが国の刑事法においては、判断資料の限定によって因果経過の相当性を問うのが相当因果関係説であるとして、「客観的可能性ないし危険を高めたかどうか」という観点は背後に退いていった。

現在、通説は、相当因果関係においては、当該行為から当該結果が発生するのが、**日常生活経験上通常**かどうか相当かどうかを問い、通常であり、あるいは稀有でなければ相当因果関係が肯定され、さもなければ否定されるものとする。相当因果関係の判断においては、**判断資料**の限定の問題と相当性の**判断基準**（程度）の問題とが、**二つの柱**をなすが、判断資料の範囲を限定するための基準について争いがあり、また、相当性を肯定するための相当性の程度の基準について争いがある。

(1) 判断資料

(a) 主観説 本説（宮本63頁）は、もっぱら行為者が行為当時に認識・予見していた（ないし認識・予見しえた）事情を判断資料として通常かどうかを判断する。例えば、頭蓋骨が薄くなっている等の、被害者の特異体質が作用して、通常人の場合にはその強さの殴打では死亡することはなかったにもかかわらず、被害者が死亡した場合、その特異体質について行為者に認識がなく、あるいは認識しえなかったときにはその事情を判断資料とすることができない。通常人をその程度の強さで殴打した場合、死亡結果が発生することは経験上通常ではないので、相当因果関係は否定される。

しかし、本説によれば、行為者の認識・予見した事情、ないしその可能な事情のみを判断の基礎とするので、相当因果関係の有無が行為者の主観に依存することになる。通常人には認識・予見可能であっても、行為者に認識・予見可能でなければ、相当性が否定されるのであれば、相当性の存否は、もっぱら行為者の主観によって決まることになり、客観性が失われる。

(b) 客観説 本説（平野142頁、中山180頁、内藤279頁、板倉115頁、曽根74頁、堀内73頁、浅田136頁、前田195頁、山口56頁、同・問題探究18頁）によれば、行為当時存在するすべての事情および行為後に展開する事情であって一般人

---
[18] クリースの相当惹起説については、山中・客観的帰属の理論108頁以下参照。

の予見可能な事情を判断資料とする。先に掲げた特異体質は、行為当時存在する事情であるから、本説によれば、行為者ないし一般人が認識したか否かを問わず、すべてこれを判断資料とする。これに対して、行為者が、被害者をナイフで突き刺した後、被害者が病院へ運ばれる途中にたまたま工事現場のガス漏れにもとづくガス爆発に巻き込まれて死亡した場合には、行為後展開した事情であるガス爆発は、それが一般人に予見しえた場合にのみ判断資料とされる。

本説は、「**行為当時存在する事情**」と「**行為後に展開する事情**」とに区別するが、その **区別の基準が不明確** である。例えば、行為当時にすでに行為後に病院に運ばれていくはずの道路の橋が落下していたため、行為後にそこを通りかかった被害者を乗せた救急車が川にはまって被害者が死亡した場合、橋の落下は、いずれの事情に含まれるのであろうか。[19] 行為当時存在する事情は、行為者にも一般人にも認識不可能であっても判断資料とされるが、行為者が、故意によって被害者を殺害しようと銃を発射したところ、被害者の足元に埋まっていた爆弾の信管にあたって爆死したという事例においては、足元に埋まっている爆弾は行為当時存在する事情であるから、判断資料とされ、相当性が肯定される。実行行為も故意も存在するから、行為者は既遂の責任を負うが、この結論は不当である。この説は、「因果関係」は客観的であるべきだから、行為者の主観を判断資料にするのは妥当でないと、本説を根拠づける。しかし、因果関係には、心理的因果関係も存在するのみならず、ここで問題なのは、因果関係の「限定」であって、因果関係そのものではない。判断資料に行為者の主観を含めても、判断自体が主観的になるわけではない。[20]

客観説の中には、相当性判断の基礎には、「行為の時存在するすべての事

---

[19] 最近、曽根教授は、「橋の腐朽」は、当然に行為後の介入事情であるとされている（曽根・司法研修所論集創立50周年記念特集号3巻12頁、同・刑雑37巻3号89頁以下）。しかし、それでは、「地中の爆弾」も銃を発射した時点で、すでに存在する事情ではなく、爆弾に当たってはじめて因果的な影響を及ぼしたのであるから、事後的に介入した事情なのであろうか。曽根教授にあっては、「行為時にすでに存在する事情」とはどのようなものをいうのか不明確であるといわざるをえない。

[20] わが国では、因果関係は客観的であるべきだとして知っているか知らないかで因果関係の存否が決まるのはおかしいという命題が説得性をもつかのように、引証されることが多い。しかし、心理的因果関係は知っているか知らないかが事象の生起の原因になりうることを示しており、主観的なものは因果関係の判断から排除すべきだというのは、不合理な迷信である。

実」ではなく、「『注意深い一般人』『科学的一般人』が認識しうるものに限るべきであろう」とする見解（平野・諸問題〔上〕41頁）がある（**修正客観説**）。この説は、行為者の主観は判断基底に入らないが、このような認識可能性を前提とする点で、折衷説に近接するものである。この説は、行為時に存在する事情につき、判断基底に入らない事情を認めたことによって、例えば、人に向かって発砲したところ、地中に埋まっている第2次大戦中に落とされた爆弾に当たったため、爆発によって狙った人を殺してしまったといった事例については、相当因果関係を否定できることになり、客観説の問題点の一部の解決を可能にした。しかし、逆にその事実を知っていた犯人がそれを利用して人を殺害した場合に相当因果関係を否定せざるをえなくなり、不合理性は残る。

(c) 折衷説 本説（木村183頁、団藤177頁、中78頁、福田104頁、大塚238頁、183頁、西原99頁、藤木100頁、大谷223頁、内田150頁、川端163頁、野村130頁）は、一般人が認識・予見しえた事情と本人がとくに認識・予見していた事情を判断資料とする（通説）。本説によれば、先の爆弾が埋まっている事例においては、その事情を一般人が認識しえたとすれば、判断資料となるが、一般人も認識しえなかったとすれば、本人がとくにその事情を認識しているのでないかぎり、判断資料としえず、相当性は否定される。行為後展開していく事情についても、一般人ないし行為者が予見可能である場合にのみ、判断の資料とすることができる。したがって、行為者がたまたま被害者の運ばれる病院がテロリストによって爆破されることを知っており、それを利用して被害者を殺そうとした場合には、相当性が肯定されうる。

本説に対しても、**行為者の主観**を判断資料とするのは、客観的であるべき因果関係に**主観**を持ち込むことになるとの批判がある。当該事情について行為者に認識があるかどうかによって、因果関係の存否が異なるのは不合理だというのである。例えば、先の特異体質の事例で、被害者の主治医が、被害者の頭蓋骨が薄くなっているのを知りつつ、殺害の故意で、情を知らない通行人に被害者の頭を通常の強さで殴打するよう唆した場合、折衷説によれば、通行人の行為と被害者の死亡には相当性がないが、主治医の行為と被害者の死亡の間には相当性が肯定されるのは不合理だというのである。

(2) 相当性判断の程度・内容

相当因果関係説における「相当性」の判断は、行為時に立って限定された判断資料のもとに結果発生の「客観的可能性」（クリース）ないし「一般的可

能性」（木村181頁）、すなわち「経験上通常」（団藤174頁）かどうかを判断するものである。しかし、このような客観的可能性の判断ないし経験上通常かどうかの判断には、学説によりかなりの幅がある。それを「**高度の定型性**」「**高度の蓋然性**」（井上正治『判例にあらわれた過失犯の理論』〔1959〕33頁以下、川端168頁）とする見解から、「**ありがちな可能性**」（50パーセント以上の可能性）（内田151頁）、さらに、「**経験則上ありうるという程度**」（大谷213頁）、「**ある程度の可能性**」（内藤282頁、中野111頁、曽根72頁）、「**最小・最低の可能性**」（内田・概要〔上〕370頁以下）、あるいは、「**きわめて異例で、……行為者の支配圏外にあるとみられる例外的事象についてのみ**」相当因果関係が否定されるとするもの（藤木101頁）、さらに、「相当でない」とは、「**極めて偶然的なものを除くという趣旨**」であるとするもの（平野142頁）まである。

しかし、相当かどうかの判断は、それのみでは、極めて偶然的な事象については帰属できないとするものであろう。その意味で、客観的帰属の最外部を限定する機能をもつにすぎないというべきである。

2 相当因果関係と判例

判例の主流は、基本的に**条件説**を採用しているといわれている（団藤180頁、大塚187頁、篠田・新判例コン1巻229頁、振津・基本講座2巻110頁）。しかし、判例は、基本的に、因果関係の範囲を広く肯定する傾向にあったとはいえ、無限に遡及することを無制限に是認していたわけではない。因果関係の中断論を用いて条件関係を制限するほか、原因説的表現を用いるものもある。[21]

そのような中で、**大審院判例**の中にも「吾人の智識経験に依り之を認識し得べき場合」（大判大2・9・22刑録19・884）、「普通有り得べき事柄」（大判大3・9・1刑録20・1579）、「実験法上」の因果関係（大判大12・3・23刑集2・254）ないし惹起関係（大判大14・7・3刑集4・470）、「社会生活上の普通観念」に照らした原因結果の関係（大判大12・4・30刑集2・378＝**百選15**）などの表現を用いて**相当因果関係**のごとき口吻をもらす判例もあった。さらに、行為者が被害者の虚弱体質を知悉していたとして、「死の転帰は決して稀有特殊の現象と断ずべき場合に非ず」として「法律上因果関係」を肯定したもの（大判昭15・6・27刑集19・387）もある。下級審の判例の中には、相当説を採用しつつ相当性を否定したものとして、**浜口首相暗殺事件判決**（東京控判昭8・2・28新聞3545・5）がある。浜口首相は、被告人の行為により加えられた銃創が直接の死因ではなく、腸内から腹腔に漏出した放線状菌による放線状菌病によって、9カ月余りの後、死亡したという事案に対し、因果関係があるというためには、当該行為

---

[21] これについて、山中「因果関係—相当説の流れと介在事情の類型化—」基本判例12頁以下参照。
[22] 判例の因果関係に関する論理を分析した論稿として、林陽一・刑法における因果関係理論317頁以下参照。

から結果が発生することが「日常経験上一般的」なものであることを要し、「結果の発生が全く偶然なる事情の介入に因る稀有の事例に属し常態」にないときは、「刑法上因果関係」がないとした。

戦後、**最高裁の時代**になっても、**中断論的思考**（最判昭23・3・30刑集2・3・273、最決昭36・11・21刑集15・10・1731）や、原因論的思考ないし相当説的思考を示す判例は少なくない。中断論的思考は、例えば、第三者の故意ないし過失による行為等によって因果の系列が断たれたかどうか（東京高判昭54・2・8刑月11・1＝2・28）、因果の連鎖を中断し、または更新させるような要因の介入があったかどうか（札幌高判昭49・2・12刑月6・2・113）の考察において問題とされ、しかも、相当因果関係の判断の枠組み内で用いられることもある（最決昭35・4・15刑集14・5・591＝桜木町列車事故事件および後掲米兵轢き逃げ事件決定）。**原因説的思考**は、とくに「**唯一の原因・直接の原因**」かどうかを問う判例にみられるといってよい。[23]さらに、下級審の判例において、相当因果関係説を採用したとみられうるもの、ないし、明示的に「**相当因果関係**」の文言を用いたものは多かったが、最高裁において相当因果関係の存在を否定したとみられるものがなかった。昭和42年に、いわゆる**米兵轢き逃げ事件決定**において、最高裁は、「同乗者が進行中の自動車の屋根の上から被害者をさかさまに引きずり降ろし、アスファルト舗装道路上に転落させるというがごときことは、経験上、普通、予想しえられるところではな」いとして、相当因果関係説を採用し、この事件につきその存在を否定した（最決昭42・10・24刑集21・8・1116＝百選**9**）。この判例は、学界の注目を引いた。しかし、その後は、むしろ、第2審が相当因果関係説を援用したのに対して、行為者の暴行と被害者の重篤な心臓疾患という特殊の事情とがあいまって致死の結果を生ぜしめたものと認められる以上、因果関係を認める余地があるとした判例（最判昭46・6・17刑集25・4・567＝百選**8**）、第1審・2審で相当因果関係を援用したにもかかわらず、これに言及しなかった判例（最決昭59・7・6刑集38・8・2793）が出され、判例が必ずしも相当因果関係説をとるものではないという見解も有力になっている。

これらの事情を総合すると、むしろ、判例は、条件説を限定するに際しては、その事例類型に応じて、中断論的、原因説的、ないし相当説的思考を多様に使っていたのである。**最近の判例**が、相当因果関係説の客観説に依っているとの見解もある（内藤295頁、曽根75頁）が、むしろ、判例は、一つの理論を採用しているのではなく、事案の積み重ねの中で、試行錯誤しているということができる。[24]

3　相当因果関係説の変容と問題点

(1)　広義の相当性・狭義の相当性

わが国の相当因果関係説は、1960年代後半から、規範の保護範囲の理論

---

[23] 東京高判昭31・5・24東高刑時報7・5・213、福岡高判昭31・10・3高刑集9・8・931、名古屋高判昭46・8・10刑月3・8・1058、最決昭49・7・5刑集28・5・194、大阪地判昭59・1・19判タ524・270等。

[24] 山中・刑雑37巻3号331頁参照。

の創始者のひとりである M. L. ミュラーにその萌芽がみられ、エンギッシュがそれを相当因果関係説に応用した「**行為の危険性**」と「**危険の実現**」という分析の影響を受け始めた。相当性の判断は、事前判断である **広義の相当性**（**行為の危険性**）と事後判断である **狭義の相当性**（**危険の実現**）に分析されえ、この二つの判断によって確定されるというのがその思想である。

(2) 一こま一こまの連続思考

当初、わが国では、事前の判断資料を前提とする折衷説が、行為後展開していく事情について必ずしも相当因果関係の公式通り、判断資料を画したうえで、それにもとづいて相当性の判断をするのではなく、判断資料の画定がそのまま相当性の判断となっているという批判がなされ、むしろ、判断の時期をずらして「一こま一こまの因果の流れの連続性」を問うという判断方法がとられるべきだとの主張がなされた（井上祐司・行為無価値 190 頁）。しかし、これに対しては、一こま一こまの事実上の連関を問うていくと条件説のように無限に連鎖するとの反論がなされた。

(3) 判断基底限定不要説

この点、1970 年代後半には、危険の実現の判断については、判断の資料は限定する必要がなく、事後に判明した事情をすべて考慮してよいとするのが、危険実現判断の意義であり、むしろ、事後に展開する事情について、判断資料を画することに意味があるのかどうか、すべての事情を資料としたうえで、なお、規範的観点から帰属を限定する点に帰属限定の意義があるとの見解も唱えられた[25]（山中・因果関係と帰属 230 頁以下）。これは、相当因果関係説

---

[25] これについても、曽根教授は、予見不可能であるとして判断基底から除かれる事情をないものとして、結果を抽象化し、その行為の寄与度を問うという方法によって判断できるとされる（司法研修所論集 50 周年記念特集号 3 巻 16 頁以下）。曽根教授の挙げられる、X に重傷を負わせられた被害者が自ら車を運転して病院へ向かったが、ダンプカーに衝突して死亡したという事例において、曽根教授は、交通事故は十分予見可能であるとされ、判断基底に乗せることができ相当因果関係が肯定されるといわれる（23 頁）。しかし、問題は、その逆の場合である。曽根教授の事例において、重傷者がそのような事情のもとで車を運転することがそもそも予見不可能であり（例えば、ダンプカーの運転手が引き止めたのを振り切って被害者が危険な運転を開始したとして）、判断基底に乗らないとしたならば、ダンプカーとの衝突に対する X の「行為の危険性」は高いが、運転という介在事情自体が予見不可能で考慮されない事情のはずである。この事例は、運転に起因するダンプカーとの衝突によってはじめて死亡したのであるから、「介在事情の寄与度」も大きい事案である。これにつき、一般論として、曽根教授は、介在事情が予見不可能である場合には、介在事情の寄与度の大小によって判断されるといわれる（9 頁以下）が、判断基底から除かれた介在事情の寄与度を問題にするのはなにゆえであろうか。曽根教授にあっても、「寄与度」の思考はもともと予見可能・不可能にかかわらず、考慮されるものとして構想されて

を客観的帰属論に解消しようとする立場にもとづくものである。

(4) 広義の相当性不要説

さらに、1980年代には、広義の相当性については、これを実行行為と同視する見解[26]、あるいは、これが事前判断である点を捉えて、相当因果関係説において重要なのは、「狭義の相当性」(危険の実現ないし因果経過の相当性)のみであるとの見解(堀内74頁、山口60頁、同・現代的展開〔I〕61頁)も唱えられるに至った。それは、刑法の目的を一般予防と解し、事前判断を行為無価値論の所産として排斥するという観点から唱えられている(町野164頁以下、山口問題探究27頁、林幹人・上智法学40巻4号21頁以下)。しかし、広義の相当性判断は、危険創出判断であり、「危険」実現判断にとっては、まず、実現すべき「危険」の創出があることが前提である。また、相当因果関係は、もともと事前判断を概念的中核とする確率判断であって、事後判断から成り立つ狭義の相当性の判断そのものとは相容れない。

(5) 判例における「危険」思考から危険現実化論への展開

昭和63年には、最高裁は、**柔道整復師事件決定**において、「被告人の行為は、それ自体が被害者の病状を悪化させ、ひいては死亡の結果をも引き起こしかねない危険性を有していた」ものであるとして因果関係を肯定した(最決昭63・5・11刑集42・5・807)が、ここでは、「行為の危険性」を考慮している点が注目された。

平成2年には、**資材置場事件決定**において、最高裁は、「犯人の暴行により被害者の死因となった傷害が形成された場合には、仮にその後第三者により加えられた暴行によって死期が早められたとしても、犯人の暴行と被害者の死亡との間の因果関係を肯定することができ」るものとした(最決平2・11・20刑集44・8・837=**百選10**)[27]。この決定につき、本件は、「相当因果関係説による説明が実務的でもなく、理論的に説得

いるのである(曽根・刑雑37巻3号92頁以下にも同様の説明がある)。

[26] 町野・犯罪論の展開211頁。しかし、この見解は、実行行為概念は、事前の相当性判断とは異なり、より具体的なものであるとの批判を受けて(山口・現代的展開〔I〕58頁以下)、撤回された(町野・犯罪論の展開229頁以下)。その後、この見解は、相当因果関係の折衷説から主張されている(大谷・中山古稀3巻91頁以下)。

[27] 西田108頁以下では、この事件につき、「結果の同一性」が重要であるとし、第三者によって引き起こされた30分早い死亡は、被告人によって引き起こされたはずの30分遅い死亡とは、異なるがゆえに、「被告人の行為と当該30分早い死亡との因果関係は否定されなければならない」という(西田108頁)。しかし、この見解は、条件関係に対する全くの誤解に基づくものである。条件関係論では、この事案で、被告人が三重県で被害者を殴打しなければ南港に運ぶ必要もなく、したがって、被告人の致命傷を与えるような殴打行為がなければ、第三者による角材での殴打もなかったはずであるといえる。したがって、被告人の行為と被害者の第三者による殺害とは因果関係があり、「断絶」したとはいえない。なお、この判例について評釈した山中・刑法判例百選I(第7版)22頁以下も参照。

的でもない典型的なケースである」との評論（山中・平成2年度重判解142頁）がなされた。すでに、最高裁の調査官においても、相当因果関係説は「実務における思考方法とマッチしない」面があるとの論評がなされていた。

平成4年には、最高裁は、**夜間潜水事件決定**において、被告人の行為は、「でき死させる結果を引き起こしかねない危険性を持つものであり」、「被害者に適切を欠く行動があったことは否定できないが、それは被告人の右行為から誘発されたもの」であるとして因果関係を肯定した[28]（最決平4・12・17刑集46・9・683＝百選12）。

さらに、下級審の判例（高知地判平25・2・27LEX/DB）では、「**危険現実化論**」を採用しつつ、結論的に「**相当因果関係**」の存在を肯定したものもある。その**事案**では、被告人が飲酒していたところ、被告人は、女性店員の代金請求に対する客Aの態度に腹を立て、いきなりその顔面付近をげんこつで立て続けに数回殴った結果、Aは転倒し、その右側頭部を床面に強打するなどして、頭部打撲による硬膜下出血等の傷害を負い、その後、1週間ほどして硬膜下出血により死亡した。本件犯行から、被害者が死亡するまでの間に、被害者が病院で医師の診察を受け、適切な治療を受けていれば、死亡結果を避けられた可能性はあるとされた。そこで、**弁護人**は、本件犯行と被害者の死亡結果との間に、通常考えられないような**異常な事情**が介在した結果、病院で診察を受ける機会を逃し、死亡するに至ったと主張した。**判決**では、「被害者にしても、……それが直ちに重篤な結果に繋がるとの危機感を持たず、適切な手段に出ないことがあったとしても、異常な事態とはいえない」などとして、結論的に、「被害者は、異常な事情が介在した結果ではなく、被告人の暴行によって生じた**死亡の危険が現実化した**結果、死亡したものといえるから、被告人の暴行と被害者の死亡結果との間には**相当因果関係**が認められる」とされた。

(6) 相当因果関係説の空洞化

たしかに、判例を検討すると、条件説をそのまま採用しているわけではなく、因果関係の中断論、原因説的思考、相当因果関係説などケースによってさまざまな理論を取り入れており、むしろ多元的な基準を用いているとみることができる。

学説においても、80年代後半に入って、実質上客観的帰属論の影響を受けつつ、**凌駕的因果関係**や**一般的生活危険**の概念を用いて、相当因果関係を新たな原因説に解消しようとする学説も登場するに至った[29]。この見解は、因果

---

[28] なお、本件に類似したスキューバダイビング中の事故ではあるが、海水の透明度も高く、潮流、風波等の海洋条件も良好であったという事案で、スキューバダイビングのガイドが、杜撰、無謀かつ危険なガイドを行って、初級ダイバーの動静注視を怠り、パニック状態に陥った両名に対して、適切な措置をとらずに溺死させた事案で、有罪としたもの（鹿児島地名瀬支判平19・9・13LEX/DB）がある。

[29] 林陽一「刑法における相当因果関係（1）～（4・完）」法学協会雑誌103巻7号1頁・103巻9号72頁以下・103巻11号22頁以下・104巻1号73頁以下、とくに104巻1号99頁以下参照。

関係論において条件の等価性を否定するものであり、原因説の一種ということができよう[30]。

また、相当因果関係説では説明しきれない問題を突きつけられるという「相当因果関係説の危機」を、客観的帰属論を取り入れた新たな相当因果関係説を唱えることによって解消しようとする試みもなされた（井田良『犯罪論の現在と目的的行為論』〔1995〕107頁以下、曽根「因果関係の展開」法教185号10頁、同『刑法における結果帰属の理論』14頁）。

さらに、**刑法総論の教科書**においても、狭義の相当性につき、①行為に存する結果発生の確率の大小（広義の相当性）、②介在事情の異常性の大小、③介在事情の結果への寄与の大小、の組み合わせの判断によって決定するという相当因果関係の形式から逸脱し、原因説的思考ないし客観的帰属論的思考を用いる学説が唱えられるに至った。あるいは、このような考え方は、実質的には客観的帰属論の一部であるといっても過言ではないであろう[31]。一般的にいうならば、相当因果関係説が、介在事情を類型化するという試みを展開したとき、そこにはすでに実質的な具体的基準を経験上の通常性以外の要素に求め、最後の辻褄合わせのために形式的に「相当」か否かの判断をそれに添えていたということもできよう。

近時、相当因果関係内部で、**一般的利用可能性説**、すなわち、「一般人がそれを利用して結果を招致するであろうような因果経過が相当因果関係である」とする見解（町野158頁、堀内73頁、山口・問題探究27頁）が展開され、介在事情の介入が一般的に利用可能かどうかを判断し、利用可能な場合には、結果に実現した危険は行為に由来するものとする帰属基準が提唱されている。しかし、この「一般的利用可能性」とは、「客観的支配可能性」と異なるものではない（川端165頁参照）。一般的利用可能性説は、抑止刑としての一般予防論を背景にもつ[32]。この理論は、それを突きつめれば、事前判断としての「危険創出連関」がある場合に、結果帰属を認めるのが、一般予防上も

---

[30] 林陽一「相当因果関係説の批判的検討」法教185号19頁以下・24頁。この説の論者は、これを自ら1.5段階構成と呼ぶ。
[31] この考え方からは、その教科書第4版で客観的帰属論が正面から支持されるに至った（前田・第4版177頁、第5版187頁）。
[32] 山口・現代的展開〔I〕60頁、同・問題探究26頁、林幹人・上智法学40巻4号21頁以下。批判として、曽根「相当因果関係の構造と判断方法」司法研修所論集99号（1997年）4頁、小林・因果関係と客観的帰属206頁。これを批判するものとして、辰井・因果関係論72頁以下。

っとも効果があるという結論に帰着する。しかし、結果帰属にとっては、制裁を科する前提として、結果発生の事後的帰属が肯定されることを条件とすべきであり、これを理論化するには、事前的抑止的な一般予防論は不適当である。

(7) 因果関係論への回帰現象

(a) 利用可能な法則性の理論 最近この「外界支配の可能性」ないし結果に対する支配可能性に着目し、**支配可能性を基礎づける法則性の判断**をもって因果関係とする見解（林陽一・刑法における因果関係の理論231頁以下）が唱えられている。このような「法則の利用可能性」を帰属の限定原理とするというのである。そして、因果関係要件の実体を「**行為と結果の間に、外界支配のために利用可能な法則性が存在するか**」によって外枠を画し、その判断は、二段階の判断から構成されるものとする（林陽一・前掲244頁・315頁以下）。すなわち、①合法則的条件関係が存在するかという判断（条件関係）と、②行為から結果にいたる具体的経過において、単独でも結果を発生させうる程度に危険な事情が介在し、かつ、その事情をもつ危険性に対して行為が影響を与えないものであるかという一般的危険の判断である（従来の相当因果関係）。この見解は、客観的帰属論のように規範的な判断を入れることを排除し、因果系列の独立性や因果的影響の有無によって、因果経過を事実的に判断しようとするものであり、その背後には「**法則の利用可能性**」の思想があり、相当因果関係説を再構成しようというものである。

しかし、このような方法論が妥当とは思われない。客観的帰属論がせっかく人の行動原理、社会システムなどを考慮に入れて、結果の行為への帰属のシステムを作り上げ、具体的帰属基準を展開しようとしているのに対して、この理論は、単純な事実上の因果的影響の有無に帰属基準を還元し、法規範の側からの個々の介在事情に対する評価の観点を排除している点で、相当因果関係の基準をさらに不透明な不明確なものにしているという印象を受ける。法則の利用可能性とは、客観的帰属論がいう目的可能性ないし支配可能性にほかならないが、それだけでは個別的・具体的帰属基準にはならない。

(b) 相当因果関係説＝合法則的条件の理論説 さらに、相当因果関係を合**法則的条件の理論**として再構成しようとする理論が唱えられている（小林・因果関係と客観的帰属197頁以下）。この見解によれば、合法則的条件関係とは、因果経過の全体を視野に入れた相当因果関係と何ら異なるところがないとい

うのである（同・前掲202頁）。ここで問題にすべきは、この説のいう「法則」とは何かである。合法則的条件の理論において要求されている「法則」とは、ナイフで他人の腹を突き刺したところ、病院が火事になってその被害者が焼死するという因果法則ではない。そのような法則的知識は、個々の法則的知識の集積によって判断される帰結にすぎない。したがって、ここでいう法則とは、**基本的な科学法則とそれを応用した経験則**をいう。この法則は、刑法において重要な当該行為と当該結果の間の個別的な因果法則を意味するものではない。その因果連鎖の個々の因子となるつながりの間のさまざまな基本的な法則である。また、合法則的条件の理論にもとづいて確認されるのは、あくまで**因果関係**であって、それが日常生活経験上通常かどうかといった基準による因果関係の限定原理をも含めたものではないのである。先に挙げた例では、ナイフによる突刺と焼死の間にはこの意味における法則的連関が存在する。相当因果関係ないし客観的帰属論は、それを前提にして、合目的的に帰属の範囲を限定する理論である。このような基本的な理解に依拠しない本説は、因果関係論と帰属論に混乱をもたらすのみである。

(8) 客観的帰属論への流れ

(a) 相当因果関係説の換骨奪胎論 相当因果関係論の中に客観的帰属論の思考方法を取り込むという見解に対しては、客観的帰属論の立場から、これらの試みはすでに相当因果関係の概念から大きく逸脱し、形式は相当因果関係説、実質的内容は客観的帰属論（曽根・法教185号10頁、同『刑法における結果帰属の理論』14頁）というのは、いずれの理論の固有の意義をも曖昧にするものであり、素直に客観的帰属論に移行すべきであると主張された（山中・客観的帰属の理論4頁以下、同・刑雑37巻3号71頁以下・76頁、なお、同・曽根・田口古稀参照）。これに対して、「規範的・価値論的色彩の濃い理論」（曽根79頁、川端169頁）であるとして、「相当因果関係説を放棄してこのような理論を用いる必要はない」とする見解（大塚178頁、なお、曽根88頁、内田・概要〔上〕386頁以下頁、西田106頁、浅田143頁）も根強いものがあるが、客観的帰属[33]

---

[33] 大谷204頁以下、前田・基礎302頁。曽根教授も、客観的帰属論によらなければ解決できない問題はないとされ、実行行為、相当因果関係、予見可能性、違法判断、量刑事情などの従来の概念用具での解決を主張される（曽根・西原古稀1巻65頁以下）。詳細な反論はここでは省略せざるをえないが、仮定的因果経過の問題を違法論の問題とすることは、死刑執行の事例が法益衡量の問題でないことが明らかなように、結果無価値論の思考ではない。また、義務違反と結果の関係の問題を「予見可能性」の問題とするのも、予見可能性概念の不明確性にかんがみれば、分析的

第 5 節　客観的帰属論　　§87　相当因果関係説◇　287

論に好意的な論文・教科書も散見されるようになってきた[34]（振津・基本講座 2 巻 121 頁、山口 60 頁、同・問題探究 30 頁）。

(b) 判例における危険現実化論の展開　最近の最高裁の判例において、その危険思考は、**危険現実化論**に結実し、下級審の判例にも影響し始めている。

上述の昭和 63 年の**柔道整復師事件決定**の調査官解説において、「被告人の**行為の危険性がそのまま現実化**した場合である」ことを理由に因果関係を肯定したものとされ、平成 2 年の**資材置場事件決定**において、「実務において従来の相当因果関係説が明示的に採用されるには至っていない」とする調査官解説（永井敏雄・最判解刑［昭和 63 年度］275 頁以下）が出て、さらに、平成 4 年の夜間潜水事件決定の調査官解説（井上弘道・最判解刑［平成 4 年度］234 頁以下）において、本決定は、「**危険の現実化**」に重点を置いた説示をしていると解説されて以降、最高裁の判例は、「危険の現実化」の判断により因果関係の有無を判断しているものとみることができるようになった。この危険現実化理論は、後に紹介する平成 15 年の**高速道路進入逃走事件**（最決平 15・7・16 刑集 57・7・950）、平成 16 年の**自動車道停車追突事件**（最決平 16・10・19 刑集 58・7・645）ならびに平成 18 年の**トランク監禁事件**（最決平 18・3・27 刑集 60・3・382）に関する最高裁決定で確立され、その後の三菱自動車横浜母子三人死傷事故に関する最高裁決定（最決平 24・2・8 刑集 66・4・200）のみならず、下級審（甲府地判平 16・9・30LEX/DB、大阪高判平 19・4・6 刑集 64・4・623＝明石歩道橋事故判決、横浜地判平 21・6・25 判タ 1308・312、奈良地判平 24・6・22LEX/DB＝山本病院事件）にも浸透していった。危険現実化論の前提となる「危険創出」についても、その判断構造につき考察を加える平成 22 年の最高裁判例（**航空管制官ニアミス事件**＝最決平 22・10・26 刑集 64・7・1019）が出るに至っている[35]。

客観的帰属論の観点から、判例を検討すると、判例は、あらゆる条件を平等に原因とする条件説でもなく、最終条件や優越的条件といった一つの基準で原因を確定しようとする原因説でもなく、また、日常生活経験上の通常性のみを基準とする相当因果関係説をとるのでもない。むしろ、包括的な基準

思考を排除する本質直感的なものというべきである。
[34] 特集「客観的帰属論の展望」現刑 4 号 4 頁以下に所収の論稿を参照せよ。
[35] これらの判例の展開については、山中・刑雑 37 巻 3 号 77 頁以下、最近の判例の動向につき、同「客観的帰属論の規範・判断構造」曽根・田口先生古稀祝賀論文集 113 頁以下参照。

のもと、類型に応じた多元的な下位基準を設けて判断していく、**客観的帰属論に類似した方法論**を採っているということができる。上述の最高裁の判例における**「危険現実化」論**には客観的帰属論の一部が採用されているということもできるであろう。

(c) 遡及禁止論 客観的帰属論を相当因果関係説とならんであるいは補完するものとして、いわば「第 3 の因果関係」として位置づける見解が有力に主張されている（山口〔初版〕63 頁）。共通する一般的帰属基準としてそこで展開されているのは、いわゆる「**遡及禁止論**」である。それは、構成要件的結果を認識して惹起する自由な行為の背後の行為については、構成要件的結果は正犯には帰属されないという考え方である（山口〔初版〕64 頁）。しかし、相当因果関係説から故意行為の介入の場合に因果関係が否定できないかというと、従来の相当因果関係説では第三者の故意行為の介入の場合をそれが否定される典型例とされてきたのであって、客観的帰属論を待つまでもなく、相当性を否定できるはずである。帰属基準としての**遡及禁止論が妥当かどうか**については、帰属論の展開において詳論するように、故意行為が介入するだけで、帰属がすべて否定されるのが妥当とも思われない。そこには、創出された危険と介入した危険の大小などの判断という観点も関与するのである。

この遡及禁止論は、「構成要件該当性を認めうる結果惹起」かどうかを問うところに本質があるが、それを「因果関係の要件において包括して扱」われた（山口〔初版〕64 頁）が、「理解されなかった」ため、説明ぶりを改め、明確にそれが「**正犯性の基準**」であることが正面に押し出された（山口「第 2 版へのはしがき」ⅱ頁）。かくして、遡及禁止論は、「構成要件的結果惹起の原因」の「支配」という上位概念に包摂される「正犯性」の判断基準として提唱されることになった（山口 68 頁）。「故意行為以前に遡って結果惹起の正犯責任を追及することができない」というのが、遡及禁止論の内容である。このように、遡及禁止論の本籍は、因果関係論から正犯論に移籍されたのである。しかし、正犯論における因果関係論の残滓を払拭できない。結果の行為への帰属と正犯性の問題は明確に区別すべきである。前者は既遂・未遂を区別する基準であり、後者は未遂を含む正犯の成否に関する基準だからである。例えば、A が殺意をもって X を殺害しようとナイフで突き刺したが、重傷を負った X が運び込まれた病院で医師 B によって故意により毒殺され

たとき、Aの正犯性には疑いがない。既遂・未遂、つまり帰属（因果関係）が問題である。正犯性が問題になるのは、Aが、Bが猟銃でXを射殺するだろうと知って、自己の所有する猟銃をBとXとが喧嘩している状況の下で、殺意をもってBの手元に置いた場合のAの行為である。前者の事例では、Aの実行行為性（事前判断による危険創出行為）は明らかである。これに対して、後者の事例では、Aの行為の正犯性には疑問がある。危険実現としての帰属の問題のほかに、正犯としての危険創出に疑問があるからである。このように、規範的障害のある他人の故意（過失）行為の介在のために危険創出が否定される場合に、正犯性（実行行為性）が否定されるのである（☞§154, 3（2）d）。本説の問題点は、正犯原理を「行為支配」ではなく帰属論と同様に「結果惹起の原因の支配」に求め、危険創出の問題の一部としての実行行為性の問題と危険実現としての結果の帰属の問題を混同した点にある。

以下の論点については、第2版ではその叙述は姿を消しているので、その見解を維持されているかどうかには疑問がないわけではないが、従前の本説の問題点を指摘しておく。まず、本説により、被害者の嘱託・承諾によって結果が惹起された場合、結果帰属は、その嘱託・承諾（同意）行為には遡及しないという原則が提唱された（山口［初版］64頁）。しかし、被害者の同意を帰属論で取り扱うことは疑問である。結果に対して同意がある場合には、法益侵害が否定され結果無価値が欠けるのであって、行為と結果の間の帰属連関ではない。その点で、結果について同意のない意識的な自己危殆化行為が帰属を否定するのとは区別されるのである。さらに、共謀共同正犯を肯定しながら、実行行為者の背後の共謀者の正犯としての責任を問いうるのかどうかも疑問である（宮川・阿部古稀101頁参照）。

（9）　客観的帰属論に対する批判と反論

客観的帰属論が市民権を得た現在の段階でも、**客観的帰属論に対する批判**の声もまた大きくなっている[35]（批判をまとめた論稿として、曽根「わが国の客観的帰属論」内田古稀23頁以下）。その批判を列挙すると、①客観的帰属論の挙げる規範的基準は多岐にわたりその内容は不明確なもので、構成要件該当性の判断基準としては不適切である（福田105頁、大塚232頁、大谷204頁以下、板倉118頁）。②規範の保護目的の理論についても目的・範囲が漠然としており類

---

[35] 帰属論に対する批判としては、曽根・宮澤古稀2巻173頁以下参照。それらへの反論としては、山中「わが国における客観的帰属論の展開」現刑4号9頁以下参照。

型的判断をなすには不適切である（林陽一・刑法における因果関係論206頁以下）。③客観的帰属論がその妥当領域を拡大する傾向がある（内田・概要〔上〕388頁）。④結果無価値論を採用すべきわが国では、規範違反説に基礎を置く客観的帰属論に対する抵抗感を払拭できない。⑤全体の枠組みとしても、個別の帰結としてもこれを採用する必要はない（林陽一・刑法における因果関係論206頁）。⑥危険創出連関は、実行行為論の問題であり、因果関係論には属さない。⑦客観的帰属論は、違法性の判断であるから、構成要件に持ち込むべきではない。⑧客観的帰属論は、実行行為と因果関係の判断を組み合わせたものであり、それを二つともに放棄し、客観的帰属論によって代替する必要はない（井田63頁）。

　しかし、批判者達が依拠する相当因果関係説が客観的帰属論よりも明確であるのだろうか。多岐にわたる問題をすべて「相当」かどうかという「明確な」基準で画一的に判断する方が具体的事案の多様性に即しえないために不安定な合理性のない結論を導くのではないのか。相当因果関係説も、現在、明確な結論を得るために類型化を推し進めようとしているのであるが、それはとりもなおさず不明確だからではないのか。また、客観的帰属論は規範主義的であると非難されるが、規範の解釈学を展開する刑法学が規範論を前提にせずに論じられるのだろうか。帰属基準の展開においても、経験的・事実的観点に加えて、「**規範的観点**」から帰属基準を類型化し根拠づけることは、重要な視座の転換である。相当因果関係説を死守する見解も、行為によって創出された危険の現実化の判断によって当該結果が行為者の行為の「仕業」といえるかという客観的「帰責」の観点が基本であることは認めつつ、その判断要素として「規範的観点」が入ることを峻拒する。そもそも、行為者の仕業かどうかの判断をなすにあたり、人間の心理的動機や価値決定あるいは社会の機構や制度の目的などが、社会における事象の因果的連鎖の大きな要因になっていることを考慮しないのは不合理であり、現代の刑法は、**自由で合理的に行動する人間をモデルとしている**のであって、その**刑法規範の基礎としている価値決定**から、一つの因果系列に関係する行為を行う様々な人間の負うべき客観的答責性の範囲を定めるのは理に適っている。簡潔に言うなら、**その行為者に帰属される結果は、他の行為者の自由な決断による行為の介在にその限界をもつ**というのが、その基本的価値決定である。このように、**帰属の指導理念**も、規範の寄って立つ価値決定とその解釈から演繹されるものであ

る。もとよりその際、因果経過に対する**事実的・経験的**な判断が、規範的価値決定の基礎にされる。このように**事実的・経験的視座と規範的視座**の両者から帰属基準を類型化することは、相当因果関係の本来的思想ではなく、帰属論独自のアプローチである。

総じて言えば、客観的帰属論の規範論は行為規範論のみではない。制裁規範論の側面も考慮しており、いわゆる結果無価値論の規範論より精密で分析的である。危険創出連関は、たしかにそれが具体的危険状態に達したとき、未遂となり、実行行為性にも関係する。「行為」の危険性の大きさは、「危険の実現」の判断においても重要な役割を果たす。構成要件論と違法論は乖離するものではないが、客観的帰属論は違法論そのものではない。結果という不法と危険な行為とをつなぐものであり、まさに構成要件論に属する。また、この意味で、客観的帰属論と実行行為論は相互に排他的なものではない。

最近では、かつて客観的帰属論に対して批判的立場を採った学説からも「相当因果関係の枠組みを離れて客観的帰属論として説明する方がわかりやすい」とするもの（前田187頁）も出ているのは、相当説の呪縛が薄れつつあることを示している。

§88　客観的帰属論の構造・機能・内容

1　客観的帰属論の構造と機能

(1)　客観的帰属論の3本柱

現代の客観的帰属論は、3本の柱から成り立つ。第1は、条件関係の意味における因果関係である。これを**条件的因果連関**と呼ぶことにしよう。これは、実体的な因果関係を問うものであり、帰属論の存在論的基礎であるということができる。

この柱に次いで、これを実体的な「危険」と「規範」の観点から限定する**二つの柱**が検討される。そこで、第2は、この因果関係の存在を前提として、行為の危険性の概念から発展した**危険創出連関**である。ここでは、行為

---
[36] これについても、詳しくは、前掲曽根・田口古稀論文集参照。

の時点から行為の結果発生の危険性を問題にし、その規範的評価をも考慮する。第3は、**危険実現連関**である。これは、事後に判明した事情をすべて考慮に入れたうえで、創出された危険が、**規範の保護目的**に含まれる結果に実現したかどうかを問うものである。この危険実現連関には、不作為犯ないし過失犯でとくに問題となる規範違反的な危険創出行為と結果との間の関係を問う**危険増加連関**という特殊領域と、従来、相当因果関係説が取り扱ってきた、当該結果が、創出された危険の経験上典型的で、規範観点から保護の射程とされた範囲に含まれるものかどうかを問う「狭義の危険実現連関」を含む。

(2) 客観的帰属論の方法および規範論的基礎

客観的帰属論とは、発生させられた結果が行為者の行為の**しわざ**かどうかを問う理論の総称にすぎない。その内容は、上で掲げたような**三つの判断**から成り立つ。このような判断のうち、因果関係限定論としての「危険創出連関」と「危険実現連関」とは、**危険**判断と**規範**的判断を構成要素とする。方法論的には、これは、事実的・存在論的判断と目的論的・規範的判断とを指針として具体的判断を行おうというものである。その際、とくに、指導的な上位基準のもとに具体的な事例の類型に応じて実質的な下位基準を定立し、事例類型とその判断基準とをシステム化しようとする。[37]

わが国では、客観的帰属論に対しては、それが**行為無価値論**を基礎とするものであると批判されることがある（前田・基礎295頁以下参照）が、不当である。ドイツにはそのような客観的帰属論も展開されているが、すべての客観的帰属論がそうではない。それは、相当因果関係説が行為無価値論者からも結果無価値論者からも唱えられているのと異ならない。むしろ、客観的帰属論は、ドイツでも行為無価値の行き過ぎを防止する結果無価値の観点から唱えられるのが通常である。

私見によれば、規範は、**犯罪の事前抑制の機能**とともに**犯罪の事後処理の機能**をももつ。刑法規範は、前者の機能との関連では、国民の行為を統制する機能をもつ。しかし、その行為規範が破られた場合には、法益に対する一定の危険ないし法益の侵害を前提として事後的にその違反行為にサンクションを加えることによって、その犯罪行為によって惹き起こされた法の動揺を鎮静化し、法秩序を回復するために事後処理することが必要となる。その要件を論じるのが、犯罪論であり、客観的帰属論はその要件の一つである。客観的帰属論が問題となる侵害犯

---

[37] 客観的帰属論の方法論、内容、類型化、帰属基準などの詳細については、山中・客観的帰属の理論を参照せよ。わが国の客観的帰属論をドイツにおいて紹介した論稿として、*Yamanaka,* Die Lehre von der objektiven Zurechnung in der japanischen Strafrechtswissenschaft, in : Loos/Jehle (Hrsg.), Bedeutung der Strafrechtsdogmatik in Geschichte und Gegenwart, 2007, S. 57 ff.

【客観的帰属論の体系】

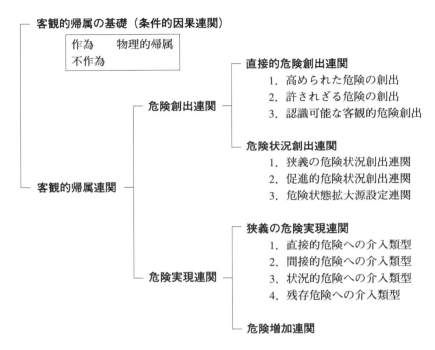

においては、危険創出連関のみでは、制裁の前提条件を充たさず、未遂処罰を根拠づけるにも、具体的危険の発生が必要であり、既遂処罰のためには危険実現連関が必要である。そのうち、危険創出連関は、国民の行動の自由を保障するために、結果に対する予見可能性のある行為のみを制裁の対象とするという意義をもつ。これに対して、危険実現連関は、結果に対する刑事責任を負わせることによって犯罪の事後処理をすることが国民に納得されうるように事実的・規範的にみて目的合理的な範囲内に制裁の対象範囲を限定する意味をもつ。

2 危険創出連関

危険創出連関とは、当該行為が構成要件結果に対して**許されざる危険**を創出したと**行為の時点**で判断されるような行為と結果の連関が存在することをいう。危険創出連関は、一般的な構成要件結果に対する事前的な**行為の危険性**を問うものであるといってもよい。これは、実行行為を意味するものでもなく、客観的帰属の判断に不要のものでもない。危険実現連関は、まさに「危険」の実現を問題とするものであり、その危険とは、「**創出された危険**」

の意味である。したがって、危険実現連関は、論理的に、危険創出を前提としているのである。

この危険創出連関は、基本的に、行為客体に対して第三者の行為を介在させずに直接に作用する① **直接的危険創出連関** の事例群と、行為者による行為は、それ自体としては、危険状況を創出したにすぎず、危険創出と判断されるためには、第三者ないし被害者の行為の介在をあらかじめ考慮に入れざるをえないという② **危険状況創出連関** の事例群とに分けることができる。前者の事例群は、「押す」、「殴る」、「蹴る」などの物理力が行為客体に直接加えられる場合が典型的である。後者の事例群は、危険な動物の檻（おり）の扉を開けておいたところ、他人が檻に近づいたとき、動物が檻を出てその人に嚙みついたという事例で、檻の扉を開ける行為は、「危険状況創出行為」である。なぜなら、後に他人が檻に近づくことを前提にしてはじめて「危険創出行為」であると評価することができるからである。

(1) 直接的危険創出連関

(a) 高められた危険の創出の要件 　雷雨の日に丘を通って買い物に行かせ、雷に打たせて殺そうとする事例、ないし、飛行機が墜落すると信じて、飛行機旅行に勧める事例がこの類型に属する。これらの事例では、それによって特殊な危険が高められておらず、社会相当な行為であるので、危険創出連関は否定される。[38]

(b) 許されざる危険の創出の要件 　危険の創出ではあっても、「許された危険」の創出である場合には、危険創出連関は否定される。前の事例群とは異なり、立法者が、危険性を認めたうえで、社会的有用性の観点から包括的に利益衡量した結果、あえて「許した」場合には、危険創出は否定される。道路交通のように他の法規によって行動準則が定められている場合、そのような行動準則を守っている場合には、「許された危険創出」である場合がありうる。

(c) 認識可能な客観的危険創出の要件 　行為それ自体の通常の危険性は低いが、行為時にすでに存在している認識不可能な事情の介在によってはじめて、結果発生の危険が創出されたと判断されうる場合には危険創出連関は否定される。事前の一般人の判断によって、このような「潜在的危険源」が認識不可能な場合には、その「認識不可能性」のゆえに、危険創出は否定さ

---

[38] この場合、潜在的実行行為でもなく、雷が落ちるに際して「具体的危険」が発生したとしても、未遂とはならない。

第 5 節　客観的帰属論　　§88　客観的帰属論の構造・機能・内容◇　295

れる。例えば、日常生活上許された、危険性の低い畑を耕すという行為をしていたところ、鍬が、地中に埋まっていた爆弾に当たり、爆発して、近くにいた他人を死亡させた場合がそうである。

　この「認識可能性」の判断は、事前の立場から事後予測としても行われる。すなわち、行為時に存在する事情でなくても、予見可能な経過を辿って事後に展開する事情についても危険創出判断の資料とすることができる。これはあくまで**事前の立場からの事後予測**である点で、事後に判明した事情をすべて考慮して事後判断として行われる危険実現判断とは構造上区別される。そのことをいわゆる**航空管制官ニアミス事件最高裁決定**（前掲最決平 22・10・26）によって説明しよう。

　航空管制官である被告人 A が同じく管制官である被告人 B 指導のもとで実地訓練にあたり、便名の言い間違いにより航空機に対して誤った指示を与えたため、飛行中の航空機同士を著しく接近させ、機長に急激な機体操作を余儀なくさせて乗客らに傷害を負わせたものである。**第 1 審東京地裁**は、業務上過失致傷罪で起訴された被告人両名を無罪としたが、**控訴審・上告審**では有罪とした。この事案をもう少し詳しく紹介しよう。[39]

　日本航空 907 便が、航行中、日本航空 958 便に急接近したため、両機がそのまま飛行を継続すれば、両機間の管制間隔が欠如してほぼ同高度で交差して接触、衝突するなどのおそれが生じたので、958 便に対して降下指示を直ちに行うことが最も適切な管制指示であったところ、管制官 A は、便名を 907 便と言い間違えて、上昇中の 907 便に対し降下するよう指示した。被告人 B も、A の便名の言い間違いに気付かなかった。907 便の機長であった C は、907 便を降下させるための操作を開始したところ、907 便に装備されていた TCAS が、上方向への回避措置の指示（上昇 RA）を発したにもかかわらず、958 便を視認しており、目視による回避操作が可能と考えたこと、907 便は既に降下の体勢に入っていたことなどを根拠に降下の操作を継続した。他方、958 便の機長は、TCAS が下方向への回避措置の指示（降下 RA）を発したので、その指示に従って降下の操作を行った。その結果、両機は、著しく接近し、C 機長は、両機の衝突を避けるために、急降下の操作をせざるを得なくなり、それによって 907 便に搭乗中の乗客らが跳ね上げられて落下し、57 名が負傷した。

　決定要旨は、以下の通りである。①「958 便を 907 便と便名を言い間違えた降下指示を出したことが航空管制官としての職務上の義務に違反する不適切な行為であったことは明らかである」。両機は「接触、衝突するなどの事態を引き起こす高度の危険性を有していた」のであって、「結果発生の危険性を有する行為と

---
[39] 本件につき、山中・前掲曽根＝田口古稀参照。

して過失行為に当たる」。②C「機長が上昇 RA に従わなかったことが異常な操作などとはいえず、むしろ同機長が降下操作を継続したのは、被告人 A から本件降下指示を受けたことに大きく影響されたものであったといえるから、同機長が上昇 RA に従うことなく 907 便の降下を継続したことが本件降下指示と本件ニアミスとの間の因果関係を否定する事情になるとは解されない。そうすると、本件ニアミスは、言い間違いによる本件降下指示の**危険性が現実化した**ものであり、同指示と本件ニアミスとの間には因果関係がある」。③「被告人両名は、異常接近警報により 907 便と 958 便が異常接近しつつある状況にあったことを認識していたのであるから、言い間違いによる本件降下指示の危険性も認識できたというべきである。また、上記……のとおりの TCAS に関する被告人両名の知識を前提にすれば、958 便に対して降下 RA が発出されることは被告人両名において十分予見可能で」ある。……「その結果、乗客らに負傷の結果が生じることも予見できた」。

さて、この最高裁決定は、本件**第1審**（東京地判平 18・3・20 判時 2008・151＝刑集 64・7・1192）が、「過失行為とされている被告人 A の 907 便に対する降下の指示が、907 便と 958 便の接触・衝突を招く危険性のある行為であったといえるかどうか、907 便の乗客らの負傷という結果を発生させる**実質的な危険性のある行為**であったといえるかどうかをまず検討する必要がある」として、「本件（で）……過失行為とされている被告人 A の 907 便に対する降下の指示は、その指示によっても 1000 フィートの垂直間隔が確保されるものと認められる以上、その段階では 907 便と 958 便の接触・衝突を招く危険性のある行為ということはできず、907 便の乗客らの負傷という結果を発生させる**実質的な危険性のある行為と認めることもできない**」として、「被告人 A の 907 便に対する降下の指示の実質的な危険性を判断するに当たり、前記…の RA の発出とそれに伴う両機の機長の措置というその後の事態の流れを考慮することは相当ではない」としたのに反論したものである。

この対立は、過失行為となるべき「危険創出」の判断の際に、事後に展開する事情である、RA の発出や両機長のその後の措置を判断の資料にしてよいかという問題をめぐるものである。第 1 審が、事後に展開する事情は考慮すべきではないから、「実質的な危険性のある行為」かどうかの判断では、事後の措置等を考慮すべきでなく、言い誤った下降指示のみを考慮すべきであるとし、それによれば、1000 フィートの垂直間隔が確保されているから、実質的に危険ではなかったとするのに対して、最高裁は、事後に介入した機

長の措置等は「異常な」ものではなく、言い間違い行為のときにその危険性は認識可能であったとするのである。

危険創出判断においても行為時の事後予測の際にその後の展開につき、それがまったく認識・予見不可能でない限り、**行為後に展開すべき事態をも考慮して判断すべき**であり、最高裁の見解が妥当である。第1審の見解では、行為時の物理的条件から単線的に展開するはずの因果経過のみを考慮することになり、現実社会では、一つの事象に様々な事象が介入するという幅をもった因果予測ができなくなり、危険創出判断の基準として実際的ではないというべきである。このようにして創出された危険は、乗客の負傷という結果に現実化したといえるのである。

(2) 危険状況創出連関

行為者が、事後に被害者ないし第三者の行為が介入するであろうと予測しうるような危険な状況を創出したにすぎない類型がこれに属する。この類型は、次の三つの事例群に分けることができる。

(a) 狭義の危険状況創出連関 危険源に対する事前的な管理責任が問題となる事例がこれに属する。ここでは、具体的な危険の発生以前の事前の行為が問題であり、したがって、不作為犯ではなく、作為犯が問題となる。他人の行為が介在する事例では、とくに過失行為によって創出された危険状況の中で、第三者が、結果を発生させるという事案が問題となる。例えば、過失で猟銃を店に立てかけておいたところ、客がそれに過失で躓いて、他の客が銃の暴発により死亡したというのがその例である[40]。この事例群においては、一般に管理義務が法的に規定されていたかどうかが、危険創出連関を肯定するに重要な意味をもつ。

近時、**最高裁**は、高速道路で乗用車を運転していたＡがトレーラーの運転手の運転態度に腹を立て、三車線の高速道路上の追い越し車線で夜明け前の暗い地点に停車させ、謝罪させようと暴力を振うなどして、立ち去った後、トレーラーの運転手がエンジンキーを探すなどして発車に手間取っている間に、他の車両がトレーラーに追突し、追突車両に乗っていた者4名が死亡、1名が重傷を負ったという事案（＝**高速道路停車追突事件**）におけるＡの過失行為と結果の「因果関係」が問題となった決定（最決平16・10・19刑集58・7・645）において、Ａの過失行為等が結果を誘発したもの

---

[40] 大判明43・1・18刑録16・17では、代用教員が小銃に実弾を込めて分教場の事務室の壁に掛けておいたところ、小学生が銃器を取り出して遊んでいて、突然、銃を発射し、他の生徒に命中し即死させたという事案につき、因果関係が認められた（山中・客観的帰属の理論675頁参照）。

として、「因果関係」を肯定した。薄暗い高速道路の車線上にトレーラーを停車させている間に、他の車両が追突するのは、高速道路上の停車の典型的な危険であり、追突の**危険を高める状況を創出する行為**である。この場合、他人の運転する車が追突してはじめて事故が発生するのであるから、行為者は、状況的危険を創出したのである（危険実現につき、☞後述§88, 3 (3)）。

(b) **促進的危険状況創出連関**　当該行為の介入によって結果発生に至るよう本質的に「促進」されることが明白であるような危険状況を創出する事例群がこれに属する。例えば、過失行為によって危険状況が創出され、それに故意行為が介入した場合に、その故意行為を過失行為が明白に「促進」したといえるかどうかが基準となる。例えば、金物屋で登山ナイフを買いにきた客の様子がどうもおかしいと思いつつ、それを販売したところ、購入者がそれによって強盗をはたらいたという場合でも、明白に結果発生に至ることをうかがわせる状況がないのであるから、危険状況促進連関は否定される。逆に、殺し屋が政治家を暗殺するためにその家に向かっているという情報を得ながら、過失で戸締りをしなかった政治家秘書は、明白に結果発生を促進するような危険状況を創出したといえる。

(c) **危険状態拡大源設定による危険の創出**　これは、結果発生の防止のための不良な安全装置をあらかじめ設置することによって、創出された危険状況が具体的危険（客観的危険状態）に達したときに、その危険状態がさらに拡大するようにしたような場合をいう。すでに具体的危険状態が生じたときに、結果の発生を防止するシステムが作動するはずのところを、不良なシステムを作り上げたことによって危険状態が拡大した点に、危険創出を認めるのである。この類型は、とくに管理監督過失の事例群で問題となる。

3　危険実現連関

危険実現連関は、創出された危険が、事後的に結果に実現したときにはじめて行為に結果が帰属されるというものである。これには、過失犯および不作為犯における義務違反と結果の関係に用いられる①**危険増加連関**と、通常の②**狭義の危険実現連関**との二つの類型がある。前者の類型については、それぞれの箇所で論じる（☞§101, 1・§82, 6 (3) (a)）。

---

[41] 判例評釈として、山中・平成16年度重判解153頁以下。
[42] 植田博教授は、結果惹起型と動機提供型、ないし単純・直接惹起型と複雑・介入惹起型に分けられ（植田「過失犯における因果関係について」中山古稀3巻136頁）、ここでいう促進的危険状況創出連関は、あえていえば、後者に対応するが、このような二分法のみでは不十分である。
[43] これについても、山中・客観的帰属の理論447頁以下。

第 5 節　客観的帰属論　　§88　客観的帰属論の構造・機能・内容◇　299

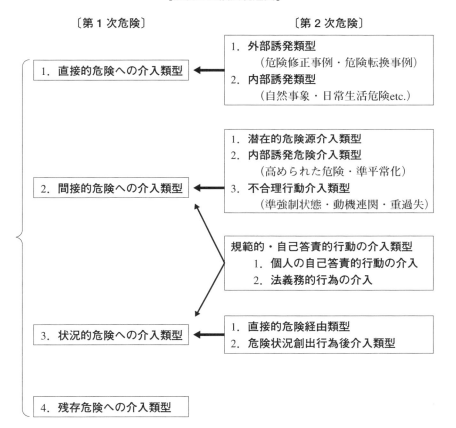

　危険実現連関は、基本的に、創出された危険（第 1 次的危険）の展開の段階（ないし危険の程度）と介在する第 2 次的危険が、第 1 次的危険に内部誘発されたか、外部誘発されたか、あるいは、物理的・自然的事象の介在であったか、人の行動の介在であったかなどによって判断される。

(1)　直接的危険への介入の類型
　創出された危険が、何らかの具体的結果に対して直接の大きな因果力をもち、そのまま因果が進行すれば結果の発生に至る段階をいう。介入する第 2 次的危険の主要部分が、第 1 次的危険によって誘発された場合を「**内部誘**

発」と呼び、それが、第1次的危険とは独立の動因を与えられたが、第1次的危険と遭遇した場合を「**外部的誘発**」と呼ぶとすれば、直接的危険段階への介入事例は、この基準によって**二つの類型**に区別されうる。

　(a)　外部誘発類型　　第1次的危険の因果力が極めて大きく、第2次的危険がそれによって「圧倒」されてしまうような事例（**危険修正事例**）では、第1次的危険は、第2次的危険によって若干修正されたにすぎない。第2次的危険の「具体的影響力」ないし「寄与度」は小さく、**新たな危険系列**が開始されているともいえないので、危険実現は肯定される。最高裁の**資材置場事件決定**（最決平2・11・20刑集44・8・837＝**百選10**）は、このような類型に属する。第1次的危険の経過が、外部誘発された第2次的危険の介入によって、「新たな具体的結果」へと向かう「危険の転換」がある事例（**危険転換事例**）においては、原則として危険実現連関は否定される。

　(b)　内部誘発類型　　この場合、介入する第2次的危険には、①自然事象、②日常的生活危険、③社会的制度的反応行動、④潜在的危険源の場合がありうる。**自然事象**が内部誘発される場合には「経験上の通常性」ないし「危険の支配可能性」が存在する場合が多く、通常、危険実現は肯定されるであろう。**日常的生活危険**が介入する場合には、創出された第1次的危険は、当該第2次的危険を内部誘発したとしても、それは、それとは独立に存在しうる被害者ないし他人の日常行動の中でも生じえた危険であるので、危険実現連関は否定される（**一般的生活危険基準**）。**社会的制度的反応行動**の介入事例は、社会的に予期しえ、社会の受忍限度内にある他人の行動が介入した場合をいうが、危険実現連関は肯定される。例えば、傷害行為と**脳死**との関係につき、医師が脳死段階で人工呼吸器を取り外した場合に、因果関係を肯定した大阪地裁（大阪地判平5・7・9判時1473・156）の事案は、これに属する。**潜在的危険源**が介入した類型については、その介在によって結果の発生が助長・促進されているのではないような場合、危険実現連関は肯定される。したがって、ビルの上から突き落とされた者が、たまたま爆薬を積んだトラックの上に落下し、それが爆発して死亡したとしても、危険実現は肯定される。

　(2)　間接的危険への介入類型

　間接的危険とは、危険創出行為の外形的・典型的危険（直接的危険）がその予定された「危険範囲」を越えて、いったん収束したが、なお結果惹起力をもち、さらに「危険の継続」する類型をいう。かくして、第2次的危険を

「内部誘発」する力をいまだもっている。これには、①物理的変転危険、②病状変転危険、③社会的反応行動危険、ないし、④人の不合理行動危険の介入の（動機誘発）事例がある。さらに、第 1 次的危険が「潜在的危険源」に遭遇する類型は、「行為事情内在危険源」（地中の不発弾の爆発）に遭遇した類型と「行為客体内在的危険源」（血友病の存在）に遭遇した類型とに分けることができる。

(a) 潜在的危険源介入類型　この場合、①第 1 次的危険の継続作用の程度、②介入の経験的通常性、③第 1 次的危険と第 2 次的危険の優越度、④行為者がその潜在的危険をとくに認識・利用したかどうか、などが危険実現判断の基準となる。行為客体内在危険源の事例には、脳梅毒、脆弱性骨質、心臓肥大などの存在する場合がある。

(b) 内部誘発危険介入類型　①物理的変転危険の介入する事例は、第 1 次的危険の創出によって、第 2 次的危険の介入に対して時間的・場所的に切迫した **高められた危険** を作りだしたかどうか、その状況が「継続」したかどうか、または、**危険状況が準平常化** したかどうかによって、危険実現の有無が判断される。これには、交通事故の被害者が、第 2 の車によって轢過されたような事例が属する。②病状変転危険の介入する事例とは、被害者の病状が連鎖的に変転する事例群である。内部誘発危険であるか、病理学的・経験的相当性があるかが危険実現連関の判断基準である。その病状の変転が、過失とはいえない医師の手術などによる **付加的危険** であるかどうかも判断に影響を及ぼす。最近の下級審の判例の事案には、X が、被害者 A の腹部を足で踏みつけるなどの暴行を加えて、外傷性小腸穿孔等の傷害を負わせ、A は搬送された病院において 53 時間余り後にその傷害に基因する汎発性腹膜炎で死亡したが、その治療にあたった医師が、A の腹腔内に液体貯留のあることを認識していたのに、適切な処置をとらなかったという事案について、「被告人に暴行によって生じた傷害自体が A の死亡という結果を惹起する程度の危険性を具有していたものであることも明らかであるから、B 医師の措置に適切さを欠く点がみられ、A 自身の医師に対する態度にも非協力的な点があり、それらもまた A の死亡という結果の発生を促進し、あるいはその一因をなす点があったとしても、被告人の暴行による傷害と A の死亡との間には刑法上の因果関係のあることが肯認されるといわなければならない」としたもの（大阪地判平 8・10・11 判タ 979・248）がある。医師の不適切な

「不作為」が介在したとしても、死亡原因となった腹膜炎は、内部誘発危険にすぎないということができるであろう。③社会的・制度的反応行動は、社会的に予期しうる人の有意的行動が介入する事例である。そこでは、第2次的危険が「許された危険」かどうか、第1次的危険が準平常化されたかどうか、非典型的な危険が併発・競合したかどうかなどが危険実現連関の判断基準となる。

被害者の不合理な自己危殆行為が介在しても、内部誘発類型においては、帰属は肯定される。**最高裁**は、次の事案（＝患者の治療妨害事件）につき因果関係の存在を肯定した（最決平 16・2・17 刑集 58・2・169）。

 被告人は、数名と共謀のうえ、被害者に対し、その頭部をビール瓶で殴打したりするなどの暴行を加えたうえ、共犯者の1名が底の割れたビール瓶で被害者の後頸部等を突き刺すなどし、左後頸部血管損傷等の傷害を負わせた。それは、多量の出血をきたすものであった。被害者は、病院で緊急手術を受け、術後、いったんは容体が安定し、加療期間の見通しは約3週間とされた。しかし、その日のうちに、被害者の容体が急変し、転院したが、事件の5日後に頭部循環障害による脳機能障害により死亡した。ただし、被害者は、容体急変の直前、無断退院しようとして、体から**治療用の管を抜く**などして暴れ、**それが原因で容体が悪化したという事情**があった。この点、最高裁は、被害者が医師の指示に従わず安静に努めなかったことが治療の効果を減殺した可能性があることは否定できないとした。

この事案につき、最高裁は、被告人らの暴行のよる傷害は、「**それ自体死亡の結果をもたらし得る身体の損傷**」であって、仮に被害者の死亡の結果発生までの間に、上記のように被害者が医師の指示に従わず安静に努めなかったために治療の効果が上がらなかったという事情が介在していたとしても、被告人らの暴行による傷害と被害者の死亡との間には因果関係があるというべき」であると判断した。なお、本件控訴審では、介在事情を「**通常予想し得る事態**」としたが、最高裁は、この概念を使っていない点に注目すべきである。本件でも、行為の事前の危険性を肯定し、被害者の不合理な自己危殆化行為が介在しても、「因果関係」があるとされたが、控訴審の相当因果関係を思わせる表現は最高裁決定では避けられている。本事案における介在事情は、傷害から内部誘発されたものであり、**被害者の自己危殆行為**は、規範的に帰属を中断するものではないとされたのである。

 (c) **不合理行動介入類型** 創出された危険の後、被害者ないし第三者が、驚愕・狼狽し、あるいは、過失によって不合理な行動をとった場合の危

第5節 客観的帰属論 §88 客観的帰属論の構造・機能・内容◇ 303

険実現の有無が、ここで問題となる。例えば、追跡されて逃走したり、単純に逃走したときに、躓いたり、高いところから飛び下りたり、あるいは池に飛び込んだりして、負傷・死亡したといった場合がこれにあたる（最決昭35・2・11裁判集刑132・201、最決昭59・7・6刑集38・8・2793、京都地判昭51・5・21判時823・110など）。この場合、物理的・心理的に**準強制状態**にあったことが帰属に重要な意味をもつ。逃走の**動機連関**や逃走路が唯一のものであったかどうかなども重要な要素である。被害者が準自発的に行動し、または軽微な過失行為といえるものであったとき、それだけでは、危険実現連関を否定するものではないが、別の帰属基準と競合する場合には、否定される場合があろう。第三者の軽微な過失行為が介入する場合には、危険実現が否定されないが、「**重大な過失**」が介在した場合には、第1次的危険が第2次的危険によって「圧倒」されたかどうかなどの基準が用いられるべきである。

近時の**最高裁判例**（最決平15・7・16刑集57・7・950＝**百選13**）には次のような事案（＝前掲**高速道路進入逃走事件**）がある。

Aら4名の者が、他の二人と共謀のうえ、深夜、Xに対して公園やマンションの居室で長時間にわたって繰り返し暴行を加えたところ、Xは、すきをみて靴下履きのまま逃走したが、Aらに対し極度の恐怖感を抱き、逃走を開始してから約10分後、**追跡**から逃れるためにマンションから約800メートルほど離れた高速道路に進入し、疾走してきた自動車に衝突され、後続する自動車に轢過されて死亡した。

この事案に対し最高裁は、「被害者が逃走しようとして高速道路に進入したことは、それ自体極めて危険な行為であるというほかないが、被害者は、被告人らから長時間激しくかつ執ような暴行を受け、被告人らに対し極度の恐怖感を抱き、必死に逃走を図る過程で、とっさにそのような行動を選択したものと認められ、その行動が、被告人らの暴行から逃れる方法として、**著しく不自然、不相当であったとはいえない**。そうすると、被害者が高速道路に進入して死亡したのは、被告人らの暴行に起因するものと評価することができるから、被告人らの暴行と被害者の死亡との間の因果関係を肯定した原判決は、正当として是認することができる」とした。[44]

第1審（長野地松本支判平14・4・10刑集57・7・973）は、高速道路に進入するかどうかにつき被害者に選択の余地はあり、「通常の予想の範囲外といえる行動

---

[44] 山中「最近の刑法総論における判例の動向」刑ジ創刊号32頁以下参照。

であ」るから、「**暴行の危険性が形をかえて現実化したものであるとは到底いえ**」ないとして本件因果関係を否定した。これに対して、原審は、「このような選択が被害者の現に置かれた状況からみて、やむにやまれないものとして通常人の目からも異常なものと評することはできず、したがって、被告人らにとってみても予見可能なものと認めるのが相当である」と判示した（東京高判平14・11・14東高刑時報53・1＝12・102）。

このように、1審、2審が、「**通常の予想の範囲**」かどうか、あるいは「**異常なもの**」「**予見可能なもの**」といった相当因果関係を思わせる表現を用いているのに対して、最高裁は、高速道路への進入行為は、「著しく不自然、不相当」であったとはいえないとしているが、相当因果関係を否定したものではない。客観的帰属論の観点からは、被害者は、Aらの暴行が継続されることにつき、「極度の恐怖感を抱いていた」のであり、Aらの「追跡を逃れる最も安全な方法として本件高速道路への立入りを即座に選択した」のであって、**自己を意識的に危険にさらす行為**であったとしても、追跡を受けている被害者の行動としては、暴行行為に誘発され、客観的にみれば**心理的に準強制された不合理な行動**であるとともに、被害者の動機連関としては**合理的な行動でもある**。暴行行為は、危険状況を創出する行為であるが、その暴行による傷害等が展開したのではなく、逃走中に自動車に撥ねられ、轢過されるという**外部的に誘発された介在事情**を通じて死亡結果に危険が実現したのである。

下級審の判例には、仮交番を焼損しようとして、ガソリンの入ったポリタンクを交番の方に向けて倒し、流出させてライターで点火したところ、警察官や付近の人々の消火活動で炎が下火になったが、依然として煙が上がっていたところ、消火活動にあたろうとしていた消防士が、意識的にか過失によってか、ポリタンクを蹴飛ばした直後、炎がふたたび高く上がり、交番が焼損したという事案がある。これにつき、判例は、「被告人は交番焼損の結果が発生するに足りる状態を**自ら作出**したもののみならず、本件においては、消防士の前記行為は、消火活動の過程において行われたもので、もとより火災を拡大させようと意図したものではなく、たとえ消防士に過失があったとしても、本件のような消火活動の不手際によって迅速な消火がなされず、場合によっては一時的に火災が拡大するようなことも**通常予測しえられる**ところであるから、被告人の行為と本件床板等の焼損の結果との間の因果関係を肯定することができる」と判示した（大阪高判平9・10・16判時1634・152）。この場合、間接的危険がいまだ継続しており、準平常化したものではない。消防士の消火活動による過失行為が介在していても、帰属は肯定される。

さらに、判例には、被告人が、当時同棲していた被害者に対しその頭部を玄関ドアに打ち付けるなどの暴行を加えたところ、直接受けた頭皮下及び左

頬部の皮下出血は加療約1週間程度のものに過ぎなかったが、恐怖の余り逃げ出した被害者が、**疾走中に急性循環不全に陥り、死亡**したという事案がある。仙台地裁（仙台地判平20・6・3LEX/DB）は、この事案に次のように述べて**法的因果関係**を肯定した。

　本件暴行は、「執拗で相当に強度の危険なもの」であり、「相当強度の暴行を立て続けに加えられた被害者が、恐怖心から必死に逃走するのは当然のことであり、その逃走行為が被害者が有していた冠状動脈異常に作用して死因となった急性循環不全を引き起こしたもの」であるとし、「世の中には、心臓等の持病を抱えて脆弱な体質ながら通常の社会生活を送っている者が少なからず存在して」いるとして、「被告人が被害者の冠状動脈異常を認識していたか否かに拘わらず、本件暴行により恐怖を覚えた被害者が逃走し、それが被害者の冠状動脈異常に作用して急性循環不全を誘発したのであるから、本件暴行と被害者の死亡との間には因果関係がある」とする。**弁護人**からの被告人は被害者死亡の結果を予見し得なかったとの主張についても、被害者の脆弱な体質とあいまって生死に関わるような重篤な症状を招来することが予見できなかったとはいえないとして、「法的因果関係」は否定されないとする。**本判決**は、相当に強度の危険な暴行から、被害者が恐怖心を抱き、必死に逃走した結果、冠状動脈異常に作用し、急性循環不全によって死亡した場合に、判例は、急性循環異常がそれらの行為と経過から**誘発**されたものであり、被害者の脆弱な体質に関する**予見可能性を肯定する**こともできるとしたが、たとえできなくても、法的因果関係を肯定できるものとした。

　本判決は、「法的因果関係」の概念を用いており、介在事情ないし結果の予見可能性にかかわらず、危険な行為からの「誘発」がある限り、因果関係は肯定されるものとする。冠状動脈異常が、行為時に存在する事情であるとすると、客観的相当因果関係説によれば、判断資料となるが、本事案では、事後の事情である「逃走」も介在しており、本判決が、事後に展開する事情についても予見可能性を不要としたのかは分からない。

　客観的帰属論からみると、本事案は、被害者が一般の生活者として存在しないとはいえないような、心臓病を患った人であったという事情、激しい暴行から半強制的に逃走せざるを得ないという事情とが介在した事例であり、相当に危険な暴行が、誘発した結果に実現している。

(3)　状況的危険への介入類型

　状況的危険とは、創出された第1次的危険がそれ自体で結果発生に至る因果力をもたないが、原則として別の因果系列から外部誘発される事象であり、しかし、動機連関の点ではある程度、第1次的危険によって内部誘発さ

れた他人の行動が介入することによって、結果発生に至る危険をいう。ここでは、第1次的危険の促進的な危険状況が存在したかどうかが帰属にとって重要である。

この類型は、第1次的危険が「直接的危険」の段階を経たものか（**直接的危険経由類型**）、それとも、危険状況を創出した（危険状況創出行為）後に、他人の行動が介在したものか（**危険状況創出行為後介入類型**）により、**二つの類型**に分けることができる。

(a) 直接的危険経由類型　この類型では、被害者の不合理な行動が介入した事案、および第三者の不合理な行動の介入した事案が重要である。ここでも、「高められた状況的危険」が創出されていたかどうかが基準となるが、間接的危険段階における介入よりは、介入者の行為と第1次的危険との客観的・心理的な内部的連関の度合いが強いことが要求されるであろう。例えば、被害者が宗教上の理由でいわゆる神水を傷口に塗ったため丹毒症を起こしたという**御神水事件**（大判大12・7・14刑集2・658）においては、大審院の判決に反してその行動の不合理性の大きさから危険実現は否定されるであろう。

(b) 危険状況創出行為後介入類型　この類型では、猟銃を立てかけておいたところ、子供がそれを暴発させ第三者を死亡させた場合（大判明43・1・18刑録16・17）、また、酒の代用に、燃料用アルコールを販売したところ、飲用した者がアルコール中毒のために死亡した事案（最判昭23・3・30刑集2・3・273）などにおいて、高められた促進的状況の危険が創出されており、危険実現連関は肯定されるであろう。この類型には、第1次的危険創出行為（危険状況創出行為）が行われた場合に、それをチェックして結果発生に至らないように、人的装置のシステムが設置されているにもかかわらず、そのチェック機能が作動せずに結果発生に至る事例群も属する。

> 例えば、信号保安係が、標識板と上下線の方向を一致させないで作業を終了した後、転轍手がそれを放置し、駅長代行が代用手信号によって列車を発車させたため、機関車が脱線したという事案においては、後二者の過失行為は、信号保安係の創出した危険に誘発されたものであり、「全く予見せられない異常稀有なもの」ではない（最決昭32・1・24刑集11・1・230）。とくに駅長代行の「結果防止機能」は信頼されてよいのであるから、危険実現は肯定される。

さらに、最高裁のいわゆる**夜間潜水事件**（最決平4・12・17刑集46・9・683＝百選13）については、第1次的危険に内部誘発された講習受講生らの不合理な

行動は、新たな危険を創出したのではなく、危険連関は中断されないという結論は妥当であると思われる。[45]

　先に掲げた最高裁決定の事案、すなわち、高速道路上にトレーラーを停車させた行為により、それに追突して被害者が死亡した事例（＝**高速道路停車追突事件**、前掲最決平16・10・19）もこの類型に属する。

　　最高裁は、本件過失行為自体の危険性を肯定した後、「本件事故は、被告人の上記過失行為の後、Xが、自らエンジンキーをズボンのポケットに入れたことを失念し周囲を捜すなどして、被告人車が本件現場を走り去ってから7、8分後まで、危険な本件現場に自車を停止させ続けたことなど、少なからぬ他人の行動等が介在して発生したものであるが、それらは被告人の上記過失行為及びこれと密接に関連してされた一連の暴行等に**誘発**されたものであったといえる。そうすると、被告人の過失行為と被害者らの死傷との間には因果関係があるというべきである」とした。本件第2審（東京高判平15・5・26刑集58・7・670）が、「**予見可能性**」を問い、「予測可能の範囲内」で本件事故が発生したと認定しているのに対して、最高裁がこれを問題にせず、「誘発」基準によっていることは、最高裁が、予見可能性基準を避けているとみることもできる。また、第2審では、「車を停止させたことによって生じた**事故発生の危険性が現実化した**と評価することができる」としていることは、まさに、客観的帰属論にいう危険実現思想によっていることを示している。

　最近の最高裁決定において、状況的危険に第三者の甚だしい過失行為が介在する事案につき、「因果関係」を肯定したものがある（＝**トランク監禁事件**）。

　　事案は、被告人が、他の2名と共謀のうえ、被害者を普通乗用車後部のトランクに監禁して、深夜にテールランプをつけて路上に停車していたところ、見通しのよい道路で、後方から走行してきた乗用車の運転者が、同車のほぼ真後ろから時速約60ｋｍでその後部に追突し、これによって、トランク内に押し込まれていた被害者が、傷害を負って、間もなく同傷害により死亡したというものである。最高裁は、「被害者の死亡原因が直接的には追突事故を起こした第三者の甚だしい過失行為にあるとしても、道路上で停車中の普通乗用自動車後部のトランク内に被害者を監禁した本件監禁行為と被害者の死亡との間の因果関係を肯定することができる」として、監禁致死罪を肯定した（最決平18・3・27刑集60・3・382＝**百選11**）。

　　本件第1審（大阪地判平16・12・24刑集60・3・394）では、第三者の前方不注意という過失によって追突し、トランク内に押し込まれていた人間が死亡することは、「**経験則上、十分に予測し得るところである**」とする。その判断に際して、被害者を

---

[45] 下級審の判例には、これに類似する事案のものがある。すなわち、ここでは、ファンダイビング中にダイビング客が圧縮空気タンク内の空気を使い果たしてパニック状態に陥ったことによる死亡事故に対するガイドダイバーの監督過失が問題となった（那覇地判平18・3・28LEX/DB）。本件では、注意義務が争点となったが、因果関係については、注意義務を果たしておれば、結果の発生がなかったという「相当程度の蓋然性」を認めるのみである。

自動車のトランク内に入れたことは、「車内に乗る場合に比べてはるかに危険性が高い」ので、「被害者を自動車のトランク内に監禁した上で道路を走行したこと自体、**非常に危険な行為であった**」とする。**第2審**（大阪高判平17・9・13刑集60・3・401）でも、事故の態様は、「**なんら特異な事態ではない**」とするが、どのような形態で乗車する場合でも、つまり、トランク内にいる場合でも異なるところはないとする。いずれにせよ、本件では、創出された危険状況が非常に高度であったことにより、危険実現判断において、第三者の過失を誘発する具体的な危険状況が考慮されたものである。

ここには、さらに、いわゆる**ヴェーバーの概括的故意の事例**（☞§95, 6）、例えば、殺害の意図で麻縄で首を絞めたが、死亡したものと誤信し、海岸に放置したところ、砂末を吸引して死亡したという事例（大判大12・4・30刑集2・378＝**百選15**）のような、第1次危険たる故意行為に、**行為者自身の過失行為が介入する事例**も属する。原則的には、過失行為の介入があっても、第1次的危険が促進的状況的危険を創出しており、**動機連関**も認められるかぎり、危険実現連関は肯定されうる。

(4) 規範的・自己答責的行動介入類型

間接的危険段階であっても、状況的危険段階であっても、人が、被害法益に対する影響を明白に意識しつつ、自発的・自己答責的に創出された第1次的危険に介入し、または、法秩序の命じるところに従ってそれに介入し、それによってその人ないし他者が被害を受ける事例がここで取り扱われる。前者の場合、このような自己答責的な危険行為をなした者は、そこから生じる危険については、その者の**答責性の範囲**に属し、第1次的危険の創出者の答責性の範囲をすでに脱していると規範的に評価すべきである（**個人の自己答責性原理**）。また、後者の事例群においては、法秩序は、自らが命じた行為については、自らの答責性の範囲内とすべきであって、危険創出者に転嫁することはできない（**法秩序の自己答責性原理**）。刑法は、自己の責任において行動する者には、その効果についても自ら責任を負うべきであるという考え方を基礎としていることは、法益放棄に関する同意論（自己決定権）においてもすでに現れている。ここでは、危険実現の判断において**規範の保護目的**、法秩序の依って立つ**基本的な法思想**および**刑事政策的な観点**が重要な意味をもつことが示されている。

(a) 個人の自己答責的行動の介入類型　これには、被害者が**意識的に自己侵害行為**を行った場合、例えば、**エホバの証人**の信仰者が、傷害を負わされたが、それが死に至ることを意識しつつ輸血を拒否して死亡した場合（最判

平12・2・29民集54・2・582参照)、**第三者の故意行為**が介入した事例、例えば、**米兵轢き逃げ事件**(最決昭42・10・24刑集21・8・1116)において、助手席の同乗者が、故意で、屋根の上の被害者を引きずり降ろし、アスファルト舗装道路に転落させ、脳クモ膜下出血で死亡させたという場合、行為者(運転者)の創出した危険は、意識的な自己侵害行為ないし第三者の故意行為によって「中断」され、危険実現連関は否定される。

他人の「自己危殆化行為」、例えば、自己答責的救助行為が介在したためにその他人が死亡したという事案では、結果は、その他人の自己答責性の範囲内に属する。例えば、放火された建物に弟が取り残されているので救出しようとした兄が死亡したという場合、放火犯人の危険創出行為は、兄の死亡の結果に対して危険実現連関に立たない。ただし、ドイツの判例は、上のような事案につき、放火者が、弟に対する著しい危険を根拠づけ、それによって救助に向かおうとする明白な動機が創出され、その救助行為が明白に不合理でない場合には、結果帰属が肯定されるものとする (BGHSt 39, 322)。明らかに、被害者の主導で惹起された危険状態から結果が発生した場合、危険創出に関する同意があり、被害者の自己答責性によって行為者の創出した危険の実現が否定されることがある。[46]

そのほか、行為者の過失先行行為の後、**行為者本人の故意行為が介在する類型**もある。**最高裁の判例**には、被告人Xは、被害者Aとともに熊を撃ちに山林に入ったが、薄暗い山小屋の中で物音がするのを聞き、中に熊が潜んでいるものと思って黒い影に向かって猟銃を発射したところ、その影は実はAであり、重傷をおわせたが、その傷を見て早く楽にしてやろうと思い、殺害の故意で猟銃を発射してAを死亡させたという事案で、先の過失行為については、結果に対する因果関係を否定したものがある(最決昭53・3・22刑集32・2・381=**百選14**)。しかし、この類型にあっては、先行の過失による危険は状況的危険であるが、第2の故意行為の介入には行為者本人の「**動機連関**」が認められ、危険実現連関は肯定される。

(b) **法義務的行為の介入類型** 救助が法規によって義務づけられている救急隊の隊員が、法の命じるところに従って、自己危殆化を意識しつつ救助行為を行い、死亡したといった場合、法秩序は、危険創出行為者の行為に、

---

[46] 後述の過失犯論における帰属論で論じたダートトライアル事件判決のような事案を参照せよ (☞ §101, 2 (2))。

その結果を帰属させることはできない。これは、法秩序の自己答責性の原理にもとづく結論である。例えば、自殺目的で部屋の中にガスを充満させたが、法的義務に従って救出に来た**警察官の重大な不注意**で、不用意に蛍光灯のひもを引っぱったため、ガスが爆発し、第三者が負傷したという事案（名古屋地判昭 56・6・30 刑月 13・6 = 7・467）においては、このような根拠から危険実現連関は否定されるべきである。

　(5)　残存危険への介入類型　危険創出行為による危険は、ほぼ正常化したが、身体に対する継続的な侵害などが与えられたため、かすかに危険が残存しているような場合、その傷害行為から何年も後に生じた**後発損害**の結果は、第 1 次的危険が実現したものということはできない。例えば、傷害の被害者として足を切断した者が、その後、20 年経ってから山道でバランスを崩して谷底に転落して死亡したといった場合には、そのゆえをもって傷害致死の責任を問うことはできない。ドイツの学説においては、過失で**エイズ**を感染させたが、何年も後に発病し、死亡したという場合も、これに含まれるとされている。ここでは、**刑事裁判の迅速な終結**という刑事政策的な観点も考慮されている。

第6節　故意構成要件

> 【文献】伊東研祐「故意の内実と結果の帰属範囲についての一考察」平野古稀〔上〕171頁、同「故意の内実について―再論―」松尾古稀〔上〕257頁、内田文昭「概括的故意」基本講座2巻189頁、大塚仁「故意の体系的地位」香川古稀17頁、小野寺一浩「意識の明瞭性の欠落と未必の故意」内田古稀225頁、川端＝曽根「故意の犯罪論体系上の地位」現代刑法論争〔Ⅰ〕53頁、齋野彦弥『故意概念の再構成』（1995）、同「徹底して具体化された故意の概念と故意の認定について」松尾古稀〔上〕277頁、佐伯和也「「択一的故意」について」関法53巻4=5号308頁、佐久間修「錯誤論における結果帰属の理論」福田＝大塚古稀〔上〕145頁、塩見淳「条件つき故意について」刑雑30巻1号42頁、髙山佳奈子『故意と違法性の意識』（1999）、中義勝「未必の故意と認識ある過失」関法42巻3=4号1頁、長井長信『故意概念と錯誤論』（1998）、西村秀二「いわゆる『条件付故意』について―未完成犯罪を中心にして―」上智法学30巻1号251頁、福田平「故意の体系的地位について」東海法学9号139頁、同「事実的意味の認識」香川古稀1頁、前田雅英「故意の認識対象と違法性の意識」刑雑34巻3号42頁、増田豊「択一的故意と重量的故意をめぐる刑法解釈学的諸論点」齊藤古稀145頁、町野朔「意味の認識について（上）（下）」警研61巻11号3頁・12号3頁、宮川基「条件付故意について（1）（2）」法学63巻3号35頁・4号394頁

§89　故意構成要件の意義

　故意構成要件とは、すでに述べた（☞§67, 3）主観的構成要件の一種であり、客観的構成要件に対応して、過失犯を除いて原則的にあらゆる犯罪に要求される **一般的な主観的要件** である[1]。それは、客観的構成要件の要素のみを反映するのではなく、違法性を根拠づける要素をも反映するものである。したがって、ここで故意構成要件の問題に属するのは、従来の意味の構成要件的故意の問題と違法阻却事由の事実的前提に関する認識の問題（不法故意）である。後者の要素に対応する問題点の具体的な解説は、正当化事由の錯誤に関する節（☞§108）で行う。違法性の意識（の可能性）は、故意構成要件に

---

[1] 故意構成要件の構想については、山中敬一「構成要件概念の新構想」法教166号14頁以下参照。

は属さない。それは、責任論で論じられる。したがって、故意構成要件に属するのは、いわゆる**事実の認識**にかぎられる。

刑法38条1項は、「罪を犯す意思がない行為は、罰しない。ただし、法律に特別の規定がある場合は、この限りでない」と規定する。この「**罪を犯す意思**」という心理状態が故意であるから、この規定の本文は、故意構成要件に該当しない行為は罰しない趣旨を規定したものである。後段は、法律に特別の規定がある場合、——とくに各則にその旨の規定がある場合——刑法8条によって、形式的意義における刑法以外の刑法において規定がある場合にも、例外的に、とくに過失犯についても処罰する趣旨を明らかにしたものである。

罪を犯す意思、すなわち、故意とは、**不法構成要件実現の認識および意欲**である。それは、一定の犯罪の構成要件的不法を実現するための行為を遂行する意思（実現意思）を形成することである。故意は、認識的側面、すなわち「**知的要素**」（intellektuelles Element）と、意思的側面、すなわち、「**意欲的要素**」（voluntatives Element）の両面をもつ。他方では、故意は、違法性の意識を喚起するに適した事実の認識（**構成要件的故意の提訴機能**）でなければならず、責任非難を根拠づけるものでなければならない。最近の錯誤論において、故意の概念がたんに形式的な構成要件の認識ではなく、実質的な不法内容の認識（町野）、社会的有害性の認識（石井）あるいは構成要件関係的利益侵害性の認識（齋野）ないし法益侵害・危険の認識（長井）として、故意を「実質化」しようとする傾向がみられる。[3] **現在の故意論の課題**は、このような故意の実質化傾向の合理的な歯止めをいかに保障するかである。

§90　故意の体系的地位と対象

故意の内容と射程およびその体系的地位については、刑法自体は、先に掲

---

[2] 中『誤想防衛論』（1971）15頁・269頁。

[3] 町野「法定的符合説について」警研54巻4号3頁・5号3頁、石井徹哉「故意の内容と『違法性』の意識—行政取締違反罪における問題を中心に—」早稲田法学会誌39巻27頁以下、同「故意の認識内容とその認定—薬物事犯における対象物の認識を例に—」早稲田法学会誌42巻1頁以下、齋野・故意概念187頁以下、長井・故意概念192頁以下参照。故意の実質化については、前田・刑雑34巻3号42頁以下参照。

げた 38 条 1 項、および事実の錯誤に関する 2 項の規定ないし法律の錯誤に関する 3 項の規定をもつのみで、それらの規定の解釈も統一的なものではなく、学説が分かれている。また、それに関する学説の史的変遷もみられる。

1 故意の体系的地位

故意の体系的地位に関する一般的な**学説の変遷**に一瞥を加えておくと、もともと故意は、過失とならんで責任要素と解されたが、とくに主観的違法要素の発見および目的的行為論による人的不法論の展開以来、故意が**主観的違法要素**の一種であるとの認識が広まり、構成要件の段階に位置づけられることが多くなった。しかし、すべての故意を構成要件に属せしめることができるかどうかは問題である。このように、構成要件に位置づけられる故意を「**構成要件的故意**」という。構成要件的故意は、客観的構成要件要素を認識の対象とする。この意味では、故意の体系的地位は、構成要件ないし責任である。責任に位置づけられる故意を「**責任故意**」という。ここでは、構成要件的故意を認める見解と責任のみに位置づける見解（中山 242 頁、内藤 221 頁以下）が対立し、さらに、故意を構成要件と責任に分属せしめる見解（**二重の故意**）を認める学説（団藤 290 頁、大塚 178 頁、荘子 314 頁、内田 243 頁、曽根 164 頁）も有力である。[4] この最後の見解は、構成要件的故意の機能は重要であるが、他方、故意の本籍は責任であるとする根拠のほか、誤想防衛のように、違法阻却事由の事実的前提に対する錯誤についても、事実の錯誤として、故意を阻却するべきものと解するならば、違法阻却事由の位置づけられる体系は違法性であるから、阻却されるべき故意は、少なくとも違法性の段階ないし責任の段階に位置づけられるものでなければならないとするものである。

2 故意の対象範囲

故意の対象は、事実か、それとも規範的評価（法秩序全体の評価）をも含むかによって、故意概念の意味が異なる。これは、故意は、事実の認識のみか、違法性の意識ないしその可能性を含むかという見解の対立である（詳しくは☞§108・§136）。

これについては、基本的に故意説と責任説の対立があり、それぞれがさらに二つの見解に分かれる。

（1） 厳格故意説（strenge Vorsatztheorie）

故意には、事実の認識のほか、違法であることの認識、つまり、違法性の意識をも

---

[4] この中には、未遂の故意は、構成要件要素であるとするもの（平野 314 頁）、違法故意、責任故意を認めるもの（大塚 178 頁）、故意は、責任要素としての構成要件要素ではあるが、違法要素ではないとするもの（曽根 155 頁以下、前田 218 頁以下）もある。大谷 333 頁は、構成要件要素としての故意はそのまま責任要素としての故意となるものとする。

含むと解する（小野 154 頁、植松 245 頁、大塚 461 頁以下、中山 372 頁、内田 244 頁）。

(2) 制限故意説（eingeschränkte Vorsatztheorie）

故意には、事実の認識のほか、違法であることを意識する可能性があること、つまり、違法性の意識の可能性を要求する（宮本 145 頁以下、草野 89 頁、佐伯 277 頁、団藤 317 頁、齊藤金作 180 頁、下村・基本思想 130 頁）。

(3) 厳格責任説（strenge Schuldtheorie）

責任説は、故意とは、事実の認識のみから成り立つものであり、違法性の意識の可能性は、故意とは別の責任要素であるとする学説であるが、その内部で、正当化事由の事実的前提の錯誤を事実の錯誤に位置づけるか、禁止の錯誤（違法性の錯誤）に位置づけるかによって、二つの見解に分かれる。まず、厳格責任説は、正当化事由の事実的前提（正当化事情）の錯誤を「禁止の錯誤」であるとし、錯誤に陥るにつき、相当の理由がある場合に、故意ではなく、責任を阻却するにすぎないとする（木村 319 頁、福田 207 頁、西原 422 頁、大谷 339 頁、川端 284 頁以下）。

(4) 制限責任説（eingeschränkte Schuldtheorie）

これに対して、制限責任説は、正当化事由の事実的前提の錯誤を「事実の錯誤」とし、故意を阻却するものとする（中 178 頁、平野 164 頁、西田 241 頁、山口 248 頁、井田 239 頁）。

私見では、事実の認識と法的評価の意識とは、区別されるべきである。故意とは、事実の認識をいい、主観的構成要件に属する要素であり、責任に属する違法性の意識（の可能性）とは、意義も機能も異なる。もちろん、故意

は、責任非難を可能ならしめる事実を認識することを要求する。そのためには、違法性の意識の可能性を呼び起こすような**提訴機能**（Appellfunktion）をもった事実の認識が必要である。したがって、正当防衛状況にあると信じて反撃した者には、違法性の意識の可能性に訴えるような事実的故意はないといってよい。これらの考察から、**制限責任説が妥当**である。

3 故意の対象と内容
(1) 故意の対象

以上により、故意の対象は、構成要件的不法、すなわち、客観的構成要件要素および正当化事由の事実的前提である。これに対して、構成要件要素以外の事実、主観的構成要件要素（故意、目的）、全体的違法評価、責任要素、責任阻却事由、処罰条件など犯罪の成立要件に付加される要件などは、故意の対象ではない。

（a）客観的構成要件要素 故意の対象となるべき構成要件要素には、行為主体、行為客体、行為、因果関係、結果、行為状況などが含まれる。行為主体の認識が実際上問題となるのは、とくに身分犯の場合である。例えば、すでに身分者である者が、いまだ身分を有しないと思っていた場合には、故意はないのである。

（ⅰ）因果関係については、すべての因果経過を詳細に認識する必要はなく、因果経過の基本的部分の認識でよい。因果関係の錯誤については、それが、「錯誤」の問題であり、故意阻却の問題なのか、相当因果関係ないし客観的帰属の問題であって、錯誤論の余地はないのかについては、見解が対立している（☞§95）。因果関係の錯誤を仮象問題であるとする**因果関係の錯誤無用論**に立っても、故意の対象として、因果経過の認識が不要であるという見解に必然的につながるわけではない。私見によれば、因果経過の認識はむしろ故意の成立に不可欠であるが、ただその錯誤が故意を阻却するほど重要でないというにすぎない。

（ⅱ）また、記述的構成要件要素のみならず、**規範的構成要件要素**についてもその認識がなければ故意があるとはいえない。しかし、構成要件要素の認識は、その社会的意味を理解しておればよく（**意味の認識**）、法概念として認識する必要はない。

規範的構成要件要素の認識については、とくに、その認識には規範的判断が含まれざるをえないが、これも、素人が一般に行いうる認識で足りる（**素

人仲間における並行的評価)。例えば、わいせつ物頒布罪 (175条) における「わいせつ」文書といえるかどうかについても、一般人の見地からいたずらに性欲を刺激し、性的好奇心を生じさせる文書であるかどうかを判断できればよい。

(b) 正当化事由の事実的前提 厳格責任説を採るのでないかぎり、これも故意の対象となる。したがって、それを誤認した場合には、故意が阻却される。構成要件的故意が阻却されるか、責任要素としての故意が阻却されるかについては、説が分かれる。

これに対して、次の事項は、故意の対象ではない。

(c) 主観的要素 主観的構成要件要素に属する故意・目的などは、故意の対象ではないのはいうまでもない。

(d) 構成要件要素以外の事実 現在では、姦通罪は、処罰の対象になっておらず、それを罰する構成要件はない。したがって、姦通の事実を認識し、それを違法で可罰的であると思っていた者に、故意があるとはいえない。このような場合を**幻覚犯**（Wahndelikt）と呼ぶ。

(e) 全法秩序的違法評価 これは、行為の違法性そのものに関する意識である。この認識は、違法性の意識であり、事実の認識である故意とは区別が可能である。構成要件的故意とともに責任要素としての故意を説く故意説や、制限責任説からは、故意と違法性の意識は、前者が事実の認識、後者が違法評価の意識である点で明確に区別される。厳格責任説は、正当化事由の事実的前提の錯誤を禁止の錯誤とする点で、独自の道を行く。

(f) 責任 責任に属すべき、責任能力（限定責任能力）、期待可能性の客観的事情、責任阻却事由、などは、故意の対象とはならない。したがって、その錯誤は、故意を阻却しない。

(g) 処罰阻却事由等 犯罪の成立要件以外の処罰条件等については、故意の対象ではない。訴訟条件についても同様である。

(2) 故意の内容

(a) 社会的意味の日常言語的認識 故意は、具体的に構成要件該当の不法を実現する行為の概要を認識している必要がある。この認識は、法的概念による認識でなくても、自らの言語体系の中で日常用語的意味において認識されれば足りる。規範的構成要件要素についても、その要素の不法を根拠づけるための本質的な意味内容を表す事実を、いわゆる「素人仲間の並行的評価」にもとづいて理解しておればよい。つまり、当該の物ないし事柄を、その社会的意味の次元で認識すればよい。したがって、例えば、自分の行為が「電磁的記録の不正作出」（161条の2）にあたることは、「電磁的記録」とい

う言葉ないし「不正作出」の内容を知らなくても、フロッピーディスクを書き換えることを知っておれば、故意があるといえる。また、他人の鳥籠の蓋を開けて小鳥を逃がした場合、それが刑法上「器物損壊」にあたることを知らなくても、その行為によって他人の小鳥の飼育の効用を減失させることを知っていれば、故意があるといえる[5]。このように、法概念によって自分の行為を理解することは故意の要件ではなく、日常用語においてその行為の意味を知っておればよい。しかし、たんに「物体の認識」では足りないので、アラビア語で書かれたポルノグラフィーを販売した古書店の主人が、アラビア語を読めないために物体としての認識はあったが、意味の認識はなかった場合には、「わいせつ」性を認識していたとはいえない。逆に、法律の専門家からみて、それが判例にいう「わいせつ」文書かどうかを知る必要はない。

 もう一つ例を挙げておくと、国立公園の第1種特別地域に指定された海岸で「石さんご」を採取した行為が、自然公園法（旧）17条3項3号にいう「土石を採取すること」にあたるかが問題となった事例（最決平9・7・10刑集51・6・533）で、「自己の採取しようとしているのが石さんごの死骸である」との認識のみでは、事実の認識としては十分ではないであろう（本件原審反対）。自然公園法（旧）17条3項3号にいう「土石」とは、国立公園の特別地域内の自然環境の中で土地の形状を変更することになる土石類、すなわち、その地形を構成する自然物をすべて含み、これを岩石学的な意味における土と石に限定する趣旨ではないことから、石さんごの死骸の採取が、「土地の形状を変更することになる」類のものであるという社会的意味の認識は必要である。

(b) 同時的意識 故意にとって必要な認識は、行為の時点で現実に存在しなければならない。したがって、以前に知っていたというだけでは足りない。しかし、すべての事情について行為の時点で意識していることは必要でない。いわゆる「**同時的意識**」(Mitbewußtsein) があれば十分である。同時的意識とは、現実に考慮されているわけではないが、別の機会に考慮された意識内容とともに同時的に意識され、そして、暗黙のうちには必ず同時に意識されていなければならない意識である[6]。人は、物事の認識の際には、感覚的に知覚したものを、自らの一般的経験の中に位置づけて、そのものの認識へと至る。したがって、ものの認識には、経験に裏付けられそのものの知覚と

---

[5] また、例えば、自動車のタイヤを傷つけずにタイヤの空気を抜くことが、「器物損壊にあたるとは思わなかった」という錯誤、すなわち、いわゆる**あてはめ（包摂）の錯誤**は、故意を阻却しない。
[6] 「潜在的・未必的あるいは同時的表象」をもって故意と過失との間にあるいわば第三の責任形態を考える者として、伊東・平野古稀〔上〕296頁、同・松尾古稀〔上〕257頁以下参照。

ともに自動的に浮かび上がってくる意味内容が重要な役割を果たす。物事の認識には同時的に意識された社会的意味が必ずともなうのである。

　　(c)　日常言語的上位概念による把握　　構成要件的事実の認識は、同時的意識を含めて日常言語上の概念による社会的な意味認識で十分である。法的概念によって認識する必要はなく、日常的概念が法的概念の上位概念であれば足りる。最高裁は、被告人が米国人で、覚せい剤を密輸入し、都内のホテルで所持したが、その薬物が覚せい剤にあたるとの明確な意識がなかったという事案につき、「被告人は、本件物件を密輸入して所持した際、覚せい剤を含む身体に有害で違法な薬物類であるとの認識があったというのであるから、覚せい剤かもしれないし、その他の身体に有害で違法な薬物かもしれないとの認識はあったことに帰することになる。そうすると、覚せい剤輸入罪、同所持罪の故意に欠けるところはないから、これと同旨と解される原判決の判断は、正当である」とした[7]（最決平2・2・9判時1341・157＝**百選40**）。これは、「身体に有害で違法な薬物類」であるとの日常言語上の概念把握により上位概念として認識されていれば十分であるとしたものであろう。

　　(d)　明確かつ積極的な否定の意識　　しかし、行為者が、明確に日常的概念から当該事物を「除外」している場合は別である。判例は、被告人が、営利の目的で「麻薬」であるとの未必の故意をもって「麻薬」である「ヘロイン」を密輸入しようとしたが、その物が「ヘロイン」であるという確定的な認識はなかったという事案につき、「右認識には、ヘロインを除く趣旨であったとか、あるいはそれがヘロイン以外の麻薬に該当するとの認識であったというような事情はないから、ヘロインも麻薬の一種である以上、被告人にはヘロイン輸入の故意が認められる」と判示した（千葉地判平8・9・17判時

---

[7] 本決定の原判決は、「覚せい剤輸入罪・所持罪が成立するためには、輸入・所持の対象物が覚せい剤であることを認識していることを要するが、この場合の対象物に対する認識は、その対象物が覚せい剤であることを確定的なものとして認識するまでの必要はなく、法規制の対象となっている違法有害な薬物として、覚せい剤を含む数種の薬物を認識予見したが、具体的には、その中のいずれの一種であるか不確定で、特定した薬物として認識することなく、確定すべきその対象物につき概括的認識予見を有するにとどまるものであっても足り、いわゆる概括的故意が成立する」という（東京高判平元・7・31判夕716・248）。しかし、この問題は、「概括的故意」の問題ではないと思われる。現に、行為者が数種の薬物を現認しているのであれば、概括的故意の問題であるが、本件事案では、一つの物を見て、いくつかの可能性を「認識予見」したというにすぎない。それは厳密にいうならば、「覚せい剤」かもしれないという未必的認識はあるということを意味するが、それが認定できるのであれば何ら問題がないはずである。ここでは、行為者が「違法有害な薬物」という上位概念で認識していたことが重要なのである。

1602・147)。「麻薬」であるという認識があり、「ヘロイン」は化学的にこれに含まれるというのであるから、「ヘロイン」をとくに除くというのでないかぎり、「麻薬」の認識で「ヘロイン」の認識として十分であるというのである。

　逆に、被告人が、トルエンを含有するシンナーを吸入目的で所持していたことが毒物及び劇物取締法違反の罪（24条の3）に問われた事案（東京地判平3・12・19判タ795・269）がある。この事案では、被告人は、過去の経験からトルエンを含有しないシンナーを所持していても罪にならないことを知っており、いつもは「トルエンは配合していません」という表示のあるA社製の缶を買っていたが、その日は、たまたま「シンナー乱用防止対策品」と表示したB社製の缶を買って所持していたところ、そのシンナーにはトルエンが含まれていたというのである。判決では、「被告人は、過去の経験から、トルエンを含有しないシンナーを吸入し、又はその目的で所持しても、犯罪にならないことを知っていたというのであるから、当該シンナーにはトルエンが含有しないと思っていたとすれば、右の認識を欠き、故意がないことになり、吸入目的の所持罪が成立しないことは、明らかである」として、故意を否定した。

日常言語的概念で物事を同時的意識によって把握する場合でも、**明確に特定の事態をそれから除外する意識**があれば、その特定の事態については、故意には含まれないというべきである。

(e)　不法を基礎づける事実の認識　　故意が認められるためには、構成要件要素たる事実を実現する可能性があるという認識では足りず、その可能性を基礎づける具体的事実の認識が必要である。故意犯が成立するためには、反対動機を形成するに足りる違法事実（不法）を基礎づける手がかりとなる具体的な事実の認識があることが要求される。

　例えば、共犯者と共謀のうえ、営利の目的で、事情を知らない運搬役の女性3名にカナダから航空機で覚せい剤の隠匿されたスーツケース3個を本邦に持ち込ませ、関税法上の輸入禁制品である覚せい剤を本邦に輸入しようとしたが、税関職員に発見されたため、その目的を遂げなかったという事案で、被告人は、本件各スーツケース内にはサフランが隠匿されていると思っており、規制薬物が隠匿されていることは知らなかったと供述していたが、これにつき、裁判所は、「被告人は、本件各スーツケース内にサフラン以外の物が隠匿されている疑いを抱いていたものと認められるが、そもそも故意責任を追及するには、法益侵害の可能性があることを認識していただけでは不十分であり、少なくとも反対動機を作出することのできる基礎となるべき事実の認識、すなわち、**法益侵害の発生する蓋然性があることを基礎づける具体的な事実の認識が必要である**というべきである」として、本件の事案につき、「各スーツケース内に規制薬物が隠匿されている蓋然性を基礎付ける事実の認識があったと認めることには疑問」があるとして、覚せい剤取締法違反および関税法違反の未必の故意を否定

した（千葉地判平 17・7・19 判タ 1206・280）。

　また、不法を基礎づける具体的事実の認識の認定がないがゆえに故意が否定された例として、法定の除外事由がないのに、夜間、午後 8 時ころから約 8 時間 30 分の間、法令に定める適用地域の道路上に、普通乗用自動車を駐車させておき、自動車が夜間に道路上の同一の場所に引き続き 8 時間以上駐車することとなるような行為が、自動車の保管場所の確保等に関する法律 11 条 2 項 2 号に違反するとした事案で、**故意を否定した判例**（最判平 15・11・21 刑集 57・10・1043）を挙げることができる。**最高裁**は、本罪の故意が成立するためには、「行為者が、駐車開始時又はその後において、法定の制限時間を超えて駐車状態を続けることを、少なくとも未必的に認識することが必要である」とし、本件において、そのような故意があったとはいえないとする。「本件自動車が駐車されていた場所は自宅車庫前の路上であり、車庫のシャッターは開けられたままであったこと、被告人は日ごろは毎晩本件自動車を車庫に格納していたものと認められること等」の事情から、妻から今日は買い物に行くことをやめたと言われた時点でも、**8 時間を超えて駐車することを基礎づける具体的事実の認識**は認められない。

　何らかの違法な取引に関係した客体であるとの認識があっても、それが**禁止された行為客体である**との具体的な認識、ないしそれを**推測させる具体的事情の認識**がない場合には故意を認定できない。

　これに関して、マレーシア・クアラルンプール国際空港から成田空港に到着した際、覚せい剤が隠匿されたスーツケースを本邦に持ち込んだが、弁護人が、その中に覚せい剤等の違法薬物が隠匿されていることを被告人は知らなかったから、**本件覚せい剤取締法違反及び関税法違反の故意**がないと主張した事案で、クアラルンプール空港で、知り合ったトルコ人男性から、日本で**金や宝石を受け取り**クアラルンプールへ**運搬する**という仕事を頼まれ、報酬が 2000 ないし 3000 米ドルであることを説明されたなどの事情がある場合、何らかの違法な物品の運搬に加担する可能性を疑ってしかるべきであったが、「本件スーツケースに違法薬物を含む何らかの違法物品が隠匿されているのではないかとの疑いを抱かせるに足りる事情は存するものの、その一方で、……本件スーツケースに**覚せい剤が隠匿されていることを知らなかった**という被告人の弁解を裏付ける事情も複数認められるのであって、この点も含めて考慮すれば、……未だ違法薬物を隠匿所持していることの認識を未必的にも有していたと推認する」ことはできないとしたもの（千葉地判平 19・8・22 判タ 1269・343）がある。

　さらに、銃刀法違反事件につき、段ボールを実家に預かった女性に、**けん銃の加重所持の故意**があったかが問われた事案において、段ボールの中身につき、その所持自体が違法ではないが、違法な取引などを記載したもの（書類等）であるという認識はあったが、けん銃・実包等ではないかと**具体的に推測し得るような事情**があるとはいえない場合には、未必の故意があったとはいえないとした判例（東京高判平 20・10・23 判タ 1290・309）がある。

これらの事案においては、（証明書がなければ違法な）「金」をスーツケースの中に固定していることは認識しているが、それが覚せい剤であるという認識はなかった、あるいは、違法な取引にかかわるものであるという認識があったが、それが、けん銃・実包等であるということを**具体的に推測させる事情の認識**がなかったときは、故意を認定できないというのである。

(3)　実質的故意論

　最近、実質的な責任非難の観点から故意の実質化を説く「**実質的故意論**」が有力に提唱されている(前田243頁)。[8]　この見解は、実質的犯罪論(☞§48, 5)の一つの重要な適用場面として、故意論全体を貫く方法論にまで高められているので、ここで、これに基本的な検討を加えておこう。

　この見解からは、「故意の成立に必要な実質的認識とは、当該犯罪が予定する違法（法益侵害）内容を中心とした構成要件の重要部分の認識であり、一般人ならば当該犯罪の違法性を意識しうる認識である」(前田・刑雑34巻3号47頁、同243頁)とされる。

　故意は、この説にとっては、**違法性の意識の喚起可能性**があれば足りるのであり、これは、いわば、責任非難の可能性から逆に故意の内容を規定しようとするものである。この説によれば、故意は「**処罰に値する故意非難を基礎づけるだけの認識**」(前田238頁)であるから、違法性の意識の可能性を独立の問題にする必要性はほとんどなくなる。この説は、また、錯誤論においても、故意の「構成要件関連性」を緩和し、実質的判断をもって故意の認定を容易ならしめようとする。

　しかし、このような実質化は基本的に疑問である。[9]　とくに構成要件的故意を認め、故意をたんなる責任非難の要素とするのではなく、個別の構成要件の実現をめざす実現意思として、現実の行為を形成する機能をもつものと解する本書の立場からは、構成要件は、個別化機能をもつ形式的な側面（故意の罪刑法定主義的機能）を軽視してはならない。また、違法性の意識の喚起可能性は故意に特有のものでもない。過失犯についても、不注意による不認識が間接的な提訴機能をもつのであるから、違法性の意識の可能性に関する問題を故意にほぼ還元してしまうのは疑問である（山口・問題探究150頁参照）。

---

[8] 前田『現代社会と実質的犯罪論』(1992)165頁以下・173頁以下・188頁以下、同・基礎235頁以下。なお、石井・早稲田法学会誌42巻10頁以下参照。

[9] これに対する批判として、福田・香川古稀3頁以下、山口・問題探究149頁以下。

§91　故意の種類

危険犯における故意（危険故意）と**侵害犯における故意**（侵害故意）は、結果の発生に関する故意を要するか、その危険の認識でよいかに従って区別される。また、一般に、故意は、客観的要素（例えば、結果の発生）の存在ないし実現を確実なものとして表象したか、不確実なものとして表象したかによって、確定的故意と不確定的故意に分類される。これは、故意の知的要素による区別である。しかし、故意の中には、このほか、結果発生を確実とみるか不確実とみるかとは独立に、とくに、構成要件的行為ないし構成要件的結果を意欲する場合として事実上**目的**（Absicht）を要求する場合がある。ここでは、意思的（意欲的）要素が前面に出ている。目的犯における目的は、超過的内心傾向であり、既遂の成立のために目的の実現を要しないが、故意の一種としての目的は、既遂の要件としての客観的構成要件要素の実現に関するものである。例えば、背任罪（247条）における加害目的は、この意味における目的を含んだ故意を要求するものである。損害の発生は、背任罪においては、既遂のための要件なのであるから、これに関する実現の意欲である加害目的は、目的犯における目的ではなく、故意の一種であると解すべきである（☞各論§105, 3 ❻）。

1　侵害故意と危険故意

侵害故意と危険故意は、侵害犯における故意と危険犯における故意に対応する。**侵害故意**は、一定の法益侵害を故意の対象とするが、**危険故意**は、一定の法益侵害の危険を故意の対象とすればよい。具体的危険犯における危険故意は、もちろん、具体的危険の表象ないし予見を必要とする。抽象的危険犯における危険故意については、①危険の発生が構成要件の要素でないことから、その他の構成要件要素を認識すれば足りるのか、それとも、②抽象的危険犯を具体的危険に至らない程度の漠然とした危険を要件とするものと解し、危険故意もそれに対応すればよいとするのか、あるいは、③抽象的危険犯においても、具体的危険と同様の危険の発生が必要であるが、その発生が、法律上推定されているものと解し（☞§71, 3 (2) (a)）、ただ危険故意については、推定されておらず、具体的危険についての故意を必要とするのか（☞§71, 3 (2) (b)）といった見解の対立がある。

未遂犯の故意について、これを結果としての危険の発生を必要とする犯罪と解して、危険故意で足りるとする見解（平野310頁）があるが、未遂犯の故意は、危険故意では足りず、侵害故意を要求するものと解すべきである。

2　確定的故意と不確定的故意
(1)　確定的故意
　確定的故意（dolus determinatus）は、一定の行為事情の存在ないし一定の結果の発生を確実なものと表象し、または、高度の蓋然性をもつと表象したときに存在する。将来発生する事実に関する表象は、確実であることは稀有であり、高度の蓋然性をもつとみなしたときには、確定的故意があるといってよいであろう。しかし、結果発生に対するたんなる願望や希望は、行為遂行の意思とは区別されるのであるから、故意とはいえない。

(2)　不確定的故意
　不確定的故意（dolus indeterminatus）とは、犯罪の実現を不確定なものとして表象する場合をいうと定義される。この不確定的故意には、概括的故意、択一的故意および未必の故意の三つの場合がある。まず、**概括的故意**（dolus generalis）とは、一定の範囲内の客体のいずれかに結果の発生することが確実であるが、この個数およびそれがどの客体かが不確実な場合をいう。例えば、群衆の中に爆弾を投げ込むような場合がその例である。第2に、**択一的故意**（dolus alternativus）とは、数個の客体のうちいずれかに結果が発生することが確実であるが、そのうちのどれに発生するかが不確実な場合をいう[10]。例えば、AかBかのいずれか一人を殺す意思で発砲する場合がその例である。第3に、**未必の故意**（dolus eventualis）とは、結果の発生自体が確実でないが、発生するかもしれないと表象し、認識ある過失とはいえないものをいう（☞4）。

　しかし、概念的には、未必の故意は、各客体ごとに、結果の発生が不確実かどうかを問うものであるのに対して、概括的故意および択一的故意は、行為客体の特定を問題にするものである。もし、未必の故意の概念で、概括的故意および択一的故意の事例を説明するならば、個々の行為客体について未

---

[10] *Hippel*, Deutsches Strafrecht Bd. 2, S. 335. 現在のドイツ刑法では、択一的故意とは、複数の異なる構成要件のどれを実現するかを確実には知らない場合をいう。例えば、ある財物に占有者がいるか、それともそれが占有離脱物かを確実には知らない場合、あるいは、窓ガラスの前で立っている「人」か窓ガラスかどちらに当たってもよいと思って石を投げる場合、である。

必の故意があるかどうかの問題となる。したがって、概括的故意が認められる場合とは、未必の故意が存在する場合であり、概括的故意の概念を用いることに理論上特別の意味はない。どの行為客体に発生するかが不確実であるということは、その客体に関して未必の故意の存否が問題になるということだからである。択一的故意の概念も、後に詳述するような「数故意犯説」を採り、行為客体の数に故意の個数は左右されないとすると、数個の客体のいずれにも故意が認められ、この概念は無意味となる。一故意犯説に立ったとしても、現実的には、いずれか一方には、未必の故意が認められるから、この概念には、結局、特別の意味はない。

　二つの結果が発生することについて未必の故意がないことを前提にした場合、択一的故意の事例は、①**同一の構成要件内部における客体間の択一的故意の事例**と、②**異なる構成要件にまたがる客体間の択一的故意の事例**とは区別して考えられるべきである。前者①の場合については、AとBとのどちらか一方を殺害する意図で、殺害行為を行った場合、結果が発生したAに対してのみ故意が認められるとすると、Bに対しては故意はない。したがって、ここで、既遂と未遂の両者を認める見解（西田218頁、山口211頁）は不当である。とくに、具体的符合説に立った場合、一個の客体に対する故意しかないにもかかわらず、両者に故意を認めるのは背理である。また、両者に対してともに結果が発生しなかったとき、例えば、択一的故意をもって発射された一発の弾丸がAとBの中間を通過した場合、いずれかは特定できないが、最低限いずれか一方に対する未遂が成立する。

　しかし、後者②のように、例えば器物損壊と殺人の択一的故意の事例については、構成要件が異なるので、どちらか一方の既遂を実現する意思しかもっていなかったとしても、両者の可能性に対する実現意思はあったのであるから、両罪につき故意が認められ、結果の発生しなかった客体にも未遂処罰規定がある場合には、未遂は肯定される。厳密にいえば、この場合には、択一的故意ではなく、両者に故意があるが、いずれか一方の結果発生でかまわないという心理状態であるにすぎない。したがって、上記の事例で器物損壊の結果が発生した場合でも、殺人未遂罪は残る。[11]

---

[11] これについて、詳しくは、佐伯・関法53巻4＝5号308頁以下参照。なお、増田・齊藤古稀8頁以下。

3　事前の故意・事後の故意・条件付故意
(1)　事前の故意・事後の故意
　故意は、正犯については実行行為の間に抱かれていなければならない。したがって、それ以前の犯罪実現の表象や実行行為が終了した後のその表象は、故意ではない。その意味で、実行行為に先立つ**事前の故意**（dolus antecedens）も、実行行為が終了した後の**事後の故意**（dolus subsequens）も、刑法にいう故意ではない。[12]

　例えば、ある者が、最終的には相手を脅し、それでも相手が納得しなければピストルで射殺しようと計画していたが、相手方をまず脅すつもりでピストルを構えたところ、それが暴発し、被害者が死亡したという場合には、事前の故意にすぎない。実行行為の間の故意ではないから、行為者は、過失致死罪の責を負うにすぎない。しかし、故意は、実行行為の間つねに抱かれている必要はない。結果発生にとり必要かつ重要な部分を行う際にそれがあれば十分である。したがって、ある者を殺害しようと爆弾をしかけた者が、その後、爆発までの間に殺害の故意を放棄した場合、あるいは、爆発の瞬間に眠っていた場合にも、故意犯が成立する。過失で他人に死に至るほどの重傷を与えた者が、実行行為の終了後、死亡までの間、被害者が死亡するよう希望したとしても、事後の故意にすぎない。ただし、後の行為が不作為犯を構成する場合は、別である。結合犯、例えば、暴行・脅迫と奪取行為との二つの行為の実行が必要とされる強盗罪の場合には、両行為ともに強盗の故意によって担われている必要がある。

(2)　条件付故意
　条件付故意[13]とは、わが国では、「犯罪の実行を一定の条件にかからせる場

---

[12] わが国の文献においては、事前の故意・事後の故意をまったく異なった内容のものとして理解するものが目立つ。事前の故意をヴェーバーの概括的故意と同視し、事後の故意を不作為犯における故意とする見解がその一つである（大塚186頁、斎藤信治97頁、前田222頁、佐久間114頁以下）。また、事前の故意を「犯罪事実の全体をあらかじめ認識して行為に出る場合をいう」とする見解（大谷160頁、川端198頁）もそうである。しかし、両者ともに不当である。この概念は、実行前ないし後の「故意」をいい、本来、故意はない場合を意味する（木村211頁、vgl. Roxin, AT Bd. 1, 4. Aufl., S. 478 f.; Jescheck／Weigend, AT 5. Aufl., S. 294; Schönke／Schröder／Sternberg-Lieben／Schuster, 29. Aufl., §15 Rdnr. 49）。この概念は、ドイツ刑法において展開されてきたものであり、これを恣意的に変更して用いるのは混乱を招くのみである。なお、先行行為の後、新たに故意を抱くのは事後の故意ではなく、真正の不作為犯の故意である。

[13] **条件付行為意思**（bedingter Handlungswille）とは、ドイツでは、(1) 未だ決意していない状態（故意ではない）、(2) 仮定的事実に行為の決意が依存している状態（故意を認める）、(3) 中止

合」をいう（大塚185頁）と定義され、あるいは、「犯罪遂行意思は確定的であるが、その遂行は一定の条件にかかっている場合」をいう（最決昭56・12・21刑集35・9・911、前田225頁）、または、「意思の内容が結果の実現を一定の条件にかからせているものをいう」（大谷160頁、川端197頁以下）などと定義される。しかし、これらの定義からのみでは、条件付故意とは、たんに実行の着手以前の「故意」を意味し、「事前の故意」にすぎないのではないかという疑問が払拭できない。この疑問を氷解させるためには、条件付故意とは、もともと単独正犯の実行行為について問題になったものではなく、予備罪や共謀共同正犯につき、実行に出るかどうかが条件付の場合に問題となったものであることを想起しなければならない。

わが国では、すでに古く**予備罪**について、「予備を為したる以上は其殺意の条件付なると否とを問はず」、殺害の意思が確定しているとして、予備罪の成立を認めた判例（大判明42・6・14刑録15・769、大判昭3・10・9裁判例(3)刑事15）があり、これは、条件付故意の概念は、当初、予備罪の故意につき論じられたことを示している。この条件付故意について学説においても議論されるようになった契機は、共謀共同正犯の事案につき、**最高裁の判例**が、昭和56年（前掲最決昭56・12・21）および昭和59年にこれを論じたことに始まる。前者の判例では、「謀議された計画の内容においては被害者の殺害を一定の事態の発生にかからせていたとしても、そのような殺害計画を遂行しようとする被告人の意思そのものは確定的であったのであり、被告人は被害者の殺害の結果を認容していたのであるから、被告人の故意の成立に欠けるところはない」としたが、後者の判例においては、謀議に参加したにすぎない者の故意について、未必の故意であってもよいとした（最判昭59・3・6刑集

の留保付きの決意の状態（故意を認める）をいう。わが国では、ドイツの学説のいう後二者をもって条件付故意という立場（福田・判評283号56頁）がある。ドイツ語では、未必の故意（bedingter Vorsatz）と条件付行為意思とは、前者を「故意」の問題ととらえるが、後者を犯罪行為実行の「決意」（Entschluß）の問題とし、これを表すのに「行為意思」という概念を用いることによって、区別する。ドイツ刑法の用法が正確であるが、ここではわが国の慣用に従う。

[14] 堀内捷三「いわゆる条件付故意」警研55巻7号60頁以下参照。

[15] これらは、相手が、被告人のいうことに従わなかった場合、または、相手の態度如何によって、殺害しようとして予備行為が行われた事案である。

[16] この判例は、被告人が、相被告人3名とともに賭場開帳資金の返済をめぐるトラブルを生じていた被害者といま一度話し合い、明確な回答が得られないときは、暴行などの手段に訴え強制連行し、これに対する被害者の抵抗如何によってはその殺害という事態も発生しかねないが、それもやむなしと決意し、乗車を拒否して暴れた被害者を相被告人らに殺害させたという事案に対し、

38・5・1961＝百選 39）。このような予備罪や共謀共同正犯の事例においては、前者の場合、予備罪における後の実行行為の遂行が条件に依存している場合がありうることは明白であり、後者の場合にも共謀共同正犯論を認めるかぎり、共謀に加わった者が、犯罪の実現を他の実行犯の実行の際の条件の成就に依拠させていることはありうることも明白である[17]。

まさにこの場合には、条件付行為意思をもって予備罪ないし共謀共同正犯の「故意」といいうるかが問われうるのである。ここでは、まず、条件付故意が「決意が確定的」であって、故意としてふさわしいものかどうかが問われなければならない。通説・判例によれば、これは肯定される[18]。

しかし、次に、このような共謀共同正犯や、実行行為に出るか否かを一定の条件にかからせて予備行為を行う場合ではなく、通常の正犯行為の場合には、事前の故意を認めないかぎり、故意は、実行行為のときの犯罪実現意思でなければ意味がないのであるから、犯罪への実行の着手がすでにある事案であり、それ自体を一定の条件にかからせることは不可能であるともいえる。したがって、一般的に、実行の着手以前の段階の条件付きの意思を、「故意」とする見解（川端184頁）には賛成できない。しかし、実行の着手後にさらに必要となる自己の行為の実行につき、一定の条件にかからせることはできる。例えば、強盗の実行につき、暴行・脅迫を加えた後、もし被害者が財布をもっておれば、強取しようと決意している者は、強盗の実行につき条件付故意をもつといえる。この場合も、条件の成就の蓋然性が極めて低いものでないかぎり、確定的な決意にもとづく故意があるといえるであろう。

このようにして、正犯における条件付故意とは、共犯行為、予備行為の遂行時に、ないし実行の着手の際に、その後にさらに必要となる自らのそれら

「謀議の内容においては被害者の殺害を一定の事態の発生にかからせており、犯意自体が未必的なものであったとしても、実行行為の意思が確定的であったときは、殺人の故意の成立に欠けるところはない」と判示したものである。

[17] 共同正犯者が、他の実行者の行為を支配しえないとみるならば、自らの後の行為に依存していないから、それは条件付故意ではなく、未必の故意にすぎないといってよいであろう。西村・上智法学30巻1号257頁がそのように解する。

[18] すでに決意があり、故意の確定性があるといえるために、どのような条件が必要かという点については、基本的に二つの見解がある。それは、行為遂行の意思が最終的に確定していることを要するという見解＝最終性説（福田・判例評論283号56頁、堀内・警研55巻7号55頁、西村・上智法学30巻1号251頁）と犯罪遂行に向けての優越的な確定でよいとする見解＝優越性説（篠田公穂「条件付故意」名大法政論集123号205頁、塩見・刑雑30巻1号82頁以下）である。

の行為の一部を一定の条件にかからせる場合をいうと定義するのが正確である。[19]このような定義における条件付故意は、可罰的な故意であるということができる。

4 故意の本質（未必の故意と認識ある過失の区別）

(1) 故意の要件

故意は、責任非難の対象である。不法を根拠づける事実を知りつつ、ないし意欲しつつ実現した者に対しては、自らの行為が、法益を尊重することのない、違法な行為であることを意識するきっかけが直接的に与えられており、その行為に対して強い非難が可能である。このような強い責任非難が加えられる故意犯と、間接的にしか違法性の意識の可能性が与えられず、より弱い責任非難のみが可能な過失犯との間を限界づける基準は何であろうか。これに取り組むのが、**未必の故意と認識ある過失の区別の問題である。**

他方、故意とは、たんなる内面の心理状態ではなく、行為事情や行為客体、あるいは結果犯においては、結果および因果経過の基本的部分を認識したうえで行為を一定の方向に導くべく制御する主観的要素であり、それは、換言すれば、一定の不法構成要件を実現しようとするダイナミックな意思である。したがって、大雑把にいえば、結果犯においては、不法の実現がありうることを知りつつ、実現意思をもってその方向へと行為を制御した場合に、故意があるといえる。故意構成要件とは、このような実現意思が成立するための要件をいう。

(2) 故意における知的要素と意思的要素

古い学説においては、**意思説**（Willenstheorie）と**表象説**（Vorstellungstheorie）（認識説）が対立していた。**意思説**は、意欲的要素を故意の本質とし、**表象説**は、知的要素に重点を置く。なお、意思説は、古くは、「希望主義」と訳されたこともある（泉二 456 頁、なお、勝本 195 頁以下）。表象説は、事実の認識を中心とするので、その事実が存在し、あるいはある事象が発生するという確率の程度の認識を基準として、故意の最小限度の要請が何かを探ることになる。これに対して、意思説は、行為者が、その事実の存在ないし事象の発生をどれほど意欲して

---

[19] 条件付故意とは、自己の行為のさらなる遂行を一定の条件にかからせている場合と定義する見解（西村「故意・過失概念と条件付故意」基本講座 2 巻 183 頁）は、本文の見解と同旨であると思われる。ただし、共謀共同正犯の事案につき、共謀のみにとどまった者はすでに自らのなそうとする行為をすべて終えているといえるかどうかは疑問である。昭和 59 年の事案のように、現場に赴いている場合には少なくとも相被告人らにやめさせる可能性もあり、いまだ事後の事象の支配が可能であるといえるからである。

いたかを、その基準とすることになる。このような意味で、原則として、このような**二つの立場**の対立を軸にして、現在の学説の対立があるといってよい。

わが国においては、現在、意思説に発する**認容説**と、表象説に発する**蓋然性説**が基本的に対立しているが、もう少し詳細に学説の状況を検討しておこう。[20]

(3) 可能性説と蓋然性説

(a) 可能性説（予見説）　ドイツにおいては、意欲的要素を排除し、知的要素のみによって故意を説明しようとする**可能性説**（Möglichkeitstheorie）が唱えられている（シュレーダー、シュミットホイザー）。可能性説は、確率の程度が蓋然性にまで至らずとも、たんなる可能性の表象があれば故意があるとする。したがって、本説からは、認識ある過失にはその余地がないことになる。わが国では、かつて「結果の予見」があれば、故意が存在するとする見解（泉二 456 頁、宮本 141 頁）があった。結果の予見は、たんに結果発生の可能性の予見でよいのであるから、この説は、可能性説と同じものといえる。この説に対しては、発生する蓋然性の低い事象の発生を「予見」ないし「表象」していても、行動を行う際にそれを計算に入れず、発生することを真摯に受け止めなかったという場合が日常よくあるが、「ありうる」と思っただけで、故意責任を負わせることはできないというべきである。

(b) 蓋然性説　蓋然性説（Wahrscheinlichkeitstheorie）は、故意を認めるには、結果の発生をたんに可能だという以上に、その蓋然性を表象していることが必要だとする（牧野〔下〕556 頁、斎藤信治 98 頁以下、前田 223 頁以下）。ここでいう蓋然性は、優越的蓋然性（überwiegende Wahrscheinlichkeit）ではないから、「かなりの高い確率」を意味するものではない（前田 224 頁）。この説は、「意思的要素を強調するのは、刑法理論を過度に心情的なものにする危険を有する」として（前田 223 頁）、故意の中心は、**認識・表象**などの**知的要素**であるとする立場から唱えられる。

この説に対しては、「可能性」と「蓋然性」の区別は不明確であり、実際上、基準が量的なものにすぎずあいまいであるという批判がある。これに対

---

[20] ここで検討した学説のほかに、いわゆる客観的動機説（藤木 143 頁）がある。この説は、むしろ過失犯における許された危険の法理を故意論にも応用し、行為者の認識した結果の発生が、行為をやめるべきだとする程度のものか、用心すればやめなくて済むのかを客観的に判断するものとする。ただし、結果発生の数量的な確率如何で一律に故意と過失を区別するのではなくて、被害の性質、被害法益の重要性、その行為の社会的効用など、諸般の事情を考慮して判断する。

しては、普通の法益尊重感覚でみれば行為を思い止まるに違いない程度の可能性の高さを蓋然性とすれば、基準は明確であり、認容説こそ、蓋然性の認識がないのに故意を認めるのは、客観性や合理性に乏しい判断に至るおそれがあり（斎藤信治 98 頁以下）、それに比べて、むしろ蓋然性説の判断の方が容易である（前田 224 頁）とする。しかし、蓋然性が高い、または低いという表象は、たんに、行為者がそれをどの程度、自らの行為の際に考慮に入れたかに対する徴表にすぎず、構成要件的不法実現意思の内容とはなっていない。

(4) 認容説

認容説（Einwilligungstheorie）は、結果の予見があるだけで足りず、その発生を認容し、是認し、あるいは甘受したかどうかを基準とする。この説は、意思説の立場に立つもので、「認容」「是認」といった**意欲的要素**に重点を置いて故意の内容を考える立場である。かつては、結果の発生を「望ましい」と思ったかどうかを基準とする「希望主義」として唱えられたが、現在では、本説においても、「望ましい」といった情緒的評価的要素はなるべく排除しようとされている。現在の通説である（団藤 295 頁、木村 210 頁、福田 112 頁、大塚 183 頁、西原 161 頁、内田 120 頁、板倉 239 頁）。

本説は、わが国では、認容説は、知的要素のほかに情緒的・意欲的要素をも必要とするものだとして唱えられている（団藤 295 頁）。認容説には、結果が発生してもかまわないという積極的認容を要求する立場（団藤 296 頁）と、結果が発生してもやむをえない、または、発生しても意に介さないとする消極的認容で足りるとする立場（小野 153 頁）がある。積極的認容説は、ドイツにおいては、行為者は、構成要件実現について明確な認識をもっていたとしたら、つまり、確定的故意をもっていたと仮定した場合に、同じように行為に出ていたであろうかどうかを基準として、それが肯定される場合には、積極的認容があったとする。これを**フランクの公式**（**第 1 公式**）と呼んでいる。消極的認容説には、発生しうる付随結果について無関心である場合には、故意があるとするエンギッシュの**無関心説**（Gleichgültigkeitstheorie）も属するであろう。

認容説は、意思ではなく、たんなる希望や願望といった情緒的・感情的な要素を考慮することが多い、認容があったかどうかという内面的な心理状態を判断するのは実務上至難である、結果発生の蓋然性が低い場合にも認容があれば故意が認められることになり、故意の成立範囲が広くなりすぎる、な

どと批判される。たしかに、認容説が、たんに心理的に認容していたというだけで、蓋然性が低いと表象したうえで行為に出た場合も、故意の存在を肯定し、逆に、蓋然性が高いという認識があるにもかかわらず、認容がなかったために故意を否定するというのは、意思が行為に反映せず、たんなる希望のみを基準にするものだと非難されてもしかたがない側面がある。

(5) 実現意思説

実現意思説（Verwirklichungswillenstheorie）は、結果を実現する意思（実現意思）と結果を回避する意思（回避意思）を対比し、どちらが発現したとみるかによって、未必の故意か認識ある過失かを区別しようとする見解で、目的的行為論者（ヴェルツェル、アルミン・カウフマン）によって提唱されたものである（中113頁、川端196頁、野村171頁、阿部101頁）。この見解は、基本的に、その発生が可能とみなされる結果の中で、行為者が「計算に入れ」ていた結果にのみ実現意思が及ぶと考える点にその中核がある。この見解は、責任要素としての故意を否定することによって故意における情緒的要素を排し、構成要件的故意のみを認めて、故意を実現意思ととらえるところから出発する。

アルミン・カウフマンによれば、行為者が、結果の発生の可能性を表象している場合であって、行為者の制御的意思が結果の回避に向けられていた場合には、未必の故意がないという。つまり、行為者が結果に向けられた行為を行う際に、同時に、発生するかもしれないと表象した付随的結果が発生しないようにその経過を制御しようとする反対の措置を講じた場合には、認識ある過失であるとする。これに対して、反対措置をとらずにことの成り行きに任せた場合には、結果を甘受したのであり、故意があるという。このカウフマン説は、回避意思を投入しなかった場合に未必の故意を認めるものであり、**回避意思不投入説**と呼ぶことができる。

このアルミン・カウフマンの説に対しては、わが国において、行為者が、回避措置を施したとしても、それだけではいまだ確実に回避の効果をあげることができる自信をもちえないような場合にも、過失とするのは不当であり、回避しうると信じた場合にのみ、未必の故意を否定すべきだとする修正説が唱えられている（中112頁以下）。回避意思を投入しても、行為者が、その成果を信頼しないままに行為し続ける場合には、未必の故意を阻却しないであろう。回避意思を投入し、回避措置を講じたとしても、まだそれが50パーセントの成功率しかないことを計算している者は、はじめから構成要件

実現の確率は50パーセントであると考えて行動した者より有利に扱う必要はないのである（ロクシン）。

(6) 動機説

本説は、結果発生の認識が行為の動機形成過程に与える影響によって区別しようとする説である。結果が発生するかもしれないと認識した場合、これを行為を思い止まる動機（反対動機）としなければならず、これをしなかった場合に故意責任の非難がなされるのである（瀧川133頁、平野187頁、中山356頁、内藤1091頁、大谷158頁、曽根166頁、浅田305頁、山口199頁）。

なお、本説は、認容説からも唱えられる（井上正治197頁）。それによれば、認容という心理構造を、結果発生の表象が行為を抑止する動機となったかどうかにより説明しようとする。つまり、「一応結果発生の可能性を表象しつつも、結局それを否定することなく、それ故その表象が行為動機を抑止しえなかったばあい、未必の故意の成立を認めるべく、しからざるばあい認識ある過失が存する」（井上正治『過失犯の構造』〔1958〕140頁）ものとする。構成要件に該当する違法な事実を認識予見したにもかかわらず構成要件の実現を控制しなかったという主観的態度に故意の本質を求め、蓋然性説と認容説（感情説）とを総合する**動機控制説**（荘子348頁以下）も、これと同様である。動機説は、故意を責任の段階で論じる立場から主張される。行為動機の形成過程を考慮するのは、それが責任非難の対象となるからである。しかし、本説は、結局、蓋然性説の主張に、たんに動機形成過程を考慮する説明を付け加えただけであり、新たな帰結を呈示するものではない。認容説にとっては、本説は、たんなる心理状態としての希望や意欲ではなく、それが行為動機となっていなければならないとする点に新たな帰結がみられる。

しかし、故意を構成要件的故意と解する立場からは、動機形成過程は、故意自体の直接の関心事ではない。「結果発生の可能性を真面目にうけとった」かどうかという動機形成（立石雅彦「故意と過失の区別」中古稀176頁参照）ではなく、むしろ、その場合、事実の認識が、法益侵害行為の実現を目指し、制御する行為の中に表れ、それを法益侵害に向けられた実現意思といえるかどうかが重要である。

(7) 本書の立場（実現意思形成説）

私見によれば、出発点としては実現意思説が基本的に妥当である。ここでいう実現意思は、結果の発生に向けて因果経過を予見し、意図した結果を実

現し、意図しない付随結果を回避するために適切な手段を投入し自らの行為を操縦する意思である。法益侵害結果に向けて行為を操縦していく実現意思が形成された場合、未必の故意が認められる。

実現意思の有無は、たんなる情緒的意欲ではなく、認識的・知的要素を前提として、その客観的危険の認識を行為形成にどこまで真摯に計算に入れ、法益侵害結果の回避をどこまで信頼したかによって判断される。このように**法益侵害行為に向かう実現意思の形成**があったかどうかが、故意と過失の分水嶺となる。これを**実現意思形成説**と名づけることとする。

結果発生の蓋然性が高い場合に、それを認識しつつ、確実に回避しうるという自信がないままに、実現意思の形成へと決意した場合には、未必の故意は否定できない。結果発生の可能性があり、その可能性を真摯に計算に入れているのに、それを意図した目的の実現の要素とし実現意思の形成へと決意した場合にも、未必の故意が認められる。これに反して、結果発生の高い蓋然性を認識したが、行為者が自己の行為制御能力によって結果を回避しうる自信をもって行為した場合には、法益侵害に対する実現意思の形成への決意はない。この「自信」は、たんなる「願望」ではなく、現実的に投入された回避意思である。例えば、同乗者が警告したにもかかわらず、危険な追越しをして事故を起こした運転者は、結果回避を確信しているかぎり、結果に対する実現意思をもっておらず、認識ある過失にすぎない。運転者は、自己の運転技量を信じ、結果を回避しうるという自信があったのであり、この回避意思をたんなる非現実的な願望にすぎなかったとはいえない。

5 未必の故意に関する判例

大審院の判例には、犯罪事実を発生させる意欲に出た行為であることを要しないとして、表象説によったとみられるものもあった（大判大4・1・26刑録21・21、大判大12・2・16刑集2・97）が、犯罪事実を認識しつつ「敢て」その行為に出たことをもって故意が成立するとしたものも多かった（大判大11・5・6刑集1・255、大判昭2・11・15評論17刑48）。

最高裁の判例は、盗品等有償譲受け罪（贓物故買罪）につき、盗品であることを知っていたかどうかについて、「故意が成立する為めには必ずしも買受くべき物が贓物であることを確定的に知って居ることを必要としない或は贓物であるかも知れないと思いながらしかも敢てこれを買受ける意思（いわゆる未必の故意）があれば足りる」とした（最判昭23・3・16刑集2・3・227＝**百選41**）。とくに認容説に立つ学説は、この判例を認容説に立つものと解した（団藤『刑事判例評釈集8巻』〔1950〕137頁など）。これに対しては、「敢て」という文言を用いたというだけで認容説に立脚したと解するのはあまりにも形式的

であるという批判（荘子354頁）があり、一般に蓋然性説その他に立つ学説からは、蓋然性の認識の有無の判断に実質的な基準を置き、結果発生の相当高度の蓋然性の認識を中心に故意の有無を判断しているものとする（内藤1092頁）。

下級審の判例には、明らかに認容説に立ったとみられるものがある。「未必の故意とは結果発生の可能性即ち結果発生の蓋然の大なることを認識しながらしかもその発生を認容する心的状態である」とする（高松高判昭32・3・11高裁特4・5・99）。しかし、これについては、本判決は、実際には結果発生の蓋然性の認識を認めなかったことを根拠として心理状態を判断したとする見解（荘子357頁、内藤1094頁）がある。「認容」という文言を用いたものとして、病院の建物に放火しようとした行為者が、病室をまわり、患者に死傷の結果が出ないように戸外に出そうと努力したが、患者らが出ようとしなかったにもかかわらず、多量のガソリンを撒いて点火したとき、「被告人は死傷の結果の発生を認容したもの」であるとし、「放火によって死傷の結果が不可避的に発生することが予見され、右結果の発生を防止すべき特別の措置を確実に講じないままに放火したとすれば」故意を認めることができるものとした判例（福岡高判昭45・5・16判時621・106）がある。ここでは「結果の発生することを避けたいという気持」があったとされているが、それは、たんなる希望にすぎず、これによって故意が否定されるものではないというのである。

なお、そのほかに、飲酒酩酊した行為者が、盆踊り帰りの多数の歩行者に自動車を突き当てて、跳ね飛ばしたりする危険のあることを十分認識しながら、酒の勢いに駆られて、そのような結果の発生を何ら意に介することなく、「敢て」貨物自動車を運転し、その歩行者等に突き当てて転倒させ、傷害を負わせ、死亡させた事案につき、暴行の未必の故意を認め、傷害、傷害致死を認めた判例（広島高判昭36・8・25高刑集14・5・333）がある。

第7節　構成要件的事実の錯誤

【文献】井田良「構成要件該当事実の錯誤」基本講座2巻227頁、伊東研祐「故意の内実と結果の帰属範囲についての一考察」平野古稀〔上〕269頁、川端博『錯誤論の諸相』(1994)、齊藤信宰『刑法における錯誤論の研究』(1989)、佐久間修『刑法における事実の錯誤』(1988)、專田泰孝「具体的事実の錯誤における方法の錯誤（1）（2）」早稲田法学76巻1号143頁・2号349頁、同「具体的事実の錯誤における『新たな解決』について」早稲田法学78巻3号67頁、中義勝『輓近錯誤理論の問題点』(1958)、長井長信『故意概念と錯誤論』(1998)、林幹人「構成要件該当事実の錯誤と違法性の錯誤（1）（2・完）」警研63巻2号3頁・63巻3号3頁（『刑法の基礎理論』(1995) 61頁所収）、日髙義博『刑法における錯誤論の新展開』(1991)、平野龍一「錯誤論拾遺」警研64巻6号3頁（同『刑事法研究・最終巻』〔2005〕所収）

§92　錯誤の意義

1　構成要件的事実の錯誤の射程

事実の錯誤とは、事実とその認識の間の齟齬である。これに対して、**法律の錯誤**ないし**禁止の錯誤**とは、違法性に関する法秩序の客観的評価と行為者の主観的評価との齟齬を意味する。事実の錯誤には、構成要件的事実の錯誤と違法阻却事由の事実的前提に関する錯誤とがある。**構成要件的事実の錯誤**は、その齟齬が法的に重要で、表象された事実と法的に別の評価を必要とするとき、故意が阻却される。これに反して、**違法阻却事由の事実的前提に関する錯誤**については、事実の錯誤とする見解が通説であるが、禁止の錯誤（法律の錯誤）とする少数説もある（**厳格責任説**）。法律の錯誤については、それがある場合、ないしそれに陥るのが相当である場合故意が阻却されるとする見解（**故意説**）もあるが、故意ではなく、責任が阻却されるとする見解（**責任説**）が有力である。

ここでは、まず、構成要件的事実の錯誤のみを扱う。構成要件的事実の錯誤には、**具体的事実の錯誤**と、**抽象的事実の錯誤**の場合がある。前者は、基本

的に、**同一構成要件内の具体的事実についての錯誤**である。後者は、**異なる構成要件にまたがる事実の錯誤**である。具体的事実の錯誤の場合、具体的事実とは、構成要件要素に関する法的に重要な具体的事実の意味である。構成要件的事実以外は、故意の対象とはならないので、その錯誤も重要でない。したがって、例えば、ある人が、他人を殺そうとして、近くにあったナイフで突き刺すつもりが、包丁で突き刺してしまったという場合には、ナイフという殺害の手段は、構成要件要素ではないので、その錯誤は重要ではない。それに対して、強姦罪においては、「13歳未満の女子」(刑法177条)かどうかは構成要件上重要なので、同意を得て「13歳以上の女子」だと思って性的関係を結んだが、その女子が、現実には「13歳未満」であった場合には、その錯誤は法的に重要である。

2 事前の錯誤と事後の錯誤

事実の錯誤が問題となる場合にも、基本的に**二つの類型**がある。第1の類型は、実行の着手の時点で、行為者の表象した事実と現実に存在する事実とが齟齬する場合の錯誤である(**事前の錯誤**)。第2の類型は、実行の着手の時点では、行為者の予見する結果と因果経過の表象があるが、その後の展開によって表象とは異なった結果や逸脱した因果経過が発生する場合の錯誤である。第1類型においては、実行の着手時点ですでに、故意の成否が決定されている。これに対して、第2類型においては、実行の着手の時点では、「錯誤」はないといってよい。それは、事後的に生じるのである(**事後の錯誤**)。したがって、実行の着手の時点において、予見・表象した結果や因果経過がそもそもまったく不相当なものであり、その実行行為により創出された危険を制御する故意としてふさわしいものとはいえないものでないかぎり、故意はすでに成立している。例えば、行為者が、交通事故を惹き起こして、その結果、被害者が病院で飛行機の墜落により死亡するであろうと「予見」して、被害者を車で跳ねて重傷を負わせた場合、決してその場で殺そうとは思っていない場合であれば、客観的に帰属不可能な結果を「予見」する表象は、故意とはいえない。このような場合を除いて、例えば、殺害の意図で、車で被害者を跳ねた場合、事後の因果経過によって結果が発生せず、そこに錯誤があっても、すでに殺人の故意は存在する。

---

[1] 判例には、15円を騙取するよう教唆したところ、被教唆者が10円を騙取したという事案につき、詐欺教唆犯を肯定したものがある(大判大2・2・3刑録19・178)。その他の判例につき、山中・新判例コン3巻266頁以下参照。

[2] また、赤い服を着た人を殺そうとして、勘違いしてピンクの服を着た人を殺してしまったという場合も、服が「赤」か「ピンク」かは構成要件的事実として重要でないので、その錯誤は重要でない。これに対して、行為客体の個性が法的に重要な事実の錯誤かどうかについては、後述するように(☞§93、2)、学説上の争いがある。

§93　具体的事実の錯誤

> 【文献】井田良「故意における客体の特定および『個数』の特定に関する一考察（1）～（4・完）」法学研究58巻9号33頁・10号56頁・11号59頁・12号52頁、内田文昭「法定的符合説について」団藤古稀2巻219頁、同「『方法の錯誤』について」法学47巻5号52頁、柏木千秋「法定的符合説と罪数─具体的符合説の基礎づけ試論─」団藤古稀2巻245頁、金澤文雄「打撃の錯誤について」広島法学 5 巻3=4号37頁、齋野彦弥「徹底して具体化された故意の概念と故意の認定について」松尾古稀［上］277頁、專田泰孝「具体的事実の錯誤における方法の錯誤（1）（2・完）早稲田法学76巻1号143頁・2号349頁、長島敦「事実の錯誤と故意の個数」刑法における実存と解釈（1986）264頁・中野次雄「方法の錯誤といわゆる故意の個数」団藤古稀2巻201頁、同「方法の錯誤─香川達夫教授の批判に答えて─」北海学園法学研究21巻3号29頁、西田典之「具体的法定符合説について」刑雑26巻2号333頁、福田平「方法の錯誤と故意の個数」東海法学17号157頁、町野朔「故意論と錯誤論」刑雑26巻2号339頁、同「法定的符合説」について（上）（下）」警研54巻4号3頁・5号3頁、山中敬一「具体的事実の錯誤・因果関係の錯誤」中古稀179頁

1　具体的事実の錯誤の意義

客観的構成要件要素に関する同一構成要件内の錯誤が具体的事実の錯誤である。構成要件要素としての具体的事実の錯誤といっても、あらゆる微細な具体的事実の錯誤を指すのではなく、**法的に重要な事実の錯誤**のみが重要である。重要なのは、とくに行為客体に関する具体的事実の錯誤である。

行為客体に関する具体的事実の錯誤には、行為者が意図していた客体に結果が発生したが、その客体の具体的同一性について錯誤があった場合を意味する**客体の錯誤**（error in objecto, error in persona）の場合と、攻撃の方法を誤ったために、行為者が意図していた客体に結果が発生せず、別の客体に発生した場合を意味する**方法の錯誤**（打撃の錯誤）（aberratio ictus）の場合がある。

前者の事例は、例えば、Xが、Aという人を殺そうとしてその人に向かって発砲したところ、Aと思っていたのは実はBであって、Bが死亡したという場合である。後者の事例としては、例えば、Xが、Aを殺そうとして発砲したところ、弾はそれて、Aに当たらず、物陰にいたBに当たってBが死亡したという場合が挙げられる。

問題は、これらの場合において、Bの殺害についてXに故意があるかどうかである。

客体の錯誤の場合、学説は、一致して、Bに対する故意を肯定する。**方法の錯誤**の場合、ある説（法定的符合説）では、Bに対して故意は肯定されるが、他の説（具体的符合説）では、Bに対する故意が否定される。

2 学 説
(1) 法定的符合説

法定的符合説（Gleichwertigkeitstheorie）（団藤298頁、福田117頁、大塚189頁、大谷168頁、川端252頁、前田271,273頁、佐久間・事実の錯誤134頁以下）は、方法の錯誤においては、狙っていなかったが、結果が生じた客体に対する故意を認める。その根拠は、先の例でXは、Aという「人」を殺そうとしていて、Bという「人」を殺したのだから、表象と事実の間に重要な錯誤はないというものである。

> 法定的符合説の根拠についてより詳細にみると、これを**二つの場合**に分けることができる。第1は、行為者の故意の内容を、具体的事実を捨象して誰でもよいから「人」を殺害しようとするものとみる考え方である[3]。この場合には、眼前にいる自分が狙っている人に向けられた実行行為を行っているのに、故意は、それとまったく関係のない抽象的な「人」に向けられておればよいのであるから、そのあてはめは、それとまったくかけ離れた別の人でありうることになり、故意は、現実の危険から乖離した観念的なものとなる。後に述べる**数故意犯説**はこの立場に立っているように思われる。第2は、行為者が抱く現実の故意の内容は、Aに向けられているが、その故意が、法定的に符合するかぎりで、Bという「人」にも転用しうるとする考え方である[4]。ここでは、故意の内容自体を問題にしているのではなく、錯誤論によって、それを転用できる範囲を問うことが問題であるととらえるのである。その基準としては、法的に同一の評価に服する事実であることが挙げられる。後に述べる**一故意犯説**は、この立場に立っているように思われる。

法定的符合説の根拠として挙げられているのは、行為者は、構成要件のうえで同一の評価を受ける事実を認識すれば、当該行為を実行に移してよいかという規範の問題に具体的に直面するのであるから、発生した事実について「直接的な反規範的人格態度」（団藤298頁）または「直接的な反規範的意思活動」（大谷176頁）を認めるべきであるとする点である。

しかし、同一の評価を受ける事実を認識すれば、なぜ発生した別の事実について直接的な反規範的人格態度ないし意思活動を認めるべきなのかは、説

---

[3] 例えば、安廣文夫・最判解刑（平成元年度）81頁・86頁。
[4] 福田『刑法解釈学の主要問題』（1990）90頁参照。

明されていない。ここでは、故意概念は、不当に抽象化されている。反規範的人格態度ないし意思活動は、あくまで当初狙っていた客体に向けられたものであり、そのかぎりでのみ、法益侵害を実現しようとする意思を意味する「故意」として意味をもつ。この説が前提とする規範論は、具体的法益侵害との関係における規範を無視した極めて行為無価値論的なもので、しかも、責任主義の観点からみても、一個の規範違反があればそこから生じた同種の結果にはすべて故意責任を負うべきだという結果責任的な見解であって不当である。

もう一つの問題点は、法定的符合説によって表象していなくても故意があるとされる **客体を合理的に限定するための基準の問題** である。法定的符合説がおよそ「人」を殺害しようとする意思があれば、どのような客体に結果が生じてもその客体に故意を認めようとするものでないことは、その範囲を「相当因果関係の範囲内」であることを要するとする見解が展開されていることでも理解可能である（福田・主要問題99頁以下）。例えば、XがAを殺害しようと発砲したところ、弾丸が天井裏に潜んでいた窃盗犯Bに命中して死亡させたという事案では、Bの死亡は相当因果関係の範囲外であり、Bに故意を認めることはできないとするのである。[5] 折衷説によると、この場合に相当因果関係が否定されるが、客観説によると、行為時に存在する事情はすべて考慮されるから、相当因果関係は否定されないことになる。[6] 故意の流用・転用の限界の問題でも法定的符合説は、合理的基準をもたない。

(2) 具体的符合説

具体的符合説（Konkretisierungstheorie）（平野175頁、内田151頁、内藤938頁、中116頁、中山362頁、町野・刑雑26巻2号171頁以下、堀内107頁、曽根184頁以下、中森喜彦「錯誤論1」法教106号28頁、野村211頁以下、斎藤信治132頁、西田224頁以下、同「共犯の錯誤について」団藤古稀3巻94頁、山口204頁、同・問題探究122頁、浅田310頁、山中・中古稀179頁以下）によれば、方法の錯誤がある場合、発生

---

[5] BがAの背後にある障子の陰にいたとして、Bに命中したが、Bは、病院の火事のために死亡した場合には、相当因果関係はないが、法定的符合説からは、Bに対する故意がないとはいわないであろう。故意の範囲は、相当因果関係の有無によって限定されるのではないのである。

[6] 例えば、前田教授は、法定的符合説を採り（前田273頁）、実質上、客観的相当因果関係説を採用される（前田192頁）が、この事例では、Bに対する故意が認められることになる。

した結果について故意は阻却される。例えば、XがAを殺害しようとして発砲したところ、弾がBに命中してBが死亡した場合、Aに対しては、殺人未遂が成立し、Bに対しては、過失があれば過失致死罪が成立するにすぎない（両罪の観念的競合）。故意は、行為者が客体に重きを置いている場合には、客体ごとに成立するものであって、したがって、Xは、Aを殺害しようとしたがゆえに、Aに対しては故意があるが、狙っていなかったBに対しては、故意がないからである。

先の法定的符合説における反規範的意思活動による根拠づけとパラレルな論拠を持ち出せば、刑法上の規範は、事前予防機能としては、たしかに一般的に「人を殺すな」という規範を定立する。しかし、この規範は、**事前の抽象的な行為規範**であって、この行為規範を破ろうとする者には、ほとんど意味がない。具体的に「人を殺そう」とする者に対しては、制裁をともなった**具体的な規範**が与えられる[7]。それは、「汝が殺そうとしているその人を殺すな」という規範である。これに違反するということは、制裁の前提としての構成要件該当行為を行うことを意味する。当該の行為客体のもつ具体的な法益を守るのが、この具体的規範の機能であるから、故意の向けられた客体についてのみ規範違反が存在する。つまり、このような具体的規範に違反するという反規範的意思活動は、「その人の殺害」のみに向けられているのである（同旨＝内藤939頁以下）。

具体的符合説に対して、法定的符合説からは、XがAを殺す意図で、Aだと思ってその相手に発砲したところ、その相手は実はBだったという客体の錯誤の事例については、具体的符合説も、Bに対する故意既遂を肯定するのであって、AかBかという具体的事実を重要なものとみなさないのに対して、方法の錯誤の場合には、その錯誤を重要なものとするのは、一貫しないという批判がある。しかし、この批判はあたらない。客体の錯誤の事例においては、Xは、Aという「その人」を殺そうとして、実際に「その人」を殺害したが、それがBだったというにすぎない。ここには、Xが、眼前にとらえていたAという「その人」を殺そうとして「その人」が死亡して

---

[7] 長井教授は、「人は、自らが置かれた具体的行為状況との関係でのみ、規範に直面する」といわれる（長井・故意概念240頁）。

いるのであって、そこには錯誤はないといってもよいのである。この点で、眼前で狙っている「その人」に当たらなかった方法の錯誤の事例とは構造を異にする。

具体的符合説は、「具体的法定符合説」(平野175頁)と呼ばれることもある通り、軽微な錯誤もすべてが故意を阻却する(佐久間127頁)と主張しているわけではない。法定的符合説からは、客体の錯誤の場合も「徹底すれば」具体的符合説からは故意が阻却されるはずだとするが、具体的符合説は、動機を考慮する動機説ではなく、故意に導かれた実行行為の向けられた当該の「客体の個性」が重要であるとしているのである。行為者が、政敵である首相Aを暗殺しようとしてAだと思って、自らの同志Bを殺してしまった場合も、その動機や計画が実現したかどうかは問題ではない。行為者の行った実行行為は、そこで狙ったBのみに向けられていたのであり、その点には法的に重要な錯誤はない。

なお、客体の錯誤の事案では、狙っていた客体Aに対する故意も残り、Aに対する未遂と、結果が発生したBに対する故意の既遂が認められるとする見解(山口221頁)が展開されているが、不当である。客体の錯誤の事案で、狙っていたAに対する未遂が成立する場合は稀であると思われる。というのは、狙っていた人物が犯行現場にいないのが通常だからである。未遂が成立しうる可能性があるのは、例えば、行為者の眼前の岩場の陰で、AとBとが並んで立っておりその頭部が順にシーソーに乗っているように見え隠れしていたが、Aだと思って発砲したところ、Bだったという事例などであろう。しかし、この場合も、あくまで実際に目に見えたBを狙っているなら、未必の故意が認められないかぎり、Aに対する故意はないというべきである。したがって、具体的符合説からは、客体の錯誤で、現に結果が発生した者に対してのみ故意が肯定され、狙っていた客体に対しては故意はないというべきである。しかし、現実にはこのような事例では未必の故意が

---

[8] 具体的符合説は、最終的には、故意の対象としての客体の「法的評価」によって錯誤の重要性を判断するものである。したがって、人の右手に傷害を与えるつもりで、左手に傷害を与えた場合には、傷害罪の構成要件の法的評価は、具体的な手の右、左の相違によって異なるわけではないので、その錯誤は重要でないというべきである(反対=葛原力三「打撃の錯誤と客体の錯誤の区別(2)」関法36巻2号140頁、町野242頁、佐伯仁志・最前線113頁)。

修正された具体的符合説（井田92頁以下）は、結果が故意によって惹起されたことを積極的に理由づけることを要求する点で、具体的符合説の出発点を妥当としつつ、客体の特定的認識を基準とする方法論を素朴であるとし、故意処罰の法的根拠となる規範的な基準を見出すべきだとする。基準となるのは、行為者の認識事情からして、当該の発生した結果に対しても「実現意思が及んでいたとして重い規範的評価を下して差し支えない」かどうかである。したがって、行為者の認識事情からみて当該結果発生はとりあえず排除されている場合には、故意は否定される。

この見解は、具体的符合説の客体の特定基準を規範的評価に置き換えた点に特色がある。しかし、最終的な規範的評価は必要であるとしても、行為者の認識事情を手がかりに直接「規範的評価」によって意思実現かどうかを判断する点で、基準が価値的すぎて不当である。後述のように、具体的符合説にも、実質的な判断基準を導入し、投入された危険行為の射程に対する認識範囲の観点から実現意思の有無を判断する方法が示されうるのであり、具体的符合説の規範的観点からの修正は不要である。

3　学説の検討
(1)　併発事例の解決

法定的符合説によれば、XがAを殺そうとしたが、弾が誤ってBに命中し、Bが死亡した場合、Bに対する故意が認められた。それでは、もともと狙っていたAに対しては、故意があるのだろうか。この問いは、Xは、Bに対する殺人既遂罪で処罰されるが、Aに対する殺人未遂罪は残るのであろうか。それとも、Bに転用されたのであるから、Aに対する故意は残っていないのであろうかという問題である。

この事例を修正して、Xの撃った弾は、Aに重傷を負わせた後、Bに命中し、Bを死亡せしめたという事例（修正事例）では、どう考えるべきかを問うた場合、問題点はより鮮明になる。このように、行為者の行為が、狙っていた客体に作用した後、さらに別の客体にも作用したというのが、いわゆる**併発事例**である。

具体的符合説によるこの事例の解決は、原則通りである。Xが、狙ってい

第7節　構成要件的事実の錯誤　　§93　具体的事実の錯誤◇　343

たAを死亡させた場合には、殺人既遂、重傷を負わせた場合には、殺人未遂であるが、併発したBの死亡に対しては、過失致死罪、Bが重傷を負った場合には、過失傷害罪となる。両者の観念的競合として処断される。

XにはAに対する殺人の故意がある		法定的符合説		具体的符合説
		一故意犯説	数故意犯説	
X━━▶B(A)	客体の錯誤	Bに対する殺人既遂	Aに対する殺人未遂？（不能犯？）Bに対する殺人既遂	Bに対する殺人既遂
X━━▶A ╲▶B(死亡)	方法の錯誤	Bに対する殺人既遂	Aに対する殺人未遂 Bに対する殺人既遂（両者の観念的競合）	Aに対する殺人未遂 Bに対する過失致死（両者の観念的競合）

法定的符合説によれば、基本的に**二つの見解**に分かれる。

(a)　**数故意犯説**　　第1の見解は、両客体に対して故意犯が成立し、修正事例においては、Aに殺人未遂、Bに殺人既遂を認め、両者の観念的競合とする。出発事例のように、Aに当たらず、Bのみを死亡させた場合にも、Aに対する殺人未遂ならびにBに対する殺人既遂が認められ、両者の観念的競合となる。また、そもそも狙っていたAにも傍らにいたBにも当たらなかった場合には、両者に対する殺人未遂を認めることになる。これは、もともと一つの客体の侵害を意図していたにもかかわらず、複数の故意の存在を認めるものであり、**数故意犯説**と呼ばれている（団藤305頁、中野・団藤古稀2巻214頁以下、大谷171, 173頁、前田271頁）。

この説は、その**根拠**として、故意は、概括的故意の場合には、誰に故意が及ぶかが特定しなくても故意犯が認められるのであるから、故意の個数は故意にとって本質的なものではないことを挙げる。この説の問題点は、故意の本質を、客体の個数によって左右されない概括的故意とみることであり、いくら行為者が、一人の人に慎重に狙いを定めても、別の客体に結果が発生すれば、それについても故意（既遂）が認められることである。しかも、未遂の場合にも、故意を否定する理由はないから、具体的危険性があるかぎり、故意犯の未遂は成立していることになる。したがって、Xが、Aのみを狙って殺害しようとしたが、傍らにいたBにもCにもDにも当たって全員死

亡させた場合、すべての者に対する殺人既遂が成立し、さらに当たらなかったとしても、相当因果関係の及ぶ範囲内にいたEに対する殺人未遂も成立することになる。

また、**概括的故意**の事例は、そもそも特定の客体に確定的故意が特定していない場合であるが、方法の錯誤の問題においては、特定の客体にのみ確定的故意がある場合が問題になっている。故意の存否は、行為者が客体に対してどのような認識・意欲をもっていたかによって、概括的故意の場合もあれば、客体を特定した故意の場合もある。したがって、概括的故意の事例を故意全体に推し及ぼすのは不当である（内藤925頁参照）。

判例は、数故意犯説に立つ。すでに**大審院昭和8年判決**（大判昭8・8・30刑集12・1445）は、Xは、Aが女児Bを抱いているのを目撃して、Aを殺そうとして日本刀で10数回その身体を突き刺し、同時にBにも刺切傷を与え、AのみならずBをも即死させたという事案につき、まったく意識していない客体たるBについても故意を認め、2個の殺人の故意を認めた。本判決は、併発事例に関する最初の判例である。

昭和53年には最高裁（最判昭53・7・28刑集32・5・1068＝**百選42**）が、併発事例につき、やはり数故意犯説に立った。事案は、Xが、強盗の手段としての殺意をもって警ら中のA巡査に改造びょう打ち銃を発射したところ、びょうは、A巡査の胸を貫通して胸部貫通銃創を負わせ、さらに、たまたま通りかかった通行人Bの背部に命中し、腹部貫通銃創を負わせたというものである。最高裁は、「人を殺す意思のもとに殺害行為に出た以上、犯人の認識しなかった人に対してその結果が発生した場合にも、右の結果について殺人の故意があるというべきである」として、AおよびBそれぞれに対する強盗殺人未遂罪（観念的競合）であると判示した。

近時、判例において、二人の被告人が、Xを殺害しようとして何発か発砲し、弾丸がYおよびZにも命中し、Yは死亡したが、Zは重傷を負ったにとどまった事案で、検察官がYおよびZに対する未必の故意を主張することなく、錯誤論の数故意犯説によってYおよびZに対しても故意を肯定した事案につき、**量刑上、狙っていなかった者に対しても故意があったことを考慮できるか**について、次のように述べた。「そもそも、本件は、打撃の錯誤（方法の錯誤）の場合であり、いわゆる数故意犯説により、2個の殺人罪と1個の殺人未遂罪の成立が認められるが、Y及びZに対する各殺意を主張して殺人罪及び殺人未遂罪の成立を主張せず、打撃の錯誤（方法の錯誤）の構成による殺人罪及び殺人未遂罪の成立を主張した以上、これらの罪についてその罪名どおりの各故意責任を追及することは許されないのではないかと考えられる。したがって、前述のとおり、周囲の参列者に弾丸が命中する可能性が相当にあったのに、これを意に介することなく、Xに対する殺害行為に出たとの点で量刑上考慮するのならともかく、Y及びZに対する各殺意に基づく殺人、同未遂事実が認められることを前提とし、これを量刑上考慮すべきことをいう所論は、失当といわなけ

第7節　構成要件的事実の錯誤　§93　具体的事実の錯誤◇　345

ればならない」（東京高判平14・12・25判タ1163・306）。

(b) 一故意犯説　第2の見解は、どちらか一方にのみ故意を認め、そのいずれに故意が認められるかについては学説が分かれる。これは、行為者は、一つの客体の侵害のみを企図していたのであるから、故意の個数は一つであり、この事例においては、どちらかに対する故意犯が認められる。この説に立つと、論者によって、具体的にどの人に対して故意犯が成立するのかという基準が分かれ、明確性を失う点が問題である。

〔事例1〕　XがAを殺害しようとして発砲したところ、弾丸は、Aを死亡させた後、Bをも死亡させた。
〔事例2〕　XがAを殺害しようとして発砲したところ、弾丸は、Aを死亡させた後、Bに重傷を負わせた。
〔事例3〕　XがAを殺害しようとして発砲したところ、弾丸は、Aに重傷を負わせた後、Bを死亡させた。
〔事例4〕　XがAを殺害しようとして発砲したところ、弾丸は、Aに重傷を負わせた後、Bにも重傷を負わせた。
〔事例5〕　XがAを殺害しようとして発砲したところ、弾丸は、Aに重傷を負わせた後、BとCを死亡させた。

大塚説（大塚192頁以下、同・基本問題245頁以下、佐久間130頁）では、第1例は、Aに対する殺人既遂罪とBに対する過失致死罪の観念的競合である。第2例は、Aに対する殺人既遂罪とBに対する過失傷害罪の観念的競合である。第3例は、Bに対する殺人既遂罪とAに対する過失傷害罪の観念的競合である。第4例は、Aに対する殺人未遂罪とBに対する過失傷害罪の観念的競合である。第5例は、Aに対する過失傷害罪、BまたはCに対する殺人既遂罪、殺人既遂でない方につき過失致死罪が成立し、これらの観念的競合である。

これに対して、**福田説**（福田120頁以下。なお同・主要問題92頁）では、第1例は、Aに対する殺人既遂罪とBに対する過失致死罪の観念的競合である。第2例は、Aに対する殺人既遂罪とBに対する過失傷害罪の観念的競合である。第3例は、Bに対する殺人既遂罪のみが認められる。第4例は、Aに対する殺人未遂罪とBに対する過失傷害罪の観念的競合である。第5例は、BまたはCに対する殺人既遂罪が成立する。BかCかは特定できない。

さらに、**下村説**（下村康正『刑法総論の現代的諸問題』〔1979〕128頁以下）では、第1例は、Aに対する殺人既遂罪とBに対する過失致死罪の観念的競合で

ある。第2例は、Aに対する殺人既遂罪とBに対する過失傷害罪の観念的競合である。第3例は、Aに対する殺人未遂罪とBに対する過失致死罪の観念的競合である。第4例は、Aに対する殺人未遂罪とBに対する過失傷害罪の観念的競合である。第5例は、Aに対する殺人未遂罪、B、Cに対する過失致死罪の観念的競合である。

このように、**一故意犯説**からは、その解決方法が区々さまざまであり、統一性に欠けるうらみがある。**数故意犯説**にも、故意の成立範囲をあまりにも広く拡大するという難点があった。したがって、このかぎりでは、具体的符合説が明確かつ一義的であり、法定的符合説より優れている。ただし、Xが、二人の人間BおよびCが並んで立っていたのを一人の太った人間Aが立っているものと錯誤して、Aを殺害しようと散弾銃を発射したが、BおよびCが死亡したような場合、「BとC」および「A」の間の錯誤は、客体の錯誤であるが、結果の発生したBとCのいずれに故意犯が成立するのかについては、一個の故意から二つの結果が生じている事例であるから、具体的符合説にも、一故意犯説と同様の問題が突きつけられる（井田・法学研究58巻10号74頁以下）。

さらに、具体的符合説によれば、客体の錯誤と方法の錯誤においてまったく結論を異にするため、その間の区別が重要な意味をもつことになる。

(2) 方法の錯誤と客体の錯誤の区別

(a) 客体が眼前に存在するとき　行為者が**眼前にいる客体**を狙う場合については、客体の錯誤と方法の錯誤の区別は明確であるようにみえた。客体の錯誤の場合、眼前にいるその人に結果が発生することを予見しており、行為者の実行行為は、その人に向けて制御されている。錯誤はすでに実行の着手のときに生じているのであって、実行行為の向けられた当該客体には齟齬はない（事前の錯誤）。方法の錯誤の場合、眼前にいるその人に結果が発生することを予見しているが、因果経過はその予見を裏切り、別の客体に向かい、別の客体に結果が生じている。この場合、錯誤は、実行行為の後に生じている（事後の錯誤）。したがって、実行行為のときに実行行為の向けられた当該客体につき錯誤がないのが客体の錯誤、後に錯誤が生じるのが方法の錯誤であるという基準を演繹することができる。

(b) 客体が眼前に存在しないとき　もちろん、客体が**眼前に捉えられていない場合**にも、例えば、狙っていた客体（人）の足音を聞いたといった行為

者の**感覚的知覚の延長範囲内**にある場合には、眼前にいる場合と同様であり、その人が近づいてくると思って仕掛けをしたところ、別人がその仕掛けにかかったといった場合には、方法の錯誤である。

(3) 客体が眼前にいない場合
(a) 単独犯の場合

〔事例1〕 Xが、首相Aを暗殺しようとして、翌日乗る予定であったその公用車に爆弾をしかけて後部座席に座れば爆発するようにしたが、翌日、その車には首相の妻Bが乗り、Bが爆発によって即死した。

〔事例2〕 Xは、Aを電話で脅迫しようとして、A宅に電話しようとしたが、誤ってB宅の電話番号をプッシュし、Bに対して脅迫をした。

ここで、両錯誤の区別基準について考察しておこう（山中・中古稀203頁以下参照）。①客体の錯誤は、行為者が**実行行為のとき**にすでに錯誤に陥っている場合であるのに対して、方法の錯誤は、実行行為の後に事象が展開し、行為者の表象から逸脱していく事例である（**第1基準**）。また、②客体の錯誤の場合、実行行為から生じる危険が、本来の標的Aに及ぶことは必要でないが、方法の錯誤の場合には、Aに対して実行行為が行われ、そこから生じる危険の及ぶ範囲内にBがいるというのが通常である（**第2基準**）。

この**第1基準**によると、実行行為の時点における錯誤かその後の錯誤かが重要である。**第1事例**の場合には、爆弾をしかけた時点に実行行為があるとすると、その後事象が展開していった方法の錯誤の事例とも考えられるが、逆に、その時点で、Xは、翌日後部座席に座るのはAであると思っていたが、現実にはBであったという客体の錯誤の事例とも考えられる。Bが乗り込んだときに実行の着手があるとすると、客体の錯誤である。

第2事例においては、脅迫の実行の着手は、害悪の告知の開始にあるから、ダイヤル・ボタンをプッシュした時点の錯誤は重要でない。Xは、害悪の告知のとき、電話の相手がAだと誤信しているのであるから、客体の錯誤の事例である。**第2基準**によると、第1事例においては、爆弾をしかけたときには、因果の予測では、Aが危険の範囲内に入るという可能性が高いから、方法の錯誤であるともいえるが、AにもBにもいまだ具体的な危険は発生していないともいえる。第2事例においては、Aは、その実行行為の危険の及ぶ範囲内にはいないから、客体の錯誤である。

第1事例において、実行行為が爆弾をしかけたときにあるとすると、客体

の錯誤か方法の錯誤かはどのような基準によって定まるのであろうか。第1基準をそのまま適用すると、実行行為の後に逸脱が生じた事例であるから方法の錯誤のようにみえる。しかし、第1基準は、実は、分かりやすい基準であるが、正確ではない。具体的符合説を前提にすると、厳密には、客体の錯誤も方法の錯誤も、実行行為時以降に生じるものであるが、客体の錯誤は、客体について錯誤がない場合であり、方法の錯誤は錯誤がある場合なのである。**第2事例**においては、Xには、電話の相手方という「その人」を脅迫しているという点で錯誤がないから客体の錯誤なのである。

　眼前に客体がいない例については、行為者は、一定の因果経過を想定し、それによって、客体がいるであろうというその時や場所に向かって実行行為を行っている。その実行行為自体は、将来に向かって投企した表象のまま、その時その場所にいる「その人」に対して行われているが、ただ狙った具体的な客体がその時に場所に来るという予測を誤ったのである。すなわち、その時その場所で効果が生じるようにしかけた爆弾が、表象したAではなくBに命中したにすぎないのである。そこで、**第3基準**としては、次の命題が考えられる。③行為者Xが、現実に当初の標的Aに向けた危険を及ぼすように自らの行為を制御して実行行為を行ったが、その**現実の実行行為の危険力**に問題があった場合には、方法の錯誤であるが、たんに自ら制御できない標的たる人ないし他人の将来の行動を予測して実行行為を行ったが、現実の実行行為自体は予測通り経過した場合には、客体の錯誤である（第3基準）。

　この**第3基準**によると、第1事例においても、行為者は、Aの行動をたんに予測して実行行為を行ったのであり、また、その実行行為自体は失敗しておらず、ただ爆弾が爆発するときに座席に座っているのは、Aであると思っていたところ、現実にはBであったというにすぎないから、客体の錯誤である（同旨＝山口210頁、反対＝西田225頁以下）。

(b) 共犯の場合

　　〔事例3〕X（ローゼ）は、Y（ロザール）を教唆してA（シュリーベ）を殺害させようとした。Yは、Aだと思ってB（ハルニッシュ）を射殺した。

　この事例は、ドイツの**ローゼ・ロザール事件**（Preußisches Obertribunal, GA 7〔1859〕, 332ff.）以降議論されるに至ったものであり、ドイツでは最近、**第2のローゼ・ロザール事件**[9]（BGHSt 37, 214＝農場相続事例）、さらに**第3のローゼ・ロザール事件**[10]（BGH NStZ 1998, 294＝自動車爆弾事件）といわれる事件が発生した。

ドイツの判例は、共犯の錯誤の場合、客体の錯誤説に立っているが、学説には批判が強い。

　さて、この共犯のからむ事例においても、教唆者にとって被害者が眼前にいない点で、これまで扱ってきた事例と構造は同じである。これについて、具体的符合説の立場から、これを **方法の錯誤とする見解**[11]（葛原・関法 36 巻 2 号 131 頁、中・諸問題 152 頁、西田 231 頁、同・団藤古稀 3 巻 103 頁、浅田 457 頁、同・西原古稀 2 巻 428 頁）と **客体の錯誤とする見解**（中森「錯誤論 2」法教 107 号 51 頁、山中・中古稀 203 頁以下）とが対立している。**方法の錯誤** だとすると、X は、A の殺害については、Y が A 殺害の実行行為に出たわけではないから、共犯の従属性（実行従属性）の原則（☞§155, 3）により、不可罰となり、結局、B に対する過失致死罪となるにすぎない点が問題である。

　X が、A の通りかかる時と場所を告げて Y に襲わせた場合には、第 3 基準によると、X は、A の行動を予測しているにすぎないから、客体の錯誤である。X が Y に実行計画をすべて委ねた場合には、Y の行動については X の錯誤はないから、Y の客体の錯誤のみが X にとっても錯誤であり、したがって、**客体の錯誤** である。

---

[9] 事案は、以下のごとくである。被告人 X は、A を殺害しようとして、Y に A の殺害を依頼した。X は Y に既に A を殺害すべく、A の写真を見せ、A がよくビニールの袋を持っていることを教えた。午後 7 時頃、厩の中は薄暗かった。隣人 B がビニールの袋をさげて厩舎に入ってきたのを、Y は A と間違って、至近距離から B を射殺した。連邦裁判所は、攻撃客体が眼前にいる場合の理論である方法の錯誤の理論は、そうでない場合に適用することはできないとし、被教唆者の客体の錯誤は、教唆者にとって法的に重要でない錯誤だとした。この判例について、井田・法学研究 65 巻 12 号 45 頁以下、浅田和茂「教唆犯と具体的事実の錯誤」西原古稀 2 巻 408 頁以下参照。

[10] 1997 年 10 月 7 日の判決である。事案は、投資詐欺で訴追された A が、捜査した警察官 P に復讐しようとして、B に依頼して P の名前と住所を教え、B が C も仲間に引き入れ、両人は、P の家のガレージの前に駐車してあった車を P の車だと勘違いし、隣人 S の車の下に手榴弾をセットして、信管をハンドルと針金で結びつけハンドルを切ったときに爆発するようにした。何日か後に S が車を動かしたとき、針金が切れて、爆発しなかった。S は、手榴弾に気づき、取り外して未遂に終わった。B と C は、客体を感覚的に知覚していない場合にも客体の錯誤とし、殺人未遂で有罪とした。A の錯誤は重要でなく、殺人未遂の教唆で有罪とされた。客体たる人の同一性の錯誤は、「予想された危険の射程内」にあるというのである。

[11] 浅田教授は、具体的符合説を採って純粋惹起説を採用すれば、方法の錯誤とするのが一貫しているとされるが（浅田・西原古稀 2 巻 428 頁）、論理的関係はない。例えば、第 2 のローゼ・ロザール事件においても、具体的符合説・純粋惹起説から、客体の錯誤であるという結論に至ることは、無理なく可能である。つまり、教唆者の教唆行為時の故意は、厩舎にその日の夕方通りかかる人物である「A」を殺害させるというものであり、そのような実行を想定していたが、その人物は実は「B」であったというものである。したがって、客体の錯誤であるとすることができる。

4 器物損壊罪・財産罪等における具体的事実の錯誤

このような殺人罪や傷害罪を中心に検討してきた事例の解決が、その他の犯罪にも成り立つかどうかが問題である。学説においては、法益の価値が重大で個性が重視されるべき**生命・身体**などの法益の場合は、具体的符合説に従い、法益の価値がそれほど重大でもなく個性も重視されない財産犯の場合のような法益については、法定的符合説によるべきであるという見解（能勢弘之「事実の錯誤」現代刑法講座 2 巻 327 頁以下）もある。これに対しては、法益によって基準を変えるのは、理論的に一貫しないと批判されている（曽根・重要問題 195 頁）。

具体的符合説に立つかぎり、器物損壊罪のように、過失犯処罰規定も未遂犯処罰規定もないものについては、方法の錯誤の場合には、行為者の故意による器物損壊行為により、別の物が過失により損壊された場合、不可罰となる。この点は、不合理であり、実際的妥当性を欠くという批判（西原 197 頁、佐久間 119 頁）がある。しかし、この点は、未遂と過失器物損壊が、たまたま同一の行為から生じているだけであって、もともと、器物損壊の未遂は不可罰、過失器物損壊も不可罰だから不可罰としてよいとも反論しうる。

次のような事例に即して、具体的符合説の結論を考察しよう。
〔事例 1〕X は、A 所有の自動車のタイヤを銃で狙ってパンクさせようとしたが、その自動車のドアに穴をあけてしまった。
〔事例 2〕X は、A 所有のカメラを損壊しようとして、B 所有のビデオを損壊してしまった。
〔事例 3〕X は、A の現住する家屋に放火しようとして、燃えた木切れを投げつけたが、隣の B の現住家屋に火が着いて全焼させてしまった。

第 1 事例においては、行為客体の同一性の範囲が問題となる。同じ A の所有物である自動車の一部である「タイヤ」と「ドア」は、同一物の範囲内にあるのか。このことは、傷害罪においても、X が、A の左足に負傷させようとして、右足に負傷させてしまったような場合も同様である。客体が一つの物を構成し、同一の法的評価を受けるその物の一部に属する場合には、同一客体とみなされるように思われる。したがって、第 1 事例においては、その錯誤は重要でなく、ドアの損壊に対する故意は認められる。

第 2 事例においては、「カメラ」と「ビデオ」という別の物である点、および一方は A の所有物であるが、他方は B の所有物であるという点が前例と異なる。ここでは、行為者の「故意の実現」を基準にし、**客体の同一性を基準とする見解**と**法益主体の同一性を基準とする見解**が対立する。客体同一性基準説によると、行為者があくまでカメラを損壊する意図であった場合には、故意は認められない。したがって、結論

的には不可罰とせざるをえないであろう。**法益主体基準説**は、同一の法益主体に同種の構成要件的結果が生じた場合には符合を認めうるとする（西田・団藤古稀3巻199頁、内藤942頁、曽根186頁）のであるから、法益主体の異なる第2事例においては、故意は認められない。生命は、一身専属的法益であるが、物は、「財産」という非一身専属的法益だから、生命犯・身体犯の場合と異なるというのである。**客体同一性基準説**が妥当である。なぜなら、行為者の故意の内容から出発すると、多くの場合、その物が誰に属するかではなく、それが何かに関心があるからである。しかも、財産罪の法益は、原則として個別財産である。法益主体ではなく、個別法益（客体）を基準にすべきである。したがって、眼前にある客体を損壊しようとした者が、別の客体を損壊した場合には、やはり、その故意の実現は失敗に終わったのである。

第3事例においては、法益は、公共の危険という社会的法益であるから、「社会という同一の法益主体に同種の構成要件的結果が生じた限りにおいてXの認識事実と実現事実との間に符合を認めてよい」（内藤943頁）という見解がある。この見解は、「社会」という「同一の法益主体」を基準とする点で、不当である。つまり、法益主体を「社会」といった一般的なものにまで拡大することはもちろん、「法益主体」を基準とする点でも、この見解は不当である。むしろ、同一の「公共の危険」という法益を基準にすべきである。第3事例においては、Aの家屋への放火のもたらす「公共の危険」は、隣のBの家屋にも及ぶから、同じ生命身体の危険の範囲内にあるといえる。したがって、結論的には、Bの家屋に対する放火罪の故意が認められるのである。

§94　抽象的事実の錯誤

【文献】 伊東研祐「刑法三八条二項の意義」基本講座2巻261頁、林幹人「抽象的事実の錯誤」上智法学30巻23号235頁（同「刑法の現代的課題」〔1991〕73頁以下所収）、日髙義博「抽象的事実の錯誤と適条―合一的評価説の展開」専修大学法学研究所紀要8号235頁、日髙/川端「抽象的事実の錯誤」現代論争〔Ⅰ〕190頁、前田雅英「故意の認識対象と違法性の意識」刑雑34巻3号378頁、町野朔「法定的符合について（上）（下）」警研54巻4号3頁・5号3頁、山口厚「抽象的事実の錯誤」刑雑34巻3号61頁

1　抽象的事実の錯誤の意義

異なる構成要件にまたがって行為者の表象した事実と現実に存在した事実との齟齬を**抽象的事実の錯誤**という。抽象的事実の錯誤にも、方法の錯誤と

客体の錯誤の場合がある。

刑法38条2項は、「重い罪に当たるべき行為をしたのに、行為の時にその重い罪に当たることとなる事実を知らなかった者は、その重い罪によって処断することはできない」と規定する。これは、抽象的事実の錯誤のうち、**軽い犯罪を行うつもりで重い犯罪を実現した場合**について、重い犯罪によって処断することができない旨を規定したものである。しかし、逆に、重い犯罪を犯すつもりで、軽い犯罪を実現したという場合もありうる。また、両者の法定刑が同じである場合もありうる。これら二者については、38条2項は何ら規定していない。さらに、「処断することはできない」というのは、罪名としても軽い犯罪が成立するという意味なのか、それとも罪名は重い犯罪によるが、科刑のみが軽い犯罪の法定刑によるという意味なのかは必ずしも明らかではない。そこで、解釈が分かれている。

2 学説の状況

抽象的事実の錯誤の場合の解決方法を考える場合、異なった構成要件にまたがる錯誤であるから、表象された事実と現実に発生した事実との間の法的評価は異なることが出発点となる。法定的符合説の考え方に立つと、両者の構成要件的事実は法的評価を異にするから、錯誤は、原則的に、故意を阻却する。このことは方法の錯誤でも客体の錯誤でも同じである。なぜなら両者の場合ともに、表象とは異なった構成要件的事実が発生しているからである。具体的事実の錯誤に関する具体的符合説も、抽象的事実の錯誤については、法定的符合説と同じ思考方法と結論をとる。

しかし、このような法定的符合説がすべての場合を一貫して合理的に説明しえ、説得力ある結論を導きうるかが問題である。抽象的事実の錯誤に関する各学説がこの問題をどのように解決しようとしているかを検討しよう。

(1) 法定的符合説

法定的符合説は、表象された事実と現実の事実とが同一構成要件内にあるかぎりで、故意を認めるのであるから、抽象的事実の錯誤については原則として故意を阻却するものとする。しかし、例えば、業務上横領の故意で実行行為に出たが、単純横領罪を実現したにとどまった場合、業務上横領罪の故意が阻却され、単純横領の故意はなかったがゆえに不可罰となるというのは不合理である。

そこで、法定的符合説も、異なる構成要件にまたがる錯誤がつねに故意を

阻却するわけではなく、一定の範囲内で、錯誤が重要でない場合をも認めている。法定的符合説の意味を形式的に解するのではなく、法がどのような場合に当該の表象に**法的に別の評価**を加えようとしているかを実質的に解そうというのである。この「範囲」をめぐって、学説が分かれている。

(2) 構成要件的符合説

法定的符合説の意味を構成要件に認め、構成要件間にまたがる錯誤でも、それらの構成要件が重なりあう限度で故意の成立を認める見解である。この見解を **準法定的符合説** と呼ぶこともある（中 119 頁）。構成要件的符合説の内部で、**「重なり合い」の程度** をどのように解するかによって、ふたたび学説が分かれる。

(a) 厳格符合説　これは、重なり合いを認める範囲を「刑の加重事由のあるばあい、逆に減軽事由のあるばあい、財産犯のなかで認識と事実にくいちがいがあるばあい」に限定し、重なり合いの限度を、「**法条競合の関係に立つばあい**」にかぎろうとする見解（香川 268 頁）である。

この見解に対しては、符合の範囲がせますぎるのではないかという疑問が呈示されている（内藤 976 頁）。殺人と傷害は、法条競合の関係に立つが、加重・減軽の関係にはない。また、財産犯において具体的にどの犯罪とどの犯罪の間の錯誤が重なり合う限度にあたるのか明らかではないという批判もある（内藤 975 頁以下）が、この説からは、法条競合の関係に立つかどうかが基準であり、同一罪質、実質的な同質といった価値判断の介在する基準よりも合理的であると反論する（香川 268 頁以下）。

(b) 形式的・実質的符合説　構成要件の重なり合う限度を、構成要件が原則的に **形式的に重なり合う場合** とし、さらに **実質的に重なり合う場合も含む** ものとする。それによれば、殺人と承諾・嘱託殺人、強盗と強盗殺人など加重・減軽関係に立つ構成要件間のほか、共犯の錯誤の場合について、**大小の包含関係** にある場合、すなわち、窃盗と強盗、恐喝と強盗、傷害と殺人（団藤 426 頁、福田 295 頁）、窃盗と占有離脱物横領、脅迫と恐喝、恐喝と強盗、殺人と傷害致死（福田 296 頁）なども含められている。また、最高裁（最決昭 54・3・27 刑集 33・2・140）の決定において「実質的に全く重なり合っているもの」とされた麻薬輸入罪（麻薬取締法 64 条 2 項・1 項・12 条 1 項）と覚せい剤輸入罪（覚せい剤取締法 41 条 2 号・1 項 1 号・13 条）の関係については、両者ともに、濫用による精神的・身体的依存の状態を形成し個人および社会に重大な害悪を

もたらす薬物であって外観上も類似したものが多いことにかんがみて、実質的には同一の法律による規制に服しているとみうるような類似性があるとして、**実質的に重なり合いを認める**（団藤 301 頁）のみならず、覚せい剤であるフェニルメチルアミノプロパン塩酸塩粉末を麻薬であるコカインと誤認した事案（最決昭 61・6・9 刑集 40・4・269 =**百選 43**）について、その決定と同じく、覚せい剤所持罪（覚せい剤取締法 41 条の 2 第 1 項 1 号・14 条 1 項）と麻薬所持罪（麻薬取締法 66 条 1 項・28 条 1 項）との実質的重なり合いを認め、軽い方の麻薬所持罪の故意を認め、同罪の成立を肯定する。ただし、公文書偽造罪と虚偽公文書作成罪との間に重なり合いを認める判例（最判昭 23・10・23 刑集 2・11・1386）には反対する（団藤 472 頁、福田 295 頁）。

　本説は、基本構成要件と加重・減軽構成要件との関係にあるような構成要件の形式的重なり合いがある場合を出発点とし、構成要件要素にかなりの部分の実質的共通性がある場合にまで重なり合う範囲を拡大する見解を意味する。基本的に本説が妥当である。

　（ⅰ）**基本・派生関係にある構成要件間の錯誤**　　基本・派生（加重・減軽）の関係にある構成要件間の錯誤については、軽い罪を認識して重い罪を実現した場合には、38 条 2 項により軽い罪の限度で故意犯が成立するが、この場合、客観的事実である重い罪の実現には、軽い罪が含まれているとみることができ、逆に、重い罪を認識して軽い罪を実現した場合には、重い罪の故意には軽い罪の故意が含まれているとみることができるから、軽い罪の成立を認めることに疑義はない。

　（ⅱ）**基本・派生関係にない構成要件間の錯誤**　　しかし、重い罪である覚せい剤所持を、軽い罪である麻薬所持であると錯誤した場合については、両構成要件がこのような**基本・派生の関係にない**ので、軽い罪の構成要件が実現されていないのに、なぜ軽い罪が成立するのかが問題となる。学説の中には、「重い罪の故意と軽い罪の故意とは事実の認識としては別個のものであることをみとめたうえで、軽い罪の故意で重い罪の結果を実現した事実につき」、故意が認められない場合に、政策的に故意犯の成立を認めるという抽象的事実に関する「**錯誤論を適用して、軽い罪の成立を認める**」（福田・判評 337 号 267 頁以下）という見解がある。この見解は、構成要件が重なり合うから、錯誤論を適用して、客観的に重い犯罪が実現された場合であるのに、軽い犯罪が成立するというのであるが、なぜ客観的に実現していない軽い犯罪が成

立するのかは依然として説明されていない。また、「刑法38条2項は、このような場合に、客観的に充足された構成要件を主観的に認識された軽い方の構成要件に修正し、軽い犯罪を成立させる規定でもある」という説明（町野236頁）がある。

さらに、覚せい剤を輸入する意思でヘロインを輸入した事案（前掲最決昭54・3・27）について、この場合には、**同一の法益の侵害・危険**を構成要件要素としているのであり、両者によって合成された犯罪類型が実現されるという見解（林幹人・現代的課題92頁以下・96頁）ないしヘロインと覚せい剤の種類の差は構成要件的に重要ではなく、両者は同一の構成要件に該当するという見解（山口223頁、同・問題探究154頁）がある。

この問題については、構成要件的符合説に立ちながら、政策的に故意犯を認めるのも、また、38条2項による構成要件の修正も、理論的には疑問である。むしろ、「**法益保護および構成要件的行為の共通性**」があり、同一の構成要件に、例えば、「麻薬又は覚せい剤を輸入した」というように選択的に規定されたとしても禁止規範の目的に適合しうるものが、**立法技術上別個の構成要件**にそれぞれ規定されているにすぎないような場合（平野180頁）、あるいは、法益保護および構成要件的行為の共通性を前提として、客体の種類の差が、例えば、「人の健康を害する依存性薬物」といった**上位概念に包摂しうるような場合**には、38条2項によって**重い犯罪の構成要件要素が軽い犯罪の構成要件要素を含みうる限度**で抽象化され、実質的符合を認めることができると解すべきであろう。その場合、軽い罪の認識で重い罪を実現した事案では、実現された重い罪には、軽い罪が実質的に包含され、逆の事案では、重い罪の認識には実現された軽い罪の故意が包含されていると考えられるのである。

(c)　実質的符合説　　構成要件の重なり合いを「保護法益の共通性および構成要件的行為の共通性」（大塚197頁）に認めるというように実質的に認める見解（通説）をいう。公文書偽造罪と虚偽公文書作成罪との間にも重なり合いを認める（大塚198頁）。

この見解は、重なり合いを構成要件要素の共通性とみずに、各構成要件を類型的に抽象化して、それぞれの「法益」や「行為態様」（大谷171頁）の共通の「類型」に社会通念上あてはまるものに符合を認める点で、形式的・実質説よりも、重なり合う範囲をさらに拡大するものである。

本説は、公文書偽造罪と虚偽公文書作成罪との間にも重なり合いを認めるが、有形偽造の中に無形偽造が部分的にも含まれていると合理的に解釈することは不可能であり、また、実質的な構成要件の拡張は、定型を無視したものであり、罪刑法定主義の根本を否定するものと批判されている（町野・警研54巻5号5頁）。

(d) 実質的同質性説　この説のいう実質的同質性は、次の二つの場合に認められる。①一つの構成要件が内包的に他の構成要件を包摂している場合、②構成要件の外延的な包摂性のある場合、である（平野179頁以下）。前者の例として、例えば、同意殺と殺人、殺人と傷害、窃盗と占有離脱物横領、窃盗と強盗、恐喝と強盗があり、傷害と死体損壊についても符合を認めることもできるとする。後者の外延的な包摂性とは、第1に、同じ概念に包摂されるのではなくても、同じ構成要件に規定されている概念に包摂されればよいとするものである。例えば、「印章」を使用して公文書を偽造することを教唆したところ、公務員の「署名」を使用して偽造した場合、印章と署名は異なった概念であるが、同じ構成要件の中に択一的に規定されているから、「構成要件」的に符合するといってよいものとする。その他、同意殺と自殺幇助、1項詐欺と2項詐欺もこれにあたる。また、第2に、別個の条文として規定されていても、立法技術上別個の条文に書き分けられているにすぎない場合にも、実質的に構成要件的に符合するものとする。公文書偽造と虚偽公文書作成、麻薬所持と覚せい剤所持の符合がその例である。

この見解は、とくに外延的な包摂性の場合、それぞれの概念の共通性ではなく、その上位に位置する「構成要件」の中に、それぞれの概念を包摂させ、しかも、別個の条文に規定されている場合でも、実質的に同一の構成要件とみなす場合を認めるものであり、**符合の範囲は著しく拡大される**。内包的包摂性の具体的な事例についても、傷害と死体損壊に符合を認める（西原199頁も同旨）点については、法益を異にすることから疑問があるとされている（大谷191頁）。本説に対しても、構成要件を弛緩させるものであるということができよう。

(3) 罪質符合説

本説は、法定的符合説の範囲内で、認識した事実と発生した事実とが犯罪として類似の性格を有する場合には、故意の阻却を認めるべきではないとして、一般人がほぼ同意義に考えるような法益侵害に向けられたものであれ

ば、法益侵害の方法に多少相違があっても符合を認める立場である（西原198頁以下）。犯罪の被害法益や犯行方法などを考慮した「罪質」を基準として符合を判断する。

罪質符合説は、その主唱者によれば、同種の法益の範囲内で符合を認める**法益符合説**とほぼ一致する。これによれば、死体遺棄と単純遺棄には、厳密な法的意味においては法益が異なるが、日常生活の実態からすれば、少なくとも生きているのか死んでいるのか明らかな状態でない人を捨てるという意思が認められ、符合を認めてよいとする。

しかし、法的意味を離れた日常生活の実態を基準に、符合を認めるのは、基準が緩やかで不明確となり、不当である。死体遺棄と単純遺棄は、むしろ、心理的には、択一的故意が認められる場合が多いであろうが、その客体が「人」であると信じている者には、法益、保護目的が異なるほか、人と死体が包含関係にもなく、「死体」遺棄の故意はないといってよいであろう。

(4) 不法・責任符合説

本説は、故意に必要とされる認識は、行為を犯罪たらしめている事実、すなわち、不法・責任事実に及ばなければならないとするものである（町野・警研54巻5号8頁）。この説は、構成要件に該当する事実の認識は必要ではなく、構成要件の実質的内容である不法・責任の認識があれば足りるとする（町野230頁）。したがって、構成要件の不法・責任内容において符合が認められれば故意の成立を肯定しうる。この説は、殺人罪と器物損壊罪、傷害罪と死体損壊罪の間には、不法において質を異にするから、不法・責任内容の符合はないとする。また、不法領得の意思を必要とする窃盗罪と不要である毀棄罪も、不法内容においては一致しているが、責任内容において異なるから、符合は認められない。これに対して、公文書偽造罪と虚偽公文書作成罪の間には、財産移転の動機の面で共通性があり、責任内容において符合する。麻薬輸入罪と覚せい剤輸入罪との間にも、符合を認めることができる。

本説は、構成要件的符合説を実質的な構成要件の拡大であり、罪刑法定主義の根本を否定すると批判するが、本説こそが、罪刑法定主義的機能や明確性の要請を担保し、それを認識の対象とすることで故意を規制する機能を有する**構成要件概念を、掘り崩し空洞化する**のであり、同じ批判を浴びるべきであろう。故意は、やはり構成要件的事実の認識でなければならない。

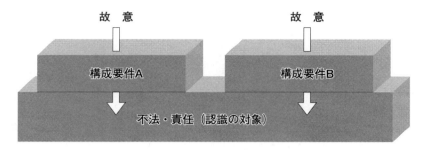

比喩的に説明すると、構成要件Aも構成要件Bも共通する不法・責任内容をもつ海面下の氷山のそれぞれ一角にすぎない。故意の対象は、海面下でつながった不法・責任内容である。

(5) 抽象的符合説

抽象的符合説は、あらゆる構成要件の相違を「量的」「抽象的」に把握し、抽象的事実の錯誤についても、少なくとも軽い犯罪との関連では故意犯処罰を認める見解をいう。しかし、故意を抽象化する際の基本的な考え方は分かれている。

(a) 牧野説　主観主義刑法の代表者たる牧野博士は、この抽象的符合説の創唱者であるが、軽い罪の限度で、故意を認める点に特徴がある（牧野〔下〕574頁以下）。(a) 軽い甲罪の故意で重い乙罪の事実を実現した場合、軽い甲罪の既遂と重い乙罪の過失との観念的競合となる。例えば、器物損壊の故意で、人を死亡させた場合、器物損壊罪の既遂と過失致死罪の観念的競合を認める。(b) 逆に、重い乙罪の故意で軽い甲罪を実現した場合には、重い乙罪については未遂（または不能犯）を、軽い甲罪については故意犯の既遂をそれぞれ想定し、両者を合一してその重い方の罪に従って、つまり、殺人罪の未遂（不能犯の場合には、器物損壊罪の既遂）として処断する。軽い罪について故意を認めるという特徴のほか、(a) の場合には、観念的競合を認めるが、(b) の場合には、合一して、その重い方に従うとしている点に特徴がある。

(b) 宮本説（可罰的符合説）　同じく主観主義刑法を説いた宮本博士によって可罰的符合説が提唱された（宮本143頁以下）。宮本博士によると、一般規範上の問題としては、具体的符合が必要であり、これがない場合、結果に対する故意（規範的故意）を阻却するが、刑法上の問題としては、「一方に故意の行為があり、他方に因果系統からいへば過失の結果であるが、兎も角も同一人の責任に基づく結果が発生した以上は、かの故意の行為とこの過失の結果とを結び付けてこれを既遂罪として論ずることにしても、必ずしも実質上犯人を過当に罰するものではない」（宮本143頁以下）とされ、「故意の内容と現実の結果とは具体的な符合を要しない」のであって、これに加えてこの見解を徹底すれば、「抽象的（類型的）に符合せずとも、可罰的に符合

さへすれば、なほその結果（犯罪）に対しては故意ありとして故意犯の成立を認めて差支ない」（宮本144頁）とされ、この故意を「可罰的故意」と名付けられる。ただし、38条2項の規定によって、その結果が重い類型に相当する場合には、故意内容の類型に対する規定を標準として、これによってその科刑を低減しなければならないとされる。

　この趣旨は、**次のような命題に要約される**（宮本163頁）。①予見したが発生しなかった事実については未遂でありうるという命題、②予見のなかった事実については過失でありうるという命題、③可罰的な意思で可罰的な結果を発生させた場合には既遂となるという命題の三つである。第1命題と第2命題とは観念的競合（想像的併合罪）の関係にある。第3命題は、前2者とは、それぞれ（法条競合としての）択一関係にある。この2種の関係は、いずれもそのもっとも重いものに従うという点で軌を一にする。したがって、実際上は、過失犯の刑はもっとも軽いことが多いから除かれ、第1命題と第3命題とが比較されることになる。第3命題が採用される場合には、処罰に関しては、場合によって刑法38条2項の適用がある。

　したがって、この見解によれば、軽い罪の故意で重い結果を発生させた場合、例えば、器物損壊の故意で人を死亡させた場合、①器物損壊罪の未遂と②過失致死罪と③殺人罪の既遂という三つの命題が想定され、もっとも重い③殺人罪の既遂が成立するが、38条2項によりその処罰は、器物損壊の既遂の刑の限度にとどめられる。重い罪の故意で軽い結果を発生させた場合、例えば、殺人の故意で器物損壊の結果を発生させた場合、①殺人罪の未遂、②過失器物損壊罪、③器物損壊罪の既遂が想定されるが、重い殺人罪の未遂によって処断される。

　本説に対しては、規範的評価における故意の内容に具体的符合を要するが、可罰的評価における故意の内容は抽象化され、何らかの可罰的意思で、可罰的な結果を発生させた場合には、発生させた罪につき既遂を認める理論的根拠が合理的に説明できていないといわざるをえない。ここでは、可罰的評価は、処罰を拡大する方向で用いられているのであり、ここに、何らかの可罰的な内容の故意があれば、可罰的であるという主観主義の刑法観が現れているのであって、不当である。

　（c）草野説　本説の特徴は、未遂処罰規定のない犯罪についても、刑の不均衡を解消するために、未遂の処罰を認める点にある（草野93頁以下）。①軽い罪を犯す意思で重い罪を実現した場合については、軽い罪の未遂を認めるほか、過失犯の成否を検討し、重い罪について過失が成立するときは、軽い罪との観念的競合とし、過失が成立しないときは軽い罪の未遂のみによって処断すべきであるとする。例えば、器物損壊の故意で人を死亡させた場合、器物損壊の未遂（本来、不可罰）を想定して、これと過失致死罪との観念的競合とし、器物損壊罪の未遂によって処断される。軽い罪たる単純遺棄罪を犯す意思で、重い罪たる死体遺棄罪を実現した場合、過失犯処罰規定がないので、単純遺棄罪の未遂（本来、不可罰）を想定し、これによって処断される。逆に、②重い罪を犯す意思で軽い罪を実現した場合には、重い罪の未遂を認めるほか、軽い罪の過失犯の成否を検討し、過失犯が成立するときは、重い罪との観念的競合とする。軽い罪につき過失犯が存在しないときは、重い罪の未遂のみをもって

処断する。軽い罪の過失犯にも重い罪の未遂にも処罰規定がないときには、重い罪の未遂が成立するが、38条2項により軽い罪の故意犯の限度で処断する。例えば、保護責任者遺棄の意思で死体遺棄の結果を生じたときは、保護責任者遺棄の未遂が成立し、38条2項により死体遺棄の既遂の限度で処断する。

本説は、未遂規定がないにもかかわらず未遂を処罰する点で罪刑法定主義に反する。

(6) 合一的評価説

本説は、植松博士の錯誤論（植松280頁以下）について日髙教授（日髙・錯誤論の新展開36頁以下）によって名づけられたものである。この説は、錯誤論の目的が「刑の不均衡を是正すること」にあるこを出発点とし、「故意の抽象化を軽い罪については是認するが、実際に適用すべき罪名と処断刑を決定するに際しては、観念的競合を排斥して合一的に評価して一個の重い罪だけで処罰しようというもの」である。

①軽い甲罪の意思で重い乙罪を実現した場合、軽い甲罪は本来未遂であるが、既遂を想定し、重い罪は、本来過失だが「重い罪に当たるべ」き場合として、故意犯を想定し、両者を合一して評価し重い方に従うと、乙罪の故意犯ということになる。しかし、ここでは刑法38条2項により軽い甲罪（既遂）の法定刑の範囲で処断する。例えば、器物損壊の意思で人を傷害した場合、器物損壊は未遂であるが、既遂（3年以下の懲役または30万円以下の罰金もしくは科料）を想定し、傷害は過失だが故意犯（15年以下の懲役または50万円以下の罰金）を考え、合一して重い方に従うと懲役15年以下の懲役または50万円以下の罰金の刑が出てくるが、刑法38条2項により、処断刑は3年以下の懲役または30万円以下の罰金もしくは科料となる。罪名は現実に発生した傷害罪であり、処断刑は3年以下の懲役となる。**②重い乙罪の意思で軽い甲罪を実現した場合**には、38条2項の反面解釈として「重い罪によって処断することができる」と理解する。つまり、重い乙罪については未遂を考え、軽い甲罪について本来過失だが、故意犯を考え、両者を合一的に評価して重い方に従う。例えば、人を傷害する意思で器物を損壊した場合には、予見事実については、傷害未遂としての暴行罪（2年以下の懲役もしくは30万円以下の罰金拘留もしくは科料）を考え、実現事実については過失であるが故意の器物損壊罪（3年以下の懲役または30万円以下の罰金もしくは科料）を考え、合一的に評価して後者の重い器物損壊罪で処罰する。この場合、罪名は器物損壊で、処断刑も同じである。

この説は、軽い罪の意思で重い罪を実現した場合、もともと重い罪について故意がないにもかかわらず、故意を想定し、罪名とは別に軽い罪の刑によって処断するという技巧を用いる。政策的意図が強すぎるので、結論の妥当性のみから技巧的に論拠が考慮されており、なぜこのような合一的評価が行われるべきなのかが説明されていないように思われる。

第7節　構成要件的事実の錯誤　　§94　抽象的事実の錯誤◇　361

3　判例の動向

　判例は、かつて罪質符合説に近い見解をとっていたが、最近では、構成要件的符合説のうちの実質的符合説を採っている。しかし、実質的符合の範囲は極めて広く解されているといってよい。

　昭和23年の最高裁判決（最判昭23・10・23刑集2・11・1386）においては、XとYとが虚偽公文書作成の教唆を共謀したが、Yが、公文書偽造を教唆したという事案で、Xに公文書偽造の教唆の成立が認められた。この両者は「犯罪の構成要件を異にするも、その罪質を同じくするものであり、且法定刑も同じである。而して右両者の動機目的は全く同一である」として、罪質符合説の考え方を採っている。しかし、昭和25年の最高裁判決（最判昭25・7・11刑集4・7・1261＝**百選89**）は、住居侵入窃盗を教唆したところ、被教唆者がこれにもとづいて他の被害者に対して住居侵入強盗を行ったという事案において、「犯罪の故意ありとなすには、必ずしも犯人が認識した事実と、現に発生した事実とが、具体的に一致（符合）することを要するものではなく、右両者が犯罪の類型（定型）として規定している範囲において一致（符合）することを以て足るもの」として、住居侵入窃盗の罪の故意の範囲で、強盗の教唆犯の責を負うとした。これは、構成要件的符合説を採用したものであるといえよう。

　昭和54年の最高裁決定（最決昭54・3・27刑集33・2・140）は、法定刑が同じである、覚せい剤の密輸入（覚せい剤輸入罪＝覚せい剤取締法41条2項・1項・13条）を犯す意思で麻薬（ヘロイン）を輸入した（麻薬取締法64条2項・1項・12条1項）という事案につき、「両罪の構成要件は実質的に全く重なり合っている」ものとみて、麻薬輸入罪についての故意は阻却されず、同罪が成立するとした。ここでは、客観的に実現された麻薬輸入罪の成立を認めているのである。この判例については、本決定が本事案につき同一構成要件内の錯誤とみたと解する見方（大谷・昭和54年度重判解185頁）と、次に検討する法定刑が異なる場合と同様に、認識した覚せい剤輸入罪を認めるべきであったとする見解（曽根・重要問題211頁）とがある。

　法定刑に差異のある関税法違反の点については、税関長の許可を受けないで覚せい剤を輸入するという軽い罪の故意で、輸入禁制品である麻薬を輸入するという重い犯罪を実現した点につき、「犯罪構成要件は重なり合っているもの」として「軽い覚せい剤を無許可で輸入する罪の故意が成立し同罪が成立するもの」とした。これによって、最高裁がはじめて、異なる構成要件間の錯誤につき刑の軽重がある場合に、罪名・・も刑も軽い方に従・・・・・・・・うという態度を明確にしたとされている。本件において無許可輸入罪の構成要件の客体は、「貨物」とされており、禁制品輸入罪では「麻薬」等が具体的に挙げられている。したがって「貨物」は一般概念であり、「麻薬」をも含むといえる。最近の判例において、ダイヤモンド原石を無許可で輸入しようとして（無許可輸入罪の故意）、輸入禁制品である覚せい剤を輸入した（禁制品輸入罪）事案につき、犯罪構成要件の重なり合いを認めて、軽い「貨物」の無許可輸入罪の未遂を認めたものがある（東京高判平25・8・28高刑集66・3・13）が、無許可輸入罪の構成要件の完全な充足がないが故に未遂としたならば、正当であると思われる。また、**昭和61年最高裁決定**（最決昭61・6・9刑集40・4・269＝**百選43**）も、覚せい剤を麻薬（コカイン）

と誤認して所持した事案につき、軽い麻薬所持罪と重い覚せい剤所持罪の「両罪の構成要件が実質的に重なり合う限度で軽い麻薬所持の故意が成立し同罪が成立する」とした。この事案も、法定刑が異なる場合につき、客観的に実現していない軽い麻薬所持罪の成立を認めているのである。ただし、この判例においては、没収は、客観的に生じた覚せい剤取締法 41 条の 8 によるべきであるとしたことに注意すべきである。

その他、従来、判例によって、符合が認められたものに、同意殺と普通殺（大判明 43・4・28 刑録 16・760）、占有離脱物横領と窃盗（大判大 9・3・29 刑録 26・211、東京高判昭 35・7・15 下刑集 2・7＝8・989）、普通殺人と尊属殺人（大阪高判昭 30・12・1 高裁特 2・22・1196）がある。共犯に関しては、さらに、恐喝と強盗（最判昭 25・4・11 判例体系 31・1072）、傷害と殺人（最判昭 25・10・10 刑集 4・10・1965、最決昭 54・4・13 刑集 33・3・179 =**百選 90**）の間に符合が認められている。

§95 因果経過の錯誤

> 【文献】浅田和茂「因果関係の錯誤」香川古稀281頁、葛原力三「所謂ヴェーバーの概括的故意について」刑雑33巻4号1頁、鈴木左斗志「因果関係の錯誤について」本郷法政紀要1号189頁、中義勝「概括的故意事例についての一考察」団藤古稀2巻184頁（『刑法上の諸問題』〔1991〕159頁所収）、西村秀二「『早まった結果惹起』について」富大経済論集46巻 3 号115頁、前田雅英『因果関係の錯誤』について」研修589号3頁、町野朔「因果関係論と錯誤理論」北海学園大学法学研究29巻1号215頁、山中敬一「過失犯における因果経過の予見可能性について（1）（2・完）―因果関係の錯誤の問題も含めて―」関法29巻1号28頁・2号26頁、同「行為者自身の第二行為による因果経過への介入と客観的帰属―ヴェーバーの概括的故意事例の検討を中心に―」福田＝大塚古稀〔下〕247頁、同「いわゆる早すぎた構成要件実現と結果の帰属」板倉古稀98頁

1 因果経過の錯誤の意義

行為者が表象した客体に結果が発生したが、それに至る因果経過が行為者の表象とは齟齬した場合を、**因果経過の錯誤**（Irrtum über den Kausalverlauf）（**因果関係の錯誤**）という（狭義の因果経過の錯誤）。実行の着手以後に因果経過の表象からの逸脱が生じるため、事後の錯誤が問題となる事例である。因果経過については、その逐一詳細な部分の予見は不要であって、その**基本的部分の**

予見のみが必要といわれる。故意には、たしかに一定の因果経過の予見を含んでいるのが通常である。しかし、その因果経過の予見と現実の因果経過が完全に一致することはほとんどないといってよい。完全に一致しないからといって、故意が阻却されるとするなら、故意が認められる範囲はほとんどなくなるであろう。

> 例えば、因果経過の錯誤としてよく引用される事例に、XがAを橋の上から突き落として、溺死させるつもりであったところ、Aが橋脚の土台に頭をぶつけて頭蓋骨骨折で死亡したという事例がある。この事例では、「突き落とし」から「溺死」という因果経過の予見があるが、現実には、「頭蓋骨骨折」による死亡が発生しており、これについては予見はない。しかし、ここでは、この因果経過の逸脱は法的に重要でないとして、故意が肯定される。

このように、予見と現実が食い違い、「錯誤」があるにもかかわらず、故意が肯定される理由は何であろうか。

2 因果関係の錯誤論の基礎
(1) 故意阻却と未遂

従来、因果関係の錯誤については、因果的逸脱が相当因果関係の範囲内である場合には、故意が認められ、範囲外の場合には故意は阻却され、未遂であるとされてきた（木村224頁、西原202頁）。しかし、既遂・未遂を決定するのは、客観的に結果が発生したかどうか、あるいは因果関係（客観的帰属）が肯定されるかどうかであって、故意の有無とは無関係であるはずである。故意が阻却されるならば、過失犯の成否が問題となりうるのみである。

> 学説の中には、田舎で他人を殺害しようとしてナイフで突き刺したが、負傷して病院へ運ばれる途中で交通事故に遭遇し、死亡したという事例では、因果関係の錯誤によって、故意が阻却され、過失犯の成否の問題となると明言するものもある（大塚『刑法の焦点I』〔1984〕44頁）が、殺害の意思をもって死亡の危険を発生させたものを過失傷害罪にすぎないというのは、明らかに不当である。

(2) 既遂故意の阻却

かくして、未遂となるのは客観的帰属可能性（相当因果関係）がないからであって、故意は阻却されることはないということになる。そこで、最近では、この命題は、客観的に相当因果関係がない場合には、故意も未遂までにしか及ばないという意味で、・既・遂・の・故・意が阻却されるという意味だとされている[12]。しかし、未遂犯における未遂とは「結果としての危険」を発生させる

---
[12] これについて、福田＝大塚・対談〔中〕146頁。

ことであるとする見解に立つならばともかく、既遂の故意を要件としつつ、結果不発生に終わった場合が未遂犯であるととらえる見解に立つならば、未遂犯の故意はつねに既遂結果に及んでいる必要がある。いったん成立した既遂の故意が、因果関係の逸脱があったからといって、事後的に部分的に阻却されると考えることは不合理であろう。

3 因果関係の錯誤無用論

(1) 無用論の主張

因果関係の錯誤無用論は、因果経過の錯誤の場合、実は錯誤論は問題ではなく、**客観的帰属論（相当因果関係論）**で問題は解決すると主張する[13]。なぜなら、既遂・未遂を決めるのは客観的帰属であって、因果経過の錯誤の場合、既遂結果に対する故意が存在することは疑いえないからである。これによれば、例えば、橋の上から殺意をもって被害者を突き落とした者に、「溺死」の因果経過について予見があれば、故意として十分である。故意は、それが相当なものであるかぎりで、一般的な、結果発生に向かう具体的な因果経過を認識していれば足りる。客観的な因果経過が具体的にどのようなものであろうと、それと故意とが一致する必要はない[14]。客観的に発生した因果経過が、客観的に帰属しうる範囲内にあるかぎり、行為者は、故意・既遂の責任を負うのである。突き落とした者に、「溺死」に関する予見があるかぎり、橋脚に頭をぶつけたことによる「頭蓋骨骨折」という結果に対する客観的帰属が肯定されるならば、その一致を確認しなくても、既遂であり、否定されれば未遂である。

(2) 無用論に対する批判

相当因果関係が肯定される場合でも、故意がなくなる場合があり、この場合に因果関係の錯誤は固有の意義をもつという見解がある。例えば、次のような例が挙げられる。Aの背後に崖のあることを知らないXが、Aを殺害しようとして崖の上にいるAに向かって発砲したところ、弾丸はAに当たらなかったが、Aが、それを避けようとしたことによって、崖から転落して死亡したという事例である。この事例において、とくに相当因果関係における客観説によると、崖の存在は行為時に存在する事情であるから判断資料

---

[13] 町野「因果関係論」現代刑法講座1巻341頁、山中・関法29巻1号57頁以下。なお、大谷174頁、堀内114頁。
[14] 山中・関法29巻1号58頁。

に入れられる。そうすると、相当因果関係は肯定される。それにもかかわらず、行為者は、崖の存在を知らなかったのであるから、主観的にはそれを認識していない行為者の故意は否定されるべきである（井田・法学研究58巻11号78頁以下、内藤955頁以下）。

因果関係の錯誤無用論からは、この見解には、相当因果関係の範囲を広く認めておいて、主観によってそれを制限するという意図がみられるが、相当因果関係が存在しても行為者が認識していなければ故意が否定されるのであれば、ほとんどの事例において詳細な因果経過については、認識がなく故意が阻却されてしまい、既遂の故意が否定され、未遂となってしまうのは、不当であると反論されている（山中・中古稀195頁）。

4 故意帰責説

この説は、錯誤の問題において重要なのは結果を故意に帰責できるかを判断することであり、それを判断するための規範的基準を探究することであるとする。そして、故意の既遂犯として処罰するためには、「行為者が認識した実行行為の持つ真の危険性がまさに具体的結果の発生によって確証されたことが必要である」とし、「行為者が認識した、行為の現実的危険性が、具体的態様における結果の中に実現した」と言いうることが必要であるとするのである（井田・法学研究58巻11号78頁）。

このような見解にもとづいて、橋脚事例においては具体的結果は、橋の上から突き落とす行為の危険が実現する一つのバリエーションにすぎず、その危険性自体を認識している以上、結果の帰責は肯定されてよいとする。これに対して、上述の崖の事例ないし、ダイナマイトを用いて作業中の作業員を、ダイナマイトに向けて数発発砲したところ、弾丸は被害者自身に直接命中し、死亡させたが、実は被害者が扱っていたのはそもそも爆発物ではなかったという事例においては、危険は、転落死ないし射殺という具体的結果に実現しなかったとする。

この説が、客観的帰属を肯定し、また、故意の存在も肯定したうえで、「故意への帰属」（故意の実現）を問題にするのならば、なぜ、崖事例では、故意への帰属が否定され、橋脚事例では肯定されるのかという明確な規範的基準が示されなければならない。客観的帰属が肯定されるのは、両事例において共通であり、具体的結果の危険につき認識がないのも共通だからである。故意への帰属とは、結局、故意は、どの範囲の認識されていない具体的結果

にまで及ぼしうるかという判断にすぎない。その判断の基準は、行為者の能力を基準にするか、一般人を基準にするかであるが、前者であれば、主観的相当因果関係説に近似し、後者であれば客観的帰属判断と変わらない。

「行為者の認識した危険」とは、橋脚事例では、「溺死」の危険であり、崖事例では「射殺」の危険であり、ダイナマイト事例では「爆死」の危険である。「行為者の認識した」危険は、実質上、「行為者の創出した」危険と異ならない。ただ、ダイナマイト事例では、直接の命中の事前的危険がないとして行為の危険性（危険創出連関）が否定される場合と、肯定される場合とが考えられる。しかし、これは、別段、故意（行為）の実現の問題ではなく、危険創出連関があるかどうかの問題であり、あるいは創出された危険が、具体的結果に実現したかどうかの判断である。すなわち、ここでは、問題になっているのは、客観的な「危険創出連関」ないし「危険実現連関」であり、主観（故意）の実現（主観的帰責）ではない。

故意は、行為者の表象し予見する具体的結果に及んでおれば十分であって、行為時の故意に、現実に生じた具体的結果が帰責されうるかどうかという問題は仮象問題である。具体的結果が、危険行為に帰属されれば、故意既遂が認められるのである。

さらに、この見解が依拠する「故意（行為）への帰責」の理論そのものに、問題がある。先の崖の事例で故意への帰属が否定された場合、殺人未遂が成立し、そのような崖の存在に気づかなかった過失があるから、過失致死罪が成立し、両者の観念的競合となる（葛原・刑雑33巻4号17頁参照）が、この結論は、いかにも不自然である。

5 実行行為性の認識？

最近、学説の中には、因果関係の錯誤の問題領域とされてきたものを、「実行行為性の認識」の問題として解決しようとする見解（前田119頁、浅田・香川古稀287頁）が唱えられている。

(1) その主張内容

この見解は、実行行為性や結果発生の危険性は客観的な問題であるという認識から出発する。例えば、新幹線事故を願って乗車させたが、結局事故が起こらなかった場合には、爆弾がしかけられていると思い込んでいても、危険性は高まらないが、逆に、しかけられていた場合には行為者がそれを認識していなくても、死の危険は存在し、殺人罪の実行行為性は認められるとす

る。しかし、実行行為性の認識がない、つまり、爆弾がしかけられていることを知らない場合には、殺人の故意が阻却されるというのである。

(2) 批　判

しかし、この見解は、実行行為の概念を不当に拡大するものである。この見解によれば、毒入りの菓子が入っていると知らずに小包を届けた郵便局員も、その小包を開けて、両親に渡した子供も、すべて実行行為を行うものである。飛行機に爆弾がしかけられていることを知らずに飛行機旅行を勧めた者も実行行為を行ったものであるのは当然、論者の反対の見解にもかかわらず、偶発的な飛行機事故で死亡した場合にも、実行行為性は否定できないはずである（浅田・香川古稀304頁）。なぜなら、客観的危険という意味では、たとえエンジントラブルが発生した場合であっても、爆弾がしかけられているのと同じように、その時点でトラブルが発生する必然的な因果の流れは行為当時にもすでに存在したからである。

本説は、実行行為性の判断を行為者の認識ないし一般的な予見可能性の概念を入れずに「客観的危険性」を基準として決定しようとした点に問題がある。すなわち、このような客観的危険は、事後判断であるので、結果が発生すれば、それに近接する行為はすべて客観的に危険であり、実行行為であるということになるのである。

しかし、（潜在的）実行行為とは、客観的危険行為ではなく、第1次的には、判断基底を限定された**事前判断による危険行為**と解すべきである。（潜在的）実行行為か否かは、客観的帰属の第1要件である「危険創出連関」の判断と一致する。爆弾がしかけられていることを知らないで、新幹線に乗車することを勧めた者は、危険創出行為を行ったものではない。爆弾の爆発直前に客観的に被害者に危険が迫ることと、行為者の危険行為が存在するかどうかとは異なった判断である。実行行為性の判断は、第1次的には、「行為の危険性」の判断なのであり、それは、行為者の主観の状況にも依存するのである。

さらに、この見解は、因果関係に関する認識を不要とする（前田250頁）ことから出発する。しかし、因果経過をまったく認識対象から外してしまうと、まったく異常な因果経過のみを認識し、例えば、人の足の爪をはがせば人は死ぬと思い込んでそのような行為に出た場合にも、故意は認められることになって不都合である。そこで、この見解は、表口から追い払った因果経

過の認識の代わりに**実行行為の認識**という要件を裏口から引き入れたのである（同旨＝山口213頁、同・問題探究132頁）。そもそも実行行為とは何かについて争いがあるのだから、実行行為の認識といった不明確な概念ではなく、従来からある結果に至る因果経過の基本的部分の認識という相対的に明確な概念を用いるべきである。

(3) 考　察

因果経過の認識とは、事前の認識（予見）であるが、危険創出の認識および危険実現の経過に関する認識を意味する。それは、現実の因果経過と一致する必要はない。その意味で、いわば、結果発生に至る「**相当な予見**」があれば足りる（山中・関法29巻1号58頁参照）。具体的事実の錯誤において具体的符合説に立ちながら、因果経過の錯誤は故意を阻却しないと主張するのは矛盾であるという**批判**（井田・法学研究58巻11号80頁）があるが、この批判は、故意は、行為の危険性に及べば十分であるとする見解には妥当するであろう。しかし、故意は、客観的具体的事実と一致する必要はないが、具体的因果経過と具体的結果をもその構成要素とすると考えるべきである。方法の錯誤の場合、表象された具体的客体については、現実の具体的客体と一致する必要があるので、狙っていた客体以外に結果が発生したときは、故意を阻却するのである。このように解する立場からは、具体的符合説と因果経過の錯誤無用論とは両立する。

6　ヴェーバーの概括的故意の事例

(1)　ヴェーバーの概括的故意の意義と由来

ヴェーバーの概括的故意とは、第1の行為を故意で実行したが、それに引き続く第2の行為を過失で実行した場合において、第1の行為と第2の行為を概括する**一般的故意**があれば故意を認めてよいとする19世紀のはじめにドイツの実務家ヴェーバーが唱えた考え（1825年の論文）をいう。例えば、XがAを麻縄で首を絞めることによって殺害しようとして行為に出たが、Aがぐったりとなったので、死亡したと誤信し、砂に埋めて「死体」を遺棄しようとしたところ、砂末を吸って窒息死したという事例が「ヴェーバーの概括的故意の事例」であり、この事例において、第1行為のときの「殺人の故意」を「死体」を埋めようとする過失による第2行為にまで拡張される統一的な行為事象が存在するとみて、一つの故意犯を肯定することがそうである。

しかし、このような「**概括的故意**」（dolus generalis）は、今日、正当にも否定

されている。そこで、今日、ヴェーバーの概括的故意という概念は、もっぱらこのような事例を表すために用いられている。そして、今日のドイツでは、たんに「概括的故意」といえば、このヴェーバーの概括的故意を指すのである。

歴史的には、ドイツでは、19世紀の後半には、このような概括的故意はすでに否定され、第1の行為の未遂と第2の行為の過失に分割する**未遂説**が有力となった。その後、第1の行為が無条件に未遂となるのではなく、（相当）因果関係があれば既遂になりうることから、これを**因果関係の錯誤**の問題であるととらえ、（相当）因果関係があればそのかぎりで第2の行為にも故意が及ぶと考えられるに至った。現在でもこの因果関係の錯誤説が通説である。[15]

たしかに、第1の行為が未遂に終わったかどうかは、その因果関係ないし客観的帰属可能性が第2の行為を通じて結果にまで及んでいるかどうかによる。したがって、問題を、第1の行為を中心にとらえ、第2の行為を行為者本人による介在事情であると解する見解の出発点は正当であるように思われる。しかし、それでは、これは因果経過の錯誤の問題であるかどうか、第2の行為における「過失」はどのように評価されるのかは、いまだ残された問題である。

(2) わが国の判例

大審院の判例には、後妻が、先妻の子を殺害しようとして、細麻縄で熟睡中の子の首を絞めたところ、身動きしなくなったので死亡したものと思い、犯行の発覚を防ぐ目的で海岸の砂の上に運んで放置して帰宅したところ、子が砂末を吸引して死亡したという事案につき、「社会生活上の普通観念に照し」、第1の行為と第2の行為との間に「因果関係」を認めたものがある（大判大12・4・30刑集2・378＝**百選15**）。この判例は、因果経過の錯誤を媒介せずに直ちに相当因果関係を問題にしたものである。わが国において厳密に言って概括的故意事例を扱った判例は、これのみである。

厳密には、概括的故意事例とはいいがたいのは、被告人Xが、殺意をもってAを崖下の川に突き落としたが、Aが断崖の中腹で引っかかり人事不省のまま打ち伏していたので、Xは、後日の弁解のためにAを救助するために降りてきたように仮装してAの体に手をかけ支えたところ、ともに崖下に落ちかけたので、手を放し、Aは水流に落下して溺死したという事案である。判決は、「Aは叙上の状態の自然の転帰として」転落して溺死したのであって、第1行為と死亡との間に因果関係が存在するというのである（大判大12・3・23刑集2・254）。この判例は、第2行為は、結果に対して因果的に意味をもたず、条件関係に立たないとしているのである。

戦後の下級審の判例には、被告人が、暴行を加えようとして手拳でAの頭部を4、5回殴り仮死状態に陥れた後、死亡したものと誤信して、犯跡隠蔽のためAを運河の

---

[15] これについて詳しくは、*Yamanaka*, Ein Beitrag zum Problem des sog."dolus generalis": Kritische Erörterung der bisherigen Theorien, Kansai University Review of Law and Politics No.3, 1982, S.1 ff.

中に投げ捨て、Aが死亡したという事案につき、「自然的な通常ありうべき経過であり」、被告人の殴打暴行と死亡との間に刑法上の因果関係を認めた判例がある（大阪高判昭44・5・20刑月1・5・462）。これを概括的故意の事例と解する見解がある（大塚・福田=大塚・対談〔中〕169頁）が、当初の故意が殺人の故意ではなく、もともと死亡に対しては、故意がなかったのであるから、因果関係の錯誤は問題になっていない。

最近の判例において、ウェーバーの概括的故意の事例に属するのは、次の事案（札幌地判平14・3・28LEX/DB）である。この事案では、被告人は、自宅で妻Aと口論になって激高し、未必の殺意をもってAに対し、右手の親指と人差し指の間でその首を力一杯突くなどして、床にあお向けに転倒させ、Aを意識不明の状態にした上、Aを駐車場に運び出して自己の普通乗用自動車のトランク内に乗せ、同車を運転して、S川船着場に至り、依然意識不明の状態のAをS川に投棄し、S川において、Aを頸部圧迫による窒息及び溺水等により死亡させて殺害した。判旨においては、「犯人が殺意を有して被害者に対し暴行を加え重篤な傷害を加えた結果、被害者を仮死的状態に陥らせ、**被害者が死亡したものと思い込んだ場合**に、犯人が犯行の発覚を防ぐ目的で被害者を山林、砂中、水中等に遺棄し、その結果被害者を凍死、窒息死、溺死等させることは**通常考えられる現象**であり、犯人としても**当然予想し得たもの**ということができる。したがって、本件においても、被告人の暴行と被害者Aの死亡という結果との間に**刑法上の因果関係**が認められることは明らかである」とした。これは、暴行と被害者の死亡の間の**相当因果関係**を肯定したものである。

その他、**過失行為に故意行為**が介入した事案（新潟地長岡支判昭37・9・24下刑集4・9=10・882など）や、**過失行為に過失行為**が介入した事案（東京高判昭37・6・21高刑集15・6・422など）、ないし**故意行為に故意行為**が介入した事案（東京高判昭32・2・16高裁特4・9・212）に関する判例がある。[16]

(3) ヴェーバーの概括的故意事例に関する学説

今日、この問題に関する学説には次のようなものがある。[17]

(a) 概括的故意説（単一行為説）

これは、行為の全系列を概括的にみれば、単純に殺人の故意をもって殺人の結果を実現したのとまったく等しいから、全体として一つの故意犯であるというのである（植松260頁）。この説に対する批判はすでに述べた。

(b) 因果経過の錯誤説

（ⅰ）純粋な因果経過の錯誤説 この説は、第2の行為を介在事情ととらえ、それが予見可能な場合には、第2の行為も発生した結果も相当因果関係の範囲内にあり、その場合、因果経過の錯誤は重要でなく、したがって故意犯が肯定されるものとする。これが、現在の通説である（木村224頁、福田

---
[16] これらの判例について詳しくは、山中・福田=大塚古稀〔下〕252頁以下参照。
[17] わが国の学説について詳しくは、山中・福田=大塚古稀〔下〕261頁以下参照。

119頁、大塚194頁、大谷175頁、川端260頁）。

　本説は、本来、第1の行為の故意が、第2の行為にも、発生した具体的結果にも及ぶということを意味するにすぎないと捉える点で、次のような二つの行為を統合しようとする見解と異なる。本説は、仮象問題である因果関係の錯誤の問題ととらえる点で不当である。

　（ii）　**因果関係の錯誤＝概括的故意結合説**　　しかし、わが国の因果経過の錯誤説の有力説は、これにとどめず、ヴェーバーの概括的故意の考え方をこれに加えようとする。この説は、因果関係の錯誤とヴェーバーの概括的故意とは表裏の関係をなすとし、因果関係の錯誤が重要でない場合、「行為者の行った第1の行為と第2の行為とを包括して一つの故意に基づく行為として評価する」（福田＝大塚・総論〔I〕162頁参照）ものとする。すなわち、これによって全体を一つの行為とみるのである。

　この説は、結局、第1の行為の故意が及ぶ範囲を、相当因果関係の範囲内にあり錯誤が重要でない限度においてであるとし、そのかぎりで一つの行為とみるのであって、**行為の単一性**からその一部に故意があれば全体行為の故意とみなすという考え方であるといってよい。そして、そのかぎりで、第1行為の故意が第2行為にまで「継続」しているとみているように思われる。その意味では、因果関係の錯誤説の域を越えている。

　しかし、科刑のための行為の単複に関する評価である罪数論の問題と犯罪の成立要件論である犯罪論上の評価とは異なる。犯罪論上は、自然的観察によって、故意がある第1行為と、過失にすぎない第2行為とは別個の行為であるとすべきである。

　（iii）　**行為計画説**　　さらに、客観的帰属が肯定されても、「故意への帰属」が否定されるとし、その基準を「行為者の計画」に依存させる見解[18]（齊藤誠二「いわゆる概括的故意をめぐって」警研51巻2号46頁）がある。それは、第1行為が意図されていたか、未必の故意によって消極的に認容したものにすぎなかったかによって区別する。前者の場合、行為者の計画が実現されたとし、後者の場合、例えば、強姦しようとして暴行を加え未必の故意で被害者を死亡させた場合、その結果の発生を回避しようと希望していたのであるから、計画は実現されなかったのであって、まさに計画は失敗したのだという。[19]

---

[18] Roxin, Lb, AT 1.Bd., 4, Aufl., S.523.
[19] そのほか、行為者の最初の意図を基準として、死体を隠そうとかひそかに殺すといった意図があ

(c) **未遂犯＝過失犯併合罪説**　　概括的故意事例においては、行為者の行為は一個ではないから、因果関係の錯誤説を援用できないとし、第1の行為を未遂犯、第2の行為を過失犯とし、その併合罪であるとする（瀧川 178 頁〔観念的競合とする〕、中山 364 頁、香川 264 頁以下、曽根 168 頁）。

　行為者の行為が一個でない場合にこそ、因果関係の錯誤説が援用できるのであり、また、それぞれが別個の行為であるというところから出発するのが、現在の相当因果関係説や客観的帰属論によって解決すべきだとする説であり、このような出発点から、なお第1の行為の帰属可能な範囲が、第2行為を経て結果にまで及ぶのではないかを考察するのが、20世紀に入って以来のこの問題の共通の認識である。本説は、第1行為を未遂とするが、過失行為の介在によって相当因果関係ないし危険実現が否定されるとすれば、結果帰属の範囲が狭くなりすぎ、過失犯についても、過失の直列的競合の場合には不可罰となり実際的ではない（なお、山口 214 頁、同・問題探究 139 頁）。

(d) **原因において故意ある行為説**　　原因行為が結果行為の原因となっている場合、原因において自由な行為の法理に類似の理論構成をとり、第1の殺人行為への責任非難が第2行為に対する責任非難を根拠づけ、それと同等のものであるとする見解である（宮本・刑法学粋 308 頁、中野 124 頁）。「第1行為がなければ死の原因となった第2行為はなかったわけであるから、第2行為をしないことへの期待はとりもなおさず第1行為をしないことへの期待と同じだといってよい」（中野 125 頁）というのが、その根拠である。

　原因行為の際に故意があれば、結果行為の際にも故意責任を認めるのは責任主義に反する。第1の殺人行為が、第2行為の条件説的意味における原因であるというだけで、第2行為をしないことへの期待が第1行為に出ないことへの期待可能性と同じだというのは根拠がない。むしろ、実行の着手に出た行為者に、その結果を隠蔽する第2行為に出ないという期待可能性はなく、逆に、適法行為の期待可能性がないのである。

(e) **相当因果関係説**　　問題を相当因果関係によってのみ解決すべきとする見解である（町野 248 頁、前田 274 頁、中・諸問題 166 頁、齊藤信宰 172 頁）。この中には、原則として因果関係の認識は不要であるとする見解（前田 315 頁）が

　った場合には相当因果関係があり、激情のあまり殴ったが、その後はじめて死体隠匿の意思を生じた場合にはこれを否定するという基準を挙げる見解がある（阿部純二『演習刑法総論』〔福田＝大塚編〕〔1983〕60 頁以下、内藤 963 頁、井田・法学研究 58 巻 11 号 79 頁）。

あるが、これに対しては、相当な因果関係の認識は必要であるという批判がある（町野『犯罪論の展開I』〔1989〕233 頁、山中・福田=大塚古稀〔下〕267 頁）。

この説に対しては、第 2 行為と結果の経験上の通常性のみを問う相当因果関係説ではなく、**危険連関**や**動機連関**を評価する客観的帰属論によるべきだという点のみを指摘しておく。

(f) 客観的帰属説　第 2 の行為が第 1 の行為の客観的帰属可能性の範囲内にあれば、帰属が肯定され、範囲外であれば帰属が否定されるとする。故意は、第 1 の行為のときに殺害の点について存在すれば十分である。因果関係の錯誤の問題は **仮象問題** である（山中・関法 29 巻 1 号 59 頁、同・福田=大塚古稀〔下〕196 頁参照）。

結論的には、概括的故意事例の客観的帰属は原則として肯定されるべきだと思われる。なぜなら、第 1 行為によって殺害結果発生の危険が創出され、それによって創り出された状況的危険が存続している間に、第 2 行為が、それに誘発された行為者の自然な**動機連関**をもって生じたのであり、危険実現連関も肯定されるからである。ただし、第 1 の行為の創出した危険がほぼ平常化された後に、第 2 行為が行われた場合、例えば、行為者の撃った弾丸が外れたにもかかわらず、被害者が死んだ振りをしていたところ、行為者が死んだものと誤信して川に投げ込んだため被害者が死亡したといった事例においては、危険実現連関は否定される。また、第 2 行為が中止に動機づけられ、行為者が自ら平常化に向かう行為をしたが、中止が失敗して結果が発生した場合にも、危険実現連関は否定される。

罪数論としては、第 2 行為は、少なくとも第 1 行為と客観的帰属連関に立つかぎり、第 1 行為の殺人罪の包括一罪とされる（山中・福田=大塚古稀〔下〕274 頁以下参照）。

7　早すぎた構成要件実現

(1)　意　義

ヴェーバーの概括的故意の事例とは逆に、**行為者が実行行為に出たが、予定した因果経過から逸脱して、実行行為が終了する以前に結果が早く発生しすぎた場合** にも同様の問題が生じる。例えば、まず、頭に一撃をくらわせて気絶させてから殺そうという計画であったが、最初の一撃で死んでしまった場合がそうである。この場合、最初の一撃がすでに実行の着手かどうかがまず判断されなければならない。それがいまだ予備行為にとどまる場合、その

行為には故意がないから、過失致死罪にとどまる。例えば、銃の手入れをしている際に暴発して人に命中し死亡させた場合がそうである。しかし、すでに実行の着手がある場合には、ここでいう「**早すぎた構成要件実現**」ないし「**早すぎた結果発生**」の事例である。[20] 実行の着手が存在する場合、例えば、行為者が殺意をもって被害者にすぐ後に銃を発射するため銃を突きつけたが、被害者が恐怖におののいて抵抗しようとして格闘になり、それによって被害者が死亡してしまったような場合である（BGH GA 1955, 123）。

(2) わが国の判例

わが国の判例には、次のようなものがある。被告人は、密閉された家屋内で約6.4リットルのガソリンを散布して放火しようとしたが、廊下でタバコを吸うために着けたライターの火を蒸気に引火爆発させ、家屋を全焼させた。判例は、「ガソリンの強い引火性を考慮すると、そこに何らかの火気が発すれば本件家屋に撒布されたガソリンに引火し、火災が起こることは必定の状況にあったのであるから、被告人はガソリンを撒布することによって放火について企図したところの大半を終えたものといってよく、この段階において法益の侵害即ち本件家屋の焼燬（しょうき）を惹起する切迫した危険が生じるに至ったものと認められるから、右行為により放火罪の実行の着手があったものと解するのが相当である」。「(前記の状況の下でライターを点火すれば引火するであろうことは一般人に容易に理解されるところであって予想し得ないような事柄ではなく、被告人はライターを点火する時に本件家屋を焼燬する意思を翻したわけでもないから、右のような経緯で引火したことにより本件の結果が生じたからといって因果関係が否定されるものではなく、被告人は放火既遂罪の刑責を免れない)」と判示した（横浜地判昭58・7・20判時1108・138）。

ドイツの判例において、故意既遂犯が肯定された事案として、次の判例を挙げておこう。連邦裁判所の2002年4月10日の判決（BGH NStZ 2002, 475）である。事案は、被告人Aら3名の飲み仲間が、同じ仲間の被害者Xを空気注射によって殺害するため、タオルで口を塞ぎ、顔面を殴るなどの暴行を加えたが、顔面を負傷したXを押さえつけている間に、AがXの肘付近に注射したところ、後に判明したところによれば、Xは、空気注射によってではなく、咽頭部の骨折による出血の結果、窒息死したという事案（＝**空気注射事件**）であった。裁判所は、殺意をもって暴行を加える行為を開始したとき、実行の着手があり、暴行によって抵抗を奪うことと注射することは一体であるとして、因果経過の逸脱も重要でないとして殺人既遂を肯定した。本事案では、判例のように早すぎた構成要件実現の事例とするのは正当である。すでに一連の暴行と同時に空気注射が行われており、それと一体の行為として殺人の実行の着手が認められるからである。[21]

---

[20] ドイツでは、「早すぎた既遂」（vorzeitige Vollendung）（*Jakobs*, Lb. S. 300）とも呼ばれる。
[21] このほかのドイツの判例については、山中・板倉古稀103頁以下参照。

(3) 実行行為性

もちろん、問題は、第1の行為がすでに**実行行為**といえるかどうかである。実行の着手は、直接的危険の創出行為があれば、事後的に認められうるが、たとえその行為によって一撃のもとに殺害する意図はなくても、客観的に行為態様と方法も類似しており、**時間的・場所的にも接着し密接に関連した行為**が開始されれば危険創出行為は認められるであろう。したがって、事後的に具体的危険が発生すれば実行の着手は存在する。

この場合には、すでに実行の着手が存在するので、実行行為のときに故意が存在する。したがって、故意の存在については争いようがない。ただし、(潜在的)実行行為と評価される行為を行った際に、結果発生の危険性について認識・意欲がない場合には、実行行為性が肯定されても故意が否定される場合はありうる。しかし、その場合には、故意とは、結果発生のための「最終的な意思」を意味すると解する(町野248頁)か、それとも結果発生に必要なことはすべて行われたという意識を要求する「既遂の故意」が必要と解する見解(ヴォルター、石井徹哉「いわゆる早すぎた構成要件の実現について」奈良法学会雑誌15巻1＝2号1頁以下)を前提とする。[22] 学説の中には、実行の着手を認めることと故意の存在とを無関係だとすることを前提とする[23] (町野248頁以下、山口・問題探究141頁以下)が、(潜在的)実行行為性が認められるということは、当該行為は次段の行為と一体のものであるということを意味し、結果惹起の故意があったことになる。したがって、この見解は不当である。

実行行為性＝行為の危険性の認識を要求する見解(林236頁)も、既遂の故意とは異なる「未遂の故意」を認める見解を前提にするものであり不当である。

後者の見解についても、行為者がさらに行為することを前提としていても、例えば、「狙いを定めて銃を構える」、「媒介物に着火する」などの行為によって実行の着手は肯定できるのであり、直前の行為で実行の着手が認められることがあるから、「既遂の故意」を要求するのは不当である。

---

[22] この見解について詳しくは、山中・板倉古稀111頁以下参照。
[23] これは、未遂の故意を危険の故意と解する立場からはじめて主張できる見解であろう。しかし、未遂の故意を危険の故意とする見解は不当である。この見解からは、したがって未遂が認められる(町野249頁、山口216頁、同・問題探究142頁)。本説は、さらに直接的結果惹起行為が予定されている犯罪につき、前段の行為に着手すれば未遂が認められるというが、詐欺罪においても、「欺く」故意はあっても、財物を相手方の「処分行為」にもとづいて「受領する」意思が、「欺く」行為の開始時になければ、詐欺の故意とはいえない。本説は、次段の故意を予定されている犯罪でこそ問題点を露呈する。

(4) 結果の帰属

実行行為性が認められると、**結果の帰属** の問題が残る。ここでも、因果経過の錯誤の問題であるとする説（福田・福田=大塚・対談〔中〕170頁）があるが、不当である。客観的帰属の問題として解決されるべきである。結論的には、因果経過の逸脱は本質的なものではなく、実行行為に帰属できる。したがって、行為者は、既遂の責任を負う。ドイツにおける反対説は、中止未遂の余地がなくなるとして、未遂と過失致死の観念的競合とするが（齊藤誠二『特別講義刑法』〔1991〕30頁）、不当である。

(5) ベランダ転落死事件

早すぎた構成要件実現の事例かどうか疑わしい判例の事案として、次の**二つの事案**がある。

まず、**ベランダ転落死事件**（東京高判平13・2・20判時1756・162）は、被告人が、妻B子に対し、殺意をもって洋出刃包丁で同女の左胸部等を数回突き刺し、ベランダに逃げ出した同女を追い掛け、9階の被告人方ベランダの手すり伝いに隣室に逃げ込もうとした同女に、ガス中毒死させるために掴みかかり、同女を転落させて地上に激突せしめ、胸部等打撲による外傷性ショックにより同女を死亡させて殺害したというものである。

東京高裁は、「刺突行為から被害者を捕まえようとする行為は、一連の行為であり、被告人には具体的内容は異なるものの殺意が継続していたのである上、被害者を捕まえる行為は、ガス中毒死させるためには必要不可欠な行為であり、殺害行為の一部と解するのが相当であり、本件包丁を戻した時点で殺害行為が終了したものと解するのは相当でない」とする。これは、ガス中毒死させる行為の実行の着手があり、したがって、ガス中毒死させて殺害するという故意を認めたものであり、早すぎた構成要件実現の事例と捉えているものと思われる。しかし、ガス中毒死の実行の着手が掴みかかる行為にすでにあったと解することはできないであろう。なぜなら、ガス中毒死させる直接的行為は、ガス栓をひねることであり、それまでには、被害者を掴んで、部屋に引き戻し、障子を閉め、部屋から出られなくして、ガス栓をひねるというように、**殺害行為の準備的な行為がいくつも介在している**からである。本件では、むしろ、実行行為である突刺行為の後に行為者の過失行為が介在した**ヴェーバーの概括的故意に似た事例**と捉える方が適切であるように思われる。

(6) クロロホルム事件

その後、**最高裁の判例**において早すぎた構成要件実現の事例が取り扱われることになった。事案は以下のごとくである（最決平16・3・22刑集58・3・187＝**百選64**＝クロロホ

---

[24] 山中「最近の刑法総論における判例の動向」刑ジ創刊号30頁以下参照。
[25] これについても、山中・刑ジ創刊号30頁参照。

第7節　構成要件的事実の錯誤　§95　因果経過の錯誤◇　377

ルム事件＝平成16年度重判解157頁参照）。Aは、夫のVを事故死に見せ掛けて殺害し生命保険金を詐取しようと考え、被告人Bに殺害の実行を依頼し、Bがこれを引き受け、C、DおよびE（「実行犯3名」）に実行させるため、仲間に引き入れた。Bは、実行犯3名にこれを実行するよう指示した。3名は、計画どおり、多量のクロロホルムを染み込ませてあるタオルをVの鼻口部に押し当て、クロロホルムの吸引を続けさせてVを昏倒させた（「第1行為」）。これによって、Vは死亡した可能性がある。その後、3名は、Vを約2km離れた工業港まで運び、Bを呼び寄せたうえでVを海中に転落させることとした。その約2時間後、Bおよび実行犯3名は、VをV使用車の運転席に運び入れたうえ、同車を岸壁から海中に転落させて沈めた（「第2行為」）。

　最高裁によれば、「被告人B及び実行犯3名は、第1行為自体によってVが死亡する可能性があるとの認識を有していなかった。しかし、客観的にみれば、第1行為は、**人を死に至らしめる危険性の相当高い行為**であった」。さらに、「第1行為は第2行為を確実かつ容易に行うために**必要不可欠なもの**であったといえること、第1行為に成功した場合、それ以降の殺害計画を遂行する上で**障害となるような特段の事情が存しなかった**と認められることや、第1行為と第2行為との間の**時間的場所的近接性**などに照らすと、第1行為は第2行為に密接な行為であり、実行犯3名が第1行為を開始した時点で既に**殺人に至る客観的な危険性**が明らかに認められるから、その時点において**殺人罪の実行の着手**があったものと解するのが相当である」。また、殺人の故意については、「実行犯3名は、クロロホルムを吸引させてVを失神させた上自動車ごと海中に転落させるという**一連の殺人行為**に着手して、その目的を遂げたのであるから、たとえ、実行犯3名の認識と異なり、第2行為の前の時点でVが第1行為により死亡していたとしても、**殺人の故意**に欠けるところはなく、実行犯3名については殺人既遂の共同正犯が成立するものと認められる」。そして、実行犯3名と共謀していたAおよびBも共謀共同正犯の罪責を負う。

(7)　実行行為性の要件

　このように、最高裁は、実行行為性と故意の両観点からこの問題を論じ、両者ともに肯定している。実行行為性の肯定は、①第1行為の「**必要不可欠性**」（条件関係）、②第1行為と第2行為との間の**特段の障害の不存在**、③**時間的場所的近接性**を根拠に、第1行為と第2行為が密接する行為であり、「第1行為時に**殺人に至る客観的危険性**が明らかに認められる」点にある。しかし、この要件の①はその通りであるとしても、②の要件は実行の着手を認めるに十分かどうかには疑問がある。被害者が通る予定であった通りの金物店で殺人のための包丁を買い（第1行為）、予定通り、通りかかった被害者をそれで突き刺して殺害したとき（第2行為）、第1行為と第2行為の間には「特段の障害」はないが、包丁を買う行為はあくまで予備行為であって、殺人の実行行為ではない。

実行の着手があったというためには、「行為を開始した時点で既に殺人に至る客観的な危険性」がなければならないが、それは断じて特段の事情がなければ殺人に至るほど時間的場所的に密接する行為が行われれば十分なのではない。それは、**行為者の表象によれば、直接的に現実的な危険を発生させる行為**でなければならない。換言すれば、第1行為の後、**時間的・場所的に接着する行為**であって、しかも少なくともその後まだ**日常行為および第2行為が介在することが予定されていないこと**が必要である。本件では、クロロホルムを嗅がせて、自動車を運転して約2キロ走るという日常行為が予定され、岸壁から転落させる第2の危険行為が予定されていたのである。これは、銃で相手に狙いをつけて引き金を引く行為を残すのみになった状態や、媒介物に火を着けて建造物に燃え移らすばかりになった状態とは異なる。

(8) 未遂の実行行為と既遂の実行行為の区別？

未遂の実行行為の時点と既遂の実行行為の時点とは異なってよいとし、未遂の実行行為を既遂の場合より早い段階で肯定する見解（林幹人「早過ぎた結果の発生」判時1869号3頁以下、山口「実行の着手と既遂」法教293号104頁以下）が唱えられているが、このように区別することは不当である（浅田377頁）。この見解からは、未遂の実行の着手は認められるから、殺人未遂罪が成立し、さらに重過失致死罪が成立するものとされる（山口・法教293号111頁）。既遂犯の構成要件的要素である実行行為と未遂犯の実行行為とが同一である必然性はないとする根拠は、未遂犯は処罰の早期化により実行の着手の時点も早期化されていると解する点にある（山口・法教293号100頁）。第2行為が既遂犯の実行行為であり、第2行為を留保している第1行為の時点では、既遂犯の故意はない。したがって、第1行為への着手によって未遂は成立するが、既遂犯は成立しないというのである。しかし、この見解には**根本的な疑問**がある。そもそも実行の着手時点を現実的法益侵害の時点に近づけるために、行為者の身体的活動そのものから離れた到達時に実行行為を認めるという見解が唱えられたのであるが、それを未遂犯においては実行の着手の時点が早められるとするのでは、何のための理論的説明の努力だったのか分からなくなる。この見解によれば、後に自らの行為で飲まそうとして殺意をもって毒薬を戸棚にしまっておいた事例についても未遂犯が肯定されることになる。

殺人の故意の点については、クロロホルムを吸引させる行為から岸壁から転落させるまでを「一連の殺人行為」といえないかぎり、故意を肯定するこ

ともできない。したがって、故意の問題は、実行の着手の問題の反映でしかないということができよう。故意とは、既遂の故意（終了未遂の故意）、すなわち、終了（実行）未遂に達したことの認識が必要であるとする見解（石井・奈良法学会雑誌15巻1＝2号1頁以下）は採用できない。あえていうならば、決定的な因果事象の支配の手放し行為以外の中間的行為が介在しない、直前の行為であるとの認識で十分である。実行行為性が肯定されるならば、そのときの結果発生の認識・意欲は「故意」であり、この問題の重点は、実行行為性の成否にある。

第8節　過失構成要件論

> 【文献】「特集・過失犯論」現刑15号4頁、井上祐司『行為無価値と過失犯論』(1973)、内田文昭『刑法における過失共働の理論』(1973)、岡野光雄『交通事犯と刑事責任』(2007)、大塚裕史「過失犯における危険概念」刑雑33巻2号184頁、高橋則夫「過失犯の行為規範に関する一考察」神山古稀1巻3頁、土本武司『過失犯の研究；現代的課題の理論と実務』(1986)、同『航空事故と刑事責任』(1997)、長井圓『交通刑法と過失正犯論』(1995)、半田祐司『不法問題としての過失犯論』(2009)、古川伸彦『刑事過失論序説』(2007)、前田雅英「過失犯についての一考察」平野古稀〔上〕299頁、同「過失犯論について—医療過誤を手がかりに—」司法研修所論集創立五十周年記念特集号3巻（刑事編）28頁、松宮孝明『刑事過失論の研究』（補正版・2004)、同『過失犯論の現代的課題』(2004)、同「過失犯論の今日的課題」刑雑38巻1号12頁、山中敬一「信頼の原則」現代刑法講座3巻71頁、米田泰邦『機能的刑法と過失』(1994)

§96　過失の概念と過失犯例外処罰の原則

1　過失の概念

　過失犯（Fahrlässigkeitsdelikte）は、「罪を犯す意思がない」犯罪行為であり、「法律に特別の規定がある」場合にかぎって処罰される犯罪である（**38条1項**）。すなわち、過失犯は、故意犯とは異なり、犯罪実現の認識・意欲なくして犯罪を実現する行為であり、法律に規定がある場合にのみ例外的に処罰される。ここで、過失とは、**不注意**を意味し、過失結果犯においては、注意義務に違反して結果を惹起することによって処罰される[1]。たんに犯罪結果を認識せず、また意欲せずに惹起することが過失ではなく、不注意であることを要するのであり、結果発生につき行為者に「責任」がなければならないのである。

　しかし、この意味における「過失概念」については、後に**「過失責任論」**

---

[1] わが国の刑法では、過失結果犯のみが処罰の対象となっているので、従来から、過失犯においては、過失結果犯の理論が中心として議論されている。したがって、過失犯の理論は、結果犯を中心にしている。

第8節　過失構成要件論　　§96　過失の概念と過失犯例外処罰の原則◇　381

という節（☞第5章第3節）において論じる。ここでは**「過失構成要件」**について、積極的に「不注意」が存在することを前提にするのではなく、「構成要件的故意」のない行為についての「構成要件該当性」についてのみ論じる。

　過失（culpa）の概念は、すでにローマ法の時代に発展していたが、**過失犯論**は、20世紀の後半までは、故意犯論の影に隠れ、犯罪論において「継子扱い」されていた。資本主義の発達と工業化・高度産業技術化により、軽微な不注意から甚大な被害をもたらす事故が発生するようになり、過失犯の意義は高まった。戦後になって、とくに道路交通の発達により、交通事故が多発するようになり、過失犯の発生頻度も著しく高まって、**過失犯論の再編成**をうながす最初の契機となった。その後も、公害、薬害、食品事故、都市災害、ガス爆発事故、ビル火災あるいは医療事故ないし製造物事故などの頻発といった、社会構造の変化とともに変転する過失事故の形態に応じて、過失犯論そのものが変遷を余儀なくされた。かくして、社会の変遷とともに新たな過失犯論の構想が必要となることが自覚された。[2]

2　過失犯の例外処罰

　「特別の規定」があることを条件とした**過失犯の例外処罰の原則**は、形式的意義における刑法について妥当するだけではなく、実質的意義における刑法である特別刑法や行政刑法についても妥当する。刑法8条によって「この編の規定は、他の法令の罪についても、適用する」と定められており、これにより、過失犯例外処罰に関する総則の規定（38条1項）も、それらの実質的意義における刑法にも適用されることになる。[3]

　問題は、この「特別の規定」が、**明文による規定**を要するかどうかである。行政犯の規定において明文の過失犯処罰規定がない場合であっても、取締目的の本質から、あるいは、規定上その趣旨がうかがわれるときには、これを処罰してよいかどうかが、判例・学説によって争われている。これについては、**三つの立場**がある（☞§5, 3）。

　第1は、罪刑法定主義を徹底するという観点から、過失犯処罰にはつねに**明文の規定**を要求すべきであるとする立場（木村79頁）である。第2は、法律の**目的・趣旨**、行政取締目的の達成の趣旨（大判大2・11・5刑録19・1121）、「取締る事柄の本質」（最決昭28・3・5刑集7・3・506、最判昭37・5・4刑集16・5・510）に照らして過失犯をも処罰するものと解釈される場合には、明文の規定がなくとも処罰されると解する立場である。この立場に対しては、罪刑法定主義から行政的な取締目的を理由として簡単にこれを認めることは許されない（団藤336頁）と批判されている。第3は、明文の規定がなくとも、個々の**規定の文理解釈**によって過失犯処罰の趣旨がうかがえる場合

---

[2] これにつき論じたものとして、*Yamanaka*, Die Entwicklung der japanischen Fahrlässigkeitsdogmatik im Lichte des sozialen Wandels, ZStW 102(1990), S.352 ff.
[3] 刑法総則の他の刑罰法規への適用については、山中「刑法総則と特別刑法」基本講座1巻138頁以下。

にのみ、処罰されるとする立場（大判大7・5・17刑録24・593、団藤336頁、福田126頁）である。判例の中には、第3説のように、個々の規定における文理上の可能性を前提としつつ、法令全体の立法趣旨などをも考慮すると解釈しうるもの（最決昭57・4・2刑集36・4・503＝**百選49**）もある（内藤1099頁参照）。

この判例では、輸送船の燃料油の補給に際して、不注意で燃料油を海面に流出させた過失行為が、「船舶の油による海水の汚濁の防止に関する法律」5条1項に反して、処罰されると判示された。同法5条1項では、「船舶…は、次の海域において油を排出してはならない」と定め罰則（同法36条）を置いていた。東京高裁は、「当該法令全体の立法の趣旨目的及び関連法条との関連から**特定の罰則規定が明らかに過失犯をも処罰する趣旨**であると解されるかぎり」、「特別の規定」にあたるとした。さらに、明文の規定はなくても、「個別的に検討して当該法規の全体趣旨から推して過失犯を処罰する律意が認められる場合でなければならない」とするものもある（東京高判昭30・4・18高刑集8・3・325）。

「明文」の意味については、「過失により」などと規定されていないかぎり、つねに明白というわけではないであろう。しかし、明白に過失犯処罰の趣旨が文理上表れていないかぎり処罰できないとして、罪刑法定主義の趣旨を明確にすべきであると思われる。罪刑法定主義が周知の原則となっている現状では、立法者は、過失犯処罰のためには明白な規定を置くべきであり、それを怠った場合には、司法判断によって処罰を拒否されることがあるという危険を自ら負担すべきであろう。

§97　過失構成要件の意義

1　過失構成要件の構造

過失犯の構成要件は、「過失により人を傷害した者」（209条）ないし「過失により人を死亡させた者」（210条）といったように規定されている。しかし、後に詳述するように（☞§98, 6）、「過失により」という文言は、責任要素であるから、「人を死亡させた者」ないし「人を傷害した者」のみが構成要件要素である。ここで、「人を死亡させた」ないし「人を傷害した」というのは、行為によって危険を創出し（**危険創出連関**）、その危険が結果に実現した（**危険実現連関**）場合をいう。ただし、故意犯の場合、危険創出行為は、必ずしも正犯のみが行うものとはかぎらず、共犯もそれを行いうる。したがって、過失犯の場合にも、共犯的形態のものも危険創出行為にあたりうる。

しかし、過失犯においては、故意犯のように、正犯と共犯が区別されているわけではないので、共犯的形態の行為も、過失正犯の構成要件に該当する

ものとすべきである。過失犯においては、いわゆる**統一的正犯概念**が採用されているのである。したがって、例えば、209条ないし210条の過失正犯構成要件は、形式的に言うと、それ自体の中に故意犯の場合の61条や62条の教唆・幇助の形態をも含んでいることになる。つまり、過失犯においては、故意犯の用語で言えば「過失共犯」となるところの形態をも、「過失正犯」と言うのである[4]。したがって、過失共犯的行為も、61条ないし62条の援用なしに、要件を充足するかぎり、それ自体、209条ないし210条あるいは211条1項の構成要件を充足する。形式的な根拠としては、過失犯の構成要件中に「過失により人を死亡させた」等と記述されているにすぎないことが挙げられる。

2 過失正犯構成要件該当性

事実上、過失犯においても、正犯的形態の行為と共犯的形態の行為とが存在することは否定できない。したがって、理論上は過失共犯の可能性は認められる。しかし、現行法は、過失共犯を過失正犯とは別の構成要件で規定するのではなく、過失正犯の一態様として規定している。構成要件上は、統一的正犯概念を採るのである。したがって、例えば、実際に、Aが過失で、Bの過失行為を通じて、結果を惹起した場合には、Aの実現した構成要件は、故意犯であれば、共犯構成要件であるというべきところである。しかし、過失犯の場合には、その共犯構成要件も含めて過失正犯構成要件とされるので、Aは、過失正犯として処罰されるのである[5]。

このことを、構成要件該当性の判断順序に応じて説明すると、次のようにいうことができる。Aは、客観的構成要件としては、〔故意〕共犯構成要件に該当し、かつ〔過失〕正犯構成要件に該当する行為を行った。主観的構成要件の検討において、故意があったことが確認されると、故意共犯構成要件該当性が確定する。故意がなかったことが確認されると、事実上は共犯的な形態の行為であっても、過失正犯の客観的構成要件該当性が確定される。

---

[4] 過失正犯構成要件が、共犯構成要件をも含むものであると解釈する実質的根拠は、①条文上の明確な規定なしに、例外的処罰を定めた狭義の共犯の規定が、例外的に処罰される過失犯に適用されることはないと解すべきこと、②過失犯処罰を故意犯の意味における正犯的形態に限定することは実質上不合理であることである。すなわち、過失犯にあっては、「規範的障害」が介在していても、過失正犯が成立する。

[5] 過失正犯と過失共犯の問題については、松宮・過失犯論の現代的課題265頁、松生光正「過失による共犯(1)(2・完)」法学論叢117巻1号42頁以下・5号27頁以下参照。

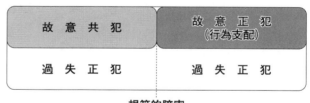

3 過失実行行為の意義
(1) 事後的遡及評価としての過失実行行為
　過失犯における実行行為とは、上記の意味における過失犯の構成要件に該当する行為を意味する。過失犯の実行行為は、過失結果犯においては、危険創出連関に加えて危険実現連関が肯定された行為について、事後的に、結果から遡って認定される。過失犯においても、事前的に危険な行為が潜在的実行行為であり、それが事後的に結果発生の時点から遡って危険の結果への実現があるときに、過失犯の実行行為となるのである（山中「過失犯における『予見可能性』と『実行行為』」基本講座2巻312頁以下）。過失結果犯における未遂犯の処罰は問題にならないので、実行の着手時点について論議することの実益はほとんどない。

(2) 過失実行行為の機能
　過失犯の実行行為について論じる意味は、次の2点にある。第1に、過失犯の「構成要件」が共犯的形態を含むものであるので、その限界を合理的な範囲内にとどめるために、実行行為の概念によって構成要件該当行為を限定する意味を有する。第2に、客観的帰属論が、一般に違法判断の対象となる行為の範囲を画する機能を有するように、ここでも「実行行為」かどうかの判断は、過失行為の違法性判断の対象となりうるための基準となりうる。

(3) 過失実行行為の類型
　過失実行行為であるために要求される要件のうち、他人の介入を予定した「危険状況創出類型」がもっとも問題である。この類型においては、二つの**事例群**に

---

[6] これついては、大塚「過失犯における実行行為の構造」下村古稀〔上〕153頁以下参照。私見に対して、「実行行為概念の弛緩を招く恐れがある」(160頁)と批判する。私見では、事前的な危険創出行為は、事後的な危険実現連関を要するのであるから、その点は弛緩するわけではない。問題は、むしろ、正犯の成立に規範的障害の要件を不要として過失共犯的な場合を正犯に入れる点である。しかし、過失共犯を肯定する見解よりも、限定的であり、処罰範囲を拡大することにはならない。

分けられる。一つは、危険状況創出時において「**他人の介入がすでに存在し、または明白に予定されている**」場合である。もう一つは、危険状況創出時において、「**他人の事後的な介入がありうる**」場合である。医師が過失により不注意な看護師に誤って毒薬を手渡す場合が第1の事例群の例であり、過失で猟銃を店先に置いておいたところ、第三者が過失でそれを暴発させ被害者を死亡させたというのが第2の事例群の例である。過失犯における危険創出連関は、原則として前者の場合にかぎる。後者の場合には、猟銃に対する管理義務そのものが過失を根拠づけるものでないかぎり、他人の不注意な行動の介入に対して、予測可能性がなく、過失行為者が、介入する他人の行動に対して監督者的地位に立つのでなければ、他人が過失行為を行わないであろうということを信頼してよい[7]。したがって、この場合には、危険創出行為性は否定される。

(4) 規範的障害の介在

先に述べたように、過失犯においては、正犯性を根拠づけるために、**規範的障害の不介入**は要件とされることはない[8]。医師が過失により看護師に毒薬を手渡す事例においては、看護師の「過失行為」という「規範的障害」が介在しているが、医師の過失行為は、危険創出および具体的危険の発生があるかぎり、過失正犯である。過失犯における正犯原理は、事前の立場からいうなら、潜在的危険創出行為、換言すれば、現実的危険行為とそれがその行為の時点で具体的危険の段階に達したことである。もちろん、過失結果犯においては、結果の帰属が処罰の要件であるから、事後的観点からは、結果への危険実現連関がなければ処罰されない。故意犯の場合の正犯原理は、「行為支配」であるが、**行為支配の概念**には「規範的障害の不介入」が要件として含まれるのに対して、過失正犯にはそれは含まれない。

---

[7] 過失従犯を肯定する立場からは、この事例で過失従犯の成立を否定すべき理由はない。

[8] もちろん、「規範的障害」とは、ここでは、「過失行為」の介在のみを指し、「故意行為」の介在を意味しない。過失行為と結果との間に故意行為が介在した場合には、遡及禁止により、結果の客観的帰属そのものが否定されるからである。

§98 過失犯の理論

【文献】 井上正治『過失犯の構造』(1958)、井上祐司「過失犯における具体的予見と危惧感」因果関係と刑事過失 (1979) 141頁、梅崎進哉『刑法における因果論と侵害原理』(2001) 246頁以下、大塚裕史「過失犯における実行行為の構造」下村古稀〔上〕153頁、曽根威彦「過失犯の構造」現代的展開〔Ⅱ〕61頁、同「客観的帰属論と過失犯」三原古稀39頁、西原春夫「過失犯の構造」現代刑法講座3巻1頁、同『交通事故と信頼の原則』(1969)、同『交通事故と過失の認定』(1976)、萩原恵美「チーム医療と信頼の原則 (1)(2)」上智法学49巻1号49頁・2号37頁、花井哲也『過失犯の基本構造』(1992)、藤木英雄『過失犯の理論』(1969)、藤木英雄編著『過失犯—新旧過失論争—』(1975)、山中敬一「過失犯における『予見可能性』と『実行行為』」基本講座2巻300頁

1 過失理論の展開と課題

(1) 過失の意義

過失とは、注意義務違反である。**注意義務**（Sorgfaltspflicht）**違反**とは、通説によれば、予見義務と回避義務に反することであり、**予見義務** および **回避義務** は、**予見可能性** および **回避可能性** が存在する場合に認められる（私見反対☞§133, 2 (3)）。**予見可能性**（Voraussehbarkeit）とは、注意を払えば結果を予見できたという心理状態であり、しかも、**回避可能性**（Vermeidbarkeit）とは、結果を回避することができたかどうか、そして、その行動が非難できるかどうかを問うものであるから、当初、過失とは、責任の問題であり、故意とならぶ **責任条件** ないし **責任形式** であると解された（☞§52, 1)。過失の存否は、責任の段階ではじめて検討されたのであるから、過失行為の構成要件該当性ならびに違法性は、結果の予見可能性や回避可能性とは無関係に、たんに一定の行為が行われ、結果が発生しその間に因果関係（条件関係）があれば肯定された。

(2) 構成要件要素としての過失

しかし、最近では、過失とは、構成要件の問題であるとする見解が通説となっている。結果が発生すれば違法であるとする違法観は、結果無価値論で

あるが、法規範が禁じているのは、特定の義務に反する行為であるとみる行為無価値論からは、結果を惹起しただけで不法が根拠づけられるわけではなく、法規範に違反する行為が前提とされなければならない。構成要件が、人々の意思決定の指針となる規範であるならば、必要な注意を守らないということは、構成要件要素であらねばならない。このようにして、故意が主観的違法要素として構成要件要素とされたように、過失も、構成要件要素となったのであり、過失犯としての犯罪類型にあてはまることが重要だとされるに至ったのである。

(3) 過失犯論と行為無価値

過失が、責任の段階ではじめて論じられるのではなく、すでに構成要件および違法性の段階で問題とされなければならないという認識が広まったのは、目的的行為論の功績である。他方、目的的行為論の内部において禁止できるのは、「行為」のみであり、しかも、過失犯における「結果」は、偶然的要素であって、したがって、不法を根拠づける構成要件要素ではなく、不法とは無関係の客観的処罰条件にすぎないという見解も唱えられているように、**極端な行為無価値論的過失論**もドイツにおいて出現している。わが国においても、過失犯においては、「行為」のモメントが重要であり、結果の予見可能性が漠然たる不安感にすぎなくても、必要な行為準則を守らない**落度ある行為**が行われれば、過失犯における不法が存在するとする見解が唱えられた（☞危惧感説）。このような極端な見解は、ドイツにおいても日本においても支持されることは少ない。

(4) 旧過失論の修正・再生

そこで、わが国の過失犯論において最近有力に唱えられているのは、いわゆる修正旧過失論である。それは、過失構成要件を「**実質的で許されない危険**」の観点から限定しようとするものである。本書は、このような立場を出発点としつつ、それをより洗練された形で体系化しようとするものである。

2 旧過失論（伝統的過失論）

(1) 旧過失論の意義

旧過失論は、過失を責任の次元においてのみ論じ、違法性までは、法益侵害の発生と因果関係の存在によって充足されるものとする理論である（内藤1111頁、山口・問題探究156頁、浅田95頁、344頁）。結果の予見可能性や回避可能性は、責任の段階においてはじめて検討され、それらが否定されれば注意義務違反がないがゆえに過失責任を問いえないと考えたのである。

(2) 心理的過失概念

この考え方の背後には、過失を不注意、すなわち、**意思の緊張の欠如** という心理状態とする **心理的過失論** と違法性の本質を法益侵害の惹起にあるとする結果無価値論とがある。このような心理的過失論は、故意・過失を結果の表象・認識の有無によって判断する心理的責任論を基礎とする。ここでは、**予見可能性が過失の中心** に位置づけられる。回避可能性の判断は、むしろ、規範的責任論を基礎にする。他方、伝統的過失論は、責任と違法性を犯罪の客観的要素と主観的要素の区別ととらえる違法観・責任観に依拠する。犯罪の客観的側面は、故意犯と異なるところはなく、したがって、構成要件該当性および違法性は、結果の惹起と因果関係の存在によって充足されるものと考えられたのであり、過失犯特有の問題は生じないものとされたのである。

(3) 旧過失論の社会的背景

このような旧過失論は、伝統的・牧歌的な社会においてたまに例外的に発生する人身事故の刑事法的処理のためには十分機能する理論であった。このような複雑でない社会においては、もともとそこで生じる事象について予見可能性の及ぶ必要のある範囲は大きくなく、ごく狭い領域においてのみ予見可能性が問題となった。したがって、原則的に法益侵害の発生があれば違法であるという違法論で十分だったのである。

3 新過失論

(1) 新過失論の意義

新過失論は、過失を責任の問題であるのみならず、違法性ないし構成要件該当性の問題でもあるものとしてとらえ、心理状態としての過失のみならず、その **行為の側面** にも着目する（団藤333頁、福田125頁、大塚202頁以下、内田127頁、川端207頁以下、曽根69頁、前田290頁）。不注意な行為によって規範が侵害された場合に、違法となるのであるから、規範違反があるのはいつかが重要な検討課題となる。それは、やはり注意義務違反であるが、注意義務違反の存否は、類型的に **社会生活上必要とされる注意義務** に反したかどうかに

---

[9] なお、付言すれば、伝統的過失論では、予見義務が注意義務の内容とされ、新過失論では回避義務が注意義務の内容とされるという見解（曽根・重要問題176頁以下など）があるが、伝統的過失論にせよ、新過失論にせよ、予見義務や回避義務のみでは、意味がないというべきである。両理論ともに両者の概念を注意義務の内容とするが、その重点の置き方が異なるだけである（板倉256頁参照）。

よって判断される。目的的行為論によって、「行為」が犯罪体系のあらゆるところで中心的な役割を果たすと認識され、過失についても「行為」の側面が重要であるとされたことから、構成要件該当行為ないし違法行為の側面に注目された。これによって、過失論は、一定の生活場面において要求される**外部的な行為に対する準則**に違反する行為が中心に位置づけられることになり、過失構成要件該当性ならびに過失違法をもその内容とするに至ったのである。このように、新過失論の背後には、規範違反としての「行為不法」の考え方があり、客観的に回避可能とはいえない行為は、違法とはいえないという命令説的な違法観がある。

(2) 客観的過失と主観的過失の二重の過失論

この新過失論は、違法論における規範違反説を基礎とし、一般人を標準として、一般人が回避しえたが本人が回避しえなかった場合にはその行為は違法であるが、本人を標準にして回避できたか否かを問い、回避できた場合には責任があり、できなかった場合には責任がないとして、客観的過失を違法論で、主観的過失を責任論で論じ、過失概念につき、客観的過失と主観的過失の両者をそれぞれの次元に配分する見解を基礎とすることが多い。

(3) 予見可能性と許された危険

新過失論は、近代の道路交通の発展した社会における過失理論モデルである。社会の仕組みが複雑になる一方、予見可能性が時間的・距離的に遠くにまで及ぶことになると、従来の方式では、過失の成立範囲は非常に広くなるおそれがある。予見できるかぎり危険な行為は止めさせる必要があるが、危険を冒すことなくしては近代社会は機能しない。従来の意味における予見可能性は否定できないが、規範的には、「許されている」ものと考えるべき場合を認めなければ、社会は「違法結果」を導く構成要件該当の、違法な行為に満ち溢れることとなる。ここで、**許された危険**の概念が登場する。許された危険とは、危険な営業活動・操業であっても、社会的有用性との衡量の中で法的に許されたものについては、そのような危険から結果が生じた場合でも、過失犯として違法とはいえないとする法理である。[10]また、新過失論においては、予見可能性の概念は、狭く限定される傾向がみられ、一般人からみて稀有な結果は、一般的に予見できないものとする。ここでは、処罰の限定を理論的に保障しようと試みられて

---

[10] 許された危険は、構成要件に該当する危険性のある行為であるが、許されたものであるので、正当化されるとする理論であり、過失犯における正当化事由であると捉えられてきた（篠田公穂「許された危険の理論についての一考察」刑雑27巻2号39頁以下、前田「許された危険」現代刑法講座3巻25頁以下参照）。しかし、行為の許容性が結果を正当化するわけではなく、過失犯の正当化を根拠づけることはできない（内田「『許された危険』の法理の反省」研修525号3頁以下、山口・問題探究184頁以下）。それは、正当化事由ではなく、行為の結果への客観的帰属を否定する一つの原理であるにすぎない。

いる。しかし、旧過失論の時代に広く認められた予見可能性に絞りをかけることは容易でない。予見可能性概念は、広狭入り交じって**極めて不明確**な概念になっている。

4 新々過失論（危惧感説）

(1) 新々過失論の意義

いわゆる新々過失論は、新過失論をさらに押し進め、過失論において重要なのは、守るべき準則に違反する「行為」の側面たる**回避可能性**の判断であり、予見可能性の概念は、できるかぎり広く解すべきであるという見解に立って、過失行為とは、それぞれの局面における**客観的な行動準則違反（落度ある行為）**にあり、結果予見可能性は、ひょっとして結果が発生することがありうるという漠然たる**不安感**や**危惧感**があれば肯定されるとする理論をいう[11]（藤木233頁以下・240頁、板倉257頁）。これと親近性をもつように思われる理論として、「構成要件的結果の発生を予見しかつ真剣に憂慮すべき」場合に過失を認める見解（斎藤信治151頁）も唱えられているが、総じて、新々過失論では、過失犯処罰の方向に理論を軌道修正しようとする意図がみられる。

(2) 結果回避可能性・危惧感

この説の特徴は、まず、注意義務の二つの柱である「予見可能性」と「回避可能性」の概念につき、後者の**回避可能性の概念が中心**となることが強調される。回避可能性とは、行為によって結果の発生を回避できるかどうかの判断であるから、これによって、過失「行為」の側面を強調しているのである。そして、どのように振る舞えばよいかという指針は、あらかじめ**行動準則**として与えられているのであり、これに違反すれば違法な行為が行われたということができるのである。第2に、違法論の段階に置かれた客観的予見可能性概念は、**漠然たる不安感や危惧感**にまで拡大されるから、違法行為と結果との結びつきは非常に希薄なものとなる。このことから、この説は**危惧感説**とも呼ばれる。この説によれば、行動準則に違反すればその行為はほぼ確実に違法ということになる。

(3) 現代型犯罪と危惧感

この新々過失論（ないし危惧感説）は、社会の仕組みが複雑となり、それ自体

---

[11] この理論を採用し、展開したものとして、藤木・過失犯の理論25頁、同・過失犯33頁以下、板倉『現代社会と新しい刑法理論』（1980）77頁・113頁、石堂功卓『現代社会と刑事法学』（2004）97頁以下参照。

は軽微な違反行為でも、大きな被害をもたらすことがありうるような現代の**高度工業社会**において、未知の事故に対する過失責任を根拠づけようとする理論である。この理論は、とくに些細なミスが大規模な被害を招く公害や薬害、食品中毒事故、企業災害などの**現代型犯罪**に対処するために構想されたものである。**森永ミルク中毒事件**における差戻審判決においては、予見可能性は結果回避義務の前提であるとしたうえで、「この場合の予見可能性は具体的な因果過程を見とおすことの可能性である必要はなく、**何事かは特定できないが、ある種の危険が絶無であるとして無視するわけにはゆかない**という程度の**危惧感**であれば足りる」（徳島地判昭48・11・28刑月5・11・1473）とする。

しかし、通説・判例は、この危惧感説を採用せず、予見可能性については「**因果関係の基本的部分**」の予見可能性を要求している（札幌高判昭51・3・18高刑集29・1・78＝**百選51**参照）。この理論を説く説の中には、交通事故のように個人の行為者の責任が問題になる場合には、ある程度具体的な結果予見可能性が必要であるが、企業組織体の責任を追及する必要のある現代型犯罪の場合には、危惧感でよいとして、いわゆる**生活関係別過失理論**を主張するものがある。[12]

(4) 批　判

この理論に対しては、違法論においてあまりにも行為無価値を強調し、責任論において予見可能性概念を、したがって、**責任主義を形骸化・空洞化**し、あまりにも過失責任の範囲を拡大するのであって（三井誠「予見可能性」〔藤木編・過失犯〕144頁以下参照）、古い結果責任の理論を復活させるものであるという批判がある。

5　修正旧過失論

(1) 修正旧過失論の意義

これは、過失概念を責任論における予見可能性および回避可能性に求めながら、構成要件該当性および違法性における過失行為につき、結果発生の**実質的で許されない危険**をもった行為に限定する見解（平野193頁以下、中山380頁、同・概説〔Ⅰ〕168頁）をいう。この過失行為のもつ危険性とは、結果の客観的予見可能性を意味するものとされる（平野194頁）。このようにこの見解は、過失犯において「**行為の危険性**」を要件として要求するのであり（平野194頁）、また、「**危険の現実化**」をも要求する（平野201頁）。

---

[12] 板倉252頁、同・現代社会77頁以下。この理論はまた、いわゆる企業組織体責任論を唱える（☞§100, 1(2)）。それは、企業組織体をまず全一体としてとらえ、その客観的落度を論じ、ついでその活動を分担した各個人の行為の可罰的過失を論ずるというものである（板倉・現代社会89頁）。

それでは、この **実質的危険** とは、過失犯の違法要素なのかそれとも責任要素なのか。これについては、この説は、体系的な問題は二次的な問題であるとするが、結論的に、過失犯の構成要件上の限定であって、違法行為「類型」の要素であるとする（平野「過失についての二、三の問題」井上還暦298頁以下）。ただ、この説は、客観的違法論を採用するので、行為者の知っていた事情を含めて判断するこの判断は、むしろ、「実質的危険も実は予見可能性であり、責任要素である主観的な本人の予見可能性という要素の有無を判断する場合の一つのプロセスにすぎないということになる」（平野・井上還暦300頁）という。

(2) 批　判

しかし、この学説は、行為の危険性と危険の現実化を含む「実質的で許されない危険」が、客観的予見可能性概念の別称であるととらえ、それを構成要件要素、そして、最終的に、責任要素たる主観的予見可能性の有無の判断の一つの過程ととらえる点で、体系的位置づけが不明確であるという難点をもつ。この要件をむしろ過失の要件とは切り離すことが重要であると思われる。

6　客観的帰属構成要件説

(1)　客観的注意義務概念の二元性

新過失論における客観的注意義務概念は、過失の違法要素として発展し、客観的注意義務の類型化されたものが構成要件要素と捉えられたことから違法との結びつきがつねに意識された。注意義務違反があれば違法というのは自然な思考だからである。しかし、本来、客観的注意義務とは、**社会生活上必要な注意** であり、具体的生活場面における行為準則を意味した。その行為準則は、それを守っているかぎり、法益侵害の結果を類型的に回避できると考えられたものである。ここにおいて、注意義務の概念は、旧過失論とは抜本的に異なる意味をもったのであるが、それが十分に意識されることはなかった。すなわち、注意義務の内容である結果予見義務と結果回避義務は、結果予見可能性と回避可能性を前提とするが、それは、行為準則としての規範（**行為規範**）に対する違反と結果帰属のための規範（**制裁規範**）充足という二つの面をもっていたのである。新過失論は、このことを明らかにしたのであるが、十分に自覚されなかった。すなわち、前者は、行為時の事前の抽象的結果予見ないし回避可能性（**事前的予見・回避可能性**）を問い、後者は、発生した当該の具体的結果に対する事後的な予見可能性ないし回避可能性（**事後的予見・回避可能性**）を問うものであるという注意義務概念の構造が看過されてい

たのである（☞§101, 1 (3)）。

(2) 客観的帰属論の問題としての過失構成要件該当性

この事前的予見・回避可能性と事後的予見・回避可能性とは、過失犯における客観的帰属論の **危険創出連関** と **危険実現連関** という構造に対応するものであり、そのようにみると、結局、これは、客観的帰属論そのものであるということになる。[13]

修正旧過失論は、実質的で許されない危険をもった行為を過失行為とするが、その認定は、客観的帰属論を枠組とすることによってよく行うことができる。**事前的注意義務** に反する許されない危険を創出する行為が行われ、結果が発生するだけで、結果発生に対する責任を負うものではない。そのためには、結果の帰属に必要な **事後的注意義務** 違反が確認される必要がある。それは、創出された危険が、結果に実現することを要求する危険実現連関そのものである。それは、事前的注意義務違反が、当該の具体的な結果に対する危険を事後の立場から判断して、実質的に結果発生に対する危険を増加させたかどうかの判断である（☞§101, 1）。もし注意義務を果たしていたとしても、結果が発生していたであろうという状況があれば、その注意義務は、当該結果の発生の防止には事後的には役に立たなかったということを意味し、その注意義務違反によって創出された危険は、実質的に、許された危険の枠内に止まっているのである。

ここでは、客観的注意義務違反という過失犯論で展開された概念を排斥することなく、それを維持したままでも、客観的帰属論に組み込むことは可能であることを示したが、しかし、行為無価値論と結びついた客観的注意義務論を用いなくても、客観的帰属論のみで、過失構成要件該当性を論じることも可能である。過失構成要件該当性の判断は、行為無価値論でも、結果無価値論でもなく、過失の潜在的実行行為を判断するための危険創出連関は、事前判断によって決定され、結果帰属のための危険実現連関は、事後判断によって決定される。これによって、過失犯論から、無用な行為無価値か結果無価値かという論争問題を放逐することができる。

(3) 責任要素としての過失

過失犯においては、「過失により人を死亡させた」こと、「過失によって人

---

[13] これについては、山中『刑法における因果関係と帰属』（1984）290頁参照。なお、山中「過失犯における『回避可能性』の意義」研修704号11頁以下参照。

を傷害した」ことなどが要件とされているが、「過失により」という要件とは、構成要件とは無関係の「責任要素」である。それは、行為者を標準とする「主観的過失」を意味する（☞§133）。

7　過失実行行為の競合の諸類型

過失の実行行為の競合の事例には、①単一人における過失の併存の類型と②複数人における過失の競合の類型という二つの場合がある。前者においては、どの過失が、過失実行行為かを確定しなければならず、後者においては、各自の過失の意味が問題となる。

過失実行行為の競合は、過失犯における重要問題であるので、あらかじめ類型化しておきたい。

(1)　単一人における過失の段階的併存と同時的併存

まず、一人の行為者が、過失によって一つの構成要件的結果を発生させる場合、複数の不注意な行為が時間的に相前後して生じる場合、および同時的に生じる場合とがありうる。過失が段階的に併存する事例（**段階的併存事例**）として、例えば、自動車の運転者が赤信号を見落として交差点に入り（信号の見落とし）、しかも丁度かかってきた携帯電話の操作に気をとられていたため（前方不注視）、横断中の歩行者をはねて負傷させた場合がある。過失が同時的に併存する事案としては、運転者が、制限速度違反を犯し、前方不注視のため、先行車の後部に自車を衝突させ、運転者を負傷させた場合がある。

過失の同時的併存（同時的併存事例）の類型においては、単一人におけるそれらの注意義務違反がすべて結果の惹起につながった場合には、それらが総体として注意義務違反行為を構成するとみることができる。判例においては、最高速度違反および前方注視義務違反が併存するとしたもの（東京高判昭44・8・4判タ242・313、秋田地判昭48・10・5判タ307・314）がある。

過失の段階的併存の類型においては、犯罪結果にもっとも近接した最終の不注意な行為を過失の実行行為とみる見解（**直近過失論**＝中野次雄「いわゆる段階的過失について」早稲田法学57巻1号1頁以下）と、それらの時間的に前後する不注意な行為をすべて過失犯の実行行為とみる見解（大塚・基本問題131頁以下）とがある。直近過失論をとる判例として、被告人の過失責任の存否を判断するには、まず、現実に生じた法益侵害の結果を起点として因果の連鎖を遡り、被告人の作為または不作為によって因果の流れを変えたと目される最初の分岐点において被告人による結果の予見およびその回避の可能性を検討し、これが否定された後はじめて順次それ以前の段階に遡って同様の検討を繰り返すことが必要であるとするもの（札幌高判昭40・3・20高刑集18・2・117、なお、東京高判昭46・10・25判タ276・371）がある。

(2)　複数人における過失競合の諸類型

過失犯は、もちろん、その基本類型は、単独正犯の類型であるが、複数人の過失が競合する場合がありうる。過失犯においては、その共犯的形態は、共同正犯（**過失犯の並列的競合**）を除いては、行為者が時間的に前後して直列的に競合する場合（**過失犯の直列的競合**）でも、あくまでも単独「正犯」として論じられる。そこで、過失共犯

論に代わって、**過失正犯の競合論**を論じる必要がある[14]。

　後述するように、過失競合は、もちろん、**監督者と被監督者の間**でも生じる。例えば、妻 A が、認可外保育施設の実質的な管理運営者であり、その夫 B が、保育士及び看護師の資格をいずれも有しない者であったが、A には、児童の保護者が持たせ、あるいは飲食を許した物以外の物を児童に摂らせてはならないことを、あらかじめその保育従事者に周知徹底すべき業務上の注意義務があり、B には、それらの物以外の物を児童に摂らせてはならない注意義務があったところ、インスタントラーメン，チョコレート等を園児 E の親である D の許諾なく摂らしめ、各過失の競合により、睡眠中の児童 E をして、吐物によって気道を閉塞させ、同児を低酸素性脳障害により死亡させたという事案につき、**和歌山地裁**は、被告人 A および B の過失行為が E の死の結果の原因となっているとして、それぞれの注意義務違反行為の危険性が E の**死の結果に現実化したもの**と評価でき、因果関係を肯定できるとした（和歌山地判平 19・6・27LEX/DB）。ここでは、A の注意義務違反は、**管理過失**であり、B の過失は**直接過失**である。

　過失犯の直列的競合の場合は、従来、因果関係、とくに相当因果関係、予見可能性、信頼の原則などの問題として論じられてきた。しかし、この問題は、すべて客観的帰属論の中で処理されるべきものである[15]。

---

[14] ここで、過失競合の諸類型を分類しておく。**過失競合**とは、一つの構成要件的結果の発生に対して複数の行為者の過失が存在する場合をいう。単独の行為者における複数の過失をも含めて過失競合に入れる見解（川端 214 頁）もあるが、これは、ここでは別の問題として取り扱う。また、行為者と被害者のいわば対向型の過失競合（**対向型過失競合**）もあるが、これについても考察から除く。複数の行為者の並行型の過失競合の類型（**並行型過失競合**）には、①対等な行為者の過失が同時的・並列的に競合する類型（**並列型過失競合**）と②直接過失行為者の過失の背後にさらに別の過失行為者の過失が存在し、直列的に競合する類型（**直列型過失競合**）がある（西原「監督責任の限界設定と信頼の原則〔上〕〔下〕」曹時 30 巻 2 号 1 頁・3 号 1 頁参照）。前者にも後者にも基本的に①偶然的に競合する場合（**偶然的競合型過失**）と②組織内で競合する場合（**組織内競合型過失**）とがあるが、その**中間に**③いわばゆるやかな相互依存的競合とでもいうべき場合（**相互依存的競合型過失**）がある。例えば、二人の行為者の過失がたまたま競合して結果発生に至る場合が偶然的競合型過失であり、チーム医療の場合や工場内の共同作業においてそれぞれの役割・責任が組織的に分配されている場合が組織内競合型過失である。そして、相互依存的競合型過失は、社会のゆるやかなシステムの中で相互に相手方の行為に反応する形で影響しあいながらそれぞれの行為が行われる場合であって、例えば、工場とそれに加工用の材料を納入する業者の関係、監督官庁と業者の関係などがこれにあたる。

[15] 判例の中には、介在する過失の直接性・間接性ないし優劣・強弱・決定的かどうかにより「因果関係」の有無に影響するか否かを論じたものがある。特定の過失に起因して特定の結果が発生した場合に、一般的に観察して、その過失によってその結果が発生するおそれのあることが実験則上予測される場合には、たとえ、その間には他の過失が多数競合しまたは他の条件が介在し、その条件が結果発生に対して直接かつ優勢なものであり、問題とされる過失が間接かつ劣勢なものであったとしても、因果関係は中断されないとしたのである（最決昭 35・4・15 刑集 14・5・591。なお、最判昭 23・3・30 刑集 2・3・273 も参照）。さらに、因果関係を否定したものとして、ある者の先行する過失に他の者の事後の過失が加わることによって結果が発生し、しかも、事後の過失によってはじめて結果が発生した場合に、事後の過失が結果発生を決定的に左右するものであったときは、先行過失と結果との間には、因果関係は存在しないとしたものがある（大阪高判昭 63・2・4 高刑集 41・1・23）。

§99　構成要件要素としての客観的帰属

1　危険創出連関

(1)　許されざる危険創出

まず、結果に対して**許されざる危険創出行為**が行われることが必要である。これは、新過失論にいう客観的注意義務違反行為と内容的には同じであるが、その体系的意味は異なる。この危険創出行為は、法的に否認されたものであっても、それが直接に過失犯の違法性を根拠づけるのではない。例えば、道路交通法に違反する行為であったとしても、直ちにそれが、過失犯における行為として違法なわけではない。ただ客観的帰属の一要件を充足したにすぎない。

(2)　義務違反と危険創出

新過失論における客観的注意義務違反である各種の生活領域における「行為準則違反」は、危険創出連関の判断にあたっても基礎となるが、危険が創出されたかどうかは、あくまで具体的な事案における結果との関係において判断される。したがって、例えば、道交法上の**義務違反**があっても、また、法令ではなく各領域での**行動準則**、例えば、医療行為における**医療水準**に反していても、その状況ではそれが結果の発生に結びつかないがゆえに危険創出が否定されることもありうる。また、不適切な行為であったとしても、医療水準に反していない場合には、**許されざる危険創出**があったとは認められない。

> 例を挙げると、麻酔科医師が、入院患者に全身麻酔を施した上、執刀医が手術を行うに当たり、装着されたマスクを通じて患者に酸素を供給していたが、約27分間にわたって手術室を不在にした間に、マスクの蛇管が脱落したのに気付かず、酸素の供給を遮断させて、低酸素症に基づく高次脳機能障害などの傷害を負わせたという場合でも、「手術室不在という被告人の行動は、…被告人の置かれた具体的状況、更には当時の我が国の医療水準等を踏まえてみたとき、**刑事罰を科さなければならないほどに許容されない問題性**があったとは、到底いいがたい」とした判例（横浜地判平25・9・17LEX/DB）がある。

(3)　事前判断としての危険創出

危険創出連関の判断は、**事前判断**であり、例えば、当該交通法規違反が一般的に他人の死亡結果発生の危険を高めると予想される場合に、肯定され

る。しかし、必ずしも行政取締法規違反がなければ危険創出行為といえないわけではない。結果発生に対する客観的予見可能性があれば、そのような客観的に危険な行為は、危険創出行為であるということができる。先に紹介した「航空管制官日航機ニアミス事件」（前掲最決平 22・10・26）（☞§88, 2 (1) (c)）において、危険創出判断が事前判断であり、その判断にどのような事情が含められるかが論じられた。

このようにして、客観的な取締法規違反があれば、客観的注意義務違反が存在することが多く、それはここでいう危険創出行為であることを徴表する。道交法上の安全確認義務のような一般的な義務違反も、具体的状況において、具体的行動基準となりうるのであり、危険創出判断の手がかりとなる。例えば、降車時の妻の後方未確認は、運転していた夫の後方確認義務違反の一部に含まれる（最決平 5・10・12 刑集 47・8・48）。

(4) 危険創出の時点

このような客観的注意義務違反行為が、過失犯における実行の着手の基礎となる時点ともいうべき「危険創出行為」と言えるかどうかの判断は、その危険の程度が結果発生の「具体的危険」につながるといえるか、あるいは結果を発生させる状況的危険をつくりだすものかどうかにつき事前の立場から行われる。したがって、このような**具体的危険性ないしそれにつながる状況的危険がある**といえなければ、それは危険創出行為とはいえない。過失犯においては、未遂処罰がないので、過失犯の実行の着手時点を問うことに実践的な意義は少ないが、故意犯とパラレルに考えるなら、このような危険創出行為は、「**潜在的実行行為**」を意味し、それが、実行行為と評価されるには、さらに、例えば、状況的危険の創出（危険状況の創出）の場合には、結果発生につながる別の因果系列の介在が具体化し、結果発生の危険が具体化する必要がある。[16]

(a) 結果回避可能性のある最後の時点　　危険創出は、事故につながる**自己の発病**が予見できるにもかかわらず、事故に発展する危険な行為を開始したときにも、認められる。この場合、危険創出行為は、発病によって結果発

---

[16] 潜在的実行行為については、後述 §146, 2 (4) 参照。危険状況創出の場合、例えば、子供がよく遊んでいる空き地に、扉を容易に開けることができない古い冷蔵庫を捨てた者は、状況的危険を創出したが、それは潜在的実行行為であって、過失犯の実行行為となるためには、具体的に子供が冷蔵庫の中に入ろうとするときに、潜在的実行行為が現実化する。

生につながるが、それを事前に回避することができる最後の段階の行為が、危険創出行為とみなされる。判例から例を挙げよう（宇都宮地判平23・12・19LEX/DB）。

　　被告人は、かねてより**てんかんの疾病**を有し、医師から抗てんかん薬の投薬治療を受けており、自動車等の運転中にてんかんの発作により意識を喪失して人身事故や物損事故を起こした経験が数回あり、医師から自動車、特に重機など大型特殊自動車の運転をしないよう厳しく指導されていた上、運転開始前には、前夜に服薬を失念したことや、睡眠不足及び疲労の蓄積から、てんかん発作の予兆を感じていたところ、大型特殊自動車の運転を開始した過失により、時速約40キロメートルで進行中、突然てんかんの発作が起きて意識を喪失し、自車を右前方に逸走させ、折から、道路右側歩道上を通学のために歩行していたAら6名の小学生に衝突・転倒させ、全員を死亡させた。この事案につき、**宇都宮地裁**は、被告人に自動車の運転は厳に差し控えるべき自動車運転上の注意義務に対する違反を認めた。

　この危険創出は、「状況的危険」の創出の類型にあたる。てんかんの予兆がある者がクレーン車を運転する場合、発作が起こり、操縦不能になる危険性は高いが、発作が発生しなければ、運転開始時から必然的に事故につながるわけではない。判決では、運転を差し控えるべき注意義務は、運転開始時点から認められるが、具体的にはてんかんの発作の派生の直前での運転行為が本件の危険創出行為とみなされるべきである。なお、この種の事故に対しては、「自動車運転死傷行為処罰法」が新設された（☞各論§13以下）。

　(b)　結果回避可能性のない危険創出行為の実行行為性　　危険創出が、ある程度具体的な結果発生の事前の観点からの危険を意味するとすれば、結果が事後的に現に発生した限りで、すべての結果発生事案では最終的に危険創出行為を通過して結果が発生しており、結果発生の直前には必ず危険創出状態が発生しているということができる。しかし、このような危険創出は、その直前の時点で客観的注意義務に反する行為によるとはいえない場合がある。例えば、高速道路上を、車を運転して走行中、高速道路上の陸橋から突然人が眼前の道路上に飛び降り、避けきれず轢過し死亡させたが、運転そのものには道交法違反などは何もなく、自殺者が飛び降りることを事前に予見することも不可能であったという場合、**危険創出そのものが否定される**のであり、客観的注意義務違反があり、一応、危険創出行為が認められるが、危険実現連関が否定されるという後に検討する事案（☞§101, 1 (1)）とは異なる。

　　判例（最判平4・7・10判時1430・145）には、時速約40キロメートルで進行中、無

灯火のまま対向進行して来た A 運転の普通乗用自動車を前方約 7.9 メートルに迫って初めて発見し、急制動の措置を講じたが及ばず、衝突し、死亡させたというものがある。最高裁は、「(原審が) 視認可能とする地点で直ちに A 車を発見し、これを注視していたとしても、同車のその後の進路を予測することは困難であるというほかはない。まして、夜間、無灯火で自車の進行車線を逆行して来る車両があるなどということは通常の予測を超える異常事態であって、突如自車の進路上に対向車を発見した運転者の驚がく、ろうばいを考慮すれば、到底、右約 1.2 秒ないし 1.4 秒の間に回避が可能であるなどといえないことも、経験則上明らかである」として被告人の過失を否定した。この事案では、**第 1 審**および**原審**は、「前方不注視の過失」を認めていたが、最高裁は注意義務の存在を否定したのである。ちなみに、**最高裁**は、「約 59.9 メートルの距離で対向車をはっきり視認できた」という鑑定に従ったとしても、回避不可能であったとする。

この事案では、最高裁は、前方注視義務違反はなかったとしているが、それはそもそも注意義務違反行為とされている時点で結果回避可能性がなかったからである。

比較的最近の判例（東京高判平 20・7・16 判タ 1316・271）では、被害者が、バイクを運転中、S 運転の普通貨物自動車に接触され、その衝撃で第 2 通行帯上に本件被害バイクもろとも投げ出されて転倒していたところ、被告人が、被告人車を運転して、本件第 2 通行帯を、前照灯を点けて時速約 60km で走行中、転倒していた被害者を轢過したが、前方を注視できるようになった地点と事故地点の間の距離は僅かに約 11.4m であって、被告人がその距離を時速約 60km で走行するのに要する時間も僅かに約 0.68 秒しかなかったという事案につき、「障害物の認識ができる可能性があったかどうか、仮にその認識ができたとしても、検察官が求める事故回避の措置ができる可能性があったかどうかについては、本件で現れた全証拠に照らしても、なお合理的な疑いが残っているといわざるを得ない」とした。

さらに、被告人が、自車進路上に転倒していた被害者 A を右前輪で轢過して傷害を負わせる交通事故を起こしたという事案につき、「被害者との衝突地点から約 37.4 メートル手前の地点から、被害者が横臥している状態を人が倒れていると判別できたと認定するには合理的な疑いが残る」とし、「時速 60 キロメートルで走行する自動車の停止距離を、……約 31.4 メートル、あるいは約 32.76 メートルと認めたとしても、被害者との衝突という結果を回避できたものとするには疑義が残る」として回避可能性を否定し、減速して走行すべき義務はないとした判例（大分地判平 18・11・29 判タ 1316・340）もある。

これらの事案でも、事故が予見可能となった時点では、結果の回避は不可能であったとしたのであり、これは、事前の立場から見ても結果の発生の回避可能性のない危険創出行為は、過失行為の実行行為とはならないということを意味する。

2　危険創出連関否定原理・危険状況創出行為

(1)　危険創出連関否定原理としての許された危険

許された危険の概念は、過失犯における正当化事由として理解されることがあるが、**危険創出連関の否定原理**と理解されるべきである。

 いま、ある乗用車が交差点に赤信号であるにもかかわらず猛スピードで進入し、青信号で走行中のトラックに衝突し、乗用車の運転手が死亡したとする。トラックの運転手は、法的に重要な危険を創出したといえなくはない。赤信号であっても交差点に進入する車がないとはいえ、結果発生の客観的予見可能性がまったく否定されるわけでもない。トラックの運転手は、信号を守っているが、トラックの運転自体が危険創出であるといえなくもない。

許された危険の概念は、自動車の運転、飛行機の操縦、工場などにおける危険な作業の続行、危険な手術の開始自体が、それらの行為から法益侵害の結果の発生が必ずしも予見不可能ではないから、その危険創出行為は、一般に社会的に有用な便益をもたらすものであり、個々の危険とそのような有益性との一般的な利益衡量の結果、一般的に「**許された危険**」であるとして、このような場合、結局、客観的帰属を否定するべきだとするものである。許された危険は、事実上、客観的予見可能性が存在していても、個々の行動準則違反のないかぎり、その事実上の危険は、法的に許されたものであるとして、「許されざる危険創出」を否定する原理なのである。

(2)　危険創出連関否定原理としての信頼の原則

(a)　信頼の原則の意義と体系的地位　　信頼の原則（Vertrauensgrundsatz）とは、「行為者がある行為をなすにあたって、被害者あるいは第三者が適切な行動をすることを信頼するのが相当な場合には、たいその被害者あるいは第三者の不適切な行動によって結果が発生したとしても、それに対しては責任を負わない」とする原則をいう。それは、当初、行為者と被害者との間で、行為者が被害者の適法な行為を信頼してよいかという問題として現れたので、行為者と被害者の間での「**危険負担の分配**」という側面をもっていた。信頼の原則を過失犯理論の中でどう位置づけるかについては争いがある。

 第1説は、信頼の原則は、**結果予見可能性を否定する原理**だとする（平野197頁以下）。これによると、相手方の適法な行為を信頼することができれば、注意義務違反

---

[17] 許された危険については、中義勝「過失犯における許された危険の法理・危険の分配」日沖還暦(1)49頁以下、藤木・過失犯の理論30頁以下、前田・現代刑法講座3巻25頁以下。
[18] 西原・信頼の原則14頁。

の前提としての予見可能性が否定される。この説の修正説としては、事実的自然的予見可能性はあるが、**刑法上の予見可能性を否定する原理**であるとする説（西原・過失の認定12頁）がある。第2説は、信頼の原則は、予見可能性がある場合にもなお**規範的見地から注意義務を否定する原理**であるとする（金澤・刑法の判例〔第2版〕77頁以下、木村静子「信頼の原則」法セ157号46頁ほか）。この説の修正説として、客観的予見可能性はあるが、**結果回避義務を制限する原理**だとする見解（藤木249頁）がある。

信頼の原則は、第1次的には、**危険創出連関を否定する原理**であると解されるべきである。その適用によって、危険創出行為であっても、許された危険にとどまる行為であって、実質的に許された危険を越えて危険を増加させるものではないことを意味するのである[19]。

(b) 信頼の原則の展開 信頼の原則は、理論的には、許された危険の法理および危険（負担）の分配の思想を背景に発展してきたものである。伝統的過失論のもとでは、予見可能性は広く理解され、交通事故が発生すれば、事故の惹起者には予見可能性が肯定された。しかし、交通ルールが浸透してくると、交通ルールを守った行為は、たとえ結果の発生につながったとしても、違法とはいえず、許された危険であり、また、被害者であっても交通ルールを無視した者は、それによって生じる危険を負担しなければならないと考えられるようになった。

わが国においては、**昭和30年代後半**から自動車交通の高速度化・大量化、道路の整備、交通道徳の普及が進み、それによる道路交通の大量化・高速度化により交通事故も増加した。これによって、業務上過失致死傷罪の適用も増え、過失犯処罰が頻繁となった。それによって、結果が発生すれば違法であるという考え方は維持できなくなり、事故を惹き起こした者の注意義務の負担を軽減し合理化するとともに、交通ルールを無視した被害者が一定程度その危険を負担すべきだと考えられるようになった。信頼の原則は、このようにして、適切な行動をとらない交通参加者の利益は必ずしも保護されないことを認める原則として発展したのである。

わが国の**最高裁**は、昭和41年にはじめて**私鉄の乗客係の過失責任**につき、酩酊した乗客を下車させる際に、「一応その者が安全維持のために必要な行動をとるものと信頼して客扱いをすれば足りるものと解するのが相当である」（最判昭41・6・14刑集20・5・449）として、過失を否定したが、これが、最高裁が信頼の原則を適用した最初の事例である。その半年後、最高裁は、**道路交通事故**についてこの原則の適用を認めた。そこでは、「他の車両が交通法規を守り自車との衝突を回避するために適切な行動に出ることを信頼して運転すれば足りる」として、注意義務の存在を否定したのである（最判昭41・12・20刑集20・10・1212）。その後、信頼の原則は、行為者が自ら道交法違反を犯している場合にも適用され、その適用範囲を拡大した[20]。

判例においては、信頼の原則は、交通事故にかぎらず、**一般の作業現場における事**

---

[19] 山中・現代刑法講座3巻78頁参照。
[20] 片岡聡『最高裁判例にあらわれた信頼の原則』（1975）105頁以下、西原・信頼の原則53頁以下・220頁以下参照。

故においても適用されている。**現場監督の地位にある者**に信頼の原則の適用を認めたものとして、例を挙げると、コンテナを製造する工場内で、コンテナを天井クレーンでつり上げて移動させトロッコに乗せる作業の現場責任者が、人のいないことを確認した後、作業ルールに反してあえて移動中のコンテナに近づいた他の作業員を死に至らせたという事案において、その現場責任者に、他の作業員はつり上げられたコンテナに近寄らないであろうことを信頼してクレーン操作を指揮すれば足りるとしたものがある（大阪高判昭50・8・29高刑集28・3・329）。

森永ミルク中毒事件においては、加害者と被害者との間の信頼の原則の適用ではなく、加害者間の信頼の原則の適用（**組織モデルの信頼の原則**）が問題となった。ここでは、組織が明確に役割分担をした強固なものではなく、相互依存型の過失競合の類型にすぎないがゆえに、信頼の原則の適用は慎重でなければならないとされている。組織内競合型の過失の類型にあたるものとしては、**北大電気メス事件**（後掲）がある。ここでは、チーム医療における執刀医と看護師の間における信頼の原則の適用が論じられた。また、監督過失が問題となる事案においても、あらかじめ安全教育や指示を徹底するなどの義務を果たしておれば、現実的危険が発生した段階で、被監督者の適切な行動について信頼することができるとした、**日本アエロジル塩素ガス流出事件判決**[21]（最判昭63・10・27刑集42・8・1109）がある。

(c) 信頼の原則と交通法規違反 この信頼の原則は、これを援用する者が自ら道交法違反を犯していた場合でも適用できるのかが問題とされている。いわゆる**クリーンハンドの原則**によって、自ら道交法違反を犯す者は、他人の適法行為を信頼することは許されないのかどうかである。これについては、学説・判例は、行為者自ら道交法違反がある場合でも、一定の条件のもとで、信頼の原則の適用を認めている。最高裁は、すでに**昭和42年の判決**で、自ら後方の安全確認義務を怠った被告人に、後方から接近した被害車両の運転者が交通法規を守って、安全な速度と方法で進行するであろうことを信頼して運転すれば足りるとした（最判昭42・10・13刑集21・8・1097=**百選54**）。したがって、クリーンハンドの原則は否定されている。

　自らに道交法違反があっても、信頼の原則の適用が認められるのは、次のような場合である。①道交法違反と事故結果との条件関係が否定される場合として、行為者がたんなる免許証不携帯罪を犯していたような場合には適用が認められる。②道交法違反に引き続いて事故が発生したとしても、両者の間に一応の局面の切断がある場合、③道交法違反がなくても事故が起こりえた場合、さらに、④行為者の道交法違反が他の交通参加者にとってすでに既成事実となり、他の交通参加者がその違反を考慮に入れて行動していると考えるのが相当な場合、⑤その

---

[21] この判例については、山中・公害・環境判例百選234頁以下参照。

ほか、自己に違反があろうとなかろうとにかかわらず、およそ相手方の適切な行動を信頼するのが相当な場合である（西原・過失の認定126頁以下参照）。

　このうち、①は明らかに危険創出連関の否定される場合であり、そのほかは、危険創出連関が肯定される場合もありうる。その場合には、危険実現連関の有無の問題である。判例の中には、行為者の道交法違反が「衝突の危険性を増大させるものであるか否か」を問い、その危険を一層増大させるものではない場合には、信頼の原則の適用があるとしたものがあるが、これは、「危険増加」のない交通法規違反は、結果に現実化していないとして**危険実現連関を否定した**ものと解することができる（最判昭47・11・16刑集26・9・538）。

　(d)　分業体制と信頼の原則　　信頼の原則の適用領域の拡大として、行為者と被害者の間の適用ではなく、**複数の行為者相互間（複数人モデル＝組織モデル）**での信頼の原則の適用が論じられている。例えば、**チーム医療**において、執刀医は、看護師が電気メスの電極を誤接続せず、正しく行為することを信頼することが許されるかどうかという場合（北大電気メス事件＝札幌地判昭49・6・29判時750・29、札幌高判昭51・3・18高刑集29・1・78＝**百選51**）、信頼の原則は、加害者相互間で適用されており、被害者たる患者の行為が問題にされているわけではない。このような「分業体制」のもとにおける信頼の原則の適用の問題において重要なのは、当該行為者のその**分業体制における役割・地位**である。**北大電気メス事件**においては、執刀医は、看護師を監督する地位にはないとして、監督責任を否定し、看護師の適法な行為を信頼してよいとした。ドイツにおいても、チーム医療の場合のある専門医は、**他の専門医の適切な行為を信頼してよい**とした判例がある（BGH NJW 1980, 649）。これは、麻酔医と執刀医の間の信頼の原則につき、それが適用できることと、麻酔を受けた患者の生体機能が回復するまでは、原則として麻酔医が、その後は執刀医が責任を負い、二重に重なる場合には、執刀医の責任が優先するという原則（BGH NJW 1980, 650）を認めた判例とともに、ドイツにおける専門医間における信頼の原則について判示した原則判例の一つである。[22]分業体制における過失の競合は、過失競合の諸形態の一つの類型であるが、ここで問題にした分業体制は、**組織内競合型過失**の場合に属する。

　組織内競合過失類型においても、役割分担の取り決めやその徹底がなかった場合には、関係者全員が、**重畳的に確認すべき義務**を負う。市立病院にお

---

[22] これについて詳しくは、山中『医事刑法概論Ⅰ』（2014）630頁以下参照。

ける手術に際して、74歳の患者と84歳の患者を取り違えてチーム医療として手術した事案において、麻酔医の注意義務が問題となった裁判例においては、次のように論じられた。

「医療行為において、対象となる患者の同一性を確認することは、当該医療行為を正当化する大前提であり、医療関係者の初歩的、基本的な注意義務であって、病院全体が組織的なシステムを構築し、医療を担当する医師や看護婦の間でも役割分担を取り決め、周知徹底し、患者の同一性確認を徹底することが望ましいところ、これらの状況を欠いていた本件の事実関係を前提にすると、手術に関与する医師、看護婦等の関係者は、他の関係者が上記確認を行っていると信頼し、自ら上記確認をする必要がないと判断することは許されず、各人の職責や持ち場に応じ、重畳的に、それぞれが責任を持って患者の同一性を確認する義務があ」る（最決平19・3・26刑集61・2・131）。

組織内競合型過失ではなく、**相互依存的競合型過失**の場合にも、信頼の原則の適用がありうるが、ここでは、分業体制は、権限と責任が人為的に明確に分配されているわけではない。社会のシステムの中で慣習的に自然的に分業が行われている場合が多い。とくに相手方が、実質上、安全性についてチェック機能を果たしているような事案について、相手方が適切な結果防止策をとってくれるだろうと信頼することはできないというべきである。

このような分業の事例群においても、信頼の原則を援用する者に、行為準則違反があった場合には、危険実現連関の問題となる。

（e）**故意行為と信頼の原則**　事実上、結果の発生を招くような危険な状況を創り出すような行為をした者でも、他人が故意によって犯罪行為を行うことがないことは信頼してよい。例えば、他人に危険な道具や設備を販売したり、貸与した場合に、その他人がそのような危険な物を故意で犯罪目的に使用することがないとはいいきれず、むしろ、客観的にその使用によって結果が発生することが予見可能な場合もありうる。しかし、一般的には、このような通常の販売行為や貸与行為は、社会的に相当な、許された危険であることが多い。結果の帰属の問題として捉えた場合にも、これは、**他人の故意行為**が介在した場合には、帰属連関が中断されるという**帰属中断論**の適用分野である。この問題は、従来は、因果関係の中断論や遡及禁止論の適用分野であると捉えられたが、いまや客観的帰属論の中に位置づけられるべきである。[23]

---

[23] その問題は、他人の故意行為の介入を視野に入れなければそもそも危険状況の創出にとどまる場合であって、危険創出連関の分野に位置づけられる。しかし、その行為者の行為が、潜在的故意行為者がすでに明白に犯行に出る方向へと向かっている状況をさらに促進したような場合には、危険創出連関が肯定される。その例としては、既存の危険状況が存在している場合、例えば、喧嘩が行われている場合に、潜在的故意行為者にナイフなどの危険な物を与えて、危険創出を促進する場合である。この場合には、過失による故意犯に対する幇助が問題になりうるが、過失による共犯の成立可能性は否定すべきであるから、過失正犯が成立する。

(3) 危険創出連関否定原理としての予見不可能性？

　従来、過失犯における注意義務の前提として、予見可能性が必要とされ、構成要件段階では客観的予見可能性が客観的注意義務違反の前提とされた。しかし、これは、機能的には危険創出判断そのものを意味し、帰属論の体系の中では、独自の機能をもたない。この意味の予見可能性は、事前のある程度抽象的な危険性の認識であり、したがって、予見可能性の対象の範囲につき、故意論における錯誤論のような問題は生じない[24]。それぞれの客体につき、危険創出があったかどうかのみが重要なのである。具体的に発生した結果の「予見可能性」は、危険実現連関の問題である。

(4) 危険状況創出行為としての管理監督義務違反

(a) 危険状況の創出　　管理監督過失義務違反は、客観的過失概念を肯定する見解からは、客観的注意義務に違反する行為を意味するが、ここでは、客観的帰属論における「危険創出連関」の問題であるにすぎない。危険創出連関が存在するかどうかを判断するにあたっての管理監督過失における特殊性は、管理者ないし監督者の危険創出行為は、事前的には、**危険状況創出行為**であり、その後、危険な物ないし設備が介入し、または被監督者の危険な行為が介在してはじめて、結果の発生に対して具体的な危険となるという点にある。例えば、訓練されていない看護師をある執刀医の手術の補助者に選任した病院長は、その選任によってなお「危険状況」を創出したにすぎず、それが看護師が具体的にミスを犯す危険につながったときに「危険創出」かどうかの判断が必要になる。

(b) 不作為犯としての監督義務違反？　　上のような考え方に対して、通説は、監督義務違反を「不真正不作為犯」と構成する[25]。不作為犯であるとすると、管理過失の場合には、保護義務ないし危険源管理義務を怠ったことで、不作為犯の正犯となりうるが、監督過失の場合には、過失不作為の共犯（幇助ないし教唆）であるのかどうかが、まず、問題となる。通説は、監督過失の場合、適正な支配人を選任しなかったこと、防火訓練をしなかったことなどが、不作為であるとする。

---

[24] このように法定的符合説にもとづいている判例として、最決平元・3・14刑集43・3・262＝百選52。これに反対するものとして、大塚「監督過失における予見可能性(3)」法研論集52号39頁。なお、信太秀一「過失犯における結果の予見可能性と故意錯誤論」西原古稀2巻73頁。

[25] 内藤1174頁以下、前田276頁、林幹人「監督過失の基礎」平野古稀〔上〕328頁、神山敏雄・大コン3巻331頁など。通説に対する批判として、山中「因果関係」（中山・米田編）『火災と刑事責任』（1993）85頁。

しかし、行為論ですでに論じたように、**現実的危険状況**の発生がないかぎり、不作為は問題とならない（☞§63, 2（2）（a））。監督過失の典型的な類型の場合、安全体制確立義務[26]に違反したことは、具体的危険が発生するためには必ず、他人の危険な行為などの介在が必要なのであるから、事前的には、いまだ「危険状況の創出」の意味しかもたないのである。この段階では、「不作為犯」としての理論構成はできないというべきである[27]。

しかし、管理監督過失論については、次にあらためて詳論しよう。

§100　管理監督過失論

【文献】井田良「大規模火災事故における管理・監督責任と刑事過失論」法学研究66巻11号1頁（『犯罪論の現在と目的的行為論』〔1995〕200頁所収）、同「薬害エイズ帝京大学病院事件第1審無罪判決をめぐって」ジュリ1204号26頁（『変革の時代における理論刑法学』〔2007〕159頁所収））、伊東研祐『組織体刑事責任論』(2012)、稲垣悠一『欠陥製品に関する刑事過失責任と不作為犯論』(2014)、井上祐司「監督者の刑事過失について（1）（2）」法政研究48巻1号2頁、2号31頁、同「『監督過失』と信頼の原則─札幌白石中央病院火災事故に関連して」法政研究49巻1=2=3号27頁（以上『刑事判例の研究その二』〔2003〕所収）、岩間康夫「製造物責任と不作為犯論」(2010)、内海朋子「過失共同正犯と管理監督過失論」法政論究51号35頁、同「過失共同正犯について」(2013)、大塚裕史「監督過失における予見可能性（1）～(10)」法研論集48号69頁・50号113頁・52号27頁・54号57頁・海保大研究報告37巻2号11頁・38巻1=2号67頁・39巻2号1頁・41巻1号1頁・42巻1号1頁・43巻1号1頁、同「予見可能性の判断構造と管理・監督過失」刑雑36巻3号359頁、大山徹「管理監督過失における作為と不作為」香川法学32巻1号1頁（2012)、甲斐克則「火災死傷事故と過失犯論（1）～(7)―管理・監督者の過失責任を中心として─」広島法学16巻4号131頁・17巻4号115頁・18巻3号1頁・19巻2号61頁・19巻4号129頁・20巻3号49頁・21巻1号27頁、同「薬害と医師の刑事責任」広島法学25巻2号69頁、神山敏雄「危険引き受けの法理とスポーツ事故」宮澤古稀3巻17頁、北川佳世子「ホテル・デパート火災事件における実務の動向と管理・監督過失の刑事過失論（1）～(3・完)」法研論集63号109頁・65号55頁・66号105頁、共同研究「管理・監督過失」刑雑28巻1号17頁、齋野彦弥「管理監督過失における実行行為の主体」刑雑34巻1号79頁、「特集・事故と刑事犯」法教395号（2012）2頁以下、中山研一=米田泰邦編著『火災と刑事責任─管理者の過失処罰を中心に─』（1995)、林幹人「監督過失の基礎」平野古稀〔上〕325頁、同「監

---

[26] 石塚章夫「監督者の刑事過失責任について」判時948号11頁。
[27] 酒井安行「管理監督過失における実行行為──不作為犯なのか──」下村古稀〔上〕117頁以下も、作為犯的構成を唱える。

督過失―火災事故判例をめぐって―」刑雑34巻1号59頁（同『刑法の基礎理論』〔1995〕所収）、同「管理・監督過失と不作為犯論」神山古稀1巻139頁、同「エイズと過失犯」判時1775号11頁、前田雅英「監督過失について」曹時42巻2号1頁、同「エイズ禍と刑事過失」判タ1076号3頁、松宮孝明『過失犯論の現代的課題』（2004）、山口厚「薬害エイズ三判決と刑事過失論」ジュリ1216号10頁、同『危険の引受け』論再考」齊藤古稀89頁、山中敬一「刑事製造物責任論における作為義務の根拠」関法60巻5号1頁以下、米田泰邦『管理監督過失処罰』(2011)

1　管理監督過失論の展開

(1)　昭和30年代（列車事故過失の時代）

わが国の過失競合論議の端緒は、歴史的には、昭和30年代はじめの**建設工事事故**における従業員ないし作業員と工事監督者の過失責任（萩原太郎「建設工事と過失犯」日沖還暦〔2〕143頁以下）や**列車事故**における運転手や駅員の過失の競合の議論に求めることができる。**桜木町駅列車事故事件**においては、電力工手Aの過失によって吊架線を垂下させたところ、工手長Bは、信号係に対して電車を進入させてもよいと誤信させるような不正確な報告をし、さらに、上席工手副長Cが信号機付近で手旗を現示する等の臨機の措置をすべきであるのにこれを怠り、そこへDの運転する電車が進入して吊架線と電車線の間に、パンタグラフの集電舟の右翼端を突入させ、電弧を生じさせて車両を全焼させ、乗客多数に火傷を負わせたという過失競合の事案との関係で、①多数の過失が同時に競合する場合と②時間的に前後して累加的に重なる場合との区別がありうることを指摘している（最決昭35・4・15刑集14・5・591）。ここでは、ゆるやかな相互依存的競合型過失が問題であったので、監督過失の論議は本格的に始められることはなかった。

(2)　昭和40年代（公害過失の時代）

昭和40年代には、**薬害、食品事故、公害犯罪**が刑事法においても問題となったが、ここで、企業組織体内における従業員の過失および工場長・社長などの**監督者の過失**の競合に焦点があてられるようになった。この時期に生み出された理論が、危惧感説にもとづく**企業組織体責任論**である。企業組織体責任論は、企業組織体活動を、まず、全一体としてとらえ、ついで、各個人行為者が組織体活動の中で果たした役割に注目して、その行為の可罰性を論ずる理論である（板倉・現代社会58頁）。この理論は、地位が高く、「現場から遠ければ遠いほど責任がない」といったような不合理を解決するにも役立つとされる（板倉・現代社会61頁）。これによると、地位が高く大きな権限を有する者ほど企業組織体活動の在り方に影響を及ぼしうるとして、その不作為

を企業組織体の統括者ないし運営者に社会生活上要求される注意義務に違反するものとするのである。また、組織体活動の分担者が交代した場合にも、企業側が責任を免れることができなくなるというのである。

しかし、この理論は、個人責任を前提とする近代刑法の原則に矛盾する。割り出された個人は、全一体としての企業の責任を代わって負担するのではなく、その個人の責任を負うのみである。

(3) 昭和 50 年代後半以降（大規模火災過失の時代）

昭和 50 年代後半には、**大規模火災事故**が注目されるようになる。まず、関心を引いたのは、信頼の原則の適用との関係で、**白石中央病院事件**（札幌地判昭 54・11・28 判時 971・130、札幌高判昭 56・1・22 刑月 13・1＝2・12＝**百選 57**、札幌地判昭 57・12・8 判時 1069・156）である。

> ここでは、ボイラーマンのガストーチランプの炎からの失火で新生児 3 名、入院患者 1 名の死者などを出した事故におけるあらかじめの行動準則定立・避難訓練の実施義務違反等について、病院長の監督過失が問題となったが、結論的には、看護師等の過失を予見できなかったとして無罪とした。

この事件の裁判の過程を詳しくみると、まず、札幌地裁は、起訴された 3 名をいずれも業務上過失致死傷罪で有罪としたが、直接の出火の原因を与えたボイラーマンについては、控訴は棄却され有罪が確定していた。**札幌高裁**は、病院長につき、無罪を言い渡し、事務長については破棄差戻しを言い渡した。控訴審の判決によれば、**病院長**については、病院の経営および管理部門の全体を**監督する職責**を負っていたのであり、したがって、出火時の新生児等の救出、避難誘導に関する職責も負っていた。しかし、「当直看護婦や夜警員が当然果してくれるものと予想されるような出火通報、非常口開扉及び新生児搬出などの救出ないし避難誘導活動が現実に実行されないであろうという場合までも考慮に入れて火災発生に備えた対策を定めなければならないとまでいうのは行過ぎといわざるを得ない」とした。

真に大規模火災事故といえるもので、代表取締役および取締役という経営のトップの刑事責任が問われ有罪とされた最初の事件は、**川治プリンスホテル火災事件**である。

> 事案は、川治プリンスホテルの新館の風呂の取り壊し作業をしていた作業員がアセチレン切断機の炎を外壁の間隙に流入させ火災を発生させたが、火炎が旧館にまで達し、宿泊客・従業員が多量の煙を吸入したり、新館屋根等に飛び下りたりして 45 名が死亡し、22 名が傷害を負ったというものである。この事件では、代表取締役と取

締役であるその妻の2名が、消防法上の管理権原者であり、防火防災について万全の方策を講ずべき義務を負うものとして、第1審以来一貫して有罪とされた。

(4) 平成以降の大規模火災・公害事故に関する最高裁判例の出現

(a) 大規模火災事故 この① 川治プリンスホテル火災事件（最決平2・11・16刑集44・8・744）を皮切りに、平成に入って、② 千日デパートビル火災事件（最決平2・11・29刑集44・8・871）、③ 大洋デパートビル火災事件（最判平3・11・14刑集45・8・221）および④ ホテルニュージャパン火災事件（最決平5・11・25刑集47・9・242＝百選58）に関する最高裁の判断が出ている。[28] これらの大規模火災事故事件において、いずれも、経営・管理事務を統括する地位にある企業のトップないし中間管理職の管理監督過失が問われた。

このうち先に事案の概要を紹介した川治プリンスホテル事件の判決について詳しく検討しておこう。

川治プリンスホテル火災事件判決 先の事案に対して、最高裁は、消防計画の作成、消防訓練の実施があり、連絡通路部分に煙感知器連動識甲種防火戸の設置、防火区画の設置により、宿泊客ならびに従業員は、必要な時間内に避難することができたとし、被告人両名の立場上、「昼夜を問わず不特定多数の人に宿泊等の利便を提供する旅館・ホテルにおいては、火災発生の危険を常にはらんでいる上、被告人は同ホテルの防火防災対策が人的にも物的にも不備であることを認識していたのであるから、いったん火災が起これば、発見の遅れ、初期消火の失敗等により本格的な火災に発展し、建物の構造、避難通路等に不案内の宿泊客等に**死傷の危険の及ぶ恐れ**があることはこれを**容易に予見できた**ものというべきである」としたうえ、防火管理者が選任されていなかったのであるから、自ら避難誘導訓練を実施する義務、防火戸を設置する義務、防火区画を設置する義務を負い、それらの義務を果たしていれば結果を回避しえていたとして、業務上過失致死傷罪の成立を認めた原判決を相当とした。

このような大規模火災事故において、火災が発生した建造物を管理する組織におけるどのような地位と権限をもつ者に、過失責任を問うための管理監督義務が認められるかについては、消防法上の規定が重要な役割を果たす。それは、管理権原者、防火管理者に対する**消防法8条の義務**である。それによれば、「学校、病院、工場、…百貨店、…その他の多数の者が出入し、勤務し、又は居住する防火対象物で政令で定めるものの管理について権原を有する者は、…防火管理者を定め、当該防火対象物について消防計画の作成、当該消防計画に基づく消火、通報及び避難の訓練の実施、消防の用に供する

---

[28] これらの事件と判旨の解説については、中山＝米田編著・火災と刑事責任参照。

設備、…その他防火管理上必要な業務を行なわせなければならない」と規定されている。**管理権原者**は、防火管理者を選任して、消防計画や避難誘導訓練を行わせなければならないのである。管理権原者は、当該の建物を管理する組織の責任者である代表取締役等であり、**防火管理者**は、その建物全体の責任者であるから、通常、支店長ないし支配人が選任される。そして、大規模火災事故においては、直接の失火者とならんで、管理監督上の過失がある場合には、これらの者が起訴されるのが通常である。

雑居ビルの火災事件に関するその後の重要なものとして、「**新宿歌舞伎町ビル火災事件**」（東京地判平20・7・2判タ1292・103）を紹介しておこう。新宿歌舞伎町のあるビルにおいて、深夜、3階のエレベーターホール付近から発生した火災が、ビルの階段やエレベーターホールに置かれていた大量の物品に燃え広がり、一酸化炭素ガスを含む大量の火煙が3階及び4階の各店舗内に急速に流入したため、40名を超える客及び従業員が焼死ないしは一酸化炭素中毒死したという事件において、東京地裁が、本件ビルの階段やエレベーターホールにおける物品の放置状況を解消するだけでなく、併せて、防火戸が自動的かつ正常に閉鎖するよう維持管理する措置も講じられていれば、本件消火活動も考慮すると、本件の死亡結果はもとより傷害結果も発生しなかったであろうと認められるとして、ビルを所有する会社の実質的経営者ら5名を有罪としたものである。「本件ビルを所有するT興産の実質的経営者である被告人A及び同社の代表取締役である被告人Bにおいても、3階の店舗の実質的経営者である被告人C及び同店の店長で防火管理者である被告人Dにおいても、4階の店舗の経営者である被告人Eにおいても、いずれも利潤追求に急なあまり防火防災意識が極めて希薄で、以上のような**危険な状態の改善を怠ってきた**」とされ、「いずれも防火管理業務を適切に行うべき業務上の注意義務があるのに、本件ビルの利用者等の生命、身体に危険が及ばないようにするために最低限必要な防火管理業務すら行っていなかった」という。Eに執行猶予が付いたほか、全員が業務上過失致死傷罪につき有罪とされた。

公害事件についても監督過失を肯定した判例がある。

(b)　公害事故　最高裁は、**日本アエロジル塩素ガス流出事件**（最判昭63・10・27刑集42・8・1109）においては、新入技術員が液体塩素をタンクローリーから工場内の貯蔵タンクに受け入れる作業をしていた際、貯蔵タンク上のパージバルブを受入れバルブと誤解し、閉まっていたパージバルブを開けて塩素ガスを大気中に放出させて付近住民等に傷害を負わせたという事件につき、工場の製造課長にこの新入技術員に対する安全教育義務・適切な指示義務違反を認め、監督過失を肯定した。[29]同じく**信越化学爆発事故第1審判決**（新

潟地判昭53・3・9判時893・106）では、除塵装置から漏れた液化塩ビモノマーが引火して爆発を起こし作業員・付近住民に死傷者がでたという事案につき、工場長、課長、課員の3名が業務上過失致死傷等に問われたが、新潟地裁は、保安責任者・安全管理者であった工場長、作業主任者・保安管理者であった課長の両名は、工場内における設備・装置の安全管理と作業員に対する安全教育の義務を負っていたものとした。

さらに、部下の過失行為を介在させないで、事故につながる意思決定をなし、危険なシステムを形成し、運用してきた企業のトップの管理責任自体が問われる事案が増えてきた。安全体制確立義務違反が問題にされる場合がその例である。

(c) **ガス爆発事故** 都市ガスの熱量の変更にともない各家庭のガス器具の調整が必要となったが、その調整ミスなどによるガス中毒などの事故により大勢の死傷者を出した事案について、ガス会社の専務兼熱量変更本部長と営業技術課長兼熱量変更推進部技術局長が業務上過失致死罪などで起訴され、有罪とされた判例（札幌地判昭61・2・13判時1186・24＝**北ガス事件判決**）がある。熱量変更計画の立案、実施上、調整作業に関する最高責任者ならびに実務上の責任者である被告人両名の調整における過誤の防止対策を講ずべき義務が認められたのである。

(5) 薬害エイズ事件と管理監督過失の課題
(a) **薬害エイズ事件** HIV（ヒト免疫不全ウイルス）に汚染された非加熱製剤を使用したことによって、とくに1983年から85年にかけて1800人以上もの血友病患者がHIVに感染し、そのうち500人以上のものがエイズを発症して死亡した事件をいう。薬害エイズ関係の刑事事件に関する判例は、①**ミドリ十字ルート判決**（大阪地判平12・2・24判時1728・163、大阪高判平14・8・21判時1804・146）、②**帝京大ルート判決**（東京地判平13・3・28判時1763・17＝**百選55**）および③**厚生省ルート判決**（東京地判平13・9・28判時1799・21）の三つのルートに関するものがある。①では、ミドリ十字の社長、副社長、専務の3名に対する、②では、帝京大学病院第1内科長・副学長に対する、③では、旧厚生省の生物製剤課長に対する、それぞれ業務上過失致死罪が問われ、①で

---

[29] 本件については、山中・公害・環境判例百選234頁以下参照。

は有罪、②では無罪、③では、公訴事実第1について無罪、第2について有罪とされた。これらの事件では、予見可能性や因果関係の立証の困難なことから、多くの被害者のうち、帝京大学で非加熱製剤の投与を受けた血友病患者と、大阪医大で肝疾患にともなう食道静脈瘤の硬化手術を受けた際に非加熱製剤を投与され死亡した非血友病患者の2名が、これら3件の業務上過失致死事件の被害者として立件されたにすぎない。

(b) 厚生省ルート　　このうち、厚生省の生物製剤課長の刑事過失が問われた**厚生省ルート**の事件について、検討しておこう。

　　被告人Mは、厚生省生物製剤課長であり、同製剤の安全性を確保し、その使用にともなう公衆に対する危害の発生を未然に防止すべき立場にあったが、HIVが混入しているおそれのある米国製の非加熱製剤について、販売中止ないし回収をさせ、あるいは、患者への投与を控えさせる等の措置をとらずに、血友病患者Xと肝機能障害者Yに非加熱製剤を投与させた結果、両名がHIVに感染し、エイズを発症し死亡した。

　　（i）第1審　　東京地裁は、**公訴事実第1**（被害者X関係）については、帝京大ルートと同旨の根拠から、「第一訴因当時、我が国の大多数の血友病専門医は、各種の事情を比較衡量した結果として、血友病患者の通常の出血に対し非加熱製剤を投与していたものであり、こうした状況は、血友病患者のHIV抗体検査結果等の情報が知られるようになった後も、加熱製剤の承認供給に至るまで、基本的に変わることがなかった」。

　　「こうした当時の実情の下では、血友病治療の経験もない行政官にすぎない被告人が、検察官主張のような例のない治療方針を血友病治療医に実施させるべき注意義務があったなどとは到底認められない。したがって、被告人に公訴事実第1のような結果回避義務違反があったと評価することはできない（無罪）」とした。

　　これに対して、**公訴事実第2**（被害者Y関係）については、「『生物学的製剤の安全性を確保するとともに、その使用に伴う公衆に対する危害の発生を未然に防止する』という生物製剤課長の一般的・抽象的職責は、本件の事実関係の下においては、本件非加熱製剤の不要不急の投与を控えさせるよう配慮を尽くすべき注意義務として、具体化・顕在化していたとみるべきであって、刑法上もそのような注意義務が被告人に存したというべきである」とし、このような職責に照らせば、被告人には、販売会社をして、**非加熱製剤の販売を直ちに中止させる**とともに、**未使用非加熱製剤**を可及的速やかに**回収させ**、さらに、当該製剤を使用しようとする医師をして、本件非加熱製剤の**不要不急の投与を控えさせる措置**を講ずることにより、本件非加熱製剤の投与によるHIV感染およびこれに起因するエイズ発症・死亡を極力防止すべき業務上の注意義務があったとした（前掲東京地判平13・9・28）。

第8節　過失構成要件論　§100　管理監督過失論◇　413

　本件公訴事実第2では、厚生省の課長が、その行政上の不作為について、刑事過失責任を負うべきことが認められたが、本判決は、製造物に対する**行政の管理監督義務違反**について判断したはじめての判決として重要な意味をもつ。

　（ⅱ）　**控訴審判旨**　　東京高裁（東京高判平17・3・2刑集62・4・1187）は、第1訴因について被告人に結果回避可能性がなかったとして無罪とし、第2訴因については、被告人はエイズ発症、死亡の高度の危険性を認識しており、結果回避義務があったとして有罪とした原判決を支持し、各控訴を棄却した。第2訴因につき、結果回避義務の存否にについて、まず、回収の義務について、「薬事法……の目的、同法の規定する医薬品の品質、有効性及び安全性を確保するための所論のいう回収命令等の諸権限、厚生省組織令……の規定する生物製剤課の所掌事務等に徴すると、その権限行使は裁量の余地のない状況に至っており、このような場合にはその権限行使は法的義務となる」という。さらに、非加熱製剤の投与を控えさせる義務として、「高度な危険性情報を把握した以上、その防止のための措置を講ずべき義務が発生したと解するのが相当であって、その一環として関係部局への権限行使を促す義務も生じていると認められる」とする。

　（ⅲ）　**最高裁決定要旨**　　最高裁は、上告理由にあたらないとして、被告人を有罪とした（最決平20・3・3刑集62・4・567＝**百選56**）。「本件非加熱製剤は、当時広範に使用されていたところ、同製剤中にはHIVに汚染されていたものが相当量含まれており、医学的には未解明の部分があったとしても、これを使用した場合、HIVに感染してエイズを発症する者が現に出現し、かつ、いったんエイズを発症すると、有効な治療の方法がなく、多数の者が高度のがい然性をもって死に至ること自体は**ほぼ必然的なものとして予測された**こと、当時は同製剤の危険性についての認識が関係者に必ずしも共有されていたとはいえず、かつ、医師及び患者が同製剤を使用する場合、これがHIVに汚染されたものかどうか見分けることも不可能であって、医師や患者においてHIV感染の結果を回避することは期待できなかったこと、同製剤は、国によって承認が与えられていたものであるところ、その危険性にかんがみれば、本来その販売、使用が中止され、又は、少なくとも、医療上やむを得ない場合以外は、使用が控えられるべきものであるにもかかわらず、国が明確な方針を示さなければ、引き続き、安易な、あるいはこれに乗じた販売や使用が行われるおそれがあり、それまでの経緯に照らしても、その取扱いを製薬会社等にゆだねれば、そのおそれが現実化する具体的な危険が存在していたことなどが認められる」。「このような状況の下では、薬品による危害発生を防止するため、……強制的な監督権限を行使することが許容される前提となるべき重大な危険の存在が認められ、**薬務行政上、その防止のために必要かつ十分な措置を採るべき具体的義務**が生じたといえるのみならず、刑事法上も、本件非加熱製剤の製造、使用や安全確保に係る薬務行政を担当する者には、社会生活

上、**薬品による危害発生の防止の業務に従事する者としての注意義務**が生じたものというべきである」。「被告人は、エイズとの関連が問題となった本件非加熱製剤が、被告人が課長である生物製剤課の所管に係る血液製剤であることから、厚生省における同製剤に係るエイズ対策に関して中心的な立場にあったものであり、厚生大臣を補佐して、薬品による危害の防止という薬務行政を一体的に遂行すべき立場にあったのであるから、被告人には、必要に応じて他の部局等と協議して所要の措置を採ることを促すことを含め、薬務行政上必要かつ十分な対応を図るべき義務があったことも明らかであり、かつ、原判断指摘のような措置を採ることを不可能又は困難とするような重大な法律上又は事実上の支障も認められないのであって、本件被害者の死亡について専ら被告人の責任に帰すべきものでないことはもとよりとしても、被告人においてその責任を免れるものではない」。

最高裁も、危険性が予測できたが、医師や患者に危険を回避することが期待できなかったこと、国によって「承認」が与えられていたこと、国が明確な方針を示さなければ危険であったことなどから、「その取扱いを製薬会社等にゆだねれば、そのおそれが現実化する具体的な危険が存在していたことなどが認められる」と結論づけている。このような状況下では、刑事法上も、「薬品による危害発生の防止の業務に従事する者としての注意義務」があるとする。その措置とは、強制的措置のみならず、「任意の措置を促すこと」であってもよい。被告人は、生物製剤課長として、「厚生省における同製剤に係るエイズ対策に関して中心的な立場」にあったのであり、「薬務行政上必要かつ十分な対応を図るべき義務」があった。

2 管理監督過失の意義
(1) 管理監督過失の二つの類型

管理監督過失は、**管理過失**と**監督過失**の両者の概念を含む。**管理過失**とは、危険な設備・物・動物などに対する管理に関する過失責任を意味する。**監督過失**とは、他人が危険な行為を行わないように監督する地位にある者の監督義務に関する過失をいう。

管理監督過失が問題となる事案には、**二つの類型**がある。結果発生に対する現実的危険が生じる以前の管理監督過失（**危険状況創出**）か、それが生じた以後の管理監督過失（**危険回避義務違反**）かによる区別である。前者の場合が、ここでとくに問題となる類型である。これに対して、後者の類型は、不作為犯の問題となるものである。[30] 例えば、自らの管理している建物が突然崩壊したときに、救助可能であるにもかかわらず建物内にいる人を救助せずに死亡

(a) 危険状況創出事例　これを **医療過誤の事例**（さいたま医科大学事件）を例にとって説明しておこう。監督過失が問題となる次の事案につき、第1審から上告審までの判断が出た。

　事案は、大学総合医療センター耳鼻咽喉科において、主治医であるＣがプロトコールを読み間違えて抗がん剤を過剰投与したが、指導医であるＢ、耳鼻咽喉科科長であるＡがこれを看過したため、被害者に重篤な副作用が生じ、死亡させたというものである。

　この事案に対するＡの罪責につき、**さいたま地裁**は、「**主治医を監督する立場にある科長**は、主治医が一定の医療水準を保持するように指導、監督すれば足り、部下の医師の行う具体的診療行為の全てについて、**逐一具体的に確認し、監視する義務**まで**負うものではなく、仮に主治医が医療過誤を犯しても、その刑事責任を問われないのが原則である**」としつつ、本件のように難治性の極めて稀な病気に罹患した患者に対し、**有効な治療方法が確立していない場合**は別であるとして、「被告人Ａは、自ら滑膜肉腫という病気の病態、予後、治療方法を十分検討し、主治医、指導医らにも同様の検討を行うよう指導し、**治療方法を選定すべき**であったのに、これを怠り、主治医である被告人Ｃの誤った治療計画に漫然と承諾を与え、その誤りを是正しなかったのであるから、刑事責任を問われるべきものである」とした（さいたま地判平15・3・20判タ1147・306）。

　本判決では、ＡおよびＢの過失として①誤った投与計画を漫然と承認し過剰投与させた過失、②副作用に対する対応についてＣを事前に適切に指導しなかった過失がそれぞれ認定されたが、これに対し、被告人Ａと検察官が各控訴を申し立てた。

　控訴審では、ＡおよびＢの①の各過失については、第1審判決の認定を是認したが、第1審判決が、副作用への対応に関し、訴因に記載されていた副作用への対処義務を認めず、②の指導上の過失のみを認めたことには、事実の誤認があるとして破棄・自判し、Ａに対する犯罪事実として、業務上の注意義務および過失を認定した（東京高判平15・12・24刑集59・9・1582）。

　これに対して、**最高裁**（最決平17・11・15刑集59・9・1558＝百選57）は、「原判決が判示する副作用への対応についての注意義務が、被告人（Ａ）に対して主治医と全く同一の立場で副作用の発現状況等を把握すべきであるとの趣旨であるとすれば過大な注意義務を課したものといわざるを得ないが、原判決

---

[30] 不作為犯において「現実的危険の発生」以降の期待に反する不作為のみが「不作為」とされるべきことについては、山中「不作為犯論の体系的再構成」刑雑36巻1号99頁参照。そのような現実的危険状況の中での作為と不作為の区別は、因果関係の有無によって判断すべきことについては、山中・因果関係と帰属26頁参照。

[31] この判例につき、山中『医事刑法概論Ⅰ』694頁以下参照。

[32] 評釈として、甲斐克則・年報医事法学20号146頁。

の判示内容からは、上記の **事前指導を含む注意義務**、すなわち、主治医らに対し副作用への対応について事前に指導を行うとともに、自らも主治医等からの報告を受けるなどして **副作用の発現等を的確に把握し、結果の発生を未然に防止すべき注意義務** があるという趣旨のものとして判示したものと理解することができるから、原判決はその限りにおいて正当として是認することができる」とした（評釈として、北川・平成17年度重判解163頁以下）。このように、最高裁は、科長の注意義務は、**事前指導等の管理・監督義務** であって、直接に副作用の発言状況等を把握する義務ではないとしたのである。

(b) 危険回避義務違反事例 これについては、最高裁判例で、台風が接近し、河川が溢れ、工事現場に水が流れ込み、掘削地に貯まった水の水圧で仮締切[33]が決壊し、一挙に大量の水がトンネル内に流れ込んで、その濁流に呑み込まれるなどして、トンネル内にいた建設会社の社員およびその下請企業の作業員ら7名が溺れ死んだという事案につき、県の土木部の河川の改修事務所の **建設課長の過失責任** が問われた事案を挙げておこう。

　　最高裁は、被告人には、「仮締切の管理に関して、当時トンネル内で建設工事等に従事していた者の危険を回避すべき義務を負っていた」とし、「本件に際して仮締切の決壊を予見することができた」のであって、「仮締切の決壊による危険を回避するため、トンネル内で作業に従事するなどしていた請負人の作業員らを直ちに退避させる措置を採るべき注意義務がある」とした（最決平13・2・7刑集55・1・1）。

この事案では、発注者である県には、原則として個々の請負契約において約定される範囲に限定されるが、一般的な指示監督権限はあったとし、それにもとづき、仮締切決壊の **危険が発生した場合** には、分水路トンネル坑内の作業員らの生命、身体に対する危険を回避するために、作業員らを緊急退避させるよう指示する等の業務上の注意義務があったというのである。

(2) 危険状況創出の類型

さて、結果発生の現実的危険が生じる以前の管理監督過失とは、一般的に、「**危険状況の創出**」が問題となる事案である。ここでは、行為者は、危険状況は創出するが、その状況の中で、危険な動物が欠陥のあった檻を破るとか被害者が柵の破れた池に近づくといった他の何らかのきっかけがなければ、結果の発生はない。危険状況創出には、このような第2の危険源の介入に対する素地をあらかじめ形成しておくような類型①（**危険源誘発類型**）のほ

---

[33] 仮締切とは、トンネル型水路内に周辺の河川からあふれ出た水が流れ込むのを防止する目的で設置された構造物である。

かに、現実的危険の発生は、偶然的なきっかけによるが、そのような現実・具体的な危険状態の中でそれをさらに拡大するきっかけとなるような欠陥ある体制を作り上げる類型②（**危険状態拡大源設定類型**）がある。[34] 例えば、火災が発生した際、それを消火するためのスプリンクラーを設置せずにホテルを経営していた場合、スプリンクラーを設置していないことは、火災の発生そのものには因果的影響を与えていないが、火災が拡大し、多数の人々が死亡するという結果には因果的寄与をなしたのである。

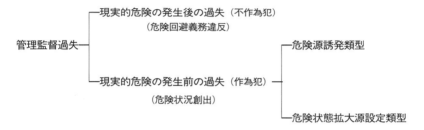

(3) 危険状況創出行為は不作為か？

危険状況創出行為は、作為である。それは、**安全体制確立義務違反**として、すなわち、**不作為**として捉えられるべきものではない。[35] 通説は、これを不作為犯ととらえる。その根拠は、作為犯であるとすると、例えば、危険なホテルの営業や客を宿泊させることなどが実行行為であるとすることになり、そのような結果の発生から遠く離れた作為を実行行為とするならば、不法状態がその間連続しているということになり、不当だというのである。しかし、この批判はあたらない。危険状況の創出は、いまだ過失結果犯にいう不法状態ではない。過失犯においては、結果の発生のないかぎり不法状態はありえない。たとえ危険状態を不法と評価するとしても、少なくとも過失犯の実行行為以降でなければ可罰的不法とはいえない。過失犯の実行行為は、後述するように、結果発生の具体的危険の発生以後である。

この危険状況創出は、もちろん、動物の檻の鉄格子が取り替えられていない、自動車の整備が行われていない、あるいは池の周囲に柵をめぐらせていないなどの不作為によって生じている面がある。あるいはまた、危険状態拡大源は、防火計画が立てられていない、避難訓練がなされていない、また

---

[34] これについては、山中『刑法における客観的帰属の理論』（1997）447 頁以下参照。
[35] 同様に作為犯とすべきであるとするものとして、酒井・下村古稀〔上〕117 頁以下。

は、救助袋を設置していない、防火戸が設置されていない、などの個々の**不作為**の集合状態によって設定されていることが多い。しかし、ここでは、一つ一つの不作為が「定点」として一定時点に存在しているのではなく、不作為「状況」として継続的に存在しているのである。そのような状況は、その状況を管理している者によって作り出されているといってよい。安全な状況を維持し、その設備や物のシステムを管理する者の落度ある**作為**が重要なのである（**システム過失、組織過失**）。

3　監督過失の処罰根拠

監督過失の場合、過失行為者と結果の発生の間に他人の過失行為が介在する。危険状況創出行為は、他人の過失行為、すなわち規範的障害のある行為を介在させてはじめて結果に至る。そこで、その危険状況創出行為は、過失正犯ではなく、過失共犯ではないのかが問題となる。しかし、過失犯においては、危険創出行為を行い、結果に危険が実現した場合、すべて過失正犯であり、そこに他人の過失行為が介在した場合にも、過失正犯である。その意味では、過失犯においては**統一的正犯概念**が妥当する。過失犯の客観的構成要件は、故意犯と共通ではなく、独自の客観的構成要件をもつ。したがって、199条の殺人構成要件と210条の過失致死構成要件とは、前者が、故意正犯のみを規定しているのに対して、後者は、故意の場合であれば、共犯に該当するような場合をも含めた「**拡張された正犯構成要件**」である点で異なる。

　このような過失正犯構成要件論からは、監督過失も直接過失もその処罰根拠は異なるところはない。つまり、監督過失においては、過失共犯が問題であるかにみえても、過失正犯であることはもちろん、監督責任は、直接行為者による過失による結果惹起と同様に、あくまでも監督過失によって結果を惹起した点に処罰根拠があるのであって、監督過失独自のいわば責任共犯論的な責任を問うものではない。

4　組織過失論の提唱

(1)　組織過失の理論

管理監督過失とは、管理監督責任を負う者の、組織・施設・設備・物・人から生じる危険に対する責任を問う過失であった。それは、どちらかといえば、ある組織の内部における権限や義務の分担における責任を問う過失であった。しかし、すでに述べたように、そこでは、その組織（企業・会社・官庁）の内部においても、その部署の目的と役割に応じて効率的に安定性をも

って機能すべき組織自体の形成と運営に対する責任が問われていた。これに、企業などの組織全体の在り方が当該結果を引き起こした場合における組織形成責任を加えて、これらを「**組織過失**」と呼んで、従来の管理監督過失を拡大して、**企業や団体のトップの組織責任を問う過失理論**が求められているように思われる。この組織過失は、組織体の個々の部署における管理監督過失を問題とするなら、どこにも責任を問えないような、組織全体の責任を問う代わりに、**組織のトップの責任**を問うものであり、したがって、従来の過失論では処罰できない事態に対し、これによって安易に過失責任を肯定するものであってはならない。その実用化のためにはそのための厳格な要件を確定する必要がある。

　以上のように、「組織過失」とは、従来の管理監督過失の主要部分である**組織内部の組織過失**と、**組織全体に関する組織過失**（狭義の組織過失）との二つの意味の総称（広義の組織過失）である。このように、狭義における組織過失とは、一定の組織の中で業務分担され、権限を割り当てられた管理・監督責任にとどまらず、施設・設備・機械装置および選任・人員配置・権限分配等を含めて「組織」そのものを形成・維持し、組織における業務分担と権限分配をシステム化しそれを運用する役割を果たす者が、危険の発生しうる危険な組織を創出し運営することによって事故結果を発生させた責任を問うものである。この疑念は、ドイツ民法の不法行為法における「組織過失」（Organisationsverschulden）にヒントを得たものであるが、それとは相対的に独立に用いる。かつてこれを「システム過失」と呼んだが、それをより鮮明に強調するため、新たにこれを「**組織過失**」（Organisationsfahrlässigkeit）と呼ぶことにした。[36]

(2)　組織過失と製造物過失

　刑事法における製造物責任は、当初は、製造物の製造・販売における過失を意味していたが、最近問題となっているのは、すでに販売され流通している製造物に後に人体に被害をもたらす欠陥が見つかったためそれらを販売停止にし、またはそれらを回収して危険の実現を防止する義務を怠った過失である。[37] この意味における**製造物過失**は、販売停止や回収をしないという不作為によって犯される**過失不作為犯**であるといってよい。そこで、過失不作為

---

[36] 山中『医事刑法概論Ⅰ』595頁以下参照。
[37] 山中「刑事製造物責任論における作為義務の根拠」関法60巻5号1頁以下参照。

犯の成立要件が問われることになる。

最近の判例からいくつかの例を挙げておこう。

まず、**三菱自動車横浜母子3人死傷事故**[38]がある。事案は、三菱自動車工業の大型貨物自動車のフロントホイールハブを輪切り状に破損させて左前輪を脱落させ、歩道上を歩行中の女性Xの背部等に衝突させて同女を路上に転倒・死亡させ、その連れていた二人の子供にも傷害を負わせたという事故につき、三菱自工の**市場品質部長**及び部長を補佐して同社が製造したトラック・バスの品質保証業務に従事していた**市場品質部グループ長**の業務上過失致傷罪が問われたものである。この事件には、第1審、控訴審および上告審の判例（最決平24・2・8刑集66・4・200）がある。ここで、作為義務を根拠づけるために重要だと思われる被告人両名の地位・職責を詳しく見ておこう。

被告人Xは、（この事件以前に起こっていた）中国JRバス事故[39]当時、品質保証部門の部長の地位にあり、三菱自工が製造した自動車の品質保証業務を統括する業務に従事し、同社製自動車の構造、装置又は性能が道路運送車両法上要求される技術基準である「道路運送車両の保安基準」に適合しないおそれがあるなど安全性に関わる重要な不具合が生じた場合には関係会議を主宰するなど、品質保証部門の責任者であった。他方、被告人Yは、中国JRバス事故当時、三菱自工の品質保証部門のバスのボデー・シャシーを担当するグループ長の地位にあり、被告人Xを補佐し、品質保証業務に従事していた。

（ⅰ）　**予見可能性**について、「三菱自工製のハブに強度不足のおそれがあることを十分認識していたと認められるし、中国JRバス事故を含む過去のハブ輪切り破損事故の事故態様の危険性等も踏まえれば、リコール等の改善措置を講じることなく強度不足のおそれがあるDハブを装備した車両の運行を放置すればDハブの輪切り破損により人身事故を発生させることがあることを容易に予測し得た」。

（ⅱ）　**結果回避義務**については、「被告人Yについては、その地位や職責、権限等に照らし、関係部門に徹底した原因調査を行わせ、……ハブに強度不足のおそれが残る以上は、被告人Xにその旨報告して、……リコール等の改善措置を執り行う手続を進めるよう進言し、また、運輸省担当官の求めに対しては、調査の結果を正確に報

---

[38] 横浜地平19・12・13判タ1285・300、東京高判平21・2・2LEX/DB、最決平24・2・8刑集66・4・2000。

[39] 平成11年6月27日、広島県内の高速道路上を、乗客を乗せて走行していた中国ジェイアールバス株式会社の三菱自工製バスに装備された右前輪のハブ（Dハブ）が走行中に輪切り破損して、右前輪タイヤが脱落し、車体が大きく右に傾き、車体の一部が路面と接触したまま、何とか運転手が制御してバスを停止させたという事故である。三菱自工は、同事故につき、当時の運輸省の担当官から事故原因の調査・報告を求められた。当時、被告人Yは、ハブの輪切り破損事故の続発につき認識していたが、処置は不要と判断するなどという内容の運輸省担当官宛ての報告書を作成・提出し、以後も、リコール等の改善措置を実施するための措置を何ら講じなかった。被告人Xも、被告人Yから同事故について報告を受けながら、さらに具体的な報告を徴したり、具体的な指示を出したりせず、運輸省担当官宛ての報告書についてもそのまま提出することを了承するなどし、リコール等の改善措置を実施するための措置を何ら講ずることはなかった。

告するよう取り計らうなどして、リコール等の改善措置の実施のために必要な措置を採り、強度不足に起因するDハブの輪切り破損事故が更に発生することを防止すべき業務上の注意義務があった」とし、また、「被告人Xについても、その地位……等に照らし、被告人Yから更に具体的な報告を徴するなどして、……ハブに強度不足のおそれがあることを把握して、同被告人らに対し、徹底した原因調査を行わせるべく指示し、……ハブに強度不足のおそれが残る以上は、……リコール等の改善措置を実施するための社内手続を進める一方、運輸省担当官の求めに対しては、調査の結果を正確に報告するなどして、リコール等の改善措置の実施のために必要な措置を採り、強度不足に起因するDハブの輪切り破損事故が更に発生することを防止すべき業務上の注意義務があった」とした。

　(iii)　**結果回避可能性と因果関係**について、「Dハブには、設計又は製作の過程で強度不足の欠陥があったと認定でき、本件……事故も、本件事故車両の使用者側の問題のみによって発生したものではなく、Dハブの強度不足に起因して生じたものと認めることができる。そうすると、本件……事故は、Dハブを装備した車両についてリコール等の改善措置の実施のために必要な措置を採らなかった被告人両名の上記義務違反に基づく危険が現実化したもの」であり、「因果関係を認めることができる」とした。

　最高裁は、被告人らの職責から予見可能性と結果回避可能性を認め、予見義務と回避義務を認め、それらの違反を認定する。そして、結論として、義務違反にもとづく危険が現実化したとして、「**危険現実化論**」を採って、「**因果関係**」を肯定している。

　次に、**製造物過失**が論じられた事件として、パロマ工業の瞬間湯沸器の不正改造による一酸化炭素による死亡事故である「**パロマガス給湯器中毒事件**」がある。[40]

　事案は、パロマ工業が製造してパロマが販売した強制排気式ガス湯沸器が、本来であれば、電気を使用して、強制排気装置が作動する場合にのみ点火・燃焼する構造であったところ、何人かによって内部配線の不正な改造（短絡）がなされて、電源が入っておらず強制排気装置が作動しないときでも、点火・燃焼する構造になっていたことから、…電源が入っていない状態で本件湯沸器が使用された際、強制排気装置が作動しないために不完全燃焼となり、多量の一酸化炭素が排出されて室内に滞留し、その場にいた居住者ほか1名を一酸化炭素中毒に陥らせ、1名が死亡し、1名が重傷を負ったというものである。

　判決においては、①製品が容易に短絡できる構造をもっていたこと、②品質管理部が事故情報を入手していたこと、③パロマがその指導監督関係にあるパロマ・サーヴィスショップに長年修理させていたこと、④修理記録やガス事業者から入手できる設置場所に関する情報等に基づいて、把握できる範囲で自社及びパロマ・サービスショ

---

[40] 東京地判平22・5・11判タ1328・241。

ップ等を利用した点検・回収を行うことは可能であったこと、⑤ガス事業者には、事故防止対策をとることは期待できず、東京ガスにも、その管内の事故防止対策を委ねることができる状況にはなかったこと、⑥経産省が各ガス事業者に対して有効な事故防止対策を指導し、それを受けた各ガス事業者が対策を講じるという枠組みに、短絡事故の防止を委ねることができる状況でもなかったことを挙げ、パロマが対応策を講じるべきであったとする。

結論としては、このように、「製造者・販売者であるパロマ両社としては、短絡された7機種の使用に伴う死傷事故の危険性が生じていた状況において、上記死傷事故を防止するために必要な事故防止対策（注意喚起の徹底、点検・回収）を自らとるべき積極的な根拠があり、特別の支障なくその措置が可能であり、また、使用者等や修理業者はもとより、経産省の指導によるものも含めて各ガス事業者にも事故防止対策を委ねることはできず、本件事故現場に都市ガスを供給していた東京ガスについても同様であった」として、パロマ両社は、上記7機種の点検と短絡されている**器具を回収する義務**を負うとする。[41]

予見可能性につき、被告人A（品質管理部長）は、①12件の短絡事故の発生と概要を認識し、短絡事故であることについても11件について認識し、1件について容易に認識できるものであった。これらの事故が、長年にわたり、全国各地（で）発生してきたことも当然理解していた。このほか、②短絡の仕組みとそれによる一酸化炭素中毒発生の危険性、③短絡が行われる過程につき、端子台における短絡が技術的に簡単であること、修理業者がコントロールボックスの故障に伴う修理の際に短絡を行い、それが放置されることがあること、④上記短絡事故機以外にも短絡されていた7機種があったこと、⑤上記短絡事故において、コントロールボックスの故障や、その故障をもたらす基板のハンダ割れが生じており、事故機以外でもそれらが一定の割合で生じるものであることを、それぞれ認識し、また理解していたことから、これを肯定し、被告人B（代表取締役社長ないし同会長）についても、被告人Aと同様の予見可能性があったとする。そこで、「被告人両名には、……短絡事故防止対策を講ずべき業務上の注意義務が認められるところ、……義務を怠って対策を行わず、その過失の競合により本件死傷結果が生じた」ものとし、それぞれに業務上過失致死傷罪の成立を認めた。

---

[41] 本件の被告人は、AおよびBの二名である。被告人Bは、パロマ両社において、本件事故までの間、代表取締役社長ないし同会長として、製造販売品の安全確保、事故対応、リコールを含む業務全般を統括し、これらについて事実上の最終決定権限を有していたのであるから、本件事故までの間において、自らないしは被告人A等のパロマ両社の関係部署の担当者らに指示するなどして、上記注意喚起の徹底、点検・回収の措置をとるべき刑法上の注意義務を負う立場にあった。被告人Aは、パロマ工業において、品質管理部に所属し、本件事故当時まで品質管理部長の地位にあり、その間、同社製品の事故情報の収集、原因の調査、事故対策の策定等の職務に従事し、被告人Bらに報告して指示を受けるなどして、同社製品の安全対策の実務上の責任者として活動していたものであるから、本件事故までの間の品質管理部長の職にあった時期において、被告人Bに進言して指示を仰ぎつつ、自らないしはパロマ両社の関係部署の担当者らに指示するなどして、上記措置をとるべき刑法上の注意義務を負う立場にあった。

これらの**製造物過失**事故は、すでに販売・流通している欠陥製品を販売停止にし、回収しないことによって行われるのであるから、**過失不作為犯**が問題になるはずである。そうだとすると、被告人が保障人的地位に立つか、作為義務ないし作為可能性があるかが論じられなければならない。しかし、ここで検討した両判例ともに、そのような検討は行っていない。被告人の地位・職責・義務がこのような作為義務を根拠づけるので、判例においても、その点に言及がないわけではないが、それは、不作為犯固有の要件としてではなく、過失犯としての予見義務や回避義務の要件の中で行われている。製造物過失における「組織過失」は、それ自体で、組織形成責任を問うものではないが、その販売停止・回収措置の不作為が、組織の構造に由来する場合、欠陥製品を流通させながら回収しない組織の責任者の過失犯の罪責が問われるであろう。

(3) 組織過失と大事故

このような狭義の組織過失が典型的に問題とされるのは、明石花火大会歩道橋事故、JR 福知山線脱線事故、さらにありうるものとして福島第 1 原発事故に対する過失責任においてである。

　（ⅰ）**明石花火大会歩道橋事故**とは、明石市において開催された市民夏まつりの日に、海岸公園で花火大会等が実施されたが、そこに参集した多数の観客が最寄りの JR 西日本 A 駅と海岸公園とを結ぶ通称 A 歩道橋に集中して過密な滞留状態となり、また、花火大会終了後 A 駅から海岸公園へ向かう参集者と同公園から A 駅方面へ向かう参集者とが押し合うことなどにより、強度の群衆圧力が生じ、歩道橋上において、多数の参集者が折り重なって転倒するいわゆる群衆なだれが発生し、その結果、11 名が全身圧迫による呼吸窮迫症候群（圧死）等により死亡し、183 名が傷害を負うという事故をいう。

　この事故につき、雑踏警備に関し現場で警察官を指揮する立場にあった**警察署地域官**及び現場で警備員を統括する立場にあった**警備会社支社長**の両名において、いずれも事故の発生を容易に予見でき、かつ、機動隊による流入規制等を実現して本件事故を回避することが可能であったとし、両名に、事故の発生を未然に防止すべき業務上の注意義務を怠った過失があり、それぞれ業務上過失致死傷罪が成立とされた（最決

---

[42] 被告人 A は、明石警察署地域官として、夏まつりの雑踏警備計画の企画・立案を掌理するほか、現地警備本部指揮官として、現場において雑踏警戒班指揮官ら配下警察官を指揮して、参集者の安全を確保すべき業務に従事していた。被告人 B は、警備業を営む株式会社 C の大阪支社長であり、明石市と株式会社 C との契約に基づき、明石市の行う本件夏まつりの自主警備の実施についての委託を受けて、本件夏まつりの会場警備に従事する警備員の統括責任者として、参集者の安全を確保する警備体制を構築するほか、これに基づく警備を実施すべき業務に従事していた。

平 22・5・31 刑集 64・4・447)。

「(**注意義務**については、)被告人 A は、……直ちに、配下警察官を指揮するとともに、機動隊の出動を明石警察署長らを介し又は直接要請することにより、歩道橋内への流入規制等を実現して雑踏事故の発生を未然に防止すべき業務上の注意義務があった……、また、被告人 B は……、直ちに、明石市の担当者らに警察官の出動要請を進言し、又は自ら自主警備側を代表して警察官の出動を要請することにより、歩道橋内への流入規制等を実現して雑踏事故の発生を未然に防止すべき業務上の注意義務があった……。そして、(**回避可能性**については) ……被告人 A については、……自己の判断により明石警察署長らを介し又は直接要請することにより機動隊の出動を実現できた……。また、被告人 B については、……明石市の担当者らに警察官の出動要請を進言でき、さらに、自らが自主警備側を代表して警察官の出動を要請することもできたのであって、……警察官の出動を要請した場合、警察側がこれに応じないことはなかった……。したがって、被告人両名ともに、……上記各義務を履行していれば、歩道橋内に機動隊による流入規制等を実現して本件事故を回避することは可能であったということができる」。

本決定では、機動隊等の出動要請をして歩道橋内の流入規制をこの事故の直前 (約 30 分前) の時点で行うべき注意義務を認め、それによって結果の回避可能性があったとした。[43] 本件で起訴されたのは、明石警察署地域官で現地警備本部指揮官であった A と警備の委託を受けた警備会社の支社長で会場警備に従事する警備員の統括責任者 B であった。警備に関するトップである警察署長の過失責任は問われていない。したがって、この決定では事前の組織過失ではなく、むしろ、観客の混雑の程度、現場の状況などを見て現場で臨機応変に安全対策を組織化し、実行しなかった組織過失が問われている。[44]

(ii) **JR 西日本福知山 (JR 宝塚) 線脱線事故**は、平成 17 (2005) 年 4 月 25 日に福知山線塚口駅 - 尼崎駅間で発生し、乗客と運転士合わせて 107 名が死亡した。神戸地裁 (神戸地判平 24・1・11LEX/DB) は、JR 西日本の**取締役鉄道本部副本部長兼安全対策室長**の業務上過失致死傷罪につき、無罪とした。

この被告人は JR 西日本において平成 5 (1993) 年から平成 8 (1996) 年までの間、取締役鉄道本部副本部長兼安全対策室長として運転事故の防止及び運転保安設備の整備計画に関する業務等を担当し、同年から平成 10 (1998) 年までの間は取締役会決議に基

---

[43] 明石市の次長を除く 4 名が控訴し、2007 年 4 月 6 日、大阪高裁は 1 審の判決を支持し、4 被告人の控訴を棄却した。
[44] 不起訴になった明石署の署長・副署長について、神戸検察審査会に申立てがあり、署長が死亡した後、最終的に、副所長につき強制起訴されることになった。神戸致死は、2013 年 2 月 20 日、上記の警備担当者との共犯関係を否定し、起訴時点の 2010 年 4 月には公訴時効である 5 年を過ぎているとして、免訴を言い渡した。

第8節　過失構成要件論　§100　管理監督過失論◇　425

づき安全問題に関する業務執行権限をゆだねられた取締役鉄道本部長を務めていた。

事案は、事故発生当時、危険性が高い曲線に対し、自動列車停止装置（ATS）を整備する必要があると認識され、JR西日本においても、曲線における速度超過による脱線転覆事故の発生を想定し、ATSを順次整備しており、被告人も安全対策室長等としてこれを主導していた。本件線路においても、曲線半径を半減させる他に類例を見ない本件線形変更工事により、ATSを設置すべき基準を満たすことになった上、被告人の主導の下、本件曲線手前の直線を制限速度である120kmに近い近い速度で走行する快速列車の本数を増加させるなどの大規模な本件ダイヤ改正を行ったことにより、運転士が適切な制動措置をとらないまま列車を本件曲線に進入させた場合、列車が**本件曲線で脱線転覆する危険性を格段に高まっていた**。事故当日、快速列車を運転していた運転士が適切な制動措置をとらないまま、転覆限界速度を超える約115km/hで同列車を本件曲線に進入させた際、本件曲線に**ATSが整備されていなかった**ため、あらかじめ自動的に同列車を減速させることができず、同列車を転覆させて線路脇のマンションの外壁等に衝突させるなどし、同列車の乗客106名を死亡させるとともに、同列車の乗客493名に傷害を負わせた。

判決では、予見可能性と回避可能性が否定された。まず、**結果予見可能性**については、「予見の対象とされる転覆限界速度を超えた進入に至る経緯は漠然としたものであり、結果発生の可能性も具体的ではない。このような意味で結果発生が予見可能の範囲内にあることを予見可能性というのであれば、その内実は危惧感というものと大差はなく、結果発生の予見は容易ではなく、予見可能性の程度は相当低いものといわざるを得ない」とする。次に、**結果回避可能性**については、「上記の予見可能性の下で、被告人が、本件曲線を個別に指定し、ATSを整備するよう指示しなかったことが、大規模な鉄道事業者の安全対策の責任者としての立場に置かれた者について要求される行動基準を逸脱し、結果回避義務違反となるものとはいえない」という。

その他の歴代3社長（I [78歳] 在任期間＝92〜97年、M [72歳] 在任期間＝97〜03年、K [69歳] 在任期間＝03＝06年）については、検察が起訴しなかったので、検察審査会によって、業務上過失致死傷罪で強制起訴の運びとなり強制起訴された。2013年9月27日、神戸地裁は、3名全員につき無罪の判決を下した。[45]

JRの締役鉄道本部副本部長兼安全対策室長については、その経歴において、鉄道主任技術者であり、鉄道事業に関する安全対策の実質的な最高責任者を務めていたなどの地位にあったなどの事情があったが、歴代社長については、そのような地位にあったわけではない。とくに事故当時の社長でない2名については、事故発生以前の組織責任が問われている。組織過失が問わ

---

[45] 争点は、事故を予見できたか、現場となったカーブに自動列車停止装置（ATS）を整備する指示を怠ったかなどであった。判決（神戸地平25・9・27LEX/DB）では、ATSについては、事故当時は設置に関する法的義務がなかった、他の鉄道会社でもカーブでの速度超過防止で設置しているところはほとんどないことから、経営幹部が、そのカーブの危険性を認識できる機会がなかったとして、具体的な予見可能性を否定した。

れる場合、事故に至る様々な因果系列において、事故の発生につながらない鉄道の安全な運行を保障する組織を形成する義務が問題となる。そうだとすると、ATS の整備のみならず、過密ダイヤ、日勤教育などの体制についても、事故につながる因果系列として考察にのぼる。しかし、困難なのは、それらの事故の背景にある事情の形成ないし放置が、組織の代表者の明らかな過失といえる事情とみなすことができるかである。ワンマンな社長の明らかな安全軽視の経営方針、事故の発生につながる具体的に誤った指示などがなければ、組織過失を問うことは難しいと思われる。[46] 過失犯処罰の意義と目的に立ち返り、多数の生命が失われる悲惨な大事故につき、企業などの「組織」が関係するときに、そのトップの刑事過失責任が問われないのが不合理だというだけではなく、事故発生の予防に役立つ処罰のそれほど大きくはない役割と、被害者の被害の修復という任務を、刑事過失責任に求めることの問題性への理解を求めるべきではないだろうか。

§101　危険実現連関

　創出された危険は、結果に実現してはじめて帰属される。そして、過失結果犯においては、危険実現連関がなければそもそも過失犯は処罰されない。それゆえ、危険実現連関は、既遂・未遂の区別基準ではなく、そもそも当該犯罪の可罰性をもつかどうかの区別基準である。もちろん、同じ行為が、過失致死罪では結果が帰属されず、可罰的でなくとも、過失傷害罪では、傷害結果の帰属が肯定され、可罰的な場合もありうるから、違法性の判断には具体的危険があれば十分であるといえよう。

　この危険実現連関は、過失犯においては、危険増加連関と狭義の危険実現連関に区別することができる。

---

[46] なお、福島第1原発事故に関して、当時の東電幹部や首相など政府関係者ら計42人が、業務上過失致死傷容疑などで告訴・告発されたが、東京地検は、2013年9月9日に、全員を不起訴としたことも付け加えておこう。これにつき *Yamanaka*, Katastrophen und Fahrlässigkeitsdelikte, in: Rengier (Hrsg.), Die Rolle des Rechts bei der Bewältigung von Katastrophen, 2012, S. 115 ff. http://kops.ub.uni-konstanz.de

1 危険増加連関

(1) 危険増加連関の意義

法的に否認された危険創出行為が行われたが、法的に許された行為を行っていたとしても、実質的に結果発生に対する危険を増加したといえない場合には、**危険増加連関**を欠き、客観的帰属が否定される。危険増加連関の判断は、事後的判断であるから、事前の立場からは危険創出があったとしても、事後の立場からは、その危険創出は、当該結果との関係では、許された危険と実質的に同様であって、とくに危険を高めたものではないという結論を導くのである[47]。

この例としては、**ドイツの判例**においては、薬剤師事件、山羊の毛事件、コカイン=ノヴォカイン事件、自転車乗り事件などがある[48]。**山羊の毛事件**においては、ある工場主がブラシの製造のため山羊の毛を取り寄せたが、それを消毒してから加工することが義務づけられていたにもかかわらず、消毒することなく加工させたため4人の工員が死亡した。しかし、定められた消毒手段では、消毒していたとしても4人は死亡していたであろうと認定された。**自転車乗り事件**(トレーラー事件)においては、トレーラーの運転手が、追い越すには道路交通規則によって1.5メートルの間隔をあけて追い越さなければならないのに、75センチメートルしかあけず、自転車乗りを後輪に巻き込んで死亡させたが、1.5メートルあけて追い越していたとしても、自転車乗りは酔っぱらっていたので、ふらつき、同じように巻き込まれて死亡していたであろうという事情がある。このような事案において、この事情が、法的にどのように評価されるべきかが問題である[49]。

(2) 過失の因果関係による解決?

わが国の判例においては、この問題は、「過失の因果関係」として議論されることが多いが、それには条件的因果関係の問題とするものと相当因果関係の問題とするものがある。

大審院は、その**昭和4年**の判決において、急行列車の機関士が、一定の場所に達すれば、幼児の存在を認識できたにもかかわらず、前方注視の義務を怠ったために、踏切上に立っていた幼児に気づかず轢過したが、前方注視の義務を怠らず警笛を鳴らし、非常制動の措置を取っていたとしても、適宜停止することができず、事故を未然

---
[47] 本間一也「過失犯における結果の客観的帰属(1)(2)」北大法学40巻4号835頁以下・41巻1号51頁以下参照。
[48] これらの判例について、詳しくは、山中・因果関係と帰属8頁以下参照。
[49] この問題について詳しくは、山中・因果関係と帰属8頁以下参照。その他、この問題を取り扱った文献として、本間・北大法学40巻4号835頁以下・41巻1号51頁以下。

に防止することはできなかったという事案につき、そのような措置をとらなかったことが、轢過の「原因」であるとする根拠はないとした（京踏切事件＝大判昭4・4・11新聞3006・15）。

次に、東京高裁は、その**昭和45年の判決**（東京高判昭45・5・6高刑集23・2・374）において、交通整理の行われていないT字型交差点で、東西に走る国道上を制限時速60キロメートルのところを時速約70キロメートルで直進してきたXの自動車が、南北道路から国道上に右折しようとして、交通法規に反して国道上深くまで進出してきたAの車両に衝突し、Aに傷害を負わせたという事案において、「かりに被告人が法定の最高速度である時速60キロメートルで運転していたとしても、その制動距離および道路の状態を考えれば、はたして本件衝突事故を避けることができたかどうかについてはやはり重大な疑問があるといわざるを得ず、かつ、前に説示したように被告人としてそれに満たない速度にまで減速すべき注意義務はなかったとすれば、右の速度違反が本件事故の原因となっていたものとは認め難い」と判示した。ここでも、注意義務違反の「因果関係」が問われている。しかし、この判決は、引用部分のあとでさらに括弧内で続けて次のようにいう。「もし被告人が発見地点の相当手前から時速60キロメートルで走っていたとすれば、Aの車が国道上に進出してきた時点には、被告人は実際の発見地点より手前にいたはずで、そうだとすれば」「事故の発生を防止することができたと考える余地はある」。「しかしながら、本件事故は、単に被告人が右のような速度で走っていたことにより発生したわけではなく、その後Aの予期すべからざる交通法規違反という異常な事態が介入することによって発生したものであるから、被告人の速度違反行為から経験上通常予想しえられる過程をたどって発生したものとはいい難く、その間に刑法上の因果関係を認めることは困難で、これをもって本件事故の原因たる過失だとすることはできない」。ここでは、条件関係が存在するとしても、相当手前の地点での速度違反と結果との間の「相当因果関係」が否定されるというのである。[50]

さらに、**福岡高裁那覇支部の判決**は、被告人が、後方の安全を確認せずに右折転回を始めたが、その右側を追い越そうとして被害者Aが運転するBの同乗する自動二輪車が、時速100キロメートルの高速度で反対車線に入ったところ、思いがけず被告人車が同車線を横切る形で転回してきたため、急制動の措置をとったが、バランスを失して滑走し被告人車に激突してAが傷害を負い、Bが死亡したという事案に対して、後方の安全を確認する注意義務を肯定したが、たとえ後方を確認していたとしても、自動二輪車が高速度で疾走してくることを認識するのは困難であったし、本件の場合、「後続車であるA車において交通法規に従い追突等の事故を回避する適切な運転をするであろうと信頼し、転回を開始して差し支えない事案であった」として、被告人が、「後方の安全を確認する注意義務を怠ったことは、本件事故と相当因果関係を有しない」と判示した（福岡高那覇支判昭61・2・6判時1184・158＝**百選8**）。

---

[50] この判例については、山中・因果関係と帰属1頁以下参照。

しかし、実際には、過失の「条件的な因果関係」も「相当因果関係」も問題ではない。少なくとも通常の意味の条件関係は、これらの事例においては存在するといってよい。ここで使われている「因果関係」概念は、明らかに通常の物理的惹起を内容とする因果関係とは異なったものである。学説の中には因果関係を論理的結合にすぎないとみて、それを結果回避可能性と解し、この問題についてもその意味の因果関係を否定する見解（山口・問題探究11頁以下）があるが、不当であることはすでに示した（☞§86, 1(2)）。

したがって、この因果関係は「**第2の因果関係**」といわれることがある。しかし、「過失」という実体のないものが結果を「惹起」するわけではないから、これを「因果関係」の概念で表すことは不当である。また、東京高裁の事案では、相当手前からの義務違反行為が過失犯の実行行為であるとみる点に対しては、**規範の保護目的の理論**によってその注意義務違反性を否定することができる。しかし、過失犯の実行行為を求める際には、結果発生に対する「現実的危険のある状況」における行為にまず注目すべきであろう。そのような現実的危険状況における行為が結果発生に対する危険を増加させなかったならば危険実現連関が否定されるのである。また、福岡高裁の事案では、「相当因果関係」が問題とされているが、実際には、後方確認義務違反が、結果に対して実質的に危険を増加させてはおらず、結果に現実化してはいないということを意味しているにすぎない。あるいは、交通規則に反してまでそのような高速度で疾走してくる二輪車に乗っている者の身体または生命の保護は、当該の後方確認義務の射程には含まれないということを意味している。

(3) 結果回避可能性による解決？

この問題を過失犯における注意義務の発生根拠である「**回避可能性**」の要件によって解決しようとする見解がある。道交法を守っていても同じ結果が発生していただろうという場合には、「結果回避可能性」がないから、注意義務が発生せず、したがって、過失行為としての違法性にも欠けるというのである。たしかに、過失犯における「結果回避可能性」の概念は、**二重の意味**をもつ。第1に、回避可能性とは、予見可能性があれば回避可能性もある

---

51 井上祐司・因果関係と刑事過失95頁以下参照。
52 この判例について、詳しくは、山中・因果関係と帰属3頁以下参照。
53 これについて、山中・百選〔I〕〔第2版〕38頁以下。

とされるいわば予見という主観的可能性に対する外部的「行為可能性」であるにすぎない。すなわち、この意味においては、事前の心理的予見可能性を、行為の次元で表すと回避可能性になるのである。第2に、回避行動をとっても結果の発生が避けられない場合に結果回避可能性がないという場合の因果的必然かそうでないかという意味での事後の観点からみた結果回避可能性の概念である[54]。

　　最近の最高裁判例は、左右の見通しが利かない交差点に進入するにあたり何ら徐行することなく、時速30ないし40キロメートルの速度で進行を続けて徐行義務を怠った行為者の車両の後部を、酒気を帯び制限時速である時速30キロメートルを大幅に超える時速約70キロメートルで、赤色信号機が点滅しているにもかかわらずそのまま進入してきた被害者の乗用車に衝突させ、さらにブロック塀に衝突させ、後部座席に同乗していた1名を車外に放出させ死亡させた事案で、「被告人が時速10ないし15キロメートルに減速して交差点内に進入していたとしても」、「衝突を回避することができたものと断定することは、困難である」として、公訴事実の証明が十分でないとし、原判決を破棄し、自判して無罪を言い渡した（最判平15・1・24判時1806・157＝百選7）。

この最高裁判決は、被告人の徐行義務を怠った進入行為は、「危険な走行」であり、非難に値するとする。ここでは、事前的な予見可能性は肯定されている。判決中で否定された回避可能性において問われているのは、前記の第1の意味における**事前の結果回避可能性**ではなく、第2の意味の**事後的な回避可能性**である[55]（☞§98, 6）。これは、実際には、回避可能性の問題ではなく、次に説明するように、客観的帰属論にいう危険実現連関の一つである**危険増加連関**の問題を取り扱ったものである。

　　回避可能性を論じたその後の判例として、例えば、水戸地判平20・1・17判タ1265・339がある。被告人は、普通貨物自動車を運転していたが、6歳の子供が自車進路上に進出することが予想されたにもかかわらず、安全確認をしないまま進行した過失により、同児の発見が遅れ、路上にはね飛ばし、脳挫傷等の傷害を負わせ、死亡させたというものである。水戸地裁は、「被告人が前方注視を尽くしていたとしても、〔……〕地点にいる被害児童を発見して減速するなどの措置をとり、**本件事故を回避**

---

[54] 因果関係論における条件関係をたんなる論理的結合と解する立場から、条件公式を絶対化し、条件的因果関係を「結果回避可能性」に組み換え、この問題の解決に際してこの意味での結果回避可能性を否定する見解（町野朔『犯罪論の展開I』〔1989〕131頁以下・167頁以下、山口・問題探究11頁）もあるが、不当であることはすでに条件連関の項において示した。この見解を批判するものとして、辰井聡子『因果関係論』（2006）194頁以下参照。

[55] これについては、山中・研修704号3頁以下参照。

することはできなかった可能性がある」とし、「被告人が前方注視義務を怠ったことにより本件事故が発生したとの事実は、合理的な疑いを差しはさむ余地がない程度に立証されたということはできない」とした。

同様に、適切な措置を講じていたとしても、回避可能性が「**合理的な疑いを超えて確実であったとは認められない**」として過失責任を否定した判例に次のものがある。

> 被告人は、自然療法室を訪れたE（12歳）が生命を維持するためにはインスリンの投与が必要不可欠な糖尿病に罹患していることを知った上、同人が治療を受けている同研究所から携帯電話に電話を受け（「6時29分の電話」）、Eに嘔吐、食事不摂取等の症状が発現し、症状が一向に改善しないこと、同人がインスリンを持参していないこと等を聞知したにもかかわらず、承認を受けていない医薬品であるYの使用を勧めてこれを飲用させるなどの指導を行い、医師による適切な医療措置を講じさせなかった過失により、Eを糖尿病性昏睡により死亡するに至らしめた。
>
> **判旨**では、「仮に被告人が、6時29分の電話の時点において、GにEの医療機関への搬送等を指示していたとしても、Eの死亡の結果を回避することが合理的な疑いを超えて確実であったとは認められないとして、無罪を言渡した（岐阜地判平21・2・18LEX/DB）。

さらに、**注意義務違反と結果の間の因果関係が問われた事案**に、救急救命センターの当直担当医が、救急車で搬送された4歳の患者の治療に際し、割り箸が刺さったままになっているのを、頭部のCTスキャン等による撮影などをせずに、刺創部に消毒薬を塗布し、抗生物質を処方したのみで帰宅させたため、脳損傷などにより死亡させた事件[56]（割り箸刺入看過事件）がある。

第1審[57]（東京地判平18・3・28判時1975・2）では、「予見義務や結果回避義務を怠った過失があるというべきであるが、過失と死亡との間の因果関係の存在については、合理的な疑いが残る」として、業務上過失致死事件につき無罪を言い渡した。**控訴審**[58]でも「CT検査をしていたとしても、患児の救命はもちろん、延命も合理的な疑いを超える程度に確実に可能であったということはできない」と結論づけ、「頭蓋内損傷を疑ってこれを確認するべき注意義務があるとはいえないとし、また、必要とされる「行為をしていたとしても、患児の救命・延命が**合理的な疑いを超える程度に確実に可能であったとは到底いえない**」として、同罪の成立を否定した。

この判決では「救命・延命が合理的な疑いを超える程度に確実に可能であった」とはいえないとされ、「確実に」救命・延命が可能であったことが要求されている。これは、不作為における結果回避可能性という実体法上の蓋

---

[56] これについては、山中『医事刑法概論Ⅰ』455頁以下参照。
[57] 飯田英男『刑事医療過誤Ⅱ』（増補版）（2007）726頁以下参照。
[58] 東京高判平20・11・20判タ1304・304。

然性を意味しているのであれば、「確実に近い蓋然性」、つまり、「10 中 8、9」とは異なるとも解しうる。訴訟法上の証明の程度を意味しているとすれば、有罪とするには確実な証明を要するので、妥当ということになる。

その他、産婦人科医師が、介助分娩を行うにあたり、過失によりBを出血性ショックにより死亡させた事案で、医師が妊婦を高次医療機関に転送する手続をしていたとしても、当該妊婦を確実に救命できたと認めるには合理的な疑いが残るとして、無罪としたもの（名古屋地判平 19・2・27 判夕 1296・308）がある。

(4) 危険増加連関と保護目的連関

これらの事例において、行為者の行為には、法規違反などの危険創出行為は存在する。しかし、その創出された危険は、結果に実現していない。例えば、先の昭和 45 年の東京高裁の事案において、時速 70 キロメートルで走るという形式的には許された危険を越えるようにみえる交通法規違反行為は、実質的に、時速 60 キロメートルで走るという許された危険を越えるものではない。つまり、実質的には許された危険を増加させてはいないのである。具体的に危険な状況に至った地点において、**危険増加**がないというのが、この場合の帰属否定の理由である（**危険増加原理**＝Risikoerhöhungsprinzip）。それ以前の地点における交通法規違反行為、すなわち危険創出行為については、東京高裁は、相当因果関係がないとしているが、実際には、違反された**規範の空間的保護範囲**に属さないということが帰属否定の理由である。相当手前における制限時速規定は、事故地点での事故の発生を防止するという目的をもつものではないのである。

この危険増加連関の判断は、**事後的判断**である。したがって、事前には、交通法規に違反する危険な行為であったが、事後的に判断すると、実質的には、それは、許された危険内にとどまる危険であったにすぎないがゆえに、危険実現連関が否定されるというのが、**危険増加論**なのである。事後的判断であるから、事後に判明した事情、すなわち、自転車乗りが酔っぱらっていたという事情、追越し時点での正確な側面間隔、時速などが考慮されるのである。しかし、他方で、規範違反によって生じた結果が、実質的には、規範違反なしにも発生したというのであるから、その事前の規範違反は事後的・実質的にはその結果の不発生を保障するには役に立たなかったというのであり、危険増加判断によって意味されているのは、規範違反による危険は、規範違反のないときと比べても増加しなかったということなのである。したが

って、危険増加判断は、純粋な事実的判断ではなく、規範的な判断なのである。このようにして、危険増加連関と規範目的連関は、この問題については、実質的に同じことを両側面から説明したものであるといえる（山中・因果関係と帰属76頁以下）。

とくに**規範目的連関**の有効性が示されるのは、次の事例群においてである。例えば、ドイツの判例の事案（**自転車乗り事件**）に次のようなものがある。ＡとＢという二人の者が暗がりで灯火せずに自転車に乗ってあい前後して走っていた。先行するＡが、無灯火であったために、対向してきた自転車乗りＸに衝突して負傷させた。後ろの自転車乗りＢが規則を守って灯火していたならば衝突は避けられたであろう。この事案において、後行者Ｂが無灯火で走っていたことは、前を走るＡが事故を惹起するという危険を高めたといえる。つまり危険創出連関は肯定されうる。しかし、「灯火せよ」という規範の目的は、自らの自転車による事故を予防するという点にあっても、その規範は、他の自転車乗りが、別の自転車乗りと衝突することを防止するという目的をもつものではない。それは、たんに自己の走行の安全を図る規範の保護の反射効とでもいうべきものである。ここでは、侵害された注意義務がそれによって避けようとした危険が結果に実現されているわけではないから、危険実現連関は否定される。この事例は、行為と結果との間の相当因果関係というたんなる事実的・経験上の通常性が問題ではなく、規範目的連関が重要だということを典型的に示している。

2　狭義の危険実現連関
(1)　過失犯における一般的危険実現連関

過失犯において、非典型的な因果経過が展開していく場合には、創出された危険の結果への事後的な実現が否定される。例えば、交通事故の被害者が、病院へ運ばれたが、その病院がたまたま放火によって焼失し、被害者が焼け死んだ場合、交通事故の惹起者の創出した危険は、結果に実現していない。この問題については、客観的帰属論において論じた。

(2)　危険に対する同意の意味

過失犯特有の危険実現連関の問題として、被害者が、傷害ないし死亡の「危険」に対して同意している場合に、過失傷害罪ないし過失致死罪についての危険実現連関を肯定できるかが問題となる。[59]

例えば、ダートトライアル競技の練習走行に同乗した者が、運転者が、走行中、下りの急カーヴを曲がりきれずにハンドルの自由を失って暴走し、車両を防護柵に激突させたため、防護柵の横木がはずれ、支柱が助手席に侵入してきて当たったことによ

---

[59] 過失犯における同意の意味については、山中「過失犯における被害者の同意―その序論的考察―」平場還暦〔上〕332頁以下、荒川雅行「過失犯における被害者の同意に関する一考察―生命・身体を中心として―」法と政治33巻2号97頁以下、吉田敏雄『刑法理論の基礎』（改訂版・2007）63頁以下参照。

り、死亡したという事案で、同乗者の側で、ダートトライアル走行の危険性についての知識を有しており、運転者が暴走、転倒等の一定の危険を冒すことを予見しており、したがって、「このような認識、予見等の事情の下で同乗していた者については、運転者が右予見の範囲内にある運転方法をとることを容認した上で」「それに伴う危険（ダートトライアル走行では死亡の危険も含む）を自己の危険として引き受けたとみることができ、右危険が現実化した事態については違法性の阻却を認める根拠がある」と判示した判例（千葉地判平 7・12・13 判時 1565・144 = 百選 59 = 平成 8 年度重判解 147 頁）がある。本判例は、「自己の危険としての引受け」を「違法阻却事由」とする。

たしかに、判例がいうように、「直接的な原因となる転倒や衝突を予測しているのであれば、死亡等の結果発生の危険をも引き受けたものと認めうる」。

この場合、重大でない傷害の場合でも、傷害の「結果」に対する同意がなければ、被害者の同意は、構成要件該当性阻却事由ないし違法阻却事由などとしては意味をもたない（山中・平場還暦〔上〕345 頁以下参照）。死亡結果に対する同意は、本来、無効である。したがって、「危険に対する同意」は、被害者が**意識的に自己を危険にさらす行為**として、危険実現連関において、結果帰属を否定するという意味をもちうるにすぎない。他人の危険な行為が介入する場合には、①**行為者の過失行為の終了後に、他人の自己を危険にさらす行為が介入する場合**[60]と、②**行為者の過失行為と同時的に他人の承諾を得て他人を危険にさらす場合**とがある（山中・客観的帰属の理論 730 頁以下）。上の事件のように、被害者が自動車に同乗している事案は、この第 2 の類型に属する。

ドイツの判例には、酩酊者と賭をしてオートバイ競争をし、酩酊者が事故で死亡した場合に、酩酊者が自己を危険にさらす行為を行ったが、その同意は意味をもたないと判示した「オートバイ競争事件」（BGHSt 7, 112）があるが、これもこの類型に属するように思われる。[61]

この第 2 類型の事案において、危険実現連関が否定されるのは、まさに被害者が自ら「危険」に対して同意し、**危険の発生に対して自らが事象を支配した**からである。危険に対する同意は、結果に対する同意とは異なり、構成要

---

[60] この事例としては、**板東三津五郎ふぐ中毒死事件第 1 審判決**（京都地判昭 53・5・26 刑集 34・3・149 に収録）における弁護人の主張に対する判断が挙げられうる。弁護人は、「被害者はいわゆる食通であり、ふぐの肝臓（以下単に肝ともいう）が危険であることを十分知っていながら敢て食したのであるから本人の責任であって被告人の過失責任は中断される」と主張したのに対して、被告人の過失責任を否定する根拠とはなしえないとした。最高裁も「本件とらふぐの肝料理を提供することによって客がふぐ中毒症状を起こすことにつき予見可能性があった旨判断したのは相当であ」るとした（最決昭 55・4・18 刑集 34・3・149）。Gropp, AT, 3. Aufl., S. 459 f.

[61] これについて詳しくは、山中・客観的帰属の理論 728 頁以下参照。

件該当性阻却事由でも違法阻却事由でもない[62]。しかし、創出された危険に対して同意があるのみならず、事象経過そのものを支配したということは、過失犯において結果帰属を判断する場合に、その**危険が結果に実現したという効果を法的に否認する**ことを意味する[63]。したがって、判例におけるように、危険の引受けを違法阻却事由とすることはできない[64]。それは、危険実現連関を否定するという意味をもつのである[65]。

---

[62] 違法阻却説を批判するものとして、塩谷毅『被害者の承諾と自己答責性』(2004) 339頁。

[63] 山口「被害者による危険の引受と過失犯処罰」研修599号3頁以下・7頁は、「行為の危険性」(危険創出) を否定するが、私見によれば、事前判断である危険創出は否定されない。「危険の実現」(危険実現連関) が否定されるのである。行為の危険性が否定されるとするのは、結局、同意が行為無価値を否定するとする行為無価値論的発想である。

[64] ダートトライアル事件については、荒川・平成8年度重判解147頁、曽根「過失犯における危険の引受け」早稲田法学73巻2号33頁以下・54頁 (同『刑事違法論の研究』〔1998〕151頁以下) 参照。両者ともに「危険の引受け」として不可罰性を根拠づけることはできないとする。不可罰であるとすれば、注意義務違反が否定されるからであるとする (曽根・前掲54頁)。

[65] **ダートトライアル事件** (千葉地判平7・12・13判時1565・144=**百選59**) について、危険に対する同意と、とくに「支配」があるかどうかは疑問がないわけではない。判例は、「同乗者には、運転者への助言を通じて一定限度でその危険を制御する機会もある」というが、潜在的機会があっただけでは「支配」があったとはいえない。

第4章 違 法 論

第1節 違法論の基礎

> 【文献】川端博『違法性の理論』(1990)、齊藤信宰『刑法における違法性の研究』(2003)、佐伯千仭『刑法における違法性の理論』(1974)、鈴木茂嗣「違法性について」西原古稀 1 巻183頁、曽根威彦『刑法における正当化の理論』(1980)、同『刑事違法論の研究』(1998)、同『刑事違法論の展開』(2014)、高橋敏雄『違法性論の諸問題』(1983)、中山研一「違法論の判断とその時期」井上追悼15頁、花井哲也「過失犯と違法阻却―とくに緊急行為との関連」基本講座3巻191頁、日髙義博『違法性の基礎理論』(2005)、振津隆行『刑事不法論の研究』(1996)、同『刑事不法論の展開』(2004)、同『過失犯における主観的正当化要素の理論』(2012)

§102 違法性判断の意義

1 違法性の判断・可罰的違法性の判断

(1) 違法性判断の本質

第1の犯罪の成立要件である構成要件に該当した行為は、正当化事由がないかぎり違法である。その意味で、構成要件は、**原則的な違法行為の類型**、すなわち、不法類型である。原則的な違法行為かどうかを決めるのは、類型的に法益に対する侵害行為ないし法益を危険に陥れる行為であったかどうかによる。そこで、犯罪の成立要件の第2段階における「違法性」の判断は、このような法益侵害・危険行為が行われた**具体的な状況**とより**高次の法的判断**にかんがみて、**例外的に**「違法性」が阻却され、「正当化」されることがあるかどうかという判断である。[1]

---

[1] 以下で述べるように、このような利益ないし価値衝突状態の中での法的判断が違法段階における違法論の考察の出発点である。たんなる平面的・静止的な法益侵害(危険)はこの意味における違法論では意味をもたない。

第1節　違法論の基礎　§102　違法性判断の意義◇　437

　行為者の行為が、具体的に、**利益衝突状態**あるいは**規範的価値の衝突状態**で行われた場合がその典型的な事例である。この場合、行為者の行為それだけを表層的にみると、構成要件に該当し、法益侵害も存在する。しかし、具体的な状況においては、行為者の行為が、法がより高次に位置づけている規範的価値を守るためのものであり、**全法秩序**の立場からは違法とはいえないという場合がある。刑法が罪刑法定主義の原則から犯罪類型を一義的に規定することを必要とし、その要請から「構成要件該当性」の判断が第1の犯罪成立要件とされたが、違法性の判断は、利益や価値の衝突状態を全法秩序の観点から調整する作用を営むものである。違法論でまず論じられるべきは、このような**法規範の全体的秩序からみた違法性の本質**である。

　(a)　**違法性の統一性**　違法性の判断は、全法秩序の観点から行われる。それは、**法秩序の統一性**の要請にもとづく。逆にいえば、「**違法性の統一性**」の要請である。しかし、問題は、次の点に現れる。第1に、行政法や民事法において違法でない行為は、刑法上違法性が阻却されるのであろうか。第2に、行政法や民法において違法とされる行為は、刑法上も違法なのだろうか。第1の問題に対しては肯定できる点で争いはない。第2の問いに関しては結論は分かれうる。可罰的違法性論は、これに対する一つの回答である。可罰的違法性論は、違法性の統一性の原理により、違法であるとしても、刑法独自の当罰性の判断を加えるものである。この見解においては、違法性の統一性を前提として刑法上可罰的違法性が否定される場合があると考える。これに対して、最近、**違法性の相対性**を肯定する立場（前田92頁、京藤哲久「法秩序の統一性と違法判断の統一性」平野古稀〔上〕193頁以下）が有力に主張されている。これによれば、違法性は、各法領域ごとに相対的なものであり、もともと処罰に必要な程度の法益の侵害をいうとするのである。この立場は、違法性を論じる際に構成要件該当性を前提にするべきだという見解に依拠しているように思われる。例えば、姦通（不貞行為）は、刑法上違法かどうかにつき、この見解では可罰的違法性がないがゆえに違法ではないという結論となるからである。しかし、この見解も、それが民法上不法行為であって違法であることは否定できない。違法性の統一性を援用する立場からは、全法秩序の観点から違法であるが、すでに構成要件が欠けるから、可罰的違法性が否定されることになる。

　私見によれば、**違法性の統一性**を前提にする見解が優れている。憲法秩序

のもとでの法的評価の一元性こそが、構成要件判断から独立した違法性判断の意義だからである。また、規範の名宛人である国民にとっても、統一的な行為規範が必要であり（井田142頁以下）、違法性の相対性を認めることは、法的評価の耐え難い評価矛盾につながるであろう。違法性の統一性から出発して、可罰的違法性阻却事由をも構想する体系が機能的で有用である。違法性の相対性を認める見解は、一見、他の法領域の観点からの違法判断と刑法的違法の判断が独立することになりそうであるが、実際には、他の法領域の観点から違法と判断されたものを刑法上適法とする根拠が薄弱で、結局、刑法上も違法と判断されてしまうことになる。そのことは、最高裁の久留米駅事件判決（最大判昭48・4・25刑集27・3・418＝**百選16**）や全逓（東京）中郵事件判決（最大判昭41・10・26刑集20・8・901）を変更した名古屋中郵事件判決（最大判昭52・5・4刑集31・3・182）が示している。

　(b)　許容構成要件・不法概念　このような違法論における「違法性」の判断は、例外的にそれが「正当化」されるかどうかの判断であることから、構成要件が「不法構成要件」であり「禁止規範」であるのに対して、**正当化構成要件**ないし**許容構成要件**（Erlaubnistatbestand）と呼ばれることがある。正当化事由も、なるべく類型化されるべきであろうが、本質的には、利益・価値衝突における個別的な規範的判断であるから、あえてこのように「構成要件」という概念を用いる必要はないであろう。

　ここで、もともとドイツ刑法に由来する「**違法性**」（Rechtswidrigkeit）の概念と「**不法**」（Unrecht）の概念の区別について解説しておこう。違法性とは、構成要件該当行為の性質を表し、それに対する判断である。これに対して、不法とは、違法性判断の対象としての構成要件に該当する違法な行為それ自体をいい、価値判断された行為をいう。すなわち、不法の概念は、構成要件該当の違法な行為をいうのである。

(2)　可罰的違法性判断

　構成要件は、個別的な構成要件要素から成り立っている。個々の構成要件は、罪刑法定主義の原則からなるべく文理と離れないように解釈されるべきである。もちろん、構成要件の解釈原理として「社会相当性」を考慮し、日常生活上許された行為かどうかを考慮することは必要である。しかし、構成要件の解釈につき、法秩序の全体的観点ないし刑法の目的を前面に押し出した目的論的解釈は許されない。

これに対して、違法論の段階においては、先に述べたような利益・価値衝突の中で正当化されることはなくても、刑罰を科してまで抑止すべき違法性の程度には至らないという場合がありうる。このような場合に、法益侵害が量的に非常に軽微なとき、あるいは、全体的な法秩序の観点からは「違法でない」とはいえないが、刑法の原則的価値判断からは **処罰に値する程度の違法性** がないというとき、正当化事由ではないが、**可罰的違法阻却事由** ではあるとして、犯罪不成立とする犯罪論上の考慮がなされるべきなのである。これは、目的論的犯罪論構成、つまり、刑事政策を考慮した可罰的評価を犯罪論に採用する方法論にもとづく犯罪論体系の帰結である。

以上のように、違法論においては、**利益・価値衝突における規範の統一** を図ると同時に、たとえ違法性が完全に阻却されなくても、**刑法上の特殊な「当罰性」の判断** によって処罰を免れさせるための要件が論じられるのである。

2 形式的違法性と実質的違法性

形式的違法性 とは、法の禁止ないし命令に反することである。すなわち、違法性を形式的に、違法とは法に反することであると定義することを意味する。これに対して、**実質的違法性** とは、違法性の本質を違法とされる実質的な根拠から説明することであり、これに関しては、さまざまな見解がありうる。例えば、違法性の本質を「社会的に有害な法益侵害」と定義したり、あるいは、「文化規範違反」と定義する見解がその例である。

(1) 形式的違法と実質的違法の理解

形式的違法性と実質的違法性をめぐっては、それが、同一のことを形式面から定義するか、実質面から説明するかであって、両者は一致するとみるか、それとも両者が乖離し、矛盾することがありうるかについて見解の対立がある。これが乖離・矛盾しうるものとする見解の中には、**形式的違法性** を **構成要件段階** における違法の問題、**実質的違法性** を **違法論の段階** における違法の問題と考える立場もある（小暮得雄「違法論の系譜と法益論」法学協会雑誌 80 巻 5 号 577 頁以下、バウマン）。まず、この問題について考察しよう。

形式的違法性 は、あくまでも違法論における「違法性」を問題にするものと解すべきである。その意味では、実質的違法性と同じである。したがって、形式的違法性とは、全体的法秩序に反することを意味するのであって、構成要件に該当することをいうのではない。実定法秩序に反することをいうのか、超実定法的秩序に反することをいうのかについては、憲法を頂点とす

る実定法秩序に反するのが、形式的違法性であるということができる。

　これに反して、**実質的違法性**は、違法性の根拠を法益侵害や法益侵害の危険性に求めつつ、当該構成要件該当行為による法益侵害やその危険が、具体的な利益衝突状況の中で、対立する他の利益や価値よりも優越する場合に根拠づけられる。このような**実質的違法性は、形式的違法性と一致する**。その際、実質的違法性の観念を承認することは、違法性の概念の量的段階づけを可能にし、しかも実質的違法性の観点から、構成要件の解釈について「社会相当性」を考慮し、また、違法性の判断においても、量的軽微性を考慮に入れることを可能にする。

　　このような見解に対しては、**形式的違法**を刑法という実定法秩序に違反することと解する見解がある（ロクシン）。この見解に立てば、形式的違法は、憲法上の概念ではないから、実質的違法性とは乖離しうることを認めることになる。その場合、実質的違法性の概念には、刑法が実定秩序としては認めない「超法規的な違法阻却事由」を認める契機が存在し、実質的違法性が、実定法上違法とされる根拠となるのではなく、刑事政策的に違法とされるべき根拠を示すことになる。すなわち、実質的違法論は実定法の外部から違法判断の根拠を提供するのである。

　　しかし、刑法の条文上、正当化事由が認められていない場合、形式的にはすべて違法であるが、実質的には違法でないというように、形式的違法性を硬直化したものと理解して、実質的違法性概念の優位性を強調する必要はない。憲法を頂点とする全法秩序に違反することが形式的違法性であると解するならば、実質的違法性と乖離するものと解する必要はない。両者の差異は、法規範違反が違法であるというように、規範内在的に形式的に説明するか、それとも他の実質的理由を引証して外在的に説明するかの相違にすぎない。

(2)　実質的違法性の内容

　実質的違法性の内容については、わが国では二つのアプローチがあるとされてきた。それは、違法性の実質を規範違反とみる**規範論的アプローチ**と法益侵害とみる**法益論的アプローチ**である。

　規範論的アプローチによれば、違法とは、「刑罰法規に論理的に先行する不文の規範に違反すること」（ビンディング）、「文化規範に違反すること」（M. E. マイヤー）、「国家的法秩序の精神、目的に反すること」であり、「其の具体的な規範的要求に背くこと」（小野119頁）、法秩序の「基底となっている社会倫理的規範」に反すること（団藤192頁）、「国家・社会的倫理規範に違反」すること（大塚356頁）などとされる。しかし、「実質的に全体としての法秩序に反すること」（福田142頁）と定義するならばすでに形式的違法論と

は紙一重であり、この説は、さらにそれを説明して「『社会相当性』(soziale Adäquanz) を逸脱した法益侵害」を違法の実質であるとするのである。

法益論的アプローチ からは、「法益の侵害ないし危険が、共同生活を規制する法秩序の目的に矛盾する場合」にのみ実質的に違法である（リスト）とされ、「生活利益の侵害（または危険）」（瀧川80頁）、「法益に対する侵害または脅威」（佐伯・違法性の理論13頁以下、同170頁以下）、違法性の実質は「法益の侵害及びその危険」であるが、利益が衝突する場合には、「害された利益と、それによって守られた利益の衡量」によって「より多くの国民のより多くの利益の保全」がある場合正当化される（前田42頁以下）などとされる。

このようにみてくると、**規範論的アプローチ** は、形式的違法論と似ているが、それをたんなる実定法に求めるのではなく、その背後の文化規範や社会規範に求めているのに対し、**法益論的アプローチ** は、実質的違法論そのものであるということが分かる。

> 法益論的アプローチが、法益という外部に存在する利益の侵害を不法とみるがゆえに、比較的明確なのに対して、規範論的アプローチのうち社会規範・文化規範違反を不法とみる立場は、社会規範や文化規範が道徳的評価を含んだあいまいなものであるために、違法の実質の内容が不明確である。
> 　法益論的アプローチは、たんなる法益侵害説ではなく、正確には、法益ないし利益衡量説である。法益侵害説は、**構成要件該当性**の段階での**類型化された不法の実質**について語ってはいても、**違法論**における「**違法性**」について語るものではない。利益衡量のうえで法益侵害があっても違法でないとされる場合があるのであるから、それがなぜ違法でないのかも説明しなければならない。このようにして、違法性の段階での**違法の実質**は、その行為がたんに当該の保護された法益の侵害をもたらすというだけではなく、法秩序が保護しようとしている全体的な利益の中で、当該の保護された法益の侵害による不利益を補填する何らの別の利益を生み出さないような法益侵害を生ぜしめることを意味する。

3　客観的違法論と主観的違法論

この両概念の古典的な意味における区別は、**客観的違法論** が、違法とは名宛人のない評価規範に対する違反であって、責任のない者による法益侵害行為も「違法」であるとするのに対して、**主観的違法論** は、違法とは命令規範に反することであるから、命令に従って行為する能力のない者、つまり、責任のない者による法益侵害行為は「違法ではない」とする点にある。今日では、主観的違法論は、その支持者がいないといってよい。

主観的違法論は、19世紀後半から20世紀初頭にかけて、ドイツ刑法学においてアドルフ・メルケル（Adolf Merkel）やホルト・フォン・フェルネック（Alexander Hold von Ferneck, 1875-1955）といった刑法学者によって唱えられた。メルケルによれば、刑法規範は人の責任能力を前提にし、責任能力のある者のみが不法を行いうるのであって、不法と責任を区別することはできない。フェルネックは、法を命令であると解する**命令説**に立って、命令は責任能力ある者に対してのみ向けられ、責任のない者は、命令によって動機づけられないから、名宛人とはならないとした。したがって、彼によっても、不法と責任は一致する。

しかし、その後、1910年代には**客観的違法論**が優勢となる。法は、客観的な社会生活の秩序を規律するものであって、それを乱すものは、その主観を考慮することなく違法であり、したがって、**違法状態を惹起する自然事象も不法をなしうるとする見解**（ナーグラー）が唱えられたのである。1920年代には、メツガー（Edmund Mezger）が、名宛人なき客観的な**評価規範**と、そこから導き出される責任を前提として個々の国民に向けられる主観的な**決定規範**とを区別した。これによって、不法とは評価規範違反であり、責任とは決定規範違反であると解されることになったのである。

わが国においては、昭和初期に、主観主義の刑法学から**主観的違法論**が唱えられた。それによれば、規範とはまず意思に妥当するものであり、それによって行為に妥当する。したがって、意思の違法が根本である。それゆえ、責任能力を欠く者から結果が発生したとしても、それは自然行為から生じたものにすぎない。**違法性と有責性とは同義である**ということになる（宮本77頁以下。なお、竹田直平『法規範とその違反』〔1961〕302頁以下）。

現在では、主観的違法論と客観的違法論の対立は姿を消し、客観的違法論の内部の対立へと変容している。現在、通説というべきは、不法とは、**評価規範違反**を意味するのみではなく、責任能力者にも責任無能力者にも、およそ人間の意思に向けられた命令である**決定規範違反**をも意味すると解する説（結果無価値および行為無価値の**二元論**）である（☞§103, 2 (3)）。ドイツにおいては、さらに、この意味における決定規範違反のみを不法において重要なモメントであるとする少数説（一元的行為無価値論）があり、また、わが国においては、あくまで評価規範違反のみが違法性にとって重要であるとする見解（一元的結果無価値論）が有力に唱えられている。

第1節　違法論の基礎　　§103　行為無価値・結果無価値・危険無価値　　443

§103　行為無価値・結果無価値・危険無価値

【文献】板倉宏「違法性における行為無価値論と結果無価値論」論争刑法19頁、同「結果無価値と犯罪論の主観化」西原古稀1巻201頁、清水一成「行為無価値と結果無価値」基本講座3巻10頁、鈴木茂嗣「行為の目的性・違法性・有責性」法学論叢132巻1＝2＝3号21頁、内藤謙「違法性における行為無価値論と結果無価値論」論争刑法34頁、振津隆行『刑事不法論の研究』（1996）、曲田統「行為無価値論と結果無価値論の止揚のありかた」法学新報110巻9＝10号95頁、松原芳博「人的不法論における行為無価値と結果無価値」早稲田法学78巻3号263頁、増田豊「人格的不法論と責任説の規範論的基礎」法律論叢49巻6号137頁、真鍋毅「行為無価値と結果無価値」現代刑法講座2巻17頁、吉田宣之『違法性の本質と行為無価値』（1992）

1　概念内容
(1)　行為無価値の意義

行為無価値とは、行為者の行為そのものが不法であるという意味であるが、行為には、それにともなう目的性、故意、意図などが含まれる。このような行為無価値論を唱えた目的的行為論の創始者ヴェルツェルによれば、不法とは、行為者の人格から内容的に切り離された結果の惹起（法益侵害）に尽きるものではなく、特定の行為者のしわざとしての行為について問題にされるものである。すなわち、法益の侵害とならんで、行為者が行為する際の**目的・意図・義務**などすべてが行為の不法にとって基準となるのである。違法とは、つねに**特定の行為者に関係する行為の否認**である。不法とは、行為者に関係する**人的行為不法**なのである。

このようにして、行為無価値の概念には、違法性判断の対象には**行為者の主観**である故意などが入るという見解が内在している。つまり、古くは犯罪論において、行為の客観的側面が構成要件ないし違法性に属するとされたのに対して、主観的違法要素の発見の後、主観的要素も違法判断の対象に含まれることが認識されるに至ったが、**行為無価値**（Handlungsunwert）とは、行為の主体である行為者に関係する不法である「**人的不法**」（personales Unrecht）を意味するのである。

(2) 行為無価値の二つの概念要素

このようにして、行為無価値の概念は、①法益侵害の態様、すなわち、行為の何らかの **行為規範違反** の要素と②行為の際の違法事実の認識等の **主観的違法要素** を含む。主観的違法要素の是非については、学説上、激しく争われている[2]（☞§73, 1 (1)）。

私見によれば、前者の行為規範違反の要素は、後に述べる「危険無価値」を意味するときにのみ、刑法上意味をもつ。後者の「主観的違法要素」については、主観は、違法性を根拠づけるのではない。せいぜい「法益侵害の結果発生の客観的危険性」を上昇させることがあるのみである[3]。危険性が高まれば、客観的違法性も重くなることはある。しかし、これは、主観的要素が、直接、違法性を高めたのではなく、それが、客観的危険性を高めたことによって間接的に認められるにすぎない。主観そのものが違法性の有無や加重に影響するという意味での「主観的違法要素」は否定されるべきである。

(3) 結果無価値の意義

これに対して、**結果無価値**（Erfolgsunwert）とは、**法的に否認された事態の惹起** である。つまり、評価規範に反して、あるべきでないとされる「**行為によって実現された外部的事態**」である。もともと刑法は、法益を保護するという機能（保護機能）をもつが、これにかんがみて、評価規範から「保護規範」ないし「保障規範」が導かれるといわれることがある。これは、とくに被害者の側からみて法益が侵害されないことを保障する規範であるといってよい。結果無価値とは、結果犯においては、このような **保護規範に違反すること** を意味するということもできる。

(4) 危険無価値の意義

危険無価値（Gefährlichkeitsunwert, Gefährdungsunwert）の概念は、わが国では普及していない[4]。このような概念を提唱する理由は、行為無価値か結果無価

---

[2] 主観的違法要素については、中義勝「故意の体系的地位」平場還暦〔上〕151頁以下、同『刑法上の諸問題』1頁以下、同「主観的不法要素の全面的否認説について」(1) (2) 法教106号80頁以下・107号96頁以下、中山『刑法の論争問題』(1991) 1頁以下、垣口克彦「主観的違法要素の理論」中古稀91頁以下、木村静子「未遂犯における既遂故意と主観的違法要素」福田=大塚古稀〔上〕105頁以下、曽根・刑事違法論の研究55頁以下、振津・刑事不法論の展開157頁以下、板倉・西原古稀1巻201頁以下等参照。

[3] 中博士は、主観が危険性を高め、法益侵害の危険性が高まれば「より違法性が重い」とされる（平場還暦〔上〕156頁）が、このような間接的な違法性加重機能を認めざるをえないであろう。

値かの対立が、理念型を呈示するには有益であるが、違法観の分析にはイデオロギー的対立を呼び、画一的にすぎるので、より厳密な分析用具を提供しようとするにある。これを具体的に説明しよう。

　結果無価値の概念を厳密にとらえると、結果が生じなかった場合には、結果無価値はないということになる。この場合、上述の意味における行為無価値が残るというのが通説であるが、このような二元論は、排中律的に理解されてはならない。刑法の重要な任務を法益保護と解するかぎり、保護規範違反に対して制裁を科するというのが、刑法の原則である。そうだとすると、結果無価値が違法性の中核であるとする結果無価値論が中心であるという観点が出発点である。その出発点からは、行為規範に対する違反を意味する行為無価値は、それだけでは制裁を科するに値する不法ではない。むしろ、結果発生の客観的な「危険」が生じたことが無価値であるというべきである。このように、結果無価値には至らないが、結果発生の客観的危険が不法にとっては重要な意味をもつ。これを**危険無価値**と呼ぶ。危険無価値の概念は、もちろん、「危険」の捉え方によって、たんなる準抽象的な**危険行為無価値**（Gefährlichkeitsunwert）と具体的危険の発生までを意味する**危険結果無価値**（Gefährdungsunwert）にさらに分析することも可能であろう。

2 結果無価値論か行為無価値論か

　これについては、①一元的結果無価値論と②一元的行為無価値論、それに③結果無価値と行為無価値の併合説（二元的人的不法論）とがある。[5]

(1) 一元的結果無価値論

　これは、わが国においては有力説である。この説は、行為無価値論を否定する。したがって、不法の内容は、客観的な法益侵害を意味し、行為の意図や目的ないし心情、さらに故意・過失などの主観的要素、あるいは行為者の負う義務、行為の態様などは、不法にはいっさい影響しないと解する（瀧川80頁以下、佐伯162頁、平野49頁・212頁、内藤317頁以下、中山225頁以下、曽根86頁以下）。

---

[4] これについては、*Wolter*, Objektive und personale Zurechnung von Verhalten, Gefahr und Verletzung in einem funktionalen Straftatsystem, 1981, S. 75 ff.「危険不法」の概念が用いられている。

[5] この対立状況については、板倉および内藤・論争刑法19頁以下、34頁以下・真鍋・現代刑法講座2巻17頁以下、曽根/川端「行為反価値性と結果反価値性」現代論争〔I〕105頁以下、井田良『目的的行為論と犯罪論』（1995）115頁以下、清水・基本講座3巻19頁以下参照。

この結果無価値論は、未遂の可罰性を説明するには、法益侵害のみならず、法益侵害の「危険」をも、結果無価値の中に含めて結果無価値という用語を用いている。さもなければ、未遂を不可罰としなければならないからである。この説は、また、構成要件・違法性の段階までは、いっさいの主観的要素を考慮すべきではないという主張をともなう。しかし、たんなる主観的構成要件要素としての故意は違法判断に影響しないだけであって、構成要件に属することを認めることができる。また、本来、生じた結果無価値が、行為者のしわざであって、行為と結果とを結びつける客観的帰属の判断において主観が考慮されることがあっても、それは、違法性の問題とは直接関係がない。

一元的結果無価値論への批判としては、それは、政策的主張としては正当な出発点ではあるが、解釈学的には十分な説得力を欠き、現実的な「結果」とは性格の異なる「法益侵害の危険」を安易に結果無価値に位置づけてしまうという点が、理論的には粗雑であるといわざるをえない。

(2) 一元的行為無価値論

この説については、わが国においては支持者は少ない[6]。この説は、不法の根拠を求めるにあたって結果無価値の独立の意義を否定し、禁止規範は、行為のみを禁止の対象としうるという点から出発する。結果は、禁止しえないから、禁止の対象外に属する。しかも、結果の発生は偶然にかかるがゆえに、不法にとっては重要でないといわざるをえない。この説によれば、故意犯における既遂も未遂も原則的には同等に処罰されるべきであり、過失犯においては結果の発生ではなく、注意義務違反が決定的である。しかし、現行法は、既遂・未遂を区別し、過失犯において結果の発生を待って処罰している。そこで、この説は、結果の発生は、犯罪論の外にある「客観的処罰条件」であるにすぎないと解する。

しかし、この説は、刑法の任務につき行為を統制するための行為規範とのみ理解する点で誤りである。この説は、刑法が何のために行為規範を設けているかを説明しようとしないのであって、法益保護こそが刑法の任務であるという出発点を忘れた**過度の「行為規範論」**である。

---

[6] これを採るものとして、増田「刑法規範の論理構造と犯罪論の体系」法律論叢 49 巻 5 号 109 頁以下、同・法律論叢 49 巻 6 号 137 頁以下、同「ギュンター・シュトラーテンヴェルト『刑法における結果無価値の重要性について』」法律論叢 50 巻 1 号 104 頁以下。ドイツでは、ツィーリンスキー（Zielinski）らが、極端な行為無価値論をとる。

(3) 二元的人的不法論

わが国の**通説**は、行為無価値論と結果無価値論の両者をもって不法が根拠づけられるとするいわば**二元的人的不法論**である（団藤135頁〔行為無価値にウェイトが置かれている〕、福田144頁、大塚368頁、中90頁、大谷235頁以下、板倉172頁、川端303頁、野村147頁以下）。事態無価値の惹起によって評価規範に違反することが結果無価値であるが、平均人を名宛人とする命令である決定規範違反が行為無価値である。この両者がそなわって不法が認定されるのが原則であるというのが、この説の基本的考え方である（振津・刑事不法論の研究43頁・65頁以下参照）。ここで行為無価値論は、三つの特徴をもっている。一つは、主観的要素が不法を根拠づけることがあることを承認するということである。もう一つは、行為規範違反のみをもって違法といいうるものとすることである。最後に、この意味の行為規範違反は、平均人でも規範に従いうるのに、当該行為者がそれに従わなかったという点に「規範違反性」を認める点である。

(4) 二元的人的不法論の批判

この二元的人的不法論の意味における行為無価値論を採用することはできない。まず、刑法は、原則として**行為規範違反**のみによって制裁を科するわけではない。それは、**制裁規範**に反することを条件とする。行為規範は、一般的に人に向けられている規範であって、事前予防を目的とする。制裁規範は、行為規範違反があったことを前提として、評価規範違反があった場合にはじめて**事後処理の必要性**から作動する。刑法における不法とは、原則として、このような制裁規範が作動するための条件であり、行為規範違反が直ちに不法なのではないのである。また、行為者の主観がいかなるものであったかは、この意味の不法には直接的には何らの影響も与えない。

過失犯においては、客観的注意義務違反が行為規範に反することであり、行為無価値を意味し、したがって、過失犯においては行為無価値の観点を抜きにしては注意義務違反を理論的に説明することができないというのは、行為無価値論的な過失犯の構想をもとにしているにすぎない。過失犯における客観的注意義務違反とは、違法性に関する問題ではなく、結果の行為への客観的帰属の問題を論じているにすぎない。このように解するとき、従来、違法論の問題とされていたものが、違法判断の対象を画する客観的帰属論の問題にすぎなかったという場合があることが明らかになるであろう。

最後に、平均人・一般人にできることができないという平均からの逸脱が不法の本質ではない。あくまでも、他に優越する価値もなく法的に否認された事態を惹起しあるいはそのような事態の発生する危険を生ぜしめたことが不法の本質である。

3 結果無価値と危険無価値

このようにして、一元的結果無価値論も一元的行為無価値論も、また行為無価値と結果無価値の二元論も不十分であった。むしろ、行為無価値の概念は、制裁規範の作動の前提要件としての犯罪論における不法の構成要素としては、これを放逐するのがよいと思われる。しかし、厳密な意味における結果無価値の概念のみでは、可罰性の前提をすべて説明することはできない。結果が発生した場合については、結果が行為に客観的に帰属できる場合には、結果無価値によって不法を根拠づけることができる。しかし、未遂犯においては、結果発生の「具体的な危険」が不法を根拠づけるのである。

可罰性の前提としての不法は、結果無価値からのみならず、「危険」の存在からも根拠づけられなければならない。このような危険無価値の概念に独立した意義をもたせるべきである。その際、行為者の義務違反性や故意、心情は、その「危険」の認定にはいっさい影響しない。結果の発生に対する**現実的で客観的な危険性**のみが、**危険無価値の判断基準**である。評価規範は、現実に法益が侵害された場合のみではなく、その侵害の危険が発生したときに違反されるのである。

この意味で、不法とは、命令規範違反ないし決定規範違反ではなく、あくまでも**評価規範違反**であると解すべきである。それでは、人間の行為から独立した純粋な自然事象やあるいは動物の惹起した結果に対しても、違法評価が下され、評価規範違反とされるべきなのであろうか。すなわち、「違法状態」は認められるのであろうか。通常は、構成要件該当行為のみが違法性判断の対象であるから、自然事象や動物の行動が違法性判断の対象になることはない。しかし、例えば、他人の飼い犬によって被害を受ける危険にさらされた人が、この侵害を避けるためにこの犬に対して正当防衛しうるかが問われるとき、この犬による攻撃も違法とみなして差し支えないであろう（☞§110, 1 (2)・(3)）。

§104　可罰的違法性論

> **【文献】**生田勝義「可罰的違法性」基本講座3巻35頁（『行為原理と刑事違法論』〔2002〕299頁以下所収）、同「可罰的違法性と社会的相当性」現代刑法講座2巻33頁、井上祐司『争議行為と可罰的違法性』（1973）、京藤哲久「法秩序の統一性と違法判断の相対性」平野古稀〔上〕187頁、曽根威彦「違法の統一性と相対性」香川古稀121頁（『刑事違法論の研究』〔1998〕所収）、林幹人「可罰的違法性と法秩序の統一性」刑法の基礎理論（1995）37頁、平野龍一『犯罪論の諸問題〔上〕』（1981）43頁、藤木英雄『可罰的違法性の理論』（1967）、同『可罰的違法性』（1975）、前田雅英『可罰的違法性論の研究』（1982）、同「微罪処分と刑法解釈」松尾古稀〔上〕179頁

1　可罰的違法性の理論
(1)　可罰的違法性論の意義

可罰的違法性とは、行為の違法性が、刑罰という強力な対策を必要とし、かつまたそれに適するような質と量をもっているということである（佐伯・違法性の理論16頁）。可罰的違法性論は、①**実質的違法性の概念**と、②**不法とは段階づけ可能な程度概念である**という見解から発展したものであるが、それに加えるに、刑罰効果の観点から、③**謙抑主義的な刑罰観**にもとづいて違法行為に対する処罰の必要性を考慮した目的論的な概念である。

要件を前提として効果が発生するというのが、一般的な法律学の思考法であるが、効果を考慮しつつ要件にそれを反映させることも、犯罪処理にとって重要な観点である。「法官は些事を採り上げず」（De minimis non curat praetor）という法諺はローマ法以来のものであるが、この系譜に属する可罰的違法性論は、わが国では、**刑法の謙抑主義**を強調した宮本英脩によって昭和2年に提唱され（宮本「規範的評価と可罰的評価」牧野還暦11頁）、佐伯千仭によって発展させられた（佐伯・違法性の理論1頁以下・16頁以下）後、藤木英雄により刑法の中心的カテゴリーにまで高められた。

可罰的違法性論の実質的意義は、たんに被害が軽微であるという理由で不処罰とするところにあるのではなく、むしろ、正当化事由が問題となる利益衝

---

[7] 龍岡資久「刑法からみた〈De minimis non curat praetor〉（「法官は些事を取り上げず」）の原則――刑法における謙抑の思想序説」佐伯還暦〔上〕103頁以下。

突が発生している葛藤状況の局面において権利行使に軽微な行き過ぎがあった場合、あるいは、複数の法域における規範的評価に相違がみられる場合にその評価矛盾を解決するために役立てられるという点にある。

(2) 可罰的違法性論の適用の次元

可罰的違法性の理論は、従来、①構成要件形成（立法論）、②構成要件解釈および③可罰的違法阻却の三つの次元で論じられてきた。

(a) 構成要件形成 構成要件（犯罪類型）を形成する際に、立法者は、とくに重大で刑罰という強力な対策を用いる必要があり、かつそれが適切であるものを採り上げる。構成要件は、この意味では、**可罰的違法行為を類型化したもの**である。例えば、近親相姦や姦通は、刑罰をもって犯罪とされるべき可罰的違法行為の類型とするには不十分である。このような構成要件形成の段階における可罰的違法性の判断は、立法論の背景となっている政策的価値判断であるといえよう。

(b) 構成要件解釈 このように構成要件が**可罰的違法行為類型**だとすると、**構成要件の解釈**において、可罰的違法性を欠くために可罰的違法行為類型（構成

```
可罰的違法性論の体系
├─ 構成要件形成の次元（構成要件形成の背景となる可罰的評価）
├─ 構成要件解釈の次元
│       ├─ 可罰的違法構成要件要素の類型
│       └─ 構成要件要素解釈の可罰的限定の類型
└─ 可罰的違法阻却事由の次元
        ├─ 不法の量的・質的軽微性の類型
        │  （1 不法の量的軽微性　2 不法の質的軽微性）
        ├─ 憲法上の権利行使に付随する軽微な過剰の類型
        └─ 規範的評価の質的相違の類型
                ├─ 判断対象の射程相違の事例群
                └─ 法秩序の評価矛盾の事例群
                        ├─ 他の法令に正当化事由が存在する場合
                        ├─ 刑法上、正当化事由が存在する場合
                        └─ 他の法令上、刑事制裁が放棄されている場合
```

要件）にあたらない場合が認められる。ここでは、可罰的違法性は、構成要件の解釈の指導原理となっている。学説においては、構成要件に該当するような外観をそなえている行為であっても、「その行為がその犯罪類型において処罰に値すると予想している程度の実質的違法性をそなえていないときは、定型性を欠き、犯罪構成要件にあたらない」とし、可罰的違法性の理論をもって、もっぱら構成要件該当性の問題として位置づける見解（藤木・可罰的違法性の理論3頁以下）が有力に唱えられたことに注意しなければならない。

ここでは、**三つの構成要件の限定方法**がありうる。第1は、「暴行」「傷害」「財物」などの構成要件要素の解釈において**軽微な法益侵害の場合を排除する**という方法である。第2は、構成要件要素として特殊なとくに強度の違法性を要求する文言を明記している構成要件ないし法秩序全体の観点から、**構成要件を限定的に解釈することが要請されているような構成要件**について、可罰的違法性の観点から構成要件該当性を否定する場合である（可罰的違法要素を含む構成要件の類型）。例えば、「みだりに」という（全体的行為評価）構成要件要素は、とくに高い可罰的違法性を要求するいわば**可罰的違法要素**である。したがって、これに至らない行為は可罰的違法性を欠き、構成要件該当性が阻却される。これについては、なお後述する。第3は、構成要件該当性に関する全体的判断として、可罰的違法性の判断を採り入れる方法である。この考え方は、いわば旧社会主義国で用いられた「社会的危険性」の概念のように、**構成要件該当性の一般的限定原理**として機能させるものである。しかし、このような機能を認めることは構成要件の形式的明確性に反するであろう。

(c) 可罰的違法阻却　さらに、構成要件には該当するが、可罰的違法性を阻却する場合も認められる。それは、違法論の段階で、正当化事由とならんで**可罰的違法阻却事由**として位置づけられる。

2 可罰的違法性の諸類型

これら三つの次元の問題のうち、ここで詳しく採り上げるのは、(c)の可罰的違法阻却事由としての可罰的違法性の問題である。

(1) 可罰的違法性と違法観

可罰的違法性の理論と、行為無価値・結果無価値の理論とは理論的に必然的な関係はない。しかし、従来から、いわゆる可罰的違法性の「量」の問題、ここでいうところの「**不法の絶対的軽微性の類型**」の問題について、その「不法」を①**法益侵害**の観点のみからみるか、それとも②**社会的相当性からの逸脱**の観点を含めるかについて、見解の対立がある。

一方では、違法論につき、「法秩序が保護するところの価値、すなわち

『法益』を『侵害』または『脅威』するが故に、違法とされる」のだとする見解を基礎に、**被害法益の大小軽重**を基準として、被害法益が軽微な場合に可罰的違法性を欠くものとする（佐伯・違法性の理論392頁、中山・概説〔Ⅰ〕82頁、内藤654頁）。

これに対して、他方の見解は、被害法益の軽微性のみならず、**行為の相当性**をも総合して、可罰的違法性を判断し、それがない場合には構成要件該当性を阻却するものとする。この理論では、行為の目的、主観的違法要素、その行為態様に対する倫理的判断なども考慮に入れられる（藤木・可罰的違法性の理論39頁）。とくに、処罰に値しない程度に違法性が減少したか否かの判断基準としては、「当該行為の具体的状況その他諸般の事情を考慮に入れ、それが法秩序全体の見地から許容されるべきものであるか否か」という抽象的な基準を具体化して、可罰的違法性が認められる具体的要件として、「**目的の正当性、手段の相当性、法益の衡量、**（相対的）**軽微性、必要性・緊急性**」を挙げる見解（前田330頁）がある。

(2) 可罰的違法要素を含む構成要件の阻却の類型

これは、構成要件要素が、可罰的違法性によって限定されている場合に、可罰的違法性が欠けると、構成要件が阻却されるとするものである。これには、構成要件要素そのものが、可罰的違法性の存在を意味しているものと、解釈上、可罰的違法性の意味を含むと解すべきものとがある。

(a) 可罰的違法構成要件要素の類型 まず、「みだりに」という**全体的行為評価構成要件要素**について、これを検討しよう。軽犯罪法1条33号は、「みだりに他人の家屋その他の工作物にはり札をし」た者、その他を処罰している。この「みだりに」は、一定程度の違法性のあることを意味すると解されている。[8] ある人が、管理者の許可を得ずに駅のホーム外側の壁に「三矢作戦反対」等と印刷したビラ一枚を貼付した事案につき、この軽犯罪法1条33号にあたるかが問題となった。判例は、「みだりに」の要件が充足されるのは、管理者の許可を得ないというだけの場合ではなく、それに加えて「社会通念上（若しくは法感情上）是認しうるような理由が存在しないこと」を要するとする。判例は、これにつき、本件のビラ張りによって生じた公共の法益の侵害度は、考えられる限りにおいて最低であったとし、大きな公共の福祉に貢献するための表現の自由が、これと比較にならぬほどの微小な公共の福祉をわずかに傷つけるからといって、これをもって表現の自由を濫用したものであるとすることはできないとする（大森簡

---

[8] これは、全体的行為評価構成要件要素（☞§72, 1）の一種である。

判昭42・3・31判時478・49)。結論としては、「みだりに」という構成要件にも該当しないというのである。

(b) 可罰的違法行為への構成要件の解釈上の限定の類型　さらに、構成要件の解釈上、一定程度の違法性の強さをもつ行為のみを禁止・処罰していると解される場合の例を挙げよう。例えば、地方公務員法37条1項は、地方公務員の「争議行為」およびその「あおり行為」を禁止している。同法61条4号は、争議行為の「あおり行為」等について処罰する規定である。しかし、争議行為そのものは禁止されてはいても、処罰の対象となっている行為ではないのであるから、そのような行為をあおった場合に直ちに処罰の対象となるというのでは、争議行為に通常随伴して行われる行為も処罰の対象とされてしまう恐れがある。そこで、判例は、地公法61条4号は、「争議行為自体が違法性の強いものであることを前提とし、そのような違法な争議行為等のあおり行為等であってはじめて、刑事罰をもってのぞむ違法性を認めようとする趣旨と解すべき」(都教組事件=最大判昭44・4・2刑集23・5・305) とした。のみならず、あおり行為等にもさまざまのものがありうるとし、したがって、「一律にあおり行為等を刑事罰をもってのぞむ違法性があるものと断定することは許されない」とした。このような争議行為自体の違法性とあおり行為の違法性の二重の限定を行う見地を二重しぼり論というが、これは、「あおり行為」の構成要件を二重の意味で可罰的違法性のある場合に限定し、そのような可罰的違法性が認められない場合には、構成要件に該当しないとするものである。

(3) 可罰的違法性阻却事由の諸類型
　実質的違法は存在するにもかかわらず、刑法に特殊な可罰的違法性を阻却するのが、可罰的違法性阻却事由である。可罰的違法性が阻却される事例群は、次の三つの類型に区別することができる。

　①不法の量的・質的軽微性の類型　これは、不法の極めて軽微な場合である。この不法の量的・質的軽微性の類型は、さらに二つの場合に分かれる。まず、構成要件においてはその該当性を否定できないが、違法性が極めて軽微な場合には、可罰的違法性を阻却するというべきである(**不法の量的絶対的軽微性**)。例えば、散歩の際に隣家の生垣の花一輪を摘み取った場合がその例である。さらに、不法が相対的に軽微であるが、他の利益を優先させるために刑罰による処罰が合理的でも必要でもない場合である(**不法の質的相対的軽微性**)。例えば、夫婦喧嘩で妻が夫を軽く殴ったとしても、処罰に値する違法性はなく、暴行罪の可罰的違法性が阻却されるというべきである。

　②憲法上の権利行使に付随する軽微な過剰の類型　これは、基本的人権や

権利の行使に際して、軽微な行き過ぎがあり、適法とはいえないが、刑事罰によってその不法に対する事後処理をすることが謙抑されるべき場合である。例えば、団体交渉の際に、相手方のネクタイを2、3度軽く引っ張った場合などがその例である。

③規範的評価の質的相違の類型　当該行為が他の法領域における禁止規範に違反するため、全法秩序の観点からは違法といわざるをえないが、刑法の保護目的に照らして違法行為として禁止する必要性のない場合である。例えば、無免許医師が、みごとな手術によって患者の命を救った場合、傷害罪について可罰的違法性が阻却されるものというべきである。以上のような三つの類型について詳述しよう。

(a)　不法の量的・質的軽微性の類型
（ⅰ）　不法の量的軽微性の事例　違法行為および法益侵害の程度が極めて軽微であることによって、違法ではあるが、刑罰を科するに値するほどの不法とはいえないような類型がこれである。

その例として、大審院の**一厘事件判決**（大判明43・10・11刑録16・1620）がある。この事件では、煙草耕作者が、政府に納入すべき葉煙草7分（約3グラム）、価格にして一厘のものを手きざみにして消費したことが、当時の煙草専売法48条1項（不納付罪）に違反するかが争われた。これについて、大審院は、原審の判断を覆して無罪を言い渡した。大審院によれば、刑罰の制裁のもとに法律の保護を要求すべき法益の侵害と認めない以上、これに臨むに刑罰法をもってし、刑罰の制裁を加える必要はなく、共同生活に危害を及ぼさない零細な反法行為を不問に付するのは、「立法の精神」に適し、「解釈法の原理」に合するものであるというのである。

　戦後においても、煙草の小売人の指定を受けていない不便な場所にある旅館の主人が、宿泊客のために買置きしておいた煙草を代金と引き換えに客に渡していたという事件について、そのような行為は、「社会共同生活の上において許容さるべきものと認められる」として、**煙草専売法違反**（煙草販売罪・同販売準備罪）の成立を否定した**最高裁判決**（長沼温泉事件＝最判昭32・3・28刑集11・3・1275）がある。「販売」ないし「販売の準備」にあたらないとした点が、構成要件該当性を否定したものか、これを肯定したうえで、可罰的違法性を否定したのかは明らかではないが、おそらくは前者であろう。

　しかし、**最近の判例**においては、電話の受信側の電話回線に取り付けると発信側の通話料金の計算が不可能になる**マジックホン**という電気機器を社内の電話機に取り付

け、社員に命じて公衆電話からその電話機に通話させたところ、公衆電話に投入した10円硬貨が戻ってきたという事案に、偽計業務妨害罪（233条）および有線電気通信法（旧）21条の有線電気通信妨害罪が成立するとし、第1審が、可罰的違法性を否定したのに対し、第2審が、これらの罪は「危険犯」であるから現に業務等が妨害される必要がなく、これらの罪は成立するとしたのを受けて、「行為の違法性が否定されるものではない」として結論を是認した**最高裁判例**（最決昭61・6・24刑集40・4・292＝**百選17**）がある。この判例の事案については、「妨害」行為があったかどうかという構成要件該当性の問題であると思われるが、その指導思想は、可罰的違法性の観点であるといえよう。**最近の下級審の判例**には、寺の賽銭箱から**現金2円を盗んだ事案**につき、「被害金額のみを捉えて法益侵害の程度及び行為の持つその危険性を軽視することはできない」とし、「本件犯行は、その動機、態様、被害の程度等に照らしても、法秩序全体から見て刑罰をもって臨むほどの違法性がないとは到底言え」ないと判示したものがある（神戸地判平18・3・14LEX/DB）。

このように、不法の量的軽微性の判断は、構成要件要素の解釈において該当性が否定しえない場合に、可罰的違法阻却という制度に依拠する必要が生じるといえる。被害の軽微性がもっとも重要な判断基準であるが、「危険犯」の場合のように、行為自体の危険の軽微性も基準となりうる。

（ⅱ）　**不法の質的軽微性の事例**　　ここでいう質的軽微性とは、被害法益がたんに量的に軽微であるというだけではなく、刑罰制度の目的に照らして刑罰という制裁手段によってのぞむにふさわしい質をそなえた違法性が欠ける場合をいう。これは、近親相姦や姦通のように犯罪化にふさわしい違法性の質をそなえているかどうかという**立法論段階の問題**（佐伯・違法性の理論20頁参照）として現れるのみではなく、犯罪とされている行為であっても、刑事制裁による紛争解決にふさわしい質的可罰性をそなえない行為とされる場合がありうる。

　　例えば、夫婦喧嘩の際に、相手を殴打し、軽微な傷害を負わせたといった事例については、「特に強暴な暴力に基くものでなく、夫婦関係の破壊を伴わない限り、明らかに刑法によってこれを処罰するだけの必要も価値も認められず、かえってその処罰により他の弊害をもたらす恐れがある」（大阪地判昭37・12・24判時326・14）がゆえに、可罰的違法性が阻却されるものというべきである。そのほかにも、同居の子が母親の顔面を手で殴打した事案に対して、「法律は家に入らず」の思想から、刑法の保護を要求する価値ある法益の侵害があったとはいえず、違法性を阻却するとした判例がある（横浜地判昭37・5・7下刑集4・5＝6・407）。その乱暴によって家庭の平和などを少しも破綻させておらず、また、親族共同体の維持にも危険がないというのである。この場合、違法性を阻却するのではなく、**刑事法による紛争解決に値しない**がゆえに、可罰的違法性を阻却するというべきであろう。

最近の最高裁の決定（最決平17・12・6刑集59・10・1901＝**百選Ⅱ・12**）は、未成年者略取罪に関して、実質的違法性の判断を行ったが、それは可罰的違法性の判断において行われるべきである。

　被告人は、別居中の妻であるBが養育している長男C（当時2歳）を連れ去ることを企て、歩道上において、Bの母であるDに連れられて帰宅しようとしていたCを抱きかかえて、駐車中の普通乗用自動車にCを同乗させたうえ、Cを連れ去り、自分の支配下に置いた。Bは、被告人を相手方として、夫婦関係調整の調停や離婚訴訟を提起し、係争中であったが、本件当時、Cに対する被告人の親権ないし監護権について、これを制約するような法的処分は行われていなかった。

　最高裁は、未成年者略取罪の構成要件該当性を肯定した後、「被告人が親権者の1人であることは、その行為の違法性が例外的に阻却されるかどうかの判断において考慮されるべき事情であると解される（最決平15・3・18刑集57・3・371参照）」としつつ、「本件において、被告人は、離婚係争中の他方親権者であるBの下からCを奪取して自分の手元に置こうとしたものであって、そのような行動に出ることにつき、Cの監護養育上それが現に必要とされるような特段の事情は認められないから、その行為は、親権者によるものであるとしても、正当なものということはできない」。また、行為態様、幼児の年齢、略取後の看護養育の確たる見通しがない等の事情から、「家族間における行為として社会通念上許容され得る枠内にとどまるものと評することもできない」とし、本件行為につき、違法性が阻却されるべき事情は認められないとする。

　これに対しては、**滝井繁男裁判官の反対意見**がある。それによると、「それが親子の情愛に起因するものであってその手段・方法が法秩序全体の精神からみて社会観念上是認されるべきものである限りは、**社会的相当行為として実質的違法性を欠く**とみるべきであって、親権者の1人が現実に監護していない我が子を自分の支配の下に置こうとすることに略取誘拐罪を適用して**国が介入することは格別慎重でなければならない**」。「そのような行為も親権の行使と見られるものである限り、仮に一時的に見れば、多少行き過ぎと見られる一面があるものであっても、それはその後の手続において子に対する関係では修復される可能性もあるのであるから、その行為をどのように評価するかは子の福祉の観点から見る家庭裁判所の判断にゆだねるべきであって、その領域に**刑事手続が踏み込むことは謙抑的でなければならない**」。そこで、「被告人の本件連れ出しは**社会的相当性の範囲内**にあると認められ、その違法性が阻却されると解すべきものである」という。

　しかし、反対意見が「社会的相当性」という正当化事由に「刑事法の謙抑性」の思想を含めることは、正当化事由と可罰的違法性の思想を混同するものである。ここでは、まさしく、国家が刑事法を手段として処罰することが妥当かどうかの判断において、当該行為が**不法の質的可罰性**を備えないことを理由に可罰的違法性が否定されるべきなのである。ただし、個別本件につ

いては、家庭裁判所制度の機能不全や養育上緊急に子どもを手元に置くべき特段の事情は認められず、可罰的違法性の不存在を根拠づけることは困難な事案であったと思われる。

(b) 憲法上の権利行使に付随する軽微な過剰の類型　表現の自由や団体交渉権など憲法上の権利を行使するに際して、あるいは、相手側の、団結権などの基本権の侵害に対して抗議行動を行うに際して、器物損壊罪（261条）や暴行罪（208条）あるいは逮捕監禁罪（220条）などの刑法上の構成要件に該当する行為が行われることがある。その行為が憲法上の権利の行使を妨げようとする行為に対する正当防衛行為や緊急避難行為にあたるかぎりでは、違法性が阻却される。また、超法規的違法阻却事由の概念を認め、それを肯定するために必要な、目的の正当性や法益の均衡、ないし補充性の要件を充足するかぎりでも、違法性が阻却される。しかし、正当防衛の要件も緊急避難の要件も充足せず、また超法規的違法阻却事由の上述のような要件を具備せず、違法性が肯定される場合であっても、利益衝突状態において構成要件該当行為が行われたが、それが**憲法上の権利行使に付随する被害の軽微な行為**である場合、可罰的違法性が阻却されるものとすべきである。

　このような可罰的違法性の適用領域に属する例として、**大阪学芸大学事件判決**（大阪高判昭41・5・19下刑集8・5・686）を挙げておく。事案は、次のようなものであった。学芸大学の学生達が、警備警察活動の一環として自治会活動の状況を把握すべく情報収集の意図で同女子学生に接近して、交際を始めていた巡査に、路上で、弁明を求めて同大学天王寺分校まで同行を要請し、同巡査がこれを拒否したにもかかわらず、他の学生数名と共同して同巡査の胸ぐらを掴み、両腕をとり、肩を押す等の暴行を加えて約100メートル離れた分校内に引きずり込んだ行為が、暴力行為等処罰に関する法律第1条に該当するとされた。第1審は、これにつき、「超法規的違法阻却事由」を認めて無罪を言い渡した。本判決は、これを否定し、次のように判示した。「本件において学生達がA巡査を大学内へ強制的に連行するために施用した有形力の行使は、きわめて短時間かつ短距離の範囲であり、殴る蹴る等の悪質苛酷な暴力は全く行使せず連行に必要な最小限度の腕をかかえ引張り、或は後ろから押す等の程度に止まっていて法益侵害の程度はきわめて軽微である」。これらの点を総合すると、「本件暴力行為は可罰的評価に値するほどのものとは認められず、これを不問に附し犯罪としての処罰の対象としないことがむしろわが国の全法律秩序の観点からして合理的であると考えられ」るとする。[9]

---

[9] この決定の検察官による上告の棄却決定では、「所論にかんがみ職権で調査するも、いまだ刑訴法411条を適用すべきものとは認められない」とする（最決昭48・3・20判時701・205）が、これは必ずしも控訴審の見解をそのまま是認したものではないと解されている。

さらに、憲法上の権利行使に付随する軽微な過剰の事例として、自衛隊のイラク派遣に反対するビラを配るために自衛隊の宿舎の敷地内に侵入した事案に可罰的違法性なしとした判例（**防衛庁宿舎侵入事件**＝東京地八王子支判平 16・12・16 判時 1892・150）がある。事案は以下の如くである。

  被告人A、BおよびCは、「自衛隊のイラク派兵反対！」などと記載したビラを防衛庁宿舎各室玄関ドア新聞受けに投函する目的で、管理者および居住者の承諾を得ないで、午前 11 時頃から、陸上自衛隊T駐屯地業務隊長Dらが管理し、Eらが居住するT宿舎の敷地に立ち入ったうえ、同宿舎の 3 号棟東側階段等に立ち入り、さらに 7 号棟西側階段の各階段 1 階出入口から 4 階の各室玄関前まで立ち入った。

この事案に対し、**八王子支部の判断**は、構成要件には該当するが、可罰的違法性を欠くというものであった。まず、「一般に、社会通念上の違法有責行為類型たる構成要件に該当する行為は、それ自体、違法性の存在が推定されるというべきである。しかし、構成要件に該当する行為であっても、その行為に至る動機の正当性、行為態様の相当性、結果として生じた被害の程度等諸般の事情を考慮し、法秩序全体の見地からして、**刑事罰に処するに値する程度の違法性**を備えるに至っておらず、犯罪が成立しないものもあり得るというべきである」とする。そして、「被告人らが同宿舎に立ち入ったことにより生じた居住者及び管理者の法益の侵害は極めて軽微なもの」であるとし、さらに、「被告人らによるビラの投函自体は、**憲法 21 条 1 項の保障する政治的表現活動**の一態様であり、民主主義社会の根幹を成すものとして、同法 22 条 1 項により保障されると解される営業活動の一類型である商業的宣伝ビラの投函に比して、いわゆる優越的地位が認められている。そして、T宿舎への商業的宣伝ビラの投函に伴う立ち入り行為が何ら刑事責任を問われずに放置されていることに照らすと、被告人らの各立ち入り行為につき、従前長きにわたり同種の行為を不問に付してきた経緯がありながら、防衛庁ないし自衛隊又は警察からFに対する正式な抗議や警告といった事前連絡なしに、いきなり検挙して刑事責任を問うことは、憲法 21 条 1 項の趣旨に照らして疑問の余地なしとしない」と判示した。しかし、この判決は、平成 17 年 12 月 9 日の**東京高裁判決**により破棄され、住居侵入罪が肯定された（東京高判平 17・12・9 判時 1949・169）。

上告審（最判平 20・4・11 刑集 62・5・1217）でも、まず、「法益侵害の程度が**極めて軽微なものであったなどということもできない**」とし、次に、憲法 21 条

1項違反の点につき、「たとえ表現の自由の行使のためとはいっても，このような場所に管理権者の意思に反して立ち入ることは，管理権者の管理権を侵害するのみならず，そこで私的生活を営む者の私生活の平穏を侵害するものといわざるを得ない。したがって，本件被告人らの行為をもって刑法130条前段の罪に問うことは，憲法21条1項に違反するものではない」と判示した。

　この点で、憲法上の権利の行使として行われる行為に随伴して行われる行為について、どのように判断すべきかが問題である。まず、禁止された随伴行為は、「正当化」されるものではない。最高裁は、争議行為の際に、立ち入りが禁止されている信号所に立ち入った行為につき、「勤労者の組織的集団行動としての争議行為に際して行われた犯罪構成要件該当行為について刑法上の違法阻却事由の有無を判断するにあたっては、その行為が争議行為に際して行われたものであるという事実をも含めて、当該行為の具体的状況その他諸般の事情を考慮に入れ、それが**法秩序全体の見地から許容されるべきものであるか否かを判定しなければならない**」とし、「刑法上違法性を欠くものでない」とした（前掲最大判昭48・4・25＝百選16）。この論理は、全法秩序の立場からの可罰的違法性の判断を主張するようにもみえ、理論的には明確ではない。可罰的違法性の判断においては、法秩序全体の見地から許容されなくても、刑事罰を与える程度の違法性があるかどうかを判断すべきである。その際、ここで分析した類型にあてはまるには、「軽微な過剰」といえるかどうかが重要である。本件では、信号所は「列車の正常かつ安全な運行を確保するうえで極めて重要な施設である」とするが、争議行為の目的達成のために信号所への立ち入りがどの程度必要であったのかを考慮して判断されるべきであろう。

　一般的に、違法性が完全に阻却されず、違法性が残る場合でも、それが可罰的な程度に達しなければ犯罪が成立しないとして、不完全な違法阻却の場合にも可罰的違法性阻却を肯定する見解（中山・概説〔Ⅰ〕90頁、佐伯221頁）があるが、絶対的軽微性の場合でなく、緊急行為において正当化されない行為は、過剰行為であって、可罰的違法性阻却事由とすることはできない。[10] むしろ、後述するように、**可罰的責任減少事由**である。

---

[10] これに関連して、緊急避難において同価値の法益が衝突する場合には、可罰的違法性が欠けるという見解（吉川147頁・149頁、大塚401頁）がある（☞§114, 1（3））が、これは、ここで挙げた類型にはあたらない。なぜなら、緊急避難行為は、**憲法上保障された権利行為ではなく**、優越的利益の原則から正当化されない同価値の法益の衝突の場合に過剰の程度が軽微であるというだけであって、**権利の行使に付随する過剰とは性質を異にする**からである。この場合に、可罰的違法性を阻却するとすれば、過剰避難には、可罰的違法性が阻却される場合を認めることになる。しかし、過剰避難は、「情状によりその刑を減軽し、又は免除することができる」にすぎないのであって、犯罪不成立とするわけではないのである。

(c) 規範的評価の質的相違の類型　これは、刑法以外の法領域（民法・公法）において違法とされている行為は、全法秩序の観点からすれば、刑法上も違法であるが（**違法の統一性**）、可罰的違法性なしとされる場合があるということを意味する。

この問題の前提問題をまず論じておこう。

（ⅰ）　前提問題としての法秩序の矛盾　違法性の統一性と違法性の相対性とが対概念である。**違法性の統一性**とは、ある行為が違法かどうかは全法秩序に照らして統一的に決定されるべきであって、公法上は違法であるが、民法上は適法であるといったように各法領域において異なって判断されることはないという考え方である。これに対して、**違法性の相対性**とは、一つの行為が、各法領域において、あるいは、行為者に応じて違法であったり適法であったりしうることを認める考え方である。[11] 刑法において違法かどうかを判断するに際しては、刑法以外の法領域における価値をも考慮する必要があり、また、各法領域によって判断がばらばらであるとすると、国家の法秩序の内部で評価が矛盾することを認めることになり、法秩序の統一性を保てないので、原則として、「違法性の統一性」が確保されなければならない。[12]

（ⅱ）　判断対象の射程の相違の事例群　しかし、刑法上の違法性判断は、たんに一定の作為・不作為を禁止している形式犯を除いては、**結果ないし危険を発生させる行為**に対してなされるものである。これに対して、行政法上の禁止ないし私法上の禁止が、たんなる当該**行為**を禁止している場合、両者の**違法性判断の対象の射程**には差異があることになる。例えば、医師法において医師でない者の治療行為が禁止されているとき、医師法の射程は、「行為」そのものであるのに対して、その医師の成功した手術が刑法上の傷害罪にあたるかどうかを問うとき、刑法上の傷害罪は、「傷害行為」、つまり「身体の生理的機能ないし完全性」という保護法益を侵害する行為に及んでいる。このような射程の相違にもかかわらず、医師法上違法な手術は、刑法上も傷害罪として違法であるということになるのであろうか。このような場

---

[11] 法秩序の統一性と違法性は統一的か相対的かについて、詳しくは、前田・可罰的違法性論、京藤・平野古稀〔上〕193頁以下参照。藤木・可罰的違法性の理論30頁がすでに明白に違法の相対性を説いたが、前田・可罰的違法性論、京藤・平野古稀〔上〕ともに違法の相対性を主張する。京藤・平野古稀〔上〕218頁は、「違法判断の統一性論は、かえって法秩序の目的論的統一性の要請に反する」とする。

[12] 佐伯176頁、同・違法性の理論12頁参照。いわば「やわらかな違法一元論」である。

合、一般に、違法性判断は統一的でなければならないのかどうかがここで問題となる。

たしかに違法性判断の対象の射程が、**行為**そのものか、それとも**行為および結果**を含めた全体かに応じて、違法性判断が異なりうることを認めるのが論理的であるともいえる。その意味で、違法の相対性は、ここでは、**判断対象の相違**を根拠にするともいえよう。しかし、判断の対象として共通する「行為」について違法評価の相対性を認めることはやはり法秩序の統一性に矛盾する印象を免れない。

そこで、違法性の統一性を原則としながら、全法秩序の観点から「違法」ではあっても、**刑法上処罰に値する違法性**がないという形で、行為者の個別事情によるのではなく、法秩序の評価に衝突・矛盾がある具体的事情のもとで、処理すべき方策が考慮されている。これが**可罰的違法性**の重要な適用領域である。

(iii) 法秩序の評価矛盾の諸事例群

(ア) **他の法令における正当化事由の存在** 刑法以外の刑罰法規において正当化事由が存在する場合には、刑法上も正当化される。刑法35条は、**法令行為**を正当化事由とするのであるから、他の法令に明文の正当化規定がある場合、法令行為として正当化される。例えば、刑事訴訟法に規定された逮捕状にもとづく逮捕（刑訴法199条）の場合がその例である。

(イ) **刑法上の正当化事由の存在** それでは、他の刑罰法令に正当化事由が存在しないが、刑法には存在する場合には、刑法上正当化されるのであろうか。刑法8条において、総則は他の刑罰法令にも適用されるから、正当化されるようにも思われる。しかし、可罰的違法性を阻却するにすぎない。

> 例を挙げると、先に掲げた医師法違反と傷害罪の事例を修正して、手術を行った無免許医が、患者の生命を助けるために緊急避難的に手術を施した場合には、医師法違反は、正当化されるのであろうか。この場合、医師法違反という形式犯ないし抽象的危険犯に対立しているのは、生命の侵害であり、利益衡量の観点からは、医師法違反は、緊急避難として正当化されるべき事案とみることができる。しかし、医師法上の違法は、違法の相対性を認めないかぎり正当化できない。したがって、刑法上の緊急避難は、可罰的違法性を阻却するにすぎないということになる。
>
> 刑罰法規以外の例を挙げると、**民法上**は、「他人の物から生じた急迫の危難を避けるためその物を損傷した場合」（720条2項）を**緊急避難**とし、民法上の正当防衛は「他人の不法行為」に対して行われることを要する（同条1項）から、「他人」の「適

法行為」によって緊急状況におかれた場合に、正当防衛とすることもできない。したがって、他人の適法行為による攻撃に対する行為については民法上は正当化事由が存在しないということができる。この場合においても、刑法上は優越的利益の原則によれば、緊急避難として正当化することが可能となるが、民法上違法であるとすれば、たんに可罰的違法性を阻却するものというべきである（☞§114，1（4））。

（ウ）　他の法令における刑事制裁の放棄　　刑法上正当化事由が存在せず、民法や公法などの他の法領域においても禁止された行為であって、刑法上構成要件に該当する行為は、あらゆる場合に、刑法上も違法である。しかし、刑罰制裁を放棄している禁止規範の目的を考慮して、刑法上は可罰的違法性が阻却される場合がある。

　判例から例を挙げよう。**公共企業体等労働関係法**（公労法・現在の特定独立行政法人等の労働関係に関する法律）17条1項は、争議行為を禁止しているが、罰則を設けているわけではない。しかし、**郵便法79条1項前段**は、「郵便の業務に従事する者が殊更に郵便の取扱を」しないとき処罰する規定を置く。全逓労組の役員が、争議行為として、多数の郵便物取扱従業員に対して職場離脱による郵便物不取扱を教唆して、郵便物の取扱をさせなかった。争議行為としての罷業または怠業は、郵便物の取扱をしないという形で行われるのであるから、これについて郵便法79条1項前段による処罰を認めると、争議行為を処罰するのと同じことになる。そこで判例は、「たんなる罷業または怠業等の不作為が存在するにとどまり、暴力の行使その他の不当性を伴わない場合」は、刑事制裁の対象とはならないとする（前掲全逓中郵事件判決＝最大判昭41・10・26刑集20・8・901）。争議行為は禁止されているのであるから、正当化はされない。したがって、**刑法上処罰に値する違法性**、すなわち、**可罰的違法性を否定する**以外にないことになる。

　この全逓中郵事件判決の後、最高裁は、違法性の相対性の可能性を肯定しつつ、「禁止に違反する争議行為は、国民全体の共同利益を損なうものである」から、「これが罰則に触れる場合にその違法性の阻却を認めないとすることは、決して不合理ではない」とし、判例を変更した（前掲最大判昭52・5・4）。ここでは、刑事法上「公労法上違反の争議行為を正当なものと評価」する根拠はないとされたことに現れているように、可罰的違法性の判断ではなく、「刑法上の正当性」の判断を行っているのである。これは、全逓中郵事件判決とは、違法性の相対性の内容の理解につきまったく異にするものといえる。

§105 正当化事由の意義と体系

1 正当化事由の意義

構成要件に該当する行為は、通常、違法である。しかし、一定の例外的な事情がある場合には、構成要件該当性そのものは失われないが、違法性が阻却され、適法となる。このような事情は、**違法阻却事由**ないし**正当化事由**（Rechtfertigungsgründe）と呼ばれる。

ここで、違法阻却事由という概念と正当化事由という概念には、実質的な意味において相違があるわけではない。「正当化」というと、正当な権利があるというように解され、「違法でない」というより正当性が強いように思われるが、刑法学においては、違法でなければ正当であるという意味で、両者は**同じ意味**で用いられることに注意すべきである。

また、違法と正当の間に**法的に自由（空虚）な領域**が存在し、それに「**放任行為**」として独自の意味を与える学説（牧野・日本刑法〔上〕345頁、宮本101頁、江家・刑法講義180頁、藤木179頁、金澤文雄「違法と適法および法的に空虚な領域」平場還暦〔上〕169頁以下）もあるが、構成要件該当性と違法阻却事由の間に、**法的に自由な領域の理論**の占めるべき場所はないといってよい。[13]

構成要件は、犯罪の類型化であり、これについては刑法の各則で列挙している。しかし、正当化事由は、法令行為（35条）や正当防衛（36条）ないし緊急避難（37条）の一部がそれであるとして、刑法の条文に規定されている。条文にない正当化事由は、**超法規的違法阻却事由**と呼ばれる。

2 一元的および多元的正当化根拠

なにゆえに正当化されるかという正当化根拠についても、統一原則を求めると、あまりにも抽象化されて内容がなくなり、個々の正当化根拠の説明としては言明力を失い、逆に、内容的に厳密な正当化根拠を掲げると、普遍妥当性を失うというジレンマに陥っているように思われる。しかし、それにもかかわらず、わが国においては、「正当化事由の一般的原理」を一元論的に一つの**統一**

---

[13] 法的に自由な領域の理論をめぐる論争については、金澤・平場還暦〔上〕166頁以下、山中敬一「『法的に自由な領域』に関する批判的考察」関法32巻3＝4＝5号29頁以下、金澤「法的に空虚な領域の理論」法の理論3号（1983）1頁以下、山中「法的に自由な領域の理論再批判」法の理論3号173頁以下。

原理に求める見解が基本的に通説であるといってよい[14]（**一元説**= monistische Theorie）。これには、目的説、価値衡量説、社会相当性説などがある。

(1) 一元説

目的説（Zwecktheorie）は、構成要件該当行為が、立法者によって正当であると承認された目的を達成するための正当な手段であれば、正当化されるとするもの（リスト、木村 253 頁、阿部 138 頁）である。**価値衡量説**は、価値衡量（Wertabwägung）を正当化の原理とするものであるが、衡量されるべき価値の中には、法益のみならず、国家、司法、家族などの秩序といった社会諸関係も含まれる（ノル）。**社会相当性説**は、歴史的に形成されてきた社会倫理秩序の枠内にある行為は、たとえ、法益を侵害したとしても、違法ではないとする（団藤 188 頁、福田 143 頁・149 頁、大谷 242 頁、板倉 188 頁）。もちろん、社会相当性説も、法益侵害のない場合には、社会相当性の有無を問うまでもなく違法性が阻却されるとし、法益保護の原則を前提にすることを強調する（大谷 242 頁）。さらに、わが国では、**一元的な優越的利益説**が有力である（内藤 313 頁以下、斎藤信治 84 頁以下、浅田 177 頁）。この見解からは、正当防衛における「法確証」原理も、利益衡量の一方の因子に算入されることになる（内藤 328 頁以下、曽根 100 頁）。被害者の同意も、同一人格の中で、個人の自由な意思決定と身体の不可侵という利益とが対立しており、優越的利益説が妥当するとされる見解（曽根・重要問題 139 頁）と、被害者の同意は、構成要件該当性阻却事由とする見解[15]（内田 192 頁）に分かれる。

(2) 多元説

一元説に対するのが、**多元説**（pluralistische Theorie）である。多元説は、複数の正当化原理を組み合わせて、正当化原理を多元的にとらえる見解である。**利益衡量説**が、多元説かどうかは微妙であるが、それは、**優越的利益の原則**（Prinzip des überwiegenden Interesses）および**利益不存在の原則**（Prinzip des mangelnden Interesses）を正当化の原理とするのである（メッガー）から、多元説に含ましめることができる。この立場によれば、例えば、緊急避難は、優越的利益の原則により正当化される[16]。これに対して、被害者の同意の場合に

---

[14] 一元説と多元説については、曽根・正当化の理論 152 頁以下参照。

[15] 前田 105 頁は、「原則として構成要件該当性の問題」だとして、正当化事由の可能性を残す（前田 347 頁以下）。

[16] 衡量される利益が同価値の場合に利益不存在の原則が妥当する（浅田 202 頁）としながら、緊急避難につき原則的に二分説に立ち（同 246 頁）、法益同価値の場合には違法であるが責任が阻却

は、法的に保護されるべき利益が存在しないがゆえに正当化される、つまり、利益不存在の原則によるというのである。優越的利益原則と利益不存在原則の多元論は、わが国でも有力説である（瀧川82頁、佐伯197頁、平野213頁、中150頁、中山306頁）。目的説を基本的に妥当としつつ、なお、多元説を説く見解もあり（木村253頁以下）、また、すべての違法阻却事由を統一的に把握する原理を「国家・社会的倫理規範によって、行為が許されたものとみられること」としつつ、「目的説と優越的利益説とを併合する」立場（大塚359頁）も、目的説が優越していることは明らかであるが、多元説の一種ともみることができよう。

> 最近のドイツにおいては、利益衡量説と目的説とを組み合わせて、これらを多数の正当化原理の指導的な考え方であるとするもの（イェシェック）もある。あるいは、個々の正当化事由において社会的の秩序調整原理がさまざまに組み合わされて用いられるべきだという見解（ロクシン）も唱えられている。それによれば、正当防衛においては、個人「保護原理」と「法確証原理」が組み合わされ、防衛的緊急避難（☞§115, 2）においては、個人「保護原理」と「比例性原理」が組み合わされる。また、攻撃的緊急避難（☞§115, 2）においては、「利益衡量原理」と「自律性原理」が組み合わされるという。そして、これらの五つの法秩序調整原理は、制限列挙ではなく、社会の変化に応じて開かれたものであるという。[17]

3 主要正当化原理と補助的正当化原理

たしかに、一元論的な正当化の一般的原理論は、内容において抽象的で形式的なものとならざるをえず、言明力を失う。しかし、多元論的アプローチも、あまりにも多くの原理の組み合わせによるのでは、明確性を失う。従来の一元論的アプローチは、すべてを一つの原理で説明しようとした点で無理があったが、正当化事由が、価値や利益の葛藤状況の中で生じるものであるということを出発点にすえるなら、このような価値ないし利益の比較衡量によってその優越する側に正当性を与えようとするのは自然な考え方である。したがって、抽象的な意味での正当化の指導思想ないし**主要正当化原理**は、

される（同253頁）という見解は理解不可能である。

[17] さらに、正当化原理を三つに分類する見解（ヤコブス）がある。第1は、侵害の被害者による「答責性の原理」である。これは、あるいは「誘因の原理」とも呼ばれるが、被害者の管轄内の行為からの帰結に対する答責性（誘因であること）が、正当化を根拠づけるというのである。これは、正当防衛、防衛的緊急避難にあてはまる。第2は、侵害の被害者による「利益の決定の原理」である。侵害の被害者が、侵害を利益になるとか受忍できるとかを決定し、利益の評価を自ら管理する点に正当化の根拠があるとするものである。その例は、同意および官庁の許可である。第3は、「社会的連帯」である。つまり、侵害の被害者となることが、他人ないし公共の利益のために要請される場合である。とくに攻撃的な緊急避難がその例である。

利益衡量原理による **優越的利益の原則** であるといえよう。しかし、このような利益衡量原理には、それぞれの正当化事由においていわば補助的正当化原理が必要である。**補助的正当化原理**には、正当防衛の場合の「個人保全原理」および「法確証原理」、あるいは正当化事由としての同意の際の「自己決定原理」と「社会的価値原理」、対立する法益の価値に相違のある緊急避難における「人格の自律性の原理」、自救行為の場合の「法秩序未確立原理」および「官憲代行原理」（Handeln pro magistratu）といった諸原理である。

「優越的利益の原則」という主要正当化原理と、このような補助的原理とが組み合わされ、あるいは主要正当化原理の中で補助的正当化原理が用いられ、正当化事由の根拠が示される。主要正当化原理と補助的正当化原理とは、前者が上位基準、後者が下位基準という上下の関係にあるものではない。主要正当化原理は、ほぼどのような葛藤状況においても正当化根拠の背後にあり、または前面に出て、正当化の主要部分を根拠づけるという意味で主要なのである。このように、**主要正当化原理と補助的正当化原理の併合** という意味での多元説にもとづいて正当化原理の体系化を図るのが、適切な方法論であると思われる。

§106　主観的正当化要素の要否

1　主観的正当化要素の意義

主観的正当化要素 とは、その意思や認識が存在することによって、行為が正当化される要素を意味する。主観的正当化要素は、具体的には、正当防衛における「防衛の意思」の問題、緊急避難における「避難意思」の問題などとして現れる。しかし、その他の正当化事由においても、正当化されるためには、正当化事情について認識が必要か否かという問題がないわけではなく、それゆえ、一般的に論議されるべき要素である。

2　主観的正当化要素と違法論

ドイツにおいては、主観的正当化要素を肯定するのが、今日、圧倒的な通説である。[18]

---

[18] その理由は、ドイツ刑法においては、不能未遂（22条・23条3項）が可罰的とされている点にある。すなわち、行為者が「行為に関するその表象に従って構成要件の実現に向かって直接に開

わが国では、基本的に、主観的正当化要素を **肯定する説** と **否定する説** に分かれているが、この学説の対立は、行為無価値論か結果無価値論かに原則的に対応するものといえる。

3　主観的正当化要素の必要説・不要説

理論上は、主観的正当化要素は、主観的違法要素の裏返しであるので、主観的違法要素を不要とする学説は、主観的正当化要素をも不要とすることになり、前者を必要とする学説は後者をも必要とすることになる。不要説は、主観が違法性や正当化に影響するのではなく、客観的危険性が違法性や正当化に影響するものとする。本書においては、主観的違法要素の理論において不要説を基調としたので、ここでも不要説を採ることになる。

(1)　必要説

必要説(通説＝木村261頁、団藤238頁、福田157頁、大塚361頁以下、藤木165頁など、大判昭11・12・7刑集15・1561)を採る場合、主観的正当化要素の正当化の射程が問題となる。すなわち、主観的正当化要素によって正当化されるのは、行為無価値と結果無価値を含めた全体なのか、それとも行為無価値のみなのかである。

　第1の立場は、主観的正当化要素を、正当化される行為とするに必要な要件であって、これがなければ、正当化はありえないとするものである。例えば、防衛の意思は、防衛行為の要件であり、そもそも防衛行為といえるかを決定するための要素であるとする。すなわち、主観的正当化要素たる防衛の意思がなければそもそも「防衛行為」とはいえないのであって、防衛行為でなければそもそも正当化されることはないのである。この立場からは、主観的正当化要素（防衛の意思）がなければ、犯罪は**既遂**である（福田158頁、大塚361頁以下）。

　第2の立場は、主観的正当化要素は、行為無価値を根拠づけるものであるが、結果無価値は、客観的な正当化要素の存在によって定まるものとする。この立場によれば、主観的正当化要素が欠ける場合には、行為は違法のままであるが、結果は、客観的正当化事由が存在するかぎりで、正当化され、犯罪は**未遂**となる（中136頁）。

　第1の立場は、主観的行為価値が認められないかぎり、正当化されないとする

始した」場合（22条）を未遂とし、**浅薄な無理解**から既遂に至りえないと誤解した者についても、たんに任意的な刑の免除ないし減軽にすぎない（23条3項）とした。これによって、行為無価値が存在すれば少なくとも未遂が成立するというのが立法者の趣旨であることが明らかにされた。そのため、正当化事由の存在について知らなかった場合の結論としては、その表象に従って犯行につき実行に出た者には、少なくとも未遂の限度で、当然、可罰性が認められるということになったのである。わが国においては、不能犯は、不可罰とされているから、このような立法上の制約はなく、この問題に対してどのような立場をとるかは、もっぱら学説に委ねられている。

もので、客観的な事情が結果無価値を阻却する場合があることを認めないものであるから、これを採用することはできない。この説によると、過失犯においては、基本的に正当化されることはない。第2の立場は、未遂の成否を主観的要素にかからせる点で不当である。主観ではなく、客観的危険性が未遂か否かを決定するのである。

(2) 不要説

他方、不要説（小野123頁、植松167頁、平野242頁、内藤343頁、中山・概説〔Ⅰ〕96頁、内田195頁、堀内159頁、西田170頁、前田341頁、山口124頁）を採る場合にも、犯罪が不成立となるのか、未遂の成立を認めるのかにおいて対立がある。

犯罪不成立説は、不能犯における客観的危険説と同様の立場から、事後的な判断によって、違法な結果の発生の危険性を判断すると、客観的に正当化事情が存在する場合には、事後的に危険がなかったといえるのであるから、未遂も存在しないという（内藤344頁）。

これに対して、**未遂成立説**は、具体的危険説と同様の立場から、事前に一般人に知りえた事情を基礎にして、危険性を判断するならば、違法結果が発生する危険性は存在すると認められるから、少なくとも**未遂**は成立する場合がありうるということになる（牧野〔上〕452頁）。

(3) 本書の立場

しかし、客観的危険説と同様の立場に立ったとしても、未遂罪を認めてよい場合がありうると思われる（内田195頁、西田171頁）。というのは、例えば、被害者の同意が、すでに行為者の実行の着手の以前から存在していたが、行為者だけがその事情を知らなかったような場合には、未遂にもならないが、偶然防衛の場合のように、たまたま被害者も、別の人に向けて銃を発射しようと構えていたときに一瞬早く、行為者が、被害者を射殺したといった事例においては、客観的な危険性そのものについて、事後的な判断によっても正当化結果に至るのか、違法な結果に至るのかが、決定されてはおらず、危険性がないとはいえないからである（☞§110, 2 (2)）。

ここで、構成要件的結果の発生があるにもかかわらず、何ゆえ未遂が成立するのかという疑問に答えておこう。構成要件的結果の発生が認められるにもかかわらず、結果無価値を欠くがゆえに未遂とする（中136頁）のは、未遂概念の大幅な変更である（川端370頁）と批判されているからである。たし

かに構成要件的結果の不発生が未遂であるのが典型例であるが、違法性判断の段階で違法と判断された「行為と結果」は、違法結果ないし「**不法結果**」となり、最終的に既遂・未遂を分けるのは、この不法結果の発生いかんである。43条の未遂規定は、この不法結果の不発生の場合を未遂とするのであるから、正当化事情の存在を知らなかったとき、状況によっては、結果発生の危険を否定できないが、「不法結果」の発生はないので、43条が適用されるのである。[19]

§107　超法規的違法阻却事由

1　超法規的違法阻却事由と35条

　刑法35条は、「法令又は正当な業務による行為は、罰しない」と規定する。刑法は、正当化事由として、ほかに、正当防衛 (36条)、緊急避難の一部 (37条) を規定するのみである。被害者の同意、推定的同意、自救行為などについては、正当化する旨の規定がない。学説の中には、35条をもって**正当化事由の一般的原理**を規定した一般的・包括的な規定であると解し、とくに「正当な業務による行為」の解釈として、「業務」によることには格別の意味はなく、業務行為であるからではなく、**正当な行為**であるから違法性を阻却することを定めたものであるとする見解 (木村279頁以下、福田170頁以下、香川192頁、大谷245頁、内田206頁) がある。この見解によれば、超法規的違法阻却事由の概念を認める必要はなく、正当な行為を処罰しないとしている35条を根拠規定として、被害者の同意、自救行為その他すべての正当化事由が説明されうることになる。

2　判例における超法規的違法阻却事由

　いわゆる超法規的違法阻却事由も35条に含まれるとする見解も、なお、超法規的に違法性が阻却される場合がありうることを認める (福田182頁)。わが国においては、超法規的違法阻却事由は、独特の意味をもつのである。そこでの問題は、官憲が、思想・集会・表現の自由といった国民の憲法上の権利行使を、それを取り締まろうとする警察官のスパイ活動などによって侵

---
[19] この意味で、準用 (野村225頁) の必要はない。

害したときに、その侵害を防止・予防するために、暴行・監禁などの実力行使をする行為が**超法規的違法阻却事由**となるかである。

超法規的違法阻却事由に関する議論は、昭和27年に生じた東大ポポロ事件、および昭和28年に発生した舞鶴事件に関する判例を契機として始まった。

(1) 東大ポポロ事件

まず、**東大ポポロ事件**とは、次のような事件である。東京大学公認の学生団体「ポポロ劇団」の演劇発表会に私服警察官4人が潜入していたのを学生が発見し、3人をつるしあげ、謝罪文を書かせた。被告人は、洋服の内ポケットから警察手帳を奪うなど暴行を加えたとして、暴力行為等処罰法1条1項違反により起訴された。警察官は、以前から大学構内に入り、張り込み、尾行、盗聴などの方法で学生団体等の動向、活動、思想傾向等の内偵・情報収集を行っていた。第1審は、被告人の自由擁護という憲法的秩序安全という国家的・国民的利益と警察官の個人的法益の価値を比較衡量し、「前者が後者よりもはるかに重大な利益、価値である場合には、この利益、価値を保持するために個人的法益を若干侵害しても、かかる行為は法令上正当な行為として許容されねばならない」とした。第2審も、「防衛を受ける法益が防衛行為（侵害排除行為）によって損害せられる法益と適当の比例を保って相当優越する場合においてはその防衛行為は正当行為として肯認せられ、刑事上も違法性を阻却するものと解するを相当とする」と判示してこれを支持した。これに対して、最高裁は、第1審、第2審の認めた超法規的違法阻却事由の理論を否定した（最判昭38・5・22刑集17・4・370）。

(2) 舞鶴事件

次に、**舞鶴事件**とは、次のような事件である。昭和28年5月、舞鶴引揚援護局第2寮で中国からの集団引揚による帰国者約700名が参加した帰国者大会が開かれた際、無給の援護局非常勤女子職員Aは、大会が午後8時半頃非公開となったのちも退場せずに傍聴していた。非公開宣言数分後に発見され、逃げだそうとしたため帰国者数名によって演壇前に突き出された。Aは、ズボンのポケットにメモ用紙を隠し、提出を求められたが応じなかったため、帰国者らは、Aは政府当局の命を受けて大会に潜入し、帰国者の思想ないし動静を偵察していた者であると誤信し、徹底的に調査すべく、食堂に連行して監禁して尋問を続けた。Aは、午前2時頃に援護局職員に発見され、解放された。第1審は、本件は監禁罪の構成要件に該当するが、その行為は、正当防衛、緊急避難、自救行為のいずれにも該当しないとしても、「法律秩序の精神に照して是認できる」かぎり、「なお超法規的に行為の形式的違法の推定を打破し犯罪の成立を阻却するもの」とした。第2審は、動機・目的の正当性、手段・方法の相当性、法益の均衡のほか、「特にその行為に出ることがその際における情況に照らし緊急を要する已むを得ないものであり、他にこれに代る手段方法を見出すことが不可能若しくは著しく困難であることを要する」（補充の原則）として、原判決を破棄した。最高裁の決定も、被告人の行為は、「社会通念上許容される限度を超えるものであって、刑法35条の正当の行為として違法性が阻却されるものとは認め難い」

第1節　違法論の基礎　§107　超法規的違法阻却事由◇　471

とした（最決昭39・12・3刑集18・10・698）。このように、超法規的違法阻却事由を認めるための要件としては、第1審が、「目的の正当性」、「手段の相当性」、「法益の均衡性」を挙げたのに対して、第2審は、これに加えて他にとるべき方法がないこと、すなわち、**補充性の原則**をも必要であるとした。

3　超法規的違法阻却事由と予防防衛

舞鶴事件以降、判例においては、超法規的違法阻却事由の要件として「**補充性の原則**」を要求するのが基本的傾向となった。学説においても、補充性の要件が厳格に要求される（八木胖「超法規的違法阻却の要件」ひろば15巻1号24頁以下、藤木・可罰的違法性の理論44頁以下）か、そうではない（平野220頁、福田『注釈2の1』130頁、内藤727頁）かについて見解が分かれている。ここで超法規的違法阻却事由が問題となっている事例は、表現の自由や集会の自由に対する情報収集活動などの自由の侵害行為に対する防衛行為として行われたという側面があるから、緊急避難というよりむしろ**正当防衛類似状況**であるということもできよう。ドイツでは、**正当防衛類似状況**（notwehrähnliche Lage）とも呼び、正当防衛を類推して特別の正当化事由を認める見解もある。

しかし、後に侵害行為が行われるのを予防するために、例えば、脅迫行為を密かに録音しておく行為、あるいは山小屋に宿泊していた宿泊客が、強盗を計画しているのを密かに聞いた山小屋の主人が、これを適宜に防止するためには他に方法がなかったがゆえに、強盗団に密かに睡眠薬を飲ませた行為といった急迫不正の侵害に至る前段階における防衛行為である**予防防衛**（Präventivnotwehr）の場合について、ドイツでも、これをむしろ正当化的な**防御的緊急避難**（ドイツ刑法34条）の事例であるとする見解が有力である。わが国においては、正当防衛における「急迫」の要件と緊急避難における「現在」の要件とは同じであると解されているが、ドイツにおいては、「現在」性は、少なくとも未遂に近い段階に達しているようなものであれば肯定されると解されている。すなわち、損害の発生が切迫しているのではなくても、後になれば回避することがもはや不可能であり、またはより大きな危険を冒してのみ可能である場合も、「現在」するというのである。

4　防御的緊急避難類似構成

以上のことを東大ポポロ事件ないし舞鶴事件の事案について検討すると、たしかに情報収集活動は、集会の自由などに対してそれを危険に陥れる行為であるが、「急迫」する侵害行為であるともいえず、また、それから防衛するために暴行ないし監禁を行うことが必要かつ適切な行為であるともいえず、正当防衛の要件は充たさない。例えば、東大ポポロ事件においては、すでに逃げ出そうとしていた警察官の違法な立ち入り行為に対しては、防衛の必要性はなかったのであり、また、舞鶴事件においては、女子非常勤職員の法益侵害行為は、不退去であるが、これに対する防衛行為としては、退去させることで十分であるともいえる。しかし、その行為は、いずれも、将来

に予想される同種の侵害行為に対する予防防衛として、現在、避難措置を加えなければ、危難が回避できないという事案にあたりうるのであり、その場合には、防御的緊急避難にあたる可能性があるのである。東大ポポロ事件の第1審判決も、「将来再び違法な警察活動が学内において繰返されざらんことを期し、これを実効的に防止する手段の一つとして」行われたものとする。たしかに、「現在」の語義を若干拡大するものではあるが、将来の危難に対する予防措置を講ずるか、それとも危難を受忍するかの決断の前に、現在の時点で立たされるかぎり、現在性の要件を充たすと解釈してよいものと思われる。両事件において、このような警察官ないし職員に対して「現在」、警察手帳ないしメモ帖を奪わなければ、将来の危難を防止できない。しかし、問題は、「自由」という法益を救助するための緊急避難であるといえるかどうか、あるいは、「緊急行為者の自由」が危難にさらされているといえるかどうかである。

　結局、超法規的違法阻却事由を認めるべきであるとされている事例は、防御的緊急避難における救助されるべき「法益」が拡張され類推適用されている事例であるというべきである。判例において、補充性の要件が要求されているのも、緊急避難類似状況であるという観点からは合理的に説明しうる。ここでは、現在性の要件を緩和する代わりに、補充性の要件は厳格に解釈される必要がある。なお、緊急避難類似の超法規的違法阻却事由としないでも、憲法上の権利行使に付随する過剰行為であるとみて、可罰的違法性を阻却することも可能である（☞§104, 2 (3) (b)）。

　超法規的違法阻却事由は、究極の手段（ultima ratio）であるから、既存の正当化事由によって説明しうるかぎり、認める必要がない。しかし、実質的違法性論から原理的に肯定されえ、また、35条の解釈によって法規上の根拠があるともいえるのであるから、被告人に利益な解釈として、その存在をあえて否定する必要はないと思われる。

§108　正当化事由の錯誤

1　正当化事由の錯誤の意義

　正当化事由に関する錯誤は、正当化事由の事実的前提が存在しないにもかかわらず、存在すると錯誤した場合をいう。例えば、急迫不正の侵害がないにもかかわらず、あると誤解して、「防衛行為」によって他人に傷害を負わせた場合に、正当化事由に関する錯誤が存在する。すなわち、ここで挙げたような「誤想防衛」の場合や、緊急避難状況がないのにあると誤想した「誤想避難」の場合がこれにあたる。

　構成要件的事実の錯誤については、錯誤が法的に重要な場合には故意を阻

却することをすでに論じた。正当化事由の錯誤については、消極的構成要件要素の理論を認める見解からは、同じく構成要件的事実の錯誤であるが、これを認めない見解が圧倒的多数であり、圧倒的多数説からは、これも「事実の錯誤」の一種であるが、構成要件的故意ではなく、責任故意を阻却するものとされている。しかし、そのほかにも、厳格責任説からは、「違法性の錯誤」(禁止の錯誤)であり、故意を阻却するものではなく、錯誤に陥ったことにつき回避可能性がなかった場合のみ、責任が阻却されるものとする。これらの正当化事由に関する錯誤をめぐる学説を検討しておこう。

2 学説の状況

この問題については基本的に、**事実の錯誤説**と**違法性の錯誤説**が対立している。その対立の要点は、前者が、この錯誤がある場合に故意阻却を認めるのに対して、後者は、この場合、故意は阻却せず、錯誤に陥ったことが回避不可能な場合には、責任が阻却されるとする点にある。事実の錯誤説も、どのような根拠から故意阻却が認められるかという点に関してさらに学説が分かれている。最近では、第3の学説として、この錯誤が、その錯誤に陥るについて過失がなかった場合には、故意不法を阻却し、違法性が阻却されることになって、正当化されるという見解(**不法阻却説**)も有力に唱えられている。

(1) 事実の錯誤説

この説は、錯誤を事実の錯誤と法律の錯誤に分けることから出発して、事実の錯誤は故意を阻却するが法律の錯誤は阻却しないとし、正当化事由の事実的前提に関する錯誤も、事実の錯誤であるから**故意を阻却する**と解する(通説=佐伯280頁、荘子384頁、中山177頁、内田243頁以下、板倉244頁、曽根199頁以下など)。この立場には、構成要件的故意の概念を認めるものも、認めないものも含まれるが、構成要件的故意を阻却するとするものと、責任要素としての故意が阻却されるとするものとに大別しうる。

(a) 消極的構成要件要素の理論 この理論は、制限責任説に立脚しつつ、正当化事由をもって消極的構成要件要素とするので、それにあたる事実が存在しないと誤信した場合には、構成要件の要素にあたる事実の錯誤であり、構成要件的故意を阻却するということになる(植田63頁・113頁、中137頁)。過失がある場合には過失犯による処罰が可能となる。

しかし、この理論が、構成要件と違法性との関係において二段階犯罪論体系を採る点で、両者を明確に区別する三段階体系が優れているという根拠からこれ

に対する支持が少なく、極端な少数説にとどまっていることはすでに指摘した（☞§66, 2 (2) (b)）。

　(b)　故意をもっぱら責任に位置づける立場　　この立場は、構成要件的故意の必要性を否定するから、事実の錯誤においては、構成要件的事実であるか、正当化事由の事実的前提であるかを問わず、責任故意が否定される（中山117頁、内藤221頁以下、浅田325頁）。このような構成要件的故意（故意構成要件）を認めない立場に対しては、構成要件段階での故意の個別化機能の点で疑問がある。

　(c)　独自の錯誤説　　この説は、構成要件該当事実以外の違法性を基礎づける事実の表象も消極的な形で故意の成立要件となるとし、違法阻却事由たる事実の存在を誤認した場合、事実の錯誤であって故意を阻却するという考え方を出発点とする（団藤308頁、大塚465頁、板倉244頁、佐久間修『刑法における事実の錯誤』〔1987〕261頁以下）が、ここでいう故意には構成要件的故意と責任故意とがあり（**二重の故意**）、正当化事由の事実的前提の錯誤は、責任故意を阻却するとする。この見解は、その理由として、このような錯誤のあるかぎり、規範に関する問題は行為者に与えられていないのであり、直接的な反規範的人格態度はみられないから、故意はないという根拠を挙げる。

　しかし、この見解に対しては、まず、構成要件的故意と責任故意の二重の故意を認める点で、違法類型としての構成要件に該当する事実を認識していたがゆえに構成要件的故意が肯定されたのであれば、規範に直面しているのであるから、すでに反規範的人格態度が認められたはずであるが、なぜ、責任の段階になって、それがなくなるのかという疑問が禁じえない。誤想防衛の場合、正当化事情を認識しているのであるから、故意の違法の意識に対する提訴機能がはたらかず、すでに構成要件的故意が否定されるのではないのかが疑問なのである。

　また、この見解に対しては、この見解の論者自らが認めるように、構成要件的故意を具備するものが、何故に、違法阻却事由の誤認に過失があったことにより過失犯になるのかと批判されうる。この見解は、このような批判は、故意犯と過失犯の本質的差異の過当な強調ではないかと思う（団藤309頁）とするが、すでに故意犯の構成要件に該当していた行為が、違法阻却事由たる事実の錯誤によって故意責任が阻却された場合に、故意犯の構成要件該当性があるにもかかわらず、過失犯に転化することが問題なのである。本

説は、この問題に答えてはいない。この点については、過失犯には、構成要件該当事実の認識を欠く場合と、構成要件該当事実の認識はあるが、正当化事由に誤認があるため違法性を基礎づける事実の認識を欠く場合との二通りのものがあるとして（曽根・重要問題234頁）、構成要件的故意が認められる場合でも、なお、過失犯が成立することがあるとする見解がある。この見解は、過失構成要件（例えば、210条）は、故意構成要件（例えば、199条）を包含していると捉える場合にのみ可能である。

なお、もっぱら責任要素としての構成要件的故意のみを認める見解（内田243頁以下、曽根154頁以下、前田219頁）も、そもそも錯誤論を責任論で取り扱うのであるから、この説と同様の構造を示すものである。しかし、せっかく構成要件の個別化機能を重視して責任要素としての構成要件的故意を認めたにもかかわらず、錯誤があった場合に責任論においてはじめてどの構成要件に該当するかが決定されるのは不当である。また、この説でもいわゆるブーメラン現象は避けられない。

(2) 準故意説

古い学説の中には、罪となるべき事実を認識しながら、過失によって行為の違法性を認識しなかった場合に、「違法性に関する錯誤」として、故意犯と同一に取り扱い、過失が軽微な場合にはその故意犯についての刑を減軽ないし免除するという説（草野90頁以下、齊藤金作134頁、不破＝井上107頁）があった。現在でも、この説を支持する学説（下村・基本的思想126頁、立石二六「誤想防衛についての一考察」森下古稀〔上〕255頁）がある。

しかし、正当化事由の事実的前提に対する錯誤においては、「事実の錯誤」が問題であって、法的評価そのものに対する錯誤である「違法性の錯誤」ではないというべきである。たとえ過失があっても、正当化事由が存在すると信じて行為している者に、故意を認めることはできない。

(3) 厳格責任説

この説は、正当化事由の事実的前提の錯誤を禁止の錯誤であるとし、行為者がその錯誤を回避しえた場合には、故意犯として処罰され、責任が減軽される可能性があるが、回避しえなかった場合には責任が阻却されるとする（木村333頁、福田204頁、香川185頁、西原423頁、阿部147頁、大谷339頁。なお、齊藤信宰366頁、同『刑法における錯誤論の研究』〔1989〕200頁）。この説によれば、錯誤は、**構成要件の錯誤**と**禁止の錯誤**に分類されるが、禁止の錯誤は、故意

の成否とは無関係であって、もっぱら責任の問題である。違法性の意識の可能性は、故意とは別の責任要素である。したがって、禁止の錯誤（違法性の錯誤）は、故意とは無関係であるが、違法の評価について錯誤がある違法性の錯誤の場合のみならず、正当化事由の事実的前提の錯誤についても、禁止の錯誤として扱うところから、厳格責任説と呼ばれる。この説は、行為者は、構成要件に該当する事実を認識している以上、規範の問題に直面しているのであり、正当化事由の事実的前提に関する錯誤は、法律上許されていないのに許されていると誤解する違法性の錯誤にほかならないとするのである。

　しかし、違法行為類型である構成要件における構成要件的故意は、少なくとも違法であるという認識に至る契機となるような内容をもった故意でなければならないが、正当防衛を行おうとしている者は、正当な行為を行っていると思っているのであるから、上述のような内容の故意をもちえない。構成要件的故意は、違法性を意識すべき可能的前提をなすものでなければならない。すなわち違法性の意識を喚起すべき **提訴機能**（構成要件的故意の提訴機能）をもたなければならない。このような故意は、構成要件的故意とはいいえないのであり、故意を認める本説は不当である。正当化事由が存在するという誤信は、少なくともその行為が構成要件に該当するという事実の認識が示すはずの「警告」ないし「抑止」の契機を麻痺させるのである。

(4)　不法阻却説

(a)　ドイツの故意不法阻却説　　ドイツにおいては、故意そのものの阻却ではなく、違法性の段階で **故意不法**、すなわち、**故意行為の行為無価値が阻却される** とする見解がある。[20] この見解は、構成要件要素と正当化事由の間には評価の前提という視角からみれば差異はないから、正当化事由の事実的前提に関する錯誤の場合も、構成要件要素の錯誤の場合と同じ結論でなければならないという点から出発する。行為者が正当化事情の認識から行為した場合、故意によって根拠づけられる行為無価値は阻却されるというのである。この見解からは、錯誤があれば直ちに故意不法は阻却され、あとは過失不法があるかどうかの問題になる。

　この見解に対しては、現実に正当化事由が存在する場合と、そう誤信しただ

---

[20] *Schönke/Schröder/Eisele*, StGB, 29. Aufl., Vor § 13ff. Rdnr. 55.

けの場合とを混同するものだという批判がある。また、正当化事由たる事実の存在を誤認した場合、故意の法益侵害の行為無価値が完全に阻却されるとはいえないという反論がある。それによれば、その錯誤が回避不可能でなかったならば、そのかぎりで、行為不法は中性化されることはない。つまり、故意不法から、主観的な価値が実現した部分（主観的な意味での防衛という価値）については差し引くことによって、たしかに、故意不法が減少することはあっても、故意不法の形における無価値は、依然、残存するというのである。

(b) わが国の不法阻却説　わが国にも、不法が阻却されるとする見解がある。しかし、細部においてドイツにおける学説とは異なるので、別にこれを論じることにする。

これに属するものとして、二つの見解がある。一つは、その誤信が一般的に起こりえたものかどうかを基準とし、誤信したことにつき過失がある場合には、過失犯が成立するとする立場である。もう一つは、錯誤が回避不可能である場合には、行為の違法性阻却事由を認め、錯誤が回避可能であった場合には、厳格責任説を基礎として禁止の錯誤として取り扱われるとするものである。

(ⅰ) 二元的制限故意説　この説は、違法性の意識の可能性を故意の要素とすることを前提に（藤木215頁）正当化事由の事実的前提に関する錯誤があった場合、そのような事実を誤認したことについて、行為者の立場におかれた平均的な思慮分別をそなえた一般市民を標準として、そのような誤信を避けることができなかった、すなわち、そのような状況に置かれた者ならば、当然そう信じるにつき客観的な理由があると認められる場合には、正当防衛として取り扱われるとする。これに対して、誤信したことにつき過失がある場合には、その過失犯として処罰される。この説の実質的根拠は、もし、私人が切迫した危険を避けるためにやむをえないと信じてした侵害排除行為につき、実は、その前提たる不正侵害がなかった場合は違法であるとされるのでは、市民に不正に対抗することを躊躇させ、かかわりあいを恐れて社会不正を見逃す気風を招き、間接的に不正者を援助する結果を招きやすいという点にある（藤木173頁）。

(ⅱ) 二元的厳格責任説　この説は、人的不法論の立場から、正当化事由の事実的前提の存否の判断をその行為のときを基準とする事前判断であるとし、その立場に立って、一般人の見地からその錯誤が回避しえなかった場合、すなわち、客観的過失がない場合には、正当化事由が客観的に存在すると判断

されることとなるとする。錯誤が回避しえた場合には、厳格責任説と同様に故意犯の成立を肯定する（川端403頁、野村161頁）。この説の主唱者は、これを「二元的厳格責任説」と名づける（川端403頁）。故意不法の阻却により過失不法が残存するのではなく、そもそも不法が阻却されるというのである。

わが国の不法阻却説は、一般人が客観的に存在するとみなすものは、存在するという行為無価値論の考え方を基礎として、違法性の判断を行為時の客観的判断であるとする。しかし、客観的に存在しないものは、一般人が一般的に存在すると考えたからといって存在するものではないと批判されえよう。結果無価値的観点からは、錯誤による法益侵害行為が正当化されることはない。

3 本書の立場（故意構成要件阻却説）

制限責任説から出発するのが妥当である。消極的構成要件要素の理論は、犯罪論体系における二段階説を意味するから採用できないが、構成要件的故意を肯定しつつ、責任故意を阻却するという見解も採用することはできない。

すでに論じたように（☞§67, 3・§89）、故意は、**主観的構成要件**をなすものであって、客観的構成要件とは独立に、それに対応しつつ、さらに許容構成要件たる正当化事由にも対応するものである。したがって、故意は、構成要件要素を対象とするのみならず、正当化事由について表象していない場合でなければ、成立しえない。故意は、また、それ自体が違法性を根拠づけるものではないが、違法な事実（不法）を表象するものでなければならない。正当化事由の存在を認識している場合、違法な事実の表象はない。このような場合には、**故意構成要件は阻却される**[21]。故意構成要件が阻却される場合には、過失犯の成否のみが考えうる。

---

[21] 詳しくは、山中『犯罪論の機能と構造』233頁以下参照。

第 2 節　正当防衛

【文献】「特集・正当防衛論」現刑9号4頁、岡本勝「正当防衛における『不正の』侵害の意義」法学59巻5号1頁、小田直樹「正当防衛の前提要件としての『不正』の侵害（1）（2）（3）（4・完）」広島法学18巻1号135頁・3号33頁・19巻2号89頁・20巻3号113頁、香川達夫「防衛の意思は必要か」団藤古稀1巻270頁、川端博『正当防衛権の再生』(1998)、同「正当防衛権の日本的変容」松尾古稀〔上〕199頁、木村光江「正当防衛に関する一考察—偶然防衛と誤想防衛」都立大学法学会雑誌32巻1号35頁、共同研究「正当防衛と過剰防衛」刑雑35巻2号205頁、齊藤誠二『正当防衛権の根拠と展開』(1991)、同「正当防衛と第三者」森下古稀〔上〕219頁、千葉裕「正当防衛に関する近時の判例について」荘子古稀43頁、津田重憲『正当防衛の研究』(1985)、同『緊急救助の研究』(1994)、同『緊急救助の基本構造』(1998)、同『正当防衛と緊急援助の基本問題』(2012)、中義勝『正当防衛について』(1997)、橋田久「防衛行為の相当性（1）（2・完）」法学論叢136巻2号25頁・5号62頁、同「正当防衛の始期」産大法学29巻3号1頁、同「防衛行為の相当性—防衛行為の危険性判断の基準時をめぐって—」刑雑37巻3号255頁、橋爪隆『正当防衛論の基礎』(2007)、平川宗信「正当防衛論」現代的展開〔Ⅰ〕123頁、振津隆行『刑事不法論の研究』(1996)、同『刑事不法論の展開』(2004)、前田雅英「正当防衛に関する一考察」団藤古稀1巻333頁、丸山隆司「『防衛の適合性』に関する考察」都法34巻2号29頁、同「正当防衛の相当性判断基準」都立大学法学会雑誌38巻1号229頁、宮川基「防衛行為と退避義務」東北学院法学65号19頁、明照博章『正当防衛権の構造』(2013)、山口厚「自ら招いた正当防衛状況」法協百周年記念論文集2巻(1983) 751頁、山中敬一『正当防衛の限界』(1985)、山本輝之「『喧嘩と正当防衛』をめぐる近時の判例理論」帝京法学16巻2号155頁、同「自招侵害に対する正当防衛」上智法学27巻2号137頁、百合草浩治「防衛行為による第三者の法益侵害について（1）−（3）」名大法政論集194号137頁・197号129頁・198号155頁

§109　正当防衛の意義と基本思想

1　正当防衛の意義

「急迫不正の侵害に対して、自己又は他人の権利を防衛するため、やむを得ずにした行為は、罰しない」(36条1項)。これは、正当防衛行為につき違法性が阻却されるという趣旨を表した規定である。

2 正当防衛の二元的正当化根拠

　正当防衛（Notwehr）の基本思想は、一方では、緊急状態における他人からの侵害行為に対する個人の防衛権を保障するという思想に現れるが、他方では、「法（正）は不法（不正）に譲歩する必要はない」（Das Recht braucht dem Unrecht nicht zu weichen）という命題で表されるように、不正な侵害に対しては、法（正）を擁護するため断固たる反撃を許すという思想にも現れる。前者は、**個人保全**（Individualschutz）の思想であり、後者は、**法確証**（Rechtsbewährung）の思想である（山中・正当防衛28頁以下参照）。これを正当防衛の「個人権的側面」と「社会権的側面」に分類することもある。前者が意味するのは、正当防衛が、個人的法益を防衛するために行使されうるものであり、法秩序そのものないし公共的秩序の防衛のために行使されうるものではないということである。これが正当防衛の基本である。後者は、逆に、正当防衛は、個人の法益を保全する機能をもつのみならず、「法」そのもの、正義を守り、法秩序を攻撃する者に対して、**法（正義）を知らしめる機能**をいう。この思想は、他人の個人的法益を防衛するための緊急救助が自己の防衛と同じように認められる点に典型的に現れるが、さらに、防衛されるべき利益よりも防衛行為によって侵害された利益の方が大きかった場合にも正当防衛が許容されるという点、ないし、法秩序の擁護または法の確証の必要性により正当防衛が制限されうるという思想にも現れる。

　正当防衛は、「書かれた法ではなく生まれた法である」（non scripta, sed nata lex）（キケロ）、あるいは「正当防衛は歴史をもたないし、またもちえない」（ガイブ）といわれることがあるが、正当防衛は、緊急状態において個人の権利を擁護するためには認めざるをえないものであって、自然法的に時空を超えて承認されるものである。この意味では、正当防衛は、人間の根源的な権利であって、防衛権を認めるのは自然の摂理といってもよいのである（naturalis ratio permittit se defendere）。現行法においては、正当防衛は、自己ま

---

[1] もちろん、規定上は「罰しない」とするのみであるから、責任阻却事由であると解することも不可能ではない。わが国においては、判例上、正当防衛は責任阻却事由であるかのようにとらえられてきたともいわれている（大越義久『刑法解釈の展開』〔1992〕6頁以下参照）。

[2] 「法確証」とは、防衛者の正当防衛が、不正な攻撃者に対して、「法」と「正義」の側に立って、動揺させられた法を回復し、法を知らしめ、法の妥当性を確証させる機能をいう。正当防衛は、被攻撃者の**個人的法益の保全**と法確証という**全体的利益の保全**の二つの利益を守る機能をもつのである（山中・正当防衛31頁以下参照）。川端「正当防衛権の根拠と限界」（山中との対談）現代刑法理論の現状と課題（2005）110頁以下参照。

たは他人の「権利」を防衛するための行為であればよく、その「権利」は、生命、身体などに限定されない一般的な意味での権利であればよい。

しかし、このような一般的権利について正当防衛を認めるようになったのは歴史的にはそう古くまで遡るものではない。[3]例えば、1532年の**カロリーナ法典**においては身体と生命に対する武器による侵害に限定されていた（山中・正当防衛12頁参照）。啓蒙期において違法な攻撃に対する正当防衛が認められることになった。ドイツにおいては、**1851年のプロイセン刑法**（41条）においてはじめて、正当防衛の範囲が現行法と同じ程度に広げられた。わが国においても、明治13年の**旧刑法**においては、正当防衛は、総則に規定されず、**各則**において「殺傷に関する宥恕及び不論罪」（314条以下）の節に規定されていた。明治34年の草案以降はじめて総則に規定されることになった。[4]

他方では、しかし、正当防衛を行う個人の行為は、官憲の救助を待ついとまがないときに、その者が、一般の法秩序を守るという意味をももつのである（deficiente magistratu populus est magistratus）。この意味における正当防衛は、個人権的側面というより、社会権的側面を表す。現在の正当防衛に関する基本的な思想は、このような二つの側面を併せ持っているというものである。

3 正当防衛の正当化根拠に関する異説の検討

(1) 法の自己保全説

正当防衛を「法の自己保全」であるととらえる見解（団藤232頁）も有力である。この説によれば、正当防衛は、「法秩序の侵害の予防または回復を国家機関が行ういとまのないばあいに、補充的に私人にこれを行うことを許すものである」というのである。しかし、この見解は、法確証の原理のみを正当防衛の原理とするものであって一面的であるといわざるをえない。

(2) 自己保存説

逆に、緊急状況下で自己保存本能にもとづいて自らの生活利益の保護を行うことは消極的に許されるというのが正当防衛の基本思想であるとする見解（野村218頁）も、個人保全のみを視野に入れており一面的である。同じく、「違法侵害に対し反撃を加えることは人間の自衛本能であるから法律上これを許す」（瀧川88頁）というように「自己保存本能」によって正当防衛を説

---

[3] 正当防衛の歴史的展開については、その他、曽根威彦『刑法における正当化の理論』(1980) 4頁以下、津田・正当防衛2頁以下参照。なお、戦後の西ドイツの正当防衛論の展開については、中・正当防衛について1頁以下参照。

[4] わが国における正当防衛の明治以降の学説史については、川端・正当防衛権の再生158頁以下参照。Vgl. *Yamanaka*, Zur Entwicklung der Notwehrlehre in der japanischen Judiakur, in: Festschrift für Wolfgang Frisch, 2013, S. 511 ff.

明しようとする見解(香川171頁。なお、中山269頁)もあるが、これは、他人のために緊急救助を行うことがなぜ正当化されるのかが説明できない。自己保存本能と個人保全とは明確に区別すべきである。

(3) 正当防衛義務説

正当防衛を権利であると同時に「義務」として許されるものとする見解(木村255頁)もある。しかし、法秩序の維持を、義務とするのは全体主義的発想であって不当である。

(4) 法益性欠如・割引説

正当防衛もやはり優越的利益の原則によって正当化されるものととらえ、不正の侵害者の法益は、その法益性が否定される、あるいは、侵害者の利益は不正であるがゆえに「割り引かれる」とする見解(平野228頁、前田358頁)も唱えられている。攻撃者の法益性が否定され、その法益が「0」なのだから防衛者の利益がつねに優越するというのである(前田357頁)。しかし、不正に他人の権利を侵害しようとした者が、「法益」性を剝奪された、まるで中世の追放刑に処せられた者とでもいうべき存在になるわけでもなく、また、法益の価値において割り引かれた存在になるわけでもない。また、この見解は、攻撃者を「不正」、防衛者を「正」としたうえで、正は不正に優越するとしているに等しく、不当前提のそしりを免れない。さらに、この見解は、優越的利益の原則に無理やり引き込むことによって正当防衛をもその原理によって説明しようとするものであるが、それは正当防衛の正当化根拠を説明するものではない。せいぜい正当防衛の限界を画するものにすぎない。

この見解からは、法確証原理は、「正しい法秩序の維持」自体を重視する考え方であって、「全体主義的思考に結びつく」と批判される(前田・3版223頁)。しかし、法確証原理は、**正当防衛の社会権的側面**を表してはいるとしても、それをもって「全体主義的」というのは言い過ぎである。法秩序の擁護が「全体主義的」であるというのであれば、刑法も刑罰制度も司法機関もすべて全体主義的である。

---

5 齊藤誠二・正当防衛権54頁以下、同「正当防衛権の根拠と限界をめぐって」団藤古稀1巻299頁以下も、「自己保存の原則」という。

6 侵害者の利益が不正であるがゆえに割り引かれることを前提として、守られた利益と比較するのであれば、優越するかどうかの判断は、割引額に依存することになる。しかし、割引額の決定は、「不正」の「評価」にかかるため法益を離れては計算が困難であり、不可能といってもよい。

(5) 法確証衡量要素説

　この説は、利益衡量説に立って、正当防衛には、緊急状況において自己または他人の法益を保全するという個人保全の利益だけではなく、法確証の利益が存在するものとし、防衛者の利益にはその法確証の利益がプラスされるものとして、優越的利益の原理を維持する（内藤330頁、曽根100頁）。しかし、この見解は、正当化事由の一般原理を利益衡量説に求めておいて、その原理に無理やり法確証の利益をも詰め込もうとするものであって、正当防衛の基本思想には適切とはいえない。正当防衛においては、利益衡量はそもそも第2次的な意味しかもたず、その趣旨は、それが不正な侵害に対する個人の利益の保全であり、不正に対抗する「法の側に立った反撃」を許容することにある。利益衡量説の枠組の中で、法確証原理を衡量されるべき利益の要素の一つに還元する説は、正当防衛の本質を見誤った理論というべきであろう。

　　学説の中には、多元的正当化原理説に立って、個人保全と法確証の二つの要素を正当防衛の固有原理とする立場（ロクシン）を倫理的・行為無価値論的だとし、これらを正当化の一般原理である優越的利益を構成する要素とする立場を、結果無価値論的思考を採るものとして妥当であるとする見解がある[8]。しかし、この図式は、根拠のない不当なものである。たしかに優越的利益の原則は、結果無価値論に親近性をもつとはいえる。しかし、多元的正当化原理を認め、法確証原理を独自の正当化根拠の一つとする見解と行為無価値論とは理論的に関係はない[9]。

(6) 社会相当性説

　わが国の学説の中には、自己保存本能のほかに、正当防衛が歴史的に形成されてきた社会生活の秩序の枠内にある社会相当なものだから、正当化されるとする見解（福田152頁）があり、法確証の原理を目的説の観点に組み入れて、社会相当性の見地から説明する見解（大塚380頁、大谷285頁、板倉199頁）もある。しかし、社会相当性の観点は、正当防衛の本質を何ら説明するものではない。

---

[7] 全体主義的であるという批判に対する反論として、斎藤信治「『法の確証』、正当防衛・過剰防衛の法的性格」刑雑35巻2号219頁参照。

[8] 山本輝之「優越的利益の原理からの根拠づけと正当防衛の限界」刑雑35巻2号206頁以下参照。

[9] さらに付言すると、ロクシンの見解は、結果無価値と行為無価値とをバランスよく考慮したものであり、ドイツにおいては、極端な行為無価値論とはいえない。また、1960年代から刑法を倫理から解放する思潮のリーダー的存在であった彼の理論が決して倫理主義ではないことは周知のことである。

§110 正当防衛の要件

正当防衛は、①急迫不正の侵害に対するものであり、②自己または他人の権利を防衛するためにしたものであり、③やむを得ずにした行為であること、そして、④個人保全原理ないし法確証原理による制限の枠内であることを要件とする。

1 急迫不正の侵害

(1) 「急迫」

(a) 急迫性の意義 急迫とは、法益の侵害の間近に押し迫っている状況、すなわち、法益侵害の危険が緊迫している状況（最判昭24・8・18刑集3・9・1465）、あるいは、すでに発生し、または、いまだ継続している状況をいう（木村258頁）。間近に押し迫っている危険とは、すぐにでも侵害に転化しうる状況をいう。通説は、緊急避難における「現在」（37条1項）と同義であると解する（福田153頁、大塚381頁以下、内藤331頁、大谷274頁、川端345頁）が、部分的には、正当防衛における「急迫」の概念の方が狭いと解すべきである。[10]

急迫性の要件から、過去の侵害または将来の侵害に対しては正当防衛は成立しないことになる（大判昭7・6・16刑集11・866）。侵害が終了したかどうかは、形式的に既遂に達したかどうかによって判断されるものではない。継続犯においては、違法な侵害状態が継続しているかぎり、侵害は終了していない。状態犯においても、実質的に既遂に達するまで侵害は継続している。

したがって、窃盗犯人が財物を取得して逃走しようとしたときに、現場付近で取り押さえて盗まれた物を取り返した者には、「急迫」性が認められる（瀧川94頁、江家156頁、木村258頁、佐伯210頁、平野236頁、内藤332頁、中山272頁、藤木163頁）。反対説は、侵害が事実上経過した以後に行う法益の回復行為は、いわゆる自救行為にあたり正当防衛ではないとし、この事例の場合も自救行為であるとする（最判昭24・5・18裁判集刑10・231、小野131頁、団藤237頁、大塚382頁、大谷275頁、川端353頁、野村221頁、佐久間208頁）。窃盗罪の既遂時期と急迫性の終了時期とを一致させようとする意図から、このような見解が唱えられているが、上述のように、形式的既遂と実質的既遂（事実上の終了）とを区別し、

---

[10] 後になればもはや防衛が難しいので、いま防衛するのが効果的であるというようないわゆる予防防衛の段階では、緊急避難の意味における「現在」性は認められても、いまだ正当防衛の要件としての「急迫」性は欠けるというべきである（☞§115, 1 (3)）。

この事例においては盗まれた物を最終的に窃盗者が確保して目的を遂げたという実質的既遂の時点までは、侵害の継続性があると解すべきである。

また、将来の侵害を予想してあらかじめ忍び返しあるいは自動銃のような防衛設備を設置しておいた場合であっても、その効果が、侵害が急迫したときにはじめて生じたのであれば、急迫の侵害であるといえる。

(b) 侵害の予期と急迫性　侵害が予期される場合にも、直ちに急迫性が否定されるものではない（最判昭46・11・16刑集25・8・996）。かつて判例は、相手方の侵害について十分の予期をもち、十分の用意を整えて進んで相手と対面すべく赴いた場合、この侵害は急迫のものとはいえないとしていた（最判昭24・11・17刑集3・11・1801、最判昭30・10・25刑集9・11・2295）ことがあるが、今日では、判例も、侵害の予期が急迫性を否定するものではないことを認めている（大阪高判平14・7・9判時1797・159）。侵害の予期が急迫性を否定するとすれば、予期したときはその侵害に対してあらかじめ回避措置をとるべき義務を認めることになりかねない。しかし、侵害が予期されても、被攻撃者に回避義務はないのである[11]。判例も、侵害の急迫性の要件は、「予期された侵害を避けるべき義務を課する趣旨ではない」としている（最決昭52・7・21刑集31・4・747=百選23）。

急迫性の要件は、客観的に把握されるべきであり（**客観的急迫性概念**）、予期せぬ侵害であることも、不意の侵害であることも要求されるわけではない。予期しているかどうか、防衛の意思があるかどうかなどの防衛者の主観的事情は、急迫性の概念とは無関係である。

(c) 積極的加害意思と急迫性　たんに予期している場合ではなく、積極的加害意思がある場合にも急迫性があるといえるのであろうか。**昭和52年最高裁決定**は、「単に予期された侵害を避けなかったというにとどまらず、その機会を利用し積極的に相手に対して加害行為をする意思で侵害に臨んだときは、もはや侵害の急迫性の要件を充たさない」として、積極的加害意思がある場合には、急迫性の要件に欠けるとした。ここでは、たんなる予期を越えて積極的加害意思がそなわった場合には、なお主観が急迫性概念に影響

---

[11]「行きたいところに行く自由」あるいは「自分の家にとどまる自由」といった正当な利益を害されることを受忍する義務はない（山口・問題探究53頁）。この見解を批判して、侵害回避義務を認め、利益衝突を事前に解決すべき場合には、侵害の急迫性を否定する見解（橋爪・正当防衛論の基礎324頁以下）が唱えられているが、方法論的に疑問である。

することを認めているのである。この判例を支持する学説（団藤235頁、荘子227頁）もある。しかし、前述のように、防衛行為にそなわる意図・目的・予見などの主観的事情は、すべて防衛行為かどうかという問題であって、その防衛行為の前提である客観的な正当防衛状況の有無の問題とは無関係である[12]（福田154頁、大塚382頁、内藤334頁、大谷276頁、野村222頁）。

学説の中には、急迫性は客観的な概念であるが、その客観的急迫性の内容として、それを「法益侵害の危険性」ととらえ、それはたんに侵害行為者の側の客観的事情だけではなく、**被侵害者の対応関係**によっても重大な影響を受けるとするもの（川端356頁）がある。つまり、積極的加害意思が客観的な迎撃態勢に現実化されているような場合、急迫性、すなわち侵害の危険性は消滅するとするのである。しかし、ここでは、防衛行為者の側での迎撃の準備に現れた積極的加害意思が重要なのではなく、むしろ、攻撃を予期して、「侵害」が不可能なほどに強固な防衛体制が準備され、そもそも侵害の危険性が否定されることが問題なのである。例えば、自動車に乗った要人への銃弾による攻撃を予期し、強固な防弾ガラスで装備し、同時に積極的加害意思で攻撃者を迎撃した場合には、そもそも攻撃者の意図した「侵害」が存在しないのであって、これに対して、攻撃者を殺害して防衛することは許されないのである。このように、ここで論者の提起している問題は、すでに「急迫性」の問題ではなく、**侵害自体の性質が変更されている事例の問題**なのである。したがって、急迫性概念にはやはり被侵害者の対応関係は影響しないということができる。

この関係で、客観的に切迫した襲撃に対する迎撃行為自体が違法性を帯びたものである場合には、急迫性が否定されるとした判例（大阪高判平13・1・30判時1745・150）がある。

> 暴力団関係者であるAは、会長Cの身辺警護にあたっていたが、Cが理容店で散髪をしているときに、理容店前に複数の自動車で乗り付けた7、8名の者が降車するや否や、いきなり一斉にC及び被告人に向けてけん銃で狙撃するという形で襲撃を受けたが、そのとき駆けつけた数名と共謀のうえ、けん銃で応戦し、襲撃者であるXおよびYを殺害した。判例は、Xらの襲撃は、「切迫した態様のものであった」とし、「日時、場所、態様等の特定された形態で本件襲撃を予期していなかった」とし

---

[12] 学説の中には、急迫性を防衛行為の必要性ないし法益保護の必要性と関連させ、一体不可分なものとして判断しなければならないとするもの（荘子226頁）があるが、急迫性は、正当防衛状況にのみかかわる問題であって、防衛者の事情によって影響されるものではない。

たが、「本件襲撃は、それのみを客観的に見ると切迫した事態であったけれども、それだけで正当防衛の成立が認められる状況としての急迫性が肯定されるものではなく、これに対する被告人らの普段からの警護態勢に基づく迎撃行為が、それ自体違法性を帯びたものであったこと及び本件襲撃の性質、程度も被告人らの予想を超える程度のものではなかったことなどの点に照らすと、本件犯行は、侵害の急迫性の要件を欠き、正当防衛の成立を認めるべき緊急の状況下のものではなかったと解するのが相当である」と判示した。

本判決は、積極的加害意思の要件を用いず、けん銃の携帯や発射が禁止されていることから、迎撃行為が違法であることと襲撃が予期の範囲内であることを理由に急迫性を否定しているが、けん銃を発射して行う迎撃行為の違法性が「急迫性」に影響すると考えるのは、やはり問題である。防衛行為が、「やむを得ずにした」行為ではなく、必要最小限度性の要件を充たしていないことが防衛行為と認められない理由であろう。

挑発行為があった場合、あるいは攻撃を予想しながら相手に近づく行為が、相手の攻撃を利用してこれを傷つけようとしたとみられうる場合には、急迫性が否定されるという見解（平野235頁）も唱えられている。この説は、もう少し広く、正当防衛の濫用とみられる場合はすでに急迫性がなくなるともいう。しかし、挑発も予期もまた濫用かどうかも、急迫性の概念には無関係である。それは、たんに防衛行為自体が許容されるかどうかの問題なのである。

　　判例は、このような主観的急迫性概念をさらに押し進めて、共同正犯の場合には、急迫性は、積極加害意思の有無に応じて各共同者ごとにその有無が決定されるものとする。すなわち、共同正犯が成立する場合における過剰防衛の成否が問題になった場合に、一方（A）が、積極的な加害の意思で侵害に臨み、他方（B）がそれをもっていなかったという場合に、後者（B）にとっては急迫不正の侵害であるとしても、前者（A）にとっては急迫性を欠くものであって、前者（A）にとっては過剰防衛は認められないとした（最決平4・6・5刑集46・4・245＝**百選88**）。しかし、各々の防衛者の主観によって客観的な急迫性の有無が決定されるわけではないから、この判例の趣旨は不当である。

(2) 「不正」

不正とは違法であることをいう。したがって、適法な侵害に対しては正当防衛は認められない。「不正」の概念は、原則として、犯罪論における違法性概念に対応する。このことは、正当化事由がある場合には、不正ではないということを意味する。しかし、構成要件に該当する行為のみが不正ではな

いのであるから、構成要件に該当しない行為、例えば過失器物毀棄にあたる行為についても、不正であるということができる。

　ここから、例えば、自動車の運転者が無過失で歩行者を撥ねようとしたとき、歩行者が、運転者に対して正当防衛ができるかという問いに対しては、無過失であっても、運転者の行為は違法であり、正当防衛の対象となりうるとすべきである。なお、この場合、運転者の行為と結果との間の客観的帰属連関が存在し、「不正な侵害」であり、必要性があるかぎり、運転者に対して正当防衛はなしうるというべきである。

このように、行為者の行為と客観的帰属連関に立つ結果が防衛行為者に発生し、行為者の行為ないしその結果が正当化されないかぎり、その結果は違法である。他方、客観的に違法な攻撃であれば足り、有責な攻撃であることは要しないから、精神病者や幼児の行為に対しても正当防衛を行うことができる。[13]

不正なのは、**人間の行為**による侵害に限られるかという問いに対しては、犯罪論における違法概念と同じく、原則的に、法益侵害が違法であると解する立場からは、**違法状態**が認められるのであって、これにかぎられないというべきである。また、ここでいう「不正」とは、犯罪成立要件の一つとしての「違法性」ではなく、「被侵害者の法益を侵害し、これに対して正当防衛が許されるかどうかという見地から問題とされるべき一般法的観点における違法性」（大塚365頁）を意味するとする見解もある。[14]したがって、動物の攻撃も自然事象による攻撃も「不正」である。また、人間の睡眠中の挙動によって他人の身体を攻撃した場合も、不正でありうる。

(3)　「侵害」

侵害とは、他人の権利に対して実害または危険を与えることをいう。故意による行為であると、過失による行為であるとを問わず、また、作為による場合が通常であるが、**不作為によっても侵害はありうる**。例えば、住居に侵入し退去しない者に対して、実力を行使して戸外に引きずり出す場合、退去しないという不作為が侵害といえる（大阪高判昭29・4・20高刑集7・3・422）。また、不作為に対する侵害に対しては、緊急救助者が自らの行為で例えば子供を餓死させようとする母親の住居に侵入して子供を救う場合と母親に子供に

---

[13] もちろん、これらの者に対する正当防衛が正当防衛の基本原理たる法確証原理から制限される場合はある（☞§110, 4 (2) (d)）。

[14] しかし、違法性の概念を相対的に解するのは、混乱を招き、妥当でない。この説の検討として、川端・正当防衛権の再生149頁以下参照。

対する食物の供与を脅迫によって強要する場合とがありうる。ただし、使用者側が団体交渉の申入れに応じないという不作為は、いまだ急迫不正の侵害があるとはいえないとした判例（最決昭57・5・26刑集36・5・609）がある。侵害は、犯罪行為であることを要しない。

（a）**対物防衛**　侵害が、人間の行為によることを要するか、それ以外の物、とくに動物による侵害の事実があればよいかについては、学説が分かれている。

（ⅰ）**対物防衛否定説**　第1説は、物、動物および**行為といえない人の挙動**による侵害は、「侵害」にあたらず、正当防衛は認められないと解する（団藤237頁、福田155頁、野村220頁）。この説は、侵害とは「**侵害行為**」であると解する（団藤235頁）。この見解からは、侵害行為ではない動物などの物による侵害に対するいわゆる「対物防衛」（Sachwehr）は、正当防衛にはならない。しかし、「危難」にはあたりうるので、緊急避難が成立しうるにすぎない（緊急避難説）。ただし、この見解からも、**人が動物を道具として侵害を行う場合**には、管理者・所有者の侵害行為が存在するから、これに対する正当防衛を行うことができる（木村256頁、団藤237頁、福田155頁、藤木163頁、内田194頁）。この動物の利用行為は、故意によるものであると、過失によるものであるとを問わないとされる。

> 自然事象や野性の動物の攻撃に対してそれらに反撃を加えること、例えば、落下して当たりそうになった隕石を打ち壊しても、襲ってきた蚊を叩きつぶしても、あるいは野良犬による攻撃に対してそれを打ちのめして撃退しても、その物や動物にそもそも管理者・所有者がいないので、器物損壊罪の構成要件に該当せず、正当防衛を論じる必要がない。

（ⅱ）**対物防衛肯定説**　これに対して、ここでいう「侵害」には「**侵害状態**」が含まれるとして、人の侵害行為といえない動物の侵害などについても、正当防衛を認める見解（佐伯200頁、平野232頁、中133頁、中山273頁、大塚383頁、内藤339頁、曽根101頁、浅田223頁、前田373頁）も有力である。緊急避難説と正当防衛説の背後には、違法論における対立がある。緊急避難説は、規範を人間の行為を対象としたものと解し、規範は、人間の行為を制御するものであるから、行為によってのみ違反されるものとする。これに対して、正当防衛説は、違法を法益侵害またはその危険と解する立場から、法益に対する危険が生じれば、それが自然事象あるいは動物からのものであっても、

違法であるとする。

このように、緊急避難ではなく、正当防衛を肯定する見解の背後には、さらに、緊急避難とした場合、利益均衡や補充性の要件から、正当防衛の場合より要件が厳しくなり、人間の行為による攻撃よりも動物などによる攻撃の方が限定されるという実際上の不都合に対する考慮があるといえよう。

　(b)　**「人」に対する正当防衛の要件**　　すでに述べたように、違法状態を肯定する立場からは、対物防衛を肯定することは容易である。しかし、通常の感覚から奇異に感じられるのは、物や動物に対して正当防衛を行うという点である。正当防衛は、あくまで人と人との間の利益衝突状態における正当化を取り扱うものであるから、防衛行為によって他人（攻撃者）の権利に対する侵害が発生しなければ、正当防衛として正当化する必要はない。対物防衛においても、防衛行為による他人の権利の侵害が正当化されなければならないということが重要なのである。また、とくに法確証の原理を正当防衛の原理であるとすると、物や動物に対して法の確証を行うことは無意味である。人が、故意ないし過失によって飼い犬をけしかけ、飼い犬に襲われた者が、その飼い犬を殺害することによって自らの身体を守ったという場合には、その防衛行為は、飼い犬を防衛行為の客体としながらも、けしかけた人の行為に向けて行われている。たしかに、所有者・管理者の故意・過失（違法行為）なく、その飼い犬が危険源（危険の原因）となって攻撃した場合には、人の行為に対する防衛行為であると構成することはできない。けれども、正当防衛は、「物」に対する関係で問題となるのではなく、「人」に対する関係においてであるという観点から出発すると、「人」に対する正当防衛であるという理論構成が必要である。つまり、飼い犬の侵害に対する迎撃であっても、飼い主に対して、正当防衛が行われたとみなければならない。それでは、いかなる条件があれば、「物」に対する反撃が「人」に対する正当防衛といいうるのであろうか。そこでは、「人」と「違法状態」を結びつける関係が必要である。

それは、次のように考えられるからであろう。すなわち、飼い主は、たしかに飼い犬を道具として利用して、けしかけたのではない。しかし、飼い犬

---

15 その他、正当防衛ではないが、**準正当防衛**としてそれに準じて違法阻却事由とすべきであるとする見解（大場568頁、久礼田214頁、大谷277頁）も唱えられている。
16 これを「過失推定」に求める説として、下村・続基本的思想46頁以下参照。

から発する侵害結果に対しては、所有者・管理者は、無過失であっても**所有者・管理者**であることを理由に、正当防衛による反撃を受忍しなければならない。それは、いわば、これらの者は、所有権ないし占有にもとづいて物に対して事実上の管理・支配を行っていることの**反射効**として、自らの**支配管轄内ないし陣営内にある危険な物**から発する侵害に対しては、法の確証のために行われる防衛行為に対して受忍する義務を負うという考え方を基礎にするのである。[17] 私見に対して、法確証原理を支持しつつ、対物防衛を肯定するのは「奇妙」とする批判があり、対物防衛では不正の侵害と評価すべき実体が存在しないとされる（橋田「侵害の不正性と対物防衛」現刑9号38頁）が、動物の事実上の支配・管理により動物による法益侵害が人に帰属されるとき、その人に対して危険責任を根拠に「不正」性を認めることは可能であり、法確証を行うこともできるというべきである。

　なお、この場合、民法上の緊急避難規定（720条2項）が定める範囲内で、物に対する毀損という方法による正当防衛のみが、正当化されるのであって、過失の推定された飼い主自身に対する迎撃という形での正当防衛は、防衛行為として不適切であり、認められない。

物の所有者・管理者に対しては、法益均衡や補充性によって緩和された反撃を要請する必要がないのは、このような危険な物に対する所有・占有自体に由来するいわば**無過失責任**によるのである。これにもとづいて、物の所有者・管理者には法の確証の必要性が根拠づけられる。[18]

　(c) 判 例　判例においては、他人の犬が自己の犬に襲いかかってきた事例に対して、緊急避難を認めたもの（大判昭12・11・6 裁判例(11)刑87）がある。Xが、自己所有の**英セッター種猟犬**（価格、600円）を連れてA方前の道路にさしかかったとき、Aの**土佐雑種の番犬**（価格、150円）がXの猟犬に迫ってきて咬み伏せた。そこで、Xは、A方家人に対して番犬の制止を求めたが応じなかったので、放置しておけば咬み殺され、または少なくとも爾後猟犬としては無価値になると思い、これを防ごうとして所有していた猟銃で番犬を撃ち、銃創を負わせた。判決は、他に危難を回

---

[17] このことは、動物および土地の工作物からの侵害については、動物占有者の責任（民法718条）ないし土地の工作物の占有者、および所有者の責任（民法717条）にもとづいて、過失責任があることを推定する民法の規定を類推して説明することもできる。もちろん、土地の工作物でない物については、民法上の規定はないので、この類推は、傍証にすぎないが、無過失であっても、責任を負うという制度によって危険責任を負わせられる一例である。

[18] 禁猟獣として保護されているような動物の攻撃については、それが無主物であっても、みずからが保護する動物の違法な侵害により反撃の客体となったことについて、保護主体である国家が、その保護責任の不履行により正当防衛を甘受すべき地位に立つ。

避するための適当な手段がなかったとして、「其の所有猟犬に対する現在の危難を避くる為已むことを得ざるに出でたるものと認めざるを得ず」と判示した。本件は、家人が制止しなかったのであるから、番犬の襲撃には故意ないし少なくとも過失が認められ、対物防衛を否定する見解によっても、正当防衛が認められうる事例であったといえよう（川端・正当防衛権の再生 147 頁）。

2 自己または他人の権利を防衛するため
(1) 「自己または他人の権利」
権利とは、法的に保護された利益、すなわち、法益を意味する。生命、身体、自由、財産、名誉などを含む。必ずしも、法令上、権利という名称が与えられていることを要しない。財産的権利はもちろん、一般的人格権も「権利」である。

まず、**財産的権利**については、判例には、本件相手方らが立入禁止等と記載した本件看板を本件建物に設置したのを阻止しようとして、相手方らに暴行を加えた事案につき、この設置行為は、被告人らの本件建物に対する共有持分権、賃借権等を侵害すると共に、被告人らの会社の業務を妨害し、被告人らの名誉を害するものであって、本件暴行の際にもその行為は継続していたとし、さらに、本件暴行は、財産的権利を防衛するために相手方の身体の安全を侵害したものであることを考慮しても、いまだ**相当性の範囲を超えたものということはできない**として正当防衛を認めたもの（最判平 21・7・16 刑集 63・6・711）がある。

次に、写真を撮られることに対する**自己の肖像権**が、この「権利」に含まれるかどうかは、ドイツにおいては争われている。保護される人格権に含まれるためには、写真の公開や頒布を要件とするのであって、たんに撮影されるだけでは、正当防衛の対象とならないとする見解もみられる。わが国においては、上司の命令によって労組員等の写真を撮影した会社側職員に対し暴行を加え、撮影ずみフィルムを感光させて毀棄した行為が、過去の侵害であるとして、**肖像権に対する正当防衛**の主張を排斥した事例（東京地判昭 40・3・30 下刑集 7・3・447）がある。

問題となるのは、デモの際に、検察官ないし警察官が以前に実行された犯罪の行為者を捜索するための助けにしようとして、デモ参加者を写真撮影する行為に対して、デモ参加者がフィルムを取り上げるなどして正当防衛ができるかどうかであるが、ドイツの判例には、違法な攻撃ではないとしたもの（BGH JZ 1976, 31）もある。しかし、ドイツの学説では、この判決は不当だとされている。わが国においては、警察官によって人物確認のためにひそかな写真撮影の対象とされた者とともに撮影された者が、そのフィルムが装塡された写真機を強取した行為は、撮影行為が適法な職務であるから、正当防衛における「違法の侵害行為」はないとして、違法であるとされた事例（最決昭 38・7・9 刑集 17・6・579）がある。なお、弁護人は「肖像権の議論をしようとは思わない」と上告趣意で述べている。

自己の権利だけではなく、他人の権利に対する正当防衛も許される。他人

の権利を防衛するための正当防衛を「**緊急救助**」(Nothilfe) という。「他人」には、国家または法人も含まれる。したがって、国家の法益または公法上の法人の法益についても、個人的法益として扱われるときは、この権利に含まれることはいうまでもない。公共財産も、窃盗や器物毀棄としての侵害に対して、正当防衛されうるのである。

　しかし、公共的法益自体を正当防衛可能な「権利」とみなすことはできないというべきである。酒酔い運転をしている者や運転免許をもたない者の運転に対して、具体的に何人かを危険にさらすなどの事情のないかぎり、それのみを理由として、私人が運転を実力で阻止するなどの行為は正当防衛とはならない。また、わいせつな映画の上映を、危険にさらされる公共の秩序を防衛するために、私人がガス弾を用いて上映不能にすることも、倫理的に厳格な牧師が、書店の店頭に置かれたポルノ雑誌を破棄した場合にも、正当防衛とはなりえない。国家的秩序の維持や公共の生活の安全を図るのは、私人ではなく、憲法や法律によってその権限の濫用を制限された公的機関の任務なのである。ただし、公共的法益を害すると同時に、個人的な法益を害するものでもある場合には、正当防衛を行うことができる。例えば、公衆の面前で性的羞恥心を起こさせるような露出行為を行うなどわいせつ行為を行った者に対して、着衣を強要する行為は正当防衛といえる（植田76頁参照）。

国家的法益を保護する目的でなされた私人の防衛行為が許されるかどうかについては争いがある。これは、「**国家正当防衛**」(Staatsnotwehr) または「**国家緊急救助**」(Staatsnothilfe) と呼ばれる。ここでは、内乱罪などの国家の存立に関する犯罪から、高権の担い手としての国家を守るための私人の行為が正当防衛となりうるかどうかである。これを許すべきでないという否定説（瀧川「刑法36条にいわゆる急迫の意義」刑雑2巻1号212頁、平野238頁、中135頁、荘子237頁、内田195頁、中山276頁、内藤340頁、曽根103頁、野村225頁）が通説であるが、国家公共機関による救助を期待できない極めて緊迫した場合においては限定的にこれを認めてよいとする肯定説（木村260頁、団藤239頁、福田157頁以下、大塚387頁、大谷278頁、香川176頁、板倉201頁、川端364頁、最判昭24・8・18刑集3・9・1465）も有力である。**否定説**は、「国家の（防衛のための）特別組織がはたらかないという重大事に際して、個人が国家に代つて法秩序を防衛するというような場合は考えられない。個人が国家のために法秩序を防衛することは、正当防衛の概念に含まれていないと解すべきである」（瀧川・刑雑2巻1号212頁）とするほか、正当防衛が政治的に濫用される危険が挙げられる。正当防衛の歴史を振り返ると、個人的法益においても限定された生命・身体という法益から徐々に一般的な個人的法益に拡大されてきたの

であり、文言上「他人の権利」とされていることからも、国家高権を保護するための正当防衛は認められないというべきであろう。

判例においては、結論として当該事案に正当防衛を認めなかったものの、傍論として、「公共の福祉をも含めてすべての法益は防衛せられるべきであるとする刑法の理念から言っても、国家的、国民的、公共的法益についても正当防衛が許されるべき場合が存することを認むべきである」として「かかる公益のための正当防衛等は、国家公共の機関の有効な公的活動を期待し得ない極めて緊迫した場合においてのみ例外的に許容されるべきものと解するを相当とする」と説示されたことがある（最判昭24・8・18刑集3・9・1465）[19]。

(2) 防衛の意思

正当防衛が成立するためには、客観的な防衛行為のほかに、**正当防衛の意思**（Verteidigungswille）が必要かどうかについては、主観的正当化要素を認めるべきか否かという一般的問題の典型的な問題の一つとして争われていることはすでに述べた（☞§106）。**防衛の意思必要説**が通説・判例であるが、学説においては**不要説**も有力である。防衛の意思の内容については、基本的に、急迫不正の侵害（正当防衛状況）の認識で足りるか、それとも防衛の意思・動機を必要とするかにより学説が分かれている。

(a) 防衛の意思必要説と不要説

（ⅰ）学説 防衛の意思必要説（木村261頁、佐伯201頁、植田76頁、荘子239頁、中135頁、福田156頁、大塚390頁、川端366頁、大谷282頁など）は、①刑法36条の権利を防衛する「ため」という文言は、防衛の意思を必要とする趣旨である、②違法性の判断は、客観的要素のみならず主観的要素をも併せ考慮して判断されるべきであるから、正当化についても、主観的正当化要素が認められるべきである、③明らかに犯罪の意図をもって攻撃行為がなされ、行為者の予想通り結果を惹起したのに正当防衛を認めると、不正な者を保護することになって不当であることなどを根拠とする。なお、**判例**は、一

---

[19] なお、**神兵隊事件**＝大判昭16・3・15刑集20・277および、東京地判昭47・4・27刑月4・4・857も、国家的法益に対する正当防衛を認める。その他、**経団連会館侵入事件**（東京地判昭53・3・6判時915・130）においては、「国家的法益を防衛する目的で、経団連による急迫不正の侵害に対しやむをえずなされた行為であり、かつその程度も行為の態様、当時の状況に照らし相当であるから、正当防衛として違法性が阻却されるべきであり、かりに右主張が認められないとしても、被告人らは、前記侵害行為の主体を経団連と誤想して防衛行為をなしたものであるから、誤想防衛として故意が阻却されるべきであるという弁護人の主張に対して「**国家的法益に対する正当防衛**は、国家公共機関の有効な公的活動を期待しえない極めて緊迫した場合においてのみ**例外的に許されるべきもの**と解するのを相当とする」として、正当防衛を認めなかった。

第 2 節　正当防衛　§110　正当防衛の要件◇　495

貫して**必要説**に立つ（大判昭 11・12・7 刑集 15・1561、最判昭 46・11・16 刑集 25・8・996 など）。

　これに対して、**防衛の意思不要説**（小野 123 頁、平野 242 頁、内藤 343 頁、中山・概説〔Ⅰ〕110 頁、香川 177 頁、同・団藤古稀 1 巻 270 頁以下、内田 195 頁、浅田 227 頁、前田 377 頁以下、曽根 104 頁、堀内 159 頁、山口 124 頁）は、①刑法 36 条の権利を防衛する「ため」という文言は、客観的に権利を防衛するためにした行為と認められる場合であれば十分であって、主観的に権利の防衛を目的とする必要はないと解し、②結果無価値論の立場からは、主観的違法要素は認めることができない、③犯罪的意図をもって行為したとしても、結果的には、正当防衛が実現されており、例えば、Ａを射殺しようとしているＢを、Ｃが偶然に一瞬早く射殺した場合でも、結果的にＣはＡの命を救ったのであるから、結果価値が実現されているのであり、結果無価値論からはこれを正当化することは合理的であるとする。この事例において、命を救われたＡはＣに感謝しこそすれ、非難することはないのであって、Ｃの処罰は、行為無価値論によって根拠づけられるにすぎない。④さらに、必要説に立つと、過失犯においては、防衛の意思がないのであるから、正当防衛が認められないことになるが、これは不当であると批判される（平野 243 頁）。その他、⑤正当防衛はとっさの反撃行動であるから防衛の意思を必要とすると、正当防衛の成立範囲が著しく狭められるであろうという非難がある。

　⑤については、自衛本能にもとづきほとんど無意識的になされた反射的行動でも、防衛の意思が認められるのが一般であると**反論**される（福田 158 頁、大塚・基本問題 177 頁）。これを前提にして、④については、防衛の意思が本能的な行為にもともなわれうることを認める以上、過失行為による正当防衛も考えられようと反論する（福田 158 頁、大塚 391 頁、同・基本問題 178 頁）。⑤については、本能的・**反射的な行動**で足りるとするなら、「行為」である必要もなく、たんなる動作でも足りるとしなければなるまいと反論される（香川 178 頁）。④の反論については、先の事例において、Ａを射殺しようとしているＢに対して、過失で発砲して射殺してしまったＣは、Ｃの行動が無意識的な行動であろうとなかろうと、正当防衛状況を認識していないことは明らかであり、その場合にも防衛の意思があるというのであれば、強弁でなければ自己欺瞞であろう。

　偶然防衛について、**第三者のための偶然防衛**（緊急救助型）と**自己のための偶然防衛**（自己防衛型）との二つの型があり、前者においては、正当防衛が成立し不可罰で

---

[20] 前者の事例は、ＸはＡがＢを殺害しようとして銃を構えていることを知らずに、殺意をもってＡに向け銃を発射し、殺害したという場合である。後者の事例は、ＡがＸ自身に狙いを定めて

あるが、後者の類型においては、違法であるが未遂にとどまるとする見解（曽根『刑事違法論の研究』〔1998〕173頁以下、同・重要問題94頁以下、同104頁）がある。前者の場合には、「不正対正」の関係が存在しており、客観的な意味での防衛行為により正当な利益は維持されている。これに対して、後者においては、「攻撃者」と「防衛行為者」は「不正対不正」の関係に立ち、いずれの側にも優越的利益を認めることはできないのである。しかし、防衛行為者の相手方の行為も法の保護に値しない不正な利益であるから、未遂の限度で責任を負う[21]。そして、この場合、防衛の意思は、結果的に主観的正当化要素としてのはたらきをもつという。

　この見解は、正当防衛状態を**行為の時点**で観察している点で、基本的に行為無価値論的出発点に立つものである。正当防衛状態は、第一義的には、結果的に観察して判断されるべきである。したがって、XがAを一瞬早く射殺した場合には、問題となるのはXの行為の正当化なのであるから、自己防衛型の場合も、まず、急迫不正の侵害をしたのはAであるとすればよい。ここではいわば「早い者勝ち」を認めてよいのである。両方が未遂に終わった場合には、その解決法を別に考えればよい。そうすると、Xが早かった場合には、結果的には、Xにとっての正当防衛状態は存在したことになる。Xの行為の未遂の可罰性の問題は残るが、それは結果が正当化されるかどうかの問題とは別問題である。また、この見解は、緊急救助型の場合のXにも未遂となりうる危険が残っていることを看過している。はじめから自己防衛型の場合にはXの行為は違法、緊急救助型の場合には適法と決めてかかっている点に問題がある。

（ⅱ）過失行為による正当防衛　　過失行為による正当防衛が成立しうる事例状況は、二種類あるといわれている。一つは、いわば**過失による偶然防衛の事例**であって、AがBを殺害するため発砲する直前に、Cが過失でAを射殺したというような場合である。この場合、Cには、正当防衛状況の認識はないので、防衛の意思を必要とする見解からは、①正当防衛は認められないか、過失犯における未遂処罰はないので、②不可罰となるかである。防衛の意思不要説からは、正当防衛が肯定される。**もう一つの事例状況**は、緊急状況の認識はあるが、**人による侵害を動物**（例えば、熊）**による侵害と誤信した**ことによって、発砲して死亡させ防衛行為を行ったような場合である。この場合、人に対しては過失致死罪が問題となるが、急迫不正の侵害に対する認識は存在するので、防衛の意思必要説からも、防衛の意思は認められ、正当防衛が成立するとされる（福田＝大塚・対談〔中〕14頁、大谷285頁）。これに属する事例は、これのみにとどまらず、急迫不正の侵害の存在を認識していたが、防衛行為が過失を含んでいたという事例もこれに含まれる[22]。

いた場合である。
[21] 構成要件該当性の判断としては、既遂であるが、既遂違法は発生していないから、既遂犯としての処罰に値するだけの結果無価値を欠くというのである。

この例として、**自動車運転過失致死罪**につき、正当防衛が認められるとした判例（大阪地判平24・3・16LEX/DB）がある。A は、運転中の被告人がクラクションを鳴らしたのに怒り、運転席側のドアノブをつかんで併走していたが、路上に落下し被告人の車に轢過され、死亡した事故につき、被告人の自動車運転過失致死罪については、自らに対する危険を避ける意思でやむを得ずした行為であって、**正当防衛にあたる**とされた。「A は、被告人車両に攻撃を加え続け、…走行する被告人車両のドアノブ付近から手を離さず併走したのであって、**自ら危険な状況に飛び込んだ、あるいはそのような危険な状況を自ら作出した**といえる。これらの事情を考えると、本件では A の行動そのものが大きな原因となっているといえるから、客観的な危険性の高さや過失の内容を理由に、被告人の行為がやむを得ず身を守るためにしたものとして相当だと考えられる範囲を超えていたということはできない」というのである。

(iii) 未遂か既遂か 防衛の意思必要説による場合にも、防衛の意思をそもそも防衛行為の成立のための要件ととらえ、行為のみならず結果をも含めて防衛行為を理解するか、それとも防衛行為の行為無価値を根拠づける要件であるととらえるかにより、防衛の意思を欠いた場合に、当該犯罪の既遂となるか未遂となるかという結論を異にする（☞§106, 3）。

通説は、前者の見解を採り、**既遂**とする（団藤238頁、福田158頁、大塚391頁、大谷284頁、川端370頁）が、**有力な少数説**では**未遂**が成立しうるにすぎない（牧野〔上〕452頁、江家102頁、中136頁、同・諸問題82頁以下、部分的には、曽根・重要問題95頁）。結果無価値は欠けるからである。なお、少数説は、未遂規定を準用すべきであるとする（野村226頁）。同じく、**不要説**に立っても、防衛の意思がない場合に、不可罰とする通説（中山・概説〔Ⅰ〕96頁、内藤344頁）と未遂の余地を認める説（平野243頁、内田195頁、西田171頁）がある。結果発生の具体的危険が存在する場合には、危険無価値は存在するのであるから、未遂の余地を認める説をもって妥当とすべきである（なお、反対するものとして、前田・団藤古稀1巻346頁参照）。

それは、以下のように論証されうる。いわゆる偶然防衛の事例においては、どちらの法益侵害結果が先行するかによって不法と適法が入れ代わる可能性が大である。緊急救助の事例を考えても、たまたまAの発砲が、Bの

---

[22] 例えば、防衛者は、攻撃者に対して、たまたま持っていた猟銃で殴打して防衛すれば十分だと考え、猟銃で防戦し、その際、過失によって弾丸が発射され傷害を負わせたが、相手を傷害することによる防衛行為も、いわゆる相当性の範囲内であったという事例がそうである。この事例においては、防衛の意思は、本来、暴行までしか及んでいない。傷害罪（204条）に該当するとしても、その実は、傷害については過失行為である（☞(b)(v)）。なお、過失犯における防衛の意思の要否については、吉田敏雄『刑法理論の基礎』（改訂版・2007）105頁以下参照。

殺害行為が急迫している状況のもとで行われたがゆえに、正当防衛結果が発生したが、もう少し早くても、遅くても殺人罪が成立していたというのが、偶然防衛のほとんどの事例であるといってもよいであろう。このような状況は、事前的な具体的危険説的アプローチによらず、事後的観察によっても、違法な結果に対する危険状態も発生せしめているといってもよいのである。例えば、Aの発砲の後、最後の瞬間にBが侵害行為を行った場合、具体的な危険状態もすでに発生している。この場合、結果的に正当防衛状況が存在したとしても、それは、結果無価値を正当化するのみであって、発生した違法な危険状態までをも正当化するわけではない。具体的危険という意味での危険無価値はなお残ることがあるのである[23]。

例えば、偶然防衛において、攻撃者を射殺する行為による緊急救助者の救助行為が効を奏さなかったとした場合、結果無価値論者によれば、この**偶然防衛未遂行為**は、殺人未遂罪となるのであろうか、それとも、正当防衛行為として**不可罰**なのであろうか。結果価値が生じていないのであるから、それを決定するのは、正当防衛結果の発生と、殺人の不法の惹起との間の客観的危険性の大小関係でしかありえない。この場合に、殺人未遂の成立の可能性を認めるのならば、偶然防衛が効を奏した場合にも、**客観的危険状態の発生**による未遂の可能性を否定できないであろう。

(b)　防衛の意思の内容

(ⅰ)　**目的説と認識説**　　防衛の意思とは、本来、不正な侵害から自己または他人の権利を守るという意思である。このような意思は、**防衛の目的・意図ないし動機**を意味する（目的説）のか、それとも **防衛の認識**、すなわち、正当防衛状況の認識があれば十分（認識説）なのかについては、学説が対立している。

もちろん、防衛の目的や意図ないし動機は、たんに内発的なものであってはならないのであって、何らの根拠なく、防衛行為であると思い込んでいても、ここでいう防衛行為とはいえない。したがって、正当防衛状況の認識を前提としてのみ、それに加えて防衛の目的・動機を要求するのが、**目的説** なのである。防衛の目的・動機が必要であるとすると、行為者が、侵害に対して狼狽(ろうばい)、驚愕、憤激、興奮、逆上のあまり反撃したという場合、積極的に「防衛しよう」という動機からではなく、主たる動機は、狼狽、驚愕、憤激、

---

[23] 防衛の意思がある場合には、行為無価値がなくなるのではなく、防衛の意思によって結果と因果経過がより確実に支配されているため、不法結果発生の危険性が否定されるがゆえに、未遂も成立しないのである。

興奮、逆上したことにあるというような事例においては、防衛の意思が否定されることになる。

これに対して、**認識説**は、たんなる急迫不正の侵害（正当防衛状況）の認識で足りるか、それともそれに加えて、侵害に「対応する意思」を要求するかによって、**二つに分かれる**。まず、後者の立場から説明すると、これは、例えば、「急迫不正の侵害に対応する意思」（荘子 239 頁）とか「急迫不正の侵害を意識しつつ、これを避けようとする単純な心理状態」（大塚 390 頁、大谷 283 頁、川端 367 頁）とするものである。この見解によれば、急迫不正の侵害の事実（正当防衛状況）の認識とその侵害を回避する意思があればよいことになる。次に、このような認識説をより純化して、「『急迫不正の侵害』の認識」があれば十分であるとする見解（野村 225 頁）によれば、正当防衛状況にあることを認識しておれば、それに対してどのように「対応」する意思をもつかは問われない点で、知的要素に比べて、意思的要素はより希薄化されているといえよう。

　（ii）　**憤激と防衛の意思**　　判例においては、かつて防衛の意思の内容は、防衛の目的・動機の意味に理解されていた。突然胸倉をつかまれた者が、「憤激して」反撃した事案につき、「正当防衛の意思」が認められないとした**大審院の判例**（大判昭 11・12・7 刑集 15・1561）は、防衛の意思の内容を「**防衛の目的**」であると解したことによって、防衛の意思の存在を否定したのである。もちろん、憤激の念がつのって反撃を加えた場合にも、防衛のための行為であるとした**大審院の判例**（大判昭 19・10・20 刑集 23・230）もあったことに注意すべきである。しかし、戦後になって、「日頃の忿懣を爆発させ憤激の余り咄嗟に」被害者を殺害しようと決意して反撃行為をなした事案につき、これを正当防衛行為ではないとした**最高裁の判例**（最決昭 32・2・24 刑集 12・2・297）がある。

　これに対して、**昭和 46 年の最高裁判例**（最判昭 46・11・16 刑集 25・8・996）は、**認識説的見地**に立った。「相手の加害行為に対し憤激または逆上して反撃を加えたからといって、ただちに防衛の意思を欠くものと解すべきではない」として、「殴打され逆上して反撃に転じたからといって、ただちに防衛の意思を欠くものとはいえない」とした。

　（iii）　**防衛意思と攻撃意思の併存**　　昭和 50 年の最高裁判決（最判昭 50・11・28 刑集 29・10・983＝**百選 24**）においても、「防衛の意思と攻撃の意思とが併存

している場合の行為は、防衛の意思を欠くものではない」と判示した。さらに、最高裁は、**昭和60年の判決**（最判昭60・9・12刑集39・6・275）においても、自己の経営するスナック店内で相手から激しい暴行を受けているうち、憎悪と怒りから調理場にあった文化包丁を持ち出して、相手から「逃げる気か」といって肩を掴まれるなどしたため、振り向きざまに相手の胸部を一突きにして殺害したという事案につき、「たとえ、同時に侵害者に対し憎悪や怒りの念を抱き攻撃的な意思に出たものであっても、その行為は防衛のための行為に当たると解するのが相当である」とした。この判決では、「**防衛の意思と併存しうる程度の攻撃の意思**」であれば、専ら攻撃の意思に出たものではないとしている。

　防衛の意思と攻撃の意思は、併存しえ、併存しているかぎり、防衛の意思は存在するといえる。しかし、防衛の意思が攻撃の意思を優越的支配のもとにおいている場合には、それをいまだ防衛の意思と呼ぶことはできても、逆に、攻撃の意思が**優越的支配**をもつことになった場合には、防衛行為は否定されうるという学説（荘子240頁）がある。判例においても、正当防衛の判断において、「専ら防衛の意思にのみ出たことを必要とするものではなく、他に附随的に攻撃意思が併存していても、それが防衛意思に比して主たるものではないかぎり正当防衛というに妨げない」と判示したもの（大阪高判昭40・5・29下刑集7・5・805）がある。

　(iv)　積極的加害意思　　しかし、判例は、かねてから被告人が、攻撃者に対して「憎悪の念をもち攻撃を受けたのに乗じ積極的な加害行為に出たなどの特別な事情が認められないかぎり」、被告人の反撃行為は、「防衛の意思をもってなされたものと認めるのが相当である」（前掲最判昭46・11・16）とし、さらに、**昭和50年最高裁判決**では、「防衛に名を借りて侵害者に対し積極的に攻撃を加える行為は、防衛の意思を欠く結果、正当防衛のための行為と認めることはできない」とする（前掲最判昭50・11・28＝**百選24**）。防衛を口実にしてたんに攻撃のために行われる行為は、「**口実防衛**」といわれている。したがって、「はじめから反撃を加える意図で故意に侵害行為を誘発したようなばあいには、正当防衛をみとめることができない」（団藤238頁）。このかぎりでは、積極的加害意思は、判例によれば、防衛の意思とは両立しえないと解しているように思われる。

　しかし、最高裁は、**昭和52年の決定**以降、「単に予期された侵害を避けえ

なかったというにとどまらず、その機会を利用し積極的に相手に対して加害行為をする意思で侵害に臨んだときは、もはや侵害の急迫性の要件を充たさない」（前掲最決昭 52・7・21＝**百選 23**）としたのであり、これによって、判例においては、積極的加害意思は、防衛の意思の問題ではなく、**急迫性の問題**ととらえられることになったのである。これは、防衛の意思は、積極的加害意思がある場合であっても、それを肯定せざるをえないとしたものと解することもできる。すなわち、判例は、防衛の意思の内容を認識説的に把握するようになったと解するのである。

（ⅴ）　**防衛行為の対象の認識範囲**　　防衛の意思必要説に立った場合、防衛の意思とは、たんに何らかの**行為**で防衛をする意思であればよいのか、それとも、特定の**結果**をも含めた意味での防衛行為を行う意思である必要があるのかが、ここにおける論点である。

> 具体的事例によって論点を明示すると、例えば、Ａが、有形力の行使によって傷害の故意で突きかかってきたＢの攻撃を撃退しようとしたところ過失によってＢに傷害を負わせてしまったが、本来、傷害行為であっても過剰防衛ではなかったという場合、防衛の意思は、たんに動機において防衛する意思があれば防衛の意思ありということができるのか、それとも、傷害による防衛の意思がなければ、防衛の意思とはいえないのかどうかである（この問題については、振津・刑事不法論の研究 56 頁以下参照）。防衛の意思が主観的正当化要素であるとするならば、それによって正当化されるのは、その認識が及んでいる範囲内においてであるということになる。そうだとすると、暴行までの認識しか存在しない場合には、暴行までが正当化されるにすぎない。

（3）　**他人の権利の防衛**

他人の権利を防衛する行為は、**緊急救助**であるが、これについても、原則的に、自己防衛の場合と同様である。ここで問題となるのは、救助を要する者が、救助を放棄した場合、すなわち、その者の意思に反した場合にも、救助することが正当化されるかどうかである。これについては、見解が分かれている。わが国においては、この場合、正当化を否定する**少数説**（宮本・学粋 245 頁）もあるが、正当防衛行為の社会倫理的意義にかんがみて、あるいは、正当防衛が、正当利益の保護のための権利であるのみではなく「義務」であることにかんがみて、さらに法確証機能という観点から、**肯定する見解**（牧野〔下〕450 頁、木村 261 頁、大塚 391 頁）が多数である。

しかし、正当防衛は、個人保護原理にもとづくものであるとの基本思想にかんがみると、被侵害者である個人の保護の放棄の意思は尊重されるべきで

ある。法確証の原理も、個人保護の枠内で意義をもつのであって、それと切り離されて独立の意義をもつものではない。被侵害者が保護を放棄する**事例の類型**には次のような場合がある。

(a) 侵害自体に対して被侵害者の同意がある場合　この事例群においては、同意が可能で、かつ有効であるかぎりで、すでに不正の侵害がないから、緊急救助は許されない。例えば、被侵害者が同意のうえで殴打されるのを、この事情を知りながら、殴打しようとした者を暴行によって「救助」する行為は、緊急救助として正当化されない。

(b) 救助者の介入を拒否している場合　被侵害者が救助者による救助を望んでいない場合には、その意思が有効であるかぎりで、侵害者の侵害行為に対する救助は、正当化されない。例えば、窃盗の被害者が、犯人に有形力を行使して盗品を取り戻すことを放棄することを救助者に伝えたような場合、この意思に反して行われた救助は、正当化されない。もちろん、同意殺のように、刑法上禁止された行為に対して、第三者が救助することは、その同意そのものが無効であり、したがって、救助に対して反対意思を表示していても、救助は正当化される。

(c) 被侵害者が意思表示していない場合　急迫不正の侵害がある場合には、被侵害者の意思を確認するいとまがないのが通常である。したがって、被侵害者になんらの意思表示がないのが普通であるから、この場合には、救助に対して**推定的同意**があるという理論構成をとる必要がある。救助は、被侵害者にとって有利な事態であるから、同意を推定しても支障ないと思われる。この場合、救助行為に際して、同意するかどうかが問われていたなら同意しなかっただろうと後に発覚したという場合であっても、救助行為は正当化される。

3　やむを得ずにした行為

(1) 意義

「やむを得ずにした行為」とは、防衛行為の**必要性**（Erforderlichkeit）を指すという見解と、それに加えて**相当性**（Angemessenheit）をも意味するという見解とがあり[24]、後者の見解が、今日、圧倒的な通説である。戦前においては、

---

[24]「やむを得ずにした行為」とは、「相当性」のみを意味するという見解もある（山本・刑雑35巻2号212頁）。

前者の見解が圧倒的な通説（牧野・日本刑法〔上〕367頁）であり、戦後も、一定期間それは続いた。今日の学説は、「相当性」による防衛行為の制限も、「やむを得ずにした」という文言に含まれるものと解釈している。しかし、防衛行為の「相当性」といった社会相当性の理論を彷彿させるような法原理が、利益衡量説や、結果無価値論の立場からの防衛行為の解釈として正当かどうかは大いに疑問であり、「やむを得ずにした」行為とは、たんに「必要な」行為を指すと解すべきである。

(2) 防衛の必要性
(a) 相対的最小限手段性および防衛適合性
(i) 意 義　「やむを得ずにした」とは、防衛のために「必要最小限の」という意味である。したがって、事実上、とりうるさまざまな防衛手段のうちもっとも穏やかな（**相対的最小限手段性**）、しかも防衛のために適した（**防衛適合性**）行為を意味する。防衛のために必要な行為であり、防衛のために適合した行為であることが必要であるから、この要件は、「防衛のため」の客観的解釈であるともいえる。なお、相対的最小限手段性は、そもそも防衛行為に出ることができることを前提とするものであるから、豆腐数丁が盗まれたのを取り返すために、天秤棒を投げつけて窃盗犯人に傷害を負わせた場合にも、それが相対的に必要最小限の防衛手段であれば、必要性が肯定されるのである。

相対的最小限手段性の要件は、もちろん、その程度の防衛行為であれば、自らが侵害される危険が明らかに予想される程度にまでは「最小限」である必要はない。したがって、防衛者は、相手に対してもっとも被害が少ない手段を選ぶべきであるが、それが自らの生命ないし身体に対する危険をも甘受すべきだという程度にまで至るわけではない。すなわち、もっと穏やかな手段をとりえたが、それが確実に身の安全を保障するものではなかった場合、防衛者は、比較的に強いが、確実に防衛しうる手段を選ぶことができるのである。

判例は、「刑法36条1項にいう『已むことを得ざるに出でたる行為』とは、急迫不正の侵害に対する反撃行為が、自己または他人の権利を防衛する

---

[25] ドイツの1925年の改正草案を通じてわが国にも入ってきた「相当性」による制限は、例えば公序良俗といった一般的原則による超法規的な制限の一つであるととらえられていた（詳しくは、山中・正当防衛249頁以下参照）。

手段として必要最小限度のものであること、すなわち反撃行為が侵害に対する防衛手段としての相当性を有するものであることを意味する」(最判昭44・12・4刑集23・12・1573) とする (学説として、前田386頁) が、必要最小限度手段性は、相当性の要件ではなく、**必要性の要件** である (内藤346頁)。ここで、防衛行為によって予測されていなかった付随結果が生じた場合、それが必要な防衛行為の典型的で相当な結果であるかぎりで、正当化される。認められた防衛手段の予想しうる危険の範囲内の結果は、必要性の枠内に含まれると解すべきである。

防衛適合性の要件 は、効果的な防衛結果を得るために適した行為でなければならないという要請である。それは、その方法においても程度においても、侵害行為を終了させ、弱め、そらせるに適したものであればよい。判例においても「適当性」ないし客観的見地からする「適正妥当」性が「已むことを得ざるに出でたる」の解釈として要求されるものとされている (大判昭2・12・20評論17刑18、大阪高判昭42・3・30下刑集9・3・220)。

(ⅱ) **必要性の判断基準**　　必要性の判断は、**客観的な事前判断** である。それが、事後的に発覚した事情をも含めて、行為の時点に存在する事情を基礎にした判断であるのか、それとも、客観的な第三者が行為の時点に立って認識しえた事情を基礎にするのかについては、見解が分かれうる。銀行強盗が、装塡していないピストルで人質を射殺する振りをした場合、前者の立場によれば、必要性が否定されるが、後者の見解からは肯定される。前者の見解が妥当である。そのうえで生じる問題については、錯誤論によって解決されるべきである。

必要性の判断は、事前判断であることによって、正当防衛の内在的制約としての「法益侵害危険」の**「均衡性」** の要件における判断が事後的判断であるのとは異なる。必要性は、正当防衛の成否の判断であるのに対して、均衡性の判断は、もっぱら過剰防衛との区別基準であり、広義における正当防衛の調整原理だからである。

---

[26] 事案は、被告人は、左手の中指と薬指をつかんで逆にねじ上げられたので、痛さのあまりふりほどこうとして右手で胸のあたりを一回強く突き飛ばしたところ、被害者が仰向けに倒れ、後頭部を自動車のバンパーに打ちつけて治療45日を要する頭部打撲傷を負ったというものである。原判決は、過剰防衛とした。

(iii)　**必要性の判断対象**　ここでは、侵害に脅かされる法益の価値と防衛によって侵害された法益の価値との比較は、必要性の判断の対象とはならないことに注意すべきである。必要性の要件には、法益の均衡性の要請は含まれていないのである。

　(iv)　**必要性判断の前提**　また、必要性は、他にとるべき方法がないことを要求するわけではない。つまり、退避義務や官憲の保護を求める義務などを課するわけではない。**補充性の原則**は、正当防衛では妥当しないのである[27]。急迫不正の侵害に対しては、法確証の原理により必要最小限度の対抗手段をとることは認められているのである。必要性の解釈は、この補充性の原則の妥当を前提としない点で、緊急避難の場合とは基本的に異なる。

　(v)　**防衛の効果と必要性**　また、必要性とは、客観的な事前判断であるという見地から、事後的に当該防衛行為は、必要でなかったということはできない。つまり、事後的に**防衛効果**があがったかどうかは、必要性の判断とは無関係である[28]。優越的利益の原則を正当防衛の正当化原理とする見解からは、防衛効果を要求する見解につながりやすいが、防衛行為の「未遂」も正当化されるものとしなければ、不当に正当防衛行為に出ることを抑制することになろう。防衛効果があがった場合には、たしかに防衛行為によって生じた法益侵害を正当化することが必要となるが、そうでない場合には、法益侵害の危険が正当化される必要があるのである[29]。

　(b)　**正当防衛と第三者**　防衛行為は、侵害者に向けられなければならない。防衛結果が、第三者にも生じた場合、基本的には、第三者に生じた結果は正当防衛によって正当化されない。しかし、厳密にみると、第三者に生じた付随的結果（**正当防衛の第三者効** = Drittenwirkung der Notwehr）の取扱いについては、学説が対立している[30]。

---

[27] 判例には、「正当防衛にいわゆる『已むことを得ざるに出た』ものというには、必ずしも他に執るべき方法がないばあいに限るというわけではないが、その一面侵害を容易に避けうるにかかわらず逃避しないで重大な反撃を加えるのは、権利の正当な行使とはいいがたい」とするものがある（前掲大阪高判昭42・3・30）。

[28] 山口「刑法36条1項にいう『已ムコトヲ得サルニ出テタル行為』に当たるとされた事例」警研63巻1号32頁は防衛効果を要求するが、不当である。

[29] 同旨、林幹人・百選〔I〕（第3版）54頁。これに対して、町野朔『プレップ刑法』（第3版・2004）173頁、山口・警研63巻1号36頁、山本・刑雑35巻2号213頁が、攻撃者に生じた結果が判断対象であるとするのは、結果無価値論からみても不当である。

[30] これについては、香川『刑法解釈学の諸問題』（1981）106頁以下、川端・正当防衛権の再生199頁以下、齊藤誠二・森下古稀〔上〕219頁以下参照。

（i）防衛行為の結果が第三者に生じた場合

Aが日本刀で切りかかってきたのでXがやむなく拳銃を発射したところ、その弾丸が、Aに当たって、または当たらずに、通行人Bに当たってBを死亡させた場合（**事例I**）に、Xの行為が正当化されるかどうかが問題である。

まず、Aの攻撃に対する防衛行為であるので、Aとの関係では正当防衛が成立することに疑いはない。問題は、Bに対する行為である。

この問題を考える前提として、事例状況を正確に明らかにしておかなければならない。多くの学説が論じているのは、Xが、Bに対して侵害を加える事実的故意がなかった場合である。この場合、したがって、Bの死亡に対する故意を考えるとき、方法の錯誤の問題を論じておく必要がある。ここでは、法定的符合説と具体的符合説の対立がある。法定的符合説を前提にするならば、Bに対する構成要件的故意は肯定されうる。具体的符合説によれば、過失犯である。さらに、想定しうる場合として、Xが、Bの殺害をも容認していた場合がありうる。

> 例えば、AがBを人質にとって楯としていたので、Xは、Bの殺害をもやむなしと考えて、Bの身体を貫いてAを射殺し、正当防衛を行ったという事例（**事例II**）である。

このような事例状況については、従来の学説等においては、本来的には想定されていない。

（ア）**正当防衛説**　Xの行為は、Aに対する関係では正当防衛であるが、Bに対する行為も、本来この正当防衛行為から生じたものであるから、正当化された防衛行為は、第三者に違法な結果が生じたとしても、正当性を失うわけではないとする（川端365頁）。この見解の背後には、正当防衛行為は、権利行為であり、法確証のために必要なものであるという考えがあるものとされる（齊藤誠二・森下古稀〔上〕232頁以下参照）。社会的に有用な行為であるから、「許された危険」の法理により、第三者の法益を侵害しないよう十分に配慮していた場合には、たとえ第三者に結果が生じても違法でないとすべきであるという根拠が挙げられることもある（中野193頁）。また、行為無価値の観点から、Xの行為は防衛行為としてなされており、それが正当防衛として正当化される以上、発生した結果についても、全体的に評価されるべきであるという根拠も挙げられる（川端365頁）。さらに、Aに対する関係で正当な行為が同時に、Bに対する関係では違法でもあるということはできな

いという考え方も背後に潜んでいるように思われる。

　しかし、第三者Bからみると、Xの反撃行為を忍受するいわれはまったくない。侵害行為を行ったのでもない無関係な第三者たるBに対する関係においても、Xの行為が正当だとすることは不合理である。Bは、急迫不正の侵害を行ったものではなく、Bの侵害に対して正当防衛が行われたとは言いがたいのである。第三者に対する関係では、防衛効果ももたないのであり、防衛行為としての適合性にも欠けている。

　　さらに、第三者に結果が生じたという点で、正当防衛の範囲を越えているという構造を示すのであるから、違法であるとしても、過剰防衛における刑の減免の規定を準用すべきであるという見解（中野193頁以下）に対しては、過剰防衛は、防衛行為の対象者によって惹起された正当防衛状況が存在する場合を前提とするのであるから、過剰防衛の事例とは構造が異なるといわざるをえない。

　（イ）　誤想防衛説　　第三者に結果が発生しているので、誤想防衛であるとする説もあるが、不当である。この説には、そのうえで、緊急避難とする見解（団藤242頁〔注29〕）と、誤想防衛であるから、故意責任を阻却するとする説（前田375頁・440頁）がある。誤想防衛であるかどうかは、誤想防衛の概念規定の問題にも依存するが、この事案においては、第三者に結果が発生したことを過剰ととらえて誤想過剰防衛ということは百歩譲って可能であっても、「誤想防衛」の一種とすることは混乱を招くのみであろう。本説の論者によると、法定的符合説に立つのであるから、事実的故意は認められる。しかし、行為者は、正当防衛を行うつもりであるから、責任故意はなくなるので、過失責任を問いうるのみであるとする（前田441頁参照）。しかし、誤想防衛説は、法定的符合説の問題点を糊塗するためのものにすぎない。法定的符合説（数故意犯説）によれば、本来、構成要件的「故意」が肯定されるのであるから、「誤想」防衛であるというのは矛盾であるはずである。つまり、構成要件的故意の違法性の意識の提訴機能を強調するならば、第三者に対する事実的故意の肯定は責任故意の存在を推定しているはずである。攻撃者に対する責任故意の否定が、第三者に対するそれの否定にもつながるわけではない。また、誤想防衛説は、誤想防衛が正当化事由であるとする説に立たないかぎり、第三者に対する関係では違法であるとすることを意味する。したがって、そのうえで緊急避難であるとするのも矛盾である。

　なお、この見解に立脚して、正当防衛結果が第三者に発生した場合につ

き、**誤想防衛の一種**とした判例（大阪高判平14・9・4判タ1114・293＝**百選28**）がある。

　事案は、Aは、兄Bと、7人のグループと喧嘩する意図で現場に赴き、相手方グループから木刀などで攻撃を受け、Bとともに車に乗って逃げようとして、攻撃を受けつつ車を後退させて追い払おうと相手の一人Xに向けて暴行の故意をもって車を発進させたところ、気づかずに兄Bを轢過して死亡させたというものである。

　裁判所は、Xに対しては、暴行の故意を認めたが、正当防衛だとした。Bに対しては、「不正の侵害を全く行っていないBに対する侵害を客観的に正当防衛だとするのは妥当でなく、また、たまたま意外なBに衝突し轢過した行為は客観的に緊急行為性を欠く行為であり、しかも避難に向けられたとはいえないから緊急避難だとするのも相当でないが、被告人が主観的には正当防衛だと認識して行為している以上、Bに本件車両を衝突させ轢過してしまった行為については、故意非難を向け得る主観的事情は存在しないというべきであるから、いわゆる**誤想防衛の一種**として、過失責任を問い得ることは格別、故意責任を肯定することはできないというべきである」として、結論的に過失を否定し無罪とした[31]。しかし、判例があくまで第三者に対する故意を否定したかったのであれば、具体的符合説によるべきであって、誤想防衛の一種とし、しかも独自の錯誤論を展開するような無理を冒すのは判例のあり方として疑問である。

　（ウ）　緊急避難説　　正当防衛は、急迫不正の侵害自体に対する反撃であるが、この事例の場合、結果的に無関係の第三者に対する反撃となっており、これは、正当防衛ではなく、緊急避難の構造を示しているとするのである。この説は、多数説である（牧野・日本刑法〔上〕373頁以下、植松169頁、団藤242頁〔注29〕、福田158頁、大塚389頁以下、大谷279頁）。なお、学説の中には、行為は正当防衛として正当化されるが、結果の違法性は緊急避難として阻却されるとして、正当防衛との混合を認める緊急避難説（野村229頁）もある。

　緊急避難説に対しては、緊急避難は、行為者が第三者の法益を侵害することによって優越的利益の原理が成り立つことによるのであるから、緊急避難が成立するためには、第三者の法益を侵害する行為によって現在の危難が避けられたか、少なくとも避ける可能性があったという関係がなければならな

---

[31] 本判決では、法定的符合説を出発点としながら、「被告人にとってBは兄であり、共に相手方の襲撃から逃げようとしていた味方同士であって、暴行の故意を向けた相手方グループ員とでは構成要件的評価の観点からみて法的に人として同価値であるとはいえ、暴行の故意を向ける相手方グループ員とは正反対の、むしろ相手方グループから救助すべき『人』であるから、自分がこの場合の『人』に含まれないのと同様に、およそ故意の符合を認める根拠に欠けると解するのが相当である」とした。敵か味方かで構成要件的評価を異にするといういわばカール・シュミットの友敵原理を錯誤論に応用したユニークな判例である。

いとして、緊急避難には、現在の危難を忍受するか、第三者の法益を侵害して犠牲にするかが**二者択一の関係**におかれていることが必要であるとし、ここで論じている事例には、このような関係がないから、緊急避難ではないという**批判**が加えられている（内藤386頁以下、曽根・重要問題107頁）。

　この批判との関連で、本説によっても、事例Ⅱにおいては、このような二者択一の関係を認めることができるから、緊急避難を肯定することになる。人質BがAの背後にいて、Xが、Aに対する正当防衛のために発砲することによって、Bに当たるかもしれないと思った場合にも、Bに対する緊急避難を認めないと不都合であろう。このようにして、第三者Bの侵害について故意があった場合にも、正当防衛のために必要性があり、Bへの侵害が避けえなかった場合には、緊急避難が肯定されるという結論になる。たしかに事例Ⅰにおいて、Bを侵害しなければ、そもそも危難を避けえないという関係にはない。しかし、Xの行為は、Aの急迫不正の侵害に対抗するために行われた正当防衛行為であるから、この防衛行為の必要性があり、その防衛行為によって不可避的に第三者への侵害が生じる場合には、危難の回避のためにやむをえずにした行為であると認められる。したがって、この批判は、緊急避難の構造をあまりにも事後的観察によって判断しすぎている。ある人Xが狭い路地で突進してきた自動車を避けるため、A所有の生垣に飛び込んで危難を避けたが、その弾みで生垣の内側で遊んでいた子供Bの方に飛んでいった枝が当たってその子供に傷害を負わせたという場合、Aとの関係（器物損壊）のみならず、不注意で傷害を負わせたBとの関係（過失傷害）でも、緊急避難が認められるべきである。この場合、もちろん、Bに傷害を負わせなくとも、危難を避けることはできたかもしれない。しかし、避難行為にともなう危険の範囲内の結果については、避難行為の枠内に含まれると解すべきである。

　上述のような緊急避難の構造の理解から、ここで論じている事例については、**刑法37条の緊急避難の規定を準用する**ことによって解決を図ろうとする見解がある。このような事例類型を、本来の緊急避難と区別しつつ、「**一般緊急行為**」（平場安治『刑法における行為概念の研究』〔1959〕167頁）と呼び、あるいは「**準緊急行為**」（森下忠「緊急避難の法的性質」論争刑法73頁以下）と呼んで、37条に含めるのである。しかし、37条は、緊急避難の規定であって、準緊急避難といった概念をこれに含ませる必要はなく、いたずらに概念を混乱させることは避けるべきである。

　（エ）　**犯罪成立説**　　この説は、第三者の法益に対する侵害が保全法益の保護に役に立たず、また、現在の危難の忍受か、第三者の法益を犠牲にするかの二者択一の関係に立たず、さらに、避難効果をもたないから、原則として犯罪が成立するとする（内藤388頁、曽根・重要問題108頁、同109頁以下）。た

だし、錯誤に関する具体的符合説に立てば、事例Ⅰでは第三者に対しては、過失犯が問題となるにすぎない。また、第三者の法益を侵害しないことを期待することはできない場合が多く、期待可能性を欠くものとして、責任阻却される場合がほとんどであるとする（曽根・重要問題108頁）。

まず、犯罪成立説は、緊急避難の構造として二者択一関係の存在を要求するが、正当防衛行為が第三者の侵害をもたらした事例においても、このような二者択一関係に立つ場合が存在する。事例Ⅱのような場合、すなわち、Aに対する正当防衛を行うには、Bに対する侵害を行わざるをえないような場合がそうである。このかぎりでは、緊急避難が成立しうることを否定できないであろう。

次に、犯罪成立説は、**避難効果**を要求するが、これは、**過剰な要求**である。例えば、暴走して来る自動車に轢れるのを避けようとしたXが、隣家の生垣の一部を破壊して庭に逃げ込もうとしたにもかかわらず、避難効果がなく、自動車に轢かれて重傷を負った場合でも、器物損壊は、侵害のかぎりで緊急避難として正当化される。

犯罪成立説は、この事例の全体像の中で解決を図るものではなく、一面をとらえているにすぎない。その意味では、緊急避難説も同様である。

（オ）　本書の立場　私見によれば、「防衛行為の結果が第三者に生じた場合」の事例類型については、さらに分析することが必要である。まず、正当防衛行為が第三者にとっては緊急避難の要件にあたらない場合がある。例えば、窃盗犯が鞄を奪って逃走したのを追跡した被害者が、他の通行人に当たるかもしれないと思いながら、もっていた傘を窃盗犯人めがけて投げつけたが、傘は、通行人に当たって負傷させたというような場合、「現在の危難」が欠けるので、緊急避難にはならない[32]。このように、緊急避難にあたらない場合には、第三者に対しては故意犯ないし過失犯が成立する。そのほか、緊急避難の要件としての「補充性の原則」を充していることも必要である。

①攻撃者に対して正当防衛が成立しうる場合

事例Ⅱのような場合がこれに属する。他に方法がなかったこと、すなわち、いわば補充性の要件を充していることを前提とするのはいうまでもない。第三者の侵害に関して未必の故意がある場合も、正当防衛行為の必要性

---

[32] 正当防衛にいう「急迫不正の侵害」にはあたる（☞§110, 1 (1) (a)）。

が肯定され、第三者の侵害を認容しなければ、侵害を回避できなかったかぎりで、**緊急避難**が肯定される。第三者の侵害につき過失があるにすぎない場合も、このかぎりで同様である。なお、攻撃者に防衛行為の結果が発生しなかった場合も、この類型に含まれる。例えば、ナイフで心臓めがけて突き刺してきた攻撃者Aに対して、身をかわしつつ日本刀で相手の首の辺りを切りつけたが、空を切って勢いあまり、付近にいた第三者Bを傷害した場合、日本刀によるAに対する殺人の未遂であるが、未遂は、正当防衛として正当化される。これ以外に防衛の方法がなかったとすれば、「補充性の要件」を充たし、Bに対しても緊急避難が成立しうる。[33]

②攻撃者に対しては正当防衛結果が発生しなかった場合

攻撃者に向けて発砲したが、その弾丸が著しくそれて通行人Bに当たった場合がこれである。この事例類型においては、第三者との関係で、他に方法がなかったとはいえず、補充性の要件を充たさないから、第三者との関係で緊急避難とはならないのが原則である。この場合には、Bの侵害に対して未必の故意があれば故意犯が成立し、それがないかぎりで、具体的符合説にしたがって、Bに対しては**過失犯**が成立しうる。

（ⅱ） 侵害者が第三者の物を利用した場合

急迫不正の侵害が、第三者の物を利用して行われた場合には、その物を破壊することによって防衛した場合、**正当防衛が成立するというのが通説**（牧野〔上〕459頁、木村262頁、福田158頁、大塚389頁、内藤383頁、大谷279頁、曽根・重要問題105頁）である。例えば、Aが、Bの日本刀を利用してXに対して攻撃してきたので、Xが、この日本刀を鉄棒でたたき折って防衛した場合がその例である。この場合、Bの所有物たる日本刀は、Aの支配下にあり、A

---

[33] この事例類型の変形類型としては、例えば、結婚式場で、花婿Aが、突然、スピーチ中の友人Xにケーキナイフで襲いかかってきたので、Xが自分のテーブルの食べ物を投げつけて防衛したが、それが貸衣装業者Bの所有にかかるAの着用していた礼服を汚したという事例が考えられる。この場合、Xは、礼服が他人の所有物であることを認識していたとする。ここでも、Xには緊急避難が成立する。この場合、現実にAに対しては暴行罪の構成要件に該当する行為がなかったとしても、器物損壊に対しては緊急避難が成立するというべきである。

この場合、第三者に対しては、緊急避難が成立するので、二分説に従えば、法益の大小に応じて、正当な場合と違法な場合がありうる。Xは、Aに対しては正当防衛を行ったのであるが、Bに対しては緊急避難であり、したがって、法益同価値の場合には、Bに対しては違法である。それゆえ、事例Ⅱの場合、B自身は、Xに対して正当防衛を行うことができる。ただし、他人Dが Bのために正当防衛を行うことは、Aとの関係では正当性をもつXの行為に対しては、法確証原理に反し、許されないと解すべきであろう。

の不正な侵害の手段としてその一部分となっているので、Xの防衛行為は、Aの侵害自体に対する反撃とみることができる（内藤384頁、曽根・重要問題105頁）というのがその根拠である。そして、また、Bの所有物が用いられたのは、侵害者Aの側の事情によるのであって、被侵害者Xの側の事情によるのではないから、攻撃の手段とされたBの日本刀に対して緊急避難のみしかなしえず、法益均衡の程度まで忍受しなければならない理由はないということが挙げられている（内藤383頁）。

　もちろん、この事例に対しては、Xには、Bに対しては緊急避難が成立するとする**緊急避難説**（草野60頁、柏木171頁）も唱えられている。第三者Bは、無断で自らの所有物たる日本刀を利用されたのであり、Bは違法な行為を行っているわけではなく、したがって、Bとの関係では、正対正の関係が成立し、緊急避難としての構造を備えているからである。しかし、緊急避難であるとすれば法益の均衡と補充性の要件によって正当化要件が厳しくなりすぎるという難点がある。

　正当防衛説は、この類型においては、第三者Bの所有物を毀損することは、Aの攻撃自体に対する反撃とみることができるという。しかし、Xの防衛行為によって侵害された法益はBの所有権という法益であり、Aの法益は侵害されていない。正当化されるべきは、XのBの所有物に対する器物損壊罪である。Aの攻撃行為自体に対して正当防衛を認めても何の意味もないのである。

　むしろ、対物防衛について考察したところが、ここでも妥当する。この事例類型においては、Bの所有物が、Aによって不正な攻撃の手段として利用されているが、Bの所有権ないし占有にもとづく支配管轄下に属する危険な物から由来する攻撃については、それが急迫不正な侵害であるとき、Bには受忍義務が生じるのである。Bの日本刀は、Aによって利用されることにより「不正な侵害」をもたらす物という性質をもち、したがって、それに対して侵害することは、支配管轄をもつBにとっては、不正対正であり、正当防衛が行われたことになり、その侵害は忍受すべきである。

> この事例の**修正事例類型**として、他人の身体そのものが攻撃手段として利用される事例がありうる。例えばAが、Bの身体を押してXにぶつけてXに傷害を負わせようとしたところ、Xが防衛のため、一つの物体としてXの方に向かってきたBの身体を押し退けて負傷させた場合がそうである。この場合、攻撃の手段として利用され

たBに対しては、正当防衛がなしうるであろうか。わが国の通説によると、Bの「行為性」には問題があるにもかかわらず、Aの攻撃とみなされることによって、Bを傷害する行為は、正当防衛とみなされうることになるであろう。しかし、ドイツにおいては、Bの行為性が否定されるとき、違法な攻撃者といえるのは、背後者たるAのみである。したがって、不正な侵害行為を行うものではないBに対しては、緊急避難が成立するにすぎないとされる。ここで展開した見解においては、危険な物に対する支配管轄のもとにあることによって危険な物がその者に由来するという論理をそのまま用いることはできない。しかし、Bの身体自体が、不正な侵害を惹起しており、正当防衛の対象となりうる。したがって、Bの身体に対するXの反撃は、Bに対するXの正当防衛行為である。

この場合、民法720条が民事責任を否定していることを根拠に、物の損壊に関する防衛的緊急避難であるという見解（井田168頁）は、対物防衛を否定する立場から、緊急避難とせざるをえないことを前提とするが、前提が不当である。

(iii) 防衛者が第三者の物を利用した場合

急迫不正の侵害に対して、防衛者が第三者の物を利用して防衛行為を行った場合に、第三者に対しては正当防衛が成り立つか、緊急避難にすぎないかが論点である。例えば、Aが日本刀でXに切り付けてきたので、Xが、傍らにあったBの木刀で防衛したが、木刀が折れてしまったような事例がこれにあたる。ドイツの古い判例の事例には、酒場で違法な攻撃を受けた者が、店のビアマグで防衛したところ、ビアマグが壊れたという事例がある。ライヒ裁判所は、これを正当防衛ではなく、緊急避難として正当化した。

(ii) で検討した事例との相違は、本事例では、第三者の物は、侵害の手段とされているのではなく、防衛の手段とされている点にある。この事例は、現在の危難に対して、第三者の所有する物を使うことによって「正」である第三者に損害を転嫁している点で、通常の緊急避難の事例と異ならない（平野233頁、大塚389頁、内藤384頁、曽根・重要問題106頁、大谷279頁）。行為者の行為は、**緊急避難**として正当化されあるいは可罰的責任が阻却される。

4 防衛行為の内在的制限

(1) 「相当性」の要件の意義

通説・判例は、「やむを得ずにした行為」とは、急迫不正の侵害に対する反撃行為が、自己または他人の権利を防衛する手段として必要であり、かつ、相当性を有する行為をいうと解すべきであるとする（最判昭44・12・4刑

集23・12・1573、大谷285頁以下)。すなわち、「やむを得ずにした行為」の内容として、必要性のほかに「相当性」を要求するのである。ここで、**「相当性」**とは、反撃行為が侵害に対する防衛手段として相当性を有するものでなければならないという要請をいう。それは、より厳密に、「それが公序良俗に反しない方法で行われ、かつ、軽微な権利を防衛するために侵害者の重大な法益に反撃を加えることは許されない」ということを意味する（大塚373頁参照）と定義される。これによれば、相当性の内容としては、「行為態様の相当性」（公序良俗に反しないこと）と「法益のゆるやかな均衡性」である。結果無価値論の立場からは後者のみが相当性の内容とされる。それによれば、相当性とは、「保全法益と侵害法益とが著しく均衡を失していないこと」を意味する（内藤346頁）。

しかし、「やむを得ずにした行為」とは、「必要性」のみを意味すると解すべきである。

第1に、**沿革的根拠**が挙げられる。現行法の立法当時から大正の末までは「必要性」のみを意味するとするのが通説であって、学説において「相当性」の要件が要求されるようになったのは、1925年のドイツ刑法の改正草案（21条）の影響を受けて大正15年の「刑法改正ノ綱領」23項において「相当性」の規定を置くこととされて以降のことである。しかし、その際、「相当性」は「已むことを得ざるに出でたる」の解釈としてではなく、「公序良俗に関する一般原則」、すなわち、いわば「超法規的原理」として認められてきたのであり（牧野「刑法改正の諸問題〔七〕」警研3巻5号48頁参照）、その事情は、第2次大戦後にまで続く。これを「已むことを得ざるに出でたる」の概念に含めて解釈するようになったのは、昭和30年代以降のことである。[34]

第2に、従来、「相当性」要件によって正当防衛が制限されてきたのは、主として、「保全法益と侵害法益のゆるやかな均衡」を欠く場合であった。しかし、それ以外にも、挑発防衛の事例や責任のない攻撃の事例でも、防衛行為が制限される場合がありうる。これを「相当性」の要件ですべて説明するには「相当性」の要件はあまりにも**無内容**であり、**不明確**である。なお、相当性の要件を認める見解の中にも、相当性の原則とは「正当防衛に内在する制約を一般的に表現したもの」であるとする見解（内藤346頁）も唱えられていることに注意すべきである。内在的制限根拠は、正当防衛の正当化根拠に内在する原理である「個人保全」や「法確証」の原理から説明されるべきである。

第3に、とくに正当化事由の一般的根拠に関して、目的説や社会相当性説を採らず、**利益衡量説**に立つ学説が、どのような根拠から、**「行為態様の相当性」**を意味内容として含む「相当性」の要件を用いるのか、その根拠が示されていないことが挙げ

---

[34] この事情については、山中・正当防衛249頁以下参照。

られる。つまり、**利益衡量原理との矛盾**である。

以上の理由によって、「やむを得ずにした行為」は、防衛行為の「必要性」のみを意味すると解すべきである。そして、通説が、「相当性」の要件のもとに論じている問題は、「正当防衛の内在的制限」として、36条1項および2項の趣旨から導かれるものと解すべきである。

(2) 内在的制限の類型と根拠

正当防衛の内在的制限が必要になる事例類型としては、挑発防衛、軽微な侵害（ゆるやかな法益の均衡）、責任なき侵害などの事例がある。ここでは、まず、わが国で議論されている「積極的加害意思」のある場合について正当防衛が制限されるかどうかを論じておこう。

(a) 積極的加害意思　判例においては、積極的加害意思がある場合、「急迫性」が失われるとする（前掲最決昭52・7・21＝**百選23**）。この場合、以前の判例と同じく、防衛の意思が欠けるとする見解（福田154頁、大塚382頁、大谷276頁）が根強く主張されている。最高裁の判例にも、その後、昭和60年の判決で、「専ら攻撃の意思」に出た場合には、防衛の意思が否定されうるとするかに読める表現がある（前掲最判昭60・9・12）。しかし、急迫性概念を客観的に解し、防衛の意思不要説に立つならば、積極加害意思の問題は、内在的制限の問題として取り扱われるかどうかの問題となる。しかし、相手の攻撃の「機会を利用し積極的に相手に対して加害行為をする意図で侵害に臨んだ」ことは、それだけでは、正当防衛の要件に欠けることはないというべきである。内心の状態がどのようなものであれ、客観的に正当防衛状況にあり、防衛の必要性がある場合には、法益間に著しい不均衡がないかぎり、正当防衛が成立する。したがって、挑発などの先行行為がないかぎり、いわゆる口実防衛も、正当防衛である。

(b) 挑発防衛　ある者が、正当防衛の名を藉りて、他人の攻撃を意図的に挑発し、その機会を利用して相手方を侵害した場合を、**挑発防衛**あるいは**自ら招いた正当防衛状況**（自招防衛）と呼ぶ。例えば、攻撃者をやっつけてや

---

[35] 例えば、正当防衛において「法益衡量」を要求しつつ（中山・概説〔Ⅰ〕88頁）、「相当性」をも要求するものとして、中山・概説〔Ⅰ〕94頁。

[36] 最近、相当性の要件に対して、それが「不明確かつ根拠の明白でない」ものであると批判する見解として、山口128頁、131頁以下、同・問題探究66頁。

[37] これに関するわが国の立法と判例の展開につき、vgl. *Yamanaka*, Zur Entwicklung der Notwehrlehre in der japanischen Judikatur, in: Festschrift für Wolfgang Frisch, 2013, S. 511 ff.

ろうと思いながら、相手方を「弱虫」と侮って侮辱し、相手方が攻撃してきたところを返り討ちにするような場合がその例である。ここから除かれるのは、「挑発」行為がすでに攻撃であり、被挑発者の「攻撃」が、それに対する防衛行為として行われ、それ自体が正当防衛を構成する場合である。この場合には、挑発者の「防衛」は、正当な侵害に対する攻撃であって、そもそも正当化されない。

（ⅰ）**判　例**　わが国の判例においては、従来、「喧嘩」の場面での正当防衛の成否が問題となり、これを「**喧嘩両成敗**」の原則によって処理し、正当防衛の成立を認めないのが原則であった。この原則は、すでに大審院の判例において確立され（大判大 14・6・3 刑集 4・354、大判昭 5・9・27 刑集 9・691、大判昭 7・1・25 刑集 11・1、大判昭 8・10・14 刑集 12・1776、大判昭 14・3・6 刑集 18・81 など）、**最高裁**に受け継がれ（最大判昭 23・7・7 刑集 2・8・793）、喧嘩闘争にあたることを理由に正当防衛を認めない旨を判示するようになった（最判昭 24・10・15 裁判集刑 14・211、最判昭 26・2・20 刑集 5・3・410 など）。喧嘩は、攻撃と防御が繰り返される継続的な闘争であるのが通常であり（最判昭 23・6・22 刑集 2・7・694）、攻撃者と防衛者が相互に入れ代わることが多い。そこでは、相互に挑発にもとづく攻撃、防衛、そして挑発といったように、挑発行為も繰り返されるのであるから、その一方のみに正当防衛を認めるのは不当であることが多い。しかし、判例も、一方が闘争を放棄したことによって喧嘩が中断した後にさらに攻撃を仕掛けるのは、「急迫不正の侵害」にあたるとしている（最判昭 32・1・22 刑集 11・1・31）。

　このように、攻撃が中断し、**新たな局面において新たな侵害があったと認められる場合**、あるいは、軽微な攻撃に対して、予測外の重大な反撃があった場合などには、喧嘩両成敗の原則の適用は、不当な結果を招くであろう。自己の不正の侵害行為に対して相手方の不正行為が直接かつ時間的に接着して惹起された場合に、相手方の行為を急迫の侵害でないとし、やむをえない行為でもないとした判例がある（福岡高判昭 60・7・8 判タ 566・317、なお、東京高判平 8・2・7 判時 1568・145 も参照）。

　挑発防衛（自招防衛）について考慮をはらった**判例**には、従前、次のようなものがあった。①債権者から支払い請求を受けて拒絶した際に、嘲笑的態度に出て相手方の憤激を誘致し、これに対して相手方が畜生よばわりしたことに対して、暴力を行使したのに対して正当防衛を否定した判例（仙台高判昭 27・3・15 高刑特 22・111）は、挑発防衛かどうかについては触れるところはない。②被告人が、A を突き飛ばしたところ、A が傍らにあった置物の石塊大小 2 個を続けざまに投げつけてきてこれらが被告人の頭部にあたったことに激高し、A の頭部を殴りつけるなどして死亡させた事案について、「A から受けた侵害は、被告人自らの故意による違法な行為から生じた相応の結果として自らが作り出した状況とみなければならず、被告人が防衛行為に出ることを正当化するほどの違法性をもたないというべきである」（東京地判昭 63・4・5 判タ 668・223）としたものがある。この判例は、事実を自招防衛の事案として構

成しているが、それによって攻撃者の行為の「違法性」を否定している点に特色がある。Aの攻撃を、被告人の先行行為に対する正当防衛と構成してはじめて、Aの行為の違法性を否定できるであろう。

近時の判例には、次のものがある。①東京地判平8・3・12判時1599・149、②広島高判平15・12・22LEX/DB、③大阪高判平成12・6・22判タ1067・276がそれである。挑発防衛の場合に、「急迫性」が否定されるとするもの、「相当性」が否定されるとするものがあって一定していない。

　第①判例では、「被告人としても、Cが包丁で攻撃してくるであろうことを予測して、Cを挑発するためにけんかしたものでないことも明らかであるから、Cの侵害行為が被告人にとって自ら招いた危害であるとまではいえず、**急迫性に欠けるということはできない**」とされ、正当防衛が肯定された。これに対して、**第②判例**においては、「被告人は、被害者からの侵害が予期されていながら、被告人のほうから挑発的な言動を行い、被害者が攻撃を開始するや、直ちに積極的な加害意思をもって反撃をしているのであるから、被害者の傘による殴打行為は、被告人がこれを予期しつつ自ら招いたものであって、**急迫性の要件を欠く**ものというべきである」として、過剰防衛を否定した（第1審＝広島地判平15・3・24LEX/DBは、過剰防衛を否定）。**第③判例**では、挑発については、「被告人を殴打しようとしたAの行為が、これより先に被告人がAに向けて椅子を蹴り付けた行為により誘発されたものであることは動かし難い事実であるから、被告人の反撃について、防衛行為としての**相当性の有無**を判断するに当たっては、本件事案を全体として見た上での保護法益の均衡という視点から、右のような誘発行為の存しない場合に比し、相当性が認められる範囲がより限定されるものと考えられるので、そのことをも勘案すると、右の結論は、より一層肯定されるというべきである」として過剰防衛を認めた。

　さらに、被告人が駅でぶつかった相手Sに謝罪を求めたことから、腕を掴んだ被告人にSが平手で顔面を数回叩いたのに対し、被告人がシャツの袖口付近を掴んで引っ張り、Sを転倒させたという事案につき、被告人が違法な暴行を中止しさえすればSによる反撃が直ちに止むというような関係にあり、このような場合、「更に反撃に出なくても被告人が暴行を中止しさえすればSによる反撃は直ちに止むのであるから、被告人がSに新たな暴行を加える行為は、防衛のためやむを得ずにした行為とは認められないばかりでなく、Sによる反撃は、**自ら違法に招いたもので通常予想される範囲内**にとどまるから、**急迫性にも欠ける**と解するのが相当である」とし、過剰防衛を否定したものがある（東京高判平8・2・7判時1508・145）。

　平成20年になって最高裁（最決平20・5・20刑集62・6・1786＝**百選26**）は、自ら招いた正当防衛状況において、**正当防衛が否定される根拠**を論じた。

　　Aは、自転車にまたがったままごみ集積所にごみを捨てていたが、Xが、不審に思って声を掛けるなどしたことから、両名が言い争いとなり、その際、Xは、いきなりAの左ほおを手けんで殴打して走って立ち去った。そこで、Aは、自転車でX

を追い掛け、自転車に乗ったまま、水平に伸ばした右腕で、後方から背中の上部等を強く殴打した。これによってXは、前方に倒れたが起き上がり、特殊警棒を衣服から取出し、Aに対し、その顔面や防御しようとした左手を数回殴打する暴行を加えて、顔面挫創等の傷害を負わせた。

第1審は、本件を「一連の喧嘩闘争」であるとして、「原則的に正当防衛の観念を入れる余地はない」とし、Cの攻撃は素手での攻撃であったのに対し、Xは、特殊警棒を用いているのであるから（も）、正当防衛を論ずることはできない」とした。**控訴審**も、「Aの被告人に対する第2暴行は、被告人がAに対して第1暴行を加えたことによって招いたものといわざるを得ない」とし、「Aによる第2暴行は不正な侵害であるにしても」「急迫性のある侵害とは認めることはできない」として正当防衛を否定した。

これに対し、**最高裁**は、「被告人は、Aから攻撃されるに先立ち、Aに対して暴行を加えているのであって、Aの攻撃は、被告人の暴行に触発された、その直後における**近接した場所での一連、一体の事態**ということができ、被告人は**不正の行為により自ら侵害を招いた**ものといえるから、Aの攻撃が被告人の前記暴行の程度を大きく超えるものでないなどの本件の事実関係の下においては、被告人の本件傷害行為は、被告人において何らかの反撃行為に出ることが正当とされる状況における行為とはいえない」とした。

最高裁の決定は、自招（挑発）防衛につき、攻撃が、①被攻撃者の先行する不正な行為によって触発された近接した場所での一連一体の事態であること（自招性）、②攻撃者の攻撃は、挑発行為である暴行の程度を大きく超えるものではないこと（挑発と攻撃の均衡性）の条件のもとでは、正当防衛とはならないとしたのである。挑発と攻撃とが、「一連一体の事態」であることが要件として必要かどうかは、その要件が「原因において違法な行為」の理論から演繹されているのではないかと疑わせる点で疑問であるが、その他の要件は妥当である。

近時の判例に中には、**喧嘩も自招侵害をも否定して正当防衛を認めたもの**（横浜地判平25・10・31LEX/DB）がある。飲食店の店長である被告人が、客同士のトラブルを避けるため、A（B、C）らを退店させようとしたところ、店内でCから暴行を受け、さらに路上でもCから殴られそうになったため、Cの顔面を殴り、その後にBに押し倒されて起き上がったところ、Aから暴行を受けそうになったため、本件暴行に及んだ事案に、正当防衛が成立するとした。本件暴行の前に、Cを殴打し、Bとももみ合うなどしており、さらに、その前にCの脅し文句に言い返すなどしているが、本件は、「酔ったAらの店内での言動が他の客とのトラブルを招きそうになったことが発端となっており、被告人は店長として、これを避けるためAらを退店させようとしたのであるから、被告人の行動に非があったといえない」とし、「本件暴行は、自招侵害によるものとも、単なる喧嘩闘争中のものともいえ」ないとして、正当

防衛の成立を認めた。

さて、ひとことで挑発防衛といっても、正当防衛の制限に導くような「挑発」は、主として次の**三つの基準**によって限定されるべきである。

(ii) **挑発防衛の要件**　まず、第1に、挑発者の主観によって、①意図的挑発防衛、②故意的挑発防衛、③過失的挑発防衛の場合に区別しうる[38]。**意図的挑発防衛**は、上に掲げたように、正当防衛に名を藉りて攻撃者を侵害する意図がある場合をいう。いわば「積極加害の意図」にもとづいて違法な挑発を行う場合である。**故意的挑発防衛**は、相手方の攻撃を認容しながら挑発する場合をいう。そして、**過失的挑発防衛**は、相手方の攻撃を予見しうるのに予見しなかった場合をいう。正当防衛の制限に導く挑発は、意図的挑発にかぎられるべきである。判例においても、正当防衛状況が生じる以前に、攻撃者との間で喧嘩があった場合につき、攻撃者Aが包丁で攻撃してくるであろうことを予測して、「Aを挑発するためにけんかしたものでないことも明らかであるから、Aの侵害行為が被告人にとって自ら招いた危害であるとまではいえ」ないとして、挑発の意図がない場合には、自招侵害ともいえないとしている[39]（東京地判平8・3・12判時1599・149）。

第2に、挑発行為は、客観的に、挑発行為自体が「違法な」行為であるか、社会倫理的に非難されるべきものであるにすぎないかによっても区別されうる。一般には、挑発行為の「違法性」を必ずしも必要としないとされているが、正当防衛を制限するには、**挑発そのものが、「違法」であることを要する**というべきである。第3に、挑発行為と攻撃・防衛行為の間の客観的帰属連関が、**挑発という危険の範囲内で生じること**が必要である。

前掲の平成20年最高裁決定における「自招性」の要件や「挑発と攻撃の均衡性」の要件がこれに属する。すなわち、挑発が創出する危険の範囲内で、攻撃がそれを大幅に上回ることなく通常予測しうる範囲内で生じたとき、それに対する反撃は、正当防衛とはならない。

この最後の要件について、次の判例（長崎地判平19・11・20判タ1276・341）に即して説明しよう。

---

[38] 詳しくは、山中・正当防衛119頁以下・302頁以下参照。
[39] 東京地裁は、「自ら招いた危害」ではないから「急迫性に欠けるということはできない」とする。

事案は、被告人Ｘが、駐車場において、Ａに対し、その胸部に暴行を加えて、前胸部打撲の傷害を負わせたというものである。Ａの暴行のきっかけは、ＸがＢの車に当たったときＡの妻Ｅに押されて車に当たったかのように発言したことに対して、Ｘに対する怒りを爆発させたことによる。Ａは、それにより、Ｘの顔面等を手の甲で数回殴った。これに対して、Ｘは、Ａから逃げだそうとしたが、Ａから両肩を掴まれ、押さえつけられたので、Ａが力を抜いた一瞬の隙をついて……蛙跳びのように飛び上がって、胸部に暴行を加え、打撲の傷害を負わせたが、Ａがよろめいた隙に、Ａから逃げ出したというものである。**検察官**は、仮にＡのＸに対する押さえつけ行為が侵害であるとしても、Ｘの故意ないしそれと同視しうる程度の認識に基づく挑発行為により惹起された、いわゆる**自招侵害**であるとし、本件暴行については、正当防衛は成立しないと主張した。

これに対して、**長崎地裁**は、「本件発言の内容が、被告人に対する侵害行為の惹起を意図したり、容認したりする内容とも認められない」としたほか、「本件発言を聞いたＡにおいて被告人に暴行を加えることが、**社会通念上、通常のこととして予想されるとまで認めることはできない**」として、本件暴行について「急迫不正の侵害」の要件を満たすものとした。

本判決は、防衛者の先行する発言内容が、挑発の意図や挑発の容認を含むものではなく、したがって、挑発の主観的要件を充足しないとし、さらに、その発言が、攻撃を招くような客観的危険性も、社会通念上通常のこととして予想されるものでないとして、**客観的帰属連関も否定したものである**。

(iii) 挑発防衛の制限根拠　　以上のような前提のもとで、**挑発防衛の違法性**を論じるべきである。

挑発防衛の制限根拠については、従来、①権利濫用説、②原因において違法な行為の理論 (Lehre von der actio illicita in causa)、③挑発行為＝実行の着手説、④急迫性否定説、⑤防衛の意思否定説、⑥相当性否定説、⑦社会相当性説などがある。

まず④—⑦の理論につき検討しよう。④**急迫性を否定する見解**（勝本・刑法折義〔下〕110頁、植松165頁、平野235頁）については、急迫性の概念において論じたように、侵害を予測していても、侵害に原因を与えても、急迫性自体には影響しないのであり、客観的急迫状態を否定することはできないというべきである。⑤**防衛の意思否定説**（平場78頁、団藤238頁、木村・新構造〔上〕252頁、藤木176頁）は、防衛の意思不要説に立つとこれを採ることができず、ま[40]

---

[40] もちろん、「防衛するため」の要件を客観的に解して、挑発があることによって「積極的加害行為」と認められる場合には正当防衛を否定する見解（前田332頁）からは、「防衛の意思」が否定されるのではなく、客観的に「防衛するため」の行為であることが否定される。

た、挑発を前提とするからといって――正当防衛状況が存在し、それを認識するという意味での正当防衛状況の認識が存在するのであるから――、防衛の意思必要説に立っても、必然的に防衛の意思否定につながるわけではない。次に⑥**相当性否定説**（佐伯203頁、内田197頁、吉川139頁）は、挑発防衛においては防衛行為の相当性の要件が否定されるものとする。相当性とともに必要性の問題でもあるとするこの見解の修正説（中山・概説〔Ⅰ〕95頁）もある。しかし、この説は、なぜ相当性を欠くのかについて詳しい説明がなく、防衛行為そのものをみれば相当性の枠内にとどまっているのに、なぜ相当でないのかが根拠づけられていない。さらに、⑦**社会相当性説**（福田157頁、大谷286頁）は、違法性阻却の一般原理として「社会相当性」を挙げ、ここでも、挑発にもとづく防衛行為は社会相当性を欠くとして、正当化を否定するが、社会相当性による違法阻却という考え方そのものが不当であるから、この説を採ることはできない。

　（ア）　**権利濫用説**　　本説（牧野・日本刑法〔上〕354頁、江家・刑法講義160頁、川端362頁、内藤336頁以下）は、「故意に挑発するような場合は、権利の濫用であって、正当防衛とは解しがたい」とし、「過失による挑発行為」の場合には、なお、正当防衛が許される余地があろうとする（大塚385頁）。しかし、「権利濫用」（Rechtsmißbrauch）は、あまりにも一般的な法原則である。権利濫用説は、主観的な挑発があった場合に、それにもとづいて後の防衛行為を権利濫用とするが、その根拠について詳しい説明がなく、また、権利濫用という概念があまりにも一般的な言明にすぎないので、具体的な事案において、どのような根拠から正当防衛が制限されるのかを明らかにしない。[41]

　（イ）　**原因において違法な行為の理論**　　本説は、挑発にもとづく攻撃に対する防衛行為は、防衛行為それのみをみれば、適法であるが、挑発行為においてすでに防衛結果にまで及ぶ加害の意思があるので、原因において違法であるがゆえに、正当防衛とならないとする理論である。**原因において違法な行為の理論**は、原因において自由な行為（actio libera in causa）の理論が責任の段階における理論であるのに対して、これを違法の段階に類推適用したものである。原因において違法な行為の理論は、その内部で二つの理論構成が可

---

[41] この批判については、山中・正当防衛139頁、なお、前田331頁。

能であると思われる。第1は、挑発行為にすでに、後の防衛にかこつけた侵害行為の実行の着手を認める考え方である。この見解は、後に検討する全体的違法行為説にほかならない。この考え方の検討については後述のところに委ねる。第2は、挑発行為に正当防衛状況ないし法益侵害を惹起する相当程度の危険性が認められるものであることを要求するが、それが未遂を根拠づける程度のものであることを要しないという見解（山口・法学協会百周年2巻755頁）である。

後者の見解は、違法判断は、個別的（相対的）であると主張して、違法な挑発行為と結果発生の間に正当な防衛行為が介在した場合でも、それぞれ個別的に評価し、正当防衛が介在しても、それ以前の行為が違法であるといえなくなることはないとする。このようにして、相当な危険性のある違法な原因行為があれば、原因において違法な行為として防衛行為を処罰できるとするのである。しかし、原因行為が違法であれば、原因行為の相当な危険の範囲内にある結果行為から生じる結果も違法となるというのであれば、正当防衛のために違法に日本刀を準備した者がそれを利用して防衛行為を行えば、防衛行為自体が違法となるであろう。この理論は、なぜ、原因において違法であれば、結果を含めて違法とされうるのかを説明しえていない。また、これによって原因において違法な行為の認められる範囲が拡大され、処罰範囲が広がる危険を否定できない。

（ウ）　挑発行為＝実行の着手説　　この説は、挑発行為自体が、後の侵害行為（防衛行為）の実行の着手であるとする（木村256頁以下、瀧川96頁）。この説は、挑発行為が違法であれば全体が違法になるとする「全体的違法説」（宮本86頁）にも通じる見解であり、また、原因において違法な行為の理論がもともと採用していた考え方である。挑発行為に実行の着手を認めることによって、全体の行為を一体とみることが可能となり、原因行為時の違法性を実行行為全体に及ぼす理論的根拠が与えられるのである。しかし、この説に対しては、挑発に応じる相手方が、必ず攻撃するとはかぎらず、他人の規範的障害のある行為が介在しているにもかかわらず、実行の着手を認めることはできないと批判されるべきである。

（エ）　本書の立場　　挑発にもとづく攻撃に対する防衛行為が制限される根拠は、正当防衛の基本思想に求められる。個人保全原理からは、はじめから積極加害の意図をもって違法な挑発をして攻撃者を防衛の名を藉りて侵害

した者は、挑発行為によって攻撃に身をさらすという危険を自ら創出したのであり、その攻撃から守るために正当防衛権を与えてその者を保護する必要はないのである。もちろん、挑発者は自分が侵害を受けることを望んではいないから、相手方の攻撃に対する同意を与えたのではない。したがって、攻撃者の攻撃は違法である。しかし、この違法な攻撃に対して、挑発者は、その原因を与え、それを意図していたのであるから、正当防衛権を行使して自らを守ることは許されないのである。また、**法確証原理**からは、法確証は、いわばクリーンハンドの原則に従うのであって、みずから意図的に違法な挑発をなした者には、「法」の立場に立って法秩序の擁護を行うことは許されないのである。このような正当防衛の制限は、**正当防衛規定に内在する制限**である。

挑発者が、たんに相手の攻撃を予測していた場合、あるいは、過失によって挑発した場合については、原則的に正当防衛が認められる。ただし、故意による違法な挑発の場合には、事情によって補充性の原則が適用され、他に侵害を回避する方法がなかった場合にのみ、正当防衛が許されると解すべきであろう。法確証の利益が減少するからである。

(c) 軽微な攻撃（侵害危険の相対的均衡性）

(i) 法益均衡原則と相当性不要説　　防衛行為の必要性は、先に検討したように、相対的最小限度手段性と防衛適合性を意味する。したがって、防衛するために必要であるならば、防衛行為による法益侵害の大小を問わずに認められるものである。現行刑法の立法過程においても、「やむを得ずにした」と、「害の大小」とは区別されるべきであるとされ、着物一枚を保護するためにその犯人を殺傷してもやむをえないとしていた。すなわち、「法益の均衡」は必要性の要件には含まれないとしていたのであり、相当性の要件は、すでに述べたとおり大正時代末までは唱えられてはいなかったのである。正当防衛は、法確証の原理にもとづいて、法益の均衡性を絶対的なものとはみないのであって、小なる法益を保護するために大なる法益を侵害することも許されるのである。しかし、今日、通説は、相当性の要件を認め、極端に法益の均衡を失する防衛は、過剰防衛になるとしている。

(ii) 均衡すべき対象　　ここで、法益均衡性の要件は、比較の対象をめぐって二つの意味をもちうる。一つは、攻撃の危険性と防衛による侵害結果との均衡である。もう一つは、攻撃の「危険性」と防衛「行為」の「危険

性」の均衡である[43]。ここでは、「行為」そのもののみならず、「結果の発生の危険」をも含めた意味における「法益侵害の危険性」の均衡を意味すると解すべきである[44]。したがって、厳密に言えば、法益均衡の原則ではなく、攻撃者と防衛者の **侵害危険の相対的均衡性** が重要なのである。この判断は、事前判断である「必要性」の判断（☞§110, 3（1）（a）（ii））とは異なり、**具体的危険の意味での事後判断** である。しかし、判断対象は、あくまでも「法益侵害の危険」であって、「結果」そのものではない。侵害利益（結果）がたまたま防衛されるべき利益よりも大きかった場合でも、直ちに過剰防衛となるのではない。

　判例においては、古く、**大審院** は、「其の防衛行為たるや固より無制限に許容せらるべきに非ず、自ら一定の限度ありて客観的に視て適正妥当のものたらざる可からず、是れ近時正当防衛に於ける防衛行為の必要性に代へて適当性が主張せらるる所以なりとす」（大判昭2・12・20評論17刑18）として、「相当性」を考慮する見地に立っていた。

　最高裁の判例 においては、「急迫不正の侵害に対する反撃行為が、自己または他人の権利を防衛する手段として必要最小限度のものであること、すなわち反撃行為が侵害に対する防衛手段として相当性を有するものであることを意味するのであって、反撃行為が右の限度を超えず、したがって侵害に対する防衛手段として相当性を有する以上、その反撃行為により生じた結果がたまたま侵害されようとした法益より大であっても、その反撃行為が正当防衛でなくなるものではない」（最判昭44・12・4刑集23・12・1573）として、「相当性」の判断基準を示した。これは、衡量の対象が、事後的に生じた結果ではなく、むしろ **「行為」** そのものであることを意味するかにみえる。

　この判例が、行為そのものを考慮したのか、侵害危険を考慮した意味での行為を意味するのかは明らかではない。しかし、少なくとも、「法益侵害の事後的危険」の比較を排除する趣旨ではない。この判例を「生じた結果」ではなく、「用いられた行為」それ自体を防衛行為の範囲を画するための判断対象とするものとみなす見解[45]（山口・問題探究67頁）もあるが、判例は、必ずしも明確ではない。

　結果的加重犯における防衛行為の範囲について、「狭義の行為すなわち動作だけではなく」「**結果を含むものと解しなければなら**」ないとする判例（東京地八王子支判昭62・9・18判時1256・120）も、「行為」でも「結果」でもなく、**行為の事後的「危険**

---

[42] 行為自体ではなく、生じさせた結果と侵害されようとした法益との均衡が問題であるとし、事後判断が問題であるとするものとして、山口・問題探究73頁。逆に、事前判断とするものとして、井田『犯罪論の現在と目的的行為論』(1995) 158頁。
[43] 丸山・都立大学法学会雑誌38巻1号253頁参照。
[44] 同旨、前田390頁、中山277頁。この問題につき、事前判断か事後判断かに分け、事後判断説を採るべきだとしたものとして、橋田・法学論叢136巻5号62頁以下、とくに75頁以下。
[45] ただし、山口130頁では、侵害の強度と防衛行為の強度等の要素を総合的に判断するものとする。

性」を判断対象とするという趣旨に解すれば、(前後に引用した)最高裁判例から逸脱するわけではない。判例は、「行為」自体でも「結果」でもなく、**事後的な「危険性」**が衡量の対象である（林幹人・百選〔4版〕53頁）としたものであろう。

さらに、「行為」自体の危険性ではなく、**結果発生の「具体的危険」**が重要であることは、素手による攻撃に対する包丁による反撃のような武器対等とはいえないような「行為」の「均衡性」の判断において明確となる。最高裁は、**平成元年の判決**において、年齢も若く体力にも優れた相手方が、手拳を前に突き出し足を蹴り上げる動作をしながら接近し、被告人が後ずさりしてもさらに追いかけて目前に迫ってきたのに対し、やむなく菜切包丁を手に取って腰のあたりに構え「切られたいんか」などといって脅迫した行為について、攻撃者からの「危害を避けるための防御的な行動に終始していたものであるから、その行為をもって防衛手段としての相当性の範囲を超えたものということはできない」と判示した（最判平元・11・13刑集43・10・823＝**百選25**）。ここでは、結果発生の具体的危険の均衡性は保たれているのであって、正当防衛の範囲内に属する。

(iii) 法益の「著しい不均衡」 攻撃と防衛行為に著しい不均衡がある場合には、必要最小限度手段性が認められたとしても、正当防衛が制限されることがある。例えば、豆腐数丁を盗んだ者に対して、木で数回殴打して殺傷した場合（大判昭3・6・19新聞2891・14）は、両者の法益侵害の危険性は著しく不均衡であり、過剰防衛となる。正当防衛の制限の根拠は、法確証の利益の減少と侵害の不法との均衡性の要請であり、さらに個人保全の利益の社会性の要請である。

法益の著しい不均衡があるかどうかは、侵害の切迫性の程度、方法、攻撃の中断があったかどうか、攻撃者と防衛者の年齢・体力の関係などの具体的事情を考慮して判断すべきである。素手や棒による攻撃に対しては、兇器をもって反撃する場合、過剰防衛とされることが多い（大判昭8・6・21刑集12・834）。しかし、包丁を突き出してきた攻撃者から包丁を奪ったが、なおも攻撃を止めなかったので、包丁を振り回して10回前後刺突行為を行いその攻撃を排除しようとした場合でも、身体の枢要部を狙ったものではなかったとき、「相当性の限度を超えない」ものであるとした判例がある（東京高判平5・1・26判タ808・237）。

前掲の平成21年の財産的権利を防衛するための正当防衛を肯定した最高裁判決（§§110. 2 (1)）では、「権利」「業務」「名誉」に対する急迫不正の侵害に対して、被告人が、防衛のため、攻撃者（B）の胸部等を両手で突く**暴行を加えて転倒させ、後頭部打撲等の傷害を負わせた事案**につき、被告人とBとの間には「体格差等があること」、Bの転倒したのは被告人の力のみによるものとは認め難いとし、**暴行の程度を軽微なものと認定**し、本件は、「財産的権利を防衛するためにBの身体の安全を侵

---

[46] 事後判断か事前判断かについて考察を加え、事後判断であるとしたものとして、橋田・刑雑37巻3号10頁以下参照。

害したものであることを考慮しても、……侵害に対する防衛手段としての**相当性の範囲を超えたものということはできない**」とした（最判平21・7・16刑集63・6・711）。相当性の範囲を超えるかどうかの判断は、微妙であり、「著しい不均衡」がなければ、正当防衛は制限されないと解すべきである。

さらに、この均衡性は、攻撃と防衛の強さといった同質の要素の間だけではなく、**攻撃の執拗さ**に対する**反撃の強さ**といった異なった要素も比較されるべきである。この例として、相手方が、15分間に及び、防衛行為者の胸倉や髪の毛をつかみ、Tシャツを引き破ったり、暴力団への連行をにおわせて脅迫したので、その顔面を手拳で1回殴打したところ、相手は、加療約3ヶ月の傷害を負ったという事案においては、「胸ぐらをつかみ、髪の毛をつかむという侵害行為の暴行と顔面を殴るという防衛行為の暴行の程度を個別に比較するだけでなく、約15分間に及ぶ終わりのない不当な謝罪要求からくる執拗で一方的な暴行・脅迫という全体としての侵害行為と侵害行為から逃れるための1回限りの暴行とを比較して、防衛行為の相当性を判断すべきであり、そうすると、前記認定のとおり、被告人の行為は、**防衛行為としてその程度を超えていない**というべきである」とした判例（大阪高判平21・10・22判タ1327・279）がある。

(iv) 軽微な侵害と補充性の原則　軽微な侵害にすぎない場合、完全な正当防衛は認められないことがある。軽微な侵害に対しては、他の手段によって回避できる場合には他の手段を選択すべきであり、果断な反撃をすることが控えられるべきである。それに対する反撃は、過剰防衛（36条2項）となりうる。

(d) 責任なき不正な侵害　責任のない者の違法な侵害に対しても、もちろん、正当防衛を行うことはできる。しかし、子供、精神病者、泥酔者、重大な錯誤に陥っている者などの違法な侵害に対しては、必要性があっても、直ちに正当防衛権を行使すべきではない。被攻撃者は、退避しうるときは退避すべきであり、官憲の助けを求めることができる場合には、助けを呼ぶべきである。これらの可能性のない場合も、相手方をできるだけ配慮して防衛行為を行うべきである。さもなければ、過剰防衛となる。ここでも、責任のない者に対しては法確証の利益が少ないことが、制限の根拠である。

責任なき攻撃の事例を、**防衛の必要性の要件**で限定すべきであるとする説（前田387頁）があるが、必要性は、相対的最小限度手段性と防衛適合性を意味し、あらゆる正当防衛に妥当する原理である。防衛行為は、個別事情のもとで、正当防衛の基本原理に照らして制限されるべきである。

判例にも、攻撃者が、「第1度酩酊に相当する状態にあった」場合に、「相当程度運動能力や平衡感覚が失われるほど酔っていた状態にあったとはうかがわれない」と

し、「攻撃が危険性が高くなかったとは到底いえない」という状況下では、包丁で未必の殺意をもって防衛した行為につき、「被告人に、より危険度の低い反撃行為を期待することはできなかった」とするものがあり（東京地判平 8・3・12 判時 1599・149)、泥酔とまではいえない者の**危険性の高い攻撃**について、**穏やかな反撃を期待できないとしている**。

§111 過剰防衛・誤想防衛

> 【文献】内田文昭「誤想過剰防衛について」研修611号3頁、岡野光雄「過剰防衛の連帯性と個別性」研修584号、川端博『正当化事情の錯誤』(1988)、同「誤想防衛の意義と共同正犯における誤想防衛の成立範囲」法律論叢76巻4＝5号39頁、曽根威彦『刑事違法論の研究』(1998)、津田重憲『緊急救助の基本構造』(1998)、中義勝『誤想防衛論』(1971)、同「いわゆる誤想過剰防衛について」関法27巻3号、橋田久「外延的過剰防衛」産大法学32巻2＝3号227頁、林美月子「過剰防衛と違法減少」神奈川法学32巻1号1頁、町野朔「誤想防衛・過剰防衛」警研50巻9号58頁、丸山隆司「過剰防衛に関する考察」都立大学法学会雑誌33巻2号165頁、村井敏邦「正当防衛に関する錯誤と過剰防衛に関する錯誤」警研51巻4号31頁

体系的には、過剰防衛は、可罰的責任論に位置づけられる。また、誤想防衛は、故意構成要件の問題である。しかし、正当防衛から派生する問題である過剰防衛、誤想防衛および誤想過剰防衛についてここで言及しておくのが適切であろう。

1 過剰防衛
(1) 過剰防衛の意義
(a) 侵害の危険間の「著しい不均衡」 過剰防衛（Notwehrexzeß）とは、「防衛の程度を超えた行為」である (36条2項)。「防衛の程度を超えた」とは、正当防衛状況の存在を前提にして、防衛行為が、防衛の「必要性」ないし「防衛の内在的制限」を超えたことを意味する。すなわち、「最小限度侵害性」を超えた場合、および保全された法益と侵害された法益の「侵害の危険の大小」の衡量において、侵害法益の危険が保全法益のそれを著しく上回

ったこと、すなわち両者に「著しい不均衡」(krasses Mißverhältnis) が存在したことを意味する。防衛行為が「やむを得ずにした」ものとはいえ、防衛の程度を著しく超えた場合に過剰防衛となるが、これについては、「必要性」および「相当性」の範囲を超えたこととするもの（内藤 348 頁、川端 372 頁、堀籠＝中山・大コン 2 巻 400 頁）と、「相当性」の程度を超えたことを意味するとする見解（福田 159 頁、藤木 171 頁）がある。本書で展開された見解からは、「相当性」の要件は認められず、「必要性」および「防衛の内在的制限」の要件を超えた場合を指す。また、過剰かどうかは、客観的な事前判断であるというのが判例（大判大 9・6・26 刑録 26・405）であるが、内在的制限を超えたかどうかは事後判断である。

(b) 強度の過剰・範囲の過剰　　過剰防衛には、**強度の過剰防衛** (intensiver Notwehrexzeß) と **範囲の過剰防衛** (extensiver Notwehrexzeß) がある。前者（**質的過剰**ともいわれる）は、正当防衛状況が存在することを前提として、防衛の強度において必要な防衛の程度を超えた場合をいう。例えば、手拳で防衛できるのに、銃器を用いて射殺した場合である。

> **判例**においては、酒気に乗じて組みついてきた者に対し、陶器片や燭台で、その顔面、頭部を殴打して負傷させた事案（大判昭 7・12・8 刑集 11・1804）、下駄で打ちかかられたのに対して、機先を制して匕首で切りつけて刺殺した事案（前掲大判昭 8・6・21）、不法に侵入して暴行を加える者に対し拳銃を発射して死亡させた事案（大判大 9・6・26 刑録 26・405）などがあるが、これは強度の過剰の場合である。

後者の（**時間的**）**範囲の過剰**（**量的過剰**ともいわれる）とは、正当防衛状況が、まだ、あるいはもはや存在しないことを前提として、時間的な範囲において過剰にわたることを意味する。例えば、攻撃の始まる前に、予防防衛を行ったり、すでに攻撃がやんでいるのに、追撃をやめなかった場合がこれにあたる。しかし、まず、事前の予防防衛の意味での過剰防衛は、正当防衛の問題ではなく、緊急避難となりうる場合があるのみであると解すべきである（☞ § 115, 1 (3)）。これに対して、攻撃後の時間的範囲に関する過剰防衛は、過剰防衛の問題である。後述のように、責任減少説に立てば、攻撃の後も一定の範囲では心理的圧迫が、強度の過剰の事例と同じように存在しうるから、この場合、過剰防衛が認められうるのである。この場合、違法減少がないことを根拠に 36 条 2 項による刑の減免は行われないとする見解があるが（橋田・産大法学 32 巻 2 ＝ 3 号 238 頁）その前提である違法減少の要件の強調が不当である。

第2節　正当防衛　§111　過剰防衛・誤想防衛◇　529

　大審院の判例においては、出刃包丁で切り付けられたが、これをもぎとり一撃を加え、逃げる相手をさらに追跡して最後の一撃を加えて死亡させた事案に過剰防衛を認めたもの（大判大14・12・15評論15刑83）がある。
　最高裁の判例としては、鋏を首に突きつけられた者が、鉈で一撃して相手の侵害的態勢を崩させたが、被告人が甚だしく恐怖、驚愕、興奮かつ狼狽したあまり、引きつづき3、4回にわたり追撃的行為に出た場合に、その一連の行為が全体として過剰防衛にあたるとしたもの（最判昭34・2・5刑集13・1・1）がある。
　最近では、文化住宅の共同便所で突然鉄パイプで頭を殴打された者が、鉄パイプを取り上げ、一回攻撃者を殴打し、揉み合いとなって、攻撃者が鉄パイプを取り戻し、階段の踊り場まで追いかけてきて、手すりの外側に勢い余って上半身を前のめりに降りだした姿勢でなお鉄パイプを持っていたので、被告人が、左足を持ち上げて同人を追い落として、傷害を負わせた事案に、急迫不正の侵害は終了しておらず、過剰防衛を認めた**最高裁の判例**がある（最判平9・6・16刑集51・5・435）。
　また、**下級審**のものとして、突然背後から出刃包丁で背中を刺されたため、とっさに両手で両手首をつかんで包丁を奪い取り、死亡するかもしれないことを認識しながら、その包丁で前胸部、左側頸部、背部等を数回にわたって突き刺すなどして失血死させた事案につき、過剰防衛を認めたもの（大阪地判平8・11・12判時1590・159、大阪高判平9・8・29判夕983・283で破棄）がある。しかし、いきなりパン切り包丁で切りかかられた者が、攻撃者が包丁を落としたのを拾い上げ、攻撃者を押し倒して馬乗りになり、ボールペンや包丁で顔面や頭部を数十回にわたって突き刺すうちに、動かなくなったので、いったん中断し、その後ふたたび頸部を圧迫して殺害した事案に、この方法の変更の時点以降の段階では被害者による急迫不正の侵害は消失し、もはやそれが継続している状況にはなかったとしたもの（津地判平5・4・28判夕819・201）もある。さらに、**最近のもの**として、盗犯等防止法1条1項の正当防衛は相当性を欠き成立しないが、36条2項の過剰防衛が成立するとした判例がある（東京地判平9・2・19判夕964・280）。被告人は、被告人の居室に覆面姿で侵入してきてナイフを突きつけた被害者に包丁を手にして向き合ったところ、4.5メートル離れた階段踊り場まで逃げたのを追いかけ、包丁で背中を突き刺して死亡させた事案で、急迫不正の侵害または「現在の危険」は消滅していないという。

（c）範囲の過剰と第1の防衛行為からの加重結果の発生　時間的範囲の過剰の事例において、第1行為と第2行為との間に**時間的接着関係**が存在し、それらが一連一体の行為である場合には、全体として過剰防衛が認められるが、明らかに別個の行為とみられる場合には、範囲の過剰の事例とすることはできないであろう。しかし、攻撃者の攻撃力が低下した場合でも、いまだ範囲の過剰とはいえない。次の判例の事案（広島高判平21・6・25LEX/DB）がそれである。
　本事案では、被告人と攻撃者Aがもみ合い、当初、Aが鎌で攻撃していたが、被

告人とAがもみ合ううちにシャツが脱げ、そのころ鎌が同人の手から離れたが、それまでの闘争において、被告人は、鎌による攻撃にさらされていたということに照らすと、被告人とAとの攻撃力の差が絶対的なものであったとはいい難いとされ、裁判所は、被告人の防衛行為が、相当性の範囲を逸脱していたかにつき、鎌がAの手から離れた後にも何らかの暴行は加えられているとしても、「被告人とAとの闘争過程を全体としてみる限り、被告人の一連の暴行が、**防衛のためにやむを得ない程度を超えていたことが証明されているとまでいうことはできない**」と判示した。

最近の判例では、被告人が就寝中、帰宅した実父に起こされ、突然果物ナイフで攻撃されたので、その頰を数回平手打ちし、その顔面に数回頭突きをしてその場に転倒させ、さらに足蹴にするなどの暴行を加え、傷害を負わせ、死亡させたという行為につき「短時間のうちに終わった連続的な事態」であるとして、過剰防衛を肯定したもの（東京地判平9・9・5判タ982・298）がある。

また、実父が一升瓶の破片で攻撃してきたのに対し、長男Aと二男Bが防衛行為を行ったが、Bが包丁で突き刺したとき侵害の危険性はほぼ消滅していたが、「Aの防衛行為に引き続き、**同じ興奮状態の下で余勢に駆られた一連の行為**とみるべき」であるとして、行為全体を一個の殺人行為とみたうえで過剰防衛の成立を認めたものがある（富山地判平11・11・25判タ1050・278）。

それでは、それ自身は正当防衛の範囲内である第1の防衛行為（暴行）の後、引き続いてそれ自体が量的過剰防衛となりうる第2の防衛行為（暴行）が行われたが、第1行為からすでに加重結果（傷害）が生じていた場合、どのように判断すべきであろうか。ここでも、第1行為と第2行為とが、一連一体の行為であるかどうかによって区別する見解が有力である。次に判例を見ておこう。

（ⅰ）**最決平21・2・24刑集63・2・1**　この決定では、**一連一体の行為**を認め、全体的に考察して1個の傷害罪の過剰防衛を認めた。

被告人が、拘置所内の居室において、同室の男性に対し、折り畳み机を投げ付け、その顔面を手けんで数回殴打するなどの暴行を加えて、同人に加療約3週間を要する傷害を負わせた事案につき、原判決が、傷害と直接の因果関係を有するのは、第1暴行のみであったが、第1暴行と第2暴行は「**時間的・場所的に接着してなされた一連一体の行為**」であるとし、全体として1個の過剰防衛行為として評価すべきであるとしたのを正当とし、「被告人が被害者に対して加えた暴行は、急迫不正の侵害に対する一連一体のものであり、同一の防衛の意思に基づく1個の行為と認めることができるから、**全体的に考察して1個の過剰防衛としての傷害罪**の成立を認めるのが相当」であるとした。

（ⅱ）**最決平20・6・25刑集62・6・1859＝百選27**　この決定では、第1行為と第2行為の間に「**断絶**」を認め、第1行為は正当防衛とし、第2行為

第2節　正当防衛　　§111　過剰防衛・誤想防衛◇　531

については、過剰防衛も認めることなく、傷害罪とした。

　甲から殴り掛かられた被告人Xが、甲の顔面を殴打したところ、甲がアルミ製灰皿を被告人に向けて投げ付けたため、Xが甲の顔面を殴打すると、甲は転倒して動かなくなったが（第1暴行）、更に腹部等を足蹴にするなどの暴行を加えて（第2暴行）傷害を負わせ、クモ膜下出血により甲を死亡するに至らしめた。ただし、この死因となる傷害は、第1暴行によって生じたものであった。これに対し、**第1審**は、過剰防衛による傷害致死罪を認めたが、**控訴審**は、第1暴行につき正当防衛を認め、第2暴行につき傷害罪が成立するとした。

　これに対し、**最高裁**は、その決定において「第1暴行により転倒した甲が、被告人に対し**更なる侵害行為に出る可能性**はなかったのであり、被告人は、そのことを**認識した上で**、**専ら攻撃の意思**に基づいて第2暴行に及んでいるのであるから、第2暴行が正当防衛の要件を満たさないことは明らかである。そして、両暴行は、時間的、場所的には連続しているものの、甲による侵害の継続性及び被告人の**防衛の意思の有無**という点で、**明らかに性質を異にし**、被告人が前記発言をした上で抵抗不能の状態にある甲に対して相当に激しい態様の第2暴行に及んでいることにもかんがみると、その間には**断絶がある**というべきであって、急迫不正の侵害に対して反撃を継続するうちに、その反撃が量的に過剰になったものとは認められない。そうすると、**両暴行を全体的に考察して、1個の過剰防衛の成立を認めるのは相当でなく**、正当防衛に当たる第1暴行については、罪に問うことはできないが、第2暴行については、正当防衛はもとより過剰防衛を論ずる余地もないのであって、これにより甲に負わせた傷害につき、被告人は傷害罪の責任を負うというべきである」とした。

　しかし、問題は、「**一連一体**」性判断の基準　である。上の最高裁の二つの決定において用いられたその基準をまとめると、①「時間的・場所的に接着してなされた」行為かどうか、②「同一の防衛の意思に基づく1個の行為」かどうか、③「更なる侵害行為に出る可能性」の有無およびその「認識」の有無、④「侵害の継続性」および「防衛の意思」の有無、⑤第1暴行後の第2暴行の程度に著しい相違があることなどが基準として採り上げられている。このうち、「更なる侵害行為に出る可能性」および「侵害の継続」は、第2の防衛行為の範囲の過剰の有無の判断にとって必要とは思われない。なぜなら、範囲の過剰は、そもそも概念上、侵害の終了後、また、さらに客観的に侵害行為に出る可能性がなくても、それが一個の行為であり、防衛行為者の狼狽・恐怖・驚愕などの心理的状況が続いているかぎり、認められるものだからである。さらに侵害行為に出る可能性の認識は、防衛行為者の心理的状況に影響するので、侵害に出る可能性がないと冷静に認識していた場合には、狼狽・恐怖・驚愕といった責任減少事由にはあたらず、範囲の過剰は否

定されることがあると思われる。

　しかし、このような解決基準によると、前述の最高裁事例が示すように、第1行為から重い結果が生じた場合には、一連一体となり、重い罪の過剰防衛となるが、第2行為から重い結果が生じた場合には、第⑤基準により、別個の行為とされ、過剰防衛となることなく、重い第2行為の罪が成立するという結論となって、いずれにせよ重い罪が成立し防衛行為者に有利とはいえない。そこで、理論的可能性としては、構成要件上一連一体の防衛行為と認められる限り、構成要件上は一個の行為ではあるが、正当化事由の判断においてその一部が正当防衛となり、正当化されるので、違法性の段階以降は、残った軽い第2行為の罪のみが問われると解釈できないであろうか。一個の行為かどうかの判断は、自然的社会的一体性のみならず、法的評価にも依存するのであるから、違法性の段階では、その部分によって評価が分かれるため、別個の行為として分割することができると解するのである。そうだとすると、平成21年決定（i）の方は、第1の行為たる傷害罪は、正当化されるので、第2行為たる暴行の過剰防衛となる。

　防衛行為が「1個の行為」の行為であっても、違法性の段階で、第1暴行は正当防衛、第2行為は過剰防衛とする理論的可能性についてはなお検討を要する。

(d)　故意の過剰と過失の過剰　　過剰防衛には、**意識的な過剰行為**、すなわち、過剰事実について認識がある場合と、**無意識的な過剰**、すなわち、過剰事実について認識がない場合とに分かれる。過剰防衛は、このうち、過剰であることを認識している場合にかぎられるとする見解（平野247頁）もあるが、後者の、過剰事実を認識していない場合も、過剰防衛の一種とすることができよう。前者の場合には、故意犯が成立することは疑いないが、後者の場合には、いわゆる誤想防衛（☞2）の一例でもあり、その効果については、故意を阻却するという立場（平野「過失の過剰防衛」警研42巻7号113頁〔同・諸問題（上）64頁〕、内田202頁）と、故意犯が成立するという立場（大谷294頁）に分かれる。過失犯を認め、誤想防衛が過剰に至った場合であるとすると、過剰防衛として刑の減免の余地が生じる。この事例を**過失の過剰防衛**（平野・警研42巻7号113頁、内藤349頁・356頁）と呼ぶことがある。[47]

---

[47] しかし、故意犯の成立を認める立場（大谷293頁）からは、このような名称を用いるのは不当とされるであろう。

判例には、74歳の老父が棒で打ちかかってきたのに対して、斧を棒様のものだと誤信して、その頭部を乱打して死に致した事案（最判昭24・4・5刑集3・4・421）があるが、この事案においては、最高裁は、「斧はただの木の棒とは比べものにならない重量の有るものだからいくら昂奮して居たからといってもこれを手に持って殴打する為め振り上げればそれ相応の重量は手に感じる筈である」（傍点引用者）とした。これは、過剰の事実について認識があったと認めて、過剰防衛を認めたものと解することができる。

過剰事実について認識がなかった場合に、誤想防衛として故意責任を問うことができないとした判例（東京地判平14・11・21判時1823・156）がある。

被告人A（母親）およびB（長女）両名は、次男Cと共謀のうえ、酩酊して暴力を振るった長男Dに対し、同人の頚部などをカーペット上に押さえつけるなどの暴行を加え、病院において、傷害による窒息により死亡させた。Dによる被告人AやCに対する侵害は、現在し、またはこれが差し迫っている状況にあったこと、すなわち、急迫不正の侵害があった。また、Cの反撃行為は、Dの後頚部を手で強く押さえつける行為であったが、それ以外の反撃行為は、同人による急迫不正の侵害に対する防衛行為として、その相当性の範囲を逸脱するものであったとは認め難い。被告人両名は、Cの過剰にわたる反撃行為については認識していなかった。

この事案につき、東京地裁は、次のようにいう。「急迫不正の侵害に対して反撃行為を行った場合、客観的には、それが防衛行為の相当性の範囲を逸脱して過剰防衛とみられる場合であっても、その行為者において、相当性判断の基礎となる事実、すなわち、過剰性を基礎づける事実に関し錯誤があり、その認識に従えば相当性の範囲を逸脱していないときには、誤想防衛の一場合として、行為者に対し、生じた結果についての故意責任を問うことはできない。そして、複数の者が、そのような反撃行為を共同して行った場合、相当性判断の基礎となる事実の認識の有無は、**各人について個別に判断すべきもの**と解されるから、そのうちの一人の反撃行為が、防衛行為の相当性の範囲を逸脱したものであり、そのような反撃行為により生じた結果につき、客観的には、共同して反撃行為を行った他の者の行為との間の因果関係を否定し得ない場合であっても、共同して反撃行為を行った者において、相当性判断の基礎となる事実に関し錯誤があり、その認識に従えば**相当性の範囲を逸脱していないとき**には、誤想防衛の一場合として、その者に対し、生じた結果についての故意責任を問うことはできないものというべきである」。このようにして、「被告人両名の本件行為がいずれも誤想防衛行為に当たることを否定し難いのであるから、被告人両名に対し、Dに対する傷害致死罪の故意責任を問うことはできないものというほかはない」として、無罪を言い渡した。

(e) 「極端な過剰」　正当防衛が過剰となるのは、防衛の必要性ないし内在的制限を「超えた」ときであるが、保全法益と侵害法益の「侵害の危険」の「著しい不均衡」が生じた場合に過剰防衛となるのが典型的な場合であ

る。しかし、さらにそれを超える極端な不均衡が存在する場合、例えば、顔面に平手打ちをくらわせようとした者に対して、銃で射殺して防衛したといった場合には、もはや過剰防衛として刑の減免を行うことはできないというべきである。[48]

(2) 刑の減免の根拠

過剰防衛は、「情状により、その刑を減軽し、又は免除することができる」（36条2項）。過剰防衛は、もはや正当化されず、違法である。それでは、なぜ任意的減軽または刑の免除が認められるのであろうか。

(a) 違法減少説 本説は、利益衡量説に立てば、過剰防衛は、正当防衛状況が存在するが、その正当防衛の程度を超えたために違法であるとされるのであるが、正当防衛の効果があった部分については正当な利益が維持されたのであるから、違法性が減少しているということができるとする[49]（町野・警研50巻9号52頁、前田395頁）。この説は、違法減少のみに減免根拠を認め、したがって、正当防衛状況が存在しない場合には違法減少は生じないのであるから、誤想過剰防衛については、刑の減免の規定を適用することも準用することもできないとする。その点に、本説の独自の意義がある。

(b) 責任減少説 本説は、緊急状態においては、恐怖・驚愕・興奮・狼狽などにより行き過ぎがあることは強く非難できないので、責任が減少するとする（通説＝福田161頁、平野245頁）。すなわち、この説は、緊急状態におかれた者が「心理的な例外状態」にあること、ないし「規範に従った意思形成」が困難になっていることが、非難可能性の減少のゆえんであるとする。したがって、この説を徹底すると、正当防衛状況が現実に存在しなくても、このような心理状態に置かれたならば、同様に非難可能性が減少するのであるから、誤想過剰防衛の場合にも、減免の根拠はあることになる。[50]

(c) 違法・責任減少説 本説は、責任のみならず、違法性も減少するとする（団藤241頁、大塚395頁、藤木171頁以下、内藤351頁以下、大谷291頁、曽根・重

---

[48] この点で、防衛の程度をはるかに超えた場合につき刑の減免を否定した判例（東京地判平5・1・11判時1462・159）がある。

[49] この違法減少の意味について考察した論稿として、林美月子・神奈川法学32巻1号1頁以下参照。

[50] しかし、前述のように、この説に立つ見解の中には、過剰防衛の場合、過剰事実について認識していた場合にかぎられるとするものがあるが、この説は、同時に、行為者が、過剰結果を積極的に意図した場合（積極的加害意思が存在した場合）には、責任の減少を認める必要はないから、過剰防衛ではないとするのである（平野247頁）。

要問題113頁、川端374頁、山口134頁）。この説は、過剰防衛は、正当防衛の「防衛の程度を超えた」場合なのであるから、自己または他人の利益を維持したという違法減少面も存在することは否定できないとし、その意味で、違法減少を認める。しかし、過剰防衛が、「情状により」刑の減免の可能性を認められているのは、非難可能性としての責任が減少するからであるとする。このような責任減少の側面から、情状により刑の任意的減免を認めるという形で、「幅広い法的処理」を認めた理由が説明されうるとする（内藤352頁）のである。そして、この説は、恐怖・驚愕・興奮・狼狽がより進んで、期待可能性がなくなる程度に達した場合には、責任が阻却されるとする。[51]

(d) 私見（可罰的責任減少説） これは、違法・責任減少説を継承・発展させつつ、たんに心理的例外状態における期待可能性の減少からのみ説明するのではなく、**処罰の必要性の減少**の観点をも加えた見解である。ここで、可罰的責任・違法減少説といわないのは、違法性の減少の側面については、責任の減少の説明につき、違法性の減少が、責任の減少にも連動するととらえ、これは当然に考慮されているものとみなすからである。つまり、ここでは、「違法性の減少による責任減少」と「固有の責任減少」の**二重の責任減少**が生じていると考えているのである（山中「可罰的責任論について」西原古稀2巻158頁・170頁）。心理的例外状態において正当防衛状況の存在を認識して防衛行為として行動する者は、法確証を動機としながら限界を超えてしまった者である。このような行為者には、正当防衛状況の認識が、法確証の動機となっているのであり、ここでは、主観的要素は、正当化の判断ではなく、可罰的責任の判断においては考慮されてよいことはいうまでもない。このような行為者には、特別予防の意味での処罰の必要性は少ない。また、このような行為者は、心理的動揺状態において人間的弱さから行動したのであって、模倣されることも少ないと考えられ、一般予防の必要性も少ない。その処罰によって、社会の動揺を鎮静化させ、社会的統合を図る必要性も少ないのである。以上のような、非難可能性と処罰の必要性の減少による期待可能性の減少により、可罰的責任が減少するのが、刑の任意的減免の根拠である（なお、浅田237頁）。

---

[51] さらに、この説の中には、正当防衛の場合には、防衛の意思不要説に立つが、過剰防衛の場合には、恐怖・驚愕・興奮・狼狽などの心理的異常状態に陥るための前提として、正当防衛状況を認識していることが必要であるから、責任の減少のためには、防衛の認識という意味での防衛の意思が必要であるとするものがある（内藤352頁）。

判例においても、被告人に殺意があり、過剰事実の認識もあり、攻撃者が死亡した事案につき、「相当性の範囲を逸脱したとはいえ、その逸脱の程度はわずかである」場合に、「これまで普通の市民として平穏に生活してきたものであること、扶養すべき家族がいること、以前働いていた職場へ復職する見込みも大きいこと」などを考慮して、宥恕すべき事情を認め、刑を免除したもの（大阪地判平 8・11・12 判時 1590・159）がある。このように、刑の減免については、**処罰の必要性**の考慮がはたらくのが通常であり、判例も、可罰的責任減少説の妥当性を示している。

なお、責任減少説ないし可罰的責任減少説に立つならば、共犯者の一人が過剰防衛を行った場合には、**過剰防衛の効果**は、その者に限定され、他の者（共犯者）に及ばないことはいうまでもない（最決平 4・6・5 刑集 46・4・245＝**百選 88**）。

2 誤想防衛

誤想防衛（Putativnotwehr）の概念には、広狭二義がある。**狭義における誤想防衛**とは、①急迫不正の侵害（正当防衛状況）がないのに、あると誤信して防衛行為を行う場合（正当防衛状況の誤認）をいう。**広義における誤想防衛**とは、狭義における誤想防衛の場合をも含めて、正当防衛の要件にあたる事実がないのに、あると誤信して防衛行為を行う場合をいう。したがって、広義における誤想防衛には、「正当防衛状況の誤認」と「防衛行為の誤認」の場合が含まれる。つまり、狭義の誤想防衛の場合に、さらに、②過剰事実があるのにないと誤信した場合を加えたものをいうのである。[52]

(1) 正当防衛状況の誤認の場合

例えば、A がふざけて友人 X を驚かそうとして暗闇で週刊誌を丸めて振り上げたところ、X が、暴漢に襲われたものと勘違いし、身を守るため咄嗟に持っていた鞄で A の顔面を強打し負傷させた場合、急迫不正の侵害がないのにあると誤信したのであるから誤想防衛である。この場合の処理の仕方については、さまざまな学説があることはすでに正当化事情の錯誤として論じた（☞ § 108）。

---

[52] 狭義における誤想防衛の概念については学説は一致して承認しているが、広義の誤想防衛については、これを「過失の過剰防衛」であって、「誤想防衛」として論じるべきではないという見解（内田 202 頁、香川 183 頁、曽根・重要問題 116 頁）も唱えられている。なお、防衛行為の結果が、第三者に発生した場合についても誤想防衛とする見解（団藤 242 頁）が、法定的符合説の難点を、誤想防衛とすることによって解決しようとするものであり、不当である（内藤 388 頁参照）ことについては、本節注 (31) 参照。

判例の主流は、誤想防衛は故意を阻却すると解している（大判昭 8・6・29 刑集 12・1001）。戦後の高裁の判例には、A が右手をポケットに突っ込んだのをみて、凶器を取り出して向かってくるものと誤信し、木刀で A の右手首を打ちすえ、殴打して傷害を負わせた事案につき、急迫不正の侵害がないのにあると誤信したもので、故意を阻却するとしたもの（広島高判昭 35・6・9 高刑集 13・5・399）がある。

(2) 防衛行為の誤認の場合

これには、①急迫不正の侵害が現実にある場合と、②急迫不正の侵害がない場合とがある。いずれの場合にも、過剰事実については認識がなかったという場合がこれに属する。例えば、急迫不正の侵害に対して、棒を掴んで防衛しようとしたが、その重量に気づかず、実際には、斧を掴んで防衛していた場合（反対＝前掲最判昭 24・4・5）が、前者にあたる（☞ 3）。

下級審の判例においては、被告人が、A の頚部を扼しているうちに死に致す程度に強く絞めてしまったが、この点についての認識を欠いていたという事案につき、「防衛のため相当な行為をするつもりで誤ってその程度を超えたものであって、いわゆる防衛行為の誤認に外ならず、急迫不正の侵害事実についての誤認と同様に、講学上は誤想防衛の一場合として論ぜられるところのものである」として、故意責任を否定したものがある（盛岡地一関支判昭 36・3・1 下刑集 3・3＝4・252）。この判例の事案で、急迫不正の侵害についても誤想していたという場合を想定すれば、②の事例にあたる。この両者（①②）の場合は、いずれも過剰防衛の問題でもある。

3 誤想過剰防衛
(1) 誤想過剰防衛の意義

誤想過剰防衛には、広狭二義がある。

まず、**狭義の誤想過剰防衛**は、急迫不正の侵害が存在しないのに存在すると誤信し、しかも防衛の必要性ないし内在的制限を超えた場合を意味する。この類型に属する場合は、さらに、①その過剰事実について認識がある場合（**故意の誤想過剰防衛**）と、②認識がない場合（**過失の誤想過剰防衛**）とに分類することができる。

狭義の誤想過剰防衛のうち①過剰事実について認識のある場合に属する事例としては、先に掲げた判例の事案のように、老父に対して棒様のものと間違って斧で反撃したが、防衛の程度を超える事実を認識していたという事案を考えることができる。判例においては、被告人が、その長男 A が B に対

してチェーンで殴りかかり、Bがこれに対して包丁を擬しているのをみて、Aが Bから一方的に攻撃を受けているものと思い（急迫不正の侵害の事実の誤認）、Bの上半身に向けて猟銃を発射し、加療約1カ月の傷害を生じさせた（過剰）という事案（最決昭41・7・7刑集20・6・554）がある。

　なお、空手3段の腕前を有するイギリス人が、酩酊したA女とこれをなだめていたBとが揉み合ううち同女が尻もちをついたのを目撃して、BがAに暴行を加えているものと誤解し、Aを助けようとしたところ、Bがボクシングのファイティングポーズのような姿勢をとったため、自分に殴りかかってくるものと誤信し、空手技である回し蹴りをして、右足を同人の右顔面付近に当て、頭蓋骨骨折等の傷害を負わせ、死亡させたという事案を誤想過剰防衛にあたるとして36条2項により刑を減軽した**勘違い騎士道事件の判例**（最決昭62・3・26刑集41・2・182＝**百選29**）もこの類型にあたる（その他、東京地判平10・3・2判夕984・284）。

②過剰事実について認識がない**過失の誤想過剰防衛**の場合の事例としては、攻撃されたと誤信し、木刀で反撃しようとしたが、誤って日本刀を掴んで反撃し、殺傷したという事例が挙げられうる。

正当防衛・過剰防衛・誤想防衛・誤想過剰防衛の関係

急迫不正の侵害／防衛行為の程度		存在	（36条II）	（違法減少説）	（責任減少説）	不存在（誤認）	（36条II）	（違法減少説）	（責任減少説）
均衡（相当）		正当防衛	（正当化）			誤想防衛（故意阻却）	（違法）		
過剰	過剰性の認識あり	故意の過剰防衛	（適用）	（減少）	（減少）	故意の誤想過剰防衛		（減少なし）	（減少あり）
過剰	過剰性の認識なし	過失の過剰防衛（故意阻却）	（適用）	（減少）	（減少）	過失の誤想過剰防衛（故意阻却）	（準用の問題）	（準用不要）	（準用必要）

次に、**広義の誤想過剰防衛**には、③急迫不正の侵害は存在し、その認識もあるが、防衛行為が必要性ないし内在的制限を超え、その超えた事実について認識を欠く場合、すなわち、**過失の過剰防衛**といわれる場合も含まれる。しかし、この類型は、急迫不正の侵害は現実に存在していることによって、過剰防衛行為の違法性は減少しているのであるから、本来の誤想防衛の事例とは本質的に異なるともいえる。この事例においては、過剰防衛に関する36条2項の「適用」が認められ、情状により刑の減免の可能性があるので、本来の過剰防衛に属するとみるのが妥当であろう。しかし、過剰事実については、過失であるため、故意犯の成立はない点で、誤想防衛的要素をも兼ね備えているのである。

(2) 誤想過剰防衛の取扱い

誤想過剰防衛については、事実の錯誤説に立つかぎり、急迫不正の侵害について誤信し、さらに過剰事実についても誤信している場合や、急迫不正の侵害を正しく認識しているが、過剰事実について誤信している場合、**故意**が阻却される。したがって、上述の②③においては故意犯ではなく、過失犯の過剰防衛が成立しうる。違法性の錯誤説に立てば、これらの場合も、故意犯が成立し、故意犯の過剰防衛として、36条2項の「準用」による刑の減免の可能性を有するとする説（福田214頁）と、もともと過剰防衛の事例ではなく、誤想防衛の事例であるから36条2項の適用ないし準用はないとする説（大谷297頁）がある。事実の錯誤説に立っても、狭義の誤想過剰防衛において、過剰事実を認識している場合については、故意を阻却されないとするのが**圧倒的通説**である。これに関して、少数説は、そもそも急迫不正の侵害について誤信した場合を意味する誤想防衛は、つねに故意を阻却するとして、①②の場合ともに過失犯のみが成立するものとする（石原明「殺人未遂罪につき誤想過剰防衛が認められた事例」法学論叢81巻1号97頁以下、庭山英雄「誤想過剰防衛」法セ184号45頁以下）。この説の根拠は、急迫不正の侵害の誤認がなければ過剰な防衛行為もなかったであろうから、第1の誤認が行為全体につき支配力をもち、そのような行為は全体において過失犯的性格をもつとする点にある（内藤373頁参照）。しかし、この説に従うと、急迫不正の侵害が現に存在する通常の過剰防衛の場合には、故意犯が成立するが、急迫不正の侵害の存在しない誤想過剰防衛の場合には、過失犯となって、均衡を失する。

私見によれば、①の急迫不正の侵害がないのにあると誤信したが、過剰事

実については認識がある場合については、通説と同じく、故意構成要件を阻却しないと解する。過剰事実の部分の存在が、犯罪の成立の客観的要素であり、その認識があるかぎり、故意は存在するのである。例えば、素手で殴りかかってきたものと誤信した者が、日本刀で切りつけて防衛しようとした場合、過剰事実たる傷害の事実については故意があるから、傷害罪（204条）の故意犯が成立するとするべきである。

(3) 狭義の誤想防衛に対する36条2項の適用・準用

　誤想過剰防衛が、過剰防衛であるとすると、36条2項の「情状により、その刑を減軽し、又は免除することができる」という規定を適用することができるのであろうか。あるいは、「適用」はできないとしても、「準用」はできるのであろうか。急迫不正の侵害が存在しない狭義の誤想過剰防衛の場合には、違法性の減少がないのであり、そのような場合にも、刑の減免の根拠があるのかどうかが問題である。これについては、過剰防衛に関する刑の減免の根拠に関する見解によって異なる。

　(a)　違法減少説　狭義の誤想過剰防衛の場合、急迫不正の侵害が客観的に存在しないのであるから、違法性は減少せず、したがって、刑の減免に関する36条2項の規定を適用することはもちろん、準用する必要もないとする。

　(b)　責任減少説　責任減少の根拠は、恐怖・驚愕・興奮・狼狽などによって心理的に例外的な状態にあることにより非難可能性が減少する点にある。したがって、客観的に急迫不正の侵害が存在しないとしても、行為者の心理状態において、それが存在する場合と同じような動揺が存在するなら、過剰防衛として刑を減免する余地が認められる。しかも、責任減少の次元では、急迫不正の侵害の存否は問題とならないので、36条2項の規定を直接、「適用」できるとする。故意犯の場合はもちろん、過失犯の場合にも適用は可能である。[53]

　(c)　違法・責任減少説　違法減少とともに責任減少をも刑の減免の根拠とする見解によれば、準用が可能かどうかについて見解が分かれる。まず、

---

[53] 過剰事実の認識を36条2項の適用の原則的要件としつつ、過剰事実を認識しつつ重い行為をした者に刑の減免が行われえ、軽い事実を意図した者が重い結果を惹き起こした場合にその適用を否定するのは均衡を失するとして、過失犯についてもその適用を認める見解を説くものとして、平野247頁がある。

違法減少をたんなる枠組みと考え、その中核は、責任減少にあるとする見解からは、誤想過剰防衛の場合、違法性の減少はないから、**36条2項の適用は認められない**が、責任が減少している点で、その「**準用**」は認められる（内藤379頁）。ただし、違法性の減少がまったくない場合にも、刑の免除まで認めるべきではないから、刑の減軽のみを認めるべきだとする（前田395頁）ことになる。これに反して、違法・責任減少説に立ちながら、違法減少がないことを重視し、たんなる誤想防衛の場合との均衡を重視する見解（曽根・重要問題122頁）からは、「準用」も否定され、一般的な期待可能性の理論によって、責任の減少・阻却を認める余地があるとされる。

たしかに、狭義の誤想過剰防衛の場合に、36条2項の「適用」ないし「準用」を認めると、たんなる誤想防衛の場合にその適用がないことと比較して、均衡を失する。例えば、Aが木刀で攻撃してきたと思って、日本刀で反撃して殺傷した者は、過失致死罪につき、誤想過剰防衛として刑が減免されうるが、木刀で反撃し重傷を負わせた者は、過失傷害罪が成立し、刑の減免を受けることができないのは不合理である。したがって、準用説を採るとしても、誤想過剰防衛の場合、たんなる誤想防衛の場合の過失傷害の刑より軽く処罰することはできないと解すべきである（平野247頁）。

(d) **可罰的責任減少説** 私見によれば、誤想過剰防衛の場合にも、36条2項を「準用」しうると解すべきである。ここでも、非難可能性が減少し、**処罰の必要性**は低下するからである。しかし、二重の責任減少のうち、違法性の減少がともなわないという事実を考慮して、刑の免除は認められないと解すべきであり、また、誤想防衛の場合との均衡を考慮しなければ、処罰の不均衡をもたらすから、処罰の目的を考慮すれば、たんなる誤想防衛の場合に成立しうる刑を下回ることはできないと解すべきであろう。

(e) **判 例** 急迫不正の侵害がないのにあると誤信した場合の誤想過剰防衛を認めた判例としては、前述の**昭和41年の最高裁決定**（☞(1)）がリーディング・ケースであり、36条2項を適用した原判決を支持した。その後、36条2項により刑の減免を認めた**下級審の判例**が相次いでいる（静岡地判昭41・12・22下刑集8・12・1578、名古屋高判昭45・8・25刑月2・8・789、札幌高判昭51・5・25判時833・127など）。ただし、「適用」を認めたのか、「準用」を認めたのかは判然としない。

§112　盗犯等防止法による正当防衛

1　1条1項

　「盗犯等の防止及処分に関する法律」（昭和5年法律9号）1条は、刑法における正当防衛の要件に対する特例を設けている[54]。すなわち、その1項においては、①「盗犯を防止し又は盗贓を取還せんとするとき」（1号）、②「兇器を携帯して又は門戸牆壁等を踰越損壊し若は鎖鑰を開きて、人の住居又は人の看守する邸宅、建造物若は船舶に侵入する者を防止せんとするとき」（2号）、③「故なく人の住居又は人の看守する邸宅、建造物若は船舶に侵入したる者又は要求を受けて此等の場所より退去せざる者を排斥せんとするとき」（3号）の3種の場合に、「自己又は他人の生命、身体又は貞操に対する現在の危険[55]を排除する為、犯人を殺傷したるときは、刑法第36条第1項の防衛行為ありたるものとす」と規定する。この規定の意義については、解釈が分かれているが、①～③に掲げられた場合には、当然に正当防衛が成立するとした規定である点については、争いがない。

　この法律1条1項は、そこに掲げられた行為が刑法36条1項に含まれることを示した**注意規定**であり、正当防衛の範囲を拡大したものではないという見解があり、それが、立案当局者の見解でもあった（司法省刑事局「盗犯等防止及処分に関する法律理由説明」新聞3123号6頁・17頁等）。しかし、学説においては、この1条1項の解釈として、「やむを得ずにした」ことを前提とするという少数説（大谷298頁）もあるが、古くから、ここでは、「やむを得ずにした」という文言が用いられていないことから、**正当防衛の要件を緩和したもの**と解している（牧野・刑法研究4巻207頁、瀧川「盗犯防止法における正當防衛の擴大化」法学論叢24巻2号189頁以下、小野『刑の執行猶予と有罪判決の宣告猶予及び其の他』〔1931〕235頁以下）。しかし、「やむを得ずにした」という要件はなくても、「違法性の根底にある相当性の要求」（平野241頁）から、緩和された意味

---

[54] この法律に対するその当時の、階級主義であるという批判、刑事政策的に不当だとする批判、解釈論的観点からの批判については、川端・正当防衛権の再生35頁。

[55] ここで「急迫不正の侵害」ではなく、「現在の危険」という緊急避難における「現在の危難」を髣髴させる概念を用いているのは、「現在の危険」が、「急迫不正の侵害」よりも若干広い概念であると解釈すべきことを意味するように思われる（☞§115, 1 (3)）。

における **相当性の制限は必要である** とする学説が多数である。これに対しては、市民が正当防衛を安心して行使して不正な侵害に対抗しうるように規定された本法の意義にかんがみて、本条の要件を形式的に充足すれば正当防衛とみなすべきであるとの見解（藤木175頁）も唱えられている。

　最高裁は、「緩やかな相当性」による制約があるかどうかについて、次のように決定した。「ここにいう相当性とは、同条項が刑法36条1項と異なり、防衛の目的を生命、身体、貞操に対する危険の排除に限定し、また、現在の危険を排除するための殺傷を法1条1項各号に規定する場合にされたものに限定するとともに、それが『已むことを得ざるに出でたる行為』であることを要件としていないことにかんがみると、刑法36条1項における侵害に対する防衛手段としての相当性よりも緩やかなものを意味すると解するのが相当である」（最決平6・6・30刑集48・4・21）。

　この決定によって、従来、**下級審**の判例においては、この点の解釈が一定せず、「已むことを得ざるに出でたる」の要件を当然に要件とするというもの（名古屋高判昭37・12・4高刑集15・9・669）、相当性の要件を必要としないとするもの（大阪高判昭50・11・28判時797・157）、さらに、「已むことを得ざるに出でたる」ことは必要でないが、相当性を必要とするもの（東京高判昭56・1・13判時1014・138）などがあったが、これらの混乱に終止符が打たれた。

　盗犯等防止法1条1項において「やむを得ずにした」という文言が用いられていないのは、正当防衛の成立範囲を拡大したものであるとしながらも、多くの学説は、その防衛行為には緩やかではあっても**相当性の制約**があるとし（内藤396頁参照）、この最高裁の決定と同じように解釈している。しかし、刑法36条1項における「やむを得ずにした」の意義として、「必要性」に加えて「相当性」の制約もそこに含まれると解釈しながら、その文言が明らかに意図的に用いられていない盗犯等防止法1条1項の解釈として「相当性」の制約を認めるのは論理的に矛盾であることは疑いえない。この規定こそは、沿革上も、昭和5年当時いまだ、相当性の制約は、解釈上、正当防衛に内在する一般的制約であって、「已むことを得ざるに出でたる」の要件から導かれるものでないと認識されていたことから、相当性の制約を外すものではないと理解されていたことを示すものというべきである[56]。

　この規定は、「やむを得ずにした」行為、すなわち防衛の「必要性」のある行為である必要はないが、**正当防衛の内在的制約**には服するということを明らかにした規定であると解すべきである。すなわち、「最小限度手段性」

---

[56] 山中「盗犯防止法1条1項の正当防衛の要件」法教170号76頁以下参照。

および「防衛適合性」の要件については、これを緩和し、選択しうる防衛手段のうちもっとも穏やかな手段を選ぶ必要はなく、また、防衛適合性についても、防衛するために必ずしもふさわしい手段でなくてもよいとする趣旨である。しかし、正当防衛に内在する制約の意味における限定は依然として受けるのであり、保全法益と侵害法益の両法益侵害の危険に「著しい不均衡」が存在する場合には、過剰防衛となって、刑法36条2項の適用の問題となるのである。

2　1条2項

　盗犯等防止法1条2項は、「前項各号の場合に於て自己又は他人の生命、身体又は貞操に対する現在の危険あるに非ずと雖も、行為者、恐怖、驚愕、興奮又は狼狽に因り現場に於て犯人を殺傷するに至りたるときは之を罰せず」と規定する。**通説**は、この規定を、異常な心理状態のため適法行為の期待可能性がない場合を**責任阻却事由**としたものと解釈する（団藤244頁、大谷298頁、内藤399頁）。

　この規定の適用領域については、①**誤想防衛にのみ適用されるとする説**（瀧川99頁、木村264頁、植松180頁以下、最決昭42・5・26刑集21・4・710）、②**過剰防衛にのみ適用されるとする説**（草野豹一郎『刑事判例研究』4巻〔1939〕51頁以下、平野234頁、大判昭13・7・29刑集17・619）、③**誤想防衛と過剰防衛の両者に適用されるとする説**（小野・執行猶予213頁以下、大塚398頁、藤木175頁以下、内藤401頁）とがある。

　昭和42年最高裁決定は、「自己または他人の生命、身体または貞操に対する現在の危険がないのに、恐怖、驚愕、興奮または狼狽により、その危険があるものと誤信して、これを排除するため現場で犯人を殺傷した場合に適用される規定であって、行為者にそのような誤信のない場合には適用がないものと解するのが相当である」として、この事案については第①説を唱える。

　第①説は、「現在の危険あるに非ずと雖も」を、現在の危険がない場合に、これをあると誤信した場合と解釈するのである。この見解によると、誤想防衛の場合、事実の錯誤として故意を阻却するとするのが通説であるから、過失犯の成立を認めて、本規定を適用することになる。

　第②説は、現在の危険がいまだないにもかかわらず、恐怖・驚愕・興奮・狼狽によってその危険がないことを認識しつつも、早まって防衛行為を行い、殺傷した場合に犯罪が不成立となるとしたものと解するのである（平野245頁）。すなわち、時間的に早まった「範囲の過剰」の意味における過剰防

衛の一種に適用されるとするのである。

　しかし、2項の規定は、誤想防衛ならびに過剰防衛の両者の場合を規定したものと解すべきであろう。誤想防衛の場合には、故意は阻却されるとしても、過失犯を必ず処罰すべきだとはいえず、また、高度の恐怖・驚愕等による場合でも過失が必ず否定されるともいえないから、この場合にも本項の適用を認めるのが妥当であるといえよう。その意味で第③説が妥当である。

　このように本項は、誤想防衛・過剰防衛として「殺傷」した者を「罰しない」としている。通説は、その根拠を、恐怖・驚愕等により適法行為の期待可能性がなかったことによって責任が阻却されるものと説明する。したがって、「ここにいわゆる恐怖・驚愕等は、期待可能性を排除する程度」（団藤244頁）に高度のものであることが要求されるものとされる（内藤399頁）。しかし、期待可能性がないのであれば、本項の規定がなくとも、刑法36条2項の過剰防衛についても、また、誤想防衛についても、責任が阻却されるのであるから、本項をわざわざ規定する必要はなくなるというべきである。本規定は、まさしく、通常の意味における期待可能性がある場合でも、盗犯等に対抗する市民の正当防衛権を広く認めようとして、過剰防衛行為等を**政策的に不可罰としたもの**である。その意味で、本規定もまた、**可罰的責任阻却事由**に位置づけるべきである。

第3節　緊急避難

【文献】阿部純二「緊急避難」刑法講座2巻146頁、同「緊急避難」基本講座3巻90頁、井田良「緊急避難の本質をめぐって」宮澤古稀2巻273頁（『変革の時代における理論刑法学』〔2007〕127頁所収）、井上宜裕『緊急行為論』（2007）、大嶋一泰「緊急避難における危難の現在性について」森下古稀〔上〕263頁、奥村正雄「強要による緊急避難」清和法学研究6巻2号165頁、小名木明宏「緊急避難における利益衡量と相当性についての一考察」法学研究67巻6号25頁、橋田久「強制による行為の法的性質（1）（2・完）」法学論叢131巻1号90頁・4号91頁、同「避難行為の補充性の不存在と過剰避難」産大法学34巻3号197頁、同「避難行為の相当性」産大法学37巻4号28頁、森下忠『緊急避難の研究』（1960）、同『緊急避難の比較法的考察』（1962）、同「緊急避難の法的性質」論争刑法70頁、同「業務上の特別義務者と緊急避難」佐伯還暦〔上〕351頁、康元瑩「緊急避難の本質（1）（2・完）」法研論集76号1頁・77号53頁、吉田宣之「防御的緊急避難の再検討」西原古稀1巻311頁

§113　緊急避難の意義

　刑法37条1項本文は、「自己又は他人の生命、身体、自由又は財産に対する現在の危難を避けるため、やむを得ずにした行為は、これによって生じた害が避けようとした害の程度を超えなかった場合に限り、罰しない」と規定する。これが、**緊急避難**（Notstand）である[1]。

　　緊急避難について、「罰しない」根拠については、過去、さまざまな理論が呈示されてきた。「**緊急は法をもたない**」（necessitas non habet legem, Not kennt kein Gebot）という法格言があるが、それは、「法的に自由な領域」（rechtsfreier Raum）の理論を認めるならともかく、文字通りの意味においてではなく、むしろ、従来、緊急状態における行為は禁止の対象ではなく処罰できないことを表す言葉と解されてきたのである。

　緊急避難が、違法性を阻却するのか、責任を阻却するのかについては、19世紀ドイツ刑法学においても争われてきた。ドイツにおいて、現在の規定（34条・35条）のように、**二分説**（Differenzierungstheorie）が理論的に根拠づけ

---
[1] 緊急避難論の歴史的展開については、森下・緊急避難の研究1頁以下、比較法的研究については、同・緊急避難の比較法的考察3頁以下参照。

られたのは、20世紀初頭のゴルトシュミット（James Goldschmidt, 1874-1940）の論文においてである。わが国においては、現在でも、**違法阻却一元説、責任阻却一元説、二分説**が対立している。違法阻却一元説が、通説である。過去には、犯罪としては成立しているが、たんに処罰が阻却されるにすぎないとする**処罰阻却事由説**（大場〔下〕589頁以下）も主張されたが、今日では支持者はいない。**私見**では、緊急避難は、二分説によって根拠づけられるべきであるが、二分されるのは、違法阻却事由と責任阻却事由にではなく、**可罰的違法阻却事由**と**可罰的責任阻却事由**にである。

§114　緊急避難の不処罰根拠

1　違法阻却一元説

違法阻却一元説（通説＝小野126頁、団藤246頁、福田163頁、大塚401頁、平野228頁以下、西原217頁、藤木178頁、板倉206頁、香川187頁、大谷296頁、堀内166頁、川端384頁、野村247頁、西田140頁以下、前田400頁、山口138頁、佐久間230頁）は、緊急避難の場合、避難行為は正当化されるものとする。違法阻却一元説の根拠は、緊急避難規定において、①他人の法益に対しても、緊急避難が認められているが、責任阻却説からは、他人の法益を救うための行為が期待不可能であるとはいえないこと、②責任阻却であれば、法益の均衡は必要でないのに、法が法益の均衡を要求していることが挙げられる（大塚401頁）。この説の問題点は、「生じた害が避けようとした害の程度を超えなかった」場合には、生じた害が、避けようとした害より小さい場合と、同程度の場合があるが、前者の場合には、優越的利益の原則から正当化されても、後者の場合には、優越的利益の原則が妥当しない点にある。[2]

後者の法益同価値の場合について、違法阻却一元説の内部で、その説明は分かれている。

---

[2] 古くは、緊急避難は、一応は違法阻却事由であるが、法益均衡の原則を概念的に運用することが困難なので、合理的な社会人の行動として許されるべきかという標準から決定されなければならないとして、期待可能性の原則によるべきだとし、結局、緊急避難においては違法阻却事由と責任阻却事由が合一するとする見解（牧野〔上〕472頁）があった。

(1) 放任行為説

法益同価値の場合につき、これを**放任行為**とする見解（宮本101頁、江家107頁）は、違法性が阻却される場合を二つに分け、権利行為の場合と放任行為の場合があるとする（宮本101頁）。しかし、放任行為とは、**「法的に自由な領域」**の理論にもとづくものであり、法益衝突状態においてすでに法益侵害が生じている局面で、放任行為はありえず、適法か違法かいずれかであると考えられるので、この見解は不当である（阿部・刑法講座2巻153頁、山中敬一「『法的に自由な領域』に関する批判的考察」関法32巻3＝4＝5号31頁以下など参照）。

(2) 違法でないとする説

放任行為は違法ではありえないから、**一種の正当行為**であるとする説（西原217頁）がある。同じように、優越的利益説を採りつつ、優越的利益説とは、マイナス（法益侵害）がないかぎり許すという意味であるとし（平野230頁）、優越的利益保護の場合はプラスであるが、法益権衡に優劣をつけることができない場合はゼロであり、この両者の場合ともに違法でないとする原理であるとする（内田197頁、曽根・重要問題125頁、川端378頁）。しかし、優越的利益説は、その言葉通り、一方の利益が他方に「優越」する場合にのみ違法性を阻却するとする説である。差引ゼロ（同等）の場合に、いずれかが「優越する」とはいえない（内藤409頁）。この説は、優越的利益の概念を歪曲するものである。

(3) 可罰的違法性阻却説

緊急の事態における避難行為であるところから、**可罰的違法性**が欠けるものとする説（大塚382頁）に対しては、避難行為であることを理由に可罰的違法性阻却を根拠づけるのであれば、法益同等の場合にかぎらず、緊急避難はすべて可罰的違法阻却とすべきであると形式論理的に批判しうる。また、法益同等の場合には、法益衡量の結果としてのマイナスは軽微であるから可罰的違法性を阻却するというのであれば、可罰的違法性の概念の濫用であろう。第三者に損害を転嫁している緊急避難の場合に、違法性が軽微だという理由のみによって可罰的違法性を阻却するものとすべきではない。軽微性を理由に可罰的違法性の阻却を根拠づけるのは、原則的に単純な絶対的軽微性の場合のみである。利益衝突状態における相対的軽微性は、自らの生命・身体以外の憲法上の権利の擁護の場合には可罰的違法性を阻却することがありうる（☞§104, 2 (3) (b)）。緊急避難において可罰的違法性阻却が問題になるとすれば、法益衡量においては「避けようとした害」が優越するがその程度が軽微な場合であろう（☞4）。

(4) 違法性内部における二分説

他の法領域との違法の統一性という観点から違法阻却一元論の内部で阻却事由を二分する見解がある。緊急避難は、**原則として不可罰的違法行為**であるが、**例外的に適法行為**であるとする違法性の段階内部における**二分説**[3]（曽根・重要問題128頁以下）がそれである。人の不法行為に由来する不正な侵害を第三

---

[3] 松宮・浅田ほか148頁も緊急避難を可罰的違法阻却事由とする。

者に転嫁する行為は、民法上も適法であるから（民法720条1項）、刑法上も適法な緊急避難であるが、人の適法な行為に由来する危難に対する避難行為および物に由来する危難を第三者に転嫁する行為は、民法上違法であるから、刑法上も正当化しえず、可罰的違法性阻却事由であるとするのである[5]。

たしかに、民法上違法とされているものを、刑法上適法とするわけにはいかないので、そのかぎりでは優越的利益の原則の適用がある場合でも、可罰的違法性阻却とせざるをえないであろう。しかし、民法上の緊急避難規定と刑法の乖離が実際に生じるかどうかは検討の余地がある。また、法益同価値の場合には可罰的違法性が阻却されるのではなく[6]、可罰的責任が阻却されるのである。

2 責任阻却一元説

本説は、緊急避難は、他人の正当な法益を侵害するから違法であるが、適法行為を期待できないから、責任を阻却するとする（瀧川155頁、植松208頁以下、高橋敏雄『違法性の研究』〔1963〕111頁以下、日髙義博「緊急避難の本質」現代論争〔Ⅰ〕150頁）。この説によれば、緊急避難においては、行為者は自己に振りかかった危難を他人に転嫁するところに本質があるが、この場合、他人の正当な利益が侵害されており、他人の方からみれば、その転嫁行為を正当としてそれを甘受しなければならないのは正義に反すると考えるのである。

しかし、①優越的利益の原則から出発するならば、他人の小なる法益を犠牲にして大なる法益を救う行為は、「正当化」されるはずである。また、②本説は、期待可能性がないことを責任阻却の根拠とするが、規定上、「これによって生じた害が避けようとした害の程度を超えなかった場合に限り」として法益均衡を要求しているのは、違法性を問題にしているからであり、期待可能性のみを基準とするのであれば、この要件は不要である。また、この関係で、期待可能性論の本領は、法益均衡を失している場合にも責任阻却を認めるところにこそ発揮されるものであるが、この説によると、法益同価値の場合までしか責任阻却が認められないという限定は不合理であるということになる。さらに、③規定上、「他人のため」の緊急避難も認められているが、他人のために緊急避難を行うことが「期待可能性」がないといえるかど

---

[4] 危難が物に由来し危難行為者がその物を毀損した場合には、民法上緊急避難である（720条2項）。
[5] この見解は、民法720条の緊急避難および正当防衛の規定との調和を考慮したものである。
[6] 可罰的違法性の阻却は、すでに論じたように、権利の行使が過剰に及んだような場合に、安易に用いられるべき概念ではないからである（☞§104, 2 (3) (b)）。

うかは疑問である。④避難行為者の行為はつねに違法であるから、他人は、これに対して正当防衛ができることになるが、小なる法益を侵害された者に、果断な正当防衛を認めるのは疑問である。

3 二分説

二分説には、**違法阻却を原則とする二分説と責任阻却を原則とする二分説**がある[7]（内藤 415 頁、曽根・重要問題 126 頁）。

(1) 違法阻却を原則とする二分説

これには、二分する基準によって**二つの見解**がある。

(a) 法益同価値を基準とする説

第 1 に、緊急避難は原則的に違法阻却事由であるが、法益同価値の場合には責任阻却事由であるとする見解（佐伯 205 頁以下、中 142 頁以下、中山 269 頁以下、米田泰邦「緊急避難における相当性の研究」司法研究報告書 19 輯 2 号 29 頁以下、内藤 424 頁）は、法益間に大小があり、保全法益が侵害法益に優越するかぎりで、優越的利益の原則の適用によって違法阻却を認め、法益同価値の場合には、この原則の適用がないので、期待可能性がないとして責任阻却を認める[8]。

この説に対しては、違法阻却一元説から、法益同価値の場合にも違法阻却とする構成は可能であり、また、期待可能性がないとして責任阻却を認める点には、責任阻却一元説に対するのと同様の批判が成り立つと批判されている（曽根・重要問題 127 頁）。また、同じ条文に異なった犯罪阻却事由が規定されていると解することに対する疑問を指摘するものもある（山口 137 頁）が、同じ条文を単一の原理で説明しなければならないという原則はない。

（ⅰ）修正説Ⅰ（民法上の違法性概念との調整） 民法 720 条 1 項は、「他人の不法行為に対し、自己又は第三者の権利又は法律上保護された利益を防衛するため、やむを得ず加害行為をした者は、損害賠償の責任を負わない」と規定し、**他人の不法行為に由来する加害行為**を、それがその不法行為者（攻撃者）

---

[7] そのほかに、法益同価値の場合には、可罰的違法性を欠くとする説（吉川 147 頁）もあり、また、違法性・可罰的違法性阻却、責任・可罰的責任阻却の各場合を含むとする説（斎藤信治 196 頁）もある。

[8] 防御的緊急避難と攻撃的緊急避難を区別し、前者については同等利益の場合にも正当化事由であるが、後者については二分説を採用する見解（小田直樹「緊急避難と個人の自律」刑雑 34 巻 3 号 10 頁以下）もある。

に対して向けられている場合であろうと第三者に対して向けられている場合であろうと、**正当防衛**とし、原則として損害賠償の責任を負わないが、同条但書きにおいて、被害者から不法行為者に対しては賠償請求をなしうるものとする。**民法上の緊急避難**は、「他人の物から生じた急迫の危難」を避けるためその物を毀損する行為をいい（民720条2項）、720条1項が準用される。刑法においては、第三者に対しては、正当防衛ではなく緊急避難のみが認められる。これにより、民法720条によるかぎり、刑法上の緊急避難行為者も、民法上正当ということになる。逆に、他人の不法行為に起因するのではなく、他人の適法行為ないし自然事象に由来する危難については、720条によって正当化されないことになる。したがって、電車の近づくプラットホームで他人の不法行為によって背中を押された者Ａが、前に立っていた人Ｂの背中に当たって難を避け、Ｂが線路に転落して死亡した場合、Ａの行為は正当防衛である。それゆえ、この事例で、逆にＢがＡを突き飛ばして傷害を負わせたとき、Ｂの行為は正当化されない。この場合、Ｂの行為は、民法上違法であるから、違法性の統一性によって、刑法上正当とすることはできないので、不可罰的違法行為ないし可罰的違法の阻却される行為と解することになる（曽根・重要問題83頁、浅田246頁）。ＢとＡの同価値的な法益侵害の対立の場合、例えば上の例でＡを死亡させた場合には、責任阻却事由となる（浅田246頁）。

（ⅱ）**批判** しかし、──この学説からは明示的に主張されないが──、危難の原因が自然現象である場合についても、他人の不法行為に由来する場合ではないから、民法上違法であり、たとえ自己の生命を守るために他人の軽微な財産を侵害した場合でも、この見解によれば、刑法上可罰的違法性が阻却されるにすぎないことになる。他人の不法行為に由来する場合については、第三者に危難を転嫁する場合にも、民法上正当化されることになるから、この場合には法益の均衡性を問わず、正当化されることになる（曽根・重要問題84頁）。

また、法益同価値の場合には責任阻却事由とする原則二分説の立場からこの見解を唱える場合（浅田246頁）、攻撃的緊急避難についてはすべて正当化されることになるから、責任阻却事由説のはたらく余地はない。二分説の出発点は、法益同価値の場合で、しかも他人に危難を転嫁する場合に正当化が許されるのは不当ではないかという疑問であったはずなのに、この説で

は、それが無条件に正当化されることになり、**自家撞着**であるともいえよう。この見解によれば、危難が他人の適法行為ないし自然事象に由来する場合で、法益同価値の場合に責任阻却事由となる。第三者に危難が転嫁される場合には、法益の均衡・不均衡にかかわらず、民法上正当化されるのに、防御的緊急避難や自然事象に由来する緊急避難の場合には責任阻却の場合がありうるとするのは、権衡を欠く。

(iii) 不法行為法における違法性の意義 このような刑法上の違法概念を民法に従属させる考え方は、一般的には、法秩序の統一性、違法性の統一性の観点から前提にすべき原理である。しかし、不法行為法においては、民法における「違法性」の概念は、刑法のそれとは異なり、多様な意味を担わされていることを考察の出発点に置くべきである。まず、周知のように、709条の不法行為法においては、「権利侵害」の概念を拡張するためにこれを「違法性」と読み替えることが行われ、さらに、権利侵害を「不法行為に対して法的保護を与えるにふさわしい法益の侵害」と捉え、違法性概念の役割は終わったものとして、違法性阻却事由ではなく過失阻却事由に置き換える学説、あるいは、これを残しつつ、「(故意)過失によって権利を侵害し損害を発生させること」を「違法性」と捉える見解が有力に展開された（前田達明『民法Ⅳ 2』〔1980〕121頁以下）。民法においては、違法性の概念に「加害行為者の故意、過失、動機そして侵害結果さらに被害者の態度などを総合的に考慮して、損害賠償を認めるべきか」等を決定してきたとされ、しかも、期待可能性がない場合には、判例上、違法性がないとされている（横浜地判昭48・8・29判タ301・231、前田・前掲118頁）。以上のことから、民法においては、心理的責任論がとられ、一般に、故意・過失（民法709条）・責任能力（民法712条・713条）という民法上責任の要素されているものを除いて損害賠償責任を否定する事由をすべて「違法性阻却事由」と総称していると理解することが重要だと思われる。したがって、正当防衛ないし緊急避難とされている行為も、正当化されると断定しているわけではなく、損害賠償責任が否定されるという点に力点があると解すべきである。また、民法において、720条1項のそのままの適用で十分とされているわけではなく、むしろ、刑法の帰結を考慮して適正な適用が図られていることが重要である。例えば、物に由来する緊急避難につき、第三者に対して避難行為が行われる場合、民法上、つねに正当化されると解釈されているわけではなく、刑法上の緊急避難の要件に

第3節　緊急避難　§114　緊急避難の不処罰根拠◇　553

依存させる見解、比較的損害が少ない場合に違法性が阻却されるとする見解などが唱えられているのである（四宮和夫『不法行為』〔1985〕370頁）。また、危難が自然現象に由来する場合には正当化されないとしているわけではなく、期待可能性がないがゆえに、あるいは不可抗力であるがゆえに違法性が阻却されると解釈する余地は残されているのである。現に、民法では自然現象に由来する危難の場合、損害賠償責任を否定する解釈上の努力がなされている（四宮・前掲371頁参照）。

　このようにして、不法行為法における条文の適用が必ずしも正義にかなうわけではないという認識から刑法における緊急避難の解釈論を展開すべきである。民法における結論と刑法における結論とは、**民法の解釈を工夫することによって調整を図ることが可能である**。これによると、刑法上の緊急避難の場合、二分説に従い、法益に著しい不均衡がある場合には、違法阻却、同価値の場合は、責任阻却と解すればよく、また、自然事象に由来する危難のような、民法上、違法とされているようにみえる場合も、実は、民法上も、例えば、「やむを得ず加害行為をした」の解釈の工夫によって違法性が阻却される場合もあり、刑法上可罰的違法阻却とする必要はなく、正当化しても構わないのである。したがって、刑法以外の法領域において適法とされるがゆえに可罰的違法阻却とされる場合があるとしてもその役割は大きくはない。

　(iv)　修正説Ⅱ（緊急避難の二つの類型による区別）　さらに、緊急避難を二つの類型に分け、第1類型は、危難に遭遇した者が危難を免れている者に対して侵害を加える類型、第2類型は、両者ともに危難に遭遇している類型とし、前者においては二分説が採られるべきであるが、後者においては法益同価値の場合でもなお違法性阻却が認められるとする見解が有力に唱えられている（井田180頁以下、同・変革の時代における理論刑法学132頁以下）。この第2類型には、防御的緊急避難の類型や同一人において保全法益と被侵害法益とが衝突する場合も含められる。[9] 後者の類型において、違法性阻却事由とされる理由は、おそらく被侵害者の法益ももともと危難にさらされており、またはその被害者自身が危険源となっており、要保護性が低いと考えられたからで

---

[9] 例えば、登山において二人が同一のザイルで宙吊りになる場合、カルネアデスの板の場合が前者の例であり、燃え盛る家屋の3階から子どもを少なくとも最悪の事態から救うために、その子どもを窓から投げ下ろすケースが後者の例である。

あろう。しかし、優越的利益の原則によれば、あくまで回避されるべき侵害が、被侵害法益よりも優越することが違法性阻却の前提であると解すべきであり、法益同価値の場合には、可罰的責任阻却事由と解するべきであろう。

(b) 生命対生命（身体対身体）の対立か否かを基準とする説

　第2に、緊急避難は原則的に違法阻却事由であるが、**生命と生命、身体と身体**とが対立する場合には、例外的に責任が阻却されるとする見解（木村269頁以下、阿部・刑法講座2巻158頁）は、①「これによって生じた害が避けようとした害の程度を超えなかった場合に限り」という文言は、優越的利益説を表しているのではなく、同等またはいっそう大なる利益を救うかぎりという意味であり、②生命または身体は、人格の根本要素であって、その本質上比較することができず、人格は自己目的とされるべきであるから、緊急状態のもとでも人格を侵害することは違法であるという点に根拠を求める。なお、**生命対生命**の対立の場合のみを責任阻却事由とする見解（荘子256頁以下）もある。

　この説に対しては、生命と生命が比較不可能であるとすれば、それは、法益同価値の場合を意味しているのであり、身体の傷害には程度をつけることができるのであるから、相互の比較は可能であるという**批判**がある（内藤416頁、曽根・重要問題127頁）。本説の主唱者自身も、「重大な身体侵害を避けるために他人に軽微な身体侵害を加える場合は、目的説にしたがって、違法阻却事由と解すべきである」（木村・新構造〔上〕269頁）とし、また、当事者の自由な意思決定を制限するほどの重大な健康侵害などが存在する場合にのみ責任阻却が認められるとする（阿部・刑法講座2巻158頁以下）が、これも、身体の傷害が程度を付しうるものであることを自ら認めるものである。

(2) 責任阻却を原則とする二分説

　本説は、緊急避難は原則として責任阻却事由であるが、対立・衝突する法益間に著しい差がある場合には、例外的に、超法規的に違法性が阻却されるとする（森下・緊急避難の研究228頁以下、同・論争刑法70頁以下）。この説は、「やむを得ずにした」という文言を、通説のように、「他に方法がないこと」、すなわち、避難行為の補充性を意味すると解するのではなく、他の適法行為の期待可能性がないことと解する。これによると、37条1項は、責任阻却事由を定めたものということになる。そこで、法益間に著しい差のある場合に違法性が阻却されるのは、「超法規的」なものだということになる。

　本説に対しては、原則的に責任阻却一元説に対するのと同じ**批判**が妥当する。

この説によると、「これによって生じた害が避けようとした害の程度を超えなかった場合に限り」という限定は、理論的に説明できないものとなる。「法益同等」と法益間の「著しい差」との中間については、超法規的責任阻却とでも説明するほかなくなるが、そうすると、なおさら、侵害利益が保全利益の「程度を超えなかった場合に限り」という限定は無意味である。その他、「やむを得ずにした」の解釈が、同一の文言を用いる正当防衛の場合と異なることになる「著しい差」とは具体的にどの程度のものを指すか不明であるとの批判もある。

4　本書の立場（可罰的違法阻却と可罰的責任阻却の二分説）

　緊急避難の不処罰の根拠は、保全利益が優越する場合には、**違法阻却**ないし（他の非刑罰法令において違法とされている場合には）**可罰的違法阻却**、利益同等の場合には、**可罰的責任阻却**と解すべきである。その意味で、緊急避難とは、「正対正」の場合と、「正対不正」の場合の両者を含むのであり、二分説が基本的に妥当である。

　優越的利益の原則は、まさに優越的「利益」の原則であって、優越的「法益」の原則ではない。法益とは、直接的に対立する保全法益と侵害法益を指すが、利益とは、具体的事情のもとで存在し、関係するあらゆる利益を意味する。したがって、緊急避難行為が適法か違法かを判断するにあたって、利益衡量を行う場合には、抽象的に、侵害法益と保全法益が比較されるのではなく、具体的な事案のあらゆる事情が考慮されるのである（内藤421頁参照）。そして、37条1項にいう「生じた害」ないし「避けようとした害」という文言は、「侵害法益」ないし「保全法益」を指すのではなく、それらに関係する諸利益をも含む「不利益」と解釈すべきである（内藤421頁参照）。その意味では、利益衡量の両者の天秤皿には、法益以外のさまざまな諸利益が乗るのであり、利益衡量の素材が不明確になる恐れはある[10]。しかし、どのような利益因子が考慮されるべきかについては、類型化によってガイドラインを作ることによって明確化を図っていくべきであろう。

　このような真の意味での利益衡量説によるならば、緊急状態において、利益衡量の結果、避難行為者に優越的利益が存在する場合には、その行為は、正当化されるべきである。したがって、緊急避難規定が、すべての場合に責

---

[10] 山口教授は、「構成要件の枠内にある法益侵害だけが考慮されるべきだ」とされる（山口145頁・147頁、同・問題探究98頁）。同時に多数人の法益が侵害される場合には、個別処理が妥当であって、「全体的処理」を排されるが、多数の法益侵害の危険を含む構成要件該当行為の違法性は、違法判断の統一性の原則により全体的に捉えられるべきだと思われる。

任阻却事由を規定したものであるという責任阻却一元説は採ることができない。

ただ、可罰的違法性が阻却される場合もありうるであろう。民法上違法とされるが故に刑法上は可罰的違法阻却事由とせざるをえない場合は、実際には多くないことはすでに指摘した。残るのは、ドイツ刑法34条で要求されているような「**著しい優越**」に至らない場合であり、このような場合には、すなわち、軽微な優越にすぎない場合には、違法阻却ではなく、可罰的違法性阻却とすべきであろう。

しかし、衡量の結果、利益が同価値の場合には、優越的利益ということができないので正当化されない。ただ、法は、同等の場合は、違法ではあるが、可罰的責任が阻却されるものとした。そして、「その程度を超えた行為」については、「情状により、その刑を減軽し、又は免除することができる」（37条1項）と規定し、可罰的責任減少を理由として過剰避難を任意的減免としたのである。

利益同等の場合には、もちろん、利益衡量の結果、優越的利益の原則により正当化されるところまではいかないが、違法性はかなりの部分阻却されている。残りの違法部分がわずかであるので、**二重の責任減少の原則**により、不法の減少にともなう責任の減少のみならず、心理的圧迫による固有の責任も低下し、両者併せて責任の減少も著しい。それに加えて、**処罰の必要性**の考慮がはたらく。保全された利益より侵害された利益が大きくないかぎり、これを不可罰としても、社会的統合を乱すわけでもなく、処罰による一般予防・特別予防の必要もない。

責任阻却を認める説に対しては、法が、「他人のため」の緊急避難を「自己のため」のそれと同等に取り扱っていることから、「他人のため」の緊急避難の場合に、期待可能性が必ず否定されるということはなく、したがって、責任阻却事由説は不当であるという**批判**がある。たしかに、わが刑法は、ドイツ刑法35条のように、「緊密な関係のある人」にかぎらず、「行為者と被救助者との関係」を捨象して一般的に「他人」としている点で、無関係の他人のために、第三者の法益の侵害行為をする者には、その行為に出ることを思いとどまる「期待可能性」がないとはいえないと考えているように思われる。たしかに、行為に出ることが可能かどうかという意味における期待可能性がなくなるとまではいえないかもしれないが、この理解を前提にし

ても、他人のためであっても緊急状態においては「心理的余裕」をもちえない（植松208頁）という意味での期待可能性の減少はありうるであろう。しかし、一般に、この批判は、まさしく責任阻却事由説に対して妥当するものであって、**可罰的責任阻却事由説**にはあてはまらない。なぜなら、可罰的責任論における判断基準としての期待可能性とは、その行為者にとって「できる」「できない」という問題ではなく、一定の行為を要求する法秩序の側の期待との相関関係の中で決まるべきものだからである。すなわち、わが刑法は、現在の危難にさらされている者を救助する場合、被救助者との関係を問わず、一般に、利益同等の範囲内で、思わずその人のために行動してしまった者には非難可能性が減少し、処罰することによってそれを防止する意味もないものとして、・政・策・的・に、可罰的責任を阻却することとしたのである。従来、可罰的責任論の中でこの問題を論じることなく、実質的に期待可能性の判断の中にこのような「**政策的判断**」を入れる見解（内藤426頁以下）があるが、これによってその正しい体系的位置づけが与えられる。

§115　緊急避難の成立要件

1　自己または他人の生命、身体、自由または財産に対する現在の危難

(1)　保全法益（生命、身体、自由または財産）

正当防衛の場合には「権利」としているのとは異なり、緊急避難においては、法文に保全法益が列挙されている。これについては、**例示規定説**と**限定列挙説**が対立している。正当防衛の場合と異なり具体的に列挙した立法者の意図は、列挙された法益に限定するつもりであったと解することができる。したがって、かつては、限定列挙説が有力であった（大場〔下〕563頁、泉二〔上〕390頁、草野67頁、齊藤金作139頁）。しかし、貞操や名誉を排除する理由はなく、また、これらは列挙された他の法益と同様に重要な法益であるから、被告人に有利な類推解釈は許容され、「身体」や「自由」に準じてこれらを含むと解釈することもできる（通説）。ただ、「身体」、とくに「自由」の概念は限定されたものではないから、これらの概念を拡張解釈し、「貞操」は、身体ないし性的自由としても保護され、「名誉」も社会的評価を受ける自由として「自由」に含まれると解釈することができる。

判例の中には、危険にさらされている法益は、「個人」の法益をいうのであるから、「会社、組合等の法人又は之に類する社団、財団」にまで拡張すべきものではないとするものがある（札幌高函館支判昭25・7・28高刑特12・183）。しかし、「他人」の財産を「自然人」のそれにかぎる理由はない。

国家的法益・社会的法益のための緊急避難を認めることができるかどうかについては、通説（団藤247頁、福田166頁、大塚401頁、大谷297頁、板倉208頁、川端384頁）は積極説を採るが、有力な消極説（木村271頁、内藤429頁、中山276頁、内田198頁）がある。

判例（最判昭24・8・18刑集3・9・1465）は、「国家公共の機関の有効な公的活動を期待し得ない極めて緊迫した場合」には、例外的に許容されるとする。学説でも、超法規的な違法阻却事由の問題とみるものがある（中森喜彦・新判例コン2巻59頁）。正当防衛の場合には、国家的法益・社会的法益のための正当防衛は否定された。緊急避難について正当防衛と同様に考える必要はない。しかし、法文が列挙しているのは、個人的法益であり、これに国家の存立や安全を含めることはできない。消極説が正当である[11]。

(2) 危 難

危難とは、法益に対する**実害または危険の状態**をいう。危難は、客観的に存在する必要があり、行為者の主観的な予想ではたりない（最判昭24・10・13刑集3・10・1655、大阪高判昭25・3・23高刑特8・88）。危難は、合理的な観察者の客観的な事前判断によるべきである。危難は発生原因のいかんを問わない。したがって、自然事象[12]、事故、人の行動、組織の行動、動物の行動、社会的・経済的混乱・困窮などいずれによるものでもよい。

人の行動は、適法行為であってもよい。しかし、侵害を受忍する義務のある場合には許されない。例えば、刑罰の執行を受ける場合には、受忍義務があるから、これに対して緊急避難はできない。合法的な逮捕の危険がさしせまっていること、法律にもとづく刑罰権の発動としての裁判権の行使を原因とする制裁が科せられることは、内国のものであると外国のものであるとを問わず、「危難」ではないとした判例（福岡高判昭38・7・5下刑集5・7=8・

---

[11] ただし、改正刑法草案15条のように「自己又は他人の法益」という文言に改正されたならば、国家的・社会的法益を含めることも可能となるであろう。
[12] 自然事象としては、豪雨による浸水のため稲苗が枯死するに至るおそれがある場合に危難（大判昭8・11・30刑集12・2160）を認めたものがある。

647）がある。人に対して、その生命や身体に対する加害の脅迫をもって構成要件該当行為の実行が命令されたときも、危難である（強要緊急避難＝Nötigungsnotstand）。社会関係ないし社会的状況による危難を「**社会的危難**」（Sozialnot）と呼ぶが、このようなものもここでいう危難となりうる。

しかし、具体的な事案について、現実に「危難」が存在するといえるかどうかについては疑問がある場合が多い。隠匿物資を摘発するため工場に侵入した事案で、国民の財産に対して現在の危難があったとはいえないとした判例（最大判昭25・9・27刑集4・9・1783）がある。逆に、組合員が、業務管理を行った事案で、争議行為当時の賃率が平均的労働賃金水準をはるかに下回るものであり、会社側がロックアウトを行ったなどの事情がある場合に、組合員とその家族の生計が破綻するほかない急迫の事態に立ち至ったとしたもの（大阪地判昭24・1・12刑裁資26・133）がある。

(3) 現在性

「現在の」危難とは、①法益侵害の状態が**現に存在している**こと、および②法益侵害の危険が**間近に切迫している**ことをいう（最判昭24・8・18刑集3・9・1465）。

最高裁の判例には、村所有の橋が腐朽し車馬の通行が危険となったことから、その部落の道路委員らが、ダイナマイトで橋を爆破し、橋を損壊した事案につき、控訴審が、「通行者の生命、身体等に対し直接切迫した危険を及ぼしていた」として、過剰避難を認めたが、最高裁は、「切迫したものでなかったのではないか」としたものがある（最判昭35・2・4刑集14・1・61＝**百選30**〔詳しくは☞2(1)〕）。

---

13 しかし、日本国憲法において基本的人権の一つとして遡及刑罰立法が禁止されているが、外国での遡及処罰のおそれがある場合に、出入国管理令に違反して密入国した事案につき、「危難」にあたるとした判例（福岡高判昭40・9・17下刑集7・9・1778）、その他、一子政策を進める中国で計画外妊娠をした女性が不法入国した行為に過剰避難を認めて刑を免除したもの（松江地判平10・7・22判時1653・156）がある。

14 判例には、暴行・脅迫・不法監禁により、生命・身体・自由に危害を加えられる切迫した危険がある状態のもとで、**改造けん銃9丁を製作させられた**とき、「現在の危難」があるとしたもの（東京高判昭53・8・8東高刑時報29・8・153）がある。さらに、最近では、**オウム真理教信者のリンチ事件**に関して、教祖から「Aを殺さなければ殺す」と脅されて殺害を強要されて、Aを殺害した被告人に対して身体の自由に対する「現在の危難」を認め、過剰避難を認めた判例（東京高判平8・6・26判時1578・39）も、**強要緊急避難**の事例を扱ったものである。最近の判例として、けん銃を突き付けられて覚せい剤使用を強制された事実に強要緊急避を肯定したものがある（東京高判平24・12・18判時2212・123）。避難行為者の「不法への加担」が問題である。強要緊急避難については、山口141頁、同・問題探究109頁以下、井上宜裕『緊急行為論』75頁以下参照。

15 「現在の危難」とは、「現に危難の切迫していること」をいうとする判例もある（最判昭24・5・18判例体系30・3・799）。

「現在の危難」とは、正当防衛の場合の「急迫」と同義であるとされる（通説、前掲最判昭24・8・18）。しかし、現在性の方が広い概念である。第1に、いまだ間近に切迫しているとはいえないが、経験上、自然の転帰によればすぐに切迫するべき状態にある場合にも、すでに「現在の危難」というべき場合がありうる（大嶋・森下古稀〔上〕とくに294頁）。

このような意味で「現在性」が認められるべき事例として、とくにいわゆる**予防防衛**（Präventivnotwehr）の場合が挙げられる。例えば、強盗団がある山小屋で銀行強盗を共謀しているのを聞いた山小屋の主人が、これを防止する他の方法がなかったので、睡眠薬を飲ませてこれを防いだといった事例（山小屋事例）がこの例である。ここでは、「急迫性」はないので正当防衛とはならないが、「現在性」は肯定されるので、緊急避難となりうるというのである。[16]

第2に、いわゆる**継続的危険**（Dauergefahr）の場合である。継続的危険とは、すでに長期間にわたって継続しており、いつでも侵害に転化しうる危険の迫る状態であるが、他方、侵害の発生はまだ長くかかりうる可能性もありうるような場合をいう。

> 例えば、見知らぬ男が、過去7回も、夜、のぞきのために寝室に侵入してきて、夫婦の自由を脅かしていたが、ある夜、逃走する際に、夫から撃たれ、臀部に傷害を負ったという事案（のぞき魔事件＝BGH NJW 1979, 2053）においては、ドイツの判例は、**責任阻却的緊急避難**（entschuldigender Notstand）であるとした。ここでは、上述の意味での継続的危険もまた法文にいう「危険」であると認められた。[17]

わが国の判例の中には、**個人的突発的な侵害**と**集団的組織的な侵害**とを区別し、後者については、「事態をそのまま放置し拱手傍観しているならば侵害の実現が必至と認められる状態に立ち至った時期乃至段階」でよいとしたもの（福岡地判昭37・1・31下刑集4・1＝2・104）がある。これは、個人的侵害と組織的侵害の相違ではなく、一回性の危険の場合か、継続的危険を根拠に、今、予防措置を講じなければ侵害を防止できない場合かに本質的な相違があると理解すべきであろう。

---

[16] ただし、緊急避難の成立には、避難行為の「補充性」の要件を備える必要があり、「現在性」が認められても直ちに緊急避難が肯定されるわけではない。予防防衛の問題につき、大嶋・森下古稀〔上〕264頁以下、津田重憲『緊急救助の基本構造』（1998）258頁以下参照。後者は、「急迫性」の要件を広く解して、正当防衛の規定を直接適用しうるとするものである（278頁以下参照）。

[17] これについて、大嶋・森下古稀〔上〕271頁以下参照。

しかし、現在性の要件を弛緩させることは重大な問題を含むので、このような予防防衛ないし継続的危険の事例につき「現在性」を認める要件として、将来の危険の予測が高い蓋然性をもつことを前提として、①繰り返される継続的危険についてはすでにその危険がいったん具体化したこと、②当該の犯行現場においてすでに侵害ないし危険のあった直後であること、さらに、③緊急避難行為から生じる法益侵害の客体は、危険の惹起者のものであることが厳格に要求されると解されるべきである。そのほか、一般的要件として、緊急避難行為の「補充性」の要件が厳格に適用されるべきこともいうまでもない。

> いわゆる**狩勝トンネル事件**（最判昭28・12・25刑集7・13・2671）においては、狩勝トンネルを通過するにあたって、「隧道内における熱気の上昇、有毒ガスの発生等により（乗務員が）窒息呼吸困難火傷等を生じ生命身体に被害を受ける危険が常時存在していた」とし、「3割減車行為」による危難の回避を「已むことを得ざるに出でたる行為」と判示したが、これは、「継続的危険」について、トンネル通過の列車数の減数による緊急避難を認めたものと解釈できよう。

(4) 他人のための避難行為と他人の同意の存否

他人のためにする緊急避難は、本人の意思に反しないことを要件とするかどうかについては争いがある。積極説（江家・刑法講義182頁）もあるが、緊急避難は違法阻却事由であるとする通説は、本人の意思に反するかどうかを問うべきではないとする（大塚404頁、香川189頁、内藤429頁、大谷300頁、野村245頁以下）。正当防衛の場合（☞§110, 2（3））と同様に、個人保全という観点からは、「他人」が法益保護を放棄している場合にまで、緊急避難を肯定する必要はない[18]。ただし、救助者が本人の同意の意思表示を認識していないときは、正当化事情の事実的前提についての認識を欠き、故意を阻却する。

2 危難を避けるためにやむを得ずにした行為

避難行為には、攻撃者に向けられる場合と第三者に転嫁される場合との両者がある。第三者に侵害を転嫁する避難行為の場合を**攻撃的緊急避難**（aggressiver Notstand）と呼ぶのに対して、避難行為が、危険の由来する人に向けられた場合を**防御的緊急避難**（Defensivnotstand）という[19]（阿部・基本講座3巻92頁参照）。攻撃的緊急避難において、優越的利益の原則を充たす場合に、第三者

---

[18] 通説を疑問とするものとして、中森・新判例コン2巻68頁、山口140頁、同・問題探究100頁。
[19] ドイツ民法では、防御的緊急避難については、228条に規定し、攻撃的緊急避難については、904条で規定する。これらは、生じた害と危険との関係の要件に大きな相違を示す。

に侵害を転嫁することが正当化される理由として、最近では、「**連帯原理**」(Solidaritätsprinzip) が援用されることがある。連帯原理とは、一種の保険制度のように、緊急状態にある行為者の危険状態を回避するのは第三者にそれを転嫁せざるをえない場合、その第三者は、転嫁されたその侵害を受忍する義務が生じるのであって、それによって、将来自分が同じような危険な状態に陥ったときに、他人に受忍を求めることができるのであって、それは社会の連帯の思想に由来するというものである。[20] これに対して、防御的緊急避難は、人による攻撃が「違法性」ないし「急迫性」を欠き、攻撃者に対する侵害が正当防衛を構成しない場合、あるいは、妊婦の生命身体を救うためその胎児を犠牲にせざるをえない場合などに問題となる。防御的緊急避難においては、当該侵害の由来する危険源たる人の法益に対する防御のための侵害であって、侵害を第三者に転嫁するわけではないので、連帯原理は妥当しない。

(1) やむを得ずにした行為

「やむを得ずにした行為」とは、法益保全のために唯一の方法であって、他に可能な方法がないという意味であるとされる（団藤249頁、藤木181頁、大塚404頁以下、内藤432頁、大谷299頁）。判例も、「他人の法益を害する外他に救助の途なき状態」（大判昭8・9・27刑集12・1654）をいうものとする。しかし、「**やむを得ずにした行為**」とは、正当防衛と同じく「**最小限度手段性**」と「**手段適合性**」を意味する「**必要性**」に加えて、他に可能な方法がないという「**補充性**」を意味するものと解すべきである。

補充性の原則とは、他人の法益の侵害以外の方法で法益を保全する方法がないことを意味する。そして、**最小限度手段性**は、他人の法益を侵害する場合にも最小限の被害を与えるような手段を選択するという基準である。この基準によると、法益を保全するための多くの可能で、かつ同等に適合性をもった手段がある場合に、そのうちの一つを選択することは、最小限度手段性に反しない。例えば、交通事故で重傷を負った被害者を救助するべく、他に手段がなかったので、救急病院に連絡するため誰もいないA宅に侵入して電話したが、隣のB宅にも電話があったという場合には、最小限度手段性

---

[20] これについては、山中「臨死介助における同一法益主体内の利益衝突について―推定的同意論および緊急避難論の序論的考察―」近大法学62巻3・4号（山本正樹名誉教授ほか退任記念号）(2015年) 265頁以下参照。連帯原理に関する最近のドイツの文献として、vgl. *A.v. Hirsch/U. Neumann/K. Seelmann* (Hrsg.), Solidarität im Strafrecht, 2013.

第3節　緊急避難　　§115　緊急避難の成立要件◇　563

の要請は充足されている。また、手段適合性は、侵害によって法益を保全できる蓋然性が高いことを要求する基準である。したがって、例えば、酩酊した医者が、救急患者を救うために交通法規に反して自動車を運転して治療に向かったが、酩酊のため適切な治療ができない状態であったという場合には、手段適合性はない。この事例において、医者がタクシーに乗って救急患者のもとに急行することができた場合には、補充性の原則に反するといえる。[21] 他の方法による場合、時間的に著しく遅延するといった事情のないかぎりで、この判断は正当である。

　先に検討したように、緊急避難においては、「現在性」の要件が広くなるので、必要性の判断も、とくに予防防衛の事例においては、「他の方法」の有無を判断する際には、危難の発生源に対する**防御的避難行為の可能性**があるかどうかをまず検討すべきである。すなわち、危難の発生を防止することによって避難すべきであって、攻撃的避難行為によって損害を第三者に転嫁するべきではない。例えば、先の山小屋の事例（☞ 1, (3)）において、睡眠薬を飲ませるのではなく、町へ通じる唯一の道にかかる村所有の吊り橋を切り落として予防すべきではないのである。したがって、強要緊急避難の事例で、目前に切迫していなくても、いつ生命の危険が現実の侵害に転化するかわからないような生命の侵害の可能性があり、いま直ちに必要な行動をとらなければ侵害の回避が不可能になり、または著しく困難になる場合にも、まず、防御的緊急避難の方法を選択すべきである。

　その他、**判例**において補充性の原則について判断したものに、村所有の橋が腐朽し車馬の通行が危険となったので、道路委員であった被告人が村当局に対して再三架け替えを要請したが、実現しなかったので、起こるであろう事故を未然に防ぐためにダイナマイトで同橋を爆破し、往来の妨害をなしたという事案につき、「切迫した危険な状態」になかったのではないかとし、さらに、「その危険を防止するためには、通行制限の強化その他適当な手段、方法を講ずる余地のないことはなく、本件におけるようにダイナマイトを使用してこれを爆破しなければ右危険を防止しえないものであったとは到底認められない」とした**最高裁の判例**（前掲最判昭35・2・4＝**百選30**）がある。

---

[21] 下級審の判例においては、人が胸痛や胃けいれんで苦しみだしたので、急病人を輸送するために無免許運転をしたという事例で、タクシーを呼ぶ、電話で救急車の出動を要請するなどの方法がある場合には、「已むことを得ざるに出でたる」とはいえないとしたものがある（福岡高判昭26・11・28高刑特19・43、東京高判昭46・5・24東高刑時報22・5・182＝判タ267・382）。

(2) 避難の意思

主観的正当化要素としての避難の意思が必要かどうかについては、防衛の意思と同じく、争いがある。通説は、**必要説**（木村 273 頁、大塚 404 頁、吉川 148 頁、大谷 300 頁、川端 388 頁など）に立つが、**不要説**（平野 242 頁、香川 189 頁、中山 281 頁、曽根 114 頁、浅田 251 頁、前田 402 頁、山口 142 頁）も有力である。

不要説に立てば、避難行為は過失行為によっても行われうることは明らかである。しかし、必要説からも、過失行為による避難行為は肯定されている（大塚 386 頁、野村 246 頁）。

過失犯について緊急避難が問題となる事例には、二つの類型のものがあるというべきである。一つは、緊急状態を認識し**避難意思**をもって避難行為に出たが、過失によって結果を惹起した場合である。この場合、危難の認識はあるが、避難行為の結果に対する認識がないのである。これに対して、もう一つの事例は、緊急避難状況の認識そのもののない**過失による偶然避難**の事例である。避難の意思なく過失行為に出たが、たまたま緊急避難状況にあったような場合がこれである。この事例については、必要説からは、緊急避難は認められないことになる。

(3) 過失行為による緊急避難

危難を認識していたが避難行為の結果について認識がなかった事例として、次の判例がある。

被告人は、道路中央線を超えて対向する自動車を認めて、これとの衝突を避けるために左にハンドルを切り、約 1 メートル左に寄って進行したため、後続の単車と衝突し、その運転者 A に傷害を負わせた。判決は、「本件が通常の状況の下に発生したものならば、後続車 A の車の操作に遺憾の点があったとしても、被告人は進路変更につき安全措置をとらず且後方の安全確認を怠ったため本件事故を惹起したものとして過失責任を問われることは免れないところであろう」としたうえで、被告人の行動は、「現在の危難を避けるため已むことを得ない行為といわざるを得ない」と判示した（大阪高判昭 45・5・1 高刑集 23・2・367）。

補充性・相当性を否定した事案（大阪高判平 7・12・22 判タ 926・256）もある。被告人が、自動車を運転して、交差点手前を走行中、ワゴン車が被告人車を左側走行車線から追い越し、進路前方に割り込む状態で停車したため、被告人車も停車したところ、ワゴン車から降りた男が、助手席のドア付近を蹴ったりガラスを叩くなどしたため、これを避けようと、同交差点を右折しようとした際、対向直進車両の有無及びその安全を確認しないまま右折発進したため、対向直進してきた A 運転の自動二輪車に自車を衝突させて同人を跳ね飛ばし、脳挫傷などにより死亡させたものである。被告人は、緊急避難を主張した。原審は、過剰避難を

認定し、37条1項但書きを適用したが、高裁は、ワゴンから降りてきた男が、乗っている者を車外に引き出して暴行する事態に至るおそれがあったと認め、被告人および同乗者の身体に対する危難が間近に迫っていたとして、「**現在の危難**」を肯定したにもかかわらず、「被告人の本件運転行為は、前記危難を避けるためであっても、他にとる方法がなかった又はやむを得ないものであったとはいえず、**緊急避難としての補充性及び相当性の要件を欠く**」として自判し、業務上過失致死罪を肯定した。

　通説・判例は、過失行為による緊急避難を肯定する（大谷284頁、川端387頁、岡谷簡判昭35・5・13下刑集2・5＝6・823）。これに対して、過失犯については、客観的結果回避可能性と緊急避難の要件としての補充性の原則とは共通性があるとし、両者を同一次元の問題として、構成要件的過失を認めつつ、緊急避難も肯定するという事態は存在しないとする見解（宮島英世・判タ264号55頁以下）、あるいは、客観的過失（客観的予見可能性・回避可能性）があったときに不注意であって、過失構成要件に該当するが、構成要件該当性が認められながら、違法判断において緊急避難が認められるといった事態はありえないはずだという見解（中森・新判例コン2巻74頁）も有力である。後者の見解は、過失構成要件該当性判断も具体的状況を基礎とした個別的な判断であるから、緊急状態のもとでの構成要件該当性を論じるべきであるとし、したがって、過失による緊急避難の問題とは、たんに過失犯の成否の問題だとするのである（小野寺一浩「過失犯と緊急避難」阿部古稀182頁）。

　しかし、過失犯の構成要件該当行為が、緊急状態を理由にして、違法阻却される事例は存在するといわなければならない。行為者の避難行為は、客観的に「危難」が生じた時点で、それを避けるために行われたものである。しかし、構成要件該当性の判断においては、いったんこの「危難」状態は度外視される。そうすると、進路変更につき安全措置をとらず、後方確認を怠るという結果の予見可能性も回避可能性も認められる義務違反を行ったことにより、過失犯の構成要件該当性は肯定される。しかし、違法性判断の次元において、例外的事情である緊急状態を考慮に入れると、避難行為であり、その行為に出たことはたとえ過失行為であっても、正当化ないし可罰的責任阻却されるのである。過失犯においても、構成要件該当性は、形式的判断、違法性は、利益衝突状態における実質的判断という枠組みは維持されるのである（花井哲也「過失犯と違法阻却事由」基本講座3巻199頁参照）。

3　生じた害が避けようとした害の程度を超えなかった場合

　優越的利益の原則によって「利益」が衡量されるべきこと、二分説に従って、保全利益が、侵害利益に優越する場合（正当化事由）と両者が同等の場合（可罰的責任阻却事由）とを区別すべきことはすでに述べた。

(1) 衡量のファクター

　保全利益が侵害利益に優越し、または、両者が同等であるかぎりでのみ、緊急避難となる。この判断はどのような要素を考慮し、どのような基準で行われるのであろうか。

　対立する利益を衡量するにあたって考慮すべき因子は、まず、法定刑である。もちろん、法定刑は、侵害の態様によっても決定されるので、法益の価値にとって決定的な観点ではない。さらに、これを補うものとして、法益の価値の差が考慮されるべきであるが、一般的にいえば、秩序規定は、具体的侵害に対する保護の背後に位置し、人格の価値は、物の価値に優先する。そして、生命・身体の保護は、他の人格価値や個人的法益に優越する。その他、法益侵害の強さが、法益の抽象的な価値関係を修正する。短時間の自由剝奪よりも、器物の損壊が優越することもありうるのである。さらに、侵害の程度とならんで、切迫する危険の程度も、衡量にあたって考慮されるべきである。[22] 差し迫った危険は、抽象的な危険に優越する。例えば、トラックの荷台が荷崩れを起こしかけているのを発見した自動車の運転者が、そのことをトラックの運転者に知らせるために、トラックを制限速度に反して追い越した場合には、一時的な制限速度違反の危険よりも、荷崩れによる事故の危険の方が大きいので、緊急避難が認められる。

　強要緊急避難の事例において、脅迫によって**第三者に対する犯罪行為へと強要された場合**、犯罪行為は緊急避難として正当化されるか。例えば、窃盗行為をはたらかなければ殺すと脅迫されて、Aから財物を窃取する行為は、緊急避難として正当化されるかどうかである。ここでは、利益衡量論からは、避けようとする害は、侵害されようとする害よりも著しく大きいから正当化されるようにも思われる。緊急避難が違法性阻却事由であるとする通説（例えば、大谷299頁）に立てば、原則として窃盗の実行は正当化されると思われる。しかし、この立場からも、この場合、**不法な行為を行う脅迫者の側に立つ**のであって、それを正当化することは、法が是認できないものであるとする立場が有力である。しかし、この立場からは何ゆえに犯罪行為への加担と

---

[22] これに対し、緊急避難行為の回避の対象を法益侵害の危険自体ではなく、法益侵害であるとし、衡量されるのはあくまでも回避された法益侵害と生じさせた法益侵害であるとする見解（山口147頁、同・問題探究101頁）が唱えられている。この見解によれば、危険の程度は予想された法益侵害の程度・範囲を意味する。

して正当化が否定されるのかを説明することは困難であろう。違法性阻却事由説に立つかぎり、犯罪行為の強要であっても、他の緊急避難と区別する理由はないとする立場が妥当であろう。しかし、**二分説**が正当である。軽微な住居侵入や小窃盗の場合には、正当化されるが、殺害の脅迫をもって、強盗や重大な傷害を強要された場合には、著しい法益の不均衡が認められず、法益同価値の程度に至るまでは、**可罰的責任を阻却するにすぎない**というべきであろう。その場合、むしろ、脅迫者に対する正当防衛権を行使すべきである。

衡量されるべき利益が、同一の法益主体に属する異なった利益である場合、その優越する一方の利益を救うために他方を犠牲にすることは、緊急避難を構成するのであろうか。これは、いわゆる**同一法益主体内の利益衝突の場合に緊急避難規定（37条）の適用があるか**という問題である。例えば、意識不明に陥った交通事故の被害者を救うには、その片足を切断せざるを得ないという場合、その医師の手術を、緊急避難によって正当化することができるのであろうか。本来、患者に意識があり、同意能力があるなら、それは**患者の同意**、すなわちその**自己決定権**の問題であるといえる領域に属する問題である。意識を喪失している場合も、「**推定的同意**」によって判断すべき問題であるということもできる。推定的同意は、被害者の現実的同意がとれないような、ある程度、緊急の場合に働く原則である。したがって、同一法益主体内の利益衝突の場合につき緊急避難規定の適用があるかという問題は、推定的同意によって解決できない場合の補充原理として用いることができるかという問題である。緊急避難規定（37条）の文言からは、比較されるべき「害」が異なった法益主体に属するべきだという解釈に必然的につながる制約はなく、その適用の可否に対するヒントはない。自己に属する処分可能な利益については、第１次的に、外部的な利益衡量の衡量ではなく、自分自身の衡量による判断である自己決定権が優先されるべきであるという基本思想を前提にすれば、緊急避難規定の適用はないと解釈されうるであろう。

(2) 自律性原理 (Autonomieprinzip)

優越的利益原則は、第三者に侵害が転嫁される緊急避難（**攻撃的緊急避難**）の場合には、その第三者の有利に衡量されるべき利益の中に、**人格の自律性** (Persönlichkeitsautonomie) を含めるべきことを可能にする。[23] 何人も、他人からの、自らの人格の自律性に対するいわれなき侵害を受忍する義務はない。人は、すべて自己決定権をもつ。自らの生命・身体・財産などに対して侵害を

受けることは、同時にこのような自律性に対する侵害をも意味する。このような「自律性」は、直接の法益と同じく、利益衡量の際に、第三者側の利益の一つに入れられるべきである。

> 自律性を利益衡量の因子として加える見解に対しては、自律性の侵害は被侵害者に生じた法益侵害の構成部分であって、それに付加される別個のものではなく、かりに別個のものととらえたとしても、保全法益の主体の自律性もまさに現在の危難により脅威にさらされているのであるから、その点において同様であるとする見解（山口・問題探究103頁）がある。しかし、自律性は、あらゆる法益に内在しているものではない。ドイツにおける議論においては、他人の支配領域に対する外部からの侵害により被害を受ける者は、他人から自己の自律性を軽視されたとされる。これは、むしろ、他人からの侵害の態様、他人の行為の無価値性に依拠する概念のように思われる。したがって、他人の違法な行為によって侵害の脅威にさらされない「危難」の場合には、自律性侵害はないのである。しかし、私見では、このようなドイツの行為無価値論的な自律性理解は不当である。「自律性」とは、むしろ、**人格に直接結びつく自己決定権の侵害**ととらえるべきである。すなわち、生命・身体および現に使用している傘、着物、住居などの人格的な自己決定と結びついた法益が、奪われ損なわれたときに侵害されるものである。

このように、自律性を利益衡量の因子とすることで、従来、「**避難行為の相当性**」（佐伯208頁、米田・司法研究報告書19輯2号、橋田・産大法学37巻4号28頁以下）の問題ないし「社会相当」（大谷301頁）として取り扱われてきた問題を解決することができる。

これらの説によれば、緊急避難として第三者にその損害を転嫁することが「相当でない」とされる。「人は、自分が雨に濡れるからといって、他人の住居権をみだりに侵害することはできないし、また、自分が良い着物を来ているからといって、粗末な服を着ている貧乏人の傘を奪ってはならない」（佐伯208頁）とされる。しかし、「やむを得ずにした」という要件から「相当性」の要件を導きだすことはできない。

正当防衛の場合と同じく、「相当性」の要件は不要である。前者の事例については、物的にみても「良い着物」の法益としての価値が、「住居権」という法益価値に優越するとは思われない。後者の事例においては、「高価な服」の法益価値は、「粗末な服」の法益価値に物的に優越する。しかし、「粗末な服」を着ている第三者は、それに対するいわれなき侵害によって、**人格の自律権**をも侵害されているのである。このようにして、利益衡量に自律性

---
[23] これについて、小田・刑雑34巻3号1頁以下。

を含めることによって、第三者の利益の比重が重くなるのである。

　この原理は、緊急状態において、同意なく身体に対して侵襲を加える場合に重要な役割を果たす。例えば、**腎臓の移植**をしなければ死亡するという状態にある人を救うために、それが唯一の手段であったので、たまたま手術中の患者の腎臓を摘出し（傷害）、それを移植することは、「相当性」がないのではなく、人の人格の自律性ないし自己決定権という利益を含めると、その価値は、「優越的利益の原則」からみても、「法益の同等性」をはるかに超えて「**極端に不均衡**」となるのである。輸血しなければ死亡する患者を救うために、同意なく第三者の血液を採取することもそうである。この自律性という利益は、極めて重要な価値をもつのであって、「生命」と「身体」の衡量においても衡量を逆転させるものである。自律性原理は、憲法における「個人の尊重」（憲法13条）にその価値の根拠をもつといってよい。

(3) 生命対生命の衡量

緊急避難の事例には、**危険共同体**（Gefahrgemeinschaft）と呼ばれる事例がある（これについて、阿部・基本講座3巻98頁参照）。一本のザイルに宙づりになった二人の登山者の上方にぶらさがっている者が、二人の重さでザイルが切れそうになったので、下方の者をザイルを切ることによって墜落死させて自らが助かったという事例、遭難したイギリスの帆船の乗組員が、20日も、食物・飲料水もなく漂流していたが、船長がすでに死にかかっていた少年乗組員を殺害して残りの乗員の食料として助かったという**ミニョネット号事件**、さらに、二人の遭難者を支えるほどの浮力のない板につかまった一方が、他方を殺害して助かったといういわゆる**カルネアデスの板の事例**などがこれに属する。

　さらに、**強要緊急避難**の事例で、先にかかげた平成8年の東京地裁の**オウム真理教事件判決**（東京地判平8・6・26判時1578・39＝平成8年度重判解144頁）の事例のように、他人の生命を奪わなければ、自分の生命が奪われるといった事例においても、生命対生命の衡量が問題となっている。

これらの事例において、生命が保全法益であるが、利益衡量の際に、生命の数は考慮されるのであろうか。あるいは、生存・延命の機会の有無・大小は、衡量にあたって考慮されるべき因子となるのであろうか。ミニョネット号事件では、一人の生命を犠牲にすることによって大勢の他の乗組員の生命が救われたのである。緊急避難を正当化事由とする通説からは、この場合には殺害行為は正当化されることになる。しかし、少ない生命を犠牲にして多くの生命が救われたことをもって、優越的利益原則を適用して、殺害行為を

正当化するべきではないであろう。また、生存の機会を考慮することも、「**生命の質**」を考慮することにつながり、不当である（同旨、阿部・基本講座3巻99頁）。これは、可罰的責任阻却事由の問題である。

　違法性阻却説に立って、一人の生命を犠牲にして一人の生命を救う場合には、優越的利益の原則の適用はなく正当化されない。それでは危険共同体の事例で、ザイルの上方にいるAが下方にいるBを犠牲にして自らが助かったとき1対1と考えるべきであろうか、それとも2人とも犠牲になるところをAがザイルを切って自分だけが助かったとき、自分を含めて**2人の生命が失われる事態と1人でも助かる事態とを比較すべきであろうか**（西田143頁以下参照）。37条1項にこの事例をあてはめると「**避けようとした害**」とは、2人の生命の喪失ではなく、あくまでAの「自己の死」である。なぜなら、避難行為によってAは決して「Bの死」を避けようとはしていないからである。Bの生命はAの避難行為によって必然的に失われることになるのであって、この事例で2人の生命を救うために1人の生命を犠牲にしたと考えるのは、明白な誤りである。同じことはミニヨネット号事件についても妥当する。5人の乗員のうち2人が3人を海に放り出して助かった場合、－3＞－5ではなく、37条1項の法意は3＞2で、正当化できないとしているのである。海に放り出された3人の死は「避けようとした害」ではありえない。

　さらに、そもそも自律性原理は、**生命の危難の場合にも適用されるのか**が問題とされなければならない。生命は、人間の生存の基礎である。生命の基本的不可侵性は、あらゆる利益の根源として、自律性の要請をも含むものであり、生命対生命の対立の場合に、攻撃される生命にはさらに「自律性」の利益がプラスされるわけではない。したがって、自己の生命に対する危難を他人の生命を犠牲にして回避した場合、つねに過剰避難となるのではない。可罰的責任が「阻却」されうる。

(4)　自招危難

(a)　自招危難の意義　　避難行為者が自ら招いた危難に対しても緊急避難が許されるかどうかについては、学説が対立している[24]。①**積極説**は、自招危難についても緊急避難を認める（植松213頁、江家108頁、吉川148頁）。②**消極説**は、故意・過失によって招いたものは「危難」といえないとし、緊急避難

---

[24] これについて、山口「自招危難について」香川古稀199頁以下参照。原因において違法な行為の理論による解決を主張する。

を否定する（泉二〔上〕388頁、大場〔下〕565頁以下）。この見解は、旧刑法75条の規定が、「天災又は意外の変に因り避く可からざる危難」のみに緊急避難を認めていたことに由来する。③**折衷説**は、故意で招いた危難については緊急避難が認められないが、過失で招いたものについては認められるとする[25]（木村・新構造〔上〕258頁、瀧川161頁、森下・緊急避難の研究269頁）。④**個別的解決説**には、相当性の見地から具体的に判断されるべきだとするもの（佐伯208頁）、「行為を全体としてみて、やむをえなかったものとみとめられ」るかどうかの問題であるとするもの（団藤249頁）、事情を総合的に検討し、社会的倫理規範に照らして是認されるかどうか（大塚403頁、川端386頁）、ないし社会相当性を有するかどうか（福田166頁、大谷302頁）を判断するもの、利益衡量の要素として考慮するもの（内藤437頁）がある。さらに、⑤**原因において違法な行為の法理**によって解決すべきだとする見解（平野235頁、山口149頁、同・問題探究107頁）も唱えられている。

「自招」の意義については、緊急避難状況を「自ら惹起した」というだけでも、また、「自ら有責に惹起した」というだけでもなく、緊急状態に陥った者にその「**危険を受忍することが期待可能**」かどうかという基準によるべきである。この「危険の受忍の期待可能性」は、もちろん、自ら有責にその状態を惹起したかどうか、そのような状態に陥ることが予見可能であったか等によって判断されるべきである。したがって、例えば、救命胴衣を自宅に忘れて友人とヨットで出帆したが、嵐の中でそれが必要になり友人のものを奪って自らは助かった場合、「自招」危難である。しかし、たまたま自分の持ち込んだ救命胴衣が破損していて使い物にならなかったときは別である。

先に述べたように（☞1⑵）、死刑判決にもとづく死刑の執行、逮捕状にもとづく逮捕などの正当な行為も対象者にとっては「危難」であるが、死刑囚や被逮捕者には「**受忍義務**」があるから、緊急避難は許されない。しかし、この受忍義務は、どのようにして根拠づけられるのであろうか。その根拠は、「**自招性**」のゆえであるということができる。自らの犯罪行為によって死刑判決を招来した者ないし逮捕状を執行される者は、自らの違法行為によって「危難」を招いたのであり、その危難を受忍することが期待可能であることはいうまでもない。このことは、自らの違法な攻撃によって正当防衛

---

[25] ここでは、違法阻却事由としての緊急避難にあっては権利の濫用であり、責任阻却事由としての緊急避難にあっては期待可能性がないとはいえないというのが根拠とされる（木村273頁）。

行為を招いた者にも妥当する。したがって、正当防衛行為に対して緊急避難は許されない。

(b) 判 例 わが国の判例においては、自招危難は、とくに**交通事故に関する過失犯**において問題とされてきた。大審院は、**大正13年の判決**において、自動車運転手が、対向してくる自動車と貨物を満載した荷車があったために、不注意にも荷車の側をすれ違って通行しようとしたとき、突然、荷車の背後から16歳のAが現れ、道路を横切ろうとしたので、これを避けようとして進路をさらに右方に転換したところ、Aの祖母Bに衝突し、死亡させたという事案について、原審が「公平の観念上危難が緊急避難を為す本人の故意又は過失に因りて生じたるものに非らざることを必要と解するを相当とす」としたのに対し、行為者が危難を「其の有責行為に因り自ら招きたるもの」である場合には緊急避難の規定は適用できないものとする。本件において危難は過失によって生じたとして、本件行為は、緊急避難にあたらないと判示した（大判大13・12・12刑集3・867＝百選32）。大審院は、このように自らの過失によって招いた危難については、緊急避難を否定したのである。

戦後の下級審の判例においても、過失交通事犯につき、自招危難について緊急避難を否定したものがある（名古屋高金沢支判昭32・10・29高裁特4・558、横須賀簡判昭33・2・19第一審刑集1・278、東京高判昭45・11・26東高刑時報21・11・408＝判タ263・355、東京高判昭47・11・30刑月4・11・1807）。これらの判例においては、避難行為が「社会通念上已むを得ない」かどうかが基準とされる例が多いといえよう。判例の自招危難の事例は、すべて過失により招いた危難であり、しかも、過失行為により避難行為が行われた場合である。

(c) 自招危難における衡量法益の差

ドイツ刑法においては、自招危難の場合には一般的に緊急避難は許されないという古い見解は採られていないが、条文上、**正当化的緊急避難**（ドイツ刑法34条）については、自招性ないし自責性のないことは要件とされていない。これに対して、責任宥恕的緊急避難（同35条）については、「行為者が自ら危難を招いたことによって、危険を受忍することが行為者に期待されえたときは、この限りではない」として、自招危難でないことを緊急避難として責任阻却されるための要件としている。**衝突する法益間に著しい差がある**場合には、危難を自己の責任によって招致した場合でも、優越的利益は十分に確保され、正当化されるのに対して、衝突する法益間において同等ないし救う法益の方が劣位にある場合には、自らの責任で招いた危難状態につき、避難行為を行った場合に可罰的責任が否定されるとはいえないからである。

例えば、登山家が、山岳警備隊の気象予報の専門家から警告されていたにもかかわらず、高山で登山を行い、遭難して、凍死を避けるため私人の山小

屋の扉を打ち壊して侵入した場合にも、その行為は、緊急避難として正当化される。ドイツの判例においても、トラックに糞尿を満載した運転手が過失で舗装していないあぜ道に入り込み、ぬかるみにはまり横転しそうになったので、トラックの重大な損傷を避けるためにAの畑に積載していた糞尿をトラックから排出した事案（BayObLG, NJW 1978, 2046）につき、正当化的緊急避難を肯定したものがある。

(d) 自招危難における主観的要素

　自招危難に関しても、第三者を侵害することを意図して自ら危難を招く場合（**意図的自招危難**）、および、危難を招くことを認識しながら先行行為を行う場合（**故意的自招危難**）、そして、過失によって危難を招く場合（**過失的自招危難**）が区別されうる。

　このうち**意図的自招危難**は、正当防衛の場合とは異なり、危難が自然事象の場合には、むしろ、自らの緊急状態を利用した間接正犯である。第三者の侵害を意図して他人の攻撃を挑発する場合には、「やむを得ずにした行為」といえるかどうかが、とくに正当防衛という他の方法がありえたといえるのではないかが検討されるべきであり、さらに、利益衡量の際に自招の事実は、行為者に不利に考慮されるべきである。故意ならびに過失による自招危難については、利益衡量において行為者に不利にその事実が考慮されるにとどまる。

　ただし、先の判例のような**過失的自招危難**の事例で、過失による避難行為が行われる外観をとる事例では、弁護側が緊急避難であると主張したのに対して、過失自招危難の法理が援用されたものであるが、実際には、その時点で緊急避難が成立するという場合には、その緊急状態に陥る前段階たる危難招致行為の段階ですでに、第三者の法益侵害の結果に対する予見可能性および回避可能性が肯定される事案であることが多い。これらの事案は、過失自招危難の事例ではなく、過失的危難招致行為自体が過失構成要件該当行為にあたる事案であり、後の緊急事態は、その因果的結果にすぎない。

　　自らの乱暴な運転で、相手を激昂させ、自らの自動車のドア付近を蹴ったりするので、自車を急発進させ、交差点を右折して逃走しようとしたときに、直進してきた対向二輪車に、不注意で衝突し、運転していたAを死亡させたという事案（大阪高判平7・12・22判タ926・256参照）においては、過失自招危難であるが、他にとる方法がなかったといえないがゆえに緊急避難にあたらないのであって、過失的自招危難のゆえに緊急避難が否定されるのではない。

故意の自招危難の事例としては、労働争議に関するものが多く（宮崎地延岡支判昭24・7・20刑裁資48・293、京都地判昭31・7・19刑裁資123・1184）、自招危難の場合、緊急避難を認めていない。一つの事案により例示すると、鉄道会社の労働組合がスト決行中、会社側が、組合員以外の従業員によって電車の運輸業務を開始しようとしたが、軌道上に組合員数十名が座り込んでいたため、別の電車を前進させようとしたとき、被告人が、電車の前に立ちはだかって進行を阻止し、会社の業務を妨害したという事案につき、「仮に弁護人主張のように切迫した危難の状態にあったとしてもその危難たるや判示のように組合員数十名が電車の出庫運転を阻止せんがため判示軌道上に座り込み、その危難の生ずべき事情を認識し、むしろこれを挑発して生ぜしめた危難であり、かかる自ら招いた危難に対しては緊急避難は許されないものと解するのを相当とする」とする（岡山地判昭31・6・20刑裁資148・96）。

4　業務上特別義務者の特則

刑法37条2項は、「前項の規定は、業務上特別の義務がある者には、適用しない」と定める。**業務上の特別義務者**には、緊急避難の規定が適用されない理由は、このような者が緊急避難を理由にしてその義務に違反することを認めない趣旨であるとされ（内藤438頁）、あるいは「一定の危険に身をさらすべきことはその業務の内容であるから、その危難を他人に転嫁することは許されないことによる」とされる（虫明＝篠田・大コン2巻468頁）。特別義務者については、「やむを得ずにした」とはいえないと解されている（虫明＝篠田・大コン2巻469頁）。

しかし、この規定が、いかなる場合にも、これらの義務ある者が緊急避難をなしえないとしているわけではないことは、通説が、この規定を自己の生命・身体を守るための緊急避難行為を禁止したものと解し、特別義務者も、他人の法益を救うための緊急避難はできる（川端387頁）し、また、自己の法益を守るための緊急避難も絶対に不可能であるというわけではないとしている（団藤250頁、大塚406頁、内藤438頁）ことに現れている。消火作業中の消防職員が崩れ落ちる梁の下敷きになるのを免れるため、隣家の板塀を破って脱出する行為は、緊急避難として可罰性を免れるべき行為だからである（内藤438頁以下）。しかし、37条2項は、文言上明らかに全面的に「適用しない」と規定している。

そこで、37条2項は、緊急避難規定の適用排除をあまりにも硬直に規定しており、削除すべきであるとの**批判**（森下・佐伯還暦〔上〕351頁以下）もみられる。これに対しては、「適用排除」は全面的否定を意味するものと解し、

37条の適用はないが、職務行為としての正当行為（35条）であるとすることによって正当化されうるという主張（小田「特別義務者と緊急避難」森下古稀〔上〕295頁以下参照）もある。

　一般的な基準としては、保全利益が、侵害利益に著しく優越する場合には、明確に、これらの義務ある者も正当に行為することができ、緊急避難を行うことができるものと解すべきである。これに反して、利益価値の差が著しくない場合、あるいは同等の場合には、緊急避難は許されず、高められた「**危険受忍義務**」を負うと解すべきである。[27] この場合、期待可能性の阻却もない。可罰的責任阻却事由としての期待可能性は、これらの義務を負う者には、法秩序の期待の程度が高められているので、広く認められるのである。

　「業務上特別の義務がある者」には、例えば、自衛官、警察官、消防職員、船長、海員、医師、看護師などのように、その業務の性質上、一定の危難に身をさらすべき義務を負う者をいう。この義務は、個人的な義務ではなく、一般人に対する義務である。義務は、法令、慣習、契約によって生じる。

　　判例は、産婆規則に反して産婆名簿に登録を受けない者が、その場所が、山間僻地で、産婆を依頼するには数里離れた町まで行かねばならず、時間的余裕がなかったために、産児をとりあげ謝礼を受けたという事案について、産婆の業務は継続反復の意思をもって産婆の行為に従事することにより成立するとし、「登録を受くることは産婆業務を行ふ者の特別の業務に属することは明白なり」として、「業務上特別の義務ある者」であると認め、この37条2項により、緊急避難を主張できないと判示した（大判昭7・3・7刑集11・277）。この判例は、産婆が、一般人に対して一定の危険に身をさらす義務を負うものとした点でも、また、他人のための緊急避難についてもこの規定を適用しようとした点でも不当である。

5　過剰避難・誤想避難

(1)　過剰避難

　避難行為がその程度を超えた場合をいう。**過剰避難**（Notstandsexzeß）には、補充性の程度を超えた場合と、法益の権衡を破った場合とがある。刑法37条1項但書は、「その程度を超えた行為は、情状により、その刑を減軽し、又は免除することができる」と規定する。すなわち、緊急避難の程度を超えた行為は、違法であり、責任阻却もされないが、任意的減免の可能性があ

---

[26] 現行法が、業務上の特別義務者に対して、一律に緊急避難を否定したのは、立法論上、不当である。
[27] ドイツ刑法においては、正当化的緊急避難（34条）では業務上特別義務者に対する特則はなく、「保護された法益が侵害された法益に本質的に優越するとき」にあたらない責任宥恕的緊急避難（35条）についてのみ、危険受忍義務を負うものとする。

る。任意的減免の根拠は、可罰的責任減少である。

「やむを得ずにした行為」とは、避難行為の**必要性**と**補充性**を意味するが、過剰となるのは、必要性を前提として、補充性の要件を超えた場合および「生じた害が避けようとした害の程度を超えた」ときである。正当防衛の場合と同様に、「やむを得ずにした行為」には相当性の要件を含まないと解するべきであるから、通説のいう「相当性」の要件は、この「害ないし法益の権衡性」の要件から発生する。

この権衡性の要件を破る過剰避難には、**強度の過剰**（質的過剰）と**範囲の過剰**（量的過剰）がありうる。前者は、例えば、オーム真理教団の幹部に取り囲まれ、教祖の指示によりAの殺害を命じられたが、その状況で、自らの身体に対する危険はあったが、生命に対する差し迫った危険がないのに、Aを殺害したとき、生命と身体の間の権衡を欠くが、過剰防衛となる（東京地判平 8・6・26 判時 1578・39）場合、また、熱が出た次女に医師の手当てを受けさせるため、自動車の後部座席乗せて制限時速を毎時 15 キロメートル以上超過して運転した場合（堺簡判昭 61・8・27 判タ 618・18）にも過剰避難が肯定される。

さらに、判例には、普通貨物自動車を運転中に、停車していた車両が突然、自ら進行中の通行帯に進出してきたため、これを回避しようとして、右側通行帯に進出したところ、このような場合、右側の通行帯の車両の進行を妨げることのないよう、進出を必要最小限にとどめるべき自動車運転上の注意義務があるのにこれを怠ったために、折から右側の通行帯を後方から進行してきたY車を転倒させて負傷させた事案につき、「被告人は、この避難のための回避手段の行使の方法を誤り、回避に必要な程度を超えて進出し、Yに傷害を負わせたものである（衝突の回避に必要な程度を超え、かつY車両の進行を妨げない限度を超えた進出について過失が認められるが、だからといって、必要な程度を超えて進出した行為が避難のための行為でなくなるわけではない。）。そうすると、被告人の本件行為は、現在の危難から避難するための行為が適切さを欠いたためにやむを得ない程度を超えたものであり、過剰避難に該当すると解すべきである」という（東京地判平 21・1・13 判タ 1307・309）。

範囲の過剰の例としては、一連の避難行為の一部について過剰が認められるとき、全体として過剰避難が認められるとする判例の事案がある。酒乱で粗暴癖のある弟に身の危険を感じて、乗用車の酒気帯び運転で逃げ出し、約 1.5 キロメートル運転を継続し、警察署に助けを求めた事案で、適当な場所で運転をやめ、警察の助けを求めることはできたとして、「被告人の行為を全体として見ると、自己の生命、身体に対する現在の危難を避けるためやむを得ず行ったものではあるが、その程度を超えたもの」としたもの（東京高判昭 57・11・29 刑月 14・11＝12・804＝**百選 31**）である。

また、指定最高速度毎時 50 キロを超え 112 キロで運転したが、その速度超過違反は大型トラックに数度に渡り、いわゆるあおり行為を受けたためであったという事案で、犯行に至るまでの一連の行為の中で、大型トラックに追突されるのを避けるため

第 3 節　緊急避難　§115　緊急避難の成立要件◇　577

追越車線に車線変更し、前方のトラックを追抜いた点までは緊急避難が認められるが、再び大型トラックが被告人車両の後方に接近した際は再度走行車線に車線変更することが可能だったのであるから、緊急避難ではなく過剰避難にあたるとしたもの（神戸地判平 13・11・15LEX/DB）があるが、これは、時間的範囲の過剰の例にあたる。

次に「**補充性**」の要件を超える**過剰避難の事例**として、暴力団事務所に監禁され、暴行を受けていた者が、放火騒ぎを起こしてその隙に逃亡するしかないと考え、木造の組事務所 1 階室内に放火して、事務所の室内を焼損したというものがある。大阪高裁（大阪高判平 10・6・24 判時 1665・141）は、原判決が過剰避難を肯定したのに対し、「原判決は、本件放火は避難行為として補充性の原則を充たすものではないとの判断を示しながら、過剰避難の成立を認めているが、その法解釈は、過剰避難の要件を不当に緩和するものであ」ると非難する。被告人は、比較的軽い暴行を受けることが想定されていたのであって、その「程度の害を避けるために本件の如き灯油の火力を利用した危険な態様の放火行為により……公共の安全を現実に犠牲にすることは、法益の均衡を著しく失するもの」であって、「やむを得ずにした行為」であったとは認められない。……過剰避難の規定における「その程度を超えた行為」とは、「やむを得ずにした行為」としての要件を備えながらも、その行為により生じた害が避けようとした害を超えた場合をいう」。

補充性の要件は、もしこれを避難行為の量的な意味での「他に方法があったとき」（「そこまでしなくてもよかった」という場合）も含むとすれば、先の判例の適当な場所でやめずに続けた酒気帯び運転も、その運転をせずに電話で警察の助けを求めることもできたのであるから、他に方法がなかったとはいえなくなる。したがって、ここでは、補充性の要件は、質的な意味で「他の方法をとるべきであった場合」（「はじめから在宅している運転能力のある妻が運転することができた」という場合）を指すものと解すべきである。例えば、放火によって隙を作って逃走しようとした行為は、もし自分の着衣にライターで火をつけ、事務所に持ち込んだが、建造物を焼損しない程度の危険であれば、その行為を基準にしてそれ以外に方法がなかったと言えるのであれば、焼損に至っても、量的な意味での過剰にとどまり、過剰避難の成立の余地がないわけではないであろう。いずれにせよ、補充性の要件を充たした行為でなければならず、その程度を超えたもののみが過剰避難になるというのであれば、当該避難行為と同種の危険性の低い行為が意図された場合、補充性を充たしたうえで、過剰だという判断を行うことができるものとしなければならない。

(2)　誤想避難

現在の危難がないのに、これがあると誤想して避難行為を行うことを**誤想避難**（Putativnotstand）という。法益不均衡の場合には、正当化事由の事実的

前提の錯誤であり、故意構成要件が阻却される。法益同等の場合には、緊急避難の場合と同じく、可罰的責任阻却が問題となる（☞§142, 6）。

(3) 誤想過剰避難

誤想過剰避難は、誤想避難と過剰避難の競合する場合である。すなわち、現在の危難がないのに、これがあると誤想して避難の程度を超えて避難行為を行う場合および現在の危難はあるが、過剰について誤想した場合をいう。過剰の点につき過失の場合と故意のある場合とがある（内田「誤想過剰避難について」研修611号3頁以下参照）。37条1項但書を準用して、情状により、刑の減免がありうる。

　　誤想過剰避難に関する**下級審の判例で、誤想過剰避難を肯定したもの**として、やくざ風の二人の男から身体に危害を加えられると思い込み、この「危難」を避けるため、理容室の前を通りかかった際、ガラス越しに散髪バサミが置いてあるのをみて、とっさにこれを護身用具としようと思い、店に飛び込み、ハサミを勝手に持ち出した事案がある（大阪簡判昭60・12・11判時1204・161＝**百選33**）。**最近の下級審の判例**には、夫婦げんかをした際、妻が室内からベランダに出ていこうとしたのをみて、飛び下り自殺を図るものと思って、これを制止しようとして、同女の両肩を両手で強く突いてその場に転倒させたたところ、同女は床面で頭部を打ち死亡したという事案で、やむをえない程度を超えていたとして、誤想過剰避難を認めたものがある（東京地判平9・12・12判時1632・152）。

§116　義務衝突

【文献】 阿部純二「刑法における『義務の衝突』(1)(2)(3・完)」法学22巻2号167頁・4号432頁・24巻1号45頁、大嶋一泰「刑法における義務の衝突」福岡大学35周年記念論文集法学編43頁、同「刑法における義務衝突と緊急避難」福岡大学法学論叢21巻3＝4号275頁、同「義務の衝突」基本講座3巻105頁、同「安楽死をめぐる義務衝突論と緊急避難論」法学59巻5号35頁、同「生命に関する義務の衝突」関東学園9巻2号25頁、同『刑法における義務衝突の研究』(2011)、同〔第2部〕(2011)、勝亦藤彦「違法阻却事由としての義務衝突とその類型に関する考察(1)(2)(3)(4・完)」法研論集74号85頁・75号55頁・77号27頁・78号69頁、同「義務の『衝突』に関する一考察」宮澤古稀2巻295頁、山中敬一「刑法における義務衝突について」刑事法學之理想與探索（甘添貴教授六秩祝壽論文集）（第1巻・2002・台北）153頁

1　広義の義務衝突の意義

　義務衝突とは何かについてその理解に対立がある[28]。義務衝突と呼ばれうる事例類型には、三つの類型がありうる[29]。

　第1の類型は、①いずれも履行の許されない複数の不作為義務が衝突する場合、例えば、ドイツのアウトバーンにおいて、誤って反対車線を走行した者が、停車することも、そのまま走行することも、バックで走行することも、そして、方向転換することも許されず、進退きわまるという場合（OLG Karlsruhe, JZ 1984, 240）である。この類型においては、行為者がどの行為を選択しても、作為の禁止に反する。

　第2の類型は、②作為義務と不作為義務が衝突する場合、例えば、医師が、他の患者に感染を警告するために守秘義務に反して職業上知りえた秘密を漏示した場合である（義務緊急避難）[30]。

　第3の類型は、③作為義務と作為義務が衝突する場合、すなわち、父親が、溺れかけた二人の子供の両者を救助することはできないが、一方のみを救助することはできる事例で、一方のみを救助した場合、義務衝突の事例とするものである。

　これらの三つの類型をすべて義務衝突の事例とする見解とこのうち最後の類型のみを義務衝突の事例とする見解とがありうる。前説では、衝突する義務のどれかに違反しなければならないという場合には、義務衝突であると考える。これに対して、後説では、矛盾する作為義務が衝突する類型のみを義務衝突の事例と考える。なぜなら、他の類型は、緊急避難による解決が可能だからである。実際には、複数の不作為義務が矛盾する要求をしているようにみえる場合であっても、もっとも穏やかな手段で法規に違反することが、緊急避難とされうるのであるから、前掲のアウトバーンの事例も、方向転換

---

[28] まず、義務衝突には**論理的義務衝突**（logische Pflichtenkollision）と**実質的義務衝突**（materielle Pflichtenkollision）の場合があるとされている。論理的義務衝突とは、法義務が、すでに抽象的・論理的に衝突している場合である。実質的義務衝突とは、具体的状況との関連で、事実上二つの法義務が衝突し、両義務が同時に履行できない場合である（勝亦・法研論集74号96頁以下参照）。しかし、論理的義務衝突の事例は、法規ないし法規の解釈から規範論理的解釈によって解決され、衝突はたんに表見上のものであるとされる。
[29] これについては、大嶋・基本講座3巻106頁以下参照。
[30] これとは逆に、不作為義務と作為義務が衝突するが、結局、作為義務に違反した場合、例えば、医師が自分の患者の生命を救助するために、他人の血液を強制的に採取する場合、法秩序が具体的状況を前提として当該作為義務を課しているわけではなく、真正な義務衝突の事例ではないと考えられる。前の事例で行為者に強制採血の作為義務はない。

した場合には緊急避難となる。また、人工呼吸器が一台しかない場合に、すでにその一台を一人の患者に取り付けている間に、もう一人の患者に人工呼吸器の取り付けが必要となったという場合には、医師は、もう一人の患者に人工呼吸器を取り付けなかった場合には、不作為犯が成立するかどうかが問題となり、当初の患者から取り外してその患者に取り付ければ、緊急避難の成否の問題となる。[31] 作為義務と不作為義務が衝突する事例も、実際には緊急避難の問題として解決しうるのである。[32]

2 狭義の義務衝突の意義

以上によって、**義務衝突**（Pflichtenkollision）とは、一方の義務のみが履行可能な二つ以上の異なった**作為義務**が存在する状況をいうとする見解が正当である（内藤642頁）。すなわち、**二つ以上の不作為犯**が成立しうる場合にのみ、「義務衝突」という、緊急避難とは別個の義務衝突独自の理論構成を必要とする領域であるということができる。[33]

したがって、弁護士が、弁護人として法廷で被告人の利益を護るために、過去において業務上知りえていた他人の秘密を漏示した場合には、義務衝突である（大判昭5・2・7刑集9・51）とするのが通説である（大塚431頁、川端391頁。反対、内藤604頁）が、この事例においては、被告人の利益を擁護するという刑事訴訟法上の義務（刑訴法293条など参照）は作為義務であるとしても、業務上知りえた秘密を漏示してはならないという刑法上の義務（134条1項）は、作為義務ではなく、**一般的な刑法上の禁止**にすぎない。あるいは、医師が瀕死の状態にある負傷者を治療するために車で往診に出かけたという事案で、制限時速内で進行する義務（道交法22条）に反してのみ診療義務（医師法19条）を充足しえたという場合にも、義務衝突の事例であるとする見解（阿部〔福田=大塚編〕『演習刑法総論』〔1983〕168頁）があるが、この場合も、一般的な道路交通法上の禁止と作為義務とが対立しているにすぎない。また、新聞記者が取材源秘匿義務に従って刑事訴訟法上の証言義務（刑訴法161条）に違反したとき（最判昭27・8・6刑集6・8・974）にも、義務衝突であるとする見解が多数であるが、

---

[31] 同様の例を挙げるものとして、斎藤信治194頁参照。

[32] 判例において、作為義務と不作為義務の衝突する場合に緊急避難の成立を肯定したものとして、帯広簡判昭33・1・31第一審刑集1・1・155がある。陸上自衛隊の衛生隊に所属する自衛官の急病人に対する看護義務と、それを履行するために犯した駐車禁止区域での駐車の不作為の要請という道交法上の義務との衝突において、駐車違反を行った場合に緊急避難を肯定したものがある。緊急避難の成立を否定したものとして、住み込みの人夫が急病で苦しみだしたため、飯場責任者が緊急措置として、無免許運転を行った事案で、補充性の要件を充たさないとしたもの（東京高判昭46・5・24東高刑時報22・5・182＝判夕267・382）がある。

[33] 義務衝突については、勝亦・法研論集74号85頁以下・75号55頁以下・77号27頁以下・78号69頁以下、同「作為義務と作為義務の衝突における独自性について」西原古稀1巻339頁以下参照。

この判例においては、憲法21条によって保障される「取材の自由」は認めているが、法律上の「取材源秘匿義務」を認めているわけではない。たとえそれが認められたとしても、それは行為禁止であり、作為義務ではない（反対、内藤640頁）。牧師が犯人と知りながら、魂の救済のために牧会活動をなすべきという「職業上の作為義務」に従って、二人の高校生を教会内に宿泊させた行為が、犯人蔵匿罪（103条）を構成するかが争われた事件（神戸簡判昭50・2・20刑月7・2・104）も、義務衝突の事例とする見解（大嶋・基本講座3巻111頁以下）があるが、判旨は、捜査の円滑な遂行という国家の法益と牧会活動の自由という憲法20条の信教の自由から派生する法益との衝突を論じた後、正当な業務行為とする。この事例は、法的義務の衝突の事例ではなく、作為義務の衝突の事例でもない。このような事例は、義務衝突ではなく、緊急避難として扱われるべきである。

したがって、通説が、義務衝突を定義して、互いに相容れない **複数の法律上の義務** が衝突する場合とする（大塚431頁、大谷270頁、川端392頁）のは、作為義務も刑法上の行為禁止および不作為義務をも含むと解せられるので、広きに失し、不当である。さらに、「複数の法律上の義務」が対立するのでなく、侵害された義務は、刑法上の義務でなければならないが、これと衝突する義務は、必ずしも法律上の義務であることを要せず、宗教上の義務、**道徳上の義務** であってもよいとする見解（大嶋・基本講座3巻105頁以下）がある。しかし、この見解との関係では、義務衝突における義務は「法的義務」であることが必要であると解すべきである。なぜなら、法秩序は、違法性判断の段階では、法の評価を明示するのであって、多元的な「宗教上・道徳上の義務」は、法的義務に対抗するものではないからである。[34]

3 義務衝突の法的性質

（1） 正当化事由の中の地位

義務衝突の法的性質 については、従来、①正当化事由とする通説のほかに、②法令による行為（35条）の場合における義務の履行として行われる行為に位置づける説（団藤203頁以下、福田169頁以下）、さらに、③緊急避難の特別の場合とする見解（木村275頁、阿部・演習刑法総論170頁）があった。しかし、まず、この問題を法令による行為と理解するのは不当である。けだし、法令に従った行為であるからといって、その行為の履行が別の法令による作為義務の履行の不作為をも意味するとき、その不作為までをも直ちに正当化する根

---

[34] 土本武司・大コン2巻346頁も同旨である。なお、このような義務の問題は、**良心犯**（Gewissenstat）の問題であり、**市民的不服従**（ziviler Ungehorsam）の問題と同様、違法性の次元ではなく、可罰的責任の問題として解決されるべきである。

拠とはなりえないからである。義務衝突における「作為義務」がすべて「法令」による義務かどうかにも疑問がある。次に、緊急避難の特別の場合とする見解も、上述のように、緊急避難の事例とは、作為義務の衝突の場合にかぎる点で異なり、積極的侵害をともなう作為犯ではなく、消極的な不作為犯が問題となるという特殊性をもつのであるから、不当である。**超法規的違法阻却事由**とせざるをえないであろう。

(2) 犯罪論体系上の地位

この問題を体系上どこに位置づけるかについては学説が分かれる。

(a) 構成要件該当性阻却説 不作為犯においては、構成要件該当性の次元において、作為義務を認めるためには、「作為可能性」が前提となる。二つの義務を履行することができないのであれば、少なくとも一方には、すでに構成要件該当性の段階において作為可能性がなく、したがって、正当化事由としての義務衝突の問題は生じないのではないかが問題となる。さらに、父親Xが、溺れかけている子供AもBも救助しなかった場合、Aの殺人についてもBの殺人についても構成要件該当性があるのだろうか。この場合、Xは、二つの矛盾する義務の前に立たされているのであろうか。それとも、この両義務のいずれかは、構成要件の段階ですでに限定され、義務性を失っているのではないのだろうか。

しかし、構成要件該当性判断においては、例外的事情を考慮せず、それぞれの義務が別々に存立しているものとして判断すべきであるから、構成要件は、両者について充足されているとみるべきである。違法性ないし責任の段階において、衝突状況が考慮され、義務衝突の問題が生じるのである。したがって、構成要件該当性阻却説は採用できない。[35]

(b) 正当化事由説 正当化事由と解する立場の中では、緊急避難と同様に利益衡量原理の適用があるという立場が有力である（川端392頁、浅田263頁）。このうち緊急避難につき二分説をとって法益同等の場合には責任が阻却されるという見解（浅田263頁）からは、この場合には責任阻却事由となる。

しかし、義務衝突には、優越的利益原則がそのまま妥当するわけではない。むしろ、「**不可能は義務づけられない**」（impossibilium nulla obligatio est）というのが、正当化の原理である。したがって、緊急避難規定に定められてい

---

[35] 山中・刑事法入門203頁以下で唱えた見解を改める。山中・甘添貴教授六秩祝壽文集153頁以下参照。

るわけではなく、独立の「超法規的違法阻却事由」である。一方の義務が他方に優越する場合に、優越する義務を履行した者は、他方の義務については正当化される。両義務が同等の場合も、不可能は義務づけられないという原則に従って、一方を履行すれば他方の不履行は正当化される（団藤204頁、福田170頁、内藤645頁、大谷271頁、川端392頁）。

　しかし、緊急避難における**二分説**の立場からは、両義務が同等な場合には、責任阻却事由であるとする見解が有力である。まず、①生命と生命、身体と身体が対立する場合は責任阻却事由だとする立場から、一般の同価値の義務衝突の場合には、いずれか一方の義務を履行したときは、違法性が阻却されるものとし、生命対生命、身体対身体の場合には義務の衡量は不可能であるから、違法性は認められ、責任阻却の問題となる（阿部・演習刑法総論173頁）。②法益同等の場合には責任阻却事由とする二分説からも、義務が同等の場合に違法性を阻却することに疑問を示す見解（中山283頁）がある。

　しかし、**同等の義務の衝突**の場合にも、一方の義務を履行した場合には、違法性を阻却すると解すべきである（内藤646頁、大嶋・福岡大学法学論叢21巻3＝4号276頁以下）。とくに、義務衝突を、作為義務の衝突する場合のみにかぎる見解に立つと、両者ともに不作為犯であるので、違法とするには、いずれの作為についても、評価規範としての義務が肯定されることが、違法性判断の前提となる。しかし、「義務の衡量が不可能である」というのは、法の評価規範が、評価を放棄していることを意味しなければならない。評価を放棄したうえで「違法である」との判断を下すことは許されない。したがって、①の論拠は成り立たない。②の法益同等の場合、緊急避難と同じく責任阻却事由であるとする見解は、緊急避難のアナロジーからこのように主張するものと思われる。しかし、緊急避難の場合、行為に出ないことによって、適法行為を行いうるが、同等の義務の衝突の場合には、いずれかの作為に出なければ、少なくとも一方の不作為によって処罰されることになる。ただ、一方の義務を果たしたとしても、違法であるとしたならば、法規範は、行為者の行為の指針となっておらず、行為規範として意味をなさない。したがって、同等の義務の衝突の場合に、違法阻却しないという見解は、規範論上、疑問である。

　(c)　**可罰的責任阻却事由としての義務衝突**　　程度の高い義務と程度の低い義務とが対立している状況で、程度の高い義務を犠牲にして程度の低い義務を履行した者は、違法に行為したものであるが、責任が阻却されることがありうるとされる。しかし、ここでも、責任ではなく、**二重の責任減少の理論**および**処罰の必要性**の考慮により、可罰的責任が阻却されるとするべきである。

§117　自救行為

【文献】明石三郎『自力救済の研究』（増補版・1978）、高橋敏雄「自救行為」刑法講座2巻190頁、福山道義「自救行為」基本講座3巻136頁

1　自救行為の意義と根拠

　自救行為（Selbsthilfe）とは、自己または他人の権利が違法に侵害されたときに、法律の手続に従って公の機関の救助を待ついとまがなく、すぐに適切な保全行為を行わなければ、権利の回復・実現が不可能になり、または極めて困難となる恐れがある場合に、自ら実力をもってその権利の回復・実現を行う行為をいう。[36] 例えば、自動車窃盗の被害にあった者が、数日後に、たまたま路上で自分の車を運転している犯人を見かけたので、逃げようとする犯人を停車させ、実力で車を奪い返した場合がその例である。

　刑法においては、35条の「正当行為」に含めるという少数説（木村280頁、福田174頁、大塚408頁）があるが、刑法にも自救行為に関する規定はなく、**超法規的違法阻却事由** であるとするのが通説（団藤252頁、平野222頁、西原234頁、内藤447頁、川端390頁）である。ただ、刑法238条の事後強盗の規定が、「財物を得てこれを取り返されることを防」ぐための暴行・脅迫を強盗として重く処罰していることから、この規定は、自救行為を許容するものだと説かれることがある。

　自救行為は、正当防衛とは異なり、「急迫」不正の侵害はすでに終わり、ただ不法な法益侵害状態が継続している場合に実力による権利回復を例外的に認めるものである。その意味で正当防衛は事前救済であるが、・自・救・行・為・は・事・後・救・済・である。本来、近代法治国家においては、権利の救済は、法定の手続によって行うべきであるとされるから、原則として自救行為は許されない。しかし、公の機関による権利救済を待つことが、権利救済をそもそも不可能ならしめ、または極めて困難ならしめる場合には、法的安定性と法秩序

---

[36] これは、民法では自力救済と呼ばれる。民法では、自力救済は、一般的自力救済と特殊的自力救済（例えば、占有権にもとづく自力救済）とに区別されている。一般的自力救済については民法上規定はない。

に対する信頼を動揺させないかぎり、厳格な要件のもとで、自救行為を行うことを適法としなければならないというのが、これを違法阻却事由とする趣旨である。法秩序は、平穏な占有の保護が示しているように、不法状態であっても既存の状態の平穏を保護する場合もある。しかし、法秩序が不法を擁護するのも正義に反する。現在の権利状態が未確立であり、[37]請求権の確立・保全ないし元の占有状態への復帰が当為として要請されているときに侵害者の関連法益を侵害することは、優越的利益の原則からみても、正当化されるのである。このように、自救行為の正当化根拠は、侵害者の側の**権利状態未確立**という**マイナスの利益**と、**個人の権利保全の原則**および**緩やかな法確証の原則**という自救行為者の**プラスの利益**を考慮したうえでの優越的利益に求められるであろう（内藤445頁参照）。

2 判 例

大審院の判例は、明文規定がない自救行為については違法阻却を認めないという基本姿勢を維持した（大判明36・5・15刑録9・759、大判大7・11・5刑録24・1335、大判昭16・3・15刑集20・263、大判昭16・5・12刑集20・246、大判昭17・10・12新聞4807・10）。**最高裁**の判例にも自救行為の違法阻却を正面から認めたものはないが、その可能性を認めるような表現を用いるものが出てきた（最判昭24・5・18裁判集刑10・231、最決昭27・3・4刑集6・3・345）。中には、「漫りに明文のない自救行為の如きは許さるべきものではない」としながらも、自救行為の要件を挙げ、事案はこれに該当するものではないとしたもの（最判昭30・11・11刑集9・12・2438＝**百選22**）もある。さらに、**下級審**において自救行為を認める判例が現れたのに呼応して、「自救行為は、正当防衛、正当業務行為などとともに、犯罪の違法性を阻却する事由である」と明言するもの（最決昭46・7・30刑集25・5・756）も現れた。

下級審の判例は、**昭和30年代**には、自救行為にあたる事案につき、正当防衛を認めたものが現れ（梅田事件＝大阪高判昭31・12・11高刑集9・12・1263）、しかも、自救行為の言葉を用いないが実質的に自救行為を認めたもの（佐世保簡判昭36・5・15下刑集3・5＝6・493）もあった。**昭和40年代**に入って、器物損壊犯人が逃走するのを、損害賠償請求権者の依頼によって追跡し、逮捕した行為に「自救行為の代行」を認めた判例（大阪地判昭40・4・23下刑集7・4・628）が現れたが、この判例は、現行犯逮捕に際して許される限度内での暴行の事例であるとする見解（福山・基本講座3巻146頁）もある。また、建築工事を請け負った者が、隣家の建物の庇の一部が境界線を超えて突き出しているのを、この障害を除去しなければ回復できない損害を受けるおそれがあったので、突き出している部分の庇の樽木を切りとり、瓦をとりはずした事案に、「自救行為として社会正義上許される」と判示したもの（岐阜地判昭44・11・26刑月

---

[37] 明石三郎博士は、占有の移転につき、「撹乱期―暫定期―確立期」という過程を経るものとされる。占有の「撹乱期」には、自力救済が可能である（明石・自力救済120頁参照）。

1・11・1075）がある。さらに、判例は、建物の賃借人が、その所有者Aによって占有を侵奪されたので、自己の占有を回復するため4日後に建物の錠を取り替え、さらに2日ほど後にシャッタードアにペンキで「〇〇不動産」と書いて自己の占有であることを公示したという事案について、「占有侵奪者であるAの占有が前叙のように未だ平静に帰して新しい事実秩序を形成する前である限り、被侵奪者である被告人の喪失した占有は未だ法の保護の対象となっているものと解すべく、従って、被告人はAの右占有を実力によって排除ないし駆逐して、自己の右占有を回収（奪回）することが法律上許容されるものと解される（いわゆる自救行為として）」と判示した（福岡高判昭45・2・14高刑集23・1・156）。この判決をめぐっては、切断行為は、官憲の救助を待つと「倒産の危機に陥る」から、「公序良俗に反するとは考えられない」として緊急避難を肯定する見解（高橋・刑法講座2巻190頁）、「切迫した事態は、まさに被告人自身によって作り出された」（大塚『刑法論集(1)』〔1976〕185頁）、「法的手続をとるいとまがなかったとはいえない」（福山・基本講座3巻140頁）などの理由でこれを否定する見解などがある。

3　自救行為の要件

　自救行為の要件は、法秩序が、法定の手続による権利の回復を基本とし、緊急の場合の私的救済は法的安定性を害しない限度でのみ許容されることから、厳格なものでなければならない。**学説**には、その要件として、①権利に対する違法な侵害があったこと、②緊急性、③侵害された権利回復のための行為、④行為のいわゆる相当性を挙げるもの（内藤458頁以下）がある。また、①法益に対する違法な侵害がなされたこと、②侵害された法益の回復を国家の救済機関の手に委ねると、回復が事実上不可能または著しく困難になることが明白な事態にあること、③自救のための行為は、自救の意思で行われたこと、④自救のためになされた行為が、その事態における直接的な侵害回復行為として、社会観念上、相当なものであること、とするものもある（大塚430頁、川端392頁）。

　しかし、これらの学説は、それぞれの正当化事由および自救行為に関する基本的な見解から要件を導いている。「相当性」の要件ないし「自救の意思」を認めるなどの点で、これに従うことができないので、以下にその要件を掲げる。

　(1)　**権利の違法な侵害結果の状態が存続していること。** 過去に「違法な侵害」があったことでは足りない。侵害行為は実質的にも終了したが、違法状態がなお存続していることが必要である。「急迫」でないことが要件である。「急迫」不正の侵害がある場合には、正当防衛となる。他人の財物を窃取した者が、盗品を奪って逃げ出したときに、追跡して取り戻す行為は、「侵害」

が継続しているから、「急迫性」が肯定され、正当防衛である。侵害結果の状態がいまだ新たな社会秩序の一部となることによって、法的安定性を確立していないことが必要である（**法的保護未確立の原則**）。

(2) その時点で自救行為を行わなければ、権利の回復が不可能ないし著しく困難になる状態にあること。この要件は、自救行為が権利の回復のために必要・適切なものであることを要求する。また、自救行為によらなければ、他に権利回復の方法がないことが必要である。行方をくらましていた債務者に路上でばったり出会った債権者が、債務者の住所などを知らないときには、他に方法がないといえる（**補充性の原則**）。とくに、公的機関の介入を待つひとまがないことが必要であるが、不動産の侵奪を回復する場合には、公の機関の救助を通じた場合の実際上の「法律上の手続による煩瑣、時間、費用」（前掲佐世保簡判昭36・5・15）を総合考慮して、この要件を適用すべきである。

(3) 権利の回復を妨げる危険を回避するために必要な程度を超えないこと（**最小限度手段性**）（ドイツ民法230条1項参照）。これは、第1に、自救行為の目的は、このような危険を回避することにあるのであって、権利の回復の欲求を満足させることにはないということを意味する。例えば、上の事例における債権者は、住所等が確認でき強制執行の手続を取ることができるならば、債務を履行させるために債務者の持ち金を奪うことはできない。

　ここで掲げた「補充性の原則」を「緊急性」と称する上述の見解（内藤459頁、福山・基本講座3巻139頁参照）は、用語として、妥当性を欠くように思われる。この見解は、また、「一般的自救行為」と「占有にもとづく自救行為」とを区別し、前者の類型には「緊急性」を要件とするが、後者の類型には、これを要件とせず、その代わりに「侵奪者の占有がまだ安定していない段階」では自救行為を認めることも考慮に値するとする（内藤462頁以下）。そして、後者の類型は、自救行為の要件をゆるやかにして、自救行為をより広く認めることに意味があるという。ドイツ民法229条では、「適時に官憲の救済を求めることができず、かつ、即時になすのでなければ請求権の実現を不可能または著しく困難ならしめる恐れのある場合」を要件としているので、ここでいう補充性の原則を明らかにしているといえる。ドイツ民法859条では、補充性の原則は不要とされるが、他方、動産の自力救済につき「占有者はその現場において、または加害者を追跡して」、不動産については「占有者は侵奪後直ちに」という要件を掲げ、ここでいう(1)の「侵害結果の状態が存続していること」を要求している。この点では、占有にもとづく自救行為の方が狭いのである（明石・自力救済125頁）。しかし、前述のように、刑法においては、占有にもとづく自救行為についても、補充性の原則は、実際上の権利回復の可能性を考慮するなど拡大された形で必要とすべきである。

(4) 保全利益（権利）が侵害利益（権利）に優越すること。これは、自救行為が違法阻却事由であることから要求される優越的利益の原則を表したものである。法益均衡の程度につき、その程度は、自救行為の性質からみて、正当防衛と緊急避難の中間的なものであれば足りるとするもの（内藤465頁）がある。この見解は、結論的には妥当であるが、優越的利益の原則の堅持は必要である。先に述べたような利益衡量のファクターに、権利未確立の負の利益や緩やかな法確証の利益が加えられるにすぎない。

第4節　一般的正当行為

> 【文献】江藤孝「法令行為、業務行為」基本講座3巻119頁、大越義久「法令正当行為―とくに職務行為について―」団藤古稀1巻228頁、中山研一『争議行為「あおり罪」の検討―判例の変遷とその異同の分析』(1989)、町野朔「違法阻却事由としての業務行為―スイス刑法32条を中心として―」団藤古稀1巻201頁、同『患者の自己決定権と法』(1986)

§118　35条の趣旨と適用範囲

1　35条の射程をめぐる問題状況

刑法35条は、「法令又は正当な業務による行為は、罰しない」と規定している。これは、法令行為および正当業務行為を「正当化事由」とする趣旨であることはいうまでもない。

(1)　構成要件該当性阻却事由か

学説の中には、35条は、正当化事由を定めたものであるのみならず、**構成要件該当性阻却事由**をも定めたものだという解釈がある（団藤202頁、大塚409頁）。この学説は、死刑が執行される場合や、窃盗罪において財物の奪取について被害者の同意がある場合、死刑執行行為や同意にもとづく盗取は、すでに殺人や窃盗の構成要件該当性を欠くが、35条は、このように、正当化事由のはたらく以前の構成要件該当性阻却についてもあわせて規定したものであるというのである。しかし、35条は、構成要件に該当する行為につき、とくにそれを許容するための要件を定めた規定と解すべきである。死刑執行は、やはり殺人の構成要件に該当する。窃盗罪における被害者の同意は構成要件該当性を阻却するが、それは35条にもとづくがゆえにではなく、法益侵害という構成要件要素の充足がないからである。ここでは、そもそも正当化事由が問題となるわけではなく、また、後述するように、35条は、被害者の同意について規定するものではない。したがって、この見解は不当である。

(2)　業務概念の解釈

35条の内容については、法令によって許された行為が正当化事由であることは明らかであるが、正当業務行為については、「業務」行為であることが重要なのか、「正当」行為であるがゆえに、正当化されるという点に重点

が置かれているのかが明らかではない。学説においては、この業務概念を厳密に解する立場と、業務概念による限定は、意味をもたず、この文言は、法秩序に実質的に反しない行為は正当であると一般的に規定したものにすぎないと解する立場を両極端として、業務概念の理解に相違がみられ、それが、35条の意義や位置づけにニュアンスの差をもたらしている。この業務概念の理解の対立の背後には、①正当化事由の体系的分類に関する見解の対立と、②35条に正当化事由に関する一般条項的性格を与えるかどうかという問題に関する見解の対立がある。

(3) 緊急行為と一般的正当行為

実質的観点からみると、正当化事由は、36条（正当防衛）、37条（緊急避難）という緊急の事態における行為の適法性を認めた規定を中核とする「**緊急行為**」と、35条を根拠とする、法令にもとづく行為、権利の行使ないし市民生活上の日常的行動を正当と認める「**一般的正当行為**」に分類される。このように分類する場合、直接の規定のない、義務の衝突や自救行為という緊急行為的性質をもった正当化事由が、どちらに含まれるとみるのかが問題となる。

形式的観点からは、35条、36条、37条の規定による正当化は、法規上の正当化事由であるが、それらに含まれないものは、いわゆる「超法規的違法阻却事由」である。行為者に有利な類推解釈は、罪刑法定主義上問題はないともいえるが、法的安定性の観点からは、超法規的な違法阻却事由はなるべく少ない方が望ましい。そこで、規定内容からしてもっとも一般条項的な35条を広く正当化事由の一般原理を宣言した規定と読むという解釈が生まれてくる。

このように、実質的観点と形式的観点とのそれぞれの要請を満たすべく、さまざまな学説が唱えられている。その対立が、35条後段の「正当業務行為」の解釈をめぐって論議されているのである。

2 学説の状況

このような問題状況の理解を前提として、次に、35条が、法令行為および正当業務行為のみについて規定したものか、それとも、一般的正当行為についても規定したものかをめぐる学説の状況を検討しておこう。

(1) 業務行為限定解釈説

35条の適用を、法令行為と正当業務行為に限定し、その他の正当化事由は、すべて超法規的違法阻却事由と解する立場（植松187頁、吉川157頁）である。

(2) 社会相当行為包含説

35条は、「業務ということに格別の意味をみとめたものとは解されない」（団藤209頁、福田171頁、大谷245頁）として、法秩序全体の精神に照らして是認される場合、つまり、社会相当行為である場合には、正当化されるということを定めたものと解する。この立場からは、35条は、正当行為の典型的・類型的な事例につき定められたものである。そこには、自救行為も義務の衝突も含まれる。それ以外にも、法秩序全体の精神からみて実質的違法性がないと判断された場合には、超法規的違法阻却事由として、違法阻却されるものとされる（福田182頁）。

(3) 業務概念拡大解釈説

業務の概念を、経済的な対価が問題になる「職業」に限定せず、社会生活上継続・反復して行われる性格の事務であれば足りると解する（西原231頁、内藤469頁）。本説によれば、自救行為、被害者の同意などは、この規定から除かれ、超法規的違法阻却事由に位置づけられる（佐伯224頁、中山264頁）。

(4) 実質的違法阻却事由説

刑法上規定のある正当防衛および緊急避難以外に実質的に違法性が阻却される事由は、すべてこの規定に含まれていると解する立場（木村280頁、香川192頁・196頁）である。この立場によると、超法規的違法阻却事由の概念は不要となる。

(5) 業務行為不要論

業務行為であることによってただちに違法阻却を肯定することはできないとして、業務行為に正当化事由としての独立の意義を認めることはできないとする見解である（町野・団藤古稀1巻225頁）。この説は、この条項の削除を主張する。

現行刑法が、「正当業務行為」を正当化事由としているかぎり、「業務」の概念をまったく意味のないものと解することはできない。そうだとすると、業務概念を拡大解釈し、これに含まれるものの範囲内でのみ、35条により正当化されうると解すべきであろう。したがって、**業務概念拡大解釈説**（(3)説）が基本的に妥当である。

これによれば、義務の衝突、自救行為は、緊急行為に位置づけられ、社会生活上の日常行為とみることはできないから、35条には含まれない。さらに、被害者の同意ないし推定的同意は、それが、構成要件該当性を阻却せず、正当化事由となるかぎりで、緊急行為ではないが、日常行為の一種とみることもできないから、35条の規定するところではない。したがって、これらは、広義における超法規的違法阻却事由であるといってよい。狭義における超法規的違法阻却事由とは、前述したように（☞§107, 2)、憲法上の価値と刑法上の価値の衝突する場合の葛藤解決原理である。

§119　法令行為

1　法令行為の意義

　法令行為とは、法律、命令その他成文法規にもとづいて職権として、権利または義務として行われた行為であり、あるいは要件を定めて許容された行為である。法令行為は、①法令にもとづいて、一定の公務員の職務権限に属する事項として行われる場合がある。公務員は、法規を執行するために人の権利・自由に強制的に介入する権限を与えられていることがある。しかし、また、②法令にもとづき、私人の権利行為として許容されている場合がある。さらに、③法令がなくても適法化されうるが、とくにその行為の遂行を一定の行政的制限のもとに置くために法令によってその適法性が明示されている行為、そして、④一定の政策的理由によって本来違法な行為が許容されている場合がある。

2　法令にもとづく職権行為

　職権（職務）行為 とは、法令により一定の公務員の職務権限に属するとされている行為をいう。例えば、死刑・自由刑の執行（11条・12条・13条）、被疑者・被告人の逮捕・勾引・勾留（刑訴法58条・60条・199条）、住居内における捜索（刑訴法102条）、警察官の立入り（警職法6条）、検証のための死体解剖（刑訴法129条）などがそうである。これらの場合、殺人、逮捕監禁、住居侵入、死体損壊などの構成要件に該当するとしても、正当化される。公務員の行う行為でも、職権行為といえないものは、ここから排除されることはいうまでもない。[1] 職権行為には、公務員が直接法令にもとづいて行うものと、上司の命令によるものとがある。後者の場合、上司の違法な命令にもとづく行為が違法性を阻却されるかが問題となる。通説（団藤205頁、佐伯211頁、大塚410頁以下、内藤473頁、川端321頁など）は、違法性は阻却されず、責任阻却のみが問題となるとする。犯罪行為ないし人間の尊厳に反する行為に対する命令は拘束力がないと解すべきであるから、命令に従う部下の行為の違法性は阻却されず、**通説**は妥当である。

---

[1] 例えば、警察官が、警察官の行為でないことを装って日本共産党幹部宅の電話盗聴をしていた場合には職権行為自体が存在しない（最決平元・3・14刑集43・3・283）。

職権行為が適法であるためには、公務員が職権を行使するに必要な**法律上の条件・方式を遵守**していることが必要である。その公務員の物的・場所的管轄に属し、しかも**重要な方式を履践**していなければならない。例えば、逮捕状には、被疑者の氏名および住所、罪名、被疑事実の要旨、引致すべき官公署その他の場所などを記載しなければならない（刑訴法 200 条）が、被疑者の氏名の記載のない逮捕状は、この重要な条件・方式を履践していない。

3 法令にもとづく権利行為または権限行為

法令により、私人に権利（または義務）として許容されている行為をいう。例えば、私人による現行犯人の逮捕（刑訴法 213 条）、親権者の子に対する懲戒行為（民法 822 条）、労働争議行為（労組法 1 条 2 項）が、これに属する。労働争議行為については、これを 35 条後段の「正当業務行為」に入れる学説（福田 171 頁、大塚 413 頁）あるいは「その他の正当行為」に分類する学説もあるが、争議行為は憲法上保障されており、「権利行為」とすべきである（西原 228 頁、中山 294 頁、内藤 475 頁、曽根 118 頁、野村 251 頁）。

この類型の行為は、もともと法令上、権利として認められている行為であるが、形式的に構成要件に該当することがある。ここでは、実質的に権利行為の利益が優越するため、正当化される。

(1) 私人による現行犯逮捕

現行犯逮捕は、何人でも逮捕状なしに行うことができる（刑訴法 213 条、憲法 33 条）。捜査機関でない者が現行犯人を逮捕したときには、ただちにこれを地方検察庁もしくは区検察庁の検察官または司法警察職員に引き渡さなければならない（刑訴法 214 条）。私人による現行犯逮捕は、いわゆる仮逮捕 (vorläufige Festnahme) であって、ドイツ刑法においては、原則的に官憲の管轄事項であるが、官憲を呼ぶ間がない場合に、官憲に代わって私人に認められた権限 (Handeln pro magistratu) であるとされる。逮捕は、人の自由を剝奪する行為であるから、本来、逮捕罪（220 条）ないし暴行罪（208 条）の構成要件に該当する。しかし、刑訴法上認められた私人による現行犯逮捕は、それらを正当化する。

> この場合に、私人が犯人に対して傷害を加えたとき、それも正当化されるのであろうか。現行犯逮捕にともなう侵害が正当化される範囲が問題である。判例は、「社会通念上逮捕するために必要かつ相当な限度内にとどまる」実力行使については、35 条により罰せられないものとして、密漁犯人を現行犯逮捕するため船で約 30 分追跡

して抵抗した密漁船の操舵手の手足を竹竿で叩く突くなどして傷害を負わせた行為を正当と認めた（最判昭50・4・3刑集29・4・132。なお、東京高判平10・3・11判タ988・296参照）。さらに、私人が現行犯逮捕のために他人の住居に侵入する行為は違法性を阻却するかどうかが問題となった事案において、私人は現行犯逮捕の「義務」はないとして、これを違法とした判例がある（名古屋高判昭26・3・3高刑集4・2・148）。

(2) 懲戒行為

教育目的での懲戒行為（Züchtigung）は、法令によって根拠づけられている。校長・教員の生徒等に対する懲戒行為（学校教育法11条）、少年院長の在院者に対するもの（少年院法8条）、婦人補導院長の在院者に対するもの（婦人補導院法11条）などのほか、親権者の子に対する懲戒行為（民法822条）がある。少年院・婦人補導院における懲戒行為の要件・方法・範囲についてはそれぞれの法律によって規定されているが、**教師の懲戒行為**を規定する学校教育法にはこのような規定がなく、むしろ11条の但書において「体罰を加えることはできない」と規定している。

判例においては、教師が生徒の頭部を殴打した事案において、暴行罪の成立を阻却しないとしたもの（大阪高判昭30・5・16高刑集8・4・545）がある一方、平手および軽く握った右手の拳で頭部を数回軽くたたいた行為が、教師に認められた懲戒権の行使として許容された限度内の行為であるとしたもの（東京高判昭56・4・1刑月13・4=5・341）がある。本判決は、「学校教育法の禁止する体罰とは要するに、懲戒権の行使として相当と認められる範囲を越えて有形力を行使して生徒の身体を侵害し、あるいは生徒に対して肉体的苦痛を与えることをいう」ものとする。

親権者の懲戒行為については、体罰禁止条項がなく、ある程度の有形力の行使は許されると解されている。しかし、監護・教育上必要な範囲内の有形力の行使でなければならない。判例の中には、「懲戒のために適宜な手段である場合には、打擲することも是認される」としたもの（札幌高函館支判昭28・2・18高刑集6・1・128）がある。それは、また、「具体的事情に基き一般社会人において妥当適切と首肯できるものでなければならない」（東京高判昭35・2・13下刑集2・2・113）。ドイツでは、行為が「教育的動機」から行われたかどうかを基準にする見解があるが、このような主観的基準を用いるのは不当である。わが国では、客観的な有形力の程度や相当性により限界が画されている点で妥当な方向をとるものといえよう。

(3) 労働争議行為

憲法28条は、労働者の団結権・団体交渉権・争議権を保障する。団体交

渉権・争議権を行使した場合に生じうる刑法上の構成要件該当行為の違法性を阻却する趣旨を確認するため、労働組合法 1 条 2 項は、「刑法第 35 条の規定は、労働組合の団体交渉その他の行為であつて前項に掲げる目的を達成するためにした正当なものについて適用があるものとする」と規定する。これによって、団体交渉や争議行為の際に該当しうる暴行罪、脅迫罪、逮捕監禁罪、強要罪、名誉毀損罪、住居侵入罪、業務妨害罪、器物損壊罪などの構成要件該当行為の違法性が阻却される。しかし、同法 1 条 2 項但書は、「いかなる場合においても、暴力の行使は、労働組合の正当な行為と解釈されてはならない」と規定する。「暴力の行使」が、暴行罪にいう「暴行」、すなわちあらゆる「有形力の行使」を意味するとすれば、この但書によって、少なくとも暴行罪の違法性は阻却されないことになる。しかし、学説は、「暴力」を「暴行」を意味するものではなく、暴行よりも強度な「不法な力の行使」（荘子邦雄『労働刑法』〔新版・1975〕68 頁）と解している（内藤 479 頁参照）。

　(a)　争議行為の正当性　どのような争議行為が正当であるかは、具体的に判断される必要がある。その判断基準としては、争議行為によって保全される労働基本権と、争議行為によって侵害される一般的基本的人権とを比較衡量して、いずれに優越的利益が認められるかを考慮することが挙げられる。判例の表現によると、**「一般的基本的人権と労働者の権利との調和」**（最判昭 25・11・15 刑集 4・11・2257）が正当性判断の基準である。

　(ⅰ)　目的の正当性　争議行為が正当であるとされるためには、その目的が正当でなければならない。主たる目的が、**労働者の経済的地位の向上**をはかることにあるとき、その争議行為の目的は、労働法上、正当である。**政治的目的**のための争議行為は、少なくとも憲法 28 条の関係では、正当なものということはできないという見解（団藤 213 頁）が有力である。争議行為が保障されている趣旨は、団体交渉を通じて労働者の経済的地位を向上させることにあるのだから、団体交渉によって達成できない政治的目的のための争議行為は、正当なものとはいえないと解するのである。しかし、付随的な目的が、政治的要求の実現にあったとしても、主たる目的が、労働者の経済的地位の向上にあった場合には、その目的は正当であり（福田 172 頁、大塚 414 頁）、また、政治的要求が、直接に労働者の経済的地位の向上につながる場合もありうる（内藤 482 頁、中山 294 頁）。判例には、裁判所職員が行った安保条約反対闘争が「経済的地位の維持改善に直接関係があるとはいえない」と

判示したもの（最大判昭 44・4・2 刑集 23・5・685）がある。

　（ⅱ）　争議手段の相当性　　争議手段としては、同盟罷業（ストライキ）、怠業、生産管理、ピケッティング、ロックアウトなどがある。同盟罷業は、労働者が共同して労務を提供しないという不作為の形態の争議手段であるが、それ自体は犯罪ではない。

　　ただ、郵便法 79 条 1 項に「郵便物の取扱いをしない等の罪」の規定があり、この場合、同盟罷業の正当性が問題となる。生産管理は、経営者に代わって企業の経営や生産工程の指揮命令を行うという争議手段である。判例においては、経営権を侵害する生産管理については、原則的に違法であり、争議行為の適法性の限界を越えたものであるとする（前掲最判昭 25・11・15、最判昭 27・2・22 刑集 6・2・288）。ただし、経営者の生産・経営を踏襲し、争議行為が終われば経営者に引き継ぐという理念的な形態の生産管理、すなわちいわゆる理念型生産管理については違法阻却が認められうるものとされる（団藤 214 頁、内藤 483 頁）。

　（b）　ピケッティングの正当性の判断基準　　ピケッティングは、同盟罷業などに付随して、スト破りや組合員の脱落を防止するなどのために工場の入口などで行われる。威力業務妨害罪が問題となるが、就業しないように平和的に説得する行為は適法な争議手段である（**平和的説得論**）が、これを越えて有形力が行使された場合にも、諸般の事情を考慮してなお違法阻却されることがあると判断されうる（**諸般の事情論**）（最決昭 45・6・23 刑集 24・6・311）。

　　最高裁は、立ち入りが禁止されている信号所でのピケッティング行為が、建造物侵入罪にあたるかどうかが問題となった事案で、労働争議行為における違法判断の一般的原則を展開した（最大判昭 48・4・25 刑集 27・3・418＝**百選 16**）。それによれば、「勤労者の組織的集団行動としての争議行為に際して行なわれた犯罪構成要件該当行為について刑法上の違法性阻却事由の有無を判断するにあたっては、その行為が争議行為に際して行われたものであるという事実をも含めて、当該行為の具体的状況その他諸般の事情を考慮に入れ、それが法秩序全体の見地から許容されるべきものであるか否かを判定しなければならない」（**久留米駅事件**）。この「法秩序全体の見地」の原則により、第 2 組合員を説得するために公道上を 230 メートル連行した行為が、逮捕罪として違法とされるかどうかが問題になった事案で、それを「ピケッティングの合理的限界を超えた攻撃的、威圧的行動」として、「刑法上の違法性に欠けるところはない」とした最高裁判決（光文社事件判決＝最判昭 50・11・25 刑集 29・10・928）がある。

　（ⅰ）　公務員・国営企業等職員の争議行為　　公務員および特定独立行政法人等の職員の争議行為は禁止されている（国公法 98 条 2 項、地公法 37 条 1 項、特定独立行政法人等の労働関係に関する法律 17 条 1 項、地企労法 11 条 1 項）。例えば、国家公務員法 98 条 2 項は、「職員は、政府が代表する使用者としての公衆に

対して同盟罷業、怠業その他の争議行為をなし、又は政府の活動能率を低下させる怠業的行為をしてはならない」と規定し、それらの行為を違法であるとしている。法秩序の統一性の観点から、このような争議行為を行った者の行為が刑法上の構成要件に該当する場合、その行為は違法であるが、可罰的違法性は阻却されうることになる。この規定の後段には、「又、何人も、このような違法な行為を企て、又はその遂行を共謀し、そそのかし、若しくはあおつてはならない」と規定し、110条1項において「何人たるを問わず第98条第2項前段に規定する違法な行為の遂行を共謀し、そそのかし、若しくはあおり、又はこれらの行為を企てた者」（同条同項17号）につき処罰している。このように、争議行為の遂行の共謀・そそのかし・あおり・企てる者を処罰するのは、実行行為である争議行為自体を処罰せず、その前段階的・周辺的行為のみを処罰するものであるので、刑事立法の合理性という観点からその問題性が指摘されている（内藤490頁参照）。特定独立行政法人等の職員については、それぞれ、同様の禁止規定がある（特定独立行政法人等の労働関係に関する法律17条1項後段）が、罰則は付されていない。しかし、特別の事業法において業務の停廃行為を刑事罰の対象としている場合がある。例えば、郵便法79条では「郵便物の取扱いをしない等の罪」の規定があるから、同盟罷業を行った場合、郵便物の取扱をしないことになり、この罪に該当する。そこで、このような場合に、労組法1条2項の適用を認めて、正当化することができるかどうかが問題となる。

（ⅱ）　**判例の流れ**　　最高裁は、**昭和30年代まで**、公共事業体の職員（旧公労法1条）には争議権が認められていないので、労組法1条2項の適用はなく、争議行為は違法であるとしていた（国労桧山丸事件判決＝最判昭38・3・15刑集17・2・23）。しかし、**昭和41年の判決**において、公労法17条違反の争議行為にも、違法性の相対性を認めて、労組法1条2項の適用を認め、当該争議行為は、郵便法79条1項には該当するが、可罰的違法性を阻却するものとした（東京中郵事件判決＝最大判昭41・10・26刑集20・8・901）。昭和44年には、最高裁は、争議行為の「あおり」行為を処罰した規定（地公法37条1項・61条4号）を限定解釈し、「**合憲的限定解釈**」をとった。ここでは、処罰されるべき「あおり」行為等とは、「争議行為自体が違法性の強いもの」であって、かつ、「争議行為に通常随伴して行われる」限度を超えた、違法性の強いものにかぎられるとして、いわゆる**二重の絞り論**を採用したのである（都教組事件判決＝最大判昭44・4・2刑集23・5・305、同旨、仙台全司法事件判決＝最大判昭44・4・2刑集23・5・685）。

しかし、**昭和48年**には、判例は大きな**転回点**をむかえた。いわゆる**全農林事件判決**において、最高裁は、**合憲的限定解釈**による「**二重の絞り論**」を否定し、あおり行

為等を全面的に処罰すべきだとし、従来の判例を変更した。すなわち、公務員の争議行為の禁止を侵し違法な争議行為をあおる等の行為をする者は、「違法な争議行為に対する原動力を与える者として、単なる争議参加者にくらべて社会的責任が重いのであり、また争議行為の開始ないしはその遂行の原因を作るものである」こと（いわゆる**原動力論**）を理由にして、これらの者をとくに処罰することには合理性があるとしたのである（最大判昭 48・4・25 刑集 27・3・418 =**百選 16**）。

そして、**昭和 52 年**には、最高裁は、公共企業体等職員の争議行為についても労組法 1 条 2 項の適用はないとして、争議行為に参加を呼びかけた行為を、郵便法 79 条 1 項の共犯として処罰した。この判決では、「争議行為そのもの」が刑罰法規に反する場合と、「争議行為に付随する行為」が刑罰法規に違反する場合とを区別し、前者については、当時の公労法違反の争議行為には、労組法 1 条 2 項が適用されないとしても、ただちに刑法上違法となるわけではなく、単純参加者は刑罰から解放し、「指導的行為に出た者のみを処罰する趣旨のもの」として、業務の不取扱いを幇助した行為を「指導的行為」であるとして処罰を免れないとし、後者については、争議行為そのものについての違法阻却事由の有無の判断とは別に行うべきであって、「法秩序全体の見地」から許容されるべきかどうかを考察しなければならないという前述の久留米駅事件における判断基準（**久留米駅事件方式**）を確認し、建造物侵入の行為についてその違法性を肯定した（**名古屋中郵事件判決**＝最大判昭 52・5・4 刑集 31・3・182）。

このようにして、昭和 48 年の全農林事件判決に始まった、従来の可罰的違法性論を基礎にする無罪判決の潮流の**有罪判決への逆転の方向**は、昭和 52 年の**名古屋中郵事件判決**により確立され、現在に至っている。そもそも公務員ないし国営企業等の職員の争議行為を制限することは、憲法 28 条の労働基本権の保障と抵触するおそれが強いが、それに加えて、裁判所が「あおり」行為等を一律・全面的に処罰する規定を合憲とするのは、公務員も労働基本権をもつという前提を否定することにつながる。このような判例の方向には大いに疑問がある。

4　法令によって一定の技術的要件のもとに適法性を明示された行為

社会的倫理の観点および利益衡量の観点からもともと正当化されうる行為に、その方法、範囲などに技術的制限を設けて注意的に許容規定を置いている場合が、これにあたる。

　例えば、母体保護法による**人工妊娠中絶**（同法 14 条）、死体解剖保存法による**死体の解剖**（同法 2 条）、精神保健法による精神障害者の**措置入院**（同法 29 条）、臓器の移植に関する法律（平成 9 年法 104 号）による**臓器移植**[2]（同法 6 条）がそうである。

---

[2] 「臓器の移植に関する法律」（平成 9 年）6 条は、①医師は、死亡した者が生存中に臓器を移植術に使用されるために提供する意思を書面により表示している場合であって、その旨の告知を受けた遺族が当該臓器の摘出を拒まないとき又は遺族がないときは、この法律に基づき、移植術に使用されるための臓器を、死体（脳死した者の身体を含む。以下同じ。）から摘出することができる。②前項に規定する『脳死した者の身体』とは、その身体から移植術に使用されるための臓器が摘出されることとなる者であって脳幹を含む全脳の機能が不可逆的に停止するに至ったと判

この類型の正当化事由は、本来、当該の行為自体に保護すべき一方の利益があるが、その行為から通常予想される危険を回避するために、特定の技術的要件を付してその行為の遂行を行政的監督のもとに置いたものである。

5 法令によって政策的に許容された社会的有害行為

もともと社会的有害行為であるとして禁止された行為であるが、一定の政策的理由から特定の条件のもとにとくに許容されている行為である。しかし、なにゆえにその行為が、特定の条件を充たさず依然禁止された行為と社会倫理的に区別されるのかは明らかではないといえる。

例えば、競馬法による勝馬投票券（馬券）、自転車競技法による勝者投票券（車券）、当せん金附証票法による当せん金附証票（宝くじ）を発売する行為は、もともと賭博罪（185条）ないし富籤罪（187条）にあたるが、財政上または経済政策上の理由によって、法律により違法性を解除されている。

これらは、もともと社会的に有害な行為であるとして禁止されているが、まったく別の優越的な政策上の利益のために例外的に受忍されている行為である。しかし、当該の許容された行為そのものの社会倫理的評価において、禁止された行為との相違は認められない。

§120　正当業務行為

1　正当業務行為総説

刑法35条は、法令行為のほかに、**正当な業務による行為**を罰しないものとする。これによって、正当業務行為は、違法性を阻却されることが明示されている。例えば、医師の手術は、それが身体の重大な傷害にあたるかぎり傷害罪の構成要件に該当しうるが、違法ではない。その他、弁護士の弁護活動が名誉毀損罪の構成要件に該当したとしても、正当業務行為として違法性を阻却されることがあり、新聞記者の報道・取材活動が、公務員の秘密漏示そそのかし罪（国公法111条・109条12号）について、違法性を阻却する場合がある。このように、業務が正当なものであり、行為が業務の正当な範囲内のものであるとき、違法性が阻却されるというのが、35条の趣旨である。具体的にどのような活動が業務の正当な範囲内にとどまるのかについては、す

定されたものの身体をいう。（以下略）」と規定する。「特集・臓器移植法」ジュリ1121号参照。

でに述べたように、業務概念³からはほとんど何も明らかにはならないので、違法阻却の原理にまで遡って考察する必要がある。ここでも、その業務の遂行が、社会的に有益であり、利益衡量により、個人の法益よりも優越するという**優越的利益の原則**に、違法阻却の一般原理を求めることができる。

　はり師・きゅう師の施術なども、また、力士の相撲、ボクサーの拳闘、レスラーのレスリングなどのプロ・スポーツ活動も、暴行罪や傷害罪の構成要件に該当するかにみえ、ここでも、違法阻却が問題になるように思われる。しかし、重大な身体の傷害を生じさせないあんまなどの施術においても、また、プロ・アマチュアを問わず、上述したもののほか、柔道、アメリカン・フットボール、アイスホッケー、剣道、フェンシングなど、すべてのスポーツ活動において、暴行ないし傷害罪が問題となる事例である。そこで、これらの事例において、暴行・傷害について同意があるのが通常であるから、同意の存在するかぎりすでに構成要件該当性が否定されるのが普通である。したがって、スポーツ活動は、同意の存在するかぎり、正当業務行為として正当化する必要はなく、すでに構成要件該当性が否定されるのである。

　スポーツ活動中に相手方が死亡した場合には、スポーツであることを理由に傷害致死罪の構成要件該当性が否定されるわけではない。死亡結果に対しては同意も直ちに有効とはいえない。少なくとも過失致死罪の成立は検討されるべきである。判例には、空手等の練習中に相手を死亡させた事案に、傷害致死罪の成立を認めたものがある（大阪地判昭62・4・21判時1238・160、大阪地判平4・7・20判時1456・159）⁴。危険引き受けにつき同意がある場合については、客観的帰属が否定される場合がある（☞§101, 2 (2)）。

2　治療行為

(1)　治療行為と正当業務行為

医師による治療行為は、正当業務行為の一例である。**治療行為**（Heilbehand-

---

³ 判例において、正当業務行為が問題とされたものとして次のようなものがある。まず、洗濯業者が客から洗濯を依頼されて洗濯物を所持するのは正当業務行為であるから、進駐軍将兵から洗濯物として預かった軍服等の進駐軍物資を自宅に占有していても、連合国将兵の財産の所持等を禁止した昭和22年政令165号に違反しないとしたもの（最判昭24・4・19刑集3・5・575）がある。正当な業務であることを否定したものとして、新聞紙に他人の名誉を毀損する記事を掲載する行為は、新聞発行人の正当な業務行為ではないとしたもの（大判昭6・2・16評論20刑41）、いわゆる「さくら」を使って商品の効用について虚構の宣伝をし、顧客を欺罔してその買受けの決意をさせる行為は、商人としての正当業務行為とはいえないとしたもの（大判昭6・11・26刑集10・627）、米軍兵営に通勤して写真撮影の仕事をしている者が、盗難を避けかつ自宅で仕事をするために、フィルムを米軍当局の許可なく兵営外に持ち出すことは、正当業務行為とはいえないとしたもの（最判昭25・12・19刑集4・12・2597）がある。

⁴ 判例は、「スポーツとして行われる格闘技及びその練習が正当行為として違法性を阻却されるためには、スポーツを行う目的で、ルールを守って行われ、かつ相手方の同意の範囲内で行われることを要する」ものとする。

lung)とは、治療の目的で、医学上一般に承認された方法により患者の身体に対して施される医療的措置をいう。医療行為が、疾病の予防・発見のための診察行為などをも含む広い概念であるのに対して、治療行為は、もっぱら治療のために施される医的侵襲を指す。治療行為のうちでも、人の**身体の重要な部分に対する侵襲**の場合、たとえ同意があったとしても、刑法上、傷害罪の構成要件に該当しうる行為である。医師により治療行為として行われた身体の侵襲行為は、35条の正当業務行為として違法性が阻却されうる。ここでも、「業務」として違法性が阻却されるというよりは、「正当」な業務としての治療行為であるから違法性が阻却されるのであり、それが正当であるための要件が重要である。したがって、医師による治療行為でなくても、優越的利益の存在するかぎり、正当業務行為として正当化されることはありうる。

(2) 治療行為と傷害罪

治療行為が傷害罪の構成要件に該当するかどうかについては、①**治療行為傷害罪説**（通説）と②**治療行為非傷害罪説**〔米田泰邦『医療行為と刑法』〔1985〕185頁、齊藤誠二『刑法講義各論Ⅰ』〔新訂版・1979〕192頁〕とが対立している。[5]しかし、**重大な傷害**でない場合には、被害者の同意があれば、すでに構成要件該当性が阻却されるので、身体に対する重大な侵襲とはいえない治療行為は、患者の同意があるかぎり、そもそも傷害罪の構成要件該当性がないと解すべきである。したがって、患者の同意を前提として、臓器摘出[6]・眼球摘出、手足の切断などのほか、身体の重大な機能を喪失させ、制限するような手術のみが、構成要件に該当するが治療行為として正当化される必要がある。

(3) 治療行為不可罰の実質的根拠

重大な侵襲をともなう治療行為は、後に述べるように、説明にもとづく患者の同意ないし推定的同意を要件とする。**患者の自己決定権**を尊重する趣旨から、いわゆる**専断的治療行為**は、治療効果をもたらしたものであっても違法である。

治療行為の正当化根拠は、この①**患者の同意**を前提として、②**正当業務行為**であること、③利益衡量原則から、患者の健康の回復という**優越的利益**が存在することという複合的な正当化事由にもとづく。正当業務行為の要件の

---

[5] ドイツにおけるこの対立については、町野・自己決定権47頁以下・87頁以下、山中『医事刑法概論Ⅰ』120頁以下参照。
[6] すでに述べたように、臓器の摘出は、臓器移植法により正当化される場合もある。

中には、**治療目的**の存在ないし**医学的適応**の存在が含まれる。
  (4) 治療行為の要件
  医的侵襲が正当化されるためには、①治療の目的のために医学的適応性があり、②医学上一般に承認された方法によって、緊急を要する場合を除いて、③患者の同意を得て、行われる必要がある。
  (a) 治療の目的 第1に、**治療の目的**で行われることを要する。この治療の目的の意義については、**必要説**と**不要説**に分かれる。**必要説**は、さらに、二つに分けることができる。**主観説**は、行為者が主観的な治療目的をもっていることを意味すると解する（木村289頁）。この見解は、いわば治療の目的を主観的正当化要素と解するのである（大塚423頁）。したがって、この見解によれば、実験の目的でなされた行為は、偶然に治療の効果があったとしても正当化されない（福田175頁）。**客観説**は、治療の目的とは、客観的に治癒するために必要だと判断される適応をもっていることを意味すると解する。これに対して、**不要説**は、医学的適応性と医術的正当性の要件以外に「治療の目的」を必要としないとする（内藤531頁、大谷261頁）。
  客観説が妥当である。治療の目的とは、**医学的適応性**から客観的に徴表される目的である。医学的適応性のない場合、治療の目的はありえない。例えば、美容整形手術や性転換手術[7]は、通常、治療すべき医学的適応性がなく、したがって、それは、原則として疾病の治療を目的とするものではない。治療目的は、生命の維持の目的であっても、苦痛・奇形その他の障害の除去・緩和の目的であってもよい。治療のために直接に必要な行為のみでなく、その準備行為・事後措置として必要な行為も医学的適応性が認められる。したがって、本来の治療的侵襲のみならず、その準備作業としての採血、肝臓機能検査なども含まれる。しかし、他人のための献血、他人に移植するための皮膚や臓器の摘出は、医学的適応性をもたない。これらは、治療行為として、正当業務行為となるのではない。
  (b) 医術的正当性 第2に、医学上一般に承認された方法によって（lege

---

[7] いわゆるブルーボーイ事件（東京高判昭45・11・11高刑集23・4・759）がその例である。男娼3名の依頼を受けて、産婦人科医たる被告人が性転換手術を施して、睾丸を摘出した行為が、優生保護法（母体保護法の前身）28条に違反するかが問題となった事案につき、「被告人に被手術者等に対する性転向症治療の目的があり、被手術者等に真に本件手術を右治療のために行う必要があって、且本件手術が右治療の方法として医学上一般に承認されているといいうるかについては、甚だ疑問の存するところであ」るとして、正当な治療行為とすることはできないとした。

artis) 行われる必要がある (**医術的正当性の要件**)。現在の治療技術に照らして正当なものでなければならない。いまだ効果が疑問とされ、医学上一般に承認されていない方法によって行われた場合には、偶然に治療の効果があっても治療行為としては違法であるとするものがある (福田 175 頁、前田 344 頁参照)。しかし、一般に承認された方法を尽くしたが治療効果がなく、未だ危険性があり医術として確立されていない方法を用いて、最後のチャンスをいかせて治療が奏効したときには、医術的正当性の要件を充たすと解すべきであろう。

医術的正当性は、治療のための手段の相当性を要求する。したがって、歯科医師が、幼児の歯の治療にあたって、恐ろしがって口を開けない幼児の頬を平手で 2 回殴打し、治癒まで約 5 日を要する顔面打撲傷等の傷害を与えたという事案につき、正当な業務行為として 35 条により違法性を阻却するためには、「当該実力の行使が単に治療目的のためというだけでは足りず、その態様程度において社会相当性の枠内にとどまるものであることをも必要とする」という (大阪高判昭 52・12・23 判時 897・124)。さらに、医師が凍傷による疼痛を鎮静・緩和するため麻薬を長期間継続して使用することにつき、「一般に麻薬の習慣性となるおそれがあるのに、長期間にわたり安易にかつ反覆して麻薬を施用することは、その名目が患者の疼痛を鎮静・緩和させるというものであっても、正当な治療の範囲を逸脱したものであって、麻薬施用の必要性と相当性を欠くものといわなければならない」とする (釧路地判昭 47・4・5 刑月 4・4・717)。

(c) **患者の同意** 第 3 に、原則として、医的侵襲には **患者の同意** が必要である。患者の同意のないいわゆる **専断的治療行為** (eigenmächtige Heilbehandlung) は、原則として違法である。同意のない治療行為でも傷害罪にあたらないという見解 (大谷 260 頁) も唱えられている。しかし、患者の **自己決定権**[8] (Selbstbestimmungsrecht) は尊重されるべきである。[9]患者の同意の存在は、治療行為の正当化の不可欠の条件である。

---

[8] 自己決定権については、とくに町野・自己決定権 13 頁以下、同「患者の自己決定権」医事法学叢書 (1) (1986) 39 頁以下参照。
[9] 例えば、患者の乳癌の手術のために乳房の切除と乳房の温存の二つの医学的に正当な手術方法がある場合、患者の意思に反して、乳房を切除した手術は傷害罪の違法性を阻却しないというべきである。

手術に対して患者の同意があっても、施術者が医師でない手術、または、医学的適応性ないし医術的正当性に欠ける手術は、正当化されない。判例は、手術が傷害罪を構成するかどうかの判断は、承諾の存在という事実だけではなく、「動機・目的・身体傷害の手段・方法、損傷の部位、程度など諸般の事情を総合して判断すべき」とする（最決昭55・11・13刑集34・6・396）。

この点で、医師免許を有しない者がAの承諾を得てその豊胸手術を行ったが、被施術者が死亡したという事案で、「被告人がAに対して行った医行為は、身体に対する重大な損傷、さらには生命に対する危難を招来しかねない極めて無謀かつ危険な行為であって、社会通念上許容される範囲・程度を超えて、社会的相当性を欠くもの」であるとして「たとえAの承諾があるとしても、もとより違法性を阻却しないことは明らかである」と判示した判例（東京高判平9・8・4高刑集50・2・130）がある。

ここで、患者の同意を得ることなく行われた**専断的医療行為**につき、これを正当とした判例（最決平17・7・19刑集59・6・600）を検討しておこう。

事案は、ナイフによる刺創を負った被告人の治療を担当した医師が、興奮状態であった被告人の承諾を得ることなく治療のために採取した被告人の尿から覚せい剤反応があったので、医師は、警察官に通報したというものである。

最高裁は、その決定で「同医師は、救急患者に対する治療の目的で、被告人から尿を採取し、採取した尿について薬物検査を行ったものであって、**医療上の必要**があったと認められるから、たとえ同医師がこれにつき被告人から承諾を得ていたと認められないとしても、同医師のした上記行為は、医療行為として違法であるとはいえない」とした。[10]

しかし、治療目的や医学的適応・医術的正当性があっても、患者の同意を得ず、あるいは反対の意思表示がある医療行為は、原則的に**自己決定権の原則に反し正当化されない**というべきである。上記の事案においては、患者は、覚せい剤の使用事実の発覚を避けるため、採尿を拒否したという特殊事情が認められる。医療行為としては実体法上違法であるが、その違法な医療行為に付随して明らかになった覚せい剤に関する鑑定の刑訴上の証拠能力の問題

---

[10] なお、本件は、警察官が同医師の上記行為を利用して被告人の尿を押収したものであるから、令状主義の精神に反する重大な違法があるのではあないかが争われ、被告人の尿に関する鑑定書等の証拠能力についても問題となった判例であり、これについては、最高裁は、「医師が、必要な治療又は検査の過程で採取した患者の尿から違法な薬物の成分を検出した場合に、これを捜査機関に通報することは、正当行為として許容されるものであって、医師の守秘義務に違反しないというべきである」とした。

は、原因行為の実定法上の判断とは相対的に独立に判断できるものと思われる。

（ⅰ）**同意の要件**　**同意の権限**は、原則として患者自身にある。同意するには、その治療行為の意義や効果を知っていなければならない。意識不明の状態にあって、患者が事実上同意することができない場合には、患者が同意の意思をすでに表示していた場合にかぎり、**推定的同意**を援用しうる。

　未成年者の同意に関して何歳からその**同意能力**が認められるかについては、定まった見解はない。学説としては、例外的事情がある場合を除いて14歳からとするもの、ないしわが国では、臓器提供に同意できる年齢につき15歳からとする制度があり、16歳からとする学説などもある。ドイツの学説の中には、身体に対する医療侵襲の程度に応じて、軽い侵襲であれば、13歳未満でも単独で同意できる場合もあれば、生命にかかわる重大な侵襲については、16歳でも親の同意も必要だとするが、その場合、両親が同意していても子供が拒否できるなど、**段階的に同意能力を認める見解**が有力である。子供が、同意能力を持たない場合ないし制限される場合は、親（監護権者）の**代諾**が必要である。成年であっても、高齢や精神病により同意能力が制限される場合、成年後見人が選任されているとき、わが国では成年後見人が「療養看護」に関する事務を行う（民法858条）が、医療行為に対する同意を代理できるかについては争いがある。[11]

　同意には、**意思の欠缺**があってはならない（☞§78）。患者の家族の意見は、患者の推定的意思を知るために用いられ、代理的意味をもつのではないと解すべきである。強制、脅迫、欺罔による同意は無効である。欺罔は、それによって法益関係的錯誤が惹起される場合に、その同意を無効とする。したがって、治療費について錯誤があった場合には、たんなる動機の錯誤であって、傷害罪に対する正当化のための同意として無効とはならない。

（ⅱ）**説明義務**　患者の同意は、医師の説明にもとづくものでなければならない。これは、**インフォームド・コンセント**（informed consent）とも呼ばれる。[12]　医療行為は、一般に人の身体への侵襲を伴うもので、危険な行為である。そこで、患者が医療行為を受けるにあたって、その侵襲の内容や程度、効果（回復や失敗の見込み）、付随する危険などについて知る必要がある。この

---

[11] これについて詳しくは、山中『医事刑法概論Ⅰ』（2014年）149頁以下参照。（☞§78.3(5)）
[12] これにつき、詳しくは、山中『医事刑法概論Ⅰ』（2014年）238頁以下参照。

ように、医師の説明義務には、その医療をそもそも患者の自己決定権を保障する役割がある。これを「**自己決定のための説明**」という。これに対して、医師の説明は、治療の効果を上げるために患者の協力を得て患者の療養につき守るべき指示事項の説明という意味もある。このようないわば「**治療のための説明**」を、わが国では「**療養指導のための説明**」と呼ぶ。自己決定のための説明は、患者に医療侵襲の内容、効果、危険等について情報を与え、当該侵襲の内容と意義を理解した上で、同意することを目的としたものであって同意の有効性の前提である。

自己決定のための説明の範囲は、患者に治療の内容と意味その及ぶ射程を理解させ、そのメリット・デメリットを合理的に衡量することができる程度のものでなければならない。したがって、同意の対象について、医学的所見、治療計画、手術の及ぶ射程範囲、回復の経過と見込み、代替治療の有無、その危険性などにつきその**全体と概略**を知らせなければならない。説明の在り方については、美容整形手術などの医学的適応の有無につき必ずしも明らかでなく、緊急を要しない手術と、緊急を要する手術などによって異なる。また、説明が病名の告知によって、患者の治療効果に悪影響を及ぼし、場合によっては患者の病状を悪化させるなどの場合に、医師が説明を省略できるか、家族に説明することにより代替できるかなどの問題がある。現在では、自己決定権の保障と医師の立場からの患者の治療に及ぼす危険の衡量において、**医療の個人化**の観点から原則的には自己決定権を優先させる見解が有力である。

なお、最高裁の民事判例によると、患者に対する説明は、執刀医でチームの総責任者であった者でなくても、他の医師に委ねることもできる。また、その説明を担当する医師の説明が不十分であっても、必ずしも**チーム医療の総責任者**がその責任を負うわけではない。

> 大動脈弁置換手術に関し、大学医学部心臓外科教室の教授であったチーム医療の総責任者Aが執刀医を務めた手術の「説明」にあたり、医学部心臓外科助手であった主治医Aにそれを委ねたところ、手術が開始された後、患者の循環不全を克服することができず、患者が死亡したという事案において、Aに、本件手術についての説明義務違反があったこと等を理由として、不法行為に基づく損害賠償を請求したもの(最判平20・4・24民集62・5・1178)である。そこでは、**最高裁**は、「チーム医療の総責任者は、主治医の説明が十分なものであれば、自ら説明しなかったことを理由に説明義務違反の不法行為責任を負うことはないというべきである。また、主治医の上記

説明が不十分なものであったとしても、当該主治医が上記説明をするのに十分な知識、経験を有し、チーム医療の総責任者が必要に応じて当該主治医を指導、監督していた場合には、同総責任者は説明義務違反の不法行為責任を負わないというべきである。このことは、チーム医療の総責任者が手術の執刀者であったとしても、変わるところはない」と判示した。

(iii) **仮定的同意** 説明義務が尽くされなかったが、もし説明義務が果たされていたとしても、患者は同意を与えていたであろうという事情がある場合、すなわち「仮定的同意」が想定される場合、どのように取り扱われるのであろうか。[13] ドイツの連邦裁判所の決定（BGH JR 2004, 251＝NStZ-RR 2004, 16）を素材として、これを検討しよう。

> 被告人は、病院の神経外科の医長であったが、椎間板ヘルニアでAに対して、女医Kとその助手に手術を行わせた。核スピン断層撮影によれば、患者には、脊椎の二つの次元の部位に椎間板ヘルニアが見られた。手術の際、Kは、誤って、下部の次元にある椎間板ヘルニアを切除した。翌日、患者には、下肢の麻痺現象が発生した。その原因は、手術の部位の次元を間違えたことによって、ヘルニアが切除されていなかったことにあった。Kが上司である被告人にそのことを伝え、相談にのってほしいと申し述べたところ、被告人は、患者にはミスのことは黙っておき、実際には手術が行われなかった上の部位につき早期再発のためもう一度手術が必要だと説明するように言った。その虚偽の説明を受けて、患者は、第2の手術に同意した。原審は、被告人を故意の傷害罪の教唆で有罪とした。

連邦裁判所によると、判決の認定からは、傷害教唆罪で有罪とはなしえないとして、原判決を破棄して差し戻した。欺罔によって招来された同意は無効であった。したがって、正当化できない。しかし、患者が、現に行われた手術に対する真実の説明をしていたとしても、同意していたであろうというとき、違法性が阻却される。原審は、説明がなかったことと結果との因果関係については認定していないが、因果関係を検討するにあたっては、各々の患者の具体的な決断結果に注目されるべきである。患者は、どのみち手術しなければならなかった、あるいは、合理的判断のできる患者は同意していたであろうということは問題にならない。仮定的同意について、被害者に説明があったら同意していたかどうかを質問する場合には、その根拠も聞き出すこと、それによって、当時の患者の決断が追体験でき、また、可能な推論であると考えられることが、新たな公判にとっては重要である。

---

[13] 山中「医師の説明義務といわゆる仮定的同意について」神山古稀（1巻）253頁以下、同『医事刑法概論I』355頁以下、とくに370頁以下参照。

本判決では、説明義務を尽くしていたとしても、患者による同意が行われていたであろうという場合、①違法性が阻却される。②説明義務と同意との因果関係の判断については、**患者が具体的にどう決断するかが考慮されるべき**であって、一般人の合理的な判断が基準とされるのではないとする。

さらに別の連邦裁判所の判例（BGH JR 1996, 69＝NStZ 1996, 34）では、大学病院の医長の説明義務違反と同意の因果関係が問題となった。

> 首の椎間板を除去した後で、分離具として、脊椎骨の間に加工した牛の骨（人工骨）を挿入する手術が行われた。当時、ドイツでは、自身の骨か人造骨を用いた分離具を使用するのが通常であった。代用骨を用いる場合には、許可申請義務があるが、代用骨を用いることは、連邦健康省によって認可されていなかった。手術の前に、患者達は、不成功に終わる可能性も含めて手術の危険性について説明を受けたが、一般に使われる挿入器具の素材の差や、その特殊な長所や短所に関する説明は、被告人の指示によって、患者に不安感を与えないために行われなかった。
> **判決**は、この仮定的同意について新たな公判において吟味されるべきだとして、原審の判決を破棄して差し戻し、新たな公判においては、次の点に留意すべきであるとする。同意が有効であるためには、説明が必要である。その説明がないことが傷害罪の可罰性を根拠づけるのは、患者が、侵襲に対する要件を充たす説明があったなら同意しなかったであろうという場合のみである。この可罰性の限定は、とくに**保護目的思想**の観点のもとで行われる。その場合にあたるのは、患者は侵襲の種類と程度に関する基本的説明を受けており、生じうるもっとも重大な侵害についても情報を与えられていたが、代替治療については説明がなかったという場合のみである。

このように、ドイツの判例においては、説明義務を尽くしていたとしても、患者の同意があったであろうという場合、説明義務違反と結果の間に因果関係がなく、または規範の保護目的の範囲外にあるとされ、**既遂の刑事責任が否定される**ものとされている。しかも、義務違反行為が過失行為であるか、故意行為であるかは問われず、過失致死傷罪ないし故意の傷害罪いずれの場合もありうるとされている。学説においても、この事案につき、客観的帰属論を用いて、過失犯における義務違反と結果の関係の問題として取り扱い、説明義務違反がなかったとしても患者の同意があっただろうという場合には、違法な結果に対する責任を問えないとして、過失犯においては不可罰、故意犯においては未遂にとどまるという見解が唱えられている。これに対しては、客観的帰属論の問題として扱うことに対する反対説も有力である。

わが国の民事判例においても、仮定的同意の問題を論じたものがある。**東大脳動静脈奇形（AVM）事件判決**（東京地判平4・8・31判時1463・102）がそれである。原告は、脳動静脈奇形と診断された患者Aやその家族らにその手術の危険性などにつき説明しなかったと主張した。判決は、「担当医らがAに対して十分な説明をしておれば Aが本件手術を承諾しなかったかどうかは必ずしも明らかではなく、担当医らが必要な説明義務を尽くさなかったこととAが死亡したこととの間には相当因果関係があるとはいえない」と判示した。

仮定的同意の問題を正当化事由における客観的帰属という特殊な問題として解決しようとする見解がドイツにおいては有力であるが、それは、客観的帰属の問題と同意の有効性の問題とを混同した見解であると思われる。

この問題は、説明義務の機能に関する二つの観点から考察されなければならない[14]。第1に、有効な同意の前提としての説明義務の観点であり、第2に、過失犯における注意義務としての説明義務の観点である。

同意の有効性の前提としての説明義務は、十分な説明がなければその同意は無効となるのであって、説明がないゆえに無効となった同意は、もし十分な説明を受けていたとしても同意していたであろうという事情があっても、無効な同意が有効になるわけがない。もし十分な説明があっても同意していたとすると、同様の（死亡）結果が発生していたであろうから、説明義務違反と結果との間に因果関係がないと判断することは、同意の有効・無効に変更をもたらすわけではない。この事例では、無効な同意によって結果が生じたが有効な同意があった場合でも結果は発生していたであろうという事実は、この事件で同意が無効であり、その無効な同意があって結果が発生したという事実を変更するものではない。この観点からは、仮定的同意の問題は、仮象問題である。

過失犯における注意義務としての説明義務は、説明義務違反が、注意義務違反である場合をいう。この機能は、同意の有効性の前提としてではなく、その説明義務違反が注意義務違反として過失が認定される場合を意味するから、通常の注意義務違反と結果との危険実現連関の問題であって、十分な説明があったときでも、患者は同意しているから、同様の結果が生じていたであろうという事情は、結果の客観的帰属を否定する理由となりうる。説明義務違反がなくても結果が生じていたということは、説明義務違反という注意

---

[14] この新しい私見について詳しくは、山中『医事刑法概論I』（2014）370頁以下参照。

義務違反が、結果の発生を防止するというその**規範の保護目的の範囲内にはない**ということを意味するので、規範の保護目的の理論からこれを説明することもできる。

説明義務のこの両者の機能は、犯罪論の体系においては、同意の有効要件としての説明は、通常、正当化事由に位置づけられ、過失犯における注意義務としての説明義務は、構成要件に位置づけられる点で異なる。

(5) 看護行為

治療（医療）行為は、医師によるのを本則とするが、看護師は、診療の補助と療養上の世話を業務内容とする。**診療の補助**としての、注射など身体への侵襲を伴う行為については、医師の医療行為に付随する業務であって看護師に許された範囲内で医療行為として許容される。**療養上の世話**については、身体の重大な侵襲を伴うものは少ないが、入院患者の療養上の世話のみならず日常生活の補助、暴れる患者を押さえつけるなど、有形力の行使や行動の自由の制限を伴う行為もないとはいえない。このような看護行為も、広義の医療行為として、原則的に「患者の同意」を得て[15]、「看護目的」でなされ、「看護行為の必要性」があり「手段・方法の相当性」のある範囲内で行われる限り、正当化される。

このような看護行為の正当化に関して争われたのが、2007年6月に行われた北九州八幡東病院における**看護師の高齢の患者に対する爪切り**が傷害罪として起訴された事件である。看護師である被告人が、入院中のA及びBの爪を、爪切り用ニッパーを使用するなどして剥離させ、各足親指の爪切りを行ってその爪床を露出させて、傷害を負わせたとして起訴されたのである。保健師助産師看護師法5条によれば、傷病者等の療養上の世話及び診療の補助は、看護師の業務であり、入院患者の伸びた通常の爪を指先の長さまで切ること（普通の爪切り）が療養上の世話にあたることはいうまでもない。

第1審（福岡地小倉支判平21・3・30LEX/DB）は、「被告人は、患者のためのケアであることを忘れて爪切り行為に熱中し、自由に体を動かすことも話すこともできない患者であるのをよいことに、痛みや出血を避けるなど患者のための配慮をすることなく、自らが楽しみとする爪切り行為を行い、患者に無用の痛みと出血を伴う傷害を負わせている。爪床が露出するほど爪を深く切り取る爪切り行為は、職場内では患者のためのケアとは理解されていない行為であり」、「このような事情のもとでは、被告人は、本件の各行為を、ケア目的ではなく行ったものとみざるを得ず、看護行為として行ったものではないと認められる」と判示した。

---

[15] 身体への重大な侵襲を伴わない限り、療養上の世話に伴うものである限り、個々の行為（爪切り）への同意ではなく、事前の包括的な同意でもよいであろう。

第4節　一般的正当行為　§120　正当業務行為◇　611

第2審（福岡高判平22・9・16判タ1348・246）は、これに対して、「被告人がB及びAの各右足親指の爪切りを行ってその爪床を露出させた行為は、医師との連携が十分とはいえなかったこと、結果的に微小ながら出血が生じていること、Bの右足親指についてはアルコールを含んだ綿花を応急処置として当てたままにして事後の観察もせず放置してしまっていたこと、事後的に患者家族に虚偽の説明をしたことなど、多少なりとも不適切さを指摘されてもやむを得ない側面もあるが、これらの事情を踏まえても、被告人の行為は、**看護目的でなされ、看護行為として、必要性があり、手段、方法も相当といえる範囲を逸脱するものとはいえず**、正当業務行為として、違法性が阻却されるというべきである」、として第1審判決を破棄し、無罪を言い渡した。

看護師が、看護目的ないしケア目的で行ったかどうかという主観的要素は、監護行為としての必要性、手段・方法の相当性の要件を充したしていることによって推測される客観的事情に含められる要素であろう。

3　取材活動

報道機関の取材活動は、報道の自由、国民の知る権利を守る準備活動として、取材対象のプライヴァシーや名誉ないし公務員の守秘義務と衝突する場合でも、保護されなければならない場合がある。

　　ある新聞社の外務省担当記者が外務省審議官付きの女性秘書から沖縄返還にかかわる秘密文書を持ち出させ、国家公務員法111条・109条12号違反で起訴されたいわゆる**外務省秘密漏えい事件最高裁決定**（最決昭53・5・31刑集32・3・457＝百選18）において、「報道機関の国政に関する取材行為は、国家秘密の探知という点で公務員の守秘義務と対立拮抗するものであり、時としては誘導・唆誘的性質を伴うものであるから、報道機関が取材の目的で公務員に対し秘密を漏示するようにそそのかしたからといって、そのことだけで、直ちに当該行為の違法性が推定されるものと解するのは相当ではなく、報道機関が公務員に対し根気強く執拗に説得ないし要請を続けることは、それが真に報道の目的からでたものであり、その手段・方法が法秩序全体の精神に照らし相当なものとして社会観念上是認されるものである限りは、実質的に違法性を欠き正当な業務行為というべきである」とした。しかしながら、続いて、「報道機関といえども、取材に関し他人の権利・自由を不当に侵害することのできる特権を有するものでないことはいうまでもなく、取材の手段・方法が贈賄、脅迫、強要等の一般の刑罰法令に触れる行為を伴う場合は勿論、その手段・方法が一般の刑罰法令に触れないものであっても、取材対象者の個人としての人格の尊厳を著しく蹂躙する等法秩序全体の精神に照らし社会観念上是認することのできない態様のものである場合にも、正当な取材活動の範囲を逸脱し違法性を帯びるものといわなければならない」としている。

しかし、決定は、記者が、秘密文書を入手するための手段として利用する意図で肉体関係をもって、秘密文書を持ち出させた点で、取材対象者の個人としての人格の尊

厳を著しく蹂躙したものであって取材行為の手段・方法が不相当なものであるとして、記者の行為は「そそのかし」にあたり正当な取材活動の範囲を逸脱しているものとした。第1審判決では、目的の正当性、利益衡量による被害の軽微性を考慮し、正当行為としていた。

4 弁護活動

弁護人が、弁護活動にともなって名誉毀損などの構成要件に該当する行為を行った場合に、正当業務行為として正当化される範囲も、利益衡量によって定められるべきであろう。

これについては、いわゆる**丸正名誉毀損事件最高裁決定**（最決昭51・3・23刑集30・2・229）がある。事案は、強盗殺人事件の犯人として起訴された者の第1審・第2審における有罪が確定し、上告審係属中に、この事件の弁護人が、真犯人は、被害者の兄らであるという旨の上告趣意書を提出し、記者会見で発表し、さらに、再審請求中に、その旨を書いた『告発』と題する書物を出版したというものである。最高裁は、「刑法35条の適用を受けるためには、その行為が弁護活動のために行われたものであるだけでは足りず、行為の具体的状況その他諸般の事情を考慮して、それが法秩序全体の見地から許容されるべきものと認められなければならない」とした。この事案については、①その行為が法令上の根拠をもつ職務活動であるかどうか、②弁護目的の達成との間にどのような関連性をもつか、弁護を受ける被告人自身がこれを行った場合に刑法上の違法性の阻却を認めるべきかどうかの諸点を考慮に入れて判断するものとした。本件行為については、「訴訟外の救援活動に属するものであり、弁護目的との関連性も著しく間接的」であることなどから、正当な弁護活動とはいえないものとした。ここでは、冤罪を晴らすという弁護の利益と、真犯人と名指しされた者の名誉の保護という利益との衡量によって、正当な弁護活動の限界が探られるべきであろう。

§121　超法規的正当化事由としての被害者の同意

緊急行為ではなく、正当業務行為ともいえないのが、重大な身体の傷害に対する被害者の同意および推定的同意である。それは、自己決定権という個人の幸福追求権に由来する憲法上の価値と、同じく憲法上ないし刑法上の身体の安全性に関する保護の価値とが、衝突している状況における**超法規的違法阻却事由**というべきである。

---

[16] したがって、医師でない者が治療行為を行った場合には、超法規的に正当化されうるということになる。もちろん、その行為は、無免許医業罪（医師法17条・31条1項1号）として処罰されうる（佐伯177頁、内藤532頁）。

1 重大な傷害に対する被害者の同意

　身体の重大な損傷をともなう傷害は、自己決定権の範囲を超え自由に処分しえないから、傷害罪の構成要件に該当する。しかし、利益衡量により優越的利益が存在する場合には、広義の 35 条の正当行為に該当し、正当化される。治療行為について正当化されることはすでに論じた。

　傷害罪につき被害者の同意があったとしても、処罰を免れないことがある根拠は何かについては、諸説がある。①同意が公序良俗に反し無効であることを理由とする説（牧野・日本刑法〔上〕403 頁、阿部「傷害罪と承諾」鴨古稀 416 頁以下）、②国家・社会的倫理規範に照らして、ないし、社会的に相当なものでないことを理由とする説（木村 285 頁、福田 179 頁、大塚 419 頁）、③重大な傷害、とくに生命に危険がある傷害については正当化されないとする説（平野 254 頁、中山 313 頁、内藤 602 頁）、④真摯な同意がある以上、原則として不処罰であり、構成要件不該当である（齊藤誠二『刑法講義各論Ⅰ』178 頁、前田 340, 348 頁以下）、ないし違法性を阻却する（須之内克彦『刑法における被害者の同意』〔2004〕9 頁）とする説などがある。

　しかし、重大な傷害でないものは、すでに構成要件不該当であるが、内臓の摘出、眼球の摘出、手足の切断等の重大な傷害は、たとえ生命に危険がなくとも、被害者の同意のみでは構成要件該当性阻却とはならず、被害者の同意に、その他の優越的利益があいまって、正当化されるというべきである。したがって、医師免許のない者が、同意を得て重大な傷害にあたる美容手術を行ったとしても、優越的利益がなければ、傷害行為は正当化されない。

2 判　例

　したがって、保険金を騙取するため被害者（3 名）と共謀して、交通事故を装って被害者の運転するライトバンに自車を追突させ、被害者にそれぞれ加療約 3 カ月から 3 週間の頸椎捻挫の傷害を負わせた**昭和 55 年最高裁決定**の事案（最決昭 55・11・13 刑集 34・6・396＝**百選 22**）については、「損傷の部位、程度」からは、傷害罪の構成要件該当性を否定すべき事案であった。被害者が、同意して左手小指を出刃包丁で切断したいわゆる**指詰め**については、判例は、社会不相当な行為として傷害罪とする（仙台地石巻支判昭 62・2・18 判時 1249・145）が、真意による同意があり、同意が有効であることを前提とすると、構成要件該当性が阻却されるというべきである。

　なお、愛人の陰茎を刺身包丁で切断する行為については、被害者の承諾があったと

---

[17] 医師免許を有しない者が、美容整形手術と称して医行為を行い、豊胸手術を受けた者を死亡させた事案について、被施術者の承諾があったとしても、違法性を阻却しないとした判例がある（前掲東京高判平 9・8・4）（☞§120, 2（4）（c））。

しても違法性を阻却しないとする判例（最判昭25・11・16裁判集刑36・45）がある。また、前掲の**ブルーボーイ事件**については、傷害罪として起訴されず、旧優生保護法28条違反として起訴され有罪となった（前掲東京高判昭45・11・11）（☞§120, 2 (4) 注7）。これらの行為については、重大な傷害と考えられ、他に優越的利益が存在する場合には、正当化される可能性があるにとどまる。

§122　推定的同意

1　推定的同意の意義と類型

　推定的同意（mutmaßliche Einwilligung）は、被害者の現実的な同意はないが、かりに被害者が事情を知っていたなら、同意したであろうという場合に、被害者の意思を推定し、それを正当化事由とするものである。[18] まず、被害者の同意とは異なり、**推定的同意**は、**正当化事由**である。推定的同意の事案においては、法益主体が法益の法的保護を放棄しておらず、したがって、法益侵害は存在し、ただ、その同意が客観的に「推定」されるだけである。例えば、留守中の隣家の水道管が破裂し、今にも住居が水浸しになりそうになっていたので、垣根を越えて庭に侵入し水道管の元栓を止めた場合、住居侵入罪につき、推定的同意が認められる。行為者により推定された意思と法益主体の現実の意思とは衝突する可能性があるが、推定的同意とは、この場合でも、「推定された意思」を優先させるものである。推定的同意は、被害者の現実的同意がなく、例えば、救急患者として病院に担ぎこまれた交通事故の被害者が意識を失っていたが、生命を救うためには応急措置として足を切断する必要があった場合のように、同意を適時に得ることが不可能な場合にのみ問題となる（**推定的同意の補充性**）。事情を客観的に評価して事前的判断により確実に同意が得られていたであろうという場合に、推定的同意が認められる。しかし、同意を適時に得ることが可能であった場合でも、被害者が、その承諾の要請に価値を置かないということが直ちに判断しうるような場合にも、推定的同意は可能である。

　　推定的同意が、同意能力のない者、例えば、幼児や意識不明に陥っている者についても可能かについては、争いがある。成人の一過性の意識不明者の場合であれば、す

---

[18] 推定的同意については、川原広美「推定的同意に関する一試論」刑雑25巻1号99頁、吉田宣之『違法性の本質と行為無価値』(1992) 277頁、須之内・刑法における被害者の同意92頁、齊藤誠二「推定的な承諾の法理をめぐって」警研49巻11号15頁以下。

でに以前に意思を表明しており、推定が可能であるという場合もありうるが、問題は、「幼児」の場合である。そもそも幼児の同意は同意能力を欠くがゆえに無効である。そこで、問題は、親権者である親の同意が推定されればよいか、それでは不十分かが問われる。この場合に、推定的同意が働かないとすると、緊急避難規定の適用が可能かどうかという議論に帰着する。

推定的同意には二つの類型がある。

(1) 内部的利益衝突類型

これは、被害者自身の利益のための行為の類型であり、換言すれば、**被害者自身の内部で利益衝突がある場合の類型**である。この類型は、第三者のための緊急避難（緊急救助）の事例に類似する。ここでは、救助される利益が、侵害される利益に優越するかどうかが問題となるという点で類似する。しかし、それらの利益が同一人物に属するという点、そしてその衝突が第三者によって解消されるが、その際、被害者の推定された意思が、正当化の基準であるという点で異なる。例えば、先に掲げた救急手術の例がそうである。

(2) 利益放棄類型

第2の類型は、**自己または第三者の利益のための行為**であり、それらの者のために自己の利益を犠牲にすることが被害者に推定される場合である。この類型においては、被害者の利益の維持に関する利益が少ないため、行為者と法益主体との関係の特殊性によって法益主体の同意が推定される場合である。例えば、他人の果樹園で、収穫の済んだ時期になって落下した果物を拾い集める行為や、入学試験の日に、日常使われていない友人の自転車に乗って駅まで行った場合、あるいは突然、夕立に見舞われたので、友人宅のガレージに入って雨宿りをしたという場合などに、この類型の推定的同意が問題となる。

学説の中には、この自己または第三者の利益のための行為の類型については、推定的同意として正当化されないとするもの（川原・刑雑25巻1号99頁、吉田・違法性の本質277頁）がある。しかし、推定的同意は、「超法規的緊急避難の下位事例」（ヴェルツェル）ではない。この類型についても、正当化されると解するべきである。

2 推定的同意の法的性格

推定的同意は、**同意と緊急避難の中間的形態**に位置するともいえる。しかし、現実的同意がない点で、同意とは異なり、客観的利益衡量ではなく、法益主体の仮定的意思が基準になる点で、純然たる緊急避難とも異なる。また、被害者の同意にもとづく利益不存在の原則によって正当化されるわけで

もなく、純然たる優越的利益の原則によって正当化されるのでもない。
　これについては、次のような見解がある。
(1)　現実的意思推定説
　これは、推定的同意を「被害者の同意」を延長して、被害者の個人的意思を客観的に推定する見解である。それは、いわば同意論を延長させた点に位置するのが推定的同意であると解する見解である。この見解を、違法阻却事由について優越的利益説を採る学説に親近性をもつものとする学説（内藤616頁）があるが、必ずしも相関関係はないのは、次の客観的意思推定説が、目的説・社会相当性説と親近性がないのと同じである。社会相当性説を採る学説も、推定的同意を「被害者の承諾による行為の延長線上にあるものとして理解」し、「被害者の真意」を推測するよう努めるべきであるとする（大塚422頁、川端330頁）。
　しかし、この説からは、現実的な同意はないのであるから、なぜ推定的同意が、現実的同意と同様に正当化根拠となるのかは必ずしも十分に説明されていない。
(2)　客観的意思推定説
　これは、現実の被害者に置き換えられた理性的な人間の客観的・合理的な判断によって、被害者の利益になると判断されるのが推定された意思であるとする見解である。いわば緊急避難において優越的利益が存在する、あるいは社会相当行為であるとみられることによって正当化されるのと同じ論理によって正当化する。その意味では、緊急避難論の延長線上に位置づけられる見解であるといってよい。「行為者の主観的判断において推定した承諾ではなく、理性的人間が被害者の立場にあったならば客観的判断に従って期待せられたであろうところの承諾」と解する見解（木村288頁）は、これに属する。また、推定的承諾を、「被害者の主観の問題ではなく、法の理念そのものの問題である」（団藤222頁）とするのは、現実の意思よりも、相当の理由があるかどうかが優先するという考え方を表しているものと解せられる。
　この説によると、理性的人間が自分の利益になることについて同意したであろうということは合理的であるが、もっぱら行為者の利益になるが、被害者にとっては利益とはならないことについては、同意していたであろうということはできない。したがって、この説によれば、上述の推定的同意の第2類型については、これを推定的同意の事例から除かなければならなくなるであろう。
(3)　許された危険説
　推定的同意は、被害者の意思を**事前の時点で仮定するもの**であり、それが事後的に正しいかどうかが判明するとしても、事前の段階では、誤った判断をする可能性も否定できない。ここでは、事情をすべて知っていたと仮定したとして、被害者がその個人的な見地からその行為に同意していたであろうという「蓋然性の判断」が問題であるとされる。このような確実でない蓋然性の判断に従うという

危険を冒すことが許されているのである。したがって、許された危険の原理によって正当化されるというのである。現実には、被害者の意思が、推定された意思と齟齬を来す場合であっても、事後に齟齬すると判明した場合にも、推定を正当とみなす。したがって、推定的同意とは、一種の許された危険であるというのである。このことから、ドイツの学説の中には、推定的同意による正当化の際には、特別の義務が課せられるとする説（レンクナー、イェシェック）が生まれる。このような蓋然性判断をなす際には、行為者自身が、この仮定的な蓋然性の判断を正当化するような事情が存在するかどうかを注意深く**検討する義務**が課せられるというのである。しかし、許された危険を正当化原理とする説の中にはこのような検討を必ずしも要しないとする見解（ロクシン）も有力である。

　許された危険説は、現実の意思を重視せず、もっぱら事前的な客観的・合理的判断によるとする点で、客観的意思推定説にも近い考え方であるが、なぜ許された危険が正当化根拠となるのかについて理論的に明らかではない。この論理を認めるならば、それは普遍化され、結果は正当化されなくても、許された危険であれば、すべて正当化されることになり、まさに行為無価値論につながるであろう（山口169頁、同・問題探究88頁以下参照）。

(4)　本書の立場（混合説）

　推定的同意においては、被害者は、法益侵害に対する許諾の意思表示を現実にしているわけではない。それは、一定の要件のもとに行為の時点において存在すると推定されているのである。したがって、現実に反対の意思表示があった場合にのみ推定は破られる。このような推定は、事前の蓋然性の判断ではなく、事前的ではあるが、現実的な存否の判断である。それは、被害者の同意がない場合に、あるものと推定するのであって、「あるかもしれないがないかもしれない」状況でどちらが蓋然性が高いかという蓋然性の判断ではない。もし現実に反対の意思表示があったとすれば、推定的同意は成り立たないのである。例えば、「水道管が破裂したとしても住居に無断で立ち入ることはかたくお断りします」と隣家のドアの前に貼り紙がしてあったのに行為者が気づかなかったというような場合がそうである。もしそのような意思表示がなかったとすれば、この推定は、後に被害者が、あのときすべての事情を知っていたとしても同意しなかったであろうと事後に主張したとしても、事前の事情をすべて判断資料として、客観的にやはり同意が推定されるのであれば、推定的同意は破られることはないのである。

　以上のことを前提にするならば、「許された危険説」は妥当でなく、また、あくまでも現実的な被害者の同意の延長である、あるいは、客観的・合理的

に判断されるべき被害者の意思であるというのも妥当ではない。

結局、推定的同意とは、**同意と緊急避難の両者の要素を含んだその中間的な独自の法制度**であるとせざるをえない。被害者の法益が衝突し、被害者にとって優越的利益と思われるものを救助するために、同意をとる余裕がない場合に、補充的に認められた法制度であるとともに、このような優越的利益がなくても、一定の利益衝突状態において、被害者の仮定的同意が、行為者と被害者の人的関係やそれまでの事情から推論できる兆候から合理的に推定できる場合には、同意があったのと同じ効果を生ずるとする法制度である。

3 推定的同意の要件

(1) 同意に類する要件

推定的同意は、同意の延長されたものという性格をももつので、個人的法益であって法益主体の処分権の認められる構成要件該当行為でなければ、認められない。推定的同意は、違法阻却事由であるから、現実の同意がある場合とは異なり、すべて違法論の問題である。したがって、推定的同意が認められる場合も、その行為は、現実の同意がないのであるから、住居侵入や窃盗、器物損壊、傷害などの構成要件には該当する。

(2) 補充性の要件

一定の利益衝突状況において現実の同意を得ることが不可能な場合にかぎって推定的同意が認められうる。被害者の同意を得ることが可能な場合には、その意思に従うのが自己決定権を尊重するゆえんだからである。これは、推定的同意の補充性の要件として承認されている。

> しかし、一定の場合にこの要件を不要とし、または絶対的なものでないとする見解（町野・自己決定権202頁、内藤621頁）も唱えられている。この見解は、推定的同意は、必ずしも現実的同意を補充するだけのものではなく、同意に代わりうるものだとするのであるが、不当である。例えば、癌の告知を行って同意を得たうえで手術をすれば、患者の病状ないし回復に悪影響があるとの判断から、同意を得ずに手術を行う場合に、推定的同意を援用するというのがこの見解の主張である（内藤533頁・621頁）。しかし、この場合には、推定的同意を援用すべきではない。これは、患者の意思に反しても、患者の「真の幸福」のために、手術が正当化されることがあることを認める見解にほかならないのであって、推定的意思を仮構することによって、自己決定権の尊重を装うべきではない。[19]

---

[19] さらに、法益侵害が「軽微」で「一時的」なものにすぎない場合には、補充性を必要としないという見解（ティーデマン）も、不当である。駅のキオスクで電車に乗る前に新聞を買おうと思っ

(3) 事前的仮定的判断の要件

　行為のときに、被害者がそのときに存在しまたは予想されるすべての事情を知ったならば、同意したであろうという**仮定的意思**（hypothetischer Wille）が認められなければならない。この判断は、未遂をも発生させない段階の要件としては、遅くとも行為のときの事情を基礎になされなければならない。しかし、この判断は、客観的判断であって、行為者の主観的な判断ではない。したがって、行為のときに存在する事情は、行為者が当時それを認識しえたか否か、一般人が認識しえたか否かにかかわらず、すべて考慮される。その意味では「事後の立場」から、つまり事後的にその段階で明らかになった事情を基礎にして行うという見解（山口169頁、同・問題探究89頁以下）と実質的に同旨である。現実に、被害者が反対の意思表示をしていた場合には推定的同意は成り立たない。また、後に被害者が、もし当時事情を知っていたなら反対の意思を表示していたであろうと主張しても、それが事前的判断のために与えられる兆候・資料に影響するものでなければ、推定的同意の存在には影響しない。さらに、被害者が事後的に反対の意思を表示したとしても、それは事後の不同意を意味するだけであって、推定された同意が覆されるわけではない。

(4) 事前的仮定的判断における類型的事情

　さきに分類した推定的同意の類型に即して、推定のはたらく事情について考察しよう。

　(a) 内部的利益衝突類型　これは、行為者が被害者の利益のために行為する類型である。この場合、被害者が事情を知ったならば同意を与える蓋然性は高いといえる。ただし、個人的な嗜好や習慣、考え方などが分かれうるような事例においては、とくに個人的な情報を得ているといった関係が前提とされることがありえよう。

　そこで、この類型に属する事例群を①財産に関する決断の事例群、②人格に関する決断の事例群、③生存に関わる決断の事例群の**三つの事例群**に分ける試み（ロクシン）も行われている。

たが、販売員が席をはずしていたので、誰もがやっているように、料金を置いて新聞を取った場合、販売員が帰ってくるのを待つことができ、したがって、同意を得ることができる。しかし、この事例の場合には、黙示の事前的・包括的同意がある事例であるといってよいであろう。

例えば、水道管破裂の事例は、①の**財産に関する決断**が問題になる場合である。この事例群の場合には、同意するのが一般であるから、反対の意思表示を徴表する強い兆候がなければ、**同意は推定**されてよい。②の**人格に関する決断の事例**としては、不在中に受信した友人宛の信書を、同意なしにその友人のために適時の処置を取るために開封するといった事例が挙げられる。この事例群では、特別の事情があって、法益主体が法益侵害に同意するであろうという場合でなければ、**同意は推定されない**。③の**生存に関わる決断の事例**としては、意識を失った者の命を救うために、手術の必要が生じたといった場合がある。この場合には、以前に手術を拒否するという意思表示をしており、**同意しない**ことが徴表されていても、**推定される**という見解（ロクシン）がある。

(b) 利益放棄類型　これは、行為者が、行為者自身または第三者の利益のために行為する類型である。この場合には、被害者は、自らの利益にならないのであるから、同意しないのが原則であり、**同意が推定されるのは例外的**である。したがって、法益主体の**個人的な関係等の「特別の事情」**が大きな意味をもつ。この場合、内部的利益衝突類型の②の人格に関わる決断の事例群に関する原則が成り立つ。したがって、行為者と法益主体の間に、あらかじめ法益主体のそのような人柄や態度について知悉しているような個人的な関係がなければならないであろう。また、当該法益主体が以前に同意したことがあるといった事情も、同意が推定される資料になるであろう。さらに、ここでは、法益侵害の程度が「軽微」であることも、前提となるであろう。

第5章 責任論

第1節 責任論の基礎

> 【文献】浅田和茂『刑事責任能力の研究』上巻（1983）下巻（1999）、伊東研祐「責任非難と積極的一般予防、特別予防」福田＝大塚古稀〔上〕299頁、同「いわゆる責任論の近時の展開動向と犯罪論体系に関する一考察」荘子古稀69頁、井上大「責任論の展開と刑法における予防目的の考慮(1)(2・完)」専修法学論集47号285頁・48号153頁、大野平吉「行為責任と人格責任」基本講座3巻204頁、大谷實『人格責任論の研究』(1972)、同『刑事責任の基礎』（訂正版・1977）、同『刑事責任論の展望』(1983)、大山弘「責任と予防に関する一考察」関法31巻5号66頁、甲斐克則『責任原理と過失犯論』(2005)、川端博『責任の理論』(2012)、中川祐夫「責任と可罰的評価」平場還暦〔上〕252頁、平川宗信「主体性と刑事責任」団藤古稀2巻122頁、平野龍一「刑事責任」『刑法の基礎』(1966) 3頁、同「人格責任と行為責任」刑法講座3巻1頁、平場安治「責任の概念的要素と刑事責任論の根底」団藤古稀2巻34頁、ヴォルフガング・フリッシュ（岡上雅美訳）「責任刑法の将来について—刑法と神経科学—」刑法雑誌52巻2号118頁以下、堀内捷三「責任論の課題」現代的展開〔Ⅰ〕171頁、同「責任主義の現代的意義」警研61巻10号3頁

§123 責任の本質

1 責任の意義

　責任とは、構成要件に該当する違法な行為に関する処罰の必要性を考慮した**非難可能性**の観点からの評価である。この**非難可能性**の内容そのもの、そして、その基準や対象については、学説が対立し、それによって「責任」の意義もさまざまに異なる。

　責任論の課題は、構成要件に該当する違法行為を実現した個人の行為が、刑罰に値するものであるかどうかを検討することである。[1]このことは、私見によれば、二つのことを意味する。一つは、責任が刑罰の基礎であり、限界

であるということである。もう一つは、そのことを前提として、逆に、刑罰の必要性が責任を規定するということである。前者を **狭義における責任** と呼び、後者を **可罰的責任** と呼ぶことにする。前者は、処罰の限界を画する重要な機能を果たし、後者は、刑事政策への橋渡しの役割を演ずる。

そこで、このような **狭義における責任** および **可罰的責任** の概念に応じて、非難可能性の意味を分析すると、非難可能性は、基本的に次の二つの意味をもつ。一つは、行為者の意思決定が規範に従ってなされる可能性があったかどうかを問い、当為を認識しうるという意味での **意思決定の自由** を対象にする判断である。もう一つは、それを前提として、法が、具体的行為事情のもとで、処罰の必要性を考慮して、適法な行為をどこまで期待可能かを問うものである。いわば当為の認識に従ってそれを **行為に移す意思決定の自由** を意味する。前者を **規範適合的意思決定可能性** ないし「内面的意思決定可能性」と呼び、後者を **規範適合的行為可能性** ないし「外面的意思決定可能性」と呼ぼう。「狭義における責任」は前者の意味における非難可能性であり、「可罰的責任」は後者の意味における非難可能性である。

広義における責任を、「狭義における責任」および「可罰的責任」に分けることの意味については、後に詳論することとして、まず、通説的な見解に沿って全般的に、広義における責任の意味について詳しく検討しておこう。

2 責任主義

このような非難可能性のない行為、すなわち責任のない行為は処罰されない。それは、刑罰という法的効果が生じるのは、たんなる構成要件に該当する違法な行為であるだけではなく、責任のある行為でなければならないということを意味する。このような考え方を **責任主義**（Schuldprinzip）と呼ぶ。責任主義は、「**責任なければ刑罰なし**」として、刑罰を科するには必ず責任の存在を前提にしなければならないということを意味するだけではなく、刑罰は責任の量を上回ってはならないということをも意味する。このように、責任の存在が刑罰の条件であり、責任の量が刑罰の量を限定するということ（量刑における責任主義）を、**消極的責任主義** という。これに対して、責任が刑罰の根拠であり、責任があれば必ず処罰しなければならないという考え方を **積極的責任主義** という。これは、「**責任あれば刑罰あり**」という標語によって表される。

---

[1] 刑事責任論の課題については、大谷・刑事責任論 1 頁以下、堀内・現代的展開〔I〕172 頁以下、同・警研 61 巻 10 号 3 頁以下参照。

第 1 節　責任論の基礎　　§123　責任の本質◇　623

　「責任」とは何かについての理解は、さまざまであり、後の説明に譲る。しかし、ここでは、少なくとも、現在の責任主義の理解において当初から自明のものとされている内容について明らかにしておこう。
　まず、責任主義のもっとも狭い意味における理解においては、刑罰を科するためには、少なくとも犯罪行為につき故意・過失を必要とするという意味において用いられる。これは、故意・過失もなく、たんに結果が発生させられればその結果に対して責任を問いうるとするいわゆる**結果責任**ないし**客観的責任**を排除するという意味をもつ。英米法において、行政取締上の犯罪について、過失の有無にかかわらず処罰する**厳格責任**（strict liability）の概念も、責任主義に反する。
　責任主義は、さらに、**個人責任**の原則を前提とする。すなわち、縁座制や連座制のような、一定の団体に所属することによって処罰の対象となりうるものとする**団体責任**を排除するのである。
　このような意味における責任主義は、両罰規定における業務主の過失責任の推定の問題、結果的加重犯における加重結果に関する過失の必要性の問題、刑法38条1項における過失犯処罰のための明文規定の必要性の問題、あるいは責任の要件としての違法性の意識の可能性の必要性の問題などにおいて、学説においてはその徹底が強調されている。
　このような責任主義の観念は、いうまでもなく、国家の刑罰権を限定し、国民の自由を確保するために強調されてきた理念であった。責任主義が**近代刑法の基本的原則**とされるゆえんである。

§124　責任論の基礎としての意思自由論

1　責任における意思自由の意義

　責任が、非難可能性を意味するとしても、いかなる場合に非難可能であるのかが問われなければならない。ここでは、**意思の自由**（Willensfreiheit）を認めるかどうかによって決定的に立場が分かれるものとされてきた。その意味では、意思の自由の問題は、**責任論の基礎**であるといってよい。[2]

---

[2] 意思自由の問題を論じたものとして、大野平吉「刑法と自由意思」現代刑法講座1巻37頁以下、大谷・刑事責任、金澤文雄『刑法とモラル』(1984)、所一彦「抑止刑と自由意思」平野古稀〔上〕57頁以下、中義勝「刑事責任と自由意思論」刑雑14巻3 = 4号51頁以下、中山研一『現代刑法学の課題』(1970) 183頁以下、西原春夫『刑法の根底にあるもの』(増補版・2003) 164頁以下、平野・基礎3頁以下、福田平『刑法解釈学の基本問題』(1975) 79頁以下、前野育三「意思自由と刑事責任」平場還暦〔上〕237頁以下、松村格「意思の自由と刑事法学」駒沢大学法学論集18号199頁・19号43頁、ホセ・ヨンパルト「刑法と自由意思」法の理論(1)(1981) 264頁。

まず、自由な意思決定の可能性が非難可能性の前提であるとすると、意思決定の自由が責任の論理的前提となる。法規範によって意思決定しうる能力がある場合にのみ、行為者が違法な行為に出たことに対する責任を問うことができるというのである。しかし、次に、意思の自由をそもそも否定するとすれば、非難可能性の意味はまったく異なったものとなる。行為者が自由な意思決定にもとづいて、他行為の可能性もあったのにあえてその行為に出たことが非難されうるのではなく、いかなる本人の意思以外の要素によって決定されたものであっても、まさにその行為を行ったことが基準を逸脱していることが「非難」されうるということになる。

そこで、従来から、意思の自由の肯定について多くの議論が展開されてきた。これを簡潔にまとめると、次のような基本的な対立がある。

2 意思自由に関する諸見解
(1) 非決定論 (Indeterminismus)

これは、人間は、その意思を自由に決定しうるものであるとする立場である。あらゆる事象は、因果法則に従って生起するが、人間は、その因果の流れに自ら自由に介入し、その因果の必然の過程ではないような因子を与えることができる。人間の意思は、因果法則に従った何らかの原因の結果にすぎないものではなく、個人の人格の表現として、自発的・創造的なものであるというのである。これに対しては、自然科学においても、因果法則がすべてを厳密に支配しているとされているわけではなく、「自由の余地」も認められているという反論がある。刑法上は、行為者は、正しい行為に出るよう決意できたにもかかわらず、つまり**他行為可能性**（Andershandelnkönnen）があったにもかかわらず、違法な行為に向かって意思決定したということが、非難可能であるとする。非決定論は、**道義的責任論の基礎**となる考え方であり、したがって、とくに形而上学的な後期旧派の刑法理論が基礎とした理論であった。本説には刑法上の責任論との関係では、そもそも意思の自由論が、「人間は一般に意思の自由をもつ」といった「抽象的な人間」の意思自由について論じるのに対して、刑法上の責任は、「具体的な個人」の具体的な行為に対する責任非難を問題にするものであり、これについては証明されていないと批判できる。

(2) 決定論 (Determinismus)

人間のあらゆる意思決定や行為は、因果法則に従った原因の結果であり、その意味で決定されているとする立場である。したがって、意思の自由は認められないのである。人間の意思決定は、素質や環境によって決定されるとする。決定論を基礎にすると、他行為可能性を前提とする道義的非難は不可能となり、責任とは、**社会的に危険な性格**をもつ者に対して社会を防衛するためにとられる一定の処分を受けるべき地位にほかならなくなる。したがって、責任の概念は、このような社会的危険性を意味するにすぎないものとなる。決定論は、**近代学派の刑法理論がその基礎**とした考え方である。しかし、このようなかたい決定論は、社会防衛のための処分一元論につながり、社会的責任論は、国民の自由保障に対する牆壁とはなりえない点で、すでに歴史的にその不当性が実証されているといってよい。

(3) 相対的非決定論およびやわらかな決定論

この両者は、前者が非決定論の修正形式であり、後者は決定論からのアプローチである点に相違がある。まず、**相対的非決定論**は、先に掲げた絶対的非決定論のように、人間の意思をまったく因果法則から独立のものとするのは誤りであるとする。次に、やわらかな決定論は、かたい決定論のように、すべての事象が自然法則によって厳格に決定され、まったく自由の余地がないとするのは不当であるとする。相対的非決定論は、非決定論から決定論に接近する。決定の形式は、層に分かれ、因果的決定の層のほかに意味的ないし価値的決定の層があり、人間は、因果的決定を基礎としつつ、それを意味にかなった方向へと統制しうる能力、つまり、意味または価値に従って意思決定する能力をもつ。このような能力がある場合、これが「意思の自由」であるとするのである。

他方、決定論の側から非決定論に接近するのが「**やわらかな決定論**」である。これは、人間の意思が法則に従い、それによって決定されていることを承認する。しかし、「生理的な層」によって決定されるのではなく、自己の「意味の層」あるいは「規範心理の層」によって決定されているのである。このことは、「自己」によって決定されていることを意味し、これは「自由」を意味するものとする。規範的な層とは、具体的には、刑罰威嚇を意味し、それによって決定されうることが、「自由」を意味する。刑罰も、人間の意思のもつ法則性を利用して新たな条件づけを行おうとするものである。この説によれば、「決定論と自由意思とは矛盾しない」のである（平野・基礎 30 頁）。

この説に対しては、たしかに法則性と「強制されていないという意味の自由」（外的な自由）とは矛盾しないが、決定論・非決定論の議論で問題になるのは、意思決定や行為に関する選択可能性（内的な自由）であるとし、やわらかな決定論も、決定論である以上、そのような選択可能性を認めないのであって、やはり、決定論と自由意思とは矛盾するという反論（内藤 782 頁以下）がある。

(4) 不可知論と擬制

意思の自由の存否は証明不可能であり、認識論的に知りえず経験科学的に実証しえないことであるといういわゆる**不可知論**は、刑法学においては、二つの考え方を生み出した。

一つは、それが、責任判断の基準としての**平均人標準説**を生み出したことである。その人が自由意思にもとづいて行為したのかどうかは証明不可能である。しかし、行為者は、平均人がなしえたことをなさなかったという意味では、他行為可能性を問題にしうる。つまり、行為者本人が、どのように行為していたであろうかについては何も言うことはできないが、「行為者は、同様の事例についてのわれわれの経験によれば、他人（平均人）が、その他人の立場からは、行為者には欠けていたかもしれないが、その意思力を緊張させたとすれば、具体的な事情のもとで、別様の行為をしたであろうという意味では、その置かれた状況において、他行為可能であった」として、非難することはできるというのである（イェシェック）。かくして、行為者には、一般の経験によれば、平均人ならなしえたことをなさなかったという社会的非難は可能である。

しかし、他方では、不可知論は、**意思自由擬制説**ないし**規範的要請説**をも生み出した。意思の自由を実証することはできないが、自由であるとみなされる必要があるというのが擬制説である。擬制説は、当初、個人的な能力としての責任を「国家にとって必要な擬制」であるとする見解（コールラウッシュ）として唱えられた。行為者に他行為可能性があると擬制ないし推定することによって、国家は、犯罪予防を効果的に行いうるというのである。しかし、これをむしろ国家の刑罰の行き過ぎに対して国民の「自由を保障するために想定されたもの」であるとし、これを**規範的要請**であるとする見解（ロクシン）が、最近ドイツにおいて有力に唱えられている。

　わが国においても、意思の自由を**フィクション**として認めるべきだという学説（佐伯千仭『期待可能性の思想』〔増補版・1985〕613頁、中164頁、大野平吉・現代刑法講座1巻61頁）があるが、この見解も、刑法の保障機能のために意思の自由を擬制する必要があるとするものである。[3]

(5) 規範的要請説

　意思自由擬制説は、認識論上ないし経験科学上の意思自由に対する議論とは独立に、刑法による社会統制という制度をもっともよく機能させるために、認めるべき社会的な価値としていわば**規範が要請している****フィクション**であるとする。法秩序は、行為者を自己の責任において行為することのできる人格をもった自由な人間として取り扱うことによって、現代社会における法システムを十全に機能させることができるのである。その意味では、「法の下の平等」という観念と同様である。法の下の平等も、科学的に実証しうる命題ではないが、現在の法ないし規範は、これを法と社会をもっともよく機能させるための規範的要請として擬制しているのである（ロクシン）。人が意思の自由を擬制されているということは、[4] 刑法上は、次のような前提から出発することを意味する。つまり、成人した人間は、異常な事情のもとでのみ、責任非難を阻却しうるということであり、また、通常は、犯行への誘惑に打ち勝つのに必要な意思力を備えているということである。刑罰制度の観点からも、受刑者を治療の対象としてではなく、自由な人格をもった人間として処遇することを要請されているということを意味する。

---

[3] 中・刑雑14巻3＝4号75頁以下参照。

[4] 意思自由論を「作業仮説」とする見解（堀内・現代的展開〔Ｉ〕183頁以下）は、意思の自由の方向にも、決定論への方向にも擬制できるものと考えるものであって、意思の自由論を仮象問題とする。

§125　責任の概念をめぐる諸説

　責任の概念については、①責任判断の基礎ないし対象の面から、**行為責任論** と **性格責任論** および **人格責任論**、そして、②責任非難を心理的事実とみるか規範的評価とみるかによる、**心理的責任論** と **規範的責任論** のそれぞれの対立がある。

1　行為責任論・性格責任論・人格的責任論

(1)　行為責任論

　これは、責任非難の対象となるのは、個々の行為であり、その行為に向けられた意思であるとする見解をいう。その意味で **個別行為責任**（Einzeltatschuld）ないし **意思責任**（Willensschuld）ともいわれる。行為責任論は、罰せられるべきは行為者ではなくして、行為であるという行為主義の責任論における発現である。責任を問われるべきは行為であって、その背後の性格や人格ではないのである。

　行為責任論は、責任非難の基準が「道義」か「法」かによって道義的責任論と法的責任論に分かれる。[5] **道義的責任論** は、違法行為を行った者に対して道義的非難を加えることができるとする。道義的責任（sittliche Schuld）論は、犯罪とは、究極的に道徳違反であるとする。また、刑法の任務は道徳秩序の維持であるという刑法観から説かれる。わが国では、人格に対する非難は、当然に規範的・倫理的意味をもつものであるとする見解（団藤263頁）、および、社会倫理的観点から、その行為者に加えられる道義的非難が責任であるとする「修正された道義的責任論」（大塚439頁）がその代表例である。これに対して、**法的責任論** は、刑法における責任非難は、社会統制の手段としての法の立場からする非難であるとする（平野60頁、内藤743頁、川端409頁）。法的責任（Rechtsschuld）においては、法規範に違反したことが非難されるのである。刑法の任務が法益保護であるという刑法観から説かれる。

(2)　性格責任論（Charakterschuld）

　この理論は、責任の対象を個々の行為にではなく、行為者の社会的に危険な性格に求める。責任とは、社会防衛処分を加えられるべき地位を表す。それゆえ、**社会的責任論** とも呼ばれる。これは、罰せられるべきは行為ではなくして行為者であるとする

---

[5] これについて、大野・基本講座3巻209頁以下参照。

近代学派の責任論である。それゆえ、**行為者責任**（Täterschuld）の理論である。しかし、社会的に危険な性格をもつというだけで処分の対象となるのは、犯罪行為も行われていないのに不利益処分を科することであり、人権保障の観点からとうてい容認できない。そこで、この学派は、行為者の危険な性格が犯罪行為に徴表された場合、つまり、現実に犯罪行為が行われた場合にのみ、社会的危険者は、社会防衛処分の対象となるとする。このように、この学派からは、犯罪行為は、それ自体として意味をもつのではなく、たんに、行為が危険な性格の「徴表」であるがゆえにのみ意味をもつ。したがって、この見解を**徴表説**（symptomatische Verbrechensauffassung）と呼ぶことがある。しかし、このような性格責任論は、すでに過去の遺物である。

(3) **人格責任論**（Persönlichkeitsschuld）

この理論は、みずから主体的に形成した人格に責任の基礎を認める。人格責任論は、ドイツにおいてはメツガー（Edmund Mezger, 1883-1962）やボッケルマン（Paul Bockelmann, 1908-1987）によって1930年代末から1940年初頭にかけて展開された理論である。人格には素質と環境により宿命的に形成される部分と行為者が有責に形成する部分とがあり、行為者人格への非難は、後者の部分についてのみ可能だとする。メツガーによれば、有責な人格形成責任は、日頃の行状により導かれるものであり、その行状を改めることができたかぎりで、人格に対する非難が可能であると説く。これを**行状責任**（Lebensführungsschuld）という。ボッケルマンは、どのような生活態度をとるかという決断に人格責任の根拠を認めたが、意思責任の要素を強調して、これを**生活決定責任**（Lebensentscheidungsschuld）と呼んだ。[6]

わが国では、行為の背後には素質と環境とに制約されつつも、行為者の主体的努力によって形成されてきた人格があるとし、このような人格形成における人格態度に対して行為者を非難しうるものとする（団藤259頁、大塚441頁以下）。この見解は、**人格形成責任**と**行為責任**を結合し（団藤259頁）、これを全体として**人格責任**と呼ぶのである（団藤262頁）。

人格責任論は、とくに**常習犯**に対する加重刑を根拠づけ、**不定期刑**を正当化するための理論として唱えられた。常習として行為を行う場合も、常習性なく行為を行う場合も、その行為のみを取り上げてその行為責任を問う場合に、前者が重く後者が軽いという根拠はないがゆえに、行為責任のみによって常習犯の加重処罰を根拠づけることは困難だからである。不定期刑と人格責任論とは直接的・必然的関係があるかどうかは問題であるが、刑罰の動的性格は、責任論の動的理論構成につながるものといえよう（内藤752頁以下参照）。

人格責任論に対しては、その理論によれば、道義的非難を行為のみならず人格にまで及ぼすものであり、積極的責任主義であるという**批判**がある。さらに、

---

[6] メツガー、ボッケルマンの行状責任ないし生活決定責任論については、大谷・人格責任論233頁以下参照。

「人格形成の過程が複雑で、有責なものとそうでないものとを区別することが、ほとんど不可能に近いということを考えると、人格形成にまで責任を問うことは、疑問である」（福田185頁）とも批判される。

2 心理的責任論・規範的責任論

心理的責任論から規範的責任論への展開は、犯罪論体系の変転をもたらした一大変化である。ここでは、これをめぐる理論史的な展開過程について略述しておこう。

(1) 心理的責任論

犯罪論体系は、19世紀の末には、犯罪の客観的要素は不法に、主観的要素は責任に属せしめられていた。当時、責任とは、**結果に対する行為者の主観的関係**であると解された。したがって、その主観的関係とは、故意については結果の認識であり、過失についてはその認識の可能性であり、故意・過失は、責任の種類であると解された。その際、責任能力は責任条件であるとされた。このような責任論を**心理的責任論**（psychologische Schuldauffassung）と呼ぶ。

(2) 規範的責任論

しかし、20世紀に入って、心理的責任論は、規範的責任論に取って代わられることとなった。従来の責任概念に従うならば、なぜ緊急避難において責任が阻却されるかが説明できなかったのであり、また、認識なき過失には、結果に対する主観的関係が存在しないと批判されたのである。このようにして、とくにフランクによって心理的責任論の破綻が論じられた。

そこで、これに代えて、行為者のその行為に対する内面的関係の「評価」こそが重要であると認識されることとなった。フランクによれば、責任は、心理的事実に対する規範の命令にもとづく価値判断であり、責任とは**非難可能性**であるというのである。これが、**規範的責任論**（normative Schuldauffassung）である。これによれば、責任阻却事由とは、「**付随事情の異常性**」から説明されるものであった。しかし、フランクは、この非難可能性がどのように根拠づけられるかについては、詳論することはなかった。

次に、ゴルトシュミット（James Goldschmidt, 1874-1940）は、内部的な「義務規範」を認めて、それに対する違反があった場合に非難可能性があるものと説明しようとした。ゴルトシュミットによれば、違法行為を構成する外部的行為を制御するのが「法規範」であるが、その外部的行為を法秩序の要請に適合させるよう、内部的態度を整える義務を課するのが、「義務規範」である。しかし、この義務規範違反は、責任宥恕事由があるかぎり、有責行為とはならないとするのである。この責任宥恕事由の中

心思想が期待不可能性である。

　その後、フロイデンタール（Berthold Freudenthal, 1872-1929）によって、適法行為の期待不可能性が**一般的な責任阻却事由**であるとされることになった。さらに、エーベルハルト・シュミット（Eberhard Schmidt, 1891-1977）は、ゴルトシュミットの二元的規範論を批判し、メツガーの同一の規範の異なった機能である、「評価規範としての機能」と「決定規範としての機能」の分類に従って、決定規範に違反するといえるのは、法の命令に従って意思決定をなしうる者が、期待に反して違法行為を決意した場合であるとした。従来、故意は犯罪事実の認識という心理的要素によって構成される一方、過失は、認識すべきであるのに認識しないというように規範的に構成されるものと理解されていたが、シュミットは、適法行為の期待可能性という規範的要素は、故意にも過失にも共通の要素であるとした。

　さらに、その後、**目的的行為論**は、**対象の評価と評価の対象**とを厳密に区別し、責任には、その誤った意思形成が非難されるべきだという、行為者に対する無価値の評価のみが残されているものとした。評価の対象である故意は、構成要件的故意として構成要件に放逐され、不法要素となった。責任には、行為者の動機に対する評価のみが残されたのである。このような目的的行為論の責任概念は、**純粋規範的責任概念**（rein normativer Schuldbegriff）と呼ばれている。

(3)　最近の実質的責任論

　責任とは非難可能性であるとする規範的責任論は、その後、圧倒的な通説となった。しかし、このような規範的責任論は、形式的に、責任とは評価であって、その評価とは非難可能性であるとしただけであり、いかなる実質的な条件がある場合に非難可能なのかという内容の問題については、それだけでは何も言明されていない。例えば、責任とは「他行為可能性」を意味するとして、本人または平均人を標準にして、違法な意思形成に対する他行為（適法行為）が可能であったかどうかを基準にするというのは、一つの実質的責任論であり、わが国では、期待可能性の理論を規範的責任論の中核に据えて、このような実質的責任概念を説く学説が、現在、圧倒的な通説である。ドイツにおいては、しかし、期待可能性は、戦後、責任論における中核的地位を失い、他行為可能性説は、実質的責任概念としての言明力を失った。そこで、そのほかに、**法的に否認された心情**を責任の内容とする見解（ガラス、イェシェック）なども唱えられた。

　最近、注目されている実質的責任論は、ヤコブスの**機能的責任論**とロクシンの責任概念である。なお、ロクシンの**答責性説**が、わが国では、**実質的責任論**と名づけられて紹介されているが[7]、ここで述べたように、実質的責任概念とは、非難可能性の内容を論じる理論の総称であって、ロクシン説のみを

とくに指称するのではない。また、ここでは、ロクシンの責任概念を検討し、答責性概念は考察の対象外である。

(a) 機能的責任概念（funktionaler Schuldbegriff）

これは、責任を予防目的から根拠づけようとする見解（ヤコブス）である。この見解によれば、責任とは、**一般予防的負責**（generalpräventive Zuschreibung）である。ヤコブスによれば、刑罰とは目的によって決定されるものであり、目的のみが責任概念に内容を与えるものである。犯罪とは、法的動機づけにおける欠陥であり、処罰は、**一般的な規範への信頼を維持する**ため、規範を承認すべきことを一般的に教化するために行われる。つまり、刑罰の目的は一般予防であり、その内容は威嚇ではなく、犯罪行為によって破壊された**秩序への信頼の安定化（積極的一般予防）**である。このような刑罰目的からは、責任概念は、将来にのみ向けられたものではなく、刑法がそもそも機能し、秩序の安定化に寄与しようとすれば、すでに事物の本性上、現在に向けられたものである。犯罪行為とは、法共同体の予期を裏切り失望させたということである。この失望は、法共同体が誤謬を犯し責任があるとすることによってではなくて、失望させた行為こそを、誤謬を犯し有責であると解することによって、埋め合わされる。行為の有責性について問う場合、問題なのは、違法な行為が、法的忠実性の欠陥の表現かどうか、または行為者がその行為の違法性から距離を置くことができるかどうかである。換言すれば、責任においては、その動機づけにとって重要などのような因子が、行為者の任務の範囲内に属し、いかなる因子に、行為者が彼にとっては自由にならないものといいうるかが重要なのである。このようにして、責任概念は、ヤコブスにとっては、社会のそれぞれの体制に依拠するものであって、一般的な意味では、責任とは何かについては、枠組みとしてしか言い表せないものである。具体的な社会システムとの関連でのみ、責任の概念は具体化されるのである。責任を負わせるかどうかは、行為者のいる状況において、答責性を受容する（またはそれを放棄する）一般的な心構えが存在するといったように、社会心理学的に納得できるものかどうかによるのであって、意思の自由は重要ではない。このような意味で、ヤコブスによれば、責任概念は、機能的に形成されうるのである。

この理論に対しては、**責任原理の可罰性限定機能**が、一般予防の観点の犠牲に供せられていると**批判**されている。この責任概念においては、責任とは行為者個人の問題ではなく、法的忠実性への訓練やその秩序への信頼の安定化のために不可避的に必要なものによって負わされるべきものなのである。ここには、個人が、社会の安定化のための道具としてのみ奉仕するという個人の手段化の思想が現れており、人間の尊厳に反するということができる（ロクシン）。

---

7 堀内・現代的展開〔I〕191頁以下、林美月子『情動行為と責任能力』（1991）18頁以下。
8 これについては、中川・平場還暦〔上〕252頁以下、浅田・刑事責任能力（上）13頁以下参照。そのほか、ロクシンの責任と予防の構想については、ロクシン『刑法における責任と予防』（宮澤浩一監訳・1984）参照。

(b) 規範的応答可能性説

ロクシンによれば、責任とは、**規範的応答可能性**（normative Ansprechbarkeit）があるにもかかわらず行われた不法な行為である[9]。すなわち、行為者が、行為のときに、①その精神的状況により、規範の呼びかけに答ええた場合、②規範に方向づけられた行為に心理的に向かう決定（決断）の可能性がその者に存在する場合、③成人に大抵の状況において与えられている心理的制御可能性が具体的な事案において存在した場合に、行為者の責任は肯定される。これは、証明不可能な仮説ではなく、経験科学的な知見である。責任とは、経験的所与と規範的所与とが混合したものである。まず、原則的な制御能力と規範的応答可能性は経験的に認定可能である。これに対して、適法行為を行う可能性は、規範的に要請されるべきものである。

> ロクシンによれば、このような適法行為の可能性を抜本的に問うには、意思の自由の問題から論証しなければならないが、意思自由は、**規範的要請**（normative Setzung）として措定されるべきフィクションである。さらに、このような意味の「責任」（Schuld）に、刑法による処罰の「予防的必要性」の判断を加えることによって、**答責性**（Verantwortlichkeit）という概念が成立する。したがって、行為者が「規範の提訴作用」に耳を傾けることができ、制御能力をもち、適法行為をなすことが心理的に可能であったにもかかわらず、刑法上の不法を実現したとき、責任は肯定される[10]。通常は、この場合、処罰の必要性も肯定されるが、例外的に、責任宥恕的緊急避難の場合などにおいては、予防的な処罰の必要性がなく、答責性が阻却されることがあるのである。

このような見解は、刑罰論として「予防論」を採る点を除いては、原則的に支持しうるものと思われる。刑罰に合理的限界をもたせることが、「価値」であるかぎり、刑法が、刑罰の発動のための要件として、アプリオリにこのような「要請」を定立することは認容せざるをえないであろう。

(c) 実質的行為責任論（平野）＝性格論的責任論

この説は、「**やわらかな決定論**」を出発点とする。これは、人間の意欲も、一方では法則に従いながら、他方では結果を左右する一つの要素だと考えるもの（平野・基礎22頁）であるが、人格責任論が、人格相当であればあるほど、自由意思のはたらく余地は少なく、責任は軽いと考えるのに対して、こ

---

[9] Roxin, Lb., Bd. 1, 4.Aufl., S. 868 ff. ロクシン（山中監訳）『刑法総論』1巻第2分冊348頁以下。
[10] Roxin, Lb., Bd. 1, 4.Aufl., S. 851 ff. ロクシン・前掲327頁以下。

の説は、人格や環境の性質そのものが、責任の軽重に影響を及ぼすものとし、「行為が人格と環境との相互作用の必然的な結果として生まれるものだとすると、環境が異常のものでないかぎり、その者または同じような人格をもつ者は、それだけ犯罪を行う危険性が強い」(平野・基礎28頁)という。「**原則として人格相当であるほど**、いいかえると規範的な人格の層の『特質』に相当であればあるほど**責任は重くなる**」(平野・基礎29頁)のである。換言すれば、この説は、やわらかな決定論は、決定されているかいないかではなく、何によって決定されているかが問題であるとし、「刑法の場合は社会的な非難によって決定されうることが自由なのである」として、「刑罰も、人間の意思のもつ法則性を利用して、将来行為者および一般人が同じような事態のもとで犯罪を行わないように新たな『条件づけ』を行おうとするものにほかならない」とする(平野・基礎40頁)。これを「**性格論的責任**」、正確にいえば、「**実質的行為責任**」と呼ぶのが妥当であろうとする(平野・基礎44頁)。

前述の批判のように、この説が、「選択可能性」という意味での「意思の自由」を認めないとすれば、この理論は、まさしく「性格論的責任」であって、社会的責任論、すなわち新派の思想に通ずるものである(川端393頁)。行為が人格相当であればそれだけ責任が重いというのは、個別行為に対する「非難」ではなく、人格ないし性格に対する「非難」だからである。

§126　責任論と可罰的責任論

規範的責任論は、責任には、是非善悪の弁識能力やその意識の可能性を問う内発的責任だけではなく、**外部的事情の異常性**が意思決定に影響する外発的責任も含まれることを明らかにした点で、責任論の進展に大きな功績をもたらした。しかし、これらの責任をすべて「非難可能性」として統一的に一つの責任概念に押し込めるならば、問題の本質を見失うことになる。責任は、これを内部的意思が規範に適合して意思決定しうる可能性をもつかどうかを問う「**狭義の責任**」の問題と、外部的事情の異常性ないし例外的異常状態にあることによって、どの程度、法規範による期待にそって意思決定しうるかという「**可罰的責任**」の問題の両者を含むものであり、これを一応分離して論じるのが合目的的であると思われる。

1　狭義の責任

狭義の責任とは、もっぱら認識ないし弁識の可能性としての非難可能性を意味する。したがって、**結果の予見可能性、責任能力、違法性の意識の可能性**が責任に属する問題である。これらが欠けるとき、責任は阻却される。

規範は、行為規範の側面を有し、人間の意思にはたらきかけてその行為を統制する。その意味で、規範は、決定規範としての機能を有する。この機能は、しかし、その人間にその規範の命令を認識し理解することが可能でなければ、発揮されることはない。非難可能性としての責任は、このような規範に従って意思決定しうる主観的・心理的可能性を前提にしてはじめて問うことができるのである。このような意味で、狭義の責任とは、「**規範適合的意思決定可能性**」を意味する。もちろん、そのような可能性が、そもそも人間が自由意思をもたないがゆえに、はじめからありえないという議論も可能である。しかし、一般的な意思の自由は、規範的要請として擬制されているというべきである。

2　可罰的責任

これは、利益衝突状態において、処罰の必要性の観点から法がどこまで行為者の適法行為を期待するかという意味での非難可能性を問うものである。すなわち、可罰的責任とは、狭義の責任が存在する場合であっても、とくに利益衝突状態において、行為者の不法ないし責任が著しく低減し、**処罰の必要性**ないしその**処罰の均衡性**との相関関係において個人の責任をみた場合に、法秩序がその個人が違法行為を思いとどまることを完全には期待できない程度に至るがゆえに、犯罪を不成立とし、または刑を免除ないし減軽することが適切であると判断すべきとき、可罰的な非難可能性を減少させ、または不存在とすることを意味する。従来、規範的責任論の中核をなすとされていた**期待可能性**の問題は、この可罰的責任に位置づけられることになる。可罰的責任は、減少する場合もあれば、阻却される場合もある（☞§142, 4 (4)）。

§127　責任要素と責任判断

1　責任要素

行為者の意思決定に対する無価値判断は、責任要素について行われる。責

第1節　責任論の基礎　　§127　責任要素と責任判断◇　635

任要素以外のものを無制限に責任判断の対象とすることは法治国家的保障に反する。責任判断は、責任阻却事由ないし可罰的責任阻却事由の存否の判断の形で行われるので、具体的にそれが阻却されるという手がかりがない場合には、責任は肯定されうる。責任要素には、**狭義の責任要素**と**可罰的責任要素**とがある。これは、実際上は、従来の主観的責任要素と客観的責任要素にほぼ対応する。

　まず、**狭義の責任要素**における第1の責任要素は、規範の意味を認識しそれに従って行動を制御する能力である。すなわち、**責任能力**である。第2は、過失犯における**注意義務違反**（結果の予見可能性）である。過失責任を問うには、少なくとも結果の予見可能性がなければならない。これは、結果の発生に対して責任非難をなすために必要な主観的帰属の要件である。第3は、**違法性の意識の可能性**である。禁止されていることを知りえない者は、非難されえないのである。

　可罰的責任要素としては、「**付随事情の正常性**」がある。一定の例外的事情が存在するならば、規範に従って行為すべく意思決定する可能性が侵害ないし制約されるのであり、このような例外的事情は、可罰的責任非難のための要素である。ここでは、狭義の責任要素と区別するならば、狭義の責任におけるように、主観的な「認識可能性」のみが問題ではなく、最終的に「行為可能性」につながる「意思決定可能性」が問題である。認識可能性の意味においては、規範に従った意思決定の可能性は存在する。しかし、法秩序は、処罰の必要性の観点から、政策的に判断して、行為の可能性の程度に応じて、責任非難を減少させ、あるいは阻却するのが合目的的であるとするのである。これは、可罰的責任の問題である。付随事情の正常性の例としては、例えば、窃盗における貧困が挙げられうる。

2　責任判断

　責任判断は、構成要件に該当する違法な行為に対して、それに付随する責任要素について行われる**決定規範違反**という意味での無価値判断である。先に論じたように、狭義の責任要素は、主観的責任要素からなるのであり、責任判断は、基本的に、個別の行為者の主観に対する判断である。しかし、責任判断は、第1次的には、**不法の大きさ**にも影響される。つまり、評価規範違反に対する社会的非難がまったく問題にならないわけではなく、これを基礎として、責任論における個人的非難可能性が検討されるべきなのである。

殺人罪の不法を惹起した者は、もともと窃盗罪の不法を惹起した者に比べて評価規範違反たる不法の程度は高いのであり、したがって、大きな不法非難が加えられる。しかし、決定規範の意味における責任非難は、個人的非難可能性の観点からそれを修正する。場合によっては、不法非難は非常に大きくても責任非難が阻却される場合もある。このような修正は、例外的事情のもとで行為が行われた場合の可罰的責任非難において、もう一度加えられるのである。

第2節　責任能力

> 【文献】「特集・心神喪失者の医療観察に関する法整備」ジュリ1230号6頁、浅田和茂「責任能力論」現代的展開〔Ⅰ〕203頁、同『刑事責任能力の研究』上巻(1983)下巻(1999)、加藤久雄「責任能力—法と精神医学—」現代刑法講座2巻253頁、同『人格障害犯罪者と社会治療』(2002)、墨谷葵『責任能力基準の研究』(1980)、同「責任能力」基本講座3巻234頁、同「総説」(特集　責任能力の諸問題) 刑雑31巻4号481頁、田中圭二「酩酊と刑事責任—「自制力」との関連で—」(1985)、団藤重光「責任能力の本質」刑法講座3巻33頁、特集「刑事責任能力をめぐる最近の動向と問題点」刑雑36巻1号38頁、中谷陽二編『精神障害者の責任』(1993)、中谷陽二編『責任能力の現在』(2009)、中谷陽二編集代表『精神科医療と法』(町野還暦)(2008)、西村克彦『刑事責任能力論』(1957)、野坂滋男「精神障害と責任能力—主として多重人格障害について」宮澤古稀2巻341頁、林美月子『情動行為と責任能力』(1991)、同「責任能力と法律判断」松尾古稀〔上〕309頁、平場安治「酩酊と刑事責任」刑法講座3巻65頁、町野朔「『精神障害』と刑事責任能力—再考・再論」内田古稀141頁、町野朔=中谷陽二=山本輝之編『触法精神障害者の処遇』(増補版・2006)、安田拓人『刑事責任能力の本質とその判断』(2006)

§128　責任能力の本質

1　責任能力の概念

　責任能力（Schuldfähigkeit）は、責任判断の対象となる第1の責任要素である。責任能力とは、有責に行為する**生物学的・心理学的能力**を意味する。構成要件該当の違法な行為を行った者が、自己の行為が違法であることを**弁識する能力**がなく、また、その弁識に従って自己の行動を**制御する能力**がない場合には、**責任無能力**（Schuldunfähigkeit）であり、責任が否定される。責任能力の概念規定の方法については、後に述べるように、生物学的方法、心理学的方法および混合的方法があるが、結論を先取りすれば、両者の併用を認める混合的方法が妥当である。

(1)　責任能力の規定

　責任能力に関する現行法は、「心神喪失者の行為は、罰しない」（39条1項）、および「心神耗弱者の行為は、その刑を減軽する」（39条2項）を基本的規定とし、これを補充して「14歳に満たない者の行為は、罰しない」（41

条）と定める。

　心神喪失者、すなわち**責任無能力**者の行為は罰せず、心神耗弱者、すなわち**限定責任能力**者の行為は刑が減軽されるとし、**刑事未成年**者の行為もこれを罰しないというのがこれらの規定の趣旨である。しかし、責任能力・限定責任能力の内容については、「心神喪失」「心神耗弱」というだけで、何ら規定していない。その内容については、まず、基本的に、**有責行為能力**か**刑罰適応能力**かという学説の対立があったが、現在では、**有責行為能力説**が圧倒的な通説である。

　なお、従来、「瘖啞者の行為は之を罰せず、又は其刑を減軽す」（40条）として、生まれつきの、または極めて幼少のときに受けた聴覚障害によって言語機能に欠陥のある者（同旨＝岐阜地判昭45・10・22判夕263・349）についても、責任無能力ないし限定責任能力としていたが、1995年の改正の際に**削除**された。従来から、瘖啞者を一般的に責任無能力者または限定責任能力者とする規定については、立法論上、削除には問題があるとする立場（佐伯243頁、平野299頁、中山341頁）と、立法論として反省を要するとし（団藤286頁）、削除を提案する見解（大塚435頁、西原407頁、内藤841頁以下）とに分かれていた。削除論は通説であったが、主として、聾啞者教育の発達した現在においては、このような規定は、無用の差別を助長するのみであるという点を根拠とした。なお、改正刑法草案では、すでにこれに関する規定は設けられていない。

　責任能力が否定された場合、犯罪は成立しないから、検察官は公訴を提起せず、また、公訴が提起された場合には裁判所は無罪を言い渡す。「精神保健及び精神障害者福祉に関する法律」（＝**精神保健福祉法**）（昭和25年法律123号）は、「検察官は、精神障害者又はその疑いのある被疑者又は被告人について、不起訴処分をしたとき」、または、「裁判が確定したとき」は、速やかにその旨を都道府県知事に通報しなければならないと規定し（25条1項）、都道府県知事は、「精神障害者であり、かつ、医療及び保護のために入院させなければその精神障害のために**自身を傷つけ又は他人に害を及ぼすおそれがあると認めたときは**」（29条1項）、措置入院させることができるとする（☞§202, 5）。

　平成15年7月には、「心神喪失等の状態で重大な他害行為を行った者の医療及び観察等に関する法律」（＝**心神喪失者医療観察法**）（平成15年法律119号）が制定され、平成16年4月11日に6条、7条につき施行され、平成17年7月15日にその他につき施行された。[1]その第1条では、「心神喪失等の状態で重大な他害行為を行った者に対し、その適切な処遇を決定するための手続等を定めることにより、継続的かつ適切な医療並びにその確保のために必要な観察及び指導を行うことによって、その病状の改

---

[1] これについては、「特集・心神喪失者の医療観察に関する法整備」ジュリ1230号6頁以下、なお、「特集・心神喪失者等医療観察法の展望」法律のひろば59巻12号参照。中山研一『心神喪失者等医療観察法の性格』（2005）、同『心神喪失者等医療観察法案の国会審議』（2005）、町野朔・中谷陽二・山本輝之編『触法精神障害者の処遇』（2005）参照。

善及びこれに伴う同様の行為の再発の防止を図り、もってその社会復帰を促進することを目的とする」(同条1項)と定める。この法律の対象行為は、同法2条2項の各号に規定されているが、**放火、強制わいせつ・強姦等、殺人、傷害、強盗**などである。**検察官**は、「被疑者が対象行為を行ったこと及び心神喪失者若しくは心神耗弱者であることを認めて公訴を提起しない処分をしたとき」、または「確定裁判があったときは、当該処分をなされ、又は当該確定裁判を受けた対象者について、対象行為を行った際の精神障害を改善し、これに伴って同様の行為を行うことなく、社会に復帰することを促進するためにこの法律による医療を受けさせる必要が明らかにないと認める場合を除き、地方裁判所に対し、第42条第1項の決定をすることを申し立てなければならない」(33条1項)と規定する。申し立てがあったとき、裁判官は、**精神保健判定医等の鑑定**(同法37条1項)を基礎として、当該対象者に入院させるか、医療を受けさせないかを決定する(42条1項)。入院の決定を受けた者は、指定入院医療機関における医療を受けなければならない(43条1項)。入院によらない医療の通院期間は、**3年間**であり、2年を越えない範囲で延長できる(44条)。さらに、退院後の地域社会における処遇についても規定する(第4章)。

(2) 責任能力の意義

(a) 有責行為能力 責任能力は、**有責行為能力** であって、規範の要求に応答しうる能力(規範的責任能力)であるが、それは、刑罰を科するための前提的能力でもある。したがって、それは、刑法上の行為をなしうる能力である**行為能力**や、有効に訴訟をなしうる能力である**訴訟能力**(刑訴法314条)、さらに、刑の執行を受けるのに適応する能力である **受刑能力**(刑訴法479条・480条)とは区別される。

　　また、社会的責任論の立場からは、責任能力は、「刑の目的を達し得べき能力」(牧野〔下〕532頁)、つまり、**刑罰適応能力**(Strafempfänglichkeit)をいうものと解されている。[2] もともと社会的責任論からは、一元主義を採り、保安処分のみを科するのであれば、責任の有無は問題とはならないが、刑罰と保安処分の二元主義をとる場合には、責任能力とは、刑罰の目的を達成しうべき能力を指し、このような刑罰適応能力のない者には、刑罰とは異なった保安処分が科せられなければならないとする。したがって、二元主義の刑事制裁体系を採る場合には、刑罰適応能力とは、保安処分と刑罰のどちらを科するかを決定する基準であるということになる。現行刑法は、社会的責任論を採用するものではないので、責任能力は、たんなる刑罰適応能力とはいえない。規範的要請として前提とされた意思の自由を基礎として決定規範に従う能力が、責任能力である。

(b) 可罰的責任能力 しかし、有責行為能力と刑罰適応能力とがまったく二律背反の関係にあるわけではない。前述のように、もともと有責行為能

---

[2] 墨谷・基本講座3巻247頁参照。

力も、刑罰を科するための前提的能力を意味するのであり、刑罰効果との関係から規定されうる概念である。その意味では、**有責行為能力** も、**刑罰適応能力と内的連関をもっている** ものと思われる（佐伯240頁以下、平野280頁、内藤797頁）。先に述べたように、責任概念は、範疇論的・実体論的にのみ構想しうるものではなく、刑罰を受けるにふさわしい条件を設定するものであり、したがって、つねに刑事政策的目的に架橋されるべき概念として構想されなければならない。責任能力論は、もともと狭義の責任を問題にするものである。しかし、ここにも、法的評価が入り込んでいる。刑法は、14歳未満の者を刑事未成年とし、一律に責任無能力としている（41条）。これは、いわば **反証不可能な推定** であるといわれる。しかし、13歳の者に一律に是非善悪の弁別能力が欠けるわけではない。責任能力は認められうる場合もありうるのである。しかし、14歳未満の者に刑罰を科することはその少年の健全な育成に悪影響を及ぼすという刑事政策的な観点から、一律に責任能力を否定している。これは、責任能力がある場合でも、いわば「**可罰的責任能力**」（宮本114頁以下、佐伯240頁）を否定したのである。このようにして、有責行為能力たる責任能力にも、処罰の必要性という刑事政策的目的が反映し、その目的を達成しうるための刑罰適応能力の側面も考慮されなければならないのである。[3] しかし、刑事責任年齢についても、たんなる政策的なものではなく、基本的に、非難を加えるのを妥当とするかどうかという点で、責任理念によって規定されるべきものであるとする批判がある（団藤275頁）が、それは、そのような刑事政策的考慮を含んだ責任理念を展開することが必要であるということを意味する。

2 責任能力の体系的地位

責任能力は、違法性の意識の可能性、故意・過失などとならぶ個々の行為についての責任要素であるとする **責任要素説**（団藤276頁、荘子309頁、福田190頁、大塚451頁、内藤799頁、香川217頁、西原405頁、内田234頁、曽根144頁）と、責任能力は、個々の行為についての能力ではなく、その前提となる一般的な人格的能力であるとする **責任前提説**（小野清一郎「責任能力の人間学的解明（2）」ジュリ368号121頁、平野281頁、藤木204頁、大谷316頁、川端420頁）とが対立している。

---

[3] 「可罰的責任能力」と「規範的責任能力」とを区別する見解として、内藤797頁、浅田・刑事責任能力（上）10頁、（下）82頁以下参照。

第2節　責任能力　§128　責任能力の本質◇　641

　責任要素説は、次のような結論とつながる。①責任能力を個々の行為との関係においてその責任要素であるととらえる。②責任能力の判断基準としては、心理学的要素を重視する。③犯罪の種類によって責任能力は相対化され、いわゆる部分的責任能力が肯定されることになる。④責任能力の判断は、故意・過失の判断の後に行われるべきである。

　責任前提説は次のような結論とつながる。①個々の行為から独立した行為者の一般的能力とする。②責任能力の判断基準について、生物学的要素を重視する。③部分的責任能力は否定される。④責任能力の判断は、故意・過失の判断に先立つ。

　責任要素説は、個別行為責任説から唱えられ、**心理学的方法**につながる。**責任前提説**は、責任能力を一般的な人格的能力ととらえるので、**生物学的方法**に親近性をもち、それを徹底すれば、性格責任説につながるおそれがある。後に論じるように、責任能力概念の理解は、混合的方法によるべきであり、責任前提説は、具体的な行為との関係を問う心理学的方法にはなじまないと思われる。責任要素説に立つと、責任能力も究極において期待可能性の問題に帰着しこれを独自の要件とする意義が失われるとの**批判**（大谷320頁、川端401頁）がある。しかし、責任能力は、生物学的な基礎にもとづく判断であり、行為者の人格と無関係ではないのであって、期待可能性の判断に解消することはできない（大塚451頁）。

　故意・過失の判断と責任能力の判断とのいずれを先行させるべきかという問題については、責任前提説からも故意・過失を先行させるべきだとの立場（平野282頁）もあり、構成要件的故意説を採る場合、故意については議論の余地はない。

　しかし、構成要件的故意と責任の故意の二重の故意を肯定する立場に立てば、責任故意の判断につき、故意と責任能力の判断の判断順序（優先順位）の問題が残るので、これに言及した判例を紹介しておこう。

　　　事案は、幻覚妄想状態にあった被告人が、被害者を人の外観を有するケモノと考え、被害者を殺害し、さらに被害者方に放火したというもので、**第1審**（東京地八王子支判平19・7・10判タ1269・335）が、殺人の故意を認定したうえで心神喪失を認め、無罪としたのに対し、**控訴審**（東京高判平20・3・10判タ1269・324）は、故意を構成要件的故意と責任故意に分け、しかも、責任故意と責任能力の判断の順序に言及したが、結論としては、心神耗弱を主張する検察官の控訴を棄却し、**責任能力を否定して**原審の無罪判決を支持した。

控訴審では、原判決が、「被告人は、被害者を『人の外観を有し、人の振る舞いをするものと』認識しており、『一般人であれば殺人を犯すと認識するに足る事実を認識していたというべきである』として、被害者に対する殺人の故意を肯定している」点につき、原判決が、「責任要素としての殺意まで認めた限度で誤り」であるといい、様々な「事実を総合して」「自らの認識対象が『人』であるとの事実までは認識できないといったことも、十分想定可能な事柄である」という。そして、「事理弁識能力を欠く者には、『人』の認識をも要件とする責任要素としての殺意までは認められない」とする。控訴審によれば、原判決が、構成要件的故意の限度でこれを肯定したのであればこれを支持できるが、責任故意の認定と責任能力の認定の順序の問題は残るのであって、いずれを先に判断すべきかについては、控訴審は、責任能力の判断を先行させるべきとする。すなわち、結論としては、「事理弁識能力を欠くことに基づいて、殺害行為の対象者が『人』であることまでの認識を有しているとは認められない場合には、責任能力の有無の判断に先行して、責任要素としての殺意を欠くとして無罪とするのではなく、責任要素としての**殺意の有無の判断に先行して、事理弁識能力を欠くが故に心神喪失であるとして無罪とする**のが、前記判断構造に内在する不合理性を是正した合理的な判断構造といえる」とする。

　この控訴審の主張は、構成要件的故意を事実的な故意として、本件では、「人の外観」の認識でこれが肯定されるという。しかし、控訴審がいうように、認識対象が、殺人罪における「人」であるとの認識がなかったと想定することも可能である。構成要件的故意も、その規範に従って行為を思い止まるための「**提訴機能**」をもつとすれば、殺すことを禁じられた「人」であるとの認識はなかったともいえるからである。**構成要件的故意も、規範に働きかける提訴機能**をもつのであるから、単なる事実判断ではない。控訴審は、これを責任故意の問題と捉え、責任能力のない者に責任故意が認められるかを問い、責任能力を責任前提とする見解に立って、責任能力判断を先行させるべきとしているのである。なお、この判決では、故意阻却で無罪か、責任無能力で無罪かによって「心神喪失者医療観察法」の適用に相違が生じることが指摘されている。

　この判例の見解にもかかわらず、構成要件的故意のほかに責任故意を認める必要はない。「人の外観」を認識していても、「人」の社会的・規範的意味を理解していないのであれば、規範意識に訴えかける提訴機能をもった「事実」の認識はなかったのであり、本件では、「人の外観を有するケモノ」という認識があり、これだけで、構成要件的故意を認めることはできない。[4]

---

[4] 「医療観察法上は、故意がないとして無罪となった場合には対象者とならないのに対し、心神喪失として無罪となった場合には対象者となることとされているところ、医療観察法が本来対象とするのは、心神喪失者であるから、そういった者が、事理弁識能力を欠いていることに基づいて責任要素としての故意を欠くとして無罪とされ、その結果、対象者に該当しないということになれば、医療観察法の適正な運用・解釈に大きく背理する事態が発現することになるといえる」というのである。その後、最高裁（最決平20・6・18裁時1462・3）は、医療観察法2条2項5号

過失についても、実際上、責任能力の判断よりは予見可能性・回避可能性の判断の方が容易であり、過失判断を先行させるべきであろう。また、責任前提説からは、非難可能性の前提の有無の判断が中心となるので、非難可能性の強弱を考慮することができない。責任能力は主として生物学的な面で非難可能性の有無・強弱を基礎づけるものである（団藤277頁）。

　以上の考察から、**責任要素説**が妥当である。しかし、混合的方法にもとづき、責任能力概念においては生物学的要素が重要な意味をもつのであるから、まったくの心理的要素に還元することはできない。したがって、例えば、好訴妄想を有するパラノイア患者は、虚偽告訴罪などについては責任無能力であるが、その妄想と無関係な犯罪については責任を認めても差し支えない（団藤284頁）として、犯罪の種類によって責任能力が肯定されたり、否定されたりすることがあるとする**部分的責任能力**を認めることには慎重でなければならないであろう。

3　責任能力の存在時期

　責任能力は、行為のときに存在しなければならない。これを**行為と責任能力との同時存在の原則**と呼ぶ。しかし、「**行為**」とは**実行行為**を指すのかどうかについては、学説が分かれている。いつ責任能力がなければならないかについては、学説が分かれる（☞§132）。

　(1)　実行行為時説（団藤161頁、福田194頁、大塚451頁、平川宗信「原因において自由な行為」現代刑法講座2巻283頁）は、実行行為のときに責任能力が存在することが必要であるとする見解である。これは、結果発生時には責任能力が存在することを要しないことを意味する。

　(2)　原因行為時説（佐伯235頁、平野302頁、西原409頁、山口厚『原因において自由な行為』について」団藤古稀2巻167頁、大谷317頁、川端421頁）は、これに対して、実行行為の原因となる行為のときに責任能力が存在すれば足りるとする。この説は、実行行為と相当な関係にある原因行為のときに存在すれば足りるとする。

に規定する「対象行為に該当するかどうかの判断は、対象者が妄想型統合失調症による幻覚妄想状態の中で幻聴、妄想等に基づいて行為を行った本件のような場合、対象者が幻聴、妄想等により認識した内容に基づいて行うべきでなく、対象者の行為を当時の状況の下で外形的、客観的に考察し、心神喪失の状態にない者が同じ行為を行ったとすれば、主観的要素を含め、対象行為を犯したと評価することができる行為であると認められるかどうかの観点から行うべきであり、これが肯定されるときは、対象者は対象行為を行ったと認定することができると解するのが相当である。なぜなら、上記のような幻聴、妄想等により対象者が認識した内容に基づいて対象行為の該当性を判断するとすれば、医療観察法による医療が最も必要とされる症状の重い者の行為が、主観的要素の点で対象行為該当性を欠くこととなりかねず、医療観察法の目的に反することとなるからである」としてこの問題を解決した。

この論争は、実行行為の概念にも関係するが、同時存在の原則は、もともと実行行為と責任の同時存在性をいうのであるから、原因行為時説は、この原則に対する例外を認めることになる。そこで、この両説は、ドイツの分類によれば、換言すれば、**構成要件モデル**（Tatbestandsmodell）と**例外モデル**（Ausnahmemodell）にそれぞれ分類しうる。例外モデルは、構成要件該当行為の前段階の行為に責任能力があればよいとするものであるが、どのように前段階の行為を限定しようと、責任主義に反する。責任主義は、実行行為が有責な行為であることを要求してきたのであり、責任能力について前段階の行為にあれば十分だとするのであれば、通説によれば、責任要素とされる故意・過失も、その段階で存在すれば十分であることとなり、責任は実行行為との関係を喪失し、行為に対する非難とはいえなくなる。責任能力の存在時期については、**原因において自由な行為**においてとくに問題となるので、改めて後述する（☞§132）。

§129　責任無能力・限定責任能力の意義

刑法は、責任能力に関する定義規定を置いていない。責任能力が欠ける場合（責任無能力）と低減する場合（限定責任能力＝verminderte Schuldfähigkeit）を、それぞれ責任阻却事由と責任減軽事由として規定する。責任無能力者は、刑法の規定では**心神喪失者**であり、限定責任能力者は**心神耗弱者**である。さらに刑事未成年者も、責任無能力者である。

1　心神喪失・心神耗弱の意義

刑法39条は、次のように規定する。「心神喪失者の行為は、罰しない」（1項）。「心神耗弱者の行為は、その刑を減軽する」（2項）。

心神喪失・心神耗弱の内容について刑法は規定していない。これらは、心理学・精神医学上の概念ではなく、**法的概念**である。判例によると、**心神喪失**とは、「精神の障礙に因り事物の理非善悪を弁識する能力なく、又は、此の弁識に従って行動する能力なき状態」（大判昭6・12・3刑集10・682参照）をいう。また、**心神耗弱**とは、「その能力が著しく減退せる状態」をいう（同旨、東京高判昭59・11・27判時1158・249）。通説も、ほぼこの定義に従う。しかし、最近の学説では、「理非」ないし「是非」の弁識能力ではなく、「不法」のそれであることが強調されている（内藤791頁参照）。

これによれば、心神喪失は、**精神の障害**（seelische Störung）と**行為の不法を弁識しこれに従って行動する能力**の二つの要素からなる。前者は、生物学的要素であり、病的な精神の障害があることをいう。後者は、実質的不法を理解

第 2 節　責任能力　§129　責任無能力・限定責任能力の意義◇　645

する能力である**弁識能力**（Einsichtsfähigkeit）と、その意思を上のような弁識に従って決定する能力である**制御能力**（Steuerungsfähigkeit）という二つの要素からなる心理学的要素である。先の判例の定義は、この両者の要素の混合的方法によったものである。

責任能力・限定責任能力の概念内容を、生物学的要素と心理学的要素のいずれによって定めるかによって、その概念規定の方法として行為者の精神の障害を基礎とする方法である**生物学的方法**（biologische Methode）と、行為者が行為のときに自由な意思決定をすることができず、弁識能力と制御能力を欠くことを責任無能力の根拠とする方法である**心理学的方法**（psychologische Methode）があり、さらに、この両者を併用すべきだとする**混合的方法**（gemischte Methode）がある。

生物学的方法は、1810 年のフランス刑法（64 条）やオランダ刑法（39 条。ただし、適用は、混合的方法）において採られる立法例である。[5] **心理学的方法**は、英米法における判例においてみられる。そこでは、「精神障害」（insanity）の概念は、知的要素に限定された極端な心理学的方法を用いている[6]（正邪テスト、ないしマックノートン・ルール）。これらを併用する**混合的方法**は、ドイツ刑法（20 条）、スイス刑法（10 条）、1962 年のアメリカ法律協会の模範刑法典（4・01 条）、オーストリア刑法（11 条）、1994 年のフランス刑法（122 条の 1）などで採用されている。[7]生物学的方法ないし心理学的方法という命名については、最近では、多くの意識障害が必ずしも身体的・器質的な欠陥に根ざすのではないことが指摘され始めている。例えば、精神病質、神経症などもそうである。さらに、弁識能力・制御能力も、もっぱら心理的事実なのではなく、量的な程度をも含んだ規範的な評価の側面が払拭できないと認識され始めている。そこで、これを生物学的・心理学的方法の混合的方法ではなく、**心理学的・規範的方法**（psychisch-normative Methode）と呼ぶ方がよいとする例（イェシェック、ヤコブス、レンクナーなど）も増えてきている。

---

[5] アメリカにおいて、1954 年にコロンビア特別区連邦控訴裁判所が確立した「ダラム・ルール」(Durham Rule)は、生物学的方法による。それは、被告人は、自己の違法行為が精神の疾患または欠陥の所産であったときは、刑事上の責任を負わないというものであった（墨谷・責任能力基準 100 頁以下参照）。

[6] マックノートン・ルール（M'naghten Rules）とは、1843 年にイギリスにおいて確立され、アメリカの多くの州において採用された責任能力判定基準である。精神異常の理由による抗弁を成立させるためには、その行為を行ったときに、被告人が、精神の疾患のために自分のしている行為の性質を知らなかったほど、または知っていたとしても、それが悪いことだと思わなかったほど、理性の欠けていたことが必要だというルールである（墨谷・責任能力基準 21 頁参照）。

[7] 邦訳として、法務省刑事局・アメリカ法律協会模範刑法典 (1962)。その後のアメリカの状況について、林美月子・情動行為 233 頁以下参照。

責任能力概念の内容規定は、**混合的方法**によって行うのが妥当である。これによれば、責任無能力を認定するには、裁判官は、精神の障害があったか、そして、意思形成に必要な能力があったかを積極的に認定しなければならない。混合的方法は、生物学的方法に比べて、精神の障害の重大性や具体的行為に対するその意味を検討しうる点で優れている。生物学的方法のみによれば、精神障害が、犯行時の具体的行為に影響を及ぼさなかった場合でも、責任無能力とされる結果も生じうる。また、その方法は、心理学的方法に比べて、精神の障害の程度や作用方法が精神医学的に探究されうるので、責任能力の有無の判断が安定し、法的安定性を確保しうる点で優れている。

2 責任能力の認定

責任能力概念は最終的には法的概念であるから、生物学的要素の認定も心理学的要素のそれも、最終的に**裁判所の判断**によるのであって、裁判所が鑑定人の判断に拘束されるわけではない。鑑定結果の採否も、**裁判所の合理的裁量**に委ねられる。

　　最高裁の判例（最決昭58・9・13判時1100・156）には、生物学的要素のみならず心理学的要素も鑑定の対象となりうるものと認めたうえ、生物学的要素たる精神障害の存在についての鑑定内容についても、**裁判所の評価**によるとしたものがある。「心神喪失又は心神耗弱に該当するかどうかは法律判断であって専ら裁判所に委ねられるべき問題であることはもとより、その前提となる生物学的、心理学的要素についても、右法律判断との関係で究極的には裁判所の評価に委ねられるべき問題である」とする。[8]

ここには、「**責任能力概念の規範化**」の傾向がみられるという（前田420頁参照）。責任能力の判断は、最終的に法的判断であるから、裁判所の評価に委ねられているという判例が増えてきた背景には、**覚せい剤中毒患者**の責任能力の問題があった（板倉232頁、前田421頁参照）。司法精神医学者の間では、覚せい剤中毒は、統合失調症と近似する幻覚・妄想状態が現れるので、これと同様のものとみて原則として責任能力を否定するべきであるとするものと、この場合には、病的人格全体を支配するのではないから責任能力は否定されないとするものとがあった（島田仁郎＝島田聡一郎・大コン3巻403頁）。裁判例では、後者の見解に立って、心神耗弱としたものは少なくないが、完全責

---

[8] その後、最高裁は、ふたたび「被告人の精神状態が刑法39条にいう心神喪失又は心神耗弱に該当するかどうかは法律判断であるから専ら裁判所の判断に委ねられている」ものとし、「被告人の犯行当時の病状、犯行前の生活状態、犯行の動機・態様等を総合して、被告人が本件犯行当時精神分裂病の影響により心神耗弱の状態にあったと認定したのは、正当として是認することができる」とした（最決昭59・7・3刑集38・8・2783）（☞§130, 2）。

第2節　責任能力　　§129　責任無能力・限定責任能力の意義◇　647

任能力を認めたものもある（東京高判昭 58・12・12 東高刑時報 34・9＝12・77、前掲最決昭 58・9・13）。覚せい剤中毒の場合の責任能力については厳しい態度で臨む傾向がみられるのである。

　しかし、近時、最高裁は、この責任能力概念の規範化に歯止めをかける判断を示した。

　最高裁（最判平 20・4・25 刑集 62・5・1559）は、先の昭和 58 年決定を引用した後、次のようにいう。「しかしながら、生物学的要素である精神障害の有無及び程度並びにこれが心理学的要素に与えた影響の有無及び程度については、その診断が臨床精神医学の本分であることにかんがみれば、**専門家たる精神医学者の意見**が鑑定等として証拠となっている場合には、鑑定人の公正さや能力に疑いが生じたり、鑑定の前提条件に問題があったりするなど、これを採用し得ない合理的な事情が認められるのでない限り、**その意見を十分に尊重して認定すべきもの**というべきである」。本件は、統合失調症により、幻視・幻聴があった被告人が、被害者にからかわれ責められていると感じて暴行を加えたところ、被害者が死亡したという傷害致死事件において、複数の鑑定があった事案であるが、**第1審**は、心神喪失としたが、**控訴審**では心神耗弱としたのを、以上のように述べて原審に差し戻したものである。このように、**本決定**は、責任能力概念が法律的なものであるから、最終的には裁判官が専門家の経験科学的判断を資料として判断すべきであるが、その意見が採用できない場合には、合理的な根拠が必要であるとしたものであり、従来の判例を変更したものではない。

　そこで、さらに平成 21 年には、**最高裁**（最決平 21・12・8 刑集 63・11・2829＝百選 35）は、再度、次のように述べて**裁判所の法律判断**であることを強調した。「責任能力の有無・程度の判断は、法律判断であって、専ら裁判所にゆだねられるべき問題であり、その前提となる生物学的、心理学的要素についても、上記法律判断との関係で**究極的には裁判所の評価にゆだねられるべき問題**である。したがって、専門家たる精神医学者の精神鑑定等が証拠となっている場合においても、鑑定の前提条件に問題があるなど、合理的な事情が認められれば、裁判所は、その意見を採用せずに、責任能力の有無・程度について、被告人の犯行当時の病状、犯行前の生活状態、犯行の動機・態様等を総合して判定することができる」。そして、「裁判所は、**特定の精神鑑定の意見の一部を採用した場合**においても、責任能力の有無・程度について、当該**意見の他の部分に事実上拘束されることなく、上記事情等を総合して判定することができる**」として、鑑定の一部採用や評価の仕直しについては裁判官の判断であり、ただその鑑定意見を採用しないときには合理的な事情がなければならないことを確認したのである。

　この判決がいう「犯行当時の病状、犯行前の生活状態、犯行の動機・態様等を総合して判定する」という**総合判断の原則**は、すでに昭和 59 年の最高裁

---
[9] 差戻審判決として、東京高判平 21・3・25 判時 2049・150。結論として、心神喪失ではなく、心神耗弱にとどまるとし、第1審判決を破棄した。

決定(前掲最決昭59・7・3)において、「被告人の犯行当時の病状、犯行前の生活状態、犯行の動機・態様等を総合して」判定すべきとされており、責任能力は、生物学的・精神医学的観点からのみではなく、法律的観点も入れて上記の諸事情を総合判定されるべきことは一般的に認められており、最近の動きもその内部の力点の置き方の幅にすぎないともいえる。

§130 責任無能力・限定責任能力の具体的内容

1 精神障害の意義

前述のように、責任無能力の構成要素として、「**精神の障害**」が重要な意味をもつ。ここでは、精神の障害とは何かを考察しておこう。

ドイツ刑法20条は、「行為の実行のときに、病的な精神障害のゆえに、または深い意識障害のゆえに、若しくは、精神薄弱、その他重大な精神的変性のゆえに、行為の不法を弁識し、この弁識に従って行為する能力がない者」をもって責任なく行為したものと規定する。ここでは、生物学的要素として、「精神障害」、「意識障害」、「精神薄弱」、「その他重大な精神的変性」が並列されている。しかし、このような精神障害の用法が唯一というわけではない。わが国の**精神保健法**によれば、「精神障害者」とは、統合失調症、精神作用物質による急性中毒またはその依存症、知的障害、精神病質、その他の精神疾患を有する者をいうとされている(5条)。すなわち、ここでは、「精神障害」は、精神薄弱をも含むさまざまの「精神疾患」の総称である。

このように、精神障害の概念は、広い意味での精神疾患を意味するが、狭い意味での①精神疾患と、②精神薄弱および③性格異常の三つを含んだものを意味する。[10]

---

[10] ①**精神疾患**は、通常、a) 精神病、b) 神経症、c) その他に分類される。
　a)「精神病」は、内因性精神病と外因性精神病に分類される。ⅰ) 内因性精神病には、統合失調症、躁うつ病、てんかんがある。ⅱ) 外因性精神病は、身体的変質がみられる精神病であり、器質性精神病(進行性麻痺、頭部外傷など)、中毒性精神病(アルコール中毒、覚せい剤中毒によるもの)などがある。
　b)「神経症」は、心因性の心神の機能障害である。脅迫神経症、神経衰弱、ヒステリーなどがある。
　c)「その他」には薬物依存などが含まれる。
②**精神薄弱**(Schwachsinn)は、精神能力の全般的発達が不完全または不十分な状態をいう。軽度、中等度、重度に区分されている。
③**性格異常**とは、人格の正常からの偏倚である。すなわち、「その人格の異常のゆえに自らが悩むかまたは社会が悩むところの異常人格」(シュナイダー)である**精神病質**がその例である。
　これに対して、精神病質については、「人格障害」であり、精神病・神経症の前段階であるとみる

第2節 責任能力　§130 責任無能力・限定責任能力の具体的内容◇　649

2 判例における心神喪失・心神耗弱

　これまでの研究成果によりながら、さまざまな「精神の障害」について判例がどのように判断しているかを叙述しておこう。

(1) 統合失調症

　統合失調症については、一般に、**幻覚や妄想**等に支配されている重症の統合失調症は、**心神喪失**とされる（東京地判昭33・12・25第一審刑集1・12・2134など）。このような幻覚や妄想に支配されていない統合失調症については、統合失調症に罹患しているからといって直ちに心神喪失の状態にあったということはできず、「犯行当時の病状、犯行前の生活態度、犯行の動機・態様等を総合して」心神喪失を否定する判例が目立つ（前掲最決昭59・7・3）。この判例の事案は、結婚を申し込んだ相手の家族らを所携の鉄棒で殴打し、5名を死亡させ、2名に重傷を負わせたというものであるが、最終的に「**心神耗弱**」を認めたこの判断に至るまでに、さまざまな判断の出されていることが、統合失調症の寛解期の責任能力判断が極めて困難であることを示している。[11]
幻覚や妄想に支配されていない場合に、心神耗弱を認めたにとどまるものもある（東京高判昭56・1・26高刑集34・2・276、東京高判昭60・4・25判時1168・154）。

　しかし、近時の判例には**完全責任能力を認めたもの**が目立つ。被告人が、元同級生1名を出刃包丁で刺して殺害し、さらに交際相手であった元同級生1名の頭部を足で数回踏みつけて重傷を負わせた殺人、殺人未遂等の事案について、本件犯行当時、自己の行動の是非善悪を判断し、それに従って行動する能力を有しており、その能力は減弱していなかったとして、**完全責任能力**を認めた（岐阜地判平21・7・15LEX/DB）。同じく、牛刀で母親を数度にわたり突き刺したが、未遂にとどまったという殺人未遂の事案で、被告人の妄想型統合失調症の重症度は高いものではなく、本件犯行には統合失調症が影響を及ぼしてはいたものの、その程度は著しいものではなかったと認められ、また、被告人の生育環境、被害者の生活状況や被告人と被害者の関係等に照らせばその**動機は了解可能**であること、凶器の選択や刺突部位の選択などから被告人が**合目的的に行動していた**と判断できること、**犯行時の意識・記憶**も清明であることを総合すると、本件当時に事理を弁識しその弁識に従って行動を制御する能力を相当程度保持していたものと認められるから、被告人には**完全責任能力**が認められると判断された（東京地判平21・3・26判時2051・157）。

　また、完全責任能力が認められたわけではないが、被告人が、殺意をもって、被告人の母親の頭部を薪で多数回殴打し、外傷性脳障害により死亡させて殺害したという事案で、本件犯行当時、被告人の**統合失調症が改善傾向にあったと直ちにはいえず**、本件犯行当時、被告人に責任能力があったとするにはなお合理的な疑いが残るとし

立場もある。精神病質の概念については、このように精神医学においても統一された見解はない。

[11] 本件第1審（高知地判昭45・4・24刑集32・2・408）は、完全責任能力を認定し、死刑を言い渡した。控訴審も控訴を棄却した（高松高判昭50・4・30刑集32・2・408）。上告審では、限定責任能力の疑いがあるとして破棄差し戻した（最判昭53・3・24刑集32・2・408＝**百選34**）。差戻後の控訴審は、心神耗弱を認め、無期懲役に処した（高松高判昭58・11・2刑集38・8・2790）。これに対する上告審としての判断が心神耗弱を認めた原審の判断を正当とした本決定である。

て、無罪を言渡したもの（仙台地判平21・5・7LEX/DB）がある。

　他方、近時の判例において**責任能力を否定した**ものも少なくない。福岡高那覇支判平16・11・25（高等裁判所刑事裁判速報集・平16・205）は、実母・実父に対する殺傷行為から通りがかりの老女に対する無差別殺行を幻覚妄想の中で行った事案につき、「**緊張型統合失調症の増悪状態にあった**」とし、責任能力を否定した。「被告人が両親を攻撃したのは、了解可能な点は全くなく、その行為が緊張型統合失調症による妄想、幻聴に完全かつ直接に支配されてなされたことが認められ、被告人は、本件第1、第2の事実の当時は是非弁別能力及び行動制御能力を完全に失っており、**心神喪失の状態にあった**ものと認められる」とし、また、「本件第3以降の事実当時も自分は神であるという妄想、殺せという幻聴を主軸とし、これに支配された状態で行為に及んだものとみられ、是非弁別能力、行動制御能力は失われ、**心神喪失の状態にあった**ものと認められる」というのである。

　現住建造物放火の事案で、**単純型ないしは破瓜型の統合失調症**に罹患していた被告人は、感情の鈍麻、自己や他者への関心欠如といった陰性症状が著明であり、統合失調症の急性期にあったと認められるとし、そのような陰性症状からすれば、家に放火するということの社会的・規範的な意味をほとんど理解できていなかった可能性があり、幻聴が犯行の動機の形成に大きな影響を与えた可能性もあるとして、**是非弁別能力のみならず、行動制御能力の存在にも疑いが残る**としてもの（大分地判平20・5・15LEX/DB）がある。同じく、**統合失調症の症状が悪化し、幻聴や妄想が活発化**していたころ、隣人から誹謗中傷されていると邪推して、文化包丁で隣家の一家4人を殺害しようとして突き刺したが、殺害目的を遂げなかったという事案につき、「本件犯行時、是非善悪を弁別し、それに従って行動を制御する能力を失っており、心神喪失の状態であったとの**合理的な疑いが残る**といわざるを得ない」として、無罪とした判例がある（大阪地判平20・5・26LEX/DB）。また、殺人、殺人未遂事件において、本件各犯行当時被告人が**妄想型統合失調症**に罹患しており、「悪魔の命令」と称する幻聴に直接支配され、その圧倒的な影響を受けて本件各犯行に及んだもので、**心神喪失状態**であったとの**合理的疑いが残る**と判断し、被告人につき無罪の言渡しをした原判決を正当とした判例（大阪高判平20・6・24LEX/DB）、および、同居中の実兄を殺害した事案につき、**統合失調症による人格水準の低下**に加え、ストレス耐性が脆弱化しているところに過度のストレスがかかって病状が悪化し、**統合失調症により変化した人格**に基づいて本件犯行に及んだとし、本件犯行当時、是非弁別能力又は行動制御能力を有さない状態にあったとの**合理的な疑いが残る**といわざるを得ないとして、被告人を無罪とした判例（大阪地判平20・6・26LEX/DB）もある。さらに、統合失調症を発症していた被告人が、自宅で、母親を絞殺した事案で、突如母親に殺意を抱いた動機に関する供述が全く了解不能であることや、犯行に着手した後、何のためらいもなく一気呵成に母親を殺害した犯行態様からは、**自己の行動を抑制する能力が欠けている**と見られること、自省や後悔の念が見られず、感情の形成面でも正常さを欠いていること等を総合して、本件犯行当時、**統合失調症の影響**により、善悪を判断し、その判断に従って行動する能力を失っていた**合理的疑いが残る**として、被告人に無罪を言い渡

第2節　責任能力　§130　責任無能力・限定責任能力の具体的内容◇　651

した事例（鹿児島地判平21・4・16LEX/DB）、その他、被告人は、**慢性期の統合失調症**に罹患しており、精神障害の程度は重いものであって、本件犯行が被告人の本来の人格とは異質な行為であることに照らしても、統合失調症の影響のもとに行われたものであることは明らかであるとし、原審が、「心神耗弱の状態にあった」としたのを破棄し、**無罪**を言い渡したもの（福岡高判平23・10・18LEX/DB）、さらに、現住建造物等放火被告事件の事案において、被告人につき、本件犯行当時、**妄想型統合失調症の急性期**にあって、疾患に著しく影響された精神状態にあり、現実的な判断力、行動力を欠いた状態で、是非弁別能力及び行動制御能力を欠き、心神喪失の状態にあったとする甲鑑定には相応の信用性があり、その結論を否定することはできないとした判例（神戸地尼崎支判平22・4・19判タ1360・247）もある。

これに対して、近時の判例で**心神耗弱を認めたもの**として、殺意をもって小刀で、背部を突き刺し、殺害した行為につき、本件犯行当時、**統合失調症**のため**心神耗弱**の状態にあったとした判例（甲府地判平16・5・6LEX/DB）においては被告人の病状につき、「本件犯行当時の被告人は、統合失調症による妄想の症状を呈し、易怒性の人格変化を来して、社会適応能力を段階的に低下させながらも、なおその病状は精神荒廃に至る重度のものとまではいえず、実際の社会生活において、ある程度の社会的適応性を保ち、**人格の崩れも比較的軽度であったことが認められる**」とし、「被告人には、本件犯行当時、行為の是非善悪を弁別しこれに従って行動する能力が多少は残されていたことが認められる。しかし、本件犯行の経過の唐突さや衝動性は否めないことから、統合失調症により、自己の行為の是非を弁別し、これに従って行動する能力が著しく減弱しており、**心神耗弱状態**にあったと認めるのが相当である」とした。

その他、祭事の際に自宅の玄関付近にまいた砂を、隣人である被害者が取ったなどと考えて被害者に対する憤懣を募らせ、斧で頭部、顔面を多数回切り付け殴打して殺害した事案で、被告人は、本件犯行当時、**持続性妄想性障害により心神耗弱の状態**にあり、物事の是非善悪を十分に判断することができず、自分の行動を十分に制御することができない状態にあったものであるから、本件犯行の責任をすべて被告人に帰せしめることはできず、刑法39条2項を適用して、その刑を減軽する必要があるとして、原判決を破棄したもの（福岡地那覇支判平22・3・9判時2073・153）、さらに、心神喪失等の状態で重大な他害行為を行った者の医療及び観察等に関する法律に基づき入院していた原告が、閉鎖病棟内において、同じ入院患者であった被害者を絞殺した事案において、被告人が、犯行当時、**妄想型統合失調症**による妄想に完全に支配されていたとまではいえず、被告人には、自らの意思と判断で犯行に及んだ部分が残っていたと認めることができるから、被告人の、善悪を判断し、これに従って行動をコントロールする能力は著しく減退していたものの、未だその能力は残っていた（**心神耗弱の状態**）と認められるとしたもの（横浜地判平24・10・26LEX/DB）もある。また、アルコール症センター内で、同じ入院患者である被害者を刺し殺したという事案で、被告人は犯行当時、**妄想型統合失調症**のために責任能力が著しく減退していたものの、責任無能力状態であったとまではいえず、**限定責任能力状態**であったとしたものがある（東京高判平25・7・11LEX/DB）。

(2) 躁うつ病

躁うつ病については、それが重症であって、その病的衝動によって犯行に及んだときには、心神喪失を認める（神戸地判昭 33・1・10 第一審刑集 1・1・5、東京地判昭 43・12・4 下刑集 10・12・1195）傾向にある（内藤 812 頁）。近時の判例では、空港エプロン内に自動車を運転して侵入した事案では、「**双極性感情障害の躁状態のため心神耗弱の状態にあった**」として躁状態での犯行に心神耗弱を認めた（神戸地判平 18・9・8LEX/DB）。

しかし、**さいたま地裁**は、**内因性の躁うつ病**に関し、長女 B（当時 5 か月）に対し、殺意をもって、同所浴室において、同女をうつ伏せにして浴槽の水に浸したうえ、その背部等を押えつけ、溺死させたという事案について、「被告人は内因性の躁うつ病に罹患し、本件犯行当時はうつ病相期にあって重症であり、犯行がその影響下に行われたものであったと認め、被告人が是非善悪を弁識し、それに従って行動する能力を欠いていた疑いがある」として、**責任能力を欠く者の行為**であって**無罪**とした（さいたま地判平 16・12・10LEX/DB）。

躁状態とうつ状態の混合状態にあった事案として、羽田空港から**ジャンボジェット機に搭乗**して、乗客に洋包丁を突きつけ、操縦室内に侵入して機長らを脅迫するなどした後、洋包丁で機長を殺害した被告人につき、「中程度のうつ状態にある中で、服用していた抗うつ剤などの影響により、被告人は、本件犯行当時、躁状態とうつ状態の混ざった混合状態に陥っており、これにより是非善悪の判断及びその判断に従って行動する能力が全く失われてはいないものの、著しく減弱していた」と認められ、「**本件犯行当時、心神耗弱の状態にあったもの**」と認定したものがある（東京地判平 17・3・23 判タ 1182・129）。

さらに、被告人が、実母と無理心中をしようと考え、ビニール製のレジ袋を伸ばしてひも状にしたものを実母の頚部に巻き付けて絞め殺したという事案では本件犯行当時、被告人は**重症うつ病**等のため**心神耗弱の状態**にあったとされた（松山地判平 21・2・23LEX/DB）、また、**一過性の抑うつ状態**にあった者につき、**心神耗弱**を認めたもの（静岡地判平 22・10・21LEX/DB）がある。後者の事案は、被告人は、犯行当時、心的外傷後ストレス障害（PTSD）により**希死念慮を伴う抑うつ状態**にあったが、実子である当時 6 歳の被害者と心中しようとして、被害者を紐で絞め殺したというものである。判決は、被告人は本件犯行当時**心神耗弱の状態**にあったが、心神喪失の状態にはなかったとした。

妄想性障害に基づき、高校時の担任教師 A に人工的に精神障害にされたと妄想を抱いていた被告人が、更に自分の死が間近いと妄想を抱くに至り、自分が死ぬのに自分を精神障害にした A が生きているのは許せないなどと考え、A を殺害したという事案で、そのような不自然・不合理な思考過程を経て形成された動機の下、執拗性や残忍性という面で常軌を逸している本件犯行に及んでいることをみれば、被告人は、当時罹患していた**妄想性障害に基づく妄想に強く影響された結果**として本件犯行を敢行したと認められる」とし、このようにみれば、「被告人は、犯行当時、是非善悪を判断する能力やそれに従って行動する能力が相当減退していたと言わざるを得ない」

として、「妄想性障害に罹患していた被告人が妄想に強く影響されて犯した犯行であり，被告人は犯行時**心神耗弱状態にあった**」と判示したもの（甲府地判平19・7・19LEX/DB）がある。さらに、就寝中の二男を絞殺し、続いて長男を絞殺しようとして制止された事件につき、「事理弁識能力は大きく障害されていたこと、平素の人格からの乖離性や犯行動機の異常性を合わせ考えて、事理弁識能力と犯行制御能力は統合失調症の影響により著しく低下していた可能性を否定できないとして**心神耗弱**を認めたもの（大阪地判平20・5・30LEX/DB）もある。

てんかんの発作中の行為については心神喪失が認められる（福岡家小倉支判昭41・8・16家裁月報19・7・121、東京高判昭49・7・19東高刑時報25・7・60）のが通常である（島田＝島田・大コン3巻385頁、内藤815頁）。

(3) 精神薄弱

精神薄弱については、判例は、責任無能力とすることに限定的である（内藤820頁）が、**心神耗弱**を認めたものがある（静岡地浜松支判昭40・7・9下刑集7・7・1426、大阪高判昭53・3・28判タ364・298）。その程度の重いものについては、起訴されないことが多く、心神喪失を認めたものはほんどない（島田＝島田・大コン3巻390頁）。

知的障害とそれに起因する激しい心理的葛藤状態を理由に、**心神耗弱**を認めたものがある（大阪地判平20・12・10LEX/DB）。本事案は、知的障害者である被告人が、殺意をもって、当時3歳の男児を歩道橋上から約6.4メートル下のアスファルト路面へ投げ落としたものの、同児に加療約2ヵ月間を要する傷害を負わせたにとどまり、殺害するに至らなかったという殺人未遂の事案につき、被告人が、当時知的障害及びこれに起因する激しい心理的葛藤状態にあったとして、心神耗弱を認め、懲役5年6月を言い渡したものである。

(4) 精神病質その他の障害

精神病質については、判例は、大部分は完全な責任能力を認め、**心神喪失を認めない傾向**にある（東京高判昭32・7・31東高刑時報8・8・255、神戸地判昭34・5・18下刑集1・5・1239）。神経症については、心神耗弱を認めた判例もある（内藤834頁）。**急性一過性精神病性障害**については、自宅から牛刀を持ち出したうえ、その牛刀で、夫の母親である被害者を突き刺して殺害しようとした事案につき、「ストレスの蓄積に極度の孤独感が加わったことにより、急性一過性精神病性障害を発病し、そのため、本件犯行当時、物事の是非善悪を弁識し、これに従って行動する能力が著しく減退し、**心神耗弱の状態にあったもの**」としたものがある（神戸地判平18・2・1LEX/DB）。

(5) 覚せい剤中毒

覚せい剤中毒については、心神喪失ではなく、**心神耗弱を認める傾向**がある（内藤839頁）。

覚せい剤精神病に罹患していた被告人が、同居していた父母を殺意を持って包丁で数回刺し、父を殺害し、母に重傷を負わせた殺人及び殺人未遂に関して、被告人の責任能力が問題となった事案につき、「本件犯行を、被告人の人格の発現とみることが困難な面があることは否定できず、本件犯行当時、被告人に行為の是非善悪を弁識し、その弁識に従って行動する能力が限定的にでも存していたとすることについては

疑問が残るといわざるを得ない」として、被告人が本件犯行当時**心神喪失の状態**にあったのではないかとの合理的な疑いを払拭し得ないとして**無罪**を言い渡したもの（横浜地判平 13・9・20 判タ 1088・265）がある。しかし、非現住建造物等放火の犯行の当時、心神耗弱の状態にあったのではないかとの主張に対し「**幻覚、妄想の症状が見られる覚せい剤中毒者**であっても、必ずしも幻覚、妄想に行為が支配されてしまうのではなく、ある程度の抑制が働き、また、行為に対する罪悪感を抱くこともあり、その責任能力への影響は、被告人の犯行時の病状、犯行の動機、態様、犯行前の生活状況等を総合して評価しなければならない」として、犯行時の事情を総合して考えると「本件犯行当時、理非善悪を弁識し、それに従って行動する能力に著しい減退はなかったというべきである」として**限定責任能力の状態にあることをも否定したもの**（東京高判平 16・3・2 LEX/DB）もある。その他、心神耗弱を肯定したものもある。そこでは、**覚せい剤使用の影響により精神病性障害**に基づく幻覚妄想を生じさせ心神耗弱の状態にあった被告人が、元妻である被害者の言動に腹を立てるなどし、パーカーの紐で頸部を絞め付けて同女を殺害した殺人並びに覚せい剤の自己使用及び所持の事案につき、「被告人が殺人事件の犯行当時、覚せい剤使用の影響で判断能力や行動を抑える能力が著しく減退していたことは量刑を考える上で考慮すべき事情である」が、「心神耗弱の原因となった覚せい剤使用は被告人が自らの判断で行ってきたものであり、統合失調症等の病気による場合と全く同じようには考えることはできない」とし、「また、犯行直後の被告人の言動等に照らすと、責任能力の減退の程度は、心神耗弱の中ではさほど大きなものではなかった」とされた（京都地判平 24・7・18 LEX/DB）。

(6) 飲酒による酩酊

　飲酒による酩酊は、正常な酩酊である「**単純酩酊**」と「**異常酩酊**」に分けられ、異常酩酊は、さらに異常な行動のみられる「**複雑酩酊**」と、通常、てんかん、慢性アルコール中毒などの病的要素があるため、急激な意識障害やもうろう状態、幻覚妄想が生じる「**病的酩酊**」に分けられる。病的酩酊は、もうろう型（てんかん様酩酊）とせん妄型（幻覚体験がある）とがある。単純酩酊は、責任能力が認められ、複雑酩酊には限定責任能力が認められる（大阪地判昭 48・3・16 判タ 306・304、大阪地判平 20・3・24 LEX/DB）ことが多く、病的酩酊にはおおむね責任無能力が認められる（仙台高判昭 30・3・22 高裁特 2・6・167、大阪地判昭 50・5・26 判時 796・111）傾向にある（島田＝島田・大コン 3 巻 374 頁・396 頁以下、内藤 818 頁）。

§131　刑事未成年者

14 歳に満たない者は、責任無能力者である（41 条）。立法者は、これらの者に対しては、一般的に、個々人の発達段階を考慮することなく、責任無能力としたのである。行為が実質的に不法かどうかを弁識する能力については、**刑事未成年者**もこれをもつことが多いが、往々にしてその意思をこの**弁識に**

従って決定する**制御能力**に欠けるものとされる（中170頁、斎藤信治200頁）。とくに行為への強い動機の圧迫に抵抗するに必要な意思力に欠けるというのである。刑法が一律に刑事責任年齢を定め、刑事未成年者を一律に責任無能力としているのは、幼少者の精神の発達・成熟過程には個人差が大きいので、個別的判断が困難であり画一的に判断するためであり、また、幼少者の将来の発育の可能性にかんがみて、刑罰を科することが刑事政策的に適切でないとされたためであろう。かくして、刑事未成年者の責任無能力は、責任無能力を反証の余地なく推定したものである。

　少年法は、刑法41条の刑事責任年齢を実質的に修正している。少年法によれば、20歳未満の者は「少年」である（少年法2条1項）。少年事件は、すべて**家庭裁判所**に送致される（少年法41条・42条）。家庭裁判所は、調査および審判の結果、保護処分が適当と考えたときは、保護処分に付する。しかし、家庭裁判所は、死刑、懲役または禁錮にあたる罪の事件について、刑事処分を相当と認めるときは、事件を検察官に送致（**逆送**）し（少年法20条1項）、検察官が公訴を提起する（少年法45条5号）。かつては、送致のときに、16歳に満たない少年の事件については、これを検察官に送致することはできないとされていた（少年法旧20条但書）。したがって、刑法上は14歳以上の者は、刑事責任を問われうるが、少年法によって、手続上、送致のときに**16歳未満の者**には刑罰を科することはできないものとされていた。しかし、上記のように改正され、さらに「家庭裁判所は、故意の犯罪行為により被害者を死亡させた罪の事件であって、その罪を犯すとき16歳以上の少年に係るものについては、逆送しなければならない」（同条2項）とされるに至った。16歳以上の者が刑事処分に付される場合でも、行為のときに18歳未満であれば、必要的減軽が認められている（少年法51条）。それによれば、死刑をもって処断すべきときは、無期刑を科し、無期刑をもって処断すべきときは、10年以上15年以下において、懲役または禁錮を科するものとされる（少年法51条）。したがって、少年法によって、**18歳未満の者**は、実質上は限定責任能力者と同様に必要的減軽が認められているのである。ちなみに、14歳未満で刑罰法令に触れる行為をした少年（**触法少年**）は、家庭裁判所の審判に付される（少年法3条1項）。ただし、家庭裁判所は、都道府県知事または児童相談所長から送致を受けたときにかぎり、審判に付することができる（少年法3条2項）。

§132　原因において自由な行為

【文献】「特集・原因において自由な行為の理論」現刑20号4頁、浅田和茂『刑事責任能力の研究』下巻（1999）、内田文昭「『原因において自由な行為』について」西原古稀2巻175頁、大越義久「原因において自由な行為」曹時41巻11号1頁（『刑法解釈の展開』〔1992〕102頁所収）、金澤文雄「原因において自由な行為」莊子古稀89頁、川端博「原因において自由な行為について」明治大学社会科学研究所紀要31巻2号93頁、川端／日髙「原因において自由な行為」現代論争〔Ⅰ〕233頁、神田宏「原因において自由な行為の法理素描―実行行為性をめぐる議論を素材に―」近大法学43巻1号129頁、同「原因において自由な行為?―実行行為の途中で責任能力に疑いの生じた場合の刑法的処理について―」近大法学44巻2号35頁、齊藤信宰「原因において自由な行為」西原古稀2巻193頁、佐伯千仭『刑法における違法性の理論』（1974）309頁、中義勝「原因において自由なる行為」（関法）関大創立70周年記念特輯（1955）159頁、長井圓「原因において自由な行為」基本講座3巻259頁、同「原因において自由な行為の仮象問題と現実問題」内田古稀169頁、中空壽雅「『原因において自由な行為の法理』の検討(1)(2)(3・完)」法研論集52号173頁・53号141頁・54号217頁、同「実行行為着手後の心神喪失・心神耗弱といわゆる『同時存在の原則』」西原古稀2巻237頁、同「わが国の『原因において自由な行為論』の再検討(1)(2)」関東学園10巻2号129頁・11巻2号75頁、中森喜彦「原因において自由な行為」現代的展開〔Ⅰ〕225頁、同「実行開始後の責任能力の低下」中山古稀3巻219頁、西原春夫『犯罪実行行為論』（1998）134頁・168頁、林幹人「原因において自由な行為(1)(2)(3・完)」警研63巻9号3頁・10号21頁・12号22頁(『刑法の基礎理論』〔1995〕119頁所収)、林美月子『情動行為と責任能力』（1991）、同「実行行為途中からの責任無能力」神奈川法学28巻1号283頁、日髙義博「原因において自由な行為の理論の理論的枠組みについて」西原古稀2巻219頁、平場安治「酩酊と刑事責任―原因において自由な行為」刑法講座3巻51頁、町野朔「『原因において事由な行為』の整理・整頓」松尾古稀〔上〕339頁、丸山治「『原因において自由な行為』に関する一考察(1)(2完)」北園18巻1号1頁・19巻1号39頁、同「『原因において自由な行為』小考」内田古稀157頁、安田拓人「回避しえた責任無能力状態における故意の犯行について（一）（二・完）」法学論叢139巻6号61頁、142巻2号32頁、山口厚「『原因において自由な行為』について」団藤古稀2巻162頁、山中敬一「実行行為の途中で責任能力の減弱・喪失状態に陥った事案に関する一考察」産大法学32巻2＝3号352頁

1　問題の所在

行為者が構成要件的結果につながる実行行為を行った時点ではすでに責任無能力となっていたが、行為者にいまだ責任能力があった実行行為より前の

時点では、故意または過失により結果に対する原因を設定していたという場合に行為者が処罰されうるかという問題を論じるのが、**原因において自由な行為**（actio libera in causa）の問題である。原因において自由な行為とは、通常、実行行為とされるべき行為そのものについては責任能力を欠き不自由であるが、その原因となった行為には責任能力があるがゆえに非難可能であることをいうが、「原因において自由であること」を理由として、その実行行為につき責任を問うことができるとする法理を「原因において自由な行為の法理」という[12]。原因において自由な行為の事例としてよく挙げられるのは、例えば、行為者が、酒の勢いを借りて相手を殺そうとして、酒を痛飲し、そのうちに酩酊によって責任無能力状態に陥り、その後、殺人の実行に着手した事例である。ほかにも、法廷で証言すべく召喚された証人が、宣誓の前にある種の向精神薬を服用し躊躇なく偽証しようとしたが、宣誓して偽証したときには酩酊状態で責任無能力であったといった事例が考えられる。

このような事例に対して、原因設定行為は、そもそもすでに実行行為の一部であるから、実行行為時に責任能力が存在し、**責任と実行行為の同時存在の原則**は充足されているのか、原因設定行為のときに責任能力があれば、実行行為のときにはそれが存在しなくても、処罰しうるものとするのか、つまり、責任と実行行為の**同時存在の原則の例外**を認めるのか、あるいはまた、原因において自由な行為は処罰することができないのかが問題である[13]。

2 学説の対立

このような事例に対する解決の方法には、大別して二つのアプローチが存在する。一つは、原因行為をあくまで実行行為とする**原則的アプローチ**（構成要件モデル）であり、もう一つは、実行行為と責任の同時存在の原則を修正する**修正的アプローチ**（例外モデル）である。このような二つのアプローチの存在が示しているように、原因において自由な行為の事例において問題となっているのは、「犯罪行為と責任の同時存在を絶対的要請とする近代的責任原理と、他方、罪刑法定主義の要求に基づいて罪となるべき行為の明確な限界づけを重視するいわゆる構成要件理論との相剋矛盾」（佐伯・違法性の理論320頁）、すな

---

[12] この原因において自由な行為という言葉は、すでに1794年にクラインシュロートによって用いられているが、この問題そのものはそれより古くから知られ、また、トマス・アクィナスやプーフェンドルフもすでに原因において自由な行為に類似する用語を用いていた。

[13] 処罰を否定する見解として、浅田293頁、同・刑事責任能力（下）130頁以下がある。

わち、**責任原理と厳密な実行行為概念の相剋矛盾**である。

このような相剋矛盾の中で、**原則的アプローチ**は、同時存在の原則を守ろうとする。このアプローチによれば、先の事例で、飲酒行為や向精神薬服用行為そのものが、すでに、殺人行為や偽証行為の実行行為であるから、実行行為のときに責任能力があることになり、原因において自由な行為の理論は、何ら特別の例外処罰を根拠づける理論ではない。しかし、この原則を守るため、実行行為概念の方は、実質上罪刑法定主義を空洞化してしまうほど、弛緩させられ、拡大されている。

これに対して、**修正的アプローチ**は、同時存在の原則を修正することによって、実行行為概念の弛緩・拡張を避けようとする。このアプローチによれば、原因行為は、実行行為ではなく、あくまで実行行為に対して原因となり、主観的にも何らかの意味で後の実行行為と結果に関係する行為であるにすぎない。しかし、同時存在の原則を修正して、例外的に、このような実行行為でない原因行為の際に責任能力があれば、実行行為のときに責任能力がなくても、責任が問われうると解するのである。

次の（1）は原則的アプローチを採る理論であり、（2）は修正的アプローチを採る理論である。

(1) 間接正犯的構成説

本説によれば、行為者は、自らの責任無能力状態における行為を間接正犯的に利用して結果を惹起したのであり、原因設定行為の時点ですでに実行の着手が認められるから、実行行為と責任の同時存在の原則は充足されている（小野 107 頁・144 頁、団藤 161 頁、大塚 165 頁、福田 194 頁、香川 223 頁、日髙・西原古稀 2 巻 232 頁）。本説によれば、原因において自由な行為は、間接正犯と同じ論理構造をもつ。「間接正犯が他人を道具として利用するものであるのに対して、原因において自由な行為は自己の責任のない状態を道具として利用するものである点にちがいがあるにすぎない」（団藤 161 頁）。「ここでは自己を利用する行為つまり原因行為が実行行為としての定型性を具備するかどうかが問題の要点をなすのである」（団藤 161 頁）。この定型性は、過失犯や不作為犯については認めることは容易である。しかし、故意による作為犯についてはその困難な場合が多い。泥酔中に人を殺すつもりで飲酒したという場合、その飲酒行為に殺人罪の構成要件該当性を認めるのは無理である。飲酒行為そのものに殺人罪の構成要件的定型性を認めることができないからであ

る。飲酒の後殺害行為に出なかった場合を殺人未遂罪と考えることは「社会通念からみても、はなはだ不穏当であろう」（団藤「みずから招いた精神障害」植松還暦232頁）とされる。

　この理論からは、自己の心神耗弱状態、すなわち、**限定責任能力状態**を利用する場合にも、原因において自由な行為として責任が認められるかどうかという問題については、「その原因行為を実行行為とみとめることはできないであろう」（団藤162頁）とされる。限定責任能力の場合には、結果行為のときに限定責任能力があるから、この時点で実行行為があり、しかも、間接正犯論の依拠する道具理論によって、限定責任能力のある自己の行為が「道具」といえるか疑問だからである。この理論からは、結局、故意による原因において自由な行為は、解釈論としても実際問題としても、可罰性を認めることのできない場合が多いということになる。

　しかし、間接正犯的構成説に立ちながら、自己の心神耗弱状態を利用する場合も、原因において自由な行為を認め、39条2項の適用を排除し、刑の減軽を否定しようとする見解（大塚168頁）がある。その場合も、心神耗弱状態における行為は明らかに原因行為に規定されており、道具として利用したといえるからである。この場合は、あたかも故意のある道具を利用する間接正犯の場合とほぼ平行的に理解することができるものとする。この見解の背後には、今日のわが国で大きな社会問題となっている悪質な酩酊運転に対して適切な処罰が必要であるという意識がある。道路交通法には酒酔い運転罪（道交法117条の2第1号・65条1項）があるが、飲酒酩酊した者が、心神喪失に陥れば、原因において自由な行為として処罰されるのに対して、心神耗弱状態であれば、刑法39条2項により刑が減軽されるのは、不均衡であるというのである（大塚176頁）。

　間接正犯的構成説は、責任能力における意思決定能力のみならず、行動制御能力の面を重視する（団藤・植松還暦242頁）。「責任能力は、行為に対する事前のコントロールの問題ではなく、行為に対する**同時的コントロールの問題**である」（平川・現代刑法講座2巻283頁。なお、団藤・植松還暦242頁、野村稔『未遂犯の研究』〔1984〕327頁参照）というのである。しかし、これに対しては、同時的コントロールの可能性は、実行行為開始時に存在すれば足り、実行行為の終了まで、責任能力が備わっていることは必要でない、さもなければ、実行行為の途中から責任無能力の状態に陥ったときも既遂の責任を問うこと

ができなくなる（西原・犯罪実行行為論172頁以下、曽根・重要問題162頁）との**反論**がある。

　間接正犯的構成説は、理論的には、故意作為犯の場合でも、原因行為が実行行為であるといいうる場合を認めることができる。実行の着手の時点につき、**発送時説**に立つのであるから、原因において自由な行為の事例でなくても、郵便局へ毒薬の入った小包を預ける行為が殺人罪の実行行為とされるのであり、この行為に殺人罪の構成要件的定型性を認めるのならば、飲酒行為に実行行為を認め、飲酒行為だけで終わった場合に殺人未遂とするのは何ら不都合はないように思われる。なにゆえ原因において自由な行為の事例についてのみ実行行為概念につきこれほどに厳格なのかは理解しがたい（香川223頁以下参照）。この帰結の不当性は、故意作為による原因において自由な行為の場合、行為者の計画通りことが進んで、目的を遂げた場合も、不処罰という結果になるところに現れている（曽根・重要問題161頁）。**到達時説**からは、この説は、実行行為概念を不当に拡大するものであり、構成要件の限界を不明確にするものであり、また、酒に酔って本来の実行行為に出る前に酔いつぶれてしまった場合にも未遂犯が成立するとするのは、処罰範囲を不当に拡大するものだと批判される。

(2) 同時存在原則修正説

　この説は、わが国では、佐伯博士が、「原因において自由なる行為の実行行為は無能力のときの挙動であるとしつつ、なおそれについてそれ以前の能力のあったときの行為者の意思態度に鑑みて非難可能性の有無を問うことも一向差支えがないのではあるまいか。責任と行為の同時存在ということは果して責任原理の絶対的要請であろうか。それを疑って見るということも許されるのではあるまいか」（佐伯・違法性の理論322頁）として、この方向に踏み出されたことによって始まったといってよい。

　しかし、この見解の「重要な先駆的意義」（内藤875頁）は疑いえないとしても、この見解は、結局、同時存在の原則の絶対性に疑問を投げかけたにとどまった。なにゆえに実行行為でない行為に責任能力があれば足りるのかについては、実行行為より以前の行為者の意思態度にかんがみて非難可能性を問うとするだけで、何らの**根拠**を挙げるものでもなかったのである。これ以後の修正的アプローチを採る学説は、この根拠を求めて理論構成に腐心することになる。

　(a) 原因行為時支配可能性説（中）　この見解は、原因行為のときに結果行為が「支配可能」であったことによって、形式的には責任と実行行為の同時存在の原則に背馳するようにみえるが、「この原則をして生じさせるにいたった実質

的理由にむしろ緊密に相即するもの」だというのである（中172頁、同・関法70周年記念号161頁）。なぜ支配可能なのかについては、この見解は、「原因において自由な行為においては、無能力時の実行行為が能力時の表象（病的酩酊後または麻薬注射後殺傷におよぼうという表象）またはその可能性によって、飲酒または麻薬を注射しようか否か、ひいてはこれと因果的につながる実行におよぼうか否かが支配されまたは**支配可能**であった」として、実行行為に出るか否かが、この時点ではいまだ「行為者の規範意識によって抵抗または抵抗可能」であったことに求めている。

しかし、この説の**問題点**は、原因行為時に、責任無能力状態における結果行為が「支配可能」であったことによってなぜ行為者の責任を問えるかが依然明らかでない点にある。この見解においては、実行行為でない原因行為の責任が問われている。しかし、原因行為、すなわち、構成要件該当性のない行為について、それが実行行為を支配可能であったというだけで、なぜ構成要件該当行為としての責任を問われるのかは説明されていないのである。

(b) 意思決定行為時責任説（西原）　この見解は、「行為の開始時における最終的意思決定が結果発生に至る行為の全体に貫かれている以上は、その最終的意思決定の際に責任能力がありさえすれば、現実の実行行為すなわち結果惹起行為の際に責任能力が失われていても、責任能力あるものとしての責任を問うて差支えない」（西原・犯罪実行行為論170頁）とする。以下に、この見解を敷衍する（西原・犯罪実行行為論156頁以下参照）。

規範的責任論においては、責任判断は意思決定規範の立場からする意思決定に対する非難である。そして、責任能力は、行為に出るべく**意思決定**するときに存在しなければならない。刑法上の行為とは特定の意思の実現過程であり、一個の行為は一個の特定の意思によって貫かれているものである。ここから、第1に、行為についての責任能力は当該行為への最終的意思決定のときにあればよいということである。第2の結論は、責任能力は、違法行為そのものの開始時ではなく、その違法行為を含むところの行為全体の開始時にあればよいということである。第3に、責任能力のある状態で、責任無能力の状態で一定の行為を行うことを予見した場合、その予見は、通常人からみて不合理なものでないかぎり、実現されうるものと前提できるという（西原・犯罪実行行為論161頁）。

この見解も、「実行行為」と責任能力の同時存在の原則を修正して、実行行為に先行して開始された一連の「行為」と責任能力の同時存在の原則とす

る点で、修正的アプローチに属する。この説は、先の見解が、「支配可能性」に原因行為と実行行為の連結点を求めたのに対して、実行行為が「一つの意思決定に貫かれた一つの行為」（西原413頁）の一部である点、すなわち、原因行為時の**「最終的意思決定」**が、実行行為のときにまで残り、「当初の意思決定に担われたもの」（西原・犯罪実行行為論176頁）であるという点に求める。

　この見解に対しては、前述のように、責任能力の本質は**同時的コントロール**にあるとして、事前のコントロールの存在は責任能力の欠如をカバーできないとする**批判**（団藤・植松還暦〔上〕242頁以下、平川・現代刑法講座2巻284頁）がある。同時存在の原則は、「実行行為」と責任の同時存在を要求するのであるから、実行行為ではないたんなる「行為」との同時存在は、いくらその行為が、同一の意思決定によって担われているとしても、この原則を充たしたことにはならない。

　(c)　正犯行為時責任説（平野）　この見解は、正犯と実行との「同一性」が共犯論の基底をなしているが、その分裂を認めて、正犯行為のときに責任能力があれば、実行行為のときにそれがなくても、同時存在の原則は、正犯行為と結果との間にあればよいとするものである。[14]　この見解から、最近、有力に主張されている「因果関係の起点としての実行行為」と「未遂行為としての実行行為」が生まれたといってよい。

　しかし、**正犯行為**と**実行行為**は、「同一」のものとする伝統的理解によって、説明可能なものをあえて**分裂**させるのはいたずらに概念的混乱を招くのみである。ただ、「正犯」と「実行」の区別の方が、「実行行為」を二つの意味に用いるよりはまだ混乱は少なくて済むとはいえるかもしれない。しかし、いずれにせよ、この解決は、「実行行為」を「正犯行為」と名称を変更することによる技巧的な解決でしかない。

　(d)　相当原因行為時責任説（山口）　この見解は、責任能力の備わった原因行為を問責の対象とし、原因行為と結果行為・結果との間に「因果連関（相当因果関係）」および「責任連関（故意・過失）」が認められれば、原因において自由な行為について責任を問いうるものとする。この見解は、「結果についての罪責を問うために行為について必要とされる危険性と未遂犯成立の危険性は別個のもの」（山口・団藤古稀2巻167頁）とする見解を出発点とする。また、「実行行為」の概念は、「因果設定行為としての因果連鎖の始点となり、従って、問責の対象となる行為」と定義され、「責任要件は実行行為の

---

[14] 平野「正犯と実行」犯罪論の諸問題〔上〕127頁以下。

時点について問題となる」とされる（山口・団藤古稀2巻181頁〔注15〕）。これに反して、未遂は、具体的危険の発生をまってはじめて肯定される。したがって、この見解は、通説のように、実行の着手が実行行為の開始であり、未遂の成立時点であるとは解さず、実行行為は、たんに問責の対象となる行為であり、未遂は、実行行為と離れた具体的危険の発生時に可罰的となるという理論を唱えるのである。これによれば、原因行為が実行行為であるから、実行行為と責任能力との同時存在の原則は充足されることになる（内藤884頁）。

原因行為と結果行為・結果との間の相当因果関係は、「**実行行為の危険性**」と「**その危険への実現**」が認められるとき肯定される。原因行為に結果行為・結果を惹起する「危険性」を認めることができるかどうかがとくに問題であるが、この危険性は、「相当程度の危険性」であることが必要である。このためには、例えば、酩酊すると暴行をはたらく「性癖」の存在といった**特段の事情**が認められることが必要だとするのである（山口・団藤古稀2巻175頁）。責任連関たる故意・過失については、原因行為時に必要とされる。故意の責任を問うには、「原因行為が結果行為・結果を惹起する危険性をもつこと（原因行為によって結果行為意思が創出・強化・維持されること等）の認識、その危険性の結果行為・結果への実現の認識、さらには、発生する結果行為・結果（特に結果）の認識」（山口・団藤古稀2巻177頁）が必要になる。

この見解は、最近では、因果関係論（客観的帰属論）において**遡及禁止論**を唱えているので、その観点をも加味して根拠づけられている。原因行為と結果との条件関係・相当因果関係に加えて、結果行為による**遡及禁止原理がはたらかず**、原因行為にまで構成要件該当事実を遡及しうることが必要であるとする（山口・初版223頁）。結果行為が故意行為の場合には、通常であれば遡及禁止原理が妥当してしまうが、例外的にそれが妥当しないとすることが必要である。その点は、結果行為が心神喪失状態で行われたことによってこれが妥当しないということができるとする。このように、客観的関係が肯定された後、原因行為時に故意が認められることが必要である。故意が認められるためには、結果行為が心神喪失状態において行われることの認識が必要である。その意味で、結果の認識と心神喪失状態に陥ることの認識との「**二重の故意**」が要求されるのである（山口・初版224頁、遡及禁止論による「原因において自由な行為」の根拠づけについては、同・現刑20号31頁以下）。しかし、この見解に対しては、とくに限定責任能力状態を利用する場合、なぜ遡及禁止原理

がはたらかないのか疑問であり、遡及禁止がはたらかないとすると、もともとこの見解からは実行行為と予備行為とは明確に区別できないのであるから、予備行為に遡及して原因行為とされることになり不合理となる（宮川基「『遡及禁止論』の批判的検討」阿部古稀117頁参照）。ただし、この記述は、この立場における遡及禁止論の原則例外の逆転（山口68頁）に応じて、第2版（山口260頁以下）では削除されている。

　しかし、この見解は、「同じ『実行行為』という言葉を因果関係の起点としての意味と未遂行為としての意味の二つの意味に用いる」（内藤884頁）のであり、いわば**実行行為につき「二元説」**（曽根・重要問題164頁以下参照）を採る。実行行為とは、伝統的に、未遂の処罰の開始時点を指す概念であり、この説も、このような伝統的な用法を無視するわけにはいかなかったがゆえに、「二つの実行行為」概念を区別して用いようとしたのであろう。しかし、実行行為の概念は、正犯の問責の対象となり、未遂として可罰的な行為を指すのであって、それ以外のものではない。概念の恣意的定義は混乱を招くのみである。この見解の支持者からは、このような用法が「紛らわしいというならば、因果関係の起点としての『実行行為』すなわち原因行為のことを単に『行為』と呼び、『行為』と責任の同時存在の原則ということもできる」（内藤884頁）として、別段、原因行為を実行行為と呼ぶ必要はないともとれる発言がみられるが、このことは、原因行為を実行行為と呼ぶのは、同時存在の原則に反するという批判をかわすためだけの便宜的なものであることをいみじくも露呈したものといえよう。

　さらに、次のようにも批判しうる。原因行為が、結果行為・結果に対して「相当の危険性」をもち、故意・過失があれば実行行為であるとするならば、原因において自由な行為の事例にかぎらず、通常の予備行為も、実行行為でありうることになるであろう。例えば、ある者の殺害を計画し、包丁を準備して、それによって殺害した者は、予備の段階ですでに、その準備行為は、「相当に危険」であり、殺害の「故意」をももつ。したがって、予備行為はすでに「因果関係の起点としての実行行為」であることになる。さらに言えば、他人が殺人罪を実行するのを凶器を準備することによって幇助した者は、「相当の危険」をもち、相当な危険が実現したのであり、結果行為・結果に対する故意をもつのであるから、「因果関係の起点としての実行行為」を行ったことになり、その他人が具体的危険を発生せしめたときに、殺人未

遂として処罰されることになる。

　このような二元説の紛らわしさを避けるため、実行行為、すなわち実行の着手時点は原因行為にあって、結果行為は実行行為と称する必要のないたんなる**未遂結果にすぎないとする見解**（曽根・重要問題166頁）が唱えられている。[15]「実行の着手とは、法益侵害の一般的危険性のある行為、その意味で（相当）因果関係の起点となる行為を開始することを意味する」ものとするのである。この見解は、実行行為の概念を未遂の成否の基準とはまったく切り離そうとするものである。しかし、この見解に対しては、実行行為＝未遂の成立という伝統的な図式を壊すことになり、多くの混乱をもたらす。例えば、「人を教唆して犯罪を実行させた者」（61条）は教唆であるが、この見解によれば、正犯が実行に着手すれば、正犯行為が未遂として処罰されないときでも、「実行従属性」を充たし、教唆として処罰されることになるのであろうか。この見解からも、共犯が犯罪として成立するためには、「正犯者が少なくとも犯罪の実行に着手することを要する」とされているからである（曽根247頁参照）。

　(e)　その他の学説　原因において自由な行為をめぐっては、その他、**立法的措置が必要だとする説**（平川・現代刑法講座2巻294頁）、**処罰を否定する説**（浅田・『刑事責任能力〔下〕130頁以下、同293頁）があり、また、処罰説に立って、未遂を基礎づける実行行為と正犯性を基礎づける実行行為とを分け、後者の時点で責任能力があり、法益侵害への自動性・確実性があり、間接正犯性が認められれば、正犯の背後の正犯として責任を問いうるものとする見解[16]（大越・刑法解釈の展開102頁以下）、結果行為を実行行為、原因行為を教唆行為ととらえ、教唆犯としての可罰性を認めようとする見解[17]（中山「『原因において自由な行為』と未必の故意」法学論叢65巻3号94頁以下）、さらに、同時的コントロールの欠如を、**結果の惹起のみならず責任無能力ないし限定責任能力状態の惹起**に対する「**二重の故意**」を要求することによって補塡しようとする説（野村・未遂犯321頁以下、林美月子・情動行為188頁以下、西田271頁）、実行行為が結果行為にある場合、はじめから犯罪を実行する意思で責任無能力ないし限定責任能力状態を惹起した場合には、抗弁として**同時存在の原則の抗弁**を援用することは**法理の濫用**であって許されないとする説（丸山治・北園19巻1号53頁以下）などがある。[18]

---

[15] 山口教授も、最近、この説に与されるようにも読める（山口・問題探究211頁）。

[16] この説は、これによって、自己の限定責任状態を利用した場合にも、その利用行為に法益侵害への確実性・自動性が認められるときは、原因において自由な行為の理論が認められることになるという（大越・刑法解釈の展開113頁）。

[17] この見解に対しては、「自分自身に対する教唆」を認めることとなるが、現行法はこのような教唆を予定していないと批判されうる。

[18] これ以外にも、原因行為時の主観的要件の機能を二分して、非難可能性を根拠づけるには、原因行為時に責任無能力状態発生について行為者に過失が存在すれば足りるが、行為者の故意責任も原因行為時の認識・認容によるとする説（中空・法研論集54号228頁以下参照）がある。

しかし、**立法的解決**は解釈論的解決を補うものではあるが、解釈論的に説明が困難なものを立法で解決することが、刑事政策的に妥当かどうかには問題がないとはいえない。そのことは、不可罰説の存在そのものが示している。逆に、**不可罰説**は、刑事政策的妥当性を根拠にするならともかく、理論的説明が困難であるというだけなら、性急にすぎる。**二重の故意論**は、客観的な実行行為のコントロールの問題を「主観的認識」の過剰によって補塡しようとするものであり、不当である。原因において自由な行為の法理を**抗弁権**ととらえ、犯罪実現の意図がある場合にはこれを否定するのは、正当防衛における権利濫用論の援用禁止と同じく、容易に一般法理に還元するものであって妥当ではない。

(3)　事後的実行行為時責任説（本書の立場）

実行行為とは危険創出による事前的な潜在的実行行為が具体的危険の発生した事後の時点で実行行為と評価されるものであるという見解に立って、原因において自由な行為の事例を考察すると、次のようにいうことができる。

行為者の「本来的な」潜在的実行行為は、最終的な危険創出行為である「結果行為」の開始に求められる。この潜在的実行行為は、構成要件該当の違法な行為であるが、責任能力は否定される。この潜在的実行行為は、原因行為のときから「支配可能」な行為に連続するものである。原因行為時からみると、この潜在的実行行為は、責任無能力状態にあるのですでに規範的障害を生じえない因果の流れに委ねられた因果的事象である。このような意味で、潜在的実行行為は、原因行為によって因果的・客観的に「支配可能」な行為である。潜在的実行行為は、原因行為に支配されうるその因果的結果であるといってもよい。のみならず、原因行為時の故意・過失により、主観的

【事後的実行行為時責任説の構造】

支配・支配可能性

危険創出行為　（潜在的実行行為）

原因行為　←一体化―　結果行為　⇒　具体的危険

責任能力　　責任無能力

実行の着手判断

にも「支配可能」な行為である。原因行為時の故意・過失は、その後、責任無能力状態に陥ることによって、規範的障害によって阻止されえないたんなる結果の表象と予見可能性にまで低下し、規範的コントロールの効かない行為に転化している。これによって、原因行為は潜在的実行行為と連続し、その一部に組み込まれることになる。潜在的実行行為の資格をえた原因行為は、事後的に結果行為が行われた時点以降、「実行行為」（正犯行為）となるのである。

このようにして、事前的にみて危険創出行為の一部であり、事後的に具体的危険状態が発生し、故意犯においては規範的障害を排除する「支配」が認められ、過失犯においても「支配可能性」が認められる場合には、原因行為にまで遡って、事後的にこれを「実行行為」と評価することができる[19]。これは、道具となった被利用者を介在させる間接正犯の実行行為と構造を同じくする[20]。これによれば、原因行為たる飲酒行為の後、酔いつぶれてしまって結果行為にまで至らなかった場合には、実行行為はなく、未遂は成立しない。しかも、実行行為と責任の同時存在の原則は、完全に維持されたままこのような結論を導くことができる。

　相当原因行為時責任説は、たんなる相当な危険（相当因果関係）と故意・過失によって事前的に実行行為を確定しようとした。これによれば、原因行為を厳密に正犯ないし構成要件該当行為に限定することはできなかった。それによると、本来、予備行為にすぎないものをも、実行行為と呼ぶことになったのである。しかし、ここで提案された見解によれば、相当な危険のある行為であっても、規範的障害のある行為（正犯行為）が介在する場合には、実行行為とはいえないので、このような難点は回避される。

3　意思不連続類型と意思連続類型

原因において自由な行為の事例は、**二つの形態**に類別されることが一般的になっている（平野303頁以下、内藤885頁以下、曽根・重要問題167頁以下、前田435頁）。第1類型は、原因行為者の意思といわば不連続的に結果行為の意思が生じる場合である（**意思不連続類型**）。第2類型は、意思が連続している場合、すなわちはじめから結果行為を行う故意がある場合である（**意思連**

---

[19] 先の「原因行為時支配可能性説」（中172頁）は、このような事後的実行行為説の中で、正犯性を担保する基準として生かすことができる。
[20] 大越教授も、間接正犯と同じ構造をもつという観点から出発して、原因行為に**法益侵害への確実性・自動性**が認められる場合に、刑法39条1項・2項の適用が排除されるものとする（大越『刑法解釈の展開』112頁以下・114頁）。

続類型）。

　意思不連続類型においては、例えば、飲酒しているうちに酩酊状態に陥り、いつもの性癖によって傷害の故意が生じて、責任無能力の状態で同席した相手を傷害した場合のように、当初から結果行為の確定的故意があったわけではない。この類型については、「酩酊という生理的過程を通じて殺傷の犯意が生ずるであろうことを予想してこれを利用する意思はあるが、自ら殺傷行為をはじめからする意思は持っているわけではない」（平野303頁）ような事例が想定されている。この類型においては、事実上、未必の故意が認められるのは稀である。むしろ、過失犯が問題となる。しかし、客観的関係においても、原因行為から結果行為が生じる蓋然性（危険性）において問題があり、「相当因果関係」がない場合が多いとされている（平野304頁、内藤885頁以下、曽根・重要問題168頁）。ここでは、原因行為に「結果を惹起する一定程度の（相当の）危険性を認めうるかが問題になる」が、それを認めるためには、「酩酊すると傷害に出る習癖の存在などの特別の状況」がとくに必要となり、さらに原因行為と結果行為との「場所的・時間的近接性」が、相当因果関係肯定の重要な要素となるとされる（内藤886頁）。

　これに対して、**意思連続類型**においては、原因行為の際にすでに結果行為を行う意思がある場合が問題となる。例えば、殺傷行為をするについて勇気づけのため酒を飲み計画通りの行為をして相手を殺傷したが、殺傷行為のときには酔いがまわって、責任無能力状態だったといった事例（平野304頁）がその例である。この場合には、実行行為（原因行為）の相当な危険と、その危険性の認識を比較的認めやすいとされている（内藤890頁、曽根・重要問題167頁）。

　しかし、この類型の分析基準は、結果行為の「意思」の発生時期によるもので、故意か過失かの区別基準にはなっても、原因において自由な行為が成立するかどうかの客観的区別基準としては不十分である。意思の連続・不連続は、分析用具としては、**仮象的類型**にすぎない。重要なのは、むしろ、原因行為の、結果行為に対する「危険創出」の程度である。危険創出が認定されるかどうかは、性癖・習癖の存在など、原因行為が結果行為を惹き起こすという規則的に反復された法則的連関が必要であろう。もちろん、事後的には「危険実現連関」の存在も必要であることはいうまでもない。すなわち、過失犯の原因において自由な行為については、間接正犯的構成も不作為犯的

構成も不要であって、とくに実行行為事後的評価説によれば、危険創出連関と危険実現連関があれば過失犯の成立が肯定されうるのである。

4 自ら招いた限定責任能力

間接正犯的構成説は、間接正犯の根拠として道具理論に依拠するため、間接正犯が成立するには、自己を道具にすることが必要である。道具というには、自己を完全に責任無能力の状態に陥れることが必要である。そこで、この理論によるかぎり、自己を完全な道具といえない限定責任能力の状態に陥れただけでは、原因行為を実行行為とはいえないことになる。これによれば、限定責任能力を利用する場合には、完全な道具とならないため、原因行為を実行行為ということはできない。とすると、限定責任能力のときの行為が実行行為であり、39条2項の適用によってつねに刑が減軽されることになる（団藤162頁、福田194頁以下、内田228頁、佐久間275頁）。

反対説によると、これは不当な結論である。なぜなら、自己の責任無能力を利用すれば完全な責任を負うが、それが限定責任能力にとどまれば減軽されることになり、均衡を欠くからである（植松230頁、西原412頁、平野301頁、荘子336頁、曽根・重要問題162頁、野村293頁以下）。また、交通事犯において、酒酔い運転が、酩酊に至り、限定責任能力の状態になれば、減軽されるが、責任無能力に至れば、原因において自由な行為として完全な責任を問われるのは、刑事政策的にみても不合理であり、取締の効果が上がらないというのである。

さらに、自己の責任無能力の状態を利用して殺人を行おうとしたが、まず、限定責任能力に陥った時点で、すでに殺人の実行の着手に出たという事例においては、原因行為によって殺人の実行行為が成立し、さらに限定責任能力状態で殺人行為に出た時点で、実行の着手になるというのは、「一個の犯意にもとづく一個の社会的事象に対し、二個の別個の実行行為を認めることになってしま」い、「不当な帰結」であると批判する（西原412頁、川端436頁）。もちろん、この批判は、我々の事後的実行行為時責任説にはあてはまらない。なぜなら、限定責任能力状態にしか至らなかったのであるから、道具にはなっておらず、原因行為は実行の着手とはならないからである。

これに対して、**間接正犯的構成説**からも、故意ある道具の場合と「規範的

---

[21] 中空「過失犯の原因において自由な行為に関する一考察」下村古稀〔上〕201頁以下。

意味においては、ほぼ平行」して、限定責任能力状態を利用する場合も、間接正犯であるとする説（大塚176頁）がある。また、原因において自由な行為の場合には、責任無能力状態と比べてより柔軟に状況に対応した行為をなしうるから、最終的な結果実現の確度が高められるとして正犯性を認める見解（井田342頁）もある。しかし、これらの見解は、完全な道具になりきっていない者を道具とするものであって、不当である。

修正的アプローチに立つ見解は、ほぼ限定責任能力状態を利用する場合にも、原因において自由な行為を認め、39条2項の適用を排除する（川端442頁）。この説の中には、意思不連続類型においては、結果行為の際に限定責任能力であった場合に、原因において自由な行為の法理の適用はないが、意思連続類型の場合には、これを認め、完全な責任を問うことができるとするものもある（平野305頁、内藤889頁・891頁）。

しかし、限定責任能力状態を利用する場合には、限定責任能力ではあっても、規範的障害がないとはいいきれないから、直接的な危険創出行為はなく、実行行為は、結果行為の時点で認められるのであって、原因行為に遡ることはできない。したがって、39条2項を適用して、刑の軽減を認めざるをえないことになろう。

5　原因において自由な行為に関する判例

（1）大審院の判例

原因において自由な行為に関する**大審院の判例**は、それを十分自覚していたとはいえない過失犯に関する一件（大判昭2・10・16刑集6・413）を数えるのみである。事案は、横臥して授乳していた母親が、その乳房を乳児に哺ませたまま睡眠し乳児を窒息死させたというものであった。判決は、「被告人が乳房を哺ませたる際、睡眠するに当り其の当然為すべき注意義務を怠りたる結果なること」明らかであるとして、過失致死罪を肯定した。判決においては、また、乳児の死亡は、「被告人の意思発動に基かざるもの、即ち行為に非ずと言うを得ず」としている。睡眠するにあたっての注意義務を問題にすべきだとしている点に原因において自由な行為を思わせる考慮がなされている。

（2）過失犯に関する判例

過失犯について、原因において自由な行為の問題と取り組んだ判例は多い[22]。**最高裁**がこれと自覚的に取り組み、原因において自由な行為の理論を適用した最初の判例と言われているのは、**昭和26年の大法廷の判決**（最大判昭26・1・17刑集5・1・20＝百選37）である。事案は、被告人が、女給に顔を近よせたのに拒絶されたため、同女を殴

---

[22] 中空・下村古稀〔上〕175頁以下参照。

打したが、居合わせた者等に制止されて憤慨し、咄嗟に傍らにあった肉切包丁で同女を突き刺し、左股動脈切断によって即死させたというものである。原審は、飲酒によって病的酩酊に陥り、心神喪失の状態で殺人行為を行ったとして無罪とした。最高裁は、次のようにいう。「多量に飲酒するときは病的酩酊に陥り、因って心神喪失の状態において他人に犯罪の害悪を及ぼす危険ある素質を有する者は、居常右心神喪失の原因となる飲酒を抑止又は制限する等前示危険の発生を未然に防止するよう注意する義務あるものといわねばならない。しからば、たとえ原判決認定のように、本件殺人の所為は被告人の心神喪失時の所為であったとしても（イ）被告人にして既に前示のような己れの素質を自覚していたものであり且つ（ロ）本件事前の飲酒につき前示注意義務を怠ったがためであるとするならば、被告人は過失致死の罪責を免れ得ないものといわねばならない」。この判例の事案では、飲酒によって殺人ないし傷害の故意が生じたが、故意による殺人ないし傷害は、心神喪失（耗弱）の状態で行われたという特徴がある。ここでは、飲酒抑制義務が生じ、自らの危険な素質（性癖）を知悉していたのに、過失によってこの義務に違反したことが過失犯を根拠づけている。本判決は、酩酊犯罪に原因において自由な行為の理論を適用し、また、この理論を適用したリーディング・ケースとして、責任無能力下で、故意を抱いた事案の解決に関するその後の判例[23]に大きな影響を及ぼした。その一つに、巡査が酩酊してけん銃を発射した事案につき、病的酩酊状態に陥ることを知悉していた者には、飲酒を抑止または制限し危険を未然に防止する業務上の注意義務があるとして、過失傷害罪を認めた判例（札幌高判昭26・11・15高刑集4・11・1482）がある。

そのほか、覚せい剤・シンナー使用によって心神喪失状態に陥り、故意による犯罪行為を行った事案に関しては、覚せい罪等使用中止義務を認めている（大阪地判昭30・3・5判時46・29、横浜地判昭49・8・7判時760・114、京都地舞鶴支判昭51・12・8判時958・135）。飲酒酩酊して心神喪失状態で運転中に交通事故を起こしたという事例群に関して、「病的酩酊に陥って犯罪その他社会秩序を破壊する素質のあること」の自覚から飲酒抑制義務を認めて過失犯の成立を肯定した判例（東京地判昭32・5・30判時115・3）があり、自動車運転者であることから飲酒抑制義務を認める判例（盛岡地遠野支判昭36・10・20下刑集3・9＝10・962）、飲酒行為時にすでに交通事故を起こし死傷の結果を引き起こす具体的危険性が発生しているとするもの（大阪地判平元・5・29判タ765・265）がある。さらに、事故直前の運転回避義務を認めるものもある（大阪地判昭43・9・6判タ229・324）。

(3)　故意犯に関する判例

故意犯については、「麻薬中毒のため公安をみだし、又は麻薬中毒のため自制心を失うこと」という旧麻薬取締法4条4号・60条の罪について、「原因において自由な行為」という概念を掲げて、故意犯の成立を肯定した最高裁の判例（最決昭28・12・24刑集7・13・2646）がある。決定によれば、「自制心を失うこと」というのは、「麻

---

[23] 国東簡判昭34・1・22下刑集1・1・104、大阪高判昭35・4・15下刑集2・3＝4・363、福井地判昭38・6・17下刑集5・5＝6・576、大阪高判昭32・11・1高裁特4・22・585、東京高判昭41・3・30判タ191・200。

薬の連続使用により麻薬中毒の結果自制心を失った行為がなされることを意味する」が、決定では、「自制心を失った行為の当時には被告人に責任能力がなくとも、麻薬を連続して使用する際被告人に責任能力があり、且つ麻薬の連続使用により麻薬中毒症状に陥ることについての認識（未必の認識）があれば、いわゆる原因において自由な行為として、処罰することを得る」とする。「自制心を失うこと」の処罰については、「自制心を失うこと」自体を処罰の対象とするもので、それ自体が厳格な責任能力を要求していないがゆえに、本来の原因において自由な行為の事例とは異なり（小野「故意犯と『原因において自由な行為』」愛知学院大学論叢法研創刊号12頁、川端437頁）、「その適用を誤った一例である」（萩原玉味・判例刑法研究3責任58頁）と評釈される。しかし、判例は、「連続使用」が行為であって「自制心を失った行為」を結果とみているのであって、「自制心を失うこと」といった「行為」にもあたらないものを処罰の対象とする立法に対抗して、解釈によって行為主義を貫こうとしたものともいいうるのではないだろうか。

　同じく、塩酸エフェドリンの水溶液を自己の身体に注射し、その結果、「症候性精神病」を発し、中枢神経が過度に興奮し幻覚症状を起こして、姉の頚部、頭部などを短刀で突き刺し、死に至らしめた事案につき、原審が、殺人罪として有罪としつつ、心神耗弱の状態にあったものとして刑の減軽を認めたのに対し、原因行為に「暴行」の故意を認め、心神喪失の状態で死亡させたものとして傷害致死罪を認めたもの（名古屋高判昭31・4・19高刑集9・5・411）がある。この判決では、故意犯につき、原因において自由な行為が認められた点が評価されている（川端438頁）。被告人は、以前からヒロポンを施用して精神状態の異常を来したことがあった点も考慮され、「他人に暴行等如何なる危害を加えるかも知れなかった」があえて容認した点で「暴行」の故意が認定された。殺意までは認定されなかった点は評価しうるかもしれない。しかし、未必の故意論については詳しい認定があるが、心神喪失中の行為に対する「支配」など因果経過の客観的側面についてはほとんど言及がない点が問題であろう。

　暴力行為等処罰法1条の示凶器暴行・脅迫罪について、飲酒すれば暴力癖があることを知っていた行為者が、病的酩酊による心神喪失状態で強盗をする意思で行った暴行脅迫につき、強盗未遂ではなく、示凶器暴行・脅迫罪の故意犯の成立を肯定した判例（大阪地判昭51・3・4判時822・109＝**百選38**）は、原因において自由な行為の法理を援用する。この判決は、責任無能力等の状態を犯罪の実行に利用しようという積極的意思があるとして、間接正犯たる地位をもつとし、したがって、「故意犯についてはその実行行為時に、責任能力のある間接正犯としての行為の法的定型性の具備、行為と責任の同時存在を共に認めることができる」とする。

(4) 限定責任能力に関する判例

　限定責任能力状態で行われた酒酔い運転罪ないし酩酊運転および業務上過失致死傷罪については、心神耗弱による減軽を認めないのが判例の傾向である。もっとも、原因において自由な行為の法理を適用せずに、**酒酔い運転**の場合、酩酊の程度が重いほど、責任が重くなるはずなのに、心神耗弱に至ると刑を減軽するというのは問題であるから、酒酔い運転の罰則自体が、**刑法8条但書**にいう「法令に特別の規定があると

第2節 責任能力　§132　原因において自由な行為◇　673

き」にあたり、39条2項の心神喪失の規定の適用を排除するものであるとする判例（秋田地判昭40・7・15下刑集7・7・1450）があった。

昭和43年最高裁決定の事案は、自動車を運転してバーに立ち寄り、飲みおわれば酔ってふたたび自動車を運転することを意識しながらビール20本ぐらいを飲み、その結果、心神耗弱状態で自動車を運転したというものであるが、決定は、「酒酔い運転の行為当時に飲酒酩酊により心神耗弱の状態にあったとしても、飲酒の際酒酔い運転の意思が認められる場合には、刑法39条2項を適用して刑の減軽をなすべきではない」とした（最決昭43・2・27刑集22・2・67＝百選39）。これは、総則規定の適用を排除するのではなく、原因において自由な行為の法理を適用したものである。

なお、通常の刑法犯につき、飲酒時においては精神状態は正常であって、一定量をこえて飲酒した場合には酩酊状態に陥り、正常な運転をすることができず、その結果他人に危害を生ぜしめることのありうることは十分予見しえたものと認められる場合には、たとえ過失行為の当時には飲酒酩酊による心神耗弱の状況にあったとしても、刑法39条2項の適用はないとしたものがある（東京高判昭46・7・14刑月3・7・845）。

覚せい剤の使用および所持については、当初の使用時には責任能力が認められるが、実行行為のときに覚せい剤等の影響で少なくとも心神耗弱状態にあっても、被告人が「覚せい剤の使用残量を継続して所持する意思のもとに所持をはじめたものであり、責任能力があった当時の犯意が継続実現されたものといえる」場合、刑法39条を適用すべきでないとした判例（大阪高判昭56・9・30高刑集34・3・385）がある。

6　実行開始後に陥った責任無能力

(1)　問題の所在

これまで取り扱ってきた原因において自由な行為の事例は、原因行為のときには実行行為性が疑わしい事例であったが、原因行為時にすでに実行行為が認められ、実行開始後、実行行為の途中で責任無能力ないし限定責任能力状態に陥った場合の処理が、ここでの問題である。

　　例えば、ドイツの判例には、当初ハンマーで被害者を殴りつけた行為により死亡に至ることはなかったが、それによって責任無能力状態（血の酩酊）に陥り、その状態でさらに殴りつづけたことによって被害者を死に至らせたという事案がある。[24]
　　わが国の判例では、行為者が自宅で焼酎を飲み始めたところ、妻Aと口論になり、立腹した行為者は、Aを手拳で頭部・顔面等を殴打し、焼酎を飲みながら、数次にわたって酩酊の度を強めながら暴行を加えた。Aに致命傷を負わせる行為を行った時期には、複雑酩酊の状態になり、「心神耗弱」に陥っていたという事案（長崎地判平4・1・14判時1415・142＝百選36）がある。[25]

---

[24] BGHSt7, 325　その他、殺意をもって被害者を刺そうとしてナイフを取り出したときに、「情動性健忘症」に陥り、責任無能力状態となった後、その状態で被害者を38回突き刺したという事案（BGHSt 23, 133）がある。
[25] この判例においては、「本件は、同一の機会に同一の意思の発動にでたもので、実行行為は継続

これらの事例において、責任無能力が認められるのか、あるいは、限定責任能力により刑の減軽をすべきなのかが問題である。

この問題を論じるに先立って、問題の射程範囲を明らかにしておこう。それは、ここで論じるのは、構成要件が危険ないし結果の惹起を内容とする犯罪について実行行為の途中で責任能力の減弱が生じた場合である。単純行為犯、継続犯、結合犯などにおいては、別の解法が要請される。

(2) 問題解決のための三つのアプローチ

この問題については、三つのアプローチがありうる。第1のアプローチは、**原因において自由な行為の法理**によって解決しようとする見解（墨谷・判評303号56頁、林美月子・情動行為206頁、山口・基本判例39頁）である。この見解は、とくに原因において自由な行為の事例を「例外」として解決しようとする立場から唱えられる。したがって、実行行為の本質的部分、すなわち、結果と直接の因果関係に立つ行為が心神耗弱ないし心神喪失の状態で行われたとみて、「原因において自由な行為」の事例と同様に原因行為の時点の責任能力をその喪失・減弱後の行為にも及ぼそうとするのである（山口・問題探究199頁以下、曽根・判評405号50頁、林幹人・刑法の基礎理論151頁、林美月子・情動行為206頁以下、同・神奈川法学28巻1号302頁以下）。第2のアプローチは、完全責任能力状態での実行行為と責任能力の低下後の実行行為を「一体・一個」のものとみうる場合には、責任能力低下後の行為による**結果惹起行為も責任能力があるものとする見解**（中森・中山古稀3巻225頁以下、中空・西原古稀2

的あるいは断続的に行われたものであるところ、被告人は、心神耗弱下において犯行を開始したのではなく、犯行開始時において責任能力の問題はなかったが、犯行を開始した後に更に自ら飲酒を継続したために、その実行行為の途中において複雑酩酊となり心神耗弱の状態に陥ったにすぎないものであるから、このような場合に、右事情を量刑上斟酌すべきことは格別、被告人に対し非難可能性の減弱を認め、その刑を必要的に減軽すべき実質的根拠があるとは言いがたい。そうすると、刑法39条2項を適用すべきではないと解するのが相当である」と判示した。

[26] 本問については、とくに、山本光英「実行の着手後の責任無能力—所謂『承継的責任無能力』の問題—」中央大学大学院研究年報16号I-2・95頁以下、林美月子・情動行為196頁以下、同・神奈川法学28巻1号283頁以下、神田・近大法学44巻2号35頁以下、中空・西原古稀2巻237頁、中森・中山古稀3巻219頁、野村「実行行為後における心神喪失・耗弱—責任能力による同時的コントロールの必要性」研修587号3頁以下、川端「実行開始後の責任能力の低下の取扱い」曹時50巻8号1頁以下参照。

[27] 大阪高判昭56・9・30高刑集34・3・385（覚せい剤使用・所持）、東京高判平6・7・12判時1518・148（覚せい剤所持）、札幌地判平2・4・23判タ737・242（事後強盗致傷罪）。

[28] なお、これには、原因において自由な行為の事例と同じ根拠で、この事例においても責任を否定する見解（浅田・刑事責任能力〔下〕127頁）も含まれる。

第2節 責任能力 §132 原因において自由な行為◇ 675

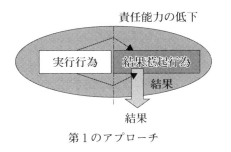

第1のアプローチ

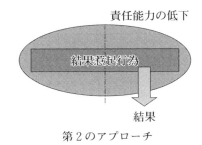

第2のアプローチ

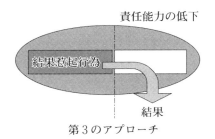

第3のアプローチ

巻260頁以下）である。第3は、ヴェーバーの概括的故意の事例と同じく、因果経過の錯誤ないし **客観的帰属の問題** としてとらえる解決法である。[29] この第3のアプローチは、ドイツにおける通説・判例（上に掲げた判例のほか、BGHSt 23, 133）のように、完全責任能力状態下での行為を決定的な行為とみる見解である。[30] ヴェーバーの概括的故意の事例と異なるのは、ヴェーバーの概括的故意の事例の場合、第2行為のときに故意がないのに対して、本事例では、責任能力がない、あるいは限定責任能力状態であるという点である。

　第1のアプローチは、屋上屋を架するものである。理論的には、実行行為のときに責任能力が存在するかぎり、その実行行為が、結果に対する客観的に帰属可能な行為であるならば、結果に対する責任が問われうる。同時存在の原則も充たされており問題はない。したがって、原則として、原因において自由な行為の理論を適用する余地はないというべきである。また、原因にお

---

[29] これを採るものとして、神田・近大法学44巻2号75頁。
[30] ただし、因果経過の錯誤無用論に立つか否かにより、客観的帰属のみならず、故意の問題ともするかどうか見解が分かれる。ここでは、無用論に立つ。

いて自由な行為説は、責任能力下での行為と無能力下での行為との間に「意思の連続性」ないし「二重の故意」の関係など**「行為の連続性」ないし「統一性」**を必要と解しているが、これは不要である。なぜなら、責任能力状態における行為が、結果に対する実行行為[31]（危険創出行為）であって、結果に対する故意が存在し、さらに、その責任能力状態における故意による実行行為が、結果を惹起し、その危険が実現した（危険実現連関の存在）のであれば、実行行為と結果との間に客観的帰属（因果関係）が認定されるのであり、結果につき責任を問うにはそれで十分であって、その他の要件は不要だからである。問題は、それぞれの要件の認定をどのように行うかに存在するにすぎない。

第2のアプローチは、行為の一体性・一個性が認められるとき、完全責任能力があるとするが、一体性・一個性の判断基準が不明なのと、なぜ一体性・一個性があれば完全責任能力が肯定されるのかの論証が十分ではない。

たしかに行為の一体性・一個性の判断は、客観的帰属の判断に影響を及ぼすことはありえよう[32]。しかし、結果犯において第1義的に重要なのは、前半の実行行為の結果惹起力のみである。行為の一体性・一個性は、単純行為犯・継続犯や結合犯において重要となる基準である。第1に、単純行為犯においては、一個の犯罪が継続しているかぎり一個の犯罪とみるべきである。例えば、運転開始時には完全な責任能力があったが、運転の途中でそれがなくなったにもかかわらず運転し続けた場合の酒酔い運転の罪については、責任能力の存在する状態での酒酔い運転が犯罪を構成するが、責任無能力状態における酒酔い運転は、前半の運転行為が継続して一体・一個であるかぎり、問題にならない。速度違反の罪のように、継続犯の場合にも同様であろう。第2に、強盗罪のような結合犯において暴行・脅迫を責任能力状態で実行したが、強取行為の際には責任無能力状態に陥っていた場合には、行為は2個であり、強盗全体を責任能力状態で行われたということはできないであろう[33]。

---

[31] 「実行行為の一体性・一個性」（中空・西原古稀2巻261頁）の認定は、実行行為開始時には真の実行行為が存在したかを確定するためには重要であるが、実行行為性の認定は、結果帰属の一前提要件にすぎない。既遂責任を問うためには、危険実現連関の存在も必要である。
[32] したがって、責任能力状態で妻を銃で撃ったが、その後、責任無能力状態に陥り、妻を刺し殺したとき（町野・松尾古稀〔上〕370頁）も、第1行為との客観的帰属が肯定されるかぎり、処罰しうる。
[33] したがって、（潜在的）実行行為である危険創出行為があれば、当然、それに由来する結果の帰属は可能である。その行為が、例えば、それ自体で直接結果につながるものでなくとも、帰属可能な形で、さらに行為者の行為が介在して結果に至った場合でもよい。例えば、殺人の意図でピストルの引き金に手をかけた者が、さらにその引き金を「引く」行為をする必要があったとしても、危険創出行為である。

完全な責任能力のある状態で既遂に至る可能性のない行為が行われた場合には、既遂の責任を問いえないことは、実行行為論によろうが、帰属論によろうが、さらに原因において自由な行為によろうが同じである[34]。実行行為性や結果に対する故意が認定された後で、客観的帰属（因果関係）の認定のほかに、さらに主観的連関が必要であり、「故意」の問題を論じることが必要であるというのであれば（林美月子・情動行為197頁）、それは、因果関係の錯誤における故意を阻却するか否かという問題を論じることになろう。しかし、私見によれば、因果関係の錯誤の問題は、客観的帰属の問題に解消される仮象問題である[35]（☞§95, 3）。したがって、第3のアプローチが正当である。

(3) 判　例

前掲の判例のほか、実行行為の途中に心神耗弱に陥った事例を扱った判例に次のものがある。昭和43年のもので、①飲酒のうえ自動車を運転し、事故の4キロメートル手前で心神耗弱に陥った後、過失致死傷罪を犯したという事案につき、酒酔い運転および業務上過失致死傷につき完全な責任能力の備わっていた段階で、酒酔い運転の開始ならびに過失行為の開始を認めたもの（大阪地判昭43・9・6判タ229・324）があった。その後の指導判例となったもので、行為の一体性の基準を明確にした判例として、②犯行の途中で情動性朦朧状態に陥り心神耗弱の状態で人を殺害した事例で「少なくとも犯罪の実行を開始したときに責任能力に欠けるところがない以上、その実行行為の途中において心神喪失の状態に陥ったとしても、刑法39条2項を適用すべきものではない」としたもの（東京地判昭53・11・6判時913・123）がある。さらに、③この②の控訴審判決であるが、「被告人はその責任能力に特段の減弱のない状態において既に未必的殺意をもって積極的に重大な加害行為に及んだもの」（前半の加害行為の重大性）であって「以後の実行行為は右殺意のおのずからなる**継続発展**として、かつ主としては右と同じ態様の加害行為をひたすら反復継続したという関係なのである」（継続発展・反復継続性）とし、また、被告人が犯行途中で陥った「精神的昂奮状態は被告人において**自ら招いた**面が多いという関係もそこに認められる」（責任能力の低下状態の自招性）として、「行為の一体性」の三つの判断基準を明確にして、結論的に、39条2項の適用を排除したもの（東京高判昭54・5・15判時937・123）である。そしてこれと同旨の判例で、④暴行行為の途中で酒の酔いが深まって錯乱状態に陥った後、暴行を継続し、死亡させた事案につき、責任能力状態の「段階において被害者に加えた暴行は、優に致死の結果をもたらしうるものと認められるうえ、その後の被告人の錯乱状態は、被告人自らの飲酒及びそれに先き立つ暴行等の行動によって**招かれ**

---

[34] 反対の見解として、曽根・判評50頁参照。
[35] すでに、山中「実行行為の途中で陥った心神耗弱状態と刑法39条2項の適用」法セ452号134頁以下、同・産大法学32巻2＝3号352頁以下参照。同じく、客観的帰属の問題であるとするものに、神田・近大法学44巻2号74頁以下。

たものであり、かつ、右状態で行われた暴行は、**前段階におけるそれと態様を異に**
するものでもないから、本件における被告人の暴行は、**その全部を一体として評価すべ**
き」であるとして、39条2項の適用を排除したもの（大阪地判昭58・3・18判時1086・
158）がある。

　③および④の判例は、実行の開始時に責任能力があるというだけではなく、その実
行行為と結果の直接の原因となった行為とが、「**継続発展**」の関係にあって「**一体**」
であり、「**自ら招いた**」という側面のあることなどを論じて、結果に対する責任を根
拠づけようとしている。これは、「・行・為」を・一・体とみることによって原因行為のとき
の責任能力が結果行為に及ぶことを論証しようとしたもので、原因において自由な行
為によるアプローチをとるものといえよう。

　このような判例の「行為の一体性」を基準とする解決方法は、本来、ここで考察の
対象からはずした継続犯などの場合の責任能力の減弱した状態での行為に39条の適
用を排除するための論拠を提供するものとなっている。[36]覚せい剤所持につき、罪とな
る事実が、行為者の発見ののちの「所持」に限定されたが、その当時、すでに限定責
任能力状態に陥っていたという場合に、罪となるべき事実ではないそれ以前の、のち
の所持と一体をなす「所持」の時点では完全な責任能力があったとして、必要的減軽
を認めない判例（前掲大阪地判昭56・9・30、東京高判平6・7・12）がその例である。し
かし、本来は、完全な責任能力のある時期の「所持」を罪となるべき事実とすべきで
あろう。

　なお、事後強盗致傷罪につき、窃盗の際には完全な責任能力があったが、暴行の際
には心神耗弱の状態にあったという事案に、「事後強盗罪は窃盗犯人を身分とする犯
罪類型で、実行行為は暴行、脅迫と解されるから、右実行行為たる暴行時において限
定責任能力を認めるべき本件においては、被告人は本件犯行全体について限定責任能
力者として処断されるべきである」とした判例（前掲札幌地判平2・4・23）がある。
しかし、事後強盗罪は身分犯ではなく、「窃盗」は行為である。この場合、「窃盗」と
「暴行・脅迫」という二つの行為が要求されている犯罪（結合犯）であるので、ここ
で扱ってきた事案とは異なって取り扱われるべきであろう（☞各論§86、5）。

---

[36] これについて詳しくは、山中・産大法学32巻2＝3号356頁以下、なお372頁以下参照。

第3節　過失責任論

> **【文献】** 井田良「注意義務をめぐる諸問題」刑雑34巻1号95頁、同「過失犯における『注意義務の標準』をめぐって」変革の時代における理論刑法学（2007）183頁、大塚裕史「予見可能性論の展開と今後の課題」刑雑38巻1号25頁、同「『因果経過』の予見可能性」板倉古稀159頁、小田直樹「『具体的』予見可能性について」広島法学14巻4号175頁、甲斐克則『責任原理と過失論』（2005）、佐伯仁志「予見可能性をめぐる諸問題」刑雑34巻1号113頁、前田雅英「予見可能性の対象について」西原古稀2巻27頁、松宮孝明『過失犯論の現代的課題』（2004）

§133　責任としての過失

1　総説

　構成要件段階では、危険創出連関と危険実現連関があれば、過失犯について構成要件該当性が認められた。本来の過失は、**責任要素**として責任の段階に位置づけられる。

　過失の体系的位置づけをめぐっては、さまざまな見解がある。まず、それを構成要件要素ならびに違法要素でもあり、また責任の要素でもあるという今日の通説的見解（団藤338頁以下、大塚209頁、内田249頁、佐久間142頁以下）のほか、過失犯に固有の違法要素とみる見解（木村246頁）、違法な過失行為を類型化したものが構成要件であるとして、・構・成・要・件・的・過・失のみを認め、責任の段階では過失を考慮する必要がないとする立場（川端206頁以下）、そして、・構・成・要・件・的・過・失お・よ・び・責・任・要・素・と・し・て・の・過・失を認めるが、違法要素としての過失を否定する見解（曽根170頁以下、前田288頁）、さらに、最近ふたたび有力化している旧過失論に立って、過失はもっぱら責任要素であるとする立場（平野192頁、中山・概説〔Ⅰ〕168頁、内藤1104頁以下、町野255頁、山口228頁、同・問題探究157頁以下）などがある。最後に、過失に構成要素である注意義務のうち、結果回避義務は違法性の要素であるが、結果予見義務は責任の要素であるとする見解（井上正治『過失犯の構造』〔1958〕52頁以下）もある。

2 注意義務

(1) 通説による理解

過失とは、不注意であり、**注意義務違反**をいう。新過失論によれば、注意義務は、**結果予見義務**および**結果回避義務**からなる。結果予見義務は、結果の発生を予見すべく意思を緊張させるという**内部的注意義務**である。予見義務は、認識ある過失にも認識なき過失にも妥当する[1]。結果回避義務は、予見にもとづいて結果の発生を回避すべき義務である[2]。結果の発生を予見することができたのに、予見しなかったが、予見していたとしても、結果の発生を回避することはできなかったであろうという場合、過失責任を問うことはできないものとすべきである。

(2) 予見可能性としての過失？

学説の中には、「結果予見義務」の概念について、それは、結果回避義務から独立した意義を有するものではないとし、義務を履行すれば、予見、つまり故意があることになり重く処罰されることになるが、このような履行するより重い責任を負わされる義務などはありえないとして（松宮・野村編302頁参照）、過失犯処罰の確定は「**結果の予見可能性**」によりなされるのであり、これに尽きるとする見解（山口・問題探究161頁以下）が唱えられている。

この見解は、結果回避義務は、故意犯においても共通して要求されるもので、過失犯固有の問題ではないとし、また、予見可能性の概念が不明確で曖昧であるという批判（米田泰邦「刑事過失論の今日的課題」警研63巻6号36頁、山中敬一「過失犯における『予見可能性』と『実行行為』」基本講座2巻300頁以下）に対しては、危険性による限定が予見可能性による限定とどの程度異なる有効性を有するのかには疑問があるとする（山口・問題探究163頁）。

しかし、結果予見可能性をもって過失責任の問題が尽きているとする見解

---

[1] 認識ある過失の場合には、すでに予見があるのだから予見義務は成立しないとする立場（大塚225頁、同『刑法論集(1)』〔1976〕225頁、西原「過失犯の構造」現代刑法講座3巻15頁、なお、西原172頁は改説）があるが、認識なき過失のみならず、認識ある過失の場合にも予見義務は根拠づけられる。認識ある過失においても、その認識は、結果回避行為につながりうるような質を備えたものでないならば、予見義務は尽くされたとはいいがたい（内藤1116頁、曽根・重要問題178頁）。

[2] 旧過失論からは、注意義務違反としての過失は、結果予見義務のみからなりたつものとされることがある（曽根・重要問題176頁）。しかし、一般的には、旧過失論に立っても、結果の発生そのものを回避ないし防止するように行為すべき義務という意味で結果回避義務が問題にならないわけではない（中山・概説〔Ⅰ〕171頁、内藤1105頁、町野258頁）と理解されている。また、新過失論の立場から、違法性の段階においては、注意義務違反とは、結果回避義務違反のみと解する立場（野村174頁）もある。

には**疑義**がある。結果予見可能性は、結果の主観的帰属、すなわち、発生させた結果に対して行為者の可能的な主観が及んでいるかどうかの判断を意味する。けれども、過失責任は、結果に対する可能的意思支配の確定に尽きるものではない。責任非難は、予見可能であるのに、予見しなかったことのみによるのではなく、論理的には、その前に、予見すべきであったという**当為命題**が必要なのである。その**予見義務**は、故意犯・過失犯に共通の**結果惹起禁止規範**から生じる。結果惹起を禁止するためには、行為者が結果の発生を予見し、その予見が現実化することがないように結果発生につながる行為をやめる必要がある。このような意味で、「結果を予見せよ」という義務が根拠づけられるのである。したがって、通説のように、結果予見可能性が予見義務を根拠づけるのではなく、結果惹起禁止規範から予見義務が根拠づけられるのである。予見可能性の機能は、第1に、結果の主観的帰属を基礎づけることであるが、第2に、結果予見義務を限界づけることでもある。過失の中核的要素を「予見可能性」に還元してしまうことはこのような根拠から疑問である。

(3) 本書の立場（予見義務・回避意思形成義務としての注意義務）

過失は、注意義務違反であり、**結果予見義務**と**結果回避意思形成義務**から成り立つ**内部的意思緊張義務に対する違反**を中核とする。前述のように、結果予見義務は、結果惹起禁止規範から生じる。結果（危険）惹起禁止規範は、故意犯にあっては行為者に対し、行為者の実現しようとしている意思を実現するような行為をしないようにせよという禁止規範の形そのままに与えられる。そして、故意によって禁止規範違反をしようとしている者に、その結果を回避すべき義務は与えられず、また、結果回避意思形成義務も与えられない。しかし、過失犯においては、不注意によって結果の発生に気づかず、また、結果の実現意思をもつものではないのであるから、結果惹起禁止規範は、意思を緊張させ結果を予見し、予見にもとづいて結果を回避するべく意思形成せよと命令する形で現れる。予見義務の限定原理となるのが、予見可能性であり、結果回避意思形成義務の限定原理が意思形成可能性である。

それでは、予見義務の発生根拠は何であろうか。それは、**危険創出行為**の存在である。客観的な危険創出行為、すなわち、結果に対する客観的な予見可能性が存在し、通常の危険を高める行為を行ったとき、結果予見義務が生じるのである。[3]

3 予見可能性

(1) 予見可能性の意義

主観的結果予見可能性は、前述のように、**結果の主観的帰属**と、**予見義務の主観的限定**という二つの意味をもつ。前者は、主観的な結果予見可能性の存在によって、当該の結果をその個人に主観的に帰属せしめる機能を果たす。これによって結果に対する責任が根拠づけられる。後者は、客観的結果予見義務は、主観的能力によって実効性をもち、限界づけるものとする。つまり、主観的予見可能性は、客観的予見義務の妥当性を限界づける機能を果たすのである。

結果の主観的帰属について敷衍しよう。すでに、構成要件論における結果の客観的帰属において、結果に対する違法性判断がなしうるベースが形成されている。客観的帰属論においては、危険創出連関において、ある程度抽象的な結果に対する予見可能性が要求された。具体的な因果経過については、事前的な予見可能性の問題ではなく、事後的な危険実現の問題であった。責任論においては、具体的な結果に対する責任が問題であるが、行為者自身のその結果に対する主観的予見可能性が存在するとき、主観的な責任が肯定されうる。

(2) 主観的帰属基準としての予見可能性の対象と程度

(a) 因果関係の基本的部分の予見可能性 　主観的予見可能性の対象は、結果および因果経過である。ここでの主観的予見可能性は、危険創出連関と危険実現連関の存在を前提として問題とされるものである。したがって、例えば、通常人であれば誰でも毒薬だと気づく物を、薬であると誤信して患者に投与した見習い看護師は、本人を基準にすれば、患者の「死亡」結果に対する予見可能性はない。その際、詳細で具体的な因果経過についての予見可能性は必要ではなく、**因果関係の基本的部分の予見可能性**があれば十分である（通説・判例）。

学説の中には、結果に至る因果経過の概要を予見しなくても、結果発生の**危惧感**があれば結果予見可能性があるとするものがある（藤木240頁、板倉257頁）。しかし、結果が発生するかもしれないという漠然たる危惧感や不安感だけでは予見可能性があったとはいえない。予見可能性の概念には、許され

---

[3] これは通説の概念によるならば、結果発生に関する客観的予見可能性が存在するとき、行為者本人に対して、結果発生を予見するようにせよという義務が生じるということである。

た危険や利益衡量などの異質な要素も入り込んでいるので、純粋に主観的なものかどうかには疑問がないわけではない。しかし、「責任」において重要なのは、決定規範に従って行動する契機となり、結果回避意思の形成に役立つかぎりでの予見可能性である。たんなる不安感や危惧感には、このような契機は見いだせないのであって、この説は不当である。

　危惧感説に従ったとみられる**裁判例**としては、その嚆矢ともいうべき「弥彦神社群衆圧死事件」に対する控訴審判決（東京高判昭39・2・19判時386・14）がある。「極度に群衆を密集させると人身事故を生ずるおそれがある」という程度の予見可能性で十分であるとされたのである。[4]

　判例が明示的に危惧感説を採用したといわれているのは、**森永ミルク中毒事件の差戻審判決**（徳島地判昭48・11・28刑月5・11・1473）である。そこでは、「予見可能性は具体的な因果過程を見とおすことの可能性である必要はなく、何事かは特定できないが、ある程度の危険が絶無であるとして無視するわけにはいかないという程度の危惧感であれば足りる」とした。

　しかし、**北大電気メス事件控訴審判決**（札幌高判昭51・3・18高刑集29・1・78＝百選51）では、「内容の特定しない一般的・抽象的な危惧感ない不安感を抱く程度では足りず、特定の構成要件的結果及びその結果の発生に至る因果関係の基本的部分の予見を意味するもの」とし、**熊本水俣病事件控訴審判決**（福岡高判昭57・9・6高刑集35・2・85）においても「因果関係の基本的部分に関する実質的予見」可能性を要するとした。

　そのほか、交通事故に関しては、判例においては、予見可能性の概念の内容につき厳格に考えられていた。判例は、ハイドロプレーニング現象について自動車工学やタイヤメーカーの研究者にしかその知識がなく、自動車運転者にはほとんど知られていなかった当時に、折から雨で路面が濡れていた名神高速道路で大型バスを時速90キロ以上で運転していて突然横滑りし、乗客等に死傷を負わせた事故について、予見可能性を否定した[5]（京都地判昭46・3・26刑月3・3・469）。

　近時の判例では、**生駒トンネル火災事件決定**がある（最決平12・12・20刑集54・9・1095＝百選53）。被告人は、近鉄生駒トンネル内のケーブルの接続工事に際し、接地銅版を付けるのを怠ったため誘導電流が大地に流れず、長期間にわたって分岐接続器に流れて炭化導電路を形成し、火災を発生させた。トンネル内を通行中の乗客らが火災によって発生した有毒ガスを吸引し、1名が死亡し、42名が傷害を負った。予見可能性については、**第1審**は、「因果経過の基本的部分」の予見可能性を要求したが、

---

[4] 上告審においては、災害の発生等を予測することは「一般の常識として可能なこと」であるとして、原判決の判断を正当なものとした（最決昭42・5・25刑集21・4・584）。
[5] 控訴審では、ハイドロプレーニング現象の正確な内容の理解がなくても、それに至る過程におけるスリップ現象については自動車運転者は知悉していたという検察官の主張に対し、「すべり易い状態」は認識していたが、「極度にすべり易い状態」は認識しえず、予見可能性はなかったとして、原審の判断を正当であると判示した（大阪高判昭51・5・25刑月8・4＝5・253）。

「炭化導電路が形成されるという現象が火災発生に至る因果経過の端緒部分となるものであり」、Y分岐接続器に炭化導電路が形成されたという事実は、「一連の因果経過の基本的部分を構成するもの」であるとして、この事実については予見可能性がない以上、異常現象について予見可能性があるとはいえないとして**具体的予見可能性を否定**した。これに対して、**第2審**は、「原判決の予見可能性に関する見解は、因果の流れの中の細目の一つであるにすぎないいわゆる炭化導電路の形成とその理化学的メカニズムの意義を誇大に評価位置づけし、これを**因果経過の基本的部分**と見誤」ったものとした。**最高裁**は、原審を支持し、「右のような炭化導電路が形成されるという経過を具体的に予見することはできなかったとしても、右誘起電流が大地に流されずに本来流れるべきでない部分に長期間にわたり流れ続けることによって火災の発生に至る可能性があることを予見することはできたものというべきである」として**予見可能性を肯定**した。

(b) 管理監督過失における予見可能性 最近の管理監督過失について、安全体制確立義務違反の時点から、具体的結果の発生について、予見可能性を肯定できるのかという問題がある。例えば、安全体制確立義務に違反してホテルの客室にスプリンクラーを設置しないで営業していたが、ある日、客室での宿泊客の寝煙草から出火し、逃げ遅れた多数の宿泊客が煙にまかれて死亡したという事例で、いつどこからどのような形で出火し、どのような客が何人死ぬのかは予見可能なのか、そのような予見可能性は必要なのかが問われる。この場合、判例は、いったん火災が起これば、宿泊客等に死傷の危険が及ぶことは容易に予見しうるとして、いついかなる条件のもとで結果が発生するかについて、具体的予見可能性を問題としないようにみえる[6]。学説の中には、これらの判例を批判し、この程度の予見可能性では具体性に欠けるとするもの[7]、逆に、因果経過の予見可能性を不要とするものがある[8]。

(c) 客体の予見可能性の範囲 次に、構成要件的結果が発生する「人」の範囲について、予見可能性が及ぶ限界はどこに求められるのであろうか。**判例**の事案によって問題点を明らかにしよう。

> Xは、軽四輪を運転中、高速度で対向してきた車両を認めて狼狽し、急にハンドルを切ったため自車を暴走させ、信号柱に後部荷台を激突させた。その衝撃によって後部荷台に同乗していたAおよびBの両名を道路に転落させて死亡させた。ただし、

---

[6] 最決平2・11・16刑集44・8・744、山中「因果関係(客観的帰属)」『火災と刑事責任』(中山・米田編著)(1993) 73頁参照。
[7] 松宮・過失犯論の現代的課題238頁、町野「監理監督過失論の確立?」法教139号130頁、神山敏雄・大コン3巻330頁、山口243頁、同・問題探究171頁。
[8] 林幹人『刑法の現代的課題』(1991) 26頁、井田良『犯罪論の現在と目的的行為論』(1995) 218頁。

Xは、両名が乗車している事実を認識していなかった。

この場合に、結果発生に関する予見可能性はあるのだろうか。**最高裁**は、この事案について、「被告人において、右のような無謀ともいうべき自動車運転をすれば死傷を伴ういかなる事故を惹起するかもしれないことは、当然認識しえたものというべきであるから、たとえ被告人が自車の後部荷台に前記両名が同乗している事実を認識していなかったとしても、右両名に関する業務上過失致死罪の成立を妨げない」と判示した（最決平元・3・14 刑集 43・3・262 ＝百選 52）。この決定は、衝突事故において、通常、同乗者がいることを運転者が知っている場合のほか、歩行者等に結果が発生することは予見可能であるが、後部座席に被告人の知らないうちに潜んでいた「人」に結果が発生することも、予見可能であるとした点に意義と問題点がある。[9]

まず、法定的符合説によれば、行為時に因果経過の基本的部分の予見可能性を問題にすることは妥当ではないとされ、最終結果の予見可能性のみを問題にすれば足りるとされることがある。

次に、因果経過の基本的部分の予見可能性を要求する立場からは、この判例のように、何らかの危険が予見可能であれば、直ちに、予見可能性が肯定されるとすることはできない。すなわち、予見可能性は、一般的に「**結果を惹起するにも十分な危険性**」をもつ行為が行われたことで認められるのではなく、危険の及ぶ「人」の範囲についても、行為事情から、限定されるものと思われる。荷台に多数の人を同乗させていることを知っていた運転者は、たまたまその内の一人が運転者に無断で大勢の中に紛れて潜んでいたのに気づかなかったが、事故によりその一人のみが重傷を負ったという事案を仮定すれば、その一人の存在を認識していなければ予見可能性がないというわけではない（前田 284 頁）。この場合、因果経過の基本的部分は共通であり、故意の場合のように、予見「可能性」が、具体的な一つの客体にのみ及ぶわけではないからである。

学説の中には、平成元年の最高裁の決定は、法定的符合説に立って予見可能性を、認識した客体から**認識のない客体にも転用したと解する見解**が有力である。[10] しかし、これに対しては、法定的符合説からも反対がある。[11] 法定的符

---

[9] これとは逆に、自動三輪車の運転者が助手席に乗っていた者に傷害を負わせ、運転者の知らない間に後部荷台の上に便乗していた者を死亡させた事案で、便乗者については、予見可能性がないとして、過失の成立を否定した判例（福岡高宮崎支判昭 33・9・9 高裁特 5・9・393）がある。大塚裕史「監督過失における予見可能性論」法研論集 52 巻 12 号 32 頁以下参照。

合説を採ることの論理的帰結（山口「過失における予見の対象」法教107号93頁）として、認識のない客体について、予見可能性を認めたとは必ずしもいえないであろう。事実の錯誤論において具体的符合説に立脚するならば、特定の範囲にいる客体に向けられた危険の認識可能性を、その危険範囲の圏外にいる客体に対する危険の認識可能性に転用することはできないというべきである。

 (d) 中間項理論　　そして、学説の中には、このような予見可能性の存否の判断は、「中間項」である、荷台に潜む人の認識の有無を補助的な手がかりとして判断されるものとし、これを**中間項理論**と呼ぶものがある（前田315頁以下）。これによれば、運転者が、後部荷台に同乗者の潜んでいることを認識している場合には、その者に交通事故により死亡の危険が及ぶことが行為者本人にとっても、予見可能であるという判断が可能となる（前田315頁以下、なお、内藤1118頁以下）。**板橋ガス爆発事件**においては、東京地裁は、その「事実」が予見できる場合には一般人にとって、通常、構成要件的結果に対しても予見可能性があるといいうる「事実」を指す（東京地判昭58・6・1判時1095・27）として、地中のガス管の支えが大きく移動した点を中間項として設定し、その予見可能性が認められないとして過失責任を否定したものとされる（前田318頁）。たしかに、予見可能性の認定につき、中間項を手がかりにするのは、予見可能性存否の判断を抽象的レヴェルで行うのではなく、その判断の資料にもとづいて手堅く行うという実務的な認定方法である。しかし、これは、あくまで事実認定の方法であって、実体法上の「理論」ではない。衝突した信号柱のかげに歩行者がいたとしたならば、その人の存在については「認識」していたかどうかはほとんど意味がない。認識がなくとも予見可能性を肯定できるのであり、このことから、結局、問題は、行為者の創出した危険の及ぶ範囲の問題であることがわかる。この「理論」は、予見可能性の対象としての因果経過を不要とする（前田315頁）代償に唱えられた代替物にすぎない。

---

[10] 安廣文夫・最判解（平成元年）87頁・95頁（注16）以下（およそ人が死ぬことの予見可能性があれば足りるとする）。前田『刑法演習講座』（1991）160頁、林幹人・現代的課題63頁。

[11] 川端「過失犯における予見可能性」法セ421号98頁、松宮「過失における予見可能性と法定的符合説」法セ423号78頁、信太秀一「過失犯における結果の予見可能性と故意錯誤論」西原古稀2巻91頁、大塚裕史・法研論集52巻12号35頁。

[12] ディスコの照明装置の電動昇降装置に使用されていたローラーチェーンが疲労破断して照明装置が落下し、死傷者を出した「六本木ディスコ照明落下事故」に関する東京地裁の判決（東京地判平4・2・26判タ800・275）は、「ローラーチェーンに作用する荷重がその疲労限度荷重を著しく超過した状態にあったこと」、「その状態で長時間疲労破断するに十分な程度に繰り返し荷重が加えられたこと」の二点に関する「予見可能性」が問われた。これは、「中間項」の予見可能性を問うものである。

本件の事案については、責任の段階において主観的な結果予見可能性いかんを論じる前に、すでに、危険創出行為からの結果への危険の実現が否定されるものと思われる。したがって、予見可能性が問題となるのは、一般人は、荷台に人が潜んでいることを知っていたか、知りえたが、本人のみが知らなかったし、知りえなかったといった場合にかぎられる。

4　注意義務の標準
(1)　学説の検討

　責任としての過失についても、注意義務の標準を「行為者」に求める**主観説**か、「通常人」に求める**客観説**か、両者の**折衷説**か、あるいは事項によって人の能力に質的な区別があるとして、それぞれの能力に固有の標準を呈示する**能力区別説**かによって、見解が分かれる。

　(a)　主観説　　本説は、**行為者の能力**を標準とする。責任主義からは、この見解が妥当とも思われるが、この説によれば、軽率な者ほど過失非難を免れることになるのは不当である。

　(b)　客観説　　本説は、**一般人の能力**を標準とするが、一般人（平均人）とは何かについて見解が一致しているわけではない。その点で、社会一般の通常人が行為者の具体的地位と状態にあったならば払いうると期待されうる程度の注意能力とする見解（木村 250 頁）と、そうではなく、行為者と同じ立場にある通常人を指すとする見解（大谷 189 頁、川端 214 頁、齊藤信宰 190 頁）とがある。後者の見解は、職業や社会的地位によって類型化された一般人を標準とするものである。例えば、医師の医療過誤事件については、医師である通常人を標準とする。

　(c)　折衷説　　これには、さまざまなものがある。①刑法は一般的な当為を基本とするが、その道義的責任を帰するのはただその行為者が可能であった範囲にとどまるとする見解（小野 174 頁）、②過失責任の問題であるとして、基本的に主観説を正当としつつ、ただ、行為者の能力が通常人よりも高い場合、注意義務の上限は、客観説の標準によって画されるとする見解（団藤 343 頁）、③構成要件的過失は、客観説によるが、責任としての過失においては、主観説によるとする立場（大塚 211 頁以下・473 頁以下）である。

　(d)　能力区別説　　これには、異なった種類のものがある。まず、意思を緊張させるという努力である心理的作用としての「注意」そのものは通常人を標準とするが、その結果である「予見」については、その人の身体的条

件・知識・経験・認識能力を考慮して主観的標準によるとする説（中野52頁以下、内藤1125頁、曽根174頁、同・重要問題〔補訂版〕160頁）がある。この説によると、同じ程度に意識を集中していても、その人の身体的条件によって認識範囲に広狭が生じることは避けられないので、その点は各人を基準にするのが妥当であるというのである。第2に、疲労、酩酊、興奮などの生理的なものは主観的基準によるが、規範心理的なものは客観的基準によるべきだとする見解（平野206頁）がある。この見解は、日常的に粗忽で「うっかり者」であることによって過失責任を免れることは許されないという考え方を背景にもつものである。

(2) 本書の立場

　私見によれば、注意義務（結果予見義務・結果回避意思形成義務）は、結果惹起禁止規範たる過失犯の構成要件から生じる。それは、行為者に個別的に与えられるものではなく、**創出された危険**によって客観的に与えられるべきものである。もちろん、そのような客観的義務違反が、直ちに過失犯の構成要件を充足し、違法であるというわけではない。構成要件および違法性の段階では、この義務自体が問われることはなく、それは、**危険創出連関の認定の補助的手段**にすぎない。危険創出と危険実現が肯定されれば結果発生に対する実質的で許されない危険が存在し、違法となる。

　注意義務は、**責任の段階**ではじめて、行為者個人に向けられ、その違反が非難される。しかし、行為者の精神力、体力、認識能力、知識、経験等によってその義務の履行可能性には個人的限界がある。責任の段階においては、個人的能力によって注意義務の妥当性が限定されるのである。したがって、予見可能性も、主観的能力に依拠する。過失責任が肯定されるのは、**行為者本人の属する類型人の能力**を標準に、結果予見可能性ないし回避意思形成の可能性が存在する場合のみである。

　行為者の身体的条件・知識・経験・認識能力などから、とくに行為者の能力が劣っている場合については、それを根拠に直ちに予見可能性ないし回避意思形成可能性がないということにはならない。そのような行為者は、自らの能力の限界を知って、あらかじめそのような危険創出行為につながる前段階行為を行わない義務を負う。例えば、強度の近眼である者が、眼鏡をかけずに運転して、人を撥ねて死亡させることを予見できずに、事故を起こした事案を想定すると、その者は、眼鏡をかけずに運転すること自体に遡って非

難されることがあるのである。これは、そのような行為を引き受けたこと自体を過失とするので、**引受け過失**と呼ばれることがある。引受け過失が問題となるのは、生じる可能性のある危険を回避するために必要な認識能力や認識手段ないし必要な経験的知識もないのに危険な行為を行う場合である。医学的水準に達していない専門医でない医師が、最新の医療技術を要する手術を行うような場合がその例である。

§134 過失の種類

1 認識のない過失・認識のある過失

行為者が、構成要件的結果の認識をもつ場合を**認識のある過失**（意識的過失）（bewußte Fahrlässigkeit, luxuria）と呼び、構成要件的結果の認識のない過失を**認識のない過失**（無意識の過失）（unbewußte Fahrlässigkeit, negligentia）と呼ぶ。認識のない過失については、そもそも処罰すべきかどうかが問題視されることがある。[13] しかし、認識のない過失についても、注意義務を果たしていたならば構成要件的結果の発生を予見し、反対動機を形成し、行為を思いとどまったであろうという間接的な非難は可能であり、その点で、結果発生の予見はあっても、不注意によって結果が発生することはないだろうと軽信した認識ある過失の場合と本質的な相違は認められない。他方、認識のある過失については、**故意との区別**が問題となる。認識のある過失においては、行為者は、結果発生の具体的危険が存在していることは認識しているが、構成要件的結果は発生しないだろうと不注意にも信じて行動しており、結果の実現意思が形成されていない。前述のように、未必の故意とは実現意思の形成がある場合とするならば（☞§91, 4）、認識のある過失にあっては、認識はあるが、それがありうる法益侵害の結果を実現しようとする意思を形成したといえない点で、未必の故意と区別される。

2 通常の過失・業務上の過失・重過失

過失犯については、**通常の過失**と**業務上の過失**ならびに**重過失**がある。**通常**

---

[13] 田宮裕『刑事法の理論と現実』（2000）87頁、青柳文雄「無過失の刑事責任」日沖還暦（1）271頁以下、沢登佳人「すべての過失は認識ある過失である」植松還暦321頁以下。最近では、甲斐・責任原理と過失犯論149頁以下。

の過失とは、構成要件上、特別の限定が付されていない一般の過失をいう。**業務上の過失**とは、「業務上必要な注意」(117条の2前段・129条2項・211条1項前段)を怠って行われる過失をいう。業務とは、社会生活上の地位にもとづき反復・継続して行われる事務をいう(通説・判例＝最決昭26・6・7刑集39・6・362、最決昭60・10・21刑集39・6・362＝**百選60**)。

(1) 業務上の過失

業務上の過失は、通常の過失に比べて、加重処罰されている。その**加重処罰の根拠**に関しては、学説が分かれる。①業務者という身分を有する者には、通常人とは異なった**とくに高度な注意義務**が課せられているとする見解(団藤345頁、大谷194頁、川端228頁)は、業務上の過失においては、行政取締目的を考慮する原理が、固有の刑法の原理を修正しているのであり、行為者の具体的な能力を顧慮せず、かりに注意能力を欠いていても責任は阻却されないものと説明する。②業務者に対しては特に一般警戒を厳格にする必要があり、このような**一般予防の目的**によるとする見解(瀧川143頁、植松308頁、吉川217頁以下、なお、中山376頁も参照)は、加重処罰根拠をもっぱら政策的理由に求めるものである点で、解釈論的説明になっておらず、不当である。③**一般予防**のほかに**特別予防目的**も考慮されているとする説(斎藤信治141頁)もあるが、同様の批判が妥当する。④この種の犯罪にあっては被害法益が甚大・多数であることが多く、**違法性が重い**とする見解(宮本292頁)については、たしかに法定刑の加重は、違法性の大小によっても影響されることは否めないが、やはり責任非難の大小が大きな意味をもつというべきであろう。⑤業務者は、**高度の注意能力**をもつものであるから通常人に比べてその違反の程度が著しく、行為無価値が大きく、注意義務違反行為の違法性が大きいとする説(福田135頁)は、注意義務の逸脱の程度に行為無価値を認め、違法性が大きいとする点で疑問である。さらに、⑥業務者は、**注意能力が大きく**、同じ不注意でも通常人に比べて一段と**重い責任非難**が向けられるとする見解(佐伯263頁、平場109頁)および⑦違法性のみならず**責任も重い**とする見解(荘子196頁、大塚217頁、内田127頁)がある。

この学説の対立は、過失犯に関する犯罪論体系をめぐる対立でもあるが、本書の基本的立場からすれば、過失犯の違法性は、業務上の過失であることによってとくに増減することはないというべきである。したがって、責任論の問題であるが、後述するように、可罰的責任論を展開する**私見**によれば、

業務上の過失の加重処罰の根拠は、刑事政策的見地から、とくに高い注意義務を要求し、さらに業務者の高い注意能力が一定程度擬制されており、**可罰的責任が高まる**点に求めるべきであろうと思われる。

(2) 重過失

重過失[14]（culpa lata）とは、通常の過失に比べて、注意義務違反の程度が甚だしい過失をいう。これを「**重大な過失**」として加重処罰している（117条の2後段・211条1項後段）。これに対立する概念が、**軽過失**（culpa levis）であるが、わが国では、これを類型化した構成要件はない。

行為者が、些細な注意を払うことによって注意義務を果たすことができたにもかかわらず、これを怠った場合に、重く処罰するのが、重過失を加重処罰する趣旨である。これについても、可罰的責任論から説明されうるが、業務者といった身分による類型化が行われているわけではないので、この場合には、重大な法益につき高い注意義務を要求するとともに、とくに注意義務違反の程度の著しく大きいことが主たる加重処罰の理由であると解すべきである[15]。

> 重過失致死罪が認められた最近の判例に、闘犬用大型犬（体重約45.11キログラム）を飼育していた被告人が、同犬を散歩、運動させるに当たり、付近には人がいないものと軽信し、同犬をつなぐ綱を手放して同犬を逸走させた**重大な過失**により、付近の浜辺を散歩中の被害者に噛みつかせ、意識障害に陥った被害者を付近の波打ち際に転倒させて海水を吸引させ、溺水によって死亡させた事案（札幌地裁苫小牧支平26・7・31LEX/DB）がある。

---

[14] 重過失は、ドイツでは、重過失（grobe Fahrlässigkeit）は民法において用いられる概念である（§277 BGB）。ドイツ刑法では、最近、これに対応する概念として、「特に高度の注意」を要するという意味における「軽率」（Leichtfertigkeit）という概念が用いられている（§109g・§251 StGB）。

[15] 重過失にあたりうる場合でも、業務者が重過失を犯した場合には、業務上過失にあたる。したがって、同じように著しい不注意によって子供を人を死亡させても、例えば、保育園の保育士が行えば業務上過失致死罪（211条1項）であるが、母親が死亡させれば重過失である。

第4節　違法性の意識の可能性

> 【文献】石井徹哉「故意の内容と『違法性』の意識——行政取締法規違反における問題を中心に——」早稲田法学会誌39巻1頁、石堂淳「責任阻却事由の錯誤——期待可能性の錯誤を中心として」基本講座3巻317頁、齊藤信宰「事実の錯誤と法律の錯誤の区別」基本講座3巻290頁、齊野彦弥『故意概念の再構成』(1995)、洲見光男「『あてはめ』の錯誤と故意——行政犯における事実認識を含めて——」法研論集47号109頁、髙山佳奈子『故意と違法性の意識』(1999)、同「違法性の意識」刑雑37巻2号119頁、中義勝『輓近錯誤理論の問題点』(1958)、長井長信『故意概念と錯誤論』(1998)、林弘正「違法性の意識」刑雑30巻1号113頁、同『相当な理由に基づく違法性の錯誤』(2012)、林幹人『刑法の基礎理論』(1995)、福田平『違法性の錯誤』(1960)、同「故意説か責任説か」論争刑法86頁、藤木英雄「事実の錯誤と法律の錯誤との限界」刑法講座3巻88頁、町野朔「『違法性』の認識について」上智法学24巻3号193頁、松原久利『違法性の意識の可能性』(1992)、同『違法性の錯誤と違法性の意識の可能性』(2006)

§135　違法性の意識・違法性の錯誤の意義

　違法性の意識（Bewußtsein der Rechtswidrigkeit）（不法の意識、Unrechtsbewußtsein）とは、自己の行為を違法であると意識していることである。この違法性の意識が、犯罪の成立のために必要かどうか、それは犯罪論上の範疇のどこに位置づけられるかが争われている。違法性の意識の問題は、違法性の錯誤の問題として裏面から議論されることが多い。**違法性の錯誤**（Irrtum über die Rechtswidrigkeit）とは、事実の錯誤はないが、その行為が法律上許されないことを知らず、または許されていると錯誤した場合をいう。違法性の錯誤とは、行為の違法性に関する錯誤であるが、構成要件該当行為が「禁止されていること」（Verbotensein）についての錯誤であるので、**禁止の錯誤**（Verbotsirrtum）ともいわれる。違法性の錯誤ないし禁止の錯誤は、いわば全体的な法的評価に関する錯誤である点で、個々の行為事情に関する錯誤である事実の錯誤とは異なる。なお、**法律の錯誤**（Rechtsirrtum）といわれることも多いが、厳密には、法律の錯誤は、民法のような非刑罰法規の錯誤の場合も含まれることになり、事実の錯誤との区別（☞§140, 2）の意味で適切ではないといえよう（な

お、中野216頁参照）。

刑法38条3項は、「法律を知らなかったとしても、そのことによって、罪を犯す意思がなかったとすることはできない。ただし、情状により、その刑を減軽することができる」と規定する。この規定の解釈については、違法性の意識を必要とするか不要とするかという立場の相違によって、見解が分かれている。大審院・最高裁の**判例の主流**は、**違法性の意識不要説**に立つ。したがって、38条3項にいう「法律」を知らなかったとしても、「罪を犯す意思」がなかったとすることはできないというのは、違法性の意識がなかったとしても故意は阻却されないという意味に解釈している。それゆえ、但書は、違法性の意識を欠くことに宥恕すべき理由があるときは、故意を阻却することはないが、刑の減軽の可能性があることを定めたものと解する。

これに対して、学説には、判例の主流と同じように違法性の意識を不要とする見解もあるが、これをどのような形で必要とするかについてさまざまな見解に分かれている。そして、38条3項の解釈についても、それぞれの見解によって異なる。

§136 違法性の意識に関する学説

学説においては、違法性の意識がそもそも犯罪の成立のために必要かどうかについて見解の対立があるほか、違法性の意識が「故意の要素」なのか、「責任の要素」なのかについても学説が分かれ、さらに、**違法性の意識**自体、つまり違法性に関する現実的意識が必要なのか、それとも**違法性の意識の可能性**があればよいのかについても学説が分かれている。[1] 学説の基本的対立の状況については、「故意構成要件論」においてすでに示した（☞§90, 2）が、ここではこれを詳論しよう。

---

[1] 違法性の意識ないしその可能性に関する最近の研究として、主なものを挙げておくと、石井「故意責任の構造について―『素人領域における平行評価』と違法性の意識―」早誌38巻1頁以下、神山敏雄「行政犯および経済犯における違法性の認識」一橋論叢98巻5号7頁以下、齋野彦弥・故意概念の再構成とくに97頁以下・221頁以下、髙山・故意と違法性の意識、長井・故意概念と錯誤論1頁以下、日髙義博『刑法のおける錯誤論の新展開』、前田雅英「故意の認識対象と違法性の意識」刑雑34巻3号42頁以下、町野・上智法学24巻3号193頁以下、松原・違法性の意識の可能性参照。そのほか、篠田公穂・大コン3巻135頁以下、佐久間修・大コン3巻242頁以下をも参照。

1 違法性の意識不要説
(1) 伝統的な不要論
(a) 主張内容　これは、違法性の意識は故意の要件ではないとし、違法性の錯誤があっても故意を阻却せず、**犯罪の成立を認める見解**（泉二〔上〕468頁以下、荘子〔初版〕556頁以下、大判大7・2・6刑録24・38、大判大13・8・5刑集3・611、大判大13・4・25刑集3・364＝むささび・もま事件、最大判昭23・7・14刑集2・8・889＝メタノールの販売事件、最判昭26・1・30刑集5・2・374）をいう。この見解は、38条3項にいう「法律」とは、「違法性」のことであり、違法性の錯誤は故意を阻却しない旨を規定したものと解釈する。但書は、故意を阻却しないとしても、宥恕すべき事由があるときは刑を減軽しうる旨を規定したものと解する。この見解からは、もちろん、違法性の意識の可能性も必要なく、それは責任の要素でもない。この見解は、「**法の不知は害する**」（Ignorantia juris nocet）ないし「法律の不知は何人をも宥恕せず」（Ignorantia legis neminem excusat）というローマ法以来の伝統的な法格言に添うものとする。

(b) 批判　しかし、伝統が必ずしも正当性を意味するわけではなく、むしろ、この法諺は現代の法思想に背馳（はいち）するというべきである。さらに、法は他律規範であって受命者はその違法性を知る必要はないとする考え方にもとづくとされ、国民は、法が違法としていることを知らないはずがないという仮定にもとづくとされることもある。前者の考え方は、**権威主義的法律観**にもとづき、後者の考え方は、処罰する側に好都合な擬制にすぎず、擬制の根拠が明らかでない（福田205頁参照）。現代の民主主義国家においては、規範の名宛人が、規範の無価値判断をまったく認識しえないような場合にまで、それを処罰するのは、あまりにも**必罰主義**であり、明らかに責任主義に反するというべきであろう。

(2) 実質的故意概念を標榜する不要論
(a) 主張内容　このような過去の学説が、近年、**実質的故意概念**を標榜（ひょうぼう）する学説（前田238, 243頁以下参照）によって新たな装いのもとに復活させられ、違法性の意識を独立の要件とすることに疑義を表明する見解が唱えられている（☞§140, 3 (4)）。この見解は、故意を、形式的に「犯罪事実の認識」とするのではなく、**故意非難を可能とするだけの犯罪事実の認識**と解し、このような実質的故意概念の内実は、「一般人ならば当該犯罪類型についての違法性を意識し得る認識」であるとする（前田243頁）。とすると、故意の成否

の判断においてすでに違法性の意識の可能性が取り込まれており、故意の有無に加えて違法性の意識（の可能性）を問題にする必要はない（前田 235・239頁）。しかし、例外的に、故意はあるが、許されると思ったことに関して非難できない場合がまったく考えられないわけではなく、それらは、例外的（超法規的）責任阻却事由として、期待可能性の問題領域で処理されるべきだというのである（前田 239 頁）。

(b) 批　判　この見解は、実質的には、違法性の意識の可能性を故意の要件とする制限的故意説であるともいいうるが、事実的故意と違法性の意識の可能性を区別しない点で異なる。違法性の意識の問題を独立の要件とせずに、故意を実質化する点にその主張の力点が置かれているので、不要説に位置づけることができる。

この見解は、故意を個々の行為事情の認識にかぎり、全体的法的評価の認識とを区別するという分析的方法に逆行する。たしかに、故意には違法性の意識の可能性に対する提訴機能（中 177 頁）が必要であり、また、故意がある程度規範化されることは認めざるをえないとしても、この分析をまったく否定し、事実的故意とそのもつ提訴機能ないしそれが提訴する違法性の意識の可能性とを融合させるような実質化論は、概念の明確性を失わせ危険である。また、行為事情の認識に欠けるところがなくても、また、一般人なら違法性の意識の可能性を提訴するような場合であっても、たまたまその行為者に違法性の意識の可能性を欠く場合には、やはり、違法性の意識の可能性を欠くという独立の要件を充足しないことを理由として責任阻却すべきである。「違法性の意識」という刑法上の範疇も、刑法の近代化の重要な所産であり、まさに個人の違法の意識の可能性を超えるところに個人の責任を問うことはできないというのが、現代の責任主義の本質的な内容だからである。さらに、違法性の意識の可能性が期待可能性に解消されるべきだとする点は、期待可能性が、本来、違法性の意識の可能性を前提として、付随事情の異常性から可罰的責任を阻却するものであることを看過するものである（曽根・重要問題 216 頁参照）。

2　厳格故意説
(1)　主張内容

厳格故意説とは、**違法性の意識を故意の要素であるとする見解**をいう（小野 154 頁・162 頁以下、瀧川 127 頁以下、植松 243 頁、平場安治「法律の錯誤」刑事法講座

2巻352頁、荘子376頁、大塚463頁以下、中山372頁、内田244頁、日高「違法性の錯誤」現代論争〔I〕215頁以下）。したがって、故意が認められるためには、違法性の意識が現実に存在しなければならないとされる。この説によれば、違法性の錯誤は、故意を阻却する。過失犯が処罰される場合、違法性の錯誤につき過失があったときは、過失犯として処罰される。犯罪事実の認識があり、違法性の意識があるとき、行為に際して行為者に違法行為を阻止する反対動機が存在するのであり、この反対動機を突破して行為の決意に出たところに重い責任非難の根拠があるとされる。故意犯が過失犯より重く処罰されるのは、故意には違法性の意識が含まれるからである。違法性の意識こそは**故意と過失を分つ分水嶺**である（小野『刑法概論』〔1952〕136頁）。刑法38条3項の解釈については、この説は、同条3項本文にいう「法律」とは「法規」の意味であり、故意の成立には個々の法規の明文（条文）を知っている必要はない、すなわち「法律の不知」（あてはめの錯誤）が故意を阻却しないとしたもので、違法性の意識に関するものではないと解する（小野155頁）。但書は、違法性の意識があっても、法律の認識がない場合には刑を減軽する旨を規定したものだと解される。すなわち、適用法令ないし法定刑の不知によって刑の軽減をなしうるとする。しかし、前者の解釈は、38条3項はあまりにも当然のことをわざわざ規定したと解することであって無理があり、後者の解釈については、なぜこの場合を刑を減軽する必要があるのか不明である。

(2) 批　判

厳格故意説に対しては、**激情犯**や**確信犯**、**常習犯**には違法性の現実的意識を欠き、または鈍磨（どんま）している場合が多く、これらの犯罪の処罰や加重処罰を根拠づけられないという**批判**がある。また、過失によって違法性の意識を欠いた場合でも、故意が阻却されることになり、過失犯処罰規定がないときは、不可罰となるのは刑事政策的に不合理であると批判される。とくに、行政犯においては、違法性の意識を実証することは困難であり、厳格故意説によると、実際上、故意犯による処罰ができなくなり、行政取締目的を達成することが困難になるというのである。これに対しては、行政犯の場合も、犯罪事実の認識があれば、違法性の意識が事実上推定されると考えて、立証上の難点を回避しようとする反論（大塚・基本問題273頁以下）がある。しかし、違法性の意識が故意の要素に属するのであれば、事実の認識のみならず、違法性の意識も、検察官によって立証される必要がある。事実上、被告人側に

証拠提出責任を認めることはできない。

(3) 修正説

このような刑事政策的欠陥を救うために、故意の成立には違法性の意識を必要としつつ、違法性の意識のないことに過失がある場合には、これを故意と同様に取り扱うという**修正説**（宮本147頁、草野87頁、佐伯277頁、齊藤金作196頁以下）が唱えられた。[2]これは、**違法性の過失準故意説**と呼ばれる。この違法性の意識のないことに関する過失は、「法律の過失」ないし「違法性の過失」と言われるが、この場合には故意に準ずるというのである。その根拠として、刑法38条1項但書により、同条3項がその旨を明らかにしたものという。すなわち、刑法38条3項は、同条1項但書にいう「法律に特別の規定がある場合」にあたり、違法性の不知の「過失」を、故意の場合に準じて取り扱うことを規定するものであって、「情状により、その刑を減軽することができる」と規定したものとするのである。

これに対しては、故意・過失という本来排斥し合う矛盾概念を同様に取り扱うという**論理的**な矛盾があり（木村310頁）、同様に取り扱う**理論的根拠が不明**であり（福田201頁、内藤1013頁）、それは「擬制」を認めることであると**批判**されている。

3 自然犯・法定犯区別説

(1) 主張内容

自然犯（刑事犯）と法定犯（行政犯）とを区別し、**自然犯**については、故意の要素として違法性の意識を必要としないが、**法定犯**についてはこれを必要とするとする学説（牧野〔下〕589頁、八木胖『刑法における法律の錯誤』〔1952〕302頁以下）である。[3]この見解は、社会的責任論の立場から主張されている。これによれば、自然犯については、構成要件の設定以前にすでに反社会的とされる行為が犯罪であるので、犯罪事実を認識して行為すれば、すでに行為者の反社会的性格が表現されているのに対して、法定犯においては、行為それ自体は何ら犯罪でないものが、政策的に犯罪とされているので、犯罪事実の認識だけでは足りず、その事実が違法であることを知って行為することによってはじめて、反社会的性格が認められるとするのである。刑法38条3項は、自然犯について故意の成立には違法性の認識は必要でない旨を規定したものである。

(2) 批 判

これに対しては、自然犯・法定犯の区別は**相対的・流動的**であって、そのような不明確な区別に、違法性の意識の要不要が依存させられるのは不合理であるという**批判**が成り立つ。そのことは、この理論が、戦前に、統制経済事犯を取り締まるために、法定犯の自然法化によって大部分の経済犯罪が自然法となっているがゆえに、違法性の意識は不要であるとして利用されたこと（八木

---

[2] この学説の学説史的意義について、林弘正「違法性の意識に関する所謂『法律の過失準故意説』についての一考察」下村古稀〔上〕323頁以下参照。

[3] この学説については、林弘正「違法性の意識に関する自然犯法定犯区別説についての一考察」八木古稀〔上〕182頁以下参照。

『経済刑法の基本問題』〔1944〕149頁）にも示されている（山中敬一ほか『経済刑法の形成と展開』〔1996〕125頁以下参照）。また、違法性の意識が不要であるとされる自然犯については、違法性の意識不要説に対する批判が妥当し、法定犯については厳格故意説に対する批判があてはまる。

4 制限故意説
(1) 主張内容

これは、故意の要件として、違法性の意識そのものは必ずしも必要でなく、その可能性があれば足りるとする説（団藤317頁、井上正治145頁、藤木232頁以下、板倉240頁以下、佐久間298頁以下）である。この説によれば、違法性の意識を欠く場合にも、違法性の意識の可能性があれば、故意は阻却されず、その可能性がなければ故意を阻却する。

　この説の主唱者は、**人格責任論**からこの説を根拠づける。この説によれば、違法性の意識の有無・強弱そのものが、非難の大小を決定するものではなく、むしろ、背後における人格形成に要点がある。例えば、違法性の意識が鈍磨した常習犯人には、その人格形成に非難が向けられるのである。したがって、故意責任の本質は、規範を意識してこれに違反しようという意思ではなく、「人格態度の直接的な反規範性」にある。犯罪事実を表象している以上、行為者は規範についての問題に直面する。したがって、違法性の意識そのものは故意の要件ではない。しかし、違法性の意識を欠くことにまったく無理もないという場合には、（故意）責任は阻却されるものとしなければならないというのである（団藤316頁以下）。

　本説は、刑法38条3項は、「法律の規定」を知らないことは故意の成立を妨げないという趣旨の規定であると解する。同条3項但書は、違法性の意識の可能性はあっても、それをもつことが困難であるため違法性の意識を欠くときは、故意の成立は妨げないが、非難可能性が減少するので、刑が減軽される旨を規定したものと解釈する。この解釈は、本文と但書の意味を分断するものであって、条文の解釈上無理があると批判されている（内藤1015頁）。

(2) 判 例

　大審院の判例も、違法性の錯誤につき「相当の理由」あるときは犯罪の成立が否定されるなどとしたとき、一時、この見解を採用したことがある（大判昭7・8・4刑集11・1153、大判昭9・2・10刑集13・76、大判昭9・9・28刑集13・1230、大判昭13・10・25刑集17・735、大判昭15・1・26新聞4531・9）。その際、判例は、その条文上の根拠を求める傾向から、38条1項により故意（犯意）を阻却するという理論構成をとり、38条3項の延長線上の超法規的責任阻却であるという構成をとらなかった（内藤1015頁参照）。しかし、この判例は例外であった。その後、この見解は改められ、違法性の意識不要説を採った。

(3) 批　判

　制限故意説に対しては、それが「可能性の認識」を限界とする故意の概念の中に「認識の可能性」という過失的要素を加味し、故意と過失という本質的に相排斥し合う矛盾概念を結合しようとするところに**論理的矛盾**があると批判されている（木村310頁、福田202頁、川端449頁）。この点、本説は、人格責任論から説明しようとするのであるが、そうだとすると、なぜ違法性の過失にのみ人格形成責任を認め、事実の過失については認めないのかといった疑問が呈示されている（福田203頁、川端449頁参照）。

5　責任説
(1)　主張内容

　責任説とは、**違法性の意識の可能性**は、故意とは区別された**責任要素**と解し、したがって違法性の錯誤は、故意の成立とは無関係で、ただその錯誤が回避不可能な場合には、責任を阻却するが、回避可能な場合には責任が軽減されうるにすぎないとする説をいう。この説は、正当化事由の事実的前提に関する錯誤を、違法性の錯誤とする**厳格責任説**（木村319頁、福田207頁、西原423頁、大谷338頁以下、野村307頁以下、川端451頁以下、松原・違法性の意識の可能性19頁以下）と、それを事実の錯誤とする**制限責任説**（中178頁、平野263頁、内藤896頁以下、香川242頁、曽根158頁以下、192頁、齋野・故意概念の再構成185頁以下）とに分かれる（☞§108）。

　責任説は、刑法38条3項の解釈につき、次の二つの見解に分かれる。第1説は、本文は、違法性の錯誤は故意とは関係がない旨を規定したものであり、但書は、違法性の錯誤があり、違法性の意識がないときには、それがあるときよりも責任が軽いから、その刑を減軽しうる旨を明らかにしたものであるとする（木村319頁、中178頁）。この見解は、但書は「責任要素としての違法の認識の可能性に関するもの」であると解するのである。これに対して、第2説は、本文は、「いわゆる『あてはめの錯誤』を規定したもので、この『あてはめの錯誤』は、事実的故意の成否に無関係である旨をあきらかにしたものであり、同項但書は、あてはめの錯誤の結果、違法性の意識を欠いたばあいには、違法性の意識のあるばあいよりも、非難可能性がすくないから、その刑を減軽しうる旨をあきらかにした規定である」と解する（福田208頁）。第2説は、本文が「あてはめの錯誤」が故意を阻却しない旨について規定し、但書が、とくに違法性の意識のない場合について規定したものと

解する点で、本文と但書の内容の理解にずれが生じており、解釈論として無理があるがゆえに、第1説が妥当である。

(2) 本書の立場

責任の中核は、非難可能性にあるが、これは、「評価」である。故意は、評価の対象となるものであるが、違法性の意識の可能性は、評価自身の要素に属する（中175頁参照）。違法性の意識の可能性は、「事実的故意または過失行為意思の形成過程において、その形成を妨げる要因として機能または機能しえたはずであり、したがってこのような行為意思を形成せずにとどまりうる充分な条件が与えられているにもかかわらずこれを形成したことは不当であるとする非難、つまり責任評価をしてなりたたせる要因」である（中175頁）。このような意味で、違法性の意識の可能性は、**故意とは独立の責任要素**である。したがって、責任説が妥当である。その中でも、すでに論じたように、正当化事由の事実的前提の錯誤は、事実の錯誤であり、故意構成要件を阻却するので、制限責任説が正しい（☞§108, 3）。

(3) 批判と反論

責任説は、「違法性の意識」と「違法性の意識の可能性」を特段区別せず、両者同じように責任の要素として取り扱う。これは、事実の認識と認識の可能性とを、一方は故意、他方は過失というように区別し、前者に対する責任非難をより重いものとするのとは対照的である。そこで、この点につき、違法性の意識がある場合と可能性があっただけの場合とでは、「行為者の心情自体はまったく異なる」のであり、「責任非難の程度も当然に異なる」という批判（大塚「故意説か責任説か」論争刑法96頁）がある。しかし、犯罪事実を認識していたか（故意）、その可能性があったにすぎないか（過失）の相違は、責任非難に質的相違をもたらすが、違法性の意識と違法性の意識の可能性は、いずれも、違法行為に出ないという**反対動機の形成の可能性**を与えるという意味では同じである。**直接的な反対動機の形成の可能性**（違法性の意識のある場合）と**間接的なその可能性**（違法性の意識の可能性がある場合）とでは、非難の程度に量的な相違はあっても、責任非難を根拠づける点では質的な相違はない（内藤1018頁、川端450頁以下）。

§137　近時の判例の動向

1　従来の判例の主流

前述のように、**大審院の判例の主流**は、違法性の意識不要説を採り、最高裁にまでこれが受け継がれている（最大判昭23・7・14刑集2・8・889、最判昭26・11・15刑集5・12・2354）。その形式的根拠は、38条3項の規定にあるが、その実質的根拠は、示されていない。38条3項は、判例によれば、違法性の意識がないにもかかわらず故意犯として処罰される場合に、「違法の意思を欠くことにつき斟酌または宥恕すべき事由があるときは、刑の減軽をなし得べきことを認めたもの」（最判昭32・10・18刑集11・10・2663＝**百選49**＝関根橋事件第1次上告審判決）である。

これとは異なり、「相当の理由」があるときは、故意を阻却するとした**大審院の判例**もあったことはすでに述べた。このような**例外的な判例**は、戦後の下級審判例にも受け継がれた（東京高判昭27・12・26高刑集5・13・2645、東京高判昭44・9・17高刑集22・4・595＝黒い雪事件、東京高判昭55・9・26高刑集33・5・359＝石油カルテル生産調整事件）。最高裁の判例の中にもまったく孤立したものではあるが、「反社会性についての認識」が必要だとした判決（最判昭24・4・9刑集3・4・501）があった。違法性の意識不要説に立つことを明言する判例は、昭和35年ころまでに集中している（仙波厚・昭和62年度最判解150頁）。

2　最高裁判例の動向

このような中で、最近、最高裁は、違法性の意識不要説について再検討する姿勢を示し始めている。とくに昭和50年代に入ると、不要説を説かない判例が相次いで現れる。

(1)　羽田空港デモ事件第2次上告審判決（最判昭53・6・29刑集32・4・967）

この判決では、第2次控訴審判決が、「相当の理由に基づく違法性の錯誤は犯罪の成立を阻却する」としたことが判例違反にあたるというのが上告理由であったにもかかわらず、判例違反の点には触れず、原判決には、違法性の意識が欠けていたことを前提とする点で事実誤認があるとして、原判決を破棄、差し戻した。これは、将来における判例変更の可能性を留保したものとみることができるとされている。

---

[4] 判例につき、松原・違法性の意識可能性97頁以下、長井・故意概念9頁以下、齋野・故意概念143頁以下参照。

[5] この判例につき、松原・違法性の意識の可能性111頁以下、齋野・故意概念167頁以下参照。

[6] 「裁判所および検察官は、事件によっては、違法の意識の可能性がなかったとして無罪にすることに合理性があることは認めながら、違法の意識の可能性が必要だという原則を正面から認めることを躊躇しているのが現在の法律状態だといってよい」（平野267頁）という評価がある。

(2) 百円紙幣模造事件決定（最決昭62・7・16刑集41・5・237＝百選**48**）

この決定では、被告人XおよびYは、百円紙幣に紛らわしい外観を有する「サービス券」を作成したが、これが法律上問題があるかどうかについて知り合いの警察官らに相談し、その態度が好意的であったことから、そのまま作成に及んだといった事案につき、第1審および控訴審は、違法性の錯誤に陥ったことに「相当の理由」がないとして、被告人らを有罪とした。最高裁は、「このような事実関係の下においては、被告人Xが第1審判示第1の各行為の、また、被告人Yが同第2の行為の各違法性の意識を欠いていたとしても、それにつきいずれも相当の理由がある場合には当たらないとした原判決の判断は、これを是認することができるから、この際、行為の違法性の意識を欠くにつき相当の理由があれば犯罪は成立しないとの見解の採否についての立ち入った検討をまつまでもなく、本件各行為を有罪とした原判決の結論に誤りはない」と決定した。

本決定が、判例の主流たる違法性の意識不要説に立つならば、「相当の理由」が存在しないことに言及する必要はなかったはずである。理論的には本決定は整合性を欠くともいえる[8]。そこで、この決定は、不要説の立場全体につき再検討の余地がありうるという問題意識を示そうとしたものと評価されている[9]。

なお、「相当の理由」が問題とされた**下級審の判例**としては、東京高判昭60・8・30高刑集38・2・136（水道法違反事件）、大阪高判昭63・9・20判時1306・135（商標違反事件）、東京高判平5・6・4高刑集46・2・155（銃刀法違反事件）がある。

近時の下級審の判例の中には、おそらく最近有力な学説の影響を受けて、違法性の意識ないしその可能性につき不要説を採るものもある。しつけのためと称して子どもに虐待を加えた事件において、「故意犯の成立には違法性の意識を必要とせず、一般人ならば**違法性の意識を持ち得る程度の事実の認識**があれば故意責任を問い得ると解すべきであって、そのような事実の認識のほかに違法性の意識やその可能性がなければ犯罪（故意犯）が成立しないとする弁護人の前記見解は、採用できない」とした（松江地判平13・11・27LEX/DB）。

これを受けて、最近、**最高裁**は、原審では、違法性の意識の可能性の問題として、相当の理由がないとしたのに対して、これには触れず、故意を認定して有罪としたも

---

[7] 佐藤文哉・昭和53年度最判解263頁、内藤1026頁。
[8] 松原・違法性の意識の可能性126頁。
[9] 仙波・昭和62年度最判解160頁以下（これまでの違法性の意識不要説に対する修正の傾向を強めたものともいう）、内藤1027頁、松原・違法性の意識の可能性126頁。

のがある。事案は、被告人が、乗車定員が 15 名の大型自動車の座席を 6 名分取り外した本件車両を、普通自動車免許で運転するなどしたというものである。これに対し、「乗車定員が 11 人以上である大型自動車の座席の一部が取り外されて現実に存する席が 10 人分以下となった場合においても、乗車定員の変更につき国土交通大臣が行う自動車検査証の記入を受けていないときは、当該自動車はなお**道路交通法上の大型自動車**に当たるから、本件車両は同法上の大型自動車に該当するというべきである。そして、前記 1 の事実関係の下においては、本件車両の席の状況を認識しながらこれを普通自動車免許で運転した被告人には、**無免許運転の故意**を認めることができるというべきである」とした。本件の事実認定においては、上のような「本件車両の席の状況を認識しながら、その点や本件車両の乗車定員について格別の関心を抱くことがないまま、同社の上司から、人を乗せなければ普通自動車免許で本件車両を運転しても大丈夫である旨を聞いたことや、本件車両に備付けられた自動車検査証の自動車の種別欄に『普通』と記載されているのを見たこと等から、本件車両を**普通自動車免許で運転することが許されると思い込み**、本件運転に及んだものであった」とされている（最決平 18・2・27 刑集 60・2・253）から、違法性の意識の可能性の問題であることは、最高裁によっても認識されているように思われる。また、原審は、「本件車両を普通免許で運転できると考えたとしても、そのように考えたことについて**相当な理由**がなければ犯罪は成立する」とし、**違法性の意識の可能性**の有無を検討し、結論として、「普通免許では本件車両を運転できないことを容易に知り得たものであるから、それらの事情は、未だ上記相当な理由に当たるとはいえない」としている（名古屋高金沢支判平 17・7・19 刑集 60・2・266）。したがって、最高裁は、違法性の意識の可能性の問題にはあえて触れていないようにも思われる。

3 最近の下級審判例の動向

下級審の判例には、医薬品であるクリーム等の無許可販売の薬事法違反事件（東京地判平 17・5・2 LEX/DB）につき、その販売に係るクリーム等が医薬品であるとの認識がなく、また、違法性の意識の可能性もなかったという弁護人の主張に対して、「その販売に許可は不要であると思い込んだことに**相当な理由はない**というべきであり、本件クリーム等の販売について、被告人に**違法性の意識の可能性**があったことは、十分に認めることができる」としたものがある。

その他、**違法性の意識の可能性**を否定した下級審の判例としては、けん銃部品である機関部体を輸入した「けん銃部品輸入罪」に関して、本件各部品が機関部体に該当するとしても、それらは銃刀法上の機関部体に該当せず、輸入行為は適法であると信じていたのであって、違法性の意識を欠くことについて相当の理由があったという被告人側の主張に対して、**事前に警察の専門部署に確認している点**につき、「警察の専門部署に対して念入りに合法性の基準を確認した上、その基準を上回る加工を実践した以上、自らの行為が法的にも合法であると確信することには、それなりの根拠があったといえる」とし、「被告人が、本件各輸入行為より前に、同種加工品の輸入を繰り返し、その間、税関側から、…機関部体自体に関する問題点の指摘は一切受けることがなかったのであって、…むしろ、そのような経験を重ねる中で、被告人が、同種

加工品は、銃刀法上も機関部体に当たらないという確信を更に強めたとしても、何ら不自然ではなく、そのような被告人に対し、一度も実質的機会を与えないまま、本件各輸入行為に際して、その適法性に関する客観的かつ冷静な判断を求めることには、実際上、過度の困難を強いる面がある」などとし、「**被告人が違法性の意識を欠いた**ことは、やむを得ないところであって、これについて**相当な理由があった**」とし、結論として、違法性の意識を欠いたことに「相当な理由があったといえるから、**けん銃部品輸入罪の故意を認めることはでき**」ないとした判例（大阪高判平 21・1・20 判タ 1300・302）がある。この判例でも、違法性の意識の可能性が故意の要件であるとする制限故意説が採用されている。

§138　違法性の意識の内容と形態

1　違法性の意識の内容（対象）

違法性の意識の内容については、それが、自己の行為の社会的有害性ないし倫理違反性の認識でよい（アルトゥール・カウフマン、シュミットホイザー）のか、違法性（不法）の認識である必要がある（通説・判例）のか、または、可罰性の認識を要するのか（フォイエルバッハ、C. シュレーダー、オットー、ノイマン）は、現在のドイツ刑法学においても争われている。同様の対立は、わが国の学説においてもみられる。

(1)　前法律的規範違反の意識

違法性の意識の内容を、「反条理性の認識」（瀧川 127 頁）、「国民的道義に反するものであることの意識」（小野 154 頁）、「反社会性の認識」（平場・刑事法講座 2 巻 358 頁）[10]。「人倫に反するという意識」（荘子 377 頁）、「法規範の基礎におかれている国家・社会的倫理規範上許されないものであるということ」（大塚 444 頁）などと解する見解が、これに属する。

しかし、この見解によれば、禁止の内容についてその**輪郭**があまりにも**漠然**としており**不明確**であって、この意味での「違法性」の意識は非常に広範なものとなるおそれがある。現代社会では、社会倫理的評価も多元化しており、倫理のみを基準とすることは危険である。倫理は、たんに実質的違法性の一つの兆候でしかないであろう。わが国では、この見解を採る論者は、厳格故意説を採る者が多いが、このことは、この見解が、違法性の意識の内容

---

[10] ただし、行政犯においては例外的に「禁止の認識」が必要とする。

をゆるやかなものと解することによって、故意の成立範囲を狭めることのないよう、調節器のはたらきをしていることが示されているということもできよう。[11]

(2) 法律上の禁止・命令違反の意識

　違法性の意識とは、行為が「法律上許されないことの意識」であるとするのが、わが国の通説（木村 308 頁、香川 269 頁、川端 444 頁）である。このことは、「**法律違反**」の意識、すなわち、「**実定法規違反**」**の意識**を要求しているものといえる。

　次に検討しなければならないのは、法律上の禁止・命令違反の意識が、「実質的違法性の意識」[12]を意味するかどうかである。「形式的な法律の規定の知・不知」と「実質的な違法性の意識」とは区別しなければならないとして、後者を欠くときが違法性の意識を欠くということであるとする見解（団藤 314 頁）は、むしろ、違法性の意識とは、「実定法規違反の意識」ではないと解しているようにも思われる。しかし、「法律上許されないこと」と「実質的な違法性」を併記している説明も少なくない（川端 444 頁）。これは、法秩序が、自己の行為を具体的な事情のもとで否定的に評価しているということを認識しておれば十分であることを意味するが、また、自己の行為の具体的な不法を知り、かつ、全体として、自己が違反した法規範の当為を根拠づける価値内容を理解していることが必要であることを意味する。例えば、確信犯は、自己の行為が法秩序によって否認されていることを知っておれば、実質的には違法でないはずだと考えていたとしても違法性の意識はあるといえる。また、行為者は、自己の行為が、処罰の対象となっている行為であるか、損害賠償請求権のある不法行為か、行政法上の強制処分を許す不法であるかなどを知っていることは重要ではない。

(3) 可罰的刑法違反の意識

　これは、違法性の意識とは、自己の行為が刑罰法規の対象となることの認識、すなわち刑法違反の認識のみならず、具体的に可罰的に違法とされうることの認識をも含めた意味での「**可罰的刑法違反の認識**」でなければならな

---

[11] 「判例と厳格故意説の対立は『みかけ』だけの対立ではあるまいか」（内田 244 頁以下）とされている（内藤 1032 頁参照）。
[12] 長井・故意概念 52 頁以下参照。そこでは、長井教授は、法律上許されないことの認識を「一般的違法性の認識」と呼ばれる。

いとする説（町野・上智法学24巻3号221頁・226頁以下、内藤1034頁以下、米田泰邦『犯罪と可罰的評価』〔1983〕90頁以下、野村299頁、井田良『犯罪論の現在と目的的行為論』〔1995〕33頁、髙山・故意と違法性の意識295頁以下）である[13]。「刑罰に一般予防の機能を一切否定するのではなく、刑罰威嚇に違法行為抑止の機能を認める以上、自己の行為の可罰性の認識・認識可能性が存在しない行為者に刑法的非難を加え、処罰することは、刑罰による犯罪抑止という刑法の目的と無関係なところに、刑法上の責任を認めることになって、妥当でないと解することにある」（内藤1034頁）とする。この見解からは、羽田空港デモ事件の第2次控訴審・上告審判決（東京高判昭46・2・15〔次の刑集に登載〕、最判昭50・10・24刑集29・9・777）は、この見解を採用したものと「解しうる」とされる（町野・上智法学24巻3号200頁）。

本説が可罰的刑法違反というとき、それはたんなる可罰的違法性を超えて、そもそも「可罰性」の認識を意味するようにも解釈しうる。なぜなら、法の違反に対する法律効果も認識の対象であるとされ（町野・上智法学24巻3号225頁）、その場合にはじめて反対動機の形成の可能性が生じるからである。そのうえ、この見解からは、法定刑に関する錯誤も違法性の錯誤になりうる（町野・上智法学24巻3号231頁）とされるからである。しかし、刑法は、処罰のみによって犯罪を抑止しようとするものではない。処罰しないことによっても、その方が効果があがるなら、犯罪を抑止しようとする。犯罪論体系における「違法論」の意義は、行為者に法秩序が「否定的評価」を加える行為と「許容」する行為とを明確化することにある。行為者に対する動機形成は、このような否定的判断を行為者に示すことによって、行為者に（自由な）意思決定を促すことにある。したがって、たんにフォイエルバッハの時代の刑罰威嚇による抑圧的な「心理強制」によって犯罪予防しようとするのではない[14]。可罰的刑法違反の意識説は、むしろ、前近代的な予防論を基礎にするものであって、現代の積極的予防の観念とは無縁のもののように思われる[15]。

---

[13] 齋野・故意概念は、「違法性の意識」の概念に変えて「可罰的評価の認識可能性」を故意、過失に共通の責任要素として要求する（233頁以下）。
[14] 可罰的違法性の認識説が、フォイエルバッハによって採用された理論であることにつき、長井・故意概念75頁、なお、齋野・故意概念35頁以下、野崎和義「近代的責任の形成―フォイエルバッハの法律錯誤論」中央大学大学院研究年報I-2（法学研究科篇）129頁以下。
[15] 野村301頁注（2）は、町野説を「基本的に妥当である」とするが、「可罰的刑法違反」ではな

第4節　違法性の意識の可能性　§138　違法性の意識の内容と形態◇　707

(4)　本書の立場（通説）

　私見によれば、実定法の意味での「**法律上の禁止・命令違反の意識**」が違法性の意識の対象と解するべきである。実質的違法性の意識は、比喩的に言えば、実定法の窓を通してのみ援用される。違法性の意識とは、あくまで、自己の行為が実定法上禁止・命令に違反し、法秩序によって否定的に評価されている行為であるという意識である。それは、実質的違法性の意識の概念とも一致するが、実質的違法性が、実定法を超える概念として用いられるならば、その意味では、あくまで「実定法違反」の意識と解するべきである。

2　違法性の意識の構成要件関連性

　「違法性」が、意識の対象であるということは、抽象的な禁止としてではなく、それぞれの構成要件の具体的な不法として意識されるということを意味する。すなわち、違法性の意識が存在するためには、行為者が、当該の構成要件によって包括されるその特殊な法益侵害を不法と認識することを要する。これを違法性の意識の「**構成要件関連性**」（Tatbestandsbezogenheit）という。

　　例えば、**ドイツの判例**に、次のような事案がある。行為者が、他人の博物館蔵置物を外国に売却した。行為者は、この行為が**窃盗罪**にあたることは知っていたが、それ以外に、その種の物を外国に輸出した者を処罰する**軍政府法違反の点**については明らかではなかった。連邦裁判所は、輸出禁止についても禁止の錯誤を認めず、行為者が窃盗に関してもっている不法の意識は「**不可分**」であるとした。**学説**においては、この判決は、責任主義に反するとされている。行為者は、抽象的な違法性を有責に実現するのではなく、特定の構成要件を有責に実現するのである。その意味で、「**構成要件の可分性**」の原則が妥当する。その後、裁判所も、「何らかの不法を行うという一般的意識も、他の構成要件に関連する不法の意識も、行為者によって実現された構成要件に対する特別の責任非難を正当化しない」（BGHSt 10, 35）とした。

　わが国でも、器物損壊について違法性の意識があれば、致死行為についても違法性の意識があるといえるかどうかについて議論がなされている（内藤1035頁以下）。これは、異なった構成要件間の「**可分性**」であるが、同一構成要件内でも、保護法益が異なるかぎり「可分性」の問題はある。例えば、ある行為者が、債務者に担保として差し出した物と同種の物を、脅迫を用いて返還させたという事案で行為者は、恐喝を行ったのであるが、その際、行為者は、「脅迫」についての違法性の意識はあったけれども、そのような物を取り戻すのは権利の行使であり、適法であると考えていたので、「恐喝」に

く、「可罰的違法性」の意識にとどめる趣旨のように読める。

ついては違法性の意識がなかったといった場合がありうるのである。また、例えば、寺の本堂から仏像を損壊した者が、器物損壊罪の違法性の意識はあったが、文化財保護法195条1項の「重要文化財を損壊し、き棄し、又は隠匿した者」に関する違法性の意識はなかったといった場合も挙げられる。さらに、いわゆる「**二重の禁止の錯誤**」(doppelter Verbotsirrtum) の問題も、この「可分性」の観点から考察することができる。行為者が、その構成要件に関して禁止されていることを知らなかったが、別の根拠から禁止を知っていたという場合でも、その構成要件との関連では、違法性の意識がなかったのであるから、違法性の錯誤は存在する。例えば、ある外国人が、18歳の姪と性的関係をもつことは、日本では近親相姦として違法であると信じていたが、都道府県の淫行処罰条例に違反することについてはまったく知らなかった場合、淫行処罰については違法性の意識はないといえよう。

3 違法性の意識の形態
(1) 違法性の錯誤の類型

違法性の意識の可能性は、構成要件との関連性において具体的に判断されなければならない。したがって、違法性の錯誤についても、たんに違法でないと思っていたというだけではなく、具体的な規範との関係で、考察されなければならない。その発現形態にはさまざまな類型のものがありうる。

第1に、禁止規範の存在について錯誤があるという類型である。これは、**直接的な禁止の錯誤** と呼ばれる場合である。禁止されていること自体についての錯誤があり、したがって、違法行為を行うものではないと誤信していた場合がこれにあたる。

第2に、禁止されていることについては認識があったが、それについて、その具体的なケースでは正当化規範があると錯誤していたという類型である。この類型を、**間接的な禁止の錯誤** という。これには、法秩序によって承認されていない正当化規範の存在そのものを錯誤した場合(**許容の錯誤**= Erlaubnisirrtum) と、法秩序によって承認された正当化規範の限界を拡大して解釈した場合がありうる (**許容限界の錯誤**= Erlaubnisgrenzirrtum)。

第3に、構成要件要素を誤って解釈し、その禁止は、自己の行為にはあてはまらないと錯誤したという類型がある。これは、解釈の錯誤であり、**あてはめの錯誤（包摂の錯誤）**(Subsumtionsirrtum) と呼ばれる。あてはめの錯誤は、事実の錯誤ではなく、故意を阻却しないが、また、それは、必ずしも禁止の

錯誤とはならない。しかし、禁止の錯誤となりうる場合もある。所轄官庁に公式に問い合わせたところ適法であるとの回答を得たので、当該の行為を行ったような場合がその例である。

第4に、行為者は、禁止規範を知っているが、それが無効であると錯誤していたという類型がある。これは、**有効性の錯誤**（Gültigkeitsirrtum）といわれる場合である（ロクシン）。

> **判例**においては、封印破棄罪（96条）における差押の有効性の錯誤の事例が代表的である。公務員の施した差押の標示が有効であるのに、無効であると誤信して、差押の標示を損壊した場合に、事実の錯誤か、違法性の錯誤かが問題となりうる（大判大15・2・22刑集5・97、最判昭32・10・3刑集11・10・2413）。

行為者が、法秩序も承認している無効の根拠をもって無効と錯誤した場合には、禁止の錯誤は回避不可能である。

(2) 違法性の意識の形態

違法性の意識自体ではなく、違法性の意識の可能性で十分であるという見解を採れば、「違法性の意識」があると認められる要件について厳密な議論をすることは実益がない。しかし、この議論について紹介しておくことは無意味ではないであろう。

違法性の意識は、まず、行為の間に、それについて思いめぐらせたということを必要としない。潜在的に存在し、現実化しうる意識があれば十分である。法状況が明らかでないという場合、例えば、行為者がその行為が許されている蓋然性が高いと思ったが、禁止されている可能性もあると思った場合を**未必の違法性の意識**（bedingtes Unrechtsbewußtsein）という[16]。このような場合、禁止の錯誤はないとするのが、ドイツの判例・通説である。「違法な」行為を行うかもしれないと思った場合、その行為をやめなければならないというのである。とくに、行為者が、その疑問を容易にたしかめうる場合には、そのまま行為に出たことは、違法性の意識があったといわざるをえないとされている。

---

[16] これについて詳しくは、長井・故意概念109頁以下参照。

§139　違法性の錯誤の「回避可能性」の判断

1　回避可能性の判断の特質

　責任説によれば、違法性の意識の「可能性」が責任要素である。この可能性はどのような判断基準で判断されるのであろうか。これは、違法性の意識に至らなかったことが「回避可能であったかどうか」あるいは、「相当の理由があるか」と実質的に同一である。回避可能性の概念は、可能性の概念より、厳格な内容をもつようにも思われる。ドイツ刑法では、17条で「回避不可能な禁止の錯誤」は責任を阻却するとしているが、学説では、これをあまりに厳格に解釈して、ほとんど違法性の意識をもつことが不可能な場合のみ処罰されないとしてはならないとされている（ロクシン）。これをあまりに厳格に解すると、実質上、「法の不知は害する」という思想に逆戻りしてしまうことになろう。そこで、これは、「**相当の理由があるとき**」と解し、行為者がその行為について許されていると考えたことに「**納得しうる理由**」があり、そのような法に対する態度を処罰する必要がなければよいというべきである。責任説は、その判断において、「**ソフトな**」**責任説**でなければならない。以下で、回避可能性の判断基準について詳しく検討するが、**わが国の判例**においては、一般的に、「相当の理由」があるときの基準が厳格すぎるということができよう。

　違法性の意識の可能性は、責任の要素である。しかし、「可能性」の判断ないし「回避可能性」の判断においては、「規範に従って意思決定しうる可能性」の判断のみではなく、それを基礎として、その限界内で「刑事政策的な処罰の必要性」の判断も考慮されるべきである（内藤1037頁参照）。すなわち、違法性の意識の可能性は、狭義の責任の要素であるが、その判断においては、可罰的責任をも考慮すべきである。このような観点によると、責任が完全に否定されない場合でも、処罰の必要性の観点から、可罰的責任が阻却される場合がありうるのであって、回避可能性の判断の厳格性を相当程度回避することができるであろう。

2　回避可能性判断の手がかり

　回避可能性が存在するためには、①違法性を認識する**現実的な可能性**がなければならず、②行為者がその行為の法的性質につき考えてみる**具体的な**

契機がなければならず、また、③違法性を認識するために行為者に与えられた可能性を利用することが行為者に**期待可能**でなければならない（ルードルフィ）。**回避可能性の判断基準**は、「一般人」ではなく、具体的状況における「**行為者本人の個人的能力**」である（内藤1036頁以下）。責任の判断であるから、平均人の能力によって回避可能であったどうかは、基準とはならない。また、法律上の禁止・命令に反することの意識が、違法性の意識であるから、期待されるべき「良心の緊張」によって違法性の意識の可能性があったかどうかは問題ではない。違法性の意識の可能性は、行為の時点に存在することを要するのが原則であるが、特別の法的規制領域における活動が問題になる場合で、その検討が違法行為の時点では不可能なときには、その行為を引き受けた時点から違法行為までの時点に回避可能性があればよい。

禁止の錯誤を回避するための手段は、**法状況に関する確認作業と情報収集**である。

法状況について確認作業をするための契機となる状況については、三つの類型がある。①法状況につき疑念を生じたとき、②法的に特別の規制がある領域で活動しようとしていることを知っているとき、③その行為が、基本的な個人的・社会的法益を害することを知っているときである（ロクシン）。

(1) 法状況に関する疑念の発生

一般的に、違法性に関する疑念が発生する場合に、その疑念を真剣に考慮せず、軽率にその行為の適法性を信じたとき、禁止の錯誤が存在し、その錯誤は回避可能である。

法状況について照会し、その助言に従って行為を行った場合に、違法性の錯誤につき回避可能性がないといえるのか。どのような条件があれば、回避不可能となるのか。

　　（a）　**判決への信頼**　　最高裁の判例あるいは確立している判例に従った場合、回避不可能である。判例が分かれている場合には、上級裁判所の判例に従ったならば、少なくとも可罰的責任は阻却される。

　　（b）　**公的所管機関の見解への信頼**　　行政刑法の解釈については、**所管の官庁の公式の見解**ないし刑罰法規の解釈・運用・執行について法的責任をもつ担当公務員の公式見解に従って行為したときは、違法性の錯誤につき回避可能性はない。統制経済法令の解釈について商工省の回答を信頼して行為した場合（大判昭14・3・29刑集18・158）、火薬取締法について警察官の指示に従って行為した場合（札幌高函館支判昭28・7・7高刑特32・83）などは、回避可能性がないと思われるが、判例は、違法性の

意識不要説から有罪とした。**石油カルテル生産調整事件**（東京高判昭55・9・26高刑集33・5・359）では、石油の生産調整が通産省の行政指導のもとに行われ、公正取引委員会もこれについて何らの措置をとらなったとき、「自己らの行為について違法性が阻却されると誤信していたため、違法性の意識を欠いていたものと認められ、また、その違法性を意識しなかったことには相当の理由がある」として、故意を否定した。

前述の**百円紙幣模造事件**（前掲最決昭62・7・16＝**百選48**）においては、「知り合いの警察官」らに相談しているが、この場合、公的担当機関ではなく、公式の見解が出されたわけでもないので、回避可能性はあったというべきであろう。同様に警察に問い合わせ、警察の事前の指導を受けた場合に**違法性の意識の可能性**があるかが問われた事案がある。被告人は、けん銃部品の輸入について銃刀法違反に問われたすでに紹介した（☞§138.3）事案で、大阪高裁（大阪高判平21・1・20判タ1300・302）は、輸入の前に、関西国際空港の税関に出向いて、税関と警察の係官に対し、予定していた加工の方法を説明し、また、これとは別に、大阪府警察の銃器対策課にも電話をして、**引き金と撃鉄を連動させる部品の輸入が違法かどうかを問合せ、違法でないことを確認した。**本件では、違法性の意識の可能性がなく、故意の成立が認められないとされた。

しかし、出版会社の代表取締役である被告人が、同社の編集局長および同社専属の漫画家と共謀のうえ、わいせつ図画である漫画本を取次の販売業者に頒布した事案において、違法性の意識がなかったと主張した事案で、「被告人が自己の行為を適法と誤信したとする根拠は、要するに、無修正の浮世絵や自社よりも修正の程度が弱い漫画本を刊行している出版社について警告や摘発があったと聞かなかったことに尽きるのであり、被告人が所管官庁に相談に出向くなど、公的機関の指示を仰ぐなどした形跡は全く認められない」。そうすると、「自己の行為を適法であると誤信していたとしても、そのことについて相当な理由があるとは到底認められず、違法性の意識に欠けるところはない」として、**公的機関への照会がなかった場合**に、相当な理由を否定したものがある（東京地判平16・1・13判時1853・151）。

（c） 私人たる専門家の意見への信頼 私人であっても、法律の専門家である**弁護士**に法律の解釈について助言を求め、得られた正式の回答を信頼した場合について、弁護士や法律学者などの専門家であっても、刑罰法規の解釈・運用・執行に法的な責任をもつ公務員ではないから、私人の意見を信頼して行為することを許容すれば、法制度の統一性が害されるので、回避可能性がないとはいえないとされる（内藤1041頁）。**判例**においても、**弁護士**の意見を信頼した場合に有罪としたもの（大判昭8・9・13刑集12・1619、大判昭9・9・28刑集13・1230、東京高判昭34・5・26東高刑時報10・5・288）がある。しかし、資格をもった法律家の意見を信頼した場合に、その信頼を許さないのは、法制度として問題であると思われるので、弁護士が、その職業上の倫理に則して慎重な検討を尽くしたといった特別の事情があれば、回避可能性が否定される場合もありうるように思われる。

映倫管理委員会の審査を通過した映画を上映した場合、違法性の錯誤について相当の理由があるとして無罪とした判例（東京高判昭44・9・17高刑集22・4・595）がある

が、これも、公的機関ではないとしても、映倫管理委員会の性質から、これを信頼した者に処罰をもって臨むべき反規範的意識があるとはいえない。

(2) 特別の法的規制領域における活動

特別の法的規制のある領域において行動しようとする際に、法に関する情報収集の努力をしない場合には、原則として、禁止の錯誤は回避可能である。銀行業務、食品販売、トラックの運転などを行う際には、危険回避のために、それに関係法規が存在することを知っているなら、それを契機として、**法状況の確認作業**をしなければならない。

　　判例としては、**物品税法違反事件**において、物品税と関係のない製材業を営んでいた者が、その副産物である木切れを利用して副業的にブランコ等を製造したが、物品製造業の組合にも入っておらず、ブランコが課税物件であることを知らず、製造につき政府に申告すべきことを知らなかった事案につき、違法性の意識不要説に立って、事実の錯誤ではなく、「法の不知」にすぎないとして、無申告製造罪（旧物品税法 18 条）の成立を認めたもの（最判昭 34・2・27 刑集 13・2・250）がある。この事例につき、違法性の意識の可能性がないと解する余地が大きかったとし、「相当の理由」の有無をさらに審査すべき事案であった（内藤 1039 頁）とするものがあるが、そのこと自体は正当であるとしても、結果的に、「相当の理由」があったかどうかは疑わしいように思われる。副業に手を出す際に、少なくとも関係の業者や組合に問い合わせるべきであった。

　　脱毛サロンを経営する者が、レーザー脱毛機を用いて営業として**脱毛の医行為**を行った行為につき、医師法違反に関して違法性の意識を欠いていたか否かにつき、被告人らに対し医師法に違反しない旨説明したその**器具の輸入販売元の担当者は私人**にすぎず、厚生省等の関係機関に問い合わせをしなかったとき、相当の理由があったということはできないとされた（東京地判平 14・10・30 判時 1816・164）。さらに、判例では、**植毛治療**につき、医師が包括的かつ定型的な指示を与えるのみで、あとは医師資格を有しない治療の担当者らに任せきりにした事案につき、「被告人は、少なくとも、本件クリニックにおける本件植毛治療の実態が、医師法に違反するおそれがあるという程度の違法性の意識（弁護人のいう違法性の認識）を有していたものと認定することができる」とする（東京地判平 9・9・17 判タ 983・286）。

(3) 基本的法益侵害の意識

他人または公共の安全を害することを意識している場合、禁止の錯誤は、回避可能である。個人の生命、身体、自由、財産を侵害することを知っている場合のみならず、「**基本的な社会的規範**」に意識的に違反する場合、禁止の錯誤は回避可能である。これらの基本的な規範を意識する可能性は、これまでの通常の社会生活によって当然にすり込まれているはずだからである。

§140 事実の錯誤と違法性の錯誤の限界

1 総説

事実の錯誤は、構成要件の客観的要素および違法阻却事由の事実的前提に関する錯誤であり、**違法性の錯誤**は、法律上の禁止を法律上許されたものと錯誤することである。前者は、客観的事実に関する錯誤、後者は、法的評価に関する錯誤であって、その区別は概念的に明確であるように思われる。しかし、実際には、構成要件要素には価値評価の付着した事実である規範的構成要件要素もあり、また、民法・行政法などに規定された法的な事実もあり、さらに、禁止されているという事実を知らない場合ないし当該規範が用いている法概念によってその事実を知らないといった場合もあって、事実の錯誤と違法性の錯誤との限界は必ずしも明確ではない。**両者の区別**が重要な意味をもつのは、両者は、事実の錯誤は故意を阻却するが、違法性の錯誤は、それが回避不可能であったときに責任を阻却するのみで、故意の成否とは無関係であるいうように、その**効果が異なる**からである。

そこで、事実の錯誤と違法性の錯誤を区別する基準が問題となる。従来、違法性の錯誤は、**法律の錯誤**（Rechtsirrtum）とも呼ばれてきた。すなわち、事実の錯誤（Tatsachenirrtum = error facti）と法律の錯誤（Rechtsirrtum = error juris）が対比され、「**事実の錯誤は害せず、法律の錯誤は害する**」（Error juris nocet error facti non nocet）という法諺があるように、その法律効果に異なった影響をもたらすというのが、その基本的な考え方になっていた。しかし、「法律の錯誤」の概念は、民法、行政法、訴訟法などの個々の法規範の要件（法律的事実）に関する錯誤も含む概念であり、必ずしも法規範の全体的な違法評価の錯誤とはいえないようなものをも包含する。それゆえ、事実の錯誤と違法性の錯誤とを区別するには適切な概念ではないように思われる。

事実の錯誤は、最近では、**構成要件の錯誤**（Tatbestandsirrtum）と呼ばれるが、事実の錯誤の概念は、構成要件の錯誤に加えて、違法性阻却の事実的前提に関する錯誤、すなわち**許容構成要件の錯誤**（Erlaubnistatbestandsirrtum）をも含めたものを意味する概念である。したがって、厳格責任説からは、「構成要件の錯誤」と、許容構成要件の錯誤をも含めた意味における「禁止の錯誤」とに分類することには意義があるが（福田 211 頁、川端 284 頁）、その他の

説にとっては、必ずしも適切ではない。

本書では、許容構成要件の錯誤も、厳格責任説とは異なり、故意を阻却する事実の錯誤とする制限責任説を採るので、構成要件の錯誤という概念は、不完全であるから、二つの錯誤を対比するとき、「事実の錯誤」と「違法性の錯誤」という呼び方を用いる。

2 事実の錯誤と違法性の錯誤のスペクトル

事実の錯誤は、事実の認識のない場合をいい、違法性の錯誤は、事実の認識はあるが、行為の全体的法的判断を誤った場合をいう。しかし、この区別に関しては、さまざまな学説があり、また、区別が困難な限界事例が存在する。事実の錯誤から違法性の錯誤へのスペクトルの間には、①自然的物理的事実の錯誤、②社会的意味の錯誤、③規範的事実の錯誤、④規範的評価の錯誤、⑤法的概念の錯誤（あてはめの錯誤）の5段階におおまかに位置づけることができる。このうち①から③までが、事実の錯誤である。

(1) 自然的事実の錯誤

【錯誤のスペクトル】

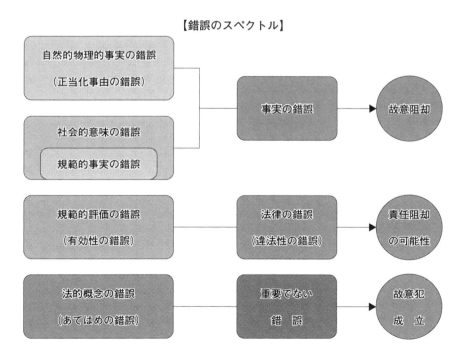

事実の錯誤であることがもっとも明確な事例は、**自然的・物理的存在**に関する**感覚的知覚**を誤った場合、例えば、人を犬と見誤ったような場合である。しかし、厳密に言えば、自然的存在に対する感覚的知覚もその社会的意味の認識がなければ、その物に対する概念的理解があるとはいえないであろう。

先に「違法性の意識の可能性」との関係で検討した**物品税法違反事件**（前掲最判昭34・2・27）においては、政府に申告しないで物品税の課税物件である遊戯具を製造した者につき、「本件物品製造の認識自体についてはなんら欠くるところがない」として、事実の錯誤ではなく、「法令の不知」にすぎないとした。しかし、このような「物品製造」の認識といった自然的・物理的認識が、本件の故意をなすのではなく、「政府に申告しないで玩具、遊戯具を製造する」という認識が必要である（内藤1071頁）。これは、その法的意味ないし**社会的意味をそなえた事実の認識**であることを要求するものといえよう。

(2) 社会的意味の錯誤

事実の錯誤には、物理的存在や社会的制度ないし価値に関する社会的意味内容の「精神的理解」を誤った場合も含む。社会的意味を認識すること（Kenntnis des sozialen Sinnes）を**意味の認識**というが、このような意味の認識を誤った場合が、社会的意味の錯誤である。この意味の認識については、**行為者の属する素人領域における並行的評価**（Parallelwertung in der Laiensphäre des Täters）で十分であるとされているから、このような並行的評価に錯誤があった場合が、社会的意味の錯誤である。社会的意味の認識は、当該行為との関係では、その行為の社会有害性や、法益侵害性の認識につながりうるものである。これを錯誤した場合には、故意を阻却する。

最高裁は、いわゆる**チャタレー事件判決**（最大判昭32・3・13刑集11・3・997＝**百選47**）において、被告人らのわいせつ性の認識はなかったとの主張に対し、「刑法175条の罪における犯意の成立については問題となる記載の存在の認識とこれを頒布販売することの認識があれば足り、かかる記載のある文書が同条所定の猥褻性を具備するかどうかの認識まで必要としているものではない。かりに主観的には刑法175条の猥褻文書にあたらないものと信じてある文書を販売しても、それが客観的に猥褻性を有するならば、法律の錯誤として犯意を阻却しないものといわなければならない」と判示した。この判決は、物理的認識があれば、故意としては十分であり、物理的認識か法律の認識かであって、その中間に社会的意味の認識の存在の余地を認めない点で不当である。

「同条所定の猥褻性」の意味を、具体的条文の認識まで必要としたものではないとし、本判決が社会的意味の認識までを不要としたものではないとする解釈（前田232頁、長井・故意概念172頁）もあるが、この判決の前段で、「記載の存在の認識」と

「頒布販売の認識」で十分としている点から、このように解することには無理がある。

(3) 規範的事実の錯誤

規範的事実の錯誤とは、民法や行政法などの法によって意味づけられる事実の錯誤を意味する。社会的意味内容には、**法的意味内容**も含まれるので、規範的事実の錯誤も、大きくは、**社会的意味の錯誤の一種**である。例えば、窃盗罪の構成要件における「他人の」という要素は、もとより社会的意味の理解を必要とするが、その「他人の」という要素は、法的性質の理解なくしては正確ではない。「公務員」、職務の「適法性」といった法的に着色された概念も、それが、行為全体の法的評価の問題ではないなら、いわゆる「規範的事実」ないし法律的事実の錯誤にすぎない。すなわち、事実の錯誤である。

　法律的事実の錯誤として故意が阻却された判例を挙げておこう。鳥獣の標本の作成を業としていた被告人が、警察官吏または町村長が危害予防のために**無主犬を撲殺**することを認めた警察規則を誤解して、鑑札を付けていない犬はたとえ他人の飼い犬であっても、無主犬とみなされると信じて、鑑札のないポインター種の犬を撲殺しその皮をはいでなめしたという事案について、最高裁は、「被告人において右錯誤の結果判示の犬が他人所有に属する事実について認識を欠いていたものと認むべき場合であったかも知れない」と判示した（最判昭26・8・17刑集5・9・1789＝百選**44**）。本判決では、たんに私人が鑑札の付けられていない犬を撲殺することは違法でないと信じたというのではなく、これによって他人の所有にかかる犬であるという事実についての認識を欠くに至ったがゆえに、故意を阻却するとしたのである。

　規範的事実の錯誤に属することの多い事案は、**禁止区域の錯誤**の事例である。それには、自動車の追越し禁止に関して、「追越禁止区域内で他の自動車を追い越すという認識」（東京高判昭30・4・18高刑集8・3・325）を必要としたもの、銃猟禁止区域であることの認識がなかった事案について、故意の成立を否定したもの（東京高判昭35・5・24高刑集13・4・335）などがある。この点、標識等に気づかなかったことによって、追越し禁止区域であることを知らなかった場合であっても、交差点、カーヴ、坂道である等の追越しにとり危険な場所であることの認識があれば、故意は阻却しないとする学説（内藤1081頁）が有力である。これは、事実の認識には、規範的事実の認識の背後にある社会的意味の認識で十分だというものである。

　公務執行妨害罪における**職務行為の適法性**に関する錯誤については、大審院は、これを違法性の錯誤として、違法性の意識不要説に立って、故意を阻却しないとした（大判昭6・10・28評論21諸法69、大判昭7・3・24刑集11・296）。学説には、これを、職務行為の適法性を客観的処罰条件とし、その錯誤は故意を阻却しないとする見解（香川『刑法講義各論』〔第3版〕43頁）、また、違法性の錯誤とする見解（藤木『刑法講義各論』26頁）もあり、さらに、構成要件の錯誤として、故意を阻却するとする見解

(吉川『刑法各論』357 頁）もある。しかし、適法性の基礎となっている事実の錯誤と適法性の評価の錯誤とを区別し、前者は、事実の錯誤とし、後者は、違法性の錯誤とする見解（中『誤想防衛論』〔1971〕220 頁以下、中山『刑法各論』509 頁）が妥当である。

そのほか、「**無許可営業**」について「営業許可」を得たと認識している場合には、「無許可営業」という「**規範的事実の認識**」はないとしたと考えられる高裁の判例がある。すなわち、会社代表者が、実父の公衆浴場営業を、会社として引き継いで営業中、県係官の教示により、当初の営業許可申請者を実父から会社に変更する旨の公衆浴場営業許可申請事項変更届を県知事宛に提出したところ、受理された旨の連絡を県議を通じて受けたため、会社に対する営業許可があったと認識して、営業を続けたという事案について、公衆浴場法 8 条 1 号の無許可営業罪における無許可営業の故意は認められないとしたものである（最判平元・7・18 刑集 43・7・752 =**百選 44**）。

(4) 規範的評価の錯誤

これは、行為者が、当該行為に対する**違法評価**を誤った場合を意味する。したがって、違法性の錯誤（禁止の錯誤）である。この類型の現象形態としては、次のようなものがありうる。①禁止規範の存在に関する錯誤の場合、②許容規範の存在・限界に関する錯誤、③包摂の錯誤が違法評価の錯誤につながった場合、④有効性の錯誤、⑤事実の規範的評価の錯誤の場合などである。

最高裁は、執行吏である被告人が、その差押が国税徴収法に違反して無効であると誤信して、当該差押の標示を除去したという封印等破棄罪（96 条）の事案につき、「公務員の施した差押の標示を損壊する故意ありとするには、差押の標示が公務員の施したものであること」の認識をもって足りるものとし、無効であると誤信して損壊したとしても、それは法律の錯誤であると判示した（前掲最判昭 32・10・3）。この場合、差押の有効性の前提事実を誤認したのではなく、差押の手続要件を誤解し、解釈を誤って、差押の有効性そのものについての「規範的評価」を誤った（**有効性の錯誤**）のである（内藤 1066 頁以下参照）。ここでは、法律的事実の意味の認識は存在する。したがって、**違法性の錯誤**である。

(5) 法的概念の錯誤

法的概念の錯誤は、社会的意味の理解はあるが、**法律の条文の意味を誤解した場合**である。例えば、他人の鳥篭から小鳥を解放することは、器物損壊罪にいう「器物を損壊した」という行為にあたらないと誤解した場合がその例である。これは、たんに、法律の条文への事実のあてはめを誤った場合であるので、**あてはめの錯誤**ないし**包摂の錯誤**という。このように、法律の条文上の法的概念をそのまま、詳細に理解する必要はない。例えば、友人とアパートで共同生活をしている学生が、共有し、共同占有している物は、「他

第4節　違法性の意識の可能性　　§140　事実の錯誤と違法性の錯誤の限界◇　719

人の財物」ではないと思って売却した場合、「共有」の民法上の意義ないし窃盗罪における共同占有の意義について正確に知っている必要はない。それが、他人との共有物であるという社会的意味を知っていれば十分である。

　法律上「メタノール」の所持または譲渡が禁止されていたが、被告人は、「メチルアルコール」であることを知ってそれを飲用する目的で所持しまたは譲渡したという事案について、最高裁は、たとえ「メチルアルコール」が法律上その所持または譲渡を禁じられている「メタノール」と同一のものであることを知らなかったとしても、それはたんなる法律の不知にすぎないのであって、犯罪構成に必要な事実の認識になんら欠けるところがないから、犯意があったものと認めるに妨げはないと判示した（最大判昭23・7・14刑集2・8・889）。行為者は、「メチルアルコール」という名称で、「メタノール」を認識していたのであるから、故意の阻却はない。これは、**法律の不知**、つまり、包摂の錯誤の例である。[18]

　もうひとつ包摂の錯誤であるとして、故意を肯定した前出の判例がある。銃砲刀剣類所持等取締法違反に関する事案において、刃物の製作・販売業者が、日本料理の儀式（いわゆる包丁式）用として包丁の注文を受けこれを製作・所持したが、その包丁は、客観的には、社会通念上刀（脇差）というにふさわしい形態を備え、かつ、人を殺傷する十分な性能を有すると認められるとされたのに対し、弁護人は、被告人は、儀式包丁を製作するという確信のもとに製作したのであるから、仮に、その結果製作された物が刀であったとしても「事実の錯誤」であると主張した。これに対し、**東京高裁**（東京高判平5・6・4高刑集46・2・155＝判タ831・248）は、「各刃物の素材、形態及び性能を誤認していたわけではなく、各刃物が銃刀法上の刀に当るかどうかの判断を誤り、**儀式包丁であるから刀には当らないと信じた**というに過ぎない。したがって、被告人の誤信は、いわゆる**法律の錯誤**（あてはめの錯誤）であって、事実の錯誤ではないといわなければならない」とした（本判決における「違法性の意識の可能性」の論点については、☞§137. 2 (2)）。

　法的概念にあてはまることを知らなかったとしても、**違法性の実質を基礎づける事実**を認識していれば故意は否定されない。自動車販売修理業を営む会社の代表取締役であったAが、共犯者と共謀のうえ、指定自動車整備事業場の代表取締役である自動車検査員Bに対し、いわゆる**ペーパー車検**を行ったことの報酬として小切手を手交して賄賂を供与した事案において、Aは、Bがみなし**公務員であることを知らなかった**等と主張し、したがって、被告人は贈賄の故意を欠いており無罪であると主張し

---

[17] これについては、木村亀二「包摂の錯誤—故意概念の一問題として—」刑法の基本概念203頁以下、中・晩近錯誤理論98頁以下、州見・法研論集47巻109頁以下、長井・故意概念169頁以下参照。包摂の錯誤は、故意を阻却しないといわれる。
[18] 包摂の錯誤の事案につき、故意を阻却しないとした大審院時代の判例として、大判大11・11・17刑集1・666（いやしくも医業の免許を受けず故意に営業として「トラホーム」患者に対し患部の顆粒を取り去る行為は、医師法11〔現17・31条〕条に規定する罪となるべき事実を認識してこれを実行したものというべきであるとしたもの）、大判昭2・3・11新聞2693・11（疫痢が「伝染病」の一種と知らなかったとしても、「刑罰法規の不知」にすぎないとしたもの）がある。

た。これに対して、裁判所は、「被告人は、自動車検査員や指定自動車整備事業者（民間車検場）の役員が刑法の適用について公務員とみなされることを直接知らなかったとしても、その**実質的根拠となる事実の認識はあった**ものというべきであり、そうした立場にある B に対して賄賂を供与することが賄賂罪を成立させることになるその違法の実質を基礎付ける事実の認識に欠けるところはないというべきであるから、この点において、被告人につき本件贈賄罪の故意責任は阻却されない」とした（東京地判平 14・12・16 判時 1841・158）。

3 区別基準に関する学説

事実の錯誤と違法性の錯誤の区別基準に関する学説には、次のようなものがある。

(1) 刑罰法規の錯誤と非刑罰法規の錯誤によって区別する説

わが国の古い判例の中には、38 条 3 項の「法律」とは刑罰法規のみを意味するとして、**刑罰法規の錯誤**は故意（責任）の阻却を認めず、**非刑罰法規の錯誤**については事実の錯誤であって故意を阻却するとするものがある[19]。この説は、ドイツのライヒ裁判所（戦前の大審院）によって用いられた区別基準を用いるものである。

しかし、例えば、文書偽造罪において「文書」を文書でないと錯誤した場合、それを刑罰法規の錯誤であるとするのならば、故意を阻却しないことになって不合理である。また、刑罰法規・非刑罰法規の区別自体に故意の成立・不成立について意味があるわけではない。さらに、例えば、親権者が懲戒権の範囲内にあると誤信してその子を傷害した場合には、刑法の錯誤であるか民法の錯誤であるかが不明確であるように、その限界事例の判別にも困難がともなう（大塚 468 頁）と批判されている。

(2) 厳格責任説に依拠する見解

これをさらに分類すると、①形式説と②実質説とがある。

まず、①**形式説**は、厳格責任説から形式的に、構成要件該当事実に関する錯誤は、故意を阻却するが、行為が許されないことについての錯誤を禁止の錯誤とし、その錯誤が相当であるとき、責任を阻却するものとする（福田 114 頁、川端 284 頁以下）。本説に対しては、厳格責任説そのものが不当であると批判しうる。

---

[19] 大判大 15・4・17 評論 15 諸法 212、前掲大判昭 2・3・11、大判昭 14・2・28 刑集 18・63、大判昭 15・1・26 新聞 4531・9、最判昭 25・12・26 刑集 4・13・2885、最判昭 26・3・13 判例体系 30・1013、最判昭 28・5・7 刑集 7・5・937。

次に、②**実質説**は、厳格責任説に立って、構成要件に該当する事実の錯誤のうち違法性の意識を喚起すべき事実、すなわち違法性の前提となる構成要件に該当する客観的事実に関する錯誤を事実の錯誤、行為が法律上許されていない点に関する錯誤が違法性の錯誤であるとするのである（西原421頁、大谷349頁）。しかし、本説は、まず、違法阻却事由の事実的前提について錯誤があり、それが存在すると誤信した場合には、反対動機の形成が不可能なことを看過している点で妥当ではない。誤想によって正当防衛状況を誤信している者には、構成要件該当事実の認識による反対動機の形成の可能性は、具体的に、正当化事由の事実的前提を誤信することによって打ち消されており、その可能性はないというべきである。

(3) 違法の意識をもつはずの事実に関する認識内容があるか、その事実認識がありながら錯誤により違法でないと思ったかによって区別する説

本説は、故意説に立脚して、事実の錯誤は、その意識内容では、およそ一般人が、本来違法の意識をもつはずがない、といえる場合であって、いわば、災難による被害惹起にすぎぬと認められる場合であるのに対し、法律の錯誤は、本来なら違法性の錯誤が喚起されることが期待されるだけの事実認識をそなえていながら、錯誤により違法でないと思ったというだけのことで、そのような錯誤による被害惹起は、偶発事故とは考えられない、というのが両者を区別する実体であるとする（藤木217頁）。

本説は、違法性の意識の可能性を故意の要件とする故意説から唱えられる（藤木222頁）。故意説自体に問題があることのみを指摘しておこう。

(4) 違法性の意識の可能性を実質的故意に解消する説（前田220頁、同『現代社会と実質的犯罪論』〔1992〕220頁以下）

本説は、故意を否定する事実の錯誤は、犯罪事実の重要な部分に関する錯誤にかぎられるとし、これを**実質的故意概念**と称し、「一般人ならば当該犯罪類型についての違法性を意識し得る認識」をもって故意とする。すなわち、これは、故意非難を可能とするだけの犯罪事実の認識があれば、故意があるとする説であり、これによって、違法性の意識の可能性は、故意論の中に解消され、独自の存在意義を失う。「論理的には、違法性の意識の可能性を欠く場合で、しかもごく例外的に故意の有無で処理しにくい事案が生じる余地を認め、それを期待可能性論で処理する」（前田・実質的犯罪論224頁）のである。

本説に対しては、それが、事実の錯誤を違法性の認識によって取って代えるものであるとして、この考え方によれば、違法性の意識ないしその可能性がある以上、故意があるとする結論が不可避となる（町野「意味の認識について（上）」警研61巻11号6頁、秋葉悦子「覚せい剤取締法違反罪の故意（2・完）」警研61巻10号40頁）という批判がある。この批判は正鵠を得ている。本説によれば、実際上、違法性の意識の可能性があるかどうかによって故意があるかどうかを判断することになるからである。その結果、実質的に違法であるとの意識さえあれば、構成要件要素の認識がなくとも実質的故意があるとすることになる。そのほかにも、次のように批判しうる。

　本説は、これが、当該犯罪の「法益侵害の認識」とほぼ重なるとする（前田・実質的犯罪論221頁）が、両者は、まったく異なるものである。例を挙げると、正当防衛の場合、法益侵害の認識はあるが、違法性を意識しうるだけの事実の認識はないというべきである。つまり、法益侵害の認識は、あくまで構成要件的事実の認識を言い換えたものであるのに対し、違法性を意識しうるだけの事実の認識は、いわば「違法な故意」を要求するものであって、違法阻却事由がある場合、故意を認めることはできなくなるのである。これを敷衍しよう。

　本説は、構成要件的故意を認め、それは犯罪類型個別化機能をもつものとする（前田48頁以下、同・実質的犯罪論224頁）。しかし、そのような構成要件的故意の内容が「『その罪』の違法性を意識し得るだけの事実の認識」であるとすれば、正当防衛の場合には、そのような故意は認められないから、構成要件的故意は欠けることになる。すなわち、正当防衛は、違法阻却事由である前に、構成要件的故意阻却事由であり、構成要件段階で処理されてしまうのである。

(5) 事実の錯誤か規範的評価の錯誤かによって区別する説

　通説は、構成要件該当事実および違法阻却事由の事実的前提に関する事実の錯誤ないし法律的事実の錯誤か、規範的評価に関する錯誤かによって、故意を阻却する事実の錯誤か、故意を阻却しない違法性（法律）の錯誤かを区別する（団藤313頁、大塚465頁、内田258頁）。なお、この説には、違法阻却事由の事実的前提に関する錯誤を、構成要件的故意を阻却するものではなく、責任論で責任故意を阻却する**第三の錯誤**であるとする説も含まれる（大塚465頁）。責任故意ないし第三の錯誤を認める見解には与しえないが、基本的に、

本説が妥当である。

前述のように、構成要件的事実の認識には、たんに自然的事実ではなく、社会的意味の認識を必要とする。社会的意味の認識とは、一般的な「禁止されていることの意識」（違法性の意識）ではなく、あくまで具体的な構成要件要素の一般的・社会的認識である。構成要件要素は、このような社会的意味の次元において共通項があれば、法文上の構成要件要素の記述と本人のもつ概念とが完全に一致する必要はない。「メタノール」を「メチルアルコール」として把握していたとしても、その社会的意味を認識しておれば構成要件要素としての認識は十分にあるといえる。

さらに、構成要件要素において記述された概念それ自体を知らなくても、その要素の形状・機能・効果・社会有害性ないし法益侵害性などを知っていた場合には、故意が認められる。例えば、「覚せい剤」という名称を知らなくても、その形状や性質を知り、それが「その濫用によってこれに対する身体的・精神的依存の状態を形成し、個人や社会に重大な害悪をもたらすおそれのある薬物である」ことを知っていれば、故意を認めてよい。

このような故意の対象としての事実の認識は、あくまで、個別的・具体的な形状・性質・効果・機能などの認識であり、違法性の意識が、全体的価値判断であるのとは異なる。少なくとも理論上は、両者は、明確に区別されるべきである。

　覚せい剤取締法30条の9において「覚せい剤原料」の譲渡・譲受を禁止しているが、覚せい剤原料として、別表で「1フェニール2メチルアミノプロパノール1の塩類」が掲げられていたところ、被告人が、譲り受けた対象物が「塩酸エフェドリン」であることは知っていたが、「覚せい剤原料」であることの認識も、それが、別表に掲げられた正式の化学名である「1フェニール2メチルアミノプロパノール1の塩類」に含まれることの認識もなかったという事案においては、「やばいもの」であることを認識しておれば、故意として十分であるとする判例（東京高判昭49・7・9刑月6・7・799）と、「塩酸エフェドリンが劇薬であって、常用すれば中毒となり習慣性の出る危険があるため、他に譲渡できないもの」という認識では不十分であるとした判例（東京高判昭49・11・11刑月6・11・1120）とがある。

4　事実の錯誤か違法性の錯誤か争われた判例

この区別に関して、すでに大審院において相前後して一見矛盾するかのような二つの判決が出され、古くからその意味については学説において論議されてきた。以下では、これについて検討しておこう。

(1) たぬき・むじな事件（大判大 14・6・9 刑集 4・378 =**百選 45**）

被告人は、狩猟禁止期間中に禁猟獣である「たぬき」2 匹を捕獲したが、その捕獲した獣を、被告人の地方では通俗的に「十文字むじな」と呼ばれている獣であると信じ、「たぬき」と「むじな」はまったく別の動物であり、捕獲したのは「むじな」であって、「たぬき」ではないと誤信していたのであった。大審院は、この錯誤につき故意を阻却するものとして無罪とした。その理由を述べて、ほぼ次のようにいう。

　学問上の見地からは「むじな」は「たぬき」と同一物であるが、このようなことは動物学上の知識を有する者であってはじめて知りうることであり、「たぬき」と「むじな」という名称は、古来、並存し、わが国の習俗もこれを区別していた。したがって、狩猟法では、「たぬき」という名称には「むじな」を包含することを明らかにし、国民に注意を喚起すべきであった。たんに「たぬき」という名称を掲げて、その中に当然に「むじな」を包含せしめて、わが国古来の習俗上の観念に従い「むじな」を「たぬき」と別の物であると考えてこれを捕獲した者に対し、刑罰制裁をもって臨むがごときことは、決して当を得たものということができない。それゆえ、本件の場合においては、法律に捕獲を禁止されている「たぬき」であるという認識を欠いた被告人に対しては、犯意を阻却するものとして、その行為を不問に付するのは、もとより当然というべきである。

　この事件についての学説の評価においては、大審院とは異なり、これを違法性の錯誤とすべきであったという説（木村 320 頁、団藤 322 頁、福田 213 頁、中野 217 頁）がある。ただ、違法性の錯誤に陥ったことについては、回避可能性がなかったので、故意犯としての責任を阻却するとし、大審院の判決の結果は、これを是認する。これに対して、通説は、大審院と同じく事実の錯誤とし、故意を阻却するものとする（平野 173 頁、荘子 394 頁、中山 366 頁、藤木 221 頁、内田 258 頁、内藤 1077 頁、中 181 頁）。この判例は、行為者の「認識」が**社会的意味の認識**であることを要求しており、社会的に「別個の物」とされていたものを錯誤した場合には、故意が欠けるとしたものである。この意味で、通説の理解が妥当である。

(2) むささび・もま事件（大判大 13・4・25 刑集 3・364）

　被告人は、禁猟獣である「むささび」を 3 匹捕獲したが、それを被告人の地方で「もま」と俗称されているものと信じ、その「もま」が「むささび」と同一のものであることを知らなかった。この事実に対して、大審院は、およそ次のようにいう。

　捕獲を禁止された「むささび」を、このような禁止がなされていない他の動物であると観念するのであれば、明らかに犯罪構成事実に関する錯誤であるが、本

件のように、「むささび」と「もま」とは同一の物であるにもかかわらず、たんにその同一であることを知らずに、「もま」はこれを捕獲しても罪にならないと信じて捕獲したにすぎない場合には、法律をもって捕獲を禁じた「むささび」、すなわち「もま」を「もま」と知って捕獲したものであって、犯罪構成に必要な事実の認識になんら欠缺があるわけではなく、ただその行為が違法であることを知らないというにとどまる。したがって、法律の錯誤であり、故意を阻却しない。

本判決は、たぬき・むじな事件判決と矛盾するともいわれている（大塚452頁）。これを事実の錯誤の問題であると解する学説もある（西原「刑法における錯誤の理論〔総論〕」法セ329号15頁）が、多数の学説は、これを**違法性の錯誤**であると解している（福田213頁、藤木221頁、条件付きで、内藤1079頁、中181頁）。

私見によれば、この判決は、被告人が、感覚的知覚の次元では「むささび」自体の形状などを認識し、「むささび」は禁猟獣であることを知っているのであるから、それを「もま」という俗称で知っていたとしても、その名称はともかく、その捕獲が禁止される理由を含めた**社会的機能・意味ないし具体的な価値の認識**における次元では別の物でないことを知っていたはずであり、故意は存在するとしたものである。

例を挙げて説明すると、アメリカから北海道に来た留学生が、友人と競馬に行き、「サラブレッド」を指して「馬」だと教えられたが、その後、大学構内では危険だから「あらゆる馬に乗ってはならない」と説明された。しかし、友人の大学生から北海道産の馬を「道産子」とのみ教えられたために、馬に乗ってはダメだが、「道産子」には乗ってもよいと信じて乗った場合でも、「馬」としての道産子の社会的意味や機能を知っているから、故意は阻却されないのである。

第5節　可罰的責任論

【文献】植田重正「期待可能性」刑法講座3巻18頁、川端博「期待可能性」現代刑法講座2巻237頁、佐伯千仭『刑法に於ける期待可能性の思想』(増補版・1985)、瀧川幸辰「期待可能性の理論」刑事法講座2巻265頁、中森喜彦「期待可能性」基本講座3巻277頁、中山研一『安楽死と尊厳死』(2000)、萩原玉味「期待可能性についての若干の考察」大阪市立大学法学雑誌16巻2=3=4号223頁、平野龍一「生命と刑法―とくに安楽死について―」刑法の基礎 (1983) 177頁、松原芳博『犯罪概念と可罰性』(1997)、同「可罰的責任論の現状と展望」九国5巻2=3号89頁、宮澤浩一「過失犯と期待可能性」日沖還暦 (1) 111頁、宮野彬「安楽死と尊厳死」基本講座3巻180頁、同『安楽死から尊厳死へ』(1984)、八木國之「期待可能性論の運用と体系的地位と機能」木村還暦〔下〕553頁、山中敬一「可罰的責任論について―期待可能性の理論の体系的地位―」西原古稀2巻137頁

§141　可罰的責任の意義

1　規範的責任論の問題点

　規範的責任論は、責任を心理的状態ではなく、**非難可能性**と理解し、付随事情の異常性のために適法行為を期待できない場合には、それは責任を軽くするように作用するものとする。逆からいえば、**付随事情の正常性**が、責任非難を正当化し、通常の責任を負わせることを可能にするのである。規範的責任論は、例えば、幼い子供を一人で育てている母親が、失業中でその日の食事にも困っていたにもかかわらず誰からも保護の手が差しのべられなかった（付随事情の異常性）が、ある日、子供のために一パックのミルクを盗んだ場合、**適法行為の期待可能性**が低減し、あるいはなくなるのであり、責任非難をなすことはできないというのである。このような**適法行為の期待可能性**が規範的責任論の中心概念である。

　しかし、前例においても、非難可能性がまったくないとは言い切れないと思われる。つまり、その母親には内心において**規範の呼びかけに答える能力**が欠落していたかどうかを問うならば、当該母親は、明らかに、窃盗行為の故意があり、また、窃盗行為が違法であり、許されない行為であることを意識している。その意味で、まったく是非善悪の弁別能力がない幼児や精神障害

第5節　可罰的責任論　§141　可罰的責任の意義◇　727

者とは異なるのである。

　ドイツ刑法学においては、行為者が、行為が違法であることを弁識することなく行為した場合には、責任非難は不可能であって、責任は阻却されるものとされる。これに対して、責任そのものが阻却されるわけではないが、異常な外部的事情と、異常な葛藤状況のために心理的圧迫により、法秩序の宥恕を受ける場合があるとする。前者の事情を**責任阻却事由**（Schuldausschließungsgrund）といい、後者の事情を**責任宥恕事由**（Entschuldigungsgrund）という[1]。

　心理的責任論においては、もともと責任の内容は、**意思責任**であったが、期待可能性論の発達によって、適法「行為」の期待可能性が重要視されるようになり、責任において外部的な行為責任が意味をもち始めた。このようにして、責任においては、**外部的事情の行為への物理的圧迫・心理的圧迫**が責任を軽減し阻却すると考えられるようになった。しかし、**規範に従って意思決定する可能性**としての**責任**と、適法行為への物理的・心理的圧迫のゆえに、**処罰の必要性**がないものとして法秩序が責任を宥恕することがあるという意味での**可罰的責任**とは区別することが必要ではないだろうか[2]。

2　可罰的責任論の構想

　可罰的責任論とは、規範に従って意思決定する可能性をもち、したがってその意味における非難可能性は存在するが、行為の外部的事情ないし内部的事情により違法性ないし責任が著しく低減し、**処罰の必要性**の観点から、法秩序が、刑罰をもって対処すべき責任を減少させまたはそれを阻却する理論をいう。

　責任（広義における責任）は、行為者自身が規範適合的に意思決定することが可能かどうかを基準に判断する本来の「責任」（**狭義における責任**）と、それに加えて、法秩序と行為者の実質的な期待関係から、外部的・内部的葛藤状況における行為者の責任の低減と処罰の必要性の観点を考慮する**可罰的責任**とに分かれる。可罰的責任には、実際上は、①**可罰的責任阻却事由**として責任を阻却し、犯罪不成立とする場合と、②可罰的責任減少事由として、刑を減軽させる場合、または、③可罰的責任が極めて減少したことによって刑を免除すべき場合とがある。

---

[1] これについて詳しくは、山中・西原古稀2巻156頁以下。
[2] これについて詳しくは、山中・西原古稀2巻164頁以下参照。

(1) 責任の減少

行為の違法性が大きい場合、通常、責任も重い。行為者が規範に従って意思決定する可能性はあっても、行為の付随事情の異常性によって具体的に適法行為へと意思決定し、適法に行為することが困難であって、適法行為の期待可能性が低減している場合には刑罰によって対処すべき責任が減少する。

(2) 処罰の必要性

処罰の必要性（**要罰性**）は、刑罰の目的から根拠づけられる。本書では、刑罰の目的は、第1次的には、行われた犯罪による法秩序と社会の動揺を鎮静化するために事後的に犯罪を処理し、法秩序への信頼を取り戻すことであるとした（☞§19, 3）。このような**犯罪の事後処理**により、法的安定性を回復することによって、社会統合が図られ、それが犯罪の一般予防や特別予防につながるならば、間接的・事後的には、**一般予防・特別予防**も刑罰の目的である。そこで、このような法秩序への信頼の回復が必要のない場合には、処罰の必要はない。また、一般予防・特別予防についても、行為者の処罰による一般的犯罪予防の必要性やあるいは行為者の処罰による再社会化の必要性がない場合などには、**処罰の必要性**はない。**刑法の謙抑性の原則**から、処罰の必要性が肯定されるのは、究極の手段としての刑罰によらなければ、法秩序への信頼の回復や一般予防・特別予防の目的が達成されえない場合のみである。また、処罰を回避することによって、刑法が直接追及する利益以外の利益が追及され、その利益の追及が処罰に優先する場合にも、処罰の必要性は否定される[3]。

§142　期待可能性の意義

1　従来の期待可能性の思想

期待可能性（Zumutbarkeit）の理論[4]は、非難可能性の概念によって特徴づけられる規範的責任論の中心的理論である。適法行為の期待可能性がない場合

---

[3] 例えば、親族相盗例（244条）において親族間の窃盗につき、刑の免除を定めたのは、処罰により社会的統合を強化するという目的ないし刑罰による特別予防の利益よりも、「家庭内での紛争の自治的解決」や「家庭内の平和維持」という別の価値を優先させたためである。

[4] これにつき、佐伯・期待可能性の思想、瀧川・刑事法講座2巻265頁以下、植田・刑法講座3巻18頁、川端・現代刑法講座2巻237頁以下、中森・基本講座3巻277頁以下。

には、責任能力および故意・過失があっても、その行為について行為者を非難することはできず、責任は阻却される。期待可能性は、責任非難を限界づける機能を有するのである。期待可能性による責任阻却事由が刑法上規定されているわけではないので、期待可能性の欠如による責任阻却は、超法規的なものと理解されている（団藤 326 頁参照）。

期待可能性は、あらゆる犯罪に共通に責任の有無や量を決定する基準であるが、他方、過剰防衛や過剰避難の場合に刑の減免を認めている（36条2項・37条1項但書）のは、期待可能性が低減されたことが根拠とされていると解されている（団藤 326 頁）。また、盗犯等防止法1条2項が正当防衛の特例を定め、「恐怖、驚愕、興奮又は狼狽」によって攻撃者を現場で殺傷した場合に、「罰せず」としたのも、期待可能性のない場合を規定したものと解されている。期待可能性が減少したために、刑の軽減ないし免除を規定した各則の規定としては、犯人蔵匿・証拠隠滅における親族間の特例としての刑の免除（105条）、盗品等に関する罪における親族間の特例としての刑の免除（257条）などがあり、また、囚人による単純逃走罪（97条）、自己堕胎罪（212条）などの法定刑が軽いのも、期待可能性を考慮したものとされている。

期待可能性の理論は、1920年代にドイツで成立したが[5]、戦後、この理論は、たんなる**規制原理**と解され、最近のドイツでは、それは、独自の意味をもたないとされている[6]。この理論は、すでに昭和初期には日本に導入された[7]が、日本では、その後、ドイツを凌いで圧倒的な通説として学説によって支持されている。

2 判例における展開

判例においては、大審院は、瀬戸内海で定員の5倍を超える乗客を乗せた第5柏島丸が転覆して多数の死傷者を出したいわゆる**第5柏島丸事件**で、船長に業務上過失艦船覆没罪（129条2項）と業務上過失致死罪（211条1項）の観念的競合を認めたが、その際、量刑において、乗客が船員の制止をきかず乗船し、警官が乗客を取り締まら

---

[5] ドイツにおいて、期待可能性の理論の発展の契機となった事件に、1897年3月13日のライヒ裁判所の「**あばれ馬事件**」（Leinenfängerfall）がある。これは、御者が悪い癖をもったあばれ馬であることを知って客を乗せて馬車を引かせていたところ、制御できなくなって、あやまって通行人を傷つけたという事件である。御者は、事故をおそれて、雇主に馬を取り替えてくれるよう頼んだが、雇主がこれをきかず、その馬の使用を命じたので、その命令に従わなければ職を失い食べていくにも困るという状況であったので、仕方なくこの命令に従ってこの馬を使用していたのであった。職を失ってまで雇主の命令に逆らうことは期待できないとしたライヒ裁判所は、この御者を無罪としたというものである。

[6] これについて、山中・西原古稀2巻144頁以下参照。

[7] 佐伯・期待可能性の思想、とくに149頁以下。

ず、船主が船長の注意を聞かず多数の乗客を乗船させたなどの事実を考慮して、原審の禁錮 6 か月の判決を破棄し、300 円の罰金刑を言い渡した（大判昭 8・11・21 刑集 12・2072）。これは、学説により、期待可能性の理論の先駆であると解されている。戦後の下級審の判例には、期待可能性の理論を採用し、期待可能性が欠ける場合に超法規的責任阻却を認めたものが多くみられ、さらに、無罪判決を言い渡したものもみられる（佐伯＝米田「期待可能性」総合判例研究叢書〔22〕40 頁以下・259 頁以下）。例えば、最高裁の判例には、期待可能性がないとして刑事責任を否定した原審を支持して、これを「いわゆる超法規的責任阻却事由と解すべきものである」と明示したもの（三友炭鉱事件＝最判昭 31・12・11 刑集 10・12・1605）がある。しかし、昭和 33 年には、「判文中期待可能性の文字を使用したとしても、いまだ期待可能性の理論を肯定又は否定する判断を示したものとは認められない」とした最高裁判例（最判昭 33・7・10 刑集 12・11・2471＝**百選 61**）が出ている。同年、さらに、最高裁は、「仮に期待可能性の理論を認めるとしても」「法の認める責任阻却事由がない限りは、その罪責を否定するには首肯するに足りる論拠を示さなければならない」と判示した（三菱炭鉱事件判決＝最判昭 33・11・4 刑集 12・15・3439）。昭和 30 年代後半以降は、期待可能性に言及した判例は少なくなり、比較的新しいものとして、**昭和 43 年の高知地裁判決**（昭 43・4・3 判時 517・89）は、風俗営業取締法の無許可営業行為について、管轄署が許可を必要としないと指示した場合に、「被告人に更に許可を得るべき方法をとるべきことを期待することはできない」と判示した。また、**昭和 48 年の一宮簡裁判決**（昭 48・12・22 判時 739・137）において、無免許で業務として行われた診療エックス線照射行為につき、期待可能性がないとして無罪判決が言い渡された例がある。最高裁の判例においては、この理論を肯定も否定もしておらず、これを正面から積極的な判断をすることを避けているように思われる。判例は、実定法上の根拠を欠く点、学説・判例においても「十分にその意義、理論構成、適用限界が示されていない」（三菱炭鉱事件判決における垂水裁判官の補足意見）点などが理由で、その適用に躊躇を感じていたのであろう（平野 276 頁以下、内藤 1196 頁）。

　最近では、平成 19 年に**期待可能性について論じた判例**（神戸地判平 19・12・26LEX/DB）がある。被告人は、任意団体である A 商工会の経理室の室長として、その法人会員の税務書類作成等の業務に従事していたが、税理士ではないのに、23 回にわたり、株式会社 C ほか 13 法人の求めに応じ、税務書類である「作成税務書類」欄記載の事業年度の法人税確定申告書等合計 38 通を作成したが、これが、税理士法違反に問われたものである。弁護人は、被告人に各行為が違法であることを認識する可能性はなく、各行為を止める期待可能性もなかったとして、被告人は無罪であると主張した。**神戸地裁**は、「税務書類を他人の依頼を受けて作成する行為に税理士資格が必要であり、本件の各行為が**違法であることを認識する可能性**は十分に存したと認められ、同様の理由により、**適法行為の期待可能性がなかったとは認められない**」とした。違法性の意識の可能性がなかったという主張に加えて期待可能性がないという主張がなされ、それにつき判断した最近では珍しい判例である。

3 期待可能性と超法規的責任阻却

期待可能性が欠けるという場合に、責任が阻却されるという刑法上の明文の根拠規定を見つけることはできない。

(1) 一般的な超法規的責任阻却事由説

そこで、期待可能性の不存在は、明文がない場合でも、超法規的に責任を阻却する事由であると解するのが通説（佐伯289頁、団藤326頁、平野274頁、中183頁、福田221頁、大塚475頁、中山392頁、大谷353頁、川端463頁、前田414頁、山口250頁）である。

(2) 限定的責任阻却事由説

この説は、「故意行為にあっては、法律が禁止・命令している違法な行為の決意をすることは社会生活の基本的義務に違反するものであり、したがって、適法行為の決意が一般的に期待せられており、原則として責任があると解すべき」だとし、「特に例外的に法律上期待不可能性によって責任が阻却せられる旨を規定した場合、または、解釈上そのように解すべき場合にかぎり、期待不可能性によって責任が阻却せられると解すべき」であるとする見解（木村・新構造〔上〕452頁、同329頁）である。これに対して、過失犯においては、期待不可能性は、一般的な責任阻却事由であるとする。

この説は、ドイツにおける期待可能性の理論の動向に影響され、「刑法の規制的機能の弱体化、刑法的秩序の弛緩へのおそれ」（内藤1190頁）から、法律上、責任阻却ないし軽減事由として規定され、または解釈により必要な場合に例外的に責任を阻却・軽減するものとする。実定法上の規定がない場合に、超法規的に犯罪の成立を阻却する要件を認めることはなるべく避けるべきであるが、わが国においては、とくに一般的責任阻却事由を定めた規定はなく、学説によっては法益同価値の場合の緊急避難には規定上の根拠があるというにとどまっている。あえて超法規的（可罰的）責任阻却事由を完全に排除する理由はないので、要件を厳密にして法的安定性を図りつつ、これを肯定するという方向が望ましいと思われる。

4 期待可能性論の体系的地位

期待可能性は、犯罪論体系上、責任論に位置づけるのが圧倒的な通説である[8]。しかし、責任論の内部で、故意・過失などの他の責任要素との関係で

---

[8] 違法論の問題ではないかとするものとして、内田230頁。

どのように位置づけられるかについては、学説が分かれている。

(1) 故意過失の要素であるとする見解

故意・過失を責任形式とみて、故意責任・過失責任は、ともに非難可能性の要素を含むものであり、期待可能性が欠けるときは故意責任・過失責任そのものが阻却されるものとする（瀧川108頁、小野156頁、団藤324頁）。この説に対しては、期待可能性は、故意・過失とは把握の仕方を異にし、期待可能性という規範的要素を心理的活動形式としての故意の要素とみることは妥当でないという批判がある（福田220頁）。

(2) 故意・過失とは独立の責任要素とする見解

客観的責任要素としての適法行為の期待可能性は、主観的責任要素である故意・過失とは区別されるものとし、従来からの責任要素と並列する積極的要素とする（大塚478頁）。

(3) 責任阻却事由とする説

期待可能性の不存在を責任阻却事由とする。期待可能性の不存在が例外的に犯罪の成立を妨げる事情であるとするのである（佐伯282頁、福田220頁、中山・概説〔Ⅰ〕176頁、香川275頁、荘子400頁、大谷354頁、川端463頁、前田414頁）。訴訟法上は、刑事訴訟法335条2項にいう「犯罪の成立を妨げる理由」にあたり、その主張があった場合には、裁判所は、「これに対する判断を示さなければならない」。これに対しては、「期待可能性が、単に、責任の存否の面だけでなく、責任の軽重の程度を決定する上にも重要な役割を演ずるものである以上、これを単なる消極的責任要素とみることは適当でない」（大塚459頁）という批判がある。

(4) 可罰的責任阻却・減少説（本書の立場）

期待可能性がない場合は、責任能力のない場合のように責任がなくなるわけではなく、可罰的責任がなくなるのみである。それだけではなく、期待可能性が減少した場合に、可罰的責任が減少するが、これも責任の段階に位置づけられる。

5 期待可能性の標準

期待可能性の存否の判断に関する標準を、行為者に求めるか、平均人に求めるか、あるいは国家（法規範）に求めるかについて学説の対立がある。

(1) 行為者標準説

行為の際の具体的行為事情のもとで、行為者に適法行為が期待できたかど

うかを判断の標準とする（団藤329頁、大塚479頁、香川278頁、内田240頁以下、板倉288頁、大谷355頁、野村314頁以下、曽根162頁、同・重要問題〔新版補正版〕220頁）。期待可能性の犯罪論における考慮は、行為者の人間性の弱さに対して法的救済を与えようとの意向に出たものであるから、行為者自身の立場が存否の判断の標準になるべきだとする。この説の中には、これを平均人標準説によって修正して、法規範は、通常人に期待される以上のものは期待しないはずであるから、その上限は通常人の標準によって画されるべきである（団藤329頁）とするものがある（大谷356頁）。さらに、修正説としては、行為者を **行為者の属する類型人** というようにある程度客観化・類型化する見解があり、それによれば、行為者標準説によっても「純粋の行為者個人が標準とされているわけではなく（かかる純粋の個人は認識できない）、行為者本人が属する類型人（本人の年齢、性別、職業、経歴等々によって構成された）が標準とされている」（植田・刑法講座3巻27頁）とされる（なお、この修正された行為者標準説をとるものとして、内藤1211頁以下）。

　行為者標準説に対しては、行為者は、適法行為の期待可能性がなかったから犯罪行為に出たのであって、行為者を標準とするならば、責任非難は不可能になるという **批判** がある。行為者を標準にすると、「そうせざるをえなかったからそうしたのだ」ということになって、すべてを許すことにつながるというのである。

(2)　平均人標準説

　具体的な行為事情のもとに平均人（通常人・一般人）を置いて、平均人に適法行為が期待不可能な場合には責任は阻却されるとする立場（小野166頁、木村305頁、植松207頁、藤木226頁、西原431頁、阿部181頁、川端467頁、前田416頁）である。この説に立った場合でも、平均人とは **責任能力者** であるとしつつ、「年齢、性、職業などにより類別された類型人」こそが平均人であるとし、修正された行為者標準説と異なるところはないとするもの（植松207頁、阿部181頁）もある。この説に対しては、それはすでに本来の平均人標準説の考え方からは隔たったものだという批判がある（曽根・重要問題〔新版補正版〕219頁）。

　本説に対しては、責任非難は、行為者に対する個別的・一身的な非難を意味し、行為者にとって可能なことを限度とすべきであるが、一般人に期待できれば行為者に期待できなくても非難可能であるとすることは失当であると

批判される。さらに、道義的責任は、個人を標準にして非難可能かどうかを問うものであって、平均人からの逸脱のゆえに非難するのは、社会的責任論にすぎないという批判（中山396頁）や、平均人という概念が抽象的で曖昧、かつ不明確であるという批判（佐伯・期待可能性の思想316頁以下）、あるいは責任能力の概念がすでに平均人の観念を基礎に構成されているのに、さらに平均人を標準とする期待可能性の概念を用いるのは概念の重複であるという批判（大塚479頁）がある。

(3) 国家標準説（類型的行為事情標準説）

この見解は、「期待」の概念には、**期待する側と期待される側**が予定され、その対立が前提とされていることから出発し、このような緊張関係に着目すると、期待される客体から期待する主体への視点の移行が重要である。このような観点からは、平均人というのも、**法の期待する平均人**という意味であり、その際、期待する主体は、「法秩序そのもの」であるということになる。そこから、法規範の総合である「具体的国家」の指導理念が判断の標準であるということになる（佐伯・期待可能性の思想332頁以下）。このように、本説（中188頁、中山・概説〔Ⅰ〕178頁、中森・基本講座3巻283頁）は、期待可能性を、期待する国家と期待される個人の緊張関係の中で捉えることによって、期待可能性の標準の問題を「期待する主体」のなす判断であるとするに至ったのである。具体的には、この説からは、期待可能性の標準は、国家の基本的な法理念を指導理念として、行為者がそのもとで態度をとるに至ったところの「**行為事情の類型的把握**」（佐伯290頁）、つまり、「**類型的行為事情**」（米田泰邦『犯罪と可罰的評価』〔1983〕113頁）の集積による事例分析により得られるものであるというのである。これは、「**類型的行為事情標準説**」とも呼ばれる（内藤1210頁）。

国家標準説に対する**批判**としては、法秩序が期待するかどうかを期待可能性の判断の標準とするのは、問いをもって問いに答えるに等しく、「何ものをも説明していない」という批判が加えられている（瀧川・刑事法講座2巻275頁）。

(4) 本書の立場（規範的・可罰的評価類型化説）

期待可能性は、責任阻却事由ではなく、可罰的責任阻却・減少事由である。期待される側と期待する側の関係の中に、期待可能性の中心的課題を認めた国家標準説の考え方は、責任論の本質をつくものである。しかし、もと

もと期待する側をその構成要素に取り入れない規範的責任論を前提としたため、国家標準説の思想は、期待可能性を考慮した親族相隠（105条）の刑の免除や単純逃走罪（97条）の軽い法定刑などの刑法上の規定の趣旨を説明するためには用いられるが、期待可能性の標準については、法理念を指導理念とする「行為事情の類型的把握」といった指針を示すにとどまった。

期待可能性は、可罰的責任阻却・減少事由として位置づけられることによってはじめて、具体的な行為事情のもとで、行為者の適法行為の期待可能性と処罰の必要性との相関関係の中で、規範的・可罰的評価の観点からの類型化を図ることが可能となる。「行為事情の類型的把握」そのものが問題ではなく、**規範的・可罰的評価の類型化が必要なのである。**

可罰的責任の有無は、可罰的責任阻却的緊急避難の類型にはあてはまらないにもかかわらず行為者に適法行為の期待可能性のない事案について、事実上の「期待可能性」と、行為規範としての規範がどの程度、適法行為を要求するか、そして、その行為に対して刑罰による制裁を科することによって、刑法の目的を適切に達成しうるかどうかを総合的に判断して決定される。

> 例えば、**安楽死**は、行為者のたんなる期待可能性の観点からは、違法な行為であり、自分が緊急状態に置かれているわけでもなく、行為に出ないこともできるから、適法行為は期待可能であるといえる。しかし、法秩序は、そのような行為を宥恕することによる方が、法に対する信頼を獲得することができるがゆえに、一定の要件を充たしたうえで実行される安楽死を処罰する必要がないとみなすのである（☞§143, 6）。

6　期待可能性の錯誤

期待可能性の錯誤には、期待可能性を阻却するような事情がないにもかかわらず、これが存在すると誤認した場合である**積極的錯誤**の場合と、期待可能性を失わせるような事情が存在するにもかかわらず、それがないと誤認した場合である**消極的錯誤**の場合とがある。期待可能性の錯誤は、客観的責任要素に関する錯誤であり、このような場合にどのような効果が生じるかが問題である。

(1)　期待可能性の存在に関する積極的錯誤

第1は、期待可能性の錯誤のもとに行われた行為自体が、適法行為についての期待可能性を有するかどうかであると捉え、期待可能性の錯誤が不可避であったときにかぎり、期待可能性が阻却され、したがって、故意（団藤331頁）ないし責任（大塚480頁、福田222頁、中189頁、西原432頁）が阻却され

るとする見解である。故意を阻却する見解は、この見解が期待可能性を「故意・過失の要素」とすること（団藤324頁）に由来する。

第2は、第1説と同じく、期待可能性の錯誤について誤信するに至った精神状態は、現実に危険が切迫している場合と異ならないから、やはり期待可能性がなく、責任が阻却される。しかし、その前段階において行為者がそのような錯誤に陥ったことについて過失があるかどうかを検討し、もし過失があれば、過失犯の成否が問われるものとする（佐伯281頁、中山397頁、内藤441頁）。これに対して、期待可能性に関する法律の錯誤は法的には無視されるものとする。

ここでは、第1説も、第2説も、錯誤に陥ったこと自体を期待可能性の問題と捉える点で共通である。引受け過失の検討の必要性のみが異なるにすぎない。

(2) 期待可能性の減少に関する積極的錯誤

期待可能性が減少していると誤信した場合には、その錯誤は、どのように評価されるべきであろうか。例えば、第三者の物を親族の物と誤認して窃取した場合のような、**親族相盗例（244条）における錯誤**の場合、親族相盗であれば刑が免除されるが、期待可能性の欠如の場合と同じく、期待可能性が減少し、責任も減少するのかどうかが問題である。

この問題は、従来、処罰阻却事由の問題であるとするか、違法阻却事由ないし責任阻却事由の問題であると捉えられてきた。[9] **処罰阻却事由説**は、刑の免除は、刑事訴訟法334条との関係で有罪判決を意味するのであるから、犯罪は成立するが処罰のみが阻却されると考えるのである。実質的には「無罪」であるという見解に立てば、**違法阻却説**ないし**責任阻却説**を採ることになる。しかし、犯罪成立説を前提とするなら、違法「減少」事由ないし責任「減少」事由説（曽根『刑法各論』〔第5版〕126頁、堀内捷三「親族相盗」刑法の争点〔新版〕260頁）を採ることになる。ここでは、犯罪成立説を前提に可罰的責任減少説を採用する。

親族相盗例における錯誤の問題は、違法阻却事由説に立てば、**違法阻却事由の錯誤**の問題であるとされ、通説によれば、故意を阻却する。さらに、これを可罰的違法阻却事由とみて、親族相盗例を「窃盗罪の違法減軽類型」とする見解（中山・概説〔Ⅰ〕180頁、同『刑法各論』224頁、同『刑法概説Ⅱ』〔第4版〕135頁）がある。**処罰阻却事由説**に立てば、故意の成否とは無関係である（木村『刑法各論』129頁、団藤『刑法綱要各論』582頁、大塚『刑法概説各論』〔第3版増補版〕211頁、大谷『刑法講義各論』〔新版第4版〕224頁、大阪高判昭28・11・18高刑集6・11・1603）。責任阻却事由説に立てば、錯誤に陥ること自体が不可避であった場合には、期待可能性がなくなり、責任が阻却されることになるとして、先の考察に忠実な見解（福田222頁）もある。

---

[9] これに関する学説については、松原芳博・犯罪概念と可罰性367頁以下参照。

しかし、責任減少説に立ちつつ、当該犯罪の責任故意を否定する見解も存在する。この場合、期待可能性が否定されると解することを前提として、期待可能性を基礎づける事実は、消極的な形で責任故意の対象となるとし、責任故意が阻却されるものとする（曽根・重要問題〔新版補正版〕221頁）のである。この事例では、窃盗の責任故意が阻却されるから、244条の限度で処罰されるとするのである。判例の中にも「刑法第38条第2項により重い普通窃盗としてこれを処断すべきではなく、畢 竟 親族相盗の例に準じて処断するのを相当とする」（福岡高判昭25・10・17高刑集3・3・487）ものがある。学説の中には、さらに、窃盗の故意を阻却するものではないが、38条2項の趣旨から、行為者の認識した範囲内の科刑（刑の免除）を認めるものとするものがある（藤木『刑法講義各論』287頁、内田『刑法各論』267頁、前田『刑法各論講義』〔第5版〕276頁）。

可罰的責任減少説に立てば、このような事例においては、期待可能性が否定される場合のように、心理的な圧迫があったともいえず、錯誤に陥ったことについて期待可能性がないとはいえないから、その観点からは原則として処罰を抑制する必要はないもいえよう。しかし、錯誤に陥ったことにつき無理もなかったといえる場合には、38条2項の趣旨にかんがみて、**政策的**に重い窃盗罪として処罰することは差し控え、親族相盗例に準じ「刑の免除」をすべきであろう。緊急避難に準じるべき事例において期待可能性がなくなる場合と、期待可能性が減少することによって**処罰の必要性**がなくなった場合とは、錯誤の処理においても、その根拠に差があるというべきである。

(3) 期待可能性に関する消極的錯誤

期待可能性を欠く事情が存在したのに、行為者がそれを表象しなかった場合を期待可能性に関する**消極的錯誤**という。この場合も、期待可能性が欠ける事情の場合と期待可能性を減少させる事情の場合とに細分することができる。法益同価値の緊急避難状況にあったのにないと思った場合が前者の例であり、他人の占有する財物だと思って盗んだが、父親の占有するものだった場合ないし親族相隠（105条）において、他人だと思って匿ったが、実はわが子であった場合が後者の例である。前者の場合、その錯誤は考慮されない。犯罪が成立する。後者の場合については、期待可能性を客観的（推定的）責任要素と解し、客観的に類型化された「期待可能性を阻却する事情」が存在するかぎり、親族相盗例を適用することができるとする説[10]（曽根・重要問題

---

[10] 佐伯・期待可能性の思想483頁以下参照。親族相盗は、前述のように、佐伯221頁によれば、可罰的違法阻却事由である。

〔新版補正版〕222頁）がある。政策的理由から刑の免除が相当とされる事由であるから、主観によって左右されず、客観的に存在すれば、刑は免除される。

§143　可罰的責任阻却・減少事由

1　総説
期待可能性の不存在は、可罰的責任阻却事由である[11]。期待可能性がなくなり、可罰的責任が阻却される例としては、法益同価値の場合の緊急避難の場合がある。期待可能性が低減し、処罰の必要がなくなった場合に、規定上、刑の免除が言い渡されることがあるが、過剰防衛・過剰避難などはこの例である。さらに、期待可能性の低減のために、超法規的に、処罰の必要性がなくなり、不可罰となる場合がある。それが、**安楽死**や**尊厳死**の場合である。

2　可罰的責任阻却緊急避難
前述のように、**法益同価値の場合の緊急避難**は、可罰的責任阻却事由である。「現在の危難を避けるため、やむを得ずにした行為」は、他に方法がないことという補充性の意味をもつものと解されているが、動機の圧迫により、違法な行為へと駆り立てられているとしても、行為者には、他人の同価値の法益への侵害行為であることが知られているのであるから、内面上は、「規範に従って意思決定する可能性」は残されている。したがって、違法性の意識の可能性も、責任能力にも問題はなく、ただ、この場合、可罰的責任が阻却される。

3　中止犯の減免根拠
中止犯の場合、刑の免除（43条但書）は、可罰的責任の減少がその根拠である（山中『中止未遂の研究』〔2001〕17頁以下・94頁以下）。これは、政策的に、中止した者に対して、法秩序への帰還の報奨として刑の免除を行い、法への信頼性を高めようとする目的に従ったものである（☞§150, 2（3）（f））。

4　過剰防衛・過剰避難
これについては、すでに論じたが（☞§111）、刑の減軽・免除は、違法性の減少とともに、期待可能性の減少・処罰の必要性の減少にもとづく可罰的責任の減少にもよる。

5　親族相盗例・親族間の犯人蔵匿・証拠隠滅等
親族相盗例（244条）における刑の免除規定、親族間の犯人蔵匿・証拠隠滅（105条）における刑の免除規定、盗品等に関する罪にあたる行為（257条）における刑の

---

[11] 従来、可罰的責任の概念は、狭く解されていた（佐伯・期待可能性の思想、浅田・浅田ほか171頁）が、期待可能性の思想こそが可罰的責任の理論の中心である（山中・西原古稀2巻160頁以下）。

[12] この場合、可罰的違法性が阻却されるとする見解（佐伯221頁、中山・概説〔Ⅰ〕180頁）があ

免除規定については、可罰的責任の減少により法は処罰を放棄している規定であると解することができる。

6 安楽死・尊厳死
(1) 総 説
安楽死・尊厳死[13]については、積極的に生命を短縮する行為は、**正当化事由**であるとするのが通説（団藤226頁以下、平野252頁、大塚425頁、香川199頁、大谷262頁、川端333頁以下、野村266頁、前田352頁以下）であるが、それらを違法であるとし（木村291頁）、たんに**責任阻却事由**であるとする説も有力である（佐伯291頁、中152頁、荘子298頁、内藤540頁、中山・概説〔Ⅰ〕110頁、阿部164頁）。本書では、**可罰的責任阻却・減少事由**として位置づける。

安楽死（Euthanasie, Sterbehilfe）とは、広く定義しておくと、死期が迫っている者の耐えがたい肉体的苦痛を緩和ないし除去することによって安らかに死を迎えさせる行為をいう。刑法で問題となるのは、このうち、その安死術の施用が、死期を早め、殺人罪ないし嘱託殺人罪の構成要件に該当する場合である。

　安楽死は、古くから倫理的に許されるかどうかというテーマとして論じられてきた。トーマス・モアの「ユートピア」（1516年）や森鷗外の「高瀬舟」（1916年）が有名であるが、それは、世界観・宗教観の問題であるのみならず、国家の政策として行われることもある。ドイツの刑法学者ビンディングと医師ホッヘの共著『生きる価値なき生命の抹殺の許容』（1920年）は、死苦にさいなまれた病者のみならず、精神障害者なども「生きる価値のない生命」であり、同情からの殺害が許されると説いたが、**ナチ時代**には、多くの「**生きるに値しない生命**」が、現実に、国家の政策として抹殺された。この出来事が、戦後の安楽死論議に与えた教訓は、この問題の難しさを示している[14]。

るが、すでに家族主義が崩壊し消費生活が個人化している今日、この見解は妥当しないというべきである。
[13] 安楽死・尊厳死については、多数の文献がある。最近のものとして、宮野・基本講座3巻180頁以下、甲斐克則『安楽死と刑法』（2003）、同『尊厳死と刑法』（2004）、町野朔ほか編『安楽死・尊厳死・末期医療』（1997）、なお、☞各論§6, 8参照。なお、これにつき外国に紹介したものとして、*Yamanaka, Der Mensch zwischen Leben und Tod- Der Schutz des werdenden und des endenden Lebens im japanischen Recht-*, in : Das Recht vor der Herausforderung eines neuen Jahrhunderts : Erwartungen in Japan und Deutschland (Hrsg.) *Kitagawa/Murakami/Nörr/ Oppermann/Shiono*, 1998, S.411ff., bes. 425ff.
[14] ナチスによる「安楽死計画」については、ヒュー・ギャラファー（長瀬修一訳）『ナチスドイツと障害者「安楽死」計画』（1996）参照。

最近の医療技術の著しい進歩によって生命維持治療が高度に発達し、大脳の機能が損傷・停止しても生命を維持することが可能となった。これによっていわゆる植物状態に置かれた患者の「**生命の尊厳**」の問題がクローズアップされるに至った。

この問題が論議される契機となった事件に、いわゆる**カレン事件**がある。1975年4月にニュージャージー州で植物状態になり人工呼吸器をつけて入院していた21歳の女性カレン＝アン・クインラン（Karen Ann Quinlan）の父親が、裁判所に人工呼吸器を外す権能を与えてほしいと訴えた。これに対して、高等裁判所は、この申立を拒否したが、州最高裁判所は、1976年3月31日、一転、この申立を容認し、この判決に従って人工呼吸器が取り外された。ところが、カレンは、その後、85年6月11日まで生きつづけたのであった。この事件の顛末が示しているように、植物状態患者の場合には、生命維持装置をつけなくても、自発呼吸が行われていることがむしろ多いといわれている。

そこで、**尊厳死の問題**は、本来、死期の切迫している患者の末期医療において、肉体的苦痛をともなわないとしても、生命維持装置によって生かされている患者の生命維持装置を取り外し、人間としての尊厳を保ちつつ死を迎えさせることは許されないのかどうかという領域にある。患者は、自らの**生命の質**（quality of life, Lebensqualität）を選び、尊厳死に対しても**自己決定権**をもつのではないか、そうだとすると、家族が代行した患者の意思表明の形でのその希望や、患者の**事前の意思表明**によるその願いを、生命維持装置の取り外しという形で聞き入れることが処罰の対象になってよいのかが問われることになったのである。刑法の問題としては、このような「尊厳死」（death with dignity, menschenwürdiges Sterben）も、殺人罪ないし同意殺人罪の構成要件に該当するが、正当化ないし責任阻却されるのかどうかが論点である。

(2) 安楽死

(a) 安楽死の種類　安楽死には、次のような態様がある。①**純粋安楽死**（生命の短縮をともなわない安楽死＝本来的安楽死ともいう）は、麻酔薬を用いるなどして、死期を早めることなく、苦痛を緩和・除去するものである。このような措置は、治療行為として適法であり、刑法上は何ら問題はない。②**間接**

---

[15] 植物状態は、大脳機能の著しい損傷があるが、脳幹機能は全部または一部維持されている状態である点で脳死とは異なる。
[16] これにつき、唄孝一『生命維持治療の法理と倫理』(1990) 289頁以下。
[17] 尊厳死については、齊藤誠二『刑法における生命の保護』(三訂版・1992) 283頁以下、中山＝石原『資料に見る尊厳死問題』(1993)、「特集・尊厳死」ジュリ1061号7頁以下、ペーター・タック（甲斐克則訳）『オランダ医事刑法の展開』(2009) 1頁以下参照。

的安楽死（生命の短縮の危険のともなう安楽死）は、苦痛を緩和するための麻酔薬の使用が、その副作用として生命の短縮をともなうおそれがあるにもかかわらず、使用され、死期が早められた場合をいう。末期癌の患者の苦痛を和らげるために、強いモルヒネを投与し、それによって死期が早まった場合がその例である。この場合には、治療行為であり、患者が同意しているかぎり、違法性を阻却するというのが通説である。③**消極的安楽死**（不作為による安楽死）は、死苦を長引かせないために、積極的に延命措置をとらないことによって、死期が早められた場合をいう。カンフル注射・リンゲル注射を打ちつづければ、延命させることはできるにもかかわらず、苦痛をいたずらに引き延ばさないためにこれをしない場合がこれにあたる。この場合、延命しないという不作為（不真正不作為犯）によって生命が、長らえられなかったのであるが、積極的に延命措置をとるべき義務はないというべきであろう。④**積極的安楽死**（生命の短縮を手段とする安楽死）は、死苦を除去するために積極的に生命を短縮する措置をとる安楽死を意味する。致死量のモルヒネを飲ませるなどがその例である。[18]

(b)　**積極的安楽死に関する学説**　　前述のように、積極的安楽死が違法であるか、違法性を阻却するかについては学説が分かれている。これらの学説について検討しておこう。

(ⅰ)　**適法説**　　積極的安楽死が適法であるとする見解の背後には、「人間的同情、惻隠の行為」（小野『刑罰の本質について・その他』〔1955〕211頁)、ないし「科学的合理主義に裏づけられた人道主義」（植松「安楽死の許容限界をめぐって」ジュリ269号45頁）がある（小野・刑罰の本質217頁、団藤225頁、植松189頁）が、人道主義それ自体が、違法阻却事由であるわけではない。厳格な要件を守ったうえでの積極的安楽死は、一種の治療行為として当然に適法であるとする見解（大塚425頁）も、治療とは健康を回復・維持し、生命を維持するためのものであり、積極的安楽死を治療行為とし、それのみを理由として正当化することはできないというべきである。社会的相当行為として違法性を阻却するという見解（大谷262頁）も、なぜ社会的相当性を有するの

---

[18] 積極的安楽死を立法上肯認した法制として、オランダの「死体処理法」の一部改正がある（宮野『オランダの安楽死政策』(1997)、土本武司「安楽死とオランダ法」判時1499号3頁以下、同「安楽死合法化の根拠と要件」中山古稀1巻255頁以下、山下邦也「オランダにおける安楽死問題の新局面」判時1510号3頁以下)。

か説明はない。利益衡量説からは、相手方の同意を前提として、死期が切迫した「残りの生命と、その間における苦痛とを比較考量したとき、後者が前者を超過している」場合には、正当化されるということになる（平野251頁以下）。しかし、この説に対しては、生命の保護と苦痛の除去とを利益衡量することは困難であるとの批判がある（大谷262頁）。

　最近では、病者の「死を選ぶ権利」を認める立場（町野「安楽死（1）（2・完）」ジュリ630号59頁以下・631号114頁以下）から、**患者の自己決定権**の行使であり、死期の切迫、耐えがたい苦痛という状況におけるその権利の行使は、嘱託殺（202条）の禁止・処罰の範囲外にあるという論拠も挙げられている（町野『犯罪各論の現在』〔1996〕34頁）。また、積極的安楽死の許容性を人権論から説明し、「生命権の具体的な内容の一つとして生命・身体に関する自己決定権を承認する」ものとし、自律的生存の可能性がなくなったときに、**自己の生命に対する処分権**を認め、安楽死は、本人の意思を実現する行為であるとして、正当化しようとする見解（福田雅章『医療過誤法』〔莇・中井編〕〔1994〕290頁以下）も唱えられている。

　しかし、本人に「死ぬ権利」、**生命に対する処分権**があるという見解には疑問があり、たとえそれがあるとしても、生命の不可処分性の方が自己決定権よりも優先されるから、違法であろう（甲斐・平成7年度重判解136頁）。また、生命は絶対であるというのではなくとも、苦痛が大きいからといって生命の短縮を正当とすべきでもない。行為者は、自らの行為を正当化したいであろうが、法は、一般予防的見地からも、あくまでも違法を宣言し（井田210頁以下参照）、期待可能性が減少し、また、処罰の必要性もないという理由で、**可罰的責任**が阻却されるものとすべきであろう。自己決定権から正当化を説いた学説も、その後、「せいぜい責任阻却が認められるだけだとして、同情すべき行為者を免責するということの方がよいのではなかろうか」（町野・犯罪各論36頁）とするに至っている。

　（ⅱ）　**違法説**　　違法説は、刑法理論上は、誰もが、それを処罰するのは忍びがたく、人道的な行為であると認めても、それが、「正当化」事由となる必然性はなく、また、死期の切迫している病者が懇願する場合であっても、その生命を奪うことを目的とする行為は、社会的に相当な行為であるとはいえず、さらに、「残りの生命」と「苦痛の除去」との利益衡量も、「苦痛の除去」が意味をもちうるのは「生命のあること」を前提としたうえのこと

であり、苦痛の除去は、生命の価値に優越することはないがゆえに、安楽死は、正当化事由とはならないとする。

しかし、違法説のもっとも重要な論拠は、安楽死を合法であるとし、人間の生命を奪うことを正当であるとすることは、「**人間の生命の不可侵性**」という公理をくつがえし（町野・ジュリ630号64頁）、その公理に対する人々の確信を動揺させ（内藤538頁）、生きるに値しない生命の抹殺を正当化するという論理につながるのではないかという危惧である（いわゆる「**くさび理論**」ないし「**なだれ現象**」）。苦痛の緩和・除去のために、本人の同意の存在や、一定の客観的な条件を前提にしても、安易に「殺す」ことを正当化するのは、やがては生命の尊厳を軽視する風潮を生むことになるというのである。また、現代の医療においては、ペイン・クリニックの進歩により、生命を短縮しなくても、ある程度苦痛を緩和する医療技術が開発されてきており、純粋安楽死や間接的安楽死の方法によって、問題を解決しうる方向にあることも、違法説の背景になっているといえるであろう。

もちろん、違法説は、安死術を施す者につき、適法行為の期待可能性がなかったとして責任阻却事由であることを認める。しかし、この期待不可能であるという論拠は、「病者の苦痛をみるに忍びないで殺害の手段をとらざるをえない状況におかれる」（内藤540頁）という点に求められるにすぎず、積極的に殺害行為に出ることを思いとどまることが本当に期待不可能なのかどうかについては綿密な検討を欠いている。

　（ⅲ）　**可罰的責任阻却説**　積極的安楽死においては、行為者には、責任能力も違法性の意識の可能性もあり、「規範に従って意思決定する可能性」がないとはいえない。純粋に、責任が阻却されるのではなく、処罰の必要性がないことから、可罰的責任が阻却されるにすぎないのである。しかし、積極的安楽死が可罰的責任を阻却する要件は、厳格でなければならない。

　（c）　**安楽死免責の要件**　安楽死の要件については、二つの判例の示したものがある。安楽死に関しては、下級審の判例が数件あるが、その中でも、昭和37年の**名古屋高裁の判決**（名古屋高判昭37・12・22高刑集15・9・674）、および、医師の手による安楽死の事案である**東海大学事件**に関する**平成7年の横浜地裁の判決**（横浜地判平7・3・28判時1530・28）が、安楽死の要件を呈示したことで有名である。

　（ⅰ）　**名古屋高裁の6要件**　この判決の**事案**は、次のようなものであった。

被告人の父親は、脳溢血で半身不随となり、病臥したままであったが、食欲が減退し、衰弱がはなはだしく、上下肢を少しでも動かすと激痛を訴え、しばしばしゃっくりの発作におそわれて息も絶えんばかりに悶え苦しみ、「早く死にたい」「殺してくれ」と叫ぶようになった。被告人は、苦悶の様子を見て耐えられない気持ちになり、医師から「おそらくはあと7日か、よくもって10日だろう」と告げられ、むしろ父を病苦から免れさせることこそ最後の孝行だと思って、殺害を決意し、牛乳に有機燐殺虫剤を混入した。それを飲んだ父親は、有機燐中毒により死亡した。

判決は、「人為的に至尊なるべき人命を絶つ」のであるから「厳しい要件」のもとにのみ是認しうるにとどまるとして、次の要件を掲げた。

①病者が現代医学の知識と技術からみて不治の病に冒され、しかもその死が目前に迫っていること、

②病者の苦痛が甚だしく、何人も真にこれを見るに忍びない程度のものなること、

③もっぱら病者の死苦の緩和の目的でなされたこと、

④病者の意識がなお明瞭であって意思を表明できる場合には、本人の真摯な嘱託または承諾のあること、

⑤医師の手によることを本則とし、これによりえない場合には医師によりえないと首肯するに足る特別な事情があること、

⑥その方法が倫理的にも妥当なものとして認容しうるものなること。

判決は、「これらの要件がすべて充たされるのでなければ、安楽死としてその行為の違法性までも否定しうるものではない」とし、本件については、①ないし③の要件を充足しているが、医師の手によることをえなかったという特別の事情が認められず、その手段が、牛乳に有機燐殺虫剤を混入するという倫理的に容認したがたい方法であることの2点において、⑤⑥の要件を欠如する。したがって、安楽死として違法性を阻却するに足るものではないとした。この要件については、⑤⑥の要件により「積極的安楽死が違法性を阻却することは実際上はほとんどありえない」(内藤542頁)といわれている。

なお、「苦痛」は、肉体的苦痛をいい、「精神的苦悩」を含まない(東京地判昭25・4・14裁時58・4)。

(ⅱ) 横浜地裁の4要件

大学付属病院の医学部助手として勤務する被告人は、多発性骨髄腫で入院中の患者が、意識レベル6(疼痛刺激に無反応な状態)となり、末期状態で命もあと1日か2日となった際に、患者の妻と長男から、点滴もフォーリーカテーテルも全部抜いて、「治療を中止して欲しい」旨の申し出があり、点滴とフォーリーカテーテルを患者から外した。その後、何時間か経って、さらに、父親が苦しそうな呼吸をしている様子を見た長男から、その苦しそうな状態から解放してやるためすぐに息を引き取らせるようにしてほしいと強く要請されて、殺意をもって、塩酸ベラパミル製剤(商品名「ワソラン」)を患者の左腕に静脈注射したが、脈拍等に変化がみられなかったので、続いて塩化カリウム製剤(KCL)を同じく静脈注射し、急性高カリウム血症にもとづく心停止により死亡させた。

第5節　可罰的責任論　§143　可罰的責任阻却・減少事由◇　745

　裁判所は、**医師による積極的安楽死の許容要件**を呈示し、次の**4要件**にまとめた。
　①患者が**耐えがたい肉体的苦痛に苦しんでいること**、②患者は死が避けられず、その**死期が迫っていること**、③患者の肉体的苦痛を除去・緩和するために方法を尽くし他に**代替手段がないこと**、④生命短縮を承諾する**患者の明示の意思表示があること**、である。
　これらの要件について、さらにその理論的根拠に言及している部分につき補充すると、第②の要件につき、患者について死が避けられず、かつ死期が迫っていることの要件が必要なのは、「苦痛の除去・緩和の利益と生命短縮の不利益との均衡からして、死が避けられず死期が切迫している状況ではじめて、苦痛を除去・緩和するため死をもたらす措置の許容性が問題となり得る」といえるからである。第③の要件につき、積極的安楽死が行われるには、医師により苦痛の除去・緩和のため容認される医療上の他の手段が尽くされ、他に代替手段がない事態に至っていることが必要であるが、これは、「苦痛から免れるため他に代替手段がなく生命を犠牲にすることの選択も許されてよいという緊急避難の法理と、その選択を患者の自己決定権に委ねるという自己決定権の理論を根拠に、認められるもの」である。第④の要件につき、「患者の意思表示が必要である」という命題の根拠は、「その苦痛に耐えながら生命の存続を望むか、生命の短縮があっても苦痛からの解放を望むか、その選択を患者自身に委ねるべきであるという患者の自己決定権の理論が、安楽死を許容する一つの根拠である」という点にある。さらに、意思表示は、生命の短縮に直結する選択であるだけに、「それを行う時点での明示の意思表示が要求され、間接的安楽死の場合と異なり、前記の推定的意思では足りないというべきである」。
　この判例において必要とされた要件は、事実上充足されることはなく、したがって、安楽死の適法の要件を示したのは、末期医療における安楽死を事実上封殺し（町野「『東海大学安楽死判決』覚書」ジュリ1072号113頁）、リップサービスに過ぎないのではないかとも言われている（加藤久雄『医事刑法入門』(1996) 245頁、町野・犯罪各論35頁、なお、唄「いわゆる『東海大学安楽死判決』における『末期医療と法』」法時67巻7号46頁）。意識のある患者でなければ明示の意思表示はできず、疼痛反応のない患者は肉体的苦痛もない。この要件を充たすような末期状態患者は実際上はほとんどいないと考えられるから、この判

決は、「安楽死を事実上禁止したもの」ともいえるのである。
(3) 尊厳死
(a) 尊厳死と自己決定権 **尊厳死**とは、回復の見込みのない末期状態の患者に対して、生命維持装置を取り外して治療を中断し、人間らしい尊厳のある死を迎えさせることをいう。もはや意味のない延命治療を中止し、尊厳のうちに自然な死を迎えたいという患者の希望をかなえることは、死期を早めることにつながるのであり、刑法上、殺人罪・同意殺人罪の問題が生じる。**患者の自己決定権**を尊重し、「**治療拒否権**」を認めるということ、および無益な延命治療を続ける義務が医師にあるかという「医師の治療義務の限界」の問題の指摘が、尊厳死を迎えさせることを不可罰とすべきであるという考え方の基礎となっている。しかし、現実には、尊厳死が問題となっている患者で生命維持装置を装着している患者には意識がないことも多く、また、安楽死の場合とは異なり耐えがたい苦痛が取り除かれるという利益もない。

植物状態は、大脳の機能を損傷・停止し意識を失っている状態であるが、カレン事件が示すように、死期が切迫しているという状態ではない。[19]いまだ切迫していないのにもかかわらず、「尊厳死」を与えることは、「脳死」状態で生命維持装置を外すこととも、死期の迫った段階で、苦痛を除去するための「安楽死」とも異なる。ここに、この問題について見解が分かれる理由がある。

尊厳死が、自己決定権の尊重によって根拠づけられるとすれば、患者の**意思表明**が尊厳死の前提となる。しかし、末期状態の患者には、意識がないことが多いから、意思の表明をなしえないことが多い。「**家族の同意**」によって代えるには、患者との利害関係が対立する場合がありえ、また、治療費の負担といった現実的問題が同意形成に影響する可能性も否定できず、しかも、家族の同意は、本人の「意思」そのものではなく、本人の意思を「擬制」するにすぎないという問題がある。また、患者があらかじめそのような状態での治療を拒否する意思を表明したいわゆる**事前の意思表明**(生者の意志=living will)に法的効力を与えることにも、現実的に、死に臨んでの意思[20]

---

[19] 植物状態の定義については、町野ほか編著・安楽死・尊厳死・末期医療134頁参照。
[20] 宮野「リビング・ウィルの思想の本質」中山古稀1巻219頁以下、星野一正『生命倫理と医療』(1994) 119頁以下・127頁、甲斐「リビング・ウィル」法教124号6頁以下。

第5節　可罰的責任論　§143　可罰的責任阻却・減少事由◇　747

でないだけに、真意かどうかが分からず、問題なしとはしない。**リビング・ウィル**とは、末期状態において患者が意識を喪失し、または判断力が減弱する前に、本人があらかじめ治療拒否を表明しておく意思表明の方法であり、アメリカでは、いくつかの州で、これに法的効力を与える法制度が整備されている。

(b)　尊厳死の要件と違法阻却

(ⅰ)　要　件　　前述の「**東海大学事件**」について、横浜地裁は、末期患者に対する**治療行為の中止**の許容性の一般的要件について検討を加えている。

①患者が治癒不可能な病気に冒され、回復の見込みがなく死が避けられない末期状態にあること。②治療行為の中止を求める患者の意思表示が存在し、それは治療行為の中止を行う時点で存在すること。しかし、中止を検討する段階で患者の明確な意思表示が存在しないときには、患者の推定的意思によることができる。推定的意思があると認定するに有力な証拠となるのは、患者自身の**事前の意思表示**（リビング・ウィル等）があることである。患者の事前の意思表示がない場合には、**家族の意思表示**から患者の意思を推定することができる。③治療行為の中止の対象となる措置は、薬物投与、化学療法、人工透析、人工呼吸器、輸血、栄養・水分補給など、疾病を治療するための治療措置および対症療法である治療措置、さらには生命維持のための治療措置など、すべてが対象となってよい。

わが国で実質上尊厳死が問題となった判例について検討しておこう。いわゆる**川崎協同病院事件**（最平21・12・7刑集63・11・1899＝**百選21**、東京高判平19・2・28判タ1237・153、横浜地判平17・3・25判時1909・130）がそれである。

> 心肺停止状態で病院に運び込まれた患者の心肺は、救命措置により蘇生したが、意識は戻らず、人工呼吸器が装着されることとなった。患者には大脳機能のみならず脳幹機能にも重い後遺症が残り、死亡するまでこん睡状態が続いた。同病院の医師であった被告人が、治療の指揮を執ったが、患者の妻や子らに、被害者の意識の回復は難しく植物状態となる可能性が高いことなどを説明した。その後、呼吸状態が悪化した場合にも再び人工呼吸器を付けることはしない旨同人らの了解を得、その後数日経って、患者の妻から抜管を要請され、抜管を決意した。被告人は、家族からの要請に基づき、被害者が死亡することを認識しながら、気道確保のために鼻から気管内に挿入されていたチューブを抜き取るとともに、呼吸確保の措置も採らなかったが、患者が苦もん様呼吸を始めたため、被告人は、准看護婦に指示して患者に対し当該**筋弛緩剤**（ミオブロック）**を静脈注射**したため、患者の呼吸および心臓が停止した。
>
> 被告人は、終末期にあった患者について、被害者の意思を推定するに足りる**家族か**

らの強い要請に基づき、気管内チューブを抜管したものであり、本件抜管は、法律上許容される治療中止であると主張した。

これに対して、**最高裁**は、「本件抜管時までに、同人の余命等を判断するために必要とされる脳波等の検査は実施されておらず、発症からいまだ2週間の時点でもあり、その回復可能性や余命について的確な判断を下せる状況にはなかったものと認められる。そして、被害者は、本件時、こん睡状態にあったものであるところ、本件気管内チューブの抜管は、…家族からの要請に基づき行われたものであるが、その要請は…被害者の病状等について**適切な情報が伝えられた上でされたものではなく**、上記抜管行為が**被害者の推定的意思に基づくということもできない**。以上によれば、上記抜管行為は、法律上許容される治療中止には当たらない」。「本件における気管内チューブの抜管行為をミオブロックの投与行為と併せ殺人行為を構成する」とした。

本件は、終末期医療における治療の中止が本件においては正当化されるわけではないとしたものであるが、脳波検査がなされておらず、発症から2週間の時点であって、回復可能性などにつき的確な判断を下せない段階であり、また、家族の同意も適切な情報にもとづいたものではなく、患者の推定的同意も認められないとして正当化を否定したものである。死期が間近に迫っているわけでもなく、肉体的病苦に苦しんでいる状況でもないので、安楽死の要件にはあたらず、また、治療の中止のみではなく、最終的に筋弛緩剤を用いているので、たんなる不作為による治療の中断でもなく、おそらく「尊厳死」の範疇に属する正当化事由しか考えられない。そうだとしても、回復可能性や余命についての正確な診断もないままに、医師の方から尊厳死が提案されており、本人のリビング・ウィルもなく、家族の同意も適切な情報に基づくものではなく、無効である蓋然性が高い。本決定は妥当である。

なお、本件第1審判決では、末期医療における治療の中止は、**自己決定の尊重と医学的判断にもとづく治療義務の限界を根拠とすべきである**として（前掲横浜地判平17・3・25）治療の中止の判断基準に言及している。患者本人からの意思確認ができない場合には、患者の意思の推測もその確認の有力な手がかりとなるとするが、それにもかかわらず、「**真意が不明であれば、『疑わしきは生命の利益に』意思は患者の生命保護を優先させ、医学的に最も適応した諸措置を継続すべきである**」とされ、また、「被害者に対しては、まずは昏睡から脱却することを目標に最善を尽くし、昏睡から脱却した場合にはさらに植物状態から脱却することを目標に最善を尽くして治療を続けるべきであったというべきであって、到底、前述の『**回復不可能で死期が切迫している場合**』に

当たると解することはできない」とされている。
　（ⅱ）**違法阻却**　まず、**構成要件に該当しないという見解**もある。この見解によれば、尊厳死については、人工呼吸器の取り外しは、作為による**不作為犯**であり、脳死に至っていないが、脳機能の回復の見込みがない場合には、人工呼吸器を取り外しても、殺人罪の構成要件に該当しない（斎藤誠二・生命の保護341頁以下）。しかし、いったん取り付けたことによって、それにより患者が生命を保っている人工呼吸器を、作為によって取り外すことは、不作為犯ではなく、作為犯であるから、この見解は不当である。
　次に、**違法阻却事由とする見解**は、ほぼ、「回復の見込みがないこと」および患者ないし近親者の「意思表示があること」を条件とする点では共通するが、なお、大きな相違がみられる。大きな相違は、「回復の見込み」が、「意識の回復の見込み」なのか、「生命の救助不可能性」[21]を意味するのかであり（内藤558頁以下）、他方では、「意思表示」をどのようなものであることが必要と考えるかである。
　①事前に真意にもとづく嘱託があり、かつ植物状態からの**回復の見込みが皆無**である場合に、違法阻却を認めるべきだとする見解（西原237頁）、②生命の終期が切迫しているわけではない植物状態に陥った者から生命維持装置を外す行為につき、傷病者の推定的承諾と近親者等、保護者の承諾を条件として、違法阻却を認めるという見解（大塚428頁、同・基本問題204頁以下）、さらに、回復の見込みのない植物状態の患者に対して、それ以外の要件を定めて、③患者が回復不能の状態に陥っていること（助かる見込みがないこと）、意思能力を有している状態において患者が延命医療の中止を希望していること（事前の意思表明でも有効）、延命医療の中止は医学的判断につき担当医が診療録に記録することを条件として、積極的治療の中止のみならず、鼻孔カテーテルおよび静脈注射等による栄養補給の中止も含め、違法性を阻却するとする見解（大谷265頁）などがある。
　生命の救助可能性がないことを要件として、患者の（推定的）意思の存在を条件に違法阻却事由であるとする見解もある（野村265頁、佐久間191頁）

---

[21] 従来、心臓死説を前提にして、脳死状態に陥った者の人工蘇生器を、医師が家族の承諾を得て取り外すことが殺人罪を構成するかが、尊厳死の問題の一つとして論じられた。現在もこの問題は存在する。もっとも脳死判定による死亡確認を必要とする臓器移植のための脳死判定については、臓器移植法の成立（平成9年10月16日施行）によって脳死をもって人の死とすることが認められた（同法6条1項・2項）。

が、中でも、作為義務が消滅するがゆえに違法性が阻却されるとする見解によれば、④患者が末期状態に入り、いかなる治療を加えても切迫した死の結果を回避し、生命を救助する可能性がないと確実に判断された場合には、患者側の同意があることを要件として、医師の刑法上の治療義務（不真正不作為犯における作為義務）がなくなるから、生命維持治療（延命措置）の中止は、殺人罪ないし同意殺人罪の違法性を阻却すると解する（内藤569頁）。この見解は、生命維持装置の取り外しの基本的性格を「不作為」とみるのである（内藤574頁）が、前述のように、いったん既成事実となった生命維持の状態を変更するのは、作為である。

また、患者の推定的意思、すなわち同意があることのみを理由として違法性を阻却するとすることは、自殺関与罪の処罰を認めるわが刑法の下では無理というべきである。同様に、同一法益主体間の緊急避難規定の適用についても疑義が唱えられている[22]。

(iii) 責任阻却・可罰的責任阻却 違法阻却説も、少なくとも期待可能性がないことを理由に、責任阻却事由の場合もあるとするものもある（大塚・基本問題206頁）。しかし、違法阻却事由であることを否定し（曽根128頁）、責任阻却の可能性のみを認める見解も有力である（団藤227頁、齊藤信宰307頁）が、「責任」がなくなるのではなく、**可罰的責任**がなくなるのである。

ここでも、生命維持装置の取り外しは、違法性を阻却せず、生命の救助不可能性と、患者の生前の意思表示または家族の証言などによって推定される患者の意思表示にもとづき、また、ほかに、人間らしい尊厳を守って延命を図る手段がない場合には、死期が切迫した段階で延命治療の中止（人工呼吸器の取り外し）がなされたとき、期待可能性の減少と処罰の必要性の欠如による**可罰的責任阻却**を認めるにとどめるべきである[23]。

しかし、可罰的責任阻却による解決は、医師の行為に「違法」のレッテルを貼るものであって、法的判断を不明確なままにする、現行法を前提とした解釈論による弥縫策的解決にすぎない。望ましいのは、**尊厳死・安楽死に関する立法**によって厳密な「要件」を立て、合法化を図ることである。

---

[22] 山中・前掲近大法学62巻3・4号287頁以下参照。
[23] この場合も、栄養・水分補給の中止は、非人道的措置であり、容認できないように思われる。

第6章　未遂犯論

第1節　未遂犯の意義

【文献】板倉宏「陰謀概念の検討―予備との関係を中心に―」福田=大塚古稀〔上〕409頁、大沼邦弘「未遂犯の成立範囲の画定」団藤古稀3巻74頁、奥村正雄「未遂犯における危険概念」刑雑33巻2号198頁、齊藤誠二『予備罪の研究』(1971)、曽根威彦『刑事違法論の研究』(1998)、同『刑法における実行・危険・錯誤』(1991)、中義勝「未遂の処罰根拠―不能犯をめぐる一考察」刑法上の諸問題(1991) 255頁、中野正剛『未遂犯論の基礎』(2014)、名和鐵郎「未遂犯の論理構造―実害罪の未遂を中心として―」福田=大塚古稀〔下〕407頁、同「未遂犯における危険」静岡大学法経論集　1巻2=3=4号213頁、野村稔『未遂犯の研究』(1984)、宗岡嗣郎『客観的未遂論の基本構造』(1990)、山口厚『危険犯の研究』(1982)

§144　犯罪の発展段階

1　可罰性の拡張

　未遂犯とは、「犯罪の実行に着手してこれを遂げなかった」場合をいう（43条本文）。これを遂げた場合が既遂であるから、未遂（Versuch）は、既遂（Vollendung）の前段階にとどまる犯罪である。未遂犯は、概念上、特定の犯罪の実行に着手したことと、既遂に至らなかったことを要件とする。また、未遂犯は、すべての犯罪について処罰されているわけではなく、刑法は、一定の重要な犯罪についてのみ、各本条において未遂処罰規定を置いている[1]（44条）。したがって、既遂類型を基本的構成要件とすると、未遂犯処罰規定は、「**構成要件の拡張形式**」であるということができる。

　　未遂犯の構成要件は、既遂犯の構成要件と別個のものではなく、その構成要件該当行為（実行）に着手したが、既遂には至らなかった行為にまで、基本的構成要件を拡張して可罰的としたものである。すなわち、未遂犯処罰規定のある場合、実行行為が

---

[1]「未遂を罰する場合は、各本条で定める」とする。

行われれば、基本的構成要件に「該当する」のであって、ただそれを「充足する」ことはない（団藤123頁参照）。このように、基本的構成要件に該当するが、充足しない場合にまで、処罰範囲を拡張するのが未遂構成要件である。

2 予備・陰謀

構成要件該当行為に至る以前の行為については、極めて重い犯罪につき、犯罪の実行を準備する行為（**予備**）や犯罪の実行を謀議する行為（**陰謀**）を、例外中の例外として処罰する。これらは、実行以前の行為であるので、未遂のさらに前段階の行為を処罰するものである。予備（Vorbereitung）・陰謀（Verabredung）が原則として処罰されない理由としては、①法益侵害の危険性が少ないこと、②犯罪意思の証明がむずかしいこと、③刑事政策的な配慮という**三つの理由**が挙げられる（齊藤誠二・大コン4巻19頁参照）。予備・陰謀は、基本的構成要件の一部を充足するものでもなく、それを構成要件と呼ぶならば、「予備・陰謀構成要件」は、基本的構成要件とはまったく別の独立の構成要件である。

予備とは、実行の準備行為である。実行に着手すると、未遂犯となるのであるから、予備は、実行の着手に至らない行為である。予備罪の規定には、基本的構成要件の実現の「目的」を要求するものがある。[2] これは、超過的内心傾向であり、したがって、このような予備罪は、**目的犯**の形式で規定されている。予備罪の客観的要件は、準備行為を行うことに尽きる。したがって、予備の故意は、準備行為の実現意思であればよい。予備は、自己が後に基本的構成要件を実現するために準備行為を行うことを意味すると解するのが通説である。すなわち、**自己予備**のみが予備として可罰的であり、他人の基本的構成要件実現を準備する**他人予備**は、正犯の実行行為があれば従犯となるのはともかく、予備行為ではない。

形式的意義における刑法において、予備罪処罰規定は、内乱予備罪（78条）、外患予備罪（88条）、私戦予備罪（93条）、放火予備罪（113条）、通貨偽造等準備罪（153条）、殺人予備罪（201条）、身代金目的略取等予備罪（228条の3）、強盗予備罪（237条）の8箇条である。このうち、私戦予備罪については、予備行為後の実行行為を処罰する規定をもたず、予備行為のみが処罰されている。したがって、この場合には、予備行為そのものが実行行為であって、予備構成要件が基本的構成要件である。また、予備構成要件において、通貨偽造等準備罪のみが、その行為の内容を「器械又は原料を準備した」というように具体的に記述してお

---

[2] 目的犯の形式で書かれていないものとして、内乱予備罪（78条）、外患予備罪（88条）がある。

り、その他の予備構成要件は、「その予備をした」等と記述されているだけであって、無限定である。この意味で、予備罪については、その処罰範囲の限定が困難であるとされている。

陰謀とは、二人以上の者が一定の犯罪の実行を謀議することをいう。陰謀は、犯罪の準備行為よりももっと前段階に位置する行為である。陰謀を予備行為の一態様と解する見解（木村407頁）もあるが、予備に先行する通謀行為と解すべきである。予備行為は、物的な準備行為を意味するのに対して、陰謀は、**心理的な通謀行為**を意味する点に相違がある。刑法上、陰謀を処罰する規定は、内乱罪（78条）、外患罪（88条）および私戦陰謀罪（93条）の3箇条のみである。

3 未遂犯の態様

刑法43条本文は、犯罪の実行に着手してこれを遂げなかった場合に、その刑を減軽することができるものとする。但書においては、自己の意思により犯罪を中止したときは、その刑を減軽し、または免除するものとする。前者は、通常の**障害未遂**であり、刑は任意的減軽にとどまる[3]。これに対して、後者は、**中止未遂（中止犯）**であり、刑は**必要的減免**である。

障害未遂は、さらに着手未遂と実行未遂に区別される。**着手未遂**（＝未終了未遂 unbeendigter Versuch）とは、実行に着手したが、実行行為が終了しないまま犯罪の完成に至らなかった場合をいう。**実行未遂**（＝終了未遂 beendigter Versuch）とは、実行行為は終了したが、犯罪の完成に至らなかった場合をいう。概念上は、このように区別されるが、両者に法律効果における相違はないので、この区別の実益はない。ただ、後述するように（☞§151、1(1)）、中止犯においては、着手未遂の段階での中止は、消極的にそれ以上の行為を不作為するだけでよい（**着手中止**＝ Rücktritt vom unbeendigten Versuch）が、実行未遂の段階における中止は、積極的な結果発生防止行為をして結果の発生を阻止することが必要である（**実行中止**＝ Rücktritt vom beendigten Versuch）という点で、その区別が意義をもつようにも思われる。しかし、実際には、論理は逆転し

---

[3] 未遂犯について、例外的に処罰し、また、既遂犯に比べて減軽の可能性を認めているのは、**企行犯**（Unternehmensdelikte）を認めるものではないことを意味する。企行犯とは、同一構成要件において未遂と既遂を同様に処罰するような構成要件をいう。例えば、盗犯等防止法は、一定の常習的強窃盗につき既遂・未遂を問わず同じ法定刑を科している（同法2条～4条）。ここでは、未遂軽減の規定の適用は排除される。戦時立法として一般予防的観点から未遂と既遂とを同じように扱うものがあった（戦時刑事特別法4条以下）。

ており、不作為による中止で十分なのが、着手中止であり、積極的結果発生防止行為を必要とするのが、実行中止である（☞§151，1（1）（f））。

未遂とは、犯罪の完成に至らなかった場合をいうが、犯罪が完成するのは、原則として構成要件を充足したときである。

挙動犯の未遂が存在するかが争われているが、挙動犯とは、実行行為から場所的・時間的に切り離された結果の存在を要求せず、行為の終了と構成要件の充足とが一致する犯罪をいうと定義するならば、未遂は存在しうる。住居侵入罪（130条）は、身体が住居に侵入したときに既遂となり、構成要件が充足されるが、実行の着手は、それ以前の時点で存在する。したがって、住居侵入罪は、挙動犯であるが、実行の着手と結果の発生までの間に、未遂が存在しうる（132条）。挙動犯は、一定の身体的挙動によってただちに完成するから未遂を考える余地はないとする見解（大塚254頁、香川301頁、川端487頁）があるが、挙動犯は、挙動があればただちに完成するものではなく、一定の時間的・場所的間隔が存在する場合もあるから、この見解は不当である（同旨＝野村・未遂犯111頁、福田230頁、大谷369頁）。

過失犯の未遂は考えられないとするのが、かつての通説（瀧川137頁、草野105頁、植松318頁）であり、現在でもこれを支持する見解（香川304頁、野村・未遂犯101頁）がある。結果の発生があってはじめてその犯罪が成立すると考えられたからであり、また、過失犯においては、例えば過失傷害か過失致死かいずれの未遂が問題なのかを個別化（香川304頁）することが困難だからである。しかし、現在では、過失犯についても、結果と区別して、実行行為の観念が認められるのであるから、理論的には未遂がありうるとするのが通説（木村342頁、佐伯370頁、団藤357頁、福田230頁、大塚254頁、大谷370頁、川端487頁）である。結果とのつながりが故意によるのみならず、客観的危険性により認定可能な場合もあるのであるから、一般的に過失犯の未遂がありえないとすることは妥当でなく、通説が妥当である。ただし、現行刑法上、過失犯の未遂を処罰する規定はない。

結果的加重犯の未遂がありうるかをめぐる論点は二つある。①加重結果について故意がある場合の結果的加重犯について未遂が認められるかという論点と、②結果的加重犯の加重結果が発生したが、基本的犯罪が未遂にとどまった場合に未遂とされるべきかどうかという論点である。第1の問題については、加重結果について故意がある場合、結果的加重犯ではなく単なる故意犯であるといえる。したがって、例えば、強盗犯が殺人の故意をもって被害者を殺害した場合には、結果的加重犯ではなく強盗殺人罪（240条）という故意犯である。第2の問題については、基本的犯罪が未遂に終わった場合には重い結果が発生した場合にも結果的加重犯の未遂であるとする見解は少数である。例えば、強盗致死罪において、強取が未遂に終わった場合、強盗致死罪の未遂（小野『新訂刑法講義各論』〔1950〕244

頁）を認める見解もあるが、強盗致死罪の既遂とするのが通説・判例である。

　不作為犯の未遂が認められるかについては、不真正不作為犯は、結果犯であることが普通であるので一般的に肯定される。不作為による殺人罪の未遂は、実行の着手の後、結果が発生するまでは成立の余地がある。問題は、**真正不作為犯**の場合である。従来の通説は、真正不作為犯は挙動犯であるとし、したがって、作為義務の成立によってただちに既遂となるものとする（団藤357頁、香川302頁以下）。しかし、すでに述べたように、挙動犯についても未遂は可能であり、また、真正不作為犯は作為義務の成立と同時に既遂に達するものでもない。作為義務は成立しても、その義務に違反したというためには、作為することの可能な時間的間隔の経過があることが必要である。したがって、不退去罪（130条後段）は、退去を要求された者が退去に必要な時間的経過があった後に既遂に達するものである。その時間的経過がないうちに家人によって家の外に突き出された場合には未遂である（木村371頁、大谷370頁、川端489頁）。

　危険犯の未遂が存在するかについては、具体的危険犯の場合と抽象的危険犯の場合とを区別すべきである。**具体的危険犯**については、危険の発生が構成要件要素となっており既遂となるためには危険の発生が必要であるので、実行行為が行われた後、危険の発生がない段階では未遂となる余地がある。自己所有の非現住建造物等放火罪（109条2項）および建造物等以外放火罪（110条）の場合、公共の危険の発生がなければ既遂とはならないが、未遂罪処罰規定がないので実際上未遂は問題とならないだけである。**抽象的危険犯**については、危険の発生が構成要件であるかどうかは学説による。通説によれば、危険の発生は構成要件要素ではなく、構成要件に該当する事実の存在が確認されれば危険の発生は擬制されるものとされ、したがって、現実に危険が発生したことを証明しなくても既遂を認めることができる。例えば、現住建造物等放火罪（108条）ないし自己の所有にかからない非現住建造物等放火罪（109条1項）においては、客体の「焼損」によって危険が発生したものと擬制され、既遂となるのである。抽象的危険犯をできるだけ現実的な抽象的危険の発生を必要とするように解釈すべきであるとの考え方から、**準抽象的危険犯**の概念を提唱する見解（山口・危険犯224頁・251頁）によれば、ある程度具体的な危険の発生は既遂となるための要件である。

§145　未遂犯の処罰根拠

　結果の発生によって犯罪が完成するのが原則であるが、未遂犯においては、結果の発生がないにもかかわらず処罰されるのであるから、処罰範囲が、法益侵害の前段階に拡張されている。それでは、法益侵害がなく、結果

無価値がないにもかかわらず、どのような根拠から処罰範囲が拡張されうるのであろうか。未遂の処罰根拠（Strafgrund des Versuchs）については、基本的に二つの見解が対立している。それは、主観的未遂論と客観的未遂論である。

1 主観主義刑法における未遂論と客観主義刑法における未遂論

主観的未遂論は、それ自体必ずしも主観主義刑法（近代学派）に固有の理論であるというわけではないが、わが国においては、もともと主観主義刑法学の立場によって唱えられたという経緯がある。主観主義が、行為は行為者の意思や性格の現れであると解するのに対応し、未遂が処罰されるのは、そのような主観が実行行為に表現されたことによって、行為者の危険性が外部に表されており、処罰に値すると考えるのである。このような考え方を徹底すると、危険な性格そのもの、あるいは外部に表現されなくとも危険な意思を抱けば、処罰に値すると考えることになる。犯罪行為は、そのような性格または意思の徴表にすぎないからである。ナチ時代の**意思刑法**は、近代学派ではないが、このような意思のみによって処罰が根拠づけられるとするものである。しかし、実際には、わが国の主観的未遂論も、犯罪の意思のみで未遂処罰を根拠づけるのではなく、それが実行行為に表現されることを要求しているのであって、主観主義の理念を徹底しているわけではない。主観的未遂論からは、既遂と未遂の処罰根拠が本質的に異なるわけではなく、未遂犯について刑を減軽する理由はないということになる。わが国の刑法は、未遂につき任意的減軽主義に立つが、そもそも減軽を認めている点では客観主義的である一方、「任意的」としている点では、主観主義刑法学の色彩を帯びている。

客観的未遂論は、もともと客観主義刑法学の考え方が未遂論に反映された理論であったが、今日では、客観主義を前提にして、さらにその内部で客観的未遂論と主観的未遂論とを区別する。現代の客観的未遂論においては、結果の発生がないことから出発し、したがって、行為の客観的危険に着目して処罰根拠を論じる点に一般的特徴がある。

純粋に客観的未遂論を貫くと、客観的に結果が発生しない未遂を処罰する必要はないことになる。犯罪予防の観点から、偶然にかかる結果の発生をまってのみ処罰しうるものとすると、効果を挙げることはできない。したがって、未遂犯をも処罰するが、客観主義にとっては、結果が発生する場合と未遂に終わった場合とでは処罰の必要性はやはり本質的に異なるともいえよう。したがって、この見地からは、未遂犯については必要的減軽主義に立つことになる。客観的未遂論からは、結果の発生がない場合にも処罰する根拠は、行為の一定の**危険性**に求められざるをえないといえるが、この危険性が純粋に客観的なものから成り立つのかどうかについては、見解が分かれ、客観主義も、一般的には、犯罪論から主観をまったく排除するわけではなく、危険性の概念からも主観が完全に払拭されるわ

けではないと考えられる。したがって、「危険」の概念の中に「主観」が入るとする見解もあり、客観的未遂論にも、危険の概念をめぐってはさまざまなニュアンスのものがあるといってよい。むしろ、現在の客観的未遂論の問題点は、このように、危険の概念を客観的に構成するか、どの程度主観を入れるのかにあるといってよい。

2 現代の客観的未遂論と主観的未遂論

客観的未遂論は、結果無価値論の立場から、法益の客観的な危険性に未遂犯の処罰根拠を認めるものであるが、その危険の概念の中から主観的要素をできるだけ排除しようとする。危険概念における**主観的要素の意味**には二つのものが考えられる。一つは、**危険判断の対象としての「主観」**である。すなわち、危険性の判断をなすにあたって、判断の対象としての行為者の主観すなわち意思が重要な役割を果たすかどうかの問題である。もう一つは、危険性の判断をなすにあたって、判断の資料を限定する際に、行為者に認識・予見可能であった事実に限定するなどの、**判断基底を画する基準**として行為者の主観が重要な役割を果たすかどうかである。客観的未遂論を徹底すればするほどこのような主観的要素は危険性の概念の中から排除されていく。

主観的未遂論は、主観主義刑法における主観的未遂論のように性格や意思を未遂の処罰根拠とするのではないが、結果の発生よりも、**行為の危険性**に未遂犯の処罰根拠を求める点で、それに親近性をもつ。この見解を極端化すれば、**行為無価値**のみで処罰しうることになる。行為無価値は、行為の規範違反性を意味するが、未遂犯の処罰にとっては行為無価値のみが存在すれば十分とし、結果発生の危険性を考慮せずに、行為の主観的・規範的無価値性のみを判断するならば、もっとも主観的な未遂論であるといえよう。実際には、行為無価値と結果無価値の両者を要求するのが普通である。換言すれば、客観的な結果発生の危険性（危険無価値）をも考慮するのであり、その意味では、主観的未遂論の側からも、行為無価値のみならず結果無価値をも考慮し、客観的未遂論に近づくものもあるといえよう。

3 危険概念と未遂の処罰根拠

未遂の処罰根拠は、基本的には、**法益侵害の客観的危険性**に求められるべきであろう。厳密な意味においては、未遂犯には結果無価値は存在しない。しかし、未遂犯の処罰根拠は、行為無価値ではなく、**危険無価値**に求められるべきである。すなわち、行為の主観的・規範的危険性が処罰根拠ではなく、

あくまで結果に対する客観的危険性が処罰根拠である。もちろん、問題は、この危険無価値の意味である。先に分析した危険判断における主観の二つの機能に鑑みて、主観をどこまで排除すべきかが確認されなければならない。

　この点に関して、危険無価値の概念においては、危険と不法との総合的評価が危険無価値であることに注意を促しておこう。危険概念そのものは、違法性判断とは分離されうるものである。危険性が、主観を判断対象として含むものかどうかについては、結論を先取りすれば、判断対象として考慮しうるものと考える。したがって、ある事実や因果関係について行為者が認識していた場合には、結果発生の蓋然性は、客観的にも高まることは承認せざるをえないと考える。主観を考慮しなければ違法性判断ができないわけでもなく、主観がつねに違法性を加重する機能をもつわけでもない。しかし、結果発生の危険性を高めることはありうるのである。

第2節　実行の着手

> **【文献】**板倉宏=鈴木裕文「実行の着手」基本講座4巻21頁、大越義久「実行の着手」現代的展開〔Ⅱ〕139頁、齋野彦弥「危険犯の認識論的構造—実行の着手時期の問題を契機として—」内藤古稀55頁、塩見淳「実行の着手について(1)(2)」法学論叢121巻2号1頁・4号1頁、曽根威彦「実行の着手」現代論争〔Ⅰ〕269頁、中義勝「実行行為をめぐる若干の問題」刑法上の諸問題 (1991) 177頁、同「間接正犯と不作為犯の実行の着手—中山説に関連して」刑法上の諸問題221頁、中山研一「間接正犯の実行の着手—中教授の批判に関連して—」刑法の論争問題 (1991) 81頁、西原春夫『犯罪実行行為論』(1998)

§146　実行の着手の意義

実行の着手（Anfang der Ausführung）とは、形式的には、構成要件該当行為、すなわち、**実行行為の直接的開始**を意味し、その時点以降が未遂犯を構成する。すなわち、実行の着手以前の行為は、予備であり、実行の着手は、極めて重大な犯罪についてのみ処罰規定のある**予備**と、例外的ではあるが、処罰規定のあることが稀ではない**未遂**を分ける**分水嶺**であるといってよい。その意味では、実行の着手時期がいつかというのは、理論上のみならず実際上も重要な意味をもつ問題であるといえよう。実行の着手があったと認められるためには、どのような実質的基準を充たす必要があるかについては、未遂の処罰根拠をめぐる学説の対立をも反映して、さまざまな見解がある。

1　主観説

犯罪の本質を犯罪的意思の危険性に求める主観的未遂論によれば、基本的に、実行行為の開始は、**犯罪的意思が外部に表明された時点**を意味するから、このような時点が実行の着手時点であるということになる。したがって、「犯意の成立がその遂行的行動に因って確定的に認められるとき」（牧野〔上〕359頁）、ないし「犯意が飛躍的に表動したとき」（宮本179頁）、あるいは「行為者の犯罪的意思の存在が、二義を許さず、取消が不可能なやうな確実性を示す行為」（木村・読本255頁、後に改説）に実行の着手が認められる。これらの見解に対しては、「遂行的行為」というような観念を持ち込まなければならないところに、すでに主観説

の破綻がみられる。犯意の飛躍的表動というのは、これを避けたものであるが、そのかわり、はなはだ明確を欠き、法的安定性を害するという批判がある（団藤354頁）。また、犯意の取消が不可能なことを挙げるのは、中止犯の説明に窮することになるとの批判もある（団藤354頁）。客観的未遂論からは、犯意の危険性ではなく、行為の客観的危険性が基準とされるべきだとされる。

2 客観説

客観説は、結果発生（法益侵害）をもたらす一定の客観的な危険性が生じたときに実行の着手を認める。客観的危険の発生がみられるのはいつかについては、形式的説明と実質的説明がある。それに応じて、形式的客観説と実質的客観説に分かれる。

(1) 形式的客観説 形式的に、当該行為が**基本的構成要件に該当する行為**といえるかどうか（小野清一郎『犯罪構成要件の理論』〔1953〕85頁）、あるいは構成要件に該当する行為の少なくとも一部分が行われたかどうか（団藤355頁）を基準とする見解をいう。この説からは、構成要件該当行為に「**密接な関係を有する行為**」が行われたときにすでに実行の着手があるとする見解に対しては、これを「実行」の観念を不当に緩めるものであると批判する（団藤355頁）。しかし、「それじたいが構成要件的特徴を示さなくても、全体としてみて定型的に構成要件の内容をなすと解される行為であれば、これを実行の着手と解してさしつかえない」と呼び、これを「拡張的構成要件」という（団藤355頁）。ここでは、「なぜ定型性のないものが『全体として見る』と定型性を持つようになるのかも明らかでない」（平野313頁）という鋭い批判が向けられている。全体的にみた「定型性」の概念によって明確な輪郭がぼやけさせられており、結局、この説において明らかなのは、形式的にみて構成要件該当行為とはいえない行為にまで全体的な定型性を肯定して実行の着手概念を実質化し、拡張しようというこの説の意図だけである。

この説に対しては、本説は、何が構成要件該当行為であるかという問いに対し、実質的な基準をもって答えず、問いをもって問いに答えるものであり、タウトロギーを犯すものであるとの**批判**（西原280頁）がある。本説のよりどころは、結局、構成要件該当「行為」の形式的な解釈が基礎であるから、法文に用いられている「行為」の記述の文理解釈が基準となり、生活用語例にもとづく解釈に依拠することになる。そうすると、構成要件該当行為の範囲は「あまりにも狭く」なり、実行の着手を「非常におそい時期に認め

ることになり、不当である」（西原280頁）と批判されることになる。これが、先に掲げたように、本説の主唱者からも、構成要件的行為の実質化が図られるゆえんである。

そこで、構成要件該当行為のみでは狭すぎるので、「構成要件該当の行為と直接関連あるため自然的観察のもとにその一部分として理解せらるべき行為」（瀧川185頁）をも含み、または「構成要件の全部または一部の事実またはそれに密接した事実を実現すること」（植松315頁）と定義して、**実行の着手概念の実質化**を図る見解につながる。判例も、構成要件該当行為に直接「密接する行為」を含めている（最判昭23・4・17刑集2・4・399、東京高判昭29・12・27高刑集7・12・1785）。しかし、密接する行為は、構成要件に該当する行為ではないのであるから、構成要件該当行為を拡大することができる範囲は、「密接行為」というだけであって、その基準はかえって極めてあいまいなものになってしまう。形式的客観説の土台に、実質的な修正を施した拡張部分を上乗せするという実質化の方法は、理論的にも、全体として統一された理論にもとづくものではなく、採用されえない。

(2) 実質的客観説 この説は、結果発生の実質的危険の観点から実行の着手時点を決定しようとする点に共通性がある。しかし、とくに、ここで必要とされる「危険」の概念や危険の「程度」をめぐっては学説の対立があり、実質的基準は、統一的ではない。

(a) 現実的危険説 第1に、犯罪構成要件の実現にいたる「**現実的危険**」を含む行為の開始を要求する立場（大塚174頁、大谷365頁）がある（**現実的危険説**）。ここでいう現実的危険とは、不能犯論における具体的危険説にいわゆる「**具体的危険性**」をいうものとされている（大塚・基本問題85頁）。つまり、行為当時に行為者が認識したところと一般人の認識しえたところとを基礎として客観的見地からその行為についての危険性を論じる見解である。この見解からは、行為者の主観が考慮されるのみならず、現実的危険性の判断とは、行為時における事前判断であるとされる。したがって、この説からは、離隔犯においても、間接正犯においても、被利用者の行為にではなく、利用者の実行行為の開始時に実行の着手があるものとされる（大塚170頁）。

この説は、実行の着手時点を実行行為の開始時点とみているので、ここでいう危険性とは、「**行為**」**の危険性**であり、行為とは切り離せないものとみている。したがって、危険とは、行為当時に立って、結果発生の確実性ないし

必然性を意味する（中・諸問題221頁参照）。しかし、離隔犯の場合には、場所的・時間的に切迫していなくても、結果発生が確実ないし必然となる場合があり、このような場合を現実的危険があるものとし、未遂とするのには問題がある。

(b) 具体的危険説 第2に、「未遂犯は抽象的危険犯ではなく具体的危険犯である」（平野313頁）として、「**結果発生の具体的危険**」が発生したとき、実行の着手があるとする見解が有力化している。この見解は、具体的危険とは「**切迫した危険**」（平野313頁以下、中山・概説〔Ⅰ〕191頁）であるとする（**切迫性説**）。しかし、「切迫した危険」とはどの程度のものをいうのかについて、「わが国の判例が、『構成要件に該当する行為またはこれに接着した行為』であることを要件としている」のに対して、これを妥当であるとし、しかも不能犯につき、具体的危険説を採用する。これだけからみると、現実的危険説と内容的に変わらないようにもみえる。ただ、この説は、間接正犯や離隔犯の実行の着手について到達時説を認めているので、行為から切り離された「**結果としての危険**」の発生の可能性を認め、それを要求している点で、現実的危険説とは、根本的に異なる。

また、切迫性説には、故意などの主観的要素を考慮に入れて行為の客観的危険性を判断すべきだとする見解（平野314頁）と、純粋に客観的に判断すべきだとする見解（中山・概説〔Ⅰ〕187頁）とが対立している。ここで、前説は、このような主観を「主観的違法要素」（平野314頁）と捉えるが、客観的危険性のみを考慮するかぎり、主観があるから違法が根拠づけられ、あるいは加重されるという違法性判断との直接の関係は存在しないというべきである。他方で、主観を考慮に入れても、客観的危険性の程度は変わらないとする見解（前田152頁）がある。この見解は、Aから50センチメートルずれた点に客観的に狙いを定められたピストルを、行為者が、威嚇射撃をしようと思っている場合と、殺意をもっている場合とでは、死の結果発生の危険性には差異がないとする。ここで差異があるとする見解が、たんに脅す意思であれば脅すだけで撃たないが、殺意がある場合には引き金を引く可能性が大きいと考えるのは、不当だとするのである。客観的危険性の判断が、行為者が捉えられた時点における銃口の方向のみから事前的判断としてなされるのであれば、この主張は正当である。しかし、客観的危険性の判断は、事前判断であるとしても、事後予測をともなうものである。行為者の行為が、その時

点以後どのように行われるかの予測は、危険性の判断にとって重要な要素である。行為者の行為がすべて終了し、因果の流れに委ねられた時点では、後の経過は、行為者の主観の考慮にはまったく影響されない。しかし、行為者の後の行為が予定されている場合には、客観的危険性の判断に主観が判断資料とされるのは不可避であり、当然のことである。

　(3)　実行行為の開始と可罰的未遂の始期　　切迫性説の問題点は、実行の着手が、実行行為の開始を意味するにもかかわらず、行為者の実行行為が終了した後の時点で、実行行為の開始時点たる実行の着手が認められる点である（福田227頁以下、香川292頁、大谷366頁以下）。

　(a)　不作為犯的構成説　　この点を解決しようとして、第1に、行為者の予備行為を先行行為として、結果発生の具体的危険が発生したときに、その先行行為にもとづく作為義務が生じるものと構成し、不作為犯として構成し、実行の着手の時点を法益侵害にできるだけ近づける立場（**不作為犯的構成説**）が唱えられている（西原259頁、同・犯罪実行行為論19頁、大塚175頁、同・基本問題108頁、佐久間84頁）。例えば、何時間か後に爆発する爆弾をしかけた場合、爆弾をしかける行為は予備行為にすぎないが、それを先行行為として作為義務が根拠づけられ、爆発の直前に、しかけられた爆弾を取り外さないという不作為犯の実行の着手があるとするのである。

　しかし、この立場は、この場合に、同一犯罪の故意のある先行行為の存在が、保障人的地位を根拠づけるのかどうかという疑問があるほか、実際に、先行行為者が、爆弾をしかけた後に、場所的・時間的に作為不可能な位置にいる場合、先行行為者が爆弾を仕掛けた後、眠り込んだり、爆発直前の時点で故意がなかったりした場合に、不作為犯的構成により、処罰することが困難になるという難点をもつ。[1]

　(b)　「これを遂げなかった」＝危険説　　第2に、刑法43条にいう「これを遂げなかった」の意義について、従来、「犯罪の実行に着手し」たことが、未遂の積極的要件であり、その後、「これを遂げなかった」のでさえあれば、「未遂」であると解釈されてきたが、これをたんなる消極的要件ではなく、そのほかに積極的に、「法益に対する具体的危険（危険結果）が発生したことを意味するものと解する」説が唱えられている（名和鐵郎「未遂犯の理論構造―

---

[1] なお、山口・問題探究210頁も、「到達時」に作為可能性が失われているような場合には不作為犯の罪責を問うことができないことも実際上は問題となるものとする。

実害犯の未遂を中心として—」福田=大塚古稀〔下〕422頁)。この見解は、未遂となるためには、「行為の危険」と「結果としての危険」が必要であるとし、結果としての危険の発生は、実行の着手の要件とは切り離された、**「これを遂げなかった」という要件** の中に根拠づけられるものと解釈するのである。しかし、この見解については、43条の解釈として、結果としての危険を「これを遂げなかった」に含めて解釈するには無理があると批判されている（曽根・重要問題257頁)。

(c) 具体的危険違法要素説 第3に、実行の着手に関する問題、すなわち、「行為の危険性」は未遂犯の構成要件該当性の問題であるが、未遂犯処罰時期に関する問題、すなわち、「結果としての危険」は未遂犯固有の**違法性の問題**であるとする見解が唱えられている（曽根・重要問題257頁以下)。43条は、未遂犯の構成要件として、実行の着手（行為の危険性）と既遂結果の不発生のみを規定しているが、第3の要件である具体的危険の発生（結果としての危険）は未遂犯独自の違法要素であると解するのである。

この見解に対しては、「危険性」の要件は、違法性の要件とは異なり、違法評価の対象であって、行為と結果の帰属の問題に属するがゆえに、危険性と違法性を混同するものであると基本的に批判されうる。のみならず、この見解は、「危険性」を未遂犯独自の違法要素であるとするが、通常、現実的結果は、具体的危険の発生の段階を通じて惹起されるのであるから、既遂犯はすべて具体的危険の段階を通って成立するものといえる。とすれば、結果が発生した既遂犯においても、構成要件の段階では、具体的危険の認定はなしえず、したがって、「結果」発生についても、構成要件該当性を認定できたとしても、その違法性の判断は、その前段階である「具体的危険」が認定される違法性の段階に委ねられることになる。結局、この見解においては、構成要件と違法性とを区別し、別々の判断をする意味がなくなり、すべてが違法性の段階で判断されれば足りることにもなりかねない。

(4) 事後判断としての実行の着手 実行の着手の概念の中に、「行為の危険性」と「結果としての危険」とを読み込み、しかも、実行行為の開始と未遂の可罰性の始期とを一致させることは不可能ではない。

(a) 事後的遡及評価説の展開 それは、行為の危険性を事前判断、結果としての危険を事後判断とし、事前判断によって「危険」とされた行為は、潜在的な実行行為であるが、事後判断によって、「具体的危険」が発生したときに、

遡って、潜在的実行行為が、真の「実行行為」に転化すると捉えることによるのである。[2] 離隔犯などの事例を除けば、この両判断が結論的に一致することが多い。しかし、これらの判断が分離することも稀ではないのである。

まず、行為者の行為によって結果発生につながる「危険」が創出されることが必要である。危険創出行為は、潜在的には実行行為の評価を後に得ることができる実体である。しかし、可罰的未遂となるには、さらに、そこから**具体的危険**が発生し、創出された危険が、このような具体的危険に現実化することを要する。この段階に至ってはじめて、**潜在的実行行為**は、顕在的な実行行為となるのである。例えば、郵便局からA宅に毒入りの菓子箱を郵送する行為は、郵便局で郵送する行為が、潜在的実行行為である。この時点ですでに事前判断としては、規範的障害の介入が予定されておらず、むしろ必然的危険が創出されており、危険創出がある。しかし、それはいまだ可罰的未遂とされる「実行行為」ではない。毒入り菓子が、被害者宅に到達した時点ではじめて、遡って、その潜在的実行行為が、真の実行行為に転化し、可罰的未遂となるのである。これに対して、医師が看護師をいいくるめて、患者を殺害するよう毒入り注射器を手渡して殺害させた場合、規範的障害のある看護師の行為が介入しているがゆえに、事前判断として、必然的危険を創出しておらず、それは、潜在的実行行為ではない。したがって、事後判断によって、真の実行行為に転化することはない。少なくとも故意犯にあっては、このような意味での必然的危険を創出することが、潜在的実行行為となるための前提である。

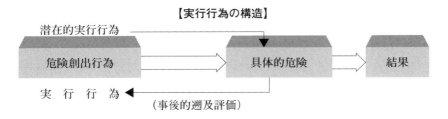

【実行行為の構造】

---

[2] 山中・浅田ほか243頁。過失犯の実行行為については、山中「過失犯における『予見可能性』と『実行行為』」基本講座2巻311頁以下参照。この考え方は、1988年のドイツ・ケルンにおける日独刑法コロキウムにおいてはじめて発表された。*Yamanaka, Zum Beginn der Tatausführung, Hirsch/Weigend* (Hrsg.), Strafrecht und Kriminalpolitik in Japan und Deutschland, 1989, S. 111 ff. 最近では、齋野・内藤古稀79頁以下が同旨の理論を展開している。

これをまとめると、①事前判断として行為者の身体の動静である危険創出行為（潜在的実行行為）といえるかどうか、②事後的に、具体的な危険が発生したといえるかという二つの判断を経て、実行行為かどうかが決まるのであるが、この危険創出行為は、事前的に見て結果発生につながる危険性をもったものでなければならず、それは、行為者が因果経過を手放し、事後の展開を予期される流れに委ねたとき、その結果に至る「客観的危険性」が高いものでなければならないことを意味する。このことを近時の最高裁の判例（最判平20・3・4刑集62・3・123）によって説明しよう（☞各論§155）。

被告人は、外国で覚せい剤を密輸船に積み込んだ上、海上に投下し、回収担当者において小型船舶で回収して本邦に陸揚げするという方法による覚せい剤輸入を計画し、本邦内海の湾内に至って覚せい剤を投下したが、悪天候等のため、回収担当者は、それを回収できなかった。すなわち、回収担当者は、投下地点等の連絡を受けたものの、悪天候のため、GPS（衛星航法装置）を備えた回収のための小型船舶を境港中野岸壁から出港させることができず、いったんは出港したものの、投下地点にはたどり着けず、覚せい剤を発見できないまま、同岸壁に引き返したのであった。
判決では、「回収担当者が覚せい剤をその**実力的支配の下に置いていない**ばかりか、その可能性にも乏しく覚せい剤が**陸揚げされる客観的な危険性**が発生したとはいえないから本件各輸入罪の実行の着手があったものとは解されない」として、「覚せい剤取締法41条の輸入及び関税法（平成17年法律第22号による改正前のもの）109条1項、3項の禁制品輸入罪の実行の着手があったとはいえない」とした。

この例が示しているように、結果発生の客観的危険性が発生しないとき、つまり、主観的には危険創出行為を行う意図であっても、**客観的危険性を発生させるに適した行為でない**場合、危険創出があったとはいえない。この場合、密輸の対象物である覚せい剤は回収担当者の実力支配内にも到達していないのであるから、もとより、陸揚げに至る確率は低く、事後判断としての「具体的危険」の発生もない。

(b) 批判と反論　　私見に対しては、「事後的にせよ行為時に遡って未遂の成立が肯定されてしまう」ことには問題が残るとする批判（山口・問題探究210頁）がある。例えば、「強姦致傷など結果的加重犯においては、既遂・未遂になってもなお、加重結果について刑事責任を問いうるかを問題とするために、いつ実行の着手が認められるかは実質的な問題となり、結局この見解によれば、『切迫した危険』が生じない以上は未遂にはならない点で優れているが、一旦その危険が生じた以上は早い段階にまで遡及して未遂の責任が問われることになってしまう点に問題を残す」というのである。この批判

は、潜在的実行行為の要件である事前的危険創出の要件による限定を看過した不当な批判である。この批判は、例えば、自動車で他の場所に連行したうえで、強姦しようとして女性を自動車の中に引きずり込もうとしたときに、傷害を負わせたとした場合、本説によれば、後にさらに暴行を加えて強姦に至ったとすれば、そのときに切迫した危険が生じているのであるから、遡って、自動車に引きずり込む行為を実行行為とすることになるというものであると思われるが、本説からは、このような結論にはならない。自動車の中に引きずり込む行為は、結果に対する必然的危険を創出するものではないから、事前的にすでに危険創出がなく、したがって、後に実行行為であるという評価を受けるに値する潜在的実行行為ではないのである。本説は、決して一旦具体的危険が発生すると、どこまでも遡及することを認めるものではなく、そのような結論には至らないのである。

　この点では、事後的に実行の着手と評価される潜在的実行行為の実体をもつ行為は、原則として、行為者が結果の発生に向けて行う身体的挙動のうち、因果の流れをそれ以上掌握できなくなる最後の行為に直接に結びつく行為でなければならないであろう。行為者の表象に従うと、**時間的・場所的にもあまりに離隔**し、それ以降、さらに**日常生活行為が介在する場合**には、その行為はいまだ結果に対する一般的危険が創出された潜在的実行行為とはいえないであろう。ここで、事前判断としての行為の危険性の判断は、**客観的事情と行為者の表象を判断の対象にする必要がある**[3]。例えば、放火のために目的物たる建造物の近くで媒介物に火を着ける行為、殺人の目的をもってピストルで狙いを付けて引き金を引く寸前の状態に至る行為などは、すでに実行の着手である。

　ただし、原因において自由な行為の事例のように、原因行為と具体的危険の発生との間に自らの行為がいまだ介在するが、本人に同時的コントロールが不可能な行為が介在する場合は除かれる（☞§132, 2 (3)）。

3　折衷説

　行為者の主観面と法益侵害の危険という客観面とを併せ考慮して実行の着

---

[3] なぜなら、いわゆる早すぎた構成要件実現の事例では、第1行為から結果が発生しているが、現実には、第1行為が、結果を発生させたのであるから危険であることは疑いなく、したがって、これが実行行為でないというためには、行為者の犯行計画において、日常行為ないし第2の危険行為の介在を予定しているということが必要なのである。

手時期を定めようとする見解をいう。折衷説には、客観説か主観説かいずれを基礎とするかにより、2種類のものがある。

(1) 主観的客観説　これは、行為者の全体的企図を基礎として当該構成要件の保護客体に対して直接危殆化に至る行為の中に犯罪的意思が明確に表現されたときに実行の着手があるとする見解である（木村345頁）。この説は、純主観説が、行為者の犯罪的意思において認識した事情の下に行為者の見解において構成要件の実現に至ると考えられる行為をなした場合に実行の着手があるとするのに対して、行為者の見解においてではなく、客観的に直接法益侵害の危険がある行為をなした場合に実行の着手があるものとする。本説は、行為者の全体的企図を前提にしており、それが客観的法益侵害の危険の判断の重要な要素となり、しかも、もともと主観説から出発している点からしても、実行の着手の時点を、実際には著しく早める方向にあるといわざるをえない（中山412頁参照）。

(2) 個別的客観説　本説は、**行為者の犯罪計画**に照らし法益侵害の危険が切迫した時点に実行の着手を認めるが、各犯罪毎に個別的に実行の着手時期を決定するので、個別的客観説と称される（西原282頁、同『間接正犯の理論』〔1962〕149頁・166頁以下、野村331頁以下、同・未遂犯300頁、川端481頁以下、斎藤信治216頁）。

本説は、「行為者の犯罪計画」を基準とする点で、無限定であり、一般的には通常存在しない事情であっても、行為者が計画に入れていた事情は考慮せざるをえない点で問題がある。例えば、レストランでテーブルの上にある砂糖容れに毒が入っていると考えて殺害の意思でそれをコーヒーカップに入れた場合にも実行の着手を肯定することになる（野村・未遂犯294頁）。本説からは、この批判に対しては、行為者本人の主観をそのまま基礎にするのではなく、一般人の判断を想定して当該事情を考慮するかどうかを判断するものとされる。先の事例においては、一般人であれば、砂糖容れに毒が入っていると考えるのは不合理であるから、この事情は、考慮されないものとされるのである（野村・未遂犯299頁以下、川端482頁[4]）。

---

[4] 西原・犯罪実行行為論15頁は、「折衷説も客観説と同様な行為の外形を要求する上、その行為が構成要件を一部実現したものであるか、ないし法益に対する現実危険を惹起したものであるかの判断は——行為者の主観を考慮に入れるとしても——一般人による判断であり、したがって、一般人は抱かないような行為者のみの誤信は、判断対象からはずされると考えるべきである」とする。

この折衷説に対しては、実行の着手概念は、故意犯に特有のものとなり、過失犯における実行の着手を論じる余地がなくなる点（野村・未遂犯309頁）で、まず、**疑問**である。次に、本説は、危険の切迫性の判断に、一元的に、行為者の主観を考慮に入れることによって、折衷説を根拠づけるのであるが、危険性の判断に主観の考慮が不可欠なものであるかどうかには疑問がある。折衷説の論者の中には、離隔犯につき、不作為犯的構成を採って、実行の着手時点を法益侵害時点にできるだけ近づけようとするもの（西原282頁・317頁、同・犯罪実行行為論246頁以下）があるが、ここでの危険の切迫性の判断には、行為者の主観が入らず、客観的な切迫性で十分である。すなわち、本説は、危険の判断を事前の具体的危険説的判断のみとして一元的に捉える点で、不十分である。むしろ、とくに実行未遂の場合には、危険判断とは、主観とは無関係な客観的な時間的切迫性の問題であると捉えられべきであり、すでに論じたように、危険判断については、事前的危険判断と事後的危険判断とを併用することによって二元的に構想されるべきである。

§147　実行の着手論の具体的適用

　犯罪類型に応じて、また、結合犯か、離隔犯か、あるいは不作為犯ないし間接正犯かどうかなどの構成要件の種類や態様に応じて、実質的に危険と判断される時点が具体的にどのような時点に求められるのかにつき検討しておく必要がある。ここでは、犯罪類型ごとの検討を詳細になすことはできないので、判例が、構成要件該当行為を開始する以前の段階で、これに密接する行為の行われた時点で着手を認める窃盗罪について、まず言及しておこう。

　窃盗罪については、通説は、窃取行為の開始時にまで拡大して実行の着手を認めるが、判例は、侵入窃盗の場合、住居に侵入しただけでは窃盗の実行の着手があったものとはしない。しかし、金品の**物色行為**が開始されれば、実行の着手を認めている（大判昭9・10・19刑集13・1473、大判昭21・11・27刑集25・55、最判昭23・4・17刑集2・4・399）。「他人の財物に対する事実上の支配を犯すに付密接なる行為」であるとするのである。屋内で金品の存在しそうな場所に移動したところで着手を認めたもの（最決昭40・3・9刑集19・2・69＝**百選62**）もある。

放火罪の実行の着手については、直接目的物に点火した時点の以前に、導火材料・媒介物に点火した時点でも実行の着手が認められるが、ガソリンや可燃性ガスのような引火性の強い導火材料を用いる場合には、その**撒布ないし放出**によってすでに放火の実行の着手が認められる。

判例には、店外から木造の出入口硝子戸等にガソリンを撒布している間に店内にガソリンが入り、練炭コンロの火が引火して家屋が焼損した事案で、ガソリン撒布行為に実行の着手が認められたものがある（静岡地判昭39・9・1下刑集6・9＝10・1005、その他、広島地判昭49・4・3判タ316・289）。木造家屋内にガソリンを撒布し、点火前にライターでタバコに火を着けたところ、その火がガソリンの蒸気に引火して焼損に至った事案につき、すでに**ガソリン撒布の時点**で放火の実行の着手を認めたものがある（横浜地判昭58・7・20判時1108・138）。

しかし、被告人が、木造平屋建居宅に放火しようと企て、居宅内の廊下や玄関板張り床上等に灯油を散布したうえ、同玄関前の屋外において所携の新聞紙にライターで点火したが、近隣住民に同新聞紙をはたき落とされ、放火の目的を遂げなかったという事案においては、ガソリンより**揮発性が低い灯油**を散布しただけではいまだ本件居宅を焼損する具体的危険性が発生したとはいえず、当時の状況から、被告人の新聞紙への着火行為により本件居宅焼損に向けた具体的危険が発生したと認めるのは困難であるとして、**実行の着手が否定された**（千葉地判平16・5・25判タ1188・347）。

なお、「原因において自由な行為」の場合の実行の着手の問題についてはすでに論じた（☞§132, 2（3））。

1 結合犯における実行の着手

結合犯とは、当該犯罪の手段とされる行為が、異なった法益を保護する、それ自体別の犯罪となるような犯罪をいうと定義される。結合犯においては、手段たる行為に着手すれば実行の着手があるとされている。例えば、強盗罪・強姦罪は、暴行または脅迫を手段とする結合犯であるから、暴行・脅迫の開始時点に実行の着手が認められる。しかし、強盗・強姦の故意をもって暴行・脅迫を開始すれば、つねに実行の着手が認められるわけではなく、強盗や強姦の結果の発生に対して、客観的な危険が存在することが必要である。

ダンプカーで他の場所に連行したうえで強姦しようとして、女性をダンプカーの中に引きずり込もうとしたという事案については、判例は、「被告人が同女をダンプカーの運転席に引きずり込もうとした段階においてすでに強姦に至る客観的な危険性が明らかに認められるから、その時点において強姦行為の着手があった」と判示した（最決昭45・7・28刑集24・7・585＝百選63）[5]。これによって判例は、実質的客観説の立

---

[5] その後、モーテルのガレージ内に自動車を乗り入れ、強姦の故意で暴行・脅迫を加えた事案に「すでに強姦に至る客観的な危険性が明らかに認められる」としたものとして、名古屋高金沢支

場を鮮明にしたと評価されている（大谷365頁、川端484頁）。しかし、この事案においては、被告人は、ダンプカーで他の場所に連行したうえで強姦しようとしているのであり、強姦結果に対する直接的な「客観的危険性」が認められるかどうかは疑問である。まず、被害者を監禁しておいて、翌日強姦しようとして鍵のかかる部屋に引きずり込んだという場合に、すでに部屋に引きずり込むことが実行行為の一部であるとはいえないと思われるが、これと同様に、他の場所に連行したうえで、ふたたび暴行・脅迫をもって強姦しようとしていた場合には、ダンプカーに引きずり込むことはいまだ実行の着手ではないというべきである（同旨、野村・大コン4巻110頁）。引きずり込む時点ですでに犯罪実現に対する自動性が認められるが故に判例の結論を支持しうるとする学説もあるが（井田256頁）、5キロ進んだところで反抗を抑圧する暴行が加えられることからも、実行の着手には至っていないというべきであろう。強姦の故意を抱いて、他に二人の人がいるタクシー内で暴行を加えた事案については、「いまだ強姦に至る客観的な危険は生じていなかった」と判示したものがあることに留意すべきである（大阪地判昭61・3・11判タ615・125）。

最近の下級審の判例では、**マンションのエントランスホール**において、自分の車に連れ込んで強姦する目的で女性に暴行を加えた事例につき、その場所からは、階段の踊り場を通り、11段の外階段を降りてマンションの出入り口まで行き、さらに駐車した自分の車までは20メートル行かなければならなかったという場合につき、「自動車内に被害者を連れ込み、その停車場所で、あるいは、自動車を運転して適当な場所まで移動するなどした上、強いて姦淫行為に及ぶためには、**客観的に困難な事情が多々あった**というべきである。そうすると、被告人が被害者に暴行脅迫を加えた時点において、直ちに強姦の犯意を確実に遂行できるような状況にあったということはできないのであって、本件暴行脅迫は、被告人の姦淫の意図を実現するために手段としては、その**客観的危険性を具備しておらず**、その準備段階にあったというべきであるから、いまだ強姦の実行に着手したということはできない」と判示したもの（広島高判平16・3・23LEX/DB）がある。時間的・場所的接着性と日常行為不介在の要件に照らして妥当な判例であるといえよう。[6]

2　離隔犯における実行の着手

離隔犯とは、行為と結果の発生との間に時間的・場所的間隔の存在する犯罪をいう。例えば、毒殺の意図で毒入りのウィスキーを被害者宅に郵送し、被害者がそれを飲んで死亡したという場合には、行為と結果の発生の間に時

判昭46・3・18刑月3・3・366がある。なお、さらに、ラブホテルに連れ込んで姦淫しようとし、ホテルの裏口自動扉から5メートルほどのところで、暴行・脅迫を加えた事案について、「密室同然のホテルの一室で強姦の結果が発生する客観的危険性が高度に存在していた」としたもの（東京高判昭57・9・21判タ489・130）がある。

[6] 被告人が被害者を自動車内に連れ込もうとして加えた暴行につき、「暴行又は脅迫を用いて姦淫した」といいうるだけの姦淫の結果への直接的危険性があったとまでは評価することができず、強姦行為の実行の着手はなかったとしたものとして、大阪地判平15・4・11判タ1126・284がある。

間的・場所的間隔があるから、離隔犯である。この場合、実行の着手の時点がいつかについては学説が分かれる。**形式的客観説**からは、郵便局に毒入りウィスキーを預託する行為が、日常用語例において、「人を殺す行為の一部」かどうか、あるいは、実質的客観説のうちの**切迫性説**によれば、具体的危険の発生があったといえるかどうかが問題となる。

現実的危険説（中 194 頁、井田 252 頁）は、爾後の因果経過が、自動的・必然的で、規範的障害の介在もなく、進行するという場合には、現実的危険があるとする（曽根・重要問題 253 頁参照）。したがって、離隔犯については、実行の着手時点は、送付された毒物の発送時であるとする（**発送時説**）。これに対して、**切迫性説**（平野 318 頁以下、中山 418 頁、前田 149 頁）は、結果発生が切迫し具体的危険状態が生じたときとする。したがって、送付された毒物が被害者の作用領域内に到達した時点、すなわち、それを飲食する可能性が生じた時点に実行の着手時点を求める（**到達時説**）。切迫性説の中には、発送者の行為は教唆行為であるにすぎず、情を知らない郵便局員が正犯であって、その配送行為の結果発生にもっとも切迫した時点を実行の着手時点とするものもある[7]（佐伯 306 頁・355 頁）。事後判断としての実行の着手という考え方に立つならば、まさに危険創出行為たる発送行為が後に**具体的危険状態**に達したときに実行の着手と評価されることになるのである。

判例は、**到達時説**に立つ。殺害の目的で毒物の混入した砂糖を小包郵便で被害者甲に向けて郵送した事案につき、毒薬混入の砂糖が甲がこれを受領したときに、同人またはその家族の食用にすることができる状態のもとに置かれたものであって、すでに毒殺行為の着手があるということができるものとした（大判大 7・11・16 刑録 24・1352 =**百選 65**）。**被害者の作用領域**に入っていない場合には、いまだ実行の着手を認めることはできない。したがって、例えば、通行人がそれを拾って飲むことを予期して、殺意をもって、被害者の住居付近の農道上にビニール袋入りの毒入りジュースを置いたとき、判例は「行為が結果発生のおそれある客観的状態に至った場合、換言すれば保護客体を直接危険ならしめるような法益侵害に対する現実的危険性を発生せしめた場合をもって実行の着手があった」と解し、「農道に単に食品が配置されたというだけではそれが直ちに他人の食用に供されたといえないことは明らかである」とし、結局、「被害者らによって右ジュースが拾得飲用される直前」に実行の着手があるとする（宇都宮地判昭 40・12・9 下刑集 7・12・2189）。

---

[7] 中山博士は、離隔犯の場合にも、発送者を「教唆犯として構成するという筋道も十分に可能ではないかと思われる」とされる（中山・刑法の論争問題 97 頁）。しかし、犯罪的意思の惹起ともいえない行為を教唆行為とするのは強弁にすぎる。

3 不作為犯における実行の着手

　作為義務が発生しているにもかかわらず、当該作為に出なかったとき、不作為犯の実行の着手が認められる。作為義務が発生するのは、行為客体が直接に現実的危険にさらされたときであるが、作為可能となったならば直ちに発生するのか、作為可能な最後の時点なのかについては学説が対立しうる。[8]

　不真正不作為犯においては、結果犯が問題となるので、結果が発生する現実的ないし具体的危険が生じたときに、実行の着手があるとしても、どの時点で、危険の発生が認められるかが問題である。作為犯の場合のように、身体的挙動があるわけではないので、なんらかの積極的行為に実行の着手の兆候を求めるわけにはいかず、むしろ、行為客体の陥っている危険の程度が基準となるのである。これについては、基本的に**三つの見解**がある。

　第1の見解は、作為義務を命ずる規範が妥当し、**作為可能となった最初の時点**に実行の着手があるとする見解である（ヘルツベルク、マイホーファー、牧野『刑法研究2巻』〔1921〕114頁、齊藤誠二・成蹊大学政経終刊論集〔上〕299頁以下）。この見解によれば、母親が、乳児を餓死させようとして食餌を与えない場合、最初の食餌を与えなかった時点ですでに不作為による殺人罪の未遂となる。第2の見解は、作為義務を履行することができる**最後の瞬間**に実行の着手があるとする見解（アルミン・カウフマン、宗岡・九大法学39号145頁・152頁）である。第3の見解は、その中間説であって、行為客体に対する直接の危険が切迫した（西原・犯罪実行行為論24頁）、ないし、すでに存在する**危険を増加させた時点**、あるいは、危険が切迫していなくても因果経過の統制・支配を手放した時点とする見解[9]（野村・未遂犯311頁以下、加藤・関法32巻1号173頁以下）である。この第3説は、具体的危険が切迫していて作為義務の履行可能性がある場合には、直ちに実行の着手があり、具体的危険がいまだ切迫していないが、履行可能性がある場合には、自らその履行可能性をなくするようにその場を立ち去って、因果事象の支配を手放す時点に求めるものとすれば、第2説と内容的に異ならないことになる。しかし、「危険」性の程度を

---

[8] 学説の対立状況については、加藤敏幸「不真正不作為犯の未遂について」関法32巻1号146頁以下、齊藤誠二「不真正不作為犯の未遂」成蹊大学政経終刊論集〔上〕262頁、同「不真正不作為犯の未遂をめぐって」研修240号7頁以下、宗岡嗣郎「可罰未遂の限界」九大法学39号133頁以下、振津隆行「不作為犯と実行行為」法セ360号44頁以下参照。

[9] 本説は、もともとロクシンによって唱えられたものである（Roxin, Der Anfang des beendeten Versuchs, in : Maurach-Festschrift, 1972, S. 213 ff., *Jescheck/Weigend*, 5.Aufl., S.638.）。

抽象化し、「危険」が発生しており、最初の救助の可能性を利用しなかったが、後に他の方法でまだ救助が可能であっても、最初の救助を不作為した時点で実行の着手があるとする（野村・未遂犯312頁）ならば、第2説とは異なる。

作為義務の**最後の履行可能性の時点**とする見解は、不真正不作為犯においては、着手未遂の概念を容れる余地がないとする見解から唱えられている。しかし、最後の時点までは可罰的未遂が存在しないものとする必要はない。その少し手前の時点で十分であると考える。これを詳述すれば、①第3説と同様に、履行可能性がある場合には具体的危険が切迫した時点で、②危険は存在するが、具体的危険が切迫する前に、自らの履行可能性をなくするべく因果経過の支配可能性を手放す場合にはその時点で、実行の着手が認められるというべきである。

4　間接正犯における実行の着手

間接正犯とは、他人を道具のように利用することによって事象を支配して犯罪を実行することをいう。例えば、医師がまったく情を知らない看護師に、薬であると偽って毒薬を患者に飲ませるよう指示し、看護師の過失もない行為を道具のように利用して当該の患者を殺害した場合に成り立つ（☞§156, 4 (4) (a)）。この場合に、看護師が不注意で医師から手渡された毒薬を薬かどうかを確かめることなく、患者に飲ませたといった場合には、道具といえるかどうかについては争いがある。[10] 看護師に過失がない場合を前提にすると、医師に殺人罪の間接正犯が成立する。その実行の着手時点については、離隔犯と同様の学説の対立がある。①利用者が、被利用者を犯罪に誘致する行為を行った時点と解する**利用者基準説**（木村349頁、植田136頁、団藤355頁、中237頁、福田227頁、大塚174頁、野村338頁、井田259頁）、②被利用者の犯罪的行為が開始された時点とする**被利用者基準説**[11]（中山・概説〔Ⅰ〕191頁）、③被利用者の行為が結果発生の「現実的危険」ないし「切迫した危険」を惹起したときに実行の着手があるとし、それは、利用者の誘致行為にあることも

---

[10] この場合を道具ではないがゆえに、医師は、間接正犯ではなく、教唆犯であるにすぎないとする説（佐伯305頁、植田174頁、中236頁以下、中山474頁以下、同「佐伯博士の共犯論について」佐伯『共犯理論の源流』〔1987〕333頁以下、山中「共犯における可罰的不法従属性に関する若干の考察」中山古稀3巻303頁以下）からは、教唆者には実行行為はなく、殺人正犯の実行行為を行ったのは看護師であるということになる。

[11] この説によると、この場合も、正犯者は被利用者であり、利用者に間接正犯は否定され、教唆犯が認められるものとされる（中山・論争問題103頁）。

あれば、被利用者の犯罪的行為にあることもあるとする**個別化説**（平野318頁、西原316頁、藤木279頁、川端481頁、前田153頁以下[12]）が対立している。その他、故意ある道具を利用する場合には、被利用者を基準とするという説もある（ヴェルツェル、なお大塚175頁参照）。

本書の立場からは、間接正犯の成立範囲は、無過失行為や、不可罰的な違法行為の利用の場合はともかく、その他の通説が間接正犯の成立を認める事案につき、間接正犯ではなく教唆犯となるのであるから、通説よりも狭くなるが、実行の着手の時期は、事後的遡及評価説に従って定められる。

5 被害者の意識的または無意識的行為の利用による実行の着手

被害者の意識的な自己危殆化行為を利用する場合でも、利用者によってその行為が支配されているとき、被害者の行為はかなりの確実性をもち、被害者の自己危険行為を開始させた時点で実行の着手が認められる。このような**行為者の指示に従う確率の高い精神状態**にあり、その行動を行為者に支配されていた場合には、行為者に実行行為性が認められる。

> 例えば、被告人を極度に畏怖して服従していた被害者に対し、犯行前日に、漁港の現場で、暴行、脅迫を交えつつ、直ちに車ごと海中に転落して自殺することを執ように要求し、猶予を哀願する被害者に翌日に実行することを確約させるなどし、本件犯行当時、被害者をして、被告人の命令に応じて車ごと海中に飛び込む以外の行為を選択することができない精神状態に陥らせていた場合、「被告人は被害者を被告人の命令に応じて車ごと海中に飛び込む以外選択の余地がない精神状態に陥らせ、そのような精神状態の被害者をして自らを死亡させる現実的危険性の高い行為に及ばせたものであるから、被害者に命令して車ごと海に転落させた被告人の行為は**殺人罪の実行行為**に当たる」（最決平16・1・20刑集58・1・1）。

> 同様に、被告人が、長期間にわたり被害者を自己の支配下に置いた上、被害者に対し虐待的な暴行を加えて傷害を負わせ、さらに、**肉体的にも精神的にも衰弱していた被害者B**に対し、被告人の命令に逆らうことが著しく困難であることを認識しつつ、岸壁上から海中に転落させた上、約20分間にわたり海中にとどまらせ、被害者を疲労により自力遊泳を困難にさせ、溺死させて殺害した事案については、「このような被告人のBに対する経済的・環境的支配、日常的に繰り返し行われた虐待行為による肉体的・精神的衰弱及びそれらに伴う**精神的支配**を前提とすれば、被告人が、本件当日、Bに対し、足の着かないS港の海に入らせ、休憩したり海から上がったりしないよう監視をしたり、竹竿で突いたり、ボールを取ってくるよう命じるなどして遊泳し続けることを強要した行為は、同人が**死亡する危険性が極めて高い行為**」であって、殺人罪の実行行為が認められる（大阪地判平22・1・25LEX/DB）。

---

[12] 前田153頁注13は、これを、「実質的危険発生時説」と名付ける。

このような場合、被害者の行動は、行為者に「支配」されており、行為支配を有する者に実行行為性と正犯性が認められることは疑いない。したがって、そのような支配にもとづき、被害者が外形的に当該構成要件の実行行為を開始したときに、行為者の実行の着手も認められる。

困難なのは、被害者の確実とはいえないような**無意識の自己危険化行為を予定して行為を行った場合**に、どの時点で実行の着手が認められるかという問題である。例えば、前述した大審院判例（前掲大判大7・11・16＝**百選65**）の毒物を混入した砂糖を小包で発送する事案、ないし、宇都宮地裁の**農道上に毒入りジュースを置く事案**（前掲宇都宮地判昭40・12・9）がその例である。発送時説に立つと、その行為自体を終了したときに実行の着手が認められる。到達時説に立つと、**被害者の作用領域に危険が及んだとき**である。問題は、これらの事例において、上記の砂糖であれば、被害者が飲食に使用する蓋然性は高いが、農道上に置かれたジュースが飲食される可能性はそれよりもかなり低いという点をどう評価するかである。この事例においても、実際にジュースが飲まれた場合には、実行の着手の時点はあまり重要ではない。

問題は、被害者が飲食しなかった場合である。1997年のドイツの連邦裁判所の判例（**BGHSt 43, 177**）においてこのような事例が取り扱われたので、これを検討して問題を明らかにしよう。

被告人Xの家に空き巣が入り、天井裏に、家にあったステレオ機器を隠して逃走した。警察は、行為者は、必ず隠した機器を回収するためふたたび侵入すると予測し、夜になると、4人の警察官を張り込ませた。一方、Xは、薬局に行き、陶器のビンに致死量の毒物を入れてビンに焼酎系の飲料であるかのような張り紙をし、廊下に立てておいた。その後、警察官が飲む可能性があることに気づき、警察官に毒物が入っていることを教えた。翌朝、警察からの電話で、毒物を撤去した。窃盗犯人は、その夜、侵入して来なかった。

連邦裁判所は、行為者の表象によれば構成要件の実現を直接に開始する場合、実行の着手があるとする（ドイツ刑法22条）。しかし、行為者の行為が構成要件要素の実現に直接的に先行するものであり、または、**構成要件充足と直接的な場所的・時間的関連性があればよい**としている。間接正犯における実行の着手の基準をこの事例に及ぼし、「間接正犯について展開されてきた原則は、被害者に自分の介入行為が予定される場合にも妥当する」ものとする。「被害者が、予定された**行為手段の作用領域に入ったとき**にはじめて、保護法益に直接に攻撃を開始する」ということができる。その際、その領域に入ったかどうかは、犯行計画による。「行為者にとって、被害者が現れ、計画に入れていた行為を行うだろうと

確信できるなら、直接的危殆化は、すでに実行行為の決意をもって存在する。行為手段の作用領域における被害者が現れることがありうるが、不確実で、蓋然的ではない場合には、被害者が実際に現われ、期待された自己危険行為をまさに行おうとし、それによって**被害者の危険が高まるときはじめて、犯行計画に従って直接的法益危殆化が生じる**」。連邦裁判所は、結論的には、殺人未遂を否定した。

ここでは、行為計画が基準とされ、被害者の行為を確信しているなら、すでに行為の決意のときに実行の着手があり、ありうるが確実でなく、蓋然的でもないと思っている場合には、被害者が現れた後に実行の着手が認められるというのである。この見解は、あまりにも主観的であるが、客観的に判断して、このような二者択一的な基準を用いる見解がドイツでは有力である[13]。すなわち、行為者が事象経過を自分の支配領域から手放すか、あるいは、**被害者が、その存在領域に、構成要件実現との密接な時間的関連性において作用するような方法で、直接に危険にさらされたとき**、未遂であるとする。

行為の作用が被害者に危険が現実化する領域内に達したことが、未遂成立の要件であるとすると、原則として被害者が毒薬の入ったビンの置かれている場所に現れなければ、未遂とはならない。しかし、ビンの置かれた状況によっては、行為者がビンを置いた時点で未遂が成立することがある。例えば、殺意をもって店内に多数の客がいるがたまたま誰もいない棚においてある清涼飲料水のビンに毒入りの持参したビンを並べたとき、それが買われる確率はすでに高いから、実行の着手が認められる。この時点ですでに具体的危険状態は発生していると評価できるからである。それは、毒入りウィスキーを郵送する事例でも、被害者がまさにそれを飲もうとする段階ではなく、被害者の家に到達すれば、実行の着手が認められるのと同様である。

最近の判例では、鉄道の切符売り場の券売機の**釣銭返却口に接着剤を塗布**して、情を知らない客がその返却口から釣銭を取ろうとすると、釣銭が接着剤に引っ付いて取れず、その後、行為者がそれを回収するという手口で釣銭を窃取しようとした事案につき、原審（東京簡判平21・12・4未公刊）が、硬貨釣銭返却口に接着剤を塗布しただけでは、釣銭取得に向けた現実的危険性が発生しておらず、実行行為に着手したとはいえないとして、窃盗未遂の成立を否定したのに対し、「**既遂に至る客観的危険性が発生した時点**」で実行の着手があるとし、「本件接着剤を各券売機の釣銭返却口に塗布した時点において、実行の着手があったというべきである」としたものがある。

---

[13] ドイツ刑法では、その22条で、「犯行に関する行為者の表象により」という文言があるため、実行の着手に関しては、主観説が通説・判例である。しかし、最近では、客観説が有力になりつつある。Vgl. *Thomas Maier*, Die Objektivierung des Versuchsunrechts, 2005.

「接着剤塗布行為は、券売機の釣銭等を取得するためには、最も重要かつ必要不可欠な行為であり、釣銭の占有取得に密接に結びついた行為である」というのである（東京高判平22・4・20判タ1371・251）。問題は、行為者が釣銭返却口に接着剤を塗布しても、釣銭を回収するまでにはいくつかの不確実な事態が介在するが、それでも釣銭用硬貨の取得に至る客観的危険性が認められるかである。この点、東京高裁は、「本件接着剤の効能、乗客の乗車券購入行為等による釣銭の出現の頻度、釣銭が接着剤に付着する確率等を踏まえると、券売機の管理者が占有する釣銭用硬貨を十分に取得することができる状態に至った」とし、「硬貨の窃取に至る客観的危険性が生じた」という。しかし、これは、事後の具体的乗車券購入行為を考慮に入れて決定されるべきである。

6 行為者自身の事後の行為が予定されている犯罪の実行の着手

構成要件結果を実現するための行為者の一連の行為のどの部分が実行行為と評価されるか。とくに、例えば、被害者をまず、部屋に閉じ込め、ガスで眠らせてから、首を絞めて殺そうとしていた場合、どの時点で実行の着手が認められるであろうか（☞§95, 7）。あるいは、体内に蓄積されていく毒薬を4回に分けて被害者に与えて殺害しようとしたが、1回目に毒薬を飲ませたとき、実行の着手は認められるであろうか。この問題は、すでに早すぎた構成要件実現において部分的に論じたが、一般論としては、①**1個の行為**とみなされる範囲の問題であり、②結果に対する**具体的危険**の問題であり、さらに、③実現意思である**故意の存否**の問題である。自然的・社会的に1個の行為でないかぎり、②③の基準が重要である。したがって、具体的危険状態を惹起する行為であって、実現意思である故意が存在すれば、その行為の後に、それに直結して結果発生に対する直接的危険をもたらす行為を予定していても実行の着手は認められる。

　例えば、自動車をある女性Aに衝突させ、転倒させて動きを止めた上で、刃物で刺すという計画を立てて、現に自動車を衝突させたところ、思惑と異なり、Aは転倒せず、ボンネットに跳ね上げられて、後頭部をフロントガラスに打ち付けた上、車両の停止後、路上に落下したが、立ち上がろうとするその顔を見て、急にAを殺すことはできないとの考えを生じ、謝罪したという事案につき、**第1審**は、Aに自動車を衝突させた行為は、死の結果を当然予見できるほど危険性が高いものではなかったとし、自動車を衝突させる行為は、刺す行為の準備に過ぎないと捉え、傷害罪のみを認めたのに対して、**控訴審**では、殺人の故意を認めて、殺害のため連続して行われるべき第1の行為と第2の行為との間に**時間的場所的に近接性**が認められ、第1の行為の時点で殺害の結果発生に至る客観的、現実的危険性が認められる場合、第1の行為自体において、殺害の結果が発生せず、被告人においても第1の行為自体での殺害

の結果発生を意図していなくとも、**第1の行為時に殺人の実行行為に着手したものと**認めるのが相当である（クロロホルム事件決定を引用）とした判例（名古屋高判平19・2・16判タ1247・342）がある。[14]

なお、先行行為たる「作為」に引き続いて、「不作為」が認められる場合には、結果の発生に直結する不作為が実行行為であって、先行行為である作為は、実行行為とはならない[15]（☞§79，1（3））。

7 共同正犯における実行の着手

共同正犯においては、犯罪共同説に立って共謀共同正犯を否定する立場からは、共同行為者のすべてが実行の着手に出たときに、未遂犯としての処罰が可能になる。これに対して、行為共同説に立てば、それぞれの共同正犯者が、実行行為に出たときに、実行の着手が肯定される。共同正犯の実行の着手時期に関しては、共同者の一人でも実行の着手に達すれば全体につき実行の着手があったとする①**全体的考察方法**と、共同者のそれぞれが実行の着手に出なければならないとする②**個別的考察方法**の二つのアプローチがある。共謀共同正犯を否定する見解に立てば、原則的に、共同実行の事実が必要であるから、個別的考察方法が妥当である。行為共同説に立っても、共同正犯となる者それぞれを個別的に考察すべきであるから、個別的考察説が妥当である。

しかし、例えば、AとBが強盗を共謀して住居に侵入し、Aが家人に暴行を加えているときに、その場に佇立して、あるいは別の部屋にいて、未だ暴行を行っていなかったBについて、強盗の共同正犯につき実行の着手が否定されるべきであろうか。たしかに、厳密に単独正犯における実行の着手と同様にそれぞれの実行の着手時点を定めるならば、Bにいまだ実行の着手はない。しかし、このようにすでに**共同者の暴行の現場ないしそれに近接する場所にいていつでも自らも暴行に着手しうる状態**にある場合には、AとBの行為を全体として観察すべきであろう。[16]これが、Bが住居外にいて待機している段階であればいまだBについて強盗の実行の着手はない。しかし、すでに現場にいて暴行にいつでも着手しうる場合、また、Bも佇立しているだけ

---

[14] 本判決は、結論的には、着手未遂の段階にあるとして、中止犯を認めた。
[15] 最決平17・7・4＝シャクティ治療事件決定、反対＝千葉地判平14・2・5判タ1105・284。
[16] ドイツの古い判例には、いまだ実行の着手に至っていない関与者も、犯行を自分自身のものとしてその成功に故意を向けており、犯行現場にいて、いつでも着手する用意がある場合には、単独犯としては実行に至っていない者にも、共同正犯を肯定できるとしたものがある（RGSt 15, 295）。

でも脅迫になっていることがありうる段階では実行行為性を肯定してよいであろう（最判昭23・6・22刑集2・7・711参照）。

このような**共同正犯における実行の着手に関する特殊問題**として、さらに、ドイツの判例には、**呼鈴事件**（Türklingelfall）と呼ばれる事案（BGH NJW 1993, 2251）があり、議論を呼んでいる。BおよびCがある夫婦の住居に侵入し、強盗をはたらく計画を立て、Aを仲間に引き入れて計画を実行することにした。その際、Aは若干の躊躇を示した後、結局、承諾したが、後に警察に事情を話して、そのまま共同実行する振りをした。犯行計画によれば、Aが呼鈴を鳴らして妻がドアを開けた瞬間、妻を殴り倒し、居間にいるはずの夫を縛った後、Cが金庫の鍵を手に入れて金庫を開けることになっていた。Aの後にBが続き、Cは駐車場にいたが、Aが呼鈴を鳴らしたのを合図に警察が三人を逮捕した。この事案に対して、連邦裁判所は、本来、計画通りならば、Aに強盗の実行の着手が認められるが、本件では、Aに「他の関与者と共同して実行の目的で協力する意思」がなかったとして、強盗の未遂を認めなかった。学説において全体解決説をとる見解からも、このような「**仮象的共同正犯**」の事例につき、実行の着手ありといえるかどうかが議論されている。

次に、共謀があったが、**意思の連絡の齟齬**があり、別々の犯罪について共同正犯が成り立つ場合には、原則として**それぞれの犯罪の実行の着手時点**を定めるべきである。例えば、Aが強盗の意図で、そしてBが窃盗の意図で意思の連絡をし、被害者の住居に侵入したが、Aが暴行を開始した場合には、Aについては強盗罪が成立するが、Bについては、窃盗の実行の着手はまだないので、窃盗の共同正犯は成立しない。Aが強盗殺人の意図で、Bが強盗の意図で共同しようとした場合には、Aが暴行ないし殺人の実行行為に着手すれば、Bにも実行行為が共通している限度で、強盗の実行の着手が認められる。

第3節　不能犯

【文献】奥村正雄「不能犯論の予備的考察」同志社法学165号98頁、塩見淳「主体の不能について(1)(2・完)」法学論叢130巻2号1頁・6号1頁、曽根威彦「不能犯と危険概念」刑法における実行・危険・錯誤（1991）125頁、中義勝「不能犯についての若干の覚え書き」刑法上の諸問題（1991）237頁、中山研一「不能犯論の反省―具体的危険説への疑問―」刑法の論争問題（1991）119頁・128頁、野村稔「不能犯と事実の欠缺」基本講座4巻3頁、林陽一「不能犯について」松尾古稀〔上〕377頁

§148　不能犯の意義

1　不能犯の意義と効果

不能犯とは、未遂処罰規定がある犯罪について主観的には実行に着手したつもりであったが、現実には、既遂に至る可能性（危険性）がない、または極端に低いため実質的に実行行為性を欠き、未遂として**可罰的とされない**ような行為をいう。例えば、丑の刻参りによって人を殺すことができると信じて、それを行ったような場合、あるいは砂糖に殺人力があると信じてそれを人に飲ませることによって殺人を行おうとした場合など、そのような手段によって人を殺すことはできないから、不能犯である。このような**手段の不能**のほか、**客体の不能**の場合、さらに**主体の不能**の場合がある。

ドイツにおいては、このような行為は**不能未遂**（untauglicher Versuch）と呼ばれ、刑が免除され、または裁量により刑が減軽されうるのみであって、不可罰とされるわけではない（ドイツ刑法23条3項）。わが国においては、不能犯は犯罪を構成せず不可罰であるのに対して、ドイツ刑法においてこれを可罰的であるとしているというこの立法の差が、両国の刑法理論における不法論に決定的な差異をもたらしている。すなわち、**ドイツ刑法23条3項**は、行為者が「著しい無知」（grober Unverstand）によって、客観的にはそもそも既遂に至りえなかったにもかかわらず、既遂に至ることが可能だと誤信した場合にも可罰的であるとするが、これは、主観的に結果発生が可能であると信じた場合には、客観的には、その可能性がなくても、処罰するということを意味する。すなわち、行為無価値一元論によって処罰が根拠づけられている。これに対して、わが国においては、不能犯

が**不可罰**であるから、少なくとも主観的な行為無価値のみでは可罰性が根拠づけられないことを意味する。

不能犯が不可罰である根拠は、未遂の処罰根拠と表裏の関係をなす。したがって、未遂犯の処罰根拠論において、**実質的危険説**に立って、行為の現実的危険の発生が処罰根拠であるとしたのであれば、不能犯論においても、結局、そのような現実的危険の発生がないのが不能犯ということになる。**形式的客観説**に立つと、結果の発生が定型的に不能であるような方法による行為である不能犯とは、構成要件該当性の問題であるととらえられ、実質的にみて実行行為の定型性を欠く場合であるとされる（団藤166頁）。

2 不能犯と幻覚犯・事実の欠缺

不能犯は、行為者がその行為が可罰的であると錯誤した場合である**幻覚犯**（Wahndelikt）とは区別されるべきである。行為者が可罰的であると信じただけで、可罰性が根拠づけられるのではなく、法によって可罰的であるとされていなければならないから、幻覚犯は処罰されないのである。不能犯の場合、行為者は、存在しない客観的構成要件要素を誤って存在するものと表象している（**裏返された構成要件〔事実〕の錯誤**）のに対して、幻覚犯の場合、行為が禁止されていることについて錯誤がある。行為者は、その行為は、実際には存在しないのに、禁止規範にあてはまるものと思い込んでいる（**裏返された禁止の錯誤**）。

さらに、不能犯と**事実の欠缺**（構成要件の欠缺）（Mangel am Tatbestand）の区別を明らかにしておかなければならない。**事実の欠缺の理論**は、未遂の概念を・結・果・の・不・発・生の場合に限定しようとするものである。したがって、結果以外の構成要件要素の場合、例えば、犯罪の主体、客体、手段、行為の状況などの欠缺は、未遂の問題ではなく、それゆえ、不能犯の問題でもなく、それとは区別される事実の欠缺の問題であるとするのである。

> 身分犯において身分がないのにあると誤信したという主体の不能の場合（☞§149, 9）、例えば、非公務員が自らが公務員であると誤信して収賄行為を行った場合、この見解によれば、事実の欠缺であって、不可罰となる。

この場合にも、未遂の余地があるとすると、不能犯か可罰的未遂かの区別の問題が浮上する。主観説、抽象的危険説ないし具体的危険説に立脚するな

---

[1] この他に、**裏返された正当化事由の錯誤**の場合の幻覚犯がある。例えば、正当防衛は、生命・身体を防衛する場合にのみ認められると信じていた場合などがそうである。

らば、身分犯において身分がないにもかかわらず身分者であると誤解した場合にも、危険性が肯定され、可罰的未遂とされる場合がないとはいえないであろう。したがって、不能犯とは異なった意味において事実の欠缺といった概念を用いて、はじめから不能犯の場合と区別する実質的理由はないというべきである（福田244頁、大塚267頁）。

§149　不能犯に関する学説

1　絶対的不能・相対的不能説

　一般的に結果発生の客観的危険性がない場合を**絶対的不能**、当該の具体的な特別の事情から結果発生の客観的危険性がない場合を**相対的不能**とし、前者は不能犯であるが、後者は未遂であるとする（勝本177頁以下、大場〔下〕850頁以下）。この説は、行為の具体的事情や行為者の意思内容を抽象化し、行為の客体や行為の手段について事後的・客観的にその危険性を判断するので、**古い客観説**（objektive Theorie）とも呼ばれ、また、わが国で最近有力になった**客観的危険説**の原型としてその一種に位置づけられることもある。この見解の中には、客体に関する不能と方法に関する不能を区別し、方法に関する相対的不能だけを未遂犯とし、その他を不能犯であるとする見解もある（大谷實「不能犯（再論）」同法153号43頁参照）。

　客体に関する不能とは、例えば、死者を殺害しようとする場合や、仇敵がたまたま寝室を出たあとでベッドに眠っているものと思って空ベッドに向かって発砲したような場合である。前者が客体に関する絶対的不能であり、後者が客体に関する相対的不能である。**方法に関する不能**とは、当該手段では結果発生の危険が存在しない場合である。例えば、砂糖水で人を殺すことができると信じてそれを飲ませて人を毒殺しようとする場合（**絶対的不能**）や、たまたま装填されていないピストルで人を射殺しようと発砲する場合（**相対的不能**）がその例である。

　しかし、絶対的不能・相対的不能の区別は**不明確**である。この説は、絶対的不能とするためには、具体的事情を極端に抽象化し一般的な危険性を問い、相対的不能とするためには、具体的事情を前提として危険性を問うという不当前提を犯すものである。

　先の例で、死者を殺害する事例も、行為の直前に死亡していた場合を想定し、空ベッドの事例も、「たまたま寝室を出ていた」といった具体的事情を捨象して、

空のベッドに発砲したことだけを取り出せば、人のいないベッドを撃ってもおよそ人を殺害することはできないのだから絶対的不能となる。また、糖尿病にかかっている人に大量の砂糖水を与えて殺そうとしたといったように具体的に事例を設定すれば、砂糖で人を殺すことも不可能ではなくなって相対的不能となり、逆に、装填されていないピストルで人を撃っても人を殺すことはおよそ不可能であると考えれば、絶対的不能となる。

2 構成要件的定型性欠缺説

これは、結果の発生が定型的に不能であるような方法による行為は、実質的にみて実行行為の定型性を欠き、構成要件該当性をもたないがゆえに未遂ともならないとする見解である（団藤166頁）。この見解は、構成要件要素のうちその要素を欠くことによって構成要件的定型性そのものが失われるような本質的な要素、例えば、行為の主体、行為の状況などを欠く場合、構成要件の欠缺の場合として構成要件該当性を否定するという一般的理論（**構成要件の欠缺の理論**）を不能犯に及ぼしたものであり、実行の着手における形式的客観説を前提とする。この説は、結果発生の実質的危険性よりも、形式的な行為の定型性を不能犯の判断基準とするが、定型性の判断基準が不明確であるという点に問題がある。

3 主観説

未遂の処罰根拠を行為者の意思の危険性に求める見解からは、行為者に犯意があり、その犯意の実現行為があれば可罰的未遂が肯定される（ブーリ）。わが国では、**純主観説**[2]とも呼ばれる（江家166頁）。この説によれば、超自然的方法によって犯罪を実現しようとする**迷信犯**（abergläubiger Versuch）以外は、原則として不能犯とはならない。したがって、高空を飛翔する飛行機を拳銃で打ち落として乗客を殺害しようと発砲する行為も、未遂となろう（植田149頁参照）。主観説（subjektive Theorie）は、わが国においては、主観主義に立脚し行為者の意思に重点を置いて考えるかぎり、この説を採用することになる[3]（江家166頁）。

4 抽象的危険説

行為の当時、行為者が認識した事情を基礎として、一般的見地から客観的

---

[2] 宮本190頁は、これを「純正主観説」と呼ぶ。
[3] わが国では、犯意の飛躍的表動があった以上は、これを遂げるに至らなかった原因のいかんにかかわらず、すべてこれを未遂とし、原則として不能犯を認めないという宮本説がこれに属する（宮本190頁）。

な危険の有無を判断し、結果発生の危険があれば未遂犯、なければ不能犯とする（牧野〔上〕331頁、阿部218頁、齊藤信宰416頁）。これを **主観的危険説** ともいう。主観説は、行為者の認識した事情を基礎として行為者自身が判断するのに対して、抽象的危険説は、（科学的）一般人が判断する点に相違がある。

　例えば、先の飛行機を拳銃で打ち落とそうとする行為は、行為者の認識を基礎にしても、一般人はこれを危険であると判断しないから、不能犯である。また、砂糖を青酸カリであると誤信して殺人の目的でコーヒーの中に混入して飲ませた場合、青酸カリであるという行為者の認識を基礎として、それを飲ませることの危険性を判断すれば、一般人の立場から危険であるから、未遂犯となるが、砂糖で人を殺すことができると信じていた場合には、一般人は、砂糖を混入しても危険だとは判断しないから、不能犯である。[5]

5　具体的危険説

　行為当時、一般人が認識しえた事情および行為者がとくに認識した事情を基礎として、一般人の見地に立って具体的に結果発生の危険性を判断し、これが肯定される場合には未遂犯、否定される場合には不能犯とする。事前の立場から、その当時の事情を基礎に一般人の立場からの危険性の判断である点では、抽象的危険説と共通であるが、行為者の認識した事情のみではなく、一般人の認識しえた事情をも基礎にする点で、抽象的危険説と異なる。

　例えば、青酸カリを投与して人を殺そうとしたが、青酸カリと間違って砂糖を混入したという事例では、一般人は、それを砂糖であると認識しえた場合には、砂糖を投与する行為が結果発生に対して危険かどうかを一般人の立場から判断するのであるから、不能犯となる。一般人も青酸カリであると信じたであろうという場合には、青酸カリであることを基礎としてその危険性を判断することになるから、未遂である。

　この説は、相当因果関係説の折衷説とも符合し、わが国の通説となっている（瀧川・講話249頁、佐伯319頁、植田150頁、平野326頁、中202頁、福田240頁、大塚268頁、藤木268頁、川端509頁以下、板倉152頁）。

　具体的危険説の問題点 の一つは、事前の立場から、一般人が認識しえなか

---

[4] ただし、木村356頁、香川325頁によれば、事実の欠缺だけは別であるとするのが抽象的危険説、事実の欠缺を特別視しない危険説を主観的危険説と呼ぶ。

[5] しかし、砂糖で人を殺すことができると思っていたということが、砂糖は有毒物質であると信じていたからであるとすると、有毒物質であることを前提として危険性を判断すべきことになる。したがって、砂糖と青酸カリとを誤った場合と砂糖で人を殺せると思った場合とを明確に区別できるかどうかには問題がないわけではない。

った事実は、行為者がとくに知っている事実でないかぎり判断の基礎にできない点にある。例えば、ベッドの上にふとんをかけて置いてあったぬいぐるみを人と誤信して人を殺害する目的で発砲した場合、行為者がベッドにいるのは人であると信じており、一般人にもぬいぐるみだとは気づきえなかったという場合、未遂犯が肯定される。しかし、実行の着手において、具体的危険の発生を要求する立場に立てば、人がまったくいない空ベッドに向けて発砲する行為を未遂犯として処罰することは許されないであろう。あるいはまた、警察官のピストルを奪って警察官を殺害しようと発砲したところ、弾丸がまったく装塡されていなかったという場合、一般人の立場から見て警察官のピストルには弾丸が装塡されているのが通常であるとすると、未遂犯が成立するが、事後的判断によって客観的な結果発生の危険が生じているのであろうか。一般に被害者の作用領域内において危険が発生したときにはじめて具体的危険が発生するのだとすれば、少なくとも空ベッドの事例は、具体的危険の発生がない場合であるといえよう。

　なお、具体的危険説を採用しながら、違法性の判断は事後的であるとして、「定型的に構成要件的結果発生の現実的危険性が認められても、**実質的な違法性の判断**においてその可罰的違法性が認められない場合もありうる」として、想像妊娠の婦女に対する堕胎の場合のように、事後的に観察すれば法益侵害の危険性は全く認められないような場合には違法性が阻却されるとする見解が唱えられている（大谷385頁）。しかしこの論法でいくと、せっかく違法類型であるとした構成要件と違法性は、違法性の判断において事前判断と事後判断というまったく異なった原理に支配される異質なものであることを認めることになり、体系的に矛盾する。事後判断によれば、通常の未遂の場合もまったく危険性が認められないことがありうるのであり、構成要件段階で具体的危険説を採用した意味はなくなり、可罰的違法判断で、ほとんどが危険がないとしてそれを否定されてしまうことになろう。この見解は、体系的整合性のない彌縫策で結論の不当性を糊塗しようとするものにすぎない。

6　客観的危険説

(1)　客観的危険説の意義

　行為当時存在したすべての客観的事情を基礎にして、科学的一般人の立場から結果発生の危険性を判断し、危険が肯定される場合を未遂犯、否定される場合を不能犯とするのが、客観的危険説の原型である。しかし、実際には、**客観的危険説**と呼ばれているもの（中山426頁、同・論争問題155頁以下、曽

根・重要問題268頁、前田158頁、山口厚『危険犯の研究』〔1982〕150頁以下）にもさまざまなものがある。**古い客観説**が、具体的事情を捨象し、当該手段や客体に関してそれが一般的に結果発生の危険性をもつものかどうかを判断するのに対して、**新しい客観的危険説**は、存在するすべての具体的事情を考慮に入れて危険性を判断しようとするのである。

最近、客観的危険説が有力化したのは、具体的危険説が、行為者の知っていた事情を危険判断の資料にする点および行為当時の事情から事前判断によって危険性を判断する場合に疑問が払拭できない点である。具体的危険説を批判する客観的危険説の論者からすると、行為者がとくに知っていた事情を考慮することが問題なのは、客観的状況はまったく同じであっても、行為者が、その事情の存在を知っていれば危険、知らなければ危険でないというのが不自然だからである（前田160頁以下）。

そこで具体的危険説の中には、行為者の知っていた事情を考慮せずあくまで**一般人を基準**として危険性を判断すべきであるとする**修正説**も唱えられている（野村345頁）。また、客観的危険説からは、行為時に一般人が誰も知りえなかった事実であっても、客観的に存在した事実を判断の基礎としなければ、未遂の成立範囲が不当に広がってしまうとする。例えば、一般人がすべて本物のピストルにみえるような精巧なおもちゃのピストルで人を殺そうとしたとしても、また、一般人が誰もその状況では「人」にみえたとしても客観的にそれが「熊」であった場合、それを射殺する行為は、やはり殺人未遂ではないというのである（前田152頁）。

(2) 純客観説の問題点

しかし、逆に、客観的危険説の主張に忠実に従うならば、可罰的な未遂の成立する余地があるのかどうかが疑問となる。事後に判明した事情をすべて考慮して、それを前提に危険性を判断すれば、危険が肯定されることは稀だからである。警察官のピストルを奪って射殺しようとした場合も、たまたま空砲しか詰められていなかったとすれば、客観的には殺人は不可能なのであるから、不能犯である。そのほか、誰が見ても青酸カリと間違えるような「青酸カリ」と標記された瓶に入った砂糖で人を殺そうとすること、致死量に達しない毒薬を飲ませること、さらに、客体から外れた方向に狙いを定めたピストルでの発砲も、すべての具体的事情を考慮すれば客観的に結果発生の危険性は存在しないことになり、結果が発生しない以上、すべて不能犯になってしまうのである。

(3) 修正的客観的危険説

そこで、この説を修正して、その批判を回避する試みがなされている。このような客観的危険説の**修正説**には三つの形態がある。

(a) 仮定的事実説　本説は、現実には存在しなかった（仮定的）事実が存在することがどの程度ありえたと考えられるかを問い、そのような仮定的事実が十分ありえたという場合には、このような事実を判断の基礎として危険性を判断しようとするものである（山口・危険犯の研究165頁以下）。この仮定的事実の存在可能性の判断は、純客観的・科学的立場からはなしえず、通常性・一般性といった観点からなされざるをえない。つまり、科学的一般人の立場から当該の具体的事情を考慮してできるだけ事実に即してなされるべきである。この立場はこれを「事後的な立場からの具体的危険判断」であるとする。そして、この立場は、この仮定的事実の存在可能性を、現実に存在した客体（死体）に対する危険を越えて存在することのありえた客体（生きている人）に対する危険までを処罰すべきかどうかについては疑問の余地があるとする。具体的な被害者がいない場合には、具体的危険の発生はなく処罰は肯定されるべきではない。また、致死量に達しない毒物を与えた場合も、致死量に達した毒物を与える可能性ないし体の抵抗力が弱っていて致死量となりえた可能性がありえたかどうかが問題となる。さらに、ピストルを手にとって人に向かって引き金を引いたところ、弾丸が込められていなかったためにその人を殺害するに至らなかった場合、実弾が込められていた可能性がどれくらいあるかが問題となる。警察官の銃を奪う場合、飾られていたライフルをとって引き金を引く場合、長らく地中に埋められていた手榴弾を人に向かって使用したという場合において、最初の事例のみにおいて、具体的危険の発生は肯定される。

この修正説は、事後判断であると主張するが、その実、事前判断であることを了承するものである。具体的危険説との相違は、主観的事情を考慮しないという点のみにとどまる。しかも、仮定的事実が十分ありえたかどうかの判断がどのようになしうるのか、さらに、根本的には、なぜ「仮定的事実」がありえたかどうかが、不能犯の判断において重要なのかが説明されていないというべきである。

(b) 客観的事後予測説　本説は、行為時を基準に一般人の視点で危険性を科学的合理的に判断するものとする。この意味で、本説は、事前の立場か

第3節　不能犯　§149　不能犯に関する学説◇　789

らの事後予測であることを認める（前田152頁以下）。そして、この客観的・合理的判断には、行為者の主観は資料とはされず、客観的な事情をもとに判断すべきであるとされる。客体の不能の場合には、およそ客体が存在し̇ え̇ な̇ い̇ 場合には、未遂にはなりえないが、「死んだ人」を「生きている人」と思って殺害する行為の場合、客観的危険性がまったくないとはいえない。また、空ポケットに手を入れて窃取しようとした場合も同じである。方法の不能の場合には、行為時を基準とした客観的事後予測判断の問題である。例えば、警察官のピストルを奪って殺害に用いたが、弾丸が空であったため目的を遂げなかった場合、「警官のピストルを奪って引き金を引く際の弾丸が出る確率」は高いというべきである。

　この説は、すでに行為時の事前判断であることを認めているので、客観的危険説のプロトタイプからはかなり逸脱する。しかし、事前判断であることが貫徹されているわけでもない。客体の存在しえない場合については、事前判断ではなく、事後に判明した事情をも含めて判断しているからである。事前の客観的事情を基礎にして、「客体がおよそ存在しえない」と判断されるのはどのような場合であろうか。例えば、自衛隊の演習地で、立ち入り禁止の柵が施されており、10分前に見回ったときには誰もいなかったが、被害者が、深夜、密かに柵を越えて立ち入ったところを、行為者が赤外線付きライフルの望遠鏡で見つけ、殺害するつもりで発砲したが、当たらなかったという場合、行為時には客体は客観的に存在しえ̇ な̇ い̇ と判断されるのであろうか。行為者の主観を考慮せず、被害者がそこにいることはありえないと判断された場合、この事案は不能犯なのであろうか。あるいは、現に被害者がそこにいるから、「客体がそこにそもそもありえない」と判断すべきでないのであろうか。それはすでに事後判断である。また、スリの事例において、被害者が、何も携行していないか、何か携行しているかも、事前の客観的判断で判明するものであろうか。事後に判明した事情を考慮しないと分からないというべきである。この見解が、もし行為時の客観的事情とは、客観的に存在するすべての事情であるというのなら、スリの事例も、そもそも何かを携行しているか、何も携行していないかのみが重要であって、「財物を携行している可能性が高い」か低いかは問題とはならないというべきである。本説は、事前判断と事後判断とを恣意的に使い分けている点で**疑問**である。

　しかも、「客観的事実の抽象化」の程度も、この説によれば、恣意的であ

る。本説は、行為当時の「客観的事情」を基礎にするというが、「警官のピストルを奪って引き金を引く際の弾丸が出る確率」が問題なのではなく、厳密に客観的事情といえるのは、「警官の空のピストルを奪って引き金を引く」という客観的事実であり、その際の「弾丸が出る確率」は、ゼロである。模造銃を撃った場合でも、警官の本物のピストルを奪って撃った場合でも、弾丸が装填されていなければ、危険の程度は同じである。そもそも事前判断が意味をもつのは、判断資料が限定されるからである。存在するすべての客観的事情を判断資料とするなら、「事前判断」というのはレッテル詐欺である。その場合、行為時に、客体が「存在しえる」か「しえない」かという仮定は、意味をもたない。「客観的事情」であれば、「存在する」か「存在しない」かいずれかである。「存在の可能性」を問うのは、事後的判断ではない。このように、この説は、事前判断と事後判断を恣意的に混淆(こんこう)させているのである。

(c) 一般的危険感説 本説は、危険概念が本来的にある種の価値的・評価的要素を含んでいるとして、その基準として、純粋に科学的な物理法則ではなく、(科学的)一般人の危険感を問題にする（曽根・重要問題269頁以下）。客観的に存在する事情（空ピストルないし致死量に達しない毒薬）を前提として、社会経験上一般に危険を感じるかどうかによって、感じる場合が未遂、感じない場合が不能犯であるとする。

この説によれば、空ピストルであっても本物のピストルを突きつけられれば、科学的一般人といえども「危険感」を感じるともいえ、また、科学的一般人であれば、致死量でなければ、毒薬を飲んでも「危険感」を感じないともいえ、結局、「一般人の危険感」というまったく不明確な基準に依拠する説となり、せっかくの客観的危険説が、明晰性を喪失することになると批判せざるをえない。

7 二元的危険予測説（本書の立場）

(1) 未遂成立のための二つの危険判断

実行の着手について述べたように、未遂犯が成立するためには、①行為当時に科学的な一般人が認識しうる事情および行為者本人がとくに知っている事情を基礎にして、事前の立場から当該行為が結果発生の危険を創出するかどうかを、まず、判断し、次に、②行為後に判明した事情をも基礎にして、事後の立場から、被害法益の作用領域において具体的な法益侵害の危険が発

生したかどうかを判断することが必要である。

　不能犯であるかどうかについても、基本的にこのような二つの判断が必要である。まず、そもそも危険創出がない場合には、実行行為であるともいえないので、このような事前の危険創出判断によって不能と判断される場合がある。しかし、不能犯において重要なのは、第2の事後の具体的危険状態が発生したかどうかの判断である。ここで重要なのは、「具体的危険状態」の意味である。具体的危険状態とは、結果発生の客観的蓋然性が差し迫って高い状態ないし結果発生の仮定的蓋然性が高かった状態をいう。事後的に観察すると、結果が発生しなかった場合でも、それに因果的に先行する段階において、結果の発生する客観的蓋然性が高かった場合には、具体的危険状態は存在したといえるのである。この判断は、事後に判明したすべての事情を考慮したうえでの事象の全体的経過の中に位置づけられた実行行為のときを基準とした結果発生の客観的蓋然性判断である。それは、とくに実行行為に至るまでの先行事象にも遡って結果発生の客観的蓋然性を問うという形で行われるべきである。

(2)　事前の具体的危険判断

　まず、事前の判断として、科学的一般人の認識可能性および行為者本人の認識を基礎として、客観的に、具体的危険の発生の可能性が問われるべきである。科学的一般人の認識可能性のみでは、たまたま被害者の頭蓋骨が薄くなっていた場合のように、行為者本人がとくに知っていた事情を基礎にできないからである。この判断においては、通常、窃盗の目的で他人のポケットに手を入れる行為には、事前的には、危険性がある。致死量に達しない毒薬を飲ませることも、弾丸の装塡されていない警官のピストルを撃つことも、精巧な模造銃を撃つことも危険であり、また、誰が見ても人が眠っているように見える空ベッドを撃つことも危険である。しかし、本人が「人」と信じていても、科学的一般人が見て、決して「人」に見えず、「地蔵」であることが明らかなものを撃つ行為は、危険ではない。これは、具体的危険説と同じ結論であるといってよい。しかし、この事前の危険創出判断において不能犯の判断が尽くされるわけではない。

(3)　仮定的因果予測判断

　第2の危険判断である仮定的因果予測は、行為者の行為の因果的経過に沿って、実行行為の以前からの全体的な事象の流れを考慮して、実行行為時に

おける結果の発生の客観的蓋然性が、どれほど大きいかによって判断される。現実の因果経過は、事後的にはすでに結果の不発生ということで確定したのであるが、その実行行為に至るまでの段階で、結果発生に至りうる客観的可能性がありえたのであり、そのような結果発生の客観的蓋然性が高い場合には実行行為時には、具体的危険状態が存在し、未遂が肯定され、極めて低い場合には不能犯となるのである。例えば、砂糖を青酸カリと誤信して殺人のため飲ませようとしたという事例において、どのようにして砂糖を青酸カリであると思い込んだのかという事前の事情が重要である。青酸カリを入れた瓶が並んでいる中の一つから一定量のものを取り出したがその中にたまたま誰かが砂糖を入れておいたために、砂糖を投与したという場合には、実行の着手以前における行為経過の過程で、青酸カリであった客観的可能性が極めて高く、そのまま実行行為に至れば、結果発生に至る十分な仮定的蓋然性が肯定される。多数の拳銃の中に模造拳銃が混ざっており、たまたま握った銃が模造拳銃であったという場合にも、本物であった客観的可能性が極めて高く、実行のときにはすでに模造拳銃であることが確定していても、その時点においても、本物でありえた蓋然性が否定できない。これに対して、空ベッドの事例においては、実行行為の時点では、空ベッドであることが確定していても、それ以前に、被害者がそのベッドで眠っていたが、たまたまそのときに隣室に行っていたといった場合には、やはり客観的蓋然性は否定できない。しかし、被害者は、一月前から海外旅行にでかけていたという場合には、客観的蓋然性はない。ベッドに横たわっている人を殺害しようと銃を撃ったが、数分前に死亡していたという場合でも、生きていた客観的蓋然性が否定できないから、客観的危険性は肯定される。

　不能犯の事例においては、離隔犯などの場合とは異なり、実行行為の終了と同時にすでに具体的危険状態が発生しているか、不発生であるかがほぼ決定している事例が圧倒的多数である。したがって、大多数の事例において、実行行為時の具体的危険状態が問題となる。実行行為の時点における具体的危険状態の存否の判断は、それ以前からの因果予測の中で、実行行為時の客観的事情とは違った事情が形成されていた可能性を問い、実行行為時点において、現実には結果発生に至らなかったとはいえ、それに至る客観的蓋然性が高かったと判断されるかどうかによって行われる。

8 判 例
(1) 判例の基本的傾向

判例の中には、絶対的不能・相対的不能説によっているとみられるものも少なくない。[6]例えば、「いわゆる不能犯とは犯罪行為の性質上結果発生の危険を絶対に不能ならしめるものを指す」（最判昭25・8・31刑集4・9・1593）とするのがそれである（大判明44・10・12刑録17・1672、高松高判昭27・10・7高刑集5・11・1919）。しかし、**具体的危険説**に従ったとみられる判例がとくに**下級審**のものには少なくない（朝高院判昭8・7・17評論22刑346、東京高判昭26・8・14高刑特21・170、広島高判昭36・7・10高刑集14・5・310）。学説には、判例の立場は、実質的には、おおむね具体的危険説を基調とするものだとする見解が有力である（大塚271頁、佐伯320頁、福田242頁、野村稔『未遂犯の研究』〔1984〕378頁）。

いずれにせよ、判例において、**不能犯が肯定された例**は極めて少ない。その代表的な判例として、内縁の夫を殺害するため**硫黄の粉末**を2度にわたって汁鍋等に混入して飲用させたもの（大判大6・9・10刑録23・999）、詐欺の不能犯を認めたもの（大判昭2・6・20刑集6・216）、堕胎手術時に胎児がすでに死亡していたなら業務上堕胎罪が成立しないとされたもの（大判昭2・6・17刑集6・208）、**地中に埋められていた手榴弾**を用いて人を殺害しようとしたが、その導火線の質的変化のため爆発しなかった事案（東京高判昭29・6・16東高刑時報5・6・236）、覚せい剤製造の罪に関し、使用した主原料が真正のフェニルメチルアミノプロパン等を含有していなかった場合について未遂罪の成立を否定したもの（東京高判昭37・4・24高刑集15・4・210）がある。[7]

不能犯かどうかが問題とされた判例を「客体の不能」と「方法の不能」に分けると、次のようなものがある。

(2) 客体の不能

まず、殺人罪の**客体の不能**については、けん銃で狙撃されて医学的には死亡していた被害者に対し、生きているものと信じて日本刀で身体を突き刺した事案につき、一

---

[6] これを判例における通説であるとするものとして、植松正「不能犯」総合判例研究叢書(3) 178頁。

[7] 同じく覚せい剤の製造において、「その工程中において使用せる或る種の薬品の量が必要量以下であった」ため成品を得るに至らず、もしこれを2倍量ないし3倍量用いれば覚せい剤の製造が可能であった場合には、覚せい剤製造の未遂犯であるとしたもの（最決昭35・10・18刑集14・12・1559）がある。

般人も、それによって死亡するであろうとの危険を感じるとして、行為の性質上結果発生の危険がないとはいえないとしたもの（広島高判昭36・7・10高刑集14・5・310＝**百選**66）があるが、これは、具体的危険説を採用したものといえよう。

窃盗罪・強盗罪については、通行人が懐中物を所持しなかったため、強取できなかった事案について、通行人が懐中物を所持することは普通予想しうるとして、結果発生の可能性があるとしたもの（大判大3・7・24刑録20・1546）があり、また、洋服のポケットに手を入れたが、被害者に気づかれた事案において、「洋服着用者がポケット内に金銭を所持することは通常の事例」であるとして未遂を認めた判例（大判昭7・3・25新聞3402・10）がある。米を窃取しようとして米びつのふたを開けたが、米を発見できなかった事案（東京高判昭24・10・14高刑特1・195）、金員を掏ろうとオーバーの右外ポケットから手を差し入れたが、数枚のちり紙のみで金員はなかったという事案（福岡高判昭29・5・14高刑特26・85）において、未遂罪が認められた（ただし、左外ポケットには金員を入れていた）。

(3) 方法の不能

この関係では、まず、**不能犯を肯定した唯一の判例**として、先に掲げたように、硫黄の粉末5匁を汁鍋等に混入して殺害しようとした事案につき、この方法をもってしては殺害の結果を惹起することは絶対に不能であるとしたもの（前掲大判大6・9・10）がある。その他の、黄リンを含む殺鼠剤をみそ汁に混入した事案（大判大8・10・28新聞1641・21）、猫いらずを玉羊羹に塗布した事案（大判昭2・12・6新聞2791・13）などでは、未遂罪が認められた。手段として用いた物が異状を示している場合に不能犯を否定したものもある。例えば、殺人の目的で青酸カリを米を仕込んだ炊飯釜の中に投入した事案（最判昭24・1・20刑集3・1・47）では、「青酸加里を入れて炊いた本件米飯が黄色を呈し臭気を放っているからといって何人もこれを食べることは絶対にないと断定することは実験則上これを肯認し得ない」とする。また、鮒の味噌煮にストリキニーネを混入した事案で、苦味を呈しているからといって、何人もこれを食べることがないとは断定しがたいから不能犯ではないとした（最判昭26・7・17刑集5・8・1448）。

さらに、身体的条件等の事情により「危険が絶対にない」とはいえないとしたものとして、まず、**空気注射**の事案がある。殺害して生命保険金を騙取する目的で、注射器で両腕静脈内に1回ずつ蒸留水5ccとともに合計30ccないし40ccの空気を注射したが、致死量（70ccないし300cc）に至らなかったために殺害の目的を遂げなかった事案について、「静脈内に注射された空気の量が致死量以下であっても被注射者の身体的条件その他の事情の如何によっては死の結果発生の危険が絶対にないとはいえない」と判示した原判決は相当であるとした（最判昭37・3・23刑集16・3・305＝**百選66**）。さらに、**ガス中毒**の危険性が問題になった事案において、家庭用プロパンガスを放出して無理心中を図った事案につき「プロパンガス吸入者の身体的状況その他の事情によって」「致死への可能性を絶対に有しないとは言えない」とし（大阪地判昭43・4・26判タ225・237）、天然ガスである都市ガスによる無理心中の場合、中毒死のおそれはないが、ガス爆発の可能性、酸素欠乏症による窒息死の可能性があるとし、

一般人は人を死亡させるに足りる極めて危険な行為と認識しているとして未遂を認めた（岐阜地判昭 62・10・15 判タ 654・261 = **百選 68**）。

　具体的危険説によったとされている（野村・判例刑法研究 499 頁）判例がある。これは、制服を着用した警察官から拳銃を奪い、同人の脇腹に銃口を当てて2回引き金を引いたが、実包が装填されていなかった事案で、「警察官が勤務中、右腰に着装している拳銃には、常時たまが装てんされているべきものであることは一般社会に認められていることである」として、「実害を生ずる危険」があるとして未遂を認めたものである（福岡高判昭 28・11・10 高刑特 26・58）。

　爆発物使用の罪の関係で**未遂犯が否定**された事例群もある。長い間、地中に埋められていたため、点火雷管と導火線の接合が悪く、導火線自体が湿気を吸収して質的変化を起こし、本来の性能を欠いて、安全装置を外して撃針に衝撃を与えて投げても爆発力を誘起しえなかった手榴弾を用いて人を殺害しようとした事案については、爆発物を使用したものということができず、また、「その爆発力を利用し人を殺害せんとしても、その目的とした危険状態を発生する虞はない」として、爆発物使用の罪（**爆発物取締罰則1条**）および殺人未遂の成立を否定した（前掲東京高判昭 29・6・16）。また、ピースの空き缶にダイナマイト等を詰め込んだ手製の爆弾を投てきしたが、その爆弾の導火線を雷管に固定させる方法として、導火線の末端部分に接着剤をつけて雷管に差し込み、雷管の底面ないし内壁に接着させようとした結果、接着剤が黒色火薬にしみ込み、それによって黒色火薬が湿り、あるいは固化して燃焼しなくなり、導火線の燃焼がこの部分で中断したため爆発に至らなかった事案については、原審が「絶対に爆発を起こす危険性のないもの」として、爆発物使用の罪の成立を否定した（東京高判昭 49・10・24 高刑集 27・5・455）のに対して、「爆発すべき状態におく」ことに該当するかどうかは、「単に物理的な爆発可能性の観点のみから判断されるべきではなく」、「本件爆弾の構造上、性質上の危険性と導火線に点火して投げつける行為の危険性の両面から、法的な意味において、右構成要件を実現する危険性があったと評価できるかどうかが判断されなければならない」とし、本件では、爆発物の本体に付属する使用上の装置の欠陥にとどまるものであるから、法的評価の面からみれば、「爆発を惹起する高度の危険性を有する」ものとし、爆発物使用の罪の成立を認めた（最判昭 51・3・16 刑集 30・2・146）。

　被告人が、所携のくり小刀（刃体の長さ約 12.5cm）を鞘がついたまま、殺意をもって被害者の腹部に思い切り突き出し、さらに、鞘が抜けた同くり小刀で、複数回にわたり、その頭部付近を切りつけたり、その腹部や頬目がけて突き出すなどしたが、傷害を負わせるにとどまったという事案で、静岡地裁（静岡地判平 19・8・6 判タ 1265・344）は、鞘のついたままのくり小刀による刺突につき、被告人が、刺突の際、くり小刀の鞘が外れているものと誤信していたことを前提に、「未遂犯と不能犯の区別は、この**実質的危険**が発生したか否かを判断すれば足りる」とし、本件では、「被告人がくり小刀の鞘を外して被害者の腹部に突き刺す（すなわち、認識事実が実現される）可能性は相当に高かった」とし、「被告人の本件刺突には、被害者の死の結果を発生させる**現実的な危険性**を十分に感得できる」として**不能犯を否定**した。

9 主体の不能

　主体の不能（Untauglichkeit des Subjekts）とは、行為者の資格ないし身分に関する錯誤を意味する[8]。例えば、公務員でない者が自己を公務員であると誤信して収賄した場合[9]、ないし、会社の取締役でない者が取締役であると誤信して会社に対して背信的行為を行う場合がその例である。主体の不能については、ドイツでは、長らく主体の不能は、幻覚犯であって不可罰であるとされてきた。行為者の錯誤によって、行為者が資格や身分を得ることになるわけではないからである。しかし、現在では、ドイツの通説は、自らの力で獲得できない資格・身分を除いて、客体の不能と同様に扱う。わが国においても、主体の不能の取り扱いについては、学説が分かれている。

　構成要件欠缺の理論[10]によれば、主体の欠如のような構成要件の定型性がそれにかかっている本質的な構成要件要素が欠けている場合には、不能犯の場合と異なり、未遂処罰は排除されるとする（団藤165頁、福田244頁、大塚259頁）。この説に対しては、構成要件要素には質的に差異はなく平等であるべきだとする批判が向けられた。

　身分犯における「身分」は、「義務」の要素を含む特殊な要素であると解し、その錯誤は幻覚犯にすぎないとする見解[11]（木村350頁以下）も唱えられている。「身分は社会的・法律的等の人的関係において特定の義務を負担する地位であり、その義務に関し、身分のない者が義務ありと信じても義務主体たり得ず、且つ、存在しない義務を存在すると考えることは幻覚犯である」（木村358頁）というのである[12]。

　主体の欠缺の問題は、不能犯と同じ問題であるとして、不能犯論において

---

[8] 主体の不能について、詳しくは、塩見・法学論叢130号2号1頁以下・6号1頁以下参照。

[9] もっとも、わが国では収賄罪の未遂は不可罰であるから、実際上は、この場合、問題にならない。

[10] 構成要件欠缺とは、本来、「構成要件中の因果関係に関する部分をのぞいた付随的構成要件要素、すなわち、犯罪の主体・客体・手段・行為の状況などの要素が欠けているのに、行為者が存在すると信じて行為したばあいを意味する」ものと解されている（福田243頁）。客体の欠缺については、不能犯であるとする見解もあるから、どの要素が本質的かについては見解が分かれる。しかし、主体の欠缺については一般に本質的要素と解されている。

[11] 野村351頁以下も、身分犯の違法要素を法益侵害の危険性と義務違反性の両方に求め、主体の欠缺の場合には、法益侵害の危険性は肯定されるが、義務違反性が否定されることにより、可罰的違法性が欠け、未遂犯は成立しないとする。

[12] しかし、木村博士は、後に改説され、構成要件要素を差別的に取り扱うべきでないとされて、一般の不能犯として取り扱うべきものとされた（木村・新構造〔下〕27頁下）。

具体的危険説をとる見解からは、行為時に一般人が犯罪実現につき危険と感じるかどうかの判断となる。この立場からも、通常、このような危険が感じられることは「皆無に等しい」とされる（大谷381頁）。不可罰とされる根拠としては、このほかに、**逆転原理**[13]により、あてはめの錯誤は、可罰的であるがその裏返された錯誤は不可罰であるとし、主体の不能の問題を「**裏返されたあてはめの錯誤**」の場合であるとして不可罰の結論を導く説がある（中「不能犯」論争刑法127頁）。また、具体的危険説から、構成要件の段階では犯罪実現の可能性があると感じられる場合でも、事後的観察による違法性の判断においては可罰的違法性を否定しうるとする説（大谷382頁）も唱えられている。このような具体的危険説に対しては、その説からは危険が感じられるはずだとの批判がある。また、構成要件における危険判断は事前的判断であるが、違法性における判断は事後的判断であるというドグマは、論証されていないといえよう。

客観的危険説からは、事後的な危険判断によるのであるから、客観的に結果発生の具体的危険のない不能犯として位置づけることができるとされる（中山・論争問題161頁）。

本書の立場によれば、原則として、他の構成要件要素の欠缺の場合と同じく、未遂が成立しうる。実行の着手以前の状況から、仮定的には、主体の要件が備わっていた可能性はあるからである。したがって、事後的・客観的にもこの仮定的可能性の蓋然性が高い場合には、未遂が成立しうる。

10 不作為における不能

ドイツにおいては、不能未遂は処罰される。したがって、不作為犯の不能未遂の可罰性についても、作為犯と同様に事前には危険であるとして、肯定するのが通説である（心情刑法であるとして反対するもの＝ルードルフィ、シュミットホイザー）。**不作為犯の不能犯の例**としては、例えば、父親が、わが子が溺れていると聞かされて、救助せずに殺害しようとして、放置したが、後に溺れ死んだのは他人の子であって人違いだったことが分かったというような場合が挙げられる。

---

[13] **逆転原理**（Umkehrprinzip）とは、構成要件的事実の錯誤は故意を阻却し、たんなる禁止の錯誤は故意を阻却しないが、この錯誤の「逆」の錯誤、つまり、「裏返された錯誤」の場合、存在しない構成要件的事実を存在すると錯誤した場合には、未遂であり、これに対して、違法でない行為を違法であると錯誤した場合には、不可罰な幻覚犯であるとする原理が成り立つとするものである。

連邦裁判所の判例（BGHSt 38, 356）には次のようなものがある。被告人 X およびYの両名は、鉄道の駅で会ったAに激しい暴行を加えた後、傷害を負わせて放置した。XがAを殺害の意図で列車に轢過させようとして、線路の上に置いたとき、Yは、殺害に承諾したためそれをとめなかった。この経緯を見ていたBが、意識不明のAを線路から降ろし、列車を停車させたので、死亡の結果が発生しなかった。しかし、後に判明したところでは、運転手は、照明により適宜被害者を発見しており、列車はもともとその場所の手前で停車していたであろうということが明らかになった。事実審裁判官は、**暴行の共同正犯**であるという事実からYに**先行行為にもとづく作為義務**を認め、Yを、Xの行為を止めなかったという不作為によって殺人未遂として有罪と判示した。弁護人は、上告理由において、**不真正不作為犯の不能未遂**は不可罰であると主張した。連邦裁判所は、「保護法益に対する危険がない場合には、未遂の不作為犯の可罰性の原則の例外が存在しないかどうかについては触れない」とした。なぜなら、ここでは、「客観的には、被害者の生命に対する**具体的な危険は存在した**からである」。連邦裁判所は、それにもかかわらず、客観的には被害者には著しい死の危険が存在したとする。運転手のちょっとした過失や運行計画の変更によって長い列車が運行されていた場合、被害者の死亡の危険につながりえたからである。

ドイツにおいては、不真正不作為犯の不能犯の問題には、**三つの類型**があるとされている。[14] 第1に、**法益の危殆化の誤認の類型**である。例えば、前掲の自分の子どもと他人の子どもの誤認の例がそれである。第2に、**結果回避可能性の誤認の類型**である。例えば、父親は、子どもが第三者に川に突き落とされたのを見たが、その際、子どもが泳げないと思って見殺しにしようとしたが、実は子どもが泳ぐことができたという場合がそうである。第3に、**保障人的地位を根拠づける事情の誤認の類型**である。自身が泳げない父親が、子どもが溺れるのを見たにもかかわらず、岸につながれたボートが使えると思っていたが、それを用いて助けなかった。しかし、後に実際にはボートに穴が開いていることが判明したという場合がそうである。

わが国においては作為犯における不能犯が不可罰とされているので、不作為犯においても不能犯であれば不可罰であるとするのが通説である。[15] 不作為

---

[14] Vgl. *Kirsten Malitz*, Der untaugliche Versuch beim unechten Unterlassungsdelikt. Zum Strafgrund des Versuchs, 1998, S. 19 ff.

犯の未遂の成立を否定する立場からは、そもそも未遂は不可罰であるということになるが、不作為犯についても事前の危険が具体的危険であるかぎり、未遂は成立しうることについては前述した（☞§82, 4・§147, 3）。

このような不作為犯の不能の問題も、作為犯と原則的に同じ考え方によって解決することができる。したがって、具体的危険説によるなら、上記の事例は、ほとんど可罰的未遂となりうるであろう。しかし、本書の見解によれば、原則的に、事前の危険の創出があり、具体的危険の状態に達したときにはじめて可罰的な未遂となる。したがって、事前に創出があっても、具体的危険状態が発生しなかったときには不能犯となりうる。上記の事例では、**具体的危険状態に達していない**と思われるので、基本的に不能犯となるであろう。

---

[15] 不作為犯の不能犯については、齊藤誠二「真正不作為犯の未遂」成蹊大学政治経済論叢17巻3＝4号197頁以下、同「不真正不作為犯の未遂」成蹊大学政治経済論叢終巻記念論文集（上）262頁、中野正剛「不真正不作為犯の未遂について」(1)～(3)東洋大学大学院紀要25号120頁以下・26号172頁以下・国学院法研論集17号71頁以下、塩見淳「不真正不作為犯の不能未遂」法学論叢148巻3＝4号277頁以下参照。

第4節　中止犯（中止未遂）

> 【文献】板倉宏「中止犯」基本講座4巻34頁、伊東研祐「積極的特別予防と責任非難―中止犯の法的性格をめぐる議論を出発点に―」香川古稀265頁、伊東研祐「積極的特別予防と責任非難―中止犯の法的性格を巡る議論を出発点に―」香川古稀265頁、香川達夫『中止未遂の法的性格』(1963)、金澤真理『中止未遂の本質』(2006)、川端・曽根「中止未遂の法的性格」現代論争〔Ⅰ〕295頁、齊藤誠二「いわゆる失効未遂をめぐって（上）（下）」警研58巻1号3頁・3号3頁、塩見淳「中止行為の構造」中山古稀3巻247頁、清水一成「中止未遂における『自己ノ意思ニ因リ』の意義」上智法学29巻2＝3号165頁、城下裕二「『予備の中止』について」札幌学院法学8巻2号1頁、同「中止未遂における必要的減免について」北大法学36巻4号173頁、園田寿『『欠効未遂』について」関法32巻3＝4＝5号59頁、野澤充『中止犯の理論的構造』(2012)、町田行男『中止未遂の理論』(2005)、山中敬一『中止未遂の研究』(2001)

§150　中止犯の意義と性格

1　中止犯の意義

　未遂犯の中でも、「自己の意思により犯罪を中止したとき」（43条但書）を**中止犯**ないし**中止未遂**（Rücktritt vom Versuch）という。これに対して、自己の意思によらない未遂は、**障害未遂**という。その効果は、障害未遂については、刑の任意的減軽であるのに対して、中止犯は、必ず刑が減軽され、または免除される（**必要的減免**）。このように、中止犯の場合に、障害未遂に比べて、行為者に一定の恩典ないし褒賞が与えられるような法制度を採用する国は多い。

2　中止犯の法的性格

　それでは、自己の意思によって中止した中止犯は、なぜ障害未遂に比べて寛大に取り扱われるのであろうか。これは、**中止犯の法的性格**の問題であって、基本的に刑事政策説と法律説に学説が分かれ、法律説もその内部でさらに細かく学説が分かれている。[1] そして、その学説に応じて中止犯の解釈論に

---

[1] 詳しくは、山中・中止未遂の研究1頁。その他、清水・上智法学29巻2＝3号273頁、同「中止未遂における任意性、中止未遂の法的性格」判例によるドイツ刑法総論（1987）163頁以下、城

も相違が生じている。
(1) 刑事政策説
　本説（kriminalpolitische Theorie）（木村369頁、中野132頁）は、自己の意思により犯罪を中止した者に対しては、刑の減軽または免除という恩典を与えることを予告することにより、犯罪の予防に役立てるというのが、中止犯規定の意義であるとする。中止犯規定は、犯罪の実行に着手した者に対し、それが既遂に達する直前まで、その遂行を思いとどまらせるという効果を期待して、**法秩序への後戻りのための黄金の橋**（goldene Brücke zum Rückzug）を架けるという意義をもつものである。

　しかし、この見解に対しては、引き返すための「黄金の橋」となるには、中止すれば刑を減軽・免除されるということを知っていなければならないが、政策的効果は知っている者にしか期待しえないし（福田232頁）、また、この規定が、一般国民の間に周知のものとは言いがたいという反論がある。また、「黄金の橋」となるには、必要的**減免**ではなくて、ドイツ刑法のように必要的**免除**としなければ、免除にするかどうかの裁量は事後的に行われるのであるから（福田231頁以下）、効果が期待できないとも反論されている。[2]
刑事政策説は、中止犯規定を政策的なものとみるのであるから、犯罪の成立要件の中にではなく、犯罪の成立が認められたうえで検討される一身的処罰阻却事由であるとして位置づけられる。このような処罰阻却事由を認めるのは妥当でないという批判もある（佐伯285頁・368頁）。

　　このような刑事政策説は、国民一般に対する事前の予防効果を狙ったものである。これに対して、最近では、中止未遂の規定は実行に着手した行為者に対する**特別予防**を狙ったものであるとする見解が唱えられている。[3]中止行為を「犯罪後の行為者の行為」としてとらえ、それを犯罪成立要件にではなく「量刑事情」に位置づける。したがって、中止犯の法的性格を「犯罪の成立を前提とした上で展開されるべきものであり、中止犯が認められる場合には、積極的特別予防上、即ち、一身専属的に、行為者の処罰の必要性が減じる又は喪失すると法ないし立法者が見做している・（反証を許さず）推定しているもの」（伊東・香川古稀275頁）と理解する。この見解は、消極的予防・積極的予防を問わず、一般予防的観点を

　下・北大法学36巻4号173頁以下参照。
[2] 団藤361頁は「政策説は論理的に成り立たないとさえいってよいであろう」とする。その他、香川306頁。
[3] 伊東・香川古稀273頁以下。

考慮しない点で従来の刑事政策説とは異なる。

この見解に対しても、まず第1に、犯罪の成立要件の外部に中止規定を位置づけ、構成要件・違法・責任のほかに「第4の犯罪構成要素」（伊東・香川古稀279頁）を認める犯罪体系論をとる点に疑問を払拭できない。また、立法者が、中止犯規定を設ける際に、一般予防的考慮を排除する合理的理由は見出せない。具体的行為者につき刑の減軽・免除を行い、それが国民に知られえることは、少なくとも積極的一般予防には役立つからである。さらに、刑の減軽・免除の効果をたんなる量刑事情とすることは、量刑事情の合理的解明がなされているとはいえない現状では、刑の減軽ないし免除の判断が恣意的となる恐れを払拭できない。[4]

(2) 危険消滅説

これは、中止犯規定は、未遂犯の成立により危険が招致された具体的被害法益を救済するために「**既遂結果惹起の危険**」の消滅を奨励するべく設けられた純然たる政策的なものであるとして、一般の犯罪とは「逆の方向に向かった」構成要件からなるものとする（山口〔初版〕242頁、同・問題探究224頁以下）。本説は、法律説における違法減少説から派生し、「違法性」の代わりに「結果発生の危険」を置き換えたものとも理解しうる。当初、本説は、ドイツのイェーガーによる中止規定を「刑罰解放構成要件」とみて、危険消滅により処罰を阻却するという説と同様であると解せられた。そこで、犯罪論の外で犯罪論に加えて危険消滅により処罰阻却を図る見解と捉え、それを批判した（山中『中止未遂の研究』54頁以下・59頁以下）が、その後、本説の主唱者により書かれたもの（山口279頁）からは、たんに「違法性」を阻却する根拠として「危険」の消滅を挙げていると解するのが相当である。したがって、本説の問題点も、違法減少説と同じである。

本説の問題点は、犯罪論においていったん発生したと認められた「既遂結果の危険」が、行為者の中止行為によってなぜ事後的に消滅するのかが説明されていないことである。[5] 本説によれば、「結果発生の危険」は未遂犯の処罰根拠である。その意味の「危険①」はすでに発生しているが、中止行為により「危険②」が「消滅」するというのである。しかし、「危険①」と「危険②」は、論理的に「同一」のものではありえない。「危険②」は、「危険

---

[4] 行為者の予測を許さないものとなるとして、量刑の場で判断することを批判する見解（金澤・中止未遂の本質18頁以下）もあるが、行為者に有利な予測の裏切りを批判することが、この理論に対する決定的な批判とはなりえないであろう。

[5] 政策的には、消滅を「奨励」されるだけであるが、（「逆の」）犯罪論的には、「消滅」したことが要件とされる。しかし、本説からは、事実として「消滅」する根拠については何ら説明がない。

①」とは異なり客観的なものではありえない。そうだとすれば、障害未遂の危険消滅と区別できないからである。主観的危険だとすると、「逆」の構成要件は、違法性にではなく、責任に対応するべきものである（なお、山口 280頁では違法・責任減少説という）。本説は、体系的整合性を欠く問題思考的方法論にもとづく理論の一つということができるであろう。

(3) 法律説

中止減免の根拠を犯罪の成立要件論の中で論じる学説を総称して、法律説という。法律説には、違法減少説と責任減少説がある。

(a) 違法減少説 これは、自己の意思による中止によって違法性が減少すると解する説（平場 140 頁、平野 334 頁、福田 232 頁、大谷 384 頁、堀内 242 頁、齊藤信宰 394 頁）である。なぜ違法性が減少するかについては、次のような説明がある。まず、主観的違法要素を認める見解からは、任意の中止によってこの主観的違法要素が消滅させられ、計画の危険性が喪失することによって違法性が減少するとされる（平場 139 頁以下、平野 335 頁以下、福田 232 頁）。あるいは、これは、反規範的意思を撤回し合規範的意思を中止行為という外界に表動させたことによるとも説明される（西原 288 頁）。しかし、違法性の減少は、意思の危険性の減少のみによるのではなく、客観的な危険状態の減少にもよると説明される（平場 139 頁・141 頁）。この説の中にも、刑の免除については政策的理由から説明するほかないとするもの（阿部 209 頁、齊藤信宰 394頁以下）がある。

違法減少説に対しては、主観的違法要素を認めない見解からは、それが違法性を根拠づけ、加重することはないのだから、逆に、任意の中止も、それを消滅ないし減少させることはないことになる（内田 271 頁、中山 432 頁）。実行の着手（ないし具体的危険の発生）によってすでに未遂ないし危険状態の違法性は現実に発生しているが、任意の中止によって、いったん発生した違法状態が、なぜ事後に減少するのかについては、違法減少説は説得力ある説明をしていない（中野 135 頁参照、前田 168 頁）。主観的要素を考慮しない結果無価値論の立場からは、結果発生の客観的な危険の減少の程度は、障害未遂の場合も中止未遂の場合も同じであるから、中止犯の場合に障害未遂の場合よりも危険が減少ないし消滅するとはいえない（曽根・重要問題 277 頁）。また、違法減少説からは、正犯の中止行為によって違法が減少したならば、それは、共犯にも及ぶことになってしまうが、それでは、中止犯の一身専属的効果を

説明できない。

(b) 責任減少説 本説は、任意の中止によって責任が減少するものとする。犯行の決意（故意）の事後的な撤回が行為者の規範意識としてはたらくことによって、行為に対する責任が減少するものとする（曽根227頁以下）。かつては、主観主義の立場から中止犯の場合、反社会性が軽微であるという点に責任減少の根拠が求められた（牧野〔上〕361頁、宮本184頁、木村『刑法の基本概念』〔1949〕277頁）。道義的責任論からは、自己の行為に対する価値否定的意思が、中止行為に表明されたことによって、非難可能性が減少するものとする（宮本183頁以下、中213頁）。この立場からは、障害未遂に比べて「軽い倫理的非難にしか値しないことは自明である」（植松324頁）とされる。人格責任論を説く論者からは、「中止行為に示される行為者の人格態度が責任を減少させる」（団藤362頁）とされ、または、倫理的判断から中立の責任論を説く論者からは、要求される法的義務に合致しようとする意欲、そのような「規範的意識の具体化」がみられたこと、あるいは、行為者の義務違反的意欲が事後的に変化させられ、法的義務に合するようになったことによって責任が減少させられるとする見解（香川307頁、同・中止未遂99頁）が、これに属する。自らの意思により思いとどまった行為者については、国民の規範意識からみて非難は弱まるとし（前田168頁）、また、共犯者の一人が中止した場合に、他の共犯者に影響を及ぼさないとするのは、違法減少説からは説明しにくいという理由も挙げられている（香川307頁、前田168頁注33参照）。

責任減少説は、行為者の中止意思が表明されれば、たとえ結果が発生したとしても、責任減少をもたらすがゆえに、結果の発生が防止された場合にのみ中止犯の効果を享受しうるとする点が説明できないと批判される（山口・問題探究223頁）。しかし、中止犯における責任は、未遂の不法の枠内で減少するのみであって、結果無価値が発生してしまった場合には、全く異なった不法の基盤のうえでの責任が問題となるがゆえに、中止減免の規定が予定していない事態であるといえる。それは、体系的意味において、違法を前提とする責任の「外在的制約」であって、中止の効果を享受するに値するほどの責任の減少はないとされるのであろう[6]。

---

[6] この点については、可罰的責任減少説からは、既遂に至ってしまった場合には、政策的に中止減免の意味がすでにないという理由が付け加わる。結果発生を防止するのが、中止規定の一つの意味だからである。

責任減少説は、基本的には出発点として妥当であるが、実行の着手によってすでに示された犯罪的心情を、事後的な価値否定的意思の表明によって、刑の免除に至るまでも減少させることができるのかどうかが疑問として残る。少なくとも刑の免除には、刑事政策的に処罰を放棄するという考慮がはたらいているように思われる。

　(c) 違法・責任減少説　本説は、その犯罪的企図を放棄するに至った行為者の心情・動機に対する規範的ならびに可罰的評価にもとづくものと解する（佐伯323頁）として、責任減少を中心とするかにみえるが、さらに、法的には、着手によって一度は生じた「違法および責任」が、中止行為によって減少または消滅させられるものとして、違法減少をも考慮する。さらに、故意を主観的違法要素とする立場から、中止は、故意の実効性を失わせるがゆえに、違法性減少を導き、さらに任意の中止への「決意」は、「法敵対性を弱める」ので責任減少をももたらすとする見解（川端476頁、川端・現代論争〔Ⅰ〕301頁）もこれに属する。

　本説が、「可罰的評価」を考慮する点（佐伯323頁）は妥当であるが、主観的違法要素を認める見解からの違法減少の根拠づけに問題があるのみならず[7]、いったん生じた客観的違法状態が、後の中止行為によって遡って減少することはありえず、違法減少については、基本的に疑問を払拭しえない。

　(d) 総合説　本説は、中止犯の性格について、以上の諸見解の主張のすべてを総合して理解すべきものとする（大塚257頁、藤木262頁、柏木310頁、板倉136頁、同・基本講座4巻42頁以下）。すなわち、中止減免は、違法性減少および責任減少が理論的根拠であって、さらに、それは、犯罪を未然に防止しようとする刑事政策的考慮（板倉136頁）、ないし一般予防・特別予防的考慮（小野清一郎『刑罰の本質について・その他』〔1955〕280頁）あるいは「処罰の必要性（要罰性）」（板倉140頁）を背景にするものとされる。

　本説は、中止犯を、構成要件該当性を除くあらゆる犯罪成立要件の中に位置づけようとするものであるが、このような総合説は、犯罪論の段階的構成および分析的思考の放棄であって、**全体直観的思考**につながるものであり、不当である。あらゆる規範的評価をすべて減少させ、さらに刑事政策的考慮を混入させ、しかも、その根拠が体系的にあらゆるところに散在するというのは、体系化の努力の欠如以外のなにものでもない。

---

[7] これに対する批判として、曽根・現代論争〔Ⅰ〕304頁以下参照。

(e) 従来の検討の帰結　刑事政策的考慮が、たんに犯罪予防的な考慮に尽きるかどうかには疑問があり、その意味では、たとえ「黄金の橋」であるという機能は否定されたとしても、法秩序に帰還したことに対する褒賞として、特別予防上考慮され、あるいは、それに対して報いることで、法秩序に対する信頼を強固にし、社会的統合を促進するという意味での積極的一般予防的効果を考慮するという意味で、刑事政策的観点が、減免根拠に入り込むことは否定できないように思われる。法律説に立つ大多数の学説も、責任減少説や違法減少説と併存して、**二元的**に刑事政策的根拠をも考慮しているのである。しかし、問題は、法律説と刑事政策説（処罰阻却事由説）とが、たんに並列的に併用されていたにすぎず、体系的整序が図られてこなかった点にあった。

(f) 可罰的責任減少説（本書の立場）　このような犯罪論体系への刑事政策的観点の組み入れは、中止犯を「可罰的責任」という要件に位置づけるとき、もっとも円滑に行われうる（☞§143, 3）。責任減少は、義務違反的意欲が事後的に合法的な意欲へと復帰したことに非難可能性の減少が認められるがゆえである。このように非難の程度が減少した中止者に、これによって刑を減軽することが妥当なことはもとより、刑事罰という制裁を科するという形で犯罪の事後処理を行う意味があるかどうかについても、刑事政策的に疑問である。処罰の必要性は減少し、制裁において恩恵を与える方が社会システムの安定化につながる。可罰的責任論の実質的内容である「期待可能性」の観点からは、行為者の中止行為を法秩序が期待可能かどうかについては、実行の着手に出た者は、すでに法益侵害に向かって進行する因果の流れを設定したのであり、もはやそこから引き返すことは期待されえない。このような期待不可能な状況において、あえて期待されえない中止行為を行った者に対しては、それに対する刑事制裁を謙抑的に科することによって報いなければならない。「後戻りのための黄金の橋」は、引き返すような誘引を与えなければならないのではなく、それを渡って合法性に帰還（Rückkehr zur Legalität）した者に対しては、それ相応の報奨を与えるべきだという意味で、事後的な**報奨**（報奨説= Prämientheorie）なのである。

このことを中止犯の規範構造から根拠づけると（山中・中止未遂の研究47頁以下参照、*Yamanaka*, Betrachtungen über den Strafbefreiungsgrund des Rücktritts vom Versuch, in : Festschrift für Roxin, 2001, S. 779 ff.）、実行の着手の後、禁止規範に違

反し、可罰的未遂が根拠づけられるので、中止犯は、まず、いわば障害未遂と中止未遂の未確定状態から、そのどちらに向かうかを決定することから始まる。ここでは、実行の着手に至った行為者には、**結果の発生を回避するよう勧奨する規範**が与えられる。このとき、すでに不法な危険状態は発生しているので、**勧奨規範**に従って中止したとしても違法評価は変わることはない。実行行為以後の中止行為によって変化するのは、**事後行為責任としての可罰的責任**である。結果発生との関係における責任は、結果の発生によって問題となるが、勧奨規範に従って結果の発生を回避したとき、その結果責任は減少する。実行行為後の事後行為としての中止行為は、**合法性への帰還**を果たすことにより事後的に責任清算を果たし、それによって可罰的責任を減少させるのである。

§151　中止犯の要件

1　「犯罪を中止した」という要件

行為者が犯罪の完成を阻止したことを要する。すなわち、中止の意思のみによって中止が完成するのではなく、中止行為によって結果発生を防止しなければならない。すでに行為に移された危険は消滅することはないが、結果の発生を阻止しなければ、結果不法が確定してしまい、中止未遂の恩典を被ることはできないのである。[8]

中止行為には、実行の着手後、実行行為が終了する前にただその後の実行を放棄することによって行われる**着手中止**（Rücktritt vom unbeendigten Versuch）と、実行行為が終了した後、実行行為による結果の発生を積極的に防止することによって行われる**実行中止**（Rücktritt vom beendigten Versuch）の二つの形態がある。

いかなる場合に、たんに犯罪の続行を放棄するだけで「中止」となり、い

---

[8] 塩見・中山古稀3巻251頁は、「中止行為が構成要件実現の危険を減少させねばならないという点には広汎な一致がある」というが、そうではなく、結果防止の必要について広汎な一致があるのである。それを「危険減少」の必要性と呼ぶとしても、それが「違法性の減少」を意味するわけではない。従来、実行の着手によってすでに表出された不法が中止行為によって減少させられることはないと考えられてきたのであり、したがって、違法性の減少をいう者は、主観的違法要素の減少を説いてきたのである。違法評価につながる「危険の減少」につき広汎な一致があるとはいえない。

かなる場合に、積極的に結果発生防止行為をしなければならないかについては学説が分かれている。例えば、6連発のピストルで3発発射したところ、弾丸が被害者に命中しなかったが、その後に、4発目を撃つことをやめたとき、中止したといえるのであろうか。また、6連発のピストルで3発発射したところ、その3発目の弾丸が被害者に命中し、重傷を負わせたが、行為者が、必死に介抱し、遅滞なく病院に運んで手当てを受けさせたため、一命を取り留めたとき、中止行為を行ったといえるのであろうか。この事例で、3発撃った後、4発目を撃つことはやめたが、介抱はしなかったところ、たまたま通りかかった救急車で病院に運ばれ、手当てを受けて一命を取り留めた場合はどうだろうか。この場合の着手中止と実行中止の区別基準が問われなければならない。

(1) 着手中止と実行中止の区別（中止行為の態様の決定）

　実行行為が「終了」しているかどうかを基準とする「着手未遂と実行未遂の区別の実益」は、それが中止犯において着手中止と実行中止を区別する基準となるという点のみであった。しかし、着手未遂における中止か、実行未遂における中止かが、着手中止か実行中止かを決定するのではなく、逆に、着手中止として、行為の続行をたんにやめるだけで中止犯となる場合の未遂を着手未遂、実行中止として、積極的結果防止行為を必要とする場合の未遂を実行未遂と呼ぶというべきであろう。この区別基準については、学説が分かれている。

　(a) 主観説　行為者の犯罪計画に従って、実行の継続を放棄したかどうかを認定するものとする。行為者が、はじめから数発の弾丸の入ったピストルによって数発を発射して殺害する意図であった場合には、その数発が発射されるまでは、実行は継続している。したがって、主観説によれば、先の事例においては、6連発の銃をもって殺害するつもりであったが、3発目を撃った後に、4発目を撃つことを放棄すれば、中止したことになる（牧野・日本刑法〔上〕310頁、宮本185頁、瀧川188頁、荘子〔旧版〕644頁）。

---

[9] この問題の研究としては、金澤・中止未遂の本質119頁以下がある。
[10] 平野「中止犯」刑事法講座2巻409頁（諸問題〔上〕142頁以下所収）が、すでにこのことを指摘している。
[11] 学説の状況につき、詳しくは、山中・中止未遂の研究197頁以下参照。なお、ドイツ語で学説の状況を紹介したものとして、*Yamanaka*, Betrachtungen zum Rücktritt von Versuch anhand der Diskussion in Japan, ZStW 98 (1986), S. 257ff.

これに対しては、すでに1発目が命中し、瀕死の重傷を負わせたとしても、行為者の主観においていまだ行為が完了していないとすれば、着手未遂となり、次の攻撃を行わないだけで、中止となるのは不合理であるとの批判がある。

(b) 修正的主観説　この説は、主観説を修正し、すでに行われた実行行為によって結果発生の危険が生じた場合には、主観のいかんにかかわらず実行未遂であるとする（佐伯326頁、齊藤金作213頁、中214頁）。この説によると、6連発銃で殺害しようとしているのではなく、1発で殺害しようと思っていた場合には、1発撃っただけで障害未遂となる。しかし、現実に6連発銃で、6発まで撃つことができるにもかかわらず、それを知らない場合に、1発目のみを撃ってやめた場合にも、行為の続行を中止するだけでよいのではないだろうか。

(c) 客観説　第1の実行行為が終了するならば、終了未遂であり、第2の実行行為を行うことを思いとどまったとしても、第1の犯罪の終了未遂犯の成立にはなんらの影響もないとする（植松328頁）。この立場によれば、終了未遂はつねに障害未遂である。したがって、連発銃を用いて殺害しようと企てた者が、最初の1発を発射して命中せず、殺意を遂げなかったとすれば、その行為はそのときにすでに障害未遂である。この見解を採る者の一部は、そのまま放置すれば当然既遂に達すべき事態にあったものを行為者の行為によって防止したときのみ、例外的に、固有の中止犯に準じて刑の減免規定の類推適用を許してよいとする（植松330頁）。

この説によれば、放置すれば結果の発生に至る危険を生ぜしめなかった場合には、実行行為の終了によって障害未遂となり、中止規定の類推適用が許されないのであるから、最初の行為によって、大きな危険を生ぜしめた場合には、減軽されるが、より小さな危険を惹起した場合には、中止の余地がなくなることになり、不合理である。

(d) 折衷説　これは、実行行為は、主観＝客観の全体構造をもつものであるから、その終了の時期も実行行為の主観・客観の両側面を総合的に考慮して判断すべきだとする説（福田236頁）である。この説によれば、連続発砲の事例については、第1発目が被害者に命中した場合、積極的に結果を防止する行為のないかぎり中止犯は認められないが、第1発目が命中しなかった場合、第2発目の発射が客観的に可能であり、しかも行為者が主観的にこ

れを認識していたにもかかわらず第2発目の発射をやめた場合には中止犯を認めてよいとする。本説は、実行行為について折衷説を前提とするので、実行行為が主観・客観の全体構造をもつという前提を是認しないかぎり、その点では説得力をもたない。次に、「命中」の語が、死亡の危険のあるような重傷を負わせることを意味するのか、かすり傷程度でも当たればよいのか不明である。

(e) **第2の客観説**　本説は、実行行為の終了時期に関して、因果関係を遮断しなければ結果が発生してしまう状態が惹起されたか否かによって、区別する。したがって、本説によれば、このような危険状態が発生しないかぎり、実行行為はいつまでも終了していないことになる。1発しか装塡されていない銃をそれと知りつつ被害者にめがけて発射したが、当たらなかった場合、いつまでも実行行為が終了しないというのは不合理である。本説は、実行行為の終了の時期の問題と着手中止・実行中止の区別基準の問題とが混同されているので、このような結末に陥っているのである。

しかし、これを両中止行為の区別基準とした場合には、本説は、一定の妥当性をもつ。そのような観点から、中止行為の態様の区別の基準として、まず、客観的に一個の構成要件該当行為の一部として、2発目の発射が可能である場合かどうかを基準とし、可能である場合には、以後の行為をやめるだけで中止となる可能性があるとする。しかし、因果関係を遮断しなければ結果が発生してしまう状態が惹起された場合、中止行為とされるには、積極的な作為が要求されるものとする（中山437頁、大谷388頁、曽根229頁、浅田396頁、前田175頁、山口282頁、井田287頁）。

(f) **考　察**　従来の学説の特徴は、①着手中止と実行中止の区別の問題と、②着手未遂と実行未遂の区別の問題、および③そもそも中止行為が成立するかどうかという問題とを分析せずに混同して論じていた点にある。第1の着手中止と実行中止の態様の区別の問題に限定するならば、第2の客観説の出発点に正しい核心があるように思われる（詳しくは、山中・中止未遂の研究とくに107頁以下参照）。

すなわち、放置すれば結果が発生してしまう状態に至った場合には、作為によりその因果経過に介入してそれを遮断する必要があるので、積極的結果防止行為を行うことをもって、中止行為とする。これに対して、そのような状態が発生していないかぎり、たんなる行為の続行の放棄によっても中止行

為となりうる。しかし、この後者の場合には、実際に「中止行為」となるかどうかは、さらに問われなければならない。

　下級審の判例においては、「死に致す可能性ある危険な行為」がある場合、死の結果の発生を積極的に防止する行為に出ることが必要であるとしたもの（東京高判昭40・4・28 判時 410・16）があり、第2の客観説に近い見解を採っている。着手中止を認めたものとしては、AおよびBが、Cの殺害を共謀し、Bが日本刀でCの右肩を一回斬りつけたところ、Cが倒れたので、さらに二の太刀を加えて息の根を止めようとしたとき、AがBの攻撃をやめさせ、Bがこれに応じて二の太刀を振り下ろすのを断念したが、Cの受けた傷は、出血多量による死の危険を認めることのできないものであったという事案で、殺害の実行行為がBの加えた一撃をもって終了したものとは考えられないとして着手未遂を認めている。本判決（東京高判昭51・7・14 判時 834・106）は、原審において「死の危険」があったと認定したのを否定したものである。さらに、殺意をもって**ウィスキー瓶**で前額部を一回殴打し、裁ち鋏の刃先部分で咽喉部から頬にかけて十数回突き刺し、電気コードで頸部を絞めつけたが、憐憫（れんびん）の情を抱き、中止し、救急車を呼んだ事案では、被害者は加療約2週間の軽傷であったが、「着手中止の色彩が強い」としている（横浜地川崎支判昭52・9・19 判時 876・128）。その他、**牛刀**で頸部めがけて切りつけたが、これを左腕で防いだ被害者から助命を請われて、やめて病院へ運んだが、被害者が全治約2週間の左前切傷の傷害を負うにとどまった事案で、着手未遂にあたるものと判示した（東京高判昭62・7・16 判時 1247・140＝**百選69**）。なお、殺害の意図で、首に**ファスナー**を一回巻きつけて締めつけている間に、ファスナーが切れたため、刃渡り約12センチメートルの包丁を持ち出し頸部前面を一回切り裂いたが、多量の出血を見て驚き、殺害行為の継続を思いとどまり、結果発生防止行為をしたという事案では、「そのまま放置すれば、出血多量により死亡させるに至る危険性が大きかった」として、実行中止を認めた（宮崎地都城支判昭59・1・25 判タ 525・302）。このように判例は、「結果発生の危険」に着目して着手中止と実行中止を区別しようとしているが、行為者の計画や主観も判断に入れているので、第2の客観説を採ったものということはできない。むしろ、修正的主観説ないし折衷説的な見解であるともいいうる。

(2)　中止行為の客観的・主観的要件

(a)　中止行為の客観的要件　　第1の中止行為の客観的要件は、これまで論じてきた「中止行為の態様の決定」のために、遮断しなければ結果が発生してしまう危険状態が発生しているかどうかである。まず、「作為」による結果防止行為の要件は、結果を防止するに足りる行為を行うことに尽きる。それが具体的にどのような行為であるのかは、具体的な状況によるが、問題となるのは、とくに積極的結果防止行為と結果の不発生の因果関係の問題であり、これについては、次に論じる。ここで、問題となるのは、行為の続行

の「不作為」が「中止行為」となるための要件の問題である。中止行為とならない場合には、任意性の判断に至ることなく、障害未遂（fehlgeschlagener Versuch）となる。

(i) **行為の回顧的継続性**　中止されるべき行為は、すでに行われた実行行為の部分と継続性をもつものでなければならない。継続性があるかどうかは、事実的・規範的判断である。したがって、時間的・空間的・構成要件的・行為態様上の「単一性」が認定されなければならない。例えば、コーヒーに毒薬を混入して毒殺を試みたが、相手がコーヒーをこぼしてしまって失敗したので、新たに毒薬を入手し、3日後にふたたび同様の手段で殺害を試みようとしたが、その計画を放棄した場合、1回目の行為は、すでに障害未遂であり、中止行為とはいえない。この場合、2回目の行為の計画を進めながら、やはり「中止」した時点で回顧的に「継続性」が問われる。

　行為の回顧的継続性は、着手中止においても、実行中止においても問題となる。判例においては、まず、前者に関して、Xが、Aから別れ話を持ち出されたことに腹を立て、殺意をもってAの頸部に右腕を撒きつけ、これを強く絞め付けて失神させ、Aが意識を回復すると、さらに、その頸部を、巻きつけた右腕や両手または片手で強く絞め付けて失神させることを数回にわたって繰り返し、Aが急激に失神した様子を見て**死亡したものと誤信**し、その頸部から両手を離したが、その後、大変なことをしてしまったと考え、Aが呼吸をしていることを確認し、いまだ死亡するに至っておらず、かつ、さらにその頸部を強く絞め付けるなどして同人を殺害することに支障はないことを認識しながら、あえてそのような行為に及ばず、同人を揺さぶり起こすなどした事案につき、「被告人は、いったんは被害者が死亡したと誤信したものの、その後、同人が**いまだ死亡するに至っていないことを認識した**のであるから、その時点では、被告人の**殺人の実行行為は終了していなかった**ものと認められ、このような場合、その後に犯人が実行行為に及ばなければ、犯罪の中止が認められることになる」としたもの（青森地弘前支判平18・11・16LEX/DB）がある。この事案では、行為者は、いったん死亡したものと誤信したが、その後、いまだ死亡していないことを認識したので、継続性が認められるとしている。次に、後者に関しては、アルツハイマー型痴呆を患う夫との生活に疲れて前途を悲観した被告人が、夫を殺害したうえ自

---

[12] この意味の「障害未遂」は、わが国では、旧刑法の概念である「缺効犯」の概念を借用し、「**欠効未遂**」と呼ばれることがある。しかし、fehlgeschlagener Versuchとは、中止行為の要件の検討によってすでに障害未遂となる場合をいうのであるから、これをたんに障害未遂と呼ぶことができる。

殺しようと決意し、夫の左胸部を洋包丁で2回突き刺したものの、包丁を取り上げられ、その後3時間を超えて、**救命措置を講じることもなく**、一方で、更なる暴行を加えることもなく**放置していたが**、同人が激しく苦しむのを見て、110番通報して救護を依頼したため、被害者が一命を取り留めた事案において、**中止未遂の成立を認めたもの**（大阪地判平14・11・27判タ1113・281）がある。当該判決は、「実行の着手から110番通報により次郎が救命されるまでの**一連の事態全体を対象として考察すべきものである**」として、包丁を取り上げられて「約4時間を経過してようやく110番通報した」としても、中止行為が認められるとする。

　(ii)　**行為の続行可能性**　　中止となるべき行為のときに、行為者が行為を容易に続行しえたかどうかが、この要件である。行為の続行可能性の判断は、行為時の状況から客観的に判断される。したがって、行為者は、主観的には、1発の弾丸で殺害するつもりであったが、客観的に、2発の弾丸が装塡されていた場合には、客観的に判断すると、続行可能性は肯定される。もちろん、この場合に、中止意思があったといえるかどうかは、中止行為の主観的要件という別の問題である。第1に、「手段の挫折」の場合には続行可能性が否定される。例えば、2発で殺害しようとしていたが、2発目の弾丸が銃の故障で発射できなかったとき、または、しかけた爆弾を爆発させようとしたが、爆発しなかった場合には、続行可能性が否定される。昼間被害者方の妻女一人と思って脅迫し金品を強取しようとしたが、主人が在宅中であると気づいて逃走したとき（東京高判昭31・6・1高裁特3・13・646）も、行為状況の変化（の認識）により、続行不可能となった場合であって、中止行為ではない。しかし、行為の続行可能性は、たんに着手された当該の手段のみでなく、「**手段の変更可能性**」をも考慮して判断されなければならない。すなわち、手段が変更可能な場合には、続行可能性が肯定されることがある。例えば、ビンで頭を殴打して殺害しようとしたが、有効でなかったので、直ちに持っていたヒモで首を絞めて殺そうとしたが、中止したという場合にも続行可能性は存在することがある。第2に、「**行為計画との齟齬**」があった場合には、続行可能性がなくなる。これには、行為客体の同一性の齟齬、行為客体の価値の齟齬の事例がある。これによれば、行為の続行可能性の判断の資料には、行為者の計画が基礎とされてよい。例えば、特定の政治家を暗殺しようとして実行の着手に出たが、人違いだったのでやめた場合、あるいは、特定の機密書類を盗もうとして会社の金庫を開けて、書類を持ちかえろうと、実行に着手したが、すでに周知の情報ばかりであったので、中止した場合に

は、続行可能性はない。被害者に金の持ち合わせがないと知って犯行を断念する場合（名古屋高判昭26・2・24高刑特27・28）も、中止行為とはいえない。

(b) 中止行為の主観的要件　　主観的要件とは、中止行為の意思的側面の意味である。つまり、中止行為といいうるためには、**中止意思**、すなわち、結果回避意思のある行為でなければならない。従来、中止意思の問題は、任意性（「自己の意思により」）の要件と混同され、未分離に論じられてきたが、両者は、別の要件である。例えば、行為者が、2発で殺害しようとして1発目を発砲したが、それが心臓に命中し、被害者を死亡させたと誤信して、2発目を撃たなかった場合、「中止した」といえるのであろうか。客観的手段の点では、続行可能性はある。しかし、行為者には、結果回避意思がなく、中止意思があったとはいえないので、中止行為は認められないというべきである。これは、「**行為の続行の必要性の認識**」の問題である。1発目で、すでに致命傷を与えることができたと思ったため、2発目を撃たなかった場合にも、結果発生に至る危険状態の認識がすでにあり、行為の続行の必要性の認識がないので、中止意思はない。さらに、第2に、「**行為の続行可能性の認識**」の問題がある。2発目の発射が可能であるのに弾丸が1発しか装填されていないと思っていたという先に挙げた事例の場合がこれである。この認識がない場合、中止意思は否定される。

　　判例には、未必的殺意をもって、内縁関係にあった女性に柳刃包丁で顔面、腹部等を数回切り付ける等したが、全治180日間を要する傷害を負わせるに止まり、死亡させるには至らなかったという事案で、「被告人が、カウンター内で、同女に対しその頭部に向けて数回切り付けた時点で、被告人において、すでに前記興奮状態から脱却していたため、それ以上の攻撃に出なかったものと認められるのであって、未必的殺意と評価すべきその内心の意図との対比でいえば、被告人において、被害者が動くことなく血にまみれた状態で横たわっているのを見て、**その目的を遂げたとして、それ以上の攻撃に出なかったのはむしろ当然のことである**と認められるのであり、本件が未遂に止まったのは、単に前記実行行為により致命傷を負わせることがなかったことによるものというべきである」としたものがある（神戸地判平13・9・1LEX/DB）。

(3)　結果の発生を防止するに足りるべき中止行為

　積極的結果防止行為は、結果の発生を防止するに足りる行為をすることで十分である（曽根・重要問題282頁）。しかし、結果の発生を防止するに足りる行為をしたというためには、**自らが結果の発生を防止する行為**を行い、また

は，これを行ったと**同視するに足りる程度の努力**を払ったことが必要である。

　　判例では，現住建造物等放火未遂事件につき，被告人が，衣類にライターで点火した後，燃えた衣類に洗濯物をかぶせて押さえつけた後にも，小物入れや畳などに火が燃え移っている事案において，「結果発生を防止したと同視し得る行為ということはできず，被告人が119番通報をしたことをあわせてみても，…アパートの居住者に火事を知らせ，消火の助力を求めるなどの措置を執っていない以上，結果発生を防止したと同視し得る行為と認めるに足りない」としたもの（東京高判平13・4・9高刑速3132・50＝百選71）がある。

　このように通説・判例は，中止行為が結果発生防止のための「**真摯な努力**」を要求する（大判昭13・4・19刑集17・336）。真摯性を要求するとしても，倫理的評価とは切り離して，ただ，真に結果の発生を防止するよう意欲したかどうかを問題にすべきであるが，第1次的には，客観的に結果発生を防止するために適当で必要な行為（中止行為）をすればよいのであって，その客観的行為に結果発生防止の意欲（中止意思）が表れておればよい。

　この「**真摯な努力**」の要件については，事前的に判断して実行行為にもともと結果発生の因果力があった場合（因果力ある実行行為の中止）となかった場合（因果力のない実行行為の中止）とに分け，後者についてのみの要件と解すべきである。

　　(a)　因果力のある事例群　　前者の場合については，中止の意思と中止行為があって，結果発生の防止につながればよいのであるから，努力の有無は問題にならない。[13]判例の中には，前者についてもこれを要求するものがあるが不当である。[14]真摯な努力を要求することによって，自己が犯人であることを

---

[13] 真摯な努力の概念を用いることに反対する見解として，曽根229頁（「積極的努力」という），大谷392頁。
[14] 判例の中には，未必的殺意をもって果物ナイフで頸部を一回突き刺し，気管内に達する傷害を負わせた後，直ちにタオルを被害者の頸部に当てて止血し，救急車の到着を待ち，救急車が到着するや，消防署員とともに被害者を担架に乗せて救急車に運び込み，警察官に事情を話して現行犯逮捕されたという場合には，真摯な努力を払ったものということができる（福岡高判昭61・3・6高刑集39・1・1＝判時1193・152＝**百選69**）としたものがある。逆に，被害者から救急車を呼ぶよう指示され，119番に電話し，これが通じなかったために110番をして自らの犯罪を申告するとともに救急車の手配を要求した結果，医師の手当てが功を奏して結果の発生を防止できた場合にも，「この程度の被告人の行為をもってしては，未だ被告人自身が防止にあたったと同視すべき程度の努力が払われたものと認めることができ」ないとした判例（大阪地判昭59・6・21判タ537・256）および腹部を突き刺した後，被害者に哀願され，自己運転の自動車で病院へ運び医師の手に引き渡したが，「犯人は自分ではなく，被害者が誰か判らないが他の者に刺されていた」と嘘をついていたとき，「被害者を病院へ運び入れた際，その病院の医師に対し，犯人が自分であることを打明けいつどこでどのような兇器でどのように突刺したとか及び医師の手術，治療等に対し自己が経済的負担を約するとかの救助のための万全の行動を採ったものとはいいがた

自ら告げたかどうかなど、法秩序に対する全面的な恭順の意思を示すことまでをも要求するのは、中止行為の要件を過度に厳格にするものである。

　因果力のある実行行為の中止の場合、どの程度の**積極的結果発生防止行為**が必要かについては、考え方が分かれうる。ドイツでは、これにつき、**機会提供説**（Chanceneröffnungstheorie）と**最善行為説**（Bestleistungstheorie）が対立している（Roxin, S. 548）。前者は、中止行為であるには、結果発生の防止に至る機会（チャンス）を提供すれば十分であるとするものであり、後者は、中止行為というためには、結果発生防止のために行いうる最善のことを行うべきだとするものである。

　例えば、被告人が、養女Xを殺害しようとして後、自らも自殺を図り、さらに放火したが、しばらく意識を失っていた後、目を覚まし、煙から養女を逃れさせようとして養女を**他人の敷地まで運んで力尽きた**が、養女は一命を取り留めたという事案で、判例は、「当時の時間的、場所的状況に照らすと、被告人の右の程度の行為が結果発生を自ら防止したと同視するに足りる積極的な行為を行った場合であるとまでは言い難く、X子が一命をとりとめたのは、偶然通り掛った通行人の110番通報により病院に収容されて緊急手術を受けた結果によるものであったことを併せ考慮すると、本件が被告人の中止行為によって現実に結果の発生が防止された事案であるとは認められない」とした（東京地判平7・10・24判時1596・129）。**ドイツの判例**でも、被告人が、未必の殺意をもって妻に生命に危険の及ぶほどの傷害を与えたが、改心して、発見されることを期待して車で妻を病院の勝手口から95メートルのところまで運んで立ち去ったが、通行人に発見され救助されたという事案で、防止可能性を尽くすことが必要であって、避けうるにもかかわらず成り行きを偶然に委ねることがあってはならないと判示した（BGHSt 31, 46）。

　これらの判例は、最善行為説に従ったものである。もちろん、ドイツの判例には、機会提供説に従ったものも多く、学説では、機会提供説が通説である。機会提供説は、第三者に結果発生防止の中核的部分をすべて委ねても、被告人の行為によって、助かるきっかけが与えられればよいとするものであり、不十分である。しかし、最善行為説も、例えば、先の東京地裁の事例のように、中止行為の途中で意識を失ってしまった場合にも、客観的にみて最善の行為ではないがゆえに、中止行為とならないとすると、助かるべき被害

く、単に被害者を病院へ運ぶという一応の努力をしたに過ぎないものであって、この程度の行為では、未だ以て結果発生防止のため被告人が真摯な努力をしたものと認めるに足りない」とした判例（大阪高判昭44・10・17判夕244・290）もある。

者に助かる機会を少しでも与える方がよいという観点からは、被害者の保護に欠けるであろう。結局、中止行為時にほぼ確実に結果の発生を防止できる蓋然性の高い行為を行えばよいというべきであろう（**蓋然的行為説**）。ただ、結果発生防止のための行為にその当時最善を尽くしたが、力尽きて完成できなかったような場合には、可罰的責任が減少するのであり、因果力がない場合との比較上も、例外的に、中止行為を肯定してよいであろう。

「真摯な努力」が肯定された事案（長崎地判平16・6・30LEX/DB）を紹介しておこう。飲酒仲間のAと口論になった際、同人の横柄な言動に憤激し、同人に対し、同所にあったペティナイフ（刃体の長さ約8.9センチメートル）でその左肩を1回突き刺したものの、同人がひるまずに「やってみろ」などと怒鳴ったため、一層憤激し、同人が死亡するに至るかもしれないことを認識しながら、あえて、同ペティナイフで同人の左頚部を1回突き刺したが、同人の左頚部から血が流れているのを見て我に返り、後悔したことなどにより、同人に**ティッシュペーパーを渡**したうえ、**119番通報をして救急車を呼び、同人に医師の治療を受けさせて犯行を中止し**、同人に加療約10日間を要する左肩刺創、頚部刺創の傷害を負わせたにとどまり、殺害するに至らなかったという事案につき、まず、被告人が、殺意を抱いた後、複数回の刺突行為を継続する意思を持っていたとは考え難いから、被害者の左頚部を1回刺突した時点で**実行行為は終了した**ものとし、本件を実行未遂の事案であるとしたうえ、裁判所は、一般的にみれば、このままでは被害者の**生命に危険を生じかねない状況**にあったとし、被告人の一連の救護措置は、結果発生回避のための**真摯な努力**と評価できるものとする。

「真摯な努力」が認められなかった事案として、酒癖の悪い夫を包丁等で殺意をもって数回突き刺したが、全治約40日間の左側背部刺創、右腋窩部刺入創の傷害を負わせたにとどまった事案がある。これに対し、神戸地裁は、実行未遂を認め、「被告人が119番通報したのは、被告人が、大変なことをしてしまったと思ったことによるものであるから、被告人の119番通報をした行為は、被告人の任意かつ自発的なものであったと認められる。しかしながら、被告人は、119番通報をしてはいるものの、その際、被告人のフルネームや住所を告げることなく、また消防受理者からどこを刺したかを質問されたにもかかわらず、『どこでもええやん。』とか『覚えていない。』と言って質問に答えておらず、さらに通報後、救急隊員が到着するまでの間、被告人は茫然と立ちすくんでいただけで、それ以上の行為には及んでいないのであって、当時の時間的、場所的状況からすると、被告人の前記の程度の行為が結果発生を防止すべき真摯な努力をしたものとまではいい難い」と判示した（神戸地判平14・2・15LEX/DB）。

(b)　因果力の不在・消滅の事例群　　結果発生防止のための積極的な中止

の努力がなされたにもかかわらず、もともと因果力がないため、または、別の原因から結果が発生しなかった場合、中止犯が認められるであろうか。

第1に、もともと結果の発生に至る潜在力のない実行行為であった場合には、そもそも積極的結果防止行為は必要でなく、行為の続行を放棄すればよかったのであるから、着手未遂として中止未遂は成立しうる。したがって、例えば、致死量に達しない毒薬を投与した後、解毒剤を与えるなどの積極的結果防止行為を行ったという場合には、積極的結果防止行為と結果の不発生の間には因果関係がないが、もともと積極的結果防止行為を必要としない事例であったのであるから、実行行為の続行を断念した際に任意の中止行為が表れておれば中止犯となりうるというべきである。

ただ、現実には、致死量の毒薬を投与したと信じている行為者は、次段の行為を予定しているはずがないから、さらなる行為を行わない場合でも中止意思にもとづく「中止行為」であると評価することはできない。致死量の毒薬を与えたのではないことを認識し、さらに投毒行為が可能であったという稀有な場合にのみ、着手中止の可能性がある。このようにして、着手中止の可能性がなくなれば、実行中止の可能性が残される。現実にも、苦しむ被害者を見てわれに返った行為者が、結果発生防止のための行為を行うことになる。ただ、この場合でも、積極的結果発生防止行為を行ったが、もともと実行行為自体が**結果に対する因果力をもたなかった**ので、その防止行為が結果の不発生の原因にはならなかったのである。そこで、ドイツ刑法24条1項後段は、この場合を念頭に置いて、「行為が、中止者のさらなる行為なくしては既遂とならない場合には、既遂を防止するよう任意かつ真摯に努力すれば、中止者は不可罰である」と規定する。これは、「**因果力のない中止**」と呼ばれている。このように、もともと事後的にみれば実行行為に結果発生の因果力がなかった場合には、中止行為の時点で、外観上結果発生の危険があるとみえるのであれば、**任意かつ真摯な結果発生防止への努力**があればよいと解すべきである。

第2に、中止行為とは別の原因が介入して結果の発生を阻止した場合には、違法減少説からは、たんに結果発生防止行為によって行為価値を回復するだけではなく、それが結果の不発生の原因となることによって結果無価値をも阻止したことになり、全体としての違法性が減少するので、結果の不発生との間の「**因果関係の存在**」を要求する見解につながる（小野187頁、佐伯

326頁、植松332頁、藤木264頁、大谷390頁）。ただし、行為無価値のみでも違法減少を認めることはできるので、違法減少説からも因果関係を必要としないという見解も成立しうる（木村368頁、福田236頁、大塚263頁、川端501頁）。判例においても因果関係が必要とされている（大判昭4・9・17刑集8・446）。しかし、責任減少説からは、中止行為を行うことが非難可能性を減少させるので、因果関係は不要とすることにつながる（団藤366頁、平野337頁、板倉145頁、曽根230頁、前田176頁）。この点は、可罰的責任減少説でも同じである。中止行為と結果の不発生との間には因果関係は不要である。[15]

　第3に、他人との共同作業によって、ないし他人の力を借りて結果の発生を防止した場合には、行為者の結果防止行為が、少なくとも自ら防止にあたったの同視するに足りる程度の努力が行われたことを必要とする（大判昭12・6・25刑集16・998）。

　したがって、例えば、重傷を負わせた者が、救急車を呼ぶべく電話しただけでその場を逃走した場合、放火後火勢を恐れ、よろしく頼むと叫び逃走する場合（前掲大判昭12・6・25）、青酸カリの投与後、他人に医者を呼び迎えるよう依頼しただけの場合（東京高判昭25・11・9高刑特15・23）には、いまだ結果防止にふさわしい結果防止行為とはいえない。また、行為者の行為から生じる結果を防止しようと他人が努力している際に、行為者がこれに協力したというだけでは、「他人の発意に基く」ものであり、真摯な結果防止行為とはいえない（大判昭6・12・5刑集10・688）。[16]結果の不発生に至る因果経過を「支配」したことが必要である。

　責任減少説を前提として、中止行為が真摯になされた以上、結果が発生しても中止犯となるとする見解もある（牧野・日本刑法〔上〕316頁、香川315頁、

---

[15] 現行法が「自己の意思により」中止したことを要求していることから、結果の不発生が自己の中止行為と因果関係にある場合にかぎり中止犯の成立を認めていると解すべきであるとする見解（大谷393頁）は、自己の意思に「より」の解釈から中止行為と結果の不発生の因果関係の必要性を根拠づけようとするもので、不当である。「任意性による」べきだとする要請と因果関係は無関係である。しかし、中止行為は、中止に向けられた、結果発生に適した行為であることは必要なことはいうまでもなく、また、実行行為が結果発生に対して十分な因果力をもつ場合には、中止行為が結果の不発生に対して原因となっていなければそもそも結果が発生してしまうのであるから、因果関係があることになることはいうまでもない。

[16] ただし、この判例は、「結果の発生防止は犯人の自発に出たるものに非ずして」とし、「他人の発意に基く」ことを障害未遂とする理由としているから、任意性の問題を論じているものと思われる。さらに犯人が近隣の人とともに消火に助力したとしても、自発の意思で結果の発生を独力防止したものでないから、中止犯とならないとしたものがある（大判昭2・10・25新聞2762・11）。

同・中止未遂 122 頁、川端 501 頁)。しかし、真摯な中止行為がなされたとしても、結局、結果が発生した場合には、未遂犯とはいえず、したがって、未遂を前提とするはずの「中止未遂」は成立しないと解すべきである[17](団藤 365 頁、福田 236 頁、大塚 262 頁、中山 438 頁、曽根・重要問題 282 頁)。ただし、結果の発生が、行為者の実行行為との客観的帰属連関に立たない場合には、結果が発生しても、中止犯となしうることはいうまでもない。

(4) 帰属不可能な結果の発生と中止

中止犯は、中止未遂と呼ばれるように、あくまで未遂であるから、既遂に至れば、中止未遂としての刑の減免を受けることはできない。しかし、結果が発生しても、その結果が行為者の行為に帰属できなければ、結果が発生したことにはならないから、中止未遂の可能性は残る。ここで問題になる事例群を分類すると、次の3種類の類型がある[18]。第1に、①結果発生の危険が、主観的にはいまだ結果の発生に至りうる因果力をもたず、実行行為の続行をやめるだけで、阻止できると考えていたにもかかわらず、別の因果系列の介在によって、結果が発生してしまった類型(=**着手段階の結果発生の危険の類型**)、第2に、②結果発生の危険が自然の因果経過に従えば、結果の発生に至る程度に達したがゆえに、結果防止行為を行ったにもかかわらず、結果が発生した類型(=**実行段階の結果発生の危険の類型**)であり、第3に、③不真正不作為犯における積極的結果発生防止行為にもかかわらず、結果が発生した類型(=**不真正不作為犯における結果発生の危険の類型**)である。

① 着手段階の結果発生の危険の類型 行為者は、5回の毒薬の投与によって被害者を殺害しようと考えていたが、1回の投与の後、中止を決意し、2回目を投与しなかったが、被害者はすでに1回目の毒薬の摂取により死亡したという事案がこの例である。この事案は、いわゆる早すぎた構成要件実現の

---

[17] 責任減少説の立場からは結果が発生しても中止犯の成立が可能とされるはずであるとする見解(平野・諸問題〔上〕164 頁以下)があるが、責任減少説も中止犯が未遂犯の一種であることから、結果の不発生を前提とするものといえる(曽根・重要問題 282 頁)から、この批判はあたらない。

[18] Vgl. *Roxin*, Strafecht AT, Bd. 2, S. 516 ff.(ロクシン(山中監訳)『刑法総論』2 巻第 2 分冊 54 頁以下)ロクシンの分類によれば、①中止行為者が、中止行為を行ったが、実行終了前の段階ですでに結果発生の危険性が存在しており、それによってすでに行った行為から結果が発生した場合(実行終了前の結果発生の危険の類型)、②実行終了後、中止行為の途中で何らかの危険が介在したことによって結果が発生した場合(実行終了後の結果発生の危険の類型)、③不真正不作為犯において、積極的結果発生防止行為が行われたが、結果が発生した場合(不真正不作為犯における結果発生の危険の類型)である。

事例であるから、結果の帰属が肯定され、故意の既遂が肯定されるなら、中止犯の可能性はない。1回の投毒の結果、被害者がアレルギー体質であったといった異常な事態の介在によって、死亡した場合には、帰属が否定されるので、中止犯となりうる。早すぎた結果発生の段階に達しておらず、故意犯の実行の着手がないので、過失犯にすぎない場合には、中止犯は問題にならない。

② **実行段階の結果発生の危険の類型** 結果発生の危険が、積極的結果発生防止行為によらなければ、阻止できない状態に至っていたが、防止行為によっても結果の発生を現実に防止することができなかった場合には、故意による既遂の責任を負う。例えば、行為者が自ら仕掛けた爆弾を解除しようと試みたが、時間が足りずに爆発し、何人かの命を奪った場合がそうである。この類型に属する事例で、結果が発生したにもかかわらず、中止犯が認められるのは、結果発生の危険が、主として中止行為の後に介在した別の因果系列にも由来するような場合である。例えば、被害者を刺殺しようとして大怪我を負わせたが、我に返って中止のため救急車を呼んだところ、救急車が途中で事故を起こし、被害者が死亡した場合、あるいは、毒薬によって殺害されそうになった人が、解毒剤を服用することを拒否したため死亡したという事例が、その例である。このような結果は帰属できないから、未遂であり、中止規定が適用されうる。

③ **不真正不作為犯における結果発生の危険の類型** 不真正不作為犯において中止行為を試みたが、結果が発生してしまった場合については、ドイツの学説においては、これを着手未遂と実行未遂のいずれにあるかで区別する見解（二分説）と、統一的に実行未遂の場合であるとする見解（統一説）とが対立している。これに属する事例としては、子どもを餓死させようと考え、母親が、しばらく子どもに食事を与えなかったが、その後、母親は、子どもが可哀想になり、ふたたび食事を与え始めたところ、それにもかかわらず子どもが死亡してしまったという事案が挙げられる。この場合、**二分説**によれば、着手未遂の段階ならば、中止犯となるが、実行未遂の段階ならば中止犯は認められないことになる。前者の場合には、中止犯が成立し、それでも死亡した点については、故意犯ではなく、過失犯であるとされる。**統一説**によると、着手未遂か実行未遂かを問わず、統一的に、不作為犯の既遂となる。この後者の見解は、不真正不作為犯の事例では、着手中止の場合はなく、すべ

て実行中止であるとする見解を基礎とする。不真正不作為犯の中止の場合、実行の着手の後、積極的結果発生防止行為をしなければ、結果の発生を阻止できないのであるから、すべて実行未遂の段階にあるといわなければならず、すべて実行中止とする見解が妥当であるように思われる。この見解によると、子どもが死亡したにもかかわらず、中止犯が認められるのは、食事の再開の後、流感に罹って死亡してしまったといった中止行為後の別の因果系列の介在の事例のみである。

連邦裁判所の判例（BHG NStZ 1997, 485）の事案では、A が過失で妻 B を暖房機の背後に閉じ込めてしまい、翌朝になってはじめて気づいたときにはもう救助の可能性はなかったが、その後、A がようやく妻を救出したところ、そのさらに翌日に死亡したというものがある。この事案では、連邦裁判所は、不作為による可罰的な不能未遂を認め、中止を否定した。すでに作為犯における終了未遂の段階にあり、危険はいつでも構成要件結果に転化する段階に達していたからである。さらに、判例には、養親が養子を餓死させて殺害しようと食事を与えなかったが、最後の瞬間に救急医を呼んだにもかかわらず、そのときにはもう生き返らせることはできなかったという事案（BHG NJW 2000, 1730）がある。この事案では、連邦裁判所は、統一説に従った。

2 「自己の意思により」の要件

(1) 任意性をめぐる学説

中止行為は、「自己の意思により」なされることを要する。「自己の意思により」の、つまり「任意性」（Freiwilligkeit）の、解釈をめぐっては諸説の対立がある。任意性の概念については、大別すると、行為者の表象における動機の作用が、強制的であったか、自由な選択によるものであったかという心理的圧迫の程度を基準とする**心理的任意性概念**と、そのような行為者の動機に対する規範的・道義的評価を基準とする**規範的任意性概念**とに分けることができる。前者には、主観説および客観説ないし客観的主観説が属する。これに対して、後者には、規範的（限定的）主観説および私見がある。

(a) 主観説 古い主観説は、外部的障害による場合には、自己の意思による中止ではなく、外部的障害以外の内部的動機による場合が自己の意思による中止であるとする[19]（大場〔下〕810 頁、小野 186 頁、荘子 432 頁）。中止の原因が外部的事情にあるのか、内部的動機にあるのかという区別基準によるならば、何らかの外部的事情が契機となって中止した場合にはすべて「自己の

---

[19] 曽根 256 頁以下は、フランクの公式をも用いる。

意思」による中止ではなくなってしまう。したがって、例えば、強盗をはたらこうとして、暴行脅迫を加えたが、ふと被害者の表情を見て、その日が父親の命日であったことを思い出してやめた場合には、外部的事情が契機となって中止動機を形成したのであるから任意性はないということになる。逆に、外部的事情とはまったく独立に、実際には警官が近づいて来ていないのに警官が近づいてくると思ってやめた場合には、本説によると任意の中止となる（板倉 141 頁）のも不合理である。

そこで、現在では、外部的障害が、行為者の表象を通じて内部的動機に強制的影響を与えたか、そうではなかったかにより区別する（団藤 363 頁、福田 234 頁、曽根 231 頁、堀内 244 頁、佐久間 335 頁、井田 290 頁〔折衷説と呼ぶ〕）。本説によれば、外部的障害がなくてもあると思ってやめた場合には障害未遂であるが、逆に外部的障害があってもないと思ってやめたときは、中止未遂となる。行為者の主観によって任意性の有無が決定されるので、主観説と呼ばれる。この説の意味における「任意性」は、**フランクの公式**（Frank'sche Formel）によって表される。それによれば「たとえなし遂げようと欲してもなし遂げることができない」場合が、障害未遂であり、「たとえなし遂げえたとしてもなし遂げることを欲しない」場合が、中止未遂であるとされる（瀧川 189 頁、植松 321 頁、平野 334 頁、浅田 393 頁）。

しかし、フランクの公式によっても、「できない」とみなされるのはいつかという問題がある。例えば、行為の続行が物理的に不可能な場合にかぎるのか、心理的に不可能な場合も含むのかという問題がそうである。まず、物理的に不可能な場合についても、①誰にとっても不可能な場合、②行為者本人の身体的・精神的能力によれば不可能な場合、③当該状況ないし特定の目的ないし計画に拘束されるかぎり不可能な場合に分けて考察することが必要である。ここでは、特定の目的や計画に拘束されていればいるほど、不可能な場合が増えてくるということになるのかどうかが問題である。ダイヤの指輪を盗もうとした者が、サファイアの指輪しか金庫になかったので、盗まなかった場合、ダイヤを盗むという計画からすれば、不可能であるから盗めなかったということになる。心理的に不可能な場合を含むとすると、例えば、憐憫の情が強くなればなるほど、任意ではなくなり、可哀相でとても続行「できない」と思った場合には、任意性はなくなることになる。したがって、心理的不可能性を考慮することは、妥当ではないであろう。

本説に対しては、客体の価値に対する失望によって中止した場合にも、中止犯となる（大塚260頁、佐久間336頁）のは不合理であると批判されうる。例えば、500万円の宝石を盗もうとしたのに50万円の宝石しかなかったために盗まなかった場合も、50万円の宝石を盗むことはできたのだから、任意の中止となるのは不合理である。特定の標的に対する暗殺を請け負った者が、犯行への実行の着手の後に人違いに気づいて、行為の続行を中止した場合にも、「やろうと思えばできた」のだから、任意の中止であるというのは不当ではないだろうか。行為者が、行為の続行が「不利益」であるから中止した場合には、この説によれば、続行が不可能でないかぎり、任意の中止となる（木村365頁、大塚260頁、佐久間336頁）。しかし、たんにそれが「得策だから」中止した者に刑の減免がなぜ必要なのかは説明できない。

(b) 客観説　中止の動機となった事情が、中止の意思に対し一般の経験上通常障害と考えられるものかどうか、すなわち、「社会一般の通念上」強制的影響を与えるものかどうかを基準とする[20]（牧野・日本刑法〔上〕304頁、木村362頁、前田170頁）。一般的・社会的な判断を基準とするところから、客観説と呼ばれる。例えば、警官の姿を近くで見たために中止したという場合には、社会的一般的に、それは中止するための強制的影響となるものであるから、任意の中止とはいえないのである。しかし、本説は、行為者の主観そのものではなく、行為者の意思を度外視して、客観的な性質のみを基準とするので、「自己の意思」という主観の判断が、客観的判断に解消されてしまっており、方法論的に妥当でないと批判されうる（福田234頁）。客観説は、最近では、外部的障害の表象が通常人に「できない」と感じさせたかどうかではなく、通常人にそれでも「遂行しよう」と思わせたかどうかを基準にするように変化してきている[21]（前田170頁以下）。

(c) 客観的主観説（新しい客観説）　主観説を基礎としながら「外部的事情を表象した結果、行為者ができると感じたかできないと感じたかという行為者の現実の意識の過程を客観的に判断し、できたとみとめられるにもかかわらずやめた場合が、自己の意思によりやめたもの」とする（香川310頁、

---

[20] 西原290頁はこれを「折衷説」と呼び、われわれの古い主観説を「客観説」と呼ぶ。
[21] これについて、山中・中止未遂の研究85頁以下・101頁参照。なお、このような判断を行った判例として、前掲福岡高判昭61・3・6および東京高判昭62・7・16判時1247・140＝**百選70**参照。

同・中止未遂103頁、木村静子「中止犯」刑法講座4巻31頁、福田234頁、大塚260頁、板倉141頁）。主観的表象にもとづく動機形成過程を客観的に判断するので**客観的主観説**と呼ぶ。この説は、フランクの公式において、行為者の主観的表象を基礎として、なし遂げることができたかどうか、なし遂げることを欲しないかどうかの判断を、客観的に行うというものである（板倉141頁）。

　本説に対しても、自己の意思という本来主観的なものをなぜ客観的に、一般人を基準にして判断する必要があるのかは明確ではない。また、本説によれば、主観説と同じく、心理的任意性概念を採ることによる問題点を克服できない。すなわち、行為者の動機過程を客観的に判断したとしても、客体の価値に対する失望や人違いによる中止、得策となる場合の中止を、任意の中止として刑を減免する根拠はないといわねばならない。

　(d)　規範的主観説　　何らかの意味における規範的感情のあらわれとしての意思、すなわち、悔悟、あわれみ、憐憫、同情、不安、悪かったと考えること等の広義における自己の行為の価値否定的意思にもとづく中止を任意の中止とするものである（宮本184頁、佐伯323頁、植田139頁、中213頁、中山435頁、内田272頁）。この説は、自己の行為に対する何らかの意味での規範的評価にもとづく中止を任意とするものであるので、規範的任意性概念を採るものである。

　これに対しては、任意性と倫理性を混同するものであるが、動機の倫理性までも要求することはできない、必要的減免を法的効果とするにすぎないのに、任意性概念をこのように限定する必要はなく、このような要件を掲げるのは刑法の謙抑主義にも反する（平野・諸問題〔上〕154頁）、このような道義的動機にもとづく中止行為であれば、結果が発生してしまった場合にも同じ取り扱いをしなければならないであろう（平野333頁）といった批判がある。

　(e)　不合理決断説　　犯罪実行時における目的合理的に行動する人間の冷静な理性を基礎として、不合理に決断して犯罪の実行を中止したとき、自己の意思により中止したといいうるものとする（山中・中止未遂の研究41頁以下・94頁以下）。実行の着手に出た行為者は、犯罪目的の実現に向けて自己の行為を統制しているが、そのような段階にある者の理性的な判断によれば、目的追求のための行為を放棄するのは、実行の放棄の利益が、続行の利益よりも上回るときである。そのような理性的な判断に反して、不合理に放棄するならば、それは、合理的な判断をなすという価値に反する決断であり、その

ような価値から自由な決断である。自己の意思による中止とは、このような価値から逸脱する不合理な決断をいうのである。実行に着手した行為者が、犯罪は悪であると思って行為を中止したとき、犯罪に一旦着手した者の「理性」に反する不合理な決断である。ここでは、一般的な理性が基準ではなく、犯罪遂行者の理性が基準である。不合理な決断により犯罪的意思の弱さを示し、合法性の枠内にとどまった者は、刑罰による事後処理を必要とするほどの当罰的な責任を示してはいないということができる。

　判例 の中には、不合理決断説と同じく、実行行為に出た行為者は、**確定的な犯罪遂行意思** をもち、なんらかの犯罪遂行によって得られる利益を上回る利益ないし価値がないにもかかわらず、中止した場合を任意の中止とするものがある。「強固な確定的殺意を有する犯人」が、謝罪され助命を哀願されて実行行為を中止するのは通常ではないのである（前掲東京高判昭62・7・16）。「**一旦犯罪の実行に着手した犯人**」が「犯罪遂行の実質的障害となる事情」がないにもかかわらず中止したときに、任意の中止であるとしたもの（浦和地判平4・2・27判タ795・263）も、同様の思考を示す。[22] このような「強固な確定的殺意」をもった犯罪者などを、一般的に「犯罪の遂行につき冷徹で理性的な」犯罪者という概念で表し、いわば「理性的犯人像」を、「平均人」といったあいまいなモデルに代えて用いようとするのが、不合理決断説である。[23]

(2) 任意性に関する具体的諸事例の検討

(a) 良心の覚醒・悔悟・同情・憐憫　広義における倫理的動機にもとづく中止は、「自己の意思により」といえることについては、どのような説に立っても異論はない。主観説に立って、フランクの公式を適用した場合に「できる」かどうかの判断において、物理的不可能性が問題なのか、心理的不可能性が問題なのかが明確でなく、ここで、心理的不可能性がまったく排除されうるのかについては疑義がありうる。不合理決断説によれば、これらの動機による決断は、実行行為に出た者の冷静な合理的判断とはいえず、不合理な決断である。判例においては、広義の後悔がなければ任意性を認めないのではないが、限定主観説のいう倫理的感情を考慮したものが多い。例えば、憐憫の情を覚えて中止した場合に、任意性を認めたもの（福岡高判昭35・7・20下刑集2・7＝8・994、前掲東京高判昭62・7・16＝**百選70**、名古屋高判平2・1・25判タ739・243）は多い。流血（前掲福岡高判昭61・3・6＝**百選69**）、驚愕、哀願などの外部の事情を契機に憐憫・悔悟の情を覚えた場合にも、任意性は肯定されている。例

---

[22] 判例は、通常人なら「できた」かどうかより、通常人ないし「強固な確定的殺意」をもつ者なら「中止しようとした」かどうかの判断を重視する傾向にあるが、これは、まさに、不合理決断説が基礎とする「冷徹な理性的犯人像」に至る途上にあるとも評価しえよう。

[23] 詳しくは、山中・中止未遂の研究95頁以下参照。

第4節　中止犯（中止未遂）　§151　中止犯の要件◇　827

えば、驚愕するとともに憐憫ないし悔悟の情を覚えた場合にも中止犯としたもの（横浜地川崎支判昭52・9・19刑月9・9＝10・739、前掲福岡高判昭61・3・6）があり、さらに、ナイフで被害者の胸部を突き刺したところ、被害者がうめき声をあげたので、われにかえるとともに可哀相になり、続けて刺すのをやめたとき（名古屋高判平2・7・17判タ739・245）、母親の首を絞めたが、子供らが泣きだしたので「泣き出した幼児に憐憫を覚え翻意した」とき（福岡高判昭29・5・29高刑特26・93）、被害者の姿をみて憐憫を覚えて翻意し、自己の行為を反省悔悟した場合（東京地判昭40・4・28判時410・16）に、任意性を認めている。さらに、被害者の「性病かも知れない」との発言を信じたがゆえにではなく、「何らかの主観的要因が作用した」ことによって「妊娠させることを可哀想に思い、姦淫することが怖くなって」強姦を中止した場合に、任意性を認めたもの（大阪地判平9・6・18判時1610・155）がある。

そのほか、不倫関係にあったXを殺害して自分も死のうと考えた被告人が、鋭利な刃物でX女の胸部を刺したところ、Xに病院に連れて行くよう懇願され、病院に搬送したが、加療約1か月を要する傷害を負わせた事案につき、「**一旦相手女性の殺害や無理心中を決意した者**が前記のような言葉にたやすく心を動かし犯行の遂行を断念する」ことはないとし、「苦しい息の中で一生懸命訴え続けている同女に対する憐憫の気持ちなども」考慮して「自己の意思により」と認めた判例がある（札幌高判平13・5・10判タ1089・298）が、これも「犯罪者の理性」を基準にしたものといえよう。

(b)　**驚愕・狼狽・恐怖の念・ショック**　判例は、このような動機による中止については、原則として任意性を否定する。強姦の際、手に付着した血痕を見て驚きやめた場合（最判昭24・7・9刑集3・8・1174）、バットで実母を殴打した後、同女の叫び声を聞き、頭部の流血を見て、驚き、殺害を中止した事案（最決昭32・9・10刑集11・9・2202）は、いずれも、任意性を否定している。しかし、恐怖の念を抱いたがゆえに中止した場合については、放火の後、火勢の熾烈なのを見て、恐怖の念を生じ鎮火した事案につき、自己の意思による中止としたもの（大判大15・3・30判例体系30・5・1224）があり、他方、放火後、枯枝が燃えるのを見て怖くなり、他人を呼んで消火してもらった事例につき中止未遂を否定した判例（東京高判昭26・12・24高刑特25・115）がある。しかし、不合理決断説によるならば、恐怖、驚愕、狼狽、ショックなどは、犯罪者の冷徹な理性を標準にして任意性を失わせるものかどうかが判断されるべきである。最近の判例では、母親が登校拒否と家庭内暴行を繰り返す長男を殺害しようとして包丁で胸などを突き刺したが、手に伝わった被害者の血のぬくもりに驚愕するとともに、同人が謝りの言葉を言ったことでその犯意を喪失し、攻撃を中止し、被害者を病院に搬送等のために、傷害を負わせたにとどまった事案に中止犯を認めたもの（横浜地判平10・3・30判時1649・176）がある。「驚愕」のみならず、「犯意の喪失」があっても任意性を肯定しており、このことは、冷静な犯罪者の理性が実質的に考慮されるようになっていることを表しているように思われる。

(c)　**発覚・発覚の恐れ・刑罰に対する恐れ**　判例の中には、犯罪の発覚せんことを畏怖し殺害行為をやめた場合（大判大2・11・18刑録19・1212）、発覚ならびに逮捕を恐れたために共犯者に中止を勧めた場合（最判昭24・10・18裁判集刑14・

223)、あるいは、被害者が泣きだし他人に発見されることを恐れて強姦を中止した場合（福岡地飯塚支判昭34・2・17下刑集1・2・399）に中止未遂とならないとしたものがある。さらに、放火の時刻が遅く、発火が払暁に及ぶおそれがあったために犯罪の発覚を恐れて消火した場合に、任意性を認めなかったもの（大判昭12・9・21刑集16・1303）がある。刑罰を一般的におそれた場合には、規範の呼びかけに答えたものであり、任意性を肯定できる。犯行の発覚の恐れによって中止した場合であっても、外部的障害事由は何ら発生しておらず、犯人もこれを認識していないにもかかわらず、「犯人が、単に、被害者の哀願の態度に触発されて、にわかに、後刻の被害申告等の事態に思い至って中止した」ような場合に、任意性を肯定した判例（前掲浦和地判平4・2・27）はこの意味において理解しうる。

　(d)　状況の好転　暴行・脅迫を受け強姦されそうになった被害者が、時間かせぎのため、少し待ってくれれば合意すると申し述べたため、中止する方が得策だと思って犯人が中止した場合、心理的任意性概念によれば、「やろうと思えばできる」のであるから、任意の中止となる（大塚260頁）が、規範的主観説ないし不合理決断説によれば、広義の後悔にもとづくものではなく、または合理的な決断であるので、任意性は否定される。

　判例の中には、金銭を強取しようとして麻縄で被害者の首を絞めたが、被害者が金をやるというので手を緩めた際に反撃されて目的を達しなかったときに中止未遂を否定したもの（東京高判昭31・6・1高裁特3・12・608）がある。また、強姦罪につき、「被告人が姦淫行為に及ばなかったのは、通常姦淫行為に及ぶことの障害となり得る被害者の抵抗に遭ってその契機を失ったためであり、しかも、被告人が姦淫行為に及ばないまま被害者方を立ち去ったのも、被害者に対する姦淫行為を断念したものではなく、別の機会をとらえて姦淫行為に及ぶことを期待して、**打算的に当面の姦淫行為を差し控えたにすぎず**、被告人が被害者に対し再び同種行為に及ぶ危険は何ら消失していないというべきである」としたものがあるが、不合理な決断ではなく、打算にもとづく場合には、自己の意思によらないとしたものである（東京地判平14・1・16判時1817・166）。同様の事案で、行為者が、目的達成を放棄したのではなく、むしろ、**手っ取り早く目的を達成するため、強姦を中止した事案**につき、「被告人の中止行為が何ら反省、悔悟、憐憫等の心情に基づくものでない」として任意性を否定した判例（和歌山地判平18・6・28判タ1240・345）がある。

　(e)　行為の状況・方法・態様が行為計画と齟齬するとき　この事例群は、行為者がその犯行計画に必ずしも強く拘束されていないので、その計画を変更することによって、行為者の目的実現が不可能とはならず、また、行為の続行可能性が客観的にないとはいえないにもかかわらず、行為の状況・方法・態様の変更を迫られたために、犯行を中止したような場合をいう。例えば、判例は、強姦の被害者が月経中であったことによって犯行を断念したとき（仙台高判昭26・9・26高刑特22・73）、被害者が急病になったと誤信して不安を感じ、犯行の意欲を失ってやめた場合（札幌高判昭36・2・9下刑集3・1＝2・34）、被害者の露出した肌が寒気のため鳥肌立っているのを見て、欲情が減退したため強姦行為を中止したとき（東京高判昭39・8・5高刑集

17・6・557）障害未遂としているが、この場合、任意性が否定されたものというべきである。強盗を企てた者が、予期に反して奪取に適当な物品がなかったので、被害者提供の金員を受領しなかったとき（高松高判昭26・1・25高刑特17・1）任意の中止ではなく障害未遂である。

§152 予備・陰謀の中止

1 予備・陰謀の中止の意義

　予備・陰謀の中止とは、行為者がある犯罪の予備・陰謀を行った後、その犯罪の「実行」に着手することを思いとどまった場合をいう[24]。予備ないし陰謀自体を中止するのではない。このような予備・陰謀の中止に43条但書の適用はあるのだろうか。43条但書は、「自己の意思により『犯罪』を中止したとき」を中止犯とするが、この文言は、43条本文を前提とするものであるから、「犯罪の実行」に着手した者が、中止することを要するとすれば、予備・陰謀罪は、実行の着手前の行為を意味するがゆえに、予備・陰謀には、中止犯は認められないことになる。学説においても、予備罪の中止につき消極説（植松334頁、青柳346頁）があり、判例も、「予備罪には中止未遂の観念を容れる余地のないものである」とする（最大判昭29・1・20刑集8・1・41＝百選72）。しかし、消極説によると、例えば、強盗の予備をしたが実行の着手に出なかった場合には、2年以下の懲役であり（237条）、強盗の実行の着手に出た後に中止すれば、刑の免除を受けることができるようになり（43条但書）、均衡を失する。もっとも、予備罪のうち、放火予備（113条）、殺人予備罪（201条）においては情状により刑を免除しうるとする規定があるので、実際上、43条但書の適用ないし準用を認める必要はない。これに対して、強盗予備罪（237条）、通貨偽造等準備罪（153条）には刑の免除の規定がない。そこで、学説の多くは、43条を適用できないとしても「準用」を認めるべきであるとする（牧野・日本刑法〔上〕320頁、木村369頁、団藤367頁、平野

---

[24] 予備罪を独立罪とみる見解（泉二新熊「予備罪及ビ陰謀罪ニ付テ」法学新報27巻3号41頁）によれば予備罪にも実行行為があり、予備罪の中止とは、その予備という「犯罪」の中止を意味すると解することになる。これによると、予備罪においては未遂の成立する余地はないことになる。この見解に対しては、独立罪と解しつつ、予備行為の完結とは予備行為そのものの終了ではなくして、基本犯の着手としての法益侵害の危険性惹起に求めるべきであるとする見解（内田262頁）がある。

338頁、中216頁、福田238頁、大塚264頁、川端502頁、前田177頁）。

2 予備・陰謀の中止の基準刑

予備・陰謀の中止の場合に、刑を減軽または免除するにあたり、基準とすべき刑は、その既遂犯に対する法定刑とすべきなのか、それとも予備・陰謀に対する法定刑とすべきであろうか。予備罪の法定刑が基準となるとする見解（草野110頁）もあるが、多数説は、予備罪の法定刑自体がすでに一種の法定減軽であり、そのうえになお中止犯としての法律上の減軽を加えることは許されず（68条参照）、また、予備・陰謀の中止は、すでに予備・陰謀自体の既遂に至っているのであるから、予備・陰謀の刑をさらに減軽することは失当であるという理由で（大塚264頁）、既遂罪の法定刑を基準とすべきであるとする（福田238頁、西原273頁、香川317頁、野村・大コン4巻146頁）。

ただ、予備罪につき、既遂罪の法定刑を基準にした場合、減軽してもなお予備罪の刑よりも重い場合も生じうる。そこで、その場合には予備の刑によるべきであるとする（福田239頁、大塚264頁）。しかし、そうすると、二度の法定減軽となり、68条に反するという批判を免れない。したがって、予備の中止には既遂の刑の免除のみが準用されると解する見解が唱えられ（平野・諸問題159頁、西原272頁以下、齊藤誠二・大コン4巻834頁）、また、減軽については、既遂刑につき予備か中止未遂か二つの減軽事由のうちいずれか行為者に有利な方を一つ認めるべきであるとする説（野村・大コン4巻146頁）もある。

§153　中止の効果

中止犯は、「その刑を減軽し、又は免除する」（43条但書）。したがって、**必要的減免**である。中止された犯罪に吸収される他の犯罪が成立している場合でも、刑の減免がなされる。[25] 結合犯の実行に着手した後、中止した場合もそうである。例えば、強盗を行うつもりで暴行・脅迫の後、中止したとすれば、暴行罪・脅迫罪にも問われない（大塚・大コン4巻16頁）。強盗の着手前

---

[25] ドイツ刑法においては、「犯罪のそれ以降の実行を放棄し、またはその既遂を阻止した者は、未遂としては処罰されない」（24条）と規定する。したがって、殺人罪の未遂としては処罰されなくても、傷害罪としては処罰される（いわゆる加重された未遂）（qualifizierter Versuch）。したがって、ドイツ刑法では未遂犯としては必要的に「不処罰」となるが、別の罪の既遂犯として処罰されるということになる。

に行った強盗予備罪も不問に付される。また、実行行為によってすでに被害者を負傷させた後、殺人罪が中止されたときも、傷害罪は認められず、殺人予備罪も成立しない。しかし、中止された犯罪と併合罪の関係に立つ他の犯罪や、観念的競合や牽連犯などの科刑上一罪の関係に立つ犯罪には、中止の効果は及ばない。例えば、窃盗の目的で他人の住居に侵入した後、窃盗を中止しても、住居侵入罪には中止の効果は及ばない。

　また、中止するための行為が、他の犯罪を構成する場合には、その犯罪が成立することはいうまでもない。例えば、ガス中毒死させようと部屋にガスを充満させた者が、中止のため窓ガラスを破壊した場合、器物損壊罪の責を免れない。ここで、その行為につき、緊急避難または期待可能性が考慮される余地を認めるもの（大谷393頁、川端505頁）もあるが、自招危難ともいえるであろう。

第7章 共犯論

第1節 正犯と共犯の基礎理論

【文献】植田重正『共犯論上の諸問題』(1985)、同『共犯の基本問題』(1952)、大越義久『共犯論再考』(1989)、香川達夫「必要的共犯について」平場還暦〔上〕364頁、神山敏雄『不作為をめぐる共犯論』(1994)、亀井源太郎『正犯と共犯を区別するということ』(2005)、佐伯千仭『共犯理論の源流』(1987)、島田聡一郎『正犯・共犯論の基礎理論』(2002)、高橋則夫『共犯体系と共犯理論』(1988)、同「共犯における危険概念」刑雑33巻2号265頁、照沼亮介『体系的共犯論と刑事不法論』(2005)、中山研一=浅田和茂=松宮孝明『レヴィジオン刑法①共犯論』(1997)、西田典之「必要的共犯」基本講座4巻260頁、橋本正博『「行為支配論」と正犯理論』(2000)、平野龍一「正犯と実行」佐伯還暦〔上〕455頁、同「必要的共犯について」犯罪論の諸問題〔上〕(1981)184頁、松生光正「過失による共犯 (1) (2・完)」法学論叢117巻1号42頁・5号27頁

§154 正犯論・共犯論の基礎

1 正犯と共犯の意義と種類

(1) 正 犯

正犯(Täterschaft)とは、行為者が構成要件の要素を自ら充足した場合をいう。換言すれば、刑法の各則において「～した者」と記述されている犯罪構成要件を自ら実現する者が正犯者(Täter)である。構成要件によっては、「幇助」行為を処罰する規定であってもそれ自体が正犯の場合もある(例えば、79条〔内乱等幇助〕)ことに注意すべきである。正犯は、一人で構成要件の全要素を実現する場合には、**単独正犯**(Alleintäterschaft)と呼ばれる。複数の正犯が、同時に同一の客体に対して互いに意思の連絡なしに独立に犯罪を実行した場合、これを**同時犯**(ないし同時正犯=Nebentäterschaft)と呼ぶ。これに

対して、二人以上の者が共同の意思をもって共同して犯罪を実行した場合を**共同正犯**（Mittäterschaft）（60条）という。

広義においては、二人以上の者が犯罪に関与しその実現に寄与する場合をすべて「**共犯**」というから、他の正犯と共同して犯罪が実行される**共同正犯**も、この意味における共犯の一種である。

(2) 同時犯

同時犯は、同一の客体に対して意思の連絡なくして同時に犯罪を実行することをいう。同時犯は、故意犯相互間のみならず、過失犯相互間、故意犯と過失犯についても、殺人罪と傷害致死罪といった異なった犯罪間にも認められる。同時犯であること自体が何らかの効果をもつのではなく、それが共同正犯でなく、それぞれが単独正犯であるという効果をもつにすぎない。したがって、同時犯の一方が実行した犯罪行為の結果については、他方の行為ないし惹起した結果に因果的に作用していたとしても、自己の責任の範囲内に入らないかぎり、責任を負わない。

なお、同時傷害については、一定の要件のもとで「共犯の例による」とする特例があることに注意すべきである（207条）。

(3) 共　犯

刑法各則の犯罪類型の中には、はじめから二人以上で実行されることが予定されているものがある。つねに複数の関与者が予定されているので、概念上必然的に共犯であるともいえる。したがって、これを**必要的共犯**（notwendige Teilnahme）と呼ぶ。

これに対して、法律上単独で実行されることを予定している構成要件を、二人以上の者が関与して実行する場合は、**任意的共犯**（zufällige Teilnahme）という。任意的共犯には、**共同正犯**（60条）、**教唆犯**（61条）および**従犯**（62条・63条）があり、これが**広義の共犯**である。そのうち、**共同正犯**は、前述のように、二人以上の行為者が、共同して犯罪を実行することをいう。共同正犯は、正犯であるが、この意味での共犯でもある。**教唆犯**（Anstiftung）とは、人を教唆して犯罪を実行させるという形で犯罪を実現する場合を意味する。**従犯**ないし**幇助犯**（Beihilfe）とは、正犯を幇助した場合をいう。必要的共犯は、総則の共犯例（60条以下）の直接的適用なくして共犯であり、任意的共犯は、総則の共犯規定の固有の対象である。任意的共犯のうち、教唆犯および従犯は、**狭義の共犯**である。

2 必要的共犯

(1) 集団犯と対向犯

必要的共犯には、同一の側から同一目標に向けられた多数の者の共同行為を類型化した**集団犯**（Konvergenzdelikte）ないし集合犯と、同一目標に向けられているが相互に対向関係にある共同行為を類型化した**対向犯**（Begegnungsdelikte）とがある。集団犯（集合犯・多衆犯）の例として、内乱罪（77条以下）や騒乱罪（106条）などがある。**集団犯**は、複数の関与者が、同一の構成要件内でそれぞれの関与の程度や態様に応じて処罰される。さらに、対向犯の例としては、重婚罪（184条）、賄賂罪（197条・198条）がある。

(a) 対向犯の三つの類型 対向犯は、処罰の観点からさらに三つの類型に分類される。まず、①関与者を**同一の法定刑**で処罰する類型がある。これに属する例は、重婚罪（184条）である。配偶者があって婚姻した者のみならず、その相手方となって婚姻をした者も2年以下の懲役に処せられるのである。次に、②関与者が、**別異の法定刑**で処罰される類型がある。収賄罪（197条）と贈賄罪（198条）がそうである。最後に、③対向的関与行為の**一方のみが処罰される類型**（**片面的対向犯**）がある。わいせつ物販売罪（175条）における販売行為に対する購入行為は処罰されていない。

例えば、犯人蔵匿罪（103条）の場合のように、行為客体である犯人の「**存在**」は必要であるが、犯人の「**行為**」は必要でない場合には、**対向犯の概念から排除される**とする見解（団藤433頁）がある。この見解は、対向犯を相互に対向する「行為」を行う関与類型ととらえ、「存在」することだけを予定されている犯人が「行為」した場合には、予定された定型を超えた「行為」であるから、可罰的共犯であるとしたいという意図のもとに主張されている。対向犯の一方のみが処罰されている片面的対向犯であるとしながら、その処罰を認めるならば、それは、次に述べるように、定型的な関与形式であるかぎり正犯として不可罰とされる行為を行った者をその犯罪の教唆犯ないし従犯として処罰することはできないという一般原則に反するものであるから、これを対向犯の概念から除こうとしたのであろう。

(b) 会合犯 例えば、談合罪（96条の3第2項）や凶器準備集合罪（208条の3第1項）のように、二人以上の行為者の共同行為を必要とするが、それが必ずしも対向関係に立たず、また、集団的性格を有するものでもないものを、**会合犯**と呼ぶ場合がある[1]（大塚275頁）。会合犯においては、その性質上、共同正犯は考えられないが、

---

[1] 柏木12頁は、談合罪などは、数名の「合同的行為」が構成要件の内容とされているものとしているが（大塚275頁）、このように、内部的な類型化がなされていない犯罪を「合同犯」としている。

(2) 必要的共犯と総則の共犯規定の適用

必要的共犯については、総則の共犯規定は適用されることなく、それぞれが正犯として処罰される。集団犯については、集団内部の関与者はその関与形態に応じて処罰され、対向犯についても、処罰規定のあるかぎり、それぞれがその構成要件的行為に応じて処罰される。問題は、**集団犯**について、その集団の外部から関与する者に対して共犯規定が適用されるのかどうかである。また、**対向犯**について、関与者の一方に正犯としての処罰規定がない片面的対向犯の場合に、他方の関与者に対する教唆犯ないし従犯として処罰できるかどうかである。[3]

(a) 集団犯と総則の共犯規定の適用 集団犯は、集団犯罪ないし群衆犯罪の特質を考慮して集団行動に関与した者を一定の態様と限度で罰しようとするものであるから、その規定に掲げられていない態様の関与行為は、これを処罰の外に置くものと考えなければならないという見解(団藤434頁、福田246頁、大塚275頁以下、香川332頁、内田『刑法各論』600頁以下)がある。この見解は、刑法の厳格解釈の趣旨をも理由とする。これに対して、**通説**は、集団犯においては、集団を構成する者については共犯規定の適用はないが、集団の外にいて集団に関与する者には共犯規定を適用しうるものとする(平野380頁、西原322頁、大谷395頁)。

したがって、**前説**によれば、騒乱罪(106条)において、暴動の集団内部において首謀者が付和随行者に対し暴動への参加を呼びかけても、騒乱罪の教唆犯を構成しないことはもちろん、暴動の外部から教唆した者も、騒乱罪の教唆としては不可罰である。[4] 後説(通説)によると、騒乱罪については、集団外部からの率先助勢者を教唆した者、他人を勧誘して集団に参加させた者などは共犯規定を適用することによって騒乱罪に対する教唆が成立しうる。集団犯の集団外からの共犯を不可罰とする根拠がないので、後説が妥当である。

---

[2] 結局、会合犯の概念は、もし会合犯の概念を認めず、これを集団犯としたならば、凶器準備集合罪・談合罪を教唆・幇助した者を処罰することができなくなるとする見解からは不都合であるので、それを避けるために必要となった概念であるということができる。

[3] 必要的共犯に共犯規定の適用があるかどうかについて詳細に論じたものとして、大越『共犯の処罰根拠』(1981)16頁以下参照。

[4] もっとも、内乱罪については、内乱幇助罪は独立の構成要件として処罰され(79条)、内乱教唆については破防法38条に処罰規定がある。

古い判例には、騒擾罪（騒乱罪）について、「騒擾罪の主体たるべき者は刑法第106条に限定しありて、（1）首魁、（2）他人を指揮し、又は他人に率先して勢を助けたる者、（3）付和随行したる者ならざるべからず。故に、首魁にあらざるよりは、騒擾の謀議に参与するも、前示2、3の行為を為さざる以上は、之を騒擾罪に問擬することを得ず」とするもの（大判明44・9・25刑録17・1550）がある。

(b) 対向犯と総則の共犯規定の適用 対向犯については、対向行為のうち一方だけに処罰規定がある場合（片面的対向犯）に、他方の対向行為が、相手方の行為を教唆・幇助していると認められるとき、正犯としての処罰規定がないにもかかわらず、教唆・幇助として処罰することができるかという問題がある。

（i） 最高裁の判例 判例には、まず、次のような**非弁活動の禁止の違反に対する教唆**に関する**最高裁判決**がある。被告人は、弁護士でない A らに、報酬を払う約束で自己の法律事件の示談解決を依頼し、示談契約の交渉をさせて報酬を支払った。弁護士法旧72条は、「弁護士でない者は、報酬を得る目的で訴訟事件、非訟事件及び審査請求……その他一般の法律事件に関して……和解その他の法律事務を取り扱い、又はこれらの周旋をすることを業とすることができない」（非弁活動の禁止）と規定し、これに違反した者を処罰する（同法77条）。被告人が、A に示談解決を依頼することによって弁護士でない A をして法律事件に関し、法律事務を取り扱うに至らせてこれを教唆した点で、弁護士法違反の教唆の罪が成立するかどうかが争点となった。第1審ならびに第2審はそれを肯定した。

最高裁は、次のように判示した。「ある犯罪が成立するについて当然予想され、むしろそのために欠くことができない関与行為について、これを処罰する規定がない以上、これを、関与を受けた側の可罰的な行為の教唆もしくは幇助として処罰することは、原則として、法の意図しないところと解すべきである」。このようにして、原判決を破棄し、弁護士法違反教唆については無罪を言い渡した（最判昭43・12・24刑集22・13・1625＝百選98）。

次に、**導入預金**に関する**最高裁判決**も、同様に、対向犯の一方の他方に対する共犯（共同正犯）の可罰性を否定する。被告人は、信用組合の専務理事 A と面接し、自己への融資方を申し込むとともに併せて同組合の貸出し資金の確保については然るべき預金をあっせんすることを約したうえ、B に対し、自己が事業資金とするために同組合から融資を受けようとしているが、それについては引き当てとなる預金が必要なので、預金者（C）には相応の謝礼をするので然るべき預金をあっせんしてくれるよう依頼した。預金等に係る不当契約の取締に関する法律は、「金融機関に預金等をする者」（C）（2条1項）および「金融機関に預金等をすることについて媒介をする者」（B）（同条2項）を処罰する規定（4条1項）を置く。しかし、預金者または媒介者と通じた「特定の第三者」については、その者が自ら預金等をすることについての媒介をする場合を除いて、これを処罰する規定を置いていない。本件の被告人は、この

「特定の第三者」にあたる。**原判決**は、被告人をBとの共同正犯として本法2条2項に規定する媒介者に該当するとした。

これに対し、**最高裁**は、「本法の規定からすれば、右特定の第三者については、その者が自ら預金等をすることについて媒介をする場合を除いて、これを処罰しない趣旨であると解すべきであって、預金者又は媒介者と特定の第三者が通じたことの内容が、一般的にはこれらの者との共謀、教唆又は幇助にあたると解される場合であっても、預金者又は媒介者の共犯として処罰しない趣旨であると解しなければならない」、「被告人の行為はひっきょうBに対し預金の媒介を依頼したものにすぎず、かかる行為は特定の第三者が媒介者と通じることの内容として通常予想される行為に止まるものであって、かかる行為をとらえて、被告人が預金等をすることについて媒介をした者として本法2条2項、4条1号により処罰することは許されないものといわざるをえない」と判示した（最判昭51・3・18刑集30・2・212）。

ここで問題となっている構成要件は、「特定の第三者」と通じることを予定しているにもかかわらず、この「特定の第三者」の処罰規定を欠いているのであるから、一種の必要的共犯であるといえよう。[5] このようにして、最高裁の判例は、対向犯の一方の、正犯処罰規定のない他方に対する共犯については、「通常予想される行為に止まる」かぎり処罰されないものとする。

(ii) 学説

(ア) 立法者意思説　片面的対向犯にあっては、処罰規定のない方の行為については、立法者は、定型的に当然予想される行為を不可罰としたのであるから、それが、可罰的な方の行為の教唆・幇助にあたる場合も、**定型的な関与形式**であるかぎりでは、教唆・幇助として処罰することは許されないものとする（団藤432頁、なお、これについて、西田・基本講座4巻264頁参照）。このような関与は、定型的関与形式として当然に予想しているところだからである。この説によれば、関与行為が、定型性・通常性の程度を越えた場合には、共犯は可罰的となる。例えば、わいせつ文書販売罪（175条）において、売買契約における買主の定型的な申込みとしてたんに「売ってくれ」というだけではなく、相手に積極的にはたらきかけて目的物を売るように仕向けた場合は、教唆犯の成立を認めるべきだというのである（団藤433頁）。

前述のように、この見解は、**犯人蔵匿**は、犯人の「存在」を必要としても「行為」を必要とせず、必要的共犯の類型に該当しないとする。しかし、犯人が匿って欲しいと依頼することはむしろ通常の形態であって、このような

---

[5] 西田・基本講座4巻264頁。批判的なものとして、平野・諸問題〔上〕198頁。

通常の依頼「行為」がある場合までも、必要的共犯でないと主張するのは、通常の依頼行為をも処罰するべきだという結論を導くためである。この見解は、犯人が他人を教唆して自己を蔵匿させた場合、**犯人蔵匿罪の教唆の成立**を肯定する（団藤『刑法綱要各論』〔第3版〕90頁参照）。他人に犯人蔵匿の罪を犯させてまでその目的を遂げるのは、みずから犯す場合とは情状が違い、「もはや定型的に期待可能性がないとはいえない」からである。この根拠は、後述のいわゆる責任（不法）共犯論に依拠するものである。しかし、この見解は、他方で、必要的共犯については、通常予想される関与行為についてはその可罰的共犯性を否定するが、その論拠として、「正犯的行為が不可罰的である以上教唆的ないし幇助的行為はなおさら不可罰的だという考え方」（瀧川240頁）を援用する。これは、正犯と共犯が同一の処罰根拠に依拠することを認める考え方であり、むしろ、因果的共犯論にこそなじむ見解である。したがって、ここで挙げられた二つの論拠には一貫性がない（西田・基本講座4巻266頁参照）。

　（イ）　実質説　　わが国においては、片面的対向犯の場合の関与行為の不可罰性を個別的・実質的に説明しようと試みる見解（平野379頁、大越・処罰根拠237頁、西田・基本講座4巻266頁）を**「実質説」**（西田・基本講座4巻266頁）ないし**「個別的実質説」**（川端522頁）と呼ぶのが一般的である。[6]

　ここで、一致して認められているのは、当該処罰規定が、まさに関与行為を行った**被害者の保護**を目的としている場合には、不可罰であるということである。例えば、未成年者喫煙禁止法5条は、未成年者と知って煙草を販売した者を処罰する。未成年者が「売ってほしい」と依頼した場合、この罪の教唆として処罰されるであろうか。「被害者」に対しては、当該の法益は保護の客体とはなりえないとし、「違法性」が欠如するというのである（西田・基本講座4巻267頁）。

　また、**関与者に責任がない場合**にも、実質的に処罰する理由がない。犯人

---

[6] 実質説は、立法者意思説が「一元的な方法」を採るのに対して、「多元的な方法」を採る（平野・諸問題〔上〕188頁）。必要的共犯の一方が処罰されないのは、その者にそれぞれ構成要件、違法性、もしくは有責性が欠ける場合であるとする。立法者意思説は、構成要件上除外されていて、不処罰とされる場合を説明したものである。被害者の保護を目的とする規定の場合、実は、必要的共犯行為に違法性が欠ける場合である。その者が過剰に関与するのが当然だと思わせる場合、例えば、自己を逃走させることの教唆、被告人による証拠の隠滅の教唆が不可罰なのは、責任がない場合ないし軽い場合であるとする（平野・諸問題〔上〕190頁）。

自身による犯人蔵匿の違反行為が処罰されないのは、**期待可能性**がないからである。正犯としてすら期待可能性がない行為は、共犯としても期待不可能であり、「責任」が欠如するというのである。このように片面的対向犯の場合の、正犯として、本来、不可罰な者の共犯行為が不可罰なのは、違法性あるいは責任の欠如を意味するとして、実質的に説明しようとするので、これを**実質説**と呼ぶ。

しかし、この説は、他方で、「実質説の理論的基盤は、必ずしも強固なものとはいえない」とし、当罰的ではあってもなお可罰性の枠外に置かれるべき領域を認め、立法者意思説の意味における必要的共犯の概念はなお維持すべきものとする（西田・基本講座4巻268頁以下）。

この説に対しては、当該規定の「法益」は何かについて不明確な場合もあり、「被害者」であるかどうかが学説によって相違することがあることが**批判**されている。この法律自体が、未成年者の同意があれば、法益侵害がないとするものでないことは明らかである。

（ウ）　可罰的規範目的説（本書の立場）　　片面的対向犯の共犯行為が処罰されないのは、結局、犯罪論上の実質的理由と処罰の必要性の意味における**政策的判断**にもとづく。因果的共犯論に立つならば、法益侵害ないしその危険が認められる場合、被害者を保護する規定でもあるからといって、被害者自身の共犯行為に「違法性」が完全になくなるわけではない。ここでは、せいぜい**可罰的違法性**が欠落するにとどまるであろう。責任がなくなるとされる事例も、実際には、**可罰的責任**がなくなる場合にすぎない。構成要件からの除外は、もともと立法者の政策的当罰性の判断である。このようにして、**規範の目的**から、処罰の目的を考慮して**刑事政策的**に「可罰的評価」ないし可罰的違法性（☞§104）・可罰的責任（☞§141）を判断して不処罰としたのが、片面的共犯行為である。

3　正犯と共犯の区別

わが刑法は、正犯と（狭義における）共犯を区別する。わが刑法が正犯についてとくに規定を設けているわけではない。しかし、「二人以上共同して犯罪を実行した者は、すべて正犯とする」（60条）という共同正犯の規定から、刑法は「犯罪を実行した者」が正犯であるとしていることが読み取れる。教唆犯については61条で「犯罪を実行させた」者を教唆犯とする旨を規定し、また、幇助犯（従犯）については62条で「正犯を幇助した」者を従犯とする

旨を規定する。これは、明らかに正犯と狭義の共犯を区別する趣旨を示している。

このように、**正犯と共犯とを区別する立法例**は、フランス刑法（121条・124条）、ドイツ刑法（25条以下）、スイス刑法（24条以下）、ギリシア刑法（45条以下）などで採用され、世界的にみても一般的な立場である。これに対して、犯罪の関与形式のいかんを問わずその成立に関与した者をすべて正犯とする立法例も少なくない。そこでは、構成要件の次元における正犯と教唆・幇助との概念的区別を重視せず、正犯の内部においてその加功の程度・性質に応じて量刑上の区別をするのみにとどまる。このようないわゆる**統一的正犯者概念**[7]（Einheitstäterbegriff）ないし**包括的正犯者概念**（umfassender Täterbegriff）を採用する代表例は、オーストリア刑法（12条）、イタリア刑法（110条）、ノルウェー刑法（58条）、デンマーク刑法（23条）、ブラジル刑法（25条以下）である。[8]

(1) 正犯概念

刑法上、「正犯」についての直接の定義規定はない。しかし、刑法は、共同「正犯」について、二人以上共同して「犯罪を実行した」者をすべて「正犯」とする規定を置く（60条）。さらに、教唆犯とは、人を教唆して「犯罪を実行させた」者であるとし（61条）、従犯とは、「正犯を幇助した」者とする（62条）。このことから、刑法は、正犯とは**犯罪を実行した者**をいうと解していることが分かる。実行行為とは構成要件該当行為のことであるから、正犯とは、構成要件該当行為を行う者であるということができる。したがって、刑法は、狭義における共犯を、この正犯から概念上区別している。かくして、共犯は、構成要件該当行為を行った者ではないことになる。

ところで、構成要件の概念については、**基本的構成要件**と**拡張された構成要件**に区別することができる（☞§70）。上で述べた構成要件該当行為とは基本的構成要件該当行為である。これに対して、狭義の共犯は、拡張された構成要件に該当する行為を行う者である。このようにして、わが刑法は、正犯と狭義の共犯に二分する**「二元論的関与体系」**（大塚285頁参照）を採る。

(a) **限縮的正犯概念と拡張的正犯概念** 歴史的には、まず、条件説によればあらゆる条件は平等に原因であるから、客観的基準たる因果関係の次元

---

[7] わが国においてこれを唱えるものとして、金子正昭「刑法における多数関与犯の理論」第一経大論集23（別冊）181頁以下、立法論として、機能的統一的正犯概念を採用するのが妥当であるとするものとして、高橋・共犯体系72頁以下参照。

[8] 高橋・共犯体系33頁以下参照、オーストリア刑法における統一的正犯者概念については、同書42頁以下、金子・多数関与犯118頁以下・143頁以下参照。

に正犯と共犯の区別基準を求めることはできないとして、正犯者意思をもって行為する者を正犯、共犯者意思をもって行為する者を共犯というように、**行為者の主観**によって区別しようとする**主観説**が登場した。次に、犯罪的結果に対して原因を与えた者を正犯とし、条件を与えたにすぎない者を共犯とする**客観説**が現れた。その後、構成要件論の見地から、自らの手によって直接構成要件を実現した者だけを正犯とする**限縮的正犯概念**(restriktiver Täterbegriff) が登場した。さらに、それによれば間接正犯の場合を正犯とすることが困難であるので、これを説明するため、犯罪の実現に何らかの条件を与えた者は、すべて構成要件に該当する行為を行うものであり、正犯であるとする**拡張的正犯概念**(extensiver Täterbegriff) が唱えられるに至った[9]。

限縮的正犯概念の立場からは、本来、正犯の処罰根拠は構成要件該当行為の実行にあるとするのであるから、共犯の処罰は、正犯以外の者に処罰の範囲を拡張するものであり、共犯は、**刑罰拡張事由**であるということになる。これに対して、**拡張的正犯概念**の立場からは、もともと構成要件該当行為の範囲は広く、すべての関与者は正犯であるので、共犯とは、その処罰の範囲を限定するものであり、その意味で、**刑罰制限事由**である。

(b) 直接正犯と間接正犯 実行行為は、行為者自身の行為によって行われるのが原則である。これを**直接正犯**(unmittelbare Täterschaft) という。これに対して、他人の行為を道具として利用するような形態での犯罪の実現も正犯とされることがある。これを**間接正犯**(mittelbare Täterschaft) という。

<small>例えば、医師が無過失の看護師の行為を利用して患者を殺害しようとし、薬だと偽って毒薬を患者に注射させる場合に、医師は、看護師の行為を道具として利用して間接的に殺人を実行しているので、医師の行為は、殺人罪の間接正犯である。</small>

間接正犯の成立する範囲については、「道具」の概念を厳格に捉えるか緩やかに捉えるかによって、また、共犯論において共犯の正犯への「従属性」の程度をどのように捉えるかによって、広狭の差異が生じうる。限縮的正犯概念を出発点とするかぎり、できるだけ間接正犯の成立範囲を狭くする理論が望ましい。

(c) 基本的構成要件と拡張構成要件 この限縮的正犯概念と拡張的正犯概念の議論は、正犯と共犯を概念的に区別するか、統一的正犯者概念を採る

---

[9] これについては、大塚『間接正犯の研究』(1958) 58頁以下参照。

かという問題とつながるものである（高橋・共犯体系14頁参照）。わが国の刑法は、基本的構成要件に該当する行為を行った者を正犯とするのであるから、**限縮的正犯概念**に依拠するものである。これに対して、共犯は、基本的構成要件から派生する「**修正された構成要件**」（拡張された構成要件）に該当する行為を行う者である（☞§70, 2 (2)）。共犯は**刑罰拡張事由**であるといってもよい。

このような限縮的正犯概念を基礎としても、共犯の処罰をどのように根拠づけるかについては、学説が分かれる。それは、正犯も共犯も原則的に同じ法益侵害ないし法益侵害の危険のある行為を行う点で共通なのか、それとも、正犯は、法益侵害行為を処罰根拠とするが、共犯は、それとは別の処罰根拠をもつのかに関する議論（共犯の処罰根拠論）である。

（ⅰ）　**共犯も法益侵害危険行為を行うものであるとする見解**　　第1に、正犯と共犯とは同一の法益侵害の惹起を内容とする犯罪であるが、その「惹起」の内容が、正犯は相当因果関係を進行に置いた者、共犯は条件関係を進行に置いた者というように、**客観的に区別する見解**がありうる。正犯に関する**客観説**がそうである。しかし、相当因果関係説は、正犯にも共犯にも要求されるというのが、最近の通説であり、この説は妥当でない。

第2に、正犯と共犯では、法益侵害に対する「危険」の程度が異なるとする立場がありうる。すなわち、正犯が原則的に「**侵害犯**」であるとすると、共犯を「**危険犯**」と解するのである。例えば、正犯は侵害犯であるが、共犯は具体的危険犯であるとし、共犯は、具体的危険である正犯の実行行為に出たという時点から可罰的になると考えるならば、この見解がこれにあたる（従犯について、野村394頁参照）。

第3に、正犯と共犯とは同じ構成要件的結果ないし法益侵害を惹起するが、正犯は、「**基本的構成要件**」に該当する形態で惹起し、共犯は、基本的構成要件を「**拡張した構成要件**」に該当する形態で、法益侵害を惹起するものとする見解がありうる。この見解によれば、殺人の正犯は、199条に規定する「自ら」「人を殺した」という基本的構成要件を実現する者であるが、殺人の共犯は、「他人（正犯）を通じて」「人を殺した」という**拡張的構成要件**を実現する者である。正犯も共犯も、人の生命という法益侵害を惹起した点では共通であるが、正犯は、自ら基本的構成要件を実現し、共犯は、拡張された構成要件を実現したのである（植田166頁参照）。

第1節　正犯と共犯の基礎理論　§154　正犯論・共犯論の基礎◇　843

（ii）　**共犯は正犯者を犯罪に誘致するものとする見解**　これに対して、正犯と共犯では**処罰根拠**が異なり、明らかに性格の違いがある（大塚290頁）とする見解がある。この見解に共通するのは、正犯は基本的構成要件を実現し、法益侵害を行う者であるが、共犯は、法益侵害ないし危険を惹起する必要はなく、むしろ、正犯を作りだす者、つまり、正犯者をして「犯罪」を行わしめ「刑罰」を受けさせるように仕向け、誘致する者であると捉える考え方である。つまり、正犯の射程が、基本的構成要件的結果を惹起することであるのに対して、共犯の射程は、正犯にはたらきかけることにあるのであって、共犯は、基本的構成要件的結果を惹起することまでも、その射程としないのである。

共犯として処罰されるには、共犯の射程が、①共犯としての正犯へのはたらきかけを行えばよいのか、それとも、②少なくとも正犯に実行行為を行わせる必要があるのかについては見解が分かれうる。現在の通説である**共犯従属性説**は、共犯の処罰のためには、少なくとも正犯の実行行為を要求する。**共犯独立性説**に立って、因果的共犯論に立たず、正犯と共犯の射程が異なるという見解に立てば、共犯そのものの未遂も処罰の対象となりうることになる。[10] この見解からは、共犯は抽象的危険犯であるということになる。従属性説に立てば、正犯の実行の着手があれば、共犯は完成する。したがって、この段階ですでに共犯の「既遂」である。[11] この見解の典型例は、後に述べる「責任共犯論」である。

拡張された構成要件
修正構成要件　基本的構成要件（正犯）

---

[10] わが国の共犯独立性説（牧野・日本刑法〔上〕411頁以下、木村394頁以下）は、因果的共犯論に立ち、抽象的危険犯説には立たない。

[11] すなわち、「正犯が未遂に終ったとしても、共犯（教唆者）には、例えば、殺人の教唆犯が成立する」。「しかも、刑法61条は、『正犯の刑を科する。』と規定しているから、このことが、『教唆者が正犯であったならば適用せられる法定刑によって処断することを意味する。』」（木村・新構造〔下〕346頁）とすれば、罪名は殺人の教唆犯となり（…）、法定刑も殺人の刑を科せられるとするのが無理のない解釈のように思われるのである」（斎藤信宰441頁）。

正犯の実行行為の性質について、理論的には、それが「違法」であればよいとする見解（**不法共犯論**）と、正犯には違法のみならず「責任」の存在をも要求する立場（**責任共犯論**）とがありうる。わが国で、「構成要件の修正形式」の概念を用いて共犯を説明する学説（団藤373頁以下、大塚125, 285頁）には、このような共犯の処罰根拠を正犯の不法や責任に従属せしめるという考え方が強くみられるといってよい。

(iii) 本書の立場 拡張された構成要件の考え方は、共犯行為は、基本的構成要件の実行行為にあたるわけではないが、正犯結果を惹起する行為について教唆・幇助にあたるかぎりで、基本的構成要件を拡張する構成要件（拡張された構成要件）に該当するとみるものである。したがって、基本的構成要件を因果的に遡及的に拡張したのが「拡張された構成要件」であり（左図参照）、共犯も法益侵害（危険）を惹起する行為である点では、正犯と共通である。このように、正犯も共犯も原則的に（結果犯においては）、法益侵害を惹起することが、その犯罪の中核である点を捉えて、これを「**惹起犯**」ということができる。惹起犯のうち正犯は、「**実行行為**」（正犯構成要件該当行為）によって惹起する必要があり、したがって、惹起だけではなく、さらに実行行為たる要件、すなわち、「**行為支配**」の要件を充たすことが必要である。これに対して、（狭義の）共犯は、正犯行為を通じて法益侵害を惹起する点のみに処罰根拠があるということができる。この点は、不真正不作為犯においても基本的に同様であるが、不作為犯においては、「惹起」の意味が異なる。それは、いわば惹起に準じるもの（準惹起）であって、結果と自然的・物理的因果関係があるのではなく、社会的ないし法的因果関係を有する場合に「惹起」とみなされるものでよい。このような意味で、共犯とは、正犯行為を通じて法益侵害を惹起する行為に及ぶ「拡張した構成要件」に該当するものと解することができる。結論的には、したがって、（ⅰ）の第3の見解が妥当である。

(2) 正犯と共犯の区別の基準

これは、換言すれば、正犯とは何かという問いに対する答えをどこに求めるかという問題である。これには、①主観説と客観説、②行為支配説、③形式説などがある。

(a) 客観説 限縮的正犯概念から出発するならば、客観的基準によって、正犯と共犯とは区別されるということになる。すなわち、限縮的正犯概

念は、客観的正犯論につながる。

形式的客観説は、構成要件の行為記述を基準として、構成要件に記述された行為を完全に充たす者のみを正犯とする。これに対して、その他の因果的寄与をなしたにすぎない者は、必然的に、共犯である。**実質的客観説**は、これに、行為寄与の危険性の程度という実質的観点を付け加える。つまり、それは、正犯者の行為寄与による危険性は、共犯者のそれよりも大きいというのである。

(b) **主観説**　拡張的正犯概念を出発点とすると、因果的には正犯も共犯も平等であるから、客観的には、それを区別できない。したがって、区別は主観に求めざるをえない。それゆえ、**拡張的正犯概念**と、**主観的正犯論**が結びつく。それによれば、正犯者とは、正犯者意思をもって因果的行為寄与をなした者である。これに対して、共犯者とは、共犯者意思をもつにすぎない者である。正犯者は自己のものとして行為し、いわゆる**正犯者意思**（animus auctoris）をもち、共犯者は、他人のものとしての行為を行おうとする、いわゆる**共犯者意思**（animus socii）をもつ。

この「正犯者意思か共犯者意思か」という公式（animus-Formel）は、合理的で検証可能な基準とは言いがたい。この基準は、結局、行為者が誰の利益のために行為するかという「**利益説**」（Interessentheorie）につながるが、犯罪類型の中には、他人の利益のために行為する者を正犯とするものもあり、このような場合、主観説は、役に立たない。例えば、故意ある幇助的道具の場合において、主観説によると、自己のものとして行為しない場合、自分の手で実行し、完全な責任を負うべき者が、幇助でしかないという不当な結論に至ることが決定的に問題である[12]。

(c) **行為支配説**　行為支配説（Tatherrschaftstheorie）によれば、正犯とは、行為を支配する者、つまり、行為事象を手中に収め、行為に出るべきか否か、どのように行為するべきかを決定し、構成要件の実現に際して、「**事象の中心的な人物**」（Zentralgestalt des Geschehens）となる者である。理論的には、行為支配説は、**客観説と主観説の統合形態**である。構成要件該当行為とは、主観的かつ客観的な意味統一であると理解されるべきものである。行為とは、事象を統制する意思のしわざである。しかし、事象統制意思のみが重要

---

[12] *Jescheck / Weigend*, Lb.5.Aufl., S.651.

なのではなく、その者が引き受けた行為分担の重要性も重要である。

　この**行為支配説**は、ドイツにおいては、すでに1930年代にローベによって基礎づけられ、目的的行為論者ヴェルツェルによって「**目的的行為支配**」(finale Tatherrschaft) として展開され、ロクシンの著書『正犯と行為支配』によって完成され、現在、通説となっている。[13]

　わが国においては、**目的的行為支配説**を採用する学説は、「目的的行為支配とは、構成要件的結果を実現する意思をもって、この実現のために、目的的に支配・統制した外部的行為を遂行することである」とし、故意犯にあっては、構成要件実現の意思をもって、構成要件実現の現実的可能性ある行態をなした者が正犯であるとする見解（福田248頁以下）が展開されている。[14]

　わが国では、この目的的行為支配説が、行為支配説そのものであるかに紹介されることがある。例えば、「行為支配説は、目的的行為論を基礎にして、『行為支配』を有する者を正犯と解している」（川端534頁）といったものがそうである。しかし、行為支配説は、ドイツでは、明らかに目的的行為論に反対の立場からも支持されている。

　行為支配説に対しては、一般的には、行為支配の概念が、論者によって不統一であり、「個々的にみても、はなはだ**明確性を欠く**もの」（大塚280頁）と批判され、今日、共犯とされて疑いないものがこの説によると正犯とされることになるなど、正犯と共犯を区別する基準として十分なものとはいいがたいと**論難**されている。

　行為支配説は、たしかにその基準が統一的でなく、また、**組織的支配**（Organisationsherrschaft）について「**正犯の背後の正犯**」(Täter hinter dem Täter) の存在を肯定し、また、**意思支配**（Willensherrschaft）について、被利用者が、強制された場合、錯誤があった場合、故意がなかった場合などに間接正犯になるとする点で、その具体的妥当性は大いに疑問である。

　このように、ドイツないしわが国で展開されている行為支配説については、とくにその具体的内容の点で、ここで展開してきた理論および帰結とはまったく異なるものであるといってよい。

　(d) 本書の立場　　本書は、実行行為を行った者が正犯であるとしつつ、基本的に、**実質的客観説**を採る（☞§146, 2 (4)）。しかし、具体的には、故意

---

[13] ロクシンは、行為支配をもって唯一の正犯原理とするわけではない。行為支配が成り立つ「**支配犯**」(Herrschaftsdelikte) に対して、別の正犯原理が成り立つ「**義務犯**」(Pflichtdelikte) も認める (*Roxin*, Täterschaft und Tatherrschaft, 8. Aufl., 2006, S. 352 ff.)。

[14] 橋本・行為支配論と正犯理論1頁以下参照。

犯における実行行為と過失犯における実行行為とでは、若干、その内容が異なるものとした（☞§97, 3）。たしかに、実行行為性の概念は、故意犯についても、過失犯についても、客観的な「危険」の概念で説明可能である。ただ、本書の構想によれば、故意犯における実行行為は、**規範的障害** を介在させないものであることを要するが、過失犯における実行行為については、実行行為性は、規範的障害が介在する場合でも肯定されうる。

そこで、「**故意犯における実行行為性**」（正犯性）の説明のために、「行為支配」という概念を用いることが、過失犯における実行行為性とは異なるという意味で理解に便宜であるかもしれない。ここでは、「**行為支配**」という概念を用いる場合には、規範的障害を介在させない故意犯における実行行為性を表すものとして用いる。換言すれば、故意犯において行為支配を肯定するためには、事前の危険判断において規範的障害となる他人の介在なく行為者の危険創出行為（実行行為）が肯定されなければならないのである。

この行為支配の概念は、基本的に **不作為犯にも妥当する**。しかし、不作為犯は、準惹起犯であるので、不作為正犯であるためには、事象を積極的に形成する事象「形成支配」ではなく、結果の回避可能性を媒介とする「**潜在的行為支配**」で十分である。潜在的行為支配も、規範的障害を介在させてはならないので、他人の規範的障害となりうる作為が介在し、その他人が事象形成支配をもつならば、不作為犯の「潜在的行為支配」は否定され、不作為犯は、共犯（幇助）にとどまる。[15]

---

[15] 例えば、3歳の息子を殺害しようとしている者を止めないその子の父親の例がそうであるが、不作為犯が、作為犯の作為を阻止しない場合には、不作為者は、作為者に規範的障害がある限り、原則として幇助にすぎない。不作為犯には、規範的障害のある作為犯の作為が介在しているのであって、不作為犯には、「潜在的行為支配」がなく、犯罪を阻止しないことによって結果を準惹起しているだけなのだから、準惹起犯である幇助にはなりえても不作為正犯にはなれないのである。これに対して、もし作為正犯が、規範的障害のない6歳の子供であるとすると、そのわが子に対する殺害行為を阻止しないという行為は、不作為正犯にあたる。これにつき詳しくは、山中「不作為犯の正犯と共犯―基本思想からの考察および区別基準の展開」川端古稀663頁以下、とくに665頁以下参照。

§155 共犯論の基礎

> 【文献】植田博「共犯の因果構造―惹起説の検討―」横山追悼101頁、大越義久『共犯の処罰根拠』(1981)、大野平吉『共犯の従属性と独立性』(1964)、同「共犯従属性説か独立性説か」論争刑法204頁、大谷實「最小限従属形式について」西原古稀2巻457頁、香川達夫『共犯処罰の根拠』(1988)、同「犯罪共同説か事実共同説か」論争刑法150頁、同「犯罪共同説について」刑法解釈学の諸問題(1981)167頁、金澤文雄「犯罪共同説か行為共同説か―行為共同説の立場から―」論争刑法168頁、吉川経夫「共犯従属性説か独立性説か」論争刑法187頁、共同研究「共犯の処罰根拠」刑雑27巻1号116頁、斎藤信治「『極端従属形式』はすてられるべきか」法学新報91巻8=9=10号55頁、齋藤誠二「共犯の処罰根拠についての管見」下村古稀〔上〕1頁、豊田兼彦『共犯の処罰根処と客観的帰属』(2009)、西田典之『共犯理論の展開』(2010)、平野龍一「責任共犯論と因果共犯論」犯罪論の諸問題(上)(1981)167頁、町野朔「惹起説の整備・点検―共犯における違法従属と因果性」内藤古稀113頁、松宮孝明『刑事立法と犯罪体系』(2003) 247頁・275頁、森川恭剛「因果的共犯論の課題―教唆の未遂の否定と正犯と共犯の区別―」九大法学68号1頁、山中敬一「因果的共犯論と責任共犯論」基本講座4巻94頁、同「共犯における可罰的不法従属性に関する若干の考察」中山古稀3巻315頁

1 共犯の本質

(1) 犯罪共同説と行為共同説

(a) 意 義 共同正犯を含めた意味における広義の共犯が、他の関与者と「何」を共同して関与するのかについては、**二つの基本的な学説の対立**がある。犯罪共同説と行為共同説(事実共同説)の対立がそれである。[16]

犯罪共同説は、特定の犯罪(例えば、殺人罪)を数人の関与者が共同して行うことをいう。特定の犯罪を前提として、その特定の犯罪を数人の者が共同で行うことを共犯とする。この見解によれば、原則的に、一定の犯罪について数人の関与者がいることになる。いわば**数人一罪**を共犯とするものである。

これに対して、**行為共同説**は、数人が行為(因果関係)を共同にして各自の

---

[16] この学説の対立は、通常、共同正犯をモデルとして説明されるので、ここでもしばらく共同正犯を念頭に置いてこれを論じよう。なお、わが国の共犯論の対立をとくに従属性の見地から紹介し、行為共同説を唱えたものとして、*Yamanaka*, Gedanken zum Akzessorietätsprinzip-Plädoyer für eine japanische Mindermeinung-, Aktuelle Probleme des Strafrechts und der Kriminologie (Hrsg. *E. W. Plywaczewski*), Blalystok, 1998, S. 583 ff.

【犯罪共同説】　　　　　　　　　【行為共同説】

犯罪を行うことを共犯とする。この見解によれば、同一の犯罪のみならず、異なった数個の犯罪（例えば、殺人罪と傷害致死罪）についても共犯が成立することになる。いわば**数人数罪**を共犯とするものである。

(b) 従来の図式　　従来、犯罪共同説は**古典学派の見地**と相応し、行為共同説は、**近代学派の見地**において採用されているものであるとの理解が一般的であった（大塚284頁）。そこでは、犯罪を行為者の社会的危険性の徴表と解する近代学派にあっては、「本来、構成要件を離れた自然的行為自体についての共同が考えられる」とされる。しかし、行為共同説が、「前構成要件的あるいは前法律的な自然的な行為」ないし「構成要件を離れた自然的行為自体」を共同するという説明は、少なくとも今日の行為共同説については正確なものではない。

(2) 現代の行為共同説

現代の行為共同説は、それぞれの関与者からみてそれぞれの犯罪を共同にすることが共犯の本質であるとみるものであるから、関与者それぞれにとっての**違法な**構成要件該当**行為**を共同することがありうると考えるものであって、何ら**前構成要件的・自然的な行為**を共同するものといっているわけではない。行為共同説も、構成要件理論と相容れないものではない。[17] 狭義の共犯自体はもちろん、違法で共犯構成要件該当の行為であることは必要とするのであり、また、共同正犯においては、すべての加担者に構成要件該当行為を要求するものである。[18] したがって、古典学派でありながら行為共同説を採用する学説（植田169頁、中238頁、川端526頁、なお、野村387頁）に、理論的一貫性

---

[17] もちろん、行為共同説論者の中には、狭義の共犯の成立が**正犯の構成要件該当行為を前提とする**わけではないとするものが多数であることは認めなければならない（佐伯346頁、植田174頁、中255頁、中山448頁）。しかし、このことは、共犯としての可罰性の発生が前構成要件的・自然的な行為で十分であるとする趣旨ではなく、たんに狭義の共犯が従属する**正犯行為**が必ずしも構成要件該当行為である必要はなく、**違法な行為**であればよいとする趣旨であるので、構成要件論と相容れないという批判はあたらない（金澤・論争刑法172頁、川端526頁）。

[18] これについて、山中・基本講座4巻99頁、同・中山古稀3巻315頁以下参照。

がない（団藤391頁）わけではない。

2　共犯独立性説と共犯従属性説

(1)　従来の図式

　従来の典型的な説明によると、**共犯の独立性**とは、狭義の共犯も共犯者の固有の行為によって成立し、かつ、可罰性を帯びるものであると理解する共犯理論である。この理論は、一般に**近代学派**によって採用される。これに対して、**共犯の従属性**（Akzessorietät bei Teilnahme）とは、正犯者が一定の行為を行ったことが、狭義の共犯が成立し、かつ、可罰性を帯びるための前提であるとする共犯理論である。これは、一般に**古典学派**によって採用される理論であるとされる（大塚284頁以下）。そして、古典学派によると、正犯はそれ自体独立して犯罪となるが、狭義の共犯は、正犯に従属してのみ犯罪となる。これに対して、近代学派によると、教唆行為や幇助行為も、それ自体が行為者の反社会的性格の徴表であり、犯罪結果に原因力を有するものであるかぎり、共犯とみることができるものとされる。

(2)　図式の変更

　しかし、共犯の独立性か従属性かという理論的対立が、近代学派と古典学派の対立と理論的に必然的にパラレルなわけではない。[19] それは、たんに**謙抑的処罰主義**を採るか**積極的処罰主義**を採るかの差異にすぎない。古典学派によっても、行為無価値論を徹底すれば共犯行為が行われたのみで、正犯がいまだ実行の着手に出ていない段階でも共犯の可罰性を認めることになりうる。また、近代学派によっても、その理論的徹底にこだわらず、処罰ないし処分の必要性の考慮を介在させるならば、従属性説を採用できないわけではない。

(3)　判　例

　なお、わが国の判例は、伝統的に、共犯の従属性を「やや偏重しすぎる嫌いがないではない」（大塚288頁）くらい強調してきた。「教唆犯及従犯ハ、何レモ正犯ノ行為ニ加担スルモノニシテ独立シタルモノニ非ズ」（大判大12・7・12刑集2・718）などと説き（大判大6・7・5刑録23・787）、教唆・従犯の成立時期や、成立の場所についても、正犯の行為に従属して定められるものとされてきた（大塚288頁参照）。

(4)　従属性の意味

　上で説明した独立性・従属性の意義は、実は、その議論に取り込まれた問

---

[19] 行為共同説と主観主義とは別個の問題として理解すべきとするものに、金澤・論争刑法171頁。

題点の一部を取り上げているにすぎない。共犯の従属性の概念は、次の四つの意味で用いられる。

　①実行従属性＝共犯の処罰は、正犯の実行に従属する。
　②罪名従属性＝共犯の罪名は、正犯の罪名に従属する。
　③可罰従属性＝共犯の処罰根拠は、正犯の犯罪に従属する。
　④要素従属性＝共犯の処罰は、正犯の構成要件か違法性かまたは責任に従属する。

　第1に、①**実行従属性の意義**においてである。これが上で説明した共犯の独立性・従属性の意味にあたる。すなわち、共犯の独立性とは、共犯の処罰は、正犯の実行の着手をまつことなく、共犯行為が行われれば可能になるとする趣旨（**実行独立性**）であるのに対して、共犯の従属性とは、共犯の処罰は、正犯が実行行為に出た後にはじめて可能になるということ（**実行従属性**）を意味するものである。共犯の処罰が、正犯の「実行」に従属するという趣旨で、これを「実行従属性」という。

　第2に、②**罪名従属性の意義**においてである。これは、狭義の共犯の罪名は、正犯の罪名に従属するという趣旨である。例えば、正犯が殺人罪ならば、原則として、共犯は必ず殺人罪の教唆ないし幇助でなければならないとするのが、**罪名従属性**の見地である。これに対して、正犯が傷害致死罪であるのに、共犯には殺人罪が認められるとするのが、**罪名独立性**の見地である。狭義の共犯の問題におけるこの罪名従属性か罪名独立性かという問題は、実は、共同正犯における犯罪共同か行為共同かという問題と同質のものである[21]（植田・諸問題8頁、平野364頁、中219頁、川端524頁）ことに注意することを要する。

　第3に、③**可罰従属性の意義**においてである[22]。これは、共犯の可罰性が、正犯の可罰性から根拠づけられるのか（**可罰従属性**）、共犯は固有の処罰根拠をもつのか（**可罰独立性**）という問題を論じるものである。基本的には、これ

---

[20] 植田・基本問題163頁以下、同・諸問題1頁以下は、実行従属性、犯罪（罪名）従属性、可罰従属性の三つに分類され、平野博士は、実行従属性、罪名従属性、要素従属性の三つに分類される（平野346頁以下参照）。
[21] この点を正しく理解しないと、香川・論争刑法162頁のように「理解にくるしむ」ことになる。また、この二つの問題の理論的整合性を無視すると、行為共同説を採りながら、狭義の共犯では罪名従属性説を採るという矛盾をおかすことになる（川端524頁, 550頁参照）。
[22] これは、今日、共犯の処罰根拠論として論じられている。山中『刑法における因果関係と帰属』（1984）143頁以下、同・基本講座4巻4頁以下、大越・処罰根拠1頁以下、香川・共犯処罰3頁以下、高橋・共犯体系93頁以下参照。

には、共犯の可罰性を正犯のそれから借り受けるという **共犯借用犯説** と、共犯は正犯の可罰性とは独立に固有の処罰根拠をもつという **共犯固有犯説** とがある（植田 158 頁）。しかし、現在、共犯借用犯説を採るものはない。したがって、可罰従属性の問題は、次に論じるように、共犯の処罰根拠は、正犯からはまったく独立に根拠づけられるのか（**純粋惹起説**）、それとも正犯の構成要件、不法ないし責任に従属するのかという形で論じられるいわば量的問題に還元されているといってよい。

さらに、第 4 に、④ **要素従属性** という概念が唱えられている（平野 345 頁・354 頁以下）。要素従属性とは、共犯の概念上の前提となる正犯の行為に犯罪の成立要件における段階的構成要素のうちのどの要素までを充たしていることが必要かという問題を論ずるものである。すなわち、それが構成要件に該当する行為であればよいか（**最小従属性説**）、構成要件に該当する違法な行為であることが必要であり、かつそれで足りるか（**制限従属性説**）、構成要件に該当する違法、有責な行為であることが必要か（**極端従属性説**）という問題であるとされる。正犯は、処罰条件などの犯罪の成立要件以外に必要な処罰のための前提をも充たすときにのみ、共犯の成立が可能であるとするいわゆる **誇張従属性説** も、この延長線上に位置づけられる。この要素従属性の問題は、行為共同説ないし純粋に共犯固有犯説に立脚すると、固有の問題性を失う。したがって、これは、**可罰従属性の問題の部分問題**であるということができる（☞ 4 (1)）。

以上のように、共犯独立性説か共犯従属性説かという理論的対立において、共犯独立性という概念に特別な意味を認めるとすれば、共犯独立性説の意味を、共犯の実行独立性の意味に理解するときのみであろう。罪名従属性あるいは可罰従属性の意味における罪名独立性・可罰独立性は、実行従属性を肯定する立場からも肯定されうるのであって、実行独立性説を採るかどうかとは無関係だからである。以下で、共犯独立性説という場合には、実行独立性を肯定する立場を意味するものとする。

3　実行従属性

実行従属性を必要とするのが、今日の圧倒的通説である。実行独立性説、つまり、共犯独立性説は、かつて近代学派の論者によって支持された（牧野

〔下〕677 頁、宮本 193 頁、木村 394 頁、同・新構造〔下〕110 頁）が、今日ではその支持者はほとんどいないといってよい。[23]実行独立性か実行従属性かの対立は、「共犯の未遂の成立範囲」の問題に大きな意味をもつ。

(1) 実行独立性説 　実行独立性を認めると、教唆行為・幇助行為が行われたが、正犯が実行に出なかった場合、つまり、教唆・幇助の未遂の場合も、可罰的であるという結論が導かれる。[24]共犯独立性説からは、教唆行為・幇助行為も、犯罪意思の発現としての実行行為にほかならないのであり、教唆・幇助の実行行為があれば、その後の経過は、それらの行為のたんなる因果経過にすぎない（牧野〔下〕638 頁参照）と解される。このことは、刑法 43 条にいう「犯罪の実行」とは、教唆行為や幇助行為の「実行」をも含まれるものと解釈することを意味する。独立性説は、さらに、自殺教唆・幇助の処罰（202 条）は、自殺が不可罰なのにその教唆・幇助を可罰的とするものであり、従属性説からは一貫しないと主張する（木村 393 頁）。

(2) 実行従属性説 　実行従属性を認める通説からは、教唆犯・幇助犯の可罰的未遂は、正犯の実行行為が未遂に終わった場合であって、教唆行為・幇助行為が、正犯の実行の着手を招かなかった場合の教唆・幇助の未遂は不可罰である。刑法 43 条にいう「実行」とは、正犯の実行を意味するものとする。[25]すでに述べたように、教唆犯は、犯罪を「実行させた」者（61 条）とし、従犯は、「正犯を幇助した」者（62 条）としていることも、刑法が「実行」を正犯にかぎる趣旨であることを示す。刑法 202 条は、総則の共犯とは関係のない自殺教唆・幇助についての特別の規定であると解する（前田 464 頁）。

---

[23] これを支持するものとして、八木國之『新派刑法学の現代的展開』（増補・1991）22 頁・116 頁、後藤正弘『主観主義による刑法総論』（1978）95 頁、佐々木養二『共犯論序説』（1981）31 頁・141 頁。

[24] 共犯従属性説の中には、教唆行為・幇助行為と正犯者の実行行為とを「同質のもの」とみるか「異質のもの」とみるかに実行独立性説と実行従属性説の相違を認める見解（大塚 285 頁、川端 549 頁）がある。しかし、問題は、同質のものとみても、正犯の実行の着手があるまでに、当罰的な法益侵害の危険が生じるとみるか、生じないとみるかであって、処罰根拠を別のものとするか否かとは無関係である。

[25] 大谷 404 頁は、この見解と並んで、「修正された構成要件に該当する予備・陰謀行為で足りるとする実質説」なる見解を挙げ、これを正当とする。しかし、その「実質説」とは、本来の（形式的な）実行行為ではないというだけのことであるので、紛らわしい「修正された構成要件」に従属する共犯なるものを一般に認めるより、予備・陰謀についても、それぞれその「実行行為」であると説明すれば足りることである（大谷 438 頁は、予備・陰謀罪の教唆を認める）。

共犯独立性説からは、共犯従属性説では共犯は正犯の実行を停止条件とする条件付犯罪とすることになるが、条件付犯罪ということはありえないと**批判**される（木村392頁）。しかし、共犯従属性説は、正犯の実行を停止条件と考えるものではなく、少なくともある種の構成要件的結果と捉えるものである。つまり、不法ないし責任共犯論に立っても、正犯の実行をまってはじめて可罰的となることを、未遂処罰規定のない結果犯の場合において、結果の発生をまってはじめて可罰を帯びるのと同じものとみるのである。もちろん、因果的共犯論に立てば、正犯の実行は、いまだ「構成要件的結果」ではなく、行為と結果との中間段階である可罰的な「具体的危険」の発生、つまり、共犯行為としての実行の着手があったにすぎないと考えるのである[26]（平野349頁、前田464頁）。

実行従属性の内容については、まず、「**実行**」の意義が問題となる。ここで実行とは、通常、実行行為、すなわち、「構成要件該当行為」を意味する。しかし、構成要件該当行為は、縮小しあるいは拡大して解釈されるべきである。まず、縮小解釈されるべきは、構成要件該当行為は、構成要件に該当するだけではなく、制限従属性説に従い、その行為は違法でなければならないということである。これは、共同正犯・教唆・幇助に関する条文上の文言である「犯罪」を縮小解釈することをも意味する。拡大解釈されるべきは、65条1項にいう「**犯罪行為**」である。ここでは、「犯罪」とは異なり、正犯行為のみならず、「共犯」行為をも含むと解釈すべきである。すなわち、65条1項の適用にあたっては、共犯行為に対する従属も考えられるのである。例えば、非公務員に依頼して公務員が賄賂を受け取ってもらったとき、非公務員の「幇助」の「犯罪行為」に、公務員の教唆が従属することがありうるのである[27]（☞§168. 3. (2)）。

4　可罰従属性（共犯の処罰根拠）

(1)　要素従属性の意義

共犯の可罰性は、正犯の可罰性を借用するものであるという共犯借用犯説はすでに否定されている。しかし、共犯の処罰根拠について、正犯行為の何らかの性質に依存するものとして説明されることは今日でも少なくない。このことを考察するに際して、共犯の成立には、正犯に犯罪論のどの要件まで

---

[26] なお、「現実的危険性」とするものとして、川端550頁参照。
[27] 山中「共犯における可罰的不法従属性に関する若干の考察」中山古稀（第3巻）309頁以下参照。

第1節　正犯と共犯の基礎理論　§155　共犯論の基礎◇　855

を具備していなければならないのかという「要素従属性」の問題を論じておこう。

　これには、①最小従属性説＝構成要件該当性
　　　　　　②制限従属性説＝構成要件該当性＋違法性
　　　　　　③極端従属性説＝構成要件該当性＋違法性＋責任
　　　　　　④誇張従属性説＝構成要件該当性＋違法性＋責任＋処罰条件
の四つの見解がある。

　(a)　誇張従属性説　本説は、正犯が明らかに「犯罪」を実行しているにもかかわらず、処罰条件を欠くがゆえに処罰されないというにすぎない場合にも、共犯の成立を認めない点で、合理性を欠くと考えられ、また、65条2項は、正犯の身分による「刑の軽重」が身分のない共犯に及ばないことを明示し、244条3項および257条2項は、犯罪の成立を前提とする「刑の免除」は、身分のない共犯には及ばないとしており、共犯の可罰性は正犯が処罰されるかどうかとは独立であることを明示している。このようにして、この説については支持者はいないといってよい。

　(b)　極端従属性説　本説は、犯罪の成立要件をすべて備える正犯行為を要求するので、刑法61条の「犯罪」を「実行させる」という場合に、「犯罪」の語義の理解としてもっとも自然であるかにみえる。戦前は、この説が通説であった（大場〔下〕1017頁、泉二637頁、瀧川205頁など）。この説によると、例えば、刑事未成年者である13歳の子供の犯罪行為を利用した場合には、共犯が成立しないということになる。これを不可罰とするわけにはいかないので、その場合、かなり強引に、間接正犯であるという構成が採られた（大判明37・12・20刑録10・2415）。しかし、自己の行為の犯罪的意味を事実上すでに理解していると思われる13歳の子供が、完全に「道具」であるといえるかどうかには疑問がある。

　(c)　制限従属性説　そこで、現在の通説は、制限従属性（limitierte Akzessorietät）説である（団藤384頁、平野358頁、福田257頁、大塚286頁、内田306頁、川端552頁）。この説によれば、61条の文理解釈上、「犯罪を実行させた」者とは、犯罪の「実行行為」に出させた者を意味するのであり、61条は、「犯罪」に従属することを要求したものではなく、「実行行為」に従属すれば足りると解することができる。また、実質的には、**「違法は連帯的に、責任は個別的に」**という標語のもとに、違法性の統一性の見地から不法は正犯にとっても共犯にとっても共通であるが、責任は個人的な非難であるから個別的に判断されるべきであるという考え方にもとづく。共犯者の責任が、正犯者の責任に従属するというのは不合理である（大塚288頁）。制限従属性説は、責

任無能力者の行為を利用する場合でも、実際上も、必ずしも間接正犯とするのが適切でないような場合に、共犯の成立を肯定することができる点で、合理性があると判断されたのである。

(d) **最小従属性説**　本説については、従来、構成要件に該当する正当な行為を教唆したような場合、例えば、死刑執行人に対して、死刑執行を命じた上官が殺人罪の教唆として可罰的となるのは不合理であるから支持者はなかったといってよい。

しかし、最近では、「少なくとも正犯者が構成要件該当行為を行わなければ共犯者を処罰しない」という意味での最小従属性説は認めざるをえないとして、これを支持し、正犯行為の違法性を必ずしも要件としない見解が展開されている（前田468頁、なお、大谷407頁参照）。

この説の意図は、共犯関係における**違法性の相対性**を認める点にあると思われるが[28]、最小従属性説によれば、狭義の共犯については、上記の死刑執行を教唆した者や、正当防衛を教唆した者を可罰的とするという**疑問**が払拭できない。本説は、殺人を教唆したところ正犯者が正当防衛として被害者を殺害したという事案で、単純に違法性（正当性）は連帯するから教唆も正当だとはいえないとしつつ、「直接の殺人行為が正当化され、その範囲で、刑法が殺人行為者への帰責を否定した結果が、共犯者に帰責されるのは妥当ではないと考えられる」という（前田469頁）。この結論は、制限従属性説を否定したうえで、正当防衛の教唆を正当化しようとする説明であろうが、それを説明するために、最小従属性説が正当であるという必要性はない。むしろ、この説明は、要素従属性を問題にすることがそもそも必要なのかという疑問につながるものである。因果的共犯論の立場からは、正犯の正当防衛結果を惹起した教唆犯の行為は、正当な行為であるというに尽きる。

(e) **最小従属性説への転向**　なお、最近、「共犯は正犯の法益侵害・危険には連帯するが、違法性には連帯しない」として、制限従属性説から、実質的に最小従属性説に移行した**有力な学説**がある（大谷・西原古稀2巻473頁）。これによって、「正当行為についての共犯が成立することも、理論的には十分認めることができる」とする。この見解は、攻撃をけしかけて正当防衛により殺害するという事例を念頭に置いて、それが制限従属性説によると、道具性が欠けるので、間接正犯でもなければ、正犯行為が違法でないから教唆犯も成立しないが、不可罰にするわけにもいかないので、最小従属性説が妥当であるとする。しかし、この説によると、正当防衛の際に、相手を殺害してもしかたがないと思って「この棒で反撃しろ」と棒切れを渡した者は、殺人の幇助になりうるし、死刑執行を命じ

---

[28] 判例として、最決平4・6・5刑集46・4・245=**百選89**、最判平6・12・6刑集48・8・509=**百選96**参照。なお、高橋「共同正犯の帰属原理」西原古稀2巻343頁以下参照。

(f) 共同正犯と正当防衛の論拠　これらの説は、さらに、最小従属性説の正当性を論証するために、(共謀)共同正犯の場合の**正当防衛の成立の問題**を念頭に置いているようにも思われるが、この点についてこの説の主張を検討しておこう。結論的には、因果的共犯論に立てば、それぞれの関与者の行為の違法性をそれぞれの惹起した結果について別個に考えていけばよいことであって、違法の連帯性の問題ではない。例えば、XとYとが共謀してAを殺害しようとしたが、現実に殺害行為をしたXには正当防衛状況があったとすれば、Xの行為は正当化され、共謀したYの行為も正当化される（前田469頁参照）。XもYも共に、Aの殺害の実行行為を行ったとすれば、それぞれの行為のみをみると、Xの行為は正当化され、Yの行為は正当化されない。正当化されたXの行為については、Yは責任を負わないことはいうまでもない。しかし、XはYの違法行為について共同正犯として責任を負う。したがって、XとYとはそれぞれ殺人罪の共同正犯である。XとYとが、それぞれ共謀の上、AとBとを手分けして殺害しようとしたが、Xのみに正当防衛の成立が認められる場合には、Aの殺害については、Xの行為もYの行為も正当化されるが、Bの殺害についてはXの行為もYの行為も違法である。この場合、A殺害については、どちらの行為も正当防衛の効果を享受し、正当化され、Bの殺害については共同正犯の責を負う。いずれの事例も、違法の連帯性を否定しなければならないものではなく、また、最小従属性説の正当性を論証するものでもない。結論的には、もともと共同正犯の事例について最小従属性説を問題にする必要はないというべきである。

(2)　共犯の処罰根拠

(a) 処罰根拠論の意義　共犯の処罰根拠論は、共犯はなぜ処罰されるかという問題を論じるものである[30]。その問題は、まず、正犯と共犯の犯罪の内容をどのように考えるかという共犯の本質の問題にも関係する。他方、多くの学説によれば、正犯のどのような要素に従属するかという問題、つまり、要素従属性の問題からも、処罰根拠論が影響を受けると解されている。共犯

---

[29] 前田「正当防衛と共犯」内藤古稀149頁以下。そこで前提とされているのは、殺人の共同正犯の一方が急迫不正の侵害に対し過剰に防衛した事案である。そのような事案を問題にした判例では、その者に過剰防衛を認め、他方には、急迫性がない以上、過剰防衛は認めることができないと判示した（前掲最決平4・6・5＝百選**88**）。

[30] 処罰根拠論がわが国で自覚的に展開されるようになったのは最近のことである。植田博士の先駆的業績『共犯の基本問題』があるが、その後、基本的な文献として、大越・処罰根拠が出た。そのほか、平野・諸問題〔上〕167頁以下、相内信「わが国における『惹起説』の問題状況」金沢法学29巻1＝2号401頁以下、香川・共犯処罰、高橋・共犯体系93頁以下、山中・基本講座4巻94頁以下、齋藤誠二・下村古稀〔上〕1頁以下等参照。

は、正犯の不法を惹起するのか、不法・責任を惹起するのか、が制限従属性説か、極端従属性説かに対応するからである。

　それは、とくに共犯論における**行為無価値論・結果無価値論の対立の反映**であり、その観点からの共犯論の見直しであるとも捉えられている（高橋・共犯体系94頁以下、川端527頁）。このような違法論における対立を共犯の処罰根拠論に持ち込んで、それを基準として、共犯論を分析するのは、実体を反映しない**単純化**と**形式的図式化**を共犯論に持ち込むことになる危険があることに留意しなければならない。共犯の処罰根拠の問題が注目を浴びたのは、それよりもむしろ「絶望の章」であり、「昏迷する共犯論」（中219頁）に新たな観点から光を当て、共犯論自体を整序し、共犯論の体系を再構築しようとする試みが必要であったからであるという認識の方が重要であろう。

　(b)　処罰根拠に関する学説　　処罰根拠論に関する学説の分類については、いまだ定説はない。**責任共犯論**と**因果共犯論**に大別する見解がある。[31]また、**責任共犯論**と**違法共犯論**に大別する見解[32]（福田258頁、大谷399頁、川端528頁）、可罰性借用論、責任共犯論、因果共犯論および違法共犯論に区別する見解（内藤「共犯論の基礎」法教114号72頁以下）、責任共犯説、社会的完全性侵害説、行為無価値惹起説、惹起説（純粋な惹起説・修正された惹起説）に分類する見解（大越・処罰根拠67頁）、責任共犯説、不法共犯説、独立性志向惹起説（純粋惹起説）、従属性志向惹起説（修正惹起説）、従属的法益侵害説（折衷惹起説＝混合惹起説）の**五つに分類する見解**（高橋・共犯体系96頁、なお、曽根244頁以下は、後三説を惹起説としてまとめる）などがある。

　これらの分類は、基本的に、「因果関係」（**共犯行為の射程**）と「従属性」（**要素従属性の程度**）という二つの基準を任意に組み合わせて行われているため、体系的整序として明晰性を欠くという欠点をもつように思われる。さらに違法共犯論ないし因果的共犯論、あるいは混合惹起説の意味する内容についても、論者によって異なることがある。

　(c)　処罰根拠の分類　　まず、共犯行為（共犯構成要件）の射程については、実行従属性を前提とすると、ⓐ**正犯の実行行為**、ⓑ**正犯結果**の二つに分類できる。惹起説を前提にして、共犯が惹起するものとして重要なのは、①

---

[31] 平野・諸問題〔上〕167頁、平野354頁以下は、因果的共犯論を「違法共犯論」ともいう。この対比は、単純化されすぎているが、特徴を代表的に示すものであり、誤りではない。
[32] この見解は、基本的に共犯の処罰根拠論においては、**共犯構成要件の射程**が、まず、問題になっていることを看過するものであって不当である。「違法」か「責任」かは、たんに正犯への従属形式の問題であって、その問題の**下位の問題**である。

第1節　正犯と共犯の基礎理論　§155　共犯論の基礎◇　859

たんなる正犯結果か、それとも②正犯の不法ないし③正犯の責任かについては、基本的に三つの見解がありうる。しかし、現実には、極端従属性説を支持する者がいないので、③責任行為惹起説は考慮の外に置くことができる。さらに、④共犯が惹起するのは正犯の不法であるが、共犯行為それ自体の不法もそれに加わるとする見解もありうる。まず、前者の共犯構成要件の射程を基準にして分類すると、次のように分類できる。

①責任共犯論ならびに（行為）不法共犯論
②因果的共犯論

次に、因果的共犯論の内部において従属性の程度を基準に分類すると、次のようになる。　①正犯不法惹起説（従属性志向惹起説＝修正惹起説）
②二元的不法惹起説（混合惹起説＝折衷的惹起説＝従属的法益侵害説）
③純粋惹起説（違法結果惹起説）[33]

(d)　責任・不法共犯論

（i）　責任共犯論　　責任共犯論（Schuldteilnahmetheorie）は、極端従属性説を基礎としつつ、共犯行為の射程は、正犯を「責任」のある「犯罪行為」に誘致し、「刑罰」の対象となるように仕向けることに尽きるとする見解（泉二682頁、江家190頁、安平363頁、荘子〔旧版〕717頁、齊藤信宰444頁）である。したがって、共犯の実行行為以後の結果の、共犯への帰属は、共犯の正犯への従属性によって説明することになるであろう。この説は、教唆犯を中心に構築された理論である。もともと、共犯の処罰根拠は、共犯者が正犯者を堕落させて、犯罪を行うべく陥れた点に求められる（**陥罪説**）。どちらかといえば、犯罪行為よりは、「犯罪者」に着目する近代学派の共犯論に適合し、また、刑法の任務を社会倫理秩序の維持ないし心情価値の保持にあると考える刑法観に適合する見解である。

（ii）　不法共犯論　　この意味の不法共犯論（Unrechtsteilnahmetheorie）は、共犯者は、正犯者を「違法な行為」へと誘致したり、正犯者を支援する点に、処罰根拠を求める。制限従属性説のもとで、正犯の不法の根拠と共犯のそれとは根本的に異なるものと解する。この見解によれば、共犯者は、基本的構成要件が定める禁止規範に違反するものではないのである。[34]したがっ

---

[33] 山中・基本講座4巻99頁においてそのように命名した。
[34] ドイツで展開された理論によると、むしろ、正犯者を犯罪へと走らせることによって、その社会的統合を解体し、それによって法的平和が攪乱されるのであり、そこに処罰根拠があるとするの

て、この見解によれば、真正身分犯への共犯の処罰を容易に根拠づけうるとされる。例えば、公務員に収賄を教唆した非公務員の罪責は、公務員を不法へと誘致した点にあるのである。

わが国では、この見解は、罪名従属性に固執する一方、「正犯結果」の惹起よりもむしろ、**正犯の「実行行為」の惹起**で共犯の射程は尽きるとする見解に現れている。具体的には、共犯を**「修正された構成要件」**に該当するとする見解(団藤373頁、大塚126頁)ないし混合惹起説をとると自称する見解(大谷400頁)には、理論的に必ずしも正犯結果の惹起までを共犯行為の射程と考えていない説もみられるので、この見解は、自らは因果的共犯論に位置づける傾向があるにもかかわらず、次の正犯不法惹起説よりは、むしろ、この行為不法共犯論(行為無価値共犯論)モデルに近いように思われる。

(e) 因果的共犯論(惹起説)

(ⅰ) 正犯不法惹起説 ドイツにおいては、従属性思考によって**修正された惹起説(修正惹起説)**が通説であるが、それは、共犯者は、その不法をその行為自体からではなく、正犯者のそれから演繹する見解をいうものと理解されている。すなわち共犯者が処罰されるのは、正犯の行為を誘致・促進したからであり、共犯の不法は、正犯の不法に従属しているとするのである。この見解によれば、共犯は、直接、正犯結果を惹起するのではなく、正犯行為を誘致・促進することによって間接的に惹起するのである。

わが国においても、違法の連帯性を強調しつつ、惹起説(Verursachungstheorie)を標榜する見解は、ドイツの修正惹起説よりは、因果的契機を重視するが、一応、この説に属するものといってよいであろう。

(ⅱ) 二元的不法惹起説 この見解は、惹起説には立つが、正犯と共犯の違法の連帯性を、正犯不法惹起説のように厳格に解さず、**違法の相対性**をも肯定し、共犯の独自の不法と正犯の不法の**二元論的な不法の根拠づけ**を行

である。しかし、このような社会的統合の解体による根拠づけが、この理論の不可欠な中心部分ではないと思われる。

[35] 小野博士は、共同正犯は、その一方の者の行為が、正犯結果に対して因果関係をもたない場合にもその責任を負わなければならない場合であるとされる(小野206頁)。

[36] この説は、アジャン・プロヴォカトゥールについて未遂の教唆の可罰性を認める点(団藤407頁、大塚312頁、大谷435頁、川端590頁)で、共犯の射程は、正犯の実行までに尽きるのであり、それ以降は、正犯に従属するとしているように思われる。

[37] 平野354頁以下、西田「共犯の処罰根拠と共犯理論」刑雑27巻1号144頁以下、内藤・法教114号73頁、曽根272頁。

第1節　正犯と共犯の基礎理論　§155　共犯論の基礎◇　861

う見解をいう。したがって、**混合惹起説**、折衷的惹起説、従属的法益侵害説ともいわれる。この説からは、共犯不法と正犯不法の相対性が部分的に肯定される。この説には、共同正犯において一定の限界内で行為共同説を採用するものもあり、狭義の共犯においても、正犯と共犯の罪名独立性を一定の範囲で肯定する。客観的にこの説に属すると思われる見解（高橋・共犯体系166頁、大越・共犯論再考181頁、前田459頁）のほか、自らこの説に属するとされるものがある[38]（大谷400頁）。

　この説に分類されうる学説は、その具体的帰結においては、かなり多様であるといってよい。また、別の説は、純粋惹起説にかぎりなく近づく（山口・問題探究243頁）が、制限従属性説を維持し（山口・問題探究244頁）、「正犯による違法な構成要件実現」を要求する（山口300頁参照）。

　このように、因果共犯論の中の混合惹起説は、何らかの罪名従属性を固守する見解であり、正犯と共犯の違法の相対性を根拠とするだけではなく、共犯の罪名に対する正犯の優位性を前提とする理論なのである。

　(iii)　純粋惹起説（違法結果惹起説）　　この見解は、ドイツにおいては、少数説であり、共犯の処罰根拠は、正犯結果の惹起にあるとし、従属性をたんに「**事実的性質**」しかもたないものとする。わが国では、共犯の処罰根拠は、共犯も、正犯の行為を介しながら違法な正犯結果を惹起した点にあると考える。したがって、純粋惹起説には、理念型としては、行為無価値型の、**違法の相対性を認める見解**と、結果無価値型の、**違法な結果から行為の違法性を判断する見解**があるといえる。

　(ア)　結果無価値論的純粋惹起説　　わが国の純粋惹起説は、完全な共犯固有犯説であり、いかなる意味でも、正犯の違法性に従属して、共犯行為が違法性を帯びるわけではないとする[39]（佐伯332頁、植田152頁以下、中220頁以下、中山444頁、山中・基本講座4巻99頁）。ただし、結果無価値論的に考察するならば、共犯行為全体が違法となるためには、正犯が正当であってはならないから、正犯行為は違法でなければならないことは、この説からも前提とされる（佐伯338頁参照、山中・基本講座4巻99頁）。

---

[38] 大谷400頁によると、その混合惹起説とは「正犯者の実行行為を通して、間接的に法益を侵害しているとする見解である。初版とは異なり、団藤・大塚説の引用はなくなり、山口・井田・松宮説が引用されている。
[39] この説は、共同正犯において行為共同説を採り、狭義の共犯において罪名独立性説を採る。

この説からは、要素従属性の概念は不要であるが、結果無価値論的立場に依拠するので、もともと正犯結果が違法であることは、共犯成立の前提となる[40]。したがって、この説が、まったく任意に**違法性の相対性**を標榜するわけではない。むしろ、共犯も正犯の行為を通じて基本的構成要件を実現するものと考えるのであり、したがって、正犯行為（結果）が正当化されるならば、共犯行為にとっても、危険ないし結果が正当化されたのであり、処罰しえないということになる。この論理は、正犯の正当化に従属して共犯が正当化されるというのではなく、共犯行為の一定の結果が正当化されるから、処罰されないと考えるのである。換言すれば、純粋惹起説は、**共犯固有犯説**を徹底するものであるが、正犯者の行為は、その因果経過に組み込まれているのであるから、正犯者の行為を通じて構成要件的不法結果を惹起せざるをえないのである。そうだとすると、正犯が正当化されるならば、狭い意味の共犯行為自体が正当化されなくても、正犯行為を通じた全体としての共犯行為は、結果無価値を否定され、正当化されるのである。

（イ）　最小従属性の否定（可罰的不法従属説）　また、原則的に、正犯行為は、構成要件該当行為であることを要しない、つまり、最小従属性すら否定するというのが、この説の中の多数説である（佐伯・源流69頁・115頁、植田・基本問題107頁、中・諸問題478頁）。それによれば、過失器物損壊の教唆も可罰的であり、医師の過失秘密漏示を教唆した看護師も可罰的である[41]。

共犯の処罰は、正犯の「**可罰的不法**」に従属するものと解すべきである（山中・中山古稀3巻295頁以下参照）。これは、正犯の構成要件該当性を要求するわけではないが、可罰的に違法な行為であることを要求するものである。したがって、自傷行為、自損行為を教唆した場合の教唆者の罪責（山口・問題探究241頁）も、正犯の行為が「可罰的不法」を有しないかぎり、共犯は処罰されないのである[42]。ただし、正犯行為が、構成要件該当行為（正犯）であることを要しないので、特別の規定（例えば、65条1項）があるかぎり、・可罰・的・な・共・犯・行・為・に・従・属・す・る・場・合・も・あ・り・う・る（☞§168, 3 (2)）。

---

[40] その意味で、山口・問題探究241頁以下の「逮捕状の執行に対する逮捕幇助」の事例は、純粋惹起説からも不可罰である。

[41] しかし、**私見**によれば、これらの事例では、被利用者には可罰的な規範的障害はなく、前例では、利用者は器物損壊罪の間接正犯であり、後例では、看護師は身分がなく、秘密漏示罪の（間接）正犯にはならないので、不可罰である。

[42] Xが、AにYを殺害するよう教唆したが、はじめからAがYに反撃されて正当防衛で殺害されることを意図していたという事例では、Yの行為は正当化されるが、XはAを教唆し、Aはすでに Y殺害の実行の着手に出ており、Xの教唆行為の違法性も実行行為の中に現実化している。したがって、Xの行為が、Yの正当行為によって正当化されることはない。A殺害の結果に対する罪責の問題については、結果の客観的帰属の問題である。

5　罪名従属性

　共犯の処罰根拠につき、因果的共犯論の中の純粋惹起説に立つなら、共犯は、正犯の犯罪の実現に関与したがゆえに処罰されるのではなく、正犯を通じて自己の犯罪を惹起したがゆえに処罰される。したがって、共犯に成立する罪名は、正犯の罪名から相対的に独立しているといえる。そこで、この見解を採ると必然的に**罪名独立性説**に帰着する。これに対して、違法・責任共犯論からは、共犯は正犯の犯罪を作り出すことに処罰根拠があるから、その罪名は原則として必然的に正犯の罪名と同一であり、それに従属する。したがって必然的に**罪名従属性説**に帰着する。

　問題は、因果的共犯論のうち修正惹起説や混合惹起説に立ち、しかも共同正犯につき行為共同説を採りながら、罪名独立性に必ずしも至らない見解が唱えられていることである。罪名独立・行為共同説の理論的並行関係からいうと、このような矛盾するような学説が唱えられる原因は、**罪名独立性説の限界**が詳しく論じられてこなかった点にあると思われる。

　現代の惹起説は、すべて実行従属性を前提にする。実行される犯罪の罪名が、原則的に共犯に成立する罪名から独立していてもよいというのが罪名独立性の意味である。そこで、極端な事例を挙げると、教唆者が正犯者に殺人を教唆したところ、正犯者が指示内容を聞き違え、器物損壊を実行した場合、罪名独立性説は、教唆者に殺人未遂の教唆、正犯者に器物損壊罪を認めるのかが問われることになる。もとより、純粋惹起説の論者も、この事例では教唆者に、殺人未遂の教唆は成立しないとする。それは、器物損壊の実行行為はあっても、殺人罪の実行行為が存在しないからである。実行従属性は、罪名独立性説によれば、正犯の実行する犯罪の罪名は、何でもよいのではなく、共犯者から見て少なくとも殺人罪の実行行為の一部とみられる外観を備えたもの、すなわち、**人の死亡結果が発生する危険性をもつ行為**、でなければならないからである。例えば、致死量の毒薬を致死量に至らない傷害を引き起こすのみだと偽って傷害を教唆したところ、被教唆者が傷害を実行し、被害者が死亡した場合、純粋惹起説が、正犯は傷害致死罪、教唆者は殺人罪の教唆とするのは、正犯者の実行行為が、死の危険を惹起する性質のものだからである。

　因果的共犯論に立ち、共同正犯につき行為共同説に立ちながら罪名独立性説を採らない学説は、とくに、例えば、「強盗」を教唆したところ、正犯者

が教唆内容に反して「窃盗」を実行したという場合、教唆者を強盗罪の教唆とすることはできないとし、その帰結を一般化して、「**正犯より重い罪の共犯が成立することは考えられない**」(前田466頁)として、「純粋惹起説の徹底には疑問がある」という。しかし、この場合に教唆者を強盗罪の教唆犯として処罰できないのは、罪名従属・独立の理論的帰結によるのではなく、**実行行為に強盗罪の正犯結果に至る危険が認められない**からなのである。まず、正犯者は、強盗を実行するつもりはなく、窃盗の実行を決意している。窃盗は強盗と「構成要件的重なり合い」が認められても、それ以前に、正犯者は、強盗の危険のある行為を行っていないのであって、強盗が実現する危険はまったくないといってよい。いわば、正犯者が実行の着手前に強盗を放棄した時点で、強盗は、教唆者にとって不能犯となったのである。また、強盗にとり重要な「暴行・脅迫」も正犯により実行されていない。したがって、この場合、強盗罪の教唆は成立しない。逆に窃盗を教唆したところ、強盗を実行したという事例については、強盗の実行には「窃取」行為も含まれているから、窃盗の保護する法益侵害の危険は、実行行為にとり実現している。したがって、故意の構成要件的重なり合いも考慮して、教唆者に窃盗の教唆を認めてよい。

　それでは、殺人を教唆したところ、正犯者が、錯誤なく傷害を実行した場合はどうであろうか。教唆行為と傷害結果の発生には条件関係は、──そして、おそらく客観的帰属関係も、──否定できない。この場合、傷害の実行行為は、傷害致死に発展する危険性も高く、殺人の危険性と重なっている。したがって、被害者が傷害を負った場合には、教唆者には殺人未遂の教唆が成立するであろう。

　このように、罪名独立性説は、共犯者から見てその犯罪を実現するのに適した実行行為を正犯が行ったときにのみ、共犯の成立を認めるものであり、それは、純粋惹起説の考える共犯の本質から演繹される**罪名独立性説の内在的限界**なのである。

§156　間接正犯と共犯

> **【文献】** 大塚仁『間接正犯の研究』(1958)、中義勝『間接正犯』(1963)、同「非故意的・過失的行為に対する共犯(1)～(5・完)」関法43巻3号221頁・4号321頁・5号156頁・6号113頁・44巻1号65頁、西原春夫『間接正犯の理論』(1962)、林幹人『刑法の現代的課題』(1991) 102頁、松宮孝明『刑事立法と犯罪体系』(2003) 223頁

1　間接正犯の意義と必要性

(1)　間接正犯の意義

　間接正犯（mittelbare Täterschaft）とは、他人を道具として利用することによって犯罪を実現する正犯の一形態である。したがって、間接正犯も、直接正犯と同じく、正犯の要件を備えるものでなければならない。直接正犯が、直接に、行為事象を支配する者であるとすると、間接正犯も同じく、間接的に、行為事象を支配する者でなければならない。直接正犯が、「生命のない道具」（ピストル・こん棒）や動物を自分の手足の延長として使用するように、間接正犯は、「人」という**生命のある道具**（例えば、責任無能力者）をそのように利用するのであり、規範的には両者ともに正犯として同じように自ら「実行」するものである（中233頁）。

(2)　間接正犯概念の必要性

　間接正犯という構成の必要性は、積極的・消極的両面から根拠づけられる（植田・基本問題5頁以下）。まず、自らの手で犯罪を行った者が、情を知らないなどの理由で、背後者の「道具」のように利用され、背後者の思うがままに支配されている場合に、その犯罪を実行したのは、道具となった直接行為者ではなく、背後から直接行為者を支配操縦した背後者であり、換言すれば、「人」という道具を用いて直接正犯と同様に行為事象を支配している者は「正犯」というべきだという**積極的論拠**が挙げられる。このように、間接正犯の概念が必要とされるのは、間接行為者が規範的に直接正犯と同視されるべき場合には、正犯として扱われるべきだという本質論的な認識に発するものであるともいえる。

しかし、歴史的には、間接正犯の概念は、自ら実行行為を行う者が正犯であるとする限縮的正犯概念にもとづき、正犯が構成要件該当性、違法性、有責性の犯罪の成立要件をすべて充足した場合にのみ、背後者に共犯を認めるいわゆる極端従属性説がかつて通説であったときに、例えば、責任無能力者を利用して他人の財物を窃取させた者は、教唆犯としても処罰されず、自らの手で、直接、窃取したのでもないがゆえに正犯としても処罰されず、「処罰の間隙」が生じるのを埋めるために考えだされた**補充概念**であるとされている（植田博「間接正犯」基本講座4巻80頁参照）。間接正犯概念の成立には、共犯の従属性という理論的前提のゆえに共犯となりえない者を、やむなく正犯とするために考案されたという**消極的根拠**が重要な意味をもったのである。この補充的役割の要請が、道具理論のような積極的論証の枠を超えて、間接正犯概念を肥大化させ、直接正犯の場合と間接正犯の場合につき、あたかも異なった**「二元的正犯原理」**を用いているという批判（中・間接正犯1頁以下参照）を招いているのである。

2 間接正犯の理論的根拠

間接正犯が直接に自らの手で構成要件を実現するのではないにもかかわらず、直接正犯と同じように、正犯とされる根拠については、①利用者の被利用者に対する行為支配に求める見解（平場150頁）、②被利用者の道具的性格に求める道具理論、③被利用者の利用に一定の犯罪を実現する現実的な危険性が見出されることに求める見解（大塚160頁）、さらに、④規範的障害の介在がなかったことに求める見解（植田・基本問題81頁、中193頁、野村338頁）などがある。間接正犯が被利用者の行為を介在させる犯罪類型であることを前提とすると、「行為支配」、「道具性」、「現実的危険性」の存在は、基準として内容が不明確である。**規範的障害説**が、基準として明確で分析可能性をもち、下位基準に体系化可能であって、妥当である。

間接正犯の理論的根拠は、つまるところ、直接正犯と同じように、実行行為性が認められうる点に存在する。間接正犯も、形式的には、直接正犯と同じく、各本条の構成要件を充足することを要求するのであり、自ら実行したといえるかどうかが問題なのである。[43]

---

[43] 改正刑法草案は、「正犯でない他人を利用して犯罪を実行した者も、正犯とする」（26条2項）という規定を設けて、間接正犯を立法により是認しようとする。

3 間接正犯論の問題点
(1) 間接正犯の成立範囲の限定の必要性
　間接正犯は、直接正犯と同じように、構成要件該当行為であり、実行行為を行うものでなければならない。しかし、現実に、間接正犯とされている事例が、真に実行行為といえるものであろうか。実行行為性があるといえないような場合にも、間接正犯が肯定されるのは、その依って立つ共犯論の問題性のゆえではないのだろうか。最近では、極端従属性説から制限従属性説に通説は移っているので、共犯の成立範囲が広まり、間接正犯とされる領域は狭くなった。例えば、13歳の子供に、他人の金銭を盗ませる行為は、刑事未成年者に対する教唆であるから、極端従属性説によって、教唆ではなく間接正犯であるとする必要はなく、制限従属性説によれば、責任無能力者である子供も、すでに盗みの何たるかを理解しうる歳になって、構成要件該当の違法な行為を実行したのであるから、背後者を教唆犯として処罰しうることになる。しかし、制限従属性説が通説となった現在においても、とくに罪名従属性の呪縛にもとづく共犯の成立の否定と間接正犯としての構成は多くの場面で多用されている。しかし、制限従属性説を採っても、共犯を認めえないものについては、間接正犯とする傾向があることは否定できない（斎藤信治「正犯と共犯」基本講座4巻67頁参照）。

(2) 間接正犯不要説
　そこで、間接正犯の概念は不要であるとする説が唱えられている。
　(a) 共犯独立性説からの不要説　まず、共犯独立性説からは、主観主義を基本として刑法理論を考えるときは、教唆と間接正犯とを区別することは不当に事態を混雑せしめるにすぎないものであって無用の議論であるとし（牧野・日本刑法〔上〕461頁・466頁）、間接正犯の概念は不要とされる。しかし、実行従属性説を前提にするかぎり、教唆と間接正犯のとくに未遂の可罰性は、その成立時期を異にし、また、この説の立脚する主観主義刑法が妥当でないので、このような立場からの間接正犯無用論は不当である（川端538頁）。
　(b) 拡張的正犯概念からの不要説　次に、拡張的正犯概念を採用する立場からも、間接正犯の概念は不要である。この立場によれば、構成要件の実現に対して何らかの条件を与えた者は、正犯からとくに除外された共犯（教唆・幇助）にあたらないかぎり、正犯であるとするのであるから、極端従属性説を採って共犯とならない者も、もともと条件を与えた者であることには

疑いがないのであり、通常の正犯としてまったく問題がない。つまり、この立場からは、この場合にわざわざ「間接正犯」という概念を用いて正犯性を論証する必要もないのである。

(c) 純粋惹起説からの不要説　現在、**間接正犯無用論**ないし限定論は、とくに純粋違法結果惹起説の論者から有力に説かれている（植田154頁以下、同・諸問題21頁以下、佐伯345頁以下・358頁以下、中234頁以下、同・間接正犯138頁以下、中山474頁以下）。それは、共犯固有犯説を貫き、罪名独立性の立場に立てば、間接正犯という構成はあえて必要でなくなるというものである。間接正犯という概念を残すとしても、それは、直接正犯といってもよい場合に限定されるのであり、その概念には特別の意味はないとするのである（植田・基本問題80頁以下）。しかし、この立場にも、なお、「正犯」の成立範囲については広狭の差がみられることに注意すべきである。

（ⅰ）**徹底的否定説**　間接正犯の概念を徹底して否定して共犯に解消してしまう見解（佐伯346頁）は、他人の無過失の行為を利用する行為（佐伯355頁）も、情を知らない「被害者」の行為を利用する場合（佐伯・源流116頁）も、すべて（間接）正犯ではなく、共犯であるとする。

（ⅱ）**規範的障害説**　これに対して、「規範的障害」が介在する場合にのみ、正犯性を否定する見解（植田・基本問題73頁以下参照、中193頁・229頁）は、例えば、無過失の行為を利用した場合ないし情を知らない被害者の行為を利用した場合には、共犯ではなく、正犯であるとする。

(3) **不要説批判**

このような純粋違法結果惹起説の間接正犯無用論の展開は、もとより、正犯概念の弛緩を防ぎ、可罰性の範囲を限定しようとする点にある。しかし、この説に対しては、逆に、「共犯概念」を弛緩させ、共犯としての可罰性を拡大するという批判（井田良『犯罪論の現在と目的的行為論』〔1995〕175頁以下、山口・問題探究238頁以下）が加えられている。また、理論的にも、この説は、「正犯なき共犯」を認めざるをえず、不合理であるとの批判を受けている。

(4) **課　題**

このような理論状況の中で、基本的に純粋違法結果惹起説に立って、従来、この説が不明確なままにしていた問題点ないし見解が分かれていた論点につき、どのように理論構成すれば、この理論が多くの支持を集めるような説得性をもつかにつき考察をめぐらせる（山中・中山古稀3巻295頁以下参照）

のが、現在の課題である（その解釈の一つの例として、☞ 4（5）(c)(ⅱ)）。

4 間接正犯事例の検討と教唆犯の成否

以下で、通説によれば、間接正犯とされる事例を検討しよう。正犯か共犯かを分ける基準は、もちろん、実行行為かどうかである。しかし、現実的には、ここでは、「行為支配」があるかどうかであり、それを決定するのは、被利用者の行為が「可罰的規範的障害[44]」として介在するかどうか、その介在によって「行為支配」が否定されるかどうかである。

(1) 間接正犯成立事例

被利用者が幼児である等によって是非善悪の弁別能力がまったくない場合には、利用者は、間接正犯である。

> 判例によれば、10歳に満たない幼児を利用してその幼児の自宅から借用証書を盗ませた事案に対して、幼児を「機械」となしたとして、間接正犯が認められた（大判明37・12・20刑録10・2415）。そのほか、戦後の下級審の判例に満13歳に満たない子供（仙台高判昭27・9・27高刑特22・178）、また、8歳ないし10歳の子供に窃盗をさせた事例（名古屋高判昭49・11・20刑月6・11・1125）につき窃盗罪の間接正犯としたものがある。最高裁は、12歳の養女に暴行を加えて日頃自己の意のままに従わせていたが、窃盗を命じて行わせた事案につき、「たとえ所論のように同女が是非善悪の判断能力を有する者であったとしても、被告人については本件各窃盗の間接正犯が成立すると認めるべきである」と判示した（最決昭58・9・21刑集37・7・1070＝**百選74**）。この判例は、刑事未成年者を利用する場合に一律に間接正犯とするのではなく、教唆犯にとどまることがあることを認めている点で、制限従属性説に接近してきているとされている。

直接行為者が、背後者に強制され、自らの行為事象に対する「**意思支配**」をもたない場合にも、背後者が間接正犯である。例えば、背後者が、「強盗をしなければ殺すぞ」と脅迫して直接行為者に強盗を強要した場合のように、緊急状態を創出した場合がそうである。ここでは、どの程度の強制があれば、背後者が間接正犯となるのかという問題と、背後者が間接正犯であるとすると、直接行為者は、正犯ではないのかという問題が重要である。

まず、前者の問題については、直接行為者の違法行為性は前提とされても、責任の存在は前提ではないというのが出発点である。しかし、直接行為者の「責任」ないし「可罰的責任」が阻却されるほどに、規範的障害が消失ないし減弱しているような場合に、なお、背後者を教唆犯といえるかは疑問

---

[44] この概念については、山中・中山古稀3巻299頁以下。

である。直接行為者の責任ないし可罰的責任が阻却されるような場合には、背後者は**間接正犯**であるというべきであろう。

次に、その場合には、直接行為者は、直接正犯ではなくなるのかというと、ここでは、名目的な区別にすぎないという側面はあるが、**責任**が阻却される場合と**可罰的責任**が阻却される場合とを分けるべきであろう。脅迫によって強制されて、犯罪を行う場合には、背後者の意思支配によって直接行為者の「行為支配」がまったく排除されるわけではなく、構成要件該当の違法な行為であり、しかも、責任は存在するが、可罰的責任が阻却される場合であるので、直接行為者の正犯性は肯定されるべきであろう。責任が阻却されるような事例、例えば、責任無能力者が強要された場合には、直接行為者の行為は、形式的には、同じく実行行為であり違法である。しかし、直接行為者に内心的な規範的障害もなくなっている場合であって「行為支配」があるといえるかどうかは疑問であり、これを正犯とする必要はないであろう。

　なお、通説から、間接正犯の成立を認めることのできない犯罪を自手犯というとされ、偽証罪（169条）は、一定の行為主体によって行われる行為だけを実行行為と解しうる実質的自手犯であるとされている。これに対して、虚偽公文書作成罪（156条）は、刑罰法規によって、形式上、間接正犯を除外する趣旨が示される場合であって、形式的自手犯とされる（大塚164頁）。

(2)　異なる故意行為の利用と間接正犯

(a)　罪名従属性説による肯定説　　通説は、被利用者の故意が、利用者の故意と異なり、しかも利用者の故意の方が重い犯罪を表象している場合には、利用者を間接正犯とする（団藤158頁、大塚162頁、大谷146頁、川端544頁、前田473頁）。例えば、Xが、情を知らないYに「堕胎薬を飲ませろ」といって致死量の毒薬を手渡して、それを飲ませ死亡させた場合にはXには殺人の故意があるが、Yにはより軽い堕胎罪の故意しかない。または、Xが屏風の背後にいるAを殺す目的で、それを知らないYに「屏風を撃て」と命令した事案では、Yにはより軽い器物損壊の故意があるが、重い殺人の故意はない。これらの事例では、利用者には、重い罪の間接正犯が成立するというのである。

　ドイツの判例には、AがBおよびCに強盗致傷罪を教唆し、睡眠薬を使って眠らせて金品を奪えと申し向けて睡眠薬と偽り、実際には致死量の塩酸を渡したというもの（**BGHSt 30, 363**）がある。学説においては、背後者は殺人についても

教唆にすぎないという見解と、正犯・共犯の区別も構成要件によって異なるとし、殺人罪について構成要件的錯誤がある場合、殺人罪については**間接正犯であるとする見解**とが対立している。

(b) やわらかい行為共同説による肯定説　ここでは、間接正犯説は、たんに罪名従属性に固執する見解のみならず、（やわらかい）行為共同説を標榜する立場（川端544頁、前田473頁）からも支持されている。①最終結果を実質的に支配しているのは利用者（X）であり、また、被利用者（Y）を教唆と評価するのは、②殺人の故意を生ぜしめていないから、不自然であり、③「教唆は最低限、正犯に、成立する教唆犯の犯罪の構成要件行為を行わせなければならない」（前田473頁）とするのである。

このような根拠から明らかになるのは、やわらかい行為共同説（罪名独立性説）は、実際にはその名に値しない。上の引用から明らかなように、この説は、③教唆犯は正犯の罪名の一部分をなす場合にのみ成立しうると解しているからである。この説が行為共同説を標榜するのは自己理解を誤るものである。最終的結果の「実質的支配」というのは、結局、殺害の意図については被利用者が知らないので、利用者は、優越的知識により支配しているということにすぎない。しかし、それは、規範的障害をもつ被利用者が、道具のように自動的に堕胎罪の実行に出ることを意味しない。また、①最終的結果に到達する前に、違法性の意識によって被利用者が思いとどまる可能性は否定できず、このような場合には、間接正犯ではなく、教唆にすぎないのである。さらに、②教唆者が、自己の犯罪と同じ罪名の故意を正犯に抱かせるのが、教唆の内容であるとするのも、犯罪共同説からの一方的な教唆理解にすぎない。行為共同説によれば、教唆犯の故意と正犯の故意は異なってよいのはもちろん、教唆は、正犯に故意を抱かせることを意味するものでもない。結果の予見のないという意味では過失にすぎない不注意な（危険な）犯罪的意思を抱かせればよいのである。

(c) 罪名別規範的障害説による肯定説　この見解は、また、規範的障害の概念につき、罪名ごとに規範的障害かどうかを判断する学説によっても支持されている（曽根237頁）。たしかに、屏風事例において、Yの規範的障害は器物損壊の限度で規範的障害であるにとどまるともいえるかもしれない。先に掲げたドイツの判例（BGHSt 30, 363）の事案につき、ロクシンも、（準）強盗致傷に対する規範的障害と、殺人に対する規範的障害とを比べると、後者の方がはるかに高いという。

しかし、規範的障害の概念は、およそ抵抗なくそのような行為を行うかどうかを判断するものであり、器物損壊にしろ、犯罪行為であり、躊躇するのが普通である。もしそうでないとするならば、器物損壊に対しては教唆犯はありえず、つねに間接正犯とならなければならない。なぜなら、通常の器物損壊の教唆と上の事例の相違点は、上の事例では利用者が殺人の意図を秘めているという点のみであり、その意図をもっているかどうかが、被利用者の規範的障害の程度に影響を及ぼすわけではないからである。ただし、器物損壊の程度があまりにも低く、**可罰的違法性**を欠く程度のものであるときには、「**可罰的規範的障害**」がなく、間接正犯でありうる（山中・中山古稀3巻302頁参照）。

(d) 間接正犯否定説 これに対して、間接正犯を否定する見解は、共同意思主体説（西原310頁以下）からも、行為共同説（植田155頁、中223頁以下、野村408頁）からも主張されるが、行為共同説からの否定説が理論的に一貫している。ちなみに、行為共同説は、利用者に教唆犯の可能性を認める。先の事例では、Xに殺人罪の教唆が成立しうるものとする。

(3) 他人の過失行為の利用と間接正犯

(a) 間接正犯肯定説 通説は、他人の**過失行為**を利用する行為は、**他人を道具として利用する**ものであるから、間接正犯であるとする（団藤158頁、大塚161頁、西原310頁、大谷146頁、曽根237頁、川端542頁以下、斎藤信治258頁）。したがって、医師が看護師の過失を利用して患者に毒薬の入った薬を注射させて患者を殺害した場合には、医師は殺人の間接正犯である。この結論は、「規範的障害説」からも唱えられる（西原309頁、曽根237頁）。過失犯の場合、規範意識による抵抗力は十分でなく、なお「道具」とみることができるとするのである（斎藤信治258頁）。過失行為を決意させることはありえるが、「教唆の日常用語的意味からかけ離れすぎている」（川端543頁）ことも、これを間接正犯とする実質的な理由であろう。

(b) 間接正犯否定説 他人の違法行為が介在するかぎり、それが過失行為であっても、無過失行為であっても共犯であるとする見地からも間接正犯は否定されるが、規範的障害説からも原則的に間接正犯は否定される。規範的障害は、直接的に自覚的なものでなくても、間接的に覚醒されうるものでもよいというのである。有力な学説は、「過失者といふ限り、それが犯罪を構成すると否とを問わず、既に規範的主体たることを示してをり」、これを介在せしめることは、規範的障害となるとする（植田・基本問題93頁）。しかし、これは、規範的意識の質的区別を考慮しないもので不十分である。

ここでいう「規範的」とは、正確には、「可罰的規範的」という意味と解すべきである。規範が過失犯について禁止している行為を行う者には、少なくとも、本来、注意深くしておれば、その行為を思いとどまったはずだからである。Xが、「その壺は金属製であって壊れない」とYを騙すなどして床に投げ下ろさせ、Yの過失行為を利用して他人の高価な壺を損壊させた場合、器物損壊罪の過失犯には、処罰規定がない。したがって、Yの過失行為は不可罰である。しかし、この説によれば、Xの行為は**器物損壊罪の教唆**である。しかし、Yの規範的障害は、過失器物損壊が刑法上禁止されていないのであるから、道具性を否定するほどの質を備えていないというべきである。**可罰的規範的障害**がなければ、規範的障害として十分ではない（山中・中山古稀3巻303頁参照）。この場合には、**器物損壊罪**（261条）の**間接正犯**であり、被利用者が、損壊行為に出たときに、利用者の損壊させる行為が実行の着手と評価される。

　さらに、非身分者が真正身分犯である被利用者の過失行為を利用して真正身分犯を行わせた場合、例えば、看護師（非身分者）が、医師（身分者）の過失を利用して過失犯の処罰規定のない秘密漏示罪（真正身分犯）を行わせたという事案では、医師の行為は、過失秘密漏示罪の処罰規定がないから、可罰的規範的障害とはならない。したがって、**看護師の行為は、共犯ではない**。しかし、看護師は、非身分者であるので、間接正犯とはならない。結局、この事案では、看護師は不可罰である。[45]

　しかし、これによって、一般的に、被利用者に構成要件該当行為がなければ利用者は共犯となりえないということ、すなわち、最小従属性は必ず必要であるということはできない（**最小従属性の否定**）。問題なのは、共犯の前提としての正犯の客観的構成要件ではなく、可罰的規範的障害だからである。

(4)　他人の無過失行為の利用と間接正犯

(a)　無過失行為の利用一般　　学説の一部には、無過失行為を利用する場合も、**教唆**であるとする見解（佐伯346頁）があることはすでに論じた。この見解は他人の違法行為を通じてさえいれば、共犯が成立するとするものであるが、共犯の概念を根本から変更するものであって不当である。郵便配達を利用して毒薬入りの漢方薬を小包に入れて病人宛に郵送した者は、教唆であ

---

[45] この点で、山中「刑事法学の動き」法時63巻8号86頁以下の見解を訂正する。

り、その毒薬入りの漢方薬を薬と信じて病人に飲ませた無過失の家族が正犯である。この説からは、被害者の無過失行為を利用した場合でも、利用者は共犯となる。したがって、利用者が、情を知らない被害者を騙して、たんなる野球ボールだと思わせて、それを投げさせ、その中に仕込んだ爆弾を爆発させたとき、この説によると、利用者の行為は殺人教唆であり、被利用者が（不可罰である）正犯である。しかし、被利用者が、何らの「犯罪的意思」を惹き起こされていない場合に、これを教唆行為ということはできないと思われる。[46]

(b) 途中で情を知った場合 なお、情を知らない被利用者が、途中で情を知ったにもかかわらず、そのまま自己の意思で実行を続行した場合の取り扱いについては、学説が分かれている。例えば、Aが、Cを殺害する目的で情を知らないBに毒薬の入った菓子を手渡したところ、C宅に届ける途中でたまたまBが情を知ったが、BもCに恨みを抱いていたのでそのままC宅に毒菓子を届けたという事例がそうである。

（ⅰ）学説 まず、第1説は、利用者の誘致行為は、教唆犯ではなく、実行行為にあたるのであるから間接正犯とされるべきだとする（団藤429頁）。第2説は、途中で情を知ったにもかかわらず、自己の意思で犯行を続行することは通常予測しうることではなく、相当因果関係を欠くから、**間接正犯の未遂**であるとする（内田334頁）。第3説は、途中で情を知ったにもかかわらず、その後の行為を自身の正犯的意思で行った以上、もはや間接正犯の因果経過としてはふさわしくなく、相当因果関係の範囲を逸脱したものとし、利用者の間接正犯の意思は、実質上、教唆犯の故意を内含するから、教唆の故意が認められうるとして、**教唆犯**の成立を認める（大塚344頁、福田298頁、西原367頁、川端625頁）。

（ⅱ）学説の検討 第1説（間接正犯説）は、途中で情を知ったにもかかわらず、犯行を続行したのは軽微な因果経過の逸脱であり、軽微な錯誤であるとする趣旨であろう（大塚344頁）。しかし、この説に対しては、第2説から、道具性を失ったのであるから、間接正犯の因果経過としてはふさわしくなく、その間の錯誤は**相当因果関係の範囲を逸脱している**という批判がある。因果経過の逸脱の問題であるとすると、これが錯誤の問題かどうかには疑問

---

[46] 中山「佐伯博士の共犯論について」源流（佐伯著）334頁は、直接正犯であるとする。

があるが、少なくとも規範的障害の介在が生じたのであるから、間接正犯の既遂を認めることはできないと思われる。規範的障害の介在によって実行の着手の存在にも問題があることになろう。

第2説（**間接正犯未遂説**）は、相当因果関係の否定により、間接正犯の未遂とするが、先述のように、**実行行為**があるかどうか疑問である。実行の着手論における事後的評価説によれば、規範的障害の介在により正犯性は失われ、潜在的実行行為は、実行行為に性質を変えることなく終わる。したがって、そもそも実行行為がなく、**未遂にもならない**。

第3説（**因果関係の錯誤説**）は、因果関係の錯誤論によって解決しようとする。しかし、まず、因果関係の錯誤は仮象問題であり、実は、相当因果関係（客観的帰属論）の問題であるか、さもなくば、正犯と共犯にまたがる錯誤の問題である。前者の問題であるとすると、相当因果関係が否定されるという意味が問題である。この説は、**間接正犯としての相当因果関係が否定される**ものとする。しかし、相当因果関係に「間接正犯としてのそれ」も「教唆としてのそれ」もない。存在するかしないかである。そして、間接正犯から教唆に因果経過が変化しても、相当因果関係が否定されることはないというべきは当然である。第2説のように、相当因果関係を一般的に否定するなら、そもそも一般的に教唆犯は、情を知っているのが前提であるから、相当因果関係がなく、因果的共犯論からは処罰できないといわなければならなくなるからである。

(iii) **本書の立場**　私見では、この問題は、間接正犯の故意で行為を開始したが、実行行為性をもたず、当該行為が、教唆を惹き起こしたので、間接正犯の故意で教唆を実現した事案ととらえるべきである。客観的帰属は、肯定される。この場合、教唆の故意は間接正犯の故意に含まれているので、教唆の故意もあり、教唆犯が成立する。

(iv) **判例**　この問題に関する**判例**として注目すべきは、情を知らない通関業者が輸入申告をし、配送業者に被告人の経営する居酒屋に届けさせようとした関税法上の禁制品の輸入罪に関して、いわゆる**コントロールド・デリバリー**を実施するにあたり、税関長の輸入許可を得て、配送業者が捜査当局と打ち合わせのうえ、大麻の入った貨物を被告人に配達した事案に関する**最高裁の判例**である（最決平9・10・30判時1620・152）。

判旨は、「通関業者による申告はもとより、配送業者による引取り及び配達も、被告人らの依頼の趣旨に沿うものであって、配送業者が、捜査機関から事情を知らさ

れ、捜査協力を要請されてその監視の下に置かれたからといって、それが被告人らからの依頼に基づく運送契約上の義務の履行としての性格を失うものということはできず、被告人らは、その意図したとおり、第三者の行為を自己の犯罪実現のための道具として利用したというに妨げないものと解される。そうすると、本件禁制品輸入罪は既遂に達したものと認めるのが相当であ」るというものである。この決定には、**遠藤裁判官の意見**が付されており、**未遂**にとどまるとする。

　この事案では、禁制品輸入罪の実行の着手は肯定されるので、教唆犯の成立は問題とならない。予定された結果の発生はなく、未遂とすべきであろう。遠藤裁判官の意見にあるように、「禁制品輸入罪が既遂に達するためには、引き取りの時点において、右業者が委託者の道具として当該行為を行ったことを要するものというべきである」。

(5)　故意ある道具の利用と間接正犯

(a)　肯定説　　**身分なき故意ある道具**（qualifikationsloses doloses Werkzeug）ないし**目的なき故意ある道具**（absichtsloses doloses Werkzeug）とは、真正身分犯において、被利用者が非身分者であるが、情を知っている場合、および、目的犯において、被利用者に目的はないが故意がある場合の間接正犯の成否をいう。前者の例としては、公務員が、非公務員である自分の妻に、賄賂を受け取らせた場合が挙げられる。後者の事例としては、利用者が、銃器撲滅運動を展開しているので、被害者の家の猟銃を壊すために盗み出して欲しいと騙し、被利用者が毀棄の目的で猟銃を窃取した場合がある。この事例では、被利用者には、「不法領得の意思」がないが、窃盗の故意はある。

(b)　批　判　　まず、目的のない故意ある道具の事例は多くの場合、「目的のある」ものとされる（中236頁）。自分が領得するのではなくても、または自分が行使するのではなくても、背後者に行使させる目的があり、または背後者が行使することを未必的にでも知っていれば、領得の意思ないし行使の目的は肯定されるからである。この場合も、住居侵入罪、あるいは場合によっては器物損壊罪が成立しえ、また、通貨偽造における「行使の目的」がなくても、通貨と紛らわしい外観を有するものを製造した場合には、通貨及証券模造取締法（1条）違反となるのであるから、可罰的規範的障害は介在する。したがって、被利用者は道具ではない。

　次に、身分のない故意ある道具の利用については、真正身分犯においては、非身分者は正犯とはならないがゆえに、被利用者が正犯ではないということが、背後者の罪責を決定するにあたっていかなる意味をもつかが問題である。通説は、非身分者は正犯となりえないがゆえに、実行従属性の観点か

ら、背後者を共犯とすることはできず、したがって、**間接正犯**とする。そして、非身分者を幇助とする。しかし、被利用者たる非身分者は、情を知っているのであり、自らの行為が違法なものであることを知っている。規範的障害となる者が「道具」であるとすることはできない。

　(c)　否定説　　少数説は、背後者は、正犯でないがゆえに共犯とする。この立場に対しては、これは「正犯なき共犯」を認めるものであるとの批判が向けられる[47]。

　（ⅰ）　実行概念の相対化　　この批判に対して、本説は、「実行概念」を相対化し、非身分者の行為は、それ自体としては幇助であるが、背後者の立場からみれば、「実行」であるから、実行従属性は維持されていると反論する。ここでは、「規範関係の相対化」によって、または**超実定法的・存在論的実行行為**」ないし「事実上の正犯」の概念を用いて、実行従属性の原則を逸脱するものではないとする。たしかに、「正犯なき共犯」を認めないでおくために、正犯となりえないが道具でもない他人（公務員の妻）を利用する者（公務員）に正犯性があると擬制することは問題である（中・間接正犯 17 頁参照）。しかし、利用者の立場からみて「実行行為」であり、「事実上の正犯」というのは、その事実上の正犯は、純客観的に違法であれば、それが処罰されていることも必要ないのであろうか[48]。これは、換言すれば、利用者の行為が違法であるなら、その立場からみれば、事実上の正犯はつねに違法だということを意味しないのであろうか。正犯性を擬制することもまた問題であろう。

　この説は、非身分者たる被利用者を幇助とする。しかし、幇助は、「正犯を幇助した者」をいう（62 条 1 項）。教唆者にすぎない利用者を幇助した者は、この規定に反するのではないか（森井暲「間接正犯」中古稀 300 頁）が問われる。もとより、この説が利用者からみて正犯であればよいというにとどまるのであれば、説得性が乏しいといわざるをえない。ここでは、真正身分犯

---

[47] この説の支持者も、これを維持できないとして、真正身分犯を義務犯として異なった正犯原理から、利用者を正犯と構成する道を歩もうとしたことがある（中「いわゆる義務犯の正犯性」佐伯還暦〔上〕463 頁以下参照）。

[48] どのような者を事実上の正犯とみなすかについても、疑問がありうる。規範的障害の介在があった場合にのみ背後者を共犯とするのではなく、共犯の範囲を極端に広げる見解（佐伯・源流 116 頁）によれば、背後者よりも法益侵害に至る因果経過上、侵害に近い点で介入する人が事実上の正犯であるなら、物理的に他人の身体を押して、被害者に当てて殺害したといった場合にも、押した者は、正犯とはならないであろう。しかし、その者を教唆ということも片面的幇助とすることも不自然である。

に関しては、65条1項が、**共犯に対する共犯の成立**を例外的に認めていることによって、「正犯なき共犯」が可能であるという論証が必要である。

　（ⅱ）**65条1項の「犯罪行為」の意義**　　65条1項は、「犯人の身分によって構成すべき犯罪行為に加功したときは、身分のない者であっても、共犯とする」と規定する。これは、真正身分犯たる「犯罪行為」に関与した者は共犯であるとする趣旨である。「**犯罪行為**」とは、**正犯のみでなく共犯をも含む**。刑法は、「正犯」ないし「実行行為」を表すときは、そのような文言を用いる（60条〜62条参照）。にもかかわらず、65条1項が、「犯罪行為」という文言を用いているのは、正犯のみならず、共犯をも含ませる趣旨だからである（山中・中山古稀3巻311頁以下）。

　このようにして、真正身分犯において非身分者を利用した身分者は、非身分者が幇助という「犯罪行為」を行ったので、それに従属して「教唆犯」が成立する。非身分者の方は、利用者たる身分者の教唆に従属して幇助犯が成立するのである。

　しかし、ここで展開した見解についてもなお部分的修正の余地はある。それは、身分犯の中にも、法益侵害や身分に伴う法益侵害に対する行為態様との関係で、特殊な「正犯概念」が前提とされているような身分犯について、従来前提としてきた事実上の規範的障害のある者を介在させても、正犯となりうる場合が存在するのではないかという疑問に発する。例えば、公務員による収賄罪について、法益は、公務の不可買収性（ないし清廉性）だとすると、この法益侵害は、公務員の身分と密接に関係しているのであり、職務違背行為（義務違反行為）に依らなければ正犯として侵害できない犯罪であるといえる。そうだとすれば、この犯罪の正犯としての「規範的障害」は、身分のない関与者には乗り越えられないものである。かくして直接行為者は、法益侵害を因果的に惹起したにすぎず、共犯であって、身分者たる公務員が正犯であるともいえる。このような「**規範的正犯**」（義務支配犯）については、その根拠と内容・射程などの詳細につきいまだ見解が固まっていないので、将来の研究課題である。[49]

　（d）**故意ある幇助的道具**　　「**故意ある幇助的道具**」を認める見解がある（大塚162頁以下、荘子461頁）。これを認めるものとされる**判例**もある。事案は、旧食糧

---

[49] これについての萌芽的研究として、山中「正犯原理に対する覚書」（関西大学）法科大学院ジャーナル6号（2011）73頁以下参照。

管理法31条および旧同施行規則23条の7の違反が問題となったものである。会社の代表取締役である被告人は、会社の使用人にトラックを運転させて米を運搬させたことが、被告人自身が不法に「輸送」したことになると判示した。「同人を自己の手足として判示米を自ら運搬輸送した」とし、その使用人が「その情を知ると否とにかかわらず被告人の行為が運搬輸送の実行正犯たることに変りはないのである」（最判昭25・7・6刑集4・7・1178）。この判例が**故意ある幇助的道具**を認めた点に賛成する見解（荘子429頁、藤木278頁）もあるが、故意ある幇助的道具については、その正犯性を否定できないとする見解も有力である（福田264頁、平野362頁、香川360頁、野村412頁）。被利用者には故意があるので、規範的障害があり、利用者は教唆犯とされるべきである。

そのほかに、「故意ある幇助的道具」の概念を認めた**判例**として、覚せい剤の譲渡の実行を担当した者が、たんに正犯の譲渡行為を幇助する意思のみを有するのみで正犯者意思を欠くときは、いわゆる正犯の犯行を容易ならしめる故意のある幇助的道具であり、正犯に問擬できないとしたものがある（横浜地川崎支判昭51・11・25判時842・127）。

(6) 正当行為の利用と間接正犯

正当行為を利用する場合に、間接正犯が成立するかどうかが問題とされている事例には、いくつかの**類型**がある。

(a) 原因において違法な行為　まず、「原因において違法な行為」の場合を挙げるものがある（団藤160頁）。これは、自らが、攻撃（急迫不正の侵害）を誘発して、正当防衛として相手に侵害を加える場合であるが、しかし、この場合には、誘発行為に実行行為を認める見解に立てば、たしかに自らの正当行為を利用する間接正犯といえないわけではない。しかしながら、挑発行為は、相手方の攻撃を自動的に招来するわけではなく、規範的障害を介在させるから、いまだ実行行為とはいえない。したがって、この事案は、間接正犯の事例ではない。それゆえ、自らの正当な正犯行為を利用する教唆行為という構成も意味がない。むしろ、正当防衛の限界の問題として論じられるべきである（☞§110, 4 (2) (b)）。

(b) 緊急状態の利用　さらに、妊婦から堕胎の嘱託を受けた者が、自ら堕胎手段を施したが、堕胎結果に至らない前に、妊婦の身体に異状を生じ、医師の助けを得て堕胎手術をしなければ、妊婦の生命に危険が及ぶという状況を招き、緊急避難として医師に堕胎をさせたという事案について、行為者を堕胎罪の間接正犯にすべきだとされる（大判大10・5・7刑録27・257）。この事例については、行為者はすでに違法な堕胎罪の実行の着手に出ている。[50]医師の行為は、緊急避難として正当化されるが、行為者の行為が正当化されるわけではない。むしろ、行

為者の実行行為の因果的結果として、医師の正当行為が導かれ、結果が生じたのであるから、堕胎結果は、行為者の実行行為に帰属されると解することができる。この場合、これを間接正犯の事例と呼ぶ必要はないが、医師には可罰的規範的障害がないから、行為者の行為が正犯であることは疑いがない（中・間接正犯156頁参照）。

　(c) 誤認逮捕　　また、他人を「どろぼう、どろぼう」と追呼して警察官をして現行犯人と誤信させて逮捕・監禁させる事例、裁判官に虚偽の証拠を提出して騙し、適法に有罪判決を下させるような場合については、間接正犯か教唆犯かが争われている。**判例**（朝鮮高院判大4・1・28朝高録3・1、大判昭14・11・4刑集18・497）および通説（大塚・注釈刑法2のII 694頁、藤木276頁、西原『犯罪実行行為論』〔1998〕282頁）は**間接正犯**を認めるが、**教唆犯説**も有力である[51]（佐伯356頁、平野362頁、中・間接正犯155頁）。この場合には、警察官や裁判官に「錯誤」がある場合であるが、それぞれの職権行使にあたって必要な職責を果たしたかどうかが問題となる。その虚言を一応は疑い、その要求を拒むことができたということができよう（林幹人・刑法の現代的課題127頁）。しかし、間接正犯が認められる場合があることも否定できない。偽証により死刑判決を下させ、刑務官に死刑を執行させた場合、死刑執行自体は適法であっても、偽証者の行為は、違法であるということはありうるのである。

　(d) 正当防衛の利用　　問題となるのは、正当防衛を利用する次の事例である。すなわち、Xは、Aを殺害しようとして、AにBを攻撃させ、それに対するBの正当防衛を利用して、Aを殺害したような場合である。

　例えば、より具体的に、Xが、Bがいつも携帯ナイフをもっていることを知って、それを利用してAを殺そうとして、Aに「Bを殺せ」とけしかけたところ、AはBを攻撃し、Aは、Bの正当防衛行為によって、ナイフで刺されて死亡したといった事案を想定しよう。

　(i) 間接正犯説　　通説は、この事例において、Xを殺人の間接正犯とする。なぜなら、Xは、Bの「正当防衛」という適法行為を利用したのであるが、制限従属性説によっても、正当な行為に対する共犯は成立せず、しかし、Xは、違法な意図を秘めていたのであり、それに気づかなかったBはXの道具であり、したがって、Xは、道具を利用した間接正犯であるというのである。

---

[50] 平野362頁も、この判例の事案を「適法行為を利用した間接正犯の例としては適切でない」とされる。

[51] なお、この場合に、「利用」「支配」を認められないとするものに、林幹人・刑法の現代的課題126頁以下。

この事案では、はたしてBの正当行為を誘発したAの行為が、道具かどうかが検討されなければならない。Aは、「Bを殺せ」とそそのかされたが、Aは、自分の行為がBを殺害する行為であることを知っているから、**規範的障害**がある。ここまでは、明らかに**教唆の構造**を示している。したがって、**Aは道具ではない**。このAの攻撃が前提となって、Bの正当防衛行為が誘発されているのではあるが、Bの行為が自動的に導かれるという命題は、すでに出発点であるAの行為が自動的ではないので、破綻する。

(ii) **教唆犯説** Xの行為は、Aに対するBの殺人の教唆であり、Aは実行行為に出ているから、この時点でも、Xの教唆はすでに実行行為に従属して可罰的であるといえる（植田・基本問題102頁、中236頁）。Xの行為が既遂か未遂かについては、Bの反撃によるAの死亡が、Xの教唆行為に客観的に帰属されるかどうかによる。この事例では、Xが、後ろに向かって弾丸が発射されるようなピストルをAに気づかれないように手渡して「これでBを撃て」とそそのかしたところ、自分を撃って死亡したという事案で、Xに、Aの殺害の教唆の既遂が認められるのと同様に、殺人の教唆の既遂となるということができる[52]。

(iii) **違法性の相対性論からのアプローチ** この事案については、正犯が適法であっても、共犯が違法ということがありうるかという観点からのアプローチも存在する。例外的に、このような事案で、正犯が構成要件に該当することは要するが、違法であることを要しないとする最小従属性説を採る学説（平野358頁）は、ここでは「**違法の相対性**」を認めることになる。また、最小従属性説を採って、正犯の法益侵害・危険に連帯するが、違法性には連帯しないとする一般理論を展開する見解（大谷・西原古稀2巻473頁）もあるが、疑問である（☞§155, 4 (1) (d)・(e)）。

また、ここで、正当防衛行為者には、積極加害の意思がないが、利用者にはそれがあるので、正当防衛行為者は、適法であるが、利用者は違法であるとする見解（大越・処罰根拠244頁）がある。主観的なものは個別的であるべきだから、積極加害の意思のない利用者は適法、それがある被利用者は違法ということがありうるとする。

これに対して、この事例で、利用者には「急迫不正の侵害」が欠けているとする見解（林幹人・刑法の現代的課題109頁）がある。客観的事情によって違法判断

---

[52] 詳しい論証として、植田・基本問題102頁以下、中・間接正犯154頁以下参照。

は相対化するというのである。しかし、この見解に対しては、被利用者にとって急迫不正の侵害は、被利用者を通じて行為する利用者にとっても、急迫不正の侵害であるというべきである。少なくとも第三者のための緊急救助が認められるのであるから、急迫不正の侵害は、誰に対しても成り立つ客観的な状況であり、相対的なものではないというべきである。

(7) 正当化事情の錯誤ないし禁止の錯誤の利用と間接正犯

背後者が、直接行為者に正当化事情が存在するかに偽った場合ないし禁止の錯誤に陥れた場合に、背後者が間接正犯かどうかという問題にも言及しておこう。

まず、**正当化事情の錯誤** に陥れた場合の例としては、Aが、Bに対してCから急迫不正の侵害を受けていると騙して、正当防衛を行うものと信じさせ、誤想防衛を行わせた場合、例えば、AがBに「Cが、今、お前の持っている金を狙って強盗をはたらくつもりのようだ」とBに申し述べたところ、Bは、Cが近づいてきてポケットに手を突っ込んだのをみて襲われるものと勘違いし、反撃して傷害を負わせたという例が挙げられる。この場合も、責任故意が阻却されるから、背後者は間接正犯であるとする見解が通説であろうが、誤想に過失があり、**過失犯の成立がある限り、教唆犯にすぎない**というべきであろう。

同様にして、直接行為者を **禁止の錯誤** に陥れた場合にも、背後者が教唆犯か間接正犯かあるいは、原則的に間接正犯であるが、例外的に教唆犯となる場合もあるかについては、ドイツの学説においては見解が分かれている。禁止の錯誤に陥ることが誰にでも相当であった場合、すなわち、禁止の錯誤に陥ったことについてそれに陥らないための**回避可能性がなかった場合**には、責任が阻却されるから、直接行為者は不可罰となる。この場合に、背後者が、間接正犯か教唆犯かが問題なのである。**回避可能性がある場合**についても、間接正犯であるというのが多数説であると思われるが、この場合には、直接行為者の責任が阻却されないのであるから、規範的障害が否定されず、背後者は、教唆犯にとどまるというべきであろう。回避可能性がない場合には、間接正犯である。

ちなみに、背後者が直接行為者を **可罰的責任阻却事由の錯誤** に陥れた場合については、可罰的責任阻却事由の錯誤は、期待可能性の錯誤の取扱と同様である（☞§142, 6）から、少なくとも回避可能性がある場合には、背後者

は、教唆となると解すべきであるが、可罰的責任のない場合と同様の理由から、期待可能性の錯誤に陥るについて回避可能性がない場合にも、教唆犯にとどまるであろう。

(8) 被害者自身の行為の利用と間接正犯

　被害者自身の行為を利用する類型にも、被害者の錯誤を利用する場合、暴行・脅迫によって自由な意思決定を妨げて被害を与える場合などがある。被害者の行為を利用する場合については、被害者自身を処罰する構成要件がなく、被害者自身が直接正犯であるという必要はないのであるから、これを間接正犯事例に挙げる必要はなく、直接正犯の一種であるということもできる。しかし、ここでは、これを間接正犯事例に含めて論じておく。

　被害者の錯誤を利用する場合については、第三者の錯誤を利用する場合と同じく、**法益関係的錯誤説**と**重大な錯誤説**との結論の違いが現れる。これについては前述のところが妥当する。被害者が他人の法益を侵害するのではないので、反対動機形成の可能性はより低くなる。被害者を騙し、ただの針金だと偽り高圧電線を掴ませて殺害する事例[53]、これを飲めば必ず蘇生すると騙して愚鈍な被害者に縊死せる事例（大判昭8・4・19刑集12・471）などでは、間接正犯が肯定される。追死するものと偽って自殺せしめる場合には、被害者の錯誤はたんなる動機の錯誤であって、法益関係的錯誤説からは、自殺教唆にすぎない（反対＝最判昭33・11・21刑集12・15・3519）。

　これに対して、暴行・脅迫を加えて自ら死の道を選ばせた場合については、意思の自由が奪われていたかどうかを判断する基準は明確ではない。妻に暴行脅迫を加え、執拗な肉体的・精神的圧迫を繰り返して自殺させた事案で、自殺教唆罪を認めた判例（広島高判昭29・6・30高刑集7・6・944）があるが、最近、最高裁は、暴行・脅迫により自殺を執拗に迫り、自殺する決意には至らなかったが、命令に従って自動車ごと海に飛び込んだ後、被害者が脱出し、助かったという事案で、殺人未遂罪を肯定した（最決平16・1・20刑集58・1・1＝**百選73**）。また、傷害罪については、暴行により極限に近い状況に追い詰めて、自己の指を噛み切らせた事案に傷害の間接正犯を認めたもの

---

[53] この事例につき、間接正犯を認めずに、教唆とする見解として、佐伯・源流116頁。佐伯・342頁では、殺人の実行行為であるとする。佐伯・源流の見解に対する批判として、中山「佐伯博士の共犯論について」源流325頁以下所収、334頁参照。これについては、山中「共犯理論」（佐伯博士の刑法理論・特集号）犯罪と刑罰18号55頁以下参照。

（鹿児島地判昭 59・5・31 刑月 16・5＝6・437）がある。

(9) 客体の錯誤の利用と間接正犯

　学説の中には、正犯を客体の錯誤に陥れて犯罪を実行させる場合、背後者を **間接正犯であるとするもの** がある。例えば、A は B が政治家 C を殺害しようと狙っているのを知り、別人 D の後姿を見かけたときに、B に向かって「あそこにいるのは C だ。C を撃て」と言って B を客体の錯誤に陥らせて D を殺害させた場合がその例である。この場合、通説からは、D の殺害については、殺害の具体的な決意をしていなかった、情を知らない B を利用して新たに D を殺害させたのであるから、A は、殺人罪の間接正犯であるとするであろう。しかし、D 殺害につき、もちろん B は規範的障害を有するのであり、C 殺害を D 殺害という新たな殺意を抱かせたのであるから、A は、**殺人罪の教唆**である。

第 2 節　共同正犯

> **【文献】** 植田博「共同正犯の因果構造」愛媛大学教養部紀要21巻1号183頁、内田文昭「部分的共同正犯について（1）（2・完）」警研62巻7号3頁・8号3頁、大越義久『共犯論再考』（1989）、川端博「共同正犯と過剰防衛」研修540号21頁（『正当防衛権の再生』〔1998〕265頁所収）、高橋則夫「共同正犯の帰属原理」西原古稀2巻341頁、橋本正博「結果的加重犯の共同正犯」一論101巻1号19頁、前田雅英「正当防衛と共同正犯」内藤古稀147頁、山口厚「過失犯の共同正犯についての覚書」西原古稀2巻387頁、山中敬一「共同正犯の諸問題」現代的展開〔Ⅱ〕191頁、同「共同正犯論の現在─行為共同説と犯罪共同説─」現刑28号46頁

§157　意　義

1　共同正犯の意義と効果

共同正犯（Mittäterschaft）とは、「二人以上共同して犯罪を実行した」場合をいう（60条）。共同正犯であれば、すべて正犯としての責任を負う。それは、直接的には、他の共同行為者によって惹き起こされた結果についても、自ら責任を負わなければならないということを意味する。共同正犯は、すべて自ら実行行為を行うことを要するが、各自がそのすべてを自ら直接に実行する必要はなく、役割分担し、実行行為の一部分を分担した場合でも、共同正犯であるかぎり、全体について責任を負う。すなわち、共同正犯には、「**一部行為の全体責任**」の原則が妥当するのである。

> 例えば、XとYとが殺意をもって共同してAに向かって発砲し、Xの弾丸は逸れ、Yの弾丸のみがAの心臓に命中し、Aが死亡したとしても、Xも、殺人罪の既遂の責任を負う。また、どちらの弾丸が命中したのか立証できなかった場合にも、両者が殺人既遂の責任を負う。さらに、一方の行為が、それだけでは構成要件にあたらないようにみえても、共同行為者との役割分担を全体としてみると、共同行為者の行為の利用により自己の行為を補充して全体としての構成要件を実現したと評価しうるがゆえに、全体に対する責任を負うということができる場合がある。例えば、XとYとが、Aに対する殺意をもって共同して、XがAの胸をナイフで突き刺し、Y

は、Aが動けないように背後からはがい締めにしていたという場合に、Yも、「一部行為の全体責任の原則」によって殺人罪の共同正犯の責任を負うのである。

2 共同正犯論における犯罪共同・行為共同

(1) 「共同」の意義

共同正犯が成立するためには、複数の者が「共同して」犯罪を実行することを要するが、その「共同」の意義については、犯罪共同説と行為共同説では、理解が異なる。**犯罪共同説**からは、共同正犯とは、数人の者が共同して特定の犯罪、例えば殺人罪を行うことである。典型的には、共同正犯とは、「一個同一の故意犯」を共同すると考えるのである（**数人一罪**）。これに対して、**行為共同説**からは、共同正犯とは、数人が、犯罪に至る行為過程を含め

【行為共同説・完全犯罪共同説・部分的犯罪共同説】
A：殺人の故意　　B：傷害の故意

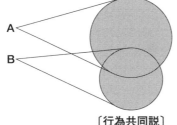

A：殺人罪の共同正犯、
B：傷害致死の共同正犯

〔行為共同説〕

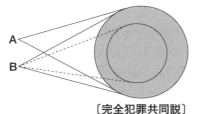

A
　：殺人の共同正犯
B

B（科刑）：傷害致死

〔完全犯罪共同説〕

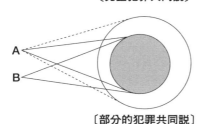

A
　：傷害致死の共同正犯
B

A：別に殺人の単独正犯が成立？

〔部分的犯罪共同説〕

た行為を共同することであり、したがって、数人の罪名は、それぞれに異なることはありうる(**数人数罪**)。犯罪共同説によれば、特定の犯罪を「共同して」実行するのが共同正犯であるが、行為共同説によれば、それぞれの行為者が、行為過程を「共同して」それぞれの犯罪を実行するということになる。行為共同説においても、法的に重要でない「行為」を行うことが重要なのではなく、「犯罪」を実行する点が重要であることはいうまでもない。ただ、行為者は、それぞれの犯罪を行うのであるから、それぞれが自己の犯罪行為を他人の(別個の)犯罪行為と共同して行うのである。

(2) 行為共同説の理解

犯罪共同説からは、行為共同説に対して、行為共同説を採るならば、「共同正犯と教唆犯・幇助犯との区別を全廃するところまで行かなければならないであろう」とし、「現行法のたてまえとはあい容れない」と批判する。その理由を「教唆や幇助は基本的構成要件の実行行為以外の行為による加功であるが、行為共同説では、共同正犯についても同様のことにならざるをえない」(団藤391頁)という点に求める。

この見解は、行為共同説の考え方を誤解するものである。行為共同説によれば、行為ないし因果過程を共同にすることを前提に、それぞれの犯罪の「実行行為」を共同にする必要があることはいうまでもない。したがって、そもそも「実行行為以外の行為」の共同が問題となるのではなく、実行行為の種類が異なってもよいというだけのことである。それぞれの行為が「実行行為」でなければならないことは、共同正犯は、他人と共同して自己の犯罪を実現するものであり、自己の犯罪にとって他人の犯罪の利用がもつ意味により自己の犯罪に対する責任を問題にするのが行為共同説であることを考えるならば、疑念を容れる余地はないであろう。

(3) 本書の立場

すでに述べたように、本書では、基本的に、行為共同説に立つ。したがって、異なる罪名の犯罪についても、それぞれ共同正犯となりうる。また、その基礎には、共犯の処罰根拠についての純粋違法結果惹起説があるので、個々の共同者の因果的寄与が、他の共同者の寄与を自己のものに取り込んで行われたことが、共同正犯として、実現した犯罪について責任を負う根拠である[1](植田152頁以下、佐伯350頁、中219頁以下、中山451頁、野村386頁・398頁以下)。

このような観点から、共同正犯における成立要件や効果を考察すべきであ

る。そうすると、行為共同説にとっては、共同正犯の効果とは、共同正犯が肯定されるかぎり、他方行為者の行為の結果とみられうる結果も、当該行為者の惹起した結果とみなされるということにすぎない。

3 犯罪共同説の問題点

複数の行為者が、共同して犯罪を実行する場合に、同じように共同して行為したが、そのうちの一人が、実際には、別の犯罪を実行するつもりであったという場合や、一人の行為者があらかじめの計画を逸脱し、過剰な行為を行うといった事象（共犯の過剰）はよく生じうる。

> 例えば、XとYとが、Aに対して共同して切りつけたが、Xは殺意をもち、Yは傷害の意思をもっていたという事案、XとYとがAに対して強盗を行う計画で、Aに対して共同で暴行脅迫を加えたが、そのうち興奮したXが、殺意を抱き、Aをナイフで突き刺した場合などがそうである。あるいは、Xは、強盗の目的で、Yは強姦の目的で、共同してA女に対して暴行を加えたところ、A女に傷害を負わせたにとどまり、いずれも目的を遂げなかったという場合も生じうると思われるが、両罪の間には共同正犯は成立しないのだろうか。

このような場合には、罪名が異なるので、犯罪共同説からは、共同正犯にはならないのかどうか、または、どのような犯罪の共同正犯が成立するのかを説明する必要がある。この問題を考えるにあたっては、犯罪共同説が、「一個の犯罪」の共同をいう場合、それをどのように考えるかを、まず、分析しなければならない。

「犯罪の同一性」をまったく厳格に考えるならば、罪名が異なれば共同正犯は成立せず、同時犯であるということになる。例えば、強盗と強姦は、故意が異なり、二個の同時犯として処理する立場がある（植松352頁以下）が、異なった罪名間には共同正犯はありえないとすれば、このように両罪の同時犯であるということになる。

以上の犯罪共同説の厳格な理解を完全犯罪共同説と呼ぶ見解（大谷401頁、前田〔第3版〕394頁＝「かたい犯罪共同説」）があるが、本書では共同正犯が成立する場合を前提として完全犯罪共同説と呼ぶことにする（平野365頁、金澤文雄「犯罪共同説か行為共同説か―行為共同説の立場から―」論争刑法179頁、山口・問題探究267頁）。

---

[1] なお、野村教授は、犯罪共同説か行為共同説かについて、共同正犯・教唆犯と幇助犯を区別して、前者には、行為共同説が妥当するが、後者には、部分的犯罪共同説の趣旨があてはまるという（野村387頁以下）。

（1） 完全犯罪共同説

　この見解は、重なり合う構成要件の間には共同正犯を認めることができるとし、そのうちのより**重い犯罪**について**共同正犯**を認め、**軽い方の犯罪**しか行わなかった者には、軽い罪の刑が科されるものとする。「重い罪に当たるべき行為をしたのに、行為の時にその重い罪に当たることとなる事実を知らなかった者は、その重い罪によって処断することはできない」（38条2項）からである。

　　例えば、Xは殺人の意思で、Yは傷害の意思で、共同してAに暴行を加え、死亡させた場合、殺人罪の共同正犯が成立するが、Yは、38条2項により傷害致死罪の刑を科せられる。また、Xが強盗、Yが窃盗の意思で共同して行為した場合にも、構成要件としては強盗罪が成立し、Yの責任は窃盗の限度にとどまるものとする。[2] このことは、共同と身分の問題についても生じる。また、不真正身分犯についても、65条1項により身分者に関する重い方の犯罪が成立し、非身分者には、65条2項によって通常の刑が科せられるものとする（団藤423頁）。例えば、倉庫業者Xとその隣人Yとが共同して、Aの物を預かり管理していたが、共同してその物を横領した場合、65条1項によって（両名に）業務上横領罪（253条）が成立し、身分のないYには、65条2項によって単純横領罪（252条1項）の刑が科せられるということになる。このような考え方を「**片面的誇張従属性説**」という（平野375頁）。

　このような見解に対しては、罪名と科刑を分離する点に疑問があるとされている。

（2） 部分的犯罪共同説

　この立場は、構成要件の重なり合う限度内で、共同正犯を認める。すなわち、Xが重い罪の意思（殺人の故意）で、Yが軽い罪の意思（傷害の故意）でAに対して切りつけた場合、軽い罪（傷害罪）の限度で共同正犯が成立するとする（団藤390頁、福田267頁、大塚300頁、香川343頁）。したがって、AがXの行為によって死亡したとしても、Yは、傷害致死罪の罪責を負う。この場合、本説は、軽い罪の限度で共同正犯が認められるとするのであり、そこで、Yが「致死」についても責任を負うものとする。

　逆の場合、つまり、AがYの行為によって死亡したとした場合にどうすべきかについては明言がない。ここでは、重い犯罪から生じた結果については、重い罪自体「共同正犯」ではないのであるから、XはAの死亡につい

---

[2] 中野・刑事判例評釈集8巻266頁以下、中野教授は、これを構成要件共同説と名づけられた。しかし、後には、行為共同説に改説された（中野141頁）。

て単独犯たる殺人未遂の限度でしか責任を負わないとするのは不公平である（金澤・論争刑法181頁）。Xは、殺人罪の間接正犯であるとするのも疑問である（金澤・論争刑法181頁）。また、Xは、Yとの共同正犯として傷害致死罪の責任を負うとすると、傷害致死罪に殺人未遂罪（既遂罪？）が加わり（野村403頁）、それらの観念的競合となるのであろうか。傷害致死に加えて殺人未遂の成立を認めるのは不自然である（前田483頁）。傷害致死罪の共同正犯が成立し、その範囲を超えた殺人についてはXのみがその責任を負うべきであるとする見解もあるが、殺人未遂なのか既遂なのか、罪数処理をどうするのかについては言及がない。

(3) 数人別罪モデル

学説の中には、犯罪共同説に立ちつつ、構成要件の重なり合う範囲内で、**罪名の異なる犯罪間の共同正犯** を認めるものもある（吉川269頁、同「共犯従属性説か独立性説か」論争刑法201頁以下）。それによれば、「基本的には構成要件的事実に関係させて共犯現象を理解しようとする犯罪共同説に傾かざるをえない」とし、「しかし、そこで前提とされる犯罪は、かならずしも同一の構成要件にかぎらなくても、それが構成要件的に重なり合っているものであるかぎり、別個の構成要件相互間についても共犯の成立することは可能である」とする[3]。そして、窃盗と強盗のそれぞれの共同正犯を認める。これは、「数人一罪」ではなく、「重なり合う部分のある構成要件」の範囲内でいわば**「数人別罪」**であってもよいとするものである[4]。この見解は、被教唆者には堕胎致死罪、教唆者には殺人の教唆といった犯罪間には共犯関係を認めないという意味で、罪名独立性を肯定する行為共同説からは一線を画する（吉川・論争刑法202頁）。最近では部分的犯罪共同説を標榜する見解からもこのような数人別罪の成立を肯定するものが現われている[5]（大谷402頁・411頁）。

---

[3] 吉川269頁では、しかし、それに続いて「そのかぎりにおいて、犯罪の一部について共同正犯の成立を認める行為共同説と結論を同じくする」とし、この立場を「構成要件（的事実）共同説」と呼ぶ。この立場は、重なり合う部分のみの共同正犯を認めるわけではないから、部分的犯罪共同説とは異なるはずである。

[4] 本書初版では、これを一定の幅をもった「同一性」のある構成要件の範囲内で共同正犯を認める見解という趣旨で、「数人同罪モデル」と名づけたが、「同一性」より、むしろ、別の罪名でも犯罪共同を認めるという意味で、「数人別罪モデル」と名づける方が実態に即していると考えて、その名称を変更した。

[5] しかし、この見解は、Aが、Bに強姦させる意思で甲を脅迫したところ、Bがその脅迫を利用して甲の財物を奪取した場合につき、、脅迫罪の共同正犯が成立し、Bは強盗罪、Aは強盗未遂罪の罪責を負うとする。すなわち、共通する脅迫罪についてのみ、共同正犯が成立するというので

このモデルは、罪名独立性を認める行為共同説と区別することができ、むしろ、犯罪共同説を重なり合う限度で罪名の異なる犯罪間にも共同正犯を拡大するものである。この意味で、いわゆる「やわらかい行為共同説」（前田〔第3版〕394頁以下参照）も、実は、数人別罪モデルに親近性をもつのかも知れない。[6]しかしこのモデルは、理論的には矛盾しているとしかいいようがない。

(4) 判 例

判例は、昭和54年以来、完全犯罪共同説を否定したが、部分的犯罪共同説を採っているとも言い難い（前田484頁）。他方、行為共同説を採用したと断定する（前田420頁）にも不明確性が払拭できない。判例は、重い方の犯罪につき、重なり合う限度で軽い犯罪の共同正犯が成立するとするのみで重い方の犯罪につき何罪の共同正犯が成立するかは明言していないからである。これを重い罪については単独正犯であると解することもできよう（山口302頁参照）。

最高裁の判例は、当初、完全犯罪共同説を採っていた。**昭和23年の最高裁の判例**では、押し込み強盗を実行することを知らず窃盗に赴くものと誤信して、屋外で見張りをしていた者について、「強盗行為について被告人に強盗の責任を問うことはできない」として、38条2項により窃盗罪として処断した（最判昭23・5・1刑集2・5・435）が、この趣旨は、強盗罪ではなく窃盗罪の成立を認めたのか、一応強盗罪の成立を認め、刑は窃盗罪の刑をもって処断するにとどめたものなのかには争いがあった。しかし、その後、これは実務では完全犯罪共同説に立つものと解されていた。**昭和35年**には、Xが恐喝の意思でAを公園に誘い出したところ、Yが強盗の意思でAに暴行を加えて現金を強取し受傷させたという事案において、XおよびYに強盗罪が成立し、Xは、38条2項によって恐喝罪の刑を科せられるものとされた[7]（最判昭35・9・29裁判集刑135・503）。

最高裁は、**昭和54年**には、暴力団組員ら7名が、共謀し、巡査Aに順次暴行ないし傷害を加えたところ、激昂したそのうちの一人Xが、未必の殺意をもってくり小刀でAの下腹部を一回突き刺し、死亡させたという事案において、「殺人罪と傷害致死罪とは、殺意の有無という主観的な面に差異があるだけで、その余の構成要件要素

あるが、実際には、脅迫は、それぞれ強姦・強盗の一部であって成立するわけではない。なぜ、本説が、部分的共同があることによって、少なくとも強盗罪と強姦罪という異なった犯罪の共同正犯を認めないのか疑問である。

[6] 大谷教授も、「やわらかい行為共同説と部分的犯罪共同説は、具体例の適用においてほとんど異ならないのであり、両者の違いを誇張して他を批判するのは妥当でない」とされる（大谷「最小限従属性説について」西原古稀2巻463頁）。

[7] その他の判例については、松本光雄・昭和54年度最判解刑70頁以下参照。

はいずれも同一であるから」「殺意のなかった被告人Yら6名については、殺人罪の共同正犯と傷害致死罪の共同正犯の構成要件が重なり合う限度で軽い傷害致死罪の共同正犯が成立するものと解すべきである」（最決昭54・4・13刑集33・3・179＝百選88）（傍点引用者）と判示して、明らかに**完全犯罪共同説を否定**した。この判例は、行為共同説を採用したものだと解されている（前田484頁、川端559頁）。しかし、この判例で、Xにつき傷害致死罪の共同正犯か殺人罪の共同正犯かは述べていない。

　最高裁は、いわゆる「**シャクティ事件**」において、シャクティ治療と称する治療を行っていた被告人が、その治療を受けさせるため、その長男に患者である父親を病院から連れ出させ、運び込まれたホテルにおいて、患者の生命に具体的な危険を生じさせたうえ、被告人を信奉する患者の親族から、重篤な患者に対する手当てを全面的にゆだねられ、患者の生命を維持するために必要な医療措置を受けさせる義務を負っていたにもかかわらず、未必的な殺意をもって、医療措置を受けさせないまま放置して患者を死亡させたという事案につき、被告人には「不作為による殺人罪が成立し、**殺意のない患者の親族との間では保護責任者遺棄致死罪の限度で共同正犯となる**」と決定した（最決平17・7・4刑集59・6・403＝百選6）。この事案でも、判例は、保護責任者遺棄致死罪の限度で共同正犯になるとしているのであって、少なくとも殺人罪が単独犯として別個に成立するとは述べていない（なお、前田483頁参照）。

§158　共同正犯の成立要件

1　共同実行の意思

(1)　犯罪共同説による理解

　共同実行の意思（共同加功の意思）とは、犯罪共同説によれば、二人以上の行為者が共同して実行行為を行おうとする意思、すなわち、ある犯罪を実現するについて、行為者同士が相互的にそれぞれの行為を利用し合い、補充し合って目的を遂げようとする意思をいうとされる（大塚291頁、大谷410頁、なお、川端558頁）。ここでは、行為者双方に共同実行の意思（**意思の連絡**）が必要である（団藤391頁）とされているのである。

(2)　行為共同説による理解

　行為共同説によれば、共同加功の意思の内容は、自己の行為が他者の行為と因果的に結合して犯罪を惹起するという事実の予見ないし予見可能性をいう（植田169頁参照）。この共同加功の意思は、意思の相互連絡を意味するものではない。すなわち、二人以上の者に相互にともに存在する必要はない（佐伯348頁、中240頁）。片面的に当該の共同加功者にその意思があれば、そ

の者は、共同正犯となりうるのである。また、犯罪実現に関する明確かつ現実的な意思、すなわち、故意を必要とするわけでもない。他者の行為寄与をも含めて犯罪実現に至る因果経過のいずれかの部分に現実的な認識と意思が存在し、他者の行為に発する因果経過をたどって犯罪的結果の発生が予見可能であればよい。

共同実行の意思は、**行為の際**に存在すれば足りる。事前の共謀は必要でない（最判昭23・12・14刑集2・13・1751）。また、実行行為の一部が行われた後に、共同実行の意思が生じた場合には、その意思の発生した後の行為寄与について共同正犯が成立する。

(3) 共同者の過剰

意思の連絡によって合意した犯行計画の範囲を逸脱し、**共同実行が終了した後に、一人の共同者が単独でさらに行為を続行した場合**、例えば、AとBが共謀してCの殺害を計画し、実行し、殺害の目的を遂げたと思って、Aが現場を立ち去った後、残っていたBが、被害者がいまだ死亡していなかったことに気づき、単独でCを殺害したとき、Aは、殺人未遂の共同正犯であるが、Bは殺人既遂の共同正犯の責任を負う。

共同実行中に一人の共同者が共謀の範囲を超えて**過剰な犯罪を実行した場合**、他の共同者は、過剰な部分については共同正犯の責任を負わない。したがって、AとBが、強盗を計画したが、Aが被害者を殺害したとき、殺害の点について共謀していなかったBは、強盗殺人罪の責任を負わない。

問題は、共同者の共同実行中の**過失行為**に対して他の共同者がどの程度責任を負うかである。結果的加重犯については、単独正犯の場合には、行為者の加重結果に対する帰属可能性（相当因果関係）および予見可能性が要求されるが、共同正犯についても同様であろう。他の共同者が予見しうる結果の発生については、共謀の範囲外の結果が生じた場合でも、他の共同者もそれに対して責任を負うというべきであろう。しかし、次のような事例（vgl.BGHSt 11, 268）については共同者は責任を負わない。

> Aは、Bほかと強盗を共謀したが、その際、追跡された場合には追跡者を射殺するという計画に合意した。逃走中、追跡者が追ってきたので、Bが追跡者を射殺しようと発砲したが、その際、追跡者だと思って発砲した相手は、仲間のAであった。Aは、運よく傷害を負ったに止まった。この事例において、問題は、Aは、自らを被害者とする殺人未遂につき共同正犯としての責任を負うかであ

る。Aが自身が被害者である場合でなくとも仲間の殺害については、**意思の連絡の範囲外**であって、責任を負わないというべきであろう。

2 共同実行の事実

　二人以上の行為者が共同してそれぞれの犯罪の実行行為を行うことが必要である。「共同して」とは、行為の因果過程において他方の行為に **因果的影響** を及ぼすことを意味する。そのような因果的影響は、**物理的影響** にかぎらず **心理的影響** でもよい。事前の共謀が存在する場合には、少なくとも心理的影響があるといえよう。行為者はそれぞれ、他の行為者の行為を利用し、補充し合って犯罪を実現する。共同正犯とされるためには、少なくともそれぞれの行為が、実行行為の一部をなすものでなければならない。すでに共同実行の意思の範囲内で、実行行為の一部のみを分担したにすぎないとしても、他の行為者の実行が、それを補充し、当該行為者の実行に帰属させられ、全体として実行行為となる。一人ですべての実行行為の要件を充たさなければならないわけではない。このように、共同正犯においては、単独正犯とは異なり、実行行為の一部の分担によって全体的行為の責任を負う。これを「**一部行為の全体責任の原則**」という。

　このように、一部行為を行うのみで全部について責任を負うのは、共同行為者が、当該の犯罪事象を相互に補充し利用し合って共同形成しているからである。このような犯罪事象の共同形成を **共同行為支配** と呼ぶことにする。共同行為支配においては、間接正犯のように規範的障害のない介在者を道具のように支配するのではなく、規範的障害を有する自律的な行為者が相互利用・補充の関係において支配することが必要なのである。一方の協力がなければ行為の因果的推進力が瓦解するというほどではなくても、本質的に弱められる程度の機能的行為支配が存在することを要する。

　一部行為の全体責任が認められる範囲については、XとYとが、強盗罪を犯す意図でA方に侵入し、両人で暴行を加えてその反抗を抑圧し、それぞれ、Aの財物を奪った場合には両者ともに強盗の共同正犯であることはもちろん、XがAを脅迫し、反抗を抑圧して現金を強取している間に、Yが、別室でAの時計を盗取した場合にも、XとYには強盗罪の共同実行が認められるとした判例（大判昭7・4・28刑集11・504）がある（大塚300頁）。強盗を共謀したうちの一人が被害者を脅迫中、他の者がその傍らに佇立していた場合にも、佇立することが脅迫といえる場合には、共同して脅迫したとい

うことができる（最判昭23・6・22刑集2・7・711）。

このようにして、実行行為の分担につき合意のある場合、それぞれの実行行為は時間的にずれがあっても、犯行現場において別々に実行しているようにみえる場合でもよく、また、犯罪の遂行には、必ずしも必要ではなく余分とも思われる行為寄与であっても、共同正犯となりうる。

① **段階的共同正犯**　共同正犯が成立するためには共同者が同時に実行行為の一部を分担して実行する必要はない。共謀のうえ、段階的に実行を分担した場合でも共同正犯となりうる。例えば、AとBとが強盗を共謀し、Aが暴行を加えた後、交代してBが強取したという場合にも共同正犯である。承継的共同正犯の場合とは異なり、共謀によって、Bは、Aの暴行に対しても**心理的に因果的影響**を与えているからである。

② **択一的共同正犯**　共謀のうえ、被害者が現れる可能性のある遠く離れた別の地点、例えば、Aは、X地点で、Bは、Y地点でそれぞれ待ち伏せして、いずれか一方に現れた被害者に対して強盗をはたらくという計画を立てた場合を**択一的共同正犯**という。上の事例では、AがX地点に現れた被害者に強盗を実行したという場合、Y地点のBは、共同正犯とはならない。しかし、森の一軒家にいるターゲットを殺害しようと複数の者で表口と裏口で待ち伏せしていたところ、裏口からターゲットが出てきたので、裏口の一人が発砲した場合、表口にいる者を含めてすべての発砲の準備者が共同正犯である。この場合には、同一の事象に対して**因果的影響力のある共同実行**があるとみなすことができるからである。

③ **付加的共同正犯**　共同者の行為寄与は、すべてがそれぞれに結果に対して必要条件である必要はない。事後的にみて結果の発生には余分な行為寄与を行った者であっても、共同正犯である。例えば、複数の者が共謀のうえ、一斉に一人の被害者に向かって発砲し、殺害したとき、命中した弾丸を放った者も当たらなかった弾丸を放った者もすべて共同正犯である。機能的行為支配の概念を用いるとしても、その行為寄与がなければ行為事象全体が崩壊してしまうという機能的連関は、事前の判断によるべきであって、条件的因果関係の意味において事後的な判断によるべきではない。

共同実行といえるためには、**実行行為の段階での共同作業**が必要である。実行行為の段階で、犯行現場にいない者は、原則として共同実行とはいえない。実行のときに共同で事象を形成するような役割を果たす者のみが、事象

を**共同支配**する。実行行為のときに犯行現場にいることは、共同支配のための不可欠の要件ではない。ただ、現場にいない者も、犯罪の遂行につき、共同支配しなければならないので、事前の支配だけではなく、**同時支配**を有することが必要である。

　予備段階における共同は、基本的構成要件に関しては、共同実行ではない。[8]実行行為があったかどうか微妙なのは、「**見張り行為**」である。肯定説は、見張りも共同者の行為を全体として考察するときは、実行行為の一部分担とはなりうるもの（大判明44・12・21刑録17・2273）とする（小野205頁、団藤395頁、大谷411頁）。これに対しては、たんなる見張り行為は、通常、実行行為とはいいがたく、基本的には、**幇助行為**にあたると解する説（植田171頁、佐伯350頁、団藤395頁、大塚322頁、川端583頁）も有力である。しかし、実行行為の一部の分担は、個別的観察において必要であり、ここで全体的考察を行うべきでない（団藤395頁）。見張りについては、なお、後述する（☞§165,5）。

§159　共同正犯の諸形態

> 【文献】〔片面的共同正犯〕植田重正「片面的共犯」齊藤還暦233頁、植松正「片面的共犯否定の道標」齊藤還暦253頁、大塚仁「片面的共犯の成否」植松還暦387頁（『刑法論集(2)』〔1976〕4頁）、齊藤誠二「片面的共犯をめぐって」成蹊法学16号23頁、中義勝「片面的共同正犯」関法16巻4=5=6号3頁
> 　〔過失の共同正犯〕内田文昭「最近の過失共同正犯について」研修542号1頁、内海朋子『過失共同正犯について』（2013）、大塚仁「過失犯の共同正犯の成立要件」曹時43巻6号1頁、甲斐克則「過失犯の共同正犯」井上追悼329頁、北川佳世子「我が国における過失共同正犯の議論と今後の課題」刑雑38巻1号47頁、土本武司「過失犯と共犯」基本講座4巻138頁、橋本正博「『行為支配論』と正犯理論」（2000）191頁、山口厚「過失の共同正犯についての覚書」西原古稀2巻387頁
> 　〔承継的共同正犯〕相内信「承継的共犯について」金沢法学25巻2号23頁、上野幸彦「承継的共同正犯の成立範囲」日本法学54巻4号167頁、岡野光雄「承継的共犯」基本講座4巻179頁、香川達夫「承継的共同正犯についての再考」刑法解釈学の諸問題（1981）178頁、齊藤誠二「承継的共同正犯をめぐって」筑波法学8号4頁
> 　〔不作為の共同正犯〕大野平吉「不作為と共犯」基本講座4巻109頁、神山敏雄『不作為をめぐる共犯論』（1994）

---

[8] 予備罪に共同正犯がありえないかどうかについては、後述する。

第2節　共同正犯　　§159　共同正犯の諸形態◇　897

〔共謀共同正犯〕大野平吉「判例の共謀共同正犯論について—『共同正犯と幇助犯』補説—」西原古稀2巻305頁、岡野光雄「共同意思主体説と共謀共同正犯」刑雑31巻3号9頁、同「個人的共犯論と『共謀』共同正犯論—その批判的考察—」西原古稀2巻285頁、設楽裕文「『組織犯罪』と共犯」刑雑37巻2号133頁、下村康正「共謀共同正犯と共犯理論」(1975)、同「共謀共同正犯理論の現状」中央大学百周年記念論文集（法学部）227頁、立石二六「共謀共同正犯」八木古稀〔上〕260頁、中山研一「共謀共同正犯」現代刑法講座3巻195頁（『刑法の論争問題』〔1991〕185頁所収）、西田典之「共謀共同正犯論—肯定説の立場から—」刑雑31巻3号30頁、同「共謀共同正犯について」平野古稀〔上〕361頁、西原春夫「共謀共同正犯」論争刑法221頁（『犯罪実行行為論』〔1991〕185頁所収）野村稔「共謀共同正犯理論の総合的研究—はじめに—」刑雑31巻3号1頁、同「共謀共同正犯」現代的展開〔Ⅱ〕220頁、平良木登規男「共謀共同正犯について」福田=大塚古稀〔下〕457頁、藤木英雄「共謀共同正犯」可罰的違法性の理論(1967) 293頁、松村格「共謀共同正犯」基本講座4巻191頁、松本時夫「共謀共同正犯と判例・実務」刑雑31巻3号39頁、村井敏邦「共謀共同正犯—否定説の立場から—」刑雑31巻3号54頁、米田泰邦「共謀共同正犯」論争刑法238頁（『犯罪と可罰的評価』〔1983〕194頁）

1　片面的共同正犯
(1)　片面的共同正犯の意義

　前述のように、犯罪共同説に立てば、共同者間に **意思の相互連絡** が必要とされるが、行為共同説に立てば、少なくとも **一方的に**、他方の行為を **利用・補充する意思** がある場合そのような共同実行の意思をもち、それにもとづいて共同実行する者は、共同正犯になりうる。このような共同正犯を「**片面的共同正犯**」(einseitige Mittäterschaft) という。[9] したがって、片面的共同正犯は、**行為共同説** の立場からは **肯定** されえ（勝本385頁以下、牧野〔下〕738頁、宮本197頁、佐伯348頁、植田170頁、同『共犯論上の諸問題』〔1985〕245頁以下、中240頁、同・関法16巻4=5=6号3頁以下、堀内293頁、山中・現代的展開〔Ⅱ〕207頁以下、浅田415頁、山口348頁）、**犯罪共同説** の立場からは、必ず **否定** される（大場〔下〕1049頁、泉二672頁以下、小野203頁、瀧川238頁、植松・齊藤還暦251頁以下、団藤391頁、福田267頁、大塚292頁、同・刑法論集(2) 24頁以下、大谷424頁）。犯罪共同説からは、数人一罪が原則であるので、各自の犯罪を個別にみていくことができず、共同者の一方が共同正犯ならば、他方も必ず共同正犯であることが必要であり、片面的共同正犯とはまさにこのような原則を否定するものだからである。

---
[9] 片面的共同正犯については、基本的文献として、植田・齊藤還暦233頁以下、植松・齊藤還暦253頁、大塚・刑法論集(2) 4頁、中・関法16巻4=5=6号3頁以下がある。

判例も、片面的共同正犯を否定する（大判大 11・2・25 刑集 1・79）。また、**共同意思主体説**も、共犯を「一主体一罪」と捉えるのであるから、一個の故意犯に関する意思の結合であることが要求され、**片面的共同正犯の否定**につながる（西原 334 頁、曽根・重要問題 320 頁）。これに対して、**行為共同説**の立場からは、各自の犯罪をそれぞれに共同正犯とすることができるのであるから、理論的には、片面的共同正犯を否定する理由はない。もちろん、行為共同説に立ちながら、とくに処罰範囲の拡大は好ましくないことを理由にして、これを**否定する見解**もある（江家 188 頁、木村 404 頁、金澤・論争刑法 173 頁、中山 457 頁、野村 392 頁）。

(2) 片面的共同正犯の否定される事例

片面的共同正犯の認められるとされる事例としては、例えば、Y が強盗を行っている際に、Y との意思の連絡なしに X が介入し財物の奪取を行う事案（大谷 426 頁）、あるいは、X が、Y が A を射殺することを知って、これと共同する意思で、共同意思のない Y とともに、同時に A に向けて発砲したところ、A が Y の弾丸に当たって死亡したという事例（木村・読本 285 頁）、さらに、Y が、A 宅に放火しようとしているのをみた X は、自分も協力して A 宅を焼こうと思い、Y と同時に、かつ Y の知らないうちに A 宅の反対側から点火したところ、火は、両側から燃え上がって A 宅が焼け落ちたという事案（大塚・刑法論集〔2〕10 頁以下）が挙げられている。しかし、これらの事例は、行為共同説からみても、片面的共同正犯が認められる事例ではない。

最初の事例において、強盗の片面的共同正犯とされるのは、Y の了解なしに介入し財物を奪取した X であろう。後二者の事例でも、片面的共同正犯となりうるのは、X の行為であろう。しかし、いずれの事例においても、X は、その行為によって、Y の**行為**に何らの**因果的影響**も与えていない。つまり、X は、Y と因果過程を共同しておらず、もともと共同実行の事実がないのであって、共同正犯にはなりえないのである。他方の行為を一方的に利用するだけでは共同正犯ではなく、他方の行為に対して因果的影響を与えることによって因果過程を共同しなければならないのである[10]（植田・諸問題 247 頁参照）。

---

[10] これに対する反論として、大塚・刑法論集（2）11 頁「右のような事例をとくにその範疇から除外しなければならない旨は、積極的に示されてはいない」とされる。しかし、因果的共犯論からは、他の共同者の行為と共同したといえるためには、その行為に因果的影響を与えたことが必要であるのは当然である。

(3) 片面的共同正犯の成立条件

それでは、真に片面的共同正犯の事例といえるのはどのようなものであろうか。

(a) 肯定される事例 片面的共同正犯を肯定する見解からは、強盗犯人Bが、通行人Cに対して強盗行為を行っているとき、Bの知らない間に、Aが他所からCに対し拳銃を擬してその反抗意思を抑圧し、Bの暴行・脅迫とあいまって、その強盗行為を遂行させたという事例が挙げられている。この事例について、Aに脅迫罪または恐喝罪の片面的従犯のみを認める見解（大塚・刑法論集〔2〕14頁）がある。しかし、この見解によっても、もし意思の相互連絡があるならば、Aは強盗の故意があり、実行行為の一部である脅迫行為を行っているのであるから、強盗の共同正犯になるはずである。この場合、事実的に異なるのは、Bが、Aの関与を知っていたという点のみである。その認識は、Aの罪責を決定するのにどのような意味をもつのかというと、その認識が、Bの行為に心理的・因果的影響を及ぼしたことを明らかにするという点のみである。しかし、BがAの関与を認識していなくても、AがBの行為を物理的・因果的に促進している場合には、因果的共同があったということができる。また、強盗のためにXの家に侵入したAは、先に窃盗に入ったBが物色しているのを現認した主人Xがこん棒を手にしてBに殴りかかろうとしているのを見て、Bの窃盗の意図を遂げさせようと決意し、ピストルを擬してXをその場に釘付けにしている間にこの事情を知らないBは、窃盗目的を遂げ、窓から戸外に逃走したという事案（中240頁）においても、阻害要因となる因果の流れを遮断し、行為者Bの行為を促進しているのであって、片面的共同正犯が認められる。かくして、少なくとも、行為共同説に立てば、このような場合に、共同正犯を否定する理論的根拠はない。

(b) 否定される事例 しかし、AがBのC宅への窃盗侵入を事前に知り、これを完遂させるために事前にC宅に侵入し、Cに暴行脅迫を加えてその自由を拘束し、その間にその事情を知らない後行のBをして、その盗取行為を遂行させたという事案（植田諸問題・259頁）については、たしかに行為共同説からは罪名が異なる犯罪について共同正犯が成立するのは当然のことであるから、理論上、Bには窃盗罪、Aには強盗罪が成立しうることは疑いがない。しかし、この事例で因果的共同が存在するかどうかは疑わしい。たしかにAは、Bの行為の遂行に対して事前に暴行を加えておくことによって因果的影響を与えた。けれども、因果過程を共同していると

いうためには、両者の行為が客観的かつ**同時的に相互依存**している関係がなければならないであろう。いずれも、他方の行為がなければ犯罪の実現が困難であるという状況が必要である。本事例の場合には、あらかじめ暴行を加えておく行為は、後の事象経過の予測にもとづくものであるが、全体事象の推移につき**機能的な相互依存関係（機能的行為支配）**はない。このような相互依存関係にない行為を実行行為の一部と評価することはできず、したがって、これに類する事例には、片面的共同正犯は認められない。せいぜい、**片面的幇助**であろう。

2　過失の共同正犯

（1）　過失犯の共同正犯の意義

　過失の共同正犯とは、二人以上の者が共同して過失行為を実行することをいう。その場合、各々の共同者が、発生した結果に対して責任を負う。共同正犯であるかぎり、共同実行の事実と共同実行の意思が必要である。過失犯においては、結果の予見がない（認識なき過失）場合もあるから、共同「実行」の意思があるといえるかどうかが問題である。しかも、犯罪共同説に立つと、過失犯の場合に「意思の相互連絡」がありうるかが問われる。これが、過失の共同正犯をめぐる重要な論点である。

　また、過失の共同正犯を認める**実益**は、例えば、XとYとが一緒に熊撃ちに出かけ、両者の不注意で、薮の中に認めた人を熊だと誤信して、共同して発砲したところ、Xの弾丸のみが当たったという場合、あるいは、AとBが、作業現場で、共同して建物の中からコンクリート片の投げ下ろし作業に従事していた際に、AとBが同時にコンクリート片を不注意で下方を確認せずに投げ下ろしたところ、一方の投げたコンクリート片が下にいた人の頭に当たって死亡させたが、AかBかいずれが投げた物が当たったのか認定できなかったというような場合に、AとBの両者の過失の共同正犯が認められるならば、両者ともにその結果に対する責任を問うことができる点にあるとされる。

（2）　理論的構図の変化

　犯罪共同説に立てば、行為者が、特定の犯罪に関して故意を共同にすることが、共同意思の内容であると解されたので、過失の共同正犯を否定するのが一般であった（泉二635頁、瀧川229頁、団藤393頁、西原335頁、曽根257頁）。これに対して、**行為共同説**に立てば、犯罪行為を共同にする意思であれば足りるとされ、過失行為と過失行為の共同正犯も、過失行為と故意行為の共同正犯もありうるとされていた（牧野・日本刑法〔上〕460頁、宮本197頁、木村405頁、佐伯349頁、植田170頁、中244頁以下、山口358頁以下）。しかし、近年では、犯罪共同説

からも、過失の共同正犯を肯定する者が増えている（大場〔下〕1013頁以下、内田『刑法における過失共働の理論』〔1973〕）。また、いわゆる行為共同説に立っても、必ずしも過失共同正犯を認めない見解（浅田427頁）も唱えられている。

犯罪共同説からの過失犯の共同正犯が肯定される契機となった要因として、いくつかの事情が考えられる。まず、**昭和28年**には、**最高裁**が、大審院の時代には否定していた（大判明44・3・16刑録17・380、大判大3・12・24刑録20・2618、なお、大判昭10・3・25刑集14・339）過失の共同正犯を**肯定**するようになり（最判昭28・1・23刑集7・1・30）、その後、**下級審の判例**でも、これを肯定するようになった（名古屋高判昭31・10・22高裁特3・21・1007、京都地判昭40・5・10下刑集7・5・855、名古屋高判昭61・9・30高刑集39・4・371）という事情がある。[11]

そして、**新過失論の展開**と目的的行為論によって、過失の行為性に着目され、過失とは構成要件・違法性の問題であるとされ、客観的過失の概念が認められ始めたことが挙げられる（大塚・曹時43巻6号4頁以下参照）。例えば、目的的行為論者からは、過失犯においても**実行行為の存在**が認められ、過失犯においても実行行為を共同することは可能であるとして、過失の共同正犯が肯定された。そこでは、過失犯における実行行為とは、「客観的注意に違反した、構成要件的結果惹起の現実的可能性がある非故意の行態である」とされる（福田270頁）。

さらに、犯罪共同説からも、故意犯における故意の共同と同じく、過失犯においては必ずしも意識的犯罪実現に関する意思の相互連絡が必要ではなく（斎藤信治271頁参照）、客観的に不注意な行為が共同されておればよい、すなわち、共同義務の共同違反があればよいと考えられ始めたことも、これを肯定する説を増やした要因であろう。

しかし、他方では、行為共同説からは、過失犯の共同正犯を肯定することは容易であるが、それを肯定する実益という点では、結局、一方の行為者が、他方の行為者が直接惹き起こした結果に対して責任を負うかどうかが問題なのであるとすれば、共同正犯といったところで、それはたんにその者の結果に対する過失責任を認めうるかどうかの問題にすぎないともいえる。や

---

[11] 否定したものとして、広島高判昭32・7・20高裁特4追録696（二人の医師の過失により患者を死亡させた事案につき、過失犯の共同正犯を否定し、たんに「過失行為が競合した」にすぎないと判示した）、秋田地判昭40・3・31下刑集7・3・536。

わらかい行為共同説（不真正犯罪共同説）および因果的共犯論が有力になってくると、一方の共同者のもたらした結果を他方に帰属させるには、必ずしも共同正犯という構成が必要でなく、むしろ、過失単独犯としてもその結果を帰属できるのではないかという考え方も出てくることになる。これは、**過失犯の共同正犯不要論**につながる。

(3) 過失共同正犯に関する判例

過失共同正犯については、最高裁が昭和28年にこれを肯定する判例を出した後、下級審の判例は、肯定するものと否定するものに分かれている[12]。

最高裁がはじめて過失犯の共同正犯を肯定した昭和28年の判例（前掲最判昭28・1・23）の事案は、次のようなものである[13]。被告人両名は、飲食店Aから仕入れた「ウイスキー」と称する液体には「**メタノール**」（メチルアルコール）を含有する可能性があるにもかかわらず、不注意にも検査することなく、これを含有しないと軽信し、「意思を連絡して」両名の経営する飲食店で当該液体を販売し、旧有毒飲食物等取締令4条1項後段の「過失に因り違反したる」に該当する行為を行った。これに対して、最高裁は、意思を連絡して販売した点で共犯関係の成立を認め、刑法60条を適用した。

次に、**失火罪**（116条1項）について共同正犯の成立を認めた事案は、被告人両名が素焼こんろを使用したが、過熱のため発火の危険の発生を未然に防止する義務があったにもかかわらず、完全に消火する等の措置をとらないで帰宅して失火に至った事案に、共犯関係を認め、60条を適用したものである（前掲名古屋高判昭31・10・22）。

そのほか、**二人制の踏切**において、被告人両名が、列車接近の確認と、その合図による交通信号灯の切替えおよび遮断機閉鎖を分担していたが、不注意により遮断機の閉鎖等を怠ったため、列車を折から踏切に進入してきた乗用車に衝突させ、運転者と同乗者を死傷させた業務上過失致死事件について、「被告人両名のそれぞれの注意義務をつくすことによって1つの結果到達に寄与すべき行為の或る部分が、相互的意識のもとに共同でなされたものである」として、過失の「共同正犯」を肯定した（前掲京都地判昭40・5・10）。

また、**名古屋高裁**は、昭和61年に、同じ鉄工所の二人の作業員が料理旅館での**電気溶接作業**にあたっていて、熱の輻射や火花等により発生した火災について、両名の業務上失火罪の共同正犯を認めた（前掲名古屋高判昭61・9・30）。判旨は、同一機会に同一場所で特定の鋼材を溶接するという一つの目的に向けられていたものであり、被告人両名はほぼ対等同格の立場で、一方が溶接するときは他方が監視するという方法で二人が一体となって、交互に交替して行い、かつ、あらかじめ遮へい措置を講じないで作業しても大丈夫であるということについて相互に意思の連絡のもとに本件溶接

---

[12] 詳しくは、大塚・曹時43巻6号12頁以下参照。過失共同正犯を否定した判例として、広島高岡山支判昭30・6・23高裁特2・12・623、前掲秋田地判昭40・3・31、越谷簡判昭51・10・25判時846・128等がある。

[13] これについては、大塚・曹時43巻6号11頁以下、山口・問題探究271頁参照。

第2節　共同正犯　　§159　共同正犯の諸形態◇　903

作業という一つの実質的危険行為を共同して遂行していたとして、本件火災は、「共同の注意義務違反行為」の所産であるとし、「共同正犯」の成立を認めたものである。

さらに、東京地裁は、**平成4年**に、いわゆる**世田谷通信ケーブル火災事件**（東京地判平4・1・23判時1419・133＝**百選81**）について、二名の作業員の業務上失火罪につき、過失犯の共同正犯を肯定した。まず、本件の出火原因は、作業後にトーチランプのとろ火を完全に消火しなかったことにあるとされた。次に、注意義務については、「数名の作業員が数個のトーチランプを使用して共同作業を行い、一時、作業を中断して現場から立ち去るときには、各作業員が自己の使用したランプのみならず共同作業に従事した者がすべてのランプにつき、相互に指差呼称して確実に消火した点を確認し合う業務上の注意義務が、共同作業員全員に課せられていた」とされた。結論としては、「社会生活上危険かつ重大な結果の発生することが予想される場合においては、**相互利用・補充による共同の注意義務**を負う共同作業者が現に存在するところであり、しかもその共同作業者間において、その注意義務を怠った共同の行為があると認められる場合には、その共同作業者全員に対し過失犯の共同正犯の成立を認めた上、発生した結果全体につき共同正犯者としての刑事責任を負わしめることは、なんら刑法上の責任主義に反するものではない」と判示した。

(4)　過失共同正犯の否定根拠と成立根拠

(a)　否定説の論拠　　まず、**犯罪共同説**から、共同正犯における意思の相互了解は、他人の行為を補充し、それによって補充されることを認識し、その認識に従って行為することを必要とするが、①結果を共同して惹き起こそうとする決心は、故意行為についてのみ存在するから過失共同正犯は認められないとし（瀧川229頁）、また、②犯罪的でない意思の連絡は、共同して犯罪を実行する意思としては不十分であるとし、さらに、③**過失の本質は無意識的部分**にあり、過失犯にとって本質的ではない意識的な部分についての意思の連絡をもとに、過失の共同正犯を論じることは、過失犯の本質に即した議論ではないとする（団藤393頁）。意思の共同とは**故意の共同**のみを意味すると解するのである。

また、**共同意思主体説**からも、共同者が共同目的に向かって合一するところに、共同正犯の意義があり、一定の犯罪目的に向かっての**相互了解**があってはじめてこのような共同意思主体の形成がありうることから、過失犯における共同正犯は否定される[14]（齊藤金作233頁、同「過失犯における共同正犯」曹時6巻2号25頁、西原335頁以下、曽根・重要問題326頁以下）。

さらに、過失共同正犯を監督過失である**過失同時犯へと解消する説**（同時犯

---

[14] 共同意思主体説から肯定するものとして、小泉英一『刑法総論』（新訂版・1968）193頁、西原336頁は、「過失の場合には、共犯規定を援用して一部行為の全部責任の法理を適用すべきでなく、またその必要もないと考える」ということを否定の根拠とする。

解消説）が唱えられている（西田「過失の共犯」法教137号20頁、前田506頁、同・基礎373頁、浅田427頁、井田373頁以下）。「『共同義務の共同違反』が認められるとされる事案は、ほぼ、各関与者自身の監督義務・監視義務違反により過失責任を問い得る場合」であるとし、「過失の共同正犯を観念することは不可能ではないが、現行法の解釈としては、刑法38条1項の故意処罰の原則もあり、個々人の関与形態に合わせた予見可能性の判断を中心とした過失単独正犯の認定をできる限り追求すべきである」というのである（前田506頁）。しかし、後述するように、「共同義務の共同違反」の内容は、監督義務違反ではないと考えられる[15]。

　(b)　**肯定説の論拠**　　犯罪共同説からは、過失犯にも実行行為が認められること、新過失論により違法ないし構成要件の段階での客観的注意義務違反の概念が認められ、それが、意思の緊張の欠如という無意識の内心的事象ではなく、定型的な行動準則違反であるとして、「不注意」の「共同」が可能であると認められ始めたこと、さらに、それを前提として、「共同義務の共同違反」が過失犯の共同正犯の本質であると考えられるに至ったことなどから、これを肯定する論者が増えてきた。

　(i)　**共同義務共同違反説**　　とくに、「**共同義務共同違反説**」が、近年、過失共同正犯の肯定の有力な論拠として展開されている。その際、「共同義務の共同違反」の内容は、高度の危険性を含んだ行為を二人以上の者が共同して行っているという事態が存在する場合、共同行為者の各人には共通した結果防止の注意義務が課せられているというものである（大塚・基本問題320頁）。そして、この注意義務は、共同行為者の各人がめいめい単独に遵守しさえすれば足りるものではなく、他の共同行為者にもこれを遵守させることが要求されているというのである（平野395頁）。このような共同義務の共同違反を根拠とする過失共同正犯の肯定論が有力である（阿部純二・基本判例75頁、大谷414頁以下、鈴木茂嗣・刑法の判例〔第2版〕129頁、川端562頁以下、斎藤信治269頁、橋本・行為支配論と正犯理論198頁）。

　(ii)　**批　判**　　しかし、「共通した義務」といった考え方は、犯罪共同説のように一つの犯罪を共同するという見解から唱えられるものであって、行為共同説からは、そのような義務を想定する必要はない。

---

[15] 山口・問題探究276頁、同・西原古稀2巻398頁。

また、**対等の地位**において分業している共同行為者のそれぞれに、「**相互監督的地位**」が認められるであろうか（山中・現代的展開〔II〕205頁）。この疑問に対しては、「共同者が相互に注意し合うべき義務は監督義務ではない」、それは、「法的に対等、平等の地位に立つ共同行為者の協力義務であって、監督者の被監督者に対する義務とは異質のものである」（大塚・曹時43巻6号9頁）と反論される。しかし、ここでいう「協力義務」の実体が、「他の共同行為者に注意義務を遵守させる義務」であるならば、それは、実質的に「監督義務」であると批判しているのであって、対等・平等の地位に立つものが、なぜ相互にこのような監督義務を負うのかという疑問なのである。さらに、関与者が、同質・同方向の「対等の地位」ではなく、異質的・対向的な機能分担をなしている場合には、過失の共同正犯が成立しない根拠は何であろうか。バスの運転手と車掌、外科手術の執刀医と補助にあたる看護師の間にも、不注意の助長・促進が認められれば過失の共同正犯は認めうるのである（長井長信・判評343号64頁、反対＝大塚・曹時43巻6号10頁以下）。

　(iii) 不真正不作為犯説　　最近では、過失共同正犯においては、他の共同行為者に注意義務を遵守させる作為義務が発生しているものとして、その作為義務は、不真正不作為犯の過失共同正犯であることから生じる「共同作為義務」として生じるものとする見解（山口359頁、同・問題探究276頁以下、同・西原古稀2巻399頁）が唱えられている。共同者が共同して行う行為全体について、各人に共同して結果回避のための作為義務が課されている状態が生じているというのである。それは、「先行行為の共同、共同排他的支配等により、共同正犯固有の『共同作為義務』が発生すると考えられることになる」。この見解は、結果に対する因果性が明白であり、予見可能性が肯定されるかぎりで、作為犯においても過失共同正犯を肯定できるものとする（山口・西原古稀2巻400頁）。

　(iv) 批　判　　この見解はその出発点において疑問である。すなわち、過失の共同正犯が問題となる事案を、まず、過失不真正不作為犯と捉えた点は、過失犯はすべて不真正不作為犯であるといった命題につながるものであり、不当である。ここでいわれる「共同作為義務」の前提は、単独作為義務であろう。すなわち、建築現場で一人で鋼材を投げ下ろす作業に従事している場合には、当然、その一人について先行行為・排他的支配があり、それによって作為義務が発生するはずである。それを二人で行っていた場合に、同

じような発生根拠から「共同作為義務」が発生するのである。そうだとすると、一人についても、不真正不作為犯となるはずである。すなわち、危険な作業ないし危険な運転あるいは危険なホテルの営業は、すべて先行行為であり、排他的支配を根拠づけうるのである。これは、すべての過失作為犯を不作為犯と構成しようとするもの以外のなにものでもない。これがもし、他の共同者に対する監督義務として唱えられているなら、そのような監督義務の発生根拠を先行行為や排他的支配に求めるのは不当であり、論者も、このような監督的義務には否定的であるので、それが真意ではあるまい。過失犯においては、「**全体としての結果回避のための作為義務**」があるのではなく、各行為者に結果惹起行為が禁止されているのである。

(5) 本書の立場

(a) 肯定の根拠　行為共同説の立場からは、客観的に危険創出行為を共同し、主観的に共同危険行為の意思があれば、過失犯における共同正犯が肯定される。共同正犯の効果は、当該共同者の過失行為への結果の帰属が、その結果が直接的にはたとえ他方の行為者の惹起した結果であり、または、いずれの行為から直接生じた結果かが判明しなかった場合でも、肯定されるということである。つまり、共同正犯の場合、結果に対するそれぞれの行為者の因果的寄与と、他の共同者を通じての結果に対する因果的寄与とが認められ、帰属可能な範囲内の事象であるかぎり、発生した結果は、その者に帰属されるのである。これに対して、具体的結果の発生に対して個別的な予見可能性（過失責任）があるか否かは、それぞれの行為者の問題である。

(b) 過失行為と故意行為の共同正犯　したがって、この見地からは、過失犯と過失犯の間の共同正犯のみならず、過失犯と故意犯の間の共同正犯も成立する（植田 170 頁）。過失犯と故意犯の間の共同正犯と、過失犯を利用した故意の教唆犯とは、どのように区別されうるのであろうか。それは、ただ故意行為者の「実行行為」の有無のみによる。すなわち、例えば、X は過失で、Y は故意で、人 A に対して共同して同時に発砲した場合、両者は、それぞれ（業務上）過失致死罪と殺人罪の共同正犯である。しかし、Y が、X に対して、「熊だ、撃て」と叫んだことによって、不注意にも X が客体の錯誤によって人を射殺した場合、Y は、実行行為を行っておらず、規範的障害を介在させているので、教唆犯にすぎない。なお、過失犯と過失犯が共同する場合には、つねに過失正犯が問題となり、過失共犯が成立することは

(c) 過失共同正犯の罪名　過失犯の共同正犯においては、まず、発生した結果から出発して、その結果をどの行為者の過失行為に帰属させるべきかを問うことになる。その結果を直接惹起した行為者の行為が確定されれば、他方の共同者にもそれが帰属されうるかどうかが問われる。その際、過失の共同正犯かどうかは、因果的寄与を認めうるかどうかによる。その結果を直接惹起した行為者の行為が、共同者のいずれかの行為であることは疑いないが、そのうち誰のものかが確定できなかった場合には、共同実行の事実を確定することが重要である。したがって、行為共同説に立っても、原則として・・・・・・・・・・・・・・・・・・・・・・・同じ罪名の過失犯の間の共同正犯が成立する。

　　例えば、XとYとが過失で同時にAに向かって別々のナイフを投げ、Xのナイフは心臓に命中し、Aを死亡させたが、Yのナイフは、軽傷を負わせたにとどまった場合にも、過失致死罪と過失傷害罪の共同正犯が認められるわけではない。もっとも、各共同者の主観的過失責任の範囲に相違があった場合には、理論上、異なった過失犯の間にも過失共同正犯が成立しうることはいうまでもない。

　共同危険創出行為（過失実行行為）は、事前の立場から判断される。したがって、片方の撃った弾丸が被害者に当たらなくとも、事前的に不注意な行為（共同危険創出行為）であれば、他方の弾丸が命中しているかぎり、共同実行の事実は存在するのである。

3　結果的加重犯の共同正犯

　結果的加重犯において、故意で行われる基本的犯罪は別として、重い結果に対する共同実行の意思があるかどうかについては、過失犯の共同正犯と同様の問題があり、したがって、結果的加重犯の共同正犯についても、**肯定説**と**否定説**に分かれている。基本犯の部分は故意犯であるので、共同正犯を肯定することに支障はない。重い結果については過失を必要とするのが通説であるから、過失犯の共同正犯を肯定する見解は、結果的加重犯についても共同正犯を肯定するというパラレルな結論に達するのが通常であろう。判例は、過失犯の共同正犯を認めるが、結果的加重犯については、基本犯と重い結果の間に（条件的）因果関係が存在すれば足りるとするのであり、結果的加重犯の共同正犯の肯定（大判昭3・4・6刑集7・291、最判昭22・11・5刑集1・1）は、基本的犯罪の共同正犯の肯定から必然的に重い結果についても共同者が共同責任を負うと解している。

結果的加重犯については、行為共同説からは肯定されるのが通常である（野村401頁、前田507頁）が、否定説もあり（宮本・学粋402頁）、犯罪共同説からも肯定説が多数である（団藤402頁、大塚299頁、藤木292頁、大谷416頁以下、川端565頁、佐久間373頁）が、否定するものもある（香川347頁、曽根257頁以下）。重い結果を発生させる類型的危険性を内包する基本的犯罪行為を共同して実行し、しかも、重い結果の発生についてそれぞれに共同しつつ過失を根拠づける危険創出行為を共同にしているのであるから、行為共同説に立つ**本書の立場**からは、問題なく、結果的加重犯の共同正犯を**肯定**することができる。

4 承継的共同正犯

(1) 承継的共同正犯の意義

承継的共同正犯（sukzessive Mittäterschaft）とは、ある行為者（先行者）が実行行為の一部を終了した後に、他の行為者（後行者）が、その間の事情を認識したうえで、共同加功の意思をもって事後の行為に加功する場合をいう。後行者が、その加功前にすでに先行者の惹き起こした犯罪の部分についても責任を負うかどうかが問題である。

例えば、Xが強盗罪を犯すつもりで、Aに暴行脅迫を加えたが、Aが失神して反抗を抑圧され後に、その様子を物陰から見ていたYが、財物の盗取行為に加担し、Xと協力してAの胸ポケットから財布を抜き取り、二人で山分けしたという事案において、Yは承継的共同正犯である。Yが強盗の共同正犯の罪責を負うか、窃盗の共同正犯の罪責にすぎないかが論点である。

ここでも、犯罪共同説か行為共同説かによって、基本的に共同正犯の意義が異なるという理論的対立が結論に反映する。

承継的共同正犯において、後行者に全体としての犯罪の責任を負わせる**理論的根拠**は、次の点にある。つまり、**犯罪共同説**によれば、数人一罪であるから、一つの犯罪に複数人が加功するのが共同正犯である。したがって、先行者の犯罪と後行者の犯罪は、同一のものでなければならない。そこで、後行者の犯罪は、自らが行ったのではない部分にも及ぶ必要がある。承継的共同正犯において、後行者に、犯罪全体に対して共同正犯が成り立つというのは、**犯罪共同説からはその理論が要請する帰結**なのである。これに対して、行為共同説からは、先行者が、犯罪全体について責任を負うが、後行者は、自らが加わった時点以降の自らが犯した犯罪について責任を負うというように、数人数罪であってよい。

次に、犯罪共同説が挙げるその**実質的理由**は、後行者には、先行者によって惹起された**既存の状態の認識と利用の意思**があるから、全体について責任を負うべきだとする論理である。

(2) 学説の対立

(a) 否定説　後行者には、介入後の共同行為についてのみ責任が問われるべきであるとし、介入前の事象については、**因果的影響**を及ぼすことはなかったのであるから、責任を負わないものとする（牧野〔下〕745頁、植田171頁、平野382頁、平場155頁、中山460頁、内田300頁、曽根258頁、野村397頁、浅田422頁、前田497頁、山口350頁）。因果的共犯論からは、当初から意思の連絡がある場合と異なり、時間的に先行する行為事象に対しては因果的影響を与ええず[16]（植田・諸問題110頁、中242頁）、また、目的的行為論からも、因果経過を予測しつつ目的的に事象を統制することができない先行事象に対しては、目的的行為支配を認めることができないのである（平場155頁以下参照）。

しかし、否定説も、**殺人罪や傷害罪**にその実行行為の終了前に遅れて関与した者に対して、その結果の発生に対して**因果関係が認められるかぎり**で共同正犯としての責任を負わせることに反対するものではない。また、**継続犯**につき、後に関与した者に、その関与後の監禁に対する共同正犯の責任を負わせることも可能である。この点で、肯定説をとっても、継続犯については当然に関与前の行為についても共同正犯が成立することにはならないであろう。

(b) 肯定説　後行者は、介入以前に先行者が行った行為事象についても、共同正犯の責任を負うものとする（木村408頁、福田269頁、藤木291頁、西原336頁）。実質的根拠としては、行為の全体について、共同の意思が存在するのは、「後に参加した者において最初の行為者の意思を了解し、且つ、その成立させた事情を利用する」（木村408頁）あるいは「先行者によって実現された状況を認識し、その状況を積極的に利用して…先行者と意思を連絡し、残りの実行行為を共同して実行したばあいには…共同正犯が成立するもの」（福田269頁）といった根拠が挙げられる。さらに、先行行為と「一体[17]

---

[16] 植田・諸問題110頁は、意思の連絡が共犯論上意味をもつのは、心理的因果の形成に役立つかぎりにおいてであって、それ以外に特別な意味があるわけではないとする。

[17] 「残りの実行行為を共同した」ことが共同正犯の成立にとって重要かどうかは問題である。先行者と後行者が意思を通じ合い、先行者が、財物盗取を後行者に任せた場合であっても、全体に対する共同正犯は成立するはずである。

として利用する」という点を強調する見解（藤木291頁）もある。**形式的・理論的根拠** としては、犯罪共同説の数人一罪の考え方が根強い。例えば、単純一罪は不可分であるから後に意思の連絡が生じても全体に対する共同正犯が成立するとする見解（植松354頁）、また、「**共犯成立上の一体性**」を強調して、全体に対する共同正犯の成立を認め、処罰については「**共犯処罰上の個別性**」という観点から個別的に分割する見解（岡野・基本講座4巻187頁）がある。

しかし、前者の見解に対しては、既存の状態の認識・利用によって、その既存の状態の惹起に対する責任を問うことはできないというべきである。当初から**意思の連絡がある場合**には、実行を分担したとしても、**心理的因果関係**が肯定される。例えば、XとYとで強盗を計画し、Xは暴行脅迫行為のみ、Yは盗取行為のみというように分担した場合でも、それぞれ相手方に対して心理的因果関係があるかぎり、相手の分担部分についても因果的影響を与えているのである。[18] これに対して、後に加功したにすぎない後行者は、既存の状態の惹起に対して何らの因果的影響をも与えていない。後者の見解について、「共犯の成立上の一体性」の原則は、行為共同説からは無意味である。

(c) **部分的肯定説** 部分的肯定説は、原則的には、先行者のみが関与した事象については、後行者は責任を負わないが、**例外的に** 全体としての犯罪につき共同正犯が成立する場合があるとする。ここで部分的肯定説として結論の点からまとめた見解には、さまざまな論拠がある。

（ⅰ） **結合犯** 第1に、犯罪共同説から、とくに強盗罪のような**結合犯**について、「安易に、暴行・脅迫罪と窃盗罪とに分解することは許されない」として、共同正犯を肯定する立場がある（大塚295頁、同・基本問題330頁）。先行者がすでに行った事実を認識し、かつ、そこから生じた状態を利用しつつ、共同して被害者の財物を奪取するのは、強盗の実行行為であるというのである。この見解は、厳格な犯罪共同説を背景にするものである。行為共同説によれば、なにも、結合犯を分解するものではなく、窃盗罪が成立するのはもともと後行者のみであって、先行者には、分解することなく当然強盗罪が成立するのである。

部分的肯定説の中には、承継的関与の場合、共同正犯を認めることはできないが、**幇助を認めることができるとする見解がある。例えば、Aが強盗の

---

[18] 福田266頁は、「自然的因果関係」が存在しないことを共同正犯を否定する理由にはならないとするが、心理的因果関係もない場合には、否定する理由となるというべきである。

目的で X に傷害を与えた後、B が財物強取に関与した場合、窃盗の共同正犯と強盗致傷幇助の観念的競合を認める見解（中野 149 頁）ないし窃盗の共同正犯と強盗幇助の観念的競合とする見解（齊藤誠二・判評 306 号 56 頁）がそうである。たしかに、幇助においては、正犯の実行行為の一部に関与し、全体として構成要件の実現を惹起すればよく、正犯の実行行為の構成要素をすべて惹起する必要はない。しかし、幇助も、単純一罪の場合とは異なり、結合犯ないし多行為犯にあっては、やはり実行行為のそれぞれの行為部分につき因果的惹起を必要とするというべきであり、承継的共同正犯は認められないが、承継的幇助は肯定されるという見解も不当である。

(ⅱ) **効果の持続**　　第 2 に、関与前の行為が、関与後にもなお効果を持ち続けている場合には、関与前の行為についても責任を問われるとするものがある（平野 382 頁、内田 300 頁、堀内 291 頁、川端 570 頁、西田 366 頁、同・基本判例 71 頁）。例えば、先行者が暴行脅迫を加えて被害者を反抗不能の状態に陥れた後、先行者と共同して被害者から財布をとった場合、先行者の盗取行為は、先の暴行脅迫が及んでいるから強盗行為である。後行者もそれを共同したのであるから、後行者に強盗の責任を負わせることは可能だというのである（平野 383 頁）。これは、例えば、強盗罪において、反抗の抑圧状態がなお継続していることを意味するものと思われる。[19]

しかし、その効果を後行者の作為・不作為によって維持・強化したのでないかぎり、反抗不能状態を認識・利用しても、窃盗にすぎないことには変わりないというべきである。ただ、強盗罪や強姦罪において、先行者がすでに反抗を抑圧する状態を作りだしていた場合でも、後行者の作為・不作為の脅迫によって、反抗抑圧状態を強化し、新たに設定したとみられる場合には、その時点から強盗罪ないし強姦罪が成立しうる（東京高判昭 48・3・26 高刑集 26・1・85）。また、暴行脅迫の効果が及んで強盗になるのは、最初から強盗行為の一部として盗取行為を行っている先行者のみであって、後行者は、それを共同にしたとしても、その行為の意味は、自分にとっては窃盗行為にすぎない。行為共同説からはこのことは明白である。

(d) **単純一罪**　　**殺人罪**や**傷害罪**のような単純一罪に途中から関与した者

---

[19] 後行者が、先行者の行為等を自己の犯罪遂行の手段として積極的に利用する意思のもとに犯罪の途中から関与し、先行行為者の行為等を利用した場合には、相互利用・補充関係を認めるべきであるとし、承継的共同正犯を肯定する説（大谷 418 頁）もある。

に、承継的共同正犯として関与前の行為をも含めて全体に対する責任を負わせることはできるのであろうか。この場合には、先行者の実行行為の終了前に関与し、正犯結果に対して因果関係を有する行為であるかぎりで共同正犯の責任を負うことはいうまでもない。後述のように、判例にも、殺人罪に後に加担したが、後行者の行為が先行者の行為の結果に因果経過に影響を及ぼしていない場合に、後行者に殺人既遂を否定したものがある（大阪地判昭45・1・17判時597・117）。問題は、**詐欺罪**や**恐喝罪**のように、詐欺行為と財物の受領行為ないし脅迫行為と受領行為といった複数の行為からなる**多行為犯**の場合である。例えば、先行者が詐欺行為によって被害者を欺いた後、後行者が財物の受領行為に関与した場合に、後行者は詐欺罪の共同正犯となるのだろうか。承継的共同正犯否定説からは、後行者を不可罰とすべきだという見解（浅田423頁、同・レヴィジオン刑法69頁）も唱えられている。判例には、恐喝罪において受領行為にのみ加担した者につき、恐喝罪の幇助を認めたもの（横浜地判昭56・7・17判時1011・142）があるが、共同正犯については、共同実行の事実の存在が要件であるから、脅迫行為を実行していない後行者に共同正犯を認めることはできない。したがって、実行行為の途中で実行行為の継続中に関与した後行者に対しては幇助が認められるというべきであり、この判例の判断は妥当である。

(3) 判 例

判例は、**戦前**は、後行者にも共同正犯としての罪責を問うのが一般的であったが、戦後においては、下級審の判例には、承継的共同正犯を肯定するものと否定するものがある。[20]

(a) 大審院　大審院の判例においては、古く、訴訟詐欺に関して、「犯罪を共謀し、之が遂行に必要なる行為を分担するに於ては、当初より加功すると途中より参加するとを問わず、該詐欺罪の共同正犯を以て論ずべき」だとしたもの（大判明44・11・20刑録17・2014）があり、また、**承継的従犯**に関して、夫が強盗目的で被害者を殺害した後、それを知った妻が、蠟燭を手にして、夫が金品を強奪する行為を容易にしたという事案について、240条後段は、強盗罪、殺人罪・傷害致死罪が結合した単純一罪を構成するものであるから、強盗殺人罪の一部である強取行為に加担しこれを幇助したときは、**強盗殺人罪の従犯**が成立するとした判例（大判昭13・11・18刑集17・839）がある。

(b) 戦後下級審　戦後、最高裁の判例はまだないが、**下級審の判例**は分かれている。大雑把に言えば、初期の判例は肯定したものが多く、最近は、成立範囲を限

---

[20] 判例について、松村格・新判例コン3巻174頁以下、岡野・基本講座4巻180頁以下参照。

定しようとする判例も散見されるといってよいであろう。

　まず、昭和28年の**札幌高裁判決**（札幌高判昭28・6・30高刑集6・7・859）は、先行者が強盗の目的で被害者を殴打して傷害を与え、後行者が先行者と協力して金品を奪った事案について、240条前段の罪は強盗の結果的加重犯であって単純一罪を構成するものであるから、他人が強盗の目的をもって暴行を加えた事実を認識してこの機会を利用し、ともに金品を強取しようと決意し、互いに意思連絡のうえ金品を強取した者は、たとえ共犯者が先になした暴行の結果生じた傷害につき何らの認識がなかった場合でも、その所為に対しては強盗傷人罪の共同正犯をもって問擬するのが正当であると判示した。[21]

　その後の判例においても、**強姦致傷罪**につき、傷害が加功前に発生していた場合でも、途中から強姦に加わった者も、介入前の先行者の行為を認識して介入した場合には、犯罪全体について責任を負うとしたもの（東京高判昭34・12・2東高刑時報10・12・435）、そのほか、強盗致死罪（大阪高判昭40・10・26下刑集7・10・1853）、強盗傷人罪（東京高判昭57・7・13判時1082・141）などがある。最近、傷害罪につき、加功以前の傷害を含めて被害者の受傷のすべてにつき責任を認めたものとして、大阪地判昭63・7・28判タ702・269がある。

　さらに、**継続犯**については、途中から加わった場合も共同正犯が成立することはいうまでもない。判例は、他人が不法監禁されているとき、途中からその加害者の犯行を認識しながらこれと犯意を共通してその監禁状態を利用し、自らもその監禁を続けた場合は、いわゆる承継的共同正犯として、その加担前の監禁をも含めて全部について責任があるとした（東京高判昭34・12・7高刑集12・10・980）。[22]

　状態犯に関しては、窃盗罪が既遂に至れば、法益侵害状態が継続していても、承継的共同正犯は成立しないことはいうまでもない。しかし、判例の中には、状態犯である**略取誘拐罪**の終了後、それに引き続く監禁行為に関与した場合に、略取誘拐罪についても**共同正犯**となるとしたものがある（東京高判平14・3・13東高刑事時報53・1=12・31）。まず、判例は、営利目的略取罪は状態犯と解する（最決昭58・9・27刑集37・7・1078参照）。したがって、被略取者を事実上の支配下に置いた時点で同罪は犯罪としては既遂になる。しかし、次のようにいう。「被略取者の自由に対する法益侵害は、被略取の違法状態が続く限り継続しているというべきである。平たくいえば、窃盗の場合には、盗まれてしまえば、その物の所有者（占有者）の権利はその時点で侵害されたままで、その状況に特段の変化は生じないが、営利目的略取罪の場合は、**被略取者の法益に対する侵害はなお継続しており**、いわば、時間的経過に従って更新されて

---

[21] このような傷害に対する後行者の責任の肯定の実質的根拠は、207条の同時傷害の規定とのバランスにあると説明されている（前田498頁）。意思の連絡がない場合には、207条の適用により共同正犯として取り扱われ、傷害の責任を負うのに、意思の連絡があれば、傷害の点につき責任を負わないのは、権衡を失するというのである。

[22] そのほか、名古屋高判昭38・12・5下刑集5・11=12・1080、神戸地判昭39・3・10下刑集6・3=4・204、大阪高判昭45・10・27刑月2・10・1025、名古屋高判昭50・7・1判時806・108、前掲東京高判昭57・7・13が先行行為による結果について共同正犯の成立を認める。

いるというべきものであり、略取に引き続いて被略取者を支配下に置いている行為も可罰性のある法益侵害行為であるが、略取罪に評価されるものとして、監禁罪等に問われることは別として、略取罪を構成しないとされているにすぎない。そうすると、加担前の監禁行為についても共同正犯としての責任を問うことができるのであれば（前掲東京高判昭34・12・7）、同様の意味で、既遂となった略取罪についても共同正犯としての責任を問うことができると解すべきである」。しかし、判例には、次に示すように、監禁罪につき関与以後の行為についてしか責任を問いえないとする判例もある。したがって、これを前提にすると、この論理は成り立たない。略取誘拐罪が状態犯であるとすると、窃盗罪と同様、犯罪終了後の共同正犯は成立しないというべきであり、関与時点から、監禁罪の共同正犯に問われるのみとすべきであろう。

　恐喝に関しては、先に他の共犯者が行った脅迫ならびにこれによる被害者の畏怖状態を認容・利用して共謀して金員要求行為を行った場合には、被告人に脅迫行為がなくても、恐喝の責任を負うとしたものがある（名古屋高判昭58・1・13判時1084・144、なお、横浜地判昭56・7・17判時1011・142）。

　(c) 否定・限定判例　これに対して、先行者の惹起した結果に対する承継的共同正犯を否定ないし限定する判例もある。まず、下級審の判例には、継続犯であっても、「その後の監禁行為に加功したに過ぎないのであって、自分が加功する前の監禁状態をことさらないしは積極的に利用する意思があったものとも認められない」として、監禁について共同正犯としての責任を負うのは、**関与以後の監禁に限られる**としたもの（東京高判平16・6・22東高刑時報55・1＝12・50）がある。このことは、「継続犯という逮捕監禁罪の性質を考慮しても」妥当するというのである（甲府地判平16・9・16LEX/DB）。また、**広島高裁昭和34年判決**は、数人の先行者の中の一部の者による強姦が終わった後、他の先行者と意を通じて抵抗する気力を失っている被害者を姦淫したが、被害者の傷害が一連の強姦行為中のいずれかによるものであることしか分からなかったという事案につき、先行者によってすでに開始された犯罪実行の途中からこれに介入した者の責任は、その**介入後の行為**についてのみ発生するものと判示した（広島高判昭34・2・27高刑集12・1・36）。そのほか、先行者が殺意をもって包丁で切りつけた後、後行者が先行者と意思を通じ合ったうえで殺意をもって被害者に攻撃を加え、死亡させた事案について、被害者の死は介入前の先行者の行為が原因であると認定し、単純一罪であっても、後行者の行為が客観的に先行行為による因果関係の経過に影響を及ぼしておらず、結果の発生に無関係である場合には殺人既遂の責任を負わないとしたもの（大阪地判昭45・1・17判時597・117）がある。[23]

　さらに、**大阪高裁昭和62年判決**でも、単純一罪性のみならず、**「積極的利用意思」**の存在が重要であるとしている。この判決では、先行者の暴行行為の後に自らも暴行を加えたが、傷害の結果が被告人の加担後の暴行によるものとは認定できなかったと

---

[23] 控訴審である大阪高裁（前掲大阪高判昭45・10・27）は、殺人罪のごとき単純一罪たる犯罪については、原則として、「共謀成立の前に行なわれた先行行為者による実行をも含めて、結果の実現に向けられた各行為者のすべての実行行為につき、行為者の全員が共同正犯の責任を負うべきもの」として、前掲の地裁判決を破棄自判し、殺人既遂の罪の共同正犯とした。

いう事案につき、いわゆる承継的共同正犯は、後行者において、先行者の行為およびこれによって生じた結果を認識・認容するにとどまらず、これを自己の犯罪遂行の手段として積極的に利用する意思のもとに、実体法上の一罪を構成する先行者の犯罪に途中から共謀加担し、当該行為等を現にそのような手段として利用した場合にかぎられるとした（大阪高判昭62・7・10高刑集40・3・720）。

このように、後行者の関与以前に**すでに生じてしまった結果**については、後行者に責任を負わせることはできないとする判例は少なくない（前掲横浜地判昭56・7・17）。すなわち、強姦致傷罪につき、すでに傷害が行われた後に加功した後行者は、傷害については責任を負わないとしたものがある。ここでは、分割可能な包括一罪の場合、積極的に利用したというだけで、承継的共同正犯を認めることはできないものとする。また、昏酔強盗を共謀したところ、予期に反して共犯者が被害者に対し暴行を加えて負傷させた後、その犯行状態を利用して共犯者とともに被害者から金品を奪取した事案につき、傷害の結果については承継的共同正犯として責任を問いえず、強盗の限度で共同正犯の責任を負うにすぎないとしたものがある（東京地判平7・10・9判時1598・155）。「反抗抑圧状態の利用を超えて、被害者の傷害の結果についてまで積極的に利用したとはいえない」からである。

他の者が被害者に暴行を加えて傷害を負わせた後に、被告人が共謀加担した上、さらに暴行を加えて被害者の傷害を**相当程度重篤化**させた場合、被告人は、被告人の共謀およびそれに基づく行為と因果関係を有しない共謀加担前にすでに生じていた傷害結果については、傷害罪の共同正犯としての責任を負うことはなく、共謀加担後の傷害を引き起こすに足りる暴行によって傷害の発生に寄与したことについてのみ、傷害罪の共同正犯としての責任を負う（最決平24・11・6刑集66・11・1281＝**百選82**）。

事案は、以下の通りである。AとBは、C及びDに対し暴行を加えた後、CとDを車に乗せ、本件現場に向かった。その際、Bは、Cを捜していた被告人に、Cを連れて本件現場に行く旨を伝えた。Aらは、現場に到着後、Cらに対し、さらに暴行を加えた。これらの一連の暴行により、Cらは、被告人の到着前から負傷していた。その後、被告人が、本件現場に到着し、CらがAらから暴行を受けて逃走や抵抗が困難であることを認識しつつAらと共謀の上、Cらに対し、暴行を加えた。被告人らの暴行は、共謀加担後に加えられた被告人の暴行の方がそれ以前のAらの暴行よりも激しいものであった。被告人の共謀加担後にわたる一連の前記暴行の結果、Dは、約3週間の安静加療を要する見込みの頭部外傷擦過打撲等の傷害を負い、Cは、約6週間の安静加療を要する見込みの全身打撲、頭部切挫創等の傷害を負った。

決定要旨は以下の通りである。「被告人は、共謀加担前にAらが既に生じさせていた傷害結果については、被告人の共謀及びそれに基づく行為がこれと**因果関係を有する**ことはないから、傷害罪の共同正犯としての責任を負うことはなく、共謀加担後の傷害を引き起こすに足りる暴行によって**C**らの傷害の発生に寄与したことについて

のみ，傷害罪の共同正犯としての責任を負うと解するのが相当である。原判決の…認定は，被告人において，CらがAらの暴行を受けて負傷し，逃亡や抵抗が困難になっている状態を利用して更に暴行に及んだ趣旨をいうものと解されるが，そのような事実があったとしても，それは，被告人が共謀加担後に更に暴行を行った動機ないし契機にすぎず，共謀加担前の傷害結果について刑事責任を問い得る理由とはいえないものであって，傷害罪の共同正犯の成立範囲に関する上記判断を左右するものではない」。

この決定は、従来の判例が、容易に先行者がすでに惹起した状態を「積極的に利用する意思」をもって後行者が共謀の成立後加功したとき、承継的共同正犯を認める下級審の判例が多く見られたのに対し、少なくとも、傷害罪については、後行加功者は、加功後生じた傷害についてのみ共同正犯の責任を負うとしたものであって、安易な積極的利用意思の認定による**承継的共同正犯論に警鐘を鳴らす**ものである。

(4) 本書の立場

承継的共同正犯においては、後行者は、介入後の犯罪事実についてのみ責任を負う。それ以上、構成要件上の因果的進展の可能性のない事情（強盗致死罪における死の結果）を積極的に利用することができないのと同様に、それが因果的に後に生じるべき事象の成立に積極的に利用しうる場合（反抗抑圧状態）でも、その状況を惹起したのでないから、因果的に先行する事象の発生に対しては、後行者は責任を負わない。承継的共同正犯は否定されるべきである。

(5) 同時傷害の特例と承継的共同正犯

承継的共同正犯において、先行者が暴行を加えた後に、後行者が意思の連絡を生じてその暴行に加担し、共同して暴行を加え、被害者が傷害を負ったが、その傷害が先行者の暴行によってすでに生じていたのか、後行者の関与の後の暴行によって生じたのか分からない場合に、**同時傷害の特例**（207条）の適用はあるのだろうか（☞各論§12, 3）。この場合に、承継的共同正犯を肯定することもできる（東京高判平8・8・7 東高刑時報47・1 = 12・103）。しかし、承継的共同正犯を肯定するに、「**自己の犯罪遂行の手段として積極的に利用する意思**」を必要とするなら、それが認められないかぎり、先行者Aの惹起した可能性のある傷害については、承継的共同正犯として先行者による傷害の結果に対する責任を後行者に負わせることはできない（前掲大阪高判昭62・7・10）。そこで、そのような場合に、同時傷害の特例を適用できれば、承継的共同正犯が

認められなくとも、後行者にも傷害罪の責任を負わせることができる。

問題は、承継的共同正犯を否定する見解に立ち、あるいは、それを認定できなくても、後行者の加担以降は、共同正犯が肯定され、両者ともに共同正犯としての責任を負うことである。その場合、先行者については、先行の暴行の結果については単独で、後の暴行の結果については共同して、いずれにせよ責任を負う。このような場合に、同時傷害の特例の適用は可能であろうか。「共同して実行した者でなくても」の解釈については、共同実行者でない場合にかぎるという意味であるとする見解が有力である。共同実行者であるときは、共同正犯の規定（60条）が適用されることは当然であって、本条によるべきではない（大判明44・3・13刑録17・345）というのである。本条を「共同して実行した者でなくても」とは、当然、共同実行した者をも含むと解釈すれば、その適用には問題がない。判例には、先行者と後行者の間に承継的に「共謀」が生じた場合でも、承継的共同正犯として先行の傷害結果に対して責任を負わせられない場合に、本条を適用して、その責任を認めるものがある（大阪地判平9・8・20判タ995・286）。学説にも、法文の文言上、「共犯関係の存在する場合に適用を否定する根拠は存在しない」（前田『刑法各論講義』〔第5版〕51頁）として、この場合に、**本条の適用を認める見解**（前田498頁）がある。本説の実質的根拠は、後行者が意思の連絡なしに関与した場合には、207条の適用が認められ、後行者にも傷害の責任を負わせることができるのに、後に意思の連絡を生じた場合にその責任を負わせられないのは不合理であるというのである。これに対して、207条は、傷害結果について誰も責任を負わなくなる場合についての例外規定であるが、承継的共犯の場合、少なくとも先行者は傷害の責任を負うから、**本条の拡大適用は疑問であるとする見解**（大谷『刑法講義各論』〔新版第4版〕37頁、西田『刑法各論』〔第6版〕47頁、前掲大阪高判昭62・7・10）もある[24]。本説に対しては、当該傷害結果につい

---

[24] 本判決では、次のようにいう。「甲の暴行終了後乙が甲と共謀の上暴行を加えた場合で、いずれの暴行による傷害か判明しないときには、前示のような当裁判所の見解によれば、乙の刑責が暴行罪の限度に止まることになり、甲との意思連絡なくして丙に暴行を加え同様の結果を生じた場合と比べ、一見均衡を失する感のあることは、これを否定し難い。しかし、刑法207条の規定は、二人以上で暴行を加え人を傷害した場合において、傷害を生じさせた行為者を特定できなかったり、行為者を特定できても傷害の軽重を知ることができないときには、その傷害が右いずれかの暴行（又は双方）によって生じたことが明らかであるのに、共謀の立証ができない限り、行為者のいずれに対しても傷害の刑責を負わせることができなくなるという著しい不合理を生ずることに着目し、かかる不合理を解消するために特に設けられた例外規定である。これに対し、後

て責任を負う者が1人でもいれば足りるという議論は合理的でないという批判（前田498頁〔注35〕）がある。

　判例には、「一般に傷害の結果が全く意思の連絡のない2名以上の者の同一機会における各暴行によって生じたことは明らかであるが、いずれの暴行によって生じたものであるかを知ることができない場合には、同時犯の特例として、刑法207条により傷害罪の共同正犯として処断されるが、このような事例と対比して考えると、本件のように、共謀成立の前後にわたる一連の暴行により傷害の結果が生じたことは明らかであるが、共謀成立の前後いずれの暴行により生じたものであるかを知ることができない場合にも、やはり『**その傷害を生じさせた者を知ることができない**』ときに当たるとみなければ**権衡を失する**ことが明らかであるから、これら一連の暴行が同一機会において加えられたものである限り、**刑法207条が適用され**、全体が傷害罪の共同正犯として処断されると解するのが相当である」とするもの（神戸地判平15・7・17LEX/DB）がある。

　しかし、本条の適用の前提は、傷害の軽重ないし傷害を生じさせた者を「知ることができないとき」である。後に意思の連絡を生じた場合、少なくとも先行者には、後行者の関与前の傷害についてもその関与後の傷害についても責任を問うことができるのであるから、傷害を生じさせた者を「知ることができる」のであり、**その適用はできない**と解すべきである。

5　不作為犯の共同正犯

(1)　意　義

　不作為犯の共同正犯には、真正不作為犯の共同正犯と不真正不作為犯の共同正犯がある。**真正不作為犯の共同正犯**は、例えば、二人で他人の住居に適法に立ち入り、家人から退去を要求されたが、共同してそのまま居つづけたといった場合に成立する。**不真正不作為犯の共同正犯**は、現実的な危険状況が発生したときに、複数の保障人が共同して保障人的義務を果たさなかったような場合に成立する。例えば、二人で養育の義務を負っている母親と父親が共謀のうえ、共同して自分達の嬰児に授乳しないで餓死させたような場合である。[25]

　　行者たる乙が先行者甲との共謀に基づき暴行を加えた場合は、傷害の結果を生じさせた行為者を特定できなくても、少なくとも甲に対しては傷害罪の刑責を問うことができるのであって、刑法の右特則の適用によって解消しなければならないような著しい不合理は生じない。従って、この場合には、右特則の適用がなく、加担後の行為と傷害との因果関係を認定し得ない後行者たる乙については、暴行罪の限度でその刑責が問われるべきこととなるのであって、右結論が不当であるとは考えられない」。

[25] 不作為犯と作為犯の存在構造の相違から、不作為犯については、共同実行の事実を否定し、また不作為犯においては故意を否定するのであるから共通の決意もなく、したがって共同加功の意思

これについて、次のような判例がある。

> Bとその長女A（3歳）と共同生活していた被告人が、Bが、Aに十分な食事を与えなかったことなどによって、Aを極度にやせた状態に陥らせ、被告人およびBにおいて、それぞれにAに対してその救命のために速やかに医療機関による治療を受けさせるべき義務を負うに至ったにもかかわらず、Aが死亡してもやむをえないものと決意し、Bと**共謀のうえ**、Aに対し医療機関による治療を受けさせることなく、Aを同室内のロフト上に隔離したまま放置し、Aを極度の低栄養により**飢餓**により殺害したという事案につき、さいたま地裁は、被告人に殺意を認め、Bと意思を相通じたうえ、あえてBと共に、Aに対して速やかに医療機関による治療を受けさせるべき義務を怠り、Aをロフト上に隔離したまま放置し続けて死亡させたものであるとして、両者に**不作為による殺人罪の共同正犯**を認めた（さいたま地判平18・5・10LEX/DB）。

不作為共同正犯についても、「**共同義務**」（共通した作為義務）（大塚・基本問題333頁）を前提とするとされる。しかし、過失犯の共同正犯の場合と同じく、共同の義務は不要である。心理的因果関係をも含めた因果過程の共同を前提とする作為義務がそれぞれに存在すれば十分である。

(2) 二つの類型

この場合に、保障人的義務の履行可能性ないし作為可能性の形態からみて二つの類型がありうる。第1類型は、複数の行為者の作為義務が、一人の義務者のみによっても履行可能であり、一人が履行すれば結果の発生を防止しうる場合である。例えば、母親か父親かどちらかが授乳しておれば乳児が餓死しなかったといった場合である。

> 例えば、判例には、妻の子（2歳）を引き取って妻と二人で育てていた被告人が、妻Aがその子Bに熱湯を浴びせた後、Bを押入れに入れるなどして治療を受けさせず、**暗黙の共謀によって放置**した結果、死亡させた事案につき、被告人は、①少なくともBが健全に生育できるような生活環境を整えるべき法的義務を負担したと解されること、②Bを救うことができるのはA以外には被告人しかいないことを十分認識していたこと、③被告人が積極的にBの生命を維持するために必要な医療措置を受けさせる行為をとらない限り、Aが自発的にそのような措置をとる可能性が極めて低いことを十分認識していたという3点を認定し、「医療措置を受けさせなかったという不作為は、作為によってBを殺害する行為と構成要件的に等価値であり、殺人罪の構成要件が予定する違法類型に当たる」と評価して不作為による殺人罪の実行共同正犯を肯定したものがある（広島高岡山支判平17・8・10LEX/DB）。

も存在しないとして、共同正犯の成立を否定するドイツにおける見解（*Armin Kaufmann*, Die Dogmatik der Unterlassungsdelikte, 1959, S. 189）があるが、不作為犯についても共同正犯は成立する（福田275頁、大塚301頁、大谷422頁、前田532頁）。

第2類型は、複数の義務者が協力してはじめて義務の履行が可能であり、結果発生を防止しうる場合である。例えば、母親と父親が協力すればわが子の上に覆いかぶさった廃材を除去し、その子を救助することができたような場合である。後者の類型では、因果の共同は明らかである。前者の類型では、それぞれが必要十分条件ではあるが、物理的・心理的因果的影響を与え合っているので、やはり不作為犯の共同正犯である。

(3) 65条1項の適用

このように、作為義務のある者のみが、不作為犯の共同正犯となることができるという説（大塚・基本問題333頁）に対して、作為義務を有しない者も、作為義務を有する者と共同してその作為義務違反の不作為を実現することは可能であると解する説（大谷423頁、川端582頁）がある。この説によれば、母親と第三者が共同意思のもとに相互に利用・補充し合って乳児に授乳しないで死亡させた場合にも、共同正犯が成立することになるという。その際、不作為犯は真正身分犯であり、作為義務者を身分者とみて65条1項により「身分のない者であっても、共犯」とされるものと解するのである。しかし、65条1項は、狭義の共犯に関する規定というべきであるから、共同正犯には適用がない（☞§168, 3 (1) (c)）。第三者は幇助にとどまるというべきであろう。なお、「共同正犯の処罰根拠においては、相互の心理的影響が重要で、関与者の一部が必ずしも外観上客観的実行行為性を有していなくとも、すなわち作為義務を有していなくとも共同正犯たり得る場合は考えられる」とする説（前田477頁）がある。しかし、この見解は、共同正犯における共同実行の事実、すなわち実行行為性を軽視するものである。相互の心理的影響は正犯と従犯ないし教唆犯の間にも存在しうるが、共同正犯との区別は、実行行為（の一部）を行ったか否かにあるのである。自ら単独では正犯となりえないものが、共同正犯になりうるわけではない。

(4) 不作為犯と作為犯の共同正犯の可能性

これについても、肯定するのが通説であろう（大塚・基本問題334頁）。その例として、甲と乙とが意思を連絡して乙の子供Aを殺害しようと図り、甲が泳げないAを川へ投げ込んだが、乙はこれを救助しないで放置したためAが溺死したという事案で、甲は、作為による殺人罪であるが、作為義務者である乙の不作為も殺人罪の実行行為であり、この作為と不作為とは殺人罪の共同正犯となるとするのである（大塚・基本問題334頁）。この事例のかぎ

りでは、すでに甲が子供を投げ込む時点で共同正犯が成立するのであってこの結論は正当であろう。

このことは、**両者がともに保障人的地位** に立ち、法益保護義務を負う場合でも原則として同じである。例えば、上の設例で、甲が子供Xの父親であって、乙が母親であった場合がそうである。

> 判例は、母親Aと父親Bとが、同一の居室にいて、Aが子供Xの顔面を殴打し、敷布団の上に数回叩きつけたが、Bがこれを制止しなかったため、Xをコタツの天板に叩きつけるためXを抱きかかえて自分の右肩付近まで持ち上げたままBの様子を伺ったが、Bが黙ったまま顔を背けたことから、BもXを殺害させようとしているのを知って、**暗黙の共謀**が成立し、AがXをコタツの天板に思い切り叩きつけ死亡させたという事案で、**不作為犯と作為犯の共同正犯** を肯定した（大阪高判平13・6・21判タ1085・292）。

しかし、このような法益保護義務を負う事例においても、作為に出なかった作為義務者に不作為による幇助が認められる場合があり、不作為の共同正犯が成立するのか、不作為による幇助にすぎないのかに関する区別基準が問題となる。これについては、「不作為による幇助」（☞§164, 2, (4)）において詳論するが、共同正犯が成立するためには、共同実行の事実と共同実行の意思が必要であり、共同実行の事実があるというためには、作為者の犯行の決意に対して不作為者が因果的影響を及ぼし、不作為者が作為者の犯行を阻止する行動に出るなどの犯行不支持の態度を示していないことが必要であろう。これを具体的にいうと、共同正犯が成立するためには、作為者と不作為者の間に「**共同行為支配**」がなければならないということである。もとより、不作為犯の「行為支配」とは、作為することによって結果を左右することが可能であるといういわゆる「**潜在的行為支配**」にすぎないが、その潜在的行為支配と作為犯の行為支配とが「共同の行為支配」と評価されるものでなければならない。不作為者が、作為者の作為につき共同支配していると評価できる要件は、**不作為者の先行行為** に求められうる。すなわち、作為者が、法益侵害のための作為をなすにあたって、不作為者も、先行行為において、その作為を引き起こし誘発し助長するなどの**作為者の犯行のを因果的に惹起すること** が必要である。このようにして作為者の作為も惹起し、さらに自ら作為義務に反して不作為にとどまるなどして、不作為者が、事象を共同して支配していると評価されるとき、その関与は、幇助ではなく、共同正犯となる。[26]

このような法益監護義務が保障人的義務を根拠づける事案ではなく、**危険源管理監督義務**がそれを根拠づける事案では、単独正犯ないし共同正犯は成立しないであろう（中・諸問題357頁以下・376頁以下）。例えば、危険な動物を飼っている者が、第三者がその動物をけしかけて被害者に嚙みつかせようとしているのを見ながら、容易にそれを止めうるにもかかわらずそのままにさせた場合には、正犯ではなく不作為による傷害罪の幇助であろう。判例においては、第三者が被害者の殺害を計画しているのを阻止できるのは自分しかいないという状況のもとで、その場に同席をし続け犯行を阻止するべき立場にいながら、未必の故意をもって、その行為者と被害者のそばを離れて、行為者が被害者の首を絞めて殺害した際、これを阻止しなかったのを、殺人の幇助としたもの（大阪高判昭62・10・2判タ675・246）がある。

6　共謀共同正犯

(1)　共謀共同正犯の意義

共謀共同正犯とは、ここでは、二人以上の者が一定の犯罪を犯すことを共謀したうえで、その中の一部の者が実行に出た場合、実行に直接加担しなかった者をも含めて共謀に加わった者全員に共同正犯が成立する場合をいう。共謀に加わっただけの者にも共同正犯を認める点で、実行行為に出た者を共同正犯とする**「実行共同正犯」**と対比される。共謀共同正犯の観念は、大審院時代の初期に判例において採用され、学説が、後にこれを理論化し、根拠づけたものである。

(a)　**共謀共同正犯の実質的背景**　　先に述べたように、共同正犯は、「二人以上共同して犯罪を実行した」ことが必要である（60条）。この共同実行の事実は、意思の連絡とは異なり、共同正犯の罪責を負うための不可欠の要件である。この観点からは、共謀共同正犯は、実行行為に出なかった者をも共同正犯とする点で容認しがたい。それでは、このような共謀共同正犯理論は、なぜ判例を中心に発展し、学説においても今日広く支持されることになったのであろうか。

共謀共同正犯の実質的根拠の一つには、共犯関係において**「重要な役割」**（西原・犯罪実行行為論339頁参照）を果たした者を正犯とすべきだという実質的考察がある。それは、もっと具体的には、**黒幕重罰論**である。教唆は、「正

---

[26] これについて詳しくは、山中「不作為犯の正犯と共犯―基本思想からの考察および区別基準の展開―」川端古稀663頁以下参照。

犯の刑を科する」のであるから、実行行為に出なかった背後者を教唆として処罰することによっても、正犯とするのと同じ刑を科することができる。しかし、実務感覚としては、実行者の背後に控える黒幕、犯罪の中心人物を正犯としたいという要求がある（米田・犯罪と可罰的評価205頁）。実行者の背後で犯罪計画を立案し、指令を出し、指揮・監督する大物は、無形的に実行者よりも重要な役割を果たすのであり、これを教唆・幇助とすると、実行正犯者と同じ、あるいはこれより重い刑を科するのが困難であるから（平野400頁）、「**主犯**」ともいうべき背後者を、「**正犯**」とするべきだというのである。また、複数関与者のいる場合の**現実の犯意形成**が、教唆・幇助、実行という形態よりも、**「共謀」という形態**をとることが多いという点も指摘されている。すなわち、実行、教唆・幇助という類型が、現実の犯意形成の過程と必ずしも一致せず、お互いに影響しあって犯意が形成されていくといういわば**相互教唆・相互精神的幇助の複合した形態**をとることが多く、この実態を捉えるためには「共謀」という概念がより適しているというのである（平野400頁）。

(b)　**限定への動き**　他方では、練馬事件判決までは、「共謀の上」という枕詞をつけるだけで、共謀の成立過程の厳密な立証を必要とすることなく、また、誰がどのように実行したかを明らかにすることなく、訴追し処罰することを可能にしたのであり、共謀共同正犯論の濫用が被告人の防禦権を侵害することに直結したといってよい。**練馬事件判決後**、共謀は罪となるべき事実として**厳格な証明**の対象となることが確認された。しかし、現実には、現在でも、共犯事件のほとんどが共同正犯として処断されており、司法統計年報によれば、教唆・幇助は、刑法犯第1審有罪人員中の共犯関係者の2パーセント強にすぎない。

このような中で学説の対応は、すでに「共謀共同正犯の概念は、いわば**確立した判例**となっている」のであり、「解釈論としては判例の基本線はそれを前提とせざるをえない」（平野402頁以下）として、実務における共謀共同正犯を暴走させないために解釈論的に制御するのが、学説の役割であるという考え方が支配的となっている。今日では、これを「肯定するのが、学界の**通説**」であるとされるまでになっている。[27]

---

[27] 平良木・福田＝大塚古稀〔下〕459頁。なお、通説であるという評価に疑問を呈するものとして、村井・刑雑31巻3号328頁以下参照。

(2) 判例における展開

(a) 旧刑法時代の判例

旧刑法の時代、当初は、共謀にとどまる者を正犯とすることに躊躇を覚えていたかに思われる(大判明24・4・27刑録明24・4=9・45)。しかし、まもなく「共に謀りて事を行ふ以上は、何人か局に当るも其行為は共謀者一体の行為に外ならず」(大判明29・3・3刑録2・3・10)として実行に出なかった者をも共同正犯とするに至る(大判明40・9・3刑録13・895参照)。当時の判例に、強盗の見張りを共同正犯としたもの(大判明28・12・19刑録1・5・89)や、放火の見張りを共同正犯とした判例(大判明29・12・17刑録2・11・56)がある。

(b) 戦前の判例

現行刑法の時代になっても、「犯罪の性質」によっては、犯罪の実行を「発意」し、共謀者中の他の者に実行の任にあたらしめ、他の共謀者に代わってその者に犯意を遂行せしめた者も、「共同して犯罪を実行したる者」の中に包含するものとする。そして、「**知能的犯罪**」については、精神的加功を要求する場合も多いとして、恐喝罪について身体的加功をなさなかった者に共同正犯を肯定した(大判大11・4・18刑集1・233)。その後、**知能犯から実力犯へ**とこのような共謀共同正犯の適用例が拡大されていった。放火罪(大判昭6・11・9刑集10・568)、殺人罪(大連判昭8・11・13刑集12・1997)、暴行罪(大判昭4・11・29刑集8・575など)、傷害罪(大判昭3・7・21新聞2904・14など)といった実力犯にもこれを認めた。ただ、窃盗罪についてはこれを否定していた(大判大3・6・19刑録20・1258、大判大7・12・21新聞1522・21)。しかし、昭和11年には**連合部判決**により、窃盗罪、強盗罪のような**実力犯**についても、このような原則に従うべきものとした(大連判昭11・5・28刑集15・715)。

(c) 戦後の判例

最高裁も、これを踏襲して、さらに**法定犯**についてまで認めるようになった(最判昭23・7・22刑集2・9・995)。共謀の意義については、「数人相互の間に共同犯行の認識があることを云う」とされ(最判昭24・2・8刑集3・2・113)、明示的になされなくても、暗黙の意思の連絡(最判昭25・6・27刑集4・6・1096)ないし「**黙示の共謀**」(大阪高判昭60・1・25判タ559・304)があれば足りるとされた。さらに共謀は順次行われた場合でも、すべての者の間に共謀が行われたと解すべきだとされた(練馬事件=最大判昭33・5・28刑集12・8・1718=**百選75**)。

最高裁は、近時、いわゆる**スワットけん銃所持事件**において、現実にけん銃を所持していなかった暴力団の組長に共謀共同正犯を肯定した(最決平15・5・1刑集57・5・

---

[28] 旧刑法では共同正犯とは「2人以上現に罪を犯したる者」とされ(104条)、共謀に加担しただけで現場に行かなかった者は正犯とはならないと解された。

[29] 判例については、とくに、内田・判例刑法研究(4)173頁以下、高橋・新判例コン3巻183頁以下、松本・刑雑31巻3号39頁以下、大野・西原古稀2巻305頁以下参照。

[30] 「本院従来の判例は、初め所謂知能犯と実力犯とを区別し、前者に付ては実行を分担せざる共謀者をも共同正犯とし、後者に付ては、実行を分担したる者に非ざれば、共同正犯と為さざるの見解を採りたるも、近来、放火罪殺人罪等の如き所謂実力犯に付ても概ね上叙原則の趣旨を宣明せるに拘らず、窃盗罪並強盗罪の共同正犯に付ては寧ろ例外的見地を採用し実行分担者に非ざれば之が共同正犯たるを得ざるものと為したること所論の如しと雖、之を維持すべきに非ず」とする。

507＝百選76）。最高裁は、「被告人とスワットらとの間にけん銃等の所持につき**黙示的に意思の連絡**があったといえる。そして、スワットらは被告人の警護のために本件けん銃等を所持しながら終始被告人の近辺にいて被告人と行動を共にしていたものであり、彼らを**指揮命令する権限を有する被告人の地位**と彼らによって警護を受けるという被告人の立場を併せ考えれば、実質的には、正に被告人がスワットらに本件けん銃等を所持させていたと評し得るのである。したがって、被告人には本件けん銃等の所持について、B、A、D及びCらスワット5名等との間に共謀共同正犯が成立するとした第1審判決を維持した原判決の判断は、正当である」とした。黙示の意思の連絡があったことは、「被告人は、スワットらに対してけん銃等を携行して警護するように直接指示を下さなくても、スワットらが自発的に被告人を警護するために本件けん銃等を所持していることを確定的に認識しながら、それを当然のこととして受け入れて認容していたものであり、そのことをスワットらも承知していた」という認定によって立証されたかのように示されている。

深澤裁判官は、その**補足意見**において「本件犯行について、具体的な日時、場所を特定した謀議行為を認めることはできないが、組長を警護するために、けん銃等を所持するという犯罪行為を共同して実行する意思は、組織の中で徐々に醸成され、本件犯行当時は、被告人も警護の対象者として、実行行為者らが被告人警護のために、けん銃等を携行していることを概括的にではあるが確定的に認識して犯行場所ないしその付近に臨んでいたもの」であり、「被告人と実行行為者間に、上記のような関係がある場合、具体的な謀議行為が認められないとしても、犯罪を共同して遂行することについての合意が認められ、一部の者において実行行為が行われたときは、実行行為に直接関与しなかった被告人についても、他人の行為を自己の手段として犯罪を行ったものとして、そこに正犯意思が認められる本件のような場合には、共謀共同正犯が成立するというべきである」とする。しかし、組長の認識・認容につき、スワットらが承知していたことは、証拠によって認定されていない。黙示の意思の連絡が存在すると認定できるのは、外部的な行為から意思が推測できる場合にかぎられる。組長が自分がスワットらに警護されていることを知っていたとしても、そこから組長がけん銃を持って警護されていることを認識・認容していることは、スワットらに「承知」されていたとはいえない（判例評釈として、山中・関法53巻3号180頁参照）。

この最高裁判例が出たことによって、地裁の判断が覆された事案がある。そこでは、暴力団の会長のいわゆる「会長付き」らが、ホテル一階南側出入口前通路上で、けん銃一丁と実包を所持していた行為につき、共謀共同正犯の成否が問題となった。大阪地判平13・3・14判時1746・159は、これを無罪としたが、**高裁**では、これを破棄し、自判のうえ、**共謀を認定した**（大阪高判平16・2・24判時1881・140）。第1審では、「経験則に照らし、反社会的な暴力団組織といえども、親分の近くにいて被告人を警護していると思われる子分がけん銃等を所持していた一事をもって、暴力団の行動原理からして親分との意思疎通があったものと推認するのは、論理的に飛躍があり、妥当性を欠く」とし、「暴力団組織としては、けん銃等を所持して親分の警護をすることがあるとしても、できるだけその危険の小さい方向で警備態勢を組むのが通

常であり、親分が常にこれを一部始終認識しているとは考え難く、親分にあっては、せいぜいけん銃等を所持する者が周囲にいるかもしれないという程度の漠然とした未必的認識（…）を持つにすぎないのではないかとの疑問もある」などとし、以上の事情を総合すると、被告人においてKおよびMがけん銃を所持して被告人を警護していたことを認識し、これを容認（許容）していたとするには、なお合理的な疑いが残るといわざるをえないと判示した。これに対し、**第2審**では、間接事実を総合することにより本件公訴事実を認めることができるとし、被告人がけん銃等を携帯所持して警護するよう直接指示をくださなくても、親衛隊の指揮者であるKらが自発的にけん銃等を携帯所持していることを「少なくとも概括的とはいえ確定的に認識しながら、それを当然のこととして認容していたものであり、他方、K及びMも、被告人のこのような意思を察していたと認められる」として、「被告人とK及びMとの間には、各自のけん銃等の携帯所持につき、それぞれ黙示的な意思の連絡があったといえる」。「両名に対する指揮命令の権限を有する被告人の地位及び両名による警護を受けるという被告人の立場を併せ考えれば、実質的には、正に被告人が両名にけん銃等をそれぞれ所持させていたと評し得る」として、有罪と判示した。この2審判決に前記最高裁決定が影響していることは明白であるが、黙示の意思の連絡の認定方法としては合理的な疑いを入れない程度に立証されているとはいえないと思われると判示した。

上告審（最決平17・11・29集刑288・543）は、「被告人は、本件当時、配下の組員らが被告人に同行するに当たり、そのうち一部の者が被告人を警護するためけん銃等を携帯所持していることを、概括的とはいえ確定的に認識し認容していたものであり、実質的にはこれらの者に本件けん銃等を所持させていたと評し得るなどとして、本件けん銃等の携帯所持について被告人に共謀共同正犯が成立するとした原判断は、正当として是認できる」とした。

その後、暴力団X会の総長が、同会幹部A及びBと共謀の上、実包とともにけん銃を携帯して所持していたという事件で、**最高裁判決**では、A及びBが「暴力団Y会からのけん銃による襲撃に備えてけん銃等を所持して被告人の警護に当たっていた」ものであって、被告人も「襲撃の可能性を十分に認識し、これに対応するためにA及びBらを同行させて警護に当たらせていた」ものとした（最判平21・10・19判時2063・155）のに対し、**差戻し審**（大阪地判平23・5・24LEX/DB）では、被告人A・Bがけん銃等を所持していることを認識・認容していたと推認するには合理的な疑いが残るとし、**共謀を推認できない**としたものがある。

(d)　団体責任的根拠　　共謀共同正犯の成立の根拠については、現行刑法成立当初の大審院の判例において、「数人共謀して犯罪を遂行する為め其方法を画策したる末、共謀者中の一人をして之が実行の任に当らしめたるときは、其担任者は共同の犯意に基きて自己及び他の共謀者の為めに犯罪の実行を為したるものにして、他の共謀者は右一人を使役し以て自己の犯意を遂行したるものと謂ふべきを以て」（大判明44・10・6刑録17・1618）共同正犯にあ

たるものと判示された。ここにはまだ共同意思主体説は現れていない。しかし、その後の大審院の判例には、共同意思主体説の援用が見られる。**昭和11年の大審院連合部判決**は、草野豹一郎判事の提唱にかかる共同意思主体説の強い影響を受けたものであるとされている（大塚287頁、高橋・新判例コン3巻183頁）。これによって共謀共同正犯論が**判例法上確立**したといわれている（藤木・可罰的違法性の理論311頁）。この判例によれば、およそ共同正犯の本質は、「二人以上の者、一心同体の如く、互に相倚り相援けて、各自の犯意を共同的に実現し、以て、特定の犯罪を実行するに在り」として、共同者が、皆既成の事実に対し全責任を負担せざるをえない理由はここにあるとする。その共同実現の手段については、必ずしも一律ではなく、「或は、俱（とも）に手を下して犯意を遂行することあり、或は、又共に謀議を擬したる上、其の一部の者に於て、之が遂行の衝に当ることあり、其の態様同じからずと雖、二者均しく協心協力の作用たるに於て、其の価値異なるところなし」として、共謀者の誰かが実行に出たときは、爾余の者もまた共同正犯であるとした。しかし、この判例の中に「共同正犯性」についてとくに新しい原理（**共同意思主体説**）を読み取ることはできないという反対説[31]（中248頁）もある。

 (e) 個人責任論的根拠　ところで、戦後、判例の共謀共同正犯論において一つの転回点をなすのが、**最高裁の昭和33年の練馬事件**に関する大法廷判決である。最高裁は、そこにおいて、「共謀」については**「罪となるべき事実」**に属し、**「厳格な証明」**（刑訴法317条参照）の対象とすべきだと解した点で、共謀共同正犯の成立要件にしぼりをかけたものということができるが、さらに、「共謀共同正犯が成立するには、二人以上の者が、特定の犯罪を行うため、共同意思の下に一体となって互に他人の行為を利用し、各自の意思を実行に移すことを内容とする謀議をなし、よって犯罪を実行した事実が認められなければならない。したがって右のような関係において共謀に参加した事実が認められる以上、直接実行行為に関与しない者でも、他人の行為をいわば自己の手段として犯罪を行ったという意味において、その間刑責の成立に差異を生ずると解すべき理由はない」（前掲練馬事件判決）（傍点引用者）として、新たに、個人責任的色彩を強め、**間接正犯類似説**を展開したといえる

---

[31] この説は、むしろ、昭和12年の大審院判決（大判昭12・3・10刑集16・299）には共同意思主体説に依拠したと認められる形跡があるという。そこでは、共犯現象を個人責任論の立場からみる見解と団体的共犯論とに分析している。

（藤木・可罰的違法性の理論 318 頁、中 249 頁、野村・現代的展開〔II〕220 頁・224 頁参照）。

この判決に対して、学説からは「今後の共謀共同正犯理論の発展の上で画期的な意味をもち、今後の判例を指導するもの」とする評価が与えられ（藤木・可罰的違法性の理論 319 頁）、これにより、**学説の新たな動き**を誘発したといえよう。戦後の判例には、このようにして、「共同意思主体説」によって共謀共同正犯を根拠づけるものと、「自己の犯罪」性を強調し**個人的責任と調和した理論構成**」（福田 274 頁）によるものの二系統に分類することができる（高橋・新判例コン 3 巻 184 頁）。

(f) 共謀の認定の制限と主観的正犯論 練馬事件判決は、共謀は「厳格な証明」の対象になるとしたが、「さらに進んで、謀議の行われた日時、場所またはその内容の詳細、すなわち実行の方法、各人の行為の分担役割等についていちいち具体的に判示することを要するものでない」（傍点引用者）とした点で十分とはいいがたい。しかし、この練馬事件判決以降、判例においても、共謀共同正犯成立を合理的な範囲に限定しようとする試みがみられる。

まず、**共謀の具体的認定の必要性**については、「共謀が成立したというには、単なる意思の連絡または共同犯行の認識があるだけでは足りず、特定の犯罪を志向する共同者の意思が指示、命令、提案等によって他の共同者に具体的に明らかにされ、他の共同者が右指示、命令、提案等を了承、賛同するなど、各自の意思が特定の犯罪を行うことを目的とした1個の共同意思と認められるまでに一体化するに至っていることを要すると言うべきである」（朝霞駐屯地自衛官殺害事件判決＝東京高判昭 52・6・30 判時 886・104）として、謀議の内容とその意義を具体的に立証することを要求しているのがその例である。さらに、**最高裁**は、被告人が、実行担当者になって欲しいと頼まれ、知人を身代わりに引き合わせ、大麻の密輸入の資金の一部を提供したといった具体的に被告人が果たした役割が明確にされているという事情があるとき「謀議を遂げた」ものとした[33]（最決昭 57・7・16 刑集 36・6・695 ＝**百選 75**）。

---

[32] 「実務上は、『自己の犯罪』か『他人の犯罪』かという直観的な判断によりかなり明確な区別がなされている」という（木谷明・昭 57 年度最判解刑 227 頁）。

[33] この判例には、**団藤裁判官の意見**が付されている。団藤裁判官は、「本人が共謀者に実行行為をさせるについて自分の思うように行動させ本人自身がその犯罪実現の主体となったものといえる

しかし、判例は、共謀共同正犯と幇助の区別において、共謀共同正犯を限定するために、主観的正犯論に依拠している点で、**客観的区別基準を軽視する傾向**があるといえるであろう。判例は、もともと主観的正犯論の傾向を示し、**自己の犯罪を行う意思**で行為した者を正犯、他人の犯罪に加担する意思で行為した者を共犯とする区別基準を用いていたが、練馬事件判決は、「他人をいわば自己の手段として犯罪を行った」者を共同「正犯」として、主観的・心理的要素により正犯性を認めようとしたのであり、これによって、その傾向がいっそう強化されたことが指摘されている（西田・平野古稀〔上〕378頁）。その後の下級審の判例は、このような主観的基準によって共謀共同正犯と幇助犯とを区別する。犯罪実現に果たす役割の重要性を認めつつも、主観的意思の欠如を理由に幇助犯を認定した判例（千葉地松戸支判昭55・11・20判時1015・143、東京地判昭57・7・28判時1073・159、東京高判昭57・12・21判時1085・150、大阪地判昭58・11・30判時1123・141、札幌高判昭60・3・20判時1169・157）も数多く存在する（西田・平野古稀〔上〕378頁）。これらの判決においては、自己の犯罪実現意思の認定を行うに際して、動機、利益の帰属、実現意欲の積極性といった心情的要素が重視されている。[34]

　なお、**最近の判例**において、店内の客席で男女の同伴客が性的行為をし、同伴客相互でその姿態を見せ合うよう工夫された客室をそなえたいわゆるカップル喫茶の経営者について、公然わいせつ行為をした客との**公然わいせつ罪の共謀共同正犯**の成立を否定し、従犯を認めたものがある（東京地判平8・3・28判時1598・158）。そこでは、「被告人の立場は、同伴客のそれとは異なり、自らも客と共同して公然わいせつの犯罪行為を実現しようするものではなく」、「同伴客の公然わいせつの犯罪行為を容易ならしめようとするものであった」というのである。

(g) 身分犯の共謀共同正犯　共謀共同正犯肯定説からは、身分犯につき、身分者と非身分者が共謀したとき、65条1項を適用し、非身分者に共同正犯を肯定することは理論的には可能である。しかし、単独では、構成要件該当行為を実行できない非身分者が、実行行為の一部を共同実行することもなく、共謀があっただけで、ただちに共同正犯とするのは説得的ではない

ようなばあいには、……実行行為をさせた本人も、基本的構成要件該当事実の共同実現者として、共同正犯になる」という。

[34] 実行の分担がある場合にも幇助犯の成立を認めたものとして、福岡地判昭59・8・30判時1152・182=**百選79**がある（西田・平野古稀〔上〕380頁参照）。その他の幇助を認めた最近の判例として、東京地判平2・3・19判タ729・231、東京地判平2・10・12判タ757・239、大阪高判平8・9・17判タ940・272などがある。

ように思われる。

　例えば、**背任罪**の本質が、事務処理者（身分者）の任務違背行為にあるとすると、非身分者である取引の相手方は、厳密な意味での背任の実行行為の一部を実行できるか疑問である。もし、共謀共同正犯であれば、実行を分担しなくても共同正犯と認めうる。しかし、判例には、身分のない共犯者が、積極的に加担した場合に限って（実行）共同正犯を認めるものがある（☞各論§105.5）。

　最高裁（最決平20・5・19刑集62・6・1623）は、B銀行の担当者Yが、B銀行からC社に対し、ゴルフ場を担保に行った融資につき、融資先C会社の実質的経営者であるXは、特別背任罪の行為主体の身分を有しているわけではないが、融資の前提となる**再生スキームを提案**し、不動産鑑定士にいわば指し値でゴルフ場の担保価値を大幅に水増しする**不動産鑑定評価書を作らせる**など、本件融資の**実現に積極的に加担した**」という事情があるとき、共同正犯が成立するものとした。本決定は、共謀共同正犯とは明示されていないので、実行共同正犯を認めたものであるが、非身分者たる関与者に対しては、共同正犯を認めるとしても、その背任行為にとり機能的に不可欠な行為を積極的に行うなどの加担行為がなければならないとしたものであろう。

(3) 学　説

学説は、共謀共同正犯論につき、大きく肯定説と否定説に分かれる。

(a) 共同意思主体説

（ⅰ）主張内容　共同意思主体説は、共犯現象を共同意思主体という超個人的な社会心理的存在の活動とみる点に特徴がある（野村・現代的展開〔Ⅱ〕227頁）。この説によれば、「二人以上共同して罪を犯したりと云はんには、先づ一定の犯罪を実現せんとする共同目的が存在し、而して其の目的の下に二人以上が同心一体となりたる上（共同意思主体）、少くとも其の中の一人が犯罪の実行に着手したことを要する。何となれば、共同目的の存せざる所に共同といふことは存し得ないのみならず、共同目的の下に一体となった丈では、未だ以て共同意思主体の活動があったと云ふことを得ないからである」。共同意思主体の活動があった場合の責任については、「共同意思主体たるや犯罪を目的とする違法的一時的存在のものであるから、かかる者に責任を認むると云ふ訳にはいか」ず、「共同意思主体を構成する個人即ち共同者個人」が負うべきである（草野118頁以下、なお、齊藤金作226頁以下）。このように、共同意思主体説は、共犯の核心を「二人以上の異心別体たる個人が、一定の犯罪を犯すという共同目的を実現するため同心一体となる」点にある（齊藤

---

[35] 65条1項は、共同正犯には当てはまらないという見解からは、したがって、このような場合、非身分者は、幇助となるにすぎない。

金作『共犯理論の研究』〔1954〕190頁）として、この共同意思主体を全体として一つの実行があれば足りるとする。そして、その責任は、**民法の組合理論**から推定し、また、刑罰の主体としての自然人を予想する今日の刑法の立場にかんがみて、その構成員たる個人が負わなければならないとするのである。刑法60条の文理解釈としては、この説は、共同正犯は、「二人以上共同して」という部分と「犯罪を実行した」という部分とから構成され、前段においては、共同意思主体の形成という要件が、後段においては、そのうちの一人の「実行行為」が存在することという要件が掲げられていると解する。[36]

（ⅱ）　批　判　　共同意思主体説に対しては、それは、犯罪の実行主体を超個人的な共同意思主体としながら、刑罰は、その構成員である個人を予定するものであり、これはすでに克服された団体責任主義の立場に復帰することを意味し、個人責任の原則に背馳するという根本的な批判がある（牧野〔下〕694頁以下、宮本196頁、小野205頁、瀧川235頁、佐伯351頁、団藤397頁、平野401頁、大塚304頁、野村・現代的展開〔Ⅱ〕229頁）。内乱罪や騒乱罪などの集団犯において団体責任の法理がみられるとしても、それを共犯現象すべてに一般化することはできないのである。また、共同正犯における「一部行為の全体責任の原則」は、共同正犯が、全体的に行為の責任を問われるには、単独正犯のようにすべての実行行為を自ら行う必要はないが、一部は関与者個人が自ら実行しなければならないという原則であって、他人の実行があればよいというものではない。さもなければ、教唆・幇助との区別は、「重要な役割」を果たしたかどうかといった基準でしか判断できなくなり、明確性を失うであろう。

(b)　間接正犯類似説

（ⅰ）　主張内容　　練馬事件判決では、「他人の行為をいわば自己の手段として犯罪を行った」という事実が重要視されたが、この考え方に触発されて共謀共同正犯を間接正犯論に類似したものと構成してそれを根拠づけようと

---

[36] 共同意思主体説を採用するものとして、齊藤金作「共謀共同正犯の理論」刑事法講座3巻457頁以下、西原325頁・339頁以下、同・犯罪実行行為論286頁、下村・基本的思想183頁、同・共謀共同正犯、植松369頁、同「共謀共同正犯」刑法講座4巻105頁以下、石井徹也「共同正犯に関する一考察」西原古稀2巻363頁以下、システム論から共同意思主体説を基礎づけるものとして、松村・基本講座4巻200頁以下。なお、共同意思主体説を採用しつつ、共謀共同正犯を否定するものとして、曽根255頁、同・重要問題346頁、なお、これらの学説の主要なものを検討したものとして、岡野・刑雑31巻3号9頁以下参照。

する見解（藤木・可罰的違法性の理論324頁以下）が展開された。「二人以上の者が犯罪遂行について合意に達した場合、この二人の行動を全体的にみたときは、間接正犯における利用関係に対比すべき実体をそこに見出すことが可能である」（藤木・可罰的違法性の理論336頁）というのである。間接正犯の場合に、他人の利用を実行行為の一つの方法ととらえる点に自ら手を下さなくても正犯性が認められるように、共謀者が同様の利用行為を行った点に「共謀者を、他人と合意の上共同して相互に利用しあって結果を実現したという意味で、共同の実行をした者と認めることが可能となる」（藤木・可罰的違法性の理論334頁以下）。共謀者の間に犯罪遂行の確定的合意が成立しているときは、実行担当者はその後の行動をその合意により拘束され、自己の判断で実行の意思を放棄することが許されず、また、合意の一員となることにより、あたかも道具のようになっている実行担当者に対する支配の形成に関与することによって、自ら実行行為を担当しなかった者も、実行担当者の将来の行動を方向づけ支配したのであり、実行担当者を介して犯罪を実行したものと認められるのである。[37]

（ⅱ）**批　判**　間接正犯類似説に対しては、共同意思主体説の立場から、共犯を単独正犯の理論で論じることは妥当でないと**批判**された（齊藤金作「共謀共同正犯と間接正犯類似の理論」研修254号11頁以下）。また、間接正犯類似構成そのものに対しても、間接正犯における利用者と被利用者との関係と、共謀共同正犯における単なる共謀者と実行担当者との関係は、明らかに異なっており、後者には、**道具についての利用、被利用の関係は認められない**との批判（大塚305頁）がある。他の共同者を道具として支配拘束することは不可能であり、もし支配拘束しているならそれは、すでに共同正犯ではなく間接正犯であるとするのである（中254頁）。

さらに、共謀共同正犯が認められる形態には、犯罪組織におけるような上下主従・支配拘束型の形態（**支配型共謀共同正犯**）と、対等・平等な相互利用依存型の形態（**分担型共謀共同正犯**）とがあるが、後者には間接正犯類似構成は妥当しないともされる（平野402頁、中野「共謀共同正犯にあたるとされた事例〔とくに団藤裁判官の意見〕」警研56巻1号81頁以下、松村・基本講座4巻199頁）。ま

---

[37]「相互的利用関係」こそが共同正犯の本質をなし、共謀共同正犯にもその存在が認められるとし、それは間接正犯における利用関係に類似するものとしてこれを支持する見解（川端579頁以下）もある。

た、かりに責任能力者に対しても間接正犯が認められるとするなら、教唆に対しても行為支配が認められることになり、教唆犯と共同正犯の概念的区別が不可能となるという批判（西原・犯罪実行行為論299頁以下）もある。

　(c) 行為支配説　正犯に関する**目的的行為支配説**の立場からは、構成要件的行為に対する目的的行為支配を有する者が正犯であるが、共同正犯は、構成要件的行為の全体に対する共同的支配の存在する場合であるから、極限的には自分としては何ら手を下さなくとも、他人の行為を支配して自己の犯罪をとげる共同正犯がありうると主張された（平場155頁以下）。

　(ⅰ) 団藤説　従来、正犯とは実行行為を行うものであるとして、定型説の立場から、共謀共同正犯を認めることに反対であった説も、「本人が共同者に実行行為をさせるについて自分の思うように行動させ本人自身がその犯罪実現の主体となったものといえるようなばあいには、利用された共同者が実行行為者として正犯となるのはもちろんであるが、実行行為をさせた本人も、基本的構成要件該当事実の共同実現者として、共同正犯となるものというべきである」（前掲最決昭57・7・16〔団藤裁判官の意見〕=**百選77**）として、これを肯定するに至った。「構成要件該当事実について支配をもった者―つまり構成要件該当事実の実現についてみずから主となった者―こそ」が正犯にほかならない（団藤373頁）というのである。

　(ⅱ) 優越支配共同正犯説　通例、共謀共同正犯が成立するとされる一部の形態を取り出し、それに共謀共同正犯という名称ではなく、「優越支配共同正犯」という名称を与える見解も展開されている（大塚・基本問題341頁・同307頁）。この見解は、現に実行行為を担当した者よりその背後にひそむ大物的存在に正犯者としての可罰性を与えようとする趣旨を適当だとしつつ、そのような者も単なる共謀者にとどまっているかぎり、「共同して犯罪を実行した者」と解することはできないとし、共謀共同正犯の観念を否定しながら、「実行を担当しない共謀者が、社会観念上、実行担当者に対して圧倒的な優越的地位に立ち、実行担当者に強い心理的拘束を与えて実行にいたらせている場合には、規範的観点から共同実行があるといいうる」とする（大塚307頁）。

　これに対しては、背後者が受命者に心理的拘束を与える場合にはもはや典型的な間接正犯であり、それに準じる心理的拘束を与えうる状況であるとすると、背後者は教唆者にすぎないという批判がある（松村・基本講座4巻200頁、曽根・重要問題349頁）。しかし、この説は、「優越支配」は、律における

「造意者」、すなわち「首謀者」に類するものとする（大塚307頁）のであり、むしろ、典型的な間接正犯の事例ではなく、教唆にあたるものを想定しているものと思われる。その意味では、これは、「正犯の背後の正犯」を認め、権力装置を備えた組織の中心人物には正犯としての地位を与えるドイツの行為支配説に影響された見解といってよいであろう[39]。

(iii) 批　判　　正犯を基礎づける行為支配は、規範的障害を排除する形でのみ成立しうる。行為支配の概念をルーズに用いることは実行行為の概念の弛緩・拡大につながる。しかも、この理論も、また、支配型の共謀共同正犯を基礎づけても、**分担型**のそれを基礎づけることは困難であるといえよう（西田・平野古稀〔上〕375頁）。

(d)　実質的正犯論

(i) 平野説　　最近、有力に唱えられているのは、因果的共犯論を基礎としつつ、「他の正犯者の心理を通じて間接に犯罪の遂行に大きな実質的役割を果した者」を、共同正犯とするために、主観的要素と客観的要素から共謀共同正犯の内容を明確にし、限定していこうとする見解（平野398頁以下）を端緒とするいわば**実質的正犯論**である[40]（堀内284頁、山口323頁）。この見解は、実行行為が共同の意思にもとづくものといえるような意思方向をもつ者にかぎられ、この意思方向は、犯罪遂行に客観的に重要な影響力をもつものでなければならないとし[41]（平野403頁）、また、「共同正犯の（実行）従属性」（平野404頁）を説き、共謀者の少なくとも一人が実行に出なければ、共謀者が共同正犯として処罰されることはないとする。

(ii)　西田説　　共同正犯とするためには、実行行為の一部を分担するこ

---

[38] *Roxin*, Täterschaft und Tatherrschaft, 8. Aufl., S. 242 ff., 704 ff.

[39] 基本的に優越的支配説の見解に立ちつつ、通常の共謀を超えた共同性が必要であるとし、客観的に集団内の指導的地位を利用したという事実が存在し、犯罪の重要部分が共謀時の取り決めに従って忠実に実行されたときに、実行担当者と同程度の共同正犯性を肯定できるとするもの（佐久間356頁）がある。

[40] この見解は、「共謀共同正犯の概念は、いわば確立した判例となっている」という認識を前提に、「判例として確立している場合には、是正するとしてもむしろ立法によるべきであって、解釈論としては判例の基本線はそれを前提とせざるをえない」（平野402頁以下）という基本的姿勢を標榜する。なお、これに対しては、「実務に対し否ということを忘れ権力の侍女となりさがった法理論」（佐伯「共謀共同正犯」竹田=植田還暦89頁）という実践的方法論批判が対置されうる（浅田・レヴィジオン刑法72頁参照）。

[41] これに対しては、「その意思方向が犯罪の遂行に客観的に重要な影響力をもつものということの内容が不明瞭であり、これでは、共同正犯と共犯との限界があいまいなものとなろう」という批判（福田275頁）がある。

とを必要とするという「形式的実行正犯論」は、現実の多様性から遊離し、不十分であるとして、「犯罪の実現において実行の分担に匹敵し、または、これに準ずるほどの重要な役割を果したと認められる場合にも共同正犯を肯定する見解」である（西田・平野古稀〔上〕375 頁）。これは、「**準実行共同正犯論**」と称されるものであり、「共謀者（非実行者）と実行分担者の間の支配関係、役割分担関係から判断し、犯罪実現に対する事実的寄与において実行に準ずる重要な役割を果した共謀者にまで共同正犯の範囲を拡張しようとするもの」である。形式的正犯論の具体的妥当性を問題視し、「構成要件実現にとっての重要な因果的寄与」があれば、共同正犯を認めるというのである（山口 323 頁、同・問題探究 280 頁）。

（iii）　前田説　　この見解は、実質的犯罪論を標榜し、「**実行行為の形式性・統一性を修正**」しようとする見解（前田 489 頁）からも唱えられる。この見解は、「『**共謀**』**という強い心理的因果性**」（前田 490 頁）があり、実行行為が「共同のもの」と評価できる場合に、共謀に参加したにとどまる者をも共同正犯とする。その要件として、①共同の意思にもとづいて誰かが実行し、②「実行」と評価できるだけの共謀関係が認定され、③関与者が正犯者意思をもつことを要求する（前田 490 頁以下）。

（iv）　批　判　　この見解は、共謀共同正犯を認める指導理念として「**重要な役割**」を果したかどうかという基準を立て、さらに、因果的共犯論にもとづき「**強い事実的・心理的因果関係**」があることが、共同実行の事実の欠如を補完するとする。さらに、「正犯者意思」による限定を図る見解（前田 491 頁）は、判例の主観的正犯概念に傾斜するものであって、問題である。一般的には、この説は、正犯概念の実質化の名目のもとに、「**一部でも実行している**」**という事実の重要性**をことさらに無視する点に決定的な難点がある（中山・刑法の論争問題 194 頁）といえよう。また、この見解は、対等型の共謀共同正犯にも理論的基礎を与えるというのが論旨の中核なのであり、黒幕・大物以外の者をも処罰しようとするものである。この見解の挙げる具体的基準で、黒幕でも大物でもない単なる従犯にすぎない者が正犯として重く処罰されるという現実（佐伯・竹田＝植田還暦 95 頁参照）を是正できるのかどうかは疑問である。

（v）　荘子説　　そのほかに、やはり、規範的・実質的観点から、共謀者の正犯性を根拠づけようとする見解が唱えられている。すなわち、「共同正犯は、相

互的な分担意思を通じて形成された全体意思のもとで、実行行為の一部を分担したという客観的事実すなわち実行の共同が認められる時に成立する」とし、①数人の間に犯罪実現のための意思の結合が認められること、②現場に臨まなかった共謀者が直接の実行行為者に対して指導的・積極的役割を果たし、この役割が現場の実行行為の一部分担と評価しうる程度の実質を備えること、③共謀者が犯罪実現に対し極めて強烈な関心を有することという 3 要件を総合して共謀者も共同正犯と解するべきだとする（莊子 473 頁）。

これに対しては、この見解はもともと主観的要素を偏重する傾向が認められた（大塚「莊子教授の共謀共同正犯理論」莊子古稀 165 頁以下・173 頁）が、最近では、客観面も同等に考慮されている。しかし、第 3 要件は不要であるとする**批判**がある。この批判は、本説は、判例が認めてきたいわゆる共謀共同正犯とはかなり異質なものであり（大塚 307 頁）、むしろ、優越的支配共同正犯説と実質を同じくするものだとされている（大塚・莊子古稀 174 頁）。

(e) 本書の立場（共謀共同正犯否定説） 　学説における共謀共同正犯否定論は、いまだ根強いものがある（佐伯 351 頁、植田 171 頁、中 255 頁、香川 338 頁、福田 275 頁、吉川 255 頁、中山 467 頁、内田 299 頁、曽根 255 頁、浅田 419 頁、同・レヴィジオン刑法 81 頁、山中・現代的展開〔Ⅱ〕215 頁）。実行共同正犯の形式的明確性の確保は、近代刑法の大原則を維持する重要課題であって、これを形式性の枠を乗り越える安易な実質化によって、掘り崩すべきではない。

(i) 共同実行の可能な拡大 　共同正犯における「一部行為の全体責任の原則」は、単独正犯における個々の実行行為に分解することができない行為の全体の機能的連関を考慮に入れて行為の共同現象を捉える原則である。殺害を共謀のうえ、一人が被害者を背後からはがい締めにし、他方が、これをナイフで突き刺したという場合に、はがい締めにした者も、殺人の共同正犯となるのは、行為の全体を機能的に観察するからである。また、殺害を共謀のうえ、通りの両端から甲乙と丙丁とが 2 グループに分かれ、Aを挟み打ちにしようとしたが、当初、甲乙グループの方向へ逃げようとしたAが、行く手を阻まれ、丙丁グループの方へ逃げようとした刹那、丙丁に撲殺されたという場合にも、行為事象の機能的因果的連関を考慮すると甲乙にも共同正犯が認められるように思われる[42]。また、銀行強盗を共謀したうえ、甲が、乙丙丁をリアルタイムで指揮し、監視用テレビカメラ、双眼鏡および携帯電話を用いて、銀行の外から、各警備員の位置を知らせ、コンピュータによる金庫のダイヤル番号の解読などを行い、乙丙丁を適切に行動させて目的を遂

げた場合にも、甲を強盗の共同正犯とすることは可能であると思われる。甲は、犯行現場から離れていても、同時的に行為事象を機能的に支配しているのであり、暴行ないし盗取行為の一部を共同して実行しているといえなくはないからである。このように、共同正犯における「共同実行」は、単独正犯の場合のように、当該の現場で典型的・古典的意味における構成要件的行為を行う必要はなく、一定の限度で拡大解釈することは許される。[43]

(ii) **拡大の限界** それでは、共謀に加わったにすぎない、支配型共謀共同正犯における黒幕は、共同実行を行ったのであろうか。また、対等型共謀共同正犯におけるたんなる共謀参加者は、共同実行を行ったのであろうか。少なくとも実行の着手時点における行為事象の同時的・機能的支配はないという点で前例とは異なっている。学説の中には、共同正犯が、正犯としての責任を負わなければならないのは、構成要件的事実の一部を実行したからではなく、構成要件的事実（構成要件的結果）の全部を実現したからであるとして、共同正犯は「**全部実行の全部責任**」であるとするもの（平良木・福田＝大塚古稀〔下〕483頁）があるが、この見解によると、教唆も幇助も構成要件的結果の全部を条件関係・相当因果関係をもって実現しているがゆえに共同正犯となり、不当である。共同正犯はあくまで実行行為を分担する必要がある。共謀に参加したにとどまる者は、行為計画を立て、詳細な手はずを整え、精神的に大きな影響力を与え、構成要件実現に不可欠であっても、実行を分担してはおらず、実行担当者は、実行に出るかどうかにつきなお**規範的障害**をもち、共謀者が道具のように支配しているわけではない。

最高裁の判例には、スナックのホステスが、その経営者のＸから金品を強取しようと企て、**中学生の長男**（12歳10カ月）のＢに「ママのところに行ってお金を取ってきて。映画でやっているように、金だ、とか言って、モデルガンを見せなさい」と

---

[42] これに対して、ルードルフィの、甲と乙とが共謀してＡの通る道でＡを待ち伏せてＡを殺害しようと企てたが、Ａが別の道を通る可能性があったため、それぞれ別々の道で待ち伏せたところＡが甲の待ち伏せていた道を選んだため、甲がＡを殺害したという事例では、私見によれば、乙は共同正犯とはならない（Rudolphi, Zur Tatbestandsbezogenheit des Taterrschaftsbegriffs bei der Mittäterschaft, in: Festschrift für Bockelmann, S. 379 f. 平良木・福田＝大塚古稀〔下〕481頁参照）。

[43] ドイツ語で共謀共同正犯について紹介したものとして、Yamanaka, Moderne Erscheinungsformen der Tatbeteiligung mehrer unter besonderer Berücksichtigung von organisierter Kriminalität wie auch krimineller Aktivitäten von Organisationen, —Komplott-Mittäterschaft als Mittel zur Bekämpfung der organisierter Kriminalität im japanischen Strafrecht?, in: Eser/Yamanaka, Einflüsse deutschen Strafrechts auf Polen und Japan, 2001, S. 280 ff.

申し向け、覆面をし、エアーガンを突きつけて金品を取ってくるように指示命令し、犯行に使用するためあらかじめ用意した覆面用のビニール袋、エアーガン等を交付したところ、これを承諾したBは、エアーガン等を携えて一人で同スナックに赴いたうえ、上記ビニール袋で覆面をして、被告人から指示された方法により同女を脅迫したほか、**自己の判断により**、同スナック出入口のシャッターを下ろしたり、「トイレに入れ。殺さないから入れ」などと申し向けて脅迫し、同スナック内のトイレに閉じ込めたりするなどしてその反抗を抑圧し、同女所有に係る現金約40万1000円およびショルダーバッグ1個等を強取したという事案に**共同正犯**を肯定したものがある。最高裁は、「本件当時Bには是非弁別の能力があり、被告人の指示命令はBの意思を抑圧するに足る程度のものではなく、Bは自らの意思により本件強盗の実行を決意した上、臨機応変に対処して本件強盗を完遂したことなどが明らかである。これらの事情に照らすと、所論のように被告人につき本件強盗の間接正犯が成立するものとは、認められない。そして、被告人は、生活費欲しさから本件強盗を計画し、Bに対し犯行方法を教示するとともに犯行道具を与えるなどして本件強盗の実行を指示命令した上、Bが奪ってきた金品をすべて自ら領得したことなどからすると、被告人については本件強盗の教唆犯ではなく共同正犯が成立するものと認められる」とした（最決平13・10・25刑集55・6・519）。しかし、現場にいない母親が、間接正犯でないとすると、犯行事象を共同支配しているといえなければ共同正犯にはならない。判例のように自己の犯罪・他人の犯罪という主観説に立脚するのでなければ、「共同実行の事実」があったことという共同正犯の要件が限界を画するのであり、**母親の行為は教唆にとどまる**というべきであろう。

(iii) 同時的・機能的行為支配 このように、一部実行の全体責任における「一部実行」は、「**全実行行為に対する同時的・機能的行為支配**」があることが必要である。「共同実行」の意義は、単独実行に比べて拡大解釈することは許される。しかし、共同正犯における「共同実行」の要件の**形式的明確性**を放棄することはできない。一部実行の全体責任の原則を超える共謀共同正犯は否定されるべきである。学説に課せられた使命は、判例の合理的コントロールを、実行共同正犯の概念の合理的実質化の限度内に閉じ込めることによって行うことである。

7 予備罪の共同正犯

予備罪の共同正犯とは、共同の意思をもって予備行為を共同して行うことをいう。予備罪の共同正犯を認めうるかどうかについては、学説が分かれているが、その対立点は、形式的には、刑法60条の「共同して犯罪を実行した」の意味の理解による。すなわち、犯罪の実行とは、基本的構成要件の「実行行為」にかぎる趣旨なのか、それとも、予備罪の「実行行為」も考えうるのかが問題である。

第2節　共同正犯　　§159　共同正犯の諸形態◇　939

(1)　学説の対立

肯定説は、予備行為が共同実行された場合、予備罪の共同正犯が認められるとする（平野351頁、藤木293頁、内田262頁、板倉宏「予備罪と共犯」基本講座4巻134頁、大谷423頁、川端583頁、西田「実行および正犯の概念と共犯成立の限界」香川古稀353頁）。**否定説**は、基本的構成要件の内容としての行為を共同して行うことが、実行行為の共同であり、修正された構成要件として独立して規定されている予備罪の共同にまで広げるべきではないとする（大塚309頁以下）。そのほか、予備罪を独立罪と非独立罪とに区別し、独立罪としての予備罪についてのみ、共同正犯の成立を認める二分説（西原274頁）もある。

(2)　肯定説の実質的根拠

予備罪の共同正犯を認める実質的意義はどこにあるのだろうか。これを認めなければ、犯罪現象の実態からみて不自然である（板倉・基本講座4巻132頁）というだけでは説得的ではない。これを認めなければ、予備罪として当罰性のある行為が不可罰となるといった問題性がなければならない。例えば、甲と乙が、丙の殺害を共謀し、甲が長刀を、乙が短刀を入手しようとしたところ、乙は短刀を入手したが、甲が長刀を入手できなかった場合、甲は、単独では現実に長刀を入手していないのであるから、単独には殺人予備罪を構成しない。この場合、共同があったがゆえに全体的に観察することによって予備罪を認めることができる。ここに予備罪の共同正犯を認める利点があるといいうるであろう（植田・諸問題212頁以下）。また、予備罪の共同正犯を認めることは、自ら基本的構成要件の実現を実行するいわゆる自己予備のみを予備罪とする見解を採って、自己予備を身分犯とみると、他人予備を行う者が65条1項により共同正犯となり、他人予備者も、予備罪の共同正犯として処罰されるという点で、それを認めない場合と大きな差異をもたらす（板倉・基本講座4巻129頁参照）。

(3)　判　例

最高裁の判例は、殺人予備罪について、殺人の目的を有するAから殺人に用いる青酸カリの入手を依頼されたBが、その使途を認識しながらこれを承諾して青酸ソーダを入手してAに交付したが、Aは、この青酸ソーダによる殺人の実行に出なかったという事案において、AとBに殺人予備罪の共同正犯の成立を肯定した（最決昭37・11・8刑集16・11・1522＝百選**81**）。

この事案につき、第1審（名古屋地判昭36・4・28下刑集3・3＝4・378）は、被告人Bの行為は、**殺人予備罪の幇助**であるとした。なぜなら、殺人予備罪が成立するため

には、行為者が自ら殺人の意図をもってその準備行為をすること（自己予備）が必要であるから、被告人の行為は、予備行為ではなく、予備の幇助にすぎないというのである。これに対して、第2審（名古屋高判昭36・11・27高刑集14・9・635）は、**殺人予備罪の共同正犯**であるとした。予備罪の実行行為を観念することはできるが、予備罪の実行行為は無定型・無限定であり、また、従犯の行為もそうである。したがって、予備の従犯を罰するには特に明文の規定がある場合に限定され、そのような明文の規定がない場合には、予備の従犯は罰しないというのが、刑法の精神であるとする。被告人の行為は、殺人予備罪の従犯行為ではなく、予備罪の共同正犯にあたるとするのである。

そのほかに、**密出国企図罪**に関して、密出国を企てた者に、その事情を知りつつ、旅費等を与えたという事案につき、自ら基本的構成要件上の行為を実行する意思はなく、たんに他人の行為を幇助する意思でその予備行為をした者は、**予備罪の従犯**であるとした判例（大阪高判昭38・1・22高刑集16・2・177）がある。この判例は、「実行行為」とは「予備罪自体の構成要件上の行為ではなくて、その基本的構成要件上の行為である」とし、また、予備罪の共同正犯とは、基本的構成要件の共同正犯たるべき者が予備の段階にとどまった場合をいうとし、さらに、基本的構成要件について従犯たるべき者が予備の段階にとどまった場合は予備の従犯であるとする。

(4) 本書の立場（肯定説）

他人予備を否定するのが通説であるが、最高裁の判例のように、自ら基本的構成要件を実現する意思のない者にまで、予備罪の共同正犯を認めると、実質的に他人予備を肯定することになる。学説の中には、この場合、共同実行の意思と実行行為共同の事実とが存在する以上は、刑法65条1項の非身分者の加功による共同正犯として、右の目的がない加功者にも共同正犯を認めるべきであるとする見解（藤木293頁、大谷423頁、板倉・基本講座4巻129頁）がある。しかし、すでに述べたように、65条1項は、共同正犯には適用されず、また、自己予備を行う意思をもっていることが身分にあたるかどうかにも疑問があるので、この見解は採ることができない。予備罪の共同正犯は、それを認めるとしても、上掲の大阪高裁の判例がいうように、基本的構成要件の共同正犯たるべき者が予備の段階にとどまった場合を意味する。

予備罪は、共犯と異なり、各則において処罰規定が置かれている。その規定方法には、独立罪的なものから、たんに「目的」と「予備行為」のみからなる規定まであるが、刑法60条にいう「犯罪を実行した」者には、このような予備行為を行った予備罪の「正犯」も含まれると解釈すべきである。そうだとすると、予備罪に対する狭義の共犯についても、予備罪の処罰規定があるかぎり、刑法61条ないし62条の適用もあると解すべきであろう。否定

説（浅田 470 頁）は、予備罪が総則によって処罰の拡張された犯罪ではなく、各則に規定された犯罪であることを無視するものである。

§160 処　分

　共同正犯は、「すべて正犯」とされる（60 条）。「共同して犯罪を実行した」者のみが共同正犯であるから、例えば、片面的共同正犯において、共同正犯とされるのは、共同の意思をもった共同者のみである。共同者は、一部行為全体責任の原則により正犯結果の全体に対して責任を負う。共同正犯と認められると、例えば、共同発砲者のうち、A の弾丸のみが被害者に命中し、死亡させた場合にも、A、B いずれの弾丸が命中したか証明できない場合にも、共同者 B の行為も結果に対する責任を免れえないことになる。共同者は、それぞれの責任を負うのであるから、実際の刑の重さについては各行為者の犯情に応じて異なりうる。刑の減免事由などもその要件を充たす者のみにつき考慮されるべきである。

第3節　教唆犯

> **【文献】** 十河太朗「教唆犯の本質に関する一考察(1)(2・完)」同志社法学43巻2号49頁・3号102頁、齊藤誠二「教唆犯をめぐる管見」法学新報103巻4=5号1頁、中義勝「未遂の教唆」関法21巻3号1頁、夏目文雄「教唆正犯論序説」愛知大学法経論集143号105頁、福田平「いわゆる未遂の教唆について」平場還暦〔上〕378頁（『刑法解釈学の主要問題』〔1990〕144頁所収）、山本光英「いわゆる『共謀共同教唆』について」法学新報102巻1号99頁

§161　意義および要件

1　意　義

　教唆犯（Anstiftung）とは、「人を教唆して犯罪を実行させ」ることによって、自己の犯罪を実現する犯罪をいう（61条1項）。教唆とは、他人に犯罪の実行の決意を生じさせ、被教唆者に基本的構成要件を実行させることをいう。教唆の意義については、罪名従属性説と罪名独立性説では理解が異なる。教唆は、罪名従属性説からは、正犯に**正犯の犯罪を行わせること**を意味する。しかし、罪名独立性説からは、教唆者が他人をそそのかして**自己の固有の犯罪を実現すること**を意味する。また、実行従属性や要素従属性の意味の理解の差によって、ここでいう正犯が行う「犯罪」の内容が異なって理解される。従来の純粋惹起説からは、「違法行為」と解され、最小従属性説からは「構成要件該当行為」、通説たる制限従属性説からは、「構成要件該当の違法な行為」と解される。

　教唆犯には、「正犯の刑を科する」（61条1項）。教唆犯は、共同正犯と異なり、幇助犯とともに**「狭義の共犯」**に属する。実行従属性の原則に従い、処罰は、正犯の実行に従属する。

2　要　件

　教唆犯の成立には、教唆者が他人を教唆しただけにとどまらず、それにも

とづいて被教唆者（正犯）が犯罪を実行したことが必要である。以下で、教唆犯成立のための要件を分説しよう。

(1) 教唆行為

教唆行為には、狭義の教唆行為と広義の教唆行為とがある。**狭義の教唆行為**とは、他人に犯罪への決意を生じさせることである。犯罪共同説からは、犯罪への決意の惹起とは「故意」の惹起を意味するが、行為共同説からは、「違法行為を行う動機を喚起すること」（佐伯354頁）、あるいは、「他人の違法な行為意思（決意）を誘発すること」（中255頁）を意味する。[1]したがって、過失犯に対する教唆もありうる。**広義の教唆行為**とは、それにもとづいて被教唆者に犯罪を実行させ、基本的構成要件を実現させることをも含む。広義の教唆行為までを教唆行為に含めるかどうかについては、共犯の構成要件を拡張構成要件とみるか修正構成要件とみるかの対立を反映して、学説が分かれる（☞§154, 3 (1) (c)）。その学説の対立が現れるのは、教唆の故意の理解をめぐってである。

(a) 教唆行為の意義 教唆行為（狭義）とは、他人に特定の犯罪を実行する決意を生じさせるに適した行為をいう。不注意な行為に至る行為を決意させる場合でもよいから、**過失犯に対する教唆**もありうる。その手段・方法については制限がない（最判昭26・12・6刑集5・13・2485）。その方法としては、使嗾（しそう）、嘱託、欺罔、威嚇、誘導、慫慂（しょうよう）、命令、指揮、哀願、利益の供与などがある。すでに実行を決意している者を教唆することはできない(omnimodo facturus)。

しかし、すでに**実行を決意している者**とは、**具体的な実行行為の遂行方法**をも含めて教唆者の教唆とは無関係に決意していた者をいうのであって、その意向にかかわりなく具体的な犯罪を遂行する意思を形成していたのでない場合には、これにあたらない。

これに関して、**最近の最高裁の決定**（最決平18・11・21刑集60・9・770）を検討しておこう。被告人は、K株式会社の代表取締役であったが、Kの所得を秘匿し、法人税の補脱をしていた。被告人Bは、国税局の査察調査の際に逮捕を免れるため証拠

---

[1] ここで、決意させる正犯の「犯罪」とは、通説からは「構成要件該当」で「違法」な行為を意味する。これに対して、「違法行為」「違法な行為意思」とは、この説が「正犯なき共犯」を肯定する立場から唱えられることから、「構成要件該当性」はないが「違法な」行為を意味する。本書の立場からは、ここで決意させる「犯罪」とは、「正犯ないし共犯の違法で構成要件該当行為」を意味する。

を偽造しようと、知人Aに相談したところ、Aは、Kの法人税法違反事件に関する証拠偽造を行った。しかし、Aは、被告人の相談相手というにとどまらず、自らも実行に深く関与することを前提に、Kの法人税法違反事件に関し、違約金条項を盛り込んだ虚偽の契約書を作出するという具体的な証拠偽造を考案し、これを被告人Bに積極的に提案していた。そこで、弁護人は、Aは被告人の証拠偽造の依頼により**新たに犯意を生じたものではないから、Aに対する教唆は成立しない**と主張した。**最高裁**は、次のようにいう。「本件において、Aは、被告人の意向にかかわりなく本件犯罪を遂行するまでの意思を形成していたわけではないから、Aの本件証拠偽造の提案に対し、被告人がこれを承諾して提案に係る工作の実行を依頼したことによって、その**提案どおりに犯罪を遂行しようというAの意思を確定させたもの**と認められるのであり、被告人の行為は、人に特定の犯罪を実行する決意を生じさせたものとして、教唆に当たるというべきである」。

教唆は、明示的である必要はなく、黙示的・暗示的であってもよい（大判明 43・6・23 刑録 16・1280、大判昭 9・9・29 刑集 13・1245）。教唆は、特定の犯罪の実行を決意させることを要するから、漠然と「犯罪を実行せよ」ないし「人を殺せ」と勧めるだけでは足りない（大決昭 13・3・31 刑集 3・256、前掲最判昭 26・12・6）とされている。[2]

　この関係で、ドイツにおいて、「**教唆犯の故意**」の問題として論じられている判例を紹介し、正犯行為の特定性の程度の問題に考察を加えておこう。[3] 判例（BGHSt 34, 63）の事案は次のようなものである。父親と喧嘩した末、けん銃と乗用車をもって家を出て、外国へ逃げたいというWと出会った被告人Aは、「金は持っているのか」と問い、Wが、「ない」と答えると、「それならけん銃か車を売れ」と忠告した。これに対し、Wは、「けん銃は持っておきたい。車も登録されていないので、売れない」と答えた。Aは、金なしには外国へ行けないし、「それなら、銀行かガソリンスタンドでもやるしかないんじゃないか」と述べた。Wは、それには答えなかった。その後、南米に逃げるために証明書を偽造するには、1万マルクほどかかるといった話をし、2日後に再会することを約束した。この日の午前、Wは、ある信用金庫の支店を襲い、けん銃で銀行員を脅して、スポーツバッグに金を詰めるよう申し向け、ほぼ4万マルクを奪った。**第1審**では、強盗的恐喝の教唆を否定した。**犯行の特定性がない**から、**教唆故意を欠く**というのである。

　これに対して、**連邦裁判所**は、教唆は、特定の正犯行為を唆すものでなければならないというのが出発点であると確認し、その**具体化の必要最小限度の基準**を明らかにせねばならないとして、犯行が、「当該の行為客体の種類によってのみ特徴づけられる」なら、やはり「行為の特定性」に欠けると結論づけた。むしろ、具体的な像とし

---

[2] およそ人を殺害せよと唆すことは教唆とはいえないとするのが通説であるが、故意に関する法定的符合説によれば、故意は認められるのだから、その間に矛盾はないのかという疑問が提起されている（中山 470 頁）ことに注意すべきである。

[3] これについては、vgl. *Ingelfinger*, Anstiftervorsatz und Tatbestimmtheit, 1992.

て、すなわち、**個別化された事象として教唆者の表象に現れていなければならない**とする。本件では、このような特定性は否定されるというのである。これに対して、学説には、教唆者の表象において、法律上の構成要件およびそれを超えて「**不法の本質的次元**」が確認されれば十分であるという見解（ロクシン）も有力に唱えられている。裁判所は、具体的事象の個別的なメルクマール（客体、場所、時間、その他の実行の態様）を必要とするのに対して、この見解は、不法の本質的次元という表現で、「被害のおおよその程度と襲撃の方向」を現すという。本件においては、行為者が、どの程度の金を必要とし、信用金庫やガソリンスタンドも特徴づけられており、襲撃の方向・方法等も明確であるという。本説によれば、たんに、「窃盗」、「詐欺」「強盗」をやれというだけであれば、「たんにタバコを盗め」というのか、大がかりな窃盗を行えというのか等が特定していないから、不法の本質的次元は確定できない。

教唆の対象たる正犯行為の特定性については、**わが国の判例**においては、犯罪の日時場所方法などを**細部にわたって具体的に指示される必要はない**（大判大 5・9・13 刑集 22・1335）とされている。ドイツの判例も、このような個別要素の細部にわたる具体的特定性を要求しているわけではない。「**少なくとも行為を輪郭づける程度に個別化された事象**」の表象が必要であるというのであろう。

妊娠中の女子に対して分娩後その嬰児を殺害するよう唆す場合のように、教唆行為時に教唆による犯罪の目的物が存在せず、その**目的物の現出を条件として実行が教唆され、かつ実行された場合**でも、教唆犯が成立する（大判明 44・6・15 刑録 17・1180）。教唆の相手方である「人」は特定していなければならないが、特定しているならば、多数の人であってもよい。**不特定の者**を相手方とする場合は、教唆ではなく、煽動である。

制限従属性説からは、被教唆者は、責任無能力者であってもよい。ただし、幼児や高度の精神病者のように規範的障害を欠く者については間接正犯であって、教唆ではない。なお、すでに犯罪の実行の決意を有する者に対しては、決意させるのではなく、その意思を強化するにすぎないから、従犯が問題となるにすぎない（大判大 6・5・25 刑録 23・519）。教唆は、他人を道具のように利用して行うことも可能である[4]

教唆の対象となるのは、**正犯行為**である。すでにある犯罪（例えば、脅迫）の実行を決意している者に対して、その計画を変更し、恐喝を実行するよう

---

[4] これは、**間接正犯**とパラレルな意味における間接教唆（mittelbare Anstiftung）である。団藤 411 頁は、間接教唆とは「正確には『間接正犯』に対応するばあい——たとえば犯罪を教唆する手紙を情を知らない者に託して被教唆者に届けさせるばあい——に限定されるべきもの」とする。

に勧めたとき教唆者は、すでに恐喝のうち脅迫の部分については決意していたとしても全体としての恐喝につき教唆したことになるのであろうか。これは、いわゆる **修正教唆**（Umstiftung）である。また、被教唆者が、教唆された犯罪から逸脱して実行した場合には、教唆者は、それに対して責任を負うのだろうか。これを **正犯過剰**（Täterexzeß）という。

乙は、当初からある犯罪（脅迫）を実行すべく決意していたが、その者が、甲にどのようにすればよいかにつき相談をもちかけたところ、甲は、別の犯罪（恐喝）の方がよいと助言したため、乙が恐喝を実行したという場合、甲は、乙に恐喝を教唆したことになるのであろうか。このような犯罪の種類の修正があった場合のみではなく、行為客体や行為態様を修正した場合にも、教唆があったことになるのかが問題である。

① **構成要件の修正**　詐欺をすでに決意している者に窃盗を教唆した場合、あるいは、傷害を決意している者に器物損壊を教唆した場合には、窃盗や器物損壊に対する教唆が成立する。すでに詐欺や傷害という「犯罪」の実行を決意しているがゆえに窃盗や器物損壊に対する幇助にすぎないというわけではない。**構成要件ごとの決意** が重要である。構成要件が重なり合うとき、ないし加重された構成要件に変更する場合にどのように考えるかが問題となる。しかし、例えば、脅迫の決意を有する者に恐喝を勧めた者にも、恐喝の教唆が成立すると考えるべきであって、幇助ではないというべきである。結合犯の場合については後述する（☞④）。

② **行為客体（帰属主体）の修正**　すでにAの物を盗む決意をしている者に、Bの物を盗んだほうがよいと助言した者は、窃盗の教唆であろうか、それとも幇助であろうか。あるいは、Aの宝石を盗もうとしている者に、現金のほうがよいと助言した者はどうであろうか。法益主体の修正をともなう場合には、教唆が成立するが、同一法益主体の占有する具体的な財物を修正するにすぎず、しかも行為状況・場所・日時等の状況に大きな変更がない場合には、幇助にすぎないというべきであろう。

③ **行為事情・手段等の修正**　侵入窃盗を決意している者に、その実行の日時を変更させ、または侵入窃盗における侵入の方法を、例えば、窓からの侵入をピッキングによるドアからの侵入に修正するよう助言した者は幇助にすぎない。

④ **加重構成要件への修正**　窃盗を決意している者に強盗を勧めた者は、窃

盗の幇助と暴行または脅迫の教唆であろうか、それとも、強盗の教唆であろうか。前者は、結合犯を分解するものであり、後者が妥当である。窃盗から強盗への修正は、不法の質的変更であり、強盗の教唆とすべきである。

⑤ **正犯過剰** この場合、教唆者が正犯者の決意を修正する修正教唆の場合とは違って、正犯が自ら教唆者の教唆内容から逸脱し、過剰な行為を行う。したがって、教唆者に正犯結果の帰属は否定される可能性がある。例えば、Aの殺害を命じたが、正犯者がBを殺害した場合といった行為客体の過剰の場合、あるいは、窃盗を指示したのに、詐欺を実行したといったように、構成要件を変更した場合である。しかし、教唆内容の非本質的な態様が過剰になるだけの場合には、帰属は否定されない。コンビニへの強盗を教唆しようと、ローソンでの強盗を教唆したが、正犯者がセブンイレブンで強盗を行ったとき、けん銃を手渡して殺害を命じたが、正犯者がナイフで殺害した場合がそうである。

(b) **不作為による教唆** 教唆とは、犯罪への決意を誘発することであるが、それが不作為によって行われることが可能かどうかが問題である。**否定説**は、教唆行為は他人に積極的にはたらきかけて犯罪意思を生じさせるものであることを理由に、不作為による教唆の可能性を否定する（木村413頁、福田282頁、大塚314頁、齊藤誠二・法学新報103巻4＝5号22頁以下、大谷436頁、川端591頁、前田533頁）。

肯定説（植田『共犯論上の諸問題』〔1985〕189頁以下、神山敏雄『不作為をめぐる共犯論』〔1994〕333頁以下、中・諸問題363頁以下）からは、①不注意な言動によって他人に犯罪意思を誘発した者が、後になってその事実を認識したにもかかわらず、ことさらにこれを是正しないで放置し、その犯罪が遂行された場合、あるいは②教唆者が暴行のつもりで教唆をしたが、「やっつけてしまえ」というような軽率な言辞を弄したために、被教唆者がこれを殺害の教唆と錯誤し、しかも教唆者が後になってその事実を知りながらこれを放置し、被教唆者によって殺人罪が実行された場合（①②植田・諸問題189頁以下）、③犯罪阻止義務のある監督者が、被監督者の犯罪行為が行われるのを知りつつ、被監督者は、監督者が黙って見ている（暗黙の相互了解がある）ことにより、決定的に犯意を抱いて、実行に出た場合、④結果保障人（法益監護義務者）が、被保護者に対する第三者の犯罪行為が今にも開始されようとするのを黙認したため、第三者が犯罪への決意を誘発され、犯罪に及んだ場合、⑤不作為犯

の共同正犯の成立が、一方の不作為者に作為可能性がないなどの理由で、正犯となることが否定される場合に、その不作為者の不作為が、もう一方の不作為者の決意を誘発した場合（③～⑤神山・不作為をめぐる共犯論409頁以下参照）などが、不作為による教唆が成立しうる事例として挙げられている。

①②については、不作為により決意を誘発したといえるかは疑問である。正犯者は、すでに決意しているが、それを阻止しなかっただけだからである。③～⑤については、教唆とするなら、これが「不作為」かどうかが疑問である。阻止しないという保障義務者の「態度」を「見て」、正犯者が犯罪の実行を決意したのであれば、その態度は、黙示の教唆であり、**因果力をもつ作為**である（中・諸問題367頁参照）。すでに決意しているのを阻止しなかったことが重要であるならば、①②と同様、決意を誘発してはいない。保障義務が認められるかぎりで、不作為による幇助の問題とはなっても、これらの事例におけるいわゆる「不作為」（？）を「教唆」といいうるかどうかは、教唆の定義上疑問である（同旨＝斎藤信治262頁以下）。従来論じられているような類型を前提とするかぎり、不作為による教唆は否定されるべきである。

(c) 共同教唆 共同教唆（Mitanstiftung）とは、二人以上の者が共同して他人を教唆し、犯罪を実行させることをいう。共同教唆が認められるかどうかは、刑法60条の規定が、教唆にも適用されるかどうかによる。その適用を否定する見解からは、共同教唆は否定される（植松378頁以下、大塚314頁、川端591頁）。共同教唆の場合、各自が、それぞれ教唆行為を行っているので、それぞれの教唆行為について責任を負うことは当然である。問題は、一人の教唆では、被教唆者に実行行為を行わせるに十分でないが、他方の教唆行為と相まって実行行為に誘致した場合、あるいは、二人の者が教唆を行ったが、被教唆者がどちらの教唆によって実行行為に出たのかが、──例えば、正犯者が犯罪実行後、死亡したため証言が得られず──立証されなかった場合である。この場合にも、意思の連絡があることによって、それぞれ相手方を通じて正犯に因果的に影響を与えているのであれば、60条の規定の適用をまたなくても結果に対する責任を問うことができる。

事実上の意思の連絡が存在する場合には、正犯結果に対する少なくとも心理的因果関係が肯定されるのが通常だからである。意思の連絡がない場合には同時犯たる教唆となる。

数人が教唆することを共謀し、その一部の者のみが現に教唆を行った場合

には、共謀共同正犯と同様に、教唆行為に出ることなく、共謀に加担しただけの者にも、いわゆる**共謀共同教唆**が認められるかどうかが問題となる。判例は、これを肯定する（大判明41・5・18刑録14・539、大判昭6・12・3刑集10・677、最判昭23・10・23刑集2・11・1386）。例えば、XとYとがAを教唆して窃盗を実行させようと共謀したところ、Yが現に教唆行為を行ったが、Xは共謀にとどまったという事案において、Xも窃盗教唆罪とするのである（前掲大判明41・5・18）。最近の判例として、A、BおよびCが、Dらにある会社の営業所の見取図を渡して、建造物侵入および強盗傷人の決意をさせ、Dらが、これを実際に実行したという事案につき、**教唆の共謀**を認めたものがある（東京地立川支判平24・7・12LEX/DB）。学説には、共謀共同教唆を**肯定する立場**（荘子450頁、西原351頁、大谷437頁）と、たんなる共謀者は、むしろ教唆者を教唆した者として取り扱われるべきであり、**間接教唆であるとする立場**（植松378頁、団藤410頁、福田281頁、大塚314頁、川端591頁）とがある。後説が妥当である。

(d) **片面的教唆** 片面的教唆とは、被教唆者が教唆されていることを意識していない場合をいう。教唆されていることを意識することは必要でなく、片面的教唆は**肯定**されるとするのが通説である（木村413頁、福田282頁、大塚315頁、大谷438頁、川端592頁、前田508頁）。共同意思主体説からは、共犯者間の意思の連絡が不可欠であるとされ、片面的教唆は否定される（植松381頁、西原334頁）。しかし、教唆されていることを意識しないことと、被教唆者が心理的影響を受けることとは両立する。例えば、激情型の夫が妻の浮気を疑い、常々、「もし現場を見つけたら殺してやる」といきまいているのを知っていて、これを利用してその妻を殺害しようとして、情を打ち明けずに妻の浮気現場に夫を行かせた者は、教唆であり、心理的影響を与えているが、夫には教唆されていることの意識はない。したがって、片面的教唆は認められる。

(e) **過失犯に対する教唆** 過失犯に対する教唆とは、他人の不注意な行為へと決意させ、犯罪を実行させることによって、自己の犯罪を実現することをいう。例えば、医師が、看護師の不注意を利用して、故意で患者を殺害しようとし、患者に毒物を注射させた場合には、過失犯に対する教唆であ

---

[5] この判決では、「教唆の共謀は、その時点までに被教唆者を特定しておらず、後日特定するという場合でも成立する」とされたのが注目される。

る。罪名従属性説（犯罪共同説）からは、過失犯に対する教唆犯は容認しがたいとされるが、罪名独立性説（行為共同説）からは、正犯が過失犯、教唆犯が故意犯であることも認められる。したがって、罪名従属性説からは、先の事例では、医師は看護師の過失行為を道具として利用した間接正犯とされる（☞§156, 4 (3) (a)）が、罪名独立性説からは、看護師は業務上過失致死罪、医師は殺人罪の **教唆** である。間接正犯となるとするのが通説・判例である（東京高判昭 26・11・7 高刑特 25・31）。

(f) 不作為犯に対する教唆 不作為犯に対する教唆とは、教唆行為によって不作為犯の実行を決意させることによって、自己の犯罪を実現することをいう。真正不作為犯においては、例えば、退去を要求された者に、不退去を慫慂する場合に、不退去罪の教唆が成立する。**不真正不作為犯** についても教唆は成立しうる。例えば、他人甲が、その子供が川に溺れかけているのを救助しようとしている父親乙を教唆して、救助をやめさせた場合に、父親乙には不作為による殺人罪が成立し、甲にはそれに対する教唆が成立する。不真正不作為犯においては、正犯者に不作為犯の可罰的不法が存在することが必要である（植田・諸問題 196 頁、神山・不作為をめぐる共犯論 596 頁、山中「共犯における可罰的不法従属性に関する若干の考察」中山古稀 3 巻 305 頁）。被教唆者の不作為自体の構成要件該当性も違法性も必要としないという見解（中・諸問題 414 頁・473 頁）は不当である。作為義務のない者に対して、不作為を教唆する行為は不可罰である。

　ただし、「**救助の方向に向う因果経過**」（Abbrechen des rettenden Kausalverlaufs）を物理的に遮断した場合、作為犯の正犯となる。例えば、猛犬に追われた女性が逃げ込んだビルの自動ドアが、その犬が入ろうとする直前に閉まろうとしたときに、ある者がドアの間に棒切れを挟んで閉まらなくしたため、女性が犬に噛み付かれ重傷を負ったとき、傷害結果を惹起したがゆえに、傷害罪の作為正犯である。自動ドアではなく、警備員がビデオで監視しながら手動で閉めていたときに、その警備員を羽交い絞めにして閉めることができなくした者も、女性が犬にかまれたとき、作為の傷害罪の正犯になりうる。同じく、たまたま通り掛ったXが、溺れかけた他人Aを泳いで救助しようとしているときに、背後から羽交い絞めにして泳げなくし、殺意をもってAを溺死させた場合、すなわち、**救助に向う因果経過の物理的遮断**の場合、作為の殺人罪の正犯である。それでは、Xに対して「放っておけ」と指示して助けないよう決意させた者は、Xに作為義務はないがゆえに、不可罰であろうか。このような「救助に向う因果経過の遮

断」の事例では、物理的遮断につき、作為による正犯となりうる。それとの比較で、その**心理的遮断**の場合に、作為義務をもたない者に対する教唆も救助の因果経過の心理的遮断であるとすると、犯罪を構成しないのであろうか。この場合には、救助の因果関係の段階的状況が問われるべきだと思われる。第1に、たまたま通りかかった通行人が、溺れかけている者を救助しようと決意したのを、指示によりその決意を変更させた場合には、その作為は、不可罰な不作為者に対する教唆であり、不可罰である。第2に、ボートを漕ぎ出して今にも届きそうになったときに、「100万円やるから、助けるな」と指示し、やめさせた場合、救助者が出たため、他の周辺にいた人が救助をその人に任せたといった具体的依存の状況があれば、救助行為の途中で救助を思い直した者にも作為義務が生じることがあり、不作為の殺人罪の教唆となりうる。

(g) 予備・陰謀の教唆　正犯の既遂・未遂または予備・陰謀を教唆したところ、正犯が予備・陰謀にとどまった場合をいう。教唆犯の成立を**肯定する見解**（平野350頁、内田300頁、大谷438頁、川端593頁）と、**否定する見解**（植松383頁、大塚316頁）、予備・陰謀罪を二つに分け、独立罪としての予備・陰謀罪については肯定し、従属罪としての予備・陰謀罪については否定する**二分説**（福田256頁）に分かれる。予備罪の教唆も肯定される。

(h) 教唆と実行行為・正犯結果　教唆犯が成立するためには、教唆行為の結果、被教唆者が実行を決意し、それにもとづいて実行行為に出たことが必要である（実行従属性）。実行行為に至らなかった場合は、教唆の未遂であって、不可罰である。さらに教唆行為と被教唆者の決意および実行行為ならびに**正犯結果との間に因果関係**が存在し、客観的に**帰属可能**でなければならない。教唆犯の因果性の問題については、教唆犯は、正犯に犯罪を実行させることに尽きるとする見解からは、**教唆行為と実行行為との間に（相当）因果関係があればよいとする**（大塚311頁、大谷438頁、最判昭25・7・11刑集4・7・1261＝**百選89**）が、**不当**である。この見解によるなら、正犯行為と正犯結果との間に相当因果関係がなく、正犯が未遂に止まった場合に、教唆犯がなぜ未遂に対する教唆にとどまるのかは、正犯の可罰性に従属させることによってしか説明できないからである。

(2) 教唆犯の故意

(a) 教唆犯の故意の意義　教唆犯の故意とは何かについては、自己の教唆行為によって被教唆者が特定の犯罪を犯すことを決意し、その実行に出ることをその意思の内容とすることを意味するとする説（団藤406頁、大塚311

頁、藤木298頁、大谷434頁、川端584頁）と、教唆行為にもとづいて被教唆者が基本的構成要件を実現する意思をも要するとする説（牧野・日本刑法〔上〕442頁、木村414頁、平野350頁、平場161頁、中256頁、中山473頁、福田281頁、前田512頁）とに分かれる。前者は、教唆犯は修正された構成要件に該当する行為を行うものであり、他人を犯罪の実行に至らせる行為であるとみて、教唆犯の故意も、基本的構成要件の全内容まで及ぶ必要はなく、被教唆者が実行行為に出ることまでを表象すれば足り、刑法61条1項もその趣旨を示していると解する。後者は、教唆犯の客観的構成要件の射程は、正犯の基本的構成要件の実現をも含むがゆえに、教唆者の故意は、犯罪結果の発生することをも表象すべきであるとする。

(b) 故意の射程と共犯の処罰根拠 教唆犯の故意の射程に関する問題を、共犯従属性説と共犯独立性説の対立と理論的に結びつけて考え、共犯従属性説は、実行行為を生じさせることの認識で足りるが、共犯独立性説は、犯罪的結果の実現の認識を必要とするというようにいったん図式化しながら、結局、この問題は、必ずしも共犯従属性・独立性の問題と結びついていないことになるとするものがある（大谷434頁、川端589頁）。しかし、教唆犯の故意の射程に関する問題は、従属性・独立性とはもともと理論的に関係があるわけではなく、むしろ、それは共犯の処罰根拠の問題と関係するのである。因果的共犯論を採用すれば、理論的には、共犯の客観的射程を正犯結果の惹起にまで及ぶものと解することになるので、故意も、正犯結果にまで及ぶ必要があると考えられることになる。この見解からは、従属性説であっても、正犯結果の実現に対する認識が必要なのは当然であり、逆に、わが国における独立性説とは違って、独立性説であっても、因果的共犯論に立たない見解を想定すれば、正犯結果の実現の認識は必要でないのである。

したがって、**因果的共犯論**に立つ**本書の立場**からは、**教唆犯の故意は、正犯結果の実現の認識**を必要とするという見解に立つことになる。ここには、理論的に必然的結びつきがある。そのことから、教唆の故意には、正犯結果の実現の認識を必要としないという結論から判断して、むしろ、教唆犯の行為とは修正された構成要件に該当する行為であると捉えるいわゆる違法共犯論（川端529頁）ないし正犯の実行行為を通じて法益侵害の惹起に加功した点を重視するいわゆる混合惹起説（大谷400頁）は、実は、共犯の客観的射程を「正犯結果の惹起」ではなく、「正犯の実行行為の惹起」で終わると考えてい

ることが分かる。この見解からは、共犯の既遂ないし未遂の可罰性は、本来、共犯行為の射程を超過するものであって、正犯の既遂ないし未遂にたんに従属しているのである。

　(c)　過失による教唆　　過失による教唆とは、不注意により犯罪意思を惹起する場合をいう。例えば、ある政治結社の長が、血気盛んな構成員の前で、首相を名指しで、「現在の首相が総理の地位にとどまるかぎり、日本の将来はない。諸君ができることをすべきだ」と演説し、それを聞いた一人が、首相を殺害したというのがその例である。過失による教唆が処罰されるかどうかについては、学説の対立がある。犯罪共同説の立場からは、否定され（瀧川241頁、団藤403頁、福田281頁、平野360頁、大塚313頁、香川359頁、大谷436頁、斎藤信治271頁）、行為共同説からは、従来、肯定するものが比較的多かった（牧野・日本刑法〔上〕458頁以下、宮本・学粋409頁、木村412頁、佐伯354頁、植田173頁）が、最近では、否定する見解もある（中255頁、中山469頁、川端591頁、前田509頁、山口355頁）。理論的には、罪名独立性説に立てば、処罰の可能性は肯定しうるが、現行法の解釈としては、限縮的正犯概念に立ち、**過失犯の例外処罰**（38条1項）の点を考慮すると、その処罰を否定すべきであろう。

　(d)　未遂の教唆　　教唆者が、被教唆者の実行行為をはじめから未遂に終わらせる意思で教唆する場合を「**未遂の教唆**」（Anstiftung zum Versuch）という。

　　　例えば、Xが、もともと未遂に終わらせる意図で、防弾チョッキを着用したAを殺害するようYを唆し、実行の着手に出たとたんに、Yを取り押さえたという場合がそうである。Yは、不能犯でないかぎり、実行に着手しているので、殺人罪の未遂である。Xの罪責については、その故意が未遂に終わらせる故意である点で、教唆犯の故意として十分かどうかが問題となる。

　被教唆者が実行に出ることの認識で足りるとする説からは、この場合にも教唆犯の故意が存在するので、正犯が殺人罪の未遂に終わった場合の教唆（殺人未遂罪の教唆）にあたることになる（団藤407頁、大塚312頁、大谷435頁、川端589頁、齊藤信宰483頁）。しかし、教唆犯の故意は、基本的構成要件の実現（構成要件的結果）の認識を必要とする説に立てば、この場合、その認識に欠けるから、教唆犯の故意として十分ではなく、教唆犯の故意が否定され、不可罰となる[6]（木村415頁、植田184頁、佐伯340頁、中256頁、中山473頁、曽根261

頁、野村414頁、前田512頁）。この結論は、「教唆犯は一種の目的犯的構造をもつ」とする立場からも肯定される（平場161頁、福田281頁）。単独正犯の場合に、未遂に終わらせる故意は、故意とはいえないように、ここでも、教唆犯の客観的な構成要件が正犯結果の惹起にまで及んでいるのであるから、未遂の故意は、故意ではない。したがって、後説が妥当である。

未遂の教唆の場合、「正犯に未遂行為を行なわせることによって、結果発生の危険性を生ぜしめたことが、『結果』なのであり、教唆者もその結果の発生を認識していたのである」から、故意はあるとする見解（平野350頁）がある。しかし、未遂犯における故意は、危険性に及ぶだけでは足りず、結果発生にまで及ぶ必要があると解すべきであるから、この見解は不当である。

この問題は、教唆犯の故意の問題に至る以前に、教唆犯の客観的構成要件に該当するかどうかの問題でもありうる。先の事例で、Yの殺害行為が、不能犯であったとすると、**不能犯の教唆**の問題となる。被教唆者が、不能犯と知って行う場合にはその教唆が不可罰であることはいうまでもない。しかし、例えば、弾丸が装塡されていない銃を渡して、人を射殺するよう教唆した場合については、不能犯に関する学説によれば（例えば、具体的危険説）、行為者のとくに知っている事情が考慮されるので、被教唆者については不能犯でないが、教唆者にとっては不能犯であるという場合が生じうる。この場合、教唆の客観的射程が、正犯者が実行行為に出るところまでであるという見解に立てば、教唆犯自体は不能犯ではなく、殺人罪の未遂に対する教唆犯が成立する。これに対して、正犯結果の実現にまで及ぶとする見解に立てば、教唆は不能犯である（植田184頁）。しかし、客観的危険説によるならば、被教唆者にとっても不能犯となるから、教唆者も不能犯である。

---

[6] このことから明らかなように、この問題においては、かつて捉えられたように共犯独立性説と共犯従属性説が対立している（団藤〔改訂版〕380頁以下）のではなく、因果的共犯論かそうでないかが対立しているのである。

[7] 福田博士は、すでに行為の目的的構造の側面からだけではなく、むしろ、因果的共犯論的な立場から未遂の教唆の不可罰性を論証されている（福田・刑法解釈学の主要問題150頁参照）。そこでは、「教唆犯規定は、正犯を通じて間接的ではあるが、一定の法益に対する攻撃を処罰するものである」と認めておられるからである。

[8] 前田512頁は「理論的には、『結果発生の危険性の認識は存在するが、結果発生の認識は未必的にも存在しない場合』を認定できないことはないが、教唆犯がほとんど存在しない現状で、そのような例外中の例外を論じる意味は少ない」という。

[9] 前田512頁は、教唆の故意には、「必ずしも、結果に明確な認識が必要なわけではない。正犯者の行為が、既遂にはならないが未遂には絶対になると認識していれば、…教唆犯は成立しうる」という。この見解も、教唆の成立には、未遂の故意で十分であるとする点で、惹起説に立つ以上、不当である。

第3節　教唆犯　§161　意義および要件◇　955

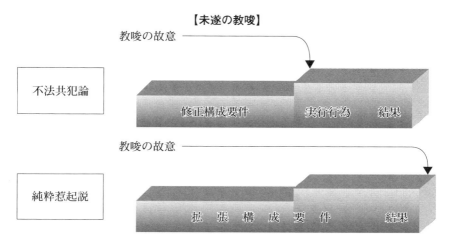

　教唆者が、被教唆者の行為が未遂に終わると信じて教唆したところ、予期に反して既遂となった場合については、例えば、先の事例で、防弾チョッキを貫通して死亡結果が発生した場合、教唆犯の故意を実行行為に出ることの認識で足りるとする見解からは、殺人未遂罪の故意で殺人既遂罪の結果を生じさせたのであるから事実の錯誤があり、両者は法定的に重なり合うから、38条2項により、**殺人未遂罪の教唆犯**が成立するものとする（大塚312頁、大谷435頁、川端589頁）。しかし、この説明は理論的に疑問である。なぜなら、本説は、故意の射程を被教唆者の実行に及べば足りるとしたはずである。実行までの故意は存在するから、その後、既遂に至ったとしても、そこには錯誤はないはずである（前田512頁）。本説によると、発生結果との間に相当因果関係がある場合には、殺人既遂の教唆が成立することになる。正犯結果に対する認識が必要だとする説からは、発生結果については、過失による教唆を肯定する見解によれば、教唆行為自体が過失であり、過失致死罪の教唆となる（木村415頁）。過失による教唆を否定する見解からは、**過失致死罪（正犯）**が適用される（福田283頁）。最後の説が妥当である。

　未遂の教唆は、**アジャン・プロヴォカトゥール**（教唆する刑事巡査 = agent provocateur）の場合に問題となることが多い。これは、**陥穽教唆**、すなわち、人を罠にはめ、犯罪を犯させるよう唆すことをいうが、本来は、他人を犯罪に陥れることを業とする警察の手先の意味である。麻薬犯罪などでよく用い

られるおとり捜査の手段でもある。ここでは、最初から未遂に終わらせる意図で、犯罪の実行を教唆することが多く、したがって、未遂の教唆が問題となる。未遂の教唆に関する学説[10]とほぼ一致するが、教唆犯の故意については、結果発生の認識・認容を必要と解しつつ、アジャン・プロヴォカトゥールについては可罰性を認める見解（瀧川247頁）もある。この説は、「『吾々を誘惑するなかれ』は刑事裁判の尊厳のために遵守せられねばならない」とする。それは、理論によってではなく、刑事裁判の公正性を守るために政策的に警察の手先の行為を処罰すべきだとするのである。アジャン・プロヴォカトゥールにおいては、訴訟法上は、むしろ、被教唆者の訴追および処罰の可否が問題となる。特別の法的根拠（麻薬及び向精神薬取締法58条など）がないにもかかわらず、官憲が、国民をそそのかし罠をしかけるような場合にまで、国家の刑罰権の発動を認めるのは疑問であり、公訴棄却ないし免訴とされるべきであろう。

§162　教唆犯の諸類型

1　間接教唆

「教唆者を教唆した」場合を間接教唆といい、教唆犯と同様に正犯の刑が科せられる（61条2項）。いわゆる**連鎖的共犯**（Kettenteilnahme）の一種である。[11] **間接教唆**には、AがBに、Cを教唆して犯罪を実行させるよう教唆した場合のみならず、AがBに、犯罪の実行を教唆したところ、Bは、自ら実行せずさらにCを教唆して犯罪を実行させた場合をも含む（大判大3・11・7刑録20・2046、最判昭28・6・12刑集7・6・1278）。教唆の故意をもって、教唆の教唆という結果を生じた場合であるが、ここでは、重大な錯誤はなく、このような錯誤は教唆の故意を阻却しないとされる（団藤411頁）。この場合にも、正犯の実行があったときに教唆犯が成立する。したがって、教唆犯に対する教唆犯も、正犯の実行に従属する。間接教唆の処罰根拠をどのように考えるか

---

[10] 最決昭28・3・5刑集7・3・482は、おとり捜査に関して傍論ながら「誘惑者が場合によっては・・・教唆犯又は従犯として責を負うことがあるのは格別」と述べる。
[11] わが国では再間接教唆以上を連鎖的教唆（順次的教唆）という説（福田284頁、大塚317頁、中山510頁、大谷439頁、川端593頁）が有力であるが、ドイツでは、間接教唆をも含めて連鎖的教唆という。ここでは、ドイツ流の定義に従う。

が、連鎖的教唆の可罰性の問題を左右する。

2 再間接教唆

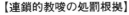
【連鎖的教唆の処罰根拠】

1：間接教唆者等を通じて正犯を教唆する
2：間接教唆者を教唆する

再間接教唆とは、間接教唆者をさらに教唆することをいう。この場合および再間接教唆者をさらに教唆した場合などの連鎖的教唆については、61条2項のようなこれを明示的に処罰するとする規定がないため、これらの者を罰することができるかについては、**学説**が分かれている。[12] 正犯の背後関係を無限に追及することは法的確実性を害するとか、刑罰法規の厳格解釈の要請に応じえないなどといった政策論的根拠から、**消極説**が唱えられ、実質上二人以上の教唆者を介在させることによって、教唆の責任を免れさせるのは不合理であるといったものが**積極説の実質的論拠**として唱えられた。

解釈学的には、**否定説**は、61条2項の「教唆者を教唆した者」という規定の「教唆者」とは同条1項の教唆者、すなわち、**正犯を教唆した者**を指すと解すべきであり、これらの場合以外は不可罰であるとする（団藤410頁、福田284頁、大塚317、香川396頁、曽根262頁、野村416頁、川端594頁、船山泰範「間接教唆・間接幇助」基本講座4巻230頁）。

しかし、判例（大判大11・3・1刑集1・99）および通説（木村418頁、平野352頁、藤木300頁、中山510頁、西原353頁、内田315頁、大谷440頁、前田509頁、斎藤信治225頁以下、西田・香川古稀348頁、なお、山中・新判例コン3巻284頁）は、それらを可罰的であるとする。**肯定説の理論的根拠**には、二つのものがある。第1は、1項の「実行」には教唆・幇助という「修正された構成要件」の「**実行**」をも含むとする見解（小野209頁）であり、第2は、2項の「**教唆者**」には「**間接教唆者**」をも含むとするものである（青柳385頁）。第1の見解は、2項の規定を不要ならしめるものであり、不当である。因果的共犯論からは、肯定説の第2の見解が妥当である。

---

[10] この問題について鈴木彰雄「いわゆる連鎖的教唆の可罰性について」下村古稀〔上〕369頁以下、西田典之「実行および正犯の概念と共犯成立の限界」香川古稀346頁以下参照。

責任共犯論ないし不法共犯論からは、教唆は、修正された構成要件を実現するものであるから、教唆の教唆とは、「修正された構成要件」のさらなる「修正された構成要件」である。したがって、その処罰は例外となる。そこで再間接教唆に関する処罰規定がないかぎりこれを処罰すべきでないことになる。

しかし、因果的共犯論からは、教唆は、正犯者の行為を通じて正犯結果を実現するものである。61条2項において、間接教唆の可罰性を肯定していることは、間接教唆者が直接教唆者の教唆行為を通じて正犯結果を実現した場合も、正犯結果を実現したことに変わりがない趣旨を明らかにしたものである。このことは、正犯結果が実現されることが教唆にとっては重要であり、その中間に教唆を連鎖させても、客観的に帰属可能なかぎりそれらの教唆者を通じて正犯結果を実現することが教唆の処罰根拠なのである。以上の理由から、61条2項の「教唆者」とは、「間接教唆者」をも含むものと解することができ、再間接教唆以降の**連鎖的教唆の可罰性**を肯定しうる。

> 判例には、間接教唆については、放火罪の実行を教唆したところ、第三者を教唆してその者に実行せしめたという事案（前掲最判昭28・6・12）がある。再間接教唆については、職務強要罪について、「教唆者を教唆したる者、亦、一の教唆者に外ならざるを以て、之を教唆したる者、亦、同条項に所謂教唆者を教唆したる者に該当するのみならず、元来、教唆者は正犯者に犯意を惹起せしめたるものにして、事実上、犯罪の根源と云ふを得べく、再間接教唆の場合と雖」処罰すべきものとする。これは、上で展開した趣旨を表したものである（大判大11・3・1刑集1・99）。

3 従犯の教唆

「従犯を教唆した者には、従犯の刑を科する」（62条2項）。「従犯の教唆」とは、正犯を幇助する意思のない人を唆して幇助の意思を抱かせ、幇助行為を行わせたうえ、正犯結果を促進することを意味する。例えば、すでに殺意を抱いている丙に金銭を贈与し、殺意を強めるよう甲が乙に指示した場合、甲は、丙の殺人罪に対する乙の従犯を教唆したものである（大判大7・12・16刑録24・1549）。処罰は、正犯の実行に従属する。

従犯は、実行行為を容易ならしめるという因果関係（**促進的因果関係**）があれば、成立するという見解は、従犯の教唆については、教唆者もまた正犯に対する促進的因果関係で足りるとしなければならないであろう。したがって、促進的因果関係を従犯に特殊な因果関係とすることはできない。さもなければ、従犯の教唆とは、実行行為以外の従犯そのものを教唆することであ

ると解することが整合性をもつことになる。

4 独立教唆犯

独立教唆犯とは、教唆者の教唆行為にもとづいて被教唆者が犯罪実行の決意を生じたことよって成立し、被教唆者が実行に出たことを要しないものをいう（破防法38条以下、爆発物取締罰則4条など）。このような独立教唆犯は、特別刑罰法規に規定されるものであり、「そそのかす」罪（国公法110条1項17号・98条2項）もこれにあたる。ここでは、刑法の教唆犯が、被教唆者の実行行為に従属するのに対して、被教唆者の実行行為とは独立に処罰される実行独立性説のいう教唆犯が観念されている。学説は、被教唆者の実行の「決意」を生じることを要求しているが、最高裁の判例は、相手方が実行の決意を生じたことを要しないとする（最判昭29・4・27刑集8・4・555）。

「煽動」（せん動）罪（爆発物取締罰則4条、公職選挙法234条など）ないし「あおる」罪（国公法110条1項17号・98条2項など）も、独立教唆犯に類似する。「煽動」ないし「あおる」とは、特定の犯罪を実行させるために不特定または多数人に対してその決意を生じさせ、または、すでに生じている決意を助長するような勢いのある刺激を与えることをいう（破防法4条2項）。独立教唆犯や「そそのかす」罪よりも緩やかな概念である。

§163　教唆犯の処分

教唆者には「正犯の刑を科する」（61条1項）。正犯の基本的構成要件の法定刑の範囲内で処罰される趣旨である（大判明43・12・9刑録16・2139、最判昭25・12・19刑集4・12・2586）。正犯が現実に処罰されたことを要しないし（大判明44・12・18刑録17・2211）、教唆者に対する刑が、正犯に対して現実に宣告された刑と異なり、それよりも重い場合であってもよい（前掲大判明43・12・9）。正犯者・教唆者について独立して存在する刑の加重軽減事由は、それぞれ別個に考慮される。拘留または科料のみにあたる罪の教唆者は、特別の規定（例えば、軽犯罪法3条）がなければ処罰されない（64条）。

第 4 節　従　犯

> 【文献】岡本勝「不作為犯による従犯に関する一考察」法学69巻5号1頁、香川達夫『共犯処罰の根拠』(1988)、神山敏雄「不作為による幇助 (1) (2・完)」岡法41巻2号1頁・3号73頁（『不作為をめぐる共犯論』424頁所収）、小島秀夫『幇助犯の規範構造と処罰根拠』(2015)、野村稔「予備罪の従犯について」研修533号3頁、林幹人「共犯の因果性 (1)～(4・完)—心理的因果性を中心として」警研62巻3号17頁・4号3頁・5号16頁・7号23頁（同『刑法の基礎理論』159頁所収）、日高＝曽根「幇助の因果関係」現代論争 [I] 334頁、山中敬一『刑法における因果関係と帰属』(1984)、同「中立的行為による幇助の可罰性」関法56巻1号34頁

§164　意義と要件

1　意　義

従犯（**幇助犯**）(Beihilfe) とは、正犯を幇助することをいう。幇助者（ないし従犯者）(Gehilfe) は、すでに実行に出る決意をした **正犯の実行行為を容易にする行為** を行う者である。因果的共犯論に立ち、従犯の処罰根拠として、基本的構成要件の実現を要求するかぎり、従犯の射程は、幇助行為により正犯が実行に出て正犯結果を惹起するところまで及ぶ。幇助犯は、幇助行為によって行われるが、幇助行為には、客観的要素と主観的要素がある。

2　幇助の客観的要件

幇助行為とは、正犯者の実行行為を容易にする行為である（最判昭24・10・1刑集3・10・1629）。広い意味では、容易にすることによって正犯結果を惹起するところまでを含む。判例は、正犯者の実行にとって不可欠な行為であることを必要としないものとする（大判大2・7・9刑録19・771、大判昭4・2・19刑集8・84、大判大11・10・6刑集1・530）。学説においても、これに賛同するものがある（大塚320頁、大谷442頁、川端596頁）が、不当である。この点は、**幇助の因果関係**（Kausalität der Beihilfe）として論じられる問題であるので、後述する。

(1)　幇助行為の方法　　幇助は、有形的・物質的方法によっても、無形

的・精神的方法によっても可能である。有形的方法による場合を有形的従犯という。

　例えば、犯罪に用いる凶器（大判昭15・5・9刑集19・297）・器具の給与・貸与（大判昭12・8・31刑集16・1355）、犯罪の場所、すなわち居宅（前掲大判大2・7・9）・房室（大判大9・11・4刑録26・793）などの提供、犯罪実行のための資金の供与（前掲大判昭4・2・19）、関与者（＝堕胎手術者：大判昭10・2・7刑集14・76）ないし被害者（大判昭8・8・10刑集12・1420）の紹介などがその例である。無形的方法による無形的従犯の例としては、情報・助言の提供、犯罪方法の教示（大判昭12・3・30刑集2・277）、激励（大判昭7・6・14刑集11・797）、犯罪の報酬の斡旋（最大判昭25・7・19刑集4・8・1463）がある。

　幇助は、作為によっても不作為によっても行われうる。不作為による幇助が認められるには、幇助者に保障人的地位が必要である（☞(4)）。しかし、実際には、作為か不作為かが微妙な場合もある。

　近時、最高裁（最決平25・4・15刑集67・4・437）は、Aが、職場の先輩で同乗しているB、C両名の意向を確認し、了解を得る一方、Aがアルコールの影響により正常な運転が困難な状態であることを認識しながら、同車発進に了解を与え、その運転を制止することなくそのまま同車に同乗してこれを黙認し続け、Aが危険運転致死傷の犯行に及んだ事案で、B、C両名にその幇助を肯定した。B、Cが職場の先輩であり、両名が運転を了解し、その後、黙認した行為が、「**Aの運転の意思をより強固なものにすることにより、Aの危険運転致死傷罪を容易にしたことは明らか**」であるとして、B、C両名の幇助犯を肯定した。ここでは、「了解する」という**作為**と「制止することなく」「黙認する」という**不作為**の両者が幇助行為とみなされている。職場の先輩という地位が「制止する義務」を発生させるかについて決定は述べるところではない。本決定は、おそらく、これらの作為的要素と不作為的要素の混在した「運転の意思を強固なものにする」一体的な行為を**一個の作為**と見たのであろう。

(2) 幇助行為の時期　　幇助行為には、正犯者の実行行為に先行して予備的に行われるもの（大判昭10・3・20刑集14・315）と、正犯の実行行為の際にそれに随伴して同時的に行われるものとがある。前者は、**予備的従犯**（事前従犯）といわれ、後者は、**随伴的従犯**（時宜従犯）といわれる。予備的従犯においては、予備行為に対する幇助で十分であり、ただ、処罰は正犯行為が実行されることを条件とする。凶器の貸与、犯行方法の指示、報酬の約束による犯行の決意の強化などがその例である。これに対して、随伴的従犯の例としては、見張り行為がある。しかし、正犯者の実行行為が終了した後には幇助はありえないとされる（佐伯361頁、福田285頁、大塚322頁、中山479頁、大谷443頁、川端598頁、野村426頁）。

ドイツにおいては、実行行為が終了しても、少なくとも既遂に達するまでは幇助は可能であるとする説も有力である。わが国においても、「正犯を幇助した」（62条1項）とは、幇助行為が正犯の実行行為そのものに向けられていることを要求するものではなく、実行行為を通じなくても正犯の犯罪実現を容易にすればよいものと解することは可能である。このように解することの意義は、他人の行為を利用してたんに因果経過を促進したにすぎない者を正犯とせずにすむことである。これによると、例えば、放火罪において、「放火」行為が終了後焼損に至るまでに、即座に正犯者と意思を通じて正犯者を幇助する意思で、当該建造物に油を注いで燃えやすくした者は、放火罪の幇助となる。また、殺人の被害者が、息も絶え絶えにのどに刺さったナイフを抜いて楽にして欲しいと頼んだので、ナイフを抜いて、若干、死亡時刻を早めた者は、65条2項により同意殺の幇助となり、殺人罪にはならない。

しかし、従犯は、少なくとも正犯の実行行為を幇助することを要するというべきである。実行行為終了後の従犯を認めると、他人ないし自然事象によって開始された因果経過を片面的に利用した場合、構造的には従犯と変わらないが、これを従犯とするのは不当だからである。

原則的には、正犯が既遂に至った後は、幇助は成立しない。しかし、継続犯の場合には、既遂に達した後にも犯罪の実行行為は継続する（☞§71, 6(2)）。継続犯においては、すでに構成要件の実現があり、既遂に達していても、その行為者の実行行為が続くかぎり、犯罪は継続している。したがって、**既遂後も幇助は可能**である。

なお、**事後従犯の概念**につき、**事後従犯**とは、実行行為の終了後の従犯をいう（大塚322頁）とするのが通説である。実行行為終了後の従犯を肯定する見解からは、既遂の後の従犯をいうとする説（木村421頁）が唱えられている。[1] 事後従犯は、すでに可罰的従犯ではない。犯人蔵匿罪（103条）、証拠隠滅罪（104条）、盗品等罪（256条）などは、正犯の既遂後にその犯罪に加功するものであり、これを事後従犯ということがあるが、これは、概念上、総則の従犯ではなく、独立の犯罪類型である。

(3) 承継的従犯 正犯者がすでに実行行為の一部を終了した後に、その犯罪に加功し、その後の実行を容易にした場合を「承継的従犯」（sukzessive Beihilfe）という。[2] 後に関与した者が、実行行為の一部にあたる事実を実行しているようにみえても、単純一罪の一部を実行しているにすぎないとき

---

[1] 団藤413頁以下は、正犯の犯罪が終わった後の従犯を事後従犯とする。
[2] これについては相内信「承継的共犯について」金沢法学25巻2号23頁以下。

は、それだけでは正犯とはならないので、承継的共同正犯ではなく、承継的従犯である。例えば、詐欺罪につき、他人の欺く行為、錯誤の後で、その事情を了解して財物の受領のみに関与した者は、その行為だけでは実行行為を構成しないので、承継的従犯にすぎない。正犯者の実行行為がいまだ終了していないかぎり、幇助は可能であり、正犯結果に対して因果的影響を及ぼしているからである。しかし、承継的共同正犯の場合と同じように、すでに因果の進行がありえない構成要件要素が実現されているという場合には、従犯にもならない。従犯においては、幇助者は、すべての構成要件要素を実行する必要はないから、「欺く行為」を自ら実行していなくても、正犯結果に因果的影響を及ぼせば幇助といえるのである。

> 判例は、夫が強盗の目的で人を殺害した後、金員を強取するについて協力を求められ、これを承諾して屋内に侵入して点火したロウソクを手にして夫に灯火を送り、その金品の強取を容易ならしめた事案について、**強盗殺人罪の従犯**を認めた（大判昭13・11・18刑集17・839）。

この判決は **不当** である。殺人の点については、すでに結果が完結しており、後に関与した者は、その結果に対しては後の関与行為によって**因果的影響**を与ええないのであり、したがって、少なくとも強盗殺人に対する従犯を認めることはできない。強盗致傷罪についても同様である。強盗罪に対する幇助を認めることができるかどうかについては、**強盗幇助説**（平野383頁、大塚323頁、大谷445頁）と**窃盗幇助説**（野村427頁）とがある。行為共同説からは、理論的には加功後の部分についてのみ成立する犯罪を認めるのが正当である。本事案では、暴行脅迫と金品の盗取行為は、単純一罪ではなく、結合犯なので、窃盗罪の幇助を認めるのが正当である。さらに、恐喝罪につき、暴行・脅迫に加わらず、被害者を畏怖させる行為の大部分が終了した時点で、情を知って財物の交付を受ける行為のみを行った場合を恐喝幇助とした判例（横浜地判昭56・7・17判時1011・142）は、恐喝の正犯意思を有していなかったとして、幇助を認めたが、主観説による正犯と従犯の区別は不当である。しかし、結論的には、被害者を畏怖させる行為がすべて終了していたわけではないので、畏怖状態の維持・強化をも含めて、受領行為を容易ならしめており、恐喝罪の幇助を認めることができるように思われる。

　(4)　**不作為による幇助**　　幇助行為は、不作為によってもなされうる。その際、正犯は、作為犯の場合と不作為犯の場合とがありうる。**正犯が不作**

為犯の場合の例としては、子供が飼って調教している猛犬が他人に噛み付こうとしているのを止めないで見ているという子供の不作為に対して、注意すれば子供に止めさせることが容易であるにもかかわらず、注意しない母親の不作為が挙げられる。

通常、論じられているのは、**作為犯に対する不作為による幇助の問題**[3]である。不作為が犯罪となるのは、作為義務違反があったときであるから、不作為による幇助においても、作為義務が存在することが前提となる。しかし、その場合の作為義務とは、正犯を幇助しないという作為義務であろうか。それとも、正犯を通じて行われる点が異なるが、正犯と同じく正犯結果の発生を防止するという義務に対する違反であろうか。前者は、不法共犯論から、後者は、因果的共犯論からの結論となろう。後者を前提にすると、**正犯の作為義務と幇助者の作為義務**とはどのように区別されるのであろうか。

> 例えば、中学3年生になる長男が、1学年下の弟を殺害しようとするのを隣の部屋で殺意をもって黙認した父親は、長男の殺人行為に対する不作為の片面的幇助であろうか、それとも、次男に対する保護義務に違反したという点で、不作為による殺人の正犯であろうか。不作為による幇助を認めるとしても、不作為による正犯との区別の基準が問われなければならない。

この問題を考察するにあたって、前提とされるべきは、第1に、不作為者に法益を保護するために危険回避可能性が存在することであり、第2に、作為者と不作為者の間に意思の連絡ないし共謀がなく、不作為者に**片面的な関与意思**が存在するにすぎない場合を前提にして論じるということである。第1の前提は、例えば、父親が、作為者の作為を止めることによって現に危険に陥ったわが子を救助する可能性がある場合を前提にするということである。法益が現に危険にさらされる以前に、他人の作為を予防する可能性がある場合ではない。第2の前提については、意思の連絡がある場合については、後に取り扱うという趣旨であって、考察の外に置くという趣旨ではない。

①**片面的関与意思** この問題の解決にあたっては、二つのアプローチが考えられる。一つは、作為義務の発生根拠に応じて正犯と幇助犯を区別するアプローチ（**義務内容説**）である。もう一つは、正犯論ないし共犯論からのアプローチ（**正犯共犯本質説**）である。

---

[3] 山中「不作為による幇助」齊藤古稀331頁以下参照。

第1のアプローチからは、二つの立場がある。第1は、不作為者が、およそ保障人的立場にあるかぎり、正犯の要件は充たされているとして、**つねに正犯を肯定する立場**である（井田442頁）。この説は、意思の連絡があれば共同正犯であるとする。しかし、この立場は、規範的障害を有する介在者が最終的に実行の決断をするにもかかわらず、その背後者を正犯とするがゆえに、作為犯の場合とのバランスを失し、不当である。とくに、知人の犯行（例えば窃盗）を放置した警察官が、不作為による窃盗の正犯となるという結論（井田441頁参照）は、犯罪を阻止しない者を、犯罪を実行した者と同視する点で不当である。

　第2は、**法益保護義務**に違反する場合と**犯罪阻止**義務[4]に違反する場合とに分けられ、前者の場合には正犯となりうるが、後者の場合には幇助となるとする立場（中266頁、本書旧版848頁）である。したがって、法益保護義務に反する場合、例えば、わが子が第三者に殺害されようとしているのを目撃し、容易に阻止しうるにもかかわらず、阻止しなかった場合には正犯である。たしかに、すでに川にはまって溺れている子供を殺意をもって救助しない場合には、父親は殺人罪の正犯である。同じようにして、すでに第三者が子供の殺害を決意している場合にも、因果の流れは死亡結果の発生に向かっているのであり、それを止めないのは正犯であるともいえそうである。

　正犯論ないし共犯論からのアプローチには、さまざまなものがありうる。①原則としてすべて正犯とする見解と②原則としてすべて幇助犯とする見解、および③両者のいずれかでありうるとする見解である。すべて正犯とする見解の例としては、不作為犯を**義務犯**と捉える見解（ロクシン、斉藤誠二「不作為犯と共犯」Law School 14号22頁）がある。この見解によれば、作為と等価値であるという基準等の前提を充たしているなら、不作為者はつねに正犯である。[5]不作為犯は、結果回避義務違反を内容とする**義務犯**であって、作為の場合の支配犯とは正犯原理を異にするからである。原則としてすべて幇助犯であるとする見解（ガラス、大塚321頁、大谷443頁・461頁）は、作為正犯がいて事象に対する行為支配を有するかぎり不作為者は、つねに幇助犯であると

---

[4] 犯罪阻止義務は、危険源管理監督義務の一種であり、危険源が人の場合をいう。判例が用いているので、便宜上ここでもこれを用いる。

[5] ただし、自手犯や目的犯の場合に不作為者が正犯となりえないときは、幇助犯でありうる。倉庫の監視員が、他人が商品を盗むのを止めなかった場合には、監視員には、積極的な不法領得の意思がなく、幇助である。

する。作為者が結果に対して直接にコントロールし、不作為者を脇役に追いやり、また犯罪意思の点でも作為より弱いのである。ドイツの判例のように、主観説（ないし行為支配説）に立つなら、自己の犯罪か他人の犯罪に対する関与かによって、正犯の場合と幇助の場合とがあるということになろう。さらに、**正犯・共犯の区別から出発する見解**には、不作為犯においては、「**確実に**」結果の発生を回避しえた場合には、同時正犯であるが、結果発生を「**困難にした可能性がある**」場合には、不作為による幇助であるとする見解（西田362頁）がある。この見解は、幇助にあっては、幇助の因果関係は、正犯結果の促進・容易化で足りるとする見解を出発点とする点ですでに不当である。のみならず、この見解にもとづくと、仮定的な結果回避可能性の程度によって、正犯と幇助が区別されることになり、必ずしも結果発生の確率のみでその区別が論じられる作為犯の場合の区別基準とバランスを失する。しかも、この見解は、原理的にも、**幇助にあっては結果発生の確実な場合は含まれず、「促進・容易化」に止まらなければならないという命題を前提とする**が、これは支持しえない。

作為義務の区別にもとづく見解も正犯・共犯原理にもとづく見解も一面的である。むしろ、両観点ともに考慮すべきである。まず、**犯罪阻止義務違反**の場合には、犯罪行為者が正犯であり、正犯の犯罪を阻止しないという不作為者の行為は、幇助である。**法益保護義務違反**の場合には、当該法益が結果発生への因果の流れに委ねられている段階に達したときと、当該法益が人の実行行為によって結果発生の危険にさらされている段階にあるときとで区別されなければならない。例えば、自分の子供が池に溺れているときと、自分の子供が他人に殺されようとしているときである。前者の場合には、法益を保護する手段は、因果の流れを直接に作為によって救助へと変更することである。ここでは、他人の関与はないので、結果発生を回避するための直接的

---

[6] 幇助にあっては、正犯結果に対し、「容易にする」という因果関係があれば足りるというのがこの見解の基礎となっている考え方であるが、もしこれを認めるとしても、正犯に要求される「あれなければこれなし」という完全な条件関係がある場合には、幇助ではなく正犯であるという命題は成り立たない。例えば、放置すれば100ボルトの電圧の電流によって感電死していた被害者を騙して、200ボルトの電圧に上げさせて感電死させた者は、死の発生を早め、「容易にした」だけであるが、正犯である。幇助者からその家の合鍵を入手したがゆえに、当該の家に侵入して窃盗を行った者は、合鍵が手に入っていなければ侵入窃盗を行っていなかったとしても、すなわち、「容易にした」というだけではなく、それがなければそもそも侵入窃盗を行っていなかったとしても、幇助にすぎない。

管理支配を有するのは、不作為者のみである。これに対して後者の場合には、他人の実行行為を阻止することによって法益を救助できる。作為者がすでに実行を決意している場合であっても、実行の着手があっても、作為者の実行行為にはたらきかけることによって法益を救助できる間は、他人の関与が介在する場合であって、因果の流れが必然的になっている場合ではない。[7]
実行行為を行う作為者が、結果への因果の流れを直接支配している のであって、不作為者は、それに関与しうるにすぎない。規範的障害となりうる他人の行為を介在させた不作為者の行為は、正犯ではなく、間接的なコントロールをなしうるにすぎず、共犯（幇助）である。

　② **意思の連絡**　作為者と不作為者に意思の相互連絡がある場合、両者ともに法益保護義務を負っているならば、作為と不作為の共同正犯となりうることは上述した（☞§159, 5(4)）。意思の相互連絡がある場合でも、不作為者が幇助となる場合はあるのだろうか。**作為者の犯罪を不作為者が阻止する義務を負うにすぎない場合** には、意思の相互連絡があっても、不作為者は幇助にすぎない。したがって、例えば、わが子が他人の財物を損壊しようとしているのを目撃した父親が子供と意思を連絡してそれを阻止しなかった場合、父親は、器物損壊罪の不作為による幇助である。共謀共同正犯を肯定する立場からは、父親は器物損壊罪の共謀共同正犯となりうるが、この理論には賛成できない。

　両者ともに法益保護義務を負う場合であって意思の連絡がある場合に、共同正犯ではなく幇助となる場合はあるのだろうか。

　　判例には、夫Aと同居していた、1歳3ヶ月のBの母親である被告人が、Aが被告人方居宅において、殺意をもって、Bに対し、その顔面および頭部を手拳で殴打して、Bを頭蓋内損傷または頸髄損傷により死亡させて殺害した際、同居宅内において、Aの殺害行為の開始を認識していたという事案につき、被告人は、Bの親権者として、上記殺害行為を直ちに**制止すべき義務**があり、かつそれが容易であったのに、AがBを殺害するかもしれないことを認識しつつこれを認容して、あえて傍観放置し、もって、Aの上記殺害行為の実行を容易にしてこれを**幇助した**ものがある（仙台地判平17・9・6LEX/DB）。

　　本判決では、共同正犯の可能性については言及はない。しかし、被告人は、「Bを保護すべき唯一の立場」にあり、作為義務を有する。本件においては、被告人は、A

---

[7] したがって、第三者がわが子を池に投げ込んだのを目撃した父親が、殺意をもって救助しないのは、殺人罪の不作為の正犯であるが、池に投げ込もうとしている第三者の行為をその時点で殺意をもって止めなかった父親は殺人の幇助である。

に来るように言われて寝室でAの様子をみており、目前でBを殴打しているのを制止しなかった。黙示の共謀が成立したと認定できる場合である。本判決では意思の連絡について認定がない。むしろ、「Aの本件殺害行為を制止してBを保護すべき作為義務」として両義務を認めているにもかかわらず、「意思の連絡」をも明確に認定せず、幇助としているのは、判例の「自己の犯罪」「他人の犯罪」という**主観説**によるものであろう。

　たしかに、意思の連絡がある場合も、片面的な関与意思しかない場合と客観的には作為義務の態様等は異ならない。しかし、意思の相互連絡によって、不作為者も、作為者への心理的因果関係を通じて正犯結果を惹起していることになるばかりではなく、共謀により、不作為者も共同決意者として作為者の実行に対して共同支配を有することとなり、また、自らの法益保護義務は、これによって法益の救助に対する直接的共同管理支配の下に置かれ、正犯性を根拠づけることになる。不作為者に法益保護のための直接的作為可能性がある限り、**作為者と意思の連絡のもとに不作為する者は、幇助ではなく、共同正犯となりうる**。ただ、不作為者が、**作為者の犯行を制止する行動に出た**が、作為者の不作為者に対する暴行等によって阻止するまでには至らなかった場合等には、犯罪阻止義務が存続するかぎりで、**幇助にとどまる**（名古屋高判平17・11・7高刑速〔平17〕292参照）。不作為による幇助ではなく、不作為と作為の共同正犯というためには、もとより共謀（ないし意思の連絡）という主観的要件の充足があるというだけでは足りず、また、客観的にも、不作為者が、被害者を保護しないといった不作為にとどまるだけではなく、**作為者の犯罪行為を心理的・物理的に誘発・惹起した**といった積極的作為があることが必要である。単に意思の相互連絡ないし共謀があるかどうかでは足りず、積極的に犯行への決意を固めさせ、物理的にも作為に至る状況を作出するなどの先行する作為が必要であると思われる。[8] **作為犯と不作為犯の間の共同正犯**が成り立つには、このような意味において、作為犯の事象形成に不作為者が作為で関与し、その作為者の行為支配を共同して支配しているという意味での「**共同支配**」が必要なのである。

　(5) 不作為による幇助に関する判例　　大審院の判例において、不作為による従犯が問題とされたものに次のようなものがある。Aが町会議員選挙に際しBにつき添ってその投票に干渉したが、これを目撃した町長で選挙長の被告人Ｘは、この

---

[8] 山中「不作為犯の正犯と共犯─基本思想からの考察および区別基準の展開─」川端古稀663頁以下、とくに688頁以下参照。

第 4 節　従犯　§164　意義と要件◇　969

干渉を目撃しながらこれを**制止せず**、犯行を容易ならしめたという事案に対して、大審院は不作為による片面的幇助犯を認めた（大判昭 3・3・9 刑集 7・172）。その他、町内会長である被告人が、家庭用米麦類の配給に際し、不正に配給物品の購入をしている者の行為を知りながら放置した行為を、**不作為による詐欺幇助**とした判例（大判昭 19・4・30 刑集 23・81）がある。

　戦後の下級審の判例では、倉庫係である被告人が、同僚から頼まれ、倉庫内のチーズ一俵を窃取するのを見逃し、盗難を防止しなかったという事案について、倉庫係は、盗難等の事故発生を未然に防止する義務があるものとして、同僚から一俵を不正に誤魔化してもらいたいとの申し出を受けたときに、暗黙の承諾を与え、**不作為によって窃盗の実行を容易ならしめた**と判示したもの（高松高判昭 28・4・4 高刑特 36・9）がある。本件は、事前に暗黙の承諾を与えた時点では、いまだ、現実的危険が発生しておらず、本件を不作為犯として構成することは疑問であり（神山・不作為をめぐる共犯論 472 頁）、**作為犯として構成すべき事案**であった。

　最高裁の判例としては、劇場責任者である被告人が、ストリッパーの公然わいせつの演技を目撃しながら、微温的な警告を発するにとどめ、その公演を継続させ、犯行を容易ならしめたとして、公然わいせつの行為の幇助を認めたもの（最判昭 29・3・2 裁判集刑 93・59）がある。ここでは、犯罪行為防止義務が問題となっているが、これも、劇場を貸与したという**作為による幇助**を認めることもできた事案であろう。

　さらに、**下級審の判例**には、その他、不動産侵奪罪について、一時使用を地主に認めてもらっており、買手からの問い合わせなどがあれば通知して欲しいと依頼されていた被告人が、第三者の侵奪行為を地主に通知しなかった場合に、不作為による不動産侵奪罪の幇助犯が成立するとしたもの（大阪地判昭 44・4・8 判時 575・96）、農協の組合長が預金を横領しようとしているのを知りながら、預金の払戻業務に従事していた被告人が払戻請求に応じた事案を、法律上の払戻拒絶義務があるとして、犯罪行為を容易ならしめたという幇助犯が成立するとしたもの（高松高判昭 45・1・13 刑月 2・1・1）などがある。その他、第三者が被害者を殺害しようとしているのを知りながら、現場を離れた者に**不作為による殺人罪の幇助**を認めたもの（大阪高判昭 62・10・2 判タ 675・246）がある（☞§159, 5（4））。

　なお、**最近の判例**で、正犯者の犯罪を防止する法的作為義務の認定はとくに慎重でなければならないとして、営業許可名義を貸与したところ、その料理店が売春場所の提供を業としたという売春防止法違反について、法律上の作為義務を否定した判例がある（大阪高判平 2・1・23 高刑集 43・1・1）ことに注目すべきである。

　注目すべきは、**平成 12 年の札幌高裁の判決**である。事案は、内縁関係にある男性 B が、自己が親権者であった 3 歳の子供 X に対してせっかんを繰り返すようになり、ある日、B が X の顔面、頭部を平手および手拳で多数回殴打し転倒させるなどの暴行を加えているのを知っていたにもかかわらず、台所にいた母親が止めなかった結

果、Xが硬膜下出血等の傷害を負い、病院において死亡したというものである。札幌高裁は、母親に対して傷害致死の不作為による幇助を認めた（札幌高判平12・3・16判時1711・170＝百選83）。**第1審釧路地裁**（釧路地判平11・2・12判時675・148）は、「他人による犯罪の実行を阻止すべき作為義務を有する者が、犯罪の実行をほぼ確実に阻止し得たにもかかわらず、これを放置しており、要求される作為義務の程度及び要求される行為を行うことの容易性等の観点からみて、その不作為を作為による幇助と同視し得ること」が必要であるとして、本件について、Bの暴行を実力により**阻止することは著しく困難な状況**にあったとし、傷害致死幇助罪につき**無罪**を言い渡した。これに対して、**札幌高裁**は、「ほぼ確実に阻止し得た」ことは不要であるとし、「暴行を加えないように監視する行為」ないし「暴行を言葉で制止する行為」によって**暴行を阻止することが可能ないしは相当程度可能**であればよいとして、本件不作為は「作為による幇助犯の場合と同視できる」と判示し同罪の成立を認めた。この判例は、幇助犯においては、正犯結果と作為の幇助行為との間に「容易にするという因果関係」があれば足りるとされる原理を不作為にまで及ぼしたものであろう。最高裁によって不作為正犯については、「十中八、九」の結果回避の蓋然性が要求されているからである（前掲最決平元・12・15）。しかし、幇助犯について、因果関係の概念が緩和されるわけではない。監視行為や言葉で制止する行為によって「十中八、九」結果を回避しえたことが必要である。本判決においては、保護義務か犯罪阻止義務かいずれが認められたのか明らかではないが、子供の「生命・身体の安全の確保は、被告人のみに依存していた状態」にあったとしていることから、保護義務を認めたものと推測できる。片面的幇助であるかどうかについても判決では触れられていないが、意思の連絡の立証がないので、片面的幇助の場合であったと推測される。結果回避可能性の程度の点を除けば、法益保護義務違反の場合であるが、作為者の作為を阻止することによって結果の発生を回避できる場合であるので、結果的に、不作為による幇助が認められるとするのは正当である。

なお、**下級審の判例**として、共犯者が長男Aに対して虐待を繰り返したにもかかわらず放置した母親の、不作為による関与について、暗黙の共謀のあったとして殺人の**共謀共同正犯**を肯定し、長女Bに対する共犯者の傷害致死については幇助を認めたものがある（広島高判平17・4・19LEX/DB）。その他、交際していた高校生Aが自宅に出入し実子に対して繰り返し暴行を加えるようになったが、その暴行を阻止せず、実子が死亡した場合に、**傷害致死幇助**を認めた判例（前掲名古屋高判平17・11・7）がある。この判決では、「親権者として同児を保護すべき立場にありながら、自らの意思で同児の生活圏内にAの存在という危険な因子を持ち込んだものであり、自らの責めにより同児を危険に陥れた以上、Aとの関係においてはその危険を自らの責任で排除すべき義務をも負担する」という。この判決は、さらに、**先行行為による**

自招の危険 でない場合には、「他人の暴行を阻止する行為をすべき義務まで負わせることはできない」とするが、実子に対する保護義務に発する犯罪阻止義務であるかぎり、このような場合でも保護義務を負うとすべきであろう。ただ、不作為者が作為者の犯行に対して阻止行動に出ており、このような場合、たとえ意思の連絡があっても、幇助にとどまるというべきであろう。

(6) 共同従犯　共同して正犯を幇助した場合に、共同従犯として、60条の適用があるかという問題については、共同教唆と同様に、60条の適用をまたなくても、意思の連絡等により相手方に因果的影響を与えたかぎりで、従犯を肯定しうる。判例は、共同して正犯の実行を幇助することを謀議し、その中の一部の者が幇助した場合に全部の謀議参加者に従犯を肯定するいわゆる **共謀共同従犯**（大判昭10・10・24刑集14・1267）を認めるが、不当である（なお、大阪高判平5・3・30判タ840・218参照）。

(7) 中立的行為による幇助
(a) 問題の所在

中立的行為による幇助とは、犯罪を計画する正犯の実行を、そのことを知りながら通常はまったく **日常・業務行為** として事実上「幇助」する行為をいい、それが可罰的かどうかが問題とされている。

　　例えば、金物店に包丁を買いに来た客がトイレで「強盗をしよう」と相談しているのをたまたま聞いた店員が、その後店でその二人が「包丁をほしい」というので、そのままその包丁を売った場合、売った店員は、強盗罪の可罰的幇助になるかである。ドイツの判例には、顧客が租税捕脱の目的で銀行員にルクセンブルクの銀行に匿名で送金を依頼したので、銀行員がそれをうすうす知りながら送金をしたという場合に可罰的な租税捕脱罪の幇助が成立するとしたものがある（BVerfG, wistra 1994, 221）が、銀行員は、送金業務を行っただけで幇助とはならないのではないかが問題である。

これらの事例では、正犯者は自ら店員や銀行員に強盗目的や租税捕脱目的を正面切って打ち明けたわけではない。したがって、正犯者と幇助者の間に犯罪の実行に対する意思の相互連絡はない。むしろ、包丁の事例では、確定的故意が認められるか、未必の故意が肯定される場合であるが、後者の銀行の事例では、未必の故意にすぎない。

(b) わが国の学説

このような中立的行為による幇助がどのような場合に不可罰かについては、ドイツにおいてさまざまな見解が展開されている[9]。わが国においても、

①業務の通常性によって、通常行為を遂行すべきだとする「規範的な行為予期」がはたらき、幇助を禁止する行為規範が後退するとする見解（松生）、②侵入窃盗を計画しているのをたまたま知った金物屋が、その者にドライバーを販売した場合には、近隣の店で同様のドライバーが買える場合には、仮定的代替原因を考慮に入れると、当該ドライバーの販売は、正犯の犯行の危険を高めていないとして幇助を否定する見解（島田）、③確定的故意すなわち犯罪計画を知って行われた幇助行為については可罰性を肯定し、未必の故意により犯罪計画を知らないで行った場合には否定するという見解（曲田）が展開されている。しかし、①説については、業務の通常性の範囲が不明確であり、その具体的要件が展開されていない、②説については、仮定的代替原因の考慮は、一般的に帰属判断においては許されないとするべきであり、③説についても故意の種類による区別の根拠が論証されておらず、故意という主観的要件によって解決する方法の妥当性にも疑問がある。

　中立的行為の種類によって類型化し、それに応じた**客観的帰属論による解決**が図られるべきである。その際、危険創出連関における解決と危険実現連関における解決とがありうる。

(c)　事例の類型化

　中立的行為による幇助の可罰性の問題は、幇助が行われる時期によって、まず区別すべきである。幇助には、正犯の実行行為以前の段階で幇助する**予備的幇助**と正犯の実行行為中に行う**随伴的幇助**がある。後者は、正犯結果につながる正犯行為を可能化・容易化していることは明らかであり、可罰的幇助を否定する理由はない。前者については場合によっては不可罰となる場合がある。

　正犯者と幇助者の間に「意思の連絡」があるかどうかによって、意思の連絡のある幇助と片面的幇助（☞ 3 (3)）の場合に分かれる。正犯者と幇助者の間に**意思の相互連絡**がある場合には、片面的幇助に比べて、正犯者に対する

---

[9] これについて詳しくは、松生光正「中立的行為による幇助(1) (2・完)」姫路法学 27 巻 27 = 28 号 204 頁以下、31 = 32 号 238 頁以下、島田聡一郎「広義の共犯の一般的成立要件——いわゆる『中立的行為による幇助』に関する近時の議論を手がかりとして——」立教法学 57 号 76 頁以下、曲田統「日常的行為と従犯——ドイツにおける議論を素材にして——」法学新報 111 巻 3 = 4 号 141 頁以下。なお、わが国の議論としては、曲田統「日常的行為と従犯 (2) ——主にわが国における議論を素材にして——」法学新報 112 巻 1 = 2 号 443 頁以下、山中「中立的行為による幇助の可罰性」関法 56 巻 1 号 34 頁以下参照。Vgl. *Yamanaka*, Objektive Zurechnung bei neutralen Beihilfehandlungen, Festschrift für Günther Jakobs, 2007, S. 767 ff.

心理的な幇助が加わる。この場合、心理的幇助の肯定により原則として可罰的幇助が肯定される。

片面的幇助の事例については、二つの場合がある。このうち、正犯者が協力者の行為の存在をまったく知らない場合を**真正片面的幇助**と呼ぶ。これに対して、正犯者が協力者が客観的に幇助していることは知っているが、犯行計画を打ち明けられてはいないので、主観的に幇助の故意があることは知らないという場合もある。これを**不真正片面的幇助**と呼ぶことにする。中立的行為による幇助の事例は、後者の類型に属する。

不真正片面的幇助の事例には、第1に、幇助者が、たまたま別の情報源から犯行計画を聞いていたため、あるいは正犯者が第三者等に話しているのをたまたま聞き知ったため正犯者以外から得た「**特別な知見**」をもっていた場合などと、第2に、幇助者が、特別な知見なく、正犯者の風体・挙動・持ち物等から「**犯罪の計画の予測**」をしていたにすぎない場合とがある。正犯の犯行の可能性の認識については、通常、前者の方が、後者より高い。

正犯者が犯罪計画の予測の事例でも、正犯の実行が切迫していて誰の目にも犯行が行われることが明らかな場合には、可罰的幇助が成立する。正犯の実行が明白でない場合には、どのような物・情報の提供の類型か、または、どのような役務の提供かによって、類型化が必要である。

①**犯罪実行が明白に予測可能な類型** 例えば、放火犯人から偽名を使った電話があり、一定の場所までガソリン缶を持ってきてほしいと注文を受けた燃料店の店員が、大きな屋敷に放火する類似の事件につきたびたび報道されているので怪しいと思ったが、言われた場所まで缶を配達したところ、覆面した男達がぼろぎれにライターを持ち、とある屋敷の前で缶を受け取り、代金を払ったという場合のように、誰がみても明らかに放火計画が明白な場合には、可罰的幇助が肯定される。このように、正犯の実行行為がさまざまな兆候から客観的にも近接していて明白である場合には「中立行為」ではありえない。

東京高裁は、印刷業を営む被告人甲が、それが**売春防止法違反の幇助**になると警告されていたにもかかわらず、ホテトル業者の宣伝用チラシをまとめて本にする仕事を引き受け、小冊子の印刷、製本を始め、その後、同種の小冊子の印刷、製本を続けてきた行為などが、売春の周旋の幇助罪（売春防止法6条1項、刑法62条1項）にあたると判示した（東京高判平2・12・10判タ752・246）。そこでは、「幇助犯としての要件をすべて満たしている以上、**印刷が一般的に正当業務行為であるからといっ**

て、売春の周旋に関して特別の利益を得ていないなど、所論指摘のような理由でその責任を問い得ないとは考えられない」とされた。[10]

② 犯罪実行が明白に予測可能でない類型　意思の連絡がない場合であって、正犯の犯行との場所的・時間的離隔があるなど犯罪の実行の予測が不確実な場合については、類型的に分析することが必要である。

（a）物・情報の提供類型　物については、①犯罪を構成する客体を提供する場合（犯罪構成物提供類型）、②法的に禁止された危険物の場合（法禁物提供類型）、その他の危険物の場合に分類できる（危険物提供類型）。これは③日常使用危険物提供類型と④日常使用物提供類型に分けられる。正犯者に情報・助言を提供する場合（情報提供類型）もこの類型に含まれる。

（ⅰ）犯罪構成物提供類型　正犯の犯罪行為を構成する物であり、そのことがその者の認識から明らかである場合、そのような物を製造・提供することは、幇助として可罰的である。例えば、広告代理店・印刷業者が、**ホテトルの宣伝用小冊子・売春クラブ経営者の客寄せ用ちらしの印刷**をしたという事例[11]、アメリカで観光業を営む日本人が、入国した日本人にけん銃を売買した行為が、けん銃等の密輸入罪の幇助にあたるとされたという判例[12]の事案では、密輸入の客体であるけん銃をそれと知りつつ引き渡したのであるから、可罰的幇助が成立する。

（ⅱ）法禁物提供類型　銃器や麻薬・覚せい剤のように、所持が禁止され、犯罪行為の手段とされる危険が高い物の提供の場合、これらの規制が犯罪防止目的にあることから、犯罪の実行に対する客観的な手がかりが存在する場合、可罰的幇助が成立する。

（ⅲ）日常使用危険物提供類型　ナイフや包丁、睡眠薬などの直接犯罪の手段として使われる危険性の高い物を犯罪に使用されると知りつつ販売した場合、犯罪の手段として使用されるという蓋然性を推測する客観的な手がかりが与えられていたかどうか、犯罪の手段に使われるという情報の確実性の程度がどれほどかなどにより、可罰的幇助の成立が具体的に判断されるべきで

---

[10] 判例の中には、「かかる予備的段階の行為であっても、それが売春を助長し、社会の善良の風俗をみだし、売春の防止にとって障害となる行為であることから、右同号はかかる行為を独立の犯罪として処罰することとしたものであり、したがって、右構成要件に該当する正犯の実行行為（誘引行為）が行われた場合に、その幇助犯の成立を否定する理由はないというべきである」（大阪高判昭61・10・21判タ630・230）とするものもある。
[11] 前掲東京高判平2・12・10、大阪高判昭61・10・21判タ630・230。
[12] 東京地判昭57・7・28判タ486・177。

ある。例えば、「ウイザード」事件[13]において、写真撮影を困難にする以外の目的が考えられない特殊なナンバープレートを販売することは、速度超過という犯罪の手段として使用される蓋然性が高いのであり、一般的にそのことは認識できるのであるから、可罰的幇助は肯定されるであろう。

　ファイル共有ソフトをインターネット上で公開して提供したところ、これをダウンロードした者が、著作権法違反行為を犯した場合、ネット上で公開した者は、幇助として処罰されるか。これについては、第1審では、有罪、控訴審、上告審でともに無罪とされたいわゆる**「ウイニー事件」**に関する判例がある（最決平23・12・19刑集65・9・1380＝**百選87**、京都地判平18・12・13判タ1229・105、大阪高判平21・10・8季刊刑事弁護61・182）。ちなみに、本件控訴審ならびに上告審の理由によれば、ファイル共有ソフトであるウイニーが、データやソフトのダウンロードのためにネット上で使われているケースのうち、「著作権者の許諾が得られていないと推測されるものは40％程度である」とされていることをまず注記しておこう。

　事案は、被告人Xが、送受信用プログラムの機能を有するファイル共有ソフトWinnyを制作し、その改良を重ねながら、自己の開設した「Winny Web Site」及び「Winny 2 Web Site」と称するホームページで継続して公開及び配布をしていたところ、AおよびBの二名が、そのソフトを利用してゲームソフトや映画を著作権法に違反して無断でダウンロードしたというものであり、そのような違法なダウンロードが広く行われていることを認識しながら、それを公開・配布したXの行為が**著作権法違反の幇助**にあたるとして起訴されたのである。

　第1審（京都地判平18・12・13）は、「インターネット上においてWinny等のファイル共有ソフトを利用してやりとりがなされるファイルのうちかなりの部分が著作権の対象となるもので、Winnyを含むファイル共有ソフトが著作権を侵害する態様で広く利用されており、Winnyが社会においても著作権侵害をしても安全なソフトとして取りざたされ、効率もよく便利な機能が備わっていたこともあって広く利用されていたという現実の利用状況の下、被告人は、そのようなファイル共有ソフト、とりわけWinnyの現実の利用状況等を認識し、新しいビジネスモデルが生まれることも期待して、Winnyが上記のような態様で**利用されることを認容しながら**、Winny 2.0ベータ 6.47及びWinny 2.0 ベータ 6.6を自己の開設したホームページ上に公開し、不特定多数の者が入手できるようにしたことが認められ、これによって……A……（および）Bが、……公衆送信権侵害の各実行行為に及んだことが認められるのであるから、被告人がそれらのソフトを公開して不特定多数の者が入手できるように

---

[13] 大阪地判平12・6・30高刑集53・2・103。本件控訴審として、大阪高判平12・12・14高刑集53・2・97参照。

提供した行為は、**幇助犯を構成する**と評価することができる」として幇助を肯定した。

これに対して、**控訴審**（大阪高判平21・10・8）では、「被告人は、価値中立のソフトである本件 Winny をインターネット上で公開、提供した際、著作権侵害をする者が出る可能性・蓋然性があることを認識し、それを認容していたことは認められるが、それ以上に、**著作権侵害の用途のみに又はこれを主要な用途として使用させるようにインターネット上で勧めて本件 Winny を提供していたとは認められない**から、被告人に幇助犯の成立を認めることはできない」として被告人を**無罪**とした。

最高裁は、控訴審の結論を支持した。まず、「かかるソフトの提供行為について、幇助犯が成立するためには、**一般的可能性を超える具体的な侵害利用状況**が必要であり、また、そのことを提供者においても**認識、認容**していることを要する」として、「ソフトの提供者において、当該ソフトを利用して現に行われようとしている具体的な著作権侵害を認識、認容しながら、その公開、提供を行い、実際に当該著作権侵害が行われた場合や、当該ソフトの性質、その客観的利用状況、提供方法などに照らし、同ソフトを入手する者のうち例外的とはいえない範囲の者が同ソフトを**著作権侵害に利用する蓋然性が高いと認められる場合**で、提供者もそのことを認識、認容しながら同ソフトの公開、提供を行い、実際にそれを用いて著作権侵害（正犯行為）が行われたときに限り、当該ソフトの公開、提供行為がそれらの著作権侵害の幇助行為に当たると解するのが相当である」という原則を立て、以下、本件につき、客観的要件と主観的要件に分けてこれを適用する。

① まず、**客観面**につき、「これらの事情からすると、被告人による本件 Winny の公開、提供行為は、客観的に見て、例外的とはいえない範囲の者がそれを**著作権侵害に利用する蓋然性が高い状況の下での公開、提供行為**であったことは否定できない」とする。

② つぎに、**主観面**につき、「被告人は、本件 Winny を含む Winny を公開、提供するに当たり、ウェブサイト上に違法なファイルのやり取りをしないよう求める注意書を付記したり、開発スレッド上にもその旨の書き込みをしたりして、常時、利用者に対し、**Winny を著作権侵害のために利用することがないよう警告を発していた**」ことを指摘する。

③ そして、「これらの点を考慮すると、いまだ、被告人において、本件 Winny を公開、提供した場合に、例外的とはいえない範囲の者がそれを**著作権侵害に利用する蓋然性が高いことを認識、認容していたとまで認めることは困難である**」という。[14]しかし、この多数意見には、反対意見があり、そこでは故意が肯定されるとしている。

控訴審では、①「助力提供者が、正犯がいかにその助力行為を運用するの

---

[14] 被告人は、「提供行為の法益侵害の危険性を認識しているからこそ、このような利用が自らの開発の目的や意図ではなく、本意ではないとして警告のメッセージとして発したものと考えられる。被告人は、このようなメッセージを発しながらも、侵害的利用の抑制への手立てを講ずることなく提供行為を継続していたのであって、侵害的利用の高度の蓋然性を認識、認容していたと認めざるを得ない」という。

かを知らない場合，又はその助力行為が犯罪に利用される可能性があると認識しているだけの場合には、その助力行為は、なお刑法に規定する幇助犯であると評価することはできない」という原則ならびに、②「正犯の実行行為を容易ならしめたといえるためには、ソフトの提供者が不特定多数の者のうちには違法行為をする者が出る可能性・蓋然性があると認識し、認容しているだけでは足りず、それ以上に、ソフトを**違法行為の用途のみに又はこれを主要な用途として使用させるように**インターネット上で**勧めて**ソフトを提供する場合に幇助犯が成立すると解すべきである」という原則を立てる。このうち①の原則については、「利用可能性」の程度が問題であるが、一般に、「利用者の運用の仕方」について**具体的に詳細に認識する必要はない**と解すべきである。そうでなければ、例えば、「窃盗を実行するので、ガムテープを準備してほしい」と正犯者に依頼されたものが、その具体的用法を知らなければ幇助にならないことになる。正犯が誰かについて特定的に知っている必要もないことは明らかであり、この原則は不当である。第②原則については、最高裁決定で否定されている。最高裁の**多数意見**に対しては、**大谷剛彦裁判官の反対意見**があるが、その中では、「原判決は、更に進んで、本件のような価値中立的行為の幇助犯の成立には侵害的利用を『勧める』ことを要するとしているが、独立従犯ではない幇助犯の成立をこのような積極的な行為がある場合に限定する見解が採り得ないことは、多数意見……のとおりである。また、同様に、幇助犯としての主観的要素としては、この高度の蓋然性についての認識と認容が認められることをもって足り、それ以上に**正犯行為を助長する積極的な意図や目的までを要するものではない**といえよう」とされているが、正当である。また、反対意見では、被告人が、ウイニーの違法な使用に対する警告のメッセージを発していた点につき、「被告人は、このようなメッセージを発しながらも、侵害的利用の抑制への手立てを講ずることなく提供行為を継続していたのであって、**侵害的利用の高度の蓋然性を認識、認容していた**と認めざるを得ない」として、多数意見と異なり、これを、故意を肯定する根拠としている。本件については、被告人の行為の客観的危険性も故意も肯定され、実質的違法阻却事由もなく、第1審の結論が妥当であったと思われる。

　(iv)　**日常使用物提供類型**　　毒薬を仕込むためと知りつつ通常のパンをパン屋が販売した場合がこれにあたる。パンは、犯罪目的以外に用いられるも

のなので、当該犯罪にのみ使用されるとの確実な情報がないかぎり、その販売は、「許された危険の創出」である。

　(b)　役務提供類型　これには、正犯者を犯行場所まで送る行為、脱税目的を知っていながら外国に匿名で送金するのを手伝う場合等が属する。これには、例えば、たまたま犯行計画を知ったタクシーの運転手が強盗を共謀する者達の求めで犯行現場まで乗せるといった、客観的にはもっぱら正犯の行為を促進するために行われる①**一義的犯罪行為促進類型**と、同様の事例で、バスの運転手が、犯行現場に最寄のバス停まで強盗団を運んだ事例などの②**併存的日常行為類型**に分けることができる。前者は、**一義的な犯罪的意味連関**がある場合とされる。

　（ⅰ）　一義的犯罪促進類型　制度化された日常取引の内部での行動様式に従うかぎり、事前的には危険創出行為ではあっても、客観的に危険が増加するものではない。情を知ったうえでの特殊な危険創出行為が、正犯行為の促進という結果に実現してはいないのである。したがって、危険実現連関は否定される。この場合、タクシーの運転手が通常の業務の範囲内で行為したかどうかが、可罰的幇助を認めるか否かの区別基準である[15]。

　（ⅱ）　併存的日常行為類型　当該の行為が、正犯の犯罪を客観的に促進する以外にも、**同時にかつ必然的に社会的に有益な他の日常行為としても通常行われる場合**には、その行為自体の許されざる危険が創出されているわけではなく、可罰的幇助は否定される。先のバスの運転手の事例がこれに属する。この場合、バスの運転手は、他の乗客を輸送するという日常行為を行っているのであり、犯罪行為の促進と同時に日常行為としてその行為を行っている。強盗団を犯行場所まで乗車させるのは、バスの運転にともなう**一般的生活危険**であり、許された危険である。次の判例もこの類型に属するであろう。

　　地方税法上の軽油引取税の特別徴収義務者が、脱税を目的とした軽油取引を行った場合に、被告人が、右義務者の意図を知りつつ、同人から軽油を通常よりも安く購入していたという事案で、不納入罪の共同正犯ないし幇助犯が成立するかが問題となった（熊本地判平6・3・15判時1514・169）。判例は、共同正犯を否定し、幇助についても、その成立を否定した。「同人は、Aが軽油引取税を納入する意思がないまま販売していることを確定的に推知するに至ったと考えられるT化工の取引の際にも、別

---

[15] 正犯者が、払い戻した金につき横領を行うことを知りつつ、農協の出納係事務担当者が、その手続上の形式的要件を完備した払戻請求に応じた行為が、業務上横領の幇助であるとした事案もこの類型に属する。

段Aらの犯行を幇助する意思で取引を開始したわけではなく、自己の取引上の利益を図るため、**従前どおりAらから軽油を購入し続けることにしたに過ぎない**と考えられる。被告人は、軽油販売の相手方となることによって、Aらの犯行を実現せしめる役割を果たしたわけではあるが、それはあくまで、被告人が**自己の利益を追及する目的のもとに取引活動をしたことの結果に過ぎない**と見るべきである」という。なお、この判例では、「必要的共犯において相手方の処罰規定を欠く場合には、共同正犯としてのみならず、原則として教唆犯及び幇助犯としても処罰すべきでないと解されていること」も幇助否定の理由としている。

3　幇助の主観的要件

(1)　学説の対立　幇助行為は、幇助の故意に担われる必要がある。**幇助の故意**については、教唆犯の故意と同様に、正犯の実行を表象し、かつ、幇助者自身の行為がそれを容易にするものであることを表象・認容することであるとする見解（大塚319頁、大谷441頁、川端596頁以下）と、正犯者の実行行為によって**基本的構成要件が実現されることの表象**を必要とする見解（木村422頁以下、平場164頁、福田286頁）とが対立している。[16] 後説が妥当である。幇助の故意は、違法行為に出る高い蓋然性があることを認識・認容していることを要する。しかし、正犯となる者が実行する**違法行為の概略が表象され、ある程度具体的に正犯となりうる者を広く特定して表象**していれば、詳細な犯行の事情や具体的・個別的に誰かに特定して表象している必要はない。したがって、ウイニー事件のように、その表象の中で、具体的に正犯となるべき者が特定していなくても、一定の範囲の中の任意の者が特定されうる場合には、故意は認定できる。

(2)　過失による従犯　過失による従犯が認められるかについては、一般に、**行為共同説**からは**肯定**される（木村412頁、植田251頁、内田309頁）が、**犯罪共同説**からは**否定**される（団藤412頁、福田280頁、平野393頁、大塚319頁）ものとされるが、そのような**理論的対応関係はない**（川端600頁参照）。従犯は正犯の実行を容易にすることを表象する必要があるとするのが否定説であるが、理論上は、必ずしも故意が要求されるわけではない。過失による従犯が処罰されないのは、38条1項において過失犯の例外的処罰が定められ、「特別の規定」を要求しているが、拡張された構成要件である「従犯」が「過

---

[16] 後説からは、幇助行為による正犯の犯罪的結果の発生することについての因果関係の認識が必要とされる（木村422頁以下）が、前説からは、幇助行為の結果、正犯者の実行行為が容易になることについての因果関係が認識されれば足りるとされる（大塚319頁）。

失」で行われた場合につき処罰するためには、「明示の規定」が必要であるにもかかわらず、それがないからである。

　(3) 片面的幇助　片面的幇助が認められるかどうかについては、学説が分かれている。共同意思主体説の立場からは、意思の相互連絡が必要とされるので、片面的幇助は否定される（草野133頁、齊藤金作248頁、西原334頁）。これに反して、通説・判例（大判大14・1・22刑集3・921、大判昭8・12・9刑集12・2272、東京地判昭63・7・27判時1300・153=**百選85**）は、肯定する。ここでは、片面的共同正犯についてはそれを否定する学説も、これを肯定する（団藤414頁、福田285頁、大塚320頁、大谷445頁、川端601頁）。①正犯者が幇助を受けているという意識をもっていなくても正犯の実行行為を容易にすることは客観的に可能であること、②62条の法文が幇助者と被幇助者との間に意思の連絡を要求していないと解するのが自然であることなどが挙げられる（大谷445頁、川端601頁）。ただし、精神的幇助の場合には、正犯が幇助行為の存在を意識していなければ犯行が容易になったとはいえないから、片面的従犯は成立しないと解すべきであるとする見解（大谷445頁、東京高判平2・2・21東高刑時報41・1=4・7=判タ733・232=**百選86**）もある。この点に対しては、すでに、「誰の行為か分らぬ形態で正犯者の犯罪意思を強めたり、犯罪に関する情報を提供したりすることは不可能ではないから、無形的従犯についての片面的従犯もありえないではない」という反論（大塚320頁）がある。

　ここで片面的従犯を肯定する論拠は、片面的共同正犯についてこれを否定する根拠を弱めるよう作用する。60条の法文上、「すべて正犯とする」のは「共同した」者のみであって、「共同された」にすぎない者は（共同）正犯ではない。したがって、「共同された者」は単独正犯であるから、「共同した者」は、片面的共同正犯であるということになる。また、正犯者が幇助を受けているという意識を必要としないように、正犯者は、共同されているという意識がなくとも「共同され」うるのである。「共同して」ということが、必ずしも「意思の相互連絡」を要求するわけではない。教唆犯・幇助犯について片面的共犯を認めうるのであれば、ドグマを捨てれば共同正犯についても肯定しうるはずである。

　大審院の判例には、賭博開帳につき、従犯者において正犯の行為を認識し、これを幇助する意思があれば足り、相互の意思連絡があることを要しないとしたもの（前掲大判大14・1・22）があった。**最近の下級審判例**では、大理石風の木製テーブルにけん

銃および実砲が隠匿されているのを未必的に認識していたが、正犯者と意思を通じることなく、日本に発送する手続を行った行為につき、片面的幇助を認めたものがある（前掲東京地判昭63・7・27＝百選**85**）。

片面的共同正犯は、「共同実行」を必要とし、共同実行は同時的な因果的共同を意味するので、予備的な形態の共同行為は認められないが、従犯は成立しうる。したがって、他人が強盗の計画を立てているのを知って、あらかじめ家人をロープで縛り上げておいた者は、片面的幇助である。

4 幇助の対象となる正犯
(1) 不作為犯に対する従犯
不作為犯に対する幇助とは、幇助行為によって不作為犯の実行を容易にすることをいう。

> 不作為犯を作為により幇助することが可能かどうかについて、**ドイツ**においては、不作為とは一定の行為を行わないという状態であって行わないことを支援することなど不可能であり、したがって、不作為犯に対する従犯はありえず、それは作為正犯であるとする少数説（アルミン・カウフマン）がある[17]。しかし、これを肯定するのが、ドイツおよびわが国の通説（大塚323頁、大谷460頁、川端602頁）である[18]。

不作為犯に対する幇助は、無形的方法のみならず有形的方法によっても可能である。無形的方法による場合としては、すでに不作為を決意している作為義務者の決意を励まして強化する場合がある。有形的方法としては、不作為を決意している作為義務者から頼まれてその不作為に役立てるために睡眠剤を与える場合などがある（植田・諸問題205頁、中・諸問題417頁以下）。

(2) 過失犯に対する従犯
過失犯に対する従犯とは、すでに決意された不注意な行為の実行を故意に容易ならしめることによって幇助者固有の犯罪を実現することをいう。行為共同説からは肯定され（牧野・日本刑法〔上〕458頁以下、木村412頁、植田176頁）、犯罪共同説からは否定される（団藤413頁、福田280頁）とされてきた。しかし、この対抗図式は必ずしも妥当しない。前説からこれを否定するもの（中山479頁、前田509頁）もあり、後説から、過失犯に対する教唆はこれを否定しながら、従犯についてはこれを肯定するもの（大塚323頁、大谷444頁、川端602頁）もある[19]。ただし、ここで過失犯に対する従犯の意味は、行為共同

---

[17] そこでは事実上幇助される行為もなく、かつ心理的に幇助される決意もないとする。
[18] これについて、詳しくは、植田・諸問題203頁以下、神山・不作為をめぐる共犯論598頁以下参照。
[19] 大塚・基本問題349頁では、従犯は「正犯を幇助」すればよいこと、幇助行為にはいわゆる片面

説におけると犯罪共同説におけるそれとでは異なることに注意しなければならない。犯罪共同説からは、従犯の罪名については、例えば、自動車の運転者が居眠り運転をしている際、助手席に同乗していた者が、危険を感じながら放置していたところ、通行人をはね飛ばして負傷させた場合において、正犯者には業務上過失傷害罪が成立し、同乗者にも、未必的故意にもとづく**業務上過失傷害罪の従犯**が成立するとされる[20]（大塚323頁以下）。この説に対しては、なぜ教唆については理論上認められず、間接正犯であるとされたものが、従犯では認められるのかが問われなければならない。そこには、教唆は正犯結果を惹起するが、幇助は正犯の実行を容易にするだけであるという考えがあるように思われる。しかし、幇助も容易にするという方法で正犯結果を惹起しているのである。犯罪共同説からは、上で掲げられた事例は、**傷害の間接正犯**になるはずだと思われる。上の事例で、同乗者に作為義務がないとすれば、同乗者の不作為は不可罰であろう。過失犯の実行を目撃した第三者がそれを防止しなければ、それに対する故意による従犯になることは不合理だからである。作為義務があれば、**犯罪共同説**からはやはり**傷害罪の間接正犯**であろう。**行為共同説**からは、罪名は正犯から独立であって幇助者に固有の犯罪が成立するから、監督義務があるかぎりで、不作為による幇助行為にも**傷害罪の幇助**が成立することは明らかである。

(3) 予備・陰謀罪の従犯

共犯独立性説からは、従犯の処罰に正犯の実行を必要としないから、予備罪の従犯も従犯の未遂とされる（木村396頁）。共犯従属性説からは、予備罪の従犯を**肯定する見解**（草野127頁、植田・諸問題208頁、平場163頁以下、大谷445頁、川端603頁）と**否定する見解**（佐伯364頁、大塚324頁、香川288頁）、および、独立罪としての予備罪（153条など）についてはこれを肯定するが、たんなる構成要件の修正形式としての予備罪についてはこれを否定する**二分説**（福田256頁）とに分かれている。**判例**には、これを否定するもの（名古屋高判昭36・

的なものも含まれるということの2点が根拠として挙げられている。
[20] しかし、この例は、過失犯に対する不作為による従犯の例であって、同乗者に作為義務があることが前提となるはずのものである。したがって、過失犯に対する故意の作為の従犯の典型例としてはふさわしくないと思われる。むしろ、例えば、同乗者と話をするためわき見運転をしがちな運転者が、通行人をはねそうになっているのをわざと熱心に話しかけてわき見運転を助長して事故を生ぜしめた場合が、その例であろう。このような事例につき、犯罪共同説（罪名従属性説）から、過失犯に対して従属する故意犯を認めることが、理論上一貫しているかどうかは疑問である。

11・27 高刑集 14・9・635）と肯定するもの（大阪高判昭 38・1・22 高刑集 16・2・177）がある。62 条の「正犯」には予備罪・陰謀罪も含むと解すべきであるから、予備罪の共同正犯・教唆と同様これを否定する理由はない。

5　幇助の因果関係（被幇助者の実行）

　幇助犯が可罰的となるためには、被幇助者が実行行為に出たことが必要である（実行従属性）。幇助行為と正犯の実行および正犯結果の間には因果関係があり、**客観的に帰属可能**であることが必要である。したがって、幇助行為が行われても、それが、正犯の実行行為を惹起したものでなければ、因果関係がなく、たとえ実行行為が行われたとしても、幇助犯とはならないのである。例えば、侵入窃盗を決意した者に合鍵を渡して幇助したが、窃盗犯が、その合鍵を用いずに、窓を破って侵入した場合には、心理的幇助が認められないかぎり、幇助行為と実行行為の間に因果関係はない。この**幇助の因果関係**（Kausalität der Beihilfe）をめぐっては学説の対立がある。[21]

(1)　学説の状況

(a)　実行行為促進説　本説は、幇助行為と正犯の実行行為との間に物理的または心理的に実行行為が容易にされたという意味での因果関係があれば足りるとする見解（大塚 324 頁、大谷 446 頁、川端 599 頁）である。本説は、不法共犯論の立場から唱えられ、従犯の射程は、正犯の実行行為を行わしめることに尽きるとする見解を基礎とする。

(b)　促進的因果関係説　本説は、幇助行為と正犯結果との間に「促進し、または容易にした」という因果関係が必要であるとする見解（平野 381 頁、木村 421 頁、藤木 301 頁、西田「幇助の因果関係」法セ 322 号 24 頁以下、日高・現代論争〔I〕341 頁、前田 518 頁）である。本説は、幇助の場合には因果関係論における条件関係論を修正し、正犯結果そのものとの完全な条件関係は必要でなく、それを容易ならしめればよいとする。例えば、窃盗を決意している者に、軍手を貸与した者は、その幇助行為がなくても正犯結果は生じていたかもしれず、完全な条件関係はないとしても、正犯結果の実現を「促進し、容易にした」という因果関係はあるとするのである。

(c)　特殊心理的因果性説　本説は、共犯における因果関係の概念そのものを修正し、上記の「促進的因果関係」の内容を、条件関係論ないし合法則

---

[21] 学説の対立状況について詳しくは、山中・因果関係と帰属 157 頁以下参照。

的条件公式のあてはまらない特殊な「心理的因果性」の概念を用いて説明しようとする説（林幹人・基礎理論159頁以下）である。この見解は、共犯における心理的因果関係は、行為の法則上の「原因」を認定するものではなく、行為の「理由」（了解しうる動機）を提供するものであるとし、共犯行為は、正犯に行為の「理由」を提供するものであるとする[22]。この説の中には、共犯者間の「意思疎通」があれば、正犯結果との間に因果関係はあるとする見解（町野朔「惹起説の整備・点検」内藤古稀130頁以下）もある。これは、意思の連絡があれば促進効果があり、心理的因果関係は存在すると擬制されるのであり（町野・内藤古稀142頁）、幇助の「限定」は、心理的因果関係以外の物理的な意味での「幇助行為」が認められるかどうかによって行おうという見解である。

(d) **正犯結果惹起説**　幇助行為と正犯結果の間に因果関係を必要とする説（山中・因果関係と帰属233頁・281頁、大越義久『共犯の処罰根拠』〔1981〕172頁、曽根263頁、同・現代論争〔I〕342頁以下）がある。本説は、因果的共犯論に立脚し、幇助犯も、正犯や教唆犯と同様に、正犯結果を惹起することが必要であるとする説である。ただ、その意味について、促進的因果関係説のいうように、結果をどの程度具体的に定義するかについて困難な問題があるので、その判断基準につき、工夫が必要だとする見解がある。その一つが、「**事後的危険増加説**」（山中・因果関係と帰属224頁以下）である。この説は、「法的に重要な結果の変更」の判断基準として事後的に危険の増加が認められるかどうかを用いようとするものであって、それは、幇助行為と正犯結果との間に因果関係を要求することを前提としたものである（同旨、浅田・レヴィジオン刑法115頁以下）。

(e) **抽象的危険犯説**　従犯を抽象的危険犯と解して、幇助行為があれば処罰するという見解もある。この説は、従犯を挙動犯と解し、その加担行為は、その行為が行われるときに、一般的に正犯行為の実行を容易ならしめるもので足り、現実に、正犯行為の実行を容易ならしめたことは必要でないとする（野村424頁）。

(2) 学説の検討

(a) 実行行為促進説・抽象的危険犯説　因果的共犯論（惹起説）に立脚す

---

[22] 換言すれば、「動機了解」とでもいえるものであろう。これによって、心理的因果性とは「共犯の提供した理由が正犯の行為の理由の一つとして意識された」ということで十分だとして、心理的条件関係を不要とするのである（林幹人・基礎理論166頁以下・189頁）。

るかぎり、**実行行為促進説**は採れない。したがって、不法（違法）共犯論に依拠する大塚・川端説からこの見解を支持するのは一貫しているが、混合惹起説を標榜する大谷説からこれを支持するのは理論的に一貫しない。大谷説は、幇助行為と正犯の実行行為との間に因果関係があることを必要とするという見解を支持する（大谷445頁以下）が、正確に言うと、幇助行為と正犯の実行の容易化の間にあればよいとするもの（大谷446頁）である。混合惹起説も、正犯結果惹起説であり、正犯結果に対する因果関係を不要とするのは、そもそも惹起説の名に値しない。また、**抽象的危険犯説**は、本来、共犯独立性説から唱えられうる見解ではある（山中「『共犯の処罰根拠』論」刑雑27巻1号135頁参照）が、従犯の処罰根拠を侵害犯から危険犯に転化するものであって、不当である。しかも、この説が、教唆犯についての「純粋惹起説」の論者（野村393頁）から唱えられているのは、狭義の共犯の処罰根拠について統一性を欠くものであって共犯の体系の観点からも疑問である。

　(b)　**促進的因果関係説**は、従犯における条件関係の意義を修正するものであって、**方法論的に不当**である。幇助の因果関係における「因果関係」の問題点は、単独正犯においても共同正犯ないし教唆犯においても、共通して問題となるものであって、幇助に典型的に現れるとしても、幇助に特殊な問題ではない。そのような問題を解決するために「因果関係」の概念そのものを変更するのは、規範体系論的にみて疑問である。本説は、完全な条件関係があるのが正犯、容易にするという因果関係にとどまるのが幇助とするが、不当である。正犯でも容易にするだけの因果関係があるに過ぎない場合（例えば、燃えかけている建造物にガソリンを注ぎ、焼損を容易にした場合も放火の正犯）もあり、幇助でも完全な因果関係がある場合（例えば、銀行に侵入して現金を盗もうとしている者に銀行の図面を手渡した場合、幇助だが、完全な因果関係がある）もあり、それは**正犯と幇助の区別基準にはならない**。また、本説の首唱者は、幇助における心理的因果関係は、必要不可欠という意味での因果関係はないが、心理的に容易にするという意味での因果関係を認めれば、因果関係はあるといえるが、それは促進の因果関係であるとする（西田342頁）。しかし、まず、「激励」が「決意を強固ならしめ」る（西田342頁の例参照）のも、具体的な正犯の激励を受けた上での行為がなければ、そのように強固な意思をもって殺害を遂行することはできなかったとすれば、具体的な正犯結果（ないし未遂）に対して完全な因果関係が肯定されるのであって、**促進公式を使う必要はな**

い。正犯の実行行為が促進されるなら、結果が発生した場合、正犯結果も促進され、正犯結果の促進は、正犯結果との完全な条件関係を認めるに十分である。

(c) 特殊心理的因果性説 は、意思の連絡があれば心理的因果性が存在するとする説が如実に表しているように、心理的因果関係においては法則的条件関係が認定困難であるから、**意思の連絡があれば因果関係ありと擬制** し、客観的な幇助行為の面に限定原理を求めようとする見解である。しかし、幇助行為は物理的にも心理的にも可能であり、心理的因果関係しか認められないものを物理的観点から限定することははじめから不可能であり、もし、この説が厳密に物理的促進を認定することを要求するなら、心理的幇助については処罰不能である。情報の提供、技術の提供、言葉による励まし等は幇助として処罰しえないこととなる。逆に、客観的幇助行為の認定を緩やかにすると、意思の連絡さえあれば幇助が認定されることになる。この見解は、幇助の因果関係の問題が、物理的因果関係にも心理的因果関係にも共通する問題であることを看過するものである。本説は、物理的促進は幇助の因果関係とは無関係であるとし（町野・内藤古稀142頁）、共犯の因果性の問題をすべて心理的因果性の問題とするが、不当である。幇助行為の内容とは、実行者の行為を容易ならしめる行為であるとするなら、それは、少なくとも実行行為との間の因果関係を問題にしているからである。

(d) 正犯結果惹起説　　理論的には、**正犯結果惹起説** が妥当である。幇助においても、正犯結果との間に条件関係の意味における因果関係（合法則的条件）は必要である。その正犯結果は、まったく具体的な意味における結果でも抽象的な意味における結果でもなく、**法的に重要な範囲における具体的な結果** を意味する。侵入窃盗犯に、その侵入を捗（はかど）らせるためにガラス切りを与えたことが、窃盗の実行行為を容易ならしめたかどうかは、それが幇助とするにとりどの程度重要な意味をもつかによって判断される。ガラス切りを与えなければ少なくとも窓ガラスをやすやすと切って侵入することはできなかったというように、窃盗が本質的に促進させられたことが必要である（同旨、浅田446頁）。この判断は、ガラス切りを貸与した行為が、事後的にみて窃盗結果の発生の危険を本質的に増加させたかどうかという判断である。これが肯定されるとき、幇助行為があったことにより、それがなかったときと比べて、「法的に重要な結果の変更」があり、因果関係が肯定される。したがっ

て、正犯結果惹起説において、幇助結果の発生（正犯結果の発生）があったかどうかは、**事後的危険増加説**によって判断されるべきである。

　(3)　判　例
　大審院の判例は、幇助行為は結果にとって必要不可欠であることを要しないとしていた。**指導的判例**は、賭博開帳をなすについて房室を供した事案につき、「幇助行為ありとするには、犯罪あることを知りて犯人に犯罪遂行の便宜を与へ、之を容易ならしめたるのみを以て足り、其遂行に必要不可欠なる助力を与ふることを必要とせず」（大判大2・7・9刑録19・771）としたが、その後の判例も、同旨である（大判大11・10・6刑集1・530、大判大10・5・7刑録27・267、大判昭4・2・19刑集8・84）。また、**判例**の中には、強盗を企てた者2名のうち、1名に鳥打帽子を、他の1名に足袋を与えた行為につき、「其性質上強盗罪を容易ならしむることは特殊の場合に属するが故に其理由を説示するにあらざれば、之れが交付を以て直ちに強盗罪の幇助を為したるものと速断するを許さず」としたものがある（大判大4・8・25刑録21・1249）が、実行行為との因果関係を疑問視したものである。

　戦後の下級審の判例では、強盗を幇助する意思で睡眠薬を交付したが、効果がなかったという事案において「被幇助者の実行行為を直接または間接に容易ならしめたことを要し、単に容易ならしめる可能性があったというだけでは足りない」としたもの（神戸地姫路支判昭33・4・19第一審刑集1・4・615）が、抽象的危険犯構成を排除している点で注目されるべきである。

　さらに、いわゆる**板橋宝石商殺し事件**に対する判決が特筆に値する。事案は、被告人Aが、強盗の目的で地下室でけん銃を用いてXを射殺するBの意図を認識しつつ、犯行の際、外にけん銃の発射音が漏れるのを防ぐために、Cとともに地下室の換気口などを毛布やガムテープで目張りしたが、Bは、計画を変更してXを乗用車で遠く離れた場所に連れだし、その車内においてけん銃で射殺したというものである。**控訴審の判決**は、Bの現実の強盗殺人の実行行為との関係ではまったく役に立たなかったが、それにもかかわらず、幇助したといいうるには「被告人の目張り等の行為が、それ自体、Bを精神的に力づけ、その強盗殺人の意思を**維持ないし強化する**ことに役立ったことを要すると解さなければならない」（傍点引用者）とし、本件においては、Bが目張り行為を現認したということは認められないとして、強盗殺人の意図を**維持ないし強化する**ことに役立ったことを認めることはできないとした（東京高判平2・2・21東高刑時報41・1＝4・7＝**百選88**）。これに対して、本件**第1審**は、「当初の意図どおり、Bが強盗目的によりけん銃で被害者を射殺するという、被侵害利益や侵害態様など、構成要件上重要な点を共通にする行為が、前の計画と同一性を保って、時間的にも連続する過程において遂行されたものであるから、Aの右目張り行為等は、Bの同日の一連の計画に基づく被害者の生命等の侵害を現実化する危険性を高めたものと評価できるのであって、幇助犯の成立に必要な因果関係において欠けるところはないと

いうべきである」（傍点引用者）と判示していた（東京地判平元・3・27 判タ 708・270）。本判決は、いずれも、因果関係を要求しながら、本件について、それが肯定されるか否かについて事実認定の点で見解が分かれたものである。したがって、この判例は、**幇助の因果関係**について実行行為促進説ないし促進的因果関係説のみならず、事後的危険増加説に立脚していた可能性をも否定できない。

§165　共同正犯と従犯の区別

1　意　義

　正犯と共犯の区別については、**正犯概念**の意義を論じた際に、正犯論の観点から説明を加えた。また、従犯についても、すでに犯罪の実行を決意している者の実行を容易ならしめる行為と定義された。しかし、両者の概念上の定義に照らしても、複数の関与者があった場合に、実際的にどのようにして、共同正犯とされる者と、とくに従犯とされる者とを区別するかは、明確で一義的であるわけではない。**正犯と共犯の概念上の区別**についても、すでに論じたように、学説が分かれている。また、共謀共同正犯を認めるか否かによって、共同正犯の範囲が大いに異なり、また、共謀共同正犯論からは、共同正犯と従犯の区別をどのような基準で行うのかにすでに理論的にも困難な問題が認められ、したがって、**実際上の区別**については、より難しいといえる。従犯の刑は必要的に減軽されるのであるから、共同正犯であるか従犯であるかは、その法的効果の点でも大きな差をもたらす。したがって、この点からも、両者の明確な区別が要請される。

2　学説の対立

　共同正犯と従犯の区別については、**主観説**によれば、行為者が**自己のためにする意思**をもって行為を行うか、**他人のために加担する意思**をもって行為を行うかによって区別される。客観説のうち、**形式的客観説**は、構成要件該当行為の一部を分担する者が共同正犯、実行行為以外の行為によってこれに加担する者が従犯であるとする（団藤 395 頁）。しかし、この説からは、構成要件該当事実の実現行為を分担したかどうかの判断において、「**全体的観察**」をすべきであるとされる。したがって、強盗にあたって、一人が被害者の前からピストルを突きつけ、他の一人はたんに被害者の背後に佇立していたと

して、たんなる佇立も、このような状況のもとでは、明らかに脅迫行為として強盗罪の実行行為の一部をなすものとする（最判昭23・6・22刑集2・7・711参照）。**実質的客観説**は、犯罪の実現に対して「**重要な役割**」を果たした者は共同正犯であるが、「**従属的な役割**」を果たした者は従犯であるとする（平野398頁、西原353頁）。重要な役割かどうかの評価を行うためには、共同犯行の意識の有無、共同者内部における地位、実行行為への加功の有無、態様、程度などがその基準となる。この実質的客観説に主観説を加味して、犯罪行為全体における役割の重要性と犯罪によって生じる「**利益**」がだれに帰属するかを中心に、「**自己の犯罪**」として行われたかどうかを基準として、正犯と従犯を区別しようとする説がある（前田476頁・519頁以下）。

3 判　例

判例は、基本的に、**自己の犯罪**か**他人の犯罪**かという基準を用いる。**最高裁**は、昭和57年の決定において、大麻の密輸入を計画したAから、その実行担当者になって欲しいと頼まれた者が、知人に事情を明かして協力を求め、同人を自己の身代わりとしてAに引き合わせるとともに、密輸入した大麻の一部をもらい受ける約束のもとにその資金の一部をAに提供したという事案で、共謀共同正犯を認めた（最決昭57・7・16刑集36・6・695＝百選**77**）が、ここでは、「本件犯罪が自分のための犯罪であった」ことが、「本人がその犯罪実現の主体となったものとみとめるための重要な指標のひとつになる」（団藤裁判官の意見）とされたのであり、主観説に立っている。

下級審の判例では、このように、自己のためにする意思かどうかが正犯と従犯の区別に重要な役割を果たしている。判例の中には実行行為の一部を行っている者であっても、正犯者意思がないために従犯にすぎないとしたものも少なくない（東京高判昭50・2・4東高刑時報26・2・19、横浜地川崎支判昭51・11・25判時842・127、東京地判昭57・7・28判時1073・159）。さらに、知人に誘われて、暴力団関係者に紹介され、彼らが、被害者をホテルに呼び出して殺害し、覚せい剤を強取する謀議をなし、ホテルの予約や、覚せい剤を被害者のいた部屋から搬出した者について、実行の一部を分担したものとしたうえで、謀議の際にも役割を定められなかったこと、報酬が与えられたという形跡もないこと、自己の意思にもとづいて行動したのでもないことなどを理由に、「共同実行の意思」（正犯者意思）の存在を否定して、幇助犯を認めた判例（福岡地判昭59・8・30判時1152・182＝百選**78**）がある。そのほか、恐喝事件について、被害者から喝取金の受領行為を行った者は、実行行為の一部を行ったものであり、正犯者意思もあるとした原判決を破棄し、その受領行為は、恐喝の犯意のある者によって行われた場合にのみ恐喝の実行行為にあたるとして、共同実行の意思を否定した判例（大阪高判平8・9・17判タ940・272）が注目される。

4 学説の検討

客観的な行為の意味を離れて「自己のためにする意思」か「他人のために

加担する意思」かによって正犯と従犯を区別しようとする**主観説**は、形式的・客観的な区別基準とは言いがたく、明確性・安定性を欠く。この説によれば、自己のためにする意思（正犯者意思）をもって客観的に犯行計画の立案、予備行為、教唆行為ないし幇助行為を意味するような何らかの因果的寄与を行った関与者は、すべて共同正犯になりうるのである。

実質的客観説は、主観説と結びついて、自己の犯罪か他人の犯罪かを基準とする説があるように、重要な役割を果たしたといえるかどうかの判断がやはりあいまいである。実質化は、あくまで形式の枠内で行われるべきであり、形式を掘り崩す実質化は、明確な基準の喪失と法的不安定につながり、罪刑法定主義を危険にさらすことになる。

結局、正犯と従犯の区別については、行為者が実行行為を行ったか否かで区別するという**形式的客観説**が妥当である。犯罪現場において直接、配下の者を指揮・命令し、個々の実行担当者を組織して全体としての犯罪にまとめあげている要（かなめ）としての人物は、単独正犯としては実行行為の一部を行う者とはいえなくても、実行行為の中心に位置し、少なくとも、実行行為の一部を行ったということができ、教唆犯でも従犯でもなく、共同正犯であるといえよう。しかし、たんに実行行為以前の予備の段階で謀議に参加したにとどまる者は、実行行為の現実的遂行にあたっての実行行為を実行行為たらしめている中心人物ではなく、教唆犯ないし従犯にとどまる。

5 見張りと従犯

従犯と共同正犯の区別に関して実際上の問題の中心に位置するのが、見張り行為をどちらに分類するかである。見張りは、本来犯罪発覚の危険を防止し、犯罪の遂行の妨害を排除するための役割を担うものである。見張りがなければ犯罪の実現が不可能であるという場合もあるが、実際的には見張りがいてもいなくてもほとんど変わりがなかったという場合もありうる。その意味で、見張り行為を**共同正犯**にする判例および**少数説**と、見張り行為は**従犯**であるとする**通説**が対立している。

判例には、**賭博罪の見張り行為を従犯**とするものが多い（大判大7・6・17刑録24・844）。これは、実質的にみて賭博罪の場合、他人の犯罪を容易にするといった従属的地位に立つ幇助犯としての見張りが多いとされていることによるように思われる。**殺人罪**（大判明44・12・21刑録17・2273）、**強盗、窃盗**等の犯罪においては、**共同正犯**としている。窃盗罪については、共謀者のある者が屋外の見張りをした場合でも共同正犯は成立するとした最高裁判例（最判昭23・3・16刑集2・3・220）はもとより、殺人

罪における見張りについて、自己の犯罪を実行する意思にもとづくのでない場合には、共同正犯を否定し幇助犯としたものもある（大阪地堺支判昭46・3・15判タ261・294）。判例は、共同意思を実現する意図のもとになされた場合に、これを共同正犯とする立場に立っているといってよい（木村410頁・420頁参照）。従来の判例には、その他、共同意思主体説によって見張りを共同正犯とするもの（最判昭25・2・16刑集4・2・184）、見張りが実行行為をなすとするもの（前掲大判明44・12・21）などがある。

学説においても、**共同意思主体説**によれば、見張りは共同正犯であるとするのが一般的である（齋藤金作239頁、下村康正『共謀共同正犯と共犯理論』〔1975〕137頁）。しかし、すべて共同正犯となるのではなく、具体的事情に応じて、従犯たりうる場合のあることを認める見解（植松366頁、西原347頁）もある。**形式的客観説**に立ちつつ、**全体的観察**により、犯罪を共謀しつつ見張りを分担する者に共同正犯を認める見解（小野205頁）もある。その他、共謀共同正犯を認める立場から、謀議に際して積極的な役割を演じた者が見張りを分担するような場合には共同正犯であるとする見解（板倉318頁）もある。

しかし、**形式的客観説**に立つ見解からは、たんなる見張り行為は、通常、実行行為とは言いがたく、基本的には**幇助行為にあたるとする見解**（団藤395頁、佐伯350頁、中253頁、大塚326頁、中山484頁、川端604頁）が有力である。しかし、この説も、監禁罪のように、見張りが被監禁者の逃走を防止するためのものであり、構成要件該当行為の内容になっている犯罪類型については、見張り行為を実行行為であると認める。さらに、見張り行為が、同時に現場で全体を指揮・監督する形式で行われる場合には、実行行為にほかならないから、共同正犯であるとする（大塚326頁、中山484頁、前田521頁）。

見張りについても、先に、共同正犯と従犯との原則的区別のところで述べたように、構成要件に応じて、実行行為の一部を行ったかどうかを基準に判断すべきであり、形式的客観説から出発するのが妥当である。

§166　処　分

「従犯の刑は、正犯の刑を減軽する」（63条）。したがって、正犯の規定の法定刑に法律上の減軽（68条以下）を加えたものをもって処断するという趣旨である。具体的な宣告刑が、正犯に比べて減軽されていなければならない

という趣旨ではない。また、従犯の処罰は、正犯が処罰されるかどうかに依存しない。拘留または科料のみにあたる罪（例えば、侮辱罪）の従犯は、特別の規定（軽犯罪法3条など）がある場合にかぎり罰せられる（64条）。

§167　間接従犯等

1　間接従犯

間接従犯とは、従犯を幇助することをいう[23]。間接教唆については、刑法は特別の規定を設け、その処罰を定めていた（61条2項）。しかし、従犯については、**間接従犯**の特別の処罰規定がない。したがって、その処罰を認めるべきかどうかについて、**積極説**（木村424頁、平野353頁、大谷447頁以下、前田515頁）と**消極説**（団藤415頁、佐伯364頁、福田287頁、大塚327頁、香川402頁、西原354頁、川端605頁）が対立している。

消極説は、①62条は「正犯を幇助した者」を従犯とするので、従犯を幇助した者は含まないこと、②幇助行為は、基本的構成要件の内容としての実行行為ではなく、幇助者は正犯でないから、間接従犯についての規定がない以上、これを罰しないのが刑法の趣旨であるとする（大塚327頁）。

しかし、62条は、結果的に正犯を幇助した者を処罰する趣旨であり、直接に正犯を幇助した者のみを処罰する趣旨ではないのであるから、直接的には従犯を幇助しつつ、間接的に正犯を幇助した者も含むと解することは可能である。また、間接教唆については処罰規定があるのに、間接幇助については規定がないのは、これを処罰しない趣旨ではなく、間接教唆について**注意規定**を置いたので、同旨である従犯については、置く必要がないとされたためであるとみることができる。なお、実際上の理由としては、再間接教唆の場合と同様、間接従犯の形にすれば不可罰になるのは不合理であるという理由がある。

消極説は、共犯を修正された構成要件に該当するものとする見解から唱えられるのが一般的である。なぜなら、不法共犯論によれば、従犯の処罰根拠は、修正された構成要件に該当する行為を行うことにあり、修正された構成

---

[23] **連鎖的従犯**ともいう。わが国では、再間接従犯以上を連鎖的従犯という（大谷448頁）が、間接従犯も連鎖的従犯である。なお、同じく**順次従犯**ということもある。

要件とは、正犯を直接幇助する類型の行為に限定されると解することにより、修正された構成要件の定型性を確保しようとするからである。61条2項は、教唆犯について、修正された構成要件をさらに修正する構成要件を作りだす規定であるが、従犯についてはそのような規定がないと解するのである。

　これに対して、**因果的共犯論**によれば、従犯は、正犯結果を惹起すればよいのであるから、間接幇助も、直接幇助犯を通じて正犯結果を惹起する点に処罰根拠があるとみるのである。この意味で、不法共犯論にいう「修正された構成要件」説を採用しながら、積極説に立つとするならば、理論的整合性を欠くことになろう。

　判例は、一般に**間接従犯**の処罰を肯定している。**大審院の判例**は、被告人がAから密輸出用の拳銃・実砲を譲渡して欲しいとの依頼を受け、それを譲渡したが、それがAからB・Cに譲渡され、B・Cが密輸出を実行したという事案について、教唆のように間接幇助の処罰規定はないが、「之を以て直に、刑法は、所謂間接従犯を以て罪と為さざる趣旨なりと解すべからず」とし、「従犯を処罰する所以は、正犯の実行を容易ならしむる点に於て存するを以て、其の幇助行為が正犯の実行行為に対して直接なると間接なるとを問ふべきに非ず」として、間接従犯の可罰性を肯定した（大判大 14・2・20 刑集 4・73）。

　最高裁の判例も、これを肯定する（最決昭 44・7・17 刑集 23・8・1061＝**百選 84**）。被告人は、Aの依頼によりAまたはAの得意先の者がそれぞれ不特定多数人に観覧せしめることを知りながら、Aにわいせつな8ミリ映画フィルム10巻を貸与した。Aはそれを得意先のBに貸与したところ、Bは、これを映写してCほか10数名に観覧させた。**第1審**は、Aが正犯者Bに転貸したのだから、被告人は、幇助犯を幇助したものであり、62条に処罰規定がなく無罪であるとの弁護人からの主張に対して、被告人は正犯行為を直接幇助したものというべきであるとして、わいせつ図画公然陳列罪の幇助の成立を認めた。**第2審**は、これを間接従犯にあたるが、可罰的であるとした。**最高裁の決定**は、本件事案につき、被告人は正犯たるBの「犯行を間接に幇助したものとして、従犯の成立を認めた原判決の判断は相当である」というものである。この趣旨は、間接従犯は、正犯を幇助したものであるから、可罰的であるとしたものであって、特別の処罰規定がなくても62条1項によって可罰的であるとするものである。この判例のような場合につき、そもそも、フィルム貸与が**不可欠な援助**をなしていると認められるときは、実行行為そのものを援助したものと解すべきであるとする見解（大塚328頁）が唱えられている。しかし、条件関係があるという意味では、間接従犯となるのはすべて「不可欠」な場合であって、この説の趣旨は不明である。

この見解が、不法共犯論に立ち、間接幇助とは、従犯を幇助するものとし、原則論として「これを処罰しないのが刑法の趣旨である」(大塚327頁)とすると、「不可欠な援助」であることが、この原則の例外をなすことになるが、不可欠な援助が正犯にとっての不可欠を意味するならば、これすなわち条件関係の存在があれば処罰を認めることになり、それは不法共犯論の域を超え、因果的共犯論に立っていることを意味する。

正犯を幇助する者であるかぎり、客観的に帰属可能な範囲内の事象であれば、他の幇助者を経て間接的に正犯を幇助した者を除く必要はないと思われる。したがって、いわゆる**再間接従犯**も、このかぎりで**可罰的**である(木村424頁)。学説の中には、従犯はもともと定型性が乏しく、再間接従犯は正犯との関係が不明確な場合が多いとして、原則として従犯とすべきでないとする見解(大谷448頁)もある。しかし、一度、従犯を介在させただけで不可罰となるというのは、脱法行為を認めるものであって不合理である。客観的に帰属可能であり、正犯を幇助したといえるかぎり、**再間接従犯**も従犯として可罰的である。

2 教唆犯の従犯

教唆犯の従犯とは、教唆行為を幇助し、実行を容易にすることをいう。これについても、教唆行為を実行行為ではないとして、不可罰とする見解(団藤416頁、福田287頁、大塚328頁、川端606頁)がある。

これに対して、教唆犯を通じて、結局、正犯を幇助していると解すれば、処罰を肯定することができる。間接教唆の従犯も、同じ論理で肯定することができる(大判昭12・3・10刑集16・299、本書初版865頁)。

しかし、62条2項で、「従犯を教唆した者には、従犯の刑を科する」と規定するのは、従犯を教唆した者は、従犯を通じて正犯を教唆した者ではなく、従犯を通じているので、教唆行為も幇助行為にすぎないとみているか、それとも、共犯形式が異なる場合には、従犯自体の教唆犯として、ここでの「正犯」の刑である従犯の刑を科するものとしていると解することができる。この場合には、いずれの解釈も論理的に可能であり、前者のように、従犯の教唆を間接的な正犯の幇助としても矛盾はない。したがって、前者の解釈が妥当ということができる。

その反対に、教唆犯を幇助した場合についても、同様に、二つの解釈がありうるが、この場合にも、因果的共犯論によって説明するのが妥当である。そうだとすると、幇助は、結局、正犯を幇助したものでなければならない

が、教唆を介在させているこの事案においてはそのようにいえないであろう。なぜならば、正犯を教唆した場合、正犯に犯罪を決意させているのであり、「決意させる行為」が「すでになされた決意を強化する行為」でもあるというのは論理矛盾だからである。教唆行為の幇助者は、正犯を幇助したとはいえないのである。したがって、処罰規定のない「教唆犯の幇助」は、不可罰である。

第5節　共犯の諸問題

【文献】大越義久「身分犯について」平野古稀〔上〕389頁、香川達夫『身分犯概念と身分犯』(2014)、十河太朗『身分犯の共犯』(2009)、高橋則夫「共犯と身分」基本講座4巻163頁、「特集・身分犯をめぐる共犯論の再検討」刑雑38巻1号58頁、中義勝「いわゆる義務犯の正犯性」佐伯還暦〔上〕463頁、西田典之『共犯と身分』(新版・2003)、前田雅英「共犯と身分」現代的展開〔Ⅱ〕245頁、松生光正「刑法第六五条の『身分』概念について (1)(2・完)」姫路法学18号1頁・23=24号75頁

§168　共犯と身分

1　問題の所在

身分犯における「身分」とは、行為の主体がもつ一定の地位ないし資格をいう（☞§74, 1 (2)）。このような身分をもつ身分者と非身分者とが、さまざまな形態において犯罪に関与した場合に、それぞれどのような犯罪に対する責任を負い、どのような刑が科せられるのかを論じるのが、「共犯と身分」の問題である。

刑法65条1項は、「犯人の身分によって構成すべき犯罪行為に加功したときは、身分のない者であっても、共犯とする」と規定する。**同条2項**は、「身分によって特に刑の軽重があるときは、身分のない者には通常の刑を科する」とする。これが、共犯と身分の問題に対する刑法の解決法である。しかし、この規定の解釈については、学説上、共犯理論の対立とも相まって、さまざまな対立がある。

2　65条の解釈

先に示したように、65条1項は、身分なき加功者も共犯とするという規定であるから、関与者間の「連帯性」を表しているのに対して、65条2項は、身分者と非身分者が関与した場合に、それぞれの身分が「個別」に作用する旨を定めている。したがって、1項の規定の趣旨と2項の規定の趣旨は矛盾しているようにみえる。そこで、この規定の解釈については争いが生じるのである。

(1) 1項は真正身分犯に関する規定、2項は不真正身分犯に関する規定とする説

　この説は、**65条1項**は、**真正身分犯**についてその成立と科刑を規定し、**身分の連帯的作用**を認め、**同条2項**は、**不真正身分犯**につきその成立と科刑を規定し、**身分の個別的作用**を認める規定と解する（小野214頁以下、木村424頁、佐伯366頁、西原358頁以下、内田319頁、川端621頁、曽根268頁以下ほか、通説、大判大2・3・18刑録19・353、最判昭31・5・24刑集10・5・734）。

　真正身分犯においては、非身分者の加功がいかなる意味をもつかがまず問われなければならない。因果的共犯論でも、修正惹起説（正犯不法惹起説）によるか、純粋惹起説（**違法結果惹起説**）によるかにより、説明方法は異なる。修正惹起説によれば、共犯の不法は、正犯不法に従属・連帯するから、身分者の違法構成要件実現を惹起したところに非身分者たる加功者の処罰根拠がある。純粋惹起説によれば、非身分者は、身分者の行為を通じて、自ら単独正犯としては実現できない正犯結果を惹起した点で固有の犯罪性を帯びるのである。それは、固有の不法であって、正犯の不法に連帯するのではない。

　不真正身分犯においては、違法性の連帯は65条2項の個別作用の原則に反するので、修正惹起説からは説明が困難となる。そこで、理論的に一貫しようとすると、不真正身分犯における身分は、違法身分ではなく「責任身分」であると説明しなければならなくなる。責任は個別的に作用するからである。

　問題は、不真正身分犯は現実にすべて責任身分なのかどうかである。例えば、業務上横領罪（253条）における「業務者」は、単純横領罪（252条）に比べて責任が加重される「責任身分」に尽き、その違法性は加重されないとは言い切れないであろう。純粋惹起説からは、65条2項は、共犯の固有の不法・責任を定めたものであって、当然の規定である。

(2) 1項は違法身分につき「違法の連帯性」を定め、2項は責任身分につき「責任の個別性」を定めたものとする説

　この説は、65条は、「**違法性は連帯的に、責任は個別的に**」という原則にもとづいて、1項は身分が行為の違法性を規制する要素（**違法身分**）となっている場合に「違法性の連帯性」を規定し、2項は、身分が行為の責任を規制する要素（**責任身分**）となっている場合に「責任の個別性」を規定しているものとする（平野357頁・366頁、堀内279頁、西田・共犯と身分170頁以下・280頁、

山口327頁、井田395頁）。この見解は、従来の、65条1項は真正身分犯、2項は不真正身分犯に関する規定とする形式的区別を否定し、1項は、真正・不真正違法身分の双方について連帯的作用を認めた規定であり、2項は、責任身分について個別的作用を認めた規定であるとする。

　本説によれば、例えば、私人が、警察官に「特別公務員職権濫用罪」（194条）を教唆した場合、この罪における逮捕監禁行為は、逮捕監禁（220条）の逮捕監禁行為を職務執行の公正という付加的法益の侵害にもとづいて刑を加重したものとすれば、すなわち、違法身分により加重処罰する趣旨であるとすれば、その私人は、65条2項により逮捕監禁罪の教唆犯とされるべきではなく、65条1項により194条の教唆犯として処罰されるべきことになる（西田・共犯と身分282頁以下）。しかし、業務上横領罪における「業務者」や常習賭博罪における「常習者」などは責任加重身分であって、65条2項の適用を受ける。したがって、業務者に横領を、常習者に賭博を教唆した者は、それぞれ単純横領罪の教唆犯、単純賭博罪の教唆犯となる。

　本説に対しては、違法身分と責任身分の実質的区別が困難かつ不明確であるという**批判**がある（大塚330頁、大谷453頁、川端613頁、前田「共犯と身分〔上〕」法セ416号80頁以下）。また、65条1項は、「犯人の身分によって構成すべき犯罪行為」とするが、本説によると、構成的（真正）身分でない犯罪行為についても、65条1項が適用されることになり、文言に反する。例えば、同意殺（202条）は、普通殺を軽減した犯罪類型であり、加減的（不真正）身分犯であるが、「同意を得た者」という身分は違法身分であり、したがって、「犯人の身分によって構成すべき犯罪行為」でないのに、65条1項の適用があることになる。先の特別公務員職権濫用罪の例が示すように、加重的違法身分につき65条1項の適用を認めると、従来よりも重い処罰を認めることになるという批判（堀内「共犯の処罰根拠〔3・完〕」法教126号31頁）もある。さらに、構成的身分犯にも責任身分犯があり（営利目的面会強請〔暴力行為等処罰法2条〕）、責任身分であるがゆえに、65条2項の「身分によって特に刑の軽重があるとき」の文言に反するにもかかわらず、65条2項を適用すべきことになるという批判がある。

(3)　1項は真正身分犯・不真正身分犯を通じて共犯の成立の問題を、2項は不真正身分犯について科刑の問題を定めたものとする説

　この説は、**65条1項**は、共犯の従属性の原理を表した規定であり、身分犯における共犯の成立は、真正身分犯、不真正身分犯を問わず、**正犯の罪名**に

---

[1] しかし、内田100頁は、「常習性」や（麻薬密輸入罪の）「営利の目的」は、違法身分だとする。

従属する趣旨を定めたものであると解する。これに対して、**65条2項**は、不真正身分犯については、犯罪の成立については、正犯の罪名に従属するが、その**科刑**は、非身分者については「通常の刑」によることを定めた規定であると解する。これによって、本説は、罪名従属性説・犯罪共同説の立場を貫徹して65条の趣旨を統一的に解釈しようとするのである（団藤418頁、福田289頁、大塚331頁）。

この見解によれば、65条1項は、非身分者の身分犯に対する共犯の成立を定めたものであり、真正身分犯においては教唆犯・従犯が、不真正身分犯においては共同正犯・教唆犯・従犯が成立しうるものとする。共犯の罪名は、原則として正犯の罪名が及ぶものという。したがって、この見解によれば、例えば、他人Aが、Bを教唆してB身体活動の困難なBの老父を遺棄させた場合、Bは保護責任者遺棄罪（218条）の正犯であり、Aは保護責任者遺棄罪の教唆犯が成立する。しかし、Aは保護責任者という身分をもたないので、65条2項により、遺棄罪（217条）の教唆の刑を科されるにとどまる。

この見解に対しては、その依って立つ罪名従属性説（犯罪共同説）がそもそも妥当かどうかという点のほか、65条1項が、「犯人の身分によって構成すべき犯罪行為」としているにもかかわらず、これに不真正身分犯を含めるのは文言に反する点、不真正身分犯につき、罪名と刑の分断が生じるという点などが批判されている。また、不真正身分犯については、まず、65条1項の適用があって、連帯的に共犯が成立した後、なぜ科刑の点で、65条2項によって個別化されるのかが説明されていない。犯罪の成立の面では、連帯する身分である加減的身分が、刑罰の面ではその者に固有の排他的な身分となって個別的に作用するというのは、二律背反であろう（植田重正『共犯論上の諸問題』〔1985〕240頁参照）。

(4) 1項は、禁止の内容を主体的に限定するのみで、受命者を限定するものではないから、連帯的に作用し、2項は、身分によって受命者自体を限定するものであるから個別的に作用すると解する説

この説によれば、構成的身分犯と非身分者との関係（65条1項）は、犯罪の内と外との関係であり、その受命者は、限定されず非身分者をも含めた一般人であって、ただ非身分者は自ら正犯として禁止内容を実現しえないがゆえに、正犯としては当該身分犯を犯しえないという制約を受けるものとし、したがって、非身分者に対して連帯的にはたらくとする。これに反して、加

減的身分犯と非身分者との関係（65条2項）は、犯罪内部における特殊と一般の関係であるから、相互に排他的・閉鎖的関係に立ち、一身的・個別的にはたらく。ここでは受命者自体を限定するというのである（植田・諸問題242頁、中261頁）。

この見解は、純粋惹起説からの基本的な考え方を示したものであって、卓見である。この見解を、別の観点からさらに展開してみよう。

(5) 1項は、非身分者の「法益」侵害の可能性を規定するが、2項は、非身分者の身分者に対する「期待」の不可侵性を規定するものと解する説（本書の立場）

真正身分犯 も、通常の犯罪と同様、その犯罪の法益を侵害する点に本質があるが、それとならんで、身分者と法益との特別の関係にかんがみて法益の不侵害に対する「信頼」という「法益」を侵害する点にも特徴がある（☞§74, 1 (2) (c)）。そのような「信頼」を侵害するのが真正身分犯の正犯であるが、共犯も、正犯の行為を通じて因果的にそれを侵害することができる。したがって、真正身分犯の規定の受命者は、身分者にかぎらず、一般の国民すべてであって、規範は、一般人に向けられている。

不真正身分犯 にあっては、法益侵害の点では、身分者も非身分者も同じく当該犯罪の法益を侵害することができる。ただ、身分者は、非身分者に比べて、その地位と資格にもとづいて一身専属的な特殊な規範に服する。例えば、業務者という身分をもつ者は、非身分者とは異なり、その身分をもつ人のみに向けられた **犯罪行為回避（他行為）の期待** がなされているのである。身分にもとづくこの犯罪回避（他行為）の期待は、当該身分者の一身に専属するものであって、その期待の名宛人は、身分者にかぎるのである。すなわち、真正身分犯における「信頼」という法益は、非身分者によっても侵害されるが、これに対して、不真正身分犯の場合の「期待」は、期待された身分者のみがそれを侵害しうるのであり、非身分者が、自ら侵害することも、他人を通じて侵害させることもできないのである。

3　65条1項の適用

65条1項は、真正身分犯について、非身分者が身分者の行為に加功した場合に、非身分者も共犯として処罰するという趣旨の規定である。

(1)　「共犯」の意義

65条1項は、非身分者も「共犯」とするが、この中には「共同正犯」も含まれるのであろうか。この点について、65条1項の解釈に関しては、基

本的に四つの説がある。

　(a)　65条1項の「共犯」とは、もっぱら「共同正犯」を指すとする説　　教唆犯・従犯は、正犯に従属するものであり、教唆・幇助行為は、実行行為を行うものではなく、非身分者のそれは、身分者の正犯行為に付随してその教唆犯・幇助犯となるのは当然のことだから、65条1項は、もっぱら共同正犯に関する特別規定であると解する（内田319頁）。判例は、古くはこの見解を採っていた（大判明44・10・9刑録17・1652）。しかし、当然のことを注意規定として規定することに意味がないわけではないのであるから、教唆犯・従犯を排除するものと考える必要はない。また、はたして真正身分犯における非身分者について「共同正犯」を認めることができるのかどうかが問題である。「信頼」という法益を自ら侵害することが「正犯」の「実行行為」であって、共同者の行為を通じて侵害するのは、狭義の共犯であるにすぎない。

　(b)　共同正犯のほか、教唆犯および従犯を含むとする説　　65条1項の「共犯」には、共同正犯のほか、教唆犯・従犯を含むとするのが、通説である（西原358頁、大谷456頁、川端610頁、前田528頁以下）。判例も、その後、この立場に立つ（大判大4・3・2刑録21・194、大判昭9・11・20刑集13・1514）。真正身分犯につき、非身分者が共同正犯となりうるかについては、前述のように疑問がある。

　(c)　教唆犯および従犯のみを意味するとする説　　そこで、65条1項の「共犯」は、狭義の共犯のみを意味し、共同正犯を含まないとする見解（平場168頁、中261頁、吉川267頁、中山489頁）が唱えられている。この見解は、構成的身分犯は、身分のある者のみが実行しうる犯罪類型であると厳格に解する。

　とくに正犯につき**形式的客観説**をとるならば、非身分者の行為は実行行為としての類型を欠き、また、直接正犯たりえないものは共同正犯たりえないからである。

　また、真正身分犯の禁止規範が、身分者のみに向けられているという**身分犯の義務犯的理解**からも唱えられている[2]（木村156頁）。しかし、真正身分犯が、一般人を規範の受命者とするものであり、むしろ特別の法益の侵害から説明されるべきものであることはすでに論じた。

---

[2] 団藤説をこのような義務犯的理解によるものであるとして、批判するものとして、西田・共犯と身分183頁参照。

この見解が**純粋惹起説**を採る論者からも支持されているのは、共同正犯においても、それぞれの関与者が他の関与者の行為を利用する形態であるにすぎず、それぞれの行為が当該関与者の固有の実行行為としての意味をもち、違法と責任を根拠づけることが重要だと考えるからであろう。例えば、非公務員が、公務員と共同して賄賂を受け取ったとしても、非公務員にとっては、直接、法益を侵害しうるかも疑問であり、収賄罪の構成要件を充足することはできないと解する。結局、公務員の実行行為を容易にしたにすぎず、幇助にすぎないというのである。文理上も、1項では「加功」という「狭義の共犯」の関与を意味する文言を用いている点で、共同正犯は除かれるものと考えられる。本説が妥当である。

(d) 不真正身分犯については共同正犯を含むとする説 65条1項は、不真正身分犯をも含めて共犯の成立に関する規定であると解する見解からは、真正身分犯については、共同正犯を含まないとしながら、不真正身分犯においては、非身分者の共同正犯も成立しうるのであり、その限りでは、「共犯」には、共同正犯をも含むと解されている（団藤420頁、福田290頁、大塚336頁）。しかし、65条1項は、真正身分犯のみに関する規定と解すべきであるから、この見解は不当である。

(2) 身分者が非身分者の犯罪に加功した場合

真正身分をもつ者が、非身分者の行為に加功した場合、例えば、公務員が、非公務員に賄賂をとるよう唆した場合には、いわゆる「**身分なき故意ある道具**」の場合にあたる。すでに述べたように（☞§156, 4 (5)）、故意のある非公務員は「道具」ではなく、したがって、加功者は間接正犯とはならない。加功者たる身分者は、65条1項の適用により、非身分者の「犯罪行為」に対する教唆犯である。この場合、非身分者たる非公務員は、65条1項により、身分者たる公務員の収賄罪の教唆に対する従犯である。

4　65条2項の解釈

不真正身分犯については、非身分者と身分者が共同正犯の場合、非身分者が身分者に加功する場合、および、身分者が非身分者に加功する場合とがある。

「通常の刑を科する」とは、成立する犯罪の刑の意味なのか、犯罪としては身分犯が成立するが、通常の刑を科するという意味なのかについて見解が分かれている。

判例には、賭博常習者の賭博行為を幇助した非常習者の罪責について、65条2項を適用して、非常習者には、賭博罪が成立し、その刑を科するものとするものがあった（大判大2・3・18刑録19・353）。他方、尊属殺に加功した非身分者の罪責について、尊属殺の成立を認め、刑のみを通常（普通殺）の刑を科するものとしたものもある（大判大7・7・2新聞1460・23）。しかし、最高裁には、尊属殺につき、第1審で65条1項および2項を適用したのに対し、「直系卑属でない共犯者に対しては刑法65条2項によって処断すべきものと解するを相当とする」として、第1審判決が65条1項を適用した点につき「この点においては違法の譏を免れ得ない」とする判例（最判昭31・5・24刑集10・5・734）があった。

(1) 共同正犯

共同正犯については、行為共同説からは、もともとそれぞれの罪名の共同正犯が成立するが、65条2項は、その趣旨を定めた規定である。賭博常習者と非常習者が、賭博罪を実行した場合、賭博常習者には、常習賭博罪が成立し、非常習者には、賭博罪が成立して、それぞれ共同正犯である。犯罪共同説のうちでも、厳格な立場（完全犯罪共同説）では、すでに65条1項によって両者に常習賭博罪が成立しているが、65条2項の適用によって、科刑は、非身分者には賭博罪の「刑」が科せられることになる。しかし、部分的犯罪共同説によれば、加重減軽の関係にある不真正身分犯については、それぞれの異なった犯罪が成立しうるので、65条2項の直接適用により賭博罪と常習賭博罪の共同正犯が成立する。

(2) 非身分者が身分者に加功する場合

他人の物の占有者が、業務上の占有者に対して、横領行為を教唆した場合、業務者に対しては、業務上横領罪の正犯が成立するが、非身分者である占有者に対しては、単純横領罪の教唆が成立する。

非占有者が、業務上の占有者に加功した場合については、判例は、非占有者には、65条1項を適用して業務上横領罪の共犯を認め、さらに同条2項によって単純横領罪の刑を科している（大判明44・8・25刑録17・1510、最判昭32・11・19刑集11・12・3073＝百選92）。これは、完全犯罪共同説の帰結である（大塚336頁）。**行為共同説**によれば、業務者については、65条2項を適用するまでもなく、業務上横領罪が成立する。**部分的犯罪共同説**によれば、業務者にも非占有者にも、65条1項により単純横領罪が成立し、さらに同条2項の適用により業務者には、その身分に応じた、業務上横領罪が成立する（大谷459頁）。

(3) 身分者が非身分者に加功する場合

　賭博常習者が、非常習者に賭博を教唆・幇助した場合、65条2項の適用があるのだろうか。学説には、65条2項の適用を認めて、加功者には、**常習賭博罪の教唆犯・従犯が成立するとする説**（通説＝小野216頁、平野371頁、中山494頁、大谷458頁、川端614頁）と、罪名従属性の立場から、65条2項の適用を認めず、加功者に**単純賭博罪の教唆犯・従犯が成立するとする説**（団藤423頁、福田293頁、大塚335頁）がある。後説の主唱者は、これを共犯従属性説の論結であるとする（大塚335頁）が、厳格な罪名従属性説の帰結であって、行為共同説（罪名独立性説）からは、当然に加功者には、その固有の犯罪である常習賭博罪の共犯が成立する。この説は、また、その文理上の根拠として、65条2項が、「通常の刑」という文言を用いていることから、加重構成要件を「通常」というのは、文理に反するという根拠を挙げる（団藤423頁、福田294頁）。また、2項を、このような事例に適用するには、「賭博の常習者でない」という身分（消極的身分）を身分とみることが必要であるが、それは**身分概念の自殺**であるとされる。しかし、65条2項は、身分のある共犯にはつねにその身分に相応する刑を科すべきことを認めた規定（小野216頁）であり、加減的身分はつねに個別的に作用するのであるから、65条2項は、それぞれの関与者の身分に応じた犯罪が成立することを認めた規定と読むべきである。かくして、身分者たる常習者には、常習賭博罪の共犯が成立するというべきである。

　　判例は、賭博常習者が、非常習者の賭博行為を幇助した事案につき、65条2項の適用を認めず、単純賭博罪の従犯が成立するとしていた（大判大3・3・10刑録20・266）。ところが、その後、実行正犯であれ、教唆あるいは幇助であれ、「賭博行為を為すに因り反復して賭博を為す習癖が発現するに至りたる場合」には、2項の適用があり、常習賭博罪の従犯の成立が認められるとした（大連判大3・5・18刑録20・932）。

(4) 「身分」の意義

　身分とは、「男女の性別、内外国人の別、親族の関係、公務員たる資格のような関係のみに限らず、総て一定の犯罪行為に関する犯人の人的関係である特殊の地位又は状態を指称するもの」である（最判昭27・9・19刑集6・8・1083、大判明44・3・16刑録17・405参照）。

判例が、身分としたものには次のようなものがある。まず、65条1項の**構成的身分**としたものとして、①虚偽文書作成罪（大判明44・4・17刑録17・605、大判明44・4・27刑録17・687）における「公務員」、②収賄罪（大判大3・6・24刑録20・1329）における「公務員」、③偽証罪における「法律により宣誓した証人」（大判昭9・11・20刑集13・1514）、④強姦罪における男子（最決昭40・3・30刑集19・2・125）、⑤横領罪における他人の物の占有者（前掲最判昭27・9・19）、⑥背任罪における他人の事務を処理する者（大判昭4・4・30刑集8・207）などがある。

2項の**加減的身分**とされたものとして、①常習賭博罪における常習者（前掲大判大2・3・18）、②業務上堕胎罪における医師（大判大9・6・3刑録26・382）、③業務上横領罪における他人の物を業務上占有している者（前掲大判明44・8・25、前掲最判昭32・11・19）、④麻薬取締法64条2項の「営利の目的」（最判昭42・3・7刑集21・2・417＝**百選92**）などがある。しかし、被拐取者が未成年であり、未成年者拐取罪（224条）の加重的身分犯が問題となった営利誘拐罪における「営利の目的」は身分犯でないとする判例（大判大14・1・28刑集4・14）もある。この二つの判例は矛盾しているという解釈と、矛盾しないという解釈とがある。

さらに、**事後強盗罪**（238条）における「**窃盗犯人**」が身分かどうか（例えば、肯定説として、井田402頁）については、事後強盗の承継的共同正犯の問題との関係で、学説上争いがある（☞各論§86, 2）が、**判例**には、「事後強盗罪は、暴行罪、脅迫罪に窃盗犯人たる身分が加わって刑が加重される罪ではなく、窃盗犯人たる身分を有する者が、刑法238条所定の目的をもって、人の反抗を抑圧するに足りる暴行、脅迫を行うことによってはじめて成立するものであるから、真正身分犯であって、不真正身分犯と解すべきではない」とするものがある（大阪高判昭62・7・17判時1253・141＝**百選93**）。

(a) 営利の目的 この身分に「営利の目的」があてはまるかについては、最高裁は、営利の目的をもつ者ともたない者とが、共同して麻薬取締法12条1項の規定に違反して麻薬を輸入した事案につき、刑法65条2項により、営利の目的をもつ者に対しては麻薬取締法64条2項の刑を、営利の目的をもたない者に対しては同条1項の刑を科すべきものとして、65条2項にいう「身分」にあたるものと判示している[3]（前掲最判昭42・3・7＝**百選92**）。学説においては、営利の目的のような主観的要素は、「一時的心理状態」で

---

[3] 原判決では、営利の目的による密輸入罪の共同正犯とした。本判決ではBにつき「営利の目的」が認められないとしたが、第1審・第2審では、「営利の目的」を認めている。本判決は、営利の目的に「他利目的」は含まれないとしているのか、含まれるが、第三者に営利の目的があることを認識しているだけでは「他利目的」としては不十分としたのかは明らかではなかった。その後、最高裁は、「覚せい罪取締法41条の2第2項にいう『営利の目的』とは、犯人がみずから財産上の利益を得、又は第三者に得させることを動機・目的とする場合をいう」とした（最決昭57・6・28刑集36・5・681）。

あるにすぎず、「継続的性質」をもたないから身分概念には含まれないとする見解（福田289頁）や、65条1項の「身分」には、行為者の永続的または一時的な心理状態を含まないが、同条2項の身分は、「刑の加重・減軽の原因たる地位・資格・状態であればよい」として、1項と2項の「身分」と異なった意義をもつものとする見解（木村156頁、大野〔下〕157頁以下）もある。[4]

　このような主観的要素を「身分」概念に含める意義は、いうまでもなく、65条2項を適用することによって、「営利の目的」をもたない者に**「通常の刑」を科するため**である。自らの「共犯論」を前提にして、合理的な結論を導くためには、「身分」概念を拡大して65条2項を適用し、これにより、理論的帰結を修正する必要があったのである。つまり、罪名従属性説を前提にすれば、とくに教唆犯ないし従犯の場合に、正犯の罪名に従属せざるをえず、これを避けようとすれば、身分犯として65条2項の適用により、教唆犯・従犯には通常の刑を科するものとしなければならないとするのである（西田・共犯と身分295頁以下）。

　しかし、罪名独立性説に立つ**本書の立場**からは、65条2項の適用によらなくても、目的のような主観的要素はいわゆる「個人的要素」であって、教唆犯・従犯に目的が存在しない場合には、理論上当然、通常の密輸入罪の教唆ないし幇助が成立するのである（2項適用＝東京高判平10・3・25判タ984・287）。

　このように、65条2項の適用によらず、営利の目的のない共犯に通常の刑を科することができるものとすると、身分概念の本来の意義に立ち返って、その内容を定めることができる。「営利の目的」といった一時的心理状態にあるにすぎないものを身分とすることは不自然である（☞§74, 1 (2) (f)）。

　(b)　強姦罪の主体と身分　　強姦罪における行為主体として通常予定されるのは、「男性」である。そこで、女性が、強姦罪に加功した場合に、強姦罪が「身分犯」かどうかが問題となる。

---

[4] また、2項の身分は、実質的には、責任要素であるから、必ずしも継続的なものであることを要しないとする見解（平野372頁）もあり、また、「目的犯」における目的も、通貨偽造罪や文書偽造罪における「行使の目的」ないし営利誘拐罪における「営利の目的」は、主観的違法要素であって、違法身分であるが、麻薬取締法64条2項の「営利の目的」は、責任身分であるとする見解もある（西田・共犯と身分295頁）。

第5節　共犯の諸問題　§168　共犯と身分◇　1007

（i）**判例**　これについては、学説が分かれているが、この問題が論じられる契機となったのは、**昭和40年の最高裁の決定**（最決昭40・3・30刑集19・2・125）である。

夫Aの不貞行為に嫉妬した妻Xが、Aの相手方である女性Bを、男性Yらと共謀し、Yらに強姦させた行為が、強姦罪の共同正犯になるとされた。決定では、「強姦罪は、その行為の主体が男性に限られるから、刑法65条1項にいわゆる**犯人の身分に因り構成すべき犯罪**に該当するものであるが、身分のない者も、身分のある者の行為を利用することによって、強姦罪の保護法益を侵害することができるから、身分のない者が、身分のある者と共謀して、その犯罪行為に加功すれば、同法65条1項により、強姦罪の共同正犯が成立すると解すべきである」（傍点引用者）とされた。

（ii）**肯定説**　学説においても、強姦罪は身分犯であるが、65条1項の適用により身分のない者も共同正犯となりうるとする見解が有力である。実質的にも、強姦罪は、暴行・脅迫に姦淫行為がプラスされた結合犯であるから、例えば、暴行を共同して実行することは可能であり、一部実行の全部責任の原則により共同正犯は認められる。

（iii）**真正身分犯説**　共同正犯については、原則的に、65条1項の適用がないとしつつ、強姦罪は、真正身分犯ではあるが、非身分者が間接正犯の形態で実行することも可能な非自手犯的性格をもつものであり、その点で、自手犯的性格をもち間接正犯による実行が否定される収賄罪とは異なる。この**非自手犯的性格**が、非身分者と身分者との共同正犯の成立をも許すのであり、強姦罪は、非身分者も身分者を利用することにより犯すことのできる真正身分犯であり、65条1項はこのような共同正犯にも適用できるものとする見解（大塚333頁、同・刑法論集〔2〕49頁）も唱えられている。**身分犯説が多数説である**（内田『刑法各論』157頁、西田・共犯と身分264頁以下）。そのほか、これを「疑似身分犯」（平野368頁）とするものもある。

（iv）**共同正犯否定説**　強姦罪は自手犯ではなく、非身分者が加功した場合も、65条1項の適用により共同正犯の成立を認めるのが、通説である。しかし、真正身分犯である強姦罪の構成要件を非身分者たる女性は実現することができず、単独正犯にならないように、共同正犯にもなりえないという否定説（小野『犯罪構成要件の理論』〔1953〕116頁、西田・共犯と身分185頁）も有力である。

（v）**身分犯否定説**　他方、強姦罪が身分犯であることを否定する見解も有力である。この見解には、身分犯とは、身分によって一定の義務を負担

する者がその義務に違反する点にその本質があるとするものもある（木村159頁、香川『刑法講義〔各論〕』325頁）。さらに、この説の中には、身分犯であることを否定することによって、65条1項の適用を否定し、女子が、暴行などの強姦罪の実行行為の一部を実行するときには、共同実行の事実が認められ、共同正犯の成立があるとするものもある（団藤422頁、福田292頁）。

(vi) **本書の立場**　強姦罪の主体における男性の地位は、犯罪の法的性質から導かれるものではなく、自然的・事実的なものである。これを、身分犯という必要はない。したがって、65条1項の適用はない。

ただし、実行行為の一部を分担すれば共同正犯になりうるから、65条1項の適用がなくても、共同正犯となりうる。しかし、実質的にみれば、強姦罪の本質的部分は、暴行・脅迫よりも、むしろ、姦淫行為であり、これを自ら実行できない者は、事実上正犯でありえないであろう。女性が、姦淫行為をその犯罪の本質的部分とする強姦罪の構成要件の非本質的な一部分を実行したとしても、それは、強姦罪の実行行為を共同にした共同正犯ではなく、**幇助**にすぎないのが一般的である。

(5)　消極的身分犯と共犯

(a)　意義　消極的身分犯とは、一定の身分を有しない者の行為が犯罪とされる類型をいう。逆に言えば、それは、一定の身分を有する者につき犯罪性・可罰性が阻却される犯罪類型を指す。例えば、無免許運転（道交法64条・117条の4第2号）や無免許医業罪（医師法17条・31条1項1号）においては、免許をもたない者が犯罪の主体であり、免許をもつ者については可罰性が阻却される。

一定の身分があることにより犯罪性・可罰性が阻却されるとしても、いかなる理由で犯罪性・可罰性が阻却されるのかについて違いがある。それがあることによって違法性が阻却される身分を①**違法阻却的身分**、責任が阻却される身分を②**責任阻却的身分**、刑罰が阻却される身分を③**刑罰阻却的身分**と呼ぶことがある[5]。違法阻却的身分の例としては、無免許医業罪における「医師」、責任阻却的身分の例としては、刑法41条における刑事未成年者、刑罰阻却的身分（可罰的責任減少的身分）の例としては、刑法244条の親族相盗例における一定の親族関係のある者がある。

---

[5] 刑罰阻却事由を認めず、可罰的責任減少事由などに解消する立場からは、これは、可罰的責任減少的身分となる。

(b) **身分者への非身分者の加功** 消極的身分犯において、非身分者が身分者に加功する場合、例えば、医師でない者が、医師の医療行為を教唆・幇助しても、適法な行為に対する加功であるから、犯罪にならないことは明らかである。しかし、責任阻却的身分ないし刑罰阻却的身分をもつ者に非身分者が加功する場合には、違法な行為に対する加功であるから、共犯者は可罰的である。例えば、犯人蔵匿罪・証拠隠滅罪について、他人が、可罰的責任阻却事由をもつ犯人・逃走者に教唆した場合には、これらの罪の教唆が成立する。

　近時、判例は、無免許医業罪の関係で、**医師と非医師の共同正犯**を認めた。その判例の事案と判決を紹介すると、医師法17条は、「医師でなければ、医業をなしてはならない」と規定しているが、医師であり、救命救急センターの責任者であった被告人が、研修のため同センターに配置された医師免許をもたない歯科医師三人らと共謀の上、同歯科医師らをして歯科に属さない疾病に関わる患者らに医行為を行わせたとして、無免許医業罪に問われたもの（札幌高判平20・3・6LEX/DB）である。**札幌高裁**は、結論として、「被告人は、本件歯科医師らが医行為である本件各行為を業として行ったことにつき、単にその機会を与え、これを容易にしたというにとどまらず、同人らを直接指導監督する立場にあった上級医らと共に刑法60条の共同正犯としての責任を負うというべきである」とした。判決は、「医師の免許は、免許のある者が自ら医業を行うことを許容するに過ぎないから、医師が医師免許のない者と共謀の上、免許のない者が医業を行ったときは、医師も医師法31条1項1号にいう無免許医業罪の共同正犯になるというべきである。また、医師法31条1項1号、17条における**医師の資格がないことは刑法65条1項にいう身分には当たらない**から、被告人に刑法60条を適用した原判決に誤りはない。結局、論旨はいずれも理由がない」という。

　この判決が、なぜ医師免許をもたないことが、65条1項にいう身分にあたらないとする必要があったのかは、不断の判例に反して、本判決が65条1項は共同正犯には適用がないという見解を採ったのでなければ、その理由は不明であるが、医師でないという消極的身分を身分犯と解することなく、共同正犯としようとした判例であるということができる。そうだとすれば、この見解は、身分犯とせず、医師が医業をなしても共同正犯としては実行行為ができると解していることになる。これは、共同正犯は、単独正犯とは異なり、自己の犯罪を実行するのではなく、他人の犯罪に加功して他人に共同する行為を罰する犯罪とみていることを意味する。

(c) **非身分者への身分者の加功** 逆に、身分者たる「医師」が、非身分者たる「医師でない者」を教唆・幇助して無免許医業を行わせた場合につい

ては、65条1項の適用の有無につき見解が分かれる。判例は、医師が第三者の無免許医業に協力・加功した場合について65条1項の適用を認めず、医師には当然共（同正）犯が成立するものとする（東京高判昭47・1・25判タ277・357）。学説には、この場合には、特別の義務のある一般人であってはじめて法益の侵害ができるのであるから、構成的身分犯（疑似身分犯）の場合と差異はないとして、65条1項の適用を認めるもの（平野369頁）と、65条1項にいう構成的身分にあたらないとするもの（福田291頁、川端614頁）とがある。後者の、65条1項の適用を認めない学説は、罪名従属性説・不法共犯論に依拠するので、医師が医師でない者の無免許医業という犯罪（不法）を作り出すことが共犯の犯罪の内容であるとし、したがって、理論上当然、医師は共犯として可罰的であるとする。つまり、65条1項の適用を認める説に立とうと認めない説に立とうと、いずれにせよ、身分者たる加功者には、教唆犯ないし従犯が成立することとなる。

　これに対して、**純粋惹起説**に立つと、医師は、医師でない者を通じて無免許医業行為を惹起しうるかが判断基準である。無免許医業は、国民一般（非身分者）に対して禁止されているが、医師が自ら医業を行う場合にのみ除外されている。したがって、非身分者が無免許医業を行うことに加功した場合には、当然に共犯としての責任を負うと解すべきである。

　(d)　身分者と非身分者の共同正犯　身分者と非身分者が、共同して医療行為ないし無資格運動を実行した場合については、共同正犯を認める見解（大判昭12・2・17刑集16・92、藤木305頁）と、身分者の行為は実行行為にあたらないがゆえにこれを否定する見解（大塚335頁）とがある。

　(e)　責任身分への加功　犯人蔵匿罪・証拠隠滅罪につき、犯人・逃走者（身分者）が、他人（非身分者）を教唆して自己を蔵匿・隠避させ、または自己の刑事事件に関する証拠を隠滅させる場合には、それぞれの教唆犯の成立を認める見解（通説・判例）と、責任阻却身分であるから個別的に作用するものとして、不可罰とする見解（平野・概説286頁、中山『刑法各論』532頁）とがある。これらの犯罪は、身分によって構成すべき違法行為（犯罪）ではなく、違法行為としては、身分者・非身分者にともに成立しうる犯罪であり、ただ身分者には期待可能性が低いのであるから、不真正身分犯である。そうだとすると、身分者は、固有の責任を負うべきであるから、自己の刑事事件について他人を通じて証拠を隠滅するなどの行為を行った場合は、不可罰である。

§169　共犯と錯誤

【文献】浅田和茂「教唆犯と具体的事実の錯誤」西原古稀2巻403頁、酒井安行「共犯過剰」基本講座4巻231頁、大塚仁「間接正犯と教唆犯との錯誤」齊藤還暦83頁、中義勝「ローゼ・ロザール事件」刑法上の諸問題（1991）287頁、西田典之「共犯の錯誤について」団藤古稀3巻93頁

1　共犯者間の錯誤の意義

「共犯と錯誤」という表題のもとで論じられるのは、広義の共犯者相互間に生じる錯誤をどのように解決するかという問題である。共犯者間の錯誤とは、ある共犯者が表象・認識した犯罪事実と他の共犯者が表象・認識した犯罪事実との間の齟齬をいう。これには、①共同正犯者間の錯誤、②狭義の共犯間の錯誤、③狭義の共犯と正犯者との間の錯誤などがあり、また、①同一共犯形式内での錯誤と②異なる共犯形式内での錯誤とがありうる。共犯者の一部の者が、他の共犯者との共謀の範囲を越えて、過剰な行為を行った場合を「共犯の過剰」というが、これも共犯の錯誤の問題である。

2　同一共犯形式内の錯誤

(1)　共同正犯の錯誤

共同正犯の錯誤 とは、共同行為者相互間の表象・認識に齟齬がある場合をいう。共同正犯の錯誤が **同一の構成要件内の錯誤** である場合には、具体的事実の錯誤に関する考え方に従って判断される。共同実行に出た共同行為者の一部の者が、客体の錯誤に陥っていた場合、その錯誤は重要でなく、故意は阻却されない。共同行為者の一部の者が方法の錯誤によって狙っていた人以外の人に結果を発生させた場合には、法定的符合説に立つか、具体的符合説に立つかによりそれぞれ判断されるべきである。具体的符合説に立った場合、その異なった被害者につき生じた結果に対して過失があるかどうかは、それぞれの共同者につき判断されるべきであろう。

異なった構成要件間の錯誤 については、**行為共同説** によれば、それぞれの故意に応じた共同正犯が成立するので、錯誤は重要でない。部分的犯罪共同説によれば、それぞれの構成要件が重なり合う限度で、共同正犯の故意を肯定

する。例えば、XとYとが共謀してAに切り付けて傷害を負わせたが、Xは殺意をもち、Yは傷害の意思をもつにすぎなかった場合には、殺人罪と傷害罪との重なり合う限度内で、すなわち、傷害罪の範囲で共同正犯が成立し、殺人未遂罪については、Xのみに帰せられる。Aが死亡した場合には、重なり合う傷害致死罪の限度で共同正犯が成立し、殺人既遂罪についてはXのみがその罪責を負う。

従来の判例の主流は、重い罪と軽い罪とが重なり合う部分のある場合、重い罪の共同正犯が成立し、38条2項を適用して、軽い罪の故意で行為した者には軽い罪の「刑」で処断されるものとしていた。昭和23年の最高裁判例は、強盗を共謀していた者の勧誘により、窃盗のつもりで屋外で見張りをしていたところ、共謀者が室内で強盗を実行したという事案につき、38条2項により窃盗罪として処断した（最判昭23・5・1刑集2・5・435）。

しかし、最高裁は、**昭和54年の決定**で、Xら7名がAに対して暴行・傷害を加えることを共謀したが、Xのみが、激昂して未必の故意をもってAを殺害したという事案について、「殺人罪と傷害致死罪とは、殺意の有無という主観的な面に差異があるだけで、その余の犯罪構成要件要素はいずれも同一であるから、暴行・傷害を共謀した被告人Yら7名のうちXが、・・・Aに対し未必の故意をもって殺人罪を犯した本件において、殺意のなかった被告人Yら6名については、殺人罪の共同正犯と傷害致死罪の共同正犯の構成要件が重なり合う限度で軽い傷害致死罪の共同正犯が成立するものと解すべきである」として、従来の判例の立場を変更した（最決昭54・4・13刑集33・3・179 =百選90）。この判例は、広い意味での部分的犯罪共同説に立って、重なり合う限度で軽い罪について共同正犯を認める趣旨であり、その後の下級審の判例にも、この考え方が受け継がれている（札幌地判平2・1・17判タ736・244）。

共犯の過剰の場合について、とくに問題となるのが、強盗の機会に共謀者の一人が、被害者を殺害し、あるいは傷害を負わせたような場合に、殺人ないし傷害の結果を他の共謀者にも帰属すべきかどうかである。従来、判例は、強盗を共謀した者のうち、1名が屋外で見張りをし、他の2名が屋内で強盗殺人を実行した場合に、見張りについても、強盗殺人の実行に加功したものとし（大判明42・6・8刑録15・728）、強盗の共謀をした者の一人が途中で殺意を生じて被害者を殺害した事案につき、殺意のなかった者にも強盗殺人の加重刑を負うべきであるとした（最判昭23・11・4刑集2・12・1452）。さらに、**最高裁**は、強盗を共謀した3名のうち2名が、現金を奪取したうえ、逃走中に取り押さえられた後、残りの1名が、逮捕を免れるため、包丁で巡査に切り付けて失血のため死亡させたという事案で、全員に強盗殺人罪を認めた（最判昭26・3・27刑集5・4・686）。「強盗について共謀した共謀者等はその一人が強盗の機会において為した行為については他の共犯者も責任を負うべきものである」というのである。

結果的加重犯については、判例は、基本的犯罪を認識しているかぎり、重い結果に

対しても共同責任を負うとする。暴行の共同正犯の意思があるかぎり、傷害罪または傷害致死罪の共同正犯が成立し（最判昭23・5・8刑集2・5・478、最大判昭23・10・6刑集2・11・1267）、強盗罪の共同者の一人が被害者に傷害を負わせた場合、共犯者全員に強盗致傷罪が成立し（最判昭22・11・5刑集1・1）、強姦罪の共謀者の一人が被害者に傷害を負わせた場合、共犯者全員に対して強姦致傷罪が成立する（大判明41・4・14刑録14・391、最判昭25・6・6刑集4・6・950）。しかし、結果的加重犯の重い結果の発生については過失を要するとする立場からは、この判例の見解は認められない。学説の中には、基本的行為について共犯関係が成立している以上、重い結果の発生について共同の注意義務が認められるから、重い結果の発生について共同正犯が成立するとする説（大谷466頁）がある。しかし、過失については、共犯の過剰であり、個々の行為者について個別に検討すべきである。

(2) 教唆犯の錯誤

教唆犯の錯誤とは、教唆者の表象・認識と、被教唆者が実行した事実との間に齟齬がある場合をいう。錯誤は、もちろん、故意を阻却するかどうかの問題であるが、そもそも教唆により当該の実行が行われたことが前提であるから、教唆行為と被教唆者の当該の実行とのあいだには、客観的帰属可能性（相当因果関係）がなければならない。

判例には、AがBに窃盗を教唆したところ、Bは、強盗を決意し、Cら3名と日本刀をもって屋内に侵入したが、母屋に侵入する方法を発見できなかったので、断念してその隣家に侵入して強盗をはたらいたという事案につき、隣家への侵入については、「被告人Aの教唆に基いたものというよりむしろBは一旦右教唆に基く犯意は障碍の為め放棄した」が、決意を新たにして、これを遂行したものとし、教唆行為との因果関係を疑問としたものがある（最判昭25・7・11刑集4・7・1261＝**百選89**）。

(a) 具体的事実の錯誤 具体的事実の錯誤の場合には、**具体的符合説**によれば、教唆者からみて客体の錯誤の場合には、教唆の故意を阻却しないが、方法の錯誤の場合には、故意を阻却する。ただし、錯誤が法的に重要でないかぎり故意は阻却しないというのが原則である。したがって、偽証教唆の趣旨と被教唆者による偽証の内容との間に多少の齟齬があっても、偽証教唆罪の成立に支障はない（大判昭7・2・26刑集11・126）。行為客体について教唆者に方法の錯誤が生じた場合については、具体的符合説は、故意を阻却するものとする。しかし、判例は、強盗の教唆にもとづき被教唆者が現に奪取した目的物が教唆者の指示と異なっていたときでも、教唆犯が成立するものとし（大判明45・5・17刑録18・612）、教唆者がA方に侵入して金銭を窃取することを教唆したところ、被教唆者が誤って隣家のB方に侵入して衣類を

窃取した場合にも窃盗教唆が成立するとし（大判大9・3・16刑録26・185）、また、現住建造物たるA家屋に対する放火を教唆された者が、A家屋に延焼させる目的で、それに接続した現住建造物であるB家屋に放火したが、B家屋のみを焼損し、A家屋を焼損するに至らなかったときも、教唆者は現住建造物放火罪の責任を負うとして（大判昭9・12・18刑集13・1747）、法定的符合説に立つ。

すでに論じたように（☞§93, 3 (3) (b)）、被教唆者が**客体の錯誤**に陥った場合に、教唆者は**方法の錯誤**か（西田・団藤古稀3巻103頁、中・諸問題326頁、浅田457頁）**客体の錯誤**か（山中敬一「具体的事実の錯誤・因果関係の錯誤」中古稀203頁以下）については争いがある。

(b) 抽象的事実の錯誤 異なった構成要件間にまたがる錯誤である抽象的事実の錯誤については、教唆は実行の間に客観的帰属可能性があることを前提にして、形式的・実質的に**重なり合う範囲内**で、故意の教唆犯が成立する。重い罪を教唆された者が軽い罪を実行した場合、重なり合う限度内で、軽い罪の範囲内で故意が認められる。逆に、軽い罪を教唆された者が重い罪を実行した場合には、重なり合う限度で、軽い罪の故意を阻却しない。

判例においては、先に掲げたように、甲宅に対する住居侵入**窃盗を教唆**したところ、被教唆者がこれにもとづいて乙宅に対する住居侵入**強盗を実行**した場合、教唆者は、住居侵入窃盗の範囲において責任を負う（前掲最判昭25・7・11＝百選89）と判示したものがある。また、**法定刑が同じ構成要件にまたがる錯誤**については、虚偽公文書作成罪を教唆したところ、被教唆者が公文書偽造罪を実行した事案につき、公文書偽造罪の教唆の故意を阻却しないとしたもの（最判昭23・10・23刑集2・11・1386）もある。ここでは、判例は、「本件故意の内容は刑法第156条の罪の教唆であり、結果は、同法第155条の罪の教唆である。そしてこの両者は犯罪の構成要件を異にするも、その罪質を同じくするものであり、且法定刑も同じである。而して右両者の動機目的は全く同一である」、「共謀に基づいてたまたまその具体的手段を変更したに過ぎないから、両者の間には相当因果関係があるものと認められる」とした。

しかし、虚偽公文書作成罪（156条）は公務員による身分犯であるが、公文書偽造罪は、身分による主体の制限がないとして、両者の**重なり合いを否定する学説**も有力である[6]（団藤427頁、福田295頁）。

(3) 従犯の錯誤

従犯者の表象・認識と被幇助者の表象・認識とが齟齬する場合をいう。こ

---

[6] 大塚・基本問題259頁以下は、判例を支持する。

れについても、基本的に教唆の錯誤と同一の解決方法が妥当する。

　判例には、正犯者が被害者に**傷害**を与えるかもしれないと認識しながら、匕首（あいくち）を貸与したところ、正犯者が**殺意**をもってその匕首で被害者を刺し殺した事案につき、貸与者に傷害致死幇助罪を認めたもの（最判昭25・10・10刑集4・10・1965）がある。**強盗幇助の意思**で侵入先を紹介したところ、正犯者が**強盗殺人**を行った事案につき強盗致死の従犯を認めたもの（神戸地判昭36・4・8下刑集3・3＝4・295）もある。また、傷害を共謀した者のうちの**特定の者**を幇助するつもりで日本刀を貸与したが、**それ以外の者**が、それを用いて傷害を実行した場合には、「共犯者全部を幇助した」ものとした判例がある（大判昭15・5・9刑集19・297）。

　なお、従犯の幇助である**間接幇助**（間接従犯）については、間接幇助の故意ではなく、幇助の故意で行った場合でも、その錯誤は、故意を阻却しない。

　最高裁の判例は、すでに紹介したように（☞§167, 1）、被告人が、わいせつ映画フィルムをXに貸与し、さらに、XからYにフィルムが貸与され、Yがこれを映写し十数名の者に観覧させて公然陳列した事案につき、「**間接幇助**」として、従犯の成立を認めた（最決昭44・7・17刑集23・8・1061＝**百選84**）が、この判例では、間接的にでも、正犯を幇助すれば、従犯であるとしているため、故意も、間接的な故意を含めて認定しているといえる。

3　異なった共犯形式内の錯誤

(1)　共犯相互間の錯誤

　異なる共犯形式間にまたがる錯誤は、**軽い共犯形式**については、故意を認めることができる。例えば、共同正犯としての見張りをする意思で行為したにもかかわらず、客観的には幇助にとどまった場合、幇助の故意は認められる。犯罪を決意した者を、まだ決意していない者と誤信して犯罪を教唆した者は、従犯の責任を負う。

(2)　共犯と間接正犯との錯誤

　①教唆犯・従犯の故意で、客観的には間接正犯の事実を生じさせた場合と、②間接正犯の故意で教唆犯・従犯を生じさせた場合とがある。[7]

---

[7] これについては、基本的に、①主観説（大場〔下〕1027頁）は、この錯誤を重要でないとして、背後者にその意思に応じた犯罪、すなわち、間接正犯の成立を認める。②客観説（竹田直平「間接正犯」立命館学叢5巻2号102頁以下）は、行為の客観的意味に従って背後者の犯罪性を決定する。③折衷説（泉二〔上〕667頁以下、大塚343頁、同・齊藤還暦114頁以下、西原367頁、福田298頁、大谷466頁、川端624頁以下）は、背後者の行為の主観面と客観面をあわせて考慮し、その合致した範囲内で故意を認め、背後者には教唆犯が成立するとする。これについては、大塚・齊藤還暦85頁以下の研究が詳しい。

(a) **間接正犯の故意による教唆行為の実行** まず、問題となるのは、背後者が、間接正犯を実行する意思で、被利用者に犯罪の実行を命じたところ、被利用者は情を知っていたため、客観的には教唆にあたる行為を行ったにすぎなかった場合に、行為者にはどのような罪責が負わせられるべきかである。

例えば、医師が患者を殺害しようとして、看護師に、毒入りの薬であることを秘して薬の注射を命じたところ、看護師は、当初からそれに気づいていたが、そのまま命令に従った場合、あるいは、被利用者が責任無能力者であると信じて殺害を命じたところ、実は被利用者は責任無能力者ではなく、教唆の効果が生じたといった場合がそうである。

また、近時、実際の判例において扱われた例（松山地判平 24・2・9 判タ 1378・251）を挙げると、X は、権限がないにもかかわらず、A 所有の全油圧式パワーショベル（ユンボ）1 台を売却、搬出するよう申し向け、情を知った Y に本件ユンボを売却、搬出して窃取することを決意させ、Y をして、情を知らない中古車販売業者従業員 B らに本件ユンボを搬出させて摂取させたが、Y は当初から X に売却・搬出する権限がないことを知っていたという事案につき、**松山地裁**は、Y は、情を知らない B を利用しているので、窃盗の間接正犯であるが、X は、Y に正犯意思があったことを認識していれば、黙示の共謀（共同実行の意思）を認定することができ、窃盗の共謀共同正犯に当たるというべきであるが、X が Y の正犯意思を認識していない場合は（すなわち、間接正犯の故意であった場合は）、X は、Y に本件ユンボの売却方を依頼し、その結果、Y が本件ユンボを売却するという窃盗の実行行為に及んでいるのであるし、**間接正犯の故意**はその実質において**教唆犯の故意を包含する**と評価すべきであるから、刑法 38 条 2 項の趣旨により、犯情の軽い窃盗教唆の限度で犯罪が成立すると認められる」とした。

なお、この問題は、間接正犯と従犯の錯誤についても同様の解決方法によって解決すべきであるから、以下の論述は、従犯にもあてはまる。

ここでは、現在、わが国においては、主観説（間接正犯説）と折衷説（教唆犯説）が対立している。

(i) **間接正犯説** この説は、被利用者が情を知っていたとしても、背後者の行為は、殺人の実行行為にあたるがゆえに、被利用者と競合的に、**殺人の正犯**になるという（団藤 429 頁）。本説は、殺人の教唆にもなっているが、これは、正犯に吸収されるものと解する。間接正犯が実現していないにもかかわらず、間接正犯の既遂を認めるのは、教唆犯に関する修正された構成要件と、正犯に関する基本的構成要件の相違を強調する本説の前提に矛盾するであろう。

これに対して、背後者の実行行為が存在するがゆえに間接正犯が認められるが、被利用者が気づいたまま実行に出るのは相当因果関係を逸脱しているがゆえに、**間接正犯の未遂**であるとする見解（中265頁）がある。しかし、背後者が、はじめから情を知っている被利用者を利用する場合には、もともと教唆犯が成立するのであるから、情を知らないものと誤信していたとしても、相当因果関係がなくなるわけではない。したがって、本説も不当である。
　（ii）**教唆犯説**　この説は、間接正犯と教唆犯では、客観的に、構成要件形式が異なることを前提にして、それぞれの故意も異なるが、しかし、間接正犯の故意は教唆犯の故意をそのうちに包摂するものとして、**錯誤論**により**教唆犯の故意**を肯定する。本説によれば、間接正犯の故意は、みずから直接に法規範に違反する意識を含むのに対して、教唆犯の故意には、他人を介して法規範に違反する意識が含まれるにすぎないから、両者は、明瞭に異なるものとされる。しかし、間接正犯の故意は、軽い教唆の故意を含むものであるから、客観的に成立した軽い教唆犯の限度で故意が認められるものとするのである。[8]
　因果的共犯論に立った場合、間接正犯も、教唆犯も、正犯結果を惹起することが処罰根拠であることには変わりがないがゆえに、故意の射程も間接正犯と教唆犯とで共通である。ただ、教唆犯の方が軽いので、教唆犯が成立する。**教唆犯説が妥当**である。[9]
　（b）　**教唆犯の故意による間接正犯行為の実行**　教唆の故意で間接正犯を実行した場合には、**間接正犯の成立を認める少数説**（竹田・立命館学叢5巻2号102頁以下）もあるが、**圧倒的な通説**（泉二667頁、団藤429頁、平野367頁、大塚344頁、西原376頁、大谷466頁、川端626頁）は、**教唆犯の成立**を認める。重い間接正犯を実行したが、軽い教唆犯の故意しかないので、38条2項により、教唆犯が成立する。
　（c）　**間接正犯の経過中の教唆犯への変転**　間接正犯の故意で、情を知らない被利用者に犯罪を誘致したところ、被利用者が、犯罪の実現途中に情を

---

[8] ここで、「38条2項により」軽い教唆犯が成立するとする見解（大谷466頁、川端624頁）があるが、間接正犯の方が重いから誤りである（大谷466頁、川端262頁参照）。なお川端625頁は、逆の場合について「38条2項の趣旨を顧慮して」という。
[9] 平野390頁は、教唆の既遂のほかに、場合によっては間接正犯の未遂が認められ、法条競合で前者だけが認められるとする。しかし、一故意犯説に立つ限り、教唆の故意も、正犯の故意も認められるとするのは疑問である。

知るに至ったが、そのまま実行行為に及んだため、教唆犯を実現した場合の背後者の罪責が問われる。この問題については、すでに詳述した（☞§156、4(4)(b)）ので、**教唆犯**が成立するという結論のみを示しておこう。

§170　共犯の未遂

共犯の未遂とは、共同正犯については、実行行為に出た後に結果を生じさせなかった場合をいい、狭義の共犯については、正犯が未遂に終わったことによって狭義の共犯自体も未遂に終わった場合をいう。

1　共犯の障害未遂

共同正犯の障害未遂は、犯罪共同説からは、全体としての一つの犯罪が未遂に終わった場合をいうが、行為共同説からは、原理的には、共同行為者それぞれについて未遂に終わったかどうかが問題となりうる。しかし、この立場に立っても、共同正犯については、因果関係を共同することが前提であるので、各共同行為者に共同正犯が認められるかぎり、因果的には同一の結果惹起について各共同行為者に客観的に帰属される。主観的には各共同行為者の故意ないし過失の範囲に応じて結果に対する帰責が異なることはありうる。

したがって、原則として、共同行為者のうちの一部の者の行為が、結果を発生させるに至らなかった場合にも、他の共同行為者の行為によって結果を生じさせた以上、その一部の共同行為者の共同正犯も既遂となる。

狭義の共犯の未遂については、共犯独立性説（実行独立性説）と共犯従属性説（実行従属性説）とで基本的に異なる。

共犯独立性説によれば、共犯者（教唆犯・従犯）の行為は、その共犯行為自体を実行行為であるととらえるので、正犯が実行に出たか否かと無関係に共犯行為が未遂に終わった場合、すべて共犯の未遂である。したがって、教唆行為を行ったが相手が犯行を決意しなかった場合、相手が犯行を決意したが実行に出なかった場合、実行に出たが未遂に終わった場合のすべてが、教唆の未遂である。また、従犯についても同様に幇助行為を行ったが正犯の決意を強化しなかった場合も、その幇助行為が実行を容易にしなかった場合も、正犯者が未遂に終わった場合も、すべて従犯の未遂である。

共犯従属性説に立って、責任共犯論ないし不法共犯論を採った場合、共犯

の（修正された）構成要件は、正犯が実行に出たところで終わる。そうだとすると、共犯の構成要件自体は、正犯の実行によって充足されるはずである。それにもかかわらず、共犯が未遂であるとされるのは、共犯の可罰性が正犯に従属すると考えられるからであるとしか説明はできない。[10]共犯が未遂なのは、正犯が未遂に終わったことに従属するがゆえなのである。しかし、このような可罰従属性を認めるのは不当である。共犯は固有の犯罪によって未遂の責任に限定されるべきである。

因果的共犯論に立つと、共犯は、正犯結果を惹起しなかったことによって共犯の（拡張された）構成要件自体を充足しなかったがゆえに、未遂であるということになる。

2 共犯の中止未遂

共犯の中止未遂には、共同正犯の中止未遂と教唆犯・従犯の中止未遂とがある。

(1) 共同正犯の中止未遂

共同正犯の中止未遂は、共同行為者の全員が、任意に（「自己の意思により」）その犯罪を中止した場合には全員に、共同行為者の一部が任意にその犯罪を中止し、それらの者の犯罪結果に対する因果的寄与を解消した場合には、その一部の中止行為者に、成立する。他の共同行為者にとっては、任意の中止ではなく、障害未遂であって、中止の効果は他の共同行為者には及ばない（大判大2・11・18刑録19・1212）。

共同正犯の中止未遂となるために重要なのは、任意の中止によって他の共同行為者の犯罪の完成をも防止し全体としての既遂の成立を阻止するか、または、たとえ犯罪結果が発生したとしても少なくとも・中・止・者・の・因・果・的・寄・与・を・解・消・す・る・ことが必要なことである。

したがって、例えば、強盗を共謀し、共同して暴行脅迫を加えていた者のうちの一人が、途中で自分だけ翻意してその場から立ち去っても、他の者が続行して強取に至った場合には、中止とはならない。

判例には、XとYとが強盗を共謀してA宅に押し入り、YがAに包丁を突きつけている間、Xはそのかたわらに立ってジャックナイフをもっていたが、Aの妻が「自分の家は教員だから金はない」と言って金員を差し出したとき、「俺も困って入っ

---

[10] 団藤430頁が、「教唆者・幇助者は実行行為をするのではないから、自己の犯罪についての未遂ということはない」とし、「正犯が未遂のばあいに、その未遂罪についての教唆犯・幇助犯としての責任を負うのである」とするのは、この趣旨である。

たのだからお前の家も金がないのならばその様な金は取らん」などと申し向けて、何も取らず一人で屋外に出たところ、Yがその金員を強取したという事案について、「その共謀者たる一審相被告人Yが判示のごとく右金員を強取することを阻止せず放任した以上、所論のように、被告人のみを中止犯として論ずることはできない」と判示したものがある（最判昭24・12・17刑集3・12・2028＝**百選97**）。その他、共謀して恐喝の実行に着手した後、自ら遂行を思い止まったとしても、他の者の実行を防止しないかぎり、結果に対して責任を免れないとしたもの（大判大12・7・2刑集2・610）、数名の者が、同一の女子に対する強姦を共謀し、姦淫によって傷害を与えたときは、共謀者の一人が任意に姦淫を中止したとしても、強姦致傷罪の共同正犯の責任を負うとしたものがある（最判昭24・7・12刑集3・8・1237）。

しかし、たとえ他の共同行為者が犯罪結果を惹起したとしても、それに対する任意の中止者の因果的寄与がすでに解消されており、その結果の発生は、中止者の共同行為の結果ではないということができる場合には、結果が発生していない場合と同様に中止犯が成立しうる。これについては共犯関係からの離脱のところ（☞3）で詳述しよう。

(2) 教唆犯・従犯の中止未遂

教唆犯・従犯の中止未遂がありうるかについては、学説はこれを肯定する（団藤430頁、福田299頁、大塚350頁、大谷473頁、川端633頁以下）。

教唆犯・従犯の中止未遂は、教唆者・幇助者が、正犯の実行の後にその犯罪が既遂に至ることを阻止した場合に成立する。その際、正犯が任意に中止した場合には正犯も中止犯であるが、教唆者・幇助者が正犯者の意思に反してその実行の継続を阻止した場合には、正犯は障害未遂である。共犯者と正犯者とは、それぞれにとって中止未遂か障害未遂かが決定されるのであって従属関係はない。

その際、**中止減免の法的根拠**が問題である。結論的には43条但書の準用によらざるをえない。しかし、責任共犯論・不法共犯論と因果的共犯論とでは、「準用」の意味が異なる。前者の立場からは、本来、正犯が実行に出た時点で共犯の犯罪は終わっているのであるから正犯の犯罪が完成するのを共犯者が任意に阻止したとしても、中止犯にはならないはずである。したがって、43条但書は、教唆者・幇助者にも準用され、あるいは適用を拡大されるべきであるということになる（団藤430頁参照）。それは、本来、犯罪が完成した後に、正犯に従属して、正犯が未遂に終わったのだから、任意の中止をした共犯者にも準用するという趣旨である。後者の立場からは、教唆犯・

従犯の犯罪そのものが完了しているわけではないから、正犯者の遂行を阻止することは、自らの犯罪を中止することになる。しかし、この立場でも、43条但書は、正犯の実行を中止した場合の規定であるから、教唆犯・従犯についてはこれを**準用**するという形で中止効果を認めざるをえない。

3 共犯関係からの離脱

> 【文献】相内信「共犯からの離脱、共犯と中止犯」基本講座4巻247頁、大塚仁「共同正犯関係からの離脱」刑法論集(2)31頁、香川達夫『共犯処罰の根拠』(1988) 163頁、西田典之「共犯の中止について」法学協会雑誌100巻2号221頁、山中敬一「共謀関係からの離脱」立石古稀539頁

共犯からの離脱のもとでは、通例、「共謀関係からの離脱」と「共犯関係からの離脱」の二つの場合が論じられる。

(1) 共謀関係からの離脱

共謀関係からの離脱とは、犯罪の実行を共謀した者の一部が、他の共謀者が実行の着手に出る前に共謀関係から離脱したとき（**着手前の離脱**）は、他の共謀者によって実行された犯罪につき共謀共同正犯としての責任を負わない場合をいう。学説にもこれを認めるものがある（川端630頁）。この観念は、共謀共同正犯の観念を否定する見解からは、実行以前の離脱はもともと共同正犯にならず、当然のことであるが（大塚・刑法論集〔2〕32頁）、判例は共謀共同正犯を認めており、共謀関係からの離脱の観念も、判例によって展開されてきたものである。

　判例は、他の者と窃盗を共謀した者が、実行の着手前に単身引き返した事案について、「一旦他の者と犯罪の遂行を共謀した者でもその着手前他の共謀者にもこれが実行を中止する旨を明示して他の共謀者がこれを諒承し、同人等だけの共謀に基き犯罪を実行した場合には前の共謀は全くこれなかりしと同一に評価すべきものであって、他の共犯者の実行した犯罪の責を分担すべきものではない」とした[11]（東京高判昭25・9・14高刑集3・3・407）。

　判例によれば、**離脱の要件**として、離脱しようとする者が、たんに離脱の意思を抱くだけでは十分ではない（福岡高判昭24・9・17高刑特1・127、東京高判昭26・10・29高刑特25・11）が、その意思を他の共謀者に**表明**し、それが**了承**されれば足りるとさ

---

[11] 臼井=前田=木村=鈴木『刑法判例研究Ⅱ』(1968) 126頁以下参照。さらに、判例の総合的研究として、鈴木義男「実行着手前における共謀関係からの離脱」同書126頁以下。

れている（前掲東京高判昭 25・9・14、大阪高判昭 41・6・24 高刑集 19・4・375、東京地判昭 31・6・30 判例体系 31・1100 の 6）。さらに、「当初の共謀関係が崩れ去ってしまった」ことを要求するものもある（神戸地判昭 41・12・21 下刑集 8・12・1575）。また、離脱の表意は必ずしも明示的である必要はなく、**黙示的**なものであってもよいとする（福岡高判昭 28・1・12 高刑集 6・1・1）。しかし、共謀関係の離脱というためには、自己と他の共謀者との共謀関係を完全に解消することが必要であって、殊に離脱しようとする者が共謀者団体の頭であって他の共謀者を統制支配しうる立場にあるものであれば、離脱者において共謀関係がなかった状態に復元させなければ、共謀関係の解消がなされたとはいえないとするものがある（松江地判昭 51・11・2 刑月 8・11＝12・495）。その他、毒物及び劇物取締法違反事件につき、2 か月以上前に販売行為について共謀したが、その間、共謀の解消や離脱の意思表示がなされたことはなかった場合でも、共謀の背景にあった諸事情が **2 か月余の時間の経過**とともに大幅に変化した場合には、共謀が暗黙のうちに**解消**していたということがありうるとしたものがある（東京地判昭 52・9・12 判時 919・126）。

第 1 の暴行のあと、被害者に「大丈夫か」などと問いかけた被告人に腹を立てた共犯者 B と口論となり、B が、**いきなり被告人に殴りつけて失神させた**うえ、被告人らをその場に放置したまま他の共犯者 C らと一緒に被害者ともども別の場所で第二の暴行に及んだという事案では、「**B** を中心とし被告人を含めて形成された共犯関係は、被告人に対する暴行とその結果失神した被告人の放置という **B 自身の行動によって一方的に解消され**、その後の第二の暴行は被告人の意思・関与を排除して B、C らのみによってなされたものと解するのが相当である」としたもの（名古屋高判平 14・8・29 判時 1831・158）がある。

平成 21 年には、**共謀関係からの離脱**に関する最高裁判例（最決平 21・6・30 刑集 63・5・475＝7 百選 **94**）が出て、共犯からの離脱に関する最高裁判例における離脱要件を共謀関係からの離脱にも適用した。すなわち、離脱しようとする者が、他の者に一方的にその離脱の意思を伝えただけの場合、その後、他の者がそれを知った上で、犯行を続行した場合でも、共謀関係の「解消」は認められないとした。ここには、犯行に向かう因果関係を遮断しなければ解消できないという基本的な考え方があるように思われるが、これには疑問がある。[13] まず、**最高裁決定の事案と決定要旨**を簡単に紹介しよう。

事案は、X が、共犯者数名と住居に侵入して強盗に及ぶことを共謀したところ、共犯者の一部が家人の在宅する住居に侵入した後、X は、見張り役の共犯者がすでに住居内に侵入していた共犯者に電話で「犯行をやめた方がよい、先に帰る」などと一方的に伝えただけで、格別それ以後の犯行を防止する措置を講ずることなく待機し

---

[12] この東京地判は、共謀が「犯行の推進力とはならない」として離脱者の責任を否定したが、ここには因果関係的な視点がみられる（相内・基本講座 4 巻 249 頁参照）。
[13] 山中「共謀関係からの離脱」立石古稀（2010 年）539 頁以下参照。

ていた場所から見張り役らと共に離脱した後、残された共犯者らがそのまま強盗に及んだというものである。この事案につき、**最高裁**は、「被告人が離脱したのは強盗行為に着手する前であり、たとえ被告人も見張り役の上記電話内容を認識した上で離脱し、残された共犯者らが被告人の離脱をその後知るに至ったという事情があったとしても、当初の共謀関係が解消したということはできず、その後の共犯者らの強盗も当初の共謀に基づいて行われたものと認めるのが相当である」とした。

本書の立場からは、共謀関係からの離脱は、もともと**教唆・幇助からの離脱**に過ぎないことは措くとして、共謀共同正犯肯定説からも、この事例のような場合、必然的に共謀共同正犯関係の「解消」が認められないという結論に至るのであろうか。まず、「解消」には、「因果関係の遮断」が必要だとする基本的な考え方に問題があることを認識すべきである。実行の着手以前における共犯関係の解消の基準は、その共犯関係の種類に応じて異なる。まず、共謀共同正犯の解消には、因果関係の遮断は、十分条件ではあるが、必要条件ではない。最低限必要なのは、**共謀関係ないし正犯の要件を解消すること**である。したがって、共謀共同正犯が否定されても、因果関係は遮断されていないので、教唆・幇助は残りうることになる。本件において、離脱者が、離脱の意思を他の共犯者に伝え、その後、残りの者は、その離脱を知ったうえで、実行に着手している。離脱者の役割は主導的なものではなく、犯行現場の下調べは行ったが、誘われて仲間となったものである。このような場合、他の共犯者の実行行為の時、すでに「自己の犯罪」を行う中心的で重要な役割から、その関与がなくても残りの者で実行することが可能な**従たる役割に格下げされている**といえる。したがって、この場合、いまだ幇助にはなっても、すでに共謀共同正犯とすることはできないと解すべきである。

(2) 共犯関係からの離脱

共犯関係からの離脱とは、一般的には、実行の着手があった後に、共犯の一部の者が、犯意を放棄し、以後の関与行為を中止することをいう。これには、**共同正犯からの離脱**の場合と**教唆・幇助関係からの離脱**の場合とがある。

共同正犯関係からの離脱とは、共同正犯の実行の着手の後に共同行為者の一部の者が、犯意を放棄し、実行行為を中止することをいう。他の共同行為者が、それによって既遂に至らなかった場合と、残りの者だけで行為を続行し、既遂に至った場合とがある。既遂に至らなかった場合は、任意の中止でないかぎり、すべて障害未遂である。既遂に至った場合も、離脱者が、自らの因果的寄与を完全に解消して、結果発生に対して因果的影響を及ぼしてい

なければ、離脱者については障害未遂となる。

共同正犯関係からの離脱について、共同正犯中の一部の者が、他の共同者との相互利用・補充の共同関係を断ち切って、その共同正犯関係から離れ去ることであると定義し、その後の他の共同者の実行から生じた犯罪的結果については罪責を帰せられないとする見解（大塚348頁）がある。この見解は、共同正犯関係からの離脱を、もともと、共同正犯の一部の者による中止が奏功せず **共同正犯が既遂に至った場合**、中止犯にはならないという命題を基礎に、中止犯にはできないが、その中止行為によって当該共同正犯関係から離脱したものとして扱い、**障害未遂に「準じて」**任意的減軽をなしうるものとするという理論として展開されたものである。この見解によれば、「離脱」そのものが、重要な意味をもつ。この見解は、犯罪的結果が発生してしまった以上、決して「未遂」にはならず、したがって、「離脱」によって、未遂に準じて取り扱うための理論として「共同正犯関係からの離脱の理論」を構想するという点にその中核が認められる。

この見解の内部で、**終了未遂の段階**で、結果発生を阻止するための真剣な努力を払った場合にも、離脱が認められるかにつき、積極説（大塚・刑法論集〔2〕37頁）と消極説（佐久間404頁）とに分かれている。「離脱」が、実行行為中になされる必要があるか、それ以降でも、「離脱」できるかをめぐる対立であるが、より理論に忠実であろうとすれば、たんに因果関係の遮断を意味するにすぎない終了未遂時の「離脱」は認めないという見解を採る必要があろう。しかし、この見解を採れば、実際的妥当性は減少する。

因果的共犯論に立つならば、「相互利用・補充関係」を断ち切ることも、発生した結果について、その離脱者の因果的寄与とみなさないのも、原則として、既遂とならないとするためには同一の意味をもつにすぎない。この見解によれば、「離脱」は特別な意味をもったものではなく、結果に対する **因果的寄与を遮断する**ための一つの契機にすぎない（平野383頁、西田・法学協会雑誌100巻2号6頁・31頁、中山506頁、福田300、前田543頁、川端633頁）。したがって、共同正犯関係からの離脱とは、共同正犯の中止犯とならないものを救済するための独自の意味をもつ理論ではなく、共同正犯の処罰根拠は、共同

---

[13] 大塚・刑法論集（2）35頁以下、佐久間404頁参照。なお、相内・基本講座4巻253頁も参照。
[14] 香川421頁は、共犯関係の離脱という発想の契機は、中止未遂として救済されない者の救済対策としてであったとされ、このような見解に対して批判的である。

第5節　共犯の諸問題　§170　共犯の未遂◇

行為者各自の因果的寄与にあるがゆえに、因果的寄与を遮断した者には、既遂を帰責することはできないという一般的命題の内容の一つにすぎない。

結局、共同正犯の中止未遂と離脱の場合とはどの点が異なるのかといえば、中止未遂にあっては、中止行為のほかに「任意性」が必要であるが、離脱の場合には、「任意性」は必要でなく、因果的寄与の遮断があればよいという点であるにすぎない。したがって、離脱の場合で、任意性が認められれば、中止犯である。

　　共同正犯関係の離脱について**最高裁の判例**がある。まず、次のような事案に対する判決がある。被告人XはYおよびAとともにスナックで一緒に飲んでいたが、Aの態度に憤激し、Y方に連行して、Yと意思を通じ、約一時間ないし一時間半にわたってAに対して手拳、竹刀、木刀等で暴行を加えた。その後、Xは、「おれ帰る」といっただけで、現場を立ち去った。Xが立ち去って後、Yは、Aの言動にふたたび激昂して顔を木刀で突くなどして暴行を加え、頸部圧迫等により死亡するに至らしめた。その死亡が、Yの後の暴行によるものかどうかは証拠上明らかとならなかった。最高裁は、「被告人Xが帰った時点では、Yにおいてなお制裁を加えるおそれが消滅していなかったのに、Xにおいて格別これを防止する措置を講ずることなく、成り行きに任せて現場を去ったに過ぎないのであるから、Yとの間の当初の共犯関係が右の時点で解消したということはできず、その後のYの暴行も右の共謀に基づくものと認めるのが相当である」として、Xに傷害致死罪を認めた（最決平元・6・26刑集43・6・567＝百選**95**）。

　　さらに、共同して正当防衛行為を行ったが、その後、共同行為者の一方のみが、過剰防衛行為を行ったときに、その点まで、共謀が及ぶかどうかという問題を取り扱った**最高裁の判例がある**（最判平6・12・6 刑集48・8・509＝百選**96**）。被告人Xは、友人Yらと歩道上で雑談していたところ、酩酊して通りかかったAと言い争いになり、Aが仲間の女性の髪を引っ張る等の暴行を始め、髪をつかんだまま向かい側のビルの駐車場入り口付近まで連行したので、Xらは追いかけ、Aに暴行を加えてようやく髪から手を放させた。その後、Aは、さらに悪態をつき、駐車場奥へ移動したのでXらも追っていった。駐車場中央付近で、YがAに殴りかかったが、仲間がこれを制止した。Yは駐車場奥でなおも制止を振り切ってAの顔面を手拳で殴打し、Aは転倒してコンクリート床に頭部をぶつけて頭蓋骨骨折等の傷害を負った。Xの行為は、Yの行為と一連一体のもので過剰防衛となるか、それとも後の過剰行為については、Yの行為と切り離されるかが論点である。

　　判決は、「後の暴行を加えていない者について正当防衛の成否を検討するに当たっては、侵害現在時と侵害終了後とに分けて考察するのが相当であり、侵害現在時における暴行が正当防衛と認められる場合には、侵害終了後の暴行については、侵害現在時における防衛行為としての暴行の共同意思から離脱したかどうかではなく、新たに共謀が成立したかどうかを検討すべきであって、共謀の成立が認められるときに初め

て、侵害現在時及び侵害終了後の一連の行為を全体として考察し、防衛行為としての相当性を検討すべきである」とし、本件については、共謀があったと認定できないとして、Xに**無罪**を言い渡した。

　この判決の事例では、先の防衛行為に関する共謀と共同実行は、正当防衛行為に向けられている。すなわち、Xは、Yらと正当防衛をするという意思はあったが、犯罪行為を行うという意思はなかった。したがって、正当行為についての共同実行の意思があったにすぎない。その後のYの過剰行為は、因果的には、**それ以前の正当防衛行為の延長**とみなされえないわけではない。しかし、ここでは、先の「共謀」と正当防衛の「共同実行」の「因果的影響」ではなく、すでに「正当防衛」に関する「共謀」の「規範的意味」が重要である。因果的影響があったとしても、それは、犯罪事実の「共謀」の延長に関する離脱の問題とは異なり、正当行為の「共謀」そのものの**規範的限界**が問題なのである。このような意味で、判決は、共犯からの離脱の問題ととらえるのではなく、前の共謀とは規範的意味の異なる「新たな共謀」があったかどうかを検討すべきだと述べたのである。

　以上の判例の趣旨から明らかになるのは、いったん与えられた事実的な因果的影響を完全に解消することは不可能に近いと思われる（団藤431頁参照）が、その**規範的意味の観点**から、**客観的帰属**を否定しうるのであれば、障害未遂にとどまると考えるべきであるということである。離脱は、まさに、共謀と共同実行の心理的・物理的な因果性からの、少なくとも規範的離脱を意味するべきである。例えば、強盗を共謀して他の共同実行者との暴行の共同実行中に、仲間割れして、「邪魔者」扱いされたため、「俺はやめる」といって立ち去ろうとしたところ、他の共謀者から「勝手にしろ」と言われたのでそのまま立ち返った者は、その以前の因果的寄与を完全に解消したわけではないが、**規範的観点**からその因果的寄与を評価するならば、その後の強取については、共犯関係を離脱したものとみなされてよいように思われる。共謀関係は、合意によって解消されたと規範的に評価されうるからである。

　この規範的観点から客観的帰属が否定されるかどうかが問題となる場合について、基礎視座を明らかにしておくと、以下の如くである。

　（i）　**予備段階における主導的役割からの離脱**　予備段階において、犯行計画立案、犯行のための情報収集、準備行為の遂行等において主導的役割を果たした者が、実行の着手の前に、「犯行をやめよう」と提案したが、仲間がこれを聞き入れず、実行に及んだ場合、共謀共同正犯否定説からは、離脱者は、もともと教唆にすぎないが、共謀共同正犯肯定説からも、共同正犯ではなく、幇助とされるべきであろう。この場合、予備段階において果たした

主導的役割は解消されてはおらず、仲間がなお犯行に及んでいるから、完全な離脱は認めるべきではないが、行為寄与を弱めているので、幇助に格下げすべきであると思われる。

（ⅱ）　**実行の着手後の心理的寄与の完全な解消**　犯行を共謀した共同正犯者の一人が、実行の着手の後に、その心理的共同関係を解消することなく、仲間に気づかれることなく中止した場合には、心理的因果関係は切断されていないので、中止犯ないし共犯関係からの離脱は認められない。このことは、たんに一方的に離脱を宣言し、実行行為を中止する場合も同じである。共同者が離脱を了承し、その行為寄与ないし心理的寄与の影響から脱してなお犯罪を続行した場合には、離脱者は中止犯ないし障害未遂である。

（ⅲ）　**予備段階における物理的寄与の解消**　正犯の犯行のために合鍵を提供するなどの物理的幇助を行った者が、その後、正犯の実行の着手までに後悔し、正犯に話したところ、正犯者が「何もしない」と答えたので、安心していたが、正犯者はその合鍵を使って侵入窃盗を行った場合、幇助者の離脱は認められない。物理的因果関係は切断されていないからである。しかし、正犯者がいったん幇助者に説得され、犯行を放棄したが、その後、その合鍵を使って新たに別の犯行を実行したときには、この犯行については責任を負わない。

（ⅳ）　**共同実行中の共同支配の解消**　共同正犯者が、正犯結果に対して物理的な因果関係を設定したが、後悔し、その設定を解除しようとしたところ、仲間から殴り倒されたり、身体を縛られたりして物理的に犯行の全体的阻止を妨げられた場合、正犯結果に対する事実的帰属は否定されえないが、規範的観点からみてそれ以降の事象に対する共同支配は失われており、規範的客観的帰属は否定すべきであるから、中止犯ないし障害未遂の責任しか負わないというべきであろう。

（ⅴ）　**行為寄与の規範的帰属関係の解消**（新たな犯行の実行）　離脱者の正犯結果に対する責任が否定されるのは、実行者が、離脱者の離脱前の行為寄与を決定的なものとせず、その行為寄与の影響なしに、新たな犯行を遂行したと評価できる場合である。共謀ないし教唆・幇助からの離脱者の加担段階における犯行計画とはまったく異なった犯罪類型を実行した場合には、離脱は認められるであろう。たとえば、窃盗の代わりに詐欺が行われ、器物損壊ではなく、放火が行われたといった場合がそうである。また、犯行をいったん

中止し、まったく別の場所・別の日時に同種の犯罪を実行した場合にも、離脱は肯定されるであろう。

客観的に新たな犯行と評価できる場合のほか、従来とは独立の「**新たな犯行意思**」にもとづくと認められる場合には、離脱が認められるとする下級審判例も少なくない。しかし、この新たな意思に基づくかどうかの判断は、主観のみではなく、客観的に新たな犯行と評価されるかどうかを基礎にして、その評価を補う要素として用いられるべきである。

> 判例は、毒物及び劇物取締法違反事件における劇物所持罪に関する離脱が問題となった事件において、共謀してその劇物の所持の実行行為を継続していた者から取り返しを要求する真摯な努力をせず、「当初の共謀とは全く別個の意思で改めて所持するに至ったものと認めるべき特段の事情も存しない」場合には、離脱は認められない（東京地判昭51・12・9判特864・128）とする。

(3) 教唆犯関係からの離脱

教唆犯が、正犯が実行行為に出た後、その実行行為の最中に、またはその実行行為の終了後に、その犯罪の実現を阻止すべく真剣な努力を払ったが、結果が発生してしまったときに、教唆犯の「障害未遂に準ずる」罪責を問われるものとし、これを「**教唆犯関係からの離脱**」と呼ぶ見解がある（大塚350頁）。しかし、このような特別な離脱を認めることはできない。この見解によれば、結果が発生し、結果が客観的に帰属しうるにもかかわらず、なお、障害未遂に準ずることを認めるのが、教唆犯関係からの離脱の理論であるが、あくまで、真剣な努力によって因果的寄与が遮断され、帰属が否定された場合に、障害未遂になるにすぎないと解すべきである。中止犯の救済策としての理論構成は、ここで問題を露呈する。

教唆犯関係からの離脱は、因果的共犯論にとっては、教唆犯の因果的影響が、正犯の未遂段階にとどまった場合には、障害未遂に対する教唆にとどまるということを意味するにすぎない。

(4) 従犯関係からの離脱

従犯の中止犯が不成功に終わった場合にも、同様に「従犯関係からの離脱」を認めて障害未遂に準じた取扱をなすべきだとする理論（大塚350頁）があるが、教唆犯の場合と同様、不当である。従犯関係からの離脱も、特別の意味はなく、正犯結果に対する従犯の因果的寄与が遮断された場合には、従犯は、障害未遂にとどまるというにすぎない。

§171 共犯の競合

　共同正犯、教唆犯および従犯が競合するとき、例えば、教唆犯が、教唆の後に、被教唆者とともに教唆にかかる犯罪を共同実行した場合、あるいは教唆の後に教唆にかかる犯罪を幇助した場合に、どのような犯罪が成立するかが、共犯の競合の問題である。その場合、共同正犯、教唆犯、従犯という三つの共犯形式は、いずれも基本的構成要件の実現に加担する行為形態を含むものであり、基本的な罪質は異なるわけではない。その関係は法条競合となる。すなわち、軽い共犯形式は重い共犯形式に吸収され、従属的な共犯形式は、独立的な共犯形式に吸収される（大塚351頁、香川433頁、大谷474頁、川端634頁）。ここでは、もっとも重い形式によって包括的に評価されると考えられている（団藤445頁）。

　　少数説によれば、「補充的関係」に立つとされる（瀧川73頁以下、木村427頁）。補充関係とは、ある刑罰法規が他の法規が適用されない場合にかぎり補充的に適用される関係に立ち、同一の法益への攻撃の程度によって段階づけられている場合を意味するが、因果的共犯論に立つかぎり、共同正犯、教唆犯および従犯は、同一の法益に対する攻撃の段階的差異が認められる犯罪であるから、これらは、**補充関係**に立つものとする見解が妥当であろう（山中・新判例コン3巻279頁参照）（☞§176, 2 (3)）。

　いずれにせよ、教唆者、幇助者が、さらに正犯者と実行行為を共同にしたときには、共同正犯のみが成立し（大判昭8・11・27刑集12・2134）、教唆者が、後に被教唆者を幇助したときは、教唆犯のみが成立する（大判大12・7・12刑集2・718）。

第8章　罪数論

第1節　総　説

【文献】青柳文雄「罪数論」刑雑21巻2号1頁、岡野光雄「速度違反罪の罪数に関する一考察」研修530号3頁、岡部信也「交通事犯の罪数と裁判例の動向」中山退官433頁、鈴木茂嗣「罪数論」現代刑法講座3巻291頁、只木誠『罪数論の研究』(2004)、伊達秋雄「罪数論」法律のひろば9巻1号6頁・6号35頁、中野次雄「共犯の罪数」齊藤還暦347頁(『刑事法と裁判の諸問題』〔1987〕78頁所収)、中山善房「罪数論の現状」中野還暦167頁、林幹人「罪数論」現代的展開〔Ⅱ〕268頁(同『刑法の基礎理論』〔1995〕215頁所収)、古田佑紀「罪数論の功罪」判タ535号77頁、前田雅英「一罪と数罪」基本講座4巻272頁、的場純男「実務における罪数論の意義」刑雑37巻1号87頁、丸山雅夫「速度違反罪の罪質と連続してなされた速度違反の罪数」警研63巻9号頁、虫明満「罪数と法的効果」刑雑37巻1号53頁、村崎精一「一罪と数罪」刑法講座4巻176頁

§172　罪数論の意義

　構成要件に該当する違法で有責な行為を1回行えば、一つの犯罪が成立するのが原則である。

　しかし、人を傷害するつもりで、2回連続してナイフで突き刺した場合、二つの傷害罪が成立するのであろうか、また、1回の行為で会社の事務室の机の上に重ねて置いてあった財布を二つ一緒に盗んだところ、それぞれ異なった所有者に属するものであった場合、窃盗罪は一つ成立するのであろうか、それとも二つ成立するのであろうか。そこで、二つの傷害罪ないし窃盗罪が成立するとした場合、刑罰は、どのように算定されるのであろうか。

　罪数論はこのような問題を論じるものであり、それは、犯罪が1個（一罪）成立するのか複数個（数罪）成立するのか、それをどのような基準で区別するのか、また、数罪が成立する場合には、どのような刑を科するべきかを論

じる。このように、罪数論は、一人の行為者について犯罪の成立する個数と犯罪が複数個成立する場合にそれに対する科刑を論じるものであるから、**犯罪の競合**（Konkurrenz）を論じるものであるともいえよう。犯罪の個数の問題は、また、告訴、時効、公訴事実、既判力などの**刑事訴訟法上の問題**に関連する。

罪数論については、通常、犯罪論の最後に論じられ、犯罪論と刑罰論とのはざまに位置する。そこで、その**性格**については、本質的に犯罪論なのか刑罰論なのかについて見解の相違がある（鈴木・現代刑法講座3巻284頁、中山・中野還暦185頁、同・大コン4巻175頁以下、只木・罪数論の研究175頁以下参照）。一般的には、犯罪成立要件に位置づけられるべきである[1]。しかし、それをもう少し詳しく言うと、それは、刑罰論を考慮した犯罪論にこそ位置づけられるべきものである。すなわち、「可罰性」評価を前提とした犯罪成立論である必要があろう。その中でも、主として可罰的違法論ないし責任論の問題であるが、正確には、犯罪論の全段階を縦断しているものとするのが妥当であろう。

§173　犯罪の個数の決定基準

1　学説の検討

(1)　各説の内容と問題点

犯罪が一罪であるのか数罪であるのかを決定する基準については、さまざまな学説に分かれている。それらを列挙すると、①犯意を基準とする説、②行為を基準とする説、③法益ないし結果を基準とする説、④構成要件を基準とする説、⑤一つの基準によって罪数を決定することは困難であり、基準を個別化するべきであるとする説とがある。

①**犯意基準説**は、行為者の「**意思**」が犯罪の本質であるとする主観主義刑法学から唱えられる（牧野〔下〕799頁、江家198頁、木村429頁）。しかし、客観主義からみると、犯罪的意思ではなく、客観的な犯罪的事実が犯罪の本質である。この説は、実際上も、結果が多岐にわたった場合でも、行為が一つであれば一罪とする点で疑問である。例えば、同時に二人を殺害しようとする

---

[1] 植松419頁以下は、刑罰論の中で扱う。

意思で、二人を殺した場合には、犯罪的意思は一つであり、法益主体が異なっても一罪である。これに対して、一人を殺害した後に、もう一人を殺害しようとした場合には、犯罪意思が二つあることになって、二罪が成立することになる。この説によれば、観念的競合の場合も牽連犯の場合も、1個の意思にもとづくかぎりは、すべて一罪となる点でも不合理である。

② **行為基準説**（山岡万之助『刑法原理』240頁、岡田（庄）448頁、島田武夫『刑法概論総論』185頁）については、ここにいう「**行為**」とは身体的挙動としての行為ととらえられているようである。これによるならば、1個の身体的行為から複数の法益侵害が生じた場合にも、犯罪は一つということになるが、法益侵害は、犯罪の本質的な要素であり、犯罪の個数の判断にそれが考慮されないのは不当である。また、例えば、この説によるならば、一家を皆殺しにしようとして汁鍋に毒を入れると一罪であるが、各人の食器に投入すれば、行為が1個か数個かを決定する基準について疑問が生じる。

③ **法益（結果）基準説**は、侵害された「**法益**」の数、とくに発生した犯罪的結果の数を基準にして犯罪の個数を決める見解（泉二563頁、宮本210頁、瀧川257頁、植田188頁）をいう。しかし、行為や構成要件を基準にせず、法益侵害の数のみを基準とすると、行為者が被害者の身体を2回連続して突き刺した場合、あるいは、スーパーの商品であるキャンディーを両手で相前後してポケットに入れた場合、法益侵害は、二つ存在するのであろうか、あるいは一つなのであろうか。また、法益は単一であるが意思が中断し、方法が変更され、時間的隔絶が認められる場合でも一罪とされるのかに問題がある。

④ **構成要件基準説**は、構成要件を1回充足する事実があれば一罪であり、2回充足する事実があれば、二罪であるとする（小野265頁）。すなわち、罪数は構成要件的評価の回数によって定まるものとする（団藤437頁、佐伯371頁、中269頁、福田302頁、大塚487頁、大谷476頁、川端637頁、野村439頁）。この構成要件基準説が通説であり、判例もこれに従う（最大判昭24・5・18刑集3・6・796、最判昭28・3・20刑集7・3・606）。この立場は、実質上、犯罪意思も、犯罪行為も、法益もすべてを総合的に考慮しつつ構成要件的評価を行おうとするものとされる（大塚488頁）。

基本的には、犯罪の単複は、構成要件的評価によるべきである。自然的行為や自然的な意思ないし結果のみでは、何を一つの犯罪と評価するかという法的な基準がないのと同じであって、「犯罪」の個数を決定するには適しな

い。強盗罪のような結合犯について、被害者を2回殴っても強盗罪が二罪成立するわけではなく、監禁罪のような継続犯について、監禁状態の続く間、1個の犯罪とすべきであるが、構成要件基準説以外によれば、これを一罪とする明確な根拠を挙げることは難しいといってよい。

⑤ **個別化説**（平野408頁、西原371頁、前田553頁）は、構成要件基準説は、単純一罪かどうかを区別するには適当であるが、包括一罪・科刑上一罪の一罪性を説明するには適切でないとして、構成要件基準説を前提としたうえで、一罪性を説明すべき対象が、包括一罪か科刑上一罪かなどに応じて、基準が異なってよいとする。それによれば、包括一罪では「行為および結果」の一個性が、科刑上一罪では「行為」の一個性が基準になるという（平野408頁）。

(2) 構成要件基準説と総合的考慮

構成要件基準説は基本的には正しいが、これのみで、罪数論における問題がすべて解決しうるわけではない。しかし、包括一罪においては、混合的包括一罪のように、結果（犯罪類型）が異なる場合にも一罪性が認められることもあり、また、科刑上一罪においても、「行為」の単複は、身体の運動としての行為の単一性のみならず、とくに牽連犯の場合には、手段たる行為と目的たる行為とは、あきらかに身体的運動ないし社会的意味における行為としては単一でないのであり、ここでは、「行為」以外の要素が「一罪性」を根拠づけているといわざるをえないであろう。

かくして、基本的には、構成要件基準説が正当であるとしても、構成要件基準説も、短時間に同じ構成要件が数回実現された場合、あるいは、構成要件実現が段階的に進展するような場合について、一罪とすることを説明するのは困難なのである。例えば、通貨偽造罪（148条1項）において、偽造通貨を何枚も輪転機で印刷した場合、構成要件実現は、何回も行われているともいえる。また、はじめは首を絞めて殺そうとしたが、抵抗にあったので、側にあった鈍器で頭を殴って殺害した場合のように、未遂から手段を変更して既遂に至ったような場合に、構成要件的評価が1回かどうかは、純粋に「構成要件的評価」の回数という基準のみでは明らかではない。

このようにして、構成要件基準説を採用したとしても、行為の自然的・社会的単一性、行為者の意思決定、法益の種類、行為の状況をも考慮せずには、犯罪の個数を決定することはできないといってよい。構成要件基準説も、犯罪意思、犯罪行為、法益の意味などを総合的に考慮して、構成要件的

評価を行おうとするのである（団藤438頁、福田302頁、大塚488頁、大谷479頁以下、川端637頁、野村439頁）。したがって、問題は、構成要件基準説による総合的考慮の各因子のもつ意味の分析であるが、この点の考察は、従来、不十分であったといわざるをえない。

　構成要件基準説は、「どこまでの事実をある構成要件によって包括的に評価することができるのかの限界をあきらかにするのが、いまわれわれの任務である」（団藤437頁）として、「事実の包括性」の限界の問題がまだ残されているものとする。そして、これを「同質的な事実に対する評価の包括性の限界」（**構成要件的評価の同質的包括性**）と「異質的な事実に対する評価の包括性の限界」（**構成要件的評価の異質的包括性**）という二つの面に分けて考察する（団藤437頁以下、大塚494頁、川端644頁以下）。

2　考察（可罰類型的不法評価説）

(1) 構成要件基準説の限界

　従来のわが国の議論は、犯罪の個数を決定する基準を何に求めるかを論じてきた。それを構成要件的評価の回数に求めることは出発点としては正しい。しかし、構成要件が予定している「行為」の内容や、規範の目的に応じて、数回、構成要件該当行為を行っているようにみえても一罪とされる場合がある。これを構成要件基準説で説明するのは困難である。

　そうだとすると、構成要件基準説は、もっとも明白な場合について、構成要件該当行為が1回行われた場合に一罪とするという以外に、何も言明していないことになる。したがって、構成要件基準説の意義は、一罪性・数罪性を決定する基準ではないことを明確に認識すべきである。構成要件基準説は、たんに一罪であると認識するための最低限の要件は何かを論じるための基準であるにすぎない。

(2) 可罰類型的不法評価説の展開

　法が一罪か数罪かを区別する根拠は、結局、形式的な構成要件充足の回数によるのではなく、当該の構成要件が予定する**実質的な可罰類型的不法の全体的評価**の回数によるというべきである。構成要件は類型化された不法であり、その類型化は、基本類型・派生類型などのシステムをもっている。しかし、その類型の中心にくるのは、統一的な違法評価である。例えば、賄賂の「要求」「約束」「収受」は、それぞれ「行為類型」は異なっても、実質的な不法評価は統一的である。また、同一の機会に同一の決意にもとづいて、同

一の被害者に対する複数の殴打行為をはたらく行為は、それぞれが、構成要件に該当する行為であるけれども、その規範違反行為である不法は、一連の行為を統一的に評価してはじめて制裁規範の対象となる不法となる。このように、一罪性を決定するのは、その不法に対応する制裁を科するために合理的に要求される実質的な不法評価の統一性である[2]。また、このような評価上一罪となる場合については、当該の犯罪類型に対して規定された法定刑には、すでにこのような統一的な可罰類型的な不法評価が織り込み済なのである。

　その可罰類型的不法評価の基礎をなすのは、①「行為」とは、**一個の意思活動に帰属可能な身体の挙動**であることを前提に、②**自然的観察にもとづいて社会的見解上1個のもの**と評価される行為（自然的行為の単一性）であること、③自然的観察においては複数の行為のようにみえても、**構成要件自体が複数の行為を予定している**ために、1回のみ構成要件を充足する行為と評価される場合（構成要件的行為の単一性）であること、④**法的根拠から1個の行為と評価される行為**（法的行為の単一性）であること、といった基準によって判断される全体的評価である。

　①の基準は、最小限の行為の単一性を表す。②の基準は、後に検討するように、観念的競合において、「1個の行為」（54条1項）とは何かが決定されなければならないという意味で重要である。とくに反復行為・承継行為の可罰類型的な全体的不法評価の基礎となる。③の基準は、例えば、強姦罪のように、暴行・脅迫行為と姦淫行為という、複数の「行為」から構成される多行為犯や、強盗罪が暴行罪・脅迫罪と窃盗罪を結合させてできているように、複数の犯罪を構成する要素である行為を結合させて作られる結合犯、あるいは、通貨偽造罪のように、1枚の通貨を偽造しても1度に多数の通貨を偽造しても1回の構成要件を充足する包括犯（Pauschaldelikt）など、構成要件の種類によって一罪性が決定されることを明らかにする。④の基準は、牽連犯のように、複数の行為を実定法が一罪とみなしているように、法的評価において一罪と評価される場合を説明する。

---

[2] これに対して、成立した複数の犯罪の科刑上の評価は、統一的な可罰的責任評価による。

第 2 節　本来的一罪

【文献】只木誠『罪数論の研究』(2004)、中山善房「混合的包括処罰犯」司法研修所論集創立五十周年記念特集号3巻（刑事編）82頁、平野龍一「法条競合と包括一罪」警研64巻5号3頁、町野朔「法条競合論」平野古稀〔上〕409頁、虫明満『包括一罪の研究』(1992)、同「包括的一罪」基本講座4巻298頁、同「いわゆる混合的包括的一罪について」香川法学14巻3＝4号603頁、村崎精一「法条競合」熊本法学2号1頁、同「刑法における法条競合論」金沢大学法文学部論集法学篇 (14) 1頁、山火正則「『包括的一罪』の研究 (1)」神奈川法学9巻2号、同「法条競合の諸問題 (1) (2)」神奈川法学7巻1号1頁・2号13頁

§174　一罪と数罪の意義

1　単純一罪・包括一罪・法条一罪

　本来的一罪とは、**犯罪成立上の一罪**をいう。それは、1個の構成要件に1回該当するものと評価された事実をいうが、実際的には、認識上の一罪のみならず、統一的な構成要件的違法評価（可罰類型的不法評価）に服するものをも含む。かくして、本来的一罪は、単純一罪、包括一罪および法条一罪（法条競合）とに分けられる。[1] **単純一罪**とは、構成要件を充足するのに必要な最小限度の回数の動作により、1個の構成要件に1回該当すると認識される場合をいう。これに対して、**包括一罪**とは、認識上、数回構成要件に該当するようにみえるが、統一的な可罰類型的不法評価の観点から1回の構成要件的評価に包括されるべき犯罪をいう。**法条一罪**（Gesetzeseinheit）とは、犯罪が外見上競合するかにみえるが、実は、可罰類型的不法評価が競合する場合であって、一つの可罰的不法評価が他を排除する場合をいう。

　これに対して、1個の構成要件に数回該当すると評価される場合、または数個の構成要件のそれぞれに該当すると評価される場合を**数罪**という。実際

---

[1] 学説の中には、単純一罪と本来的一罪とを同義として、そこで包括一罪について論じる見解（大塚489頁以下、内田338頁）もあるが、不当である。

的には、複数の可罰類型的不法評価に服する場合をいう。数罪には、**科刑上一罪**としての観念的競合・牽連犯（54条）、**併合罪**（45条以下）、および**単純数罪**がある。

2　認識上の一罪と評価上の一罪

わが国の通説の説明では、**単純一罪**とは、外形上1個の構成要件に1回該当することが明白であり、特に構成要件上の評価を加える必要のない犯罪をいうと定義されている（大谷477頁、川端638頁参照）。単純一罪とは、上述のように、必要最小限の回数の身体的動作により、1個の構成要件に1回該当すると認識される場合をいうのである。単純一罪かどうかを見分ける基準として用いられるのが、先の構成要件基準説である（平野408頁）。学説の中には、単純一罪の中に、法条競合の場合を含めるものがある（平野409頁、大谷477頁、川端638頁）。しかし、認識上複数の構成要件が競合する場合は、単純一罪ではないといわざるをえない。

学説の中には、本来的一罪を「**認識上の一罪**」と「**評価上の一罪**」に分け、認識上一罪には、単純一罪が属するが、評価上一罪には、包括一罪のほか、通説により単純一罪の場合とされている法条競合の場合をも含むとする見解（鈴木茂嗣「罪数論」現代刑法講座3巻287頁、前田554頁）がある。法条競合も、構成要件的評価の意味では、数罪の成立を認識しうる場合であり、「法条競合は、認識上の数罪を一罰条で一回評価するという点（評価上一罪）では、むしろ包括一罪と共通性をもつ」（鈴木・現代刑法講座3巻284頁）というのである。そして、認識上一罪は、犯罪成立論に属するが、評価上一罪は、これをこえた罰条適用論に属するとする（鈴木・現代刑法講座3巻284頁）。

この見解は、単純一罪と、包括一罪ないし法条競合を峻別するカテゴリーを示したことですぐれたものであり、採用に値する。しかし、この見解が、法条競合を「一法益侵害一罪」の原則からする「当然一罪」の場合とし、包括一罪を「法益侵害の一体性（ないし付随性）」の原則により説明する（鈴木・現代刑法講座3巻290頁）点など、その具体的展開については、これに従うことはできない。法条競合は、一法益侵害以外の場合も、一罪とするからであり、また、包括一罪は、法益侵害の一体性ないし付随性とは関係なく成り立ちうるからである。

【罪数論の体系】

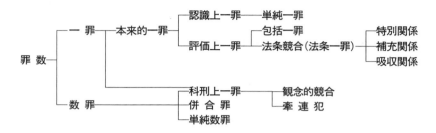

§175　包括一罪

1　包括一罪の意義

包括一罪（包括的一罪）の概念は、極めて多義的である。広義においては、**包括一罪**とは、認識上、構成要件に数回該当するようにみえるが、可罰類型的不法評価上、1回の構成要件的評価に包括されるべき犯罪をいう。

なお、**改正刑法準備草案**は、「同一の罪名に触れる数個の行為であつても、日時及び場所の近接、方法の類似、機会の同一、意思の継続その他各行為の間における密接な関係から、その全体を1個の行為として評価することを相当とするときは、これを包括して、1個の罪として処断する」とする規定（準備草案71条）を設けた。しかし、立法化により不当にその範囲が拡がるおそれがあるとして、改正刑法草案では削除された。

2　包括一罪概念の多義性

(1)　「犯罪成立上の一罪」説

まず、**包括一罪**は、もっとも広く定義すると、「数個の構成要件に該当する事実が、全体として一罪となる場合をいう」（虫明・基本講座4巻298頁）、あるいは、さらに、「構成要件それ自体の中に多数行為の包括的評価の契機が包含されているばあい」をいう（川端643頁）となる。これによれば、同一の構成要件に該当する数個の行為を包括一罪というのみならず、異なる構成要件に該当する数個の行為が1個の行為とみられる場合も包括一罪という。例えば、窃盗後、家人に発見されて現金を強取したという居直り強盗の事案について、包括一罪として強盗罪を認めた判例がある（高松高判昭28・7・27高刑

集6・11・1442)。学説においては、賄賂に関する「要求」「約束」「収受」が、行為者によって順次行われた場合、あるいは、犯人蔵匿罪における蔵匿・隠避の場合のように、同一構成要件内で「発展的に」ないし「並列的に」規定された複数の行為が順次行われた場合に、包括的に、(1個の収賄罪〔197条1項〕あるいは犯人蔵匿罪〔103条〕)「一罪」が成立するものとする**狭義の包括一罪**[2]のほか、接続犯、連続犯、集合犯、さらには、継続犯、結合犯の場合などを包括一罪に含める見解がある。また、殺人行為により衣服を損壊した場合には、従来、法条競合の吸収関係にあたるとされたが、このような**随伴行為**の場合も包括一罪にあたるとする見解（虫明・基本講座4巻307頁）が有力になっている。

(2) 「黙示的な科刑上一罪」説

さらに、包括一罪を犯罪成立上の一罪と位置づけるのではなく、科刑上一罪の一種であるとする見解（平野413頁、同・警研64巻5号3頁以下）が有力となっている。包括一罪とは、重い犯罪あるいは一つの罪の「刑」で処断するものだからである。本来の科刑上の一罪と異なるのは、それが、罰条を適用したうえで一つの罪の刑で処断するという明示的方法を用いるのに対して、包括一罪の場合には、独立の事実認定および罰条の適用を必要とせず、いわば「黙示的方法」がとられるという点であるとする[3]。しかし、複数の犯罪の成立を認めたうえで、その刑の適用について一罪として取り扱う科刑上一罪の場合と、犯罪の成立の点ですでに、可罰類型的不法評価の統一性によって一罪とされる包括一罪の場合とは、やはり明確に区別されるべきであり、また、科刑上一罪については、刑法上規定があるのに、これに加えて、「黙示的な科刑上一罪」を認めるのは疑問である。

(3) 包括一罪の体系的分析の必要性

このように包括一罪の概念は、広く用いられ、また、その体系上の意義についても明確性を失っている。「包括一罪」概念を体系的に分析することによって、実際に、包括一罪に含まれるのはどのような場合なのかを明確化する必要がある。

---

[2] これを「規定上の包括的一罪」と呼ぶものがある（中山527頁）。

[3] 「黙示的な科刑上一罪」とも呼ぶ（平野・警研64巻5号8頁）。平野博士によれば、包括一罪とは「現実に数個の単純一罪が存在し数個の罰条が適用されうる場合であるにもかかわらず、なお一個の罰条だけを適用して処断すべき場合」である（平野411頁以下）。

以下で包括一罪とされる事案を体系的に分類するが、その際、行為の単複の問題と法条競合にあたる場合とが混在しているので、最終的には、これを分類する必要があろう。

3 包括一罪の体系的分類

包括一罪とは、認識上の一罪が数個存在する場合に、可罰類型的不法評価の統一性によって一罪と評価されるべき犯罪事実をいうが、それは、「可罰類型的不法評価」の統一性の根拠により分類される。まず、第1に、可罰類型的不法の評価において、その対象である「構成要件的行為」が、社会的・規範的に「単一」と評価されることによって1回の構成要件実現と評価されるべき場合がある。第2に、行為が単一であるということはできないが、それらの複数の行為の全体がその類型の構成要件的不法の中で含めて評価されている場合がある。

(1) 構成要件的行為評価の単一性

単純一罪の意味における複数の構成要件的行為が、社会的・規範的意味において単一のものと評価されるべき場合がこれにあたる。

(a) **接続的反復行為による構成要件実現（接続犯）** 同一の構成要件に該当する同種の行為が、同一の犯意にもとづき時間的・場所的に密着して反復された場合、すなわち、いわゆる「接続犯」は、包括一罪として取り扱われる。

接続犯の概念は、連続犯規定の削除の後、この概念を用いて同種行為の反復を一罪とすることの必要性が認識され、一種の連続犯として提案された（小野清一郎『刑罰の本質について・その他』〔1955〕313頁以下）。

> 例えば、同一日時・場所において同一人が同種の賭博を継続して行った場合、数個の賭博行為が1回の構成要件的評価を受けて1個の賭博罪（185条）が成立する（大判大6・10・11刑録23・1056）。また、夜中、2時間余りの間に、同一場所で同一機会に3回にわたって同一人が倉庫に保管する米俵を3俵づつ合計9俵を盗んだとき、「単一の犯意の発現たる一連の動作」であると認めて、一罪とした判例（最判昭24・7・23刑集3・8・1373＝**百選99**）がある。包括一罪というべきであろう。学説の中には、1個の決意の発現であることを要せず、「同一の機会または継続的事情によって触発された一個の人格態度の発現とみられれば足りる」（団藤443頁、なお、大塚493頁参照）とするものがある。

(b) **発展的反復行為による構成要件実現（未遂・既遂）** 一つの犯罪の完成を目指して、同一の行為事情・同一の動機のもとに相互に接着して数個の行

為が行われたが、そのうちの一つが犯罪の完成に至った場合は、それらは包括一罪である。例えば、はじめは鈍器で頭を一撃して殺害しようとして被害者の頭部を殴ったが、負傷させたにとどまり、すぐ後に、包丁で胸部を突き刺して殺害した場合には、殺人未遂と殺人罪の二罪が成立するかにみえるが、包括して殺人罪一罪が成立する。

しかし、各行為の間に時間的・場所的隔たりがある場合には、接続犯ではなく、連続犯である。[4]

この発展的反復行為による構成要件実現の事案は、本来、法条競合の補充関係（☞§176, 2（3））に属すべきものであろう。

(2) 可罰類型的不法評価の単一性

構成要件の個々の要素に分解した構成要件的行為は数個であるとしても、構成要件的不法の点では、当該の構成要件が数個の「行為複合」を予定したものであり、または、同一構成要件内のどのような具体的構成要件行為にあてはまるかが、類型的不法評価にとっては無視しえ、統一的に評価しうる場合、もしくは、異なった構成要件にあてはまる数個の行為であっても、その構成要件の保護法益が共通であったり、または構成要件が包含関係にあった場合には、包括一罪とされる。

以下のうち、（a）、（b）および（c）が、いわゆる構成要件的行為の単一性の問題であり、そのうち（a）および（b）は、構成要件的に行為が一個と評価される場合である。（c）は、先に掲げた居直り強盗の事例のように、先に行われた窃盗未遂が後の暴行・脅迫により強盗罪の一部に包括される場合である（☞§176, 2（3））。また、（d）は、いわゆる併合罪であり、数個の行為が認められる場合である。したがって、可罰類型的不法評価において、包括一罪というべきは、（a）、（b）および（c）の場合のみである。

(a) 構成要件上予定された「行為複合」の統一的評価　　構成要件によって

---

[4] 例えば、6月から10月までの間に、東京および樺太で、5回にわたり同一被害者に対して毒殺行為を試みたが、すべて失敗したため11月になって、出刃包丁をもって殺害した事案につき、1個の殺人既遂罪に擬した判例（大判昭13・12・23刑集17・980＝**日大生殺し事件**）がある。そこでは、「殺害の目的を以て同一人に対し数次に亘り攻撃を加へ遂に其の目的を達したる場合、其の数個の攻撃行為が同一の意思発動に出で、其の間、犯意の更新なき限りは其の各行為が同一の日時場所に於て行はれたると、将異なる日時場所に於て行はれたるとを問はず、又其の方法が同一なると否とを論ぜず、其の目的を達したる迄の攻撃行為は、総て実行行為の一部として之を包括的に観察し一個の殺害行為と見做す」べきものとする。大塚492頁は、「一つの人格態度の発現としての明瞭な結びつき」がみられるとして、このカテゴリーに入れ、包括一罪とする。

ははじめから数回の行為複合（Handlungskomplex）が予定されているものがある。これを **集合犯**（Kollektivdelikt, Sammelstraftat）と呼ぶ。常習犯や職業犯・営業犯などがこれに属する。例えば、賭博常習者が、1回賭博行為を行っても、常習賭博罪（186条1項）が成立するが、数回にわたって行った場合でも1個の常習賭博罪が成立するにすぎない（最判昭26・4・10刑集5・5・825）。**職業犯**（geschäftsmäßiges Delikt）・**営業犯**（gewerbsmäßiges Delikt）は、業として一定の行為を反復する犯罪であるが、後者は、営利の目的をともなうものである。職業上ないし営業上行われる行為は、個々の行為の集合としてのみとらえられるというのである。職業犯の例としては、医師法における無免許医業罪（医師法31条1項1号・17条）がある。医師でない者が、反復して医療行為を行った場合でも、1個の無免許医業罪が成立するにすぎない（名古屋高判昭26・1・29高刑特27・13）。同じく、弁護士でない者が、弁護士法における非弁護士の法律事務の取扱の禁止等（弁護士法72条・73条・77条）に、弁護士としての業務を数回行うことによって違反した場合にも、包括して一罪である。そのほかにも、構成要件上、複数の行為の反復が予想されている犯罪がある。例えば、わいせつ物販売罪（175条）は、「販売」概念によって、有償譲渡行為の反復を予想するものであるから、数回の販売行為が行われた場合も、一罪が成立する（団藤440頁参照）。

(b)　異なる法益主体に対する同一構成要件の接続的実現の統一的評価　これは、法益主体はそれぞれ異なるが、同一の構成要件に該当する行為を継続的または接続的に実行した場合を **包括一罪** とすることを意味する。この場合、①犯意が単一で継続していること、②被害法益が一個ないし同一であるが、法益主体が異なること、③犯行態様が類似していること、④犯行日時・場所が近接していること等の特徴がある。これによると、例えば、偽装の街頭募金を主宰する者が、情を知らない多数の募金活動員に、**不特定多数の通行人に対する募金活動** をさせ、多額の現金をだまし取ったという事案につき、詐欺罪が、包括一罪として取り扱われる。この場合、個々の被害者、被害額は特定できない。最高裁（最決平22・3・17刑集64・2・111＝**百選101**）は、「不特定多数の通行人一般に対し、一括して、適宜の日、場所において連日のように、同一内容の定型的な働き掛けを行って寄付を募るという態様のもの」であり、「被告人の**1個の意思、企図に基づき継続して行われた活動** であった」、「募金箱に投入された現金は直ちに他の被害者が投入したものと混和

して特定性を失うものであって、個々に区別して受領するものではない」といった特徴をもっているのであって、このような特徴にかんがみると、「これを一体のものと評価して包括一罪と解することができる」というのである。

(c) 同一構成要件内に並列された行為態様の統一評価　1個の構成要件内に数種の行為態様が、並列的または段階的に規定されている場合に、それらの各態様の数個の行為が順次行われたとき、包括して一罪が成立する。ここで、各行為態様が「相互に手段・目的または原因・結果の関係に立つとき」とされることがある（団藤 442 頁、大塚 492 頁）。しかし、各行為態様は、必ずしもこのような関係に立つことを要せず、並列する場合でもよいと思われる。このような場合を**狭義の包括一罪**という。例えば、同一の犯人を蔵匿し、隠避させたとき、包括して1個の犯人蔵匿罪（103 条）が成立する（大判明 43・4・25 刑録 16・739、最判昭 35・3・17 刑集 14・3・351）。また、人を逮捕し、引き続き監禁した場合には、包括的に観察して 220 条の単純な一罪が成立する（最大判昭 28・6・17 刑集 7・6・1289）。さらに、公務員がその職務に関し賄賂を要求し、約束し、または収受したときは、各行為が日時、場所を異にして行われ、かつ賄賂の種類に異同があっても賄賂罪の包括一罪として処断すべきであるとした判例（大判昭 10・10・23 刑集 14・1052）がある。

　　なお、選挙の買収事犯において、公職選挙法 221 条 1 項 5 号の「交付または受交付」は、「供与」等のいわゆる買収の前段階の行為を独立して処罰の対象としたものであるが、「供与等の目的行為が行われたときには、一旦成立した交付又は受交付の罪は後の供与等の罪に吸収され、別罪として問擬するをえなくなるものと解するのが相当である」とする判例（最大判昭 41・7・13 刑集 20・6・623）がある。

(d) 同質構成要件の接続的実現の統一評価　実質的に同一の法益侵害を禁止した複数の構成要件ないし罪質的に重なり合う関係にある複数の異なった構成要件を接続して実現した場合には、包括一罪である。実務上、混合的包括一罪の概念が用いられている。**混合的包括一罪**とは、「異なる罪名もしくは異なる法益侵害の数個の行為についても、各行為の間に日時・場所の近接などの密接な関係が認められるときに、これを包括一罪として処遇すること」をいうと定義される（中山・大コン 4 巻 203 頁）。これは、ほぼここでいう「同質

---

[5] 供与等の申込、約束がなされ、または次の交付もしくはその申込、約束がなされたときを含む。
[6] 混合的包括一罪を否定するものとして、内田文昭「混合的包括一罪について」能勢追悼 18 頁以下。

的構成要件の接続的実現」の場合にあたるであろう。ここでは、「**法益侵害の同一性**」と「**罪質の重なり合い**」の場合を分けて考察しよう。

　前者の例としては、例えば、ヴェーバーの概括的故意の事例（☞§95, 6）、つまり、故意による第1行為に引き続いて過失による第2行為が行われた場合があり、この場合、同一の法益侵害につき、同一の行為事情のもとで接続した二つの行為が行われたのであって故意行為一罪が成立する。この場合、構成要件は相互に異なっているが、法条競合の吸収関係に立つのではなく、包括一罪である。なぜならば、侵害法益（結果）が同一であり、刑事学的に随伴する異なった法益侵害行為について成立する法条競合とは異なるからである。しかし、逆に、業務上の過失によって傷害を負わせた後、殺意を生じて被害者を殺害した場合には業務上過失傷害罪と殺人罪の併合罪であるとする判例（最決昭53・3・22刑集32・2・381＝**百選10**）がある。

　後者の例として、同一家屋内でまず窃盗を行い、これに引き続いて、家人に暴行・脅迫を加えて強盗を行ったいわゆる居直り強盗の場合（高松高判昭28・7・27高刑集6・11・1442）に包括して単一の強盗罪を認める判例があり、また、暴行・脅迫の後、それに引き続いて強盗を行った場合が挙げられる。さらに、窃盗罪または詐欺罪と二項強盗による強盗殺人未遂罪を包括一罪とした判例（最決昭61・11・18刑集40・7・523）があるが、これは、構成要件的重なり合いも部分的な法益の共通性も肯定しうる事例であろう。この判例は、混合的包括一罪を認めたものと評価されている（中山・大コン4巻208頁）。また、相手に暴行を加えた後に、引き続き、自己の要求に従わなければなお相手の身体等に同内容の危害を加える旨の気勢を示した場合、その脅迫行為は、先の暴行罪によって包括的に評価されて別罪を構成しないとしたものがある（東京高判平7・9・26判時1560・145）。

　これに対して、偽造有印私文書行使罪（161条）と詐欺罪（246条）の間には法侵害益の共通性も構成要件の重なり合いも認められず、時間的・場所的に並行・近接して行われたとしても、包括一罪は認められないであろう（反対＝東京地判平4・4・21判時1424・141、東京地判平4・7・7判時1435・142、東京高判平7・3・14判タ883・284）[7]。ま

---

[7] この最後の判例では、「偽造有印私文書行使罪と詐欺罪との法益面での関連性が必ずしも強くないことを考慮に入れても、両者は包括一罪として処断するのが相当と解される」とする。この場合、有印私文書行使が、詐欺の手段となっているような通常の場合であれば牽連犯とされるのに、たまたま順序が逆転している場合に、併合罪となるのは不合理であるという考慮があるとされる（的場純男「実務における罪数論の意義」刑雑37巻1号102頁）。

た、暴行により傷害を与えた後、強盗の犯意を生じてさらに傷害を発生させた事案について、混合的包括一罪がはじめて採用されたとされる判例（仙台高判昭34・2・26高刑集12・2・77）の事案については、法益の同一性が認められる。しかし、暴行の故意でまず暴行を行い、その後、強盗の意思を生じてさらに暴行を加えたが、傷害の結果の発生が、その強盗の犯意発生の前後が不明な事案については、傷害と強盗の包括一罪を認めるものとされる（仙台地判昭39・7・17下刑集6・7=8・865、新潟地判昭42・1・13下刑集9・1・31）が、学説においては、これに賛成するもの（中野次雄・総合判例研究叢書刑法（10）239頁、下村康正・判評16号23頁）と、この場合には、併合罪とすべきとする見解（中山・大コン4巻207頁）がある。さらに、暴行により傷害を負わせた後に、強盗の犯意を生じ、財物を強取したという事案についても、包括一罪を認めた判例（福岡地小倉支判昭62・8・26判時1251・143）がある。ここでは、傷害は、強盗の着手以前に生じ、強盗の着手以降は、傷害が生じていない点で、この結論には疑問がある。傷害と強盗については、法益の同一性も構成要件の重なり合いにも疑問があるといえるであろう。

判例には、金員を窃取して常習累犯窃盗罪を犯したのが、5月3日であり、すでに確定判決のあつた侵入具携帯罪は、同月30日に住居侵入・窃盗の目的で金槌等を隠して携帯していたという事案で、「このように機会を異にして犯された常習累犯窃盗と侵入具携帯の両罪は、たとえ侵入具携帯が常習性の発現と認められる窃盗を目的とするものであつたとしても、**併合罪**の関係にあると解するのが相当である」（最決昭62・2・23刑集41・1・1）としたものがある。

(e) 連続犯の統一的評価？　　連続犯（fortgesetztes Delikt）とは、行為者が、接続犯ほど各行為の間隔に密着性はないが、同一構成要件にあたる数個の行為を連続して行った場合をいう。構成要件の同一性のほかに、主観的要件として犯意の継続性、客観的要件として法益の同一性、行為の連続性（実行行為の態様の類似性、行為事情の同質性、行為経過の同種性、時間的近接性）などが、連続犯を認めるための要件である。

昭和22年に法律124号によって削除される以前には、**刑法55条**に「連続したる数個の行為にして同一の罪名に触るるときは、一罪として之を処断す」という規定を置き、連続犯について規定していた。一罪として処断するというのは、科刑上一罪とするということであり、本来的一罪としていたわけではない。このことは、連続犯の規定が、科刑上一罪である観念的競合および牽連犯と並べて規定されていたことからも、明らかである。科刑上一罪の根拠については、各行為をそれぞれ別に認定する煩瑣を避けるという**手続法的根拠**と、接続犯に近く、併合罪よりも責任非難が軽いという**実体法的根拠**が挙げられた。この刑法55条の「同一の罪名」の意義は、判例によって広く解釈され、「同一罪名に触るる行為とは、惟り同一の名称を帯ぶる犯罪のみに限らず、名称を異にするも同一条章の下に規定せらるる同一罪質を有する犯罪をも包含するものと解す」べきものとして、窃盗罪と強盗罪（大判大3・2・3刑録20・

101）、名誉毀損と侮辱（大判昭 10・3・14 刑集 14・249）、収賄と贈賄（大判昭 10・6・18 刑集 14・717）などとの連続犯を認めた。

　昭和 22 年に削除された理由は、被告人に不利益な再審の制度の廃止（旧刑訴法 486 条）によって、連続犯の一部の罪につき軽い刑が確定していたときに、被告人に不利益な再審の請求が許されなくなり、連続犯の規定によって後に発見された重い罪についても一事不再理効が及ぶことになり、不合理が露呈したからである。これを連続犯規定の削除によって解決しようとしたのである。さらに、廃止の根拠は、刑訴応急措置法の制定によって、被疑者の身柄拘束が短期間に制限されたことによって、連続犯を一挙に捜査し起訴することができなくなったことにもある（虫明・包括一罪の研究 174 頁以下参照）。

　しかし、連続犯が廃止されたことによって、数個の行為が、何か月かの間に繰り返された場合、併合罪であるから、それぞれの事実を日時・場所等を明らかにして起訴状に記載し、判決において認定しなければならないことになった。そこで、接続犯にはならないが、連続して行われた同種の行為について、包括一罪の範囲を拡張する必要が生じた。そこで、判例は、連続犯を包括一罪の一種として維持しようとしたのである。戦後の学説は、連続犯規定の廃止にもかかわらず、なお、包括的に一罪とされるべきものがあるとし（佐伯千仞『刑法における違法性の理論』〔1974〕326 頁）、これを、接続犯よりも広い意味での連続犯とする提案がなされ（佐伯・違法性の理論 356 頁）、①同一罪名の範囲を縮小すること、②各行為は連続して行われること、③同一の事情または機会において行われること、④その向けられる被害法益の同一性が存在すること、⑤行為者の責任が各行為について同様のものであること、を要件として、連続一罪を認めるというのである（佐伯・違法性の理論 365 頁）。今日、接続犯を超えて、各行為の密接性が希薄な連続犯についても包括一罪性を肯定するのが、むしろ、通説であるといってよい（大塚 494 頁、大谷 481 頁以下、川端 648 頁、前田 560 頁、虫明・基本講座 4 巻 306 頁〔連続一罪の概念を用いる〕）。

　連続犯にあたると思われる場合に、包括一罪とした**判例**に次のようなものがある。業務上横領罪（253 条）につき、集金の業務に従事していた者が、6 回にわたり保管していた金員を着服したが、「被害者は同一人であり、且つ、犯罪の態様を同じくし単一犯意の発現に基く一連の行動であり」包括して 1 個の犯罪と認められるとしたものがある（広島高判昭 28・2・25 高刑集 6・2・206）。さらに、麻薬取締法違反につき、医師が、ある麻薬中毒患者に対しその中毒症状を緩和する目的で、昭和 23 年 6 月 15 日頃より同年 9 月 30 日頃までの間、54 回（所為 1）、昭和 26 年 8 月 10 日頃より同年

10月16日頃までの間、35回（所為2）にわたり、麻薬である塩酸モルヒネ注射89本を施用したという事案について、各所為は、各行為の間に「時間的連続」が認められ、「同一事情」の下に行われ、「同一の犯罪構成要件」に該当し、「被害法益も同一」であり、また、「単一の犯意」にもとづくものとして包括一罪であるとした（最判昭31・8・3刑集10・8・1202）。さらに、医師が同一の麻薬患者に対して約4ヶ月の間に38回にわたって塩酸モルヒネを交付した場合にも、包括一罪としたものがある（最判昭32・7・23刑集11・7・2018）。わいせつ物陳列罪については、約3ヶ月の間に連続して同一の方法により同一事情のもとにわいせつなフィルムを映写した場合に、わいせつ図画陳列罪につき包括一罪を認めたものがある（名古屋高金沢支判昭34・12・17下刑集1・12・2559）。

　近時の最高裁判例に、同一被害者に対し一定の期間内に反復累行された一連の暴行によって種々の傷害を負わせた事実について、**包括一罪**とされたもの（最決平26・3・17刑集68・3・368）がある。被告人の連続して行われたそれぞれ2人の被害者に対する一連の傷害行為の個数が問題となった。最高裁は、「一連の暴行によって各被害者に傷害を負わせた事実は、いずれの事件も、約4か月間又は約1か月間という一定の期間内に、被告人が、被害者との上記のような人間関係を背景として、ある程度限定された場所で、共通の動機から繰り返し犯意を生じ、主として同態様の暴行を反復累行し、その結果、個別の機会の暴行と傷害の発生、拡大ないし悪化との対応関係を個々に特定することはできないものの、結局は一人の被害者の身体に一定の傷害を負わせたというものであり、そのような事情に鑑みると、それぞれ、その全体を一体のものと評価し、包括して一罪と解することができる」とし、それぞれ傷害罪の包括一罪とした。

接続犯と異なり、連続犯では、「時間的・場所的近接性」の要件は、緩やかになるので、概して、「犯意の単一性」が重要な基準となりがちである。連続一罪を認めるとしても、その基準については厳格に検討される必要があろう。

　なお、ドイツでも、法律上の規定はないが、構成要件的・自然的に一個の行為ではないとしても、法的に一個の行為であることを認める**「連続犯」の概念**は、従来、実務上肯定されてきたが、**連邦裁判所大法廷**は、1994年に、連続犯をそれぞれの構成要件によるものとし、「連続犯を認めるのは、犯罪構成要件に即して評価されるべきものが、実現された不法と責任を適切に把捉するために不可避であることを前提とする」という（BGHSt 40, 138）。しかし、この判決の慎重な言い回しにもかかわらず、これによって、実務上は、連続犯の概念は放棄されたといってよい。とくに、連続犯は、連続行為の行為者を不当に有利に取り扱い、既判力の点でも行為者を不当に有利に作用し、時効については行為者に不当に不利となるという理由が挙げられた。こ

の判決は、「世紀の判決」といわれ、実務からも支持されている。

§ 176　法条競合（法条一罪）

1　法条競合の意義

法条競合（Gesetzeskonkurrenz）とは、可罰類型的不法評価上の数罪につき、数個の罰条が適用可能にみえるが、一つの罰条が他の罰条を排除し、一つの罰条のみが適用されるべき場合をいう。ドイツでは、これを**法条一罪**（Gesetzeseinheit）と呼ぶ学説（イェシェック等）もある。規範的評価（不法評価・責任評価）が競合しているため、ある規範が、他の規範の背後に退くが、犯罪成立上は、なお、一罪である場合を意味する。すなわち、法条競合は、本来的一罪である。その点で、犯罪として数罪が成立するが、科刑の点で、一罪として扱われる科刑上一罪とは区別される。その意味で、法条競合は、真正の犯罪競合の場合である観念的競合・牽連犯および併合罪（**実在的競合**）に対して、「**不真正の競合**」（unechte Konkurrenz）であるといわれる。真正の競合である観念的競合・併合罪等との違いは、一見、多数の構成要件が適用されるべきようにみえても、実際上は、優先して適用されるべき構成要件が、他の構成要件を後退させ排除してしまう点にある。

法条競合は、単純一罪（平野409頁、中山・概説〔Ⅰ〕255頁、大谷477頁、川端638頁）ではなく、**評価上一罪**の場合に属する（鈴木・現代刑法講座3巻287頁、前田555頁）。法条競合の場合、単純一罪にあたる行為の個数は、複数でありうるからである。例えば、不可罰的事後行為は、本犯と1個の行為をなすのではなく、数個の行為をなすことは明らかである。

2　法条競合の種類

法条競合には、①特別関係（Spezialität）、②補充関係（Subsidiarität）、③吸収関係（Konsumtion）がある。これに、④択一関係（Alternativität）をも加える見解（福田306頁、大谷478頁以下、川端639頁以下、前田555頁以下、佐久間427頁）が通説である。しかし、択一関係は、論理的に競合関係にないことを前提にするものであるから、もともと法条競合の場合に含まれない（大塚495頁、山火「法条競合の本質」法学34巻4号98頁、虫明・包括一罪108頁以下）。

(1) 択一関係の仮象的存在

択一関係とは、複数の構成要件が互いに矛盾する内容をもち、相互に排斥し合う場合をいう。例えば、窃盗罪（235条）と横領罪（252条）とは、どちらか一方が成立するときは、他方が成立しないという関係に立つので、択一関係にある。横領罪（252条）と背任罪（247条）もそうである。学説の中には、強いてこの概念を用いるとすれば、未成年者誘拐罪（224条）と営利誘拐罪（225条）（未成年者を営利目的で誘拐したとき）あるいは横領罪と背任罪との関係のような場合を指すとし、いわば二つの円が交じり合う関係であるとする見解（平野411頁、大谷479頁、鈴木・現代刑法講座3巻289頁）がある。しかし、択一関係は論理的には排斥関係にある。交錯関係にある場合を択一関係というとしても、その際、どちらがどちらを排除するかを決定する原理が含まれているわけではない。未成年者誘拐罪と営利誘拐罪は、補充関係の一つである。

(2) 特別関係

特別関係とは、競合する複数の構成要件が、**一般法と特別法の関係**にある場合をいう。この場合、特別法にあたる構成要件は、論理的に一般法にあたる構成要件に包含される。特別法にあたる構成要件に該当する行為はすべて一般法にあたる構成要件に論理必然的にも該当するからである。この場合、1個の行為がこの関係にある構成要件に該当する場合、「特別法は一般法を排除する」（lex specialis derogat legi grenarali）という原則により、特別法にあたる構成要件のみが適用される。

特別関係は、**基本・派生ないし加重・減軽の関係**にある構成要件の場合には、一般的に成立する。例えば、業務上横領罪（253条）と横領罪（252条）とは、特別関係にあるので、業務者が横領行為を行ったときは、業務上横領罪の規定のみが適用され、横領罪の規定は適用されない。また、自己の嬰児を遺棄したときには、保護責任者遺棄罪（218条）のみが適用され、遺棄罪（217条）は適用されない。さらに、殺人罪と同意殺人罪の間も、特別関係である。

(3) 補充関係

補充関係とは、ある構成要件が、すでに他の構成要件が適用されるのでないかぎりでのみ、補充的に適用される場合をいう。ここでは、補充的な構成要件は、優先する基本的な構成要件の背後に後退するのである。このこと

は、「基本法は補充法を排斥する」といわれる (lex primaria dergat legi subsidiariae)。補充関係の論理構造は、包含関係ではなく、**交錯（交差）関係** である。補充関係の基本は、多数の構成要件が、異なった攻撃段階においてではあるが同じ法益を保護するという点にある。例えば、傷害罪（204条）が適用されるときは、暴行罪（208条）は適用されない。

　補充関係は、法規の文言上明らかな場合と多数の法規の意味連関の解釈によって判明する場合とがある。前者を**明示的補充関係**（ausdrückliche Subsidiarität）、後者を**黙示的補充関係**（sachgegebene Subsidiarität）という。例えば、現住建造物等放火罪（108条）および非現住建造物等放火罪（109条）に対して、建造物等以外放火罪（110条）は、「前2条に規定する物以外の物」と規定しており、補充法の関係にある。破防法41条、爆発物取締罰則12条は、その罰条を刑法上の規定と比較して重い刑に従って処断する旨を定め、刑法上の規定と補充関係に立つことを明示している。[8]

　黙示的補充関係の第1の類型としては、同じ人が同じ犯罪につき共犯と正犯ないし共犯相互間の異なった諸形態の複数のものに該当する場合である。例えば、幇助を行った者が引き続いて実行に出たときは、共同正犯としてのみ処罰される（☞§171）。同じ行為客体に対する過失犯は、故意犯に対して補充関係に立つ。

　この場合、法益侵害は同一でなければならない。したがって、ヴェーバーの概括的故意の事例は、補充関係の故に一罪とされる事例である。

　第2の類型は、**発展犯**（Durchgangsdelikte）の場合である。発展犯とは、同じ法益に向けられた犯罪が、段階的に発展していく形態で複数の犯罪類型として設けられている犯罪をいう。例えば、殺人予備罪（201条）と殺人未遂罪（203条）、そして殺人既遂罪（199条）の関係がそうである。この場合、前段階の犯罪は、行為が次段階の犯罪に移ると、独立の意味を失う（不可罰的事前行為＝straflose Vortat）。

　純粋な発展犯といえるかどうかは疑問であるとしても、同一の法益に向けられた犯罪ではあるが、先行の構成要件行為から構成要件行為の態様が変化している犯罪類型についても、補充関係といえるのではないかが問題である。例えば、事後強盗罪（238条）においては、窃盗（235条）が前提とされ

---

[8] その他、「決闘罪に関する件」（明治22年12月20日法律34号）6条もそうである。

ているが、事後強盗罪が成立すれば窃盗罪が成立しないのは補充関係にあるからであろう。この場合と、先に論じた「同質構成要件接続的実現の統一的評価」の事例（☞§175, 3 (2)(c)）において包括一罪とした結論との相違は、この場合（例えば、事後強盗）には、先行の構成要件行為が後行の構成要件の不可欠の要素となっているのに対して、後者の場合（例えば、居直り強盗）には、そうでないという点にある。居直り強盗においては、強盗罪の構成要件は、暴行・脅迫後の「占有の確保」によってそれ自体で完結しているといいうるのである。包括一罪の事案は、それぞれ完結した構成要件行為が接続している場合であるのに対して、補充関係においては、先行構成要件の一部が後行構成要件の要素の一部に取り込まれている点にある。

発展犯が補充関係を表すかどうかについては、異論がある。ある見解は、殺人が実行された場合に殺人予備が犯罪でなくなるわけではないとし、したがって、これを法条競合の一種とするのは妥当でないとして（平野410頁）、むしろ包括一罪の問題であるとする（平野412頁、西田414頁、山口316頁）か、あるいは吸収一罪の問題であるとする（大谷478頁、川端641頁）。しかし、ここでは、行為の個数は問題ではなく、基本法と補充法の評価の仮象的競合が問題である。殺人既遂罪が成立したとき、殺人未遂罪も成立しているのであるから、この競合をどのように処理するかが問題なのである。発展犯は、いわば時間的発展に連れて同一の法益に向けられた行為も発展し、それが段階的に異なった構成要件的評価に服して仮象的犯罪競合が生じる場合であるから、やはり補充関係に属するというべきである。例えば、既遂行為の処罰には未遂行為に対する処罰をも含んでいるのであり、未遂処罰は既遂に至らなかった場合に補充する構成要件なのである。

吸収一罪説は、傷害罪と殺人罪の場合に傷害の結果は存在し、外形上複数の構成要件に該当すると解すべきであるから包括一罪の中の吸収一罪の場合とすべきなのと同じく、予備と未遂・既遂も、吸収一罪とすべきだとする（大谷478頁、川端641頁）。しかし、まず、吸収一罪は、法条競合の吸収関係に位置づけられるべきであり、包括一罪の一種ではない。また、発展犯は、後の発展段階に至った時点で、1個の行為に対する事前の評価との仮象的競合が生じる**不可罰的事前行為**を意味する。これに対して、吸収関係（吸収一罪）は、不可罰的（共罰的）事後行為において問題となり、この場合には、事前行為を評価すべき規範は、事後行為が行われないかぎり、その事前行為の

みを評価するものである。事後行為が行われたときにはじめて、事前行為の中にすでに事後行為の評価が含まれていたかが問題になるのである。このようにして、不可罰的事後行為に関する吸収関係においては、複数の行為の関係が問題となるのに対して、補充関係においては、あくまで一つの行為（例えば未遂行為）に対する規範の仮象的競合が問題となっている。

(4) 吸収関係

吸収関係とは、一つの構成要件が他の構成要件を吸収する場合をいう。すなわち、ある構成要件行為の不法・責任内容が、他の行為のそれをも含んでおり、全体的事象の法的評価がそれによって尽くされている場合には、他の行為の評価は、それに吸収される。これが吸収関係である。吸収関係においては「吸収法は、被吸収法を排除する」(lex consumens derogat legi consumptae)。[9]

補充関係と吸収関係の違いは、前者が論理的な関係に立ったのに対して、後者は、**刑事学的に近接関係**に立つという点にある（イェシェック）。吸収関係に論理的包含・交差関係はない。

この吸収関係に、例えば、本来、補充関係に立つべき殺人既遂と未遂の関係を含ませ、未遂は既遂に吸収されるとし、また、強盗罪が成立するとき暴行・脅迫は強盗に吸収されるとする見解が有力である（平野411頁）。そして、付随犯をこれから除き、包括一罪の吸収一罪に入れる（平野412頁）。しかし、既遂と未遂は典型的な補充関係であり、強盗と窃盗は特別関係に立つ。この見解は、自然的に1個の行為に関する法の適用を論ずるのが、法条競合であるという観念にもとづいている（平野409頁）。[10] しかし、予備行為と既遂、殺人と器物損壊のような自然的観察によれば数個の行為である場合にも法条競合でありうる。法条競合とは、規範的評価の観点から、1個または数個の行為を一罪と評価すべき場合をいい、強盗罪のように暴行・脅迫行為と窃盗行為の結合犯の場合に、暴行・脅迫罪や窃盗罪を排除するからである。また、

---

[9] わが国では、これを「完全法は不完全法を拒否する」（大塚495頁）と訳されることがあるが、「吸収」「被吸収」それ自体は、「完全」「不完全」といった判断を含まない。「何が何を吸収するか」は、未解決である。

[10] 平野410頁では、殺人予備と殺人既遂のような関係を補充関係に含ませる通説は妥当でないとする。「この場合は、殺人の実行行為のほかに殺人予備行為が存在する」からである。このように、この見解は、「二つの異なった犯罪事実が存在するにもかかわらず、その『価値的』な関係により、その一方だけを適用すれば足りる場合」は、たんなる法条競合ではなく、実在的競合の一場合であるとする。

第2節　本来的一罪　§176　法条競合（法条一罪）◇　1053

数個の自然的観察によれば数個の行為であれば（吸収一罪とし）すべて包括一罪の問題とするのは、包括一罪概念の濫用であり、過大な拡張である。

　(a)　付随犯　吸収関係は、主たる犯罪に付随する犯罪について成立する。例えば、殺人罪（199条）の実行に付随して被害者の衣服を損傷した場合に成立するべき器物損壊罪（261条）は、殺人罪に吸収される。重大な犯罪である殺人罪に刑事学的にみて通常典型的に随伴する軽微な器物損壊罪は、独立に評価する必要がないからである。

　しかし、このようないわゆる「**付随犯**」は、基本犯と同一の法益侵害を内容とする犯罪ではないから、吸収関係ではなく、むしろ、「包括一罪」と解する立場が有力である（平野411頁、鈴木・現代刑法講座3巻290頁、西田416頁、前田558頁、山口373頁）。私見によれば、吸収関係は、むしろ同一の法益の侵害でない場合につき、吸収を認めるものなのである。

　判例には、被告人が眼鏡の上からその顔面を手拳で殴打し、被害者に傷害を負わせるとともに、眼鏡レンズ一枚をも破損させたとき、「眼鏡レンズの損壊は、顔面を手拳で殴打して傷害を負わせるという通常の行為態様による傷害に随伴するものと評価できる」ことや、保護法益と法定刑の差から「重い傷害罪によって包括的に評価」したものがある（東京地判平7・1・31判時1559・152）。これは、包括一罪としているが、これは、法条競合の付随犯における吸収関係と解すべきである。

　軽い犯罪に重い犯罪が付随し、軽い犯罪に重い犯罪が吸収される場合もある。偽造通貨知情後行使罪（152条）は、偽造通貨と知らないで取得した者が、情を知った後に行使する場合、期待可能性が低いので、「その額面価格の3倍以下の罰金又は科料」に処することとしている。しかし、偽造通貨と知ったうえで行使するのは、同時に詐欺罪（246条）の要件をも充たしていることが多い。その法定刑は、10年以下の懲役である。もし、両者を数罪とすると、重い詐欺罪の刑に従うことになる。そうだとすると、偽造通貨知情後行使罪において軽い法定刑が定められた趣旨が没却される。そこで、これを随伴行為とみて、軽い偽造通貨知情後行使罪に重い詐欺罪が吸収され、一罪であるとすると、この問題が解決する。軽い前者の犯罪類型によって、詐欺罪をも含めて評価しているとみるのである（前田563頁）。

　(b)　不可罰的事後行為　**不可罰的事後行為**（straflose Nachtat）とは、ある犯罪の完成後にその犯罪にともなう違法状態が継続することが予想される場合に、その違法状態継続中に行われた行為が、その状態犯の構成要件によって評価され尽くしているかぎりで、状態犯に吸収されることをいう。状態犯の構成要件によって評価され尽くしているということから、それによって共に罰せられているという意味で、**共罰的事後行為**（mitbestrafte Nachtat）ともい

う。不可罰的事後行為に代えて共罰的事後行為という表現が正しいのだから共罰的事後行為というべきであるという見解が有力に唱えられているが、法条競合として扱われる根拠を重視するか、結果を表現するかの違いであって正否の問題ではないというべきである。

　例えば、窃盗罪（235条）を実現した後、その取得した財物を毀棄した場合、毀棄罪（261条）は、不可罰的事後行為である。このように、先行の構成要件の不法評価が、すでに法益侵害と不法評価が後の行為の評価を含んでいる場合が、不可罰的事後行為である。一般に、当該の構成要件の予定する不法評価を超えた新たな構成要件的不法が生ぜしめられたとき、とくに「其所為の性質を異にする」場合、また、「新法益を侵害する行為」があった場合、別罪を構成するとされる（大判明42・5・11刑録15・588、最大判昭23・4・7刑集2・4・298、最判昭25・2・24刑集4・2・255）。例えば、窃取した預金通帳を使用して預金を引き出せば、新たな法益侵害があり詐欺罪（246条）を構成する。窃取した小切手を銀行員に呈示し金銭を騙取した場合には**新たな法益侵害**であるから、別に詐欺罪を構成する（最決昭38・5・17刑集17・4・336）。

　不可罰的事後行為の**法的性格**については、①法条競合における吸収関係にあたるとする説（団藤446頁、福田307頁、大塚496頁、藤木341頁）、②事後の行為は犯罪として成立するが、重い罪の刑に包括一罪として吸収されるとする説（平野416頁、中山526頁、内田347頁、大谷483頁、川端649頁、西田416頁、前田562頁、山口373頁以下、井田456頁）がある。しかし、接続犯のように時間的・場所的接着性が要求されず、構成要件を異にする行為間の吸収関係であって、しかも先行の行為によってすでに法益侵害が生じている場合であるので、法条競合の吸収関係であって、包括一罪ではないと解するべきである。したがって、第1説が妥当である。

---

[11] この点で、第1行為のみでは法益侵害がなく、したがって、第2行為と相まって一つの法益侵害が生じるヴェーバーの概括的故意の事例とは異なる。

第3節　科刑上一罪

> **【文献】**鈴木茂嗣「観念的競合について」刑雑21巻2号17頁、同「判例における観念的競合論の新展開」判タ311号2頁、同「いわゆる『かすがい』理論について」曹時33巻8号1頁、只木誠『罪数論の研究』(2004)、伊達秋雄「酒気帯び運転と業務上過失致死傷罪の関係」日沖還暦 (2) 213頁、中森喜彦「不救護罪と不報告罪の関係」法学論叢102巻5=6号143頁、中山善房「観念的競合における『一個の行為』について」刑雑21巻2号31頁、丸山治「観念的競合と牽連犯」基本講座4巻285頁、山火正則「科刑上一罪について―観念的競合と『かすがい』理論を中心として―」刑雑23巻1=2号1頁

§177　科刑上一罪の意義・性格・根拠

1　科刑上一罪の意義

科刑上一罪とは、一人に数罪が成立するが、刑罰の適用上一罪として扱う場合をいう。科刑上一罪に属する場合には、「1個の行為が2個以上の罪名に触れ」る場合と、「犯罪の手段若しくは結果である行為が他の罪名に触れる」場合とがあり、「最も重い刑」で処断される (54条1項前段)。前者は、**観念的競合** (Idealkonkurrenz) であり、後者は、**牽連犯**と呼ばれる。例えば、1発の弾丸で二人の人を殺した場合が、観念的競合の事例であり、住居に侵入して窃盗を行った場合が、牽連犯の事例である。以前は、さらに、科刑上一罪の場合として**連続犯**の規定 (55条) があったが、すでに述べたように (☞§175, 3 (2) (d))、戦後、前述のような理由で削除された。

2　科刑上一罪の性格

科刑上一罪は、**認識上数罪**および**評価上数罪**を、刑罰適用の場面において一罪として取り扱うものである[1] (通説、最判昭23・5・29刑集2・5・521、最大判昭24・12・21刑集3・12・2048)。それは、評価上一罪のように犯罪成立上の一罪と、科刑上、数罪として取り扱われる併合罪との**「中間的な独自の存在**

---

[1] 犯罪の単複に関する意思説に立って、観念的競合においても牽連犯においても、行為が行為者の意思において総合・統一されているかぎり一罪であるとし、これを本来的一罪であるが、罰条が競合する場合であるとする見解がある (木村431頁)。

（平野421頁、中野次雄『刑事法と裁判の諸問題』〔1987〕81頁、なお、丸山・基本講座4巻286頁）である。犯罪の成立に関しては数罪であるが、刑罰の適用に関しては一罪として取り扱われるので、科刑上一罪は、**犯罪論**としての罪数論と**量刑論**としての刑罰論の性格を併せもっているものとされる（川端626頁）。実体法上の効果としては、複数の罪名のうち「その最も重い刑により処断」されることによって併合罪よりも軽く罰せられることが挙げられる。**訴訟法上の効果**としては、一罪として取り扱われる結果、公訴事実単一でありその一部についての既判力は他の部分にも及ぶ。

3　科刑上一罪の根拠

どのような理由から「科刑上」「一罪」として取り扱われるのであろうか。観念的競合の場合には、「一個の行為」によって行われており、牽連犯の場合にも、数個の行為は、目的・手段ないし原因・結果の関係にあって、連続してなされているのであり、「密接な関係で結びついた1個に準ずる行為」によってなされる場合である（平野420頁）。異なった数個の規範に違反しており、法益侵害も数個生じているのであるから、評価上一罪の場合と異なるが、それらの法益侵害ないし規範違反は、1個ないし1個に準ずる意思にもとづく行為により、また、手段・目的、原因・結果関係の中で通常随伴する行為として行われるのであるから、減少した1回の可罰的責任が認められるにとどまり、1回の違反として**1回の処罰**がふさわしいといえる。

　科刑上一罪が併合罪に比べて軽く処罰される根拠については、諸説がある。①違法評価の重複性に求める見解（中野・刑事法と裁判の諸問題80頁、同「併合罪」刑事法講座7巻1385頁）、②1個の意思発現であることによる責任減少に求める見解（平野420頁、林幹人『刑法の基礎理論』〔1995〕239頁）、③処罰の1回性という刑罰適用上の合目的的要請であるとする見解（中山「罪数論の現状」中野還暦192頁以下）、④違法性および責任の両面において軽く評価されるとする見解（虫明『基本問題セミナー刑法1総論』〔1992〕〔阿部＝川端編〕339頁、川端652頁）がそれである。第1説は、科刑上一罪の場合には、本来的一罪の場合とは異なり、数個の法益侵害を前提にするのであるから、本来、違法評価が重複して当然であるといえ、違法性は減少せず、疑問である。第3説のようにいうなら、併合罪も包括一罪も同じ取り扱いを受けるわけであるが、その相違点を説明することはできない（丸山・基本講座4巻290頁）。第4説は、違法減少を根拠づけることができない点で疑問である。

このようにして、基本的には、責任内容が軽いとする第2説が妥当である。しかし、責任の内容については、行為の1個性ないし牽連性による意思活動の1回性ゆえの非難可能性の減少と、通常、目的・手段、原因・結果の関係にある複数の行為については、一方の犯罪と他方の犯罪の客観的関連性が強く、一方の犯罪に出ないという期待可能性が減少するがゆえに、可罰的責任が減少する点に求めることができるであろう[2]。かくして、科刑上一罪の根拠は、その**可罰的責任の減少**に求めることができる。

§178　観念的競合

1　観念的競合の意義

観念的競合（想像的競合、一所為数法）とは、「1個の行為が2個以上の罪名に触れ」る場合をいう（54条1項）。「観念的」競合とは、実在的には、1個の行為であるが、観念的には数個の犯罪が競合して成立しているがゆえに、そう呼ばれる[3]。

2　要件

観念的競合の成立要件は、①行為が1個であること、および、②1個の行為が数個の罪名に触れることである。

（1）　行為の1個性

（a）　行為の1個性の判断基準　「行為の1個性」の判断基準について、学説には、①自然的観察によるとする見解（吉川298頁）、②社会的見解によるとする説（小野273頁）、③構成要件を基準とする説（高田卓爾・注釈刑法〔2のII〕619頁、鈴木・刑雑21巻2号127頁以下）があった。自然的・社会的判断を基礎に、それに構成要件の見地からする規範的判断を加えた総合的な判断であるとするのが妥当というべきである（川端653頁）。

「**1個の行為**」とは、自然的・社会的観点から行為が1個であることを意

---

[2] 林・刑法の基礎理論244頁は、牽連犯の立法理由は、「その不法減少にある」とする。「一方の（重い方の）犯罪を立法するとき、その法益侵害には通常他の犯罪も伴うので、このことをも考慮して法定刑を定めている」というのである。

[3] 観念的にではなく現実的に数罪存在しているから、観念的競合と呼ぶのは適当でないとするものもある（林・刑法の基礎理論238頁以下）。しかし、規範的「評価」は数回存在することは明らかであるが、評価の対象である「行為」自体が1個しかないので、観念的競合というのである。

味する。自然的意味における1個の行為とは、行為の決意が「1個の」意思活動において現実化した場合をいう。しかし、自然的意思活動は、社会的意味連関の中で、統一的な評価を受けるのであるから、**自然的観察**において社会観念上1個と認められるものでなければならない。判例は、昭和49年に従来の判例を変更し、「1個の行為とは、法的評価をはなれ構成要件的観点を捨象した自然的観察のもとで、行為者の動態が**社会的見解上1個のもの**との評価をうける場合をいうと解すべきである」（最大判昭49・5・29刑集28・4・114＝**百選103**）とした。判例がいうように、「構成要件的観点」を完全に捨象できるかどうか、すべきかどうかは問題である。法文上、「1個の行為が2個以上の罪名に触れ」と規定していることから、論理的に1個の行為は、罪名評価に先行しなければならないが、法律上の構成要件のみが、自然的意思活動を法的・社会的な統一体にまとめるのであるから、構成要件を全く捨象した自然的観察のもとでは、意思の1個性も動作の1個性も、ここで必要な社会的意味連関の中でとらえることができないであろう。異なった構成要件のそれぞれの範囲がどの程度重なることが必要かという問題が、「行為の1個性」の判断にも影響するとすれば、構成要件と無関係に行為の1個性を判断することはできないというべきであろう（中山531頁参照）。

　先の昭和49年の最高裁の大法廷判決の**少数意見**（**岡原昌男裁判官の意見**）にも、「第一次的には自然的観察において社会的に単一の行為を意味する」としつつ、「行為者の主観的事情、意図目的、保護法益、行為の結果など総ての事実を社会現象として総合判断」するとし、構成要件の内容をなす行為としての面から考えると、ある犯罪の構成要件の内容をなす行為と他の犯罪の構成要件の内容をなす行為の重なり合い部分が少なくなると、重要部分が重複しておれば行為が1個とみて観念的競合とし、そうでない場合には併合罪とすることが必要となるとして、「構成要件的な面からする法的評価を加味する」ものとする。

(b)　継続犯・即成犯・状態犯との観念的競合の問題　　構成要件の重なり合いが問題になるのは、継続犯・即成犯ないし状態犯における行為と別罪における行為がどの範囲で「1個の行為」といえるかという問題においてである。例えば、酒に酔った状態で自動車を運転中に誤って人を轢き、死亡させた場合、酒酔い運転罪は、継続犯であり、業務上過失致死罪は結果犯であるが、これは「1個の行為」によって行われたのであろうか。

両罪の構成要件行為が重なり合っている限度では、行為は一つであるということができる。しかし、例えば、銃砲の不法所持罪（銃砲刀剣類等所持取締令2条）と、たまたまその銃砲を用いて行った強盗とは、1個の行為であろうか。この両罪に観念的競合を認めるのは不当である（団藤459頁）。それでは、どの範囲の重なり合いがあれば、1個の行為といえるのか。

これについては、①数個の構成要件に該当する各自然的行為が少なくともその主要部分において重なり合っていることを要するとする **主要部分合致説**（福田309頁、大塚498頁、川端655頁）、②何らかの点で合致していれば足りるとする **一部合致説**（伊達『刑法入門』〔1960〕168頁）、③それらが実行の着手の段階で一体化されていることを要するとする **着手一体説**（植松430頁、大谷489頁）、④一方の行為をし他方の行為をしないということが不可能であることを要するとする **分割不能説**（中野179頁）などがある。主要部分合致説は、主要部分が何であり、どの範囲かについて明確性を欠き、一部合致説は、一部でも一致すれば観念的競合を認める点で1個の行為の範囲が広がりすぎ、着手一体説は、着手時点の一致を要求する根拠に乏しい。分割不可能説によれば、分割可能かどうかは具体的状況における行為者の選択可能性によって決せられるため、その判断基準に曖昧さを残す（川端654頁以下）。

継続犯・状態犯等の重なり合いが問題となるのであるから、継続的行為と継続的行為とが重なり合った場合と、継続的行為と非継続的行為（故意の一発的行為）とが重なり合う場合に分けて考察すべきであろう。後者の場合でも、継続的行為の目的が非継続的行為を行うためであるといったように両者が「内的連関」をもつような場合には、「1個の行為」であるといえる場合があるであろう。

> 継続的行為が実行行為を共通に継続して重なり合っている場合には、1個の行為とすることができるであろう。**判例**[4]によれば、無免許運転（道交法64条）と酒酔運転（道交法65条1項）（最大判昭49・5・29刑集28・4・151＝**百選103**）、無免許運転と酒気帯運転（最判昭50・5・23判時777・102）、無免許運転と無検査証運行（道路運送車両法58条1項）（最大判昭49・5・29刑集28・4・168）は、観念的競合である。また、信号に従わないで一時停車をすることなく交差点に進入して人身事故を発生させた場合、行為の範囲に相当の共通性があり、また、行為には内的連関がある。この場合、観念的競合である。居眠り運転と業務上過失致死傷罪は、居眠り運転と過失行為の範囲が相当程度一致するから、観念的競合である（最決昭33・4・10刑集12・5・877）。さらに、救護

---

[4] 鈴木・刑雑21巻2号131頁以下、伊達・日沖還暦（2）213頁以下参照。

義務違反（道交法117条・117条の5第1号）と報告義務違反（道交法119条1項10号）も、観念的競合である（最判平4・10・15判時1442・151）。

しかし、最高裁は、とび口を乗用車の中の助手席足元の床の上に置いて携帯するとともに、覚せい剤をセカンドバッグに入れて助手席シート上においていた場合、「とび口については、車両内に積み置いて携帯していたものであり、一方、本件覚せい剤については、セカンドバッグに入れて持ち歩いて所持していたものであって」、それらの携帯および所持は、危険器具携帯罪（軽犯罪法1条2号）と覚せい剤所持罪につき、「一個の行為」とみなすことはできないとする（最決平15・11・4刑集57・10・1031）。

これに対して、判例によれば、酒酔運転と重過失傷害（最決昭50・5・27刑集29・5・348）は、併合罪とされる。時間的継続と場所的移動をともなう形態の行為と一時点一場所における事象との間では、その行為は社会的見解上別個のものだからである。無免許運転と速度違反についても**併合罪**である[5]（最決昭49・11・28刑集28・8・385、前掲最判昭50・5・23）。

最高裁は、酒酔運転と業務上過失致死とが同一の機会に発生した、先の**大法廷判決**の事案につき、「本件の事例のような、酒に酔った状態で自動車を運転中に過って人身事故を発生させた場合についてみるに、もともと自動車を運転する行為は、その形態が、通常、時間的継続と場所的移動とを伴うものであるのに対し、その過程において人身事故を発生させる行為は、運転継続中における一時点一場所における事象であって、前記の自然的観察からするならば、両者は、酒に酔った状態で運転したことが事故を惹起した過失の内容をなすものかどうかにかかわりなく、社会的見解上別個のものと評価すべきであって、これを1個のものとみることはできない」として、その間に、観念的競合ではなく併合罪を認めるのである。

判例は、銃砲刀剣等不法所持とその銃砲刀剣を用いて行った殺人または強盗は、併合罪であるとする（最判昭26・3・15刑集5・4・521、最判昭24・12・8刑集3・1・1915）。所持という継続的行為の途中で、別の意思決定により殺人が行われるのであり、両者を「1個の行為」とすることはできない。しかし、殺人の手段として銃砲刀剣を不法に所持するに至った場合には、殺人を行った時点で、観念的競合が認められるであろう（同旨＝大塚479頁）。

---

[5] なお、制限時速を超過した状態で、継続して自動車を運転し、その間、急カーブ、急坂等の箇所を経て、速度超過のままで、19.4キロメートル離れた2地点における速度違反の行為は、別罪を構成し併合罪の関係にあるとした判例（最決平5・10・29刑集47・8・98）がある。藤島昭裁判官の補足意見においては、「その間の運転行為が全体として1個の社会事象と観念されるときには、1個の速度違反の罪が成立する」にすぎないが、本件では「1個の社会事象」と観念することはできないとする（☞§71,6(2)）。併合罪としたものとして、前掲最決昭49・11・28がある。これは、警察官に停止を求められ、いったん減速して徐行状態となったが、自己の無免許運転の事実が発覚するのを恐れて加速して逃走し、ふたたび最高速度を超える速度で運転したとき、2個の速度違反の罪が成立し、併合罪となるものとしたものである。

(c) **観念的競合の成立を認めた判例** 公職選挙法138条1項違反の戸別訪問罪と法定外文書頒布罪（公選法142条1項）とを同一の機会に行った事案について、「同一の機会」に行われたことを理由に1個の行為にあたるとした判例（最判昭43・12・24刑集22・13・1567）については、批判が強い（平野424頁、川端656頁）。職務執行中の公務員に対して暴行を加え、傷害を負わせた事案については、公務執行妨害罪と傷害罪の観念的競合が認められた（大判明42・7・1刑録15・910）。放火して死体を損壊した場合には、放火罪と死体損壊罪の観念的競合が認められる（大判大12・8・21刑集2・681）。殺意をもって首を絞め婦女を姦淫し窒息死させた事案について、殺人罪と強姦致死罪との観念的競合を認めたものがある（最判昭31・10・25刑集10・10・1455）。

(d) **不作為犯と観念的競合**

(i) **問題の所在** 不作為犯における観念的競合の問題とは、複数の作為義務に同時に違反した場合に、不作為は、「1個の行為」によってなされたのか、それとも、各個別の「複数の行為」として行われたのかに関するものである。

昭和51年の最高裁判決（最大判昭51・9・22刑集30・8・1640＝百選104）の事案を例に問題点を具体的に示そう。Xは、自動車を運転中に過失により歩行者に重傷を負わせる交通事故を起こした。道路交通法72条1項前段には救護義務が定められ、同条1項後段には報告義務が規定され、それぞれその違反を処罰する。しかし、Xは、負傷者の救護もせず、事故を警察官に報告することもせず、事故現場から立ち去った。この場合、上の二つの義務違反は、「1個の行為」が2個の罪名に触れる場合であって、観念的競合の関係にあるのだろうか。それとも、「二つの行為」がある併合罪の場合なのであろうか。

(ii) **判例の立場** この問題に対する下級審の判例は、昭和35年に道交法が施行されて以来、数年間は、一罪説、観念的競合説、併合罪説をとるものに分かれていた。ところが、**昭和38年の最高裁大法廷判決**（最大判昭38・4・17刑集17・3・229）の後、「義務の内容」を異にするという理由で、各別独立の義務を定めたものであるとして、併合罪とするようになった。**昭和49年**には、**最高裁大法廷**が、観念的競合における「1個の行為」について、「法的評価をはなれ構成要件的観点を捨象した自然的観察のもとで、行為者の動態が社会的見解上1個のものとの評価をうける場合をいう」と判示した（前掲最大判昭49・5・29＝百選103）。昭和51年には、前述したように、最高裁判決が38年判決を変更して、この両罪を観念的競合とした。

「右の二つの義務は、いずれも交通事故の際『直ちに』履行されるべきものとされており、運転者等が右二つの義務に違反して逃げ去るなどした場合は、社会生活上、しばしば、ひき逃げというひとつの社会的出来事として認められている。前記大法廷判決のいわゆる自然的観察、社会的見解のもとでは、このような場合において右各義務違反の不作為を別個の行為であるとすることは、格別の事情がないかぎり、是認しがたい見方であるというべきである」。したがって、「右各義務違反の不作為は社会的見解上1個の動態と評価すべきものであり、右各義務違反の罪は刑法54条1項前段の観念的競合の関係にあるものと解するのが、相当である」。[6]

(iii) **問題へのアプローチ**　この問題へのアプローチとして、二つの立場がある。第1のアプローチは、不作為的態度自体を統一された行為ととらえる立場である。第2のアプローチは、作為義務との相関関係において不作為をとらえ、作為義務によって要求される作為の数だけ不作為的態度があるとする立場である。第1のアプローチには、さらに、救護・報告をしないという不作為そのものとみる見解と、救護・報告をしないで立ち去るという態度とみる見解（前掲最大判昭51・9・22）とがありうるであろう。このアプローチによれば、いずれにせよ、各不作為は、社会的見解上1個の動態であるとし、上の事例の場合には、観念的競合となるものとされる（前掲最大判昭51・9・22、団藤459頁、大塚499頁、大谷466頁以下）。第2のアプローチは、作為義務の違反ごとに行為としての「不作為」があるとし（前掲最大判昭51・9・22における岡原裁判官の反対意見、藤木・判例評論60号51頁、中森・法学論叢102巻5＝6号156頁）、または、不作為犯と不作為犯が観念的競合となるためには1個の作為によって両者の作為義務をはたしうる場合でなければならないとし、上の事例のような場合、1個の行為で報告も救護もせよというのは不可能を強いるものであるから、観念的競合にはならないとするものである（平野429頁、小松・百選〔4版〕209頁）。さらに、第3に、救護義務違反と報告義務違反については、両義務の目的および法益の同一性を根拠に、両罪を「**吸収関係**」にあるとする説（中森・法学論叢102巻5＝6号160頁以下、札幌高判昭37・11・1高刑集15・8・633）が唱えられている。

(iv) **本書の立場**　思うに、観念的競合における「1個の行為」は、不

---

[6]〔岡原昌男裁判官の反対意見〕「1個の行為で数個の義務を履行し得るのにこれを怠った不作為行為は単一であるが、作為義務がそれぞれ別個の行為を要求しているときは不作為行為は複数であると考える」。救護義務と報告義務とについて考えると「両義務履行のために要求される行為内容は全然異なり、重要部分についての構成要件的重複もないのでこれを併合罪とすべきである」。

第3節　科刑上一罪　§178　観念的競合　1063

作為犯においては、1個の不作為的態度であり、それが複数の作為義務違反にあたる場合には、まさに1個の行為（不作為）により、二つ以上の罪名に触れる場合を意味する。人間の態度としての不作為は、構成要件的評価以前に、社会的見解上1個のものと評価される場合、1個の行為である。したがって、第1のアプローチをとり、不作為自体に着目する立場が妥当である。

(2)　二個以上の罪名に触れること

(a)　意義　「2個以上の罪名に触れ」るとは、数個の構成要件該当性・不法・責任が存在し、数罪が認められることを意味する。これには、1個の行為が異なった構成要件に該当する場合と1個の行為が同じ構成要件を数回実現する場合とがある。例えば、1個の行為が、器物損壊罪（261条）と傷害罪（204条）を実現する場合が前者の例である。1発の発砲行為よって2人を殺害し、二つの殺人罪（199条）を実現した場合が後者の例である。前者を、**異種類の観念的競合**（ungleichartige Idealkonkurrenz）と呼び、後者を、**同種類の観念的競合**（gleichartige Idealkonkurrenz）と呼ぶ。

　　学説の中には、犯罪の個数を犯意を基準にして決める**犯意基準説**の立場から、同一罪名の場合には、法益侵害が二つ以上であっても、犯意が一つである以上、本来的一罪であるとして、同種類の観念的競合を認めない見解（牧野〔上〕507頁）がある。しかし、犯意基準説は、すでに述べたように、不当であり、法益侵害を含めた可罰類型的不法評価の複数性が犯罪の個数を決定するのであるから、同種類の観念的競合をも認める通説・判例が妥当である。

(b)　異種類の観念的競合に関する判例　殺人の目的で他人の住宅に侵入した場合〔殺人予備罪と住居侵入罪〕（大判明44・12・25刑録17・2328）、殺意をもって婦女を強姦し死亡させた場合〔強姦致死罪と殺人罪〕（前掲最判昭31・10・25）、1個の虚偽の事実を流布することによって被害者の名誉と信用を毀損した場合〔名誉毀損罪と信用毀損罪〕（大判大5・6・1刑録22・854）、新聞社の活字ケースを押し倒してその効用を失わせた場合〔威力業務妨害罪と器物損壊罪〕（東京地判大10・3・12新聞1822・8）、婦女を姦淫する目的で殺意をもって暴行により姦淫し、殺害した場合〔強姦致死罪と殺人罪〕（大判大4・12・11刑録21・2088、前掲最判昭31・10・25）、強盗強姦殺人の意思で婦女を強姦し、殺害した場合〔強盗強姦罪と強盗致死罪〕（大判大13・4・7刑集3・329）、窃盗犯人が警察官に暴行を加えて職務を妨害し、負傷させた場合〔事後強盗致傷罪と公務執行妨害罪〕（大判明43・2・15刑録16・236、最判昭23・5・22刑集2・5・496）、恐喝の手段とし

ての暴行から被害者に傷害を負わせた場合〔恐喝罪・恐喝未遂罪と傷害罪〕（最判昭23・7・29刑集2・9・1062）、公務員が職務に関し相手方を脅迫して財物を交付させた場合〔恐喝罪と収賄罪〕（福岡高判昭44・12・18刑月1・12・1110）、銀行の支配人が、自己の利益を図る目的で、自己の銀行に対する債務を担保するために差し入れ、さらに、自ら保管する物件を売却した場合〔背任罪と横領罪〕（大判明43・12・5刑録16・2135）、盗品等であることを知りながらその交付を受けた場合〔盗品等の無償譲受の罪と恐喝罪〕（大判昭6・3・18刑集10・109）、放火して死体を損壊した場合〔放火罪と死体損壊罪〕（前掲大判大12・8・21）、暴行脅迫を用いて女性に対して公然とわいせつ行為をした場合〔強制わいせつ罪と公然わいせつ罪〕（大判明43・11・17刑録16・2010）などがある。

(c) 同種類の観念的競合に関する判例 鉄瓶に毒物を混入して数人を殺害しようとした場合〔殺人未遂罪〕（大判大6・11・9刑録23・1261）、同時に同一場所で数人を監禁した場合〔監禁罪〕（最大判昭28・6・17刑集7・6・1289）、同一の新聞などに数人の名誉を毀損する記事を掲載した場合〔名誉毀損罪〕（大判昭8・8・1刑集12・1403）、隣接する囲繞地の境界に設置されたブロック塀の上を伝い歩く場合〔住居侵入罪〕（東京地判昭57・2・2刑月14・1＝2・187）、所有者および占有者の異なる相接続した畑の桑の葉を一括して窃取した場合〔窃盗罪〕（大判大4・1・27刑録21・24）、数人に対して匕首をつきつけて同時に数人から所持金を強取した場合〔強盗罪〕（最判昭22・11・29刑集1・36）、1個の脅迫行為により数人の公務員の公務執行を妨害した場合〔公務執行妨害罪〕（最大判昭26・5・16刑集5・6・1157）、1個の行為が数名の共犯者を蔵匿・隠避した場合〔犯人蔵匿・隠避罪〕（最判昭35・3・17刑集14・3・351）、2個の偽造私文書を一括して行使した場合〔偽造私文書行使罪〕（大判明43・3・11刑録16・429）、1通の書面により数人に虚偽の告訴をした場合〔虚偽告訴の罪〕（大判明42・10・14刑録15・1375）、同時に数人の公務員に贈賄した場合〔贈賄罪〕（大判大5・6・21刑録22・1146）などがある。

3 処 分

(1) 意 義

観念的競合は、「その最も重い刑により処断する」（54条1項）。本来、数罪ではあるが1個の行為によって行われたものであるから、数罪を科刑上もっとも重い刑の中に包含させ、一罪として処断するものである。これは、罰条の適用が1回にとどめられるという意味であって、軽い罪が重い罪に吸収さ

れ独立性を失うというわけではない（最判昭23・5・29刑集2・5・521）。

(2) 「最も重い刑」の意義

「最も重い刑」の解釈については、大審院の判例は、数個の罪名中もっとも重い法定刑を規定した罰条の意味であるとしていた（大判大3・11・10刑録20・2079）。大審院の判例においては、科刑上一罪は、一罪であるとする考え方が強かったので、重い刑とは、「重き罪について定めた刑」の意味と解していたのである（平野421頁）。これに対して、最高裁は、「共に、他の法条の最下限の刑よりも軽く処断することはできないという趣旨を含む」と解している（最判昭28・4・14刑集7・4・850、なお、最判昭32・2・14刑集11・2・715）。

大審院の判例の見解にもとづくと、例えば、A罪の刑が3年以上の懲役または罰金、B罪の刑が10年以下の懲役であるとすると、重いA罪の刑種にある罰金刑を選択することができることになり、不合理である。

しかし、判例は、二個以上の刑種全体を比較対照するいわゆる**全体的対照主義**ではなく、重い刑種のみを比較対照する**重点的対照主義**（☞§188, 2④）をとる（最判昭23・4・8刑集2・4・307）。これによると、例えば、A罪（公務執行妨害罪）「3年以下の懲役若しくは禁錮又は50万円以下の罰金」とB罪（傷害罪）「15年以下の懲役又は50万円以下の罰金」の観念的競合の場合、B罪の刑が選択されるので、禁錮刑は選択できない。

さらに、大審院の判例は、比較されるべき刑は、加重減軽される前の**法定刑**を意味すると解しており（前掲大判大3・11・10、大判大5・4・17刑録22・570）、この考え方は、戦後も続いている（名古屋高判昭29・12・25高裁特1・13・751）。これに対して、通説は、「最も重い刑」とは、それぞれの罰条に規定された法定刑に**再犯加重**と**法律上減軽**を施したものについて（72条）、上限・下限ともにもっとも重い刑を意味する（団藤461頁、福田303頁、大塚502頁、中山538頁、大谷491頁）。

判例の見解によれば、甲罪が3年以下の懲役、乙罪が5年以下の懲役であって、乙罪には法律上の減軽事由がある場合、法定刑の重い乙罪が選択され、これについて法律上の減軽を行い、処断刑は、2年6月以下の懲役となる。通説によれば、法律上の減軽を施した刑について比較されるから、乙罪は、甲罪よりも軽くなり、甲罪の3年以下の懲役が処断刑となる。

(3) 付加刑の併科

付加刑の取扱については、54条1項は主刑に関する規定であって、付加

刑である没収・追徴には適用されないと解するのが通説である。

付加刑の併科については、54条2項は、「第49条第2項の規定は、前項の場合にも、適用する」と規定する。すなわち、科刑上一罪の場合にも、併合罪の場合と同様に、各罪の軽重にかかわらず、それぞれの各刑に「没収」を併科しうるものとするが、これは注意規定であると解されている。したがって、学説・判例は、「没収」のみならず、「追徴」も、付加刑である以上、当然に、他の刑と併科されるものとする（最決昭 32・7・19 刑集 11・7・1996、浦和地判昭 32・2・18 判時 111・26）。

§179 牽連犯

1 牽連犯の意義と牽連性の判断基準

(1) 牽連犯の意義

牽連犯とは、「犯罪の手段若しくは結果である行為が他の罪名に触れるとき」（54条1項後段）をいう。成立した数個の犯罪の間に「手段・目的」または「原因・結果」の関係が認められる場合、科刑上、一罪として取り扱われ、「その最も重い刑により処断」されるのである。

例えば、窃盗を行おうとして他人の住居に侵入し、財物を窃取した場合、窃盗罪と住居侵入罪は、目的・手段関係が認められるので、牽連犯である。他の目的で他人の住居に侵入した者が、住居内で窃盗ないし殺人をはたらいた場合（大判大 6・2・26 刑録 23・134、大判昭 5・1・27 刑集 9・16）には、原因・結果の関係が認められるので、やはり牽連犯である。

牽連犯を科刑上一罪とする**立法例**[7]は、めずらしいとされている。現行刑法の立法当時のスペイン刑法 90 条（現行 71 条）が参考とされたといわれている[8]。わが国のその後の刑法改正に関する草案の中ではいずれも牽連犯の規定は設けられていない。牽連犯となる数罪のうちにはかなりの時間的な間隔があり、一方に対する既判力が他方に及ぶとするのは適当でないこと、牽連犯とされるものの中には観念的競合になると解

---

[7] 牽連犯が現行法に採用された動機は、旧刑法において合して一罪とされていた文書偽造とその行使、住居侵入と窃盗等が分離されて別罪とされるに至ったことによるのではないかとされる（草野豹一郎「牽連犯における牽連性」刑事判例研究 3 巻〔1937〕181 頁以下、中野・刑事法講座 7 巻 1391 頁以下）。

[8] 牽連犯の規定が明治 31 年度案の 70 条から始まったものであることにつき、草野・刑事判例研究 3 巻 177 頁以下参照。

されるものも多く、削除しても必ずしも被告人の不利にならないことなどが、その理由である（改正刑法草案説明書142頁）。学説においても**牽連犯廃止論**が有力に主張されている（平野「競合犯」『刑法改正の研究1』〔平野・平場編〕〔1972〕278頁、大谷493頁、中山善房・大コン4巻196頁以下）。

したがって、牽連犯が科刑上一罪として取り扱われる**実質的根拠**については、「社会通念上（自然的観察・社会的見解上）類型的に一体の事実」と評価できること（中谷雄二郎・大コン4巻338頁）、一罪としての結合犯に類似する密接な関係が認められること（団藤462頁、川端661頁、虫明・新判例コン3巻125頁）などから併合罪として独立に刑法的評価を加える必要がないことが挙げられる。

(2) 牽連性の判断基準

客観的観察により、数個の行為の間に手段・目的ないし原因・結果関係が認められるのか（**客観的牽連性**）、行為者が事前に手段・目的ないし原因・結果とする意思をもっていたことを要するのか（**主観的牽連性**）、あるいは、その両者が必要なのか（**折衷説**）には争いがある。「経験則上、通常」、そのような関係があるという「経験上の類型性」（小野277頁）があることを要するとする**客観説**（大判明42・12・20刑録15・2012、小野277頁、植松436頁、団藤461頁、福田312頁、大塚503頁、大谷493頁、川端661頁）が通説である。行為者が主観的に牽連させる意思で、手段としまたは結果と解するかぎりで牽連性を認めようとする**主観説**は、とくに近代学派により、犯罪の個数を決定する際の意思基準説にもとづいて唱えられた（牧野〔上〕513頁、木村413頁）。主観説は、牽連犯も、本来、一罪であるとみる。行為者の偶然的な認識にもとづいて牽連犯の成立範囲が左右されることになり、不都合であると批判されている（大塚503頁）。**折衷説**（平野427頁、西原380頁）は、通常、手段・結果の関係にあること、および行為者がそれを目的としたことをともに必要とするものであるが、客観的牽連性に加えて、牽連させる意思が必要とするのは疑問である。

(3) 牽連性の判断基準に関する判例

判例は、「犯罪の手段とは、或犯罪の性質上其手段として普通に用いられる行為をいうのであり、又犯罪の結果とは、或犯罪より生ずる当然の結果を指すと解すべきものであるから、牽連犯たるには或犯罪と、手段若くは結果たる犯罪との間に密接な因果関係のある場合でなければならない。従って犯人が現実に犯した2罪がたまたま手段結果の関係にあるだけでは牽連犯とはいい得ない」（最判昭24・7・12刑集3・8・

1237）として、「密接な因果関係」を要求し、さらに、「犯人が主観的にその一方を他方の手段又は結果の関係において実行したというだけでは足らず、その数罪間にその罪質上通例手段結果の関係が存在すべきものたることを必要とする」（最大判昭24・12・21刑集3・12・2048、最判昭32・7・18刑集11・7・1861）とし、主観説を排して客観説に立つものが多い。判例は基本的に客観説に立っているとされている[9]（中谷・大コン4巻340頁）。

判例は、近時、客観的牽連性の要件として、「**抽象的牽連性**」と「**具体的牽連性**」の両要件を認めることが多い（中谷・大コン4巻340頁）。すなわち、「数罪間に罪質上通例その一方が他方の手段または結果となる関係」（**抽象的牽連性**）および「具体的に犯人がかかる関係においてその数罪を実行した場合」（**具体的牽連性**）の両者を要求するのである（最大判昭44・6・18刑集23・7・950、最判昭57・3・16刑集36・3・260）。

2 牽連犯の要件

牽連犯となるには、①「犯罪の手段若しくは結果である行為」であること、および②「他の罪名に触れる」ことが必要である。

(1) 犯罪の手段または結果である行為

ある行為が、通常、他の行為の手段であるか、または、他の行為がある行為の通常の結果であることが必要である。

判例が牽連関係を認めたものとして、みのしろ金目的拐取罪とみのしろ金要求罪（最決昭58・9・27刑集37・7・1078）住居侵入罪と窃盗罪（最判昭28・2・20裁判集刑74・179）、住居侵入罪と強姦罪（大判昭7・5・12刑集11・621）、住居侵入罪と殺人罪（大判明43・6・17刑録16・1220、最決昭29・5・27刑集8・5・741＝**百選105**）、住居侵入罪と強盗罪（最判昭24・11・22裁判集刑14・805）、住居侵入罪と傷害罪（大判明44・11・16刑録17・1989）、偽証罪と詐欺罪（大判大2・1・24刑録19・39）、住居侵入罪と軽犯罪法の窃視罪（前掲最判昭57・3・16）、逮捕罪と恐喝罪（大判明43・10・10刑録16・1651）、住居侵入罪と放火罪（大判昭7・5・25刑集11・680）、公文書偽造罪と同行使罪（大判明42・7・27刑録15・1048）、公正証書原本不実記載罪・同行使罪と詐欺罪（最決昭42・8・28刑集21・7・863）、偽造公文書行使罪と詐欺罪（大判明44・11・10刑録17・1871）、私文書変造罪と同行使罪（大判明42・8・31刑録15・1097、大判大11・11・14刑集1・657）、有価証券偽造罪と偽造有価証券行使罪（大連判明42・2・23刑録15・127）がある。

牽連関係を認めなかったものとして、業務上過失傷害罪とその後の殺人罪（最決昭53・3・22刑集32・2・381＝**百選14**）、監禁罪と恐喝罪[10]（最判平17・4・14刑集

---

[9] 牽連意思を要するとしたものとして、大判昭8・4・26新聞3588・9、大判昭13・6・17刑集17・475がある。

[10] 大判大15・10・14刑集5・456は牽連犯とし、東京高判昭31・6・13判タ60・65も牽連犯としていたのを変更した。平成17年4月14日の最高裁判決は、「恐喝の手段として監禁が行われた

59・3・283＝百選102)、監禁罪と強姦致傷罪（前掲最判昭24・7・12)、監禁罪と傷害罪（最決昭43・9・17刑集22・9・853)、強姦罪と殺人罪（大判昭7・2・22刑集11・107)、殺人罪と死体損壊罪（大判昭9・2・2刑集13・41)、強盗殺人罪と犯跡隠蔽のための放火罪（大判明42・10・8刑録15・1293)、強盗殺人罪と死体遺棄罪（前掲大判昭13・6・17)、放火罪と保険金詐欺罪（大判昭5・12・12刑集9・893)、公印不正使用罪と収賄罪（最判昭27・2・7刑集6・2・208)、特別法関係では、不正アクセス行為の禁止等に関する法律3条所定の不正アクセス行為（同法8条1号）と私電磁的記録不正作出罪（161条の2第1項)（最決平19・8・8 LEX/DB）がある。

(2) 他の罪名に触れること

「他の罪名に触れる」とは、数個の行為がそれぞれ独立の構成要件に該当し、犯罪を構成することを意味する。したがって、この数個の行為は、法条競合ないし包括一罪が成立することによって一罪をなすものであってはならない。また、数個の行為は、異なる構成要件に該当するものである（**異種類の牽連犯**）と、同じ構成要件に該当するものである（**同種類の牽連犯**）とを問わない（大判明43・11・15刑録16・1941、大塚504頁、大谷494頁)。しかし、それぞれ異なった構成要件であることを要するとする見解（齊藤金作261頁、香川463頁）もある。ただ、同種類の構成要件について牽連関係の認められる現実の例はほとんど想定できないといってよい。例えば、ある文書偽造の手段として、他の文書偽造を行う場合も、単純一罪ないし観念的競合とされうる場合であろう（中谷・大コン4巻353頁)。

3 処 分

「その最も重い刑により処断する」（54条1項)。その意義は、観念的競合の場合と同じである。

§180 科刑上一罪の諸問題

1 共犯と罪数
(1) 共同正犯の罪数

共同正犯において「1個の行為」といえる範囲はどのようなものか。数人

場合であっても、両罪は、犯罪の通常の形態として手段又は結果の関係にある者とは認められず、牽連犯の関係にはない」とした。

が共同して、一人の被害者を殺害した場合、**犯罪共同説**からは、殺人の共同正犯一罪が成立するとみる。**行為共同説**は、それぞれにつき一罪が成立するとみる。

次に、数人が、共謀のうえ、同一の機会に数人の被害者に対して各別に犯罪行為を実行した場合、数人の被害者に対する犯罪行為全体を「1個の行為」とするのか、それとも、個別の犯罪行為が合一するものではないとして観念的競合を否定するのかが問題である。この問題については、被害者の異なる犯罪は、共同正犯であっても、数罪が成立するという原則により、それぞれ複数の被害者に対する単独正犯が成立するのと同様に考え、数個の行為による数罪の併合罪とするべきである。[11]

(a) 観念的競合か併合罪か 　**大審院の判例**は、甲と乙とが共謀し、同時に同一の場所で、甲はAを殺害し、乙はBをそれぞれ殺害して財物を奪取したという事案において、判例は、「数人共謀して、各自同時に個々の人を殺害したるときは、其各自の方面に数個の殺人罪名に触るる1個の行為あるものと解すべきもの」として、1個の行為による2個の殺人罪（および強盗致死罪）の観念的競合を認めた（大判大5・11・8刑録22・1693）。しかし、**最高裁の判例**には、「数人共謀して、各自同一機会に夫々各別個の人を殺害し、又は殺害しようとして遂げなかったときは、その共犯者の一人について見れば自己の時を接した数個の行為により同一機会に数名の人を殺害し或は殺害しようとして遂げなかった場合と同視すべきである」から、殺人罪および殺人未遂罪の「連続犯」を構成するとしたものがある（最判昭25・8・9刑集4・8・1562）。さらに、最高裁は、「数人共同して二人以上に対しそれぞれ暴行を加え、一部の者に傷害を負わせた場合には、傷害を受けた者の数だけの傷害罪と暴行を受けるにとどまった者の数だけの暴力行為等処罰に関する法律1条の罪が成立し、以上は併合罪として処断すべきである」とした（最決昭53・2・16刑集32・1・47）。

(b) 牽連犯の共同正犯 　共同正犯においては、実行共同正犯ごとに数個の実行行為が認められるが、それぞれの行為が構成要件の実現に向けて結合されている。[12] そこで、事前の共謀があった場合、完全に役割分担していたと

---

[11]「あたかも単独犯が時を接した数個の行為によって同一の機会に数人に対して暴行を加えた場合と同視すべきもの」とする。この判決では、数人が、AおよびBに対して暴行を加え、Aを死に到らせ、Bに傷害を与えた事案につき、「共犯者各自についてそれぞれAに対する傷害致死の罪とBに対する傷害の罪とが成立し、両者は併合罪の関係に立つと解する」（東京高判昭46・5・24東高刑時報22・5・181）。

しても、牽連関係は認められる。例えば、甲と乙が文書を偽造し、これを行使することを共謀していたという事例において、甲が文書偽造を、乙が偽造文書の行使を担当していたとしても、文書偽造行為と偽造文書行使行為との間に客観的牽連関係が認められる。したがって、甲・乙ともに文書偽造罪と同行使罪の牽連犯の共同正犯となる（中谷・大コン4巻354頁参照）。

(2) 狭義の共犯の罪数

(a) 犯罪の個数および科刑上の罪数の判断基準 　狭義の共犯の罪数を決定する基準については、**正犯行為基準説**と**共犯行為基準説**の二説に分かれる。**正犯行為基準説**は、共犯の罪数は、正犯の行為を基準にするという見解である。正犯行為基準説の理論的根拠は、共犯の従属性である。しかし、罪数の問題は、さらに、犯罪の個数（成立する犯罪の個数）と科刑上の罪数（科刑上一罪の成否）とに分けることができる。大審院時代の判例は、この両者ともに正犯の罪数によるという立場に立つ。**共犯行為基準説**は、共犯行為を基準にして犯罪の個数ないし犯罪の競合を判断するものである（通説）。

> 甲は、乙と丙に対して、Ａ宅から金品を窃取するよう同時に教唆したところ、乙と丙とが別々の機会にＡ宅から金品を窃取した。この事例〔第1例〕で、甲は、二つの窃盗教唆を行ったのか、一つの窃盗教唆にすぎないのか。また、甲は、別々の機会に、乙と丙にＡ宅から金品を窃取するよう教唆したところ、乙と丙が共同して窃盗を行った場合はどうか〔第2例〕。

この問題につき、正犯行為基準説によれば、第1例では、正犯行為は二つであるので、教唆犯も2個であり、それぞれ併合罪である。これに対して、共犯行為基準説に立てば、甲は、一つの行為で二つの犯罪を教唆しているから観念的競合となる。第2例は、教唆行為は二つのようにみえるが、正犯行為基準説からは、一人の被害者に対する共同正犯が基準となるから、一罪が成立するにすぎない。大審院の判例も、このような立場に立ち、教唆につき一罪を認めていた。[13]共犯行為基準説によれば、同一の法益侵害に向けられた二つの行為であり、包括一罪として処理しうる。したがって、いずれにせ

---

[12] 共謀共同正犯を肯定する立場からは、共謀共同正犯につき、実行正犯の実行行為と共謀行為とが認められる。

[13] 二名に対して堤防の破壊を教唆したところ、この二名が共同して堤防破壊を実行した事案につき、溢水教唆罪を一罪としたもの（大判明44・11・16刑録17・1984）がある。その他、大判大14・7・20刑集4・495 も、町長に職務を強要するよう二名の者に教唆した場合に、共謀してそれが実行されたという事案で、単純一罪であるとした（中野・刑事法と裁判の諸問題86頁参照）。

よ、一罪が成立する。

　(b)　古い判例の基準　　大審院時代の判例は、正犯行為基準説に立脚し、共犯の罪数は、正犯の罪数によるとするものが主流であった（**罪数の従属性**）。その際、犯罪の個数も科刑上の罪数も、ともに正犯のそれらによるとしたのである。すなわち、教唆犯は実行正犯に随伴して成立するものであるから、2個の殺人罪を教唆して正犯がこれを実行したときは、たとえその教唆が同時に行われたとしても、2個の教唆罪が成立するものとする（大判明44・11・10刑録17・1865）。この趣旨を明確に示したものとして、「数人を教唆して独立せる数罪を実行せしめたる場合に於ては、教唆者は、自ら数罪を犯したると同一の責任を負ひ、実行正犯の犯したる正犯の個数に応じ」、併合罪となるものとしたものがある（大判大5・6・30刑録22・1210）。これによれば、数人を教唆し、その数人が各別に罪を犯した場合、教唆罪は併合罪となる（大判大9・7・21刑録26・567）。しかし、これらの判例の主流とは異なり、共犯行為基準説に立つ判例もあった。人数を指定せずに一人の被教唆者に傷害を教唆したところ、二人の者を傷害した事案につき、「一傷害罪を教唆したるもの」として処分すべきであるとしたもの（前掲大判大14・7・20）のほか、幇助についても、この趣旨の判例がある（大判大10・3・14刑録27・169）。

　(c)　昭和57年の最高裁決定以降　　昭和57年の**幇助の罪数に関する最高裁の決定**（最決昭57・2・17刑集36・2・206＝**百選106**）によって、判例の立場は明確となった。この事案は、被告人甲は、正犯らが2回にわたり覚せい剤を密輸入し、2個の覚せい剤取締法違反の罪を犯した際、覚せい剤の仕入資金にあてられることを知りながら、正犯の一人から渡された現金等を銀行保証小切手にかえて同人に交付し、これによって各犯行を幇助したというものである。本決定によれば、共犯の罪数は正犯のそれに従うが、1個の行為の基準については共犯行為基準説が採られる。すなわち、①「幇助罪は正犯の犯行を幇助することによって成立するものであるから、成立すべき幇助罪の個数については、正犯の罪のそれに従って決定されるものと解するのが相当である」。②「幇助罪が数個成立する場合において、それらが刑法54条1項にいう1個の行為によるものであるか否かについては、幇助犯における行為は幇助犯のした幇助行為そのものにほかならないと解するのが相当であるから、幇助行為それ自体についてこれをみるべきである」。以上のような原則を立てて、本決定では、本事案につき「被告人の幇助行為は1個と認められるから、たとえ正犯の罪が併合罪の関係にあっても、被告人の2個の覚せい剤取締法違反幇助の罪は観念的競合の関係にあると解すべきである」とした。[14]

このように判例は、「1個の行為」かどうかについては、共犯行為基準説に立ちつつ、犯罪の成立個数については、正犯の犯罪に従属するとするのであるが、後者の点については、因果的共犯論に立つかぎり、正犯の犯罪への従属を論拠にする必要はないと思われる。なぜならば、共犯者にとっても、共犯行為の射程は、正犯結果まで及ぶとすれば、犯罪の個数は、正犯についての犯罪成立数と一致するからである。したがって、結論的には、本判例は正当であるということができる。

(d) 共犯行為基準説の問題点 科刑上一罪の判断を**共犯行為基準説**によって行うことに問題はないのであろうか。これについては、処断刑の範囲、とくに既判力の範囲に不均衡が生じるという指摘（西田・警研 55 巻 9 号 83 頁）がある。例えば、甲が、A、B、Cの三名に対して同時に、Aには東京での殺人を、Bには大阪での放火を、Cには名古屋での強盗を教唆したところ、三名がそれぞれその犯罪を実行したという場合、甲の教唆は、1個の行為として観念的競合になる。これに対して、共謀共同正犯だとすると併合罪になるのは不均衡だというのである。さらに、この事例で、Aの東京での殺人のみが発覚し、訴追され、有罪判決が確定したが、その後、その他の犯罪が発覚した場合には、BおよびCに対する教唆に既判力が及び、訴追できないのは不合理であるというのである。[15]

相前後して別々の機会に、同一の被教唆者に対し教唆者から複数の教唆が行われたが、被教唆者が、同時に1個の行為によってそれらの犯罪を実行した場合については、どのように考えるべきであろうか。大審院の判例は、この場合、幇助の事例について、幇助についても一罪が成立するにすぎないとする（大判大 2・4・17 刑録 19・479）。正犯行為基準説に立てばこの結論は当然である。

---

[14] この決定の背後には、観念的競合につき「1個の行為とは、法的評価をはなれ構成要件的観点を捨象した自然的観察のもとで、行為者の動態が社会的見解上1個のものとの評価をうける場合をいう」とした前掲の昭和 49 年最高裁大法廷判決（最大判昭 49・5・29 刑集 28・4・114）がある。正犯の構成要件該当行為ではなく、自然的観察のもとでの行為者の動態に着目したのである（山中敬一・新判例コン 3 巻 288 頁参照）。本決定の評釈として、西田典之「共犯の罪数」警研 55 巻 9 号 77 頁以下。

[15] この問題の解決のために、前に論じた分割可能性説が唱えられている。これによれば、「観念的競合における『1個の行為』とは、分割することが不可能な行為、いいかえると一つの行為だけをし他の行為をしないことが不可能な場合を指す」（中野「共犯と罪数」百選［Ｉ］〔第 2 版〕205 頁）として、この場合、便宜的に同時に教唆したにすぎず分割することもできたのであるから、正犯行為に応じた教唆行為が存在し、観念的競合は否定されるというのである。

例えば、甲が乙に対し、まず覚せい罪の輸入を教唆し、その後、大麻をも輸入するように教唆したが、乙が覚せい罪と大麻を同時に輸入したという事案については、共犯行為基準説に立つと、教唆行為は、二つの行為であるから、併合罪とすべきようにもみえる。しかし、結局、「1個の行為」を惹起したにすぎない。因果的共犯論によれば、観念的競合となるような社会的見解上1個の行為を惹起する行為を接続して行ったのであるから、教唆行為も、観念的競合であるとみることができるであろう。

(3) 狭義の共犯と牽連犯

判例によれば、**正犯行為基準説**に立つから、正犯につき牽連犯が成立する場合、これを教唆・幇助した者も、教唆犯・幇助犯の牽連犯が成立する。大審院は、文書偽造罪と偽造文書行使罪の教唆について、正犯行為の間に手段結果の関係があるから、牽連犯であり、教唆犯にも同一の法条を適用すべきであるとする（大判大4・2・16刑録21・107）。また、住居侵入行為と殺人行為は牽連犯であるが、両行為を幇助した場合には、幇助行為も牽連犯として処分すべきであるとする（大判大6・10・1刑録23・1040）。共犯行為基準説に立っても、教唆・幇助行為自体が牽連関係に立つならば、共犯につき牽連犯を認めてもよいと思われる（中野・刑事法と裁判の諸問題95頁以下、中谷・大コン4巻354頁）。もっとも、1個の行為で、牽連犯を教唆した場合には、観念的競合となるであろう（中谷・大コン4巻354頁）。

2 「かすがい」現象

(1) かすがい現象の意義

かすがい現象ないしかすがい作用（Klammerwirkung, Verklammerung）とは、本来、併合罪となるべき数罪が、それぞれある罪と観念的競合または牽連犯の関係にあることにより、数罪全体が科刑上一罪として処断されることをいう。

例えば、住居に侵入して順次三人を殺害した場合、3個の殺人行為は、本来、併合罪の関係にあっても、1個の住居侵入罪が手段とされていることによって、その1個の住居侵入罪によって結び付けられ、それと3個の殺人行為とがそれぞれ牽連犯となり、全体が科刑上一罪として取り扱われる（最決昭29・5・27刑集8・5・741＝**百選105**）。

ここで、住居侵入罪が、3個の殺人罪を結び付ける「かすがい」の役割を果たしているので、かすがい作用というのである。かすがい現象は、観念的競合についても認められる。観念的競合の場合のかすがい作用は、本来、併合罪の関係にある乙罪と丙罪が、数個の行為を含む集合犯である甲罪のうち甲₁と甲₂とそれぞれ観念的競合の関係にある場合、甲罪をかすがいとして全体が一罪として処断されるという形で現れる。

(2) 判　例

判例によれば、**住居侵入罪、恐喝罪、殺人罪は、騒擾罪**（騒乱罪）**をかすがい**として全体として一罪として取り扱われる（大判大 8・5・23 刑録 25・673）。さらに、無許可で古物商を営む者が十数回にわたり盗品等を有償で譲り受けた事案につき、無許可古物商営業の罪（古物法 19 条・2 条）をかすがいとする同罪と数個の盗品等有償譲受罪との観念的競合を認めた判例（大判大 14・5・26 刑集 4・342）がある。最高裁の判例としては、多数の婦女を売春業者に接客婦として就業を多数回斡旋し、雇主から紹介手数料として金員を受領し利益を得たという職業安定法 63 条 2 号の罪は、周旋した婦女ごとに成立するにもかかわらず、労働基準法 118 条 1 項の罪（労基法 6 条違反）が集合犯（営業犯）であることから、後者の罪をかすがいとして、前者の各罪とそれぞれ観念的競合になり、全体として一罪となるとしたもの（最判昭 33・5・6 刑集 12・7・1297）がある。さらに、観念的競合と牽連犯が併存する場合もある。他人の株券を占有する者が、自己の債務の担保に供するために、株券の名義書換の委任状・処分承諾書を偽造し、これを株券とともに債権者に交付した事案（大判昭 7・4・11 刑集 11・349）においては、私文書偽造罪と同行使罪は牽連犯であり、同行使罪と横領罪とは観念的競合であり、偽造私文書行使罪をかすがいとして全体が一罪となるというのである。[16]

児童ポルノ処罰法における児童ポルノを提供するとともに、①刑法 175 条のわいせつ物を販売し、さらに②児童ポルノの提供目的で所持するとともに、わいせつ物を販売する目的で所持していた場合、**児童ポルノ提供罪と同提供目的所持罪は、併合罪**であるが、①は、両罪の観念的競合であり、②についても両罪は観念的競合であり、また、わいせつ物販売罪と販売目的所持罪は、包括一罪であるので、それらが同時に行われたとき、それらの罪の「**かすがい作用**」によって、児童ポルノ提供罪と同提供目的所持罪も含め以上の罪全体が一罪になる。この結論を導くのが、次の平成 21 年最高裁決定（最決平 21・7・7 刑集 63・6・507）である。

「児童買春、児童ポルノに係る行為等の処罰及び児童の保護等に関する法律 2 条 3 項にいう児童ポルノを、不特定又は多数の者に提供するとともに、不特定又は多数の者に提供する目的で所持した場合には、児童の権利を擁護しようとする同法の立法趣旨に照らし、同法 7 条 4 項の児童ポルノ提供罪と同条 5 項の同提供目的所持罪とは併合罪の関係にあると解される。しかし、児童ポルノであり、かつ、刑法 175 条のわいせつ物である物を、他のわいせつ物である物も含め、不特定又は多数の者に販売して提供するとともに、不特定又は多数の者に販売して提供する目的で所持したという本件のような場合においては、**わいせつ物販売と同販売目的所持が包括して一罪**を構成すると認められるところ、その一部であるわいせつ物販売と児童ポルノ提供、同じくわいせつ物販売目的所持と児童ポルノ提供目的所持は、それぞれ社会的、自然的事象としては同一の行為であって観念的競合の関係に立つから、結局以上の全体が一罪となるものと解することが相当である」。

---

[16] この判例は、横領罪と私文書偽造罪・同行使罪とは観念的競合による一罪と解する。

(3) 問題点

しかし、かすがい作用を認めると、刑が軽くなり**不均衡**であるという**問題点**がある。例えば、先の住居侵入罪と三つの殺人罪が牽連犯となるという事例で、三つの殺人がもし屋外で行われていたとすると、三つの殺人罪は、併合罪である。これに、さらに住居侵入罪という罪が付け加わった場合に、牽連犯となり、殺人一罪として処断されることになるのは、権衡を失するというのである[17]（中野・刑事法と裁判の諸問題99頁、山火・刑雑23巻1=2号31頁）。さらに、かすがい作用の理論は、**既判力**においても、例えば、当初、集合犯A罪と個別のB罪のみが発覚していたが、確定判決後に、個別のC罪がさらに発覚したという場合、A罪のかすがい作用により、B罪のみならず、C罪も含めて観念的競合として一罪とされるのであるから、既判力は、C罪にも及び、起訴・処罰が不可能となるという不合理が認められる。

(4) かすがいはずし

これを是正するため、ドイツの判例は、かすがい作用を原則として認めるが、かすがい作用をする甲罪が、本来、併合罪である乙罪と丙罪よりも不均衡に軽い場合には、かすがい作用を認めず（BGHSt 1, 67）、この場合を甲・乙罪と甲・丙罪の併合罪であるという解釈が行われている。今日の学説は、かすがいとなる甲罪が、他の乙罪・丙罪と不法内容においてほぼ同等である場合に、科刑上観念的競合を認める（イェシェック、バウマン等）。これに対して、かすがいによって結びつけられる犯罪の一つでも、かすがいの役を演ずる犯罪よりも本質的に高い不法内容を示す場合には、かすがい作用を否定する[18]。

このような「**かすがいはずし**」の試みは、わが国においてもみられる。すでに、戦前において、①甲・丙・乙罪が順次牽連する場合に、甲罪がもっとも重く、次いで乙罪、丙罪の順に重いときには、丙と甲、丙と乙の2個の牽連関係は択一的な関係に立ち、いずれか重い方の牽連一罪だけが成立し、こ

---

[17] このような不均衡にもかかわらず、判例がかすがい作用を認めてきたのは、「わが国の刑罰法規においては法定刑の幅が一般に広く、しかも現実の宣告刑は法定刑ないしは処断刑の下限に近いところで決定される傾向にあるため、このような解釈をとってもそのために適切な刑の量定が不可能になるという不都合が実際にはほとんど考えられず、そのことがこの解釈に対する反省の切実さを妨げていた」といわれている（中野・刑事法と裁判の諸問題100頁、大塚504頁）。

[18] 最近のドイツの判例では、他の二つの犯罪の一つのみが、かすがいとなるべき犯罪よりも重いというだけではかすがい作用はなくならないとする（BGHSt 31, 29 など。Vgl. *Schönke/Schröder/Stree*, StGB §52, Rdnr. 18; *Jescheck/Weigend*, Lb 5.Aufl., S. 721.）。

第 3 節　科刑上一罪　　§180　科刑上一罪の諸問題◇　1077

れともう一つは併合罪となるとする見解（宮本・学粋 65 頁以下）があったが、戦後、②甲・丙のみを科刑上の一罪とし、これと乙罪との併合罪とするという見解（内田 356 頁）、③甲罪とその各個別行為をなす乙罪・丙罪とが観念的競合をなす場合、甲・乙・丙罪の併合罪とし、甲罪と乙罪が牽連犯の関係にあり、甲罪と丙罪との間には形式的な牽連関係があるにすぎない場合には、甲罪と乙罪の牽連犯と、丙罪との併合罪として処理されるべきであるとする説（山火・刑雑 23 巻 1＝2 号 33 頁）、④罪数としてはいわゆるかすがい作用による一罪を認めるが、その処断刑は、甲・乙の併合刑と丙の刑とのうち重いものを基準として定めるという見解（中野・刑事法と裁判の諸問題 130 頁）、さらに、観念的競合の場合については、⑤丙罪と甲罪との観念的競合と丙罪と乙罪の観念的競合とが併合罪となるとする説（中山善房「観念的競合と牽連犯」判例研究刑法 4 巻 339 頁）などがある。しかし、学説においては、現行法の解釈としてはこれを認めるほかないなどとして、かすがい作用を肯定する**積極説**（団藤 437 頁、平野 429 頁、大塚 504 頁、中山 537 頁、大谷 497 頁以下、川端 665 頁）が通説である。

第4節　併合罪

【文献】瀧川春雄「併合罪と累犯」刑法講座4巻191頁、戸田弘「併合罪と罰金刑以下の確定裁判」中野還暦197頁、中野次雄「併合罪」刑事法講座7巻1371頁、同「併合罪と科刑上の一罪との競合—いわゆる『かすがい作用』について—」刑雑22巻3=4号1頁（同『刑事法と裁判の諸問題』〔1987〕298頁以下所収）、丸山雅夫「いわゆる『かすがい現象』について（1）（2・完）」警研64巻2号21頁・3号31頁

§181　併合罪の意義と要件

1　併合罪の意義・根拠
(1)　併合罪の意義

併合罪（数罪倶発）とは、確定裁判を経ていない2個以上の罪をいう（45条）。併合罪は、観念的競合に対比して**実在的競合**（Realkonkurrenz, Tatmehrheit）とも呼ばれる。[1] 併合罪については、各罪が、同じ手続により審判しうる場合には、その各罪を別々にではなく、一括して処理し、単一の刑で処断するのが、合理的だという考えにもとづき、刑罰適用上の特別の取扱を認めたものである。

併合罪には、①確定裁判を経ていない併合罪のグループ（**同時的併合罪**）（45条前段）と、②成立した数個の犯罪の間に禁錮以上の刑に処する確定裁判を経た犯罪があるときは、その犯罪とその裁判確定のとき以前に犯した犯罪とを別のグループとする併合罪のグループ（**事後的併合罪**）（45条後段）とがある。したがって、順に犯されたA罪、B罪、C罪、D罪、E罪が、すべて確定裁判を経ていない場合には、それらは、同時的併合罪である。C罪が禁錮以上の確定裁判を経た犯罪にあたる場合には、45条後段の事後的併合罪の場合であり、[2] A罪、B罪、C罪とD罪・E罪とは別の併合罪のグループ

---

[1] ドイツ刑法においては、行為者が、同時に審判されうる複数の独立の犯罪を行ったときに、実在的競合であるとされる（ドイツ刑法53条以下）。

[2] もちろん、C罪はすでに確定判決を受けているので、一事不再理の原則により、裁判の対象にな

をなす。この場合でも、A 罪および B 罪を併合罪として処理するには、45条前段を適用することになる（最決昭 34・2・9 刑集 13・1・82）。また、D 罪および E 罪も、45 条前段により、併合罪となる。

　以前は、「禁錮以上の刑に処する」確定裁判という制限はなく、たんに「確定裁判ありたるときは」とされていたが、昭和 43 年の刑法一部改正（法 61 号）の機会に、「競合犯」に関する準備草案（63 条）や草案（60 条）の規定を採用し、このように改められた。従来の規定では、罰金の確定裁判が存在する場合でも、併合罪関係が遮断された。しかし、道路交通法違反の罪等により罰金以下の刑に処せられることが多くなり、これによる前科を調査することが困難なばかりではなく、これによって併合罪関係を遮断することは、刑事審判手続においても煩瑣であるというのが、その改正の理由である。

(2)　併合罪特別扱いの根拠

確定裁判が介在した場合に、その前後の犯罪の間に併合罪関係を認めない理由については、諸説がある。第 1 は、併合罪とされる根拠が **同時審判の可能性** という訴訟法的考慮にあるのだから、それが確定裁判の介在によってなくなったとき、併合罪とする理由がないとするものである（平場 176 頁）。第 2 に、**人格責任論の立場** からは、「数個の行為は 1 個の人格態度の発現ではないが、根柢において一連の人格形成によってつながるものであり、その意味で包括して評価されるべきである」（団藤 449 頁）とされる。とくに確定裁判を限界としている趣旨は、国家から有罪の確定判決を受けることによって、行為者の人格形成に重要な影響が与えられ、以後、新たな人格態度がとられるべきことが期待されることにもとづくという（団藤 449 頁以下、大塚 507 頁）。第 3 に、行為責任を問う場合に、**行為者の素質・環境** が考慮されるが、同時に審判される場合には、素質・環境がそれぞれの行為ごとに二重に評価され、また、有罪の確定判決があった場合には、考慮されるべき素質・環境はすでに考慮済であるから、同時に審判されえたような余罪については、とくに刑の適用を考慮しなければならないとする（青柳 428 頁、川端 674 頁）。さらに、第 4 に、確定判決は、その確定時までの背後事情を考慮して刑を量定しているので、それ以後は **一応区切り** をつけて量刑を明らかにするものだとする見解（平野 434 頁）がある。

　らない。

2 併合罪の要件

併合罪は、前述のように、①数個の犯罪がいまだ確定裁判を経ていないこと、または、②数個の犯罪事実のうち禁錮以上の刑に処する確定裁判を経た罪があるときは、その裁判確定以前に犯した他の犯罪（余罪）があることを要する。

(1) 同時的併合罪

「確定裁判」とは、通常の訴訟手続によっては不服申立により争うことのできない状態に至った裁判をいう（刑訴法373条・418条・465条など参照）。ここではとくに、一事不再理の効力を有する裁判が確定していることを意味する。有罪、無罪、免訴の判決のほか、略式命令（刑訴法461条以下・470条）、交通事件即決裁判（交通裁判法3条・14条2項）などを含む。「経ていない」とは、いまだその罪についての裁判が確定していないことを意味する。現に各罪が審理されているかどうかを問わない。

(2) 事後的併合罪

「禁錮以上の刑に処する確定裁判」とは、死刑、懲役、禁錮のどれかに処する確定裁判をいう。確定裁判があれば足り、その刑の執行を終了しているかどうかを問わない（東京高判昭28・6・30東高刑時報4・1・7）。執行猶予を付した確定裁判による刑の言渡しが失効しても、45条後段の併合罪の成否には影響しない（最決昭45・9・29刑集24・10・1421）。また、45条後段は、「併合罪となるのは確定裁判を経た罪とその裁判確定前に犯した罪即ち併合審判の可能性が原則として存在した罪についてだけであって、その後に犯した罪は併合罪とならないという趣旨を規定しただけであって、その処断刑をどのようにするかを定めたものではな」く、「確定裁判を経ない罪が数個あって同時に審判すべき場合にあっては、刑法45条前段が適用され」るべきである（前掲最決昭34・2・9）。

継続犯・集合犯・牽連犯・包括一罪などの場合につき、数個の犯罪の中間に、別罪に関する禁錮以上の刑に処する裁判が確定した場合については、それらの罪が一体として捉えられるべきかどうかという問題がある。学説では、その成立は犯罪の終了時を基準として論じられるべきであるから、45条後段の適用はないとする見解（大塚508頁、大谷499頁、川端675頁）が有力である。同時審判の可能性がある以上、45条の適用があるとする見解（高田卓爾・注釈2〔II〕586頁）も唱えられているが、本来的一罪の場合には、これ

を分割して評価すべきではないので、45条の適用はないとする有力説が妥当である。

判例も、従前は、下級審の判例の中に対立があったが、現在では**不可分説**に固まってきている。**継続犯**については、刀剣不法所持の罪について、不法所持の継続中に他の罪につき確定裁判があっても、その罪と刑法45条後段の併合罪となるものではないとした最高裁決定（最決昭35・2・9刑集14・1・82）がある。確定裁判に影響されず、継続犯は、分割されないとした。**牽連犯**については、最高裁は、昭和44年大法廷判決において「刑法45条の適用については数罪ではなく一罪であると解することに文理上支障はない」とし、「牽連犯を構成する手段となる犯罪と結果となる犯罪との中間に別罪の確定裁判が介在する場合においても、なお刑法54条の適用があるものと解するのが相当である」（最大判昭44・6・18刑集23・7・950）とした。**集合犯・包括一罪**の場合については、数個の窃盗行為が常習としてなされた包括一罪の場合につき、常習犯はその中間に別罪の確定裁判が介在しても分割されず、常習犯終了時を基準として把握され、したがって、その常習犯は確定裁判後の犯罪となるものとする[3]（最決昭39・7・9刑集18・6・375）。

§182　併合罪の処分

1　併合罪処分の三つの主義

併合罪の処断の形式には三つの主義がある。すなわち、①吸収主義、②加重主義、および③併科主義である。**① 吸収主義**（Absorptionsprinzip）とは、併合罪にあたる各罪のうちもっとも重い罪の法定刑によって処断する主義をいう。**② 加重主義（加重単一刑主義）**（Asperationsprinzip）とは、そのもっとも重い罪に対する法定刑に一定の加重を施して処断する主義をいう。**③ 併科主義**（Kumulationsprinzip）とは、各罪につきそれぞれ刑を定めて科し、これを併せて執行する主義をいう。わが刑法は、加重主義を原則とし、刑の種類によって吸収主義、併科主義を併用する**制限加重主義**を採っている。

旧刑法における数罪俱発においては、原則として**吸収主義**を採っていた（旧刑法100条）が、これによると、一度犯罪を犯した者は、それ以後何度これより軽い犯罪を犯しても、最初の犯罪に吸収されるので、後の犯罪は処罰されないことになり、不合理であるとして、現行法の立法時に、その名を「併合罪」と改め、併科主義を原則とした。現行法は、理由書によれば（刑法沿革総覧2148頁）、ドイツ法系の併科主義

---
[3] ただし、介在したのは、道路交通法違反による罰金の確定裁判であった。この事案は、昭和43年法律61号による改正前に発生したものである。

（現行ドイツ法 54 条参照）の影響を受けている（中野・刑事法講座 7 巻 1374 頁参照）。

　加重主義においても、**単一刑主義** と **総合刑主義** とがある。わが刑法は、**単一刑主義** を採る。単一刑主義においては、まず、加重した処断刑をつくり、その範囲内で 1 個の刑を量定する。**総合刑主義**（Gesamtstrafe）とは、まず各罪について刑を量定し、これを総合して加重された 1 個の刑を言い渡すものを意味する。ドイツでは総合刑主義を採用する。[4]

2　併合罪処分
(1)　同時的併合罪の処理
(a)　吸収主義　　併合罪のうち 1 個の罪について**死刑**に処するときは、他の刑を科さない（46 条 1 項本文）。併合罪のうちの 1 個の罪について**無期の懲役または禁錮**に処するときも、他の刑を科さない（46 条 2 項本文）。これは、吸収主義にもとづくものである。死刑または無期の懲役・禁錮に処するときに、さらに死刑ないし自由刑を科することは無意味だからである。

　この場合、科されなくなる他の刑に関する罪が不問に付されるわけではない。最近の最高裁の判例では、上告理由において、有罪判決の法令の適用において、併合罪関係にある数罪のうちの 1 個の罪について無期懲役刑を選択できるのは、その罪のみで無期懲役刑に処するのが相当な場合に限られ、刑法 46 条 2 項はその趣旨を示すものであるとの主張に対し、次のように答える。「刑法 46 条は、併合罪関係にある複数の罪のうち 1 個の罪について死刑又は無期刑に処するときは、一定の軽い刑を除き、他の刑を科さない旨を規定しているところ、これは、1 個の罪について死刑又は無期刑に処するときに、その結果科されないこととなる刑に係る罪を不問に付する趣旨ではなく、その刑を死刑又は無期刑に吸収させ、これらによってその罪をも処罰する趣旨のものと解される。したがって、併合罪関係にある複数の罪のうちの 1 個の罪について死刑又は無期刑を選択する際には、その結果科されないこととなる刑に係る罪を、これをも含めて処罰する趣旨で、考慮できるというべきであり、当該 1 個の罪のみで死刑又は無期刑が相当とされる場合でなければそれらの刑を選択できないというものではない」（最決平 19・3・22 刑集 61・2・81）。

---

[4] ドイツ刑法においては、その 54 条によれば、総合刑は、三段階から形成される。第 1 段階は、それぞれの犯罪につき判決において個別刑（Einzelstrafe）を決定する。その場合、刑の量定にあたっては原則としてその個別の行為のみで有罪とされたかの如くに、行うべきである。第 2 段階は、もっとも重い個別刑を探し出す。これを「基準刑」（Einsatzstrafe）と呼ぶ。基準刑が確定されると、最後にこの刑を加重主義に従って加重する。しかし、これには上限が設けられている（*Jescheck / Weigend*, Lb. 5. Aufl., S. 729.）。

死刑に処するときでも、**没収**は併科しうる。また、無期の懲役・禁錮に処するときでも、**罰金、科料および没収**は併科される（46条1項但書・2項但書）。「処するとき」とは、宣告刑として言い渡すときと解するのが通説（判例反対＝高松高判昭29・5・14高刑集7・6・846、東京高判昭50・4・10高刑集28・3・213）である。

(b) **加重主義** 併合罪のうちの2個以上の罪について有期の懲役または禁錮に処するときは、そのもっとも重い罪について定めた刑の長期にその2分の1を加えたものを長期とする。ただし、それぞれの罪について定めた刑の長期の合計を超えることはできない（47条）。これは、加重単一刑主義にもとづくものである。「**最も重い罪について定めた刑**」は、併合罪を構成する各罪につき、①法定刑に選択刑があるときは、刑種の選択をし、②加重減軽すべき事由のあるときはこれに再犯加重・法律上の減軽をほどこし、③このようにして得られた2個以上の有期の懲役・禁錮を対照して、10条所定の基準によって判断することによって得られる（最判昭24・8・18刑集3・9・1455参照）。短期については規定がない。もっとも重い罪の短期によるべきであるとする見解（勝本375頁、大場〔下〕1364頁以下、植松426頁）も少なくないが、併合罪を構成する罪の刑の短期のうちもっとも重いものに従うべきである（佐伯382頁、大塚509頁、大谷500頁、川端676頁、前田570頁、名古屋高判昭28・7・28高刑集6・9・1217、東京高判昭35・4・19高刑集13・3・255）。加重された長期は30年を超えることができない（14条）。

いわゆる**新潟少女監禁事件**の併合罪加重につき、控訴審と上告審の見解が異なった（最判平15・7・10刑集57・7・903）。控訴審は、併合罪の加重の限界は、たんに、そのもっとも重い罪について定めた刑の長期にその2分の1を加えた範囲を長期とするという点にあるだけではなく、併合罪を構成する個別の罪についてそれぞれその法定刑を超えることはできないと解すべきものとした。本件では、監禁致傷罪（10年）と窃盗罪（10年）の両者の1.5倍である15年の枠内で、例えば、監禁致傷罪9年、窃盗罪7年とすることは許されるが、監禁致傷罪14年、窃盗罪2年と評価することはできないというのである。これに対して、最高裁は、このような限定を否定した。

> 原判決は、「刑法47条の趣旨からすれば、併合罪全体に対する刑を量定するに当たっては、併合罪中の最も重い罪につき定めた法定刑（再犯加重や法律上の減軽がなされた場合はその加重や減軽のなされた刑）の長期を1.5倍の限度で超えることはできるが、

同法57条による再犯加重の場合とは異なり、**併合罪を構成する個別の罪について、その法定刑（前同）を超える趣旨のものとすることは許されない**というべきである。これを具体的に説明すると、逮捕監禁致傷罪と窃盗罪の併合罪全体に対する刑を量定するに当たっては、例えば、逮捕監禁致傷罪につき懲役9年、窃盗罪につき懲役7年と評価して全体について懲役15年に処することはできるが、逮捕監禁致傷罪につき懲役14年、窃盗罪につき懲役2年と評価して全体として懲役15年に処することは許されず、逮捕監禁致傷罪については最長でも懲役10年の限度で評価しなければならないというわけである」（原判決6頁）と判示した。これに対して最高裁は、次のようにいう。

「しかしながら、刑法47条は、併合罪のうち2個以上の罪について有期の懲役又は禁錮に処するときは、同条が定めるところに従って**併合罪を構成する各罪全体に対する統一刑を処断刑として形成し、修正された法定刑ともいうべきこの処断刑の範囲内で、併合罪を構成する各罪全体に対する具体的な刑を決することとした規定**であり、処断刑の範囲内で具体的な刑を決するに当たり、併合罪の構成単位である各罪についてあらかじめ個別的な量刑判断を行った上これを合算するようなことは、法律上予定されていないものと解するのが相当である。また、同条がいわゆる併科主義による過酷な結果の回避という趣旨を内包した規定であることは明らかであるが、そうした観点から問題となるのは、法によって形成される制度としての刑の枠、特にその上限であると考えられる。同条が、更に不文の法規範として、併合罪を構成する各罪についてあらかじめ個別的に刑を量定することを前提に、その個別的な刑の量定に関して一定の制約を課していると解するのは、相当でないといわざるを得ない」とし、「これを本件に即してみれば、刑法45条前段の併合罪の関係にある第1審判決の判示第1の罪（未成年者略取罪と逮捕監禁致傷罪が観念的競合の関係にあって後者の刑で処断されるもの）と同第2の罪（窃盗罪）について、同法47条に従って併合罪加重を行った場合には、同第1、第2の両罪全体に対する処断刑の範囲は、懲役3月以上15年以下となるのであって、量刑の当否という問題を別にすれば、上記の処断刑の範囲内で刑を決するについて、法律上特段の制約は存しないものというべきである。したがって、原判決には刑法47条の解釈適用を誤った法令違反があり、本件においては、これが判決に影響を及ぼし、原判決を破棄しなければ著しく正義に反することは明らかである」とする。

併合罪のうちの2個以上の罪について**罰金**に処するときは、それぞれの罪

について定めた罰金の多額の合計以下で処断する（48条2項）。立法者は、これを刑の最高限が併科の場合と同一である点で、一種の併科主義の規定と考えたとされているが（中野・刑事法講座7巻1380頁）、原理的にはむしろ加重主義の一種であるとされている（中野・刑事法講座7巻1380頁、小野270頁、団藤452頁、大塚511頁、川端676頁）。寡額については、各罪に定められた寡額の重いものによる（団藤452頁、大塚511頁、川端676頁）。

(c) 併科主義 罰金と他の刑は併科する（48条1項）。ただし、併合罪中その一罪について死刑に処する場合には、このかぎりでない（48条但書）。**拘留または科料**と他の刑とは、併科する（53条1項）。ただし、併合罪中の一罪につき、死刑に処すべき場合（46条1項）、無期の懲役または禁錮に処する場合（46条2項）も、このかぎりではない（53条1項但書）。科料については、無期の懲役または禁錮と併科する（46条2項ただし書き）。2個以上の拘留または科料は併科する（53条2項）。

併合罪のうちの重い罪について没収を科さない場合であっても、他の罪について没収の事由があるときは、これを付加することができる（49条1項）。2個以上の没収は併科する（49条2項）。

(2) 事後的併合罪の処理（併合罪と余罪）

併合罪のうちにすでに確定裁判を経た罪とまだ確定裁判を経ていない罪、つまり**余罪**とがある場合には、確定裁判を経ていない余罪についてさらに処断する（50条）。余罪については、さらに裁判を行ったうえで刑が定められる。この場合、余罪が確定裁判を経た罪と併合審理され、加重単一刑主義によって処断された場合と比較すると、被告人に不利益が生じる可能性がある。

例えば、A罪、B罪、C罪（＝確定裁判を経た罪）、D罪がある場合、A罪とB罪は、併合罪であるが、D罪は別に刑を定める。すなわち、余罪がさらに裁判される場合、確定判決前の余罪と確定判決後の余罪があり、同時に裁判されるときは、その確定判決前後の罪につき別々に刑を定めなければならない（大判明44・9・25刑録17・1560）というのである。

そこで、判例には、窃盗罪につき確定判決を受けたが、それ以前に犯された強姦致傷，窃盗，強盗罪（第1群の罪）、および、それ以降に犯された強姦致傷，強盗罪（第2群の罪）があった場合に、第1群の罪について懲役24年に，第2群の罪について懲役26年に処し、それぞれが併科されることになるとしたもの（東京高判平24・6・27 LEX/DB）がある。刑法45条後段を適用して第1群の併合罪の刑と第2群の併合罪の刑を併科するのであるが、これに対して、弁護人は、併合罪に対する科刑について

加重単一刑主義を採用する刑法において、45条後段は被告人から併合の利益を奪う不合理な規定であり、被告人に責任以上の刑を科す危険があるから、合理的な限定解釈をする必要があるなどとして、禁錮以上の確定裁判と新たな犯罪行為との間に、同種・同質・同事情という内的関連性があり、その者が以前の禁錮以上の確定裁判を警告として役立てなかったという場合にのみ限定的に同条後段を適用しなければ、法の実体的適正の要請まで包含した罪刑法定主義（憲法31条）に反すると主張した。これに対し、東京高裁は、併科主義が原則であって、47条所定の場合に限って、特別に加重単一刑主義を採用して併合の利益を被告人に与えたものとして、**確定裁判前後の罪の刑は原則どおり単純に併科される**こととなるとする。

上述の被告人にとっての不利益は、**刑の執行**の面で調整されているにすぎない。すなわち、併合罪について2個以上の裁判があったとき、つまり、刑の言渡しをした二つ以上の裁判がいずれも確定している場合には、刑の執行について調整する。同時に裁判される場合とそうでない場合とがなるべく均衡を失しないように、刑の執行にあたって配慮する趣旨である（大塚512頁）。刑法は、原則的に**「併執行の原則」**を採用する（51条）。したがって、自由刑であれば、2個以上の刑が順次執行される。ただし、死刑を執行すべきときは、没収を除き、他の刑を執行せず、無期の懲役または禁錮を執行すべきときは、罰金、科料および没収を除き、他の刑を執行しない（51条1項但書）。この場合における有期の懲役または禁錮の執行は、そのもっとも重い罪について定めた刑の長期にその2分の1を加えたものを超えることができない（51条2項）。すなわち、もっとも重い罪につき定めた刑の長期の1.5倍を超えてはならない。

(3) 一部に大赦があった場合の措置

併合罪について処断された者が、その一部の罪につき大赦を受けたときは、他の罪について改めて刑を定める（52条）。これは、大赦を受けた罪と大赦を受けない罪とについて1個の刑が言い渡されている場合、両者を分離して大赦を受けない部分の刑を改めて具体的に定めるべきことを規定したものである。「併合罪について処断された者」とは、併合罪につき有罪判決を受け確定した者という意味である。大赦は、政令で罪の種類を定めて行われるが、有罪の確定した者についてはその言渡しの効力を失わしめる。したがって、併合罪にある数罪のうち一部について大赦を受けたとき、大赦を受けた部分の刑はその効力を失う。そこで、大赦を受けない部分（非赦免罪）の刑を改めて具体的に定めることが必要となる。これは、通常、**「刑の分離」**

と呼ばれる。刑の分離の手続は、刑事訴訟法に定められている（刑訴法350条、刑訴規則222条の10・222条の4・222条の5）。なお、判例によれば、新たに刑を定めるにあたって、その執行猶予を付することも可能である（大決昭21・7・3刑集25・23）。

3 単純数罪

単純数罪とは、実在的競合において併合罪とならない数罪をいう。単純数罪の場合には、各犯罪ごとに犯罪の成立を認めて、それぞれの犯罪の法定刑によって処断される。

第3編

刑 罰 論

第3編 刑罰論

第 1 章　刑罰権の実現および刑罰の体系

第 1 節　刑罰権

> 【文献】北野通世「客観的処罰条件論 (1)～(7・完)」山形大学紀要社会科学 24巻1号23頁・25巻1号29頁・2号1頁・26巻1号1頁・2号79頁・27巻1号1頁・2号1頁、松原芳博『犯罪概念と可罰性─客観的処罰条件と一身的処罰阻却事由について─』(1997)

§183 刑罰権の意義

　犯罪の成立要件を充たした行為者に対しては、刑罰が科せられる。これを刑罰を科する国家の側からみると、具体的に**刑罰権**を実現しうるということである。このことは、国家が一般的に犯罪行為者に対して刑罰権をもつことを前提とする。[1] 近代法治国家においては、刑罰権は国家が独占するのであり、刑法はこのような刑罰権にもとづいて犯罪の成立要件を呈示し、具体的にある者がその要件を充たせば刑罰権を発動することを明らかにしているのである。

1　一般的刑罰権・個別的刑罰権

　以上のように、具体的個別的な行為者に対する具体的・個別的な刑罰権の発生は、国家の抽象的・一般的な刑罰権の存在を前提とする。前者が**個別的刑罰権**と呼ばれるのに対して、後者は**一般的刑罰権**と呼ばれる。個別的刑罰権は、**刑罰請求権**（Strafanspruch）とも呼ばれる。これは、国家の側が犯罪を行った者に対してもつ権利の意味である。これに対応して、犯罪行為者には刑罰受忍義務が負わされる。したがって、ここには権利義務の関係が認めら

---

[1] 判例も、国家の正当な刑罰権の行使が憲法31条に根拠をもつものとする（最大判昭23・3・24時報9・8、最大判昭23・12・27刑集 2・14・1951）。

れる。

2 観念的刑罰権・現実的刑罰権

犯罪が行われれば個別的刑罰権は発生する。しかし、犯人が検挙され起訴され有罪判決を受け、それが確定するのでなければ、このような個別的刑罰権は観念的なものにとどまり、現実的に刑を執行することは不可能である。このように個別的刑罰権は、裁判が未確定の段階における**観念的刑罰権**と確定した段階における**現実的刑罰権**とに区別されうる。観念的刑罰権の段階においては、その刑罰権を裁判において具体的にどのように適用するかが問題となる。これが刑罰の適用の問題である。現実的刑罰権の段階においては、裁判によって確定した刑罰の執行の問題が取り扱われる。

§184　処罰条件・処罰阻却事由

犯罪が成立すれば刑罰権が発生するのが原則である。しかし、例外的に、刑罰権の発生が特定の事由の存在にかかっている場合がある。これには、刑罰権の発生が他の外部的事由の発生に条件づけられている場合と、特定の事由が存在するために刑罰権の発生が妨げられる場合とがある。前者を**客観的処罰条件**（objektive Bedingung der Strafbarkeit）といい、後者を**処罰阻却事由**（Strafausschließungsgrund）という。

客観的処罰条件とされるものに、破産犯罪において破産宣告が確定したこと（破産法265条・266条）、詐欺更生罪における更生手続開始決定が確定したこと（会社更生法266条・267条）、事前収賄罪において公務員となったこと（197条2項）などがある。客観的処罰条件については、これを否定し、犯罪の成立要件である違法ないし責任の要素に還元しようとする見解が有力に唱えられている（佐伯137頁・190頁以下、中93頁、中山245頁、内藤215頁）。客観的処罰条件の発生いかんは、行為後に決定する（野村469頁参照）。したがって、なるべく犯罪成立要件に還元することが望ましいとしても、これを違法性ないし責任にすべて還元してしまうことは不可能である（通説＝福田337頁、大塚515頁以下、大谷524頁、川端682頁）（☞§49, 1 (2)）。客観的処罰条件とは、一定の政策的理由から、処罰のみを一定の条件の発生にかからしめたものであり、**処罰の必要性**の観点に導かれたものと解すべきである。

処罰阻却事由とされるものには、例えば、親族相盗例（244条1項）において、

配偶者・直系血族、同居の親族であること、同様に、親族間の盗品等に関する罪（257条1項）において配偶者との間または直系血族、同居の親族もしくはこれらの者の配偶者という関係にあること、さらに、憲法51条が定めた両議院の議員であること、外国の外交官であること、などがある。処罰阻却事由は、通常、犯人の一定の身分関係が処罰阻却事由となっていることが多いので、**人的処罰阻却事由**ないし**一身的処罰阻却事由**（persönlicher Strafausschließungsgrund）とも呼ばれている。人的処罰阻却事由についても、行為者の一定の身分関係にもとづいて可罰性の範囲を限定しようとするものであるから、犯罪成立要件と関係がないとするのが通説である（大塚516頁、川端682頁）。しかし、すでに論じたように、人的処罰阻却事由については、可罰的責任減少事由であり（☞§143, 5）、犯罪の成立要件の問題であるというべきである。人的処罰阻却事由は、行為のときにすでに生じている事由であって、一定の身分関係にあることが、期待可能性を減少させ、他の政策的目的との関係で処罰の必要性がなくなるからである。

§185　現実的刑罰権

1　刑罰執行権の発生

裁判が確定した段階で個別的刑罰権は、当該の犯罪行為者に対して現実化されることになる。ここでは確定した刑罰の執行が問題となる。ここでは、刑事訴訟法（471条以下）および刑事収容施設法がその手続を規定する。

2　刑罰執行権の消滅

国家のこのような刑罰執行権は、被告人の死亡、刑の時効（31条）の完成、刑の執行の終了または仮釈放期間の終了によって消滅する。その他、それは、刑の執行の免除（恩赦法8条）があった場合にも消滅する。

第2節　刑罰の体系

【文献】〔死刑〕阿部浩己「国際法における死刑廃止」法時62巻3号78頁、菊田幸一『死刑と世論』(1993)、齋藤静敬『死刑再考論』(新版第2版・1999)、齊藤金作「死刑」刑法講座1巻146頁、佐伯千仭=団藤重光=平場安治編著『死刑廃止を求める』(1994)、荘子邦雄=大塚仁=平松義郎編『刑罰の理論と現実』(1972) 165頁、団藤重光『死刑廃止論』(6版・2000)、辻本義男「死刑」基本講座1巻180頁、土本武司「実証的死刑論」下村古稀〔上〕45頁、同「死刑存置論と廃止論の接近」松尾古稀〔上〕119頁、特集「死刑制度の検討」刑雑35巻1号69頁、長井圓「死刑存廃論の到達点—死刑の正当根拠について—」神奈川法学31巻1号187頁、同「世論と誤判をめぐる死刑存廃論—死刑の正当根拠について—」神奈川法学31巻2号1頁、永田憲史『死刑選択基準の研究』(2010)、三原憲三『死刑存廃論の系譜』(5版・2003)、同『死刑廃止の研究』(4版・2005)、同「死刑廃止論の趨勢」八木古稀〔下〕139頁、正木亮『死刑』(1965)、宮澤浩一=斎藤静敬「死刑」刑事政策講座2巻1頁

〔自由刑〕井上正治「自由刑」刑法講座1巻155頁、加藤久雄「短期自由刑の廃止」基本講座1巻205頁、高橋則夫「自由刑とその単一化」基本講座1巻194頁、中河原通之「短期自由刑の効果—その前提をなすもの—」植松還暦〔心理学・医学編〕393頁、平野龍一「懲役と禁錮」『犯罪者処遇法の諸問題』(増補版・1982) 69頁、松尾浩也「自由刑(2)—制度の現状と展望—」刑事政策講座2巻73頁、諸澤英道「自由刑(7)—短期自由刑—」刑事政策講座179頁、吉岡一男『自由刑論の新展開』(1997)

〔財産刑〕浅田和茂「財産刑の改正について」森下古稀〔下〕665頁、市川秀雄「財産刑」刑法講座1巻171頁、小野坂弘「罰金刑」刑事政策講座2巻275頁、永田憲史『財産的刑事制裁の研究』(2013)、平野龍一「日数罰金と罰金分納」『犯罪者処遇法の諸問題』(増補版・1982) 145頁、藤本哲也「財産刑・日数罰金制」基本講座1巻229頁

〔付加刑〕香川達夫「追徴時と賄賂の概念」荘子古稀335頁、町野朔=林幹人編『現代社会における没収・追徴』(1996)、伊達秋雄「没収」刑法講座1巻205頁、堀内捷三「収賄罪と追徴—追徴額の算定基準時について—」内藤古稀221頁、山口厚「賄賂の没収・追徴」内藤古稀201頁

〔刑事施設法〕
北村篤「刑事施設及び受刑者の処遇等に関する法律の成立」ジュリ1298号6頁以下、同「監獄法改正」刑事法ジャーナル創刊号98頁以下、名取俊也「刑事施設及び受刑者の処遇等に関する法律の概要」ジュリ1298号11頁以下、同・刑事法ジャーナル創刊号102頁以下、川出敏裕「監獄法改正の意義と今後の課題」ジュリ1298号25頁以下、林眞琴・北村篤・名取俊也『逐条解説刑事収容施設法』(改訂版・2013)

§186 主 刑

1 死 刑
(1) 死刑の意義と死刑犯罪

死刑とは、受刑者の生命を剥奪する刑罰である。死刑の方法については、**絞首**によるものとされている（11条1項）。最近10年間における通常第1審における死刑言渡し人員とその罪名は、下表のとおりである。

最近10年間の通常第1審における罪名別死刑言渡人員

年次	総数	殺人	強盗致死
2004	14	9	5
2005	13	11	2
2006	13	2	11
2007	14	10	4
2008	5	3	2
2009	9	5	4
2010	4	3	1
2011	10	3	7
2012	3	2	1
2013	5	2	3

（平成26年度犯罪白書52頁参照）

現行法は、法定刑として**死刑を定める犯罪**として、次のものを規定する。内乱罪の首謀者（77条1項1号）、外患誘致罪（81条）、外患援助罪（82条）、現住建造物等放火罪（108条）、激発物破裂罪（117条1項）、現住建造物等浸害罪（119条）、汽車転覆等致死罪（126条3項・127条）、水道毒物等混入致死罪（146条）、殺人罪（199条）、強盗致死罪（240条）、強盗強姦致死罪（241条）。このうち、外患誘致罪は、絶対的法定刑として死刑を規定している。その他、特別法においても、爆発物使用罪（爆発物取締罰則1条）、決闘殺人罪（決闘3条）、航空機強取等致死罪（航空強取2条）、航空機墜落致死罪（航空危険2条3項）、人質殺害罪（人質4条）に死刑が規定されている。しかし、現実に死刑が言い渡されている罪は、上掲の表が示しているように、ほぼ殺人罪、強盗殺人罪に限定されている。なお、**少年法**において、罪を犯すとき**18歳未満**であった者に対しては、死刑を科することができないと規定し、この範囲では死刑を廃止している（少年法51条）。[1]

---

[1] 少年法51条は、罪を犯すとき18歳に満たない者に対しては、死刑をもって処断すべきときは、無期刑を科し（1項）、無期刑をもって処断すべきときは、10年以上15年以下において、懲役ま

(2) 死刑存廃論

今日、世界において死刑を廃止している国は多い[2]。わが国は、経済成長を遂げ、政治情勢も安定し、犯罪率も低いにもかかわらず死刑を存置している数少ない国の一つである。しかし、わが国においても古くから死刑廃止論は有力に展開されており、現在も死刑廃止を訴える声は決して小さくはない。

死刑廃止論の論拠は、**宗教的・人道主義的立場**ないし**法哲学的立場**からも唱えられ、**刑法学的・刑事政策的見地**からの立論よりもしばしば感銘を与え、説得力をもつ。しかし、ここでは、刑事政策的見地からのみ論じておく[3]。①国家は、殺人を禁じておきながら、国家の手によって**理性的に人の生命を奪う**ことは矛盾である。②死刑に**威嚇力**があるかどうか不明であり、威嚇力が実証されていない。③**誤判の可能性**は排除できず、死刑はいったん執行されると、回復不可能である。

これに対して、**存置論**の立場からは、①兇悪な犯罪、とくに殺人を犯した者に対しては、死刑の可能性を残しておくことは、**国民の法的確信**であり、国民感情も死刑の存置を望んでいる[4]。②死刑には**威嚇力**がある。③刑事裁判において誤判が不可避であるとしても、犯人であることが明白である場合にも、死刑が認められないのは問題である。存置論の立場からは、なお、理念的には死刑廃止が肯定されなければならず、また、いずれは死刑は廃止されるべきであるとしても、わが国の現状においては、つまり、わが国の国民感情によれば、死刑の廃止は**時機尚早**であるという所論（福田325頁、大塚521頁）が有力である。

さらに、**憲法**の観点からは、死刑が「**残虐な刑罰**」にあたるかどうかが議論されている。最高裁は、「刑罰としての死刑そのものが、一般に直ちに同条にいわゆる残虐な刑罰に該当するとは考えられない」とし、「死刑そのものをもって残虐な刑罰と解し、刑法死刑の規定を憲法違反とする弁護人の論旨は、理由なきものといわねばならぬ」とする（最大判昭23・3・12刑集2・3・191）。その後も最高裁は、**死刑の合憲性**を肯定する（最大判昭30・4・6刑集9・

たは禁錮を科する（2項）と規定する。

[2] 1989年12月15日の第44回国連総会において「死刑廃止に向けての市民的および政治的権利に関する国際規約第2選択議定書」（死刑廃止条約）が採択された。

[3] 刑罰目的論からの死刑廃止論については、山中敬一「刑罰制度の本質から考える」『死刑廃止を求める』22頁以下参照。

[4] 最近の（2009年）世論調査の結果によれば、約85％が死刑存置に賛成している。

4・663、最判昭 33・4・10 刑集 12・5・839、最大判昭 36・7・19 刑集 15・7・1106 など)。しかし、**最高裁** も、**死刑の選択の許容される条件** を掲げ、死刑を選択するには慎重になされるべきだとする。昭和 58 年の判決において、「死刑制度を存置する現行法制の下では、犯行の罪質、動機、態様ことに殺害の手段方法の執拗性・残虐性、結果の重大性ことに殺害された被害者の数、遺族の被害感情、社会的影響、犯人の年齢、前科、犯行後の情状等各般の情状を併せ考察したとき、その罪責が誠に重大であって、罪刑の均衡の見地からも一般予防の見地からも極刑がやむをえないと認められる場合には、死刑の選択も許されるものといわなければならない」と判示した (最判昭 58・7・8 刑集 37・6・609)。

なお、「殺害された被害者の数」については、最高裁は、後に被害者が一人であっても、死刑を選択することが妥当な場合があることを認めている (最判平 11・12・10 刑集 53・9・1160)。

被告人は、元職場の同僚であった K と共謀のうえ、顔見知りの N (当時 87 歳) を殺害して金品を強取することを企て、言葉巧みに同女を山中に連れ出したうえ、同女の後頭部を石で強打して失神させ、用意していたビニールひもをその頸部に巻き付け緊縛して同女を絞殺し、預金通帳等を強取するとともに、同女方に立ち戻って金品を物色し、さらに、単独でまたは知り合いの女性一名と共謀のうえ、前後三回にわたり、右預金通帳等を利用して銀行等から現金合計 31 万円余りを騙取するなどした。この事案につき、最高裁は、原判決を破棄し、「本件で殺害された被害者は一名であるが、被告人の罪責は誠に重大であって、特に酌量すべき事情がない限り、**死刑の選択をするほかないものといわざるを得ない**」と判示した。

2 自由刑

わが国では、自由刑として、懲役、禁錮および拘留がある。自由刑は、受刑者の身柄を拘束して自由を剝奪することを内容とする刑罰である。**懲役** は、刑事施設に拘置して所定の作業を行わせる (12 条 2 項)。**禁錮** は、刑事施設に拘置するだけで、作業は行わせない (13 条 2 項)[5]。**拘留** は、刑事施設に拘置して行われるが (16 条)、刑期を 1 日以上 30 日未満という短期にかぎる点で、前 2 者と区別される。

懲役と禁錮は、無期および有期とされ、**有期の懲役・禁錮** は、**1 月以上 20 年以下** である。有期の懲役・禁錮を加重する場合においては、30 年にまで上

---

[5] もっとも、禁錮囚も、請願作業につくことができる (刑施法 72 条)。

げることができる。減軽する場合においては、1月未満に下げることができる。

無期懲役刑は死刑に次いで重い刑罰であるが、それは、憲法36条の「残虐な刑罰」にあたらないとするのが判例である（最決昭31・12・25刑集10・12・1711）。

禁錮は、非破廉恥犯、または過失犯に、作業を課す懲役とは異なった処遇を与えようとするものである。ここには、かつての政治犯に対する名誉拘禁の思想の名残がみられる。しかし、このような区別は、**労働蔑視の思想の残滓**であると非難されている。むしろ、禁錮刑受刑者の数が少ないため、適切な処遇が困難であり、禁錮刑を廃止して単一的自由刑を採用すべきであるという主張（**自由刑単一化論**）が以前から有力に唱えられている。

拘留については、いわゆる**短期自由刑**（kurzfristige Freiheitstrafe）の弊害が説かれている。改善の効果を上げるには短すぎるが、犯罪を学習し、また、犯罪者の烙印を押されるには十分の長さであるというのである。

3　財産刑
(1)　罰金・科料の意義

罰金および科料は、いずれも受刑者から一定の金額を剥奪することを内容とする刑罰である。両者は金額によって区別される。罰金は1万円以上であり（15条）、科料は千円以上1万円未満である（17条）。罰金はこれを減軽する場合においては、1万円未満に下げることができる（15条但書）。

財産刑は、**比較的軽微な犯人**に対して、**短期自由刑の弊害を回避する制裁**として、近年、重要な意味もつに至っている。罰金刑は、とくに道交法違反が高い割合を占めている。しかし、その他の特別刑法犯についても、行政補強機能を果たす制裁として用いられることも多い。

問題点は、同額の罰金刑に処されたとしても、財産刑を受ける者の貧富の差によって実質的に不平等が生じることである。[6]そこで、各人の収入に応じた額の罰金を言い渡す**日数罰金制**などが考案され、ヨーロッパ諸国では制度として採用されている。

(2)　労役場留置

財産刑は、それが納められないとき、自由拘束に立ちかえらざるをえない

---

[6] 罰金刑が受刑者の貧富の程度によって受刑者に与える苦痛に差異があるとしても、合理的な根拠のあるもので憲法14条に違反しないとしたものとして、最大判昭25・6・7刑集4・6・956がある。

側面をもつ。その意味で、罰金および科料には換刑処分が定められている。罰金を完納することができない者は、1日以上2年以下の期間（18条1項）、科料を完納することができない者は、1日以上30日以下の期間、労役場に留置される（同条2項）。

労役場は刑事施設に付置される（刑施法287条1項）。罰金を併科した場合、または罰金と科料とを併科した場合における留置の期間は、3年を超えることができない。科料を併科した場合における留置の期間は、60日を超えることはできない（18条3項）。罰金または科料の言渡しをするときは、その言渡しとともに、罰金または科料を完納することができない場合における留置の期間を定めて言い渡さなければならない（同条4項）。裁判が確定した後、罰金については、30日以内、科料については、10日以内は、本人の承諾がなければ留置の執行をすることができない（同条5項）。また、罰金または科料の一部を納付した者についての留置の日数は、その残額を留置1日の割合に相当する金額で除して得た日数（その日数に1日未満の端数を生じるときは、これを1日とする）とする（同条6項）。本項は、平成18年に従来の規定が改正され、留置1日の割合に満たない金額の納付を認めることとしたものである。なお、少年に対しては、労役場留置の言渡しをすることができない（少年法54条）。

§187　付加刑

1　総説

付加刑は、主刑が言い渡されるときに、同時にこれに付加して言い渡される。**没収**がそれである（9条）。没収が不可能な場合、これに代わるべき一定の金額の納付が命じられる。これを**追徴**という（19条の2）。

2　没収

(1)　没収の意義

没収とは、犯罪に関連する一定の物についてその所有権を剥奪して国庫に帰属させる処分である。**没収の性格**については、①刑罰説、②保安処分説、③折衷説がある。現行法はこれを刑罰の一種とする（9条）。しかし、没収の中には保安処分的性格が強いものがある。例えば、犯人以外の第三者の所有にかかる物の没収が認められている（19条2項但書）が、このいわゆる**第三者没収**は、犯人以外の者について刑罰的性格を肯定するのであれば、個人責任

の原則に矛盾し疑問である。第三者没収は、刑罰的性格と保安処分的性質を併せもっている。刑法 19 条は、「次に掲げる物は、没収することができる」と規定し、いわゆる**任意的没収**について定める。しかし、各則（197 条の 5〔賄賂罪における賄賂の没収〕）および特別刑法（例えば、関税法 118 条 1 項、酒税法 54 条 4 項、覚せい剤取締法 41 条の 8 第 1 項）の規定の中には、**必要的没収**の規定が置かれている。

(2) 没収の対象物

没収の対象となるのは、次の **4 種**である（19 条 1 項）。

(a) 犯罪行為を組成した物（組成物件）（1 項 1 号）　構成要件を充足するために法律上不可欠の物をいう。「犯罪行為」とは、犯罪構成要件に該当する行為をいう。構成要件には、基本的構成要件のほか、拡張された構成要件である教唆・幇助行為、そして、処罰規定があることを前提に、未遂行為・予備行為をも含む。犯罪行為を組成する物の例としては、賄賂供与罪における目的物（大判大 7・11・20 刑録 24・1415、最判昭 24・12・6 刑集 3・12・1884）、偽造文書行使罪における偽造文書（大判明 43・11・22 刑録 16・2110）、わいせつ文書販売罪におけるわいせつ文書（東京高判昭 38・11・21 高刑集 16・8・573）、賭博罪における賭金（大判大 3・4・21 刑録 20・596、大判大 12・5・1 刑集 2・389）などがこれにあたる

(b) 犯罪行為の用に供し、または供しようとした物（1 項 2 号）（**供用物件**＝instrumenta sceleris）　犯罪実行の用に供しまたはその目的で準備した物をいう。準備したが実際には使わなかった物も含む。供用物件の例としては、例えば、殺人に用いた凶器、住居侵入窃盗の犯人が住居侵入の手段として用いた鉄棒（最判昭 25・9・14 刑集 4・9・1646）、文書偽造の用に供した偽造の印章（大判昭 7・7・20 刑集 11・1113）などがある。しかし、例えば、被害者を足蹴にしたときに履いていた靴のように、犯罪行為の際、たまたま役立ったにすぎないものは、本号による没収の対象にはならない（名古屋高判昭 30・7・14 高刑集 8・6・805）。強盗が覆面に用いた手拭は、強盗の手段である脅迫行為に供した物、または供しようとした物ではないとして、供用物件ではないとする判例（仙台高秋田支判昭 25・3・29 高刑特 8・74）は、疑問である。犯罪の実行に直接利用された物にかぎらず、犯罪の実行のためにとくに用いられた物であれば足りると解すべきだからである[7]（福田 333 頁、大塚 529 頁）。「犯罪行為に供しようとした物」の例としては、殺人のために準備された日本刀が挙げら

第 2 節　刑罰の体系　§187　付加刑◇　1101

れる。

(c)　犯罪行為によって生じた物（生成物件）、犯罪行為によって得た物（取得物件）、または犯罪行為後の報酬として得た物（報酬物件）（1項3号）　「犯罪行為によって生じた物」とは犯罪行為によって作り出された物（producta sceleris）をいう。例えば、通貨偽造罪における偽造通貨（大判明42・4・19刑録15・458）がこれにあたる。「犯罪行為によって得た物」とは、犯罪行為時にすでに存在していた物であって犯罪行為によって取得した物をいう。例えば、窃盗罪における他人の財物がそれにあたる。「犯罪行為後の報酬として得た物」とは、例えば、犯罪行為の報酬として支払われた金銭をいう。殺人行為に対する報酬、堕胎手術に対する謝礼金がそうである。犯罪にもとづく不当な利益を犯人に保持させないというのが、これらの物の没収の狙いである。

(d)　3号に該当する物の対価として得た物（対価物件）（1項4号）　生成物件、取得物件または報酬物件の対価として得た物をいう。例えば、盗品等の売却代金[8]（最判昭23・11・18刑集2・12・1597、最判昭24・1・25刑集3・1・53）がそうである。

(3)　没収の要件

(a)　対象物が現存すること　　没収の対象となりうるのは「物」、すなわち有体物である。したがって、債権その他の無形の財産権ないし利益は没収の対象とならない。ただし、借用証書、預金通帳など権利を証明した文書は有体物であり没収の対象となる。没収の対象となりうる物は、原則として上に掲げられた物自体でなければならない（対象物の現存性）。したがって、その物が消費、紛失、破壊などによって現に存在しなくなったとき、または、

---

[7] その他、スリが電車内でスリの犯行を行った際にそれを隠蔽するために幕として用いた風呂敷を没収しえないとした判例（名古屋高判昭38・3・11判時335・48）も同様に疑問である（大塚509頁）。これに対して、強盗犯人が犯行時に着用していた黒眼鏡、草履、ズック靴などについて供用物件ではないとする判例（仙台高判昭27・10・31高刑特22・195）については、黒眼鏡について、それが顔を隠すためであった可能性が排除できないが、草履、ズック靴については妥当であろう（出田孝一・大コン1巻416頁参照）。

[8] 1項3号は、昭和16年の刑法の一部改正に際して新設されたものであるが、これによって没収と追徴の区別が曖昧になったことは否めない。最高裁は、当初、本号を3号物件の没収に代わる追徴と解していたため、本号による対価物件として没収するには、3号物件としての没収が可能であったことが必要であると解し、したがって、犯人以外の者に属さない物であったことを要するとした。これによれば、盗品等を売却して得た金員は、本号による没収の対象にならない（大判昭21・9・12新判例体系刑法(1)154ノ12）。本文に掲げた昭和23年の最高裁判決は、この判例の趣旨を否定し、対価自体を対象として没収することを規定したものであるとしたのである。

混同、加工などによりその物の同一性を失ったときには没収することはできない。金銭は両替しても同一性を失わないから没収可能である（大判大7・3・27刑録24・248）。賄賂として収受した反物で単衣(ひとえ)を作った場合にも、その同一性は失われないから没収しうる（大判大6・3・2刑録23・139）が、その反物を着物の表とした場合には、加工によって他の物と合体して新しい衣類が生じたのであるから、もはや没収できない（大判大6・6・28刑録23・737）。短銃とこれに装填してある弾丸（大判明29・10・6刑録2・9・19）、杖刀とその鞘(さや)（大判明44・4・18刑録17・611）のように主物と従物の関係にあるものについては、主物を没収すべきときは従物も没収することができる。犯罪後に生成した果実も没収の対象となる。狩猟法違反の罪により捕獲された親狸が犯行当時懐胎しておりその後分娩したときは生まれた仔狸も没収できる（大判昭15・6・3刑集19・337）。没収事由が物の一部について生じている場合には、分割可能であり真正部分が有効であるかぎり、部分没収も可能である。例えば、借用証書の保証人ないし担保の部分のみが偽造であるときは、偽造部分のみを没収すべきであるとした判例（大判明31・6・10刑録4・6・26、大判明37・9・29刑録10・1790、大判明39・7・2刑録12・795）がある。

(b) 犯人以外の者に属しない物であること　没収の対象である物は、原則として犯人以外の者に属していないことが必要である（19条2項本文）。犯人以外の者の権利を保護する趣旨の規定である。「属する」とは、所有権、その他の物権が存在することを意味する。「犯人」には共犯者も含むかどうかが問題である。判例は、共犯を含むとし（大判明44・2・13刑録17・75）、共同正犯、教唆犯、幇助犯、必要的共犯もこれにあたるとする。[9] 確定判決を受けた共犯者（前掲大判明44・2・13）のみならず、いまだ訴追を受けていない共犯者（大判大11・5・19刑集1・326）からも没収しうる。共犯者であっても被告人でない者からその所有物を没収することは、「刑罰」ではなく、「保安処分」の性格を示すものである。犯人以外の者に属さない物は没収できるのであるから、無主物・禁制品などは没収できる（大判明41・12・21刑録14・1136）。所有者の不明な物についても没収しうるとするのが判例（大判大4・5・22刑録21・651、最決昭27・6・26裁判集刑65・425）である。

---

[9] その他、判例は、両罰規定により処罰される法人または人をも含むとする（最大決昭38・5・22刑集17・4・457）。

犯人以外の者に属する物も例外的に没収しうる。犯罪後に犯人以外の者が情を知って取得したものであるときは、これを没収することができるのである（19条2項但書）。これはいわゆる**第三者没収**を定めたものである。第三者没収では、犯人はその物の占有・所持を剝奪されるだけであるが、第三者は所有権等を侵害される。そこで、第三者に「刑罰」である没収がなぜ及ぶのか、換言すれば、第三者の「責任」は何に求められるのかが問題となる。刑法は、これを「第三者が情を知って」その物を取得した点に求めている。[10]

さらに没収の手続について、第三者に弁解や防禦の機会が与えられなければならない。さもなければ、憲法に定める適正手続（憲法31条）に反し、また、憲法上の財産権の尊重規定（憲法29条）に違反するであろう。そこで、昭和38年に「刑事事件における第三者所有物の没収手続に関する応急措置法」（法律138号）が制定された。

　　この**応急措置法制定の契機**となったのは、**昭和37年の最高裁大法廷判決**（最大判昭37・11・28刑集16・11・1577）である。[11]大法廷は、犯人以外の第三者の所有物の没収について規定している関税法118条1項につき、犯人以外の「第三者の所有物を没収する場合において、その没収に関して当該所有者に対し、何ら告知、弁解、防禦の機会を与えることなく、その所有権を奪うことは、著しく不合理であって、憲法の容認しないところである」とし、「これなくして第三者の所有物を没収することは、適正な法律手続によらないで、財産権を侵害する制裁を科するに外ならない」と判示した。

応急措置法では、第三者が自己の正当な権利を主張する機会を保障するため、二つの手続が規定された。①事前参加に関する手続（応急措置法1条〜12条）、および②事後救済に関する手続（同法13条）である。前者は、第三者に被告事件の手続への参加を認め、告知・聴聞の機会を保障するものである。後者は、没収の裁判が確定した後にその取消請求権を認め、没収の裁判が取り消されたときは、没収物の交付ないしその時価に等しい額の補償金を受けることができるとするものである。

---

[10] 特別法には、「何人の所有であるかを問わず没収する」という無差別没収の規定がある（酒税法54条4項・56条2項）。ここでは、第三者が情を知っていたかどうか、すなわち、善意・悪意は問われない。旧関税法83条1項は、犯人の所有または占有にかかる物の必要的没収を規定したが、第三者の悪意を要件としないものであった。最高裁は、所有者である第三者が犯行時から悪意であった場合にかぎって没収しうるものと限定解釈をし、違憲判決を避けた（最大判昭32・11・27刑集11・12・3132）。関税法の改正（昭和29法律61号）により、善意の第三者は除外された（関税法118条1項）。

[11] さらに追徴に関して、最大判昭37・12・12刑集16・12・1672がある。

(c) 拘留・科料のみにあたる罪でないこと　拘留または科料のみにあたる罪については、特別の規定がなければ、没収をすることができない (20条)。ただし犯罪行為を組成した物の没収については、このかぎりでない。法定刑が拘留または科料にのみあたる罪の例としては、侮辱罪 (231条) がある。軽微な罪については、没収を一般的に科するのは不必要であり苛酷にすぎるという趣旨による。

(4) 没収の効果

没収によりその目的物は国庫に帰属する。国庫に帰属する時期に関しては、それを①判決確定のときとする説 (藤木英雄・注釈 (1) 156頁、東京高判昭32・4・26判時115・19) と、②没収を執行したときとする説 (団藤512頁、福田334頁、大塚533頁、川端697頁) とがある。刑事訴訟法491条は、没収につき、「刑の言渡を受けた者が判決の確定した後死亡した場合には、相続財産についてこれを執行することができる」と規定するが、これは、判決確定時に国庫に帰属していることとは相容れない趣旨であるので、没収を執行したときとする説が妥当である。

没収は、目的物に対する所有権その他の物権を失わせ、国庫に帰属させる効果を生じさせる。所有権等剝奪の効果は、国と被告人の間のみでなく、第三者にも及ぶ (前掲最大判昭37・11・28、出田・大コン1巻443頁、川端698頁、[反対] 大塚534頁)。

3　追　徴

追徴とは、没収が不可能な場合に、その価額を国庫に納付すべきことを命じる処分をいう。犯人に不当な利得を保持させない趣旨で設けられた制度である。追徴は刑罰ではない (9条参照) が、没収に準ずる。**没収の換刑処分的な意義**をもつ。没収に代わるべき金額を追徴できるのは、犯罪生成物件・犯罪取得物件・犯罪報酬物件およびこれらの対価物の全部または一部を没収することができないときである (19条の2)。「没収することができない」とは、裁判時に、事実上または法律上の障害により没収しえなくなっていることをいう。目的物が紛失、消費、混同、加工などによってその存在ないし同一性を失い、または、善意の第三者に譲渡された (最大判昭33・6・2刑集12・9・1935) ような場合がその例である。

追徴の価額については、没収の目的物が金銭であったときは、その額であり、物であったときは、その物についての**客観的に適正な価額である** (最決昭

33・4・17刑集12・6・1058、最判昭37・9・13刑集16・9・1327)。

追徴の価額の算定時期については、犯人は収受時の価額に相当する利益を得たのであるから、犯人に不当な利益を得させないためには授受当時の価額によるべきだとする①**犯行時＝収受時説**（大谷520頁、最決昭29・12・17裁判集刑101・535、最大判昭39・7・15刑集18・6・386、最大判昭43・9・25刑集22・9・871)、追徴は没収に代えて科せられるのであるから犯人に不正の利益を得させないためには没収不能となった事由が生じたときの価額によるべきだとする②**没収不能時説**（福田335頁、大判昭19・9・29刑集23・199)、さらに、犯人がその物の保持を継続し、没収を受けたなら失ったであろう価額を追徴するのが本旨であるから裁判の言渡しのときの価額によるべきだとする③**裁判時説**（藤木・注釈〔1〕159頁、大塚534頁、川端699頁）の対立がある。追徴が刑罰的な性格をほとんどもたないとすれば、裁判時の価額とするのが合理的であろう。

4　任意的没収・追徴

没収・追徴には、裁判所の裁量によって任意に科しうる場合と、必ず科すべきものとされている場合とがある。前者を**任意的没収または追徴**といい、後者を**必要的没収または追徴**という。刑法総則に規定する没収・追徴は任意的なものであり（19条・19条の2)、賄賂の没収・追徴の規定である197条の5の規定は必要的なものである。特別法には必要的没収・追徴を定めたものが多い。これらの総則以外の規定による没収・追徴の規定に該当しないときには一般法である総則の規定によって没収・追徴することができる（最決昭33・2・27刑集12・2・342、最決昭36・6・22刑集15・6・1004、最判昭36・12・14刑集15・11・1845)。

第2章　刑罰の適用

> **【文献】**阿部純二「累犯加重の根拠」岩田傘寿77頁、井田良「量刑理論の体系化のための覚書」法学研究69巻2号293頁、大野平吉「刑の量定手続序説――一つの素描」八木古稀〔上〕535頁、岡上雅美「責任刑の意義と量刑事実をめぐる問題点（1）（2・完）」早稲田法学68巻3=4号77頁・69巻1号11頁、同「量刑における『威嚇予防目的』の考慮――ドイツにおける問題状況を中心にして――」早稲田法学70巻2号1頁、柏井康夫「過失犯の量定基準」曹時22巻3号1頁、川崎一夫『体系的量刑論』（1991）、同「死刑と無期刑の選択基準」創価法学25巻1=2号33頁、佐伯千仞「刑の量定の基準」刑法講座1巻114頁、篠塚一彦「量刑と刑罰制度（1）（2・完）」上智法学36巻1=2号35頁・39巻3号159頁、城下裕二『量刑基準の研究』（1995）、同『量刑理論の現代的課題』（2007）、所一彦「刑の量定」基本講座1巻251頁、原田國男『量刑判断の実際』（2004）、藤本哲也「累犯」基本講座1巻240頁、ヴォルフガング・フリッシュ（浅田・岡上編著）『量刑法の基本問題』（2011）、前田俊郎「求刑刑期による量刑刑期の推定」植松還暦〔心理学・医学編〕629頁、松尾浩也「刑の量定」刑事政策講座　1巻337頁

第1節　法定刑と刑の加重減軽

§188　法定刑の軽重

1　法定刑の意義

　法定刑とは、各本条で構成要件に対応して規定された刑をいう。法定刑は、わが国の刑法においては、刑の種類を限定し、刑の上限と下限を定めてその範囲内で裁判官の裁量のはたらく余地を認めている[1]。すでに述べたように（☞§2, 2）、立法当時の近代学派の影響によりその裁量の余地が極めて広いのがわが国の刑法の特徴である。

---

[1] このように、刑の適用を法定刑の枠内で裁判官の裁量にゆだねる方式を相対的法定刑主義という。刑の種類と量を厳格に定め、裁判官の裁量の余地を認めない方式を絶対的法定刑主義、刑の適用をまったく裁判官の裁量にゆだねる方式を絶対的専断刑主義という。

第1節　法定刑と刑の加重減軽　　§188　法定刑の軽重◇　1107

　法定刑は、異なった刑種の間の選択を許す形で規定されていることが多い。例えば、殺人罪については、「死刑」および「懲役」が選択刑である。自由刑については、刑の上限を**長期**、下限を**短期**といい、財産刑については、上限を**多額**、下限を**寡額**という。各本条に上限または下限の定めがないときは、総則に定められた長期・短期、多額・寡額による（12条以下）。

2　法定刑の軽重

　刑法は、法定刑として、6種類の主刑を定めているが、刑罰を適用する場合、6条の刑の変更の場合における新旧の刑を比較する場合、47条の併合罪等の競合犯の場合、118条2項・124条2項等における「傷害の罪と比較して、重い刑により処断する」という規定の場合のように、二つ以上の法定刑を比較してその軽重を決定することが必要な場合がある。そこで、刑法10条は、刑の軽重の基準を定めている。

　①**刑の種類が異なるときは、主刑の軽重は、死刑、懲役、禁錮、罰金、拘留および科料の順序による**。ただし、無期の禁錮と有期の懲役とでは、禁錮を重い刑とし、また、有期の禁錮の長期が有期の懲役の長期の2倍を超えるときも、禁錮を重い刑とする（10条1項）。

　②**同種の刑は、長期の長いもの、または多額の多いものを重い刑とし、長期または多額が同じものは、その短期の長いもの、またはその寡額の多いものを重い刑とする**（同条2項）。

　③**2個以上の死刑、または長期もしくは多額および短期もしくは寡額が同じである同種の刑は、犯情によってその軽重を定める**（同条3項）。「犯情」とは、犯罪の性質、犯行の手口、被害の程度その他一切の情状をいう（東京高判昭32・10・3高刑集10・9・708）。

　④異種類の刑が選択刑または併科刑として規定されている場合における他の刑との軽重の比較の方法については、刑法に直接の規定はない。①当該罪名中の各刑種の全体を対照すべきであるとする**全体的対照主義**と、②当該罪名中の重い刑のみを対照すべきであるとする**重点的対照主義**（福田333頁、大塚538頁、川端701頁、大判明44・7・8刑録17・1390、最判昭23・4・8刑集2・4・307）とがある。刑法施行法3条3項が、重い刑の対照を定めていること、および主刑全体は必ずしも刑の軽重を決する基準とはならないことから、後者の見解が妥当である。したがって、例えば、A罪（3年以下の懲役若しくは禁錮又は50万円以下の罰金）とB罪（15年以下の懲役又は50万円以下の罰金）を比較する場合、重

い刑を定めたB罪の刑が選択される。

§189　法定刑の加重・減軽

1　刑の加重・減軽の意義

　法定刑は、各犯罪類型に付された、それに対応する刑罰であるが、法定刑は、刑の加重・減軽事由が存在する場合、これに修正が施される。法定刑に一定の加重・減軽を施して得られた刑を**処断刑**という。

　裁判官は、選択刑がある場合には、適用すべき刑の種類を選択し、法律上の任意的減軽事由を適用するかどうか、さらに、酌量減軽するかどうかを決定し、この処断刑の中から具体的に宣告すべき刑を決定する。これを**宣告刑**という。このように、処断刑の中から宣告刑を決定する際には裁判官の裁量の余地がある。これが、後述する量刑である（☞§190）。

　刑の加重・減軽事由は、**法律上の事由**と**裁判上の事由**に分かれる。前者は、法律によってあらかじめ加重・減軽をなすべきこと、ないし、なしうることが定められている場合であり、後者は、裁判官が具体的な場合に情状によってなすものである。しかし、裁判上の加重事由は認められない。裁判上の減軽事由である酌量減軽（66条）については、後に論ずる。

2　法律上の刑の加重・減軽事由

（1）　法律上の加重・減軽の意義

　法律上の加重事由には、**併合罪加重**と**累犯加重**とがある。併合罪の加重についてはすでに述べた。**法律上の減軽事由**には、例えば、**必要的減軽事由**として、すでに論じた心神耗弱者（39条2項）があるほか、**任意的減軽事由**として、例えば、自首（42条）がある。

（2）　累犯の意義

　累犯（Rückfall）には広狭二義がある[2]。**広義の累犯**とは、確定裁判を経た犯罪（前犯に対して、その後に犯された犯罪〔後犯〕）をいう。**狭義の累犯**とは、広義の累犯のうち一定の要件を具備することによって刑を加重されるものをいう。一定の要件とは、①懲役に処せられた者またはこれに準ずべき者が、②

---

[2] そのほかにも、特別累犯（前犯と後犯が罪質を同じくする場合）と一般累犯（罪質を異にする場合）、および普通累犯と常習累犯とがある。常習累犯とは、累犯者が反復して一定の犯罪を犯す習癖を帯びる場合をいう（佐藤文哉・大コン4巻373頁参照）。

第1節　法定刑と刑の加重減軽　§189　法定刑の加重・減軽◇　1109

その執行を終わった日またはその執行の免除を得た日から5年以内にさらに罪を犯した場合であって、③その者を有期懲役に処するときである。この要件を充たす者を再犯というが（56条1項～3項）、三犯以上の者についても同様（59条）に、累犯として、必ず刑を加重するものとする。その際、刑は、その罪について定めた懲役の長期の2倍以下とする（57条）。

(3)　累犯加重の根拠

累犯加重の根拠については、①以前に科せられた刑罰の意義を無視してさらに罪を犯したという意味で、道義的責任ないし責任が重いとする見解（植松428頁、団藤523頁、西原447頁、大谷537頁、川端703頁）と、②初犯者より責任が重く、また、性格ないし人格がとくに危険だからであるとする見解（佐伯417頁、大塚539頁）が対立している。さらに、③道義的責任に加えて、社会防衛の見地からこのような行為者の危険性が大きいことも挙げる見解（福田341頁）もある。

(4)　累犯加重の要件

累犯加重の要件は、次のとおりである。

①前犯として懲役に処せられた者、またはこれに準ずべき者であること。「懲役に処せられた者」とは、懲役の確定裁判を受けた者をいう。前に禁錮・罰金・拘留・科料に処せられた者は含まない。少年のときに犯した前科も含む（大判大15・6・23刑集5・281）。懲役の言渡しが有効に存在していることが必要である。したがって、大赦によって前犯の懲役刑の言渡しが失効している場合には、累犯加重は認められない（最判昭23・12・16刑集2・13・1820）。懲役に処せられた者に準ずべき場合として挙げられているのは、①懲役にあたる罪と同質の罪により死刑に処せられた者が、その執行の免除を得、または減刑によって懲役に減軽された場合（56条2項）、および、②併合罪について処断された者が、その罪のうちに懲役に処すべき罪があったのに、その罪がもっとも重い罪でなかったため懲役に処せられなかった場合（56条3項）、である。「その執行の免除を得た」とは、刑の時効が完成した場合（31条）、恩赦による場合（恩赦法8条）、外国で確定裁判を受けた者がその刑の全部または一部を執行された場合（5条）などにより、刑の執行を免除されたことをいう。「減刑」とは、恩赦法による減刑を指す（恩赦法6条・7条）。「併合罪」とは、狭義の併合罪をいうとするのが大審院の判例（大判昭5・11・22刑集9・823）であるが、観念的競合ならびに牽連犯を含むと解する学説（団藤533頁、

大塚542、川端705頁）が有力である。

②**前犯の刑の執行を終わった日、または執行の免除を得た日から5年内に後犯が犯されたこと**。前犯の執行が終わったこと、または執行の免除を得たことが必要であるから、例えば、刑の執行中に、受刑者が刑事施設内で殺人を犯したときも、累犯とはならなず、前犯の執行猶予中の犯罪（大判大12・11・17刑集2・11・805）も、前犯の刑につき仮釈放中の犯罪（最判昭24・12・24裁判集刑15・583）も累犯とはならない。「執行を終わった日」とは、刑期満了の当日をいう（団藤534頁、大塚542頁、大判大5・11・8刑録22・1705）のか、その翌日を指す（平野龍一・矯正保護法〔1963〕27頁、川端706頁、最判昭57・3・11刑集36・3・253）のかについては、見解が分かれている。刑期満了の日を起算点とすると、刑期はその日の午後12時まで継続しているから、その日に懲役に処するべき罪が犯された場合には、累犯として刑を加重することになる（前掲最判昭57・3・11の第2審＝大阪高判昭55・12・3刑集36・3・258）。後説が妥当である。「5年以内に更に罪を犯し」とは、5年以内に後犯の実行があれば足りるという意味である。したがって、5年以内に少なくとも実行の着手があればその犯罪の完成は5年経過後でもよい[3]（最判昭24・4・23刑集3・5・621）。

③**後犯についても、有期の懲役に処すべきこと**。「有期懲役」とは、処断刑が有期懲役であればよいという趣旨であって、法定刑には他の刑が含まれていてもよい。

(5) 三犯以上の累犯

以上で述べたのは「再犯」についてである。刑法は、「三犯以上の者についても、再犯の例による」（59条）とするが、三犯の意義については規定していない。**三犯の意義**については、①再犯の後に犯された56条1項の要件を充たす後犯と解する立場（団藤35頁、大塚543頁、川端706頁）と、②初犯の刑の執行を終わり5年以内に3度目に行われた後犯と解する立場（大判明42・6・21刑録15・822）がある。②説のように解すると、再犯と、三犯となりうる犯罪とが5年以内の関係にあっても、初犯と5年を超える関係にある場合には、三犯とならないことになる。三犯の加重の根拠は直接の前犯である再犯の処罰の意義を無視したという点にあるとするのが妥当であるから、①

---

[3] 最決昭43・11・7刑集22・12・1335は、前犯の刑の執行の終了前からけん銃の不法所持を続けていた場合にも、累犯関係を認めた。したがって、実行の着手時期は、刑期の終了前でもよい。

説のように、三犯とは再犯との関係でいう概念であると解すべきである。
(6) 効　果
　再犯の刑は、その罪について定めた**懲役の長期の2倍以下**とする（57条）。三犯以上の者についても再犯の例による（59条）。ただし、30年を超えることはできない（14条）。加重は、宣告刑ではなく処断刑についてなされる。

　累犯加重の処罰の対象は、後犯である。同一の犯罪につき、重ねて刑事上の責任を問うものではなく、したがって、憲法39条の一事不再理の原則に反しない（最大判昭24・12・21刑集3・12・2062）。累犯加重は、適正な刑の量定という合理的差別であって、憲法14条違反の問題も生じない（最判昭25・1・24刑集4・1・54）。

　常習犯[4]についても、累犯加重の適用があるかについて、判例はこれを肯定する（大判大7・7・15刑録24・975、大判昭14・7・14刑集18・411、最決昭44・6・5刑集23・7・935、最判昭44・9・26刑集23・9・1154）。学説も、たんなる常習犯加重よりも累犯加重の方が重くなる場合があるので、刑の権衡上、常習犯についても累犯加重を肯定せざるをえないという理由でこれを支持する（大塚523頁、大谷521頁、川端681頁）。

3　法律上の刑の減軽事由
(1)　法律上の減軽事由の種類
　法律上の刑の減軽事由には、**必要的減軽事由**と**任意的減軽事由**とがある。心神耗弱（39条2項）、中止未遂（43条但書）、従犯（63条）は、必要的減軽事由の例である。過剰防衛（36条2項）、過剰避難（37条1項但書）、法律の錯誤（38条3項）、自首（42条）、障害未遂（43条本文）は、任意的減軽事由の例である。

(2)　自　首
　自首とは、罪を犯した者が捜査機関に発覚する前に、自発的に自らの犯罪事実を捜査機関に申告し、その処罰を求める意思表示をいう。自首が任意的減軽事由とされている理由は、犯罪の捜査を容易ならしめ、さらなる犯罪を未然に防止するという政策的理由および改悛による可罰的責任の減少が擬制されていることに求められる[5]。「捜査機関」とは、検察官または司法警察員

---
[4] 刑法総則には常習犯の規定はない。しかし、刑法186条1項の常習賭博、盗犯等防止法2条・4条、暴力行為等処罰法1条の3・2条2項などで刑を加重している。

[5] 自首の規定は、西洋の法制にはみられない東洋特有の刑法的伝統である（佐伯419頁）。

をいう。「発覚する前」とは、犯罪事実が捜査機関にまったく認知されていない場合のみならず、犯罪事実は認知されていても犯人が誰であるかが知られていない場合をも含む。犯人の所在が捜査機関に認知されていない場合でも、犯罪事実および犯人が誰であるかが知られていれば「発覚」したことになる（最判昭24・5・14刑集3・6・721）。したがって、手配に酷似した者を発見した際に、その者が犯行を自供しても、すでに捜査機関に発覚している場合自首は成立しない（広島高岡山支判平17・11・30LEX/DB）。捜査機関に発覚していない以上、被害者、目撃者などに覚知されていても、自首は可能である。「自首」は、検察官ないし警察官に覚知されない時点でも完了したとみることができる場合がある。[6]

捜査機関への申告の方法は問わない。自ら直接行っても、他人を介して行ってもよい（最判昭23・2・18刑集2・2・104）、さらに、電話によってもよい。ただし、相対しているときに準ずる場合でなければならない。事件後、大韓民国に出国し、同国から電話で日本の警察官に申告しても、日本の捜査機関が直ぐに身柄を確保できる状態になかったので、自首にはあたらない[7]（東京地判平17・9・15判タ1199・292）。また、書面でも、口頭でもよい（大判昭9・12・20刑集13・1785）。ただし、犯人が誰かを明らかにすることが必要である。犯人が自発的に自己の犯罪事実を申告することが必要であるから、捜査機関の取調べに応じて自己の犯罪事実を申告しても自首とはならない（大判昭10・5・13刑集14・514）。したがって、けん銃加重所持、覚せい剤等営利目的所持の被疑事実により逮捕された被告人が、けん銃等の所持を自認する上申

---

[6] 被告人が、自首しようとして交番へ出かけたが、警察官が不在であったため犯罪事実の申告をなしえなかったところ、他の理由によって発覚しても、その接着する時間内に犯人において自ら自己の犯罪事実を捜査機関に申告して身柄の処分をゆだねたと認められる場合には、「いまだ官に発覚せざる前」に自首したものと認められる（東京高判平7・12・4高刑集48・3・189）。この事案では、犯人は、電話で犯行を申告すべく近くの公衆電話を探している間に、第三者が電話で被告人の犯行を通報したため、犯人がその約2分後に電話で現実に自己の犯行を警察官に申告したのであった。また、別の判例では、被告人が自首の意思で自ら派出所に出頭したところ、警察官が不在であったため自己の犯罪事実を告げることができず、犯人において、「そのまま自首の意思を持続して捜査機関の戻るのを待機していた以上」、「派出所に出頭した時点」に自首行為は完了したものとする（名古屋高金沢支判昭41・10・6下刑集8・10・1285）。

[7] この事案では、判例は、「自首は、検察官または司法警察員に対し、書面または口頭で行わなければならない（刑訴法245条、241条）ところ、『口頭』とは自首した者と自首を受理する者が相対して行うものであるのが原則であって、電話による自首は、連絡後、犯人がすぐに身柄の処分を捜査機関に委ねられるような、相対しているときに準じる状況になければならない」とする。

書を提出し、所持していた拳銃は妻が警察官に提出したという事案については、被告人が、自己の責任において本件けん銃等を提出する旨の上申書を作成したものの、捜査官が改めて被告人の妻を呼びだして事情を聴取し、同女が捜査に協力したことから、上申書を作成してから 1 週間以上経ってやっと本件けん銃等が警察に提出されるに至ったという場合には、犯罪事実を自発的に申告したものとはいえず、けん銃および実包を提出して自首したともいえない（東京高判平 18・4・6 判タ 1222・317）。ただし、警察官の尋問をまたずに進んで行なわれた場合には、自己に犯罪の嫌疑が及ぶのを妨げた事情があったとしても自首と認めることができる（最決昭 60・2・8 刑集 39・1・1）。目撃者が犯人車両の特徴を詳しく見ておらず、車両の外貌や動向のみである場合にはいまだ嫌疑は十分でないから自首が認められる（岡山地倉敷支判平 17・9・9 LEX/DB）。捜査機関がすでに内部的に犯人を特定していたときは、自首に該当しない。

> 被告人は、本件の八日後である平成 8 年 9 月 3 日に曽根崎警察署に出頭したが、捜査機関は、遅くとも同年 8 月 31 日の時点で、合理的根拠をもって**被告人を犯人と特定していた**ということができるから、被告人の右出頭が捜査機関に発覚する前になされたものとはいえず、したがって、本件につき法律上の自首に該当しない（大阪高判平 9・9・25 判時 1630・154）とする。

虚偽の供述があった場合に自首が成立するかどうかについては、**二つの最高裁判例**があり、その成立の余地を認める。

昭和 60 年の決定（前掲最決昭 60・2・8）では、運転を誤って自動車を海中に転落させ同乗者を負傷させる事故を起こした者が、警察官の取調に対し、いったんは同乗者がいなかったと**嘘**をいい、業務上過失傷害罪の嫌疑が自己に及ぶことを妨げたという事情があった事案につき、原審が自首の成立を否定したのは解釈を誤ったものとした。

> ここで、原審は、事実を警察官に申告した当時、右の事実はいまだ官に発覚していなかったと認めながら、「被告人は、警察官に対し、同乗者はいなかったと虚言を弄して、一時的にもせよ事件の真相の発見を妨げたものであるから、その後真実を申告したとしても、右申告は、捜査、処罰を容易ならしめるため捜査官憲に対して自ら進んで犯罪を申告した場合とは趣を異にするもので、自首制度の趣旨、目的にかんがみれば、被告人の犯罪事実の申告は自首にあたらないと解するのが相当である」旨を判示した。これに対し、最高裁は、「捜査にあたった警察官は、被告人が業務上過失傷害の事実を申告するまで、同人に対し人身事故の嫌疑は抱いておらず、右申告は警察官の尋問を待たずに進んで行われたものであるから、被告人が、警察官に真実を告げ

ず、その場をつくろって自己に嫌疑が及ぶことを妨げた事情があったとしても」、自首は成立するものとしたが、刑の減軽をすることが相当とは認められないから、その法令違反は判決に影響を及ぼさないとした。

その後、**平成13年に最高裁**（最決平13・2・9刑集55・1・76）は、被告人が犯人であることが捜査機関に発覚する前に、警察署に出頭し、警察官に対し前記事務所に自ら発砲した旨述べたが、その際、これらの犯行に使用したものとは異なるけん銃に発射を装う**偽装工作**を施して持参し、そのけん銃を使用したと虚偽の供述をしたという事案につき、「被告人は、前記各犯行について、捜査機関に発覚する前に自己の犯罪事実を捜査機関に申告したのであるから、その際に使用したけん銃について虚偽の事実を述べるなどしたことが認められるとしても、刑法42条1項の自首の成立を妨げるものではな」いとした。

その後の判例（東京高判平17・6・22判タ1195・299）には、**自首制度の根本**に遡ってこれを論じるものがある。すなわち、東京高裁は、共犯がいるにもかかわらず、自首の後、虚偽の単独実行犯を主張した場合、自己の訴追を求めているとはいえ、**共犯者の存在を積極的に隠ぺいする**という**悪質な目的**でなされたものであるとし、共犯者に関する**犯人隠避にあたる**ものであるとして、自首を認めなかったものがある。本判決は、「自首が法律上任意的又は必要的減軽・免除事由とされているのは、自首を奨励することにより、犯罪の捜査・処罰を容易にしようとするものであるから、自首自体が正に犯罪の捜査・処罰を困難にする犯人隠避の犯罪行為に当る場合にまで、これを奨励することは、とりもなおさず、犯人隠避という犯罪行為を推奨するようなものであって、到底自首制度の趣旨に合致するものではない」という。しかし、自首の成立を認めた二つの最高裁判例が示すとおり、その内容に虚偽の部分が含まれる「不実の自首」にあたれば、自首の成立が認められないというわけではない。「不実の自首の場合はおよそ犯罪の捜査・処罰を困難にするからといって全て自首の成立を否定すると、多様な自首の動機を選別し、自首が成立する場合と成立しない場合とを区別する基準が一義的でなく、かえって不明確であるとの批判を招きかねない」。そこで、「不実の自首の中でも、少なくとも自首そのものが犯人隠避行為に該当する場合には、これを国家が懲減し、奨励するわけにはいかないのであるから、実質的にみて自己の犯罪事実の申告があったとは認められず、自首の成立を否定すべきである」というのである。

自首した者に対しては、その刑を減軽することができる（42条1項）。刑法各則、その他の特別刑法には、自首を刑の必要的免除としている場合（80条・93条但書、爆発物取締罰則11条など）、必要的減免としている場合（228条の3但書、破防法38条3項など）、任意的減免としている場合（土地改良法141条2項

など) がある。

(3) 告訴権者に対する申告

親告罪について、告訴ができる者 (告訴権者) (刑訴法230条以下) に対して、自己の犯罪事実を告げ、その措置に委ねたときも、その刑を減軽することができる (42条2項)。これは改正前、首服と呼ばれていた。申告が、犯罪が発覚する前に行われることが必要であるかどうかについては、①被害者に発覚する前に行われたことが必要とする説 (大塚547頁、川端709頁) と、②捜査機関に発覚する前であればよいとする説 (小野293頁、団藤527頁、福田343頁、香川541頁、大谷540頁) とがある。

(4) 自 白

自白とは、捜査機関に対して自己の犯罪事実の全部または一部を認める犯人の供述をいう。自白については刑法総則には規定はないが、刑法各則およびその他の特別刑法 (特許法199条2項、実用新案法59条2項、商標法81条2項など) において、刑の任意的減免事由とされている場合がある[8]。刑の減免される理由は、自首の場合と同様であると解されている。

4 裁判上の減軽 (酌量減軽)

裁判官は、「犯罪の情状に酌量すべきものがあるときは、その刑を減軽することができる」(66条)。これを**酌量減軽**という。「犯罪の情状に酌量すべきものがある」とは、犯罪の具体的情状に照らして、法律上の科刑が重すぎることを意味する。「犯罪の情状」とは、その犯罪に関する一切の事情をいう。したがって、犯罪の客観的事情、内部的事情のほか、犯罪後における諸事情も含む。法律上、刑を加重または減軽すべき場合もなお酌量減軽することができる (67条)。さらに、法律上の任意的減軽事由があるときも、それによる減軽をしないで、酌量減軽することもできる (大塚548頁)。

5 加減例

加減例とは、刑の加重・減軽の方法および順序を定めた規定をいう。

(1) 法律上の減軽

法律上刑を減軽すべき一個または数個の事由があるときは、次の例による (68条)。

(a) 死刑を減軽するときは、無期または10年以上の懲役・禁錮とする

---

[8] 偽証罪および虚偽告訴罪について自白を任意的減免事由とする (170条・173条)。自白は、偽証または虚偽告訴事件の裁判の確定前に、または懲戒処分の前に行われる必要がある。

(1号)。懲役か禁錮のいずれにするかは、犯罪の性質による。

(b) 無期の懲役・禁錮を軽減するときは、7年以上の有期の懲役または禁錮とする (2号)。

(c) 有期の懲役・禁錮を減軽するときは、その長期および短期の2分の1を減ずる (3号)。各本条にとくに短期が定められていないときは、短期を1月として (12条・13条) その2分の1を減ずる。

(d) 罰金を減軽するときは、多額・寡額ともにその金額の2分の1を減ずる (4号)。

(e) 拘留を減軽するときは、その長期の2分の1を減ずる (5号)。短期は減じない。

(f) 科料を減軽するときは、その多額の2分の1を減ずる (6号)。寡額は減じない。

法律上減軽すべき場合において、「懲役または禁錮」というように2個以上の刑名が選択刑とされているときは、まず、適用すべき刑を定めてからその刑を減軽する (69条)。「刑名」とは、刑法9条の定める「主刑」が選択的に定められている場合の刑の種類をいう。懲役・禁錮または拘留を減軽することによって、1日に満たない端数が生じたときはこれを切り捨てる (70条)。

(2) 酌量減軽の方法

酌量減軽すべきときも、68条および70条の例による (71条)。69条が除かれているのは、酌量減軽が行われる以前に法律上の加重減軽が行われるので (72条)、すでに適用すべき刑名が確定されているからである。

(3) 加減の順序

同時に刑を加重・減軽すべきときは、①再犯加重、②法律上の減軽、③併合罪の加重、④酌量減軽の順序による (72条)。まず、もっとも重い累犯加重を行い、次に、法律上の減軽を行い、そのうえで、併合罪について加重を行い、最後に、具体的情状に照らして重すぎるとみられるとき、酌量減軽を加えるべきものとしたのである (大塚550頁以下参照)。

第2節　刑の量定・言渡し・免除

§190　刑の量定

1　宣告刑・量刑

　法定刑に加重減軽を施したものが処断刑であるが、裁判所が処断刑の枠内で具体的に被告人に言い渡すべき刑を **宣告刑** という。処断刑が死刑ないし無期懲役以外の場合には処断刑には幅があり、その範囲内で具体的な期間の自由刑ないし具体的な額の財産刑を宣告する。このように、具体的に言い渡すべき刑の種類と量を決めることを **量刑** （Strafzumessung）という。この量刑は、処断刑の範囲内で裁判官の自由裁量に委ねられている。

　しかし、自由裁量といっても、裁判官が恣意的に刑の量を決めてよいわけではない。刑の量定も、合理的・客観的な基準を要請する。刑罰の量は、責任に比例し、一般予防・特別予防、あるいは犯罪の事後処理の観点から説明可能なものでなければならないのである。客観的観点から、妥当とはみなされない量刑は、量刑不当として上訴理由となる（刑訴法381条）。

2　量刑基準

　刑の量定の基準を明確にすることは、量刑の資料の明確化の問題とともに量刑の合理化の問題にとっての重要問題である。現行法は、刑の量定の基準について定めた規定をもたない。刑事訴訟法は、起訴猶予にすべきかどうかを判断する基準として、「犯人の性格、年齢及び境遇、犯罪の軽重及び情状並びに犯罪後の情況により訴追を必要としないときは、公訴を提起しないことができる」と規定している（248条）のが、指針になりうる。改正刑法草案48条は、刑の適用の一般基準として、「刑は、犯人の責任に応じて量定しなければならない（1項）。刑の適用にあたつては、犯人の年齢、性格、経歴及び環境、犯罪の動機、方法、結果及び社会的影響、犯罪後における犯人の態度その他の事情を考慮し、犯罪の抑制及び犯人の改善更生に役立つことを目的としなければならない（2項）。死刑の適用は、特に慎重でなければならない（3項）」と規定している。

　量刑の基礎となる事実が情状であるが、**情状** には犯罪事実に属するもの

（犯情）と、犯罪事実に属さないもの（**狭義の情状**）とがある。前者には、「犯罪の動機、方法、結果及び社会的影響」がある。これらの情状は、主として、犯人の責任と一般予防の観点から重要となる事実である。後者には、「犯人の年齢、性格、経歴及び環境」および「犯罪後における犯人の態度」がある。これらは、主として、特別予防の観点から重要となる事実であるとされているが、行為責任との関係では、これらの考慮は、被告人に不利にも用いることができ、何をどのように考慮するかは慎重な判断を要する。[1]

　量刑は、個別の行為者の責任と刑罰の必要度に応じたものでなければならないから、本来、個別的なものであるが、類似の情状でありながら、著しく量刑に差が出るのは、法の下の平等の観点からもまた刑事政策的にも好ましくない。刑の標準化が図られる必要がある。

　わが国では、検察官の求刑、上訴審の審査などによって**量刑相場**が形成されている。

3　量刑の資料

　裁判所が量刑に際して具体的に考慮すべき情状を**量刑の資料**という。量刑の資料は、検察官から提出されたものとして、例えば、被告人の経歴、資産、家族の状況、生活状態、交友関係、前科調書、逮捕歴に関する指紋照会回答書、被害者などの情状証人などがある。被告人から提出されるものとしては、示談書、嘆願書、上申書などがある。訴訟中の被告人の態度、とくに自白と否認とを量刑資料としてよいかには、刑事訴訟法上問題がある。自白は、被告人の反省や悔悟にもとづいている場合が多いから、これを被告人に有利な情状として考慮することは、当然許される。

§191　刑の言渡し

1　刑の言渡しの意義

　宣告刑の決定には、裁判所が宣告刑の内容を確定して行うものと、刑の内

---

[1] 刑訴法248条は「犯罪の軽重及び情状並びに犯罪後の情況」と規定し、「情状」を犯罪の軽重や犯罪後の情況と区別して犯罪行為に付随する事情に限定していることを指摘し、例えば、公判廷で事実を黙秘していることなどを悪しき情状として重く処罰することは許されないとするものがある（佐伯428頁）。

容の一部または全部を決定せずに、執行の段階においてこれを決定するものとがある。前者を**確定宣告刑主義**といい、後者を**不確定宣告刑主義**という。この例として、**不定期刑**がある。不定期刑には、刑の長期も短期も定めない絶対的不定期刑と、その両者またはいずれかを定める相対的不定期刑とがある。絶対的不定期刑は、罪刑法定主義に反する（☞§27, 2）。わが国では、相対的不定期刑は、少年法 52 条で採用されている。[2] 少年の可塑性と教育の可能性にかんがみて、執行の段階での柔軟な運用を期待したのである。

刑の言渡しによって法令上**資格の制限**を受ける場合がある。禁錮以上の刑に処せられ、その執行が終わりまたはその執行を受けることがなくなるまでの者は、国家公務員（国公法 38 条 2 号）、地方公務員（地公法 16 条 2 号）などになりえない。また、禁錮以上の刑に処せられたときは、刑の言渡しが効力を失うまでの間は、裁判官（裁判所法 46 条 1 号）、検察官（検察庁法 20 条 1 号）、弁護士（弁護士法 7 条 1 号）、公証人（公証人法 14 条 1 号）などになることができない。

2　刑の言渡しの方法

「被告事件について犯罪の証明があつたとき」有罪の判決が言い渡される。有罪の判決は、**刑の言渡しの判決**と**刑の免除の判決**に分かれる。刑の執行猶予および保護観察も刑の言渡しと同時に判決で言い渡されなければならない（刑訴法 333 条 2 項）。

3　刑の免除

刑の免除の判決は、刑の免除事由がある場合に言い渡される。刑の免除は、有罪判決である。刑の免除事由には、**必要的免除事由**と**任意的免除事由**とがある。前者に属するのは、例えば、内乱罪における自首（80 条）、私戦予備・陰謀罪における自首（93 条）などがあり、後者に属する例としては、親族間の犯人蔵匿・証拠隠滅（105 条）、放火予備（113 条）などがある。刑の減軽と選択的となっている必要的免除事由の例として、中止犯（43 条但書）があり、任意的免除事由の例として、過剰防衛（36 条 2 項）、過剰避難（37 条 1 項但書）、偽証罪における自白（170 条）などがある。刑の免除の根拠は、可罰

---

[2] 少年法 52 条は次のように規定する。「少年に対して長期 3 年以上の有期の懲役又は禁錮をもつて処断すべきときは、その刑の範囲内において、長期と短期を定めてこれを言い渡す。但し、短期が 5 年を越える刑をもつて処断すべきときは、短期を 5 年に短縮する」（1 項）。「前項の規定によつて言い渡すべき刑については、短期は 5 年、長期は 10 年を越えることはできない」（2 項）。「刑の執行猶予の言渡をする場合には、前 2 項の規定は、これを適用しない」（3 項）。

的責任の少ないことによって、刑罰請求権を根拠づける程度に達せず、または、いったん発生した刑罰請求権を消滅させる点にある（佐伯422頁参照）。

第3章　刑罰の執行と仮釈放

第1節　刑の執行

> 【文献】石川正興「刑の執行猶予制度」基本講座1巻265頁、榎本正也「保護観察の遵守事項─特別遵守事項設定の基準と限界をめぐって」八木古稀〔下〕335頁、小林充「未決勾留日数の本刑算入の基準」岩田傘寿988頁、繁田実造「猶予制度（2）─執行猶予・宣告猶予─」刑事政策講座1巻313頁、荘子邦雄「刑の執行猶予」刑事法講座3巻589頁、須々木主一「保護観察」刑事政策講座3巻207頁、瀬川晃『犯罪者の社会内処置』（1991）273頁、西岡正之「保護観察付執行猶予の現状と課題」石原一彦＝佐々木史郎＝西原春夫＝松尾浩也編『現代刑罰法大系（7）犯罪者の社会復帰』（1982）293頁、西村克彦「刑の猶予と保護観察」刑法講座1巻190頁、平野龍一「執行猶予と宣告猶予」『犯罪者処遇法の諸問題』（増補版・1982）6頁

§192　各種の刑の執行

1　総説

　刑の言渡しの裁判が確定すると、刑の執行の段階に入る。刑の執行の内容は、それぞれの刑罰の種類によって異なる。自由刑の執行については、刑事施設法、刑事施設規則（平成18年法務省令57号）および刑事施設法施行規則（平成19年内閣府令42号）、刑事訴訟法471条以下に規定されている。

2　死刑の執行

　死刑は、刑事施設内において**絞首**して執行する[1]（11条1項）。死刑の言渡し

---

[1] 死刑の執行方法について定めているのは、明治6年の太政官布告（同年65号）である。現在のわが国では、そこに図示された屋上絞架式ではなく、地下絞架式を採用している。この方式につき、違憲ではないと判断した最高裁判例（最大判昭36・7・19刑集15・7・1106）がある。また、現行の方法がいわゆる「縊首」であって「絞首」ではないから違法であるという主張に対し、「絞首」とは受刑者の首に縄をかけ、これを緊縛することによって窒息死に至らしめる執行方法をいうのであって、その緊縛について受刑者自身の体重が利用されるか否かを問わないとしたものとして、東京地判昭35・9・28行政事件裁判例集11・9・2753がある。

を受けた者は、その執行に至るまで刑事施設内に拘置する（同条2項）。死刑の執行は、**法務大臣の命令**による（刑訴法475条1項）。この命令は、判決確定の日から6カ月以内にしなければならない（同条2項）。法務大臣が死刑の執行を命じたときは、5日以内にその執行をしなければならない（刑訴法476条）。

刑事訴訟法では、**死刑の執行停止**について規定する（479条）。死刑の言渡しを受けた者が**心神喪失の状態**にあるときは、法務大臣の命令によって執行を停止する（1項）。死刑の言渡しを受けた女子が**懐胎**しているときは、法務大臣の命令によって執行を停止する（2項）。これらの場合、心神喪失の状態が回復した後、または出産の後に、法務大臣の命令がなければ、執行することができない（3項）。法務大臣の命令は、回復ないし出産後、原則として6箇月以内になされなければならない（4項）。

3　自由刑の執行

(1)　懲役・禁錮・拘留の執行

自由刑の執行は、行刑（Strafvollzug）とも呼ばれる。懲役および禁錮は、刑事施設において執行する（12条2項・13条2項）。拘留は、刑事施設に拘置して行う（16条）。

自由刑の執行の停止される場合については、刑事訴訟法に規定がある。まず、①刑の言渡しを受けた者が心神喪失の状態にある場合、**必要的執行停止**とされている（刑訴法480条）。この場合、検察官は、刑の言渡しを受けた者を監護義務者または地方公共団体の長に引き渡し、病院その他適当な場所に入れさせる。②**任意的執行停止**の場合として、(ｱ)刑の執行によって著しく健康を害するとき、または生命を保つことのできないおそれがあるとき、(ｲ)年齢70年以上のとき、(ｳ)受胎後150日以上のとき、(ｴ)出産後60日を経過しないとき、(ｵ)刑の執行によって回復することのできない不利益を生ずるおそれがあるとき、(ｶ)祖父母または父母が年齢70年以上または重病もしくは不具で、他にこれを保護する親族がいないとき、(ｷ)子または孫が幼年で、他にこれを保護する親族がいないとき、(ｸ)その他重大な事由があるとき（刑訴法482条）が定められている。

(2)　刑期の計算

刑期は、裁判が確定した日から起算する（23条1項）。拘禁されていない日数は、裁判が確定した後であっても、刑期に算入しない（同条2項）。保釈等の理由によって、裁判確定時に拘禁されていなかった者については、現実に

拘禁された日から刑期を起算すべきことになる。

　刑期の計算は、月または年によって期間を定めたときは、暦に従って計算する（22条）。したがって、月の大小、年の平閏を考慮に入れない。「月または年」ではなく、「日」をもって定められた場合には、実日数をもって計算する。受刑の初日は、時間にかかわらず、1日として計算する（24条）。刑期が終了した場合における釈放は、その終了の日の翌日に行う（同条2項）。

(3)　未決勾留日数の本刑通算

　未決勾留の日数は、その全部または一部を本刑に算入することができる（21条）。未決勾留は刑の執行ではない。しかし、被勾留者にとっては、自由を拘束する点では、事実上、自由刑の執行と異ならない。そこで、後に有罪判決を受けたときは、本刑、すなわち自由刑にかぎらず、罰金刑、科料に算入することができるとされているのである（最決昭26・11・27刑集5・12・2413参照）。執行を猶予された本刑にも算入しうる（大判昭11・2・6刑集15・72）。これを算入するかどうかは、裁判所の裁量に委ねられている。これを**裁定通算（任意的通算）**という。

　上訴期間中の未決勾留の日数は、上訴申立後の未決勾留の日数を除いて、全部これを本刑に通算する（刑訴法495条1項）。上訴申立後の未決勾留日数は、検察官が上訴を申し立てたとき（同条2項1号）、および検察官以外の者が上訴を申し立てた場合において、その上訴審で原判決が破棄されたときは（同項2号）、全部本刑に通算する。これらの通算については、未決勾留の1日を刑期の1日または金額の4000円に折算する（同条3項）。上訴裁判所が原判決を破棄した後の未決勾留は、上訴中の未決勾留日数に準じて、これを通算する（同条4項）。これらは、当然、通算するべき場合であり、これを**法定通算（必要的通算）**という。

4　財産刑の執行

(1)　検察官の命令による執行

　罰金、科料、没収、追徴の裁判は、検察官の命令によって執行する（刑訴法490条1項）。この命令は、執行力のある債務名義と同一の効力を有する（同項）。この裁判の執行は、民事執行法、その他、強制執行の手続に関する法令の規定に従ってする。ただし、執行前に裁判の送達をすることを要しない（同条2項）。

(2) 相続財産に対する執行

没収または租税、その他の公課もしくは専売に関する規定により言い渡した罰金もしくは追徴は、刑の言渡しを受けた者が裁判の確定した後死亡した場合には、相続財産について、これを執行することができる（刑訴法491条）。

(3) 合併後の法人に対する執行

法人に対して罰金、科料、没収または追徴を言い渡した場合に、その法人が判決の確定した後、合併によって消滅したときは、合併後存続する法人または合併によって設立された法人に対して執行することができる（刑訴法492条）。

(4) 仮納付の執行

裁判所は、罰金、科料または追徴を言い渡す場合において、判決の確定をまってはその執行をすることができず、またはその執行をするのに著しい困難を生じるおそれがあると認めるときは、検察官の請求によりまたは職権で、被告人に対し、仮に罰金、科料または追徴に相当する金額を納付すべきことを命じることができる（刑訴法348条1項）。

仮納付の裁判は、刑の言渡しと同時に、判決でその言渡しをしなければならない（同条2項）。また、ただちにこれを執行することができる（同条3項）。

第1審と第2審とにおいて、仮納付の裁判があった場合に、第1審の仮納付の裁判についてすでに執行があったときは、その執行は、これを第2審の仮納付を命じられた金額の限度において、第2審の仮納付の裁判についての執行とみなす（刑訴法493条1項）。この場合に、第1審の仮納付の裁判の執行によって得た金額が第2審の仮納付の裁判で納付を命じられた金額を超えるときは、その超過額は、これを還付しなければならない（同条2項）。仮納付の裁判の執行があった後に、罰金、科料または追徴の裁判が確定したときは、その金額の限度において刑の執行があったものとみなす（刑訴法494条1項）。この場合において、仮納付の裁判の執行によって得た金額が罰金、科料または追徴の金額を超えるときは、その超過額は、これを還付しなければならない（同条2項）。

§193　刑の執行猶予

1　意　義

刑の執行猶予（Strafaussetzung）とは、刑罰の言渡しの際に、情状によってその執行を一定の期間猶予し、その期間を無事経過したとき、刑の言渡しは

その効力を失うとする制度である。この制度の趣旨は、有罪判決による責任非難を加えるにとどめることによって済ませる方が、現実に刑罰を執行することによる社会からの隔離・拘禁といった弊害を避け、かえって特別予防の効果を上げるとともに、一般予防上も法に対する信頼を強め、規範意識の強化に役立つと思われる点にある。懲役刑、禁錮刑のみならず、罰金刑にも執行猶予が認められている。猶予期間を無事経過したとき、刑の執行のみを免除するのではなく、刑の言渡しそのものが効力を失うものとする（27条）。前者は、いわゆる**条件付特赦主義**であり、後者は、いわゆる**条件付有罪判決主義**であるが、わが国の執行猶予制度は、この後者の考え方にもとづくものである。

　明治38年（1905年）の「刑の執行猶予に関する件」（法律70号）によって、条件付特赦主義にもとづく執行猶予制度が採用された。現行法は、条件付有罪判決主義を採用した。現行法の制定により、当初、1年以下の禁錮についてのみ執行猶予が認められ、受刑後10年間は執行猶予が認められていなかったのが、2年以下の懲役・禁錮にまで執行猶予が認められ、執行猶予欠落期間は7年に短縮された。**昭和22年**（1947年）には、執行猶予を付しうる刑の範囲が「2年以下の懲役または禁錮」から「3年以下の懲役もしくは禁錮または5千円以下の罰金」（1項）に拡大された（法律124号）。これによって、従来、執行猶予を付けることができなかった強盗や放火にも言い渡すことができるようになった。**昭和28年**（1953年）には、1項2号に規定された「其執行を終り又は其執行の免除を得たる日より」「7年以内」が「5年以内」に改められ、かつ、再度の執行猶予を認めた25条2項が追加された（法律195号）。さらに、保護観察の制度を取り入れた25条の2の規定が新設された。**昭和29年**（1954年）には、25条の2が改正され、初回の執行猶予にも保護観察が付しうることになった（法律57号）。

　平成25年6月19日の刑法改正法（法49号）により、**保護観察に関する規定が改正**された。これらの規定は、3年内に政令で定める日から施行される。この改正の要点は、「前に禁錮以上の実刑に処せられたことがない者等について、刑の一部の執行を猶予することを可能とする制度を導入するもの」である。そこで、本書では、まず、従来からある制度である刑法25条以下の「**刑の全部の執行猶予**」の要件について論じ、最後に、27条以下の「**刑の一部の執行猶予**」に

---

[2] この刑法の改正とともに、薬物使用等の罪を犯した者に対する刑の一部の執行猶予に関し、その言渡しをすることができる者の範囲及び猶予の期間中の保護観察等について刑法の特則を定める「薬物使用等の罪を犯した者に対する刑の一部の執行猶予に関する法律」（法律第50号）が制定され、併せて、保護観察等の充実強化を図るため、地域社会の利益の増進に寄与する社会的活動を行うことを保護観察の特別遵守事項に加えること、規制薬物等に対する依存がある者に対する保護観察の特則を定めるなどの更生保護法（平成19法88号）の改正も行われた。

ついて論じる。

2 執行猶予言渡しの要件

(1) 初度目の執行猶予の要件

執行猶予が言い渡されうる者は、①「前に禁錮以上の刑に処せられたことがない者」(25条1項1号)、②「前に禁錮以上の刑に処せられたことがあっても、その執行を終わった日又はその執行の免除を得た日から5年以内に禁錮以上の刑に処せられたことがない者」(2号) である。これらの者が、「3年以下の懲役若しくは禁錮又は50万円以下の罰金の言渡しを受けた」ときに、「情状により」認められる。

(a) 前に禁錮以上の刑に処せられたことがない者　「前に」の意義につき、①執行猶予を言い渡すべき罪の前をいうとする説 (平野『矯正保護法〔1963〕45頁、西原478頁) と、②執行猶予を言い渡す判決の前をいうとする説 (通説、最判昭31・4・13刑集10・4・567) とが対立している。前者の見解は、今回の犯罪が行われる前に禁錮に処せられたことがないことを要求し、後者の見解は、今回の犯罪の前後を問わず、それに対し、すでに禁錮以上の刑に処せられたのでなければよいとする。執行猶予を言い渡すかどうかにとっては、今回の犯罪が行われた経緯が重要な基準なのではなく、もっぱら前の刑罰がどのような意味をもったかが重要なのであるから、後説が妥当である。「禁錮以上の刑に処せられた」とは、その刑を言い渡した判決が確定したことを意味し (大判大14・5・30刑集4・331)、現にその刑が執行をされたことは必要でない。したがって、執行猶予の言渡しがあった場合を含む (最判昭24・3・31刑集3・3・406)。執行猶予中に再犯が犯された場合には25条2項の特例の適用がある。

> しかし、特殊な事情のあるときに、執行猶予の言渡しがあった場合を含まず、実刑に処せられたことを意味すると解釈すべき場合がある。それは、併合罪の場合の余罪のように前の判決の際に同時審判の可能性があったが、審判の対象とならずに、その後、これが発覚したという場合には、もし同時に審判されていたなら、一括して執行猶予を言い渡すことができたのであるから、この場合との権衡を考慮して、今回、これに執行猶予を言い渡しうるものとすべき場合である (最大判昭28・6・10刑集7・6・1404)。この場合には前に執行猶予の言渡しがあったにもかかわらず、執行猶予を言い渡すことができるのである。[3]この解釈は、昭和28年の刑法改正により新設された

---

[3] このことは、余罪と併合罪の関係に立つ犯罪についての確定裁判が実刑判決であった場合には、執行猶予を言い渡すことはできないことを意味する (最判平7・12・15刑集49・10・1127)。

再度の執行猶予を認める25条2項の規定によっても影響されない。25条2項は、執行猶予期間中にさらに犯罪が行われた場合に関するもので、併合罪の余罪が発覚した場合には、1項1号によるべきである（最大判昭31・5・30刑集10・5・760、最判昭32・2・6刑集11・2・503）。この場合、前の刑と余罪の刑とが合計して3年以下であることを要するかどうかについては、必要ないとする見解が多数である（福田354頁、大塚575頁）。

(b) 5年以内に禁錮以上の刑に処せられたことがない者　前刑の執行を終わり、または執行の免除を得た日から今回の判決言渡しの日までに、禁錮以上の刑に処せられることなく、5年以上の期間を経過しているものを意味する。刑の執行が免除されるのは、刑の時効（31条）、外国裁判（5条但書）および恩赦（恩赦法8条）による場合である。

(c) 3年以下の懲役・禁錮または50万円以下の罰金の言渡しを受けたとき　(a)または(b)にあたる者が、上の刑の言渡しを受けたとき、情状により、執行猶予が認められる（25条1項本文）。「情状」とは、犯罪自体の情状のほか、犯罪後の情状をも含む。前者に属するものとしては、例えば、犯状が軽微であること、動機に宥恕すべきものがあること、犯人が年少であることなどがあり、後者に属するものとして、犯人に改悛の情がみられること、被害の弁償がなされたこと、被害者が宥恕していることなどである。

(2) 再度の執行猶予の要件

前に禁錮以上の刑につき、その執行を猶予され、または執行猶予中の者が、①1年以下の懲役または禁錮の言渡しを受けたときであって、②情状にとくに酌量すべきものがある場合には、その執行を猶予することができる。ただし、③25条の2第1項の規定により保護観察に付され、その期間内にさらに罪を犯した者についてはこのかぎりではない（25条2項）。保護観察の期間内であっても保護観察の仮解除を受けたときは、それが取り消されるまでの間は、保護観察に付されなかったものとみなされる（25条の2第3項）。

(3) 執行猶予の期間

執行が猶予される期間は、裁判が確定した日から**1年以上5年以下**である（25条1項）。具体的な期間は、その範囲内で裁判所の裁量によって決められる。その期間の長短は、言い渡された刑の軽重に対応するものである必要はない（大判昭7・9・13刑集11・1238）。1個の刑の一部についてのみ執行猶予を付することはできない（福岡高判昭26・12・14高刑集4・2114）。ただし、自由刑と罰金刑とが併科される場合に、その一方につき執行を猶予することは許さ

れるものとされる（団藤583頁、大塚577頁）。2個以上の自由刑を併科するにあたってその一方のみの執行を猶予することは許されない（名古屋高金沢支判昭30・5・12高裁特2・9・13、反対＝仙台高判昭29・3・9刑集7・3・290）。数個の罰金を併科する場合も同様である（前掲福岡高判昭26・12・14）。

(4) 保護観察付執行猶予

　初度目の執行猶予を言渡された者については、裁判所の裁量によって保護観察に付することができ、再度の執行猶予を認められた者については、必ず保護観察に付するものとしている（25条の2第1項）。この執行猶予者に対する保護観察の制度は、昭和28年の刑法の一部改正によって導入された。執行猶予に積極的な個別処遇の可能な保護観察を加えて、社会内処遇によって特別予防の効果を挙げることを期したものである。平成25年6月19日の改正により、犯罪者予防更生法および執行猶予者保護観察法が廃止され（更生保護法附則12条）、これらを統一した「更生保護法」（平成25年法49号）が施行された。

　保護観察とは、対象者の社会復帰への自助努力を補導援護・指導監督することによって行われる社会内処遇である。保護更生法58条によれば、保護観察における補導援護は、「保護観察対象者が自立した生活を営むことができるようにするため、その自助の責任を踏まえつつ」行うものである。保護観察は、対象者の住居地を管轄する保護観察所が行う。しかし、対象者の観察を行うのは、民間の篤志家である保護司である。

　保護観察は、行政官庁の処分により仮に解除することができる（25条の2第2項）。この**仮解除**は、対象者の保護観察をつかさどる保護観察所の所在地を管轄する地方更生保護委員会が、保護観察所の長の申出にもとづき、決定で行う（更生保護法81条1項）。保護観察の仮解除があったときは、25条2項但書および26条の2第2号の規定の適用については、その処分が取り消されるまでの間は、保護観察に付されなかったものとみなされる（25条の2第3項）。保護観察の仮解除をした地方更生保護委員会は、本人の行状に鑑み再び保護観察を実施する必要があると認めるときは、仮解除の処分を取り消すことができる（更生保護法81条5項）。仮解除が取り消された場合、執行猶予期間の満了までさらに保護観察を受ける。

3　刑の執行猶予の取消
(1)　必要的取消
次に掲げる場合においては、刑の執行猶予の言渡しを取り消さなければならない（26条）。

①**猶予の期間内にさらに罪を犯して禁錮以上の刑に処せられ、その刑について執行猶予の言渡しがないとき**（1号）。「禁錮以上の刑に処せられ」とは、禁錮以上の刑を言渡した判決が確定したことをいう（最決昭54・3・27刑集33・2・155）。

②**猶予の言渡し前に犯した他の罪について禁錮以上の刑に処せられ、その刑について執行猶予の言渡しがないとき**（2号）。「猶予の言渡し前」とは、刑の執行猶予の判決の確定前を意味する（最大決昭42・3・8刑集21・2・423）。

③**猶予の言渡し前に他の罪について禁錮以上の刑に処せられたことが発覚したとき**（3号）。ただし、猶予の言渡しを受けた者が25条1項2号に掲げる者であるとき、または26条の2第3号に該当するときを除く（26条但書）。執行猶予の言渡し前に裁判所が被告人の他の前科を知りながら執行猶予を言い渡した場合には、これを取り消すことはできない（最決昭27・2・7刑集6・2・197）。検察官が、他の検察庁の検察官と相互に連絡し合うなどの方法をとっていれば、被告人が懲役刑に処せられたことがあることを上告申立期間中に覚知しえた場合には、検察官は本号による取消請求権を失う（最決昭56・11・25刑集35・8・884）[3]。

(2)　任意的取消
次に掲げる場合においては、刑の執行猶予の言渡しを取り消すことができる（26条の2）。

①猶予の期間内にさらに罪を犯し、罰金に処せられたとき。

②**25条の2第1項の規定によって保護観察に付せられた者が、遵守すべき事項（執行猶予者保護観察法5条）を遵守せず、その情状が重いとき**。「その情状が重

---

[3] この判決において「団藤裁判官の意見」がある。刑法26条3号の規定を憲法39条に違反し、違憲とする。実質的理由としては、上訴審における不利益変更禁止（刑訴法402条・414条）により、「判決確定前に上訴によって是正することが不可能であったものを、判決の確定を待ちさえすれば刑法26条3号によって是正することが可能になる」というのである。なお、被告人が検察官に対しことさら他人の氏名を詐称し、その他人であるかのように巧みに装ったため前科を覚知できなかった場合に、検察官は本条3号による執行猶予取消請求権を失わないとした判例がある（最決昭60・11・29刑集39・7・532）。「伊藤正己裁判官の補足意見」があり、刑法26条3号を限定して解釈するかぎり、違憲ではないとする。

いとき」という文言は昭和29年の改正によって付け加えられたものであり、遵守事項を遵守しない場合に直ちに取消事由とするのは妥当でないという考慮にもとづくものである。

③猶予の言渡し前に他の罪について禁錮以上の刑に処せられ、その執行を猶予されたことが発覚したとき。刑の執行猶予中の者であることを知らずにさらに執行猶予を言渡した場合がこれにあたる。

(3) 競合した執行猶予の取消

禁錮以上の刑の執行猶予が競合した場合、26条および26条の2の規定によって禁錮以上の刑の執行猶予の言渡しを取り消したときは、執行猶予中の他の禁錮以上の刑についても、その猶予の言渡しを取り消さなければならない（26条の3）。昭和28年に追加された規定である。

(4) 執行猶予取消の手続

刑の執行猶予の取消は、検察官の請求により、裁判所の決定によって行われる（刑訴法349条・349条の2）。保護観察に付された者に対する遵守事項違反を理由とする取消（26条の2第2号）については、検察官は、保護観察所の長の申出がなければ、この請求をすることができない（刑訴法349条2項）。

4 刑の執行猶予の効果

刑の執行は猶予される。「猶予」とは、一定期間、刑の執行をしないことを意味する。執行猶予の場合にも、国の刑罰権は生じたのであるから、「刑に処せられた」にあたる。したがって、刑の言渡し自体にともなう法的不利益を免れるものではない。資格制限（国公法38条、裁判所法46条）、刑の執行猶予の制限（25条2項）等の事由となる。ただし、少年のとき犯した罪について刑の執行猶予の言渡しを受けた者には、このような資格制限は認められない（少年法60条2項）。

刑の執行猶予の言渡しを取り消されることなく猶予の期間を経過したときは、刑の言渡しは効力を失う（27条）。「猶予の言渡しを取り消される」とは、執行猶予期間内に現実に取消決定がなされ、それが確定することを意味する。[4] 刑の言渡しが「その効力を失う」とは、その刑に処せられなかったこ

---

[4] 判例は、取消決定が確定しなくても、執行力が生ずれば足りるとする（最決昭40・9・8刑集19・6・636）。「取消決定に対する即時抗告棄却決定が、猶予期間経過前に、刑の言渡しを受けた者に告知された場合には、執行猶予取消の効果が発生」する。なお、最決昭54・3・29刑集33・2・165。

とになるという意味である。したがって、刑の言渡しの効果が将来に向かってすべて消滅するのであって、たんなる刑の執行の免除とは区別されなければならない。

5 刑の一部の執行猶予
(1) 刑の一部の執行猶予の要件
以下の刑の一部の執行猶予の制度は、平成28年6月18日までに政令によって施行される予定である。刑の一部の執行猶予が言い渡されうる者は、以下の者である。

①前に禁錮以上の刑に処せられたことがない者

②前に禁錮以上の刑に処せられたことがあっても、その刑の全部の執行を猶予された者

③前に禁錮以上の刑に処せられたことがあっても、その執行を終わった日又はその執行の免除を得た日から5年以内に禁錮以上の刑に処せられたことがない者。

これらの者が、3年以下の懲役又は禁錮の言渡しを受けた場合に、犯情の軽重及び犯人の境遇その他の情状を考慮して、再び犯罪をすることを防ぐために必要であり、かつ、相当であると認められるときは、1年以上5年以下の期間、その刑の一部の執行を猶予することができる（27条の2）。

> なお、後述（☞§193．5）のように、「薬物使用等の罪を犯した者に対する刑の一部の執行猶予に関する法律」によって、その対象者は、さらに拡大されている。

(2) 刑の一部の執行猶予中の保護観察
刑の一部の執行猶予が言い渡された場合においては、猶予の期間中保護観察に付することができる（第27条の3第1項）。

(3) 刑の一部の執行猶予の取消し
(a) 必要的取消し
① 猶予の言渡し後に更に罪を犯し、禁錮以上の刑に処せられたとき、

② 猶予の言渡し前に犯した他の罪について禁錮以上の刑に処せられたとき、

③ 猶予の言渡し前に他の罪について禁錮以上の刑に処せられ、その刑の全部について執行猶予の言渡しがないことが発覚したときは、

刑の一部の執行猶予の言渡しを取り消さなければならない。ただし、③の場合において、猶予の言渡しを受けた者が1の(a)の③に掲げる者であるとき

は，この限りでない（第27条の4）。
　(b)　任意的取消し
　①　猶予の言渡し後に更に罪を犯し，罰金に処せられたとき，
　②　第27条の3第1項の規定（前述(2)）により保護観察に付せられた者が遵守すべき事項を遵守しなかったとき，
刑の一部の執行猶予の言渡しを取り消すことができる（第27条の5）。
　(4)　刑の一部の執行猶予の猶予期間経過の効果
　刑の一部の執行猶予の言渡しを取り消されることなく猶予の期間を経過したときは，その刑を執行が猶予されなかった期間を刑期とする懲役又は禁錮の刑に減軽する。この場合においては，当該部分の期間の執行を終わった日等において，刑の執行を受け終わったものとする（第27条の7）。
　(5)　薬物使用等の罪と刑の一部の執行猶予
　平成25年の刑法等の改正による刑の一部の執行猶予の導入に伴い、「**薬物使用等の罪を犯した者に対する刑の一部の執行猶予に関する法律**」（平成25法50号）が成立した。この法律は、その第1条において、「この法律は、薬物使用等の罪を犯した者が再び犯罪をすることを防ぐため、刑事施設における処遇に引き続き社会内においてその者の特性に応じた処遇を実施することにより規制薬物等に対する依存を改善することが有用であることに鑑み、薬物使用等の罪を犯した者に対する刑の一部の執行猶予に関し、その言渡しをすることができる者の範囲及び猶予の期間中の保護観察その他の事項について、刑法（明治40法45号）の特則を定めるものとする」とその目的が定められている。その趣旨は、薬物使用等の罪を犯した者に対し、「刑の一部の執行猶予の言渡しをするときは、刑法第27条の3第1項の規定にかかわらず、猶予の期間中保護観察に付する」（同法4条）とするものである。

第2節　仮釈放

【文献】岩井敬介『社会内処遇論考』(1992)、香川達夫「仮出獄と刑期」基本講座1巻292頁、佐藤昌彦「仮出獄」刑事法講座3巻603頁、墨谷葵「仮釈放」基本講座1巻278頁、染田恵『共犯者の社会内処遇の探求』(2006)、平野龍一「仮釈放」『犯罪者処遇法の諸問題』(増補版・1982) 84頁

§194　仮釈放（仮出場）

1　意　義

　仮釈放（bedingte Entlassung）とは、**狭義の仮釈放**（28条）と**仮出場**（30条）の総称であり[1]、刑期満了前に条件付きで釈放することをいう。その者に対する刑の執行の状況においてさらに執行を続行する必要がないと認められる場合に、受刑者を仮に釈放し、その後、一定期間を無事に経過したときには、その執行を免除する制度である。無用の拘禁を避け、かつ、受刑者に将来への希望を与えてその改善を促し、社会復帰を図る趣旨である。

2　28条の仮釈放

(1)　要　件

(a)　要件および手続　懲役または禁錮に処せられた者に**改悛の状**があるときは、有期刑についてはその刑期の3分の1を、無期刑については10年を経過した後、行政官庁の処分によって仮に釈放することができる（28条）。

　「改悛の状があるとき」の**実質的判断基準**としては、①悔悟の情が認められること、②更生の意欲が認められること、③再犯のおそれがないと認められること、④社会の感情が仮釈放を是認すると認められること、の事由を総合的に判断して保護観察に付することが本人の改善更生のために相当であると認められることが挙げられている（仮釈放及び保護観察等に関する規則〔昭和49年法務省令24号〕32条）。

---

[1] 形式的意義における刑法以外においては、さらに、少年院収容中の者（少年院法12条2項）に対する「仮退院」、および婦人補導院収容中の者（売春防止法25条1項）に対する「仮退院」がある。

「行政官庁」とは**地方更生保護委員会**を指す（更生保護法16条1号）。刑事施設の長は、受刑者が上記の期間を経過したときは、これを地方更生保護委員会に通告しなければならない（更生保護法33条）。また、刑事施設の長は、地方更生保護委員会に仮釈放の申出を行うことができる（更生保護法34、35条）。地方更生保護委員会は、申出があったときは必要的に、申出がなくても必要があると認めるときには任意的に、地方審理を行わせる（更生保護法35条）。審理は、本人の人格、在監中の行状、職業の知識、収容前の生活方法、家族関係その他の関係事項を調査して行い、また、その委員は、審理のために原則として本人に面接しなければならない（更生保護法37条）。

(b) 保護観察 仮釈放を許された者は、保護観察に付される（更生保護法48条3号）。保護観察とは、前述のように、遵守事項の遵守を条件として社会内での生活を許可し、保護観察所の指導監督・補導援助によって改善更生を図ることを目的とする制度である。遵守事項には、法律の定める一般遵守事項（更生保護法50条）と地方更生保護委員会の定める**特別遵守事項**（52条2項）がある。保護観察の期間は、仮釈放の期間、すなわち仮釈放の日から刑期の満了する日までである。無期刑の場合は終身である。

(c) 少 年 少年のとき懲役または禁錮の言渡しを受けた者については、①無期刑については7年、②少年法51条2項によって言い渡した有期の刑については3年、③少年法52条1項および2項の規定によって言い渡した不定期刑については、その刑の短期の3分の1を経過した後に仮釈放をすることができる（少年法58条）。仮釈放者は保護観察に付される。

(2) 仮釈放の取消

次の場合には、仮釈放の処分を取り消すことができる（29条1項）。

①仮釈放中さらに罪を犯し、罰金以上の刑に処せられたとき。

②仮釈放前に犯した他の罪につき罰金以上の刑に処せられたとき。

③仮釈放前に他の罪について罰金以上の刑に処せられた者に対し、その刑を執行すべきとき。

④仮釈放中に遵守すべき事項を遵守しなかったとき。ただし、一般遵守事項および特別遵守事項の不遵守が、保護観察の停止中に行われたときは、それを理由として仮釈放を取り消すことはできない（更生保護法77条6項）。

刑の一部の執行猶予の言渡しを受け、その刑について仮釈放の処分を受けた場合において、当該仮釈放中に当該執行猶予の言渡しを取り消されたときは、その処分は、効力を失う（29条2項）。

仮釈放の取消は、地方更生保護委員会の決定による（更生保護法75条1項）。

遵守事項の不遵守を理由とする仮釈放の取消の決定は、保護観察所の長の申出により、かつ、審理を経た後にしなければならない（更生保護法75条2項）。

仮釈放の処分を取り消したとき、または、仮釈放の取消しにより仮釈放の処分の効力を失ったときは、仮釈放中の日数は、刑期に算入しない（29条2項）。ただし、審理のための留置日数は刑期に算入する（更生保護法76条2項）。

(3) 残余刑期経過の効果

仮釈放後、取り消されることなく残刑期間を経過したときは、刑の執行は終了したものとして、その執行を免除される。

少年については、仮釈放期間の終了につき、次の**特例**がある。少年のとき①無期刑の言渡しを受けた者が、仮釈放を許された後、その処分を取り消されないで10年を経過したとき、②少年法51条または52条1項および2項の規定により有期の刑の言渡しを受けた者が、仮釈放を許された後、その処分を取り消されないで、仮釈放前に刑の執行を受けたのと同一の期間、または51条の刑期もしくは52条1項および2項の長期を経過したときは、そのいずれか早い時期において、それぞれ刑の執行を受け終わったものとする（少年法59条）。ただし、仮釈放中に不定期刑の短期が経過した場合には、地方更生保護委員会は、保護観察中の成績からみて相当と認めるときは、保護観察所の長の申出により、上の規定にかかわらず、決定をもって刑の執行を受け終わったものとすることができる。その者の刑の短期が、仮釈放前に経過した場合も同様である（更生保護法78条1項）。

3 仮出場

拘留に処せられた者は、情状により、いつでも行政官庁の処分によって仮に出場を許すことができる（30条1項）。**罰金**または**科料**を完納することができないため留置された者も同様である（30条2項）。

「いつでも」とは、必ずしも刑期の3分の1を経過したことを必要とせず、執行の即日でもよいとする趣旨である。行政官庁とは、ここでも地方更生保護委員会をいう（更生保護法39条1項1号）。仮出場の手続は、仮釈放に準ずる（更生保護法34条2項、35条1項）。仮出場については取消は許されない（通説）。仮出場者に対しては、保護観察も付せられない。

第4章　刑罰の消滅

> 【文献】浅野一郎「恩赦」ジュリ926号10頁、板倉宏「恩赦制度の再検討—政令恩赦を中心に」日本法学55巻1号67頁、同「恩赦の問題点」法時61巻5号2頁、後藤雅晴「恩赦制度の概要について」警察学論集42巻5号25頁、佐藤芳男「刑の時効」八木古稀〔上〕286頁、中野次雄「恩赦制度の運用と刑事政策」（特集 恩赦制度の検討）ジュリ934号44頁、松本一郎「恩赦」法教104号64頁、宮澤浩一「恩赦制度再考」ひろば42巻4号6頁、虫明満『包括一罪の研究』(1992) 354頁

§195　刑の消滅の意義

　具体的な犯罪の成立にもとづいて発生した具体的刑罰権は、何らかの事由によって消滅することがある。これを**刑罰**の消滅という。このような事由を**刑罰消滅事由**（Strafaufhebungsgründe）と呼ぶ。

　刑罰消滅事由には、①犯人の死亡・法人である犯人の消滅、②恩赦、③時効、④刑の消滅（復権）がある。通説は、具体的刑罰権がその目的を達した場合である刑の執行の終了、仮釈放期間の満了、刑の執行猶予期間の満了などもこれに含める（福田360頁、大塚587頁、大谷561頁、川端732頁以下）。復権（刑の消滅）は、刑の事後的効力を、刑の言渡しの効力を喪失させることによって消滅させるものであるから、これらとは、また、性格を異にするというべきである。刑罰権の消滅が刑罰実現のどの段階で生じるかに応じて、消滅する刑罰権の具体的現象形態に相違がみられる。①判決確定前に公訴権が消滅する場合、②判決確定後において刑罰執行権が消滅する場合、③刑の執行の終了後ないし刑の執行猶予期間の終了により刑の言渡しの効力がなくなる場合がある。したがって、ここで刑の消滅とは、このような種々の性格のものを含めた概念である。

§196　犯人の死亡・法人である犯人の消滅

1　犯人の死亡の意義と効果

　刑罰は、一身専属的なものであるから、自然人たる犯人が死亡し、法人たる犯人が消滅すれば、刑罰権は消滅する。確定判決以前であれば、公訴権を消滅させる。刑事訴訟法は、「被告人が死亡し、又は被告人たる法人が存続しなくなつたとき」、裁判所は、公訴棄却の決定をしなければならない旨を定める（刑訴法339条1項4号）。すでに言い渡された刑は執行することができなくなる。

2　刑の一身専属性の例外

　財産刑に関しては、次のような例外がある。

　①没収または租税その他の公課もしくは専売に関する法令の規定により言い渡した罰金もしくは追徴は、刑の言渡しを受けた者が、判決の確定した後、死亡した場合には、相続財産についてこれを執行することができる（刑訴法491条）。

　②法人に対し罰金、科料、没収または追徴を言い渡した場合に、その法人が、判決の確定した後、合併によって消滅したときは、合併の後、存続する法人または合併によって設立された法人に対して、執行することができる[1]（刑訴法492条）。

§197　時　効

1　刑事時効の種類

　刑事の時効には、公訴の時効と刑の時効がある。確定判決の前の時効が**公訴時効**であり、確定判決後の時効が**刑の時効**である。公訴時効については刑事訴訟法（250条以下）において定める。公訴時効と刑の時効の効果が異なるのかどうかは、とくに公訴時効が実体法的な観念的刑罰権をも消滅させるも

---

[1] 法人の役員処罰に関する法律（大正4年法律18号）は、法人の役員が、法人に対する刑事訴追または刑の執行をまぬがれさせるために、合併その他の方法によって、法人を消滅させたときは、5年以下の懲役に処する旨を定める。

のかにつき、争いがある。公訴権のみならず、刑罰権をも消滅させるという見解（福田361頁、大塚591頁、大谷559頁）が有力である。公訴時効が完成したときは、公訴が提起されても、裁判所は免訴の言渡しをしなければならない（刑訴法337条4号）。刑の時効については刑法において規定し、刑の時効が完成すると刑の執行が免除される（31条）。

2 時効制度の趣旨

　一定の期間を経過することによってなぜ公訴権ないし刑罰権が消滅するのであろうか。刑事時効の合理的根拠については、①時効によって犯人の改善が推測されるとするという**改善推測説**、②時の経過とともに犯罪の証拠が失われ、立証の困難が加わるという**罪証消滅説**、③犯人は長期にわたる逃亡のため刑罰に代わる呵責を十分に受けているという**自己贖罪説**、④犯罪に対する社会の規範感情が、時間の経過とともに次第に緩和され、現実の処罰の要求がなくなるという**規範感情緩和説**（佐伯447頁、福田361頁、大塚591頁、川端737頁以下）、⑤規範感情が緩和して社会において秩序が回復し、犯人においても一般の人と同様の社会生活関係が生じているなど、そこに形成されている事実状態を尊重することにその趣旨があるとする**事実状態尊重説**（大谷559頁）がある。

　しかし、改善推測説は、応報刑論者には説得力をもたず、また、フィクション性が高い。罪証消滅説は、最近の科学捜査、証拠保全の能力の向上からみて、必ずしも説得力をもたない。自己贖罪説も、時の経過によって贖罪したと擬制されるのならば、死刑はもとより無期刑も合理的根拠をもたないことになり、不合理である。今日の通説である規範感情緩和説も、死刑や無期刑と適合しない。事実状態尊重説は、その基礎を規範感情緩和説に置き、取引の安全を尊重する民事法においては、事実状態が長期間継続することによって、事実が規範力をもつことを認める意味があるが、実体的真実を探求し、正義を実現することを目的とする刑事法においては、それのみでは説得力をもたないと思われる。

　ここでは、端的に、刑罰権の消滅を根拠とすべきである。すなわち、時効制度は、処罰される側の事情によるのではなく、処罰する側の事情により、説明されるべきである。刑罰権も、私法における権利と同様に、行使しうるにもかかわらず行使しない場合には、長期間の経過によって行使しえなくなるのである。国家の刑罰権は、国家のもつ強力な権力である。その追及を受けながら長期間にわたってそれを逃れてきた犯人は、いわば時間の経過という避難所に入ることによってその国家権力の追及の手を遮られるのである。[2]

したがって、時効制度とは、国家が自己に課した国家刑罰権の自己抑制の現れであるといってもよい。

3 公訴時効

公訴時効とは、一定期間の経過を条件にして、公訴権を消滅させることをいう。

(1) 時効の期間

次の期間を経過することによって公訴時効が完成する。①死刑にあたる罪については25年、②無期の懲役または禁錮にあたる罪については15年、③長期15年以上の懲役または禁錮にあたる罪については10年、④長期15年未満の懲役または禁錮にあたる罪については7年、⑤長期10年未満の懲役または禁錮にあたる罪については5年、⑥長期5年未満の懲役もしくは禁錮または罰金にあたる罪については3年、⑦拘留または科料にあたる罪については1年（刑訴法250条）である。

二つ以上の主刑を併科するとき、または選択すべき主刑があるときは、その重い刑に従い（同251条）、また、刑の加重・減軽事由のあるときは、加重・減軽しない刑に従う（同252条）。時効は、犯罪行為が終わったときから進行する（同253条1項）。共犯の場合には、最終の行為が終わったときから、すべての共犯に対して時効の期間を起算する（同条2項）。

(2) 公訴時効の停止

公訴時効は、①当該事件についてした公訴の提起によってその進行を停止し、管轄違または公訴棄却の裁判が確定したときから進行を始める（刑訴法254条1項）。①犯人が国外にいる場合または犯人が逃げ隠れているため有効に起訴状の謄本の送達もしくは略式命令の告知ができなかった場合には、時効は、その国外にいる期間または逃げ隠れている期間その進行を停止する（刑訴法255条1項）。国務大臣の在任中、その訴追について内閣総理大臣の同意のあるまでの間（憲法75条）、摂政の在任期間（皇室典範21条）、天皇の国事行為の臨時代行の受任期間（国事代行法6条）、少年法における審判開始の決定（少年法8条1項前段・21条）ないし検察官などからの送致（同8条1項後段）を受けてから保護処分の決定までの間（同47条1項）、などの場合にも公訴時効は停止する。停止事由がなくなったときから時効が進行する。

---

[2] この時効制度について詳細な歴史的研究が必要であるが、私見では「時間というアジル」であるととらえるのが正鵠を得ているように思われる。現在のところ、論証はできない推測にすぎない。

4　刑の時効

(1)　時効の期間

刑の時効は、刑の言渡しが確定した後、次の期間その執行を受けないことによって完成する（32条）。①無期の懲役または禁錮については20年、②10年以上の有期の懲役または禁錮については15年、③3年以上10年未満の懲役または禁錮については10年、④3年未満の懲役または禁錮については5年、⑤罰金については3年、⑥拘留、科料および没収については1年である。なお、死刑の時効は、平成22年の改正により廃止された。

時効期間の計算は暦に従う（22条）。初日は、時間にかかわらず、1日として計算される（24条1項後段）。

(2)　時効の停止

刑の時効は、法令により執行を猶予し、または停止した期間は、進行しない（33条）。時効の停止の意味は、公訴時効と同様である。停止事由が終了すれば時効の残期間が進行する。

(3)　時効の中断

懲役、禁錮および拘留の時効は、刑の言渡しを受けた者をその執行のために拘束することによって中断する（34条1項）。罰金、科料および没収の時効は、執行行為をすることによって中断する（34条2項）。時効の中断とは、すでに経過した時効期間の効果をまったく喪失させる意味をもつ。中断事由の終了により新たに時効の進行を開始する。

(4)　刑の時効の効果

刑の言渡しを受けた者は、時効によりその執行の免除を得る（31条）。刑の言渡し自体の効力が失われるのではなく、刑罰執行権が消滅するという趣旨である。

§198　恩　赦

1　恩赦の意義

恩赦（Begnadigung）とは、**行政権**によって国家刑罰権を消滅させ、ないしその効力を減殺する制度である。恩赦は、事情の変更によって意味を失った過去の司法処分を是正する機能を有する[3]。しかし、行政権によって行われる

ため、濫用のおそれとその弊害は著しい。

　わが国では、明治憲法のもとでは、恩赦は、天皇の大権に属していた（明治憲法16条）。現行憲法は、これを内閣の職務の一つとした（憲法73条7号）。恩赦は、内閣の決定にもとづき天皇の認証を経て（憲法7条6号）行われる。

2　恩赦の種類・手続

　恩赦には、大赦、特赦、減刑、刑の執行の免除および復権の5種類がある（恩赦法1条）。

(1)　大　赦

　政令で罪の種類を定めて行うもので、原則として、有罪の言渡しを受けた者については、その言渡しを将来に向かって執行させ、まだ有罪の言渡しを受けていない者については、公訴権を消滅させるものである（恩赦法2条・3条、刑訴法337条3号参照）。

(2)　特　赦

　有罪の言渡しを受けた特定の者に対する有罪の言渡しの効力を失わせることをいう（恩赦法4条・5条）。

(3)　減　刑

　一般減刑と**特別減刑**とがある（恩赦法6条・7条）。前者は、刑の言渡しを受けた者に対して政令で罪もしくは刑の種類を定めてこれを行い、原則として言い渡された刑を減軽する。後者は、刑の言渡しを受けた特定の者に対して行い、刑を減軽し、または刑の執行を減軽する。ただし、刑の執行猶予の言渡しを受けてまだ猶予期間を経過しない者に対しては、刑を減軽する減刑のみを行い、また、これとともに猶予期間を短縮することもできる（恩赦法6条・7条）。

(4)　刑の執行の免除

　刑の言渡しを受けた特定の者に対して行われる。ただし、刑の執行猶予の言渡しを受けてまだ猶予期間を経過しない者に対しては行わない（恩赦法8条）。

(5)　復　権

　有罪の言渡しにより失った資格ないし権利を回復させることをいう。復権には、**一般復権**と**特別復権**とがある。前者は、有罪の言渡しを受けたため、

---

[3] 恩赦は、①本人の再社会化・社会感情の変化に対応して刑罰の言渡しの効力を緩和し、②社会の変化・法令の改廃に合わせて刑罰権の執行を修正し、③国家の慶弔を刑事政策に利用し、④誤判を救済するといった機能を果たす（平田友三「恩赦」現代刑罰法大系〔7〕436頁以下、大谷539頁）。

法令の定めるところによって資格を喪失し、または停止された者（一般）に対して、政令で要件を定めて行われ、将来に向かって一般的に資格を回復させる。後者は、特定の者に対して行うものをいう。刑の執行を終わらない者または執行の免除を得ない者に対しては、復権は認められない（恩赦法9条・10条）。

§199　刑の消滅

1　刑の消滅の意義

　刑の消滅とは、**法律上の復権**のことであり、刑の執行後もしくは刑の免除の言渡し確定後、一定期間を無事経過したときには、刑の言渡しまたは刑の免除の言渡しが、将来に向かってその効力を失うものとして、刑の言渡しによって制限されていた資格ないし権利を回復させる制度である。

　刑罰消滅事由は、刑の言渡しにともなう他の法律的効果を解消するものではない。刑の執行を受けた場合はもとより、刑の執行の免除を得ても、刑の言渡しの効力は消滅するものではなく、前科をもつ者として法令上各種の資格が制限されるなどの効果は存続する。それゆえ、一定期間の経過により、前科の抹消を行い、資格制限等を緩和する制度を創設する必要性があった。そこで、**昭和22年の刑法改正**により、「刑の消滅」として、「刑の事後効の消滅」（西原488頁）を認める制度が導入されたのである。

　これを要するに、わが国では、恩赦法上の復権に似た制度が、刑法に要件を定めて設けられ、したがって、「法律上の復権」と呼ばれるが、法制上は、「刑の消滅」と称して、刑の言渡しの効力を失わせるという形で規定したものである。

2　要件・効果

　禁錮以上の刑の執行を終わり、またはその執行の免除を得た者が、罰金以上の刑に処せられないで10年を経過したときは、刑の言渡しは、効力を失う。罰金以下の刑の執行を終わり、またはその執行の免除を得た者が、罰金以上の刑に処せられないで5年を経過したときも同様とする（34条の2第1項）。刑の免除の言渡しを受けた者が、その言渡しが確定した後、罰金以上

---

[4] 諸外国の法制には、裁判によって復権を言渡す「裁判上の復権」を認める例も少なくない（ドイツ刑法45条b、スイス刑法76条以下等）。

の刑に処せられることなく2年を経過したときは、その免除の言渡しは、効力を失う（34条の2第2項）。

「罰金以上の刑に処せられる」とは、その刑の言渡しが確定したことをいう。したがって、罰金以上の刑にあたる罪を犯してもその刑が確定しなければ、この規定は適用しうる。「刑の言渡しは、効力を失う」とは、刑の言渡しの効力が将来に向かって消滅することをいう。すでに生じた効果に影響はなく、また、刑の言渡しを受けたという事実は消滅しないことはいうまでもない。したがって、裁判所が、後の犯罪を審理するにあたり、この前科の事実を審問することも（最判昭25・5・30刑集4・5・889）、これを量刑資料として利用することも（最判昭29・3・11刑集8・3・270）許される。

刑の言渡しの効力を失った効果として、**犯罪人名簿**（前科者名簿）（Strafregister）の抹消が行われなければならない。

第5章　保安処分

> 【文献】大谷實「保安処分の種類（1）―治療処分・禁絶処分―」刑事政策講座3巻95頁、柏木千秋「少年」刑事法講座3巻629頁、加藤久雄『人格障害犯罪者に対する刑事制裁論』(2010)、木村亀二「保安処分」刑事法講座3巻653頁、中山研一『刑法改正と保安処分』(1986)、西原春夫「保安処分論」刑事政策講座3巻1頁、渡辺直行「責任主義と保安処分の関係についての刑事政策学的考察」西原古稀4巻261頁

§200　保安処分の意義と種類

1　保安処分の意義

　保安処分（Maßregel）とは、犯された違法行為を基礎に、その行為者の**将来の犯罪行為の危険性**を予測して、一般予防を図るとともに犯人の改善・治療を目的とする処分である（☞§23, 2）。違法行為ではあっても責任能力が欠如する場合には、犯罪とはならない。したがって、刑罰を加えることはできない。しかし、その違法行為が病気に起因するなどの場合、治療処分を加えて犯罪原因の除去を行わないと、将来の犯罪の予防の実を挙げることにはならない。また、限定責任能力者の場合、わが国の刑法では、減軽して処罰するが（39条2項）、病気の部分については、刑罰を加えるより、治療処分に付する方が合目的的であるともいえる。このように、保安処分は、必ずしも行為者の責任の存在を前提としないで、刑罰に代替し、または刑罰を補充する刑事制裁として唱えられているのである。

　しかし、保安処分は、**新派刑法学**によって唱えられ、そこでは、行為者の人権に対する配慮に欠け、もっぱら社会防衛の観点が前面に押し出された。**行為者の社会的危険性**は、客観的に判定するには困難をともない、しかも、保安処分の期間は、危険性の消滅によるから、改善されたかどうかが基準であり、自由の拘束期間を定める客観的基準にも問題がある。

§200 保安処分の意義と種類◇ 1145

2 保安処分の種類

現在、一般的に行われている保安処分を分類すると、以下のようなものがある。まず、保安処分には、人に対する保安処分（**対人的保安処分**）と、物などに対する保安処分（**対物的保安処分**）がある。人に対する保安処分には、被処分者の自由剥奪をともなう保安処分と、自由剥奪をともなわない処分がある。

自由剥奪をともなう保安処分は、狭義の保安処分ともいわれ、被処分者を一定の施設に収容し、その改善・治療を図り、社会防衛を図る処分である。監護施設、治療施設、労働施設等への収容がそれである。

自由剥奪をともなわない保安処分は、広義における保安処分であり、例えば、職業禁止、住居の制限、飲食店出入禁止、保護観察、運転免許証の取消などがそうである。

さらに、**対物的保安処分**は、最広義における保安処分であり、例えば、没収、営業所閉鎖、法人の解散または業務停止などがある。

3 代替主義と併科主義

刑事制裁を保安処分に一元化し、刑罰を保安処分に解消する保安処分一元主義は、今日の世界の趨勢ではない。むしろ、刑罰と保安処分の**二元主義**が趨勢である。

二元主義を採用する場合、刑罰と保安処分の関係については、保安処分が先に執行された場合には、それによって必要のなくなった限度で、刑罰の執行を免れさせ、逆の場合には保安処分の執行を免れさせる主義をとるか、刑罰を補充するものとみてそれと併科する主義をとるかという二つの方式がある。前者を**代替主義**（Vikariierung）、後者を**併科主義**（Kumulierung）という。

併科主義をとる場合、刑罰の執行を先にする**刑罰先執行主義**と保安処分を先にするという**保安処分先執行主義**とに分かれる。

改正刑法草案は、原則として、**刑罰先執行主義**を採用する（草案108条）。ただし、裁判所は、その言渡しに際して保安処分を先に執行することを命じることができる（草案108条但書）。また懲役または禁固の執行を受けている者について、保安処分の執行を必要とする状況があるときは、裁判所は、刑の執行を停止して、保安処分の執行を命じることができる（草案109条1項）。草案110条では、刑の執行を受けた者について、**任意的代替主義**を採用する。すなわち、裁判所は、この場合、保安処分を執行する必要がなくなったと認められるときは、保安処分を解除することができると規定するのである（草案110条1項）。逆に、保安処分を先に執行された場合についても、同様に規定する（同条2項）。任意的代

替主義ではなく、必要的代替主義が採用されるべきである。

4 わが国における保安処分

わが国の刑法には、自由剥奪をともなう保安処分に関する規定はない。しかし、刑法の改正作業の中で、保安処分の新設は、何度も提案されている。

最初に**刑法改正作業**において保安処分の採用が決議されたのは、大正15年 (1926) の「刑法改正の要綱」においてであった。その21項では、「保安処分として労働嫌忌者、酒精中毒者、精神障礙者等に関する規定を設くること」とした。この要綱にもとづく予備草案（1927）では、保安処分として、予防監護、酒癖矯正、労働留置、予防拘禁を規定した。仮案（1940）においては、監護処分、矯正処分、労作処分、予防処分が提案された。戦後の準備草案（1961）においては、労作処分および予防処分は削除され、治療処分と禁断処分のみを規定した。

改正刑法草案（1974）においては、精神障害者に対する**治療処分**およびアルコール・麻薬中毒者に対する**禁絶処分**の2種を認め、裁判所が、言い渡すものとする（草案97条）。**治療処分**は、精神の障害により責任能力のない者、その能力の著しく低い者が、禁固以上の刑にあたる行為をした場合において、治療および看護を加えなければ将来ふたたび禁固以上の刑にあたる行為をするおそれがあり、保安上必要があると認められるとき、言い渡すことができる（草案98条）。治療処分に付された者は、保安施設に収容し、治療および看護のため必要な処置を受ける（草案99条）。収容期間は、原則として、3年であるが、裁判所は、必要と認めるときは、原則上2回を限度として、2年ごとにこれを更新することができる（草案100条）。**禁絶処分**は、過度に飲酒し、または麻薬・覚せい剤その他の薬物を使用する習癖のある者が、その習癖のため禁固以上の刑にあたる行為をした場合において、その習癖を除かなければ将来ふたたび禁固以上の刑にあたる行為をするおそれがあり、保安上必要があると認められるとき、言い渡すことができる（草案101条）。禁絶処分は、2回にかぎり更新できる（草案103条但書）。

§201　現代における保安処分の理念と人権

1 保安処分の理念

保安処分は、危険な犯罪者の改善・治療を図り、社会を防衛することを目

的とする処分であり、極端な場合には、対象者が罪を犯したことは、必ずしも必要でなく、処分の期間は、その者の危険性が消滅するまで継続すべきであるというのが、新派の説く保安処分の本来的理念である。しかし、このような理念は、現在の刑法観には合わず、保安処分の本来的性格をこのようなものとみるかぎり、人権侵害のおそれが著しく大きく、これを刑法に採用することは、危険であるといわざるをえない。

現代においては、刑罰自体も、多様化し、自由刑の執行方法についても、閉鎖施設においてのみならず、開放施設における執行、週末拘禁制、社会内処遇など多様なものが考えられる。刑事施設においても、作業のほか、再社会化のためのプログラムの実施も行われている。違法行為を行った精神障害者・薬物中毒者についても、精神保健法にもとづく入院措置が取られる（→§202, 5）。このように、それを保安処分と呼ぶかどうかはともかく、責任の欠ける行為者に、その違法行為を前提にそれに対応する一定の期間、身柄の拘束をともなう処遇を与えること自体には、その必要性を否定できない。

問題は、新派の掲げたような社会防衛と改善・治療の目的を達成するまで、身体を拘束するといった保安処分観を本来的保安処分とみなし、対象者の主体性と人権に配慮しない処分観を維持することにある。保安処分を導入しようとするならば、責任主義ではなくとも、刑罰と同じように、自らの違法行為を上限とすることを明らかにして、少なくとも、被処分者の主体性に配慮する現代の刑法思想からみて、罪刑法定主義・罪刑均衡主義、すなわち、処分法定主義、違法行為処分均衡主義、その他の基本原理の検討に堪えうるものでなければならないであろう。

2 保安処分における人権の具体的保障の必要性

旧来の新派色を払拭した新たな保安処分の理念の再構成が、従来の保安処分の危険性を払拭することにつながるであろう。新たな保安処分の理念には人権保障が内在したものとならなければならないであろう。しかし、それだけでは十分ではない。むしろ、保安処分の種類・再犯の危険性の客観的判断基準の明確化・保安処分の処遇内容の明確化・保安処分の期間の限定など、具体的な点で、**人権保障の精神**を明らかにする必要がある。その他、保安処分の手続面においても、請求手続、審判手続、執行手続などを適正手続化する必要がある。

§202　現行法上の保安処分

現行法においても、保安処分ないし**保安処分的性格**をもつ制度が採用されている。保安処分の概念の中に、どこまでのものを含めることができるかは、保安処分の性格をどのようなものとみるかにかかるが、ここでは、一般に保安処分として解説されているものを取り上げておく。

1 補導処分

現行法上、自由剥奪をともなう保安処分としては、売春婦に対する補導処分がある。売春防止法において、売春の勧誘などの罪を犯した20歳以上の女子に対して懲役または禁固の執行を猶予するときは、これを補導処分にすることができる（売春防止法17条1項）。補導処分は、婦人補導院に収容し、更生に必要な生活指導および職業訓練を行い、その更生の妨げとなる心身の障害に対する医療を行う（婦人補導院法2条1項）。補導処分の期間は6月であり（売春防止法18条）、地方更生委員会によって仮退院を許されたときは、残期間中は、保護観察に付する（売春防止法26条1項）。

2 保護観察

平成19（2007）年6月15日に、従来、保護観察制度につき規定していた執行猶予者保護観察法（昭29法58号）および犯罪者予防更生法（昭和24年法律142号）に代わって、これらを統合した「**更生保護法**」（平成19年法律88号）が成立し、翌年6月1日から施行され、その後、さらに平成25年、26年に改正されている。これによって保護観察については、この法律に定められることになった。この法律の第1条では、その目的につき「犯罪をした者及び非行のある少年に対し、社会内において適切な処遇を行うことにより、再び犯罪をすることを防ぎ、又はその非行をなくし、これらの者が善良な社会の一員として自立し、改善更生することを助けるとともに、恩赦の適正な運用を図るほか、犯罪予防の活動の促進等を行い、もって、社会を保護し、個人及び公共の福祉を増進することを目的とする」と規定されている。

更生保護法が規定する**保護観察対象者**は、以下の者である（同法48条）

1．少年法第24条第1項第1号の保護処分に付されている者（「保護観察処分少年」）、
2．少年院からの仮退院を許されて第42条において準用する第40条の規定

により保護観察に付されている者（「少年院仮退院者」）、
3．仮釈放を許されて第40条の規定により保護観察に付されている者（「仮釈放者」）
4．刑法第25条の2第1項の規定により保護観察に付されている者（「保護観察付執行猶予者」）である。

なお、前述のように、売春防止法により婦人補導員から仮退院を許された者（売春防止法26条）もこれに準じる。

保護観察の実施方法 については、「保護観察対象者の改善更生を図ることを目的として、第57条に規定する指導監督及び第58条に規定する補導援護を行うことにより実施するものとする」（同法49条）と定められている。保護観察処分少年又は少年院仮退院者に対する保護観察については、とくに「保護処分の趣旨を踏まえ、その者の健全な育成を期して実施しなければならない」（同条2項）とされる。

保護観察対象者の**遵守事項**には、一般時遵守事項（同法50条・54条）と特別遵守事項（同法51〜53条、55条）があり、「一般遵守事項」としては、「再び犯罪をすることがないよう、又は非行をなくすよう健全な生活態度を保持すること」などがある。

保護観察は、保護観察対象者の居住地（住居がないか、又は明らかでないときは、現在地又は明らかである最後の居住地若しくは所在地）を管轄する**保護観察所**がつかさどる」（同法60条）。

保護観察の実施者については、「保護観察における指導監督及び補導援護は、保護観察対象者の特性、とるべき措置の内容その他の事情を勘案し、保護観察官又は保護司をして行わせるものとする」と規定する（同法61条1項）。

3 更生緊急保護

更生緊急保護とは、(1) 懲役、禁錮又は拘留の刑の執行を終わった者、(2) 懲役、禁錮又は拘留の刑の執行の免除を得た者、(3) 懲役又は禁錮の刑の執行猶予の言渡しを受け、その裁判が確定するまでの者、(4) 前号に掲げる者のほか、懲役又は禁錮の刑の執行猶予の言渡しを受け、保護観察に付されなかった者、(5) 訴追を必要としないため公訴を提起しない処分を受けた者、(6) 罰金又は科料の言渡しを受けた者、(7) 労役場から出場し、又は仮出場を許された者、(8) 少年院から退院し、又は仮退院を許さ

れた者(保護観察に付されている者を除く。)が、「刑事上の手続又は保護処分による身体の拘束を解かれた後、親族からの援助を受けることができず、若しくは公共の衛生福祉に関する機関その他の機関から医療、宿泊、職業その他の保護を受けることができない場合又はこれらの援助若しくは保護のみによっては改善更生することができないと認められる場合に、緊急に、その者に対し、金品を給与し、又は貸与し、宿泊場所を供与し、宿泊場所への帰住、医療、療養、就職又は教養訓練を助け、職業を補導し、社会生活に適応させるために必要な生活指導を行い、生活環境の改善又は調整を図ること等により、その者が進んで法律を守る善良な社会の一員となることを援護し、その速やかな改善更生を保護することをいう」(同法85条1項)。更生緊急保護は、その対象となる者の改善更生のために必要な限度で、国の責任において、行われ(同条2項)。また、保護観察所の長が、自ら行い、又は更生保護事業法の規定により更生保護事業を営む者その他の適当な者に委託して行われる(同条3項)。さらに、更生緊急保護は、原則として、「保護処分による身体の拘束を解かれた後6月を超えない範囲内において、その意思に反しない場合に限り」で行われる(同条4項)。

4 少年に対する保護処分

少年法は、①罪を犯した14歳以上20歳未満の少年(**犯罪少年**)、②刑罰法令に触れる行為をした14歳未満の少年(**触法少年**)、③一定の事由があって、その性格または環境に照らして、将来、罪を犯し、または刑罰法令に触れる行為をするおそれのある少年(**虞犯少年**)に対して、家庭裁判所が、保護処分として保護観察、児童自立支援施設または児童養護施設への送致、少年院への送致を言い渡すことができるものと定めている(少年法3条・24条1項)。虞犯少年における一定の事由とは、a) 保護者の正当な監督に服しない性癖のあること、b) 正当な理由がなく家庭に寄り付かないこと、c) 犯罪性のある人もしくは不道徳な人と交際し、またはいかがわしい場所に出入りすること、d) 自己または他人の徳性を害する行為をする性癖のあること(少年法3条1項)である。

少年法における**保護処分**は、少年の保護・育成を中核とするものであり、刑罰よりも少年の健全育成・保護を優先させるという思想を基礎とする(**保護処分優先主義**)。**教育**と**福祉**の要請が背景にあり、刑罰を回避する点にその主眼がある。したがって、例えば、犯罪少年がいったん保護処分に付された以

上、一事不再理の効力が認められ（少年法46条）、後に刑罰を受けることはない。ここでは、保護処分は、刑罰に代替するものである（中山591頁）。その意味で、成人に対する保安処分とは、性格が異なる（大谷575頁）。触法少年、とくに虞犯少年については、本来、犯罪行為として刑罰を科しえないものを保護処分に付するという意味をもち、福祉的性格とともに「保安」的性格をももつ点に注意する必要がある。

5 精神障害者・覚せい剤の慢性中毒者に対する入院措置

都道府県知事は、指定医による診察の結果、その診察を受けた者が精神障害者であり、かつ、医療および保護のために入院させなければその**精神障害**のために自身を傷つけ、または他人に害を及ぼすおそれ（**自傷他害のおそれ**）があると認めた場合は、その者を国もしくは都道府県の設置した精神病院または指定病院に入院させることができる（精神保健法29条1項）。この場合において、都道府県知事がその者を入院させるには、その指定する二人以上の指定医の診察を経て、その者が精神障害者であり、かつ、医療および保護のために入院させなければその精神障害のために自身を傷つけまたは他人に害を及ぼすおそれがあると認めることについて、各指定医の診察の結果が一致した場合でなければならない（同条2項）。**覚せい剤の慢性中毒者**についても、これに準ずる（精神保健法44条）。

平成16年に施行された**心神喪失者医療観察法**（☞§128, 1 (1)）は、心神喪失等の状態で重大な他害行為を行った者に対する処遇につき定める。本法による医療観察制度の概要は、以下の通りである。まず、この法律の対象者は、放火、強制わいせつ・強姦、殺人、傷害、強盗などを行った者（同法2条2項）で、心神喪失者もしくは心神耗弱者である（同法2条3項）。検察官は、地方裁判所に次のような決定をするよう申し立てる。裁判官は、申し立てがあったとき、精神保健判定医等の鑑定（同法37条1項）を基礎として、次の区分により、これを決定する（同法42条1項）。すなわち、①医療を受けさせるために入院させ、または、②入院によらない医療を受けさせ、もしくは③この法律による医療を行わない旨の決定である（同法42条1項）。入院によらない医療の通院期間は、3年間であり、通じて2年を超えない範囲で期間を延長できる（同法44条）。これらの決定を受けた者に対して、「その精神障害者の特性に応じ、円滑な社会復帰を促進するために必要な医療を行う」（同法81条）。入院した者の退院については、指定入院医療機関の管理者の申し立

て（同法49条）ないし入院している者、保護者または付添人は、地方裁判所に対し、退院の許可等の申し立てをすることができる（同法50条）。

6 麻薬中毒者に対する入院措置

都道府県知事は、精神保健指定医の診察の結果、当該受診者が麻薬中毒者であり、かつ、その者の症状、性行および環境に照らして、その者を入院させなければその麻薬中毒のために麻薬、大麻またはあへんの施用を繰り返すおそれが著しいと認めたときは、その者を麻薬中毒者医療施設に入院させて必要な医療を行うことができる（麻薬58条の8以下）。

7 暴力主義的破壊活動を行った団体の規制処分

団体の活動として暴力主義的破壊活動（破防法4条）を行った団体に対して、公安審査委員会は、当該団体が継続または反復して、将来さらに団体活動として暴力主義的破壊活動を行う明らかなおそれがあると認めるに足りる十分な理由があるときは、そのおそれを除去するために、必要かつ相当な範囲において、①6ヵ月を超えない期間および地域を定めて、集団示威運動、集団行進または公開の集会を行うことを禁止し、②6ヵ月を超えない期間を定めて、機関誌紙の印刷または頒布を禁止し、③6ヵ月を超えない期間を定めて、特定の役職員または構成員に、その団体のためにする行為をさせることを禁止することができる（破防法5条1項）。また、④暴力主義的破壊活動を行った団体が、継続または反復して、将来さらに団体の活動として暴力主義的破壊活動を行う明らかなおそれがあると認めるに足りる十分な理由があり、かつ、上記の①ないし③の処分によっては、そのおそれを有効に除去しえないと認められるときは、当該団体に対して、解散の指定を行うことができる（破防法7条）。

事項索引

〈あ〉

あおり行為 …………………453
明石花火大会歩道橋事故 423
アジャン・プロヴォカトゥール ……………………955
あてはめの錯誤　→　錯誤
後戻りのための黄金の橋 801
あばれ馬事件 ………………729
アベック ……………………29
アンシャン・レジーム ………25
安全体制確立義務 …………417
安楽死 ………………………738
　間接的―― ………………740
　純粋―― …………………740
　消極的―― ………………741
　積極的―― ………………741

〈い〉

イェシェック ………………166
イェーリング …………………31
威嚇 ……………………………22
医学的適応 …………………602
医業類似行為 ……………85, 89
意思刑法　→　刑法
意思決定可能性 ……………635
　外面的―― ………………622
　内面的―― ………………622
意思責任　→　責任
意思説 ………………………328
意思の要素 …………322, 328
意思(の)自由 ………………623
意思の連絡 …………………892
意思表示説 …………………213
意思不連続型 ………………667
意思方向説 …………………213
異常酩酊 ……………………654
意思連続型 …………………667

板橋ガス爆発事件 …………686
板橋宝石商殺し事件 ………987
イタリア刑法草案 ……………31
一元主義 ……………………639
一故意犯説 …………338, 345
一部行為の全体責任 …885, 894
一罪 …………………………1036
　単純―― …………………1036
　認識上―― ………………1037
　評価上―― ………………1037
一事不再理 …………………108
一厘事件 ……………………454
一身の処罰阻却事由 ………1093
一体説 ………………………248
一般刑法　→　刑法
一般的違法行為 ……………590
一般的生活危険 ……………283
　――基準 …………………300
一般的正当行為 ……………590
一般的成立要件 ……14, 124
一般人標準説 ………………249
一般予防(論) …………22, 27
　威嚇的―― ……………25, 26
　厳格な―― …………………36
　消極的―― …………22, 60
　積極的―― …23, 57, 60, 631
遺伝子スパイ事件 …………107
委任 ……………………………70
井上操 …………………………36
違法減少説 …………534, 803
違法行為処分均衡主義 ……………………………1147
違法行為類型説 ……………162
違法状態 ……………………488
違法推定機能 ………………169
違法性 ………128, 132, 436
　――加重機能 ……………169
　――創設機能 ……………169

　――の錯誤　→　錯誤
　――の実在根拠 …………160
　――の相対性 ……………460
　――の統一性 ……………460
　――の認識根拠 …………160
　――連関(の理)論 ………259
　可罰的―― …55, 438, 449, 548
　形式的―― ………………439
　実質的―― ………………440
違法性の意識 ………………692
　――に対する提訴機能 ……………………………170
　――の可能性 ……………693
　――の喚起可能性 ………321
　未必の―― ………………709
違法・責任減少説 …534, 805
違法阻却一元説 ……………547
違法阻却事由(→正当化事由)
　――の錯誤
　　→　正当化事由に関する錯誤
　――の事実の前提に関する〔対する〕錯誤 …335
　可罰的―― …………451, 453
　超法規的―― …463, 470, 582
違法身分　→　身分
違法・有責行為類型説 ……………………161, 163
意味の認識 …………315, 716
瘖啞者 ……………………11, 638
因果概念 ……………………261
因果関係 ……………………257
　――の基本的部分 ………391
　――(因果経過)の錯誤 → 錯誤
　――の断絶 ………………264

1154 ◇事項索引

——の中断論 …………259
——発見公式 …………269
疫学的—— …………272
救助の方向に向う—— …950
多重—— …………271
重畳的—— …………267
二重の—— …………266
幇助の—— …………983
凌駕的—— ……265, 283
因果関係の錯誤無用論
 ………………315, 364
因果法則 …………272
一般的—— …………270
飲酒による酩酊 …………654
インフォームド・コンセント
 ………………52, 605
陰謀 ………………753

〈う〉

ウィニー事件 …………975
ヴェーバーの概括的故意
 （の事例） …………368
植松正 ………………40
ヴェルツェル 42, 50, 148, 443
ヴォルフ ……………160
疑わしきは被告人の利益に
 ………………274
裏返された禁止の錯誤 …782
裏返された構成要件（事実）
 の錯誤 …………782
裏返された正当化事由の錯
 誤 ………………782

〈え〉

営業犯 ……………1042
営利の目的 …………193
疫学的因果関係 → 因果
 関係
疫学四原則 …………273
エホバの証人 …………308
援引比附 ……………68
エンギッシュ …42, 259, 271,
 281, 330

〈お〉

応報(刑) ……………28, 58
——主義 ……………25
——論 ……………27, 39
——思想 ……………36
絶対的—— ……28, 41, 59
相対的—— …………59
道義的—— …………39
道徳的—— …………26
弁証法的・絶対的—— …28
オウム真理教事件 ………569
大阪学芸大学事件 ………457
大津事件 ……………69
大場茂馬 ……………38
岡田朝太郎 …………37
落度ある行為 ……387, 390
オートバイ競争事件 ……434
小野清一郎 …………39
オルトラン …………36
恩赦 ………………1140

〈か〉

害悪の付加の機能 ………22
外因性精神病 …………648
外界の変動 …………151
会合犯 ……………834
解釈 ………………75
拡張—— …………78, 79
客観的—— …………77
限定—— …………74
主観的—— …………77
縮小—— …………78
体系的—— …………77
同時代的—— …………77
反対—— …………76
文理—— …………76
目的論的—— …………77
勿論—— …………76
類推—— ……………76, 78
歴史的—— …………77
論理的—— …………76
改悛の状 …………1133
改正刑法仮案 …………9

改正刑法準備草案 ………9
改正刑法草案 …………10
改正刑法予備草案 ………9
改善刑 ………………36
蓋然性説 …………329
改善不能な状態犯人 ……32
改定律例 ………4, 35, 68
回避可能性 ……386, 429
回避義務 …………386
外務省秘密漏えい事件
 ………………611
外部誘発類型 …………300
カウフマン、アルミン …233
寡額 ………………1107
覚せい剤中毒 ……646, 653
確定裁判 …………1080
拡張的正犯概念 → 正犯
 概念
拡張的体系 …………131
学派の争い ……32, 37, 41
科刑上一罪 …………1055
加減例 ……………1115
重なり合いの程度 ………353
過失 ……………380, 679
——による教唆 ………953
——による偶然避難 ……564
——による従犯 ………979
——の過剰防衛 ………539
——の共同正犯 ………900
——の誤想過剰防衛 ……537
——の種類 …………689
——の段階的併存 ……394
——の同時的併存 ……394
意識的—— …………689
加重結果に対する—— 180
監督—— ……414, 418
管理監督—— ……406, 684
業務上の—— …………689
重（大な）—— ……303, 691
認識のある—— ………689
認識のない—— ………689
無意識の—— …………689
過失構成要件 → 構成要件
過失実行行為 → 実行行為

事項索引◇ 1155

過失正犯の競合論 ………395
過失正犯構成要件該当性
　……………………383
過失責任論　→　責任論
過失犯
　――に対する教唆 ……949
　――に対する従犯 ……981
　――の直列的競合 ……394
　――の並列的競合 ……394
　――の未遂 …………754
　――の例外処罰 ………381
過失(犯)論 ……………386
　旧―― …………………387
　新―― …………………388
　新々―― ………………390
過剰避難 ……………575, 738
過剰防衛 ……………527, 738
　強度の―― ……………528
　範囲の―― ……………528
かすがい現象（作用）…1074
かすがいはずし ………1076
ガソリンカー …………79, 81
かたい決定論 …………625
課徴金 ……………………64
勝本勘三郎 ………………37
仮定的因果経過 …………264
仮定的消去法 ……………263
仮定的同意 ………………607
加重主義 ……………1081, 1083
加重単一刑主義　→　加重主義
可能な語義の範囲内 ……79
可罰従属性 ……………851, 854
可罰性 ……………………55
可罰的違法行為類型 ……450
可罰的違法性　→　違法性
可罰的違法阻却事由
　　　→　違法阻却事由
可罰的違法要素 …………452
可罰的責任　→　責任
　――減少事由 …459, 1093
　――減少説 ……535, 806
　――阻却(事由) ………727
可罰的責任阻却緊急避難

　　　　→　緊急避難
可罰的責任能力 …………639
可罰的責任論　→　責任論
可罰的符合説 ……………358
可罰的不法従属性説 ……862
可罰類型的不法評価説 1034
狩勝トンネル事件 ………561
仮刑律 …………………4, 35
仮釈放 …………………1133
仮出場 …………1133, 1135
科料 ……………………62, 1098
過料 ………………………63
カルネアデスの板 ………569
カレン事件 ……………740
ガロファーロ ……………31
カロリーナ法典 …………481
川崎共同病院事件 ………747
川治プリンスホテル火災事件
　…………………408, 409
換刑処分 ………………1099
看護行為 ………………610
患者の自己決定権 ………601
患者の同意 ………601, 603
慣習 ……………………240
慣習刑法の禁止 …………73
慣習法 ……………………70
　――の排除 ……………70
　――の法源性 …………70
間接教唆　→　教唆
間接従犯　→　従犯
間接正犯　→　正犯
間接正犯類似説 …………931
間接的危険への介入類型
　…………………………300
間接的な禁止の錯誤 ……708
勘違い騎士道事件 ………538
カント …………26, 28, 58
　――哲学 ………………27
監督過失　→　過失
観念的競合 ……………1057
管理監督過失　→　過失

〈き〉

機会犯人 …………………32

　　　→　緊急避難
可罰的責任能力 …………639
可罰的責任論　→　責任論
可罰的符合説 ……………358
危惧感 ……………390, 682
危惧感説　→　新々過失論
危険
　――回避可能性 …239, 248
　――回避義務違反 ……414
　――共同体 ……………569
　――結果 ………………175
　――社会 ………48, 53, 136
　――修正事例 …………300
　――に対する同意 ……433
　――の現実化 …………391
　――の実現 ………259, 281
　――の法律上の推定 …176
　――判断 ………………292
　創出された―― ………293
　付加的―― ……………301
危険結果無価値
　　　→　結果無価値(論)
危険源管理義務 …………233
危険現実化論 …287, 288, 421
危険源誘発類型 …………416
危険故意　→　故意
危険行為無価値
　　　→　行為無価値(論)
危険実現 …………………260
　――連関 …239, 251, 292, 298, 393, 426
　狭義の―― ……240, 252, 292, 298
危険状況創出(行為) ……405, 416
　狭義の―― ……………297
　――後介入類型 ………306
　――連関 ………………297
危険状態拡大源設定類型
　…………………………417
危険増加
　――原理 ………………432
　――連関 ………239, 251, 292, 298, 432
危険創出(行為) …………260
　――連関 ………239, 251, 291, 393, 400

1156　◇事項索引

危険犯 …………18, 100, 174
　　――における故意 ……322
　　――の未遂 ……………755
　具体的―― ………175, 322,
　　　　　　　　　　　　755
　準抽象的―― ……176, 716
　抽象的―― ………53, 174, 322
　抽象的具体的―― ……175
危険負担の分配 …………400
危険無価値 …………444, 757
危険理論 …………………260
旗国主義 ……………………98
擬似的択一的競合
　→ 択一的競合(因果関係)
基準類型 …………………161
規制機能 ……………………17
帰属中断論 ………………404
期待可能性 …………630, 726
　　――の錯誤 ……………735
　適法行為の―― …630, 726
危難 ………………………558
機能主義的刑法理論 ……48
機能的二分説 ……………244
規範 ……………17, 18, 29
　　――の空間的保護範囲
　　　………………………432
　　――の保護範囲の理論
　　　………………………260
　　――の保護目的 ……292,
　　　　　　　　　308, 429
　　――目的説 ……………260
　禁止―― …………………232
　決定―― …………22, 442, 636
　行為―― ………17, 19, 49
　裁判―― …………………17
　制裁―― …18, 19, 49, 139,
　　　　　　　　　　　　447
　評価―― …………21, 442, 635
　命令―― …………………232
規範主義的刑法学 ………43
規範体系の機能主義 ……138
規範の応答可能性 ………632
規範適合的意思決定可能性
　　　………………622, 634

規範適合的行為可能性 …622
規範適合的危険の理論 …259
規範的・自己答責的行動介入
　類型 ……………………308
規範的障害 ……385, 666, 765
　　――の介在 ……………385
規範論的アプローチ ……440
基本的生活秩序 ……………13
基本的体系 ………………130
基本的犯罪類型 …………130
基本的部分の予見 ………362
基本的要素としての機能
　　　………………143, 153
基本・派生関係にある構成要
　件間の錯誤 ……………354
基本・派生関係にない構成要
　件間の錯誤 ……………354
義務違反としての犯罪 …34
義務衝突 …………………580
義務犯 ……………………191
木村亀二 ……………………38
客体同一性基準説 ………350
客体の〔に関する〕不能
　　　　　　　→ 不能
客観主義 …………………32, 55
客観説 …………276, 687, 760
客観的違法論 ……………441
客観的危険説 ……………786
客観的帰属(論) ……239, 256,
　　　　　　　291, 364, 393
客観的処罰条件 …129, 1092
客観的注意義務違反 ……392
客観的未遂論 ……………757
客観的目的可能性 …151, 259
客観的目的的行為論
　　　　　　　→ 行為論
旧過失(犯)論 ……………387
究極の手段 ………………54
旧刑法 ……………………5, 35
吸収一罪 …………………1051
吸収関係 …………………1052
吸収主義 ……………1081, 1082
旧派 ………………………38, 55
　後期 ………………27, 624

前期 ……………………25
急迫 ……………………484
急迫不正の侵害 ………484
教育刑(論) ………33, 38, 69
行刑 ……………………1122
行刑法律主義 ……………12
教唆 ……………………942
　間接―― ………………956
　共同―― ………………948
　再間接―― ……………957
　修正―― ………………946
教唆犯 ……………942, 956
　　――の故意 …………951
　　――の錯誤 …………1013
　　――の従犯 …………994
　片面的―― ……………949
教師の懲戒行為 …………594
行政犯 ……………………13
共同意思主体説 …………930
共同義務共同違反 ………904
共同実行の事実 …………894
共同正犯 ……101, 833, 885
　　――の中止未遂 ……1019
　共謀―― ………………922
　実行―― ………………922
　承継的―― ……………908
　片面的―― ……………897
共罰的事後行為 …182, 1054
共犯 …………100, 111, 833
　　――固有犯説 ………852
　　――借用犯説 ………852
　　――従属性説 ………850
　　――独立性説 ………850
　　――と錯誤 …………1011
　　――と身分 …………996
　　――の過剰 …………888
　　――の競合 …………1029
　　――の処罰根拠 ……857
　　――の中止未遂 ……1019
　　――の未遂 …………1018
　狭義の―― ………101, 833
　広義の―― ……………833
　任意的―― ……………833
　必要的―― ……………833

事項索引◇　1157

連鎖的―― ……………956
共犯関係からの離脱 …1021
共犯構成要件 → 構成要件
共犯論
　因果(的)―― ………101,
　　　　　　　　859, 860
　違法―― ………………858
　責任―― ………………858
　不法―― ………………859
共謀共同教唆 …………949
共謀共同従犯 …………971
共謀共同正犯 → 共同正犯
業務 ………………589, 690
業務主処罰 ……………203
業務上の特別義務者 …574
強要緊急避難 → 緊急避難
極端従属性説 ………852, 855
挙動犯 …………………177
　――の未遂 ……………754
許容構成要件 → 構成要件
緊急救助 …………493, 501
緊急行為 ………………590
緊急状態の錯誤 → 錯誤
緊急避難 ………………546
　過失行為による―― …564
　可罰的責任阻却 …738
　強要―― …………559, 569
　攻撃的―― ……………561
　責任有恕的―― …560, 632
　防御的―― ………471, 561
禁錮 ………………62, 1097
禁止規範 → 規範
禁絶処分 ……………63, 1146
近代学派 ………………30

〈く〉

偶然防衛 ………………495
くさび理論 ……………743
具体的危険(犯) → 危険犯
　――説 ……………762, 785
具体的結果観 …………265
具体的秩序思想 ………33
具体的(法定的)符合説 …339
愚犯少年 ………………1150

熊本水俣病事件 ………683
組合理論 ………………871
クライン …………25, 62
クラインシュロート ……26
クリース ………………259
クリーンハンドの原則
　………………402, 523
久留米駅事件 …………596
　――方式 ………………598
黒幕重罰論 ……………922
グロールマン ……………26
クロロホルム事件 ……376

〈け〉

刑期 ……………………1122
経験則 …………………272
経験的一般予防志向刑法理
　論 ………………………49
傾向犯 …………………188
警察国家的刑法理論 ……26
形式的客観説 ………760, 990
形式的合理の体系 …127, 132
形式的三分説 ………234, 240
形式的・実質的符合説 …353
形式的法義務説 ………240
形式的分類説 …………239
形式犯 …………………173
刑事国際法 ……………95
刑事施設法 ……11, 64, 1121
刑事社会学派 ………30, 31
刑事政策学 ……………16
刑事政策説 ……………801
刑事責任年齢 …………640
刑事犯 …………………13
刑事法 …………………11
刑事法学 ………………16
刑事未成年(者) ……638, 654
継続犯 …………………180
　真正―― ………………181
　不真正―― ……………181
刑の言渡し ……………1118
刑の減免 ………………534
刑の執行の免除 ………1141
刑の執行猶予 …………1124

刑の消滅 ………………1136
刑の廃止 ……………113, 117
刑の分離 ………………1086
刑の変更 ……………111, 117
刑の免除 ………………1119
刑罰 …………58, 62, 1094
　――一元論 ……………62
　――拡張事由 …………841
　――限定機能 …………57
　――構成機能 …………57
　――消滅事由 …………1136
　――請求権 ……………1091
　――制限事由 …………841
　――先執行主義 ………1145
　――適応能力 …………638
　――と保安処分の二元主
　　　義 ………………1145
　――の消滅 ……………1136
刑罰権 ……………129, 1091
　一般的―― ……………1091
　観念的―― ……………1092
　現実的―― ……………1092
　個別的―― ……………1091
刑罰法規 ……………29, 720
　――の錯誤 ……………720
刑罰法規不遡及の原則
　………………73, 93, 110
刑罰論 …………………1089
刑法 ……………………3
　――現代用語化試案 …10
　――の行政法補強機能
　　　………………………53
　――の謙抑性 …………54
　――の効力 ……………93
　――の時間の効力 93, 109
　――の人的適用範囲 …119
　――の側面援護機能 …53
　――の適用範囲 ………93
　――の場所的適用範囲
　　　………………………94
　――の補充性(第2次性)
　　　………………………54
意思―― …………………34
一般―― …………………12

行政――……………12	権威主義刑法　→　刑法	自ら招いた――　………669
形式的意義における――	権威・道義的優越性　……27	原動力論　………………598
………………………3, 12	原因において違法な行為	憲法授権説　……………72
権威主義――　…………33	………………………521, 571	憲法的適性処罰違反類型
行為――　………………55	原因において故意ある行為	謙抑主義　…………38, 54, 449
行為者――　……………55	説　……………………372	謙抑的刑事政策志向刑法理
国際――　…………93, 94	原因において自由な行為	論　……………………47
時際――　……………109	………………521, 644, 656	謙抑的事後予防刑法理論
実質的意義における――	原因において自由な不作為	…………………………49, 140
…………………………3	………………………226	謙抑的法益保護の原則　…54
自由主義(的)――　…26, 39	限界要素としての機能	権利濫用説　……………521
嚴減――　………………34	………………………143, 151	牽連性
特別――　………………12	厳格故意説　→　故意説	客観的――　…………1067
予防――　………………25	厳格責任説　→　責任説	具体的――　…………1068
刑法解釈学　……………16	厳格な証明　……………273	主観的――　…………1067
刑法学　…………………15	厳格符合説　……………353	抽象的――　…………1068
刑法史学　………………16	幻覚犯　……………316, 782	牽連犯　…………………1066
啓蒙　……………………24	喧嘩両成敗　……………516	――の共同正犯　……1070
ケストリン　……………29	嫌疑刑　…………………62	――廃止論　…………1067
結果回避	減刑　……………………1141	異種類の――　………1069
――意思形成義務　……681	一般――　……………1141	同種類の――　………1069
――可能性　……………390	特別――　……………1141	
――義務　………………680	減軽　……………………1108	〈こ〉
結果的加重犯　……178, 623	任意的――　……………800	故意　………………168, 311
――の共同正犯　………907	必要的――　……………655	――ある幇助の道具　…878
――の未遂　……………754	減軽構成要件　→　構成要件	――規制(的)機能
結果の帰属　……………376	現在性　…………………559	………………………166, 168
結果の主観的帰属　……682	現実的意思推定説　……616	――構成要件　→　構成
結果発生の具体的危険　…239	現実的危険状況　…154, 240,	要件
結果犯　…………………177	………………………406	――の誤想過剰防衛　…537
結果無価値(論)………55, 444	現実的危険説　…………761	――の罪刑法定主義的機
一元的――　……………445	限時法　…………………115	能　……………………321
危険――　………………445	――の追及効　…………116	――の種類　……………322
結果無価値論的純粋惹起説	――の理論　……………116	――の体系的地位　……312
…………………………861	形式的――　……………115	――の対象範囲　………313
結果の予見可能性　……680	実質的――　……………115	――の本質　……………328
結果予見義務　…………680	限縮的正犯概念　→　正犯	――帰責説　……………365
結合犯　……………184, 770	概念	概括的――　…323, 344, 368
欠効未遂　………………812	現代型犯罪　……………390	確定的――　……323, 668
結合要素としての機能　…143	現代新古典的犯罪論体系	危険――　………………322
決定規範　→　規範	…………………………137	構成要件的――　………296
決定論　………………56, 624	限定解釈　→　解釈	事後の――　……………325
やわらかな――　…625, 632	限定責任能力　……638, 648,	事前の――　……………325
かたい――　……………625	………………………659	条件付――　……………325

事項索引◇ 1159

侵害—— ……………322
責任—— ……………313
択一的—— ……………323
二重の—— …313, 474, 663
不確定的—— ……………323
幇助の—— ……………979
未必の—— ……323, 328
故意責任に対する提訴機能
　　……………………170
故意説 ………313, 335
　厳格—— ………313, 695
　制限—— ………314, 698
　二元的制限—— ………477
故意不法阻却説 ………476
行為 ……………141
　——客体 ……………209
　——主体 ……………190
　——の危険性
　　………259, 281, 291, 757
　——の単一性 ……………371
　——への帰責 ……………258
行為概念 ……………144
　——の限界機能 ……………151
行為規範　→　規範
行為規範的特別予防志向刑
　法理論 ……………47
行為共同説 ………848, 887
　やわらかい—— ……………891
行為支配説 ……………845
行為者刑法　→　刑法
行為者主義 ……………55
行為者責任　→　責任
行為者の同一性の錯誤
　　　　　　→　錯誤
行為者標準説 ……………732
行為者類型 ……………34
行為刑法　→　刑法
行為主義 ……………55
行為責任主義 ……………56
合一的評価説 ……………360
行為能力 ……………639
行為無価値(論) …………56,
　　　　137, 444, 757
　一元的—— ……………446

危険—— ……………444
　二元的(人的不法論)——
　　……………………447
行為類型説 ……………161
行為論 ……………141
　因果的—— ……………146
　客観的目的的—— ……150
　サイバネティクス的——
　　……………………149
　自然的—— ……………146
　社会的—— ……………150
　純粋な社会的—— ……151
　人格的—— ……………152
　人的・社会的帰属——
　　……………………154
　目的的—— …136, 148, 232
　裸の—— ……………142
　有意的—— ……………146
　有意的社会的—— ……151,
　　　　　　　　152
後期旧派　→　旧派
合憲的限定解釈 …85, 87, 597
航空管制官ニアミス事件
　　………287, 295, 397
口実防衛 ……………500
絞首 ………1095, 1121
更生緊急保護 ……………1149
更生保護法 ……………1128
構成要件(論) ……………157
　——としての過失 ……368
　——の拡張形式 ………751
　——の重なり合い ……889
　——の可分性 …………707
　——の欠缺 …………782
　——の錯誤 …………475
　拡張(された)—— ……171
　拡張された正犯 ………418
　過失—— ……………381
　加重—— ……………184
　基本的—— …130, 171, 184
　客観的—— ……166, 188
　共犯—— ……………172
　許容—— ……………158
　減軽—— ……………184

故意—— ……………311
　修正(された)—— 131, 171
　主観的—— ……166, 188
　責任—— ……………159
　全—— ……………158
　全不法—— ………158, 160
　独立—— ……………184
　閉じられた—— ………183
　派生的—— ……………184
　犯罪—— ……………159
　開かれた—— …………183
　不法—— ……………158
　不法類型としての——
　　……………………134
　不法を徴表しない——
　　……………………183
　保障—— ……………158
　未遂—— ……………171
　予備—— ……………173
構成要件該当性 ……………128
構成要件的故意　→　故意
　　——の提訴機能 ………312
構成要件の符合説 ………353
構成要件要素 ……………158
　書かれざる—— ………158
　記述的—— ……………189
　規範的—— …159, 189, 315
　客観的—— …165, 186, 315
　主観的—— ……165, 186
　消極的——　→　消極的
　　構成要件要素(の理論)
公訴時効 ……………1139
交通反則通告制度 ………64
光文社事件 ……………596
公法 ……………11
合法則的条件関係(条件連関)
　　……………………250
合法則的条件の理論 269, 272
功利主義 ………27, 36
拘留 ………62, 1098
考慮主義　→算入主義
古賀廉造 ……………36
国外犯 ……………101
国際刑事学協会 ……………31

国際刑事裁判所 ……………95
国際刑法 → 刑法
国際司法共助 ………95, 106
国際捜査共助法 ……………107
国内犯 ……………………98
児島惟謙 …………………69
御神水事件 ………………306
個人責任 → 責任
個人の責任清算機能 ………23
個人的法益処分権 …………211
個人の自己答責性原理 ……308
個人標準説 ………………249
個人保護主義 → 保護主義
個人保全（原理）……480, 522
誤想過剰避難 ……………578
誤想過剰防衛 ……………537
誤想避難 …………………577
誤想防衛 …………………536
　狭義における―― ……536
　広義における―― ……536
誇張従属性説 ………852, 855
国家緊急救助 ……………493
国家正当防衛 ……………493
国家標準説 ………………734
国家保護主義 → 保護主義
古典的犯罪論体系 ………136
個別化原因説 ……………259
混合惹起説 → 惹起説
混合的包括一罪 → 包括一罪
混合的方法 ………………645
コンディチオ・シネ・クワ・ノンの公式（コンディチオ公式）…………………263
コンピュータ犯罪 …………6

〈さ〉

再間接教唆 → 教唆
罪刑均衡主義 ……………1147
罪刑専断主義 ………………67
罪刑法定主義 ……18, 26, 66
　――の派生原理 …………73
財産刑 ………………62, 1098
罪質符合説 ………………356

再社会化 ………………23, 60
最小限十分条件 …………270
最小限度手段性 ……562, 587
最小従属性説 ………852, 856
罪数（論）………………1030
さいたま医科大学事件 …415
裁定通算 ………………1123
サイバネティクス的行為論
　　　　　　→ 行為論
再犯 ……………………1110
裁判規範 → 規範
裁判時法 …………………110
裁判上の減軽 ……………1115
裁判上の事由 ……………1108
罪名従属性 ………………851
佐伯千仭 …………………161
作為可能性 ………………237
作為義務 …………………233
作為と不作為の区別 ……225
作為能力 …………………237
作為の社会的期待 ………155
錯誤 ………………………335
　あてはめの―― ………708
　違法性の―― ……692, 714
　因果（関係）経過の――
　　　　　　…315, 362, 369
　規範的事実の―― ……717
　規範的評価の―― ……718
　客体の―― ………337, 349
　禁止の―― …335, 473, 692
　緊急状態の―― ………220
　具体的事実の――…335, 337
　行為者の同一性の――
　　　　　　……………213
　構成要件的事実の――
　　　　　　……………335
　事後の―― ……………336
　事実の―― ………335, 714
　事前の―― ……………336
　社会的意味の―― ……716
　抽象的事実の――…335, 351

同意者の―― ……………217
反対給付の―― …………220
非刑罰法規の―― ………720
包摂の―― ………………708
方法の―― …………337, 349
法律の―― …………692, 714
目的・縁由の―― ………220
有効性の―― ……………709
桜木町駅列車事故事件 …407
酒酔い運転 ………………672
さつまあげ中毒事件
　　　　　　………274, 275
差別的処罰 …………………88
猿払事件判決 ………………71
残虐な刑罰 …………88, 1096
三権分立（論）………25, 67
残存危険への介入類型 …310
三段階犯罪構造 …………134
三段階犯罪論体系 ………134
算入主義 …………………109
三罰規定 …………………199
三犯 ……………………1110

〈し〉

資格の制限 ………………1119
(時間的)範囲の過剰 ……528
時宜従犯 → 従犯
自救行為 …………………584
死刑 …………………62, 1095
　――の合憲性 …………1096
　――存置論 ……………1096
　――の執行停止 ………1122
　――廃止論 ……………1096
時効 ………………………1137
　刑の―― …………1137, 1140
　公訴―― ………………1139
　死刑―― ………………1140
　――制度 ………………1138
　――中断 ………………1140
　――の停止 ……………1140
施行区域間刑法 ……………95
自国民不引渡の原則 ………97
自己決定権 ………52, 208, 603, 740, 742, 746

事項索引◇ 1161

事後従犯 → 従犯
事後的犯罪処理機能 ……20
事後的併合罪 → 併合罪
事後法の禁止 ……………109
資材置場事件 ………282, 300
時際刑法 → 刑法
事実の欠缺 ………………782
自首 ………………………1111
自手犯 ……………………194
自招危難 …………………570
自傷他害のおそれ ……1151
自招防衛 …………………516
事前的従犯 → 従犯
事前的周辺の行為規制 …19
事前的犯罪予防機能 ……20
事前的・包括的な同意 …216
自然犯 ………………13, 31, 697
　　　──と法定犯の区別 …14
　　　──の法定犯化 ……14
自然犯・法定犯区別説 …697
自然法思想 ………………67
実現意思 …………………312
　　　──形成説 …………333
　　　──説 ………………331
実行開始後に陥った責任無
　能力 ……………………673
実行共同正犯 → 共同正犯
実行行為(性)…239, 375, 643,
　　　657, 666, 763, 853
　　　──の認識 ………366, 368
　　過失── …………………384
　　潜在的── …239, 666, 765
実行従属性 …………852, 853
実行中止 → 中止
執行停止
　任意的── ……………1122
　必要的── ……………1122
実行独立性 ………………853
実行の着手 …………663, 759
実行未遂 → 未遂
執行猶予…………………1124
　刑の一部の── ………1126
　刑の全部の── ………1125
実在根拠 …………………160

実在的競合 ………………1078
実質的客観説 ………761, 990
実質的故意論〔概念〕…321,
　　　　694
実質的合理的体系 ………127
実質的正犯論 ……………934
実質的で許されない危険
　…………………………391
実質的犯罪論 → 犯罪論
実質的符合説 ……………355
実質的法義務説 …………241
実質犯 ……………………173
実証学派 …………………30
実体的デュープロセスの理
　論 …………………73, 87
実体・認定二次論的アプロー
　チ ………………………125
質的過剰 …………………528
自転車乗り事件 ……427, 433
支配領域性 …………238, 242
自白 ………………………1115
事物論理構造 ……………43
社会形成機能 ……………49
社会契約(論)…24, 25, 27, 68
社会進化論 ………………30
社会相当(性)説 ………208,
　　　　464, 483
社会的危険性 …………56, 624
社会的帰属 ………………153
社会的期待 …………238, 249
社会的統合(機能) ……22, 60
社会的有害性の認識 ……312
社会内処遇 …………1128, 1147
社会福祉国家の国家観 …48
社会防衛(論)…………31, 36,
　　　　37, 42, 69
社会倫理秩序 ……………51
酌量減軽 …………………1115
惹起説 ……………………860
混合〔二元的不法〕──
　…………………………861
修正── …………………860
純粋── …………………861
惹起犯 ……………………844

シャクティ(治療殺人)事件
　………………228, 255, 892
シャフシュタイン ………33
JR 西日本福知山線脱線事故
　…………………………424
自由意思 ……………56, 625
重過失 → 過失
自由刑 ………………62, 1097
　　　──の執行 ………1122
　　　──単一化論 ……1098
集合犯 ……………834, 1042
自由主義 …………………67
重大な傷害 ………………212
集団犯 ……………………834
柔道整復師事件 …………282
従犯 ………………………960
　　　──の教唆 ………958
　　　──の錯誤 ………1014
　間接── ………………992
　共同── ………………971
　時宜── ………………961
　事後── ………………962
　事前── ………………961
　承継的── ……………962
　随伴的── ……………961
　予備的── ……………961
修復的司法 ………………61
自由法論 …………………69
週末拘禁制 ………………1147
主観主義 ……………38, 55
主観主義(的)犯罪(理)論
　…………………………38
主観説 …276, 687, 759, 784,
　　　　808
主観的違法要素 …136, 159,
　　　　313, 467
主観的違法論 ……………441
主観的危険説 ……………785
主観的帰属 ………………257
主観的牽連性 → 牽連性
主観的構成要件 → 構成要
　件
主観的構成要件要素
　　　　→ 構成要件要素

一般的——………188
　　特殊的——………188
主観的正当化要素………466
主観的未遂論………756, 757
主刑………………62, 1095
受刑能力……………………639
主体の不能　→　不能
手段適合性…………………562
シュテューベル………………26
シュトース……………………63
　　——草案………………63
シューネマン………………260
首服………………………1115
準因果関係説………………235
純粋規範的責任概念
　………………………630
準抽象的危険犯　→　危険犯
障害未遂　→　未遂
状況的危険…………………305
　　——への介入類型……305
消極的構成要件要素(の理論)
　………………160, 163, 473
承継的共同正犯　→　共同正
　犯
承継的従犯　→　従犯
条件関係(論)………………261
条件公式………263, 264, 269
条件説……………258, 279
　　平等——………………261
条件付故意　→　故意
条件付行為意思……………325
条件付特赦主義……………1125
条件付有罪判決主義………1125
条件的因果連関……………291
常習犯…193, 628, 696, 1111
情状………………………1117
　狭義の——……………1118
状態犯………………………181
状態犯人……………………32
象徴立法……………………52
少年法……………655, 1095
条理………………………240
条例…………………………71
　　——制定権……………71

職業犯……………………1042
贖罪思想……………………34
植物状態……………………746
触法少年…………655, 1150
職務の適法性………………78
職権行為(職務行為)………592
処断刑……………………1108
処罰条件説…………………105
処罰阻却事由……129, 316,
　　　　　　　　　　　1092
処罰の必要性……133, 634,
　　　　　　　　　728, 1092
処分法定主義……………1147
白石中央病院事件…………408
白地刑罰法規………………116
自律性原理…………………567
素人仲間における並行的評
　価………………315, 716
信越化学爆発事故…………410
侵害犯………………18, 174
人格の自律性………………567
人格の表現…………………152
神経症……………………653
親権者の懲戒行為…………594
人権宣言……………………68
人権保障……………………42
人工呼吸器の中断…………227
新古典的犯罪論体系………136
新古典派……………………36
心神耗弱…………644, 649
心神喪失……644, 649, 1122
　　——者医療観察法……638,
　　　　　　　　　　　1151
親族間の犯人蔵匿・証拠隠滅
　…………………………738
親族相盗例…………………738
身体刑……………………62
身体の動静…………146, 152
人の行為不法………………443
人的・社会的帰属行為論
　→　行為論
人的処罰阻却事由　119, 1093
人的不法論…………………137
　二元的——………………447

新派(→近代学派)……35, 56,
　　　　　　　　　　1144
信頼の原則…………………400
心理学的方法………………645
心理強制説…………………26
新律綱領…………4, 35, 68
心理的過失論………………388
心理的責任論　→　責任論

〈す〉

推定的同意…………614, 618
随伴的従犯　→　従犯
数故意犯説………338, 343
数罪……………………1036
　単純——………………1037
数人一罪……………………886
数人数罪……………………887
数人別罪モデル……………890
スワットけん銃所持事件
　…………………………924

〈せ〉

性格異常……………………648
性格の危険性………42, 54
生活関係別過失理論………391
生活決定責任　→　責任
制御(する)能力
　………………………637, 645
制限従属性説………852, 855
制裁規範　→　規範
精神疾患……………………648
精神障害…………………1151
精神薄弱……………………648
精神病………………………648
精神病質……………………648
精神保健法…………………648
製造物責任(過失)…419, 423
正当業務行為………589, 599
正当化事由(→違法阻却事由)
　…………………………463
　　——に関する錯誤……472
　　——の事実的前提……316
正当防衛……………………479
　　——と第三者…………505

——の第三者効 ………505
　　——の内在的制限 ……513
　　——類似状況 …………471
　　過失行為による—— …496
正犯 ……………………832
　　間接—— …658, 774,
　　　　　　　　841, 865
　　単独—— ……………832
　　直接—— ……………841
正犯(者)概念 ……………840
　　拡張的—— …………841
　　限縮的—— …………841
　　統一的—— …383, 418, 840
　　包括的—— …………840
生物学的方法 ……………645
生命刑 ……………………62
生命の質 …………………740
生命の尊厳 ………………740
生来性犯罪人 ……………31
世界主義 ……………96, 104
責任 ………………………621
　　——形式 ……………386
　　——条件 ……………386
　　——阻却事由 ………727
　　——能力 ……………637, 639
　　——無能力 …637, 644, 656
　　——宥恕事由 ………727
　　——要素 …186, 634, 699
　　意思—— ……627, 727
　　可罰的—— …………133, 622,
　　　　　　　　634, 676
　　客観的—— …………623
　　行状—— ……………628
　　結果—— ……………623
　　厳格—— ……………623
　　行為者—— …………628
　　個人—— ……………623
　　個別行為—— ………627
　　人格形成—— ………628
　　社会的—— …………56
　　性格—— ……………56
　　生活決定—— ………628
　　団体—— ……623, 931
責任減少説 ………534, 804

責任故意　→　故意
責任構成要件　→　構成要件
責任主義 ……………56, 662
　　消極的—— …………57, 662
　　積極的—— …………57, 662
責任説 …………313, 335, 699
　　厳格—— …314, 335, 475, 699
　　制限—— …………314, 699
　　二元的厳格—— ………477
責任身分　→　身分
責任宥恕的緊急避難
　　　　　　→　緊急避難
責任論 ……………56, 621
　　過失—— …………380
　　可罰的—— …………727
　　機能的—— …………630
　　規範的—— …136, 629,
　　　　　　　　　633
　　行為—— ……………627
　　実質的—— …………630
　　社会的—— …31, 624, 627,
　　　　　　　　　639
　　人格(的)—— ……152, 628
　　心理的—— …………629
　　性格—— ……………627
　　道義的—— …………627
　　法的—— ……………627
石油カルテル生産調整事件
　　…………………………701
世田谷通信ケーブル火災事
件 …………………………903
積極的加害意思 …485, 500,
　　　　　　　　　515
接続犯 ……………………1040
説明義務 …………………605
　　自己決定のための—— 606
　　治療のための—— ……606
絶対的不能　→　不能
折衷主義 …………33, 36, 42
折衷説 …33, 278, 687, 767
前期旧派　→　旧派
全刑法学 …………………16
先行行為 …………240, 241
全構成要件　→　構成要件

宣告刑 ………73, 1108, 1117
宣告刑主義
　　確定的—— …………1119
　　不確定的—— ………1119
潜在的危険源 ……………300
潜在的危険源介入類型 …301
潜在的実行行為　→　実行行
為
全体的行為評価(構成要件)要
素 …………………183, 452
選択刑 ……………………1107
専断的治療行為 …601, 603
千日デパートビル火災事件
　　…………………………409
全農林事件 ………………597
全不法構成要件　→　構成要
件
殲滅刑法 …………………34

〈そ〉

躁うつ病 …………………652
争議行為 …………………595
相互依存的競合型過失 …404
総合刑主義 ………………1082
総合主義 …………………42
総合説 ……………………805
捜査機関 …………………1111
相対的最小限手段性 ……503
相対的不能　→　不能
相当因果関係(説) ………179,
　　　　　259, 275, 364, 372
　　——の危機 …………284
　　——の空洞化 ………283
相当性　→　相当因果関係
　　狭義の—— …………280
　　広義の—— …………280
相当性連関 ………………240
相当説
　　　　→　相当因果関係(説)
双罰性の原則 ……………107
遡及禁止論 ………………288
遡及処罰の禁止 …………109
即時犯　→　即成犯
属人主義 ……………96, 103

1164　◇事項索引

消極的――……96, 102, 103
積極的――……96, 102
促進的危険状況創出連関
　……………………298
即成犯 ……………………180
属地主義 …………………96
組織過失 …………………418
組織内競合型過失 ………403
訴訟能力 …………………639
尊厳死 ………………738, 746
存在論的因果関係 ………261
尊属加重規定 ………11, 113
尊属殺 ……………………11

〈た〉

体系的機能 ………………168
体系的思考 ………………138
体系的認識 ………………15
対向犯 ……………………834
　片面的―― ……………834
大洋デパートビル火災事件
　……………………409
第5柏島丸事件 …………729
第三者没収　→　没収
大赦 ………………………1141
対照主義
　重点的―― ……………1107
　全体的―― ……………1107
対象物の現存性 …………1101
代替主義 …………………1145
　任意的―― ……………1145
　必要的―― ……………1146
代罰規定 …………………199
対物防衛 …………………489
代理主義 ……………97, 102
代理処罰主義 ……………97
ダーウィン ………………31
高木豊三 …………………36
多額 ………………………1107
高められた危険の創出 …294
瀧川幸辰 ……………39, 161
択一的因果関係（競合）
　…………………266, 270
　擬似的―― ……………268

打撃の錯誤　→　方法の錯誤
他行為可能性 ……………624
多重因果関係　→　因果関係
ダートトライアル（事件）
　…………………433, 435
他人予備　→　予備
たぬき・むじな事件 ……724
ダーム ……………………33
単一刑主義 ………………1082
単一犯 ……………………184
段階的拡張類型 ……131, 172
段階的併存事例 …………394
短期自由刑 ………………1098
断罪無正条 ………………68
単純行為犯 ………………177
単純酩酊 …………………654
団体責任　→　責任
団藤重光 …………………40
単独正犯　→　正犯
　――既遂類型 …………131

〈ち〉

秩序罰 ……………………63
千葉大チフス事件 ………274
地方更生保護委員会 ……1134
着手中止　→　中止
着手未遂　→　未遂
チャタレー事件 …………716
注意義務 ………386, 635, 680
　内部的―― ……………680
中核刑法　→　一般刑法
中間影響地 ………………99
中間項理論 ………………686
中間時法 …………………111
中止
　実行―― ……………753, 807
　着手―― ……………753, 807
中止犯（中止未遂）………800
　――の法的性格 ………800
　教唆犯・従犯の―― …1020
抽象的危険説 ……………784
抽象的危険犯　→　危険犯
抽象的符合説 ……………358
抽象的適性犯 ……………176

中断論 ………………259, 280
中立の行為による幇助 …971
懲役 ……………………62, 1097
懲戒行為 …………………594
懲戒罰 ……………………63
長期 ………………………1107
重畳的因果関係　→　因果関
　係
挑発行為 …………………487
挑発防衛 ……………515, 519
　意図的―― ……………519
　過失的―― ……………519
徴表説 ……………………628
超法規的違法阻却事由
　→　違法阻却事由
直接正犯　→　正犯
直接的危険 ………………299
　――経由類型 …………299
　――創出連関 …………279
　――への介入類型 ……299
直近過失論 ………………394
治療行為 …………………600
治療処分 …………………63, 1146

〈つ〉

追徴 ……………………1099, 1104
　――の価額 ……………1104
　――の価額の算定時期
　……………………1105
　任意的―― ……………1105
　必要的―― ……………1105
付け加え禁止原則 ………265
罪を犯す意思 ……………312

〈て〉

定型説 ……………………161
提訴機能 …171, 312, 315, 476
ディヴァージョン ………20
適正処罰の原則　→　実体的
　デュープロセスの理論
適正手続 ……………83, 87
転嫁責任説 ………………199
転嫁罰規定 ………………199
伝統的過失論　→　旧過失論

事項索引◇ 1165

天皇 …………………119
〈と〉
ドイツ啓蒙絶対主義 ……24
統一的正犯(者)概念
　→　正犯概念
同意　→　被害者の同意
　——における意思の欠缺
　　……………………217
　——能力 ……………216
　仮定的——　→　仮定的同意
同意者の錯誤　→　錯誤
同一法益主体内の利益衝突
　……………………567
東海大学事件 ………743, 747
等価説(平等条件説)……261
同価値性 ………………238
動機説 ……………117, 332
動機関連 ………308, 309, 373
道具理論 …………659, 866
統合失調症 ………649, 651
同時傷害の特例 …………916
同時存在の原則 ………643, 657, 660
同時代的解釈　→　解釈
同時的意識 ……………317
同時犯 …………………833
答責性(説) ………630, 632
東大ポポロ事件 …………470
到達時説 …………660, 772
当罰性 ………………55, 130
盗犯等防止法 …………542
逃亡犯罪人引渡法 ………107
独自の錯誤説(第三の錯誤説)
　……………………474
徳島市公安条例違反事件
　……………………85
特赦 …………………1141
特別委任 ………………71
特別関係 ……………1049
特別刑法　→　刑法
特別遵守事項 …………1134
特別予防(論) ………22, 60

独立教唆犯 ……………959
独立構成要件　→　構成要件
富井政章 ………………36
〈な〉
内因性精神病 …………648
内部的意思緊張義務 ……681
内部誘発危険介入類型 …301
内部誘発類型 …………300
ナーグラー ……………232
名古屋中郵事件 …………598
なだれ現象　→　くさび理論
ナチズム ………………32
　——の刑法思想 ………33
ナポレオン刑法典 ……35, 68
〈に〉
新潟少女監禁事件 ……1083
新潟県道路交通取締規則
　……………………118
二元主義 ………63, 639, 1145
二重絞り論 ………453, 597
二重の因果関係　→　因果関係
二重の禁止の錯誤 ………708
二重の故意　→　故意
二重の責任減少 …535, 556, 583
二段階犯罪論体系 ………134
日常的生活危険 …………300
日大生殺し事件 ………1041
日数罰金制 ……………1098
日本刑法草案 …………35
二分説 ……………550, 554
日本アエロジル塩素ガス流出事件 …………402, 410
ニュルンベルク裁判 ……95
任意性 ………………822
任意的減軽事由 …1111, 1119
任意的通算 …………1123
任意的取消 …………1129
任意的免除事由 ………1119
認識可能な客観的危険創出
　……………………294

認識上数罪　→　数罪
認識上一罪　→　一罪
認識説 ……………328, 498
認容説 ………………330
　積極的—— ……………330
　消極的—— ……………330

〈ね〉
練馬事件 …………923, 927

〈の〉
脳死 ……………300, 598
能力区別説 ……………687

〈は〉
バイエルン刑法典 ………68
裸の行為論　→　行為論
ハッセマー ……………44
発覚 ……………1111, 1114
罰金(刑) ……6, 62, 1098
発送時説 ………………772
罰則 …………………70
　——制定権 ……………71
発展犯 ………………1050
羽田空港デモ事件 ………701
浜口首相暗殺事件 ………279
ハメル …………………31
早すぎた構成要件実現 …373
ハルトヴィッヒ ………259
パロマガス給湯器中毒事件
　……………………421
犯罪
　——行為 …………1100
　——個別化機能 ………170
　——少年 …………1150
　——人類学的方法 ……30
　——徴表説 ……………56
　——認定論的アプローチ
　　……………………125
　——の成立要件 ………128
　——飽和の原則 ………31
　——本質論的アプローチ
　　……………………124
　——予防 ………………24

1166　◇事項索引

──予防的社会システム
　　……………………19
──類型　……………161
犯罪化　…………51, 52
犯罪学　………………16
犯罪共同説　………886
　　完全──　………889
　　部分的──　……889
犯罪構成要件　→　構成要件
犯罪者のマグナカルタ
　　………………18, 32
犯罪人名簿　………1143
犯罪論　……………123
　　──の体系　……123
　　実質的──　…140, 321
反則金　………………64
反対給付の錯誤　→　錯誤
範疇論的アプローチ
　　→　本質論的アプローチ
範疇論的体系　…124, 130
犯人の改善・治療　……1144
判例の遡及的適用〔変更〕の
　　禁止　………………74
判例の法源性　………70

〈ひ〉

被害者のいない犯罪　……51
被害者の同意　……52, 205
比較刑法学　…………16
非刑罰法規の錯誤　→　錯誤
非刑罰法規の変更　……112
非決定論　…………624
　　相対的──　……625
被告人に有利な類推解釈
　　………………………82
必要性　…………502, 562
必要的減軽事由　…1111, 1119
必要的減免　………800
必要的算入主義　……109
必要的取消　………1129
必要的免除事由　……1119
一こま一こまの連続思考
　　……………………281
避難行為の相当性　……568

避難(の)意思　………466, 564
非難可能性　……133, 621,
　　　　　　　630, 633, 726
　　外部的──　……133
　　内部的──　……133
非犯罪化　……………50
百円紙幣模造事件　…702, 712
評価規範　→　規範
評価上数罪　→　数罪
評価上一罪　→　一罪
表現の自由　…………89
表現犯　……………188
表象説　……………328
病的酩酊　…………654
平野龍一　……………44
ビルクマイヤー　………32
ビンディング　……29, 32, 146

〈ふ〉

不安感　……………390
フェリー　……………31
フェリー草案
　　→　イタリア刑法草案
クライン　…………25, 62
フェルネック　………442
フォイエルバッハ　……26,
　　　　　　　　66, 232
不応為　………………68
付加刑　…………62, 1099
不可知論　…………625
付加的の危険　→　危険
不可罰的事後行為　182, 1053
不均衡処罰の禁止　……90
福岡県青少年保護育成条例
　　違反事件　………85
複雑酩酊　…………654
不合理決断説　………825
不合理行動介入類型　……302
不合理に訴える論証　……77
不作為
　　──による教唆　……947
　　──による作為犯　……223
　　──による幇助　…201, 963
　　──の因果関係　……233

──の行為性　………154
不作為義務　…………579
不作為犯　…………223
　　──と作為犯の共同正犯
　　……………………920
　　──に対する教唆　……950
　　──に対する従犯　……981
　　──の客観的帰属　……250
　　──の共同正犯　……918
　　──の実行行為　……250
　　──の未遂　……775
　　作為による──　……225
　　真正──　………223
　　不真正──　…223, 224
藤木英雄　……………45
付随犯　……………1053
普通刑法　→　一般刑法
普通犯　……………190
物価統制令違反に関する事
　　件　………………118
復権　………………1141
　　一般　……………1141
　　特別　……………1141
　　法律上の──　……1142
物件
　　供用　……………1100
　　取得　……………1101
　　生成　……………1101
　　組成　……………1100
　　対価　……………1101
　　報酬　……………1101
物品税法違反事件　……713,
　　　　　　　　　　716
不定期刑　………73, 1119
　　絶対的──　………73
不能
　　客体の〔に関する〕──
　　　　…………783, 793
　　主体の──　……796
　　絶対的──　……783
　　相対的──　……783
　　方法の〔に関する〕──
　　　　…………783, 794
不能犯　……………781

事項索引◇ 1167

普遍主義 ……………96
不法構成要件 → 構成要件
不法・責任符合説 ………357
不法の質的相対的軽微性
　　………………………453
不法の量的絶対的軽微性
　　………………………453
不明確性の判断基準 ……83
不明確による無効の理論
　　………………………83
ブーメラン現象 …………163
フランク …………………259
　　——の公式 …………823
　　——の公式(第1公式)
　　………………………330
フランス刑法典 …………25
フランスの人権宣言 ……68
プーリ ……………………258
プリンス …………………31
古い客観説 ………………783
ブルーボーイ事件 …602, 614
プロイセン一般ラント法
　　………………………24
プロイセン刑法 …………481
文化国家 ………………38, 69
分離説 ………………237, 247

〈へ〉

併科主義 …………1081, 1145
平均人標準説 ………625, 733
併合罪 ……………………1078
　　——加重 ……………1108
　　事後的—— …1078, 1080
　　同時的—— …1078, 1080
併執行の原則
併発事例 …………………342
米兵轢き逃げ事件 …280, 309
ヘーゲリアーナー …28, 146
ヘーゲル …………28, 146, 258
　　——の国家哲学 ……27
ベッカリーア …………25, 68
ベーリング ……………136, 159
ベランダ転落死事件 ……376
ヘルシュナー ……………29

ベルナー …………………29
遍在主義 …………………101
遍在説 ……………………99
ベンサム …………………67
弁識(する)能力 ………216,
　　　　　　　　637, 645
弁証法的・絶対的応報刑論
　→　応報刑(論)

〈ほ〉

ボアソナード ………4, 35
保安処分 …62, 112, 639, 1144
　　——一元主義 ………1145
　　——先執行主義 ……1145
　　自由剝奪をともなう——
　　………………………1145
　　自由剝奪をともなわない—
　　………………………1145
　　対人的—— …………1145
　　対物的—— …………1145
法
　　——の解釈 …………75
　　——の進化論 ………69
　　——の創造 …………79
　　——の哲学 …………28
防衛行為 …………………493
　　——の内在的制限 …513
防衛庁宿舎侵入事件 ……458
防衛適合性 ………503, 504
防衛の意思 ………………494
法益 …………………17, 51, 205
　　——主体 ……………217
　　——侵害 …………55, 443
　　個人的—— ………17, 205
　　国家的—— ………17, 206
　　社会的—— ………17, 206
法益関係的錯誤説 ………218
法益監護義務 ……………233
法益主体基準説 …………351
法益性欠如・割引説 ……482
法益同価値 ………………550
法益保護 …………………50
　　——機能 …………16, 205
　　——原則 ……………54

法益論的アプローチ ……440
法確証 ………………480, 523
法確証衡量要素説 ………483
包括一罪 …………………1038
　　狭義の—— …1039, 1043
　　混合的—— …………1043
包括の委任 ………………71
包括的国外犯処罰規定 …97
包括的正犯(者)概念
　→　正犯概念
法義務的行為の介入類型
　　………………………309
忘却犯 ……………………147
法条一罪 …………………1048
法条競合 …………………1048
幇助の因果関係 → 因果関
　係
幇助の故意 → 故意
幇助犯 ……………………960
　　片面的—— …………980
法人処罰 …………………198
法人の犯罪能力 …………195
法秩序維持機能 …………22
法秩序の自己答責性原理
　　………………………308
法定刑 ……………………1106
　　——の連動 …………201
　　——の見直し ………7
法定的符合説 ………338, 352
法定手続の保障 …………12
法定犯 …………………13, 697
　　——の自然犯化 ……14
法的見解の変更 …………117
法的に自由な(空虚な)領域
　　…………………463, 548
法的保護未確立の原則 …587
法治国家思想 ……………67
放任行為 ……………463, 548
法の自己保全説 …………481
方法の拡張類型 …………131
方法の〔に関する〕不能
　→　不能
法務大臣の命令 …………1122
法律効果 …………………123

1168　◇事項索引

法律主義 …………67, 69, 70
法律授権説 ………………72
法律上の減軽 …………1115
法律上の事由 …………1108
法律説 …………………803
暴力主義的破壊活動 …1152
法令行為 ………………592
北ガス事件 ……………411
北大電気メス事件
　…………………402, 403, 683
保護観察 …1125, 1128, 1148
　――付執行猶予 ……1128
　――の仮解除 ………1128
保護機能 …………………17
保護主義 …………96, 102, 103
　個人―― ………………96
　国家―― ………………96
保護処分 ………………1150
　――優先主義 ………1150
保護目的連関 …………432
補充関係 ………………1050
　明示的―― …………1050
　黙示的―― …………1050
補充規範 ………………115
補充性 ……………587, 618
保障機能 ……………17, 18
保障構成要件　→　構成要件
保障者の義務（保障人的義務）
　…………………………237
保障人説 ………………232
保障人的地位 …………237
補助的正当化原理 ……466
没収 …………………62, 1099
　第三者―― …1099, 1103
　任意的―― …1100, 1105
　必要的―― …1100, 1105
穂積陳重 …………………36
ホテル・ニュージャパン火
　災事件 ………………409
補導処分 ………………1148
ホーニッヒ ……………259
本質の錯誤説 …………218
本質論的アプローチ …142

〈ま〉

舞鶴事件 ………………470
マイヤー H. …………259
マイヤー M. E. ………159
牧野英一 ……………37, 69
マグナカルタ ……………67
マジックホン …………454
麻薬中毒者 ……………1152
丸正名誉毀損事件 ……612

〈み〉

未決勾留 ………………1123
未遂
　――構成要件　→　構成要件
　――の教唆 …………953
　実行―― ……………753
　障害―― ………753, 800
　着手―― ……………753
　中止――　→　中止犯
未遂犯 ……………100, 753
　――の故意 …………323
自ら招いた正当防衛状況
　…………………………515
三菱自動車横浜母子3人死
　傷事故 ………………420
水俣病（刑事）事件
　………………274, 275, 683
ミニヨネット号事件
　………………………569, 570
見張り …………………990
未必の違法性の意識
　　　→　違法性の意識
未必の故意　→　故意
　――と認識ある過失の区
　　別 …………………328
身分 ……………190, 996
　違法―― ……………997
　責任―― ……………997
身分なき故意ある道具 …876
身分犯 ……………190, 996
　消極的―― …………1008
　真正（構成的）―― 190, 997

不真正（加減的）―― 190, 997

宮城浩蔵 …………………36
宮本英脩 ……………38, 161
ミュラー …………259, 281

〈む〉

無意識的な過剰 ………532
無過失責任説　→　転嫁責任説
無関心説 ………………330
むささび・もま事件 …724

〈め〉

明確性の原則 ………73, 83
明治憲法 …………………37
迷信犯 …………………784
名誉刑 ……………………62
命令規範　→　規範
メタノール（メチルアルコ
　ール） …………719, 902
メツガー …………42, 160, 442
メルケル …………33, 160, 442
免責特権 ………………120
免訴 ……………………113

〈も〉

目的刑 ……………32, 38, 58
　――主義 ………………32
目的合理主義 ………31, 43
目的合理主義的アプローチ
　…………………………126
目的合理的体系 ………126
目的説 …………208, 464, 498
目的なき故意ある道具 …876
目的犯 ……………188, 322
目的論的アプローチ …142
目的論的解釈　→　解釈
勿論解釈　→　解釈
泉二新熊 …………………38
森永ミルク中毒事件 …391, 402, 683
問題思考的機能主義
　…………………137, 140

事項索引◇　1169

モンテスキュー ………25, 67

〈や〉

夜間潜水事件 ………283, 306
山羊の毛事件 ……………427
薬害エイズ事件 …………411
ヤコブス …………………43
やわらかな決定論 ………625

〈ゆ〉

有意性 ……………………147
有意的行為論　→　行為論
有意的社会的行為論
　　→　行為論
優越支配共同正犯説 ……933
優越支配 …………………933
優越的利益説 ……………208
優越的利益の原則 …207, 464
有責行為能力 ……………639
有責性 ……………………128
有体性 ……………………147
許されざる危険 …………293
　──の創出 ……………294
許されざる類推解釈 ………80
許された危険 ………389, 400
許される類推解釈 …………80
緩やかな法確証の原則 …585

〈よ〉

要素従属性 …………852, 854
要罰性 ……………55, 130, 728
予見可能性 ……386, 635, 682
予見義務 …………………386
予見説 ……………………329

余罪 ……………………1085
予備 ………………………752
　自己── …………………752
　他人── …………………752
予備・陰謀の中止 ………829
予備構成要件　→　構成要件
予備罪 …………101, 326, 752
　──の共同正犯 ………938
予備的従犯　→　従犯
予防刑法　→　刑法
予防刑論 …………………59
予防国家 …………………30
予防社会 …………………53
予防防衛 ………471, 472, 560

〈ら〉

ラーレンツ ………………259

〈り〉

利益衡量説 ………………464
利益不存在（利益欠缺）の原則
　　………………207, 464
離隔犯 ……………………771
リスト …………31, 136, 147
リビング・ウィル ………747
凌駕的因果関係　→　因果関係
量刑 ……………………1117
　──相場 ……………1118
　──の資料 …………1118
利用者基準説 ……………774
両条件一括消去説 ………267
量的過剰 …………………528
両罰規定 …………199, 623

〈る〉

類型的行為事情標準説 …734
類型的不法 …………134, 163
類推解釈　→　解釈
類推適用（の禁止）………65
累犯 ……………………1108
　──加重 ……………1109
　狭義の── …………1108
　広義の── …………1108
ルソー ……………………25
ルードルフィ ……………260

〈れ〉

例示規定説 ………………557
連続犯 …………………1045
連帯原理 …………………562

〈ろ〉

労役場留置 ……………1098
労働争議行為 ……………594
ロクシン ……………43, 260
ロシア刑法典 ……………68
ローゼ・ロザール事件 …348
　第二の── ……………348
　第三の── ……………348
ロッキード事件 ……95, 107
ロック ……………………67
ロンブローゾ ……………30
論理的結合説 ……………262

〈わ〉

わいせつ …………………189

判例索引

大判明 24・4・27 刑録明 24・4＝9・45 ……924
大判明 28・12・19 刑録 1・5・89 ……924
大判明 29・3・3 刑録 2・3・10 ……924
大判明 29・10・6 刑録 2・9・19 ……1102
大判明 29・12・17 刑録 2・11・56 ……924
大判明 31・6・10 刑録 4・6・26 ……1102
大判明 36・5・15 刑録 9・759 ……585
大判明 36・5・21 刑録 9・874 ……80
大判明 36・7・3 刑録 9・1202 ……201
大判明 37・9・29 刑録 10・1790 ……1102
大判明 37・12・20 刑録 10・2415 ……855, 869
大判明 39・7・2 刑録 12・795 ……1102
大判明 40・9・3 刑録 13・895 ……924
大判明 41・4・14 刑録 14・391 ……1013
大判明 41・5・18 刑録 14・539 ……949
大判明 41・12・17 刑録 14・1111 ……113
大判明 41・12・21 刑録 14・1136 ……1102
大判明 42・1・21 刑録 15・10 ……111
大連判 42・2・23 刑録 15・127 ……1068
大判明 42・4・19 刑録 15・458 ……1101
大判明 42・5・11 刑録 15・588 ……1054
大判明 42・6・8 刑録 15・728 ……1012
大判明 42・6・14 刑録 15・769 ……326
大判明 42・6・21 刑録 15・822 ……1110
大判明 42・7・1 刑録 15・910 ……1061
大判明 42・7・27 刑録 15・1048 ……1068
大判明 42・8・31 刑録 15・1097 ……1068
大判明 42・10・8 刑録 15・1293 ……1069
大判明 42・10・14 刑録 15・1375 ……1064
大判明 42・12・20 刑録 15・2012 ……1067
大判明 43・1・18 刑録 16・17 ……297, 306
大判明 43・2・15 刑録 16・236 ……1063
大判明 43・3・11 刑録 16・429 ……1064
大判明 43・4・25 刑録 16・739 ……1043
大判明 43・4・28 刑録 16・760 ……362
大判明 43・5・17 刑録 16・877 ……111
大判明 43・6・17 刑録 16・1220 ……1068
大判明 43・6・23 刑録 16・1280 ……944
大判明 43・10・10 刑録 16・1651 ……1068
大判明 43・10・11 刑録 16・1620 ……454
大判明 43・11・15 刑録 16・1941 ……1069

大判明 43・11・17 刑録 16・2010 ……1064
大判明 43・11・22 刑録 16・2110 ……1100
大判明 43・11・24 刑録 16・2118 ……111
大判明 43・12・5 刑録 16・2135 ……1064
大判明 43・12・9 刑録 16・2139 ……959
大判明 44・2・13 刑録 17・75 ……1102
大判明 44・2・27 刑録 17・197 ……80
大判明 44・3・13 刑録 17・345 ……917
大判明 44・3・16 刑録 17・380 ……901
大判明 44・3・16 刑録 17・405 ……1004
大判明 44・4・17 刑録 17・605 ……1005
大判明 44・4・18 刑録 17・611 ……1102
大判明 44・4・27 刑録 17・687 ……1005
大判明 44・6・15 刑録 17・1180 ……945
大判明 44・6・16 刑録 17・1202 ……99
大判明 44・6・23 刑録 17・1252 ……111
大判明 44・6・23 刑録 17・1311 ……111
大判明 44・7・8 刑録 17・1390 ……1107
大判明 44・8・25 刑録 17・1510 ……1003, 1005
大判明 44・9・25 刑録 17・1550 ……836
大判明 44・9・25 刑録 17・1560 ……1085
大判明 44・10・6 刑録 17・1618 ……926
大判明 44・10・9 刑録 17・1652 ……1001
大判明 44・10・12 刑録 17・1672 ……793
大判明 44・11・10 刑録 17・1865 ……1072
大判明 44・11・11 刑録 17・1871 ……1068
大判明 44・11・16 刑録 17・1984 ……1071
大判明 44・11・16 刑録 17・1989 ……1068
大判明 44・11・20 刑録 17・2014 ……912
大判明 44・12・18 刑録 17・2211 ……959
大判明 44・12・21 刑録 17・2273
　　　　　　　　　……896, 990, 991
大判明 44・12・25 刑録 17・2328 ……1063
大判明 45・5・17 刑録 18・612 ……1013
大判大 2・1・24 刑録 19・39 ……1068
大判大 2・1・31 刑録 19・151 ……111
大判大 2・2・3 刑録 19・178 ……336
大判大 2・3・18 刑録 19・353 …997, 1003, 1005
大判大 2・4・17 刑録 19・479 ……1073
大判大 2・7・9 刑録 19・771 ……960, 961, 987
大判大 2・9・22 刑録 19・884 ……279

大判大 2・11・5 刑録 19・1121 ……………381
大判大 2・11・18 刑録 19・1212 ……827, 1019
大判大 3・2・3 刑録 20・101 ……………1045
大判大 3・3・10 刑録 20・266 ……………1004
大判大 3・4・21 刑録 20・596 ……………1100
大連判大 3・5・18 刑録 20・932 ……193, 1004
大判大 3・6・19 刑録 20・1258 ……………924
大判大 3・6・24 刑録 20・1329 …………1005
大判大 3・7・24 刑録 20・1546 ……………794
大判大 3・9・1 刑録 20・1579 ……………279
大判大 3・11・7 刑録 20・2046 ……………956
大判大 3・11・10 刑録 20・2079 …………1065
大判大 3・12・24 刑録 20・2618 ……………901
大判大 4・1・26 刑録 21・21 ………………333
大判大 4・1・27 刑録 21・24 ……………1064
朝鮮高院判大 4・1・28 朝高録 3・1 ………880
大判大 4・2・10 刑録 21・90 ………………252
大判大 4・2・16 刑録 21・107 ……………1074
大判大 4・3・2 刑録 21・194 ……………1001
大判大 4・5・22 刑録 21・651 ……………1102
大判大 4・8・25 刑録 21・1249 ……………987
大判大 4・12・11 刑録 21・2088 …………1063
大判大 5・4・17 刑録 22・570 ……………1065
大判大 5・6・1 刑録 22・854 ………………1063
大判大 5・6・21 刑録 22・1146 …………1064
大判大 5・6・30 刑録 22・1210 …………1072
大判大 5・9・13 刑録 22・1335 ……………945
大判大 5・11・8 刑録 22・1693 …………1070
大判大 5・11・8 刑録 22・1705 …………1110
大判大 6・2・26 刑録 23・134 ……………1066
大判大 6・3・2 刑録 23・139 ……………1102
大判大 6・5・25 刑録 23・519 ……………945
大判大 6・6・28 刑録 23・737 ……………1102
大判大 6・7・5 刑録 23・787 ………………850
大判大 6・9・10 刑録 23・999 ……793, 794
大判大 6・10・1 刑録 23・1040 …………1074
大判大 6・10・11 刑録 23・1056 …………1040
大判大 6・11・9 刑録 23・1261 …………1064
大判大 7・2・6 刑録 24・38 ………………694
大判大 7・3・27 刑録 24・248 ……………1102
大判大 7・5・17 刑録 24・593 ……………382
大判大 7・6・17 刑録 24・844 ……………990
大判大 7・7・2 新聞 1460・23 …………1003
大判大 7・7・15 刑録 24・975 ……………1111
大判大 7・9・6 新聞 1473・23 ……………201
大判大 7・11・5 刑録 24・1335 ……………585
大判大 7・11・16 刑録 24・1352 ……772, 776
大判大 7・11・20 刑録 24・1415 …………1100
大判大 7・12・16 刑録 24・1529 ……………98
大判大 7・12・16 刑録 24・1549 …………958
大判大 7・12・18 刑録 24・1558 …………253
大判大 7・12・21 新聞 1522・21 …………924
大判大 8・5・23 刑録 25・673 ……………1075
大判大 8・10・28 新聞 1641・21 ……………794
大判大 8・11・5 刑録 25・1064 ……………216
大判大 9・3・16 刑録 26・185 ……………1014
大判大 9・3・29 刑録 26・211 ………………362
大判大 9・6・3 刑録 26・382 ……………1005
大判大 9・6・26 刑録 26・405 ……………528
大判大 9・7・21 刑録 26・567 ……………1072
大判大 9・11・4 刑録 26・793 ……………961
東京地判大 10・3・12 新聞 1822・8 …1063
大判大 10・3・14 刑録 27・169 …………1072
大判大 10・3・25 刑録 27・187 ……………120
大判大 10・5・7 刑録 27・257 ……………879
大判大 10・5・7 刑録 27・267 ……………987
大判昭 10・5・13 刑集 14・514 …………1044
大判大 11・2・25 刑集 1・79 ………………898
大判大 11・3・1 刑集 1・99 …………957, 958
大判大 11・4・18 刑集 1・233 ……………924
大判大 11・5・6 刑集 1・255 ………………333
大判大 11・5・19 刑集 1・326 ……………1102
大判大 11・10・6 刑集 1・530 ………960, 987
大判大 11・11・14 刑集 1・657 …………1068
大判大 11・11・17 刑集 1・666 ……………719
大判大 12・2・16 刑集 2・97 ………………333
大判大 12・3・13 刑集 2・188 ……………216
大判大 12・3・23 刑集 2・254 ………279, 369
大判大 12・3・30 刑集 2・277 ……………961
大判大 12・4・30 刑集 2・378 ……279, 308, 369
大判大 12・5・1 刑集 2・389 ……………1100
大判大 12・7・2 刑集 2・610 ……………1020
大判大 12・7・12 刑集 2・718 ………850, 1029
大判大 12・7・14 刑集 2・658 ……………306
大判大 12・8・21 刑集 2・681 ………1061, 1064
大判大 12・11・17 刑集 2・805 …………1100
大決大 13・3・31 刑集 3・256 ……………944
大判大 13・4・1 刑集 3・276 ………………201
大判大 13・4・7 刑集 3・329 ……………1063
大判大 13・4・25 刑集 3・364 ………694, 724
大判大 13・8・5 刑集 3・611 ………………694
大判大 13・12・12 刑集 3・867 ……………572
大判大 14・1・22 刑集 3・921 ……………980
大判大 14・1・28 刑集 4・14 ……………1005

大判大 14・2・20 刑集 4・73 ……………993
大判大 14・5・26 刑集 4・342 …………1075
大判大 14・5・30 刑集 4・331 …………1126
大判大 14・6・3 刑集 4・354 ……………516
大判大 14・6・9 刑集 4・378 ……………724
大判大 14・7・3 刑集 4・470 ……………279
大判大 14・7・20 刑集 4・495 ……1071, 1072
大判大 14・12・15 評論 15 刑 83 ………529
大判大 15・2・22 刑集 5・97 ……………709
大判大 15・3・30 判例体系 30・5・1224 …827
大判大 15・4・17 評論 15 諸法 212 ……720
大判大 15・6・23 刑集 5・281 …………1109
大判大 15・10・14 刑集 5・456 …………1068
大判大 15・10・25 判例体系 34・30 ……252
大判大 15・11・4 刑集 5・535 ……………110
大判昭 2・3・11 新聞 2693・11 ……719, 720
大判昭 2・6・17 刑集 6・208 ……………793
大判昭 2・6・20 刑集 6・216 ……………793
大判昭 2・10・16 刑集 6・413 …………670
大判昭 2・10・25 新聞 2762・11 ………819
大判昭 2・11・15 評論 17 刑 48 …………333
大判昭 2・12・6 新聞 2791・13 …………794
大判昭 2・12・20 評論 17 刑 18 ……504, 524
大判昭 3・3・9 刑集 7・172 ……………969
大判昭 3・4・6 刑集 7・291 ……………907
大判昭 3・6・19 新聞 2891・14 …………525
大判昭 3・7・21 新聞 2904・14 …………924
大判昭 3・10・9 裁判例 (3) 刑事 15 ……326
大判昭 4・2・19 刑集 8・84 ……960, 961, 987
大判昭 4・4・11 新聞 3006・15 ……155, 428
大判昭 4・4・30 刑集 8・207 …………1005
大判昭 4・9・17 刑集 8・446 ……………819
大判昭 4・11・29 刑集 8・575 …………924
大判昭 5・1・27 刑集 9・16 …………1066
大判昭 5・2・7 刑集 9・51 ………………580
大判昭 5・9・27 刑集 9・691 ……………516
大判昭 5・11・22 刑集 9・823 …………1109
大判昭 5・12・12 刑集 9・893 …………1069
大判昭 6・2・16 評論 20 刑 41 …………600
大判昭 6・3・18 刑集 10・109 …………1064
大判昭 6・10・28 評論 21 諸法 69 ……717
大判昭 6・11・9 刑集 10・568 …………924
大判昭 6・11・26 刑集 10・627 …………600
大判昭 6・12・3 刑集 10・677 …………949
大判昭 6・12・3 刑集 10・682 …………644
大判昭 6・12・5 刑集 10・688 …………819
大判昭 7・1・25 刑集 11・1 ……………516

大判昭 7・2・22 刑集 11・107 …………1069
大判昭 7・2・26 刑集 11・126 …………1013
大判昭 7・3・7 刑集 11・277 ……………575
大判昭 7・3・24 刑集 11・296 …………717
大判昭 7・3・25 新聞 3402・10 …………794
大判昭 7・4・11 刑集 11・349 …………1075
大判昭 7・4・28 刑集 11・504 …………894
大判昭 7・5・12 刑集 11・621 …………1068
大判昭 7・5・25 刑集 11・680 …………1068
大判昭 7・6・14 刑集 11・797 …………961
大判昭 7・6・16 刑集 11・866 …………484
大判昭 7・7・20 刑集 11・1113 ………1100
大判昭 7・8・4 刑集 11・1153 …………698
大判昭 7・9・13 刑集 11・1238 ………1127
大判昭 7・12・8 刑集 11・1804 …………528
東京控判昭 8・2・28 新聞 3545・5 ……279
大判昭 8・4・19 刑集 12・471 ……219, 883
大判昭 8・4・26 新聞 3588・9 …………1068
大判昭 8・6・21 刑集 12・834 ……525, 528
大判昭 8・6・29 刑集 12・1001 …………537
朝高院判昭 8・7・17 評論 22 刑 346 ……793
大判昭 8・8・1 刑集 12・1403 …………1064
大判昭 8・8・10 刑集 12・1420 …………961
大判昭 8・8・30 刑集 12・1445 …………344
大判昭 8・9・13 刑集 12・1619 …………712
大判昭 8・9・27 刑集 12・1654 …………562
大判昭 8・10・14 刑集 12・1776 ………516
大連判昭 8・11・13 刑集 12・1997 ……924
大判昭 8・11・21 刑集 12・2072 ………730
大判昭 8・11・27 刑集 12・2134 ………1029
大判昭 8・11・30 刑集 12・2160 ………558
大判昭 8・12・9 刑集 12・2272 …………980
大判昭 9・1・31 刑集 13・28 ………110, 113
大判昭 9・2・2 刑集 13・41 …………1069
大判昭 9・2・10 刑集 13・76 ……………698
大判昭 9・6・21 刑集 13・843 ……………81
大判昭 9・8・27 刑集 13・1086 …………216
大判昭 9・9・28 刑集 13・1230 ……698, 712
大判昭 9・9・29 刑集 13・1245 …………944
大判昭 9・10・19 刑集 13・1473 ………769
大判昭 9・11・17 刑集 13・1577 …………81
大判昭 9・11・20 刑集 13・1514 ……1001, 1005
大判昭 9・12・18 刑集 13・1747 ………1014
大判昭 9・12・20 刑集 13・1785 ………1112
大判昭 10・2・7 刑集 14・76 ……………961
大判昭 10・3・14 刑集 14・249 …………1046
大判昭 10・3・20 刑集 14・315 …………961

大判昭 10・3・25 刑集 14・339 ……………901
大判昭 10・5・13 刑集 14・514 ……………1112
大判昭 10・6・18 刑集 14・717 ……………1046
大判昭 10・10・23 刑集 14・1052 …………1043
大判昭 10・10・24 刑集 14・1267 ……………971
大判昭 11・2・6 刑集 15・72 ………………1123
大連判昭 11・5・28 刑集 15・715 …………924
大判昭 11・12・7 刑集 15・1561 …467, 495, 499
大判昭 12・2・17 刑集 16・92 ……………1010
大判昭 12・3・10 刑集 16・299 ………927, 994
大判昭 12・6・25 刑集 16・998 ……………819
大判昭 12・8・31 刑集 16・1355 ……………961
大判昭 12・9・21 刑集 16・1303 ……………828
大判昭 12・11・6 裁判例(11)刑 87 …………491
大判昭 13・3・11 刑集 17・237 ……………253
大判昭 13・4・19 刑集 17・336 ……………815
大判昭 13・6・17 刑集 17・475 ……1068, 1069
大判昭 13・7・28 刑集 17・614 ………………81
大判昭 13・7・29 刑集 17・619 ……………544
大判昭 13・10・25 刑集 17・735 ……………698
大判昭 13・10・29 刑集 17・853 ……………118
大判昭 13・11・18 刑集 17・839 ………912, 963
大判昭 13・12・23 刑集 17・980 ……………1041
大判昭 14・2・28 刑集 18・63 ………………720
大判昭 14・3・6 刑集 18・81 ………………516
大判昭 14・3・29 刑集 18・158 ……………711
大判昭 14・7・14 刑集 18・411 ……………1111
大判昭 14・11・4 刑集 18・497 ……………880
大判昭 15・1・26 新聞 4531・9 ………698, 720
大判昭 15・5・9 刑集 19・297 ………961, 1015
大判昭 15・6・3 刑集 19・337 ……………1102
大判昭 15・6・27 刑集 19・387 ……………279
大判昭 15・8・22 刑集 19・540 ………………81
大判昭 15・9・21 新聞 4629・3 ……………198
大判昭 16・3・15 刑集 20・263 ………494, 585
大判昭 16・3・15 刑集 20・277 ……………494
大判昭 16・5・12 刑集 20・246 ……………585
大判昭 16・7・17 刑集 20・425 ……………112
大判昭 17・10・12 新聞 4807・10 …………585
大判昭 19・4・30 刑集 23・81 ……………969
大判昭 19・9・29 刑集 23・199 ……………1105
大判昭 19・10・20 刑集 23・230 ……………499
大決昭 21・7・3 刑集 25・23 ………………1087
大判昭 21・9・12 新判例体系刑法 1・154 の 12
………………………………………………1101
大判昭 21・11・27 刑集 25・55 ……………769
大判昭 22・4・17 判例体系 30・45 …………108

最判昭 22・11・5 刑集 1・1 …………907, 1013
最判昭 22・11・29 刑集 1・36 ………………1064
最判昭 23・2・18 刑集 2・2・104 …………1112
最大判昭 23・3・12 刑集 2・3・191 …………1096
最判昭 23・3・16 刑集 2・3・220 ……………990
最判昭 23・3・16 刑集 2・3・227 ……………333
最大判昭 23・3・24 時報 9・8 ………………1091
最大判昭 23・3・30 刑集 2・3・273
…………………………………280, 306, 395
最大判昭 23・4・7 刑集 2・4・298 ………1054
最大判昭 23・4・8 刑集 2・4・307 ……1065, 1107
最大判昭 23・4・17 刑集 2・4・399 ……761, 769
最大判昭 23・5・1 刑集 2・5・435 ……891, 1012
最大判昭 23・5・8 刑集 2・5・478 …………1013
最大判昭 23・5・22 刑集 2・5・496 …………1063
最大判昭 23・5・29 刑集 2・5・521 …1055, 1065
最大判昭 23・6・22 刑集 2・7・694 ……112, 516
最大判昭 23・6・22 刑集 2・7・711
…………………………………780, 895, 989
最大判昭 23・6・30 刑集 2・7・777 …………88
最大判昭 23・7・7 刑集 2・8・793 …………516
最大判昭 23・7・14 刑集 2・8・889 …694, 701, 719
最大判昭 23・7・22 刑集 2・9・995 …………924
最大判昭 23・7・29 刑集 2・9・1062 ……1064
最大判昭 23・10・6 刑集 2・11・1267 ……1013
最大判昭 23・10・23 刑集 2・11・1386
……………………………354, 361, 949, 1014
最大判昭 23・11・4 刑集 2・12・1452 ……1012
最大判昭 23・11・10 刑集 2・12・1660 の 1
………………………………………………112
最大判昭 23・11・18 刑集 2・12・1597 ……1101
最大判昭 23・12・14 刑集 2・13・1751 ……893
最大判昭 23・12・16 刑集 2・13・1820 …1109
最大判昭 23・12・27 刑集 2・14・1951 ……1091
大阪地判昭 24・1・12 刑裁資 26・133 ……559
最判昭 24・1・20 刑集 3・1・47 ……………794
最判昭 24・1・25 刑集 3・1・53 …………1101
最判昭 24・2・8 刑集 3・2・113 ……………924
最判昭 24・3・31 刑集 3・3・406 …………1126
最判昭 24・4・5 刑集 3・4・421 ……533, 537
最判昭 24・4・9 刑集 3・4・501 ……………701
最判昭 24・4・19 刑集 3・5・575 ……………600
最判昭 24・4・23 刑集 3・5・621 …………1110
最判昭 24・5・14 刑集 3・6・721 …………1112
最大判昭 24・5・18 刑集 3・6・796 ………1032
最判昭 24・5・18 裁判集刑 10・231 …484, 585

最判昭 24・5・18 判例体系 30・3・799 …559, 560
最判昭 24・7・9 刑集 3・8・1174 …………827
最判昭 24・7・12 刑集 3・8・1237
　…………………………………1020, 1067, 1069
宮崎地延岡支判昭 24・7・20 刑裁資 48・293
　………………………………………………574
最判昭 24・7・23 刑集 3・8・1373 ………1040
最判昭 24・8・18 刑集 3・9・1455 ………1083
最判昭 24・8・18 刑集 3・9・1465
　…………………………484, 493, 494, 558, 559
最判昭 24・8・18 刑集 3・9・1478 …………59
最判昭 24・9・1 判例体系 30・59 …………111
福岡高判昭 24・9・17 高刑特 1・127 ……1021
最判昭 24・10・1 刑集 3・10・1629 ………960
最判昭 24・10・13 刑集 3・10・1655 ………558
東京高判昭 24・10・14 高刑特 1・195 ……794
最判昭 24・10・15 裁判集刑 14・211 ………516
最判昭 24・10・18 裁判集刑 14・223 ………827
最判昭 24・11・17 刑集 3・11・1801 ………485
最判昭 24・11・22 裁判集刑 14・805 ……1068
最判昭 24・12・6 刑集 3・12・1884 ……1100
最判昭 24・12・8 刑集 3・1・1915 ………1060
最判昭 24・12・17 刑集 3・12・2028 ……1020
最大判昭 24・12・21 刑集 3・12・2048
　………………………………………1055, 1068
最大判昭 24・12・21 刑集 3・12・2062 …1111
最判昭 24・12・24 裁判集刑 15・583 ……1110
最判昭 25・1・24 刑集 4・1・54 …………1111
最判昭 25・2・16 刑集 4・2・184 …………991
最判昭 25・2・24 刑集 4・2・255 …182, 1054
大阪高判昭 25・3・23 高刑集 8・88 ………558
仙台高秋田支判昭 25・3・29 高刑特 8・74
　……………………………………………1100
最判昭 25・4・11 判例体系 31・1072 ………362
東京地判昭 25・4・14 裁時 58・4 …………744
最判昭 25・5・30 刑集 4・5・889 ………1143
最判昭 25・6・6 刑集 4・6・950 …………1013
最大判昭 25・6・7 刑集 4・6・956 ………1098
最判昭 25・6・27 刑集 4・6・1096 …………924
最判昭 25・7・6 刑集 4・7・1178 …………879
最判昭 25・7・11 刑集 4・7・1261
　…………………………………361, 951, 1013, 1014
最大判昭 25・7・19 刑集 4・8・1463 ………961
札幌高函館支判昭 25・7・28 高刑特 12・183
　………………………………………………558
最判昭 25・8・9 刑集 4・8・1562 …………1070
最判昭 25・8・31 刑集 4・9・1593 …………793

最判昭 25・9・14 刑集 4・9・1646 ………1100
東京高判昭 25・9・14 高刑集 3・3・407
　………………………………………1021, 1022
最大判昭 25・9・27 刑集 4・9・1783 ………559
最判昭 25・10・10 刑集 4・10・1965 …362, 1015
最判昭 25・10・11 刑集 4・10・1972 ………118
最大判昭 25・10・11 刑集 4・10・2012 ……221
福岡高判昭 25・10・17 高刑集 3・3・487 …737
東京高判昭 25・11・9 高刑集 15・23 ………819
最判昭 25・11・15 刑集 4・11・2257 …595, 596
最判昭 25・11・16 裁判集刑 36・45 ………614
最判昭 25・12・19 刑集 4・12・2586 ………959
最判昭 25・12・19 刑集 4・12・2597 ………600
最判昭 25・12・26 刑集 4・13・2885 ………720
最大判昭 26・1・17 刑集 5・1・20 ………670
高松高判昭 26・1・25 高刑特 17・1 ………829
名古屋高判昭 26・1・29 高刑特 27・13 …1042
最判昭 26・1・30 刑集 5・2・374 …………694
最判昭 26・2・5 刑集 5・3・410 …………516
名古屋高判昭 26・2・24 高刑特 27・28 …814
名古屋高判昭 26・3・3 高刑集 4・2・148 …594
最判昭 26・3・13 判例体系 30・1013 ………720
最判昭 26・3・15 刑集 5・4・521 ………1060
最判昭 26・3・27 刑集 5・4・686 ………1012
最判昭 26・4・10 刑集 5・5・825 ………1042
最大判昭 26・5・16 刑集 5・6・1157 ……1064
最決昭 26・6・7 刑集 39・6・362 …………690
最判昭 26・7・17 刑集 5・8・1448 …………794
東京高判昭 26・8・14 高刑特 21・170 ……793
最判昭 26・8・17 刑集 5・9・1789 …………717
福岡高判昭 26・9・12 高刑集 4・9・1158 …201
仙台高判昭 26・9・26 高刑特 22・73 ………828
東京高判昭 26・10・29 高刑特 25・11 ……1021
東京高判昭 26・11・7 高刑特 25・31 ………950
最判昭 26・11・15 刑集 5・12・2354 ………701
札幌高判昭 26・11・15 高刑集 4・11・1482
　………………………………………………671
最決昭 26・11・27 刑集 5・12・2413 ……1123
福岡高判昭 26・11・28 高刑特 19・43 ……563
最判昭 26・12・6 刑集 5・13・2485 …943, 944
福岡高判昭 26・12・14 高刑集 4・2114
　………………………………………1127, 1128
東京高判昭 26・12・24 高刑特 25・115 ……824
最決昭 27・2・7 刑集 6・2・197 …………1129
最判昭 27・2・7 刑集 6・2・208 …………1069
最決昭 27・2・21 刑集 6・2・275 …………216
最判昭 27・2・22 刑集 6・2・288 …………596

最決昭 27・3・4 刑集 6・3・345 ……………585
仙台高判昭 27・3・15 高刑集 22・111 ……516
最決昭 27・6・26 裁判集刑 65・425 ………1102
最判昭 27・8・6 刑集 6・8・974 …………580
最判昭 27・9・19 刑集 6・8・1083
　………………………………191, 1004, 1005
最決昭 27・9・25 刑集 6・8・1093 ………111
仙台高判昭 27・9・27 高刑特 22・178 ……869
高松高判昭 27・10・7 高刑集 5・11・1919
　……………………………………………793
仙台高判昭 27・10・31 高刑特 22・195 …1101
最判昭 27・12・25 刑集 6・12・1442 ……113
東京高判昭 27・12・26 高刑集 5・13・2645
　……………………………………………701
福岡高判昭 28・1・12 高刑集 6・1・1 ……1022
最判昭 28・1・23 刑集 7・1・30 …901, 902
札幌高函館支判昭 28・2・18 高刑集 6・1・128
　……………………………………………594
最判昭 28・2・20 裁判集刑 74・179 ……1068
広島高判昭 28・2・25 高刑集 6・2・206 …1046
最決昭 28・3・5 刑集 7・3・482 ………956
最決昭 28・3・5 刑集 7・3・506 ………381
最判昭 28・3・20 刑集 7・3・606 ………1032
高松高判昭 28・4・4 高刑特 36・9 …………969
最判昭 28・4・14 刑集 7・4・850 ………1065
最判昭 28・5・7 刑集 7・5・937 …………720
最大判昭 28・6・10 刑集 7・6・1404 ……1126
最判昭 28・6・12 刑集 7・6・1278 ……956, 958
最大判昭 28・6・17 刑集 7・6・1289 …1043, 1064
東京高判昭 28・6・26 高刑集 6・10・1274 …111
札幌高判昭 28・6・30 高刑集 6・7・859 …913
東京高判昭 28・6・30 東高刑時報 4・1・7
　…………………………………………1080
札幌高函館支判昭 28・7・7 高刑特 32・83 …711
最判昭 28・7・22 刑集 7・7・1621 ………108
高松高判昭 28・7・27 高刑集 6・11・1442
　………………………………………1038, 1044
名古屋高判昭 28・7・28 高刑集 6・9・1217
　…………………………………………1083
福岡高判昭 28・11・10 高刑特 26・58 ……795
大阪高判昭 28・11・18 高刑集 6・11・1603
　……………………………………………736
最決昭 28・12・24 刑集 7・13・2646 ………671
最判昭 28・12・25 刑集 7・13・2671 ………561
最大判昭 29・1・20 刑集 8・1・41 ………829
最判昭 29・3・2 裁判集刑 93・59 …………969
仙台高判昭 29・3・9 刑集 7・3・290 ……1128

最判昭 29・3・11 刑集 8・3・270 …………1143
大阪高判昭 29・4・20 高刑集 7・3・422 …488
最判昭 29・4・27 刑集 8・4・555 …………959
高松高判昭 29・5・14 高刑集 7・6・846 …1083
福岡高判昭 29・5・14 高刑特 26・85 ……794
最判昭 29・5・27 刑集 8・5・741 …1068, 1074
福岡高判昭 29・5・29 高刑特 26・93 ……827
東京高判昭 29・6・16 東高刑時報 5・6・236
　………………………………………793, 795
最決昭 29・6・17 刑集 8・6・881 …………85
広島高判昭 29・6・30 高刑集 7・6・944
　………………………………………221, 222, 883
最決昭 29・12・17 裁判集刑 101・535 ……1105
最判昭 29・12・23 刑集 8・13・2288 ………109
名古屋高判昭 29・12・25 高刑特 1・13・751
　…………………………………………1065
東京高判昭 29・12・27 高刑集 7・12・1785
　……………………………………………761
最判昭 30・3・1 刑集 9・3・381 …………81
大阪地昭 30・3・5 刑時 46・29 …………671
仙台高判昭 30・3・22 高裁特 2・6・167 …654
最大判昭 30・4・6 刑集 9・4・663 ………1096
東京高判昭 30・4・18 高刑集 8・3・325
　………………………………………382, 717
名古屋高金沢支判昭 30・5・12 高裁特 2・9・
　13 …………………………………………1128
大阪高判昭 30・5・16 高刑集 8・4・545 …594
広島高岡山支判昭 30・6・23 高裁特 2・12・
　623 …………………………………………902
名古屋高判昭 30・7・14 高刑集 8・6・805
　…………………………………………1100
福岡高判昭 30・9・28 高裁特 2・22・1149 …216
最判昭 30・10・25 刑集 9・11・2295 ………485
最判昭 30・11・11 刑集 9・12・2438 ………585
大阪高判昭 30・12・1 高裁特 2・22・1196 …362
最判昭 31・4・13 刑集 10・4・567 ………1126
名古屋高判昭 31・4・19 高刑集 9・5・411
　……………………………………………672
最判昭 31・5・24 刑集 10・5・734 …997, 1003
東京高判昭 31・5・24 東高刑時報 7・5・213
　……………………………………………280
最大判昭 31・5・30 刑集 10・5・760 ……1127
東京高判昭 31・6・1 高裁特 3・12・608 …828
東京高判昭 31・6・1 高裁特 3・13・646 …813
東京高判昭 31・6・13 刑夕 60・65 ………1068
岡山地判昭 31・6・20 刑裁資 148・96 ……574
東京地判昭 31・6・30 判例体系 31・1100 の 6

◇判例索引

京都地判昭 31・7・19 刑裁資 123・1184 …574
最判昭 31・8・3 刑集 10・8・1202 ………1047
福岡高判昭 31・10・3 高刑集 9・8・931 …280
名古屋高判昭 31・10・22 高裁特 3・21・1007
　……………………………………………901, 902
最判昭 31・10・25 刑集 10・10・1455
　…………………………………………1061, 1063
最判昭 31・12・11 刑集 10・12・1605 …730
大阪高判昭 31・12・11 高刑集 9・12・1263
　…………………………………………………585
最決昭 31・12・25 刑集 10・12・1711 …1098
最判昭 32・1・22 刑集 11・1・31 ………516
最決昭 32・1・24 刑集 11・1・230 ………306
最判昭 32・2・6 刑集 11・2・503 ………1127
最判昭 32・2・14 刑集 11・2・715 ………1065
東京高判昭 32・2・16 高裁特 4・9・212 …370
浦和地判昭 32・2・18 判時 111・26 ……1066
最判昭 32・2・24 刑集 11・2・297 ………499
最判昭 32・2・26 刑集 11・2・906 ………180
高松高判昭 32・3・11 高裁特 4・5・99 …334
最大判昭 32・3・13 刑集 11・3・997 ……716
最判昭 32・3・28 刑集 11・3・1275 …81, 454
仙台高判昭 32・4・18 高刑集 10・6・491 …220
東京高判昭 32・4・26 判時 115・19 ……1104
東京地判昭 32・5・30 判時 115・3 ………671
最判昭 32・7・18 刑集 11・7・1861 ……1068
最決昭 32・7・19 刑集 11・7・1996 ……1066
広島高判昭 32・7・20 高裁特 4 追録 696 …901
最判昭 32・7・23 刑集 11・7・2018 ……1047
東京高判昭 32・7・31 東高刑時報 8・8・255
　…………………………………………………653
最決昭 32・9・10 刑集 11・9・2202 ……827
最判昭 32・10・3 刑集 11・10・2413 …709, 718
東京高判昭 32・10・3 高刑集 10・9・708 …1107
最大判昭 32・10・9 刑集 11・10・2497 …118
最判昭 32・10・18 刑集 11・10・2663 …701
名古屋高金沢支判昭 32・10・29 高裁特 4・558
　…………………………………………………572
大阪高判昭 32・11・1 高裁特 4・22・585 …671
最判昭 32・11・19 刑集 11・12・3073
　…………………………………………1003, 1005
最大判昭 32・11・27 刑集 11・12・3113 …201
最大判昭 32・11・27 刑集 11・12・3132 …1103
神戸地判昭 33・1・10 第一審刑集 1・1・5
　…………………………………………………652
帯広簡判昭 33・1・31 第一審刑集 1・1・155

横須賀簡判昭 33・2・19 第一審刑集 1・278
　…………………………………………………572
最決昭 33・2・27 刑集 12・2・342 ……1105
最判昭 33・4・10 刑集 12・5・839 ……1097
最判昭 33・4・10 刑集 12・5・877 ……1059
最決昭 33・4・17 刑集 12・6・1058 ……1105
神戸地姫路支判昭 33・4・19 第一審刑集
　1・4・615 ……………………………………987
最判昭 33・5・6 刑集 12・7・1297 ……1075
最大判昭 33・5・28 刑集 12・8・1718 …924
最大判昭 33・6・2 刑集 12・9・1935 …1104
最判昭 33・7・10 刑集 12・11・2471 …730
最判昭 33・9・9 刑集 12・13・2882 ……253
福岡高宮崎支判昭 33・9・9 高裁特 5・9・393
　…………………………………………………685
最大判昭 33・10・15 刑集 12・14・3305 …88
最大判昭 33・10・15 刑集 12・14・3313 …111
最判昭 33・11・4 刑集 12・15・3439 ……730
最判昭 33・11・21 刑集 12・15・3519 …220, 883
東京地判昭 33・12・25 第一審刑集 1・12・
　2134 …………………………………………649
国東簡判昭 34・1・22 下刑集 1・1・104 …671
最判昭 34・2・5 刑集 13・1・1 …………529
最決昭 34・2・9 刑集 13・1・82 ……1079, 1080
福岡高飯塚支判昭 34・2・17 下刑集 1・2・399
　…………………………………………………828
仙台高判昭 34・2・26 高刑集 12・2・77 …1045
最判昭 34・2・27 刑集 13・2・250 ……713, 716
広島高判昭 34・2・27 高刑集 12・1・36 …914
神戸地判昭 34・5・18 下刑集 1・5・1239 …653
東京高判昭 34・5・26 東高刑時報 10・5・288
　…………………………………………………712
最判昭 34・7・24 刑集 13・8・1163 ……254
東京高判昭 34・12・2 東高刑時報 10・12・435
　…………………………………………………913
東京高判昭 34・12・7 高刑集 12・10・980
　……………………………………………913, 914
名古屋高金沢支判昭 34・12・17 下刑集
　1・12・2559 ………………………………1047
最判昭 35・1・27 刑集 14・1・33 ………89
最判昭 35・2・4 刑集 14・1・61 ……559, 563
最決昭 35・2・9 刑集 14・1・82 ………1081
最決昭 35・2・11 裁判集刑 132・201 ……303
東京高判昭 35・2・13 下刑集 2・2・113 …594
最判昭 35・3・17 刑集 14・3・351 …1043, 1064
最決昭 35・4・15 刑集 14・5・591

……………………280, 396, 407
大阪高判昭 35・4・15 下刑集 2・3＝4・363
……………………………………………671
東京高判昭 35・4・19 高刑集 13・3・255
…………………………………………1083
岡谷簡判昭 35・5・13 下刑集 2・5＝6・823
……………………………………………565
東京高判昭 35・5・24 高刑集 13・4・335…717
広島高判昭 35・6・9 高刑集 13・5・399 …537
東京高判昭 35・7・15 下刑集 2・7＝8・989
……………………………………………361
福岡高判昭 35・7・20 下刑集 2・7＝8・994
……………………………………………826
東京地判昭 35・9・28 行政事件裁判例集 11・
9・2753 …………………………………1121
最判昭 35・9・29 裁判集刑 135・503 ………891
最決昭 35・10・18 刑集 14・12・1559 ………793
札幌高判昭 36・2・9 下刑集 3・1＝2・34 …828
盛岡地一関支判昭 36・3・1 下刑集 3・3＝4・
252………………………………………537
神戸地判昭 36・4・8 下刑集 3・3＝4・295
…………………………………………1015
名古屋地判昭 36・4・28 下刑集 3・3＝4・378
……………………………………………939
佐世保簡判昭 36・5・15 下刑集 3・5＝6・493
………………………………………585, 587
最決昭 36・6・22 刑集 15・6・1004 ………1105
広島高判昭 36・7・10 高刑集 14・5・310
………………………………………793, 794
最大判昭 36・7・19 刑集 15・7・1106
………………………………………1097, 1121
広島高判昭 36・8・25 高刑集 14・5・333 …334
盛岡地遠野支判昭 36・10・20 下刑集
3・9＝10・962…………………………671
最決昭 36・11・21 刑集 15・10・1731 ………280
名古屋高判昭 36・11・27 高刑集 14・9・635
………………………………………940, 982
最決昭 36・12・6 裁判集刑 140・375 ………85
最判昭 36・12・14 刑集 15・11・1845 ……1105
最大判昭 36・12・20 刑集 15・11・2017 ……85
福岡地判昭 37・1・31 下刑集 4・1＝2・104
……………………………………………560
最判昭 37・3・8 刑集 16・3・267 …………81
最判昭 37・3・23 刑集 16・3・305 …………793
最大判昭 37・4・4 刑集 16・4・345 ………118
東京高判昭 37・4・24 高刑集 15・4・210 …793
最判昭 37・5・4 刑集 16・5・510 …………381

横浜地判昭 37・5・7 下刑集 4・5＝6・407
……………………………………………455
最大判昭 37・5・30 刑集 16・5・577 ………72
横浜地判昭 37・5・30 下刑集 4・5＝6・499
……………………………………………254
東京高判昭 37・6・21 高刑集 15・6・422 …370
大阪地判昭 37・7・24 下刑集 4・7＝8・696
……………………………………………156
最判昭 37・9・13 刑集 16・9・1327 ………1105
新潟地長岡支判昭 37・9・24 下刑集 4・9＝10・
882………………………………………370
札幌高判昭 37・11・1 高刑集 15・8・633
…………………………………………1062
最決昭 37・11・8 刑集 16・11・1522 ………940
最大判昭 37・11・28 刑集 16・11・1577
………………………………………1103, 1104
名古屋高判昭 37・12・4 高刑集 15・9・669
……………………………………………543
最大判昭 37・12・12 刑集 16・12・1672 …1103
名古屋高判昭 37・12・22 高刑集 15・9・674
……………………………………………743
大阪地判昭 37・12・24 判時 326・14 ………455
大阪高判昭 38・1・22 高刑集 16・2・177
………………………………………940, 983
名古屋高判昭 38・3・11 判時 335・48 ……1101
最判昭 38・3・15 刑集 17・2・23 …………597
最大判昭 38・4・17 刑集 17・3・229 ……1061
最決昭 38・5・17 刑集 17・4・336 ………1054
最判昭 38・5・22 刑集 17・4・370 ………470
最大決昭 38・5・22 刑集 17・4・457 ……1102
福井地判昭 38・6・17 下刑集 5・5＝6・576
……………………………………………671
福岡高判昭 38・7・5 下刑集 5・7＝8・647
……………………………………………558
最決昭 38・7・9 刑集 17・6・579 …………492
東京高判昭 38・11・21 高刑集 16・8・573
…………………………………………1100
名古屋高判昭 38・12・5 下刑集 5・11＝12・
1080……………………………………913
東京高判昭 39・2・19 判時 386・14 ………683
神戸地判昭 39・3・10 下刑集 6・3＝4・204
……………………………………………913
最決昭 39・5・7 刑集 18・4・144 …………85
最決昭 39・7・9 刑集 18・6・375 ………1081
最大判昭 39・7・15 刑集 18・6・386 ……1105
仙台地判昭 39・7・17 下刑集 6・7＝8・865
…………………………………………1045

◇判例索引

東京高判昭 39・8・5 高刑集 17・6・557 …828
静岡地判昭 39・9・1 下刑集 6・9 = 10・1005
………………………………………………770
最決昭 39・12・3 刑集 18・10・698 ………471
最決昭 40・3・9 刑集 19・2・69 …………769
札幌高判昭 40・3・20 高刑集 18・2・117 …394
最判昭 40・3・26 刑集 19・2・83 ………201
最決昭 40・3・30 刑集 19・2・125
………………………………195, 1005, 1007
東京地判昭 40・3・30 下刑集 7・3・447 …492
秋田地判昭 40・3・31 下刑集 7・3・536
………………………………………………901, 902
大阪地判昭 40・4・23 下刑集 7・4・628 …585
東京高判昭 40・4・28 判時 410・16 …811, 827
京都地判昭 40・5・10 下刑集 7・5・855
………………………………………………901, 902
大阪高判昭 40・5・29 下刑集 7・5・805 …500
静岡地浜松支判昭 40・7・9 下刑集 7・7・1426
………………………………………………653
秋田地判昭 40・7・15 下刑集 7・7・1450 …672
最決昭 40・9・8 刑集 19・6・636 ………1130
福岡高判昭 40・9・17 下刑集 7・9・1778 …559
東京地判昭 40・9・30 下刑集 7・9・1828 …254
大阪高判昭 40・10・26 下刑集 7・10・1853
………………………………………………913
宇都宮地判昭 40・12・9 下刑集 7・12・2189
………………………………………………772, 776
東京高判昭 41・3・30 判タ 191・200 ………671
大阪高判昭 41・5・19 下刑集 8・5・686 …457
最判昭 41・6・14 刑集 20・5・449 …………401
大阪高判昭 41・6・24 高刑集 19・4・375 …1022
最決昭 41・7・7 刑集 20・6・554 …………538
最大判昭 41・7・13 刑集 20・6・623 ……1043
福岡家小倉支判昭 41・8・16 家裁月報 19・7・121………………………………………………653
名古屋高金沢支判昭 41・10・6 下刑集 8・10・1285………………………………………………1112
最大判昭 41・10・26 刑集 20・8・901
………………………………………438, 462, 597
最判昭 41・12・20 刑集 20・10・1212 ……401
神戸地判昭 41・12・21 下刑集 8・12・1575
………………………………………………1022
静岡地判昭 41・12・22 下刑集 8・12・1578…541
新潟地判昭 42・1・13 下刑集 9・1・31 …1045
最判昭 42・3・7 刑集 21・2・417 ……193, 1005
最大決昭 42・3・8 刑集 21・2・423 ………1129
大阪高判昭 42・3・30 下刑集 9・3・220

………………………………………………504, 505
大森簡昭 42・3・31 判時 478・49 ………452
最決昭 42・5・25 刑集 21・4・584 ………683
最決昭 42・5・26 刑集 21・4・710 ………544
最決昭 42・8・28 刑集 21・7・863 ………1068
最決昭 42・9・19 刑集 21・7・985 ………81
岐阜地大垣支判昭 42・10・3 下刑集 9・10・1303………………………………………………255
最判昭 42・10・13 刑集 21・8・1097 ……402
最決昭 42・10・24 刑集 21・8・1116 …280, 309
最判昭 43・2・27 刑集 22・2・67 ………672
大阪高判昭 43・3・12 高刑集 21・2・126 …111
高知地判昭 43・4・3 判時 517・89 ………730
大阪高判昭 43・4・26 判タ 225・237 ………794
名古屋地岡崎支判昭 43・5・30 下刑集 10・5・580………………………………………………252
大阪地判昭 43・9・6 判タ 229・324 …671, 677
最決昭 43・9・17 刑集 22・9・853 ………1069
最大判昭 43・9・25 刑集 22・9・871 ……1105
最決昭 43・11・7 刑集 22・12・1335 ……1110
東京地判昭 43・12・4 下刑集 10・12・1195
………………………………………………652
最判昭 43・12・24 刑集 22・13・1567 ……1061
最判昭 43・12・24 刑集 22・13・1625 ……836
岡山簡昭 44・3・25 刑月 1・3・310 ……195
最大判昭 44・4・2 刑集 23・5・305
………………………………………74, 453, 597
最大判昭 44・4・2 刑集 23・5・685 …596, 597
大阪地判昭 44・4・8 判時 575・96 ………969
大阪高判昭 44・5・20 刑月 1・5・462 ……370
最決昭 44・6・5 刑集 23・7・935 ………1111
最判昭 44・6・18 刑集 23・7・950
………………………………………………1068, 1081
最決昭 44・7・17 刑集 23・8・1061 …993, 1015
東京高判昭 44・8・4 判タ 242・313 ………394
東京高判昭 44・9・17 高刑集 22・4・595
………………………………………………701, 712
最判昭 44・9・26 刑集 23・9・1154 ……1111
大阪高判昭 44・10・17 判タ 244・290 ……816
岐阜地判昭 44・11・26 刑月 1・11・1075 …585
最判昭 44・12・4 刑集 23・12・1573
………………………………………504, 513, 524
福岡高判昭 44・12・18 刑月 1・12・1110 …1064
高松高判昭 45・1・13 刑月 2・1・1 ………969
大阪地判昭 45・1・17 判時 597・117 …912, 914
福岡高判昭 45・2・14 高刑集 23・1・156 …586
福岡地久留米支判昭 45・3・8 判タ 264・403

··252
最判昭45・4・24刑集24・4・153 ············85
高知地判昭45・4・24刑集32・2・408 ······649
大阪高判昭45・5・1高刑集23・2・367 ······564
東京高判昭45・5・6高刑集23・2・374 ······428
福岡高判昭45・5・16判時621・106 ·········334
最決昭45・6・23刑集24・6・311 ············596
最決昭45・7・28刑集24・7・585 ············770
名古屋高判昭45・8・25刑月2・8・789 ···541
最決昭45・9・29刑集24・10・1421 ······1080
岐阜地判昭45・10・22判タ263・349 ······638
大阪高判昭45・10・27刑月2・10・1025
··913, 914
東京高判昭45・11・11高刑集23・4・759
··602, 614
東京高判昭45・11・26東高刑時報21・11・408
＝判タ263・355 ··································572
浦和地判昭46・1・26刑月3・1・39 ·········222
東京高判昭46・2・15（未登載）·············706
東京高判昭46・3・4高刑集24・1・168 ···254
大阪地堺支判昭46・3・15判タ261・294 ···991
名古屋高金沢支判昭46・3・18刑月3・3・366
··770
京都地判昭46・3・26刑月3・3・469 ······683
東京高判昭46・5・24東高刑時報22・5・181
··1070
東京高判昭46・5・24東高刑時報22・5・182
＝判タ267・382 ··························563, 589
最判昭46・6・17刑集25・4・567 ······179, 280
東京高判昭46・7・14刑月3・7・845 ······673
最決昭46・7・30刑集25・5・756 ············585
名古屋高判昭46・8・10刑月3・8・1058 ···280
東京高判昭46・10・25判タ276・371 ······394
最判昭46・11・16刑集25・8・996
································485, 495, 499, 500
東京高判昭47・1・25判タ277・357
··1010
釧路地判昭47・4・5刑月4・4・717 ·········603
東京地判昭47・4・27刑月4・4・857 ······494
最判昭47・11・16刑集26・9・538 ············403
東京高判昭47・11・30刑月4・11・1807 ···572
大阪地判昭48・3・16判タ306・304 ······654
最決昭48・3・20判時701・205 ···············457
東京高判昭48・3・26高刑集26・1・85 ······911
最大判昭48・4・4刑集27・3・265 ······11, 88
千葉地判昭48・4・20判時711・17 ·········274
最大判昭48・4・25刑集27・3・418

································438, 459, 596, 598
横浜地判昭48・8・29判タ301・231 ········552
秋田地判昭48・10・5判タ307・314 ········394
徳島地判昭48・11・28刑月5・11・1473
··391, 683
一宮簡判昭48・12・22判時739・137 ······730
札幌高判昭49・2・12刑月6・2・113 ······280
広島地判昭49・4・3判タ316・289 ·········770
最大判昭49・5・29刑集28・4・114
································1058, 1061, 1073
最大判昭49・5・29刑集28・4・151
··1059, 1061
最大判昭49・5・29刑集28・4・168 ······1059,
1061
札幌地判昭49・6・29判時750・29 ·········403
最決昭49・7・5刑集28・5・194 ············280
東京高判昭49・7・9刑月6・7・799 ······723
東京高判昭49・7・19東高刑時報25・7・60
··653
横浜地判昭49・8・7判時760・114 ·········671
仙台地判昭49・10・11判時763・24 ······274
東京高判昭49・10・24高刑集27・5・455
··795
最大判昭49・11・6刑集28・9・393 ······54, 71
東京高判昭49・11・11刑月6・11・1120 ···723
最大判昭49・11・16刑集28・9・393 ·········90
名古屋高判昭49・11・20刑月11・1125 ···869
最決昭49・11・28刑集28・8・385 ··········1060
東京高判昭50・2・4東高刑時報26・2・19
··989
神戸簡判昭50・2・20刑月7・2・104 ······581
最判昭50・4・3刑集29・4・132 ············594
東京高判昭50・4・10高刑集28・3・213
··1083
高松高判昭50・4・30刑集32・2・408 ······649
最判昭50・5・23判時777・102 ······1059, 1060
大阪地判昭50・5・26判時796・111 ······654
最決昭50・5・27刑集29・5・348 ··········1060
名古屋高判昭50・7・1判時806・108 ······913
大阪高判昭50・8・29高刑集28・3・329 ···402
最大判昭50・9・10刑集29・8・489 ······84, 85
最判昭50・10・24刑集29・9・777 ·········706
最判昭50・11・25刑集29・10・928 ·········596
最判昭50・11・28刑集29・10・983 ···499, 500
大阪高判昭50・11・28判時797・157 ······543
大阪地判昭51・3・4判時822・109 ·········672
最判昭51・3・16刑集30・2・146 ············795

最判昭 51・3・18 刑集 30・2・212 ………837
札幌高判昭 51・3・18 高刑集 29・1・78
　………………………………391, 403, 683
最決昭 51・3・23 刑集 30・2・229 ………612
最判昭 51・4・30 刑集 30・3・453 …………81
東京高判昭 51・4・30 判時 851・21 ………274
京都地判昭 51・5・21 判時 823・110 ………303
大阪高判昭 51・5・25 刑月 8・4=5・253 …683
札幌高判昭 51・5・25 判時 833・127 ………541
東京高判昭 51・7・14 判時 834・106 ………811
最大判昭 51・9・22 刑集 30・8・1640
　………………………………………1061, 1062
越谷簡判昭 51・10・25 判時 846・128 ………902
松江地判昭 51・11・2 刑月 8・11=12・495
　…………………………………………………1022
大阪高判昭 51・11・19 刑月 8・11=12・465
　……………………………………………………99
横浜地川崎支判昭 51・11・25 判時 842・127
　……………………………………………879, 989
京都地舞鶴支判昭 51・12・8 判時 958・135
　……………………………………………………671
東京地判昭 51・12・9 判特 864・128 ………1028
仙台高判昭 52・2・10 判時 846・43 …………274
最大判昭 52・5・4 刑集 31・3・182
　………………………………54, 438, 462, 598
東京高判昭 52・6・30 判時 886・104 ………928
最決昭 52・7・21 刑集 31・4・747
　……………………………………485, 501, 515
東京地判昭 52・9・12 判時 919・126 ………1022
横浜地川崎支判昭 52・9・19 刑月 9・9=10・739
　……………………………………………………827
横浜地川崎支判昭 52・9・19 刑月 876・128
　……………………………………………………811
大阪高判昭 52・12・23 判時 897・124 ………603
最決昭 53・2・16 刑集 32・1・47 …………1070
東京地判昭 53・3・6 判時 915・130 …………494
新潟地判昭 53・3・9 判時 893・106 …………410
最決昭 53・3・22 刑集 32・2・381
　………………………………………309, 1044, 1068
最判昭 53・3・24 刑集 32・2・408 …………649
大阪高判昭 53・3・28 判タ 364・298 ………653
京都地判昭 53・5・26 刑集 34・3・149 ……434
最決昭 53・5・31 刑集 32・3・457 …………611
最判昭 53・6・29 刑集 32・4・967 …………701
最判昭 53・7・28 刑集 32・5・1068 …………344
東京高判昭 53・8・8 東高刑時報 29・8・153
　……………………………………………………559

東京地判昭 53・11・6 判時 913・123 ………677
東京高判昭 54・2・8 刑月 11・1=2・28 …280
熊本地判昭 54・3・22 刑月 11・3・168 ……274
最決昭 54・3・27 刑集 33・2・140
　………………………………………353, 355, 361
最決昭 54・3・27 刑集 33・2・155 …………1129
最決昭 54・3・29 刑集 33・2・165 …………1130
最決昭 54・4・13 刑集 33・3・179
　………………………………………362, 892, 1012
東京高判昭 54・5・15 判時 937・123 ………677
最決昭 54・5・30 刑集 33・4・324 …………81
大阪高判大堺支判昭 54・6・22 刑月 11・6・584 …81
札幌地判昭 54・11・28 判時 971・130 ……408
東京高判昭 55・3・3 刑月 12・3・67 ………182
最決昭 55・4・18 刑集 34・3・149 …………434
東京高判昭 55・9・26 高刑集 33・5・359
　………………………………………………701, 712
最決昭 55・11・7 刑集 34・6・381 …………201
最決昭 55・11・13 刑集 34・6・396
　………………………………………220, 604, 613
千葉地松戸支判昭 55・11・20 判時 1015・143
　……………………………………………………929
大阪高判昭 55・12・3 刑集 36・3・258 …1110
東京地判昭 56・1・13 判時 1014・138 ……543
札幌高判昭 56・1・22 刑月 13・1=2・12 …408
東京高判昭 56・1・26 高刑集 34・2・276 …649
東京地判昭 56・3・30 刑月 13・3・282 ……99
東京地判昭 56・3・30 刑月 13・3・299 ……101
東京地判昭 56・4・1 刑月 13・4=5・341 …594
名古屋地判昭 56・6・30 刑月 13・6=7・467
　……………………………………………………310
横浜地判昭 56・7・17 判時 1011・142
　………………………………912, 914, 915, 963
大阪高判昭 56・9・30 高刑集 34・3・385
　………………………………………673, 674, 678
最決昭 56・11・25 刑集 35・8・884 ………1129
最決昭 56・12・21 刑集 35・9・911 …………326
東京地判昭 57・2・2 刑月 14・1=2・187 …1064
最決昭 57・2・17 刑集 36・2・206 …………1072
最決昭 57・3・11 刑集 36・3・253 …………1110
最決昭 57・3・16 刑集 36・3・260 …………1068
最決昭 57・4・2 刑集 36・4・503 …………382
最決昭 57・5・25 判時 1046・15 ……………274
最決昭 57・5・26 刑集 36・5・609 …………489
最決昭 57・6・28 刑集 36・5・681 …………1005
東京高判昭 57・7・13 判時 1082・141 ……913
最決昭 57・7・16 刑集 36・6・695

………………………………928, 933, 989
東京地判昭 57・7・28 判時 1073・159
　………………………………………929, 989
東京高判昭 57・7・28 判夕 486・177 ……974
福岡高判昭 57・9・6 高刑集 35・2・85
　……………………………………274, 683
東京高判昭 57・9・21 判夕 489・130 ……771
東京高判昭 57・11・29 刑月 14・11＝12・804
　…………………………………………………576
札幌地判昭 57・12・8 判時 1069・156 ……408
東京高判昭 57・12・21 判時 1085・150 …929
東京地八王子支判昭 57・12・22 判夕 494・142
　…………………………………………………255
名古屋高判昭 58・1・13 判時 1084・144 …914
最決昭 58・3・11 刑集 37・2・54 …………201
大阪地判昭 58・3・18 判時 1086・158 ……678
東京地判昭 58・6・1 判時 1095・27 ………686
最判昭 58・7・8 刑集 37・6・609 …………1097
横浜地判昭 58・7・20 判時 1108・138
　……………………………………374, 770
東京高判昭 58・8・10 判時 1104・147 ……216
最決昭 58・9・13 判時 1100・156 ……646, 647
最決昭 58・9・21 刑集 37・7・1070 ………869
最決昭 58・9・27 刑集 37・7・1078 …913, 1068
最決昭 58・10・26 刑集 37・8・1228 ………98
高松高判昭 58・11・2 刑集 38・8・2790 …649
最決昭 58・11・24 刑集 37・9・1538 ………81
大阪高判昭 58・11・30 判時 1123・141 …929
東京高判昭 58・12・12 東高刑時報 34・9＝12・
　77 …………………………………………646
大阪地判昭 59・1・19 判夕 524・270 ………280
宮崎地都城支判昭 59・1・25 判夕 525・302
　…………………………………………………811
最判昭 59・3・6 刑集 38・5・1961 …………326
鹿児島地判昭 59・5・31 刑月 16・5＝6・437
　…………………………………………………884
大阪地判昭 59・6・21 判夕 537・256 ………815
最決昭 59・7・3 刑集 38・8・2783
　………………………………646, 648, 649
最決昭 59・7・6 刑集 38・8・2793 ……280, 303
福岡地判昭 59・8・30 判時 1152・182
　……………………………………………929, 989
東京高判昭 59・11・27 判時 1158・249 ……644
大阪高判昭 60・1・25 判夕 559・304 ………924
最決昭 60・2・8 刑集 39・1・1 ……………1113
大阪高判昭 60・2・19 高刑集 38・1・54 …118
札幌高判昭 60・3・20 判時 1169・157 ……929

東京高判昭 60・4・25 判時 1168・154 ……649
福岡高判昭 60・7・8 判夕 566・317 ………516
東京高判昭 60・8・30 高刑集 38・2・136 …702
最判昭 60・9・12 刑集 39・6・275 ……500, 515
最決昭 60・10・21 刑集 39・6・362 ………690
最大判昭 60・10・23 刑集 39・6・413 ………85
最決昭 60・11・29 刑集 39・7・532 ………1129
大阪簡判昭 60・12・11 判時 1204・161 ……578
福岡高那覇支判昭 61・2・6 判時 1184・158
　…………………………………………………428
札幌地判昭 61・2・13 判時 1186・24 ……411
福岡高判昭 61・3・6 高刑集 39・1・1＝判時
　1193・152……………………815, 824, 826, 827
大阪高判昭 61・3・11 判夕 615・125 ………771
最決昭 61・6・9 刑集 40・4・269 ……354, 361
最決昭 61・6・24 刑集 40・4・292 …………455
堺簡判昭 61・8・27 判夕 618・18 …………576
名古屋高判昭 61・9・30 高刑集 39・4・371
　……………………………………………901, 902
大阪高判昭 61・10・21 判夕 630・230 ……974
最決昭 61・11・18 刑集 40・7・523 ………1044
高松高判昭 61・12・2 高刑集 39・4・507 …95
仙台地石巻支判昭 62・2・18 判時 1249・145
　…………………………………………………613
最決昭 62・2・23 刑集 41・1・1 …………1045
最決昭 62・3・26 刑集 41・2・182 ………538
大阪地判昭 62・4・21 判時 1238・160 ……600
大阪高判昭 62・7・10 高刑集 40・3・720
　………………………………………915, 916, 917
最決昭 62・7・16 刑集 41・5・237 ……702, 712
東京高判昭 62・7・16 判時 1247・140
　………………………………………811, 824, 826
大阪高判昭 62・7・17 判時 1253・141 ……1005
福岡地小倉支判昭 62・8・26 判時 1251・143
　…………………………………………………1045
東京地八王子支判昭 62・9・18 判時 1256・120
　…………………………………………………524
大阪高判昭 62・10・2 判夕 675・246
　………………………………………231, 922, 969
岐阜地判昭 62・10・15 判夕 654・261 ……795
大阪高判昭 63・2・4 高刑集 41・1・23 …395
名古屋高判昭 63・2・19 高刑集 41・1・75 …101
最決昭 63・2・29 刑集 42・2・314 ………274
東京地判昭 63・4・5 判夕 668・223 ………516
最決昭 63・5・11 刑集 42・5・807 …………282
東京地判昭 63・7・27 判時 1300・153
　………………………………………………980, 981

大阪地判昭 63・7・28 判タ 702・269 ……… 913
大阪高判昭 63・9・20 判時 1306・135 …… 702
最判昭 63・10・27 刑集 42・8・1109 … 402, 410
最決平元・3・14 刑集 43・3・262 …… 405, 685
最決平元・3・14 刑集 43・3・283 ……… 592
東京地判平元・3・27 判タ 708・270 ……… 988
大阪地判平元・5・29 判タ 765・265 ……… 671
最決平元・6・26 刑集 43・6・567 ……… 1025
最判平元・7・18 刑集 43・7・752 ……… 718
東京高判平元・7・31 判タ 716・248 ……… 318
最判平元・11・13 刑集 43・10・823 ……… 525
最決平元・12・15 刑集 43・13・879
　　　……………………………… 251, 255, 970
札幌地判平 2・1・17 判タ 736・244 ……… 1012
大阪高判平 2・1・23 高刑集 43・1・1 …… 969
名古屋高判平 2・1・25 判タ 739・243 …… 826
最決平 2・2・9 判時 1341・157 …………… 318
東京高判平 2・2・21 東高刑時報 41・1＝4・7
　　＝判タ 733・232 ………………… 980, 987
東京地判平 2・3・19 判タ 729・231 ……… 929
札幌地判平 2・4・23 判タ 737・242 …… 674, 678
名古屋高判平 2・7・17 判タ 739・245 …… 827
東京地判平 2・10・12 判タ 757・239 ……… 929
最決平 2・11・16 刑集 44・8・744 …… 409, 684
最決平 2・11・20 刑集 44・8・837 …… 282, 300
最決平 2・11・29 刑集 44・8・871 ……… 409
東京高判平 2・12・10 判タ 752・246 … 973, 974
大阪高判平 3・4・16 高刑集 44・1・56 … 181
仙台地気仙沼支判平 3・7・25 判タ 789・275
　　………………………………………………… 101
最判平 3・11・14 刑集 45・8・221 ……… 409
大阪地判平 3・12・2 判時 1411・128 …… 81
東京地判平 3・12・19 判タ 795・269 ……… 319
長崎地判平 4・1・14 判時 1415・142 …… 673
東京地判平 4・1・23 判時 1419・133 …… 903
東京地判平 4・2・26 判タ 800・275 …… 686
浦和地判平 4・2・27 判タ 795・263 … 826, 828
東京地判平 4・4・21 判時 1424・141 …… 1044
最決平 4・6・5 刑集 46・4・245
　　……………………………… 487, 536, 856, 857
東京地判平 4・7・7 判時 1439・142 …… 1044
最判平 4・7・10 判時 1430・145 ……… 398
大阪地判平 4・7・20 判時 1456・159 …… 600
東京地判平 4・8・31 判時 1463・102 …… 609
最判平 4・10・15 判時 1442・151 ……… 1060
最決平 4・12・17 刑集 46・9・683 …… 283, 306
東京地判平 5・1・11 判時 1462・159 …… 534

東京高判平 5・1・26 判タ 808・237 ……… 525
大阪高判平 5・3・30 判タ 840・218 ……… 971
津地判平 5・4・28 判タ 819・201 ……… 529
東京高判平 5・6・4 高刑集 46・2・155＝判タ
　　831・248 …………………………… 702, 719
大阪地判平 5・7・9 判時 1473・156 ……… 300
最決平 5・10・12 刑集 47・8・48 ……… 397
最決平 5・10・29 刑集 47・8・98 ……… 1060
最決平 5・10・29 刑集 47・8・286 ……… 181
最決平 5・11・25 刑集 47・9・242 ……… 409
熊本地判平 6・3・15 判時 1514・169 …… 978
最決平 6・6・30 刑集 48・4・21 ……… 543
東京高判平 6・7・12 判時 1518・148 … 674, 678
東京高判平 6・11・15 高刑集 47・3・299 … 89
最決平 6・12・6 刑集 48・8・509 … 856, 1025
東京高判平 6・12・9 判時 1518・148・576 … 101
東京高判平 7・1・31 判時 1559・152 … 1053
東京高判平 7・3・14 判タ 883・284 …… 1044
横浜地判平 7・3・28 判時 1530・28 …… 743
最判平 7・4・13 刑集 49・4・619 ……… 89
浦和地判平 7・6・5 判時 1546・145 …… 114
東京高判平 7・7・18 判タ 894・277 …… 114
東京高判平 7・9・26 判時 1560・145 …… 1044
東京地判平 7・10・9 判時 1598・155 …… 915
東京地判平 7・10・24 判時 1596・129 … 816
東京高判平 7・10・31 判時 1566・134 … 84, 85
東京高判平 7・12・4 高刑集 48・3・189 … 1112
千葉地判平 7・12・13 判時 1565・144 … 434, 435
最判平 7・12・15 刑集 49・10・1127 …… 1127
大阪高判平 7・12・22 判タ 926・256
　　……………………………………………… 564, 573
名古屋高判平 8・1・31 判タ 908・262 …… 114
東京高判平 8・2・7 判時 1568・145 … 516, 517
最判平 8・2・8 刑集 50・2・221 ………… 82
最決平 8・2・13 刑集 50・2・236 ………… 84
東京地判平 8・3・12 判時 1599・149
　　……………………………………… 517, 519, 527
最決平 8・3・19 刑集 50・4・307 ……… 82
東京地判平 8・3・28 判時 1598・158 …… 929
東京地判平 8・4・22 判タ 929・266 …… 101
東京高判平 8・6・26 判時 1578・39
　　……………………………………… 559, 569, 576
東京高判平 8・8・7 東高刑時報 47・1＝12・
　　103 ……………………………………………… 916
大阪高判平 8・9・17 判タ 940・272 … 929, 989
千葉地判平 8・9・17 判時 1602・147 …… 318
大阪地判平 8・10・11 判タ 979・248 …… 301

大阪地判平 8・11・12 判時 1590・159
　………………………………………529, 536
最判平 8・11・18 刑集 50・10・745 …………75
東京地判平 9・2・19 判タ 964・280 ………529
最判平 9・6・16 刑集 51・5・435 …………529
大阪地判平 9・6・18 判時 1610・155 ………827
最判平 9・7・9 刑集 51・6・453 ……………201
最決平 9・7・10 刑集 51・6・533 ………82, 317
東京高判平 9・8・4 高刑集 50・2・130…604, 613
大阪地判平 9・8・20 判タ 995・286 ………917
大阪高判平 9・8・29 判タ 983・283 ………529
東京地判平 9・9・5 判タ 982・298 …………530
東京地判平 9・9・17 判タ 983・286 ………713
大阪高判平 9・9・25 判時 1630・154 ……1113
最決平 9・9・30 刑集 51・8・671 ……………89
大阪高判平 9・10・16 判時 1634・152 ……304
最決平 9・10・30 判時 1620・152 …………875
最判平 9・11・17 刑集 51・10・855 …………89
東京地判平 9・12・12 判時 1632・152 ……578
東京地判平 10・3・2 判タ 984・284 ………538
東京高判平 10・3・11 判タ 988・296 ……594
山形地判平 10・3・20 法セ 523・127 ………101
東京高判平 10・3・25 判タ 984・287 ……1006
横浜地判平 10・3・30 判時 1649・176 ……827
大阪高判平 10・6・24 判タ 1665・141 ……577
最決平 10・7・10 判時 1651・152 ……………85
大阪高判平 10・7・16 判時 1647・156 ……215
松江地判平 10・7・22 判時 1653・156 ……559
釧路地判平 11・2・12 判時 675・148 ………970
大阪地判平 11・3・19 判タ 1034・283 ……101
富山地判平 11・11・25 判タ 1050・278 ……530
最判平 11・12・10 刑集 53・9・1160 ……1097
最決平 12・2・24 刑集 54・2・106 ……………82
大阪地判平 12・2・24 判時 1728・163 ……411
最判平 12・2・29 民集 54・2・582 …………308
札幌高判平 12・3・16 判時 1711・170 ……970
大阪高判平 12・6・22 判タ 1067・276 ……517
大阪地判平 12・6・30 高刑集 53・2・103…975
大阪高判平 12・12・14 高刑集 53・2・97…975
最決平 12・12・20 刑集 54・9・1095 ………683
大阪地判平 13・1・30 判時 1745・150 ……486
最決平 13・2・7 刑集 55・1・1 ……………416
最決平 13・2・9 刑集 55・1・76 …………1114
東京高判平 13・2・20 判時 1756・162 ……370
大阪地判平 13・3・14 判時 1746・159 ……925
東京地判平 13・3・28 判時 1763・17 ………411
東京高判平 13・4・9 高刑速 3132・50 ……815
札幌高判平 13・5・10 判タ 1089・298 ……827
大阪高判平 13・6・21 判タ 1085・292 ……921
神戸地判平 13・9・1LEX/DB………………814
横浜地判平 13・9・20 判タ 1088・265 ……654
東京地判平 13・9・28 判時 1799・21 …411, 412
最決平 13・10・25 刑集 55・6・519 ………938
神戸地判平 13・11・15LEX/DB……………577
松江地判平 13・11・27LEX/DB……………702
東京地判平 14・1・16 判時 1817・166 ……828
千葉地判平 14・2・5 判タ 1105・284 …228, 779
神戸地判平 14・2・15LEX/DB………………817
東京高判平 14・3・13 東高刑事時報 53・1＝
　12・31……………………………………913
札幌地判平 14・3・28LEX/DB ……………370
長野地松本支判平 14・4・10 刑集 57・7・973
　………………………………………………303
大阪高判平 14・7・9 判時 1797・159 ……485
大阪高判平 14・8・21 判時 1804・146 ……411
名古屋高判平 14・8・29 判時 1831・158 …1022
大阪高判平 14・9・4 判タ 1114・293 ……508
東京地判平 14・10・30 判時 1816・164 ……713
東京高判平 14・11・14 東京高刑時報 53・1＝
　12・102……………………………………304
東京地判平 14・11・21 判時 1823・156 ……533
大阪高判平 14・11・27 判タ 1113・281 ……813
東京地判平 14・12・16 判時 1841・158 ……720
東京高判平 14・12・25 判タ 1163・306 ……345
最判平 15・1・24 判時 1806・157 …………430
大分地判平 15・3・13LEX/DB ……………254
最決平 15・3・18 刑集 57・3・371 ………456
さいたま地判平 15・3・20 判タ 1147・306
　………………………………………………415
広島地判平 15・3・24LEX/DB ……………517
大阪地判平 15・4・11 判タ 1126・284 ……771
最決平 15・5・1 刑集 57・5・507 …………924
東京高判平 15・5・26 刑集 58・7・670 ……307
東京高判平 15・6・26 刑集 59・6・450 ……228
最判平 15・7・10 刑集 57・7・903 ………1083
神戸地判平 15・7・17LEX/DB ……………918
最決平 15・7・16 刑集 57・7・950 ……287, 303
最決平 15・11・4 刑集 57・10・1031 ……1060
最判平 15・11・21 刑集 57・10・1043 ……320
最判平 15・12・11 刑集 57・11・1147 ………90
広島高判平 15・12・22LEX/DB……………517
東京高判平 15・12・24 刑集 59・9・1582…415
東京地判平 16・1・13 判時 1853・151 ……712
最決平 16・1・20 刑集 58・1・1…222, 775, 883

最決平 16・2・17 刑集 58・2・169 ……………302
大阪高判平 16・2・24 判時 1881・140 ……925
東京高判平 16・3・2LEX/DB……………654
最決平 16・3・22 刑集 58・3・187 …………376
広島高判平 16・3・23LEX/DB……………771
東京高決平 16・3・29 判時 1854・35 ………107
大阪高判平 16・4・22 判タ 1169・316 ……181
甲府地判平 16・5・6LEX/DB ………………651
千葉地判平 16・5・25 判タ 1188・347 ……770
東京高判平 16・6・22 東高刑時報 55・1＝12・
　50 …………………………………………914
長崎地判平 16・6・30LEX/DB………………817
広島地判平 16・7・6 刑集 61・6・645 ………86
甲府地判平 16・9・16LEX/DB………………914
甲府地判平 16・9・30LEX/DB………287, 914
最決平 16・10・19 刑集 58・7・645
　………………………………………287, 297, 307
大阪地判平 16・11・17 判タ 1166・114 ……78
福岡高那覇支判平 16・11・25 高等裁判所刑事
　裁判速報集平 16・205 ……………………650
さいたま地判平 16・12・10LEX/DB………652
東京地八王子支判平 16・12・16 判時 1892・
　150……………………………………………458
大阪地判平 16・12・24 刑集 60・3・394 …307
東京地判平 17・3・2 刑集 62・4・1187 ……413
東京地判平 17・3・23 判タ 1182・129 ……652
横浜地判平 17・3・25 判時 1909・130
　………………………………………………747, 748
最判平 17・4・14 刑集 59・3・283 ………1068
最決平 17・4・18 刑集 59・3・302 …………82
広島高判平 17・4・19LEX/DB………………970
東京地判平 17・5・2LEX/DB………………703
東京高判平 17・6・22 判タ 1195・299 ……1114
最決平 17・7・4 刑集 59・6・403
　………………………………228, 255, 779, 892
最決平 17・7・19 刑集 59・6・600 ……604, 703
千葉地判平 17・7・19 判タ 1206・280 ……320
名古屋高金沢支判平 17・7・19 刑集 60・2・266
　………………………………………………703
広島高判平 17・7・28 刑集 61・6・662＝判タ
　1195・128 ……………………………………86
広島高岡山支判平 17・8・10LEX/DB………919
仙台地判平 17・9・6LEX/DB………………967
岡山地倉敷支判平 17・9・9LEX/DB………1113
大阪地判平 17・9・13 刑集 60・3・401 ……308
東京地判平 17・9・15 判タ 1199・292 ……1112
名古屋高判平 17・11・7 高刑速（平 17）292

　………………………………………………968, 970
最決平 17・11・15 刑集 59・9・1558 ………415
最決平 17・11・29 刑集 288・543 …………926
広島高岡山支判平 17・11・30LEX/DB …1112
最決平 17・12・6 刑集 59・10・1901 ………456
東京高判平 17・12・9 判時 1949・169 ……458
神戸地判平 18・2・1LEX/DB………………653
最決平 18・2・20 刑集 60・2・216 …………86
最決平 18・2・27 刑集 60・2・253 …………703
神戸地判平 18・3・14LEX/DB………………455
東京地判平 18・3・20 判時 2008・151＝刑集
　64・7・1192…………………………………296
最決平 18・3・27 刑集 60・3・382 ……287, 307
東京地判平 18・3・28 判時 1975・2 ………431
大阪地判平 18・3・28LEX/DB………………252
那覇地判平 18・3・28LEX/DB………………307
東京高判平 18・4・6 判タ 1222・317 ……1113
さいたま地判平 18・5・10LEX/DB…………919
和歌山地判平 18・6・28 判タ 1240・345 …828
神戸地判平 18・9・8LEX/DB………………652
最決平 18・10・10 刑集 60・8・523 ………114
青森地弘前支判平 18・11・16LEX/DB……812
最決平 18・11・21 刑集 60・9・770 ………943
大分地判平 18・11・29 判タ 1316・340 …399
京都地判平 18・12・13 判タ 1229・105 ……975
名古屋高判平 19・2・16 判タ 1247・342 …779
名古屋地判平 19・2・27 判タ 1296・308 …432
東京高判平 19・2・28 判タ 1237・153 ……747
佐賀地判平 19・2・28LEX/DB ………229, 255
最決平 19・3・22 刑集 61・2・81 …………1082
最決平 19・3・26 刑集 61・2・131 …………404
大阪高判平 19・4・6 判タ 64・4・623 ……287
和歌山地判平 19・4・27LEX/DB……………395
東京地八王子支判平 19・7・10 判タ 1269・335
　………………………………………………641
静岡地判平 19・8・6 判タ 1265・344 ………795
最決平 19・8・8LEX/DB ……………………1069
甲府地判平 19・7・19LEX/DB………………653
千葉地判平 19・8・22 判タ 1269・343 ……320
鹿児島地名瀬支判平 19・9・13LEX/DB …283
最判平 19・9・18 刑集 61・6・601 ………86, 90
長崎地判平 19・11・20 判タ 1276・341 ……519
横浜地判平 19・12・13 判タ 1285・300 ……420
神戸地判平 19・12・26LEX/DB……………730
水戸地判平 20・1・17 判タ 1265・339 ……430
最決平 20・3・3 刑集 62・4・567 …………413
最判平 20・3・4 刑集 62・3・123 …………766

札幌高判平 20・3・6 LEX/DB ……………1009
東京高判平 20・3・10 判タ 1269・324 ……641
大阪地判平 20・3・24 LEX/DB ……………654
最判平 20・4・11 刑集 62・5・1217 ………458
最判平 20・4・24 民集 62・5・1178 ………606
最判平 20・4・25 刑集 62・5・1559 ………647
大分地判平 20・5・15 LEX/DB ……………650
最決平 20・5・19 刑集 62・6・1623 ………930
最決平 20・5・20 刑集 62・6・1786 ………517
大阪地判平 20・5・26 LEX/DB ……………650
大阪地判平 20・5・30 LEX/DB ……………653
仙台地判平 20・6・3 LEX/DB………………305
最決平 20・6・18 裁時 1462・3 ……………642
大阪地判平 20・6・24 LEX/DB ……………650
最決平 20・6・25 刑集 62・6・1859 ………530
大阪地判平 20・6・26 LEX/DB ……………650
東京地判平 20・7・2 判タ 1292・103 ………410
東京地判平 20・7・16 判タ 1316・271 ……399
最決平 20・7・23 LEX/DB……………………87
東京地判平 20・10・6 判タ 1309・292 ……230
東京高判平 20・10・7 東高刑時報 59・1-12・
　106 …………………………………………230
東京高判平 20・10・23 判タ 1290・309 …320
最決平 20・11・10 刑集 60・10・2853 ………87
東京高判平 20・11・20 判タ 1304・304 …431
大阪地判平 20・12・10 LEX/DB……………653
東京地判平 21・1・13 判タ 1307・309 ……576
大阪地判平 21・1・20 判タ 1300・302
　………………………………………704, 712
東京高判平 21・2・2 LEX/DB………………420
岐阜地判平 21・2・18 LEX/DB ……………431
松山地判平 21・2・23 LEX/DB ……………652
最決平 21・2・24 刑集 63・2・1 ……………530
東京地判平 21・3・25 判時 2049・150 ……647
東京地判平 21・3・26 判時 2051・157 ……649
福岡地小倉支判平 21・3・30 LEX/DB ……610
鹿児島地判平 21・4・16 LEX/DB …………651
仙台地判平 21・5・7 LEX/DB………………651
横浜地判平 21・6・25 判タ 1308・312 ……287
広島高判平 21・6・25 LEX/DB ……………529
最決平 21・6・30 刑集 63・5・475 ………1022
最決平 21・7・7 刑集 63・6・507 …………1075
岐阜地判平 21・7・15 LEX/DB ……………649
最判平 21・7・16 刑集 63・6・711 ……492, 526
大阪高判平 21・10・8 季刊刑事弁護 61・182
　……………………………………………975, 976
最判平 21・10・19 判時 2063・155 …………926

大阪高判平 21・10・22 判タ 1327・279 ……526
東京簡判平 21・12・4（平 21〔ろ〕852 号）未公
　刊 ……………………………………………777
最決平 21・12・7 刑集 63・11・1899 ………747
最決平 21・12・8 刑集 63・11・2829 ………647
東京高判平 22・1・21 判タ 1338・282 ……110
大阪地判平 22・1・25 LEX/DB ……………775
福岡高那覇支判平 22・3・9 判時 2073・153
　………………………………………………651
最決平 22・3・17 刑集 64・2・111 ………1042
神戸地尼崎支判平 22・4・19 判タ 1360・247
　………………………………………………651
東京高判平 22・4・20 判タ 1371・251 ……778
東京地判平 22・5・11 判タ 1328・241 ……421
最決平 22・5・31 刑集 64・4・447 …………423
福岡高判平 22・9・16 判タ 1348・246 ……611
静岡地判平 22・10・21 LEX/DB ……………652
最決平 22・10・26 刑集 64・7・1019
　………………………………………287, 295, 397
大阪地判平 23・5・24 LEX/DB ……………926
福岡高判平 23・10・18 LEX/DB ……398, 651
最決平 23・12・19 刑集 65・9・1380 ………975
宇都宮地判平 23・12・19 LEX/DB…………398
神戸地判平 24・1・11 LEX/DB ……………424
最決平 24・2・8 刑集 66・4・200 ……287, 420
松山地判平 24・2・9 判タ 1378・251 ……1016
大阪地判平 24・3・16 LEX/DB ……………497
奈良地判平 24・6・22 LEX/DB ……………287
東京高判平 24・6・27 LEX/DB …………1085
東京地立川支判平 24・7・12 LEX/DB ……949
京都地判平 24・7・18 LEX/DB ……………654
横浜地判平 24・10・26 LEX/DB ……………651
最判平 24・11・6 刑集 66・11・1281 ………915
最判平 24・12・7 刑集 66・12・1337 …………91
東京高判平 24・12・18 判時 2212・123 …559
東京地判平 25・2・22 判時 2194・144 ………99
高知地判平 25・2・27 LEX/DB ……………283
最決平 25・4・15 刑集 67・4・437 …………961
東京高判平 25・7・11 LEX/DB ……………651
東京高判平 25・8・28 高刑集 66・3・13 …361
横浜地判平 25・9・17 LEX/DB ……………396
神戸地判平 25・9・27 LEX/DB ……………425
横浜地判平 25・10・31 LEX/DB ……………518
最決平 26・3・17 刑集 68・3・368 ………1047
札幌地苫小牧支判平 26・7・31 LEX/DB
　………………………………………………691
最決平 26・11・25 LEX/DB……………………99

著者略歴
山中敬一（やまなか　けいいち）
　1947年　大阪府生まれ
　1970年　関西大学法学部卒業
　1975年　京都大学大学院博士課程単位取得退学
　1985年　関西大学法学部教授
　1999年　博士（法学）京都大
　2004年　関西大学法科大学院教授
　　　　　旧司法試験考査委員（1994-2002）
　　　　　新司法試験考査委員（2006-2007）

主要著書
刑法における因果関係と帰属（1984・成文堂）
正当防衛の限界（1985・成文堂）
論考大津事件（1994・成文堂）
刑事法入門（改訂版）（1996・成文堂）
経済刑法の形成と展開〔共著〕（1996・同文館）
刑法総論〔共著〕（改訂版）（1997・青林書院）
刑法における客観的帰属の理論（1997・成文堂）
刑法各論〔共著〕（改訂版）（2000・青林書院）
中止未遂の研究（2001・成文堂）
刑法各論Ⅰ・Ⅱ（2004・成文堂）
ロースクール講義刑法総論（2005・成文堂）
刑法概説Ⅰ・Ⅱ（2008・成文堂）
Strafrechtsdogmatik in der japanischen Risiko-
　gesellschaft, 2008, Nomos-Verlag
刑法各論（第2版）（2009・成文堂）
犯罪論の機能と構造（2010・成文堂）
Geschichte und Gegenwart der japanischen Straf-
　rechtswissenschaft, 2012, de Gruyter
医事刑法概論Ⅰ（2014・成文堂）

　　　刑法総論〔第3版〕
1999年5月1日　初　版第1刷発行
2008年3月1日　第2版第1刷発行
2015年8月20日　第3版第1刷発行

　　著　者　山　中　敬　一

　　発行者　阿　部　成　一

〒162-0041　東京都新宿区早稲田鶴巻町514番地
　発行所　　株式会社　成　文　堂
　　　　電話　03(3203)9201　FAX　03(3203)9206
　　　　　　　http://www.seibundoh.co.jp

製版・印刷　シナノ印刷　　　　　製本　佐抜製本
　　　　©2015 K. Yamanaka　Printed in Japan
　　　　☆落丁・乱丁本はおとりかえいたします☆
　　　　ISBN978-4-7923-5156-4 C3032　　検印省略
　　　　　定価(本体7000円＋税)